SIGM. FREUD

GESAMMELTE WERKE

CHRONOLOGISCH GEORDNET

ACHTZEHNTER BAND
GESAMTREGISTER
ZUSAMMENGESTELLT VON LILLA VESZY-WAGNER

FISCHER TASCHENBUCH VERLAG

Veröffentlicht im Fischer Taschenbuch Verlag GmbH
Frankfurt am Main 1999, November 1999

© S. Fischer Verlag GmbH, Frankfurt am Main 1968
Alle Rechte vorbehalten
durch S. Fischer Verlag, Frankfurt am Main
Druck und Bindung: Clausen & Bosse, Leck
Printed in Germany
ISBN 3-596-50300-0 (Kassette)

INHALTSVERZEICHNIS

VORWORT DER HERAUSGEBER VII

EINLEITUNG
  I. Vorrede: Allgemeine Gesichtspunkte VIII
  II. Spezielle Gesichtspunkte
    1. Inhaltliche Gesichtspunkte
      a) Freuds Sprachgebrauch XIII
      b) Allgemeine inhaltliche Gesichtspunkte XVII
    2. Formale Gesichtspunkte
      a) Systematik XIX
      b) Fremdsprachige und verdeutschte Ausdrücke . . . XIX
      c) Graphische Darstellungen XX
      d) Definition der Begriffsklassen, nach denen das Register rubriziert XX
      e) Kriterien, nach denen die einzelnen Wörter, Begriffe und Sprachwendungen in die Begriffsklassen des Registers eingeordnet werden XXI
      f) Gebrauch des Plurals XXIII
      g) Zusammengesetzte Wörter XXIII
      h) Homonyme XXIII
      i) Synonyme XXIV
      j) Differenzierung und Untergliederung der Eintragungen XXIV
      k) Verweisungen XXVI
      l) Abkürzungen XXVII
      m) Zeileneinrückung XXVII
  III. Alphabetische Reihenfolge, Ziffernangabe und Paginierung
    1. Alphabetische Reihenfolge XXVIII
    2. Ziffernangabe XXIX
    3. Paginierung XXX
  IV. Erläuterung der verwendeten Satz- und Klammerzeichen sowie der typographischen Auszeichnungen XXX
  V. Liste der Abkürzungen XXXV

HAUPTREGISTER 1

SONDERREGISTER

    Register der Krankengeschichten 819
    Traumregister. 827
    Symbolregister 843
    Register der Fehlleistungen und Symptomhandlungen . . 871
    Sprachregister 881
    Zitatregister 893
    Register der Gleichnisse, Metaphern und Vergleiche . . . 907
    Register der Anekdoten, Witze und Wortspiele 935
    Geographisches und ethnologisches Register 943
    Biographisches Register 957
    Bibliographisches Register 977
    Namen- und Autorenregister 1031
    Titelregister aller in die GESAMMELTEN WERKE aufgenommenen Schriften Sigmund Freuds (alphabetisch geordnet) . . 1073

INHALTSVERZEICHNIS DER GESAMMELTEN WERKE · 1101

VORWORT DER HERAUSGEBER

Die Herausgeber begrüßen das Erscheinen dieses Registerbandes, mit dem die Ausgabe der GESAMMELTEN WERKE von Sigmund Freud ihren vielfach hinausgeschobenen Abschluß findet.
Die Herstellung eines Gesamtregisters dieser Art und dieses Umfangs ist eine anspruchsvolle Aufgabe, deren Lösung Gewissenhaftigkeit, Belesenheit und systematisches Denken erfordert, d. h. Fähigkeiten, die seine Autorin, Frau Dr. Lilla Veszy-Wagner, in hohem Maße besitzt und an die Arbeit heranbringt. Zur Wahrung der Einheitlichkeit waren die Herausgeber bemüht, jede Einflußnahme ihrerseits oder von fremder Seite auszuschalten. Der hier veröffentlichte Index ist infolgedessen durchaus und ausschließlich das Werk seiner Autorin. Der einzige, ihr auf den mühevollen Weg mitgegebene Rat war, Längen und Wiederholungen nicht zu scheuen und im Zweifelsfalle sich eher für ein Zuviel an Details als für ein Zuwenig zu entscheiden, um diesen ersten und voraussichtlich auf Jahre hinaus einzigen Wegweiser durch die Freudschen Schriften so instruktiv als möglich zu gestalten. Die Ausführlichkeit des Hauptregisters sowie die Anzahl der Sonderregister bezeugen das Eingehen Frau Veszy-Wagners auf diesen Wunsch, der – wie leicht ersichtlich – auch ihren eigenen Neigungen und Absichten entspricht. Gewisse unvermeidliche Unterschiede in der Auffassung von Einzelheiten wurden am Ende der Arbeit im vollsten Einvernehmen zwischen Autorin und Herausgebern ausgeglichen.
Für die ursprüngliche Finanzierung der auf viele Jahre angelegten Arbeit sind die Herausgeber der ehemaligen Imago Publishing Company, London, ferner Dr. Muriel Gardiner, Pennington, N. Y., und, einer Anregung von Dr. Ruth S. Eissler folgend, mehreren Mitgliedern der New York Psychoanalytic Society zu Dank verbunden. Schließlich ist auch dem S. Fischer Verlag für seine Bemühungen zu danken.

Anna Freud   Willi Hoffer †

London, Frühjahr 1968

EINLEITUNG

I. VORREDE: ALLGEMEINE GESICHTSPUNKTE

Jeder Index hat die Ansprüche sehr verschiedener Lesergruppen zu befriedigen. Bei verhältnismäßig kurzgefaßten, zum Beispiel einbändigen Werken, besonders bei solchen, die sich im engen Bereich einer einzigen Spezialfrage bewegen, besteht die Funktion eines Index lediglich darin, Namen und einige wichtige Angaben etwas leichter auffinden zu helfen, als dies ohnehin anhand des Inhaltsverzeichnisses möglich ist. Die Aufgabe gestaltet sich etwas schwieriger bei Werken von größerem Umfang und kompliziert sich noch mehr, wenn es sich um ein Lebenswerk von der Bedeutung und der Spannweite der GESAMMELTEN WERKE von Sigmund Freud handelt. Die Schwierigkeit besteht in einem solchen Falle nicht allein im größeren Umfang; das wäre ja weitgehend ein quantitatives Problem. Vielmehr muß mit ganz verschiedenartigen und weitverzweigten Ansprüchen auf seiten der Leserschaft gerechnet werden. Vor allem die Fachgelehrten und Sachverständigen möchten Freuds Meinung bis in die feinsten Verästelungen und speziellsten Fragestellungen des jeweils eigenen Interessenkreises hinein verfolgen und erfahren können. Dabei soll nach Möglichkeit auch auf solche Belange und Problemkreise hingewiesen werden, die Freud seinerseits eventuell mit diesen Problemen in Zusammenhang gebracht hat, so daß ein dichtes, die mannigfaltigsten Sonderinteressen befriedigendes und anregendes Netz von Referenzen und Kreuzverweisungen dargeboten werden muß. Ferner kommen die Ansprüche des Biographen und Historikers der Psychoanalyse in Betracht, der vor allem die im Laufe der verschiedenen Lebens- und Arbeitsphasen sich wandelnden persönlichen Beziehungen Freuds zu seinen Mitarbeitern und seinem Publikum erforschen will. Und endlich darf man die Ansprüche des Leserpublikums nicht ganz außer acht lassen, beispielsweise derer, die sich im Zusammenhang mit einer die Psychoanalyse lediglich am Rande berührenden Fragestellung an ein Detail im Werk erinnern und nun die betreffende Textstelle aufspüren möchten. In den Schriften Freuds gibt es besonders viele solcher Stellen, mit denen sich das

Gedächtnis assoziativ verhaftet: bestimmte Anekdoten, Wortspiele und Träume. Endlich muß man auch der Tatsache Rechnung tragen, daß bestimmte Begriffe und Fachausdrücke, die Freud in den verschiedenen Perioden seines Schaffens benutzt hat, Bedeutungsveränderungen und Sprachwandlungen durchgemacht haben. Solche Sinnvarianten und Synonyme müssen im Register festgehalten werden. Es ist nicht einfach, alle diese Gesichtspunkte gleichermaßen zu berücksichtigen. Überdies hat der Vorsatz, möglichst verschiedenartige und mannigfaltige Ansprüche zu befriedigen, natürlich auch seine Schattenseiten. So wird es wahrscheinlich mehr als einmal vorkommen, daß der Leser vieles – was eben nicht in seinen spezifischen, engeren Gesichtskreis fällt – als überflüssig empfinden wird. Der Biograph wird manche Eintragung im ›Hauptregister‹ als allzu weitschweifig überspringen wollen, und der Fachgelehrte wird die Achseln zucken, wenn er sich fragt, ob es tatsächlich der Mühe wert war, ein ›Biographisches Register‹ dem ›Hauptregister‹ beizufügen oder eigens jene Gleichnisse und Metaphern aufzuzählen, durch die Freud im Laufe der Jahre immer wieder versucht hat, theoretische Zusammenhänge und Modelle seiner Lehre in allgemeinverständlicher, quasi volkstümlich anschaulicher Form darzustellen. Auch der praktische Arzt und der Psychologe sind nicht gleichzeitig zu befriedigen: während den Mediziner vordringlich die klinischen Beiträge und Krankengeschichten interessieren werden, befaßt sich der Theoretiker vor allem mit den metapsychologischen Theoremen. Und selbst das zuletzt genannte Interesse ist nicht einheitlich: der Psychiater sucht Aufklärung über das abnorme, der Psychologe über das normale Verhalten. Kurzum: es wird nicht immer gelingen, einerseits die unterschiedlichsten Ansprüche zu berücksichtigen und andererseits die Gefahr der Weitschweifigkeit zu meiden. Der allgemeine Leser, den die Vielzahl der Gesichtspunkte an manchen Stellen verwirren mag, sei auf die vollständigen, relativ kurzen Register am Ende der einzelnen Bände der GESAMMELTEN WERKE verwiesen. Der leichte Weg, diese siebzehn Register einfach zusammenzuschmelzen, war mir leider versperrt. Erstens stammen sie nicht von der gleichen Hand und sind demgemäß nicht unter einheitlichen Gesichtspunkten zusammengestellt worden. Zweitens änderten sich, wie schon oben bemerkt, die Termini, besonders die Hauptausdrücke Freuds im Laufe der Zeit. Endlich enthalten die bandweise zusammengestellten Verzeichnisse naturgemäß keine über den Einzelband hinausweisenden Querverbindungen, die aufzuzeigen eine der Hauptfunktionen eines Gesamtregisters ist. Andererseits wäre es falsch gewesen, diese Einzelregister, die zum Teil von ausgezeichneten Fachleuten erstellt worden sind, überhaupt nicht zu konsultieren.

Um dem ganzen Band Struktur und Übersichtlichkeit zu verleihen, schien es ratsam, das gesamte Material in ein ›Hauptregister‹ und in mehrere Sonderregister aufzuteilen. Nachdem das ›Namen- und Autorenregister‹ abgespalten worden war – eine weitere Zweiteilung dieses Verzeichnisses erübrigt sich –, erschien es sinnvoll, auch die geographischen und ethnologischen Eintragungen, welche andernfalls entweder in dem einen oder dem anderen hätten Platz finden müssen, in einem separaten Register *(›Geographisches und ethnologisches Register‹)* zu vereinen – vor allem der prominenten Stellung wegen, welche Freuds anthropologische Werke und Ausführungen in seinem Gedankensystem und seinen Lehren einnehmen. Dem biographischen Interesse wollten wir durch ein ›*Biographisches Register*‹ Genüge tun; überdies schien es uns aus theoretischen Überlegungen ratsam, das mehr Persönliche vom mehr Sachlichen abzusondern.

Das ›*Bibliographische Register*‹ katalogisiert alle diejenigen Werke, auf die sich Freud in seinen Arbeiten bezieht und von denen er sich hat anregen lassen – Werke sowohl der schönen wie der Fachliteratur. Mit Ausnahme von Band II/III der Gesammelten Werke fehlt ein vergleichbares Sonderregister in den Einzelbänden. Es muß an dieser Stelle sogleich hinzugefügt werden, daß es im Falle dieses ›Bibliographischen Registers‹ unendlich schwierig (wenn nicht unmöglich) gewesen wäre, sämtliche Eintragungen präzise nach modernen bibliographischen Gepflogenheiten zu zitieren. Freud las viel und verwendete das Gelesene häufig und gerne zur Illustrierung seiner Lehren, ohne in jedem Fall genaue bibliographische Angaben zu vermerken; oft findet sich nicht mehr als der Titel des Werkes und der Name des betreffenden Autors. Obwohl ich in solchen Fällen keine Ergänzungen oder Vereinheitlichungen vorgenommen und den zuweilen fragmentarischen Charakter der Angaben beibehalten habe, hoffe ich, daß dieses Register sich als eine interessante, vielleicht sogar aufschlußreiche Lektüre erweisen wird.

Das literarische und stilistische Interesse bestimmter Lesergruppen legte nahe, Gleichnisse und Metaphern in einem eigenen Register *(›Register der Gleichnisse, Metaphern und Vergleiche‹)* herauszufiltern, die sonst im ›Hauptregister‹ entweder verlorengegangen wären oder gelegentlich vielleicht zu Mißverständnissen hätten führen können. Um das ›Hauptregister‹ nicht über Gebühr zu belasten, schien es wichtig, einerseits die von Freud verwendeten Zitate anderer Autoren in einem ›*Zitatregister*‹ sowie andererseits bestimmte, recht

charakteristische Sprachwendungen und Wortneuschöpfungen Freuds in einem ›Sprachregister‹ zusammenzustellen.
Die Abtrennung der *Krankengeschichten* erschien als die beste Möglichkeit, das jeweils Charakteristische dieser Fallstudien zu bewahren. Im ›Hauptregister‹ verschlüsselt, würde man dies eingebüßt haben. Außerdem konnte auf diese Weise dem speziellen klinischen Interesse entsprochen werden.
Auch das ›*Symbolregister*‹ und das ›*Register der Fehlleistungen und Symptomhandlungen*‹, das ›*Register der Anekdoten, Witze und Wortspiele*‹, sowie das ›*Traumregister*‹ hätten im Rahmen des ›Hauptregisters‹ verbleiben können. Es gibt aber vermutlich viele Leser, die es recht beschwerlich finden, bei Gegenständen, welche auch theoretisch sehr eingehend besprochen werden, die Beispiele einzeln oder in kleinen Gruppen herauszusuchen. Bei kürzeren Eintragungen wurde deshalb auf separate Zitierung verzichtet; z. B. habe ich bestimmte Aberglauben, Mythen und Märchen nur in das Hauptregister aufgenommen. Sie sind nicht hinreichend zahlreich, um ein separates Verzeichnis zu rechtfertigen, und überdies für das Lebenswerk Freuds von sekundärer Bedeutung.
Das ›*Titelregister*‹ schließlich faßt die Inhaltsverzeichnisse der Bände I–XVII unverändert, jedoch alphabetisch geordnet zusammen.
Nach reiflicher Überlegung hielt ich es nicht für empfehlenswert, mehr als die obengenannten Sonderregister dem ›Hauptregister‹ zur Seite zu stellen. Eintragungen, welche der Leser vielleicht doch in letzterem zu suchen geneigt ist – und das bezieht sich besonders auf die Symbole – wurden (schweren Herzens zwar) *auch* in das ›Hauptregister‹ aufgenommen, obwohl dies den Vorwurf eintragen wird, der Band enthalte Wiederholungen. Aber ein Register ist nicht ein Werk der schönen Literatur, flüssig geschrieben und leicht lesbar, sondern ein Nachschlagebuch. Wiederholungen sind an vielen Stellen recht zweckmäßig und nie ganz vermeidbar. Die größten diesbezüglichen Schwierigkeiten ergaben sich bei jenen Sonderregistern, die Beispiele enthalten (›Traumregister‹, ›Register der Fehlleistungen‹). Für jeden Leser bedeutet ein anderes Schlagwort die persönliche ›Komplexnähe‹ seines Gedächtnismaterials. Um nur ein Beispiel anzuführen: derselbe Traum Freuds wird in der Erinnerung des einen Lesers unter dem Schlagwort ›Frühstücksschiff‹, in der eines anderen als ›Ankerbausteinkasten‹, für einen dritten etwa als ›Schloß am Meer‹ figurieren. Mein Bestreben war es, nach Möglichkeit jedem Leser die Chance zu geben, das ›Seinige‹ zu finden. Immer wird es nicht gelungen sein.
Auch innerhalb des ›Hauptregisters‹, das ein strikt alphabetisches

Register ist, dürfen natürlich systematische Gesichtspunkte nicht ganz außer acht gelassen werden. Dies geschieht durch vielfältige Kreuzverweisungen, die wiederum dadurch in erträglichem Rahmen gehalten werden, daß Synonyme neben einer Haupteintragung nach Möglichkeit vollständig aufgezählt werden. Dieses Verfahren erspart unnötige Kreuzverweisungen. Überdies wird im ›Hauptregister‹ der Versuch gemacht, durch Nebeneintragungen und Untergruppen auch einen mehr oder weniger übersichtlichen systematischen Einblick in das Material zu geben. Die Absonderung des Beispielmaterials sowie alles dessen, was in den Sonderregistern aufzufinden ist, scheint diesem Bestreben dienlich gewesen zu sein. Außerdem sind ja die Kodierungsgesichtspunkte für das ›Hauptregister‹ und für die Sonderregister nicht identisch, so daß schon deshalb eine Abspaltung nahelag. Am Schluß dieser Schilderung der allgemeinen Gesichtspunkte sei also noch einmal betont, daß es schlechterdings unmöglich ist, *alle* Wünsche gleichermaßen zu befriedigen und dabei auch noch *alle* denkbaren Fehler zu vermeiden. Die an dieser Stelle geäußerte Bitte um Verständnis und Nachsicht von seiten der zukünftigen Benutzer des Bandes darf also keinesfalls als bloße Formalität, als konventionelle Geste mißverstanden werden. Ich bin mir vielmehr bewußt, daß für eine in jeder Hinsicht ausgewogene Leistung weit mehr Zeit erforderlich gewesen wäre als jene zwei Jahre, die ich daran gearbeitet habe, um das Konvolut zu Freuds hundertstem Geburtstag im Jahre 1956 vorzulegen. Leider erwies es sich als unmöglich, das damals abgeschlossene Manuskript zu publizieren. Mehrere Jahre verstrichen, bevor, nach der Übernahme der Werke Freuds durch den S. Fischer Verlag, die Arbeit wieder aufgenommen werden konnte. Um so dringlicher erschien es mir nun, das Buch unverzüglich herauszubringen – ein Wunsch, der weitere strukturelle Veränderungen des Manuskriptes nicht zuließ. Zahlreiche Anregungen für Einzelkorrekturen gab Frau Ilse Grubrich-Simitis. Ohne ihren scharfen Blick, ihre aktive, aufopferungsvolle Mitarbeit und unsere rege Korrespondenz während vieler Monate, hätte ich das Ziel kaum erreicht. Ihr gebührt großer Dank. Das gilt ebenso für Herrn Wolfgang Schuler, der an allen Arbeiten produktiv und unermüdlich mitgewirkt hat. Von Zeit zu Zeit hat auch Frau Godula Faupel geholfen; sie sei ebenfalls dankbar erwähnt. – Schließen möchte ich mit einer Bitte an die Benutzer des Bandes, nämlich uns Kritik und Änderungsvorschläge, die in der zweiten Auflage berücksichtigt werden könnten, mitzuteilen.

London, Sommer 1968   Lilla Veszy-Wagner

II. SPEZIELLE GESICHTSPUNKTE *

1. Inhaltliche Gesichtspunkte

a) Freuds Sprachgebrauch

  i) Freud gebrauchte in seinen Schriften abwechselnd *deutsche und lateinische Termini* – die letzteren sowohl als Fachwie als umgangssprachliche Ausdrücke. Zitate sind nicht selten in der jeweiligen Originalsprache angegeben. Das Register bemüht sich, diesen Gewohnheiten Freuds Rechnung zu tragen, wobei man allgemein sagen kann, daß Freud lateinisch für medizinisch-psychologische Zusammenhänge, deutsch für soziologisch-deskriptive bevorzugt hat.

  ii) Besonders schlagende und *kennzeichnende Wendungen*, die Freud selbst geprägt bzw. häufig verwendet hat, finden sich entweder im ›Sprachregister‹, im ›Hauptregister‹ oder in beiden.

  iii) Im ›Hauptregister‹ werden grundsätzlich Freuds eigene Bezeichnungen und Termini verwendet.

  α) Von dieser Regel wird dort abgewichen, wo es aus sachlichen Erwägungen notwendig erschien, *Synonyme* zu bringen. Beispielsweise gebrauchte Freud den Ausdruck ›Onanie‹ viel öfter als ›Masturbation‹. Dennoch ist es sinnvoll, ›Masturbation‹ als Haupteintragung anzuführen (wobei ›Onanie‹ zwar im Register erscheint, aber auf ›Masturbation‹ weiterverweist; vgl. auch II. 2. i; S. XXIV), weil die internationale Fachliteratur diesen Ausdruck zu bevorzugen scheint. Ähnlich verhält es sich mit ›Inversion‹. Noch ein drittes Beispiel: Nur weil Freud den Begriff der ›Frigidität‹ selten benutzt hat, hätten wir schwerlich auf ihn als Haupteintragung verzichten können, um stattdessen ›Unempfindlichkeit‹ oder ›Anästhe-

---

* Auf Modifikationen und Ergänzungen der hier beschriebenen Regelungen wird in den Vorbemerkungen zu den einzelnen Sonderregistern hingewiesen.

sie‹ aufzuführen. Es erweist sich gelegentlich als schlechterdings unerläßlich, auch solche Begriffe aufzunehmen, die in Freuds Sprachgebrauch zwar selten vorkommen, in der Psychoanalyse heute aber einen wichtigen Stellenwert haben, z. B. ›Adoleszenz‹ bzw. ›Adoleszent‹.

β) Um noch einige weitere, sinnvoll erscheinende Abweichungen von Freuds Sprach- und Schreibusancen zu nennen: ›Über-Ich‹ schreibt Freud stets in zwei, durch einen Bindestrich miteinander verbundenen Wörtern. Da die internationale psychoanalytische Literatur schon zu Freuds Lebzeiten wie auch heute hinsichtlich der Schreibweise schwankt (Amerikaner und Franzosen neigen zu einem Zusammenschluß der beiden Wörter und zu einem Weglassen des Bindestrichs, während die Engländer sich lieber an die Freudsche Originalschreibweise halten), geben wir aus Gründen der Übersichtlichkeit und nicht zuletzt der Bequemlichkeit der ersteren Schreibweise – also ›Überich‹ – den Vorzug.

γ) In Freuds Werk finden sich bestimmte Wortkombinationen, z. B. charakteristische Verbindungen bestimmter Adjektive mit bestimmten Substantiven, die immer wieder in der nämlichen Zusammenstellung auftreten. Solche Wortkombinationen wurden in das Register übernommen, und zwar fungiert als Haupteintragung das jeweils wichtigere, markantere Element der Wortgruppe. Während Freud im allgemeinen von ›weiblich‹ spricht, benutzt er den Ausdruck ›feminin‹ ausnahmsweise in der Wortkombination ›feminine Einstellung‹, um die passive Haltung des Knaben gegenüber dem Vater zu charakterisieren. Demgemäß versucht das ›Hauptregister‹ alles, was in den Sinnbereich ›weiblich, feminin‹ fällt, unter ›**Weiblich**‹ einzuordnen, während die Wortgruppe ›feminine Einstellung‹ unter dem Hauptordnungswort ›**Feminin**‹ erscheint.

iv) Es ist bekannt, daß Freud im Laufe der Jahre in den verschiedenen Abhandlungen seines Gesamtwerks bestimmten Grundkonzepten seiner Lehre *unterschiedliche Namen* gegeben hat. Während in Band XIV, S. 84, der ›Todestrieb‹ alternativ für ›Destruktionstrieb‹ gesetzt wird, erscheint der ›Destruktionstrieb‹ in Band XVI, S. 88, dem ›Aggressionstrieb‹ disjunktiv zugeordnet. Auf den ersten Blick betrachtet, hätte man also unter der Haupteintragung ›Todestrieb‹ sämtliche synonym benutzten Termini aufzählen können, wie ›Destruktionstrieb‹, ›Aggressionstrieb‹ usw. und schließlich auch die konträren Triebe, etwa den ›Selbsterhaltungstrieb‹. Bei näherem Zusehen erweist sich ein solches Vorgehen freilich als unzulässig: formalsprachliche Änderungen sind bei Freud nicht etwas Zufälliges und Äußerliches, sie signalisieren vielmehr einen Bedeutungswandel, d. h. eine Modifikation und Verfeinerung der Begriffe und theoretischen Modelle selbst, in diesem Falle entscheidende Abänderungen in der Triebtheorie. Deshalb habe ich nicht darauf verzichten wollen, die chronologisch aufeinander folgenden und einander ablösenden Termini sämtlich als Haupteintragungen aufzuführen, wobei jeweils auf die anderen, quasi-synonymen Eintragungen verwiesen wird.

v) Weitere Erläuterungen und Illustrationen meiner Bemühungen, Freuds Sprachgebrauch bei der Aufschlüsselung zu berücksichtigen:

α) Freud benutzt den Ausdruck ›Nächstenliebe‹ äußerst selten. Das Phänomen wird meist ›Menschenliebe‹ genannt. Desungeachtet bringt das ›Hauptregister‹ unter der Haupteintragung ›**Menschenliebe**‹ lediglich den Verweis auf die Haupteintragung ›Nächstenliebe‹, weil unter dem Wortstamm ›Mensch-‹ vor allen Dingen anthropologische, soziologische usw. Bedeutungszusammenhänge aufgeführt werden (z. B. ›**Menschenopfer**‹, ›**Menschheit**‹ usw.), weniger moralische Begriffsbildungen.

β) Der Terminus ›Kleinkind‹ kommt bei Freud so gut wie nie vor. Dennoch schien es zweckmäßig, neben den Eintragungen ›**Kind**‹, ›**Säugling**‹ und ›**Neugeborenes**‹ auch diese, wie mir scheint, die kindlichen Entwicklungsphasen weiterhin differenzierende Bezeichnung aufzunehmen. Freud gebraucht folgende Ausdrücke alternativ: ›Kindheitserlebnisse‹, ›Früherlebnisse‹ und ›Kindheitsszenen‹. Das ›Hauptregister‹ führt unter der Haupteintragung ›**Früherlebnisse**‹ Fälle von nicht-sexuellen (oder nicht primär bzw. nicht unmittelbar sexuellen) kindheitlichen Erlebnissen auf, ausgesprochen sexuelle unter ›**Infantile Sexualszenen**‹. Die Theorien über letztere finden sich unter ›**Kindheitstrauma**‹ rubriziert. Die Eintragung

›Kindheitserlebnisse‹ hätte nämlich die beiden zuerst genannten Phänomene umfaßt, also nicht unmittelbare sexuelle und eindeutig sexuelle Kindheitserlebnisse, ›Kindheitsszenen‹ die beiden letzteren, also sexuelle Kindheitserlebnisse und die theoretischen Überlegungen zu diesen, so daß es mit dieser Begriffsbildung nicht möglich gewesen wäre, die Phänomene der kindlichen Erlebniswelt von der theoretischen Reflexion über diese zu unterscheiden.

γ) Ein ähnliches Problem ergibt sich bei der Bezeichnung ›Massenpsychose‹, welche von Freud bald für die Wissenschaft, also die Psychologie der Massenseele, benutzt wurde, bald für das Phänomen ›Massenseele‹ selbst. Das ›Hauptregister‹ unterscheidet solche Textpassagen, indem es sie je nachdem unter der Eintragung ›**Massenpsychologie**‹, als der wissenschaftlichen Analyse massenpsychologischer Phänomene zugehörend, bzw. selbst als massenpsychologisches Phänomen unter der Eintragung ›**Massenseele**‹ rubriziert. (Daß diese Unterscheidung in den Schriften Freuds auch dort, wo er einheitlich von ›Massenpsychologie‹ spricht, eindeutig aus dem jeweiligen Kontext hervorgeht, versteht sich am Rande.) Für ein Register, das die einzelnen Eintragungen im wesentlichen isoliert und aus dem inhaltlichen Zusammenhang herausgerissen präsentiert, sind in solchen Zweifelsfällen zusätzliche Differenzierungen notwendig.

δ) Freud unterscheidet gelegentlich zwischen ›Perversion‹ und ›Perversität‹, wobei Perversion für einen individualpsychologisch zu erklärenden, medizinisch diagnostizierbaren und möglicherweise heilbaren Zustand steht, während Perversität die Manifestationen dieses Zustandes im Umgang mit den Mitmenschen und den Institutionen der Gesellschaft bezeichnet. Da diese Unterscheidung indessen nicht konsequent durchgehalten wird, und der Begriff ›Perversität‹ überdies nicht sonderlich häufig vorkommt, wurde auf ihn als Haupteintragung verzichtet, stattdessen wurde er der Haupteintragung ›**Perversion**‹ als Synonym in eckigen Klammern beigefügt (vgl. auch II. 2. i; S. xxiv).

Unter dem Stichwort ›**Polymorph-perverse** Anlage‹ wurde eine – insofern es sich nicht um identische Sachverhalte handelt, theoretisch vielleicht nicht ganz korrekte – Weiterverweisung auf ›**Partialtriebe**‹ gegeben; wo immer im Text von ›polymorph-perverser Anlage‹ die Rede ist, geschieht dies aber in Zusammenhang mit den ›Partialtrieben‹ und den ›prägenitalen Organisationen‹.

Der Ausdruck ›Frau‹ wird von Freud in der Regel dort verwendet, wo es sich um die Erörterung soziologischer Probleme handelt, ›Weib‹, wo es um sexuelle und allgemein menschliche Zusammenhänge geht. Das Register orientiert sich an dieser Sprachregelung.

Freud gebraucht häufig die Bezeichnung ›sadistisch-anale‹ Phase statt ›anal-sadistische‹ Phase. Im ›Hauptregister‹ wird die zweite Fassung angegeben, weil Freud ›anale Phase‹ und ›anal-sadistische‹ (oder ›sadistisch-anale‹) Phase tatsächlich alternativ benutzt, und die Haupteintragung ›**Anal(sadistische) Phase**‹ sich überdies aus Gründen der alphabetischen Reihenfolge anbietet (zur Verwendung der runden Klammern vgl. IV. 7. g; S. XXXIV).

Obgleich Freud den Ausdruck ›Vergreifen‹ häufiger gebraucht als ›Fehlgreifen‹ (›Fehlgriff‹), erschien es mir vorteilhafter, letzteren als Haupteintragung zu benutzen, und zwar vor allem aus folgendem Grunde: Eintragungen mit der Vorsilbe ›**Ver-**‹ sind überaus zahlreich, so daß das ›Hauptregister‹ gerade hier besonders unübersichtlich zu werden drohte. Unverzichtbare Termini wie z. B. ›Verlesen‹ sind freilich dennoch an den ihnen zukommenden Stellen aufzufinden. (Auf die Variante ›Sich-Verlesen‹, die Freud gelegentlich benutzt, wurde nicht gesondert verwiesen.)

Auch die Begriffe ›Aufregung‹ und ›Erregung‹ benutzt Freud häufig alternierend. Dennoch konnten beide Ausdrücke im ›Hauptregister‹ nicht zu einer Haupteintragung verschmolzen werden. Sie erscheinen beide – und zwar nicht als Synonyme –, wobei die primär sexuellen Konnotationen unter ›**Erregung**‹, die nicht unmittelbar sexuellen unter ›**Aufregung**‹ subsumiert wurden.

b) Allgemeine inhaltliche Gesichtspunkte

i) Gewisse, sehr allgemeine *Wörter* und *Begriffe* sind aus Umfanggründen nicht in das Register aufgenommen worden.

Solche Eintragungen fehlen zumeist auch in den Sachverzeichnissen anderer psychoanalytischer Bücher.

ii) Zu *Haupteintragungen* wurden in der Regel solche Begriffe gemacht, die theoretisch wichtig sind bzw. die im Werk Freuds sehr häufig vorkommen. Nach Möglichkeit wurde vermieden, mehrere Synonyme eines Hauptbegriffs sämtlich als Haupteintragungen zu registrieren. Hinweise auf solche Synonyme finden sich indessen allenthalben. In folgenden Ausnahmefällen ist diese Regel durchbrochen worden:

α) Bei gewissen, von Freud alternativ und gleich häufig gebrauchten Synonymen konnte nicht auf mehrere Haupteintragungen verzichtet werden (siehe hierzu II. 2. i; S. XXIV). Dasselbe gilt auch für quasi synonyme Termini, d. h. Termini, bei denen sich nicht immer mit Sicherheit feststellen läßt, ob Freud bei ihrer Benutzung jeweils identische oder bloß verwandte Sinnzusammenhänge meint. Häufig verwendet er die synonymen bzw. quasi synonymen Versionen eines Begriffs aus stilistischen Gründen, also um ermüdende Wiederholungen zu vermeiden – z. B. ›seelisch‹ und ›psychisch‹, ›somatisch‹ und ›körperlich‹, ›Idee‹ und ›Vorstellung‹.

β) Die Haupteintragung ›**Coitus**‹ verzeichnet nur diejenigen Textstellen, wo – vor allem bei Wortkombinationen wie ›coitus interruptus‹ – die lateinische Orthographie beibehalten wurde. Unter ›**Koitus**‹ findet man auch Hinweise auf solche Passagen, in denen der Begriff mit anderen Namen versehen ist, z. B. ›Sexualakt‹, ›Kohabitation‹ usw.

Eine besondere Schwierigkeit birgt der Begriff ›Ich‹ mit seinen Derivaten ›Ich-‹; alle diese Derivate hätten als selbständige Haupteintragungen gebracht werden können, sie sind hier indessen der übergeordneten Kategorie ›Ich‹ subordiniert worden, z. B. ›**Ich**-stärke‹ statt ›**Ich**stärke‹.

Dadurch ist es möglich, für die Psychoanalyse besonders wichtige Kategorien, wie ›Ichideal‹, als Haupteintragung aus den üblichen nicht als Haupteintragung vermerkten ›Ich‹-Derivationen herauszuheben und leichter auffindbar zu machen.

iii) Verschiedentlich mußten Begriffe differenziert werden, da sich ihre spezifische Bedeutung nur aus dem jeweiligen

Kontext ergibt. So wurde beispielsweise unterschieden zwischen ›Weib (als Objekt)‹ und ›Weib (als Subjekt)‹ oder zwischen ›Kind (als Objekt)‹ und ›Kind (als Subjekt)‹. Das Wort ›Kinderliebe‹ kann im Deutschen ebenso diejenige Liebe bedeuten, die das Kind für etwas verspürt, wie diejenige, welche von jemandem für das Kind empfunden wird. Für ersteres steht im Register ›Kinderliebe‹, für letzteres ›Kind (als Objekt)‹. In analoger Weise wird ›Kindeswunsch‹ vom ›Kinderwunsch‹ unterschieden. Andere Differenzierungsmerkmale sollen zwischen Ergebnis und Gegenstand eines Prozesses einerseits und dem Vorgang als solchem andererseits unterscheiden (vgl. II. 2. j; S. xxivf.).

2. Formale Gesichtspunkte

a) Systematik

Zur Systematik des Registers gehört es, daß sämtliche in ihm enthaltenen Haupteintragungen sich, wenn nicht dem Wortlaut so doch dem Inhalt nach, in Freuds Werken finden. Für die Nebeneintragungen gilt dies nicht in jedem Falle, da hier auch auf Problemzusammenhänge und Termini verwiesen werden sollte, die in der heutigen psychoanalytischen Literatur eine Rolle spielen und diskutiert werden. Definitionen und Zusammenfassungen in den GESAMMELTEN WERKEN werden besonders hervorgehoben, auch wenn Freud die jeweiligen Textpassagen nicht ausdrücklich so verstanden hat. Wie die meisten hier angeführten formalen Gesichtspunkte gilt dieses Prinzip sowohl für die Haupt- wie für die Nebeneintragungen und Untergruppen.

b) Fremdsprachige und verdeutschte Ausdrücke

Deutsche bzw. verdeutschte Ausdrücke werden ihren lateinischen bzw. fremdsprachigen Äquivalenten nur dann vorgezogen, wenn dadurch den Sprachgepflogenheiten Freuds keine Gewalt angetan wird. Für den Fall, daß Freud für ein und denselben Sachverhalt zwei bzw. mehrere Begriffe alternativ verwendet hat, gilt im allgemeinen die Regel, daß der in bezug auf das Gesamtwerk jeweils am häufigsten verwendete Terminus als Haupteintragung übernommen wird. Wo von dieser Regel abgewichen wird, geschieht dies aus sachlichen Erwägungen.

Fremdsprachige Eintragungen werden von deutschen typographisch nicht unterschieden und in der Orthographie der Herkunftsprache zitiert. (Zur alphabetischen Einordnung griechischer Begriffe siehe Absatz III. 1. f; S. xxix).

c) Graphische Darstellungen

In den siebzehn Bänden der GESAMMELTEN WERKE gibt es nur wenige graphische Darstellungen. Sofern es möglich war, wurde im ›Hauptregister‹ auf sie verwiesen.

d) Definition der Begriffsklassen, nach denen dieses Register rubriziert.

Es wird unterschieden zwischen ›Haupteintragungen‹ (›selbständige‹ oder ›unselbständige‹), ›Untergruppen‹ und ›Nebeneintragungen‹.

i) Wörter, welche – in halbfetten Lettern gesetzt – auf der äußersten linken Seite der Eintragungen erscheinen, also Hauptklassen der im Register aufgeführten Begriffe darstellen, heißen *Haupteintragungen.*

ii) *Selbständige Haupteintragungen (Hauptordnungswörter)* besitzen Untergruppen und Kreuzverweisungen (›s. a.‹) auf andere selbständige Haupteintragungen.

iii) *Unselbständige Haupteintragungen* sind zwar gleichfalls eine Hauptklasse, versammeln indessen keine Untergruppen. Meist handelt es sich bei dieser Kategorie um Synonyme, deren Begriffsinhalt im Freudschen Gesamtwerk von einem anderen Synonym treffender bzw. häufiger ausgedrückt wird; auf dieses Hauptordnungswort wird von der unselbständigen Haupteintragung verwiesen. Dort findet der Leser dann auch die jeweilige Untergruppe. Unselbständige Haupteintragungen haben also einfache Verweisungen (›s.‹) (Siehe die Ausführungen zu den Synonymen, II. 2. i. i–vi; S. xxiv).

iv) *Untergruppen* finden sich also nur unter selbständigen Haupteintragungen bzw. Hauptordnungswörtern. Es gibt Untergruppen ersten, zweiten, dritten usw. Grades. Der Grad der Unterordnung wird typographisch durch das nach rechts fortschreitende Einrücken der Zeilen angedeutet. Die Begriffe der Untergruppen sind innerhalb desselben Grades wiederum alphabetisch geordnet. Die Einstufung der einzelnen Begriffe in verschiedene Grade der Unterordnung erfolgt nach inhaltlichen Gesichtspunkten.

Beispiel für Untergruppen zum Hauptordnungswort ›Philosophie‹ und Illustration der Typographie:
Philosophie (Hauptordnungswort)
Systeme d. (Untergr. 1. Grades)
(bestimmte) (Untergr. 2. Grades)
Anarchismus (Untergr. 3. Grades)

v) Unter *Nebeneintragungen* verstehen wir solche Begriffe, die den Haupteintragungen oder Untergruppen als Erläuterung und Ergänzung in eckigen Klammern nebengestellt sind. Zumeist handelt es sich dabei um Synonyme – z. B.:
Panik [Panische Angst]
Parese [Paresis]

e) Kriterien, nach denen die einzelnen Wörter, Begriffe und Sprachwendungen in die verschiedenen Begriffsklassen des Registers eingeordnet werden.

i) *Haupteintragungen*

α) Als Haupteintragung fungieren solche Wörter, denen Freud in seinen Schriften einen besonders gewichtigen Platz eingeräumt hat. Solche Begriffe erscheinen als Haupteintragung in wenigstens einem der Register an wenigstens einer Stelle. Häufig gebrauchte Synonyme solcher Hauptbegriffe werden zumindest als unselbständige Haupteintragung aufgeführt, selbstverständlich mit Verweis auf das dazugehörende Hauptordnungswort. Selten gebrauchte und weniger charakteristische Synonyme werden dem entsprechenden Hauptordnungswort in eckigen Klammern beigegeben. Dies gilt auch für den Fall, daß ein Synonym der alphabetischen Reihenfolge nach im Register unmittelbar nach dem dazugehörenden Hauptordnungswort erscheinen würde.

β) Zu Haupteintragungen wurden nach Möglichkeit Substantive gemacht, und zwar solche, die Wesen, Funktion, Entstehen usw. objektiv feststellbarer Phänomene beschreiben, als auch solche, die subjektive Eindrücke andeuten – z. B.: ›**Spannungsgefühl**‹, ›**Schmerzempfindung**‹.

γ) Wo es sich als unerläßlich erwies, wurden auch Verben zu Haupteintragungen gemacht.

δ) Es wurde nach Möglichkeit vermieden, Adjektive isoliert, ohne verbale oder substantivische Zusätze als führende Eintragungen in die Verzeichnisse aufzunehmen – dies nicht zuletzt aus Gründen der Übersichtlichkeit. Die deklinatorischen Abwandlungen der Adjektive im Deutschen hätten schwerfällige Untergruppen erforderlich gemacht. Wo sich die Nennung von Adjektiven als Hauptordnungswörter nicht vermeiden ließ, wird indessen vom Adjektiv nicht auf das zugehörige Substantiv verwiesen. Beispielsweise ›**Neurotisch**‹ führt keinen Verweis auf ›**Neurose**‹.

ε) Abgeleitete Wörter, d. h. solche Wörter, die sich zwar von einem gemeinsamen Stamm herleiten, aber verschiedene Bedeutungen haben, werden entweder als Hauptordnungswörter oder als Nebeneintragungen behandelt.

ii) *Nebeneintragungen und Untergruppen*

α) Nebeneintragungen und Untergruppen besitzen nicht in jedem Fall diejenige Formulierung eines Begriffs, die eventuell an anderer Stelle als Haupteintragung fungiert. Während z. B. der Terminus ›Lebenstrieb‹ als Hauptordnungswort nicht vorkommt – stattdessen steht ›**Eros**‹ –, kann er als Nebeneintragung oder in einer Untergruppe auftauchen.

β) Nebeneintragungen und Untergruppen werden je nachdem im Singular oder Plural aufgeführt. Entscheidend sind hier inhaltliche Kriterien (vgl. II. 2. f; S. xxiii).

γ) Längere Reihen von Untergruppen vgl. Absatz II. 2. j. i–iii; S. xxiv f.

δ) Abgeleitete Wörter, d. h. solche Wörter, die sich zwar von einem gemeinsamen Stamm herleiten, aber verschiedene Bedeutungen haben, werden entweder als Hauptordnungswörter oder als Nebeneintragungen behandelt.

ε) Untergruppen, welche auf einen der jeweiligen Haupteintragungen inhaltlich zugeordneten Titel aus den Werken Freuds verweisen, werden im präzisen Wortlaut zitiert und nicht der Anpassung an das Hauptordnungswort wegen umgestellt. Unter der Haupteintragung ›**Angst**‹ findet sich z. B. als Untergruppe nicht ›Angst, Hemmung und Symptom‹, bzw. ›Angst, Symptom und Hemmung‹, sondern ›Hemmung, Symptom u. –‹.

f) Gebrauch des Plurals

  i) Bei Wörtern, die durch die Pluralbildung eine entscheidende formale Änderung erfahren, wird die Pluralform wie eine Nebeneintragung behandelt, d. h. sie erscheint hinter der Singularform in eckigen Klammern. Wo diese Maßnahme bei Haupteintragungen notwendig ist, beziehen sich die Untergruppen je nachdem auf die Singular- oder Pluralform – z. B.:
  Wunsch [Wünsche]
  analsadistische
  böser

  ii) Eine Ausnahme von dieser Regel bildet ›Traum‹ bzw. ›Traum-‹ und ›Träume‹; Singular- und Pluralform werden getrennt und beide als Haupteintragungen geführt, weil es verhältnismäßig wichtige und kennzeichnende mit dem Plural ›Träume‹ gebildete Wortkombinationen gibt (›Träume einer Nacht‹, ›perennierende Träume‹, ›serienhafte Träume‹ usw.). Dennoch beziehen sich die Untergruppen von ›Traum‹ bzw. ›Traum-‹ gelegentlich auch auf die Pluralform.

g) Zusammengesetzte Wörter

  i) Wortzusammensetzungen, die Freud in seinem Werk zur Illustration und Verdeutlichung des in ihnen enthaltenen Hauptbegriffs benutzt, der natürlich als Haupteintragung erscheint, werden im Register wie Nebeneintragungen behandelt.

  ii) Der weniger bedeutsame Teil der Wortzusammensetzung wird gelegentlich dem ersten, wichtigeren in runden Klammern hinzugefügt. Dies vereinfacht die Probleme, die durch eine strenge alphabetische Reihenfolge einerseits und durch eine vom Inhalt her empfohlene Abfolge andererseits entstehen können. Beispielsweise folgen auf die Haupteintragung ›**Objekt**‹ zunächst die Komposita ›**Objekt(besetzung)**‹, ›**Objekt(beziehung)**‹ usw., bevor die Haupteintragungen ›**Objektiv**‹ und ›**Objektivierung**‹ erscheinen (vgl. auch IV. 7. g; S. XXXIV).

h) Homonyme

  werden ihrer unterschiedlichen Bedeutung gemäß je nachdem an zwei oder mehreren Stellen des ›Hauptregisters‹ bzw. der

Sonderregister angegeben. Beispielsweise finden sich ›Adler‹ und ›Mut‹ als Haupteintragung jeweils schon im ›Haupt-‹ wie im ›Namenregister‹.

i) Synonyme

    i) Allgemein gilt in diesem Register die Regel, daß nach Möglichkeit sämtliche wichtigeren Synonyme eines Begriffs aufgeführt werden, und zwar in alphabetischer Reihenfolge, durch Kommata getrennt, unmittelbar im Anschluß an die Haupteintragung (vgl. auch II. 2. d. v; S. XXI).

    ii) Häufig verwendete, besonders wichtige Synonyme erscheinen, wie bereits erwähnt, im ›Hauptregister‹ als unselbständige Haupteintragungen, die auf die jeweiligen selbständigen Haupteintragungen weiterverweisen.

    iii) Im Werk Freuds selten vorkommende Ableitungen bestimmter Haupteintragungen werden der Einfachheit halber und zur Entlastung des Registers diesen, wiederum in eckigen Klammern, unmittelbar beigefügt. Ein Beispiel: Der Haupteintragung ›Neu‹ wird ›Das Neue‹ hinzugefügt, so daß die Eintragung insgesamt lautet: ›Neu(-er, -e, -es) [Neue, (Das), Neuheit].

    iv) Für Freuds Schreibgewohnheiten hinsichtlich der Synonyme siehe II. 1. a; S. XIII–XVII).

    v) Wo es sich um quasi-synonyme Ausdrücke handelt, finden sich diese durchweg als selbständige Haupteintragungen notiert.

j) Differenzierung und Untergliederung der Eintragungen

Ein Register, das Ausführlichkeit und Eindeutigkeit beansprucht, wird Längen in den Eintragungen nicht vermeiden können. Dennoch muß zumindest versucht werden, der Gefahr eines chaotischen und unübersichtlichen Schriftbildes durch Untergliederung der einzelnen Eintragungen entgegenzuwirken.

    i) Dies gilt für die Haupteintragungen wie auch vor allen Dingen für die teilweise langen Kolonnen der mitunter mehrfachen Untergruppen (ersten, zweiten, dritten usw. Grades). Untergliederung im Sinne der Übersichtlichkeit führt aber dazu, daß sowohl in der Reihenfolge der Wörter wie im einzelnen Wortlaut im Register nicht immer korrekt diejenige Sprachform übermittelt wird, die Freud benutzt. (Gelegentlich wird die exakte Zitierung freilich noch hinzugefügt.)

ii) Wenn einer selbständigen Haupteintragung ein längerer Block von Untergruppen zuzuordnen ist, werden verschiedentlich der besseren Übersicht halber Begriffskombinationen, welche die jeweilige Haupteintragung in einem Doppelwort als erstes Element enthalten, aus den Untergruppen herausgenommen und selbst als Hauptordnungswörter notiert. Ein Beispiel: der Haupteintragung ›Eltern‹ folgen weitere Haupteintragungen wie ›**Elternbeziehung**‹, ›**Elternersatz**‹, ›**Elternhypnose**‹, ›**Elterninstanz**‹, ›**Elternkomplex**‹, ›**Elternliebe**‹, ›**Elternsymbole**‹, die man im Prinzip auch als Untergruppen hätte bringen können.

iii) Um sehr umfänglichen Untergruppen darüber hinaus eine gewisse Gliederung zu verleihen, wurde der Versuch gemacht, die Begriffe der Untergruppen z. B. durch verbale, adjektivische und substantivische Zusätze zu ergänzen, auch wenn dies den Texten Freuds nur sinngemäß, nicht dem Wortlaut nach zu entnehmen ist.

iv) Gelegentlich werden Begriffe einer zusätzlichen Spezifizierung halber unterschieden, was Freud sprachlich nicht durchzuführen brauchte, da aus dem Kontext der jeweiligen Schriften der Wortsinn stets eindeutig erschlossen werden kann. Im Register hingegen muß z. B. grundsätzlich differenziert werden zwischen dem Ergebnis und dem Gegenstand eines Prozesses einerseits und dem Vorgang als solchem andererseits. Was jeweils gemeint ist, wurde in der Mehrzahl der Fälle durch in runde Klammern gesetzte Erläuterungen oder auch durch Präpositionsbeifügungen verdeutlicht. Der Begriff ›Widerstand‹ wurde beispielsweise wie folgt differenziert: ›**Widerstand** (i. allgemeinen)‹, ›**Widerstand** (Bekämpfung d.)‹, ›**Widerstand** (Formen d.)‹, ›**Widerstand** (Stärke d.)‹, ›**Widerstand** (Steigerung d.)‹, ›**Widerstand** (Symptome d.)‹, ›**Widerstand** (Theorie d.)‹, ›**Widerstand** (Verringerung d.)‹, ›**Widerstand** (als Vorgang)‹, ›**Widerstand durch**‹, ›**Widerstand gegen**‹, ›**Widerstand im**‹ und ›**Widerstand wegen**‹. Weitere Differenzierungsmerkmale sind: ›(i. allgemeinen)‹ und ›(bestimmte)‹, ›(als Objekt)‹ und ›(als Subjekt)‹ u.a.m. (vgl. II. 1. b. iii, S. xviiif.).

v) Solche Spezifizierungen und Untergliederungen brauchen das Hauptordnungswort nicht korrekt zu wiederholen. So finden sich neben ›Erinnern (als Vorgang)‹ auch **Erinnerung**‹, ›**Erinnerungsapparat**‹, ›**Erinnerungsbilder**‹ usw.

vi) Schließlich kann das Hauptordnungswort auch in abgewandelter Form angeführt sein: auf die Haupteintragungen ›**Komik** (als Eigenschaft)‹ und ›**Komik** (als psychischer Vorgang und ästhetischer Begriff)‹ finden sich ›**Komiker**‹, ›**Komischmachen**‹, ›**Komischsein**‹ und ›**Komische, (Das)**‹.

k) Verweisungen

i) Das gesamte Register ist im wesentlichen nach dem Prinzip der Kreuzverweisung (›*s. a.*‹ = siehe auch) eingerichtet, d. h., wo von einer Eintragung auf eine zweite verwiesen wird, findet sich bei dieser zweiten auch eine Referenz auf die erste. Bei einfachen Verweisungen (›*s.*‹ = siehe) fehlt diese Rückverbindung.

α) Die Auszeichnung ›*s.*‹ findet sich vor allen Dingen dort, wo bei der Erstellung des Registers Synonyme als unselbständige Eintragungen, seien es Haupteintragungen oder Untergruppen, mit aufgenommen wurden, d. h. unselbständige Eintragungen verweisen mit einer einfachen Verweisung (›*s.*‹) weiter auf die entsprechende selbständige Eintragung – z. B.: ›**Analyse** *s.* **Psychoanalyse; Psychoanalytisch**‹. Dadurch wird sich der Leser, der einen bestimmten Sachverhalt mit einem anderen Synonym zu bezeichnen gewohnt ist, leichter zurechtfinden können.

β) ›*s. a.*‹ findet sich hingegen zumeist dort, wo wir annehmen können, daß der Leser zu einem bestimmten Begriff und Problemzusammenhang ergänzende Informationen sucht – z. B.: ›**Vergeßlichkeit** (*s. a.* Fehlleistungen; Vergessen; Zerstreutheit)‹.

γ) ›*s.*‹ und ›*s. a.*‹ können durchaus nebeneinander in derselben Eintragung vorkommen z. B.: ›**Nahestehende** *s.* **Angehörige** (*s. a.* Familie)‹.

ii) Zwar darf angenommen werden, daß jedem Leser, der das Register zu Rate zieht, der logische Zusammenhang zumindest der Grundbegriff des Freudschen Denkens geläufig ist, dennoch sollen es die Verweisungen dem Leser erleichtern, das, was er unter dem einen Stichwort nicht findet, unter einem anderen, sinnverwandten zu suchen.

iii) Es versteht sich von selbst, daß nicht jede Haupteintragung eine Kreuzverweisung auf andere Begriffe braucht. Um eine Überlastung der Haupteintragungen zu vermeiden, wurde in den meisten Fällen nur auf einen sinnverwandten

Begriff verwiesen und nicht auf mehrere, obwohl letzteres in den meisten Fällen prinzipiell durchaus möglich wäre; kurzum: es wurde auf ein lückenloses System schematisch durchgeführter Kreuzverweisungen von einem Begriff auf jeden überhaupt in Betracht kommenden anderen verzichtet. Bei der Entscheidung, ob Kreuzverweisungen angebracht werden sollten oder nicht, waren stets inhaltliche Erwägungen ausschlaggebend.

iv) Enthalten die Verweisungen keine Registerangaben, so finden sich die Begriffe, auf die verwiesen wird, im selben Register wie der Verweis.

v) Bei Verweisungen von einem Register auf ein anderes, z. B. vom ›Hauptregister‹ auf eines der Sonderregister wird je nach den Erfordernissen der Eindeutigkeit entweder nur auf das Register oder darüber hinaus noch auf den dort aufgeführten Begriff verwiesen – z. B.: ›**Krankengeschichten** (bestimmte) *s. i.* **Reg. d. Krankengesch.**‹, aber ›**Konstitution** (politische) *s. i.* **Reg. d. Gleichnisse:** Konstitutioneller Monarch‹ (vgl. auch II. 2. l. ii; S. xxvii).

l) Abkürzungen

i) Verzeichnis der Abkürzungen siehe Abschnitt V., S. xxxv

ii) Verweisungen (vor allen Dingen auf die Sonderregister), die zu lang zu werden drohen, werden in verkürzter Form wiedergegeben. Generell werden längere Wörter aber nicht durch kürzere Synonyme substituiert. Gelegentliche Wiederholungen sind infolgedessen in Kauf zu nehmen.

iii) Außer im ›Titelregister‹, das ausführlich zitiert, werden Titel in abgekürzter Form aufgeführt.

m) Zeileneinrückung

Die Rangordnung der Untergruppen wird durch Zeileneinrückung von links nach rechts zum Ausdruck gebracht. Es gibt innerhalb der Untergruppen maximal vier Rangordnungen und entsprechend maximal vier Einrückungen:

Erregung
sexuelle
frustrane
u. i. Angst verwandelte Libido beim Weibe

III. ALPHABETISCHE REIHENFOLGE, ZIFFERNANGABE UND PAGINIERUNG *

1. **Alphabetische Reihenfolge**

   a) Die einzelnen Eintragungen sind, wie bei Registern üblich, in alphabetischer Reihenfolge geordnet; und zwar gilt dies sowohl für die Hauptordnungswörter und die entsprechenden Nebeneintragungen wie auch für die verschiedenen Untergruppen.

   b) Seltener vorkommende, weniger wichtige Derivate eines Hauptordnungswortes werden bloß im Anschluß an das Hauptordnungswort und nicht als unselbständige Haupteintragung in der allgemeinen alphabetischen Ordnung aufgeführt.

   c) Freud bezeichnet gelegentlich bestimmte theoretische Zusammenhänge mit Wortkombinationen, die aus mehreren Elementen bestehen, welche natürlich nicht immer auch schon alphabetisch geordnet sind. Solche Wortkombinationen sollen im Register nach Möglichkeit als Ganzheiten erhalten bleiben und nicht durch die strikte Einhaltung der alphabetischen Reihenfolge aufgesplittert werden. So wird z. B. von ›Es, u. Ich‹ auf ›Ich, u. Es‹ und von ›Überich, u. Ich‹ auf ›Ich, u. Überich‹ verwiesen, und zwar deswegen, weil in der Mehrzahl dieser Kombinationen in Freuds Schriften der Begriff ›Ich‹ zuerst genannt wird.

   d) Bindewörter und Artikel werden im Hinblick auf die alphabetische Reihenfolge vernachlässigt, ja soweit als möglich überhaupt fortgelassen. Bei substantivierten Adjektiven wird der Artikel in runden Klammern nachgestellt – z. B.: ›Neu(–er, –e, –es) [Neue, (Das)]‹.

   e) Andere grammatikalische Partikel werden in der alphabetischen Reihenfolge nur dann berücksichtigt, wenn es zwischen zwei Eintragungen keine anderen Unterscheidungsmerkmale gibt, aus denen sich die Priorität in der alphabetischen Reihenfolge ableiten ließe, z. B.: ›Dementia praecox, m. Hysterie‹ vor ›Dementia praecox, u. Hysterie‹.

* Auf Modifikationen und Ergänzungen der hier beschriebenen Regelungen wird in den Vorbemerkungen zu den einzelnen Sonderregistern hingewiesen.

f) Die alphabetische Einordnung griechischer Wörter erfolgt nach folgenden Gesichtspunkten: wo es nicht möglich ist, den jeweiligen griechischen Anfangsbuchstaben eindeutig dem entsprechenden lateinischen zuzuordnen, soll er nach jenem lateinischen eingefügt werden, dem er am ehesten entspricht.

g) Ä, Ö und Ü sind nicht A, O und U eingeordnet, sondern folgen als quasi selbständige Buchstaben diesen nach – auf ›Traum‹ folgt also nicht ›Träume‹, sondern ›Trauma‹. Sch folgt Sc.

h) Der schnellen Orientierung dienen die Leitbegriffe am Kopf der Seite. Sie entsprechen auf der linken Seite der ersten Haupteintragung dieser Seite; besitzt aber die letzte Haupteintragung der vorhergehenden Seite auf dieser Seite Untergruppen ersten Grades, so wiederholt der Leitbegriff diese Haupteintragung und fügt ihm die erste Untergruppe ersten Grades dieser Seite hinzu, gelegentlich in verkürzter Form. Auf der rechten Seite wird die letzte Haupteintragung und, wenn vorhanden, deren letzte Untergruppe ersten Grades dieser Seite angeführt. Untergruppen zweiten, dritten und vierten Grades werden nicht berücksichtigt; erstrecken sich diese jedoch über mehrere Seiten, so wird der Leitbegriff (Haupteintragung und letzte Untergruppe ersten Grades) auf diesen Seiten beibehalten und mit dem Zusatz ›(Forts.)‹ versehen.

2. Ziffernangabe

a) Römische Ziffern geben die einzelnen Bände der GESAMMELTEN WERKE an. Der Band, welcher die ›Traumdeutung‹ und ›Über den Traum‹ enthält, trägt bekanntlich eine Doppelnummer. Das Register verweist auf ihn als ›II/III.‹

b) Die auf die römischen Ziffern folgenden arabischen Zahlen geben die Seiten an, auf die jeweils verwiesen wird. Wenn der betreffende Sachverhalt zusammenhängend auf mehreren Seiten erörtert wird, wird nur Anfangs- und Endseitenzahl zitiert, beides durch einen Bindestrich miteinander verbunden. Wird ein Gegenstand auf zwei aufeinanderfolgenden Seiten erwähnt, so ist die erste Seitenzahl, wie üblich, mit einem ›f.‹ versehen, z. B. VI 134f. Wo innerhalb eines Bandes der GESAMMELTEN WERKE auf verschiedene, nicht aufeinanderfolgende Seiten verwiesen werden soll, trennen Kommata die arabischen Ziffern.

c) Kursiv gesetzte Zahlen verweisen auf Textstellen, wo der jeweilige Begriff nicht mehr oder weniger beiläufig, sondern zusammenhängend und in einiger Ausführlichkeit abgehandelt wird.

d) Um bei längeren Textpassagen, in denen ein bestimmter Begriff erörtert wird, das eigentliche Kernstück zu markieren, werden nach der Angabe der mit Bindestrich verbundenen Anfangs- und Endseitenzahl der Gesamtpassage in runden Klammern die zentralen Seiten, die z. B. Definitionen enthalten, notiert.

e) Es wird in der Ziffernangabe nicht darauf hingewiesen, ob der jeweilige Begriff im Haupttext vorkommt oder bloß in einer Fußnote der Freudschen Schriften erwähnt wird.

3. Paginierung

Die Paginierung des ›Hauptregisters‹ sowie der Sonderregister ist durchlaufend. Darüber hinaus besitzen die Sonderregister noch eine selbständige Paginierung; sie setzt sich zusammen aus einer Abkürzung für den Registertitel und einer Seitenzahl, die anzeigt, um welche Seite des jeweiligen Sonderregisters es sich handelt. Diese zusätzliche Paginierung der Sonderregister ist mit den Leitbegriffen links bzw. rechts am Kopf der Seite gekoppelt. Die Liste der Abkürzungen findet sich in Abschnitt V; S. xxxv.

IV. ERLÄUTERUNG DER VERWENDETEN SATZ- UND KLAMMERZEICHEN SOWIE DER TYPOGRAPHISCHEN AUSZEICHNUNGEN *

1. Fragezeichen

werden folgendermaßen verwendet:

a) im ›Namen-‹ und im ›Biographischen Register‹ dann, wenn eine Angabe nicht zweifelsfrei verifiziert werden konnte;

---

* Auf Modifikationen und Ergänzungen der hier beschriebenen Regelungen wird in den Vorbemerkungen zu den einzelnen Sonderregistern hingewiesen.

b) im ›Hauptregister‹ erstens, wenn der jeweilige Begriff bzw. die Begriffskombination im entsprechenden Text Freuds in Frageform enthalten ist – ein Beispiel:
   Dégénéré(s)
   Wahn befällt nur d. – ?, VII 71f.

zweitens in Klammern bei solchen Eintragungen, bei denen dem Text Freuds nicht eindeutig zu entnehmen ist, ob er die Person eines Autors oder dessen theoretische Ansichten meint.

2. Anführungszeichen

werden verwendet:

a) für gewisse besonders charakteristische und typische Sprachwendungen – z. B.: ›'Beleuchtung, psychische'‹ oder ›'Hetzen'‹;

b) für Formulierungen, die einerseits den Charakter von Redewendungen, stehenden Sprachformeln bzw. Termini haben, indessen nicht von Freud geprägt worden sind und mitunter Ansichten formulieren, die Freud selbst nicht gutgeheißen hat – z. B.:
   Mythologie
   '– d. Psychoanalyse', Trieblehre als

c) für sämtliche Zitate;

d) für ironische Wendungen – z. B. ›'Reinheit'‹;

e) für Wörter mit Doppelbedeutungen – z. B. ›'Besitz'‹.

3. Der Strichpunkt

wird grundsätzlich als Abtrennungszeichen verwendet:

a) zwischen einzelnen, vor allen Dingen längeren Eintragungen (beispielsweise im ›Register der Gleichnisse‹), und zwischen den einzelnen Stichwörtern, auf die durch ein ›*s. a.*‹ verwiesen wird;

b) zwischen den Zahlenangaben, und zwar dann, wenn eine Eintragung nicht nur Referenzen auf einen bestimmten Band der GESAMMELTEN WERKE enthält, sondern auf zwei oder mehrere Bände verweisen soll; in diesen Fällen steht jeweils vor den römischen Bandziffern ein Semikolon – z. B.: ›Déjà vu, II/III 448f.; IV 294–98‹.

4. Der Punkt wird hinter Abkürzungen gesetzt

5. Der Gedanken- oder Bindestrich

ersetzt:

a) im allgemeinen in den Untergruppen die entsprechenden Haupt- bzw. Nebeneintragungen, und zwar dann, wenn die Untergruppe ein zusammengesetztes Wort ist, dessen eines Element die Haupteintragung darstellt – z. B.:
   Ich
   –analyse
Wenn sich der zweite Teil einer Wortkombination in Freuds Texten direkt, also nicht vermittels eines Bindestrichs an den érsten anschließt, wird in der Untergruppe nach dem Bindestrich mit einem kleinen Buchstaben fortgefahren; wo Freud hingegen einen Bindestrich eingefügt hat, folgt im Register nach dem Bindestrich ein Großbuchstabe. In Nebeneintragungen und Untergruppen, wo die jeweilige Haupteintragung ohne weiteres ergänzt werden kann und wo es sich nicht um zu ergänzende Wortzusammensetzungen handelt, wird vom Einfügen von Binde- und Gedankenstrichen abgesehen.

b) Wenn Synonyme mit gleichen Wortstämmen, etwa in Nebeneintragungen, aufeinanderfolgen, wird der gemeinsame Wortstamm von der zweiten Nebeneintragung an durch Binde- bzw. Gedankenstriche ergänzt - z. B.: ›Abfuhr [–äußerung, –reaktion, –vorgang.]‹

c) Bei Stichwörtern der Kreuz– (›s. a.‹) und einfachen Verweisungen (›s.‹) bedeutet der Bindestrich:

   i) nach dem Stichwort, daß auf alle Komposita des angegebenen Wortes verwiesen wird – z. B.: ›Emotion s. Affekt–; Gefühl–‹, d. h. es wird verwiesen auf alle Hauptordnungswörter, die mit ›Affekt‹ und ›Gefühl‹ beginnen (›Affekt‹, ›Affekt(aufwand)‹, ›Affekt(ausdruck)‹ usw. und ›Gefühl(e)‹, ... ›Gefühlswirkung‹).

   ii) vor dem Stichwort, daß das bereits genannte Hauptordnungswort bzw. der vorher genannte Wortstamm zu ergänzen ist – z. B.: ›Sublimierungsfähigkeit, Mangel d., beim Weib s. Sublimierung, beim Mann; – Weib weniger fähig z.‹, wobei der Bindestrich vor ›Weib‹ für ›Sublimierung‹ steht; ›Stolz (s. a. Prahlerei; Selbstgefühl; –überschätzung)‹, bei ›–überschätzung‹ muß also ›Selbst‹ ergänzt werden.

6. Das Komma

steht:

a) vor ›s.‹ und einer runden Klammer, wenn ein Bindestrich vorausgeht;

b) nach jeder Eintragung vor der römischen Ziffer der jeweils ersten Bandangabe;

c) zwischen den einzelnen arabischen Ziffern, welche die Seitenzahlen notieren;

7. Runde Klammern

werden verwendet:

a) um Geschlechts- und andere Endungen vom Wortstamm abzusondern – z. B.: ›Zweizeitig(–er, –e, –es)‹;

b) für Verweise, die durch ›s. a.‹ eingeleitet werden – z. B.: ›Roman (s. a. Dichtung; Literatur)‹;

c) um bei einer sich über mehrere Seiten erstreckenden Textstelle zu einem bestimmten Problem die zentralen, besonders wichtigen Passagen hervorzuheben – z. B.: ›Aberglauben, IV 267–310 (279, 285–300)‹,

d) zur Einklammerung von Fragezeichen, die gelegentlich angebracht werden, wo Angaben nicht zweifelsfrei verifiziert werden können;

e) für erklärende Zusätze und Hinzufügungen, die zwar im Text Freuds nicht enthalten zu sein brauchen, die indessen im Sinne der Lesbarkeit und Handlichkeit des Registers ergänzt wurden – z. B.: ›Homosexualität (i. allgemeinen)‹; ›Homosexualität (männliche)‹; ›Homosexualität (weibliche)‹ (vgl. auch II. 2. j. iv; S. xxv);

f) für Artikel, die substantivierten Adjektiven nachgesetzt werden, wenn diese neben dem Adjektiv selbst noch als Haupteintragung erscheinen – z. B.: ›Bewußt (–er, –e, –es)‹ und ›Bewußte, (Das)‹; oder wenn sie als Nebeneintragung den als Hauptordnungswörtern rubrizierten Adjektiven hinzugefügt werden – z. B.: ›Neu (–er, –e, –es) [Neue, (Das), Neuheit]‹;

g) verschiedentlich bei zusammengesetzten Wörtern, vor allen Dingen, um deren Sinnzusammenhang aus alphabetischen Rücksichten nicht zerstören zu müssen – z. B.: ›**Ur(szene)**‹ oder ›**Ur(vater)**‹, die, strikt alphabetisch geordnet, nicht unter die Gruppe der Wortzusammensetzungen mit ›Ur–‹ zu stehen kommen würden, sondern nach ›**Uranismus**‹ und ›**Urethralerotik**‹. Hierher gehört auch ›**Anal(sadistische) Phase**‹, die zwar auch auf ›**Analerotik**‹ hätte folgen können, ohne daß der Sinnzusammenhang ganz und gar zerstört worden wäre, jedoch sollte sie der besseren Übersicht wegen direkt auf ›**Anal**‹ folgen. Um die Durchbrechung der alphabetischen Reihenfolge zu kennzeichnen, wurde ›sadistisch‹ in Klammern gesetzt (vgl. auch II. 2. g. ii; S. xxiii).

h) zur Markierung von zusätzlichen Charakterisierungen: (Definition), (Terminus technicus), (Zusammenfassung) oder Fremdsprachige Fassungen usw.

8. Eckige Klammern

werden verwendet:

a) für Synonyme der vorangegangenen Haupteintragung – z. B.: ›**Abscheu [Abneigung]**‹;

b) für verwandte Begriffe, welche unter eine einzige Haupteintragung rubriziert wurden – z. B.: ›**Bolschewismus [Bolschewisten]**‹;

c) für die Aufzählung von unterschiedlichen Termini, die Freud in den verschiedenen Phasen seines Schaffens für ähnliche Konzepte verwendet hat – z. B.: ›**Homosexualität (männliche) [Inversion]**‹;

d) für die Pluralform derjenigen Wörter, die durch die Pluralbildung eine so starke formale Veränderung erfahren, daß die Pluralform jeweils gewissermaßen als Synonym aufgeführt werden muß – z. B.: ›**Vorsatz [Vorsätze]**‹.

9. Halbfette Lettern und Kursivierung:

a) Zur Hervorhebung des jeweiligen Hauptbegriffs der selbständigen sowie der unselbständigen Haupteintragungen wurden

durchweg halbfette Lettern verwendet, außer im ›Namen- und Autorenregister‹, in dem sich besondere typographische Hervorhebungen erübrigten. Besteht die Eintragung aus mehreren Wörtern, ist in der Regel nur das erste halbfett gesetzt. Wo durch dieses Verfahren der Sinnzusammenhang zerrissen würde, erscheint die ganze Wortreihe in halbfetten Lettern – z. B.: ›**Double conscience**‹, aber ›**Désintérêt** beim Einschlafen‹. Ausnahmen von der Regel, jeweils nur den Hauptbegriff einer Eintragung halbfett zu setzen, bilden solche Haupteintragungen, denen zur Spezifizierung eine Präposition beigefügt wurde; letztere ist ebenfalls halbfett gesetzt – z. B.: ›**Erinnerung an**‹ und ›**Angst vor**‹.
Hauptordnungswörter und Registertitel, auf die durch ein ›*s.*‹ weiterverwiesen wird, erscheinen gleichfalls halbfett, im zweiten Fall wird allerdings das möglicherweise hinzugefügte Hauptordnungswort nicht halbfett gesetzt – z. B.: ›**Abstammung** *s.* **Abkunft**‹, aber ›**Bilderverbot** d. Juden *s.* i. **Geogr. Reg.**: Juden‹.

b) Kursivierungen werden benutzt für:
  i) die Auszeichnung der Abkürzungen ›*s.*‹ und ›*s. a.*‹;
  ii) Die Auszeichnung der Titel im ›Bibliographischen Register‹, soweit sie selbständig erschienen sind, andernfalls ist das jeweilige Sammelwerk bzw. die jeweilige Zeitschrift kursiv gesetzt;
  iii) die Auszeichnung der Werke anderer Autoren – vor allem im ›Titelregister‹;
  iv) für die Markierung jener Seiten, auf denen die jeweiligen Eintragungen in den Schriften Freuds besonders ausführlich und eingehend behandelt werden – z. B.: ›**Aberglauben**, IV *267–310*‹;

V. LISTE DER ABKÜRZUNGEN

Vorbemerkung: Dem ›Bibliographischen Register‹ wurde eine zusätzliche Liste der nur in diesem Register vorkommenden Abkürzungen beigefügt.

a.   auch
An*   Register der Anekdoten, Witze und Wortspiele

Bib*	Bibliographisches Register
bibliogr.	bibliographisch (–er, –e, –es)
Bio*	Biographisches Register
biogr.	biographisch (–er, –e, –es)
Bw., bw.	Bewußte, (Das), bewußt (–er, –e, –es)
d.	der, die, das (samt Deklinationen)
f.	für; bei Seitenzahlen ›folgende‹
Fe*	Register der Fehlleistungen und Symptomhandlungen
Forts.	Fortsetzung
Geo*	Geographisches und ethnologisches Register
geogr.	geographisch (–er, –e, –es)
Gl*	Register der Gleichnisse, Metaphern und Vergleiche
haupts.	hauptsächlich
hl.	heilig (–er, –e)
i.	im, in
Kra*	Register der Krankengeschichten
Krankengesch.	Krankengeschichten
m.	mit
Na*	Namen- und Autorenregister
psa.	psychoanalytisch (–er, –e, –es)
psych.	psychologisch (–er, –e, –es)
Ψ.	Psi-Systeme des psychischen Apparates
Reg.	Register
s.	siehe
s. a.	siehe auch
Spr*	Sprachregister
Sy*	Symbolregister
Tit*	Titelregister
Tr*	Traumregister
u.	und
Ubw., ubw.	Unbewußte, (Das), unbewußt (–er, –e, –es)
usw.	und so weiter
ü.	über
v.	vom, von
versch.	verschieden (–er, –e, –es)
W.	Wahrnehmung(en)
z.	zu, zum, zur
Zit*	Zitatregister

* Ausschließlich zur Paginierung der Sonderregister verwendete Abkürzung.

HAUPTREGISTER

A

À trois, I 442f.

'Aba'-Mantel d. Beduinen, XV 24f.

Abasie, hysterische (*s. a.* Astasie; Gangstörungen; Hysterie; Lähmungen), I 44, 125f., 156f., *196–251* (214f.), 217, 233, 244–46); XIV 115f.

u. Bewegungslust, V 104

Denksystem schaffend, IX 118

Abendmahl *s.* **Kommunion,** christliche

'Aber' *s.* i. **Sprach-Reg.**

Aberglauben (*s. a.* Religion; Telepathie; Zwangsneurose), IV 194, *267–310* (279, 285–89); IX 96, 106, 119; XII 250; XV 178

u. Affekt, peinlicher, VII 389, 448

als animistisches Denksystem, IX 119f.

'Beschreien' u. 'Berufen', I 130

bestimmte Fälle

d. bösen Blickes, XII 252f.

'déjà vu' *s.* **Déjà vu**

Doppelgänger *s.* **Doppelgänger**

Geld als Dreck, VII 207f.

Jungferngift, XII 178

'merkwürdiges Zusammentreffen', IV 291–94

Freuds *s.* i. **Biogr. Reg.**

Namen einer geliebten Person rufen hören, IV 290

prophetische Träume (*s. a.* Telepathie; Traum), IV 291f., 299

Stolpern über d. Türschwelle, IV 288

umgewendeter Tisch, XI 164

Wegfahren u. Eheglück, IV 287

Zahnschmerzen bei Schwangeren, II/III 394

fortlebender, XVI 73

u. Gedächtnistäuschungen, VII 448

u. Kausalität, VII 448

Projektion endopsychischer Wahrnehmungen i., IV 287; VII 449

u. Tabu (*s. a.* Tabu; Totemismus), IX 30

u. Traumdeutung (*s. a.* Traum[deutung]), VII 31

u. Traumsymbole, II/III 647

u. Unheilserwartung u. scheinbare Vorahnungen IV 289–94

Wesen d. –s, VII 448f.

beim Zwangsneurotiker (*s. a.* Unheilserwartung) I 391; IV *289*; VII 446–49; IX 107; XII 252

Abfallsbewegungen i. d. Psychoanalyse, *s.* **Psychoanalyse,** Abfallsbewegungen

Abfuhr (v. Erregungen [Reizen]) [-äußerungen, -reaktion, -vorgang] (*s. a.* Beweglichkeit; Innervation) I 337; II/III 604; V 63; XIII 271, 273f.; XVII 13, 91

Affekt als, X 277f., 286f.

Angst-, XIV 163

d. Affektes, *s.* **Affekt(entbindung)**

d. Ambivalenz v. Liebe u. Haß, durch Gebote u. Verbote, VII 459

i. Anfall, VII 238f.

u. Es XVII 91

-fähige psychische Funktionen, I 74

Abfuhr u. Gegenbesetzung

u. Gegenbesetzung, X 285
Gleichgültigkeit bezüglich d. Objekte bei d., XIII 273f.
Hemmung [Versagung] d., II/III. 605
  u. Hysterie, XVII 13
  u. Unlust, XIII 250
durch kathartische Methode, I 64
bei Koitus u. Epilepsie, XIV 404
bei d. Komik, VI 250–52, 256f.
u. Lust-, Realitäts- u. Nirwana-Prinzip, XIII 373
motorische s. **Motorische** Abfuhr
i. psychischen Apparat (s. a. Psychischer Apparat), II/III 604–11
sexueller Erregungen
  direkte, i. Angst s. **Angsttheorie** (toxikologische)
  i. Traum (s. a. Traum), II/III 37, 584f.
reflektorische (s. a. Motorisch[e] Abfuhr; Reflex), XIII 30
Spärlichkeit d. gangbaren Wege d., 213f.
i. Traum, II/III 580, 605

Abgewöhnungskampf
v. Alkohol s. **Alkohol**
v. d. Masturbation (s. a. Masturbation), I 505f.; XII 50; XIV 144–46
  beim Mädchen, V 183, 243f.; XV 136f.

Abgrund (s. a. Agoraphobie; Höhenphobien; Schwindel)
Angst vor d., XIV 201

Abhängigkeit (s. a. Hilflosigkeitsgefühl; Hilfsbedürftigkeit)
v. Eltern s. **Eltern** (s. a. Mutterbindung)
sexuelle s. **Hörigkeit**

Abirrungen (s. a. Abnormität) d. Sexualität, V 33–72

u. Geisteskrankheit, V 47f.
u. d. Moral, Gleichzeitigkeit d., V 48, 60
Perversion u. anderen –, Unterschied zwischen, V 48f.

Abkunft v. Vater, Verleugnung d. (s. a. Patrilinear)
i. Familienroman, VII 227–31
bei Primitiven, IX 139, 141
i. zwangsneurotischem Zweifel, VII 449f.

Abkunftsprobe u. Totemismus, VIII 318f.

Ablenkung (s. a. Affektverwandlung; Transposition; Umsetzung; Verschiebung)
d. sexuellen Erregung (s. a. Erregung; Libido; Beweglichkeit d.) I 334, 342, 358, 484
u. Angstneurose (s. a. Angstneurose; Angsttheorie), I 358, 484

Ableugnen s. Leugnen; Lüge; Verleugnen; Verneinung

Ablösung
v. Arzt s. **Übertragung**, Auflösung d.
v. Eltern s. **Eltern**

Abneigungen (s. a. Abscheu)
normale, I 321

Abnormität (s. a. Abirrungen; Neurose; Pathologisch)
sexuelle
  körperliche s. **Bisexualität; Infantilismus**
  psychische s. **Abirrungen; Perversion**

Abortus, Selbstbeschädigung als Selbstbestrafung, wegen, IV 203–05

Abreagieren [Abreaktion] (d. eingeklemmten Affektes [d. Reizzuwachses, d. Traumas, d. traumatischen Erregungsrestes]), I 61, 141, 212, 223f., 239, 283, 286; V 4, 13, 151; VIII 13f.; XIII 212, 409; XIV 55f.

durch Angst *s.* **Angst**

durch Arbeitsaufwand ersetzt, X 126f.

Begriff d. –s, XIV 46f.

Durcharbeiten statt, X 136

d. Geburtsangst [d. Geburtstraumas] *s.* **Geburtsangst; Geburtstrauma**

kathartische Wirkung (*s. a.* Katharsis), I 87

(französische Fassung), I 54f.

Revision d. Theorie, XIV 183

als Methode (*s. a.* Psychotherapie, voranalytische)

Geschichte d., I 85f., 476

u. Hypnose u. Suggestion, I 86, 158, 253

Schwierigkeiten d., I 253

durch motorische Reaktion, I 54

'nachholendes', I 230

normales, nach Unfall, I 87f.

pathogen gehemmtes [Unmöglichkeit d. –s], I 89f.

Korrektur durch Psychotherapie, I 97

durch soziale Verhältnisse d. Patienten, I 89

durch Racheakt, Reden, Weinen, usw., I 87

i. Spiel, XIII 14f.; XIV 200

d. Trauer, I 229–31

(Zusammenfassung), XIII 212f.

Abreisen (*s. a.* Eisenbahn; Reise) i. Aberglauben *s.* **Aberglauben**

Traumsymbol, f. Sterben, II/III 390; XI 154

Abscheu [Abneigung] (*s. a.* Ekel; Grausen) IX 35

u. Ehrfurcht, Aufeinanderfolge i. mythologischen Stufen (Wundt), IX 35

v. Inzest *s.* **Inzestscheu**

gegen Milch, XI 380

moralische, i. Traum durch Erbrechen dargestellt, I 84

normale u. angstneurotische, I 321, 351

v. Perversion

ärztliche, V 209f.

volkstümliche, XI 316f., 326, 332–34

v. Sexualität (*s. a.* Sexualablehnung), V 129

durch unrichtige sexuelle Aufklärung, VII 25

gegen Uhren u. Zeitbestimmung, beim Zwangsneurotiker, VII 449

gegen d. Weib *s.* **Geringschätzung,** d. Weibes; **Misogynie** (*s. a.* Homosexualität; Penismangel)

Absence [Absenz(en), -zustände] (*s. a.* Hypnoide Zustände), VIII 4, 7, 14

i. Anfall, VII 239

bei Epilepsie, XIV 403

i.d. Hysterie *s.* **Hypnoide Zustände**

Mechanismus d., VIII 239

bei d. Witzentstehung, VI 191

Absicht *s.* **Fehlleistungen, Tendenz** d.; **Vorsatz**

Abspaltung [Absperrung] *s.* **Isolierung** (*s. a.* Spaltung)

Abstammung *s.* **Abkunft**

Abstinenz

(v. Alkohol u. Rauschgiften) *s.* **Abstinenzkuren; Alkohol; Intoxikation; Rauschgifte**

(sexuelle) [Sexualverzicht] (*s. a.* Befriedigung)

3

Abstinenzkuren

u. Aktualneurose (*s. a.* Aktualneurose), XI 400–03; XIV 172

u. angestaute Libido, I 498; VIII 323, 330; XI 416f.; XIV 138f.

u. Angst[-neurose], I 118, 144, 326–28, 337, 358, 369, 483, 497f.; VII 167; XI 416f; XIV 49f., 138f., 172

Arten u. Maß d., VII 162f.

absolute (i. d. Analyse), X 313, 365; XII 187

relative *s.* **Abstinenz**, u. Masturbation

i. Berufen, verschiedenen, VII 160

u. 'Charakterstählung', VII 159

Chemismus d. (*s. a.* Chemismus; Intoxikation), V 117, 158; XIV 50

u. Entbehrung (*s. a.* Entbehrung) V. 25f.; XIV 331

erzwungene

als Krankheitserreger, I 416

i. d. Urhorde *s.* **Abstinenz**, i. d. Urhorde

Folgen d., VII 155; XVII 131

u. Frigidität, VII 164

u. frustrane Erregung, VII 156–58

u. gemischte Neurosen, I 340

u. Homosexualität, V 38f.; VII 163

u. Hysterie, I 89; V 241f.; XVII 12

u. Impotenz, VII 160, 164

i. d. jüdischen Religion nicht gefordert, XVI 226

u. Konstitution, VII 156

beim Mann, I 327; VII 156–58, 160f.

u. Masturbation, I 337; VII 162f.; VIII 342

beim Kind, V 241f.

u. Neurose (*s. a.* Abstinenz, u. Angst), I 340, 352; V 158; VII 156f.; VIII 330; XIV 49f.

d. Normalen, VII 156, 159f.

u. Perversion, VII 153, 163

prämaritale, VII 156–58

während der psychoanalytischen Behandlung *s.* **Psychoanalytische Regeln**, Abstinenz

Schädlichkeit d. (*s. a.* Abstinenz, u. Neurose), V 241f; VII 159f.

u. Sublimierung, VII 156

i. d. Urhorde, XIII 138f., 156f.

beim Weib, I 326–28; VII 160f., 164f.; XVII 12

menstruale Erregung bei, I 369

u. Zölibat, V 38f.

u. Zwangsneurose, I 352

Abstinenzkuren (*s. a.* Alkohol; Rauschgifte), XII 193

Abstrakt(–er, –e, –es) (*s. a.* Philosophie)

Darstellung d. –en, VI 220

bildlich, i. Traum, II/III 345, 347–51, 410

durch Niedrig-konkretes, i. Witz, VI 91f.

Denken *s.* **Denken**, abstraktes

Grübeln ü., I 390

Fremdheit d. –n, VI 240

als d. intellektuell Erhabene, VI 240

i. Traum, I 564; II/III 345, 347–51, 410; X 419; XI 120, 178–83; XV 20

u. Unifizierung, VI 92

Witz *s.* **Witz** (Arten): 'harmloser'

Abwehrformel

Abstraktion (*s. a.* Denken, abstraktes)
Niveau d., VI 220

Abstraktionsaufwand (*s. a.* Ersparnis)
Ersparnis an, i. d. Komik, VI 226, 229, 240

'Absuggerieren' *s.* Suggerierbarkeit; Verdrängung

Absurdität *s.* Unsinn

Abulie (*s. a.* Willensschwäche), v. 9, 22; VII 131; VIII 204
durch affektvoll betonte, ungelöste Assoziation o. durch Phobie, I 144
Analyse, Indikation d., bei, V 9
traumatische Verursachung d., I 142

Abwehr [-kampf, – d. Unlust] (*s. a.* Unlust; Verdrängung) I *59–74*, 222, 268–70, 350f., *379f.*, 450; X 48; XIV 155, 437; XV 97; XVII 130

u. Angst, I 68
 -hysterie, X 281–84
 -signal, XV 97

Arten d. *s.* Abwehrmechanismen
u. Außenwelt, XIV 425; XVI 82f.
u. Bewußtseinsspaltung *s.* Bewußtseinsspaltung
u. Charakter, XVI 83
(Definition), I 379; XIV 195–97
Dynamik d., XVI 83
erste, u. erste Unterscheidung zwischen Ich u. Außenwelt, XIV 425
u. Flucht *s.* Flucht
früher entstehend als Zwangsverbote, VII 136f.
gegen Gefahr *s.* Abwehrmechanismen; Gefahr, Arten; – äußere
gelungene, u. scheinbare Gesundheit, I 387

u. Humor, VI 266f.; XIV 385
i. d. Hysterie, (*s. a.* Abwehrhysterie) I 208, 210, 269; VIII 476; XIV 140f., 145, 196
u. Konstitution, XVI 74, 86
Mißglücken d., I 387; IV 162f.
i. d. Neurose, I 379
 als Vorbereitung, XVI 83
i. Wahnsinn u. Rausch, XIV 385f.
orale, XIV 13
Ökonomie, psychische, belastend, XVI 83
i. Paranoia, I 402f.; XIV 439f.
i. Phobien, XIV 137–39, 154–58
Sexualität als Motiv d., I 77
als ständige Reaktionsweise, XVI 83
(Terminus technicus), XIV 195f.
d. Todestriebes, XIII 275f.
i. Traum *s.* Traum (*s. a.* Überdeterminierung; Verdichtung; Verschiebung)
u. Trauma, XVI 181
Unlust i. Dienste d., XIII 275f.
Verdoppelung als, XII 247
u. Verdrängung *s.* Abwehrmechanismen
d. Weiblichkeit *s.* Männlichkeitskomplex
als Widerstand
 o. Abstoßung, I 269
u. Konflikt, VIII 435f.; XVI 83–85
Wiederholung d., i. d. Übertragung, XIV 258
bei Zwangsneurose, I 389–91; VII 136f., 441f.; XIV 144–48, 191
Zweck u. Ergebnis d., I 447f.; XVI 82

Abwehrformel (*s. a.* Apotropäa;

5

Abwehrformel u. Zauberformeln
Schutzmaßregel; Zwangsneurose), VII 442

u. Zauberformeln d. Magie, IX 108

Abwehrhandlungen (*s. a.* Schutzmaßregel;Zwangshandlungen), VII 136f.; IX 37–39; XIV 191

'**Abwehrhysterie**', I 288–90

akzidentelle, I 82

u. Hypnoidhysterie, I 235

(Terminus technicus) (*s. a.* Abwehr-Neuropsychosen), I 61, 234, 288

Abwehrmechanismen [Abwehraktionen, -reaktionen, -vorgang], I 282; VI 266; XVI 80f., 203

Arten d. (*s. a.* Abwehrmechanismen, Technik d.) XVI 255f.

u. persönliche Wahl, XVI 83

u. Triebschicksale, X 219

(Definition), XVI 80

als Gefahren, XVI 82–84

d. Ich, I 262, 269; XIV 425

u. Icheinschränkungen u. Ichveränderungen, XVI 64, 83

u. Ichspaltung, XVII *59–62*

als Infantilismen, XVI 83

innere u. äußere, XIV 119f.

mehrfache, bei derselben Person, I 74

d. nicht genügend analysierten Analytikers, XVI 95f.

primäre (gegen Trieb), I 387; VII 441; XIII 275f.; XIV 55, 125f.

sekundäre (gegen Symptom), I 389, 402f.; VII 441; XIV 125–28, 158, 231

Technik d.
  durch Anerkennung, Überlegung u. Urteil, XVI 255f.
  chemische, XIV 436f.
  d. Eremiten, XIV 439

durch Illusion, Religion u. Wahn, XIV 439f.

durch Konversion, I 210, 269

durch Kunst u. Schönheit, XIV 439–42

durch Liebe, XIV 440f.

durch motorische Technik u. Wiederholung, XIV 150

durch Reaktionsbildungen, XIV 144f.

durch Regression, XIV 127f., 143f.

durch Sublimierung, XIV 437f.

mit Substitution, I 340f.

durch Triebertötung, XIV 437

durch Verbote u. Gebote (*s. a.* Zwangsverbote), XIV 191

durch Verdrängung, I 77, 447f.; X 295; XIV *195–97*; XVI 81, 255

  Verdrängung als gründlichste, XVI 255

  Verdrängung keine ursprüngliche, X 249

  Verdrängung als primäre, XIV 55

  zeitliche Reihenfolge, X 250

u. Verdrängung, Unterschiede zwischen, XIV 144

Vergessen als, IV 162–64

durch Verkehrung, X 219

durch Verleugnung [Verneinung] (*s. a.* Verleugnen; Verneinung), XVI 255f.; XVII 135

Verteidigungssysteme d. Neurose, XI 426

durch zweckmäßiges Handeln, XVI 255f.

Wahl d.,
  u. archaische Erbschaften, XVI 86
  u. Charakter, XVI 83

Abwehr-Neuropsychose(n), I *59–74*, 269, *379–403*, 485 f.
  Arten d., I 379
  Hysterie als, I 379, 457; X 48; XIV 48
  Theorie d., XIV 47 f.
  Paranoia, chronische, als, I *392–403*, 457
  Zwangsneurose als, I 350 f., 379, *385–92*, 457
  sexuelle Ätiologie d., I *446–48*, 481 f.
  u. Kindheitstrauma, I 385 (Zusammenfassung), I 481 f., 485 f.

Abwehrneurose(n) (*s. a.* Abwehr-Neuropsychosen) I *57–74*, 420, 457 f.
  (französische Fassung), I 420–22
  u. 'Hypnoidhysterie' (Breuer), Gegensätze d. Theorie, I 60 f., 288–90

Abwehrpsychose(n) *s.* **Abwehr-Neuropsychose(n)**

Abwehrreflex
  Verdrängung, als Zwischenstufe, zwischen Verurteilung u., VI 199

Abwehrsymptome
  primäre (*s. a.* Gewissenhaftigkeit; Scham; Selbstmißtrauen), I 387; XIV 114
  sekundäre (*s. a.* Kompromißbildungen), I 387

Abwehrversuche [-bestreben] (*s. a.* Abwehr), I 450
  elementare, i. Seelenleben, IV 162 f.
  auf höherer Stufe, X 224
  als Willensanstrengung, I 66 f.

Abwendung
  v. Eltern *s.* **Eltern**, Ablösung v.;
  Mädchen, u. Mutter, Abwendung v. d.

Adoleszent(en), Sexualleben
  v. Realität *s.* **Realität**
  v. Sexualität, beim Weib *s.* **Frigidität**
  v. Weib *s.* **Geringschätzung**, d. Weibes; **Misogynie** (*s. a.* Homosexualität; Sexualablehnung)

Abwesenheit *s.* **Absence; 'Fortsein'**

Adaptation *s.* **Anpassung**

Adel [Aristokraten] (*s. a.* Stand)
  Ebenbürtigkeit u. Inzestprivileg, beim XVI 229
  Homosexualität beim, V 131
  Namenverdrehungen beim, IV 93 f.

Adler
  (Name) *s. i.* **Namen-Reg.**
  (Vogel) (*s. a.* Phönix)
  u. Sonne, VIII 318 f.

Adoleszent(en) [Adoleszenz] (*s. a.* Jugend-; Pubertät)
  Ablösung v. Eltern u. Familie *s.* **Eltern; Familie** (*s. a.* Mutter; Vater)
  Abspaltung psychischer Gruppen i. d., I 195
  Dirnenvorstellung d. *s.* **Dirne**
  ehrgeizige u. erotische Wunschphantasien, VII 192, 217
  Ignoranz, angebliche, d. *s.* **Unwissenheit**
  Neurasthenie d. *s.* **Neurasthenie**
  Psychoneurosen [Paraphrenien], Zeitalter d. Auftretens d., i. d., V 69; VIII 444
  Reisesehnsucht i. d., XVI 256
  Selbstmorde, VIII *62–64*
  Sexualablehnung *s.* **Angst; Virginale Angst**
  Sexualleben, Zeitalter d. definitiven Ausgestaltung d., V 44, 100

Adoleszent(en), Sexualtheorien d.

Sexualtheorien d., VII 185-88
Sexualtrauma i., I 187, 238, 277
Tagträume d., VII 191f.
verwahrloste s. **Verwahrlosung**

Affe(n)
-horden u. Urhorde (s. a. Urhorde), IX 152f.
(Primaten)
Gorilla, IX 153
Latenz, Frage einer, bei, XVI 180
psychischer Apparat bei, XVII 69
-prozeß i. Dayton, XIV 362

Affekt(e) (s. a. Gemütsbewegung), V 294-98
u. Aberglauben s. **Aberglauben**
Abfuhr d. s. **Affekt(entbindung)**
(s. a. Abfuhr)
Abreagieren d. s. **Abreagieren**
Ambivalenz d. s. **Ambivalenz**
Angst-, s. **Angstaffekt**
(Definition), XIV 163
u. Denkvorgänge, V. 295f.
eingeklemmte, I 97, 252; V 4, 151; VIII 13f.; XIII 212
u. Energie, psychische s. **Energie**
Erinnerung ohne, ist wirkungslos, I 85
u. Erinnerung u. Wiedererinnerung, I 85-89
als Erinnerungssymbol, XIV 120
Erwartungs-, (s. a. Erwartungsangst), I 8; V 297f.
frei gewordene, I 65-72
durch Heilungswunsch mobilisiert, VIII 477
Hemmung d. s. **Hemmung**
u. hypnoider Zustand s. **Hypnoid**
u. hysterischer Anfall, Ähnlichkeit u. Unterschied, XI 410f.; XIV 163-65
u. Konversion, I 60-65
bei Künstler u. Kunstgenießer, VIII 417
lähmende (s. a. Schreck), I 89f.
u. Lähmung, I 144f.
u. Neurose (s. a. Neurose), I 60-65, 338f., 347f., 358; II/III 462-64
peinlicher s. **Unlust**
phylogenetische [vorindividuelle] Herkunft, XIV 163f.
physiologische Herkunft, XIV 120f., 163f.
u. Reminiszenz, I 86; XI 410
Schreck-, s. **Schreck**
u. Strafe s. **Strafe**
u. Symptom I 85; VIII 13
i. Traum s. **Traum**, Affekte i.
unbewußte (s. a. Unbewußt), X *275-79*, 286
unerledigte (s. a. Hemmung), I 144f.
Unlust-, s. **Unlust**
Verdrängung d. s. **Affekt(verdrängung)**
u. Vorstellungen
bei Aggression, XIV 147
Betonung, pathogener, I 88-90
entstanden i. Zustand v. lähmenden -n, I 89f.
Gedächtnisspuren d., I 64
Trennung d., I 65, 67-69, 282
unproportioniertes Verhältnis zwischen -n, VII 399
Unvereinbarkeit d., i. d. Zwangsneurose, I 347f.
Wesen u. Dynamik d., XI 410f.
i. d. Zwangsneurose (s. a. Kompromißbildung; Zwangsneurose), I 347f.; VIII 400

Affekt(aufwand)
Ersparnis an, i. Humor, VI 260f.; XIV 383f.

Affekt(ausdruck) [-äußerung]
als Innervation (*s. a.* Innervation), VIII 233
körperlicher, V 293–95, 302
d. Säuglings, VIII 232

Affekt(besetzung) [-betonung]
bei Assoziationsexperimenten, VII 7
d. Gedanken, VII 132
d. Komplexes (*s. a.* Komplex), VII 7

Affekt(betrag) (*s. a.* Erregungssumme; Quantität), I 74; X 255
(Definition), X 255
(französische Fassung), I 54

Affekt(entbindung) [-abfuhr, -ausbruch, -entladung] (*s. a.* Abfuhr), XVII 12f., 91
gleichzeitige, als ungünstige Bedingung f. Komik, VI 251f., 260
u. Hysterie (u. Konversion), I 63; VIII 399; XIV 141, 163–65
i. d. Komik, VI 251f.

Mechanismus d., II/III 471, 482f.
  zentrifugale Richtung d., II/III 471
d. Ubw.-Systems, X 286
u. Vergeßlichkeit, I 525
Vorteil d., X 285

Affekt(hemmung) *s.* Hemmung
Affekt(induktion) *s.* Induktion
Affekt(leben) *s.* Affektivität
Affekt(quellen), Summation d., II/III 484; VI 139
Affekt(reaktion) auf Gefahr *s.* Angst
Affekt(signal) *s.* Angstsignal

Affekt(spannung) *s.* Spannung
Affekt(stauung) (*s. a.* Angsttheorie; Stauung)
Symptom als, XIV 46

Affekt(stärke) (*s. a.* Affektbetrag)
Steigerung d., durch Induktion, XIII 91, 95, 104
u. Traum u. Neurose, II/III 462–64
überwertige, bei Erlebnissen traumatisch wirkend, I 54
Verhältnis zwischen Vorstellungsinhalt u., VII 399f.

Affekt(symbol(e))
biologische Notwendigkeit d., XIV 121
Geburtsangst als (*s. a.* Geburtsangst), XIV 120f.

Affekt(verdrängung) (*s. a.* Angst), I 64; XI 418f., 424f.; XII 62, 254; XV 89f.
u. Affektverwandlung, XIV 119
Aufhebung d., I 85, 252

Affekt(verwandlung) [-dislozierung, -substitution, -transponierung, -verschiebung, -versetzung] (*s. a.* Angst; Lust, u. Unlust) I 68
ins Gegenteil *s.* Gegenteil
i. Hysterie, V 187; VII 236f.
durch Kastrationsangst, XII 63
i. Phobie u. Zwangsneurose, I 65–72, 346–48, 368
Unterschied zwischen, I 65–72
i. Traum (*s. a.* Traum), II/III 472–76, 609
d. Triebe, X 256
u. Verdrängung, XIV 119

Affekt(vorgänge) als Quellen d. infantilen Sexualität, V *104f.*

Affekt(zustände)
Ausdruck d. *s.* Affekt(ausdruck)

Affekt(zustände), zwangsneurotische
zwangsneurotische, immer gerechtfertigt, I *346f.*

Affektiv(-er, -e, -es)
Assoziationen *s.* **Assoziation**
Bindungen *s.* **Liebe**
'– Epilepsie' *s.* **Epilepsie**
Komplexe *s.* **Komplex**
Stumpfsinn *s.* **Schizophrenie**
'– Technik' i. d. Psychoanalyse nicht angeraten (*s. a.* Psychoanalytische Technik), VIII 383f.
Widerstände gegen d. Psychoanalyse, *s.* **Psychoanalyse, Widerstände gegen**

Affektivität [Affektleben]
d. Analytikers (*s. a.* Psychoanalytiker; Übertragung, Gegen-), VIII 381
Äußerungen d., X 278
impulsive, i. d. Masse (*s. a.* Massenseele), XIII 82
u. Intellekt
Abhängigkeit, XI 303
i. 'Coup de foudre'-Erlebnis, XI 250
Steigerung d., XIII 91

Affektivitätslehre, XIII 98

After [-öffnung; Anus] (*s. a.* Anal-)
Ekel v. d., V 51
Perversion u., V 68
Scheide vertretend, XI 315
sexuelle Verwendung d. (*s. a.* Analerotik; Homosexualität), V *51*, 86
u. Urmund, XV 107

Afterschleimhaut, analerotische Rolle d., beim Neurotiker, V 66, 86

Afterzone *s.* **Analzone**

'Agent(s) provocateur(s)' (Charcot) [Krankheitserreger] (*s. a.* Hilf-

ursachen; Neurose, Ätiologie d.), I 413, 420, 426
Affekt, peinlicher als, I 67
Erinnerung, hyperästhetische als, I 61, 96
i. d. Neurose gibt es keinen eigentlichen, XVII 109
sexuelle Abstinenz als, I 416
Trauma als, I 85
Unverträglichkeit i. Vorstellungsleben als, I 61
Verdrängung als, I 62

Aggression [Aggressivität, Aggressionsneigung] (*s. a.* Destruktion; Gewalt; Haß)
Affekt u. Gedanke i. d. (*s. a.* Affekt), XIV 147
u. Angst *s.* **Aggression**, u. Überich
gegen Autorität, XIV 497
i. Witz *s.* **Aggression**, i. Witz;
Witz (Arten): aggressiver
d. Vaters (*s. a.* Vater) XIV 488f.
Einschränkung d. [Hemmung, Unterdrückung d., Verzicht auf] (*s. a.* Aggression, d. Überich; Erziehung; Kultur-; Mensch(heit)), XIV *467–75*; XV 118; XVI 6, 23
durch Blutscheu, XVI 166
Entwicklungsgang d., XIV 488–93
Gefahr d., XVII 72
bei Identifizierung, XIII 121
Illusion einer vollständigen, XIV 506; XVI 23
Mittel d., XIV *482–93*
Resultate d., VII 370f.
Unbehagen d., *s.* **Unbehagen**
bei Epilepsie, XIV 402
statt Fluchtversuch (*s. a.* Fluchtversuch), XIV 229
u. Führerverlust i. d. Masse, XIII 106f.

u. Gewissen *s.* **Aggression**, u. Überich

grausame *s.* **Aggressionslust**

u. Idealbildung u. Sublimierung, XIII 284 f.

Introjektion d. *s.* **Aggression**, u. Überich

kindliche *s.* **Aggression**, sexuelle, infantile

konstitutionelle Neigung z., d. Menschheit, XIV 502

Bekämpfbarkeit, Frage d., XIV 506; XVI 23

u. Klassenbildung, XV 192

u. Kultur *s.* **Aggression**, Einschränkung d.

Kulturfeindschaft d. (*s. a.* Krieg), XIV 470–72, 481

u. Latenz, XVI 183–86

d. Mädchens, gegen d. Mutter *s.* **Mädchen**, u. Mutter

i. d. Melancholie (*s. a.* Melancholie), XIII 149

Mutter fühlt keine, gegenüber kleinem Sohn (*s. a.* Mutter; Sohn), XIV 473

i. narzißtischen Typus, XIV 511

u. Nächstenliebe (*s. a.* Nächstenliebe), XIV 470 f., 473

u. Neurose (*s. a.* Zwangsneurose), XIV 498 f., 513; XVI 90

orale, (*s. a.* Einverleibung; Gefressenwerden; Orale Phase; 'Zärtliches Schimpfen'), XIV 531

i. Phantasiebildern (*s. a.* Phantasien, mit bestimmtem Inhalt), I 546 f.; IV 284 f., V 262; VII 195, 416 f.

durch 'practical joke', VI 228

Rückwendung d. [Aggression, verinnerlichte] (*s. a.* Aggression, Einschränkung d.; – u. Überich; Masochismus), XIV 134

i. d. sadistisch-analen Phase (*s. a.*

Anal-sadistische Phase; Sadismus), XVII 76

u. Selbstzerstörung *s.* **Aggressionstrieb**

sexuelle [– u. Sexualität]

Angst vor d. –n (*s. a.* Virginale Angst)

i. d. Analyse, u. Verweigerung d. Einfälle, VIII 472

u. erotischer Typus, XIV 510

infantile (*s. a.* Aggression; Aktivität; Phallische Phase; Verführung; Zwangsneurose, u. infantile –), I 382, 420 f., 457 f., 485, 547; V 92

i. Dienste d. Sexualforschung, XIII 295

mit Zärtlichkeit vermischt, VII 72 f.

normale, d. Mannes, V 57, 121; XIV 466; XV 122; XVII 71

Mangel an, u. Scheu [u. Impotenz], I 547; XVII 71

i. d. Situationskomik, VI 216, 228

u. Todestrieb *s.* **Aggressionstrieb**

i. Witz *s.* **Aggression**, i. Witz, i. d. Zote; **Witz** (Arten): aggressiver

durch Triebverzicht hervorgerufene, XIV 470 f., 481

unbewußte *s.* **Aggression**, i. d. Zwangsneurose

u. Überich (*s. a.* Überich, Härte d.), XIII 282–85; XVI 6; XVII 72

u. Gewissen u. Schuldbewußtsein, I 457 f.; XII 143; XIV 147, 494–99; XV 117; XVI 22

Rückwendung gegen eigene Person [Aggression, verinnerlichte], XIII 383; XIV 134; XVI 26, 90; XVII 72

bei Triebunterdrückung größer, XIII 383

11

Aggression, übergroße

zwei Quellen d., XIV 497f.

übergroße *s.* **Aggressionslust**

i. Vatermord gipfelnd (*s. a.* Vatermord), XIV 490f.

Verdrängung d.

  u. Angst, XV 89f.

  d. infantilen, I 485

  i. Witz, VI 111

  i. d. Zwangsneurose *s.* **Aggression**, i. d. Zwangsneurose

Verinnerlichung d. *s.* **Aggression**, d. Überich

d. Verwahrlosten, XIV 488–93

d. Weibes (*s. a.* Feindseligkeit, Groll; Mädchen, u. Mutter), XII 172, 176; XVI 134

  geringere, XV 125

  i. Witz (*s. a.* Witz (Arten): aggressiver), VI 105, 108f., 149, 161; XIV 386

    durch Anspielung u. Unifizierung, VI 114f.

    gegen Autorität, VI 114f.

    verhüllte, VI 113f., 119

    i. d. Zote, VI 106, 108–10

d. Wolfsmannes *s.* i. **Reg.** d. **Krankengesch.**: Namenverzeichnis, Wolfsmann

u. Zärtlichkeit *s.* **Zärtlich-**; **Zärtlichkeit**

i. d. Zwangsneurose, I 382, 386; XIV 143f., 146f.

  Gefühlskälte gegenüber eigener, XIV 147

  unbewußte, XIV 146f., 494

Zwangsneurose u. infantile –, I 420–22, 457f., 485

Aggressionslust (*s. a.* Anfall, Wut-; Attentat; Gewalt; Phallische Phase; Rache; Sadismus), XIV 332f., 532

u. Blutscheu, XII 166

u. Krieg, XVI 21f.

u. Kultur, XIV 470f., 481

beim Lustmörder, XVII 71

durch Reizung d. Darmzone hervorgerufen, XIV 532

Triebverzicht aus, XVI 6

Unterdrückung d. (*s. a.* Aggression, Einschränkung d.; – u. Kultur), VII 370f.

Aggressionstrieb(e) (*s. a.* Bemächtigungstrieb; Destruktionstrieb), XIV 476, 498f.; XV 110f.; XVI 20; XVII 72

Adlers Theorie, X 102

Widerlegung v., VII 371f.

u. analytische Kur, XVI 88

Destruktion, als Ziel d. (*s. a.* Destruktionstriebe), XV 110

Einschränkung i. d. Kultur *s.* **Aggression**, Einschränkung d.

bei Empedokles, XVI 91–93

u. Eros, Vermischung v. (*s. a.* Eros u. Aggressionstriebe), VII 72f.; XIV 465f.; XV 118

i. Koitus, XVII 71

als Feind d. Kultur *s.* **Kultur**

Nicht-Befriedigung d., erzeugt Schuldgefühl, XIV 498

Problem eines –es, XIV *476–81*

religiöse Einschätzung, XV 110f.

u. Sadismus *s.* **Sadismus**

u. Selbsterhaltung (*s. a.* Selbsterhaltung), X 230; XVI 20f.

u. Selbstzerstörung (*s. a.* Aggressionstrieb, u. Todestrieb), XVII 72

u. sexuelle Triebe, legiert (*s. a.* Sexual(trieb); Triebmischung), XVI 20–22

u. Todestrieb (*s. a.* Todestrieb), XIV 478

(Zusammenfassung), XIII 233

d. Überich s. Überich, Härte d.

Agieren (s. a. Affektausdruck; Mimik; Pantomimik)

statt Erinnern (s. a. Wiederholungszwang), V 283; X 129; XVII 101, 103

Kampf i. d. Analyse (i. d. Übertragung), gegen d., VIII 374; XIII 19f.; XIV 258

i. d. Mordtat an Moses, XVI 195

Agoraphobie [Platzangst, Straßenangst] (s. a. Angst vor, Abgrund; – Brücken; – Höhen; – Lokomotion; – Seefahrt; Gehunlust; Klaustrophobie), I 71, 170f., 321f., 351, 361, 497; VII 319, 348f.; XI 272, 278f., 413–15, 479; XIV 138, 157f., 201

Aktivität i. d. Behandlung d., XII 191

u. Alleinsein, XIV 158

u. Angst, I 71; XI 279; XIV 158

Anfall, bei Hemmung d.
Schutzmaßregel gegen d., II/III 587; XIV 175

Arten d., XII 191

Bewegungsunlust u. Raumangst, V 104

Denksystem schaffend, IX 118f.

leichtere u. schwerere, XII 191

Monotonie d., XI 279

normale, XI 414

u. Schwindelgefühl, I 321f.

als Übergang zwischen Zwangsneurose u. Angsthysterie, XI 279

Verdrängung i. d., I 71

Ἄγος s. Hag(i)o

Ahne s. Stammesvater

Ahnenverehrung [-kult] (s. a. Geist; Seele; Totemismus), IX 82f., 159; XVI 199

Aktive u. passive

u. Gespensterangst, Ambivalenz d., IX 83

u. Reue, IX 82f.

u. Zwangsvorwürfe u. normale Trauer, IX 76f., 82f.

Ahnung(en) [Vor-,], XII 252

eines körperlichen Zustandes, eintretenden (s. a. Krankheitsanzeiger)

i. Traum (s. a. Traum, 'diagnostischer'), I 129; II/III 36f., 235f., 695

scheinbare ('merkwürdiges Zusammentreffen'), IV 290–94

u. Traum (s. a. Telepathie; Traum, prophetischer), XVII 21–23

Unheils-, (s. a. Aberglauben; Erwartungsangst; Unglück; Unheilserwartung)

u. 'Beschreien u. Berufen', I 130

zwangsneurotische s. Zeremoniell (zwangsneurotisches); Zwangsneurose

Akquirierte Hysterie s. Hysterie, akquirierte

Akrobatik

u. Schweben, II/III 398f.

u. Urszene, II/III 279

Aktive

Einstellung d. Mutter beim Säugen, XV 122

u. passive

infantile Sexualszenen (s. a. Infantile Sexualszenen, aktive u. passive), I 458; V 154

Revision d. Theorie, V 152–56

Lust (s. a. Sadismus u. Masochismus; Schaulust u. Exhibition), VIII 46

Polarität d. Sexualentwicklung (s. a. Sexualentwicklung), XIII 297f.

13

Aktive präödipale Wünsche

u. Faktoren d. Fixierung, VIII 304

beim Mädchen (s. a. Männlichkeitskomplex), XV 128

u. Männlichkeit u. Weiblichkeit s. **Aktivität u. Passivität**

Triebe [Libido, Triebziele], VIII 411; XIV 533f.; XV 103

Ziele d. Libido, XIV 534

präödipale Wünsche d. Mädchens, XIV 529–33; XV 128

'-Therapie' (Ferenczi) s. **Psychoanalytische Technik**, Aktivität i. d.

Aktivierung

v. Affekten (s. a. Psychoanalytische Technik; Übertragung), I 85; VIII 477

v. Konflikten (s. a. Konstruktionen), XVI 75

traumatischer sexueller Früherlebnisse, i. d. Pubertät, I 419f.

Aktivität

d. Analytikers s. **Psychoanalytische Technik**

Anwachsen d. dynamischen, durch Unbewußtwerden, I 420

biologisch u. soziologisch, V 121

als Ichfunktion, XVII 68

d. Mädchens (s. a. Klitoris; Mädchen; Männlichkeitskomplex; Phallische Phase), XIV 533f.; XV 125, 128

Aufgeben d., XV 137, 139

u. Männlichkeit (s. a. Aktivität u. Passivität), X 227; XII 145–47, 209f., 301

u. Zwangsneurose, I 386, 421, 457f.

Muskelbetätigung i. d., V 103f.

u. Passivität s. **Aktivität u. Passivität**

phallische s. **Phallische Phase**

u. Sadismus (s. a. Sadismus), VIII 448

sexuelle s. **Sexual**funktion; –ziel (s. a. Aggression, sexuelle, normale; Infantile Sexualszenen, aktive u. passive)

Triebe als letzte Ursachen d., X 227; XVII 70

i. Triebleben ursprünglich überwiegend, X 224

u. Zwangsneurose (s. a. Infantile Sexualszenen, aktive u. passive), I 386, 420f., 457f., 485; V 154

Aktivität u. Passivität, (Gegensätzlichkeit d. –, [Polarität d. –]), VIII 411; XI 339; XV 122, 137

bei Exhibition u. Schaulust, X 219, 222f.

mit 'Ich-Subjekt' u. 'Außen-Objekt'-Gegensatz nicht identisch X 227

d. Infantilszenen s. **Infantile Sexualszenen**; **Ur(szene)**

mit 'Männlich' u. 'Weiblich' identifiziert, X 227; XI 339; XII 73, 145–47, 209f., 301; XIV 465f., 537; XV 122f., 141; XVII 114f.

i. d. Sexualentwicklung, V 99, 121, 136; VIII 448, 452; X 223f.; XIII 297f.

als Schübe, VIII 452; X 223f.

d. Partialtriebe, V 56–59, 66f.

i. prägenitalen Organisationen [i. d. sadistisch-analen Phase] statt 'Männlich' u. 'Weiblich', V 99; XI 339

i. Spiel, XIII 13, 15; XIV 529f.

d. Triebe (s. a. Trieb(e)), VIII 410f. XVII 70

d. Triebziele, entschieden durch Form u. Funktion d. Organe, X 225

Verkehrung [Vertauschung] v. (s. a. Feminine Einstellung; Männlichkeitskomplex)

v. Liebe zu Narzißmus, X 226
  als Triebschicksal, X *219–27*
  zeitweilige Schwankungen, VIII
  452; X 223f.

Aktualität, ätiologische
  Rolle d., I 497; XVI 65
u. Witz, VI 137–39

Aktualitätsprüfung, mit Realitätsprüfung nicht identisch (*s. a.*
  Realitätsprüfung), X 424

Aktualneurosen (*s. a.* Angstneurose; Neurasthenie), I 509; VIII
  122, 338; XI 400f.; XIV 138f.
u. Abstinenz *s.* **Abstinenz**
u. 'Angst i. Es', XIV 171
Angstneurose eine *s.* **Angstneurose**, als Aktualneurosen
u. Angsttheorie (direkte Abfuhr
  i. Angst) (*s. a.* Angsttheorie),
  XIV 138f., 171, 193
Arten d., VIII 338; X 150; XI 404f.
chemische Erklärung d. (*s. a.*
  Aktualneurosen, somatische
  Faktoren), XI 402f.; XIV 50
Revision d. –n, XV 101
u. Coitus interruptus, XIV 138, 172
  (Definition), XI 402
u. Geburtstrauma, Ähnlichkeit
  d. Situation bei, XIV 171
Genitale i. Erregungszustand, als
  Vorbild d. kranken Organs, i.,
  X 150f.
Hypochondrie, als dritte, VIII
  338; X 150
u. Hysterie, X 151; XI 405f.
u. Kriegsneurosen, XIV 172
u. Masturbation, VIII 335, 337
u. Psychoneurosen, VII *148f.*;
  XIV 50, 171f.
Unterschiede zwischen, VII
  148f.; VIII 337–40; XI 400–02;
  XIII 219

Akute abnorme Zustände

vereintes u. getrenntes Auftreten, I 509f.
Vorbildlichkeit [somatisches
  Entgegenkommen, Vorstufenhaftigkeit] d. Aktualneurose,
  VIII 338; XI 404–06
u. Sehstörung, VIII 101
sexuelle Ätiologie d. (*s. a.* Aktualneurosen, u. Angsttheorie), VIII
  338; X 150f.; XI 400f.
somatische Faktoren i. d. (*s. a.*
  Aktualneurosen, chemische Erklärung d.), VIII 101, 122, 338f.;
  X 150f.
Symptome d.
  Bekämpfung durch Analyse
    nur indirekt möglich, VIII 339
  als Kern u. Vorstufe späterer
    Erkrankung, XI 405f.
  ohne seelische Bedeutung, XI
    402
u. traumatische Neurosen, XI 406
u. Übertragungsneurose, verschieden Bedeutung d. Sexuellen
  i., XI 400
vermindertes Interesse d. Psychoanalyse f. d. Probleme d., XI
  404
u. Zwangsneurose, I 507; X 151

Aktuellmachen *s.* **Aktivierung**

Akustische (*s. a.* Gehör)
  Halluzinationen, bei Paranoia (*s.
  a.* Paranoia), I 394, 398–401
  Herkunft d. Überich, XIII 282
  'Hörkappe', XIII 252
  Wahrnehmungen u. Worte (*s. a.*
  Wahrnehmung; Wort), XIII 248;
  XVII 84

Akut (–er, –e, –es)
  abnorme Zustände u. Triebkonflikte, Kontraindikation d. Analyse, bei –n, I 513; V 9, 21;
  XVI 76f.

15

Akuter Anfall

Anfall s. **Anfall**
halluzinatorische Verworrenheit
s. **Amentia**
Hysterie s. **Hysterie**
Akzent, psychischer, Verlegung d.
−n −s s. **Besetzung; Verschiebung; Zurückziehung**

Akzidentelle
Einflüsse auf Sexualentwicklung,
V 29, 39, 141 f., 144, 159; XIV
536

Hysterie, XVII 5 f., 12, 17

Abwehr-, I 82

Verursachungen [Akzidentelles
Moment] i. d. Neurose s. **Hilfsursachen; Neurose,** Ätiologie d.

Alchimisten, XIV 353 f.

Alexie, I 49

Algolagnie (s. a. Masochismus; Sadismus)
aktive, V 57
passive, V 56 f.

Alienierte Zustände s. **Anfall; Hypnoid; Psychose**

Alkohol [-ismus, Dipsomanie,
Trunksucht] (s. a. Rausch), V
311; VIII 89

(Definition), X 441

Delirium bei, X 425

u. Eifersuchtswahn, VIII 300 f.

u. heitere Stimmung, VI 142, 249;
X 441

u. Homosexualität, VIII 300

Hypnose, Indikation d., bei, V
311

u. Manie, X 441 f.

Neigung z. Trinken, V 83

psychoanalytische Anstaltsbehandlung, XII 193

u. Traum, II/III 93

u. Witz, VI 140, 142

zwangsneurotischer, I 391

Allegorische Deutung [Allegorie]
prähistorischer Tatsachen, IX 180
v. Träumen s. **Traum(deutung),**
allegorische

Alleinsein, Angst vor s. **Kinderangst,** vor Alleinsein

Allgemeinbefinden, d. Patienten s.
Patient

Allgemeingefühl(e) [-sensationen]
(s. a. Stimmung)
körperliche, II/III 243
u. Leibreiz, II/III 96
d. Neugeborenen, XIV 166
organische s. **Organ(gefühle)**
durch Yoga erreichte, XIV 431

Allgemeinhemmung (s. a. Hemmung)
bei Trauer u. Depression, XIV 117

Alliteration (s. a. Anklang; Gleichklang; Reim), VI 136

Allmacht d. Gedanken [d. Gefühle,
d. Wünsche, Allmachtsgefühl],
VII 450 f.; IX *93–121*; XIV 480 f.;
XVI 221

u. Animismus u. Magie, IX
93–121; XII 253; XV 177 f.; XVI
221

Aufgeben, teilweises, i. Animismus, IX 112–14

u. Glückwunsch, XVI 249
beim Kind, X 140
u. Kunst, IX 111
bei d. Masse, XIII 82
i. Märchen nicht unheimlich, XII
260
u. Narzißmus, IX 110 f.; X 140;
XII 6
bei Neurotikern, IX 110 f.
bei Primitiven (s. a. Primitiv(e)
(Völker)), VIII 415 f.; IX 110 f.
Selbstgefühl, als Rest d., X 165

(Terminus technicus), IX 106
u. d. Unheimliche, IX 106; XII 253
u. Unlustvermeidung, VIII 416
als Wahn, VII 450
u. Weltanschauungen, IX 108f.
u. Wut, VII 444
u. Zwangsneurose, VII 450f.; IX 106; XII 252f.; XV 178

Allmachtsgefühl *s.* **Allmacht** d. Gedanken

Alloplastische Reaktion auf Außenwelt (*s. a.* Außenwelt; Realität –), XIII 365f.

Alltagsleben (*s. a.* Normal–; Wachen)

Katharsis i. *s.* **Psychotherapie**, voranalytische, kathartische

Psychopathologie d. –s *s.* **Fehlleistungen**

Allwissenheit
d. Eltern (*s. a.* Eltern), XV 60f.
Gottes *s.* **Gott**

Almosen *s.* **Witz** (Arten): Schnorrer-

Alpdruck [-traum] (*s. a.* Traum, Angst-), XV 53–55
bei Artemidoros, II/III 4
'Nightmare' (*s. a.* i. Sprach-Reg.) XV 53–55
somatische Ursachen d. –es, II/III 37
u. Tierphobie, II/III 401

'Als ob'
Philosophie d., XIV 351, 357
i. d. Psychoanalyse, XIV 221
i. Traum, u. Traumzensur, II/III 493

Alter
(Lebens-)
u. Altern (biologisches), u. 'natürlicher' Tod, XIII 47

Alter (Zeit-, -sgrenze)

als Entropie, psychische, XII 151; XVI 88
als Faktor, i. d. Analyse [zeitliche Charakterzüge], XVI 88
Greisen-, [Klimakterium, Menopause, Senium]
Analyse betagter Personen, I 513; V 9, 21f.; XII 151; XVI 87f.
Angstneurose i., I 328, 336
Beweglichkeit d. Besetzungen, Rückgang d. (*s. a.* Plastizität; Starre), XII 151
Charakterregression, analerotische, bei Frauen i., VIII 450
Jugend-, *s.* **Adoleszent(en)**; **Pubertät**
Kindes-,
erste Hälfte *s.* **Infantil-**; **Kleinkind**; **Prägenital**; **Säugling**
zweite Hälfte *s.* **Genitalzone**, Primat d.; **Kindheit**; **Latenz**; **Vorpubertät**
u. Libidosteigerung *s.* **Menopause**; **Pubertät**
mittleres, geringere Entwicklungsfähigkeit d. Weibes i. –n, XV 144f.
Reife *s.* **Reife**
Reiferes
bedingte Verdrängung d. sexuellen Traumen, I 384
Vorliebe f., i. d. Objektwahl, bei Mutterfixierung, VIII 71
als Thema v. Fehlleistungen, IV 33f., 37f.
i. Traum dargestellt, II/III 414
Trägheit d. Libido, größer i. (*s. a.* Libido; Trägheit), XII 151
(Zeit-, -sgrenze)
d. ätiologischen Traumas [d. infantilen Sexualszenen], I 382f., 417f.; XVI 179

Altern

d. Ausbruchs (*s. a.* Inkubation)

d. Dementia praecox, VIII 443

d. Hysterie, I 449; VIII 443; XIV 143

d. Neurosen (u. Latenz), V 69; VIII 443; XVI 70, 75, 83, 90, 172, 182, 184; XVII 110

d. Psychoneurosen, V 69; VIII 443

d. Paranoia, VIII 443

d. Zwangsneurose, VIII 443; XIV 143

d. Deckerinnerungen, I 418, 533–35; IV 54f.

d. Erinnerung, I 383, 417f., 533f; XII 24f.

d. Erwerbung

d. Neurosen, XVII 110–12

d. Perversion, XII 213

d. Homosexualität, V 35, 44

d. Objektwahl [-findung], V 94, 100; XIII 257

d. Sexualentwicklung, d. ersten, I 418; V 74, 77, 89; VII 21; XI 337

d. sexuellen Aufklärung *s.* **Aufklärung** (sexuelle)

d. Sexualverhaltens, entscheidende Ausbildung, V 44

d. sexuellen Symbolik, Ausgestaltung d., V 94

d. Überichangst, XV 95

d. Verdrängung d. Schau- u. Zeigelust, VII 257

Altern
rascheres, seelisches, beim Weib, VIII 450; XV 144f.

Alternative *s.* **Denkrelationen**

Altertum *s.* **Antike**

Altertümer (*s. a.* Archäologie)
seelische *s.* **Archaisch**

Alternieren *s.* **Periodizität**

Altruismus (*s. a.* Moral; Nächstenliebe), V 109; XI 433
(Definition), XIV 500

u. Egoismus *s.* **Egoismus**, u. Altruismus

als kulturelle Strebung, IX 90–92; XIV 500

i. d. Liebe, XIII 112f.

i. Traum (*s. a.* Traum, egoistischer), II/III 277f.

u. Verliebtheit (*s. a.* Verliebtheit), XI 433; XIII 112f.

vermeintlicher, i. d. Zwangsneurose, IX 89f.

Amateurpsychologen *s.* **Psychologie**

Amaurose, I 157

Ambition *s.* **Ehrgeiz**

Ambivalenz [u. -konflikt] (*s. a.* Haß; Konflikt; Liebe; Objektliebe; Wunschgegensatz), V 99; VII 455; VIII 372f.; XI 443; XIV 77, 305

d. Aktivität u. Passivität i. d. Sexualentwicklung, X 223f.

u. Angstanfall *s.* **Anfall**, Angst-;

u. Bisexualität (*s. a.* Feminine Einstellung; Männlichkeitskomplex), XIII 261

i. d. Brüderhorde, IX 173

u. Elternkomplex (*s. a.* Feminine Einstellung), IX 189; X 206; XI 344–46; XIII 261

i. d. Freundschaft (*s. a.* Freundschaft), II/III 424–28, 484–90; XIII 110f.

frühe, noch konfliktlos, XIII 84f.

i. Haß *s.* **Ambivalenz**, i. d. Liebe

d. Heiligkeit, IX 83f.; XVI 229f.

i. d. Hysterie, XIV 190

u. Identifizierung, primäre, XIII 260

gegenüber Lehrer [Vaterersatz],
X 204–07; XIV 550

i. d. Liebe (s. a. Liebe u. Haß),
X 232, 332; XIV 528f.

d. Loyalität, IX 62

d. Massen, XIII 84

i. d. Melancholie, X 437f., 444–46

i. Mutter-Kind-Verhältnis
wegen erzieherischer Maßnahmen, XV 132f.

i. Mutter-Sohn-Verhältnis
nicht vorhanden, XV 143

präödipale (s. a. Mutterbindung, präödipale), XV 128

auf oraler Stufe, erstes Auftauchen d. (s. a. Einverleiben), X 231; XV 106

u. Paranoia, XIII 272

d. Partialtriebe, V 56–59, 66f.

i. Sadismus u. Masochismus, V 56, 59

u. Projektion, IX 79–83, 113

u. Religion (s. a. Religion), IX 62

u. Reue, IX 173; X 437f.; XIV 492f.

u. Selbstmordtendenz, X 438f.

stärker
bei Neurotikern, XIII 372f.

nicht indifferente Personen betreffend, VII 404

bei Primitiven (s. a. Ambivalenz, u. Tabu), IX 83; XIV 528

durch Symptom o. Reaktionsbildung erledigt, X 260; XIV 131

u. Tabu, IX *26–92* (42, 45–47, 83f.); XII 170

d. Herrschers s. **Herrscher**

d. Mörders, Henkers u. Freimannes, IX 52f.

d. Unreinheit, IX 83f.

(Terminus technicus) (Bleuler), V 99

Ambulatoire

theoretische Bedeutung, V 59

gegen Tote, IX 76–79

i. Tierphobien, VII 279f.; IX 157

zwischen Todestrieb u. Eros (s. a. Eros; Schuldgefühl; Todestrieb; Triebmischung), XIV 492f.

u. Todeswünsche s. **Todeswunsch**

u. Trauer, IX 76–79, 113; X 437f.

durch Träume (doppelte), angedeutet, XIII 305f.

d. Triebregungen, X 223f., 332

u. Triebentmischung (s. a. Triebentmischung), XIII 270

d. Unheimlichen u. 'Heimlichen', XII 237

Ursprung d., IX 189

d. [Ur-]Worte s. **Gegensinn**, d. Urworte

i. d. Übertragung (s. a. Übertragung), XI 461; XVII 100

i. d. Überzärtlichkeit, IX 63

gegenüber Vater s. **Vater**, Ambivalenz gegenüber, (s. a. Ambivalenz, i. Tierphobien)

d. Vaterreligion, XII 96f.

i. Christentum, XVI 244–46

i. Gottesbegriff, XIII 331f.

i. Judentum, XVI 243f.

Verdrängung d. s. **Verdrängung**

Verschiebung d., auf Ersatzobjekte (s. a. Ambivalenz, gegenüber Lehrer; – d. Vaterreligion), XIII 84

Wesen d., IX 39f.; XI 443

d. Wünsche [Wunschgegensatz] (s. a. Traum, Wunscherfüllung i.), II/III 586f.

u. historische Wahrheit, XII 43

i. d. Zwangsneurose, VII 454f.; IX 39f., 45; X 260, 437f.; XIV 142

Ambulatoire, Automatisme –, II/III 460

Ameisen

Ameisen, XIV 482

Amentia [Akute halluzinatorische Verworrenheit] (Meynert), I 72–74; VIII 312; XIII 389; XVII 132

Außen- u. Innenwelt, Rolle d., i., XIII 389

Besetzungsentzug v. Bw., i., X 424–26

durch Es beherrscht, XIII 389

u. normaler Ichteil, XVII 132

mit Madonnenphantasie, V 267

Realitätsprüfung, Aufhebung d., bei, X 422, 424f.

u. Religion, XIV 367

Topik d. Verdrängung i., X 426

u. Traum, Ähnlichkeiten zwischen, II/III 79

Wahrnehmungen unwirksam bei, XIII 389

Wunschphantasie u. Regression z. Halluzination bei, X 420

Amme(n) (*s. a.* Kinderfrau), II/III 211, 238, 293–95; V 124f., 136

als erstes Liebesobjekt, XV 126f.

als Mutterfigur, XII 155

Ammenschlaf (Burdach), II/III 55, 229, 578, 583, 693; XI 102

u. hypnotischer Rapport, V 306

Amnesie [Gedächtnislücke]

Ausfüllen d. Lücken d., als Ziel d. Analyse, V 175; XIV 452, 471

u. Erinnerungstäuschung, Verhältnis zwischen, V 175

durch Hypnose aufgehoben, I 97, 252

i. Hypnose [Somnambulismus], I 91

als hysterisches Symptom, I 83, 526, 532; VI 417f.; VII 417; VIII 15; XI 293

u. infantile Amnesie fortgesetzt i. –n, X 293

Unterschiede zwischen, V 76, 174

u. 'Ungeschehenmachen', XIV 151

u. hysterisches Symptom, Koexistenz, VIII 15

infantile *s.* **Amnesie, infantile**

i. d. Neurose, I 531f.; XI 292–94

u. normale Vergeßlichkeit, I 526, 532

d. Patienten, i. d. Behandlung, I 297f.; V 5f., 8, 174f.

bezüglich Anamnese *s.* **Anamnese**

posthypnotische *s.* **Posthypnotisch**

u. Realitätsverlust, XIII 364f.

'–, temporäre', Vergessen als Fehlleistung, ist eine, IV 26

traumatische (*s. a.* Trauma), XIV 151

u. Entstehen d. Fetischismus, Ähnlichkeit zwischen, XIV 314f.

u. Verdrängung (*s. a.* Verdrängung), II/III 525f.

u. Widerstand, II/III 525f., 536; V 6, 8, 173–75

i. d. Zwangsneurose, VII 417f.; XI 292f.

Amnesie, infantile (*s. a.* Deck(erinnerung); Latenz); I 531–35; IV 51–60 (54f.); V 75–77, 90f.; VIII 412; IX 40; XI 204f., 293, 338; XII 202; XIII 432; XV 29, 136; XVI 179f.; XVII 75f., 113

Analyse bewahrt nicht vor, XIII 432

u. hysterische, Unterschied zwischen, V 76

u. Latenzperiode, XI 338

u. Masturbation, V 90f.

i. d. Pubertät, I 419i.
sexuelle Kenntnisse betreffend, IV
149f., *151–67*
u. Traum, XIV 71
u. 'Unarten', Zeitalter d. kindlichen, XI 323
Widerstand gegen Erinnerung d.
s. Amnesie, u. Widerstand

Amoralisch *s.* Immoralität (*s. a.*
Ethik; Moral)

Amphigene
Inversion, V 35
Phase, i. d. Entwicklung d. Homosexuellen, VII 344

Amphimixis, u. Fortpflanzung, XIII 50f., 61

Amplitude (*s. a.* Erregungen; Qualität), XIII 28, 31

Amulette (*s. a.* Apotropäa; Magie)
Chiuringa, IX 139
Sexualsymbolik d., XI 166

Anachoret *s.* Askese

'Ανάγκη *s.* Ananke

Anagogische
Deutung d. Träume (*s. a.* Traum(deutung); -(theorien)), II/III 528f.; X 419; XI 244; XIII 186f.
Erklärung d. Ödipus- u. d. Familienkomplexes, X 107

Anagramm, als Abwehrformel, VII 443

Anaklitisch *s.* Anlehnungstypus

Anal (–er, –e, –es)
Charakter (*s. a.* Charakter, u. Analerotik), VII *203–09*; VIII 77; XV 108
u. Kultur, XIV 456f.
d. Zote (*s. a.* Zote), VI 106
-züge (*s. a.* unter d. einzelnen Begriffen)
Eigensinn, X 402; XV 108

Analzone

Geiz, II/III 206; VII 204
Ordentlichkeit, V 141; VII 203; X 402; XV 108
Reinlichkeit, VII 203; XIV 456f.
Sparsamkeit, V 141; VII 203, 207; X 402; XIV 456f.; XV 108
Flüche *s.* Analerotik, u. Blasphemie; Koprolalie
Geburt *s.* Infantile Geburtstheorien, anale
'– Kinder' (*s.a.* Infantile Geburtstheorien, anale; 'Lumpf'), VII 331, 363
Orgasmus, Wutausbruch nach Klysma, als, XIV 532
Partialtriebe *s.* Masochismus; Partialtriebe; Sadismus
Phantasien d. kleinen Hans u. Schrebers *s.* i. Reg. d. Krankengesch.: Namenverzeichnis, Kleiner Hans; – Schreber
Phase *s.* Anal(sadistische) Phase
als Symbol f. alles Verwerfliche, V 88
u. Vorhofs- u. vaginale Sensationen, XV 126
Witze, VI 91, 106; XII 107; XIV 241
–zone (*s. a.* After; Gesäß)
erogener Charakter d. *s.* Analerotik
u. Inversion (*s. a.* Homosexualität), V 45
Jucken d., u. Masturbation, V 88
Kloakenrolle d., V 99
passiv-aufnehmender Charakter d., i. d. anal-sadistischen Phase, XII 143
Reizung durch Klysma, u. Aggressionslust, XIV 532
Sexualäußerungen d., V *86–88*

21

Anal(sadistische) Phase

Anal(sadistische) Phase, V *99*, 105, 135; X 403; XI 339f.; XIV 61; XV 105; XVI 73; XVII 76

u. Aggressivität, XVII 76

u. Ambivalenz, XV 106

Analzone als passiv-aufnehmend, i. d. –n, XII 143

Angst i. d. –n, XIV 532

v. Geschlagenwerden, u. Masochismus, XIII 377

Begriff d., XV 105

u. Besitz (*s. a.* 'Besitz'), XV 106

u. Destruktion, XV 106

u. Exkretion, XVII 76

u. Forschertrieb, XII 143

u. Fressen, XII 143

Ichtriebe beherrschen d. Sexualtriebe i. d., X 231

u. Kloake, V 99

d. Mädchens, XV 125

Objektrelation d. Hasses i. d., X 231

u. Phylogenese, XII 143

Regression z.
nach Aufgeben d. Kindheitsonanie, XII 50, 73
i. d. Schlagephantasie (*s. a.* Schlagephantasie), XII 209f., 215
i. d. Zwangsneurose (*s. a.* Zwangsneurose), VIII 447, 450; XI 356; XIV 143f.; XV 106

Sexualtheorien d. *s.* **Infantile Sexualtheorien** (bestimmte): sadistischer Koitus

Wünsche i. d. *s.* **Todeswunsch; Wunsch** (*s. a.* Mutterbindung präödipale)

zwei Stufen d., XV 105f.

Analerotik [-erotismus], V 87f., 135; X *402–10*; XI 315, 319, 339

u. Aggressionslust, XIV 532

Allgemeinheit d., V 107

bei alten Frauen, VIII 449f.

u. 'Anthropophyteia', VIII 224f.

Bedeutung d., f. d. Sexualleben, XII 103f.

u. Blasphemie, VII 434; XII 93–97

u. Charakterentwicklung, VII 203–09; VIII 449f.; XV 108

u. Coitus a tergo, XII 64, 68

u. Eigensinn, VII 203; X 402; XV 108

u. Erziehung, XI 325f.

Exkremente, Bewertung d., i. d. *s.* **Exkremente; Kot**

u. Frömmigkeitszeremoniell *s.* **Zeremoniell** (religiöses)

u. Geldinteresse (*s. a.* Geiz), VII 207; VIII 422–25; XII 107

u. Haut, VII 205–07

u. hintere Körperpartien
Bevorzugung d., XII 68
Entblößung d., VII 184, 207

u. Zweifel, XII 93–95

u. Inversion (*s. a.* Homosexualität, u. Analerotik), V 45

u. Kastrationskomplex (beim Wolfsmann), XII 103–21

kindliche, VIII 409, 419; XVII 76

u. Kindheitsnervosität, V 87
beim kleinen Hans, VII 332–34
bei Leonardo, VIII 177

i. d. Melancholie, X 439

beim normalen (Kultur-)menschen (*s. a.* Analerotik, u. 'Anthropophyteia'), V 106; VIII 338f.

Objektwahl bei, VII 342f.

u. Ordentlichkeit, V 141; VII 203; X 402; XIV 456f.; XV 108

u. Ordnung, XIV 456f.

'organische Verdrängung' d., XIV 459

prägenitale Organisation d., V 135
u. Reinlichkeit, XIV 456f.
u. Retention (s. a. Exkremente; Stuhlverstopfung)
  Lust u. Schmerz bei, V 87
u. Riechen u. Koprophilie, VII 462
u. Sadismus (s. a. Anal-(sadistische)-Phase), V 135
  beim Säugling, XI 325
u. Sparsamkeit, V 141; VII 203; XIV 456f.; XV 108
Sublimierung d., VII 205; X 403; XIV 146
Triebumsetzung i. d., X *402–10*; XV 106–09
u. Trotz, X 406f.
Typen i. d. s. **Analer Charakter**
Vagina, Interesse an d., u., XV 108
u. Waschzwang (s. a. Zwang, Wasch-), VIII 446
Witze i. d. s. **Anale** Witze; **Witz** (Arten): analer

Analgesie
hysterische, I 46, 156f., 163
d. Kriegers u. d. Märtyrers, V 297

Analysanden s. **Analysierte Personen; Lehranalyse; Patient**

Analyse s. **Psychoanalyse; Psychoanalytisch**

Analysierte Personen (s. a. Lehranalyse; Patient)
nach d. Analyse, XVI 72
gründlich–, XVI 96
Neuerkrankungen s. **Krankengeschichten; Psychoanalytische Kur, unvollständige**
u. nichtanalysierte, Unterschiede zwischen (s. a. Laie; Psychoanalytiker)
  allgemeine, XVI 71f.
Normalitätsstandard, XVI 96.

Phantasien, Bewertung d., I 385
Überzeugung d., XVI 74
Vorwurf d. unvollständigen Analyse, XVI 65

Analytiker s. **Arzt; Psychoanalytiker**

Analytische – s. **Psychoanalytische** –

Anamnese (s. a. Krankengeschichten)
Amnesie u. unsichere Informationen d. Patienten (s. a. Glaubwürdigkeit), IV 160–62; V 173–75
  bezüglich 'okkulter' Phänomene, XIII 173f.
  durch Widerstand beeinträchtigt, V 173–75
Familiengeschichte (s. a. Heredität), I 408
Familienverhältnisse, I 176
  bei Homosexuellen, XII 282
  bei Hysterikern, VII 238f.
  relativer Wert d., XI 290f.
Unaufrichtigkeit, IV 160f.; V 173
Unsicherheit, V 173–75

Ananke (s. a. Schicksal; u. i. Namen-Reg.: Moira), VIII 197; XI 368; XIII 47, 365, 381
Anerkennung d., als erste Kulturschöpfung, IX 114
u. Eros, XIV 460, 499
Glauben an, XIII 47
u. Kulturprozeß, IX 114; XIV 499
Libido widerstrebt d., XI 445
u. Logos, XIV 377f.

Anarchismus, XV 190f.

Anatomie (s. a. Konstitution; Organ(e); Organisch; u. i. Reg. d. Gleichnisse)
d. Gehirns s. **Gehirn**
u. Psychoanalyse (s. a. Psychoanalyse), VIII 398; XIV 288

Anatomie als Schicksal

als Schicksal, VIII 90; XIII 400

Anatomische Lokalisation (*s. a.* Lokalisation), VIII 398

Anästhesie
  hysterische, I 44–47, 82f., 259
  (Hemi-), I 46, 83, 259
  Verschwinden d. –n, durch Bewußtwerdung, I 85
  lokale, durch Kokain (i. Traum), II/III 175–79, 182
  sexuelle, weibliche *s*. **Frigidität** (*s. a.* Anästhesie, hysterische)

Androgyne (*s. a.* Hermaphroditismus)
  Gottheiten, VIII 163f.
  klassische Abbildungen, VII 178
  nur teilweise hermaphroditisch VIII 167
  Schöpfungen Leonardos, VIII 138, 189

Anekdoten
  bestimmte *s*. i. **Reg. d. Anekdoten** (*s. a.* i. Biogr. Reg.)
  u. Biographik, VI 12
  Wahl d., VI 12

Anerkennung *s*. **Bejahung**

Anfall (*s. a.* Delirium)
  Angst-, (*s. a.* Angstneurose), I *319–21*, 341; XI 415f.; XV 91
  Aufhebung d., durch Symptomkonstituierung, II/III 587
  Äquivalente d. –es, I 319
  Ätiologie, I 184–95
  als Erledigungsweise d. Ambivalenzkonfliktes, XIV 131
  durch Hemmung, XIV 175
  hysterischer (*s. a.* Hysterie, Symptome), I 71f., 184f., 274f., 339, 497; II/III 587; VII 136f.; XI 415, 418f.; XV 88

  u. Innervationen *s*. **Innervation(en)**
  mit Ohnmacht, I 321, 324
  u. Urszene (*s. a.* Ur(szene)), I 184–95
  Periodizität, I 369
  rudimentärer, I 319, 497
  durch Schock, I 361
  u. Schwindel, I 329
  supplementärer, I 497
  statt Symptom- o. Reaktionsbildung, XV 97
  i. Traum (*s. a.* Alpdruck; Pavor nocturnus; Traum, Angst-,), II/III 140
  somatisch bedingter, II/III 242
  u. urszenenhafter Anblick d. Koitus, i. d. Kindheit, I 185–95
  vollständiger, I 497
  epileptischer (*s. a.* Epilepsie), XIV 402–04
  Unheimlichkeit d. –n –es, XII 237
  epileptoider (i. d. Hysterie, [Hysteroepilepsie]), I 93f.; VII 238f.; XIV 402; XVII 9f.
  Aura, XIV 410
  bei Dostojewski, XIV 402–06
  Harnabgang bei, VII 238
  als Identifizierung mit Toten [Todesbedeutung d. –n –es], XIV 405f., 409f.
  mit Konvulsionen [Krämpfen], I 84, 94, 124, 150f., 455f.; XIV 141
  physiologische Erklärungen f. –n, VIII 391
  'Reflexepilepsie', I 33
  als Selbstbestrafung, XIV 406, 409f.
  u. Zungenbiß, VII 238f.

Herz- (bei Angstneurose), I 319,
321, 361
hysterischer ['Große' Hysterie,
(Charcot); Hysterie, akute] (*s.
a.* Anfall, epileptoider; Arc de
Cercle; Hysterie), I 14, 89, 93,
96, 150f., 250; VII 192, *235–40*;
VIII 433; XIV 402, 404; XV 88;
XVII 6, 9–13

Absence, VII 239

als Abwehr, VIII 476

u. Angstanfall *s.* Anfall, Angst-,
hysterischer

u. Affektverkehrung, VII 236f.

u. Affektzustand (gewöhnlicher), Ähnlichkeiten u. Unterschiede zwischen –m, XI 410f.;
XIV 120, 163–65

u. Amnesie, XI 293f.

'Attaque de sommeil' u. 'Attitude passionnelle' i., I 93; XVII 9f.

Bisexualität i. –n, VII 236

nach Charcot ('Grande attaque'), I 32, 410; XVII 9

u. Dauersymptome, Unterschied zwischen, I 64

(Definition), VII 235

'Délire terminal', XVII 9

Disposition z., XVII 11

u. Dissoziation, XVII 9

Erinnerung, unbewußte Wiederkehr d., bei, XVII 10–12

Erledigung d. Verdrängten
durch, I 64

als Ersatz autoerotischer Befriedigung, VII 238

u. 'Flucht i. d. Krankheit', VII 237

u. hyperalgesische [hysterogene] Zonen, I 199

'hypnoide Zustände', Theorie
d. *s.* 'Hypnoide Zustände'
(Breuer)

Anfall, hysterischer

u. Innervationen *s.* Innervation(en)

hypnotische Behandlungsmethode d. –n, XVII 9f.

Katalepsie

kataleptische Ruhe, XVII 10

kataleptische Starre, I 93

als Koitusäquivalent, VII 239f.

Komplex u., VII 237

Kontraindikation d. (analytisch-)kathartischen Behandlung bei, I 262; V 9

als Konversionssymptom (*s. a.* Konversion), I 82

Krampf- (*s. a.* Konvulsionen), XIV 141

u. Libidosteigerung u. Abfuhr, VII 238f.

mehrfache Identifizierung, VII 236

u. Migräne, I 124

motorische Erscheinungen, I 93; VII 235; XVII 9f.

u. Bewegungsspiele d. Kinder, II/III 278f.

große Bewegungen bei, I 93; XVII 9

während Hypnose, I 93

u. Innervationen, VII 236f.

Muskelaktionen (*s. a.* Anfall, epileptoider, Konvulsionen), XIV 164f.

Pantomimik, VII 235

gymnastischer Darstellungen d. menschlichen o. tierischen Koitus, II/III 279

Projektion auf, VII 235

u. Zappeln d. Säuglings, I 95

Ohnmacht bei (*s. a.* Absence;
Anfall, epileptoider, Identifizierung mit Toten), I 157

als Appellation an Mitleid, V 202

Anfall, paranoischer

Onanie i. –n, VIII 344f.
organisch o. assoziativ veranlaßt, VII 237
Phantasien (*s. a.* Phantasie(n)), VII 238
Phasen u. Symptome, I 93–96, 410–12; VII 237f.
nach Phobie, VII 136f.
u. Pollution, VII 238f.
u. Projektion, VII 235
prophylaktische Behandlung indiziert (gegen Psychose), I 262
Selbstbeschädigung bei, Unfall symbolisierend, VII 238f.
u. Tagtraum, VII 192
Tendenzen d., I 64; IV 202; VIII 476; XIV 406, 409f.
primäre u. sekundäre, VII 237f.
u. Traum, II/III 498; VII 235
u. Trauma (*s. a.* Trauma), I 82; XI 284; XVII 10
als Tröstung, VII 238
Verdichtung i., VII 236
u. Verdrängung, I 64; VII 238
Verkehrung i.
antagonistische, d. Innervationen, VII 236f.
chronologische, d. Zeitfolge, II/III 333; VII 237
Verworrenheit, I 74, 379, 513; VIII 4, 7
Widerstände, Intensität d., i., VII 237
Wiederholungstendenz, I 82
'Zweckmäßigkeit' i., XIV 164
paranoischer (*s. a.* Delirien; Paranoia)
Aggression, selbstzerstörende, i., XVII 72
u. Besetzungsgrößen d. Verfolgungsideen, XIV 387f.

Schrei-, *s.* **Anfall**, Wut-; **Säugling**; **Schreien**
Schwindel-, *s.* **Schwindel**
Wut-, kindlicher
bei Klysma, u. Orgasmus, XIV 532
sadistisch-masochistische Ziele d. –n –es, XII 52

Anfang (*s. a.* Alter-, Erst-,)
-szeremoniell, u. Angst [Erstlingsscheu], XII 167, 169

Angehörige (*s. a.* Familie; Geliebte Personen; Patient; Umgebung)
Befragung d. (*s. a.* Krankengeschichten; Anamnese), XII 38
Behandlung d. –n, VIII 386f.
parteiisches Urteil o. Vergessen seitens d. nächsten –n, IV 151
d. Patienten *s.* **Patient**
Tod geliebter –r (*s. a.* Selbstvorwürfe; Trauer), X 342f., 346–49, 353
Todeswunsch gegen *s.* **Todeswunsch**
i. Traum
sterbend o. gestorben *s.* **Traum,** typischer, (bestimmte Arten d.): v. Tod geliebter Personen
als Symbole f. Genitalien, II/III 363
als Unbekannte, XI 201
überzärtliche Sorge gegenüber –n, X 353
u. Übertragungsliebe, X 308f.
v. Widerstand nicht zu informieren (*s. a.* Patient, neurotischer, Angehörige), XI 296

Angeklagter (*s. a.* Tatbestandsdiagnostik; Recht; Straf-; Verbrecher; Verwahrloste)
u. Hysteriker, VII 8
als Objekt d. Assoziationsexperimente, VII 4–6

Selbstverrat d. -n, VII 7
Angina pectoris, Pseudoangstneurotische, I 320
aus Strafbedürfnis, XV 116
Angst (-Phänomen), XI *407–26*; XIV
113–205 (202–05); XV 87–118
aus Abfuhrmangel s. **Angsttheorie** (toxikologische)
Abfuhrvorgang d., XIV 163
Abreagieren durch, XIV 200
bei Abstinenz u. frustraner Erregung s. **Angstneurose**
u. Abwehr, I 68, 327
als Affekt s. **Angstaffekt**
u. Affekt s. **Angsttheorie**
i. Aktualneurosen, XIV 171f.
-anfall s. **Anfall, Angst-**,
Arten d., XV 92
um Augen, XII 243f.
v. Autorität s. **Angst, soziale; Autorität**
Berührungs- ['Délire do toucher']
(s. a. Tabu; Zwangsverbote),
IX 37, 39, 44, 90f.
biologische Funktion d., XIV 164, 194
u. Coitus interruptus s. **Coitus interruptus**
(Definition) (s. a. Angst, neurotische (Definition)), VII 262;
VIII 36; XI 410; XIII 10, 36,
288; XIV 197, 200, 203f.; XV
87f.; XVII 60
vor Destruktionstrieb, eigenem,
XIV 201
direkte
primäre s. **Angstneurose**, u.
Sexualität, mit somatischer
Schädigung; **Geburtsangst**
sekundäre [Umsetzung d. Libido i. Angst] s. **Angsttheorie**
(toxikologische)

Angst d. Kindes

Errötungs-, s. **Angst vor Erröten**
erste, toxische, XI 411; XV 88
Erstlings-, XII 167
Erwartungs- s. **Ängstlichkeit; Erwartungsangst; Todesangst; Unheilserwartung**
'd. Es', XIV 171
d. Es kennt keine, XV 92; XVII 128
vor d. Es, XIII 286–89; XV 84f.
u. Flucht s. **Angsthysterie; Flucht**
frei flottierende (s. a. Ängstlichkeit), I 65–72, 318f., 346, 368;
XV 88
Funktion d. (s. a. Angstsignal),
XIV 164f.
u. Furcht, Unterschiede zwischen, VII 261; XI 410; XIII 10;
XIV 198
Geburts-, s. **Geburtsangst**
u. Geburtstrauma s. **Geburtstrauma**
ohne Geburtsvorbild, XIV 121, 163f.
bei Gefahr s. **Angstsignal**
um Genitalien s. **Kastrationsangst**
Gesellschafts-, s. **Angst vor Gesellschaft**
Gewissens-, s. **Gewissensangst**
Hemmung, Symptom u. -, XIV
113–205
hypochondrische (s. a. Hypochondrie), X 151f.
hysterische (s. a. Anfall, Angst-,;
Angsthysterie), X 281; XV 88f.
Ich, als Stätte d., XIII 287; XIV
120, 171; XV 91f.
Ich-, s. **Ich**, u. Angst [Ichangst]
als Ichfunktion (s. a. Ich, Funktionen d.), XIII 286–89; XIV
169–71; XV *91–97*
d. Kindes s. **Kinderangst; Kindheitsnervosität; Pavor nocturnus; Tierphobien(n)**

Angst, Kastrations-

Kastrations-, *s.* **Kastrationsangst**

Konversionshysterie ohne, XIV 140f.

i. Konversionshysterie, XIV 195

körperliche Wirkungen d., V 294; XI 411; XIV 162f.

-lähmung, I 89f.; XIV 198

Lebens-, *s.* **Lebensangst**

u. Libido *s.* **Angsttheorie** (toxikologische)

u. Libidounterbrechung *s.* **Angstentwicklung**

magische Bewältigung d.

durch Animismus, XIV 338

i. d. Zwangsneurose *s.* **Schutzmaßregel; Zwangsverbote**

Masturbation, als Erklärung d., ungenügend, VII 263

statt Masturbation, V 243

wegen Masturbation

beim Kind, II/III 550; V 235, 241

beim Neurastheniker, I 337

u. Märchen, XII 268

u. Mehr-, o. Weniger-Wissen, als Ursache d., XI 408f.

u. Migräne *s.* **Migräne**

u. Minderwertigkeitsgefühl, XI 421f.

d. Neugeborenen (*s. a.* Angst, erste), XIV 165–67

u. Neurasthenie (*s. a.* Neurasthenie), I 316, 337

i. d. Neurose *s.* **Angstaffekt,** i. d. Neurose

neurotische (*s. a.* Angstneurose; Angsttheorie; Todesangst), XI 407f., 412; XV 89f., 92

Arten d., XI 412–16; XV 88, 92

(Definition) (*s. a.* Angst, Definition), XI 420, 424; XIV 198; XV 91

als Fluchtversuch *s.* **Fluchtversuch**

Gegenstand d., XV 90f.

als Gewissensangst *s.* **Gewissensangst**

Haß verwandelt i., XV 90

als Phobie *s.* **Angst, als Phobie**

u. reale, IX 24; XIV 195, 338; XV 85

Ähnlichkeiten zwischen, XIV 198–201; XV 92f., 96, 99f.

Unterschiede zwischen, XV 88, 91

Verbindung zwischen, XI 416, 426; XIV 200f.

Verteidigungssysteme d., XI 426

Wut verwandelt i., XIV 532

normale, vor Gefahr *s.* **Angstsignal**

Objekt d. (*s. a.* Angst, frei flottierende; Angst vor-,), I 71; XIV 56

Libido als, XV 90

orale *s.* **Gefressenwerden** (*s. a.* Oral-)

panische *s.* **Anfall, Angst-; Angsthysterie; Panik; Pavor nocturnus**

um Penis *s.* **Kastrationsangst; Kastrationskomplex**

als Phobie, I 68, 71, 368, 482; XV 88

beim Kleinkind (*s. a.* Kinderangst; Kindheitsneurose), XV 89f.

i. d. Phobie, bedingte, (nur bei Objektwahrnehmung), XIV 156

u. Phobie

Formenwahl d. einzelnen, I 68

Transposition, I 65–72, 346, 368f.

Unterschied zwischen, VII 260

Physiologie d. (*s. a.* Angst, körperliche Wirkungen), XI 411; XIV 168, 194; XV 88

primäre (*s. a.* Angstneurose, u. Sexualität, mit somatischer Schädigung; Geburtsangst), XV 101

Projektion d. Erregung i. d., I 338f.

i. Psychoneurosen, XIV 171

i. Pubertät u. Menopause, XI 417f.

Raum- u. Platz-, *s.* **Agoraphobie**

als Reaktion *s.* **Angstsignal**

Real- (*s. a.* Angstsignal; Gefahr), IX 24; X 438; XI 408; XIV 157, 198; XV 68, 85, 88

   als Äußerung d. Selbsterhaltungstriebes (Frage d.), XI 426, 445f.

   (Definition), XIV 198

u. Gewissensangst *s.* **Gewissensangst**

vor Kastration *s.* **Kastrationsangst**

   beim Kind, Frage d. Vorhandenseins, XI 421, 423

   verneint, XV 89f.

Verinnerlichung d., XIV 201

Wesen d., XIV 198f.

Religion als Beschwichtigung d. (*s. a.* Jenseitsglauben; Religion; Trostbedürfnis), XIV 338–46, 352f., 430; XV 174–76

religiöse *s.* **Angst vor Bestrafung**, göttlicher; **Gewissensangst**

d. Säuglings (*s. a.* Trennungsangst), XIV 165–67

u. Schlimmheit, XII 53, 122f.

u. Schmerz u. Trauer, XIV 161, 163, *202–05*

Schock erzeugend, I 361; II/III 587

u. Schreck, Unterschied zwischen XI 410

u. Schuldbewußtsein [-gefühl] u. Strafbedürfnis *s.* **Gewissensangst**

Schutzfunktion d., X 97; XIII 10, 31

   u. Rolle d. Mutter, XIV 346

u. Sehnsucht, VII 262; XIII 289

sekundäre Bearbeitung d., XI 418

u. Selbstvorwurf *s.* **Gewissensangst**

sinnlose *s.* **Angst**, neurotische; – Unzweckmäßigkeit d.

Situations- (*s. a.* Gefahrsituation), XI 413; XIV 159

soziale [Angst vor Strafe, normale], I 389; X 330; XIII 79; XIV 170, 484

   als Angst vor Ausschluß aus d. Horde, XIV 170

   vor Autorität (*s. a.* Autorität), IX 86; XIV 484, 486f.

   u. Gewissen (*s. a.* Gewissen-,), XIII 79

   als Kastrationsangst *s.* **Kastrationsangst**

   i. Krieg, Aufhebung d., X 330

   als Überich-Angst *s.* **Angst**, vor Überich

   i. Zwangsneurose, als Reaktion auf verinnerlichte Gefahr, I 389; XIV 177

als Symptom, XIV 175; XVII 60

u. Symptombildung, XII 40; XIV 159.; XV 90

Symptomcharakter nicht immer vorhanden; XIV 131

u. Tabu, IX 34

(Terminus technicus) 'Angustiae', XI 411

Todes-, (*s. a.* Todesangst) nicht eine jede Angst ist –, XIII 288

Angst, toxische

toxische *s.* **Angst, erste; Angsttheorie** (toxikologische); **Geburtsangst**

u. Trauer u. Schmerz, XIV *202–05*

-traum [– i. Traum] (*s. a.* Traum, Angst–), VII 87f., 351f.

u. Trauma [traumatische(s) Moment, – Situation], XIII 34; XIV 199f.; XV 100

als Trauma-Erwartung u. Wiederholung, XIV 199

u. traumatische Neurose, XIII 10; XIV 159f., 168, 195, 199f.; XV 101

Trennungs-, *s.* **Trennungsangst**

Trieb- (*s. a.* Angsttheorie (d. Verdrängung)), XIV 193f.

u. Triebleben *s.* **Angsttheorie** (d. Verdrängung)

'unbewußte', X 276; XIV 495

u. d. Unheimliche (*s. a.* Unheimliche), XII 254

als Unlustreaktion *s.* **Angstsignal**

Unzweckmäßigkeit d., XI 409f., 446

i. Überich nicht vorhanden, XIV 171

vor Überich (*s. a.* Gewissensangst) *s.* **Überich, Angst vor**

Verdichtung i. d., II/III 684

als verdrängter Affekt *s.* **Angsttheorie** (d. Verdrängung)

u. Verdrängung (*s. a.* Verdrängung), XI 424f.; XIV 120f, 137, 170f., 173; XV *89–97* (90, 95)

u. Abwehr, XIV 195–97

verinnerlichte *s.* **Angst, i. d. Zwangsneurose**

u. Verlust *s.* **Angstsignal**

Verschiebung i. d., II/III 684

Versuchungs-, I 389

Verteidigungssysteme d., XI 426

virginale *s.* **Virginale Angst**

u. Wahn, XIII 366

Wesen d., XII 148; XIV *162–74* (163f.), 197f.

bezüglich d. Ich, Es u. Überich, XIII 286–89

(Zusammenfassung), XV 87–91

u. Widerstand, XIV 254f.

bei Zwangshandlungen *s.* **Gewissensangst; Zwangshandlungen**

i. d. Zwangsneurose

Symptome statt, XI 419; XII 91

bei Verboten, IX 36

auf verinnerlichte Gefahr, I 389; XIV 177

Angst vor – [Inhalt d. Angst] (*s. a.* Phobie)

Abreisen *s.* **Eisenbahn, Angst v.**

Alleinsein (*s. a.* Kinderangst)

zwangsneurotische u. normale, I 351

Ansteckung [Délire de toucher; Infektion] (*s. a.* Syphilophobie; Berührungsangst; Tabu), I 68; VII 433; VIII 405; XIII 134

Armut (*s. a.* Armut; Melancholie), X 439

Autorität *s.* **Angst, soziale; Angst vor Vater**

Beschmutzung (*s. a.* Mysophobie; Reinlichkeit; Zwang, Wasch-), I 68

Bestrafung [Strafe] (*s. a.* Angst, soziale; Gewissensangst)

göttlicher, I 389; VII 137

i. d. Zwangsneurose, VII 135–37

bösem Blick, XII 253

Blut *s.* **Blutscheu**

Brücken (*s. a.* Agoraphobie), XI 413f.

Dämonen

i. Animismus, XV 177, 179

als Gespenster, II/III 409

Defäkation, I 68; VII 300
Drogen (Kokain), I 471
Dunkelheit *s.* **Kinderangst** (*s. a.* Monschheit, Phobien d.)
Einsamkeit *s.* **Kinderangst**
Einschleichen Fremder *s.* **Angst vor Räubern**
Eisenbahn *s.* **Eisenbahn**
Erröten, II/III 304
Erwartung *s.* **Ängstlichkeit; Erwartungsangst; Todesangst; Unheilserwartung**
femininer Einstellung *s.* **Feminine Einstellung**
freier Luft, XI 413
Fremden *s.* **Kinderangst**
Gedränge, XI 414
Gefahren, i. allgemeinen, I 351; XV 91, 99

neurotische *s.* **Angst, neurotische**

normale *s.* **Angst, Real-; Lebensangst**

Gefressenwerden *s.* **Gefressenwerden**
Gesellschaft (*s. a.* Menschenfurcht), V 190
Gespenster *s.* **Angst vor Dämonen**
Gewissen *s.* **Gewissensangst** (*s. a.* Schuldbewußtsein, Schuldgefühl)
Gewitter (normale u. neurotische), I 68, 142f., 321; XI 413–15; XIV 201
Hexen, I 129
Höhen [Abgrund, Fenster, Turm] (*s. a.* Agoraphobie; Destruktionstrieb), XIV 201
Irrenhaus u. Irrewerden [Verrücktwerden], I 107, 114f., 120, 143

als sekundäre Bearbeitung, XI 418

Angst vor Räubern

Kastration *s.* **Kastrationsangst**
Klinken, I 350
Klystieren, XIV 531
Krankheit, i. allgemeinen (*s. a.* Hypochondrie), I 349, 351
lebendig begraben werden, I 143f.; II/III 406
Lebensbedrohung *s.* **Angst, Real-; Angst vor Räubern** (*s. a.* Lebensangst)
Liebesverlust *s.* **Liebesverlust, Angst vor**
Lift (*s. a.* Klaustrophobie), I 120f.
Lokomotion (*s. a.* Agoraphobie), I 321, 351
Menschen *s.* **Menschenfurcht** (*s. a.* Kinderangst)
Mutter *s.* **Gefressenwerden**
Nacht *s.* **Kinderangst** (*s. a.* Pavor nocturnus)
v. Neuem (*s. a.* Fremde; Neu-) bei Kindern *s.* **Kinderangst**
bei Primitiven, XII 167
Objektverlust *s.* **Angstsignal**
Papier, I 350
physiologischen Bedrohungen (*s. a.* Angst vor Krankheit), I 68, 142, 292f., 321, 351
Psychoanalyse u. –analytiker (*s. a.* Psychoanalyse, Widerstände gegen d.), XIV 107
Ursache d., XIII 37
wegen Masturbation, V 235, 241, 243
Raum *s.* **Agoraphobie** (*s. a.* Angst vor Abgrund; – Brücken; – Höhen; – Lokomotion; Gehunlust; Klaustrophobie)
Räubern [einschleichenden Fremden] (*s. a.* Kinderangst), I 133, 143; II/III 409

i. Traum, II/III 400f., 409, 462

31

Angst vor Reise

u. Vatergestalt, XIII 332
Reise *s.* **Abreisen; Eisenbahn, Angst vor**
scharfen Spitzen, XI 413–15
Schlaganfall, I 319; XI 418
Schwangerschaft, VII 157
Seefahrt (*s. a.* Agoraphobie), XI 413f.; XIV 158
Sexualität (*s. a.* Abscheu; Aggression, sexuelle, Angst vor; Sexual(ablehnung))
u. Aufklärung, schlecht durchgeführte, VII 25
u. Ekel (*s. a.* Ekel), XIV 114
heterosexueller, bei Homosexuellen *s.* **Misogynie** (*s. a.* Feminine Einstellung; Geringschätzung, d. Weibes)
jugendliche *s.* **Scheu; Virginale Angst**
vor Koitus, XIV 114
beim Mann, I 327f.; XII 168f.; XIV 24
vor Männern *s.* **Frigidität; Virginale Angst**
narzißtische, XII 169; XIV 24
vor Schwächung (durch Sexualverkehr u. Weib), XII 168
vor Verlust d. Jungfräulichkeit *s.* **Virginität**
Sterben *s.* **Todesangst**
Strafe *s.* **Angst vor Bestrafung** (*s. a.* Angst, soziale; Gewissensangst)
Straßen *s.* **Agoraphobie**
Syphilis *s.* **Syphilophobie**
Tieren *s.* **Tierphobien**
Tod [Todesangst] *s.* **Todesangst**
Toten, XI 73–79
Ursachen d., IX 78–84
Umgebrachtwerden [sein] durch Mutter, XIV 519, 531; XV 128

Ungeziefer *s.* **Tierphobien**
Urinieren, I 68f.
d. Überich *s.* **Überich, Angst vor**
Überraschung (*s. a.* Erwartungsangst), I 111f.
Vater[-gestalt] (*s. a.* Tierphobien), XII 41; XIII 332; XVI 188; XVII 62
Widerstand motivierend, VII 356
Verarmung (*s. a.* Armut; Melancholie), X 439
Vergiftung (*s. a.* Paranoia), XV 128f., 131
Verhungern, XIV 115
Verrat, I 391
Versuchung *s.* **Angst, Versuchungs-**
Wahnsinn *s.* **Angst vor Irrenhaus u. Irrewerden**
(Zusammenfassung), XI 413–15

Angstaffekt (*s. a.* Phobie), I *338f.*; VII 270; XI 410; XIV 163–65, *197–202*
besondere Stellung unter Affekten, XIV 180
i. Entwicklungsstadien, verschiedenen, XIV 178f.
Geburt als Vorbild f. (*s. a.* Geburt), II/III 406; XIV 168
i. d. Neurose, I 338; XVII 109f.
als Reaktion auf Kastrationsgefahr (*s. a.* Traumatische Neurose), XIV 120f.

Angstäquivalente, XI 416; XIV 159

Angstbedingung(en) (*s. a.* Gefahr, Arten d.), XIV 178f.
Aufgeben d., i. normalen Erwachsenen, XIV 179
u. Entwicklung d. Gefahrsituation, XIV 172
Wahrnehmungsverlust als erste, XIV 203

Angstbereitschaft [Angstneigung]
(*s. a.* Ängstlichkeit; Erwartungsangst), I 360; XI 410

durch Abstinenz (*s. a.* Coitus interruptus), I 144

Angstentwicklung aus *s.* **Angstentwicklung**

(Definition), XV 88

Fehlen d. *s.* **Angstfreiheit**

d. Masturbanten, I 337

d. Neurotiker *s.* **Angst,** neurotische

d. Primitiven u. Urmenschen, XII 167

u. Realangst, XV 88

d. Säuglings, XIV 167

Angstentbindung, I 370; XIV 120

Angstentwicklung [-entstehung] (*s. a.* Angstsignal), X 282; XV 84, 88–90

i. Aktualneurosen, XIV 138 f.

aus Angstbereitschaft, XV 88

automatische, direkte *s.* **Angsttheorie** (toxikologische)

Intensität d., XV 97

aus d. Libido *s.* **Angsttheorie** (d. Verdrängung)

Libidounterbrechung durch, XIV 115

ökonomische Frage d., XIV 120 f.

u. Symptombildung, XIV 175–80

u. traumatische Neurose, XIII 32; XV 88

Angsterregende, (Das) (*s. a.* Unheimliche), XII 229 f.

i. d. Ästhetik vernachlässigt, XII 230

u. d. Unheimliche, XII 254, 256

als wiederkehrendes Verdrängtes, XII 254

Angstfreiheit

Angsthysterie, Widerstände i. d.

i. Es, XV 92; XVII 128

beim Fötus, XIV 165

bei Hunger, XI 427

i. Konversionshysterie, XIV 140

i. Überich, XIV 171

Angsthysterie (*s. a.* Angstneurose), I 274 f.; VIII 122; XI 298 f.

u. Abfuhrvorgang (*s. a.* Angsttheorie), X 285

Abwehrmechanismen u. Fluchtversuch i. d., X 257 f., 281–84

Agoraphobie als Übergangsform zwischen Zwangsneurose u., XI 278 f.

u. Angstneurose, nachfolgende, XI 405

'Feigheit' i. d., VII 351

als Fluchtversuch, X 281–84; XIII 287

u. Geburtstrauma, VII 350

auf Kinderangst zurückgehend, XI 424

Kinderneurosen sind vorwiegend –n, VII 349 f.; XI 378

u. Konversionshysterie
  Ähnlichkeiten, XI 415
  Unterschiede, VII 349; X 259

Libidobesetzung bei, XV 92

u. Mutterverliebtheit u. Ödipuskomplex, XV 92–94

Phasen (drei) d., X 281–84

Phobien d., XI 415; XV 92

mit Phobien, u. ohne, VII 349–51

Rationalisierung i. d., X 281

(Terminus technicus), VII 467

Therapie, nichtanalytische, Wirkungslosigkeit d., i., VII 350 f.

Übertragung, zentrale Bedeutung i. d., XI 462

Verdrängung i. d., X 257 f.; XV 92

Widerstände i. d., XI 299

Angsthysterie mit Zwangsneurose

mit Zwangsneurose, nachfolgender, VIII 444f.

Angstideen (*s. a.* Zwangsvorstellungen), II/III 648

Angstneigung *s.* **Angstbereitschaft**

Angstneurose (*s. a.* Angsthysterie; Phobie), I *99–162*, 170f., 185f., 255–58, *315–24* (319), 330, 334, 339, *357–76*, 411, 497, 502; V 149f.; XI 404; XIII 219; XV 88f.

als Aktualneurose, I 509; VIII 338; XI 412

Anfall i. d. *s.* **Anfall**, Angst-

Angsthysterie als Vorstufe d., XI 405

Ätiologie d. (*s. a.* Angsttheorie), I 325–39

Abstinenz, I 336, 498; XIV 49

banale Noxen, I 362, 364, 367, 373, 411, 413, 484

Coitus interruptus *s.* **Coitus interruptus**

Disposition, I 329, 332, 363

frustrane Erregung, I 336, 352, 483, 497f.; V 150; XIV 49

Gemütsbewegungen, I 362, 484

Heredität, I 364, 366, 370–76

Hilfsursachen, konkurrierende, I 328f., 332, 337f., 360, 363

Krankheit, physische, I 337f., 484

nicht-sexuelle (o. gemischte) Ursachen, I 321, 324, 328, 337f.

Schock u. Schreckaffekt spielt keine Rolle i. d., I 360f.

sexuelle *s.* **Angsttheorie** (toxikologische)

spezifische, I 362, 367, 411

Überarbeitung, I 328, 332, 337f., 363, 484

(Zusammenfassung), I 484f.

(Definition), VIII 338

u. Diagnose d. Hysterie, Schwankung zwischen, I 118

Diagnose, I 255, 257

Erwartungsangst bei, XI 412, 416

u. gynäkologische Behandlung, I 330

u. Halluzinationsneigung, I 324

u. Hypochondrie, VIII 292; X 150f.

Hysterie, mit vorhergegangener –, I 363–65

mit Hysterie, I 325

u. Hysterie, I 339, 341f.; VIII 338

für Jugendneurosen typisch, I 184–95, 258

Unterschied zwischen, I 118, 257–59

u. Kinderangst, V 125f.

u. Kindertraumen, I 118, 135

u. Libido *s.* **Angsttheorie** (toxikologische)

u. Masturbation, I 328

männliche, I *325–27*, 329–33, 337

u. Abstinenz, I 327, 336f., 498; XIV 49

u. frustrane Erregung, I 327, 336

i. Senium, I 328, 336

Mechanismus d., I *334*

Neurasthenie ablösend, I 330f.

mit Neurasthenie, I 327

u. Neurasthenie, I 255, *315–42*, (328, 339, 341), 360, 411, 483f., 497–99; V 149–51

Unterschied zwischen, I 335f., 342

mit Neurosen, anderen, gemischt, I 317

i. Neurosen, gemischten, I 339–41

u. Neurosen, andere, I *339–42*

bei normalem Sexualleben nicht entstehend, I 363, 370

Phobien, als Bestandteile d., I 352
u. Phobie (s. a. Angsthysterie, u. Phobie), I 482
Unterschiede zwischen, XV 88
u. d. Phobien d. Zwangsneurose, I 322f.
Projektion d. Erregung i. d., I 338f.
reine [typische], I 339; VIII 122; XV 88
u. Sexualität (s. a. Angsttheorie) mit somatischer Schädigung d. Sexualfunktion, XV 101
Symptomatologie, I 317–24, 338, 415
Symptome d. (s. a. Angst vor –; Symptom, als Ersatz)
Agoraphobie s. **Agoraphobie**
Angst (s. a. Angst), I 497
Atemnot, I 184f., 338, 341, 368
Blutandrang, Kongestion, I 338, 415
Halluzination, Neigung z., I 324
Harndrang, I 324
Heißhunger, I 323
Herzbeschwerden, I 338, 341, 368
Hyperästhesie, I 341, 497
Gehör-, I 317
Hypochondrie u. Erwartungsangst, I 318
i. d. Hysterie, Melancholie u. Neurasthenie, I 339
Konversion i. d., I 324, 341
Körperfunktionen, Störung d., I 319, 323f.
Parästhesie, I 324, 341
Pavor nocturnus, I 320
Reizbarkeit, allgemeine, I 317
Schlaflosigkeit, I 317, 415, 497
Schmerzen, I 341

Angstsignal als [Affekt-]Reaktion

Schweiß, I 338, 369
Schwindel, I 368
lokomotorischer, I 497
mit Ohnmachtsanfall, I 320f., 324
Verdauungstätigkeit, Störungen d. s. **Verdauungstätigkeit**, angstneurotische Störungen
Zittern u. Schütteln, I 320, 369, 415
mit zwangsneurotischen Symptomen, I 339–42
v. zwangsneurotischen Symptomen abgelöst, XII 91
(Terminus technicus), I 255, 411, 497; XI 412; XIV 49
weibliche, I 325–27
Abstinente u. Witwen, I 326, 373
d. Adoleszenten, I 325
u. Coitus interruptus o. reservatus, I 326, 329–33, 337
durch Ejaculatio praecox d. Mannes, I 326
u. Frigidität, I 328
i. Klimakterium, I 327, 336f.
bei Neuvermählten, I 326
u. virginale Angst, I 325f., 337
mit Zwangsvorstellungen, I 326
u. Zwangsneurose, I 339, 341; XII 91

Angstsignal (s. a. Angstentwicklung; Gefahrsituation)
als [Affekt-]Reaktion d. Ich, auf Gefahr [u. Warnung], I 338; II/III 608; X 282; XI 410; XIV 156f., 159, 164f., 168–71, 181, 191, 195, 198, 203f., 434f.; XV 88, 91f., 99–101; XVII 68, 130
als Leidenssymptom bei anerkannter Gefahr, XVII 59–61

Angstsignal ohne Angstanfall

normales, I 351; XV 91

normale Verarbeitung d. –s, XV 97

i. Tierphobien, XIV 154–57

Hilflosigkeit s. **Angst**, i. traumatischer Neurose; **Hilfsbedürftigkeit**

Liebesverlust (befürchteter), XIV 483, 487; XV 94; XVII 131, 137

beim erotischen Typus, XIV 510

Objektverlust, XIV *167–74*, 202

ohne Angstanfall, u. Verhältnis zwischen Symptom (Reaktions)-bildungen u. –, XV 97

(Definition), XIV 199

für Flucht s. **Flucht**

u. Ich, XIV 154, 159, 181; XVII 130

u. neu erzeugte Angst s. **Angst**, i. traumatischer Neurose

als Probebesetzung, XV 97

u. Unlust, XIV 162f., 176, 193; XV 96f.; XVII 68

Wesen u. Begriff, XIV 199

Angsttheorie (d. sexuellen Ätiologie d. Angst), I 118, 352, 357; VIII 323–30

Angsttheorie (toxikologische) (d. direkten Umsetzung d. Libido i. primäre Angst), I *333–39* (336f.), 357–76 (360–76), 484, 497f.; VII 148f; VIII 338; X 256; XII 254; XIV *193–195*; XV 97

durch Anhäufung [Stauung] u. Ablenkung [Ausfall d. Abfuhr], I 341f., 358, 484; X 285; XI 416–18; XIV 138f.

abnorme Verwendung, I 334

Abstinenz, I 326f., 336f., 498; XIV 49

d. homosexuellen Libido, XII 148

u. Kinderangst, V 125f.

bei Unbefriedigung (s. a. Angstneurose, Ätiologie d.; Coitus interruptus; – frustrane Erregung), I 118, 341f., 352, 363f., 483, 484, 497f., 502; XIV 138f.

Prozeß unbekannt, XI 418

Revision d. Theorie, XI 421; XIV 120, 137–39, 170, *193–95*; XV 97f., 101; XVI 32

erste Anzeichen d. Revision, VII 262

mit Beibehaltung d. Theorie

für Aktualneurosen, XIV 138f., 183

für Angstneurosen u. Kleinkinderphobien, XV 89

keine Rückverwandelbarkeit, VII 262

bei somatischer Schädigung d. Sexualfunktion, XV 101

i. d. Traumtheorie, II/III 586–88

Angsttheorie (d. Verdrängung d. Libido), VII 87f., 262; XI 418–26 (419, 424); XIV 302; XV 89–118 (90)

Affekt, verdrängter, VII 87, 262, 270; XI 418f., 424f.; XII 254; XV 89f.

Angst nicht zurückverwandelbar, VII 262

erotische Sehnsucht, VII 262

Liebesgefühle, XV 90

u. Triebleben, XIV 227; XV *87–118*

u. Selbsterhaltungstriebe, XV 104

Triebangst [Libido als Gegenstand d. Angst], XI 420; XV 90f.

u. Ichangst, XIV 193f.

Triebregungen
  Energie, umgesetzte, d. (s. a. Energie), X 256
  Libido d. verdrängten, XIV 193

Angsttier (s. a. Tierphobien)
  Wahl d. –s, XIV 133

Angsttraum s. Traum, Angst-,

Angstzustände
  abortive u. larvierte (Hecker), I 319, 357
  chronische s. Ängstlichkeit; Depression; Erwartungsangst; Unheilserwartung
  u. Epilepsie, Ähnlichkeit zwischen, I 369
  Fratzen, gesehen i. –n, XII 98
  'Nervöse –', Vorwort zu Stekels, VII 467 f.
  periodische (bei Menstruation, Pollutionen, Sexualmigräne), I 369

Angustiae (s. a. Angst), XI 411

Animalismus, IX 93

Animatismus [Präanimistische Zeit] (Marett), IX 93, 112

Animismus [Seelenlehre], IX 81, 93–96, 115; XIV 92, 338; XV 177–79
  als Aberglauben, IX 96
  u. Allmacht
    u. eigene, IX 108
    d. Gedanken, IX *93–121*; XII 253
    d. Geistern teilweise abgetreten, IX 112 f.
  Anthropomorphismus i., IX 95 f.
  Dämonen i. (s. a. Dämon(en)), IX 81 f., 106, 112 f.; XII 253 f.; XV 177 f.
  (Definition), IX 93, 96
  als Denksystem u. Weltanschauung, VIII 416; IX 94–96, 108, 112, 119–21; XV 178
  u. Doppelgänger [Verdoppelung], XII 247
  Dualismus i., IX 95
  Gefahrbegriff i., XII 170 f.
  u. Magie, IX 93–121; XII 253; XV 177 f.
  als Strategie u. Technik, IX 97
  u. Manismus, IX 93
  u. Mythus, IX 96
  als Philosophie, primitive, IX 94
  i. d. Philosophie, XV 178
  präanimistisches Stadium, IX 93, 112
  i. d. Religion, christlichen, XV 178–80
  u. Religion, IX 96
    Unterschied zwischen, XV 179
  Seelenvorstellung d., IX 93 f.
  u. Tabu, IX 30 f.
  Todesgedanke, als Ausgangspunkt d., IX 109
  Totemismus, als Übergang v., i. Religion, XV 179
  u. Totemismus, IX 145
  Traum-, Schatten- u. Spiegelbilder i., IX 95
  Unbewußte, Annahme d. –n, als eine Fortbildung d., X 270
  'Ungeschehenmachen' i., XIV 150
  u. d. Unheimliche, IX 106; XII 253 f., 257 f.
  u. Unsterblichkeitsglauben, IX 95
  Ursprung d., X 348
  Wesen d., IX 94–96

'Animus', XVI 222

Anklagen (s. a. Klagen; Vorwurf) paranoische s. Paranoia; Verfolgungswahn

Anklang

Anklang (*s. a.* Gleichklang)
  u. Anspielung, VI 81f.
  u. Kalauer, VI 81
Ankleiden
  Beobachtetwerden bei *s.* **Beobachtungswahn** (*s. a.* Schaulust)
Ankleidezeremoniell *s.* **Zeremoniell** (zwangsneurotisches): bestimmte Zeremonien, Ankleide-
Anlage (*s. a.* Konstitution)
  bisexuelle *s.* **Bisexualität**
  Charakter-, *s.* **Charakter**
  Geschlechts-, *s.* **Genitalien**; **Geschlechtsorgane**, innere
  konstitutionelle *s.* **Konstitution**
  polymorph-perverse *s.* **Partialtriebe**
Anlehnungstypus [anaklytischer –]
  d. Objektwahl (*s. a.* Liebesverlust, Angst v.), V 123; X 154
  d. ersten, XIII 260
  u. Hilflosigkeit (*s. a.* Hilflosigkeit), XIV 345f.
Annäherung v. Zeit u. Raum, i. Traum, II/III 673f.
Anorexie [Appetitlosigkeit] (*s. a.* Ekel; Eßstörungen), I 82, 84; XI 141; XIV 115
  als Abulie, I 144f.
  Eßekel u. Eßunlust, V 83, 245–47, 264
  hysterische, I 5–8, 11, 82, 474f.
  als Kindheitsnervosität, XIV 285
  bei Mädchen, XII 141
  bei Nährmutter, I 5–9 11f.
  paranoische, I 394, 398
  pyschoanalytische Methode nicht indiziert bei, V 9, 22
  in Trauer (*s. a.* Melancholie), I 117
Anosmie (*s. a.* Geruch-)
  hysterische, I 163–83
Anpassung [Adaptation]
  an Außenwelt, XIV 228
  i. Entwicklungsprozeß
  d. Einzelnen, XIII 44; XIV 500
  d. Menschheit, XIV 500
  Erziehung z., XV 162f.
  an Gesellschaftsordnung, u. psychoanalytische Erziehung, XV 162f.
  u. Glück, XIV 500
  als Ichfunktion, XVII 68
  v. Individuum u. Art, XIII 44; XIV 500; XVII 152
  an Realitätsprinzip, VIII 232–34
  als Reizbegegnung, XVII 68
  Unfähigkeit z.
  u. Neurose, VIII *324–27*
  u. Sterben d. Art, XVII 72
  u. 'Vervollkommnungstrieb', XIII 44f.
Anrufungen (*s. a.* Zeremoniell, religiöses), VII 136
Anschaulichkeit *s.* **Bild-**; **Lebhaftigkeit**; **Vision**; **Visuell**
Anspielung, VI 41f., 79–85
  u. Aggression, VI 114
  mit Anklang, VI 81f.
  durch Auslassung, VI 83f.; VIII 29f.
  mit Doppelsinn, VI 80–87
  i. Gleichnis, VI 93
  durch indirekte Darstellung, VI 79–87 (85f.), 196
  i. Assoziationseinfall, VIII 28
  i. d. Komik, VI 241
  Modifikation, mit leichter, VI 82f.
  vermittels Negationspartikel, VI 83
  i. Traum *s.* **Traum**, Anspielung i.

u. Verschiebung, XI 177, 240
auf Zitate, VI 135
u. Zote, VI 109

Anspielungswitz *s.* Witz (Arten):
Anspielungs-

Ansprechen, zwischen Blutsverwandten, bei Primitiven, IX 16f.

Anstalt [-sbehandlung, Sanatorium] (Nervenheil-), I 514f.; VIII 384; XI 480
Nachteile d., I 514; XII 189
psychoanalytische
Erwünschtheit –r –n [Poliklinik] (*s. a.* Psychoanalytische Institute), XII 192–94
Lektüre, bei Behandlung i., VIII 386
Übertragung i., VIII 372
(Wasserheil-), I 496, 502–06, 514f.

Anstauung d. Libido *s.* **Angsttheorie** (toxikologische); **Libido-;** **Stauung**

Ansteckende Fehlleistung (*s. a.* Induktion), IV 49, 70

Ansteckung [Infektion] (*s. a.* Organisch-)
d. Affekte u. -sfähigkeit *s.* **Induktion** (*s. a.* Massenseele)
Angst v. (*s. a.* Berührungsverbot; Paranoia; Syphilophobie; Tabu), I 68; VII 433; VIII 405; XIII 134
i. d. Zwangsneurose, als Schwangerschaftssymbol (*s. a.* Zwangsneurose), VIII 405
-sgefahr (sexuelle), VII 163

Anstößigkeit [Unanständigkeit] (*s. a.* Pudendum; Unart(en))
d. Assoziationen (*s. a.* Assoziation), II/III 535–37; IV 28–50; XIII 187
d. Perversion (*s. a.* Perversion), V 209f.; XI 314, 316f., 326, 332f.

Antisemitismus

d. Psychoanalyse *s.* **Psychoanalyse,** Widerstände gegen
'Schändlichen', Steigerung z. XI 317
d. Sexualität (*s. a.* Sexualität; Sittlichkeit; Sünde), XI 314, 317; XIV 417
u. Sittlichkeit *s.* **Sittlichkeit** (*s. a.* Moral)
d. Traumes *s.* **Traum,** Anstößigkeit
d. Witzes *s.* **Obszön; Zote**

Antagonistische Verkehrung *s.* **Gegenteil; Umkehrung; Verwandlung**

Anthropologie [Ethnologie, Völkerforschung] (*s. a.* Kulturgeschichte; Ur(geschichte); Völkerpsychologie), XII 328
Animismus u. Allmacht d. Gedanken *s.* **Allmacht; Animismus**
u. Psychoanalyse, XIII 156; XIV 92–94
Rolle d., bei Jung, X 109
d. Totemismus *s.* **Totemismus**

Anthropomorphismus, u. Animismus, IX 95f.

Anthropophyteia (*s. a.* i. Namen-Reg.), VIII 224f.; X 453–55; XI 164

Antike
Genesungsträume, II/III 36
Hermaphroditen, VII 178
Homosexualität *s.* **Homosexualität**
Liebesleben i. d., V 37f., 43f., 48; VIII 88
Naturphilosophie, XIII 55
Psychotherapie, V 301f.
Traumdeutung i. d. *s.* **Traum(deutung)**

Antisemitismus (*s. a.* i. Geogr.-Reg.: Juden), XVI 196, 212f.

39

Antisemitismus wegen Absonderung

wegen Absonderung, XVI 198
als Christenhaß, XVI 198
aus Eifersucht, XVI 197
Entlastungsrolle d. Juden i. d. Welt d. 'arischen Ideals', XIV 479
d. Juden (i. Witz), VI 33
u. Kastrationsangst [-komplex] (s. a. Beschneidung), VII 271; VIII 165
u. 'Narzißmus d. kleinen Differenzen', XIV 474
politischer, XIV 479; XVI 197f.
i. zeitgenössischen Österreich, II/III 142, 145, 199, 202–04, 218
religiöser, XIV 479; XVI 196–98, 212f., 245f.
Verachtung d. Weiber u. d. Juden, VII 271

Antisoziale Tendenzen (*s. a.* Asozial)
d. Einzelnen *s.* Triebstärke, übermächtige; Verbrecher; Verwahrlosung
d. Menschheit *s.* Kulturfeindlichkeit

Antithese [Antithetisch] *s.* Gegensatz; Gegensinn

Antizipationen [Vorklänge], beim Sich-Versprechen, IV 62

Anus *s.* After

Apathie *s.* Indifferenz

Aphasie, I 41, 44f., 48f., 51; XIV 41f.
motorische, u. Ärger, I 519
organische, I 472f.

Aphonie [Mutismus], V 179–81, 185, 213, 245
periodische, V 199
u. Schreiben, V 198f.

Apoplexie, I 362
Angst vor, I 319; XI 418

Apotropäa [Apotropäische Handlungen] (*s. a.* Abwehrformel; Magie), II/III 652; XVII 48

Genitalien als *s.* **Penis**; u. i. Namen-Reg.: Medusa
u. magische Formeln, IX 108
Sexualsymbolik d., XI 166

Apparat, seelischer *s.* **Psychischer Apparat**

Apperzeption *s.* **Wahrnehmung**

Appetitlosigkeit *s.* **Anorexie**

Arbeit (*s. a.* Beruf(e))
geistige *s.* Intellektuelle Arbeit
u. Glück, XIV 438
als Heilfaktor *s.* Heil(ung)
kommunistische Illusionen ü. d. Zukunft d., XV 195
Notwendigkeit d. *s.* Arbeitszwang
Rhythmik u. Sexualisierung d., u. Sprache beim Urmenschen, XI 169f.
u. Sublimierung, XI 322; XIV 438

Arbeiter (*s. a.* Stand)
Hysterie bei –n, I 447
Krankheitsgewinn bei verkrüppelten –n (*s. a.* Armut), V 203
Verführung v. Kindern, i. d. Gesellschaftsklasse v. –n, I 443

Arbeiterinnen, Tagträume bei, I 92

Arbeitsgemeinschaft
Einschränkung d. Aggression, i. Interesse d., XIV 471
Ideale, XIV 467
Urzeit d., XIV 435, 458, 460, 462

Arbeitshemmung [-unfähigkeit] (*s. a.* Leistungsfähigkeit), XIV 115; XVII 152
u. Ambivalenz (gegenüber Vater), VII 420; XIII 325, 331–34, 349f.
i. Beruf, XIV 116f.
u. Masturbation, kindliche, XVII 152
u. nachträglicher Gehorsam, XIII 333f.

bei Neurasthenie, I 4

Schwindel als, XIV 115

durch Selbstbestrafung gelöst, XIV 116, 415

bei Zwangsneurose, XIV 115

Arbeitslust, geringe, i. d. Masse, XIV 327–29

Arbeitszwang, i. d. Kultur, XI 322; XIV 326–31

Arc de cercle (*s. a.* Anfall, hysterischer)

als Verleugnung d. sexuellen Verkehrs, VII 236 f.

Archaisch (–er, –e, –es) (*s. a.* Ur-)

Angst, i. d. Kleinkinderangst, XIV 201

Ausdruckssysteme u. Denkweisen, I 569; VIII 403

Bilderdenken, XIII 248

Symbole, VIII 404; XI 204

Traum (*s. a.* Traum), II/III 61; VIII 214, 221, 403 f.; XI 204; XIII 203; XV 20

d. zurückkehrende Überwundene

unheimlich, XII 247 f., 259, 263

mit Verdrängung nicht identisch, XII 263 f.

u. Verdrängung

Ähnlichkeit zwischen, XV 96

Unterschied zwischen, XII 263 f.

Erbschaft (*s. a.* Konstitution; Wahrheitsgehalt), XII 214; XVI 204 f.

i. Affekt, XIV 163

i. d. Analerotik (coitus a tergo), VII 207; XII 68

Erinnerungen als, XVI 206

i. Es (*s. a.* Es), XIII 79; XVI 86; XVII 131, 138, 151

Archaische Reaktion

i. Haßregungen, XI 206 f.

i. d. Hypnose, XIII 142 f.

i. Ich (i. d. Wahl d. Abwehrmechanismen), XVI 86

u. Ichideal, XIII 255

i. infantilen Seelenleben, VII 177, 179, 181, 183 f., 207, 249; IX 170, 172 f.; XIV 240

i. infantilen Sexualtheorien *s.* **Infantile Sexualtheorien** (i. allgemeinen)

Inhalte, nicht nur Dispositionen bedeutend, XVI 206 f.

i. Konflikten, XVI 48

i. Kulturgütern, XII 327 f,

Mythen als Säkularträume d. Menschheit, VII 222; IX 141

'organische Verdrängung' d., XIV 458 f., 466

u. pathogene Disposition, VIII 413; XVI 206 f.

Phobie als, XI 426; XII 149

Tier-, IX 154–60; XVI 190

i. Sexualleben *s.* **Konstitution**

i. sozialen Kulturleben, XII 327 f.

i. Symbolismus, XI 204

i. Todeswunsch, XI 206 f.

i. Traum u. Neurose, II/III 554

i. d. Ur(szene), XII 129–31, 137, 155

Ur(szenen)phantasien als, VIII 153; XI 386

i. Überich, XIII 263, 285

überwundene, u. Doppelgänger, XII 248

i. d. Vorstellung v. Vater als Kastrator, XII 119, 155; XIV 527

i. Wahn, XVI 54, 191

Lächeln *s.* **Lächeln**

Reaktion, d. Weibes, i. erster Ehe, XII 177

Archäologie

Archäologie
Psychoanalyse verglichen mit (*s. a.* Reg. d. Gleichnisse), XVI 45-47
Religion vergleicht Psychoanalyse unvorteilhaft mit, XIV 357

Archäologisches Symbol (Pompeji), f. Verdrängung, VII 65, 77f., 112

Archäopterix, VII 58f., 113

Architektonisches Prinzip d. seelischen Apparates (*s. a.* Psychischer Apparat), IV 164

Architektur, sexuelle Symbolik d. (*s. a.* i. Symbol-Reg.), II/III 351f., 360; XI 154, 157f.

Argwohn (*s. a.* Mißtrauen; Paranoia; Verfolgungswahn)
d. Hysteriker, I 308

Aristokraten *s.* **Adel**

Arithmomanie *s.* **Zwang** (psychischer): bestimmte Arten, Zähl- (*s. a.* Rechnen)

Arm
-lähmung, hysterische, I 52f.
-schmerzen, hysterische, I 102. 117

Armee *s.* **Heer**

Armut [Arme Leute] (*s. a.* Vermögensverlust; Stand, sozialer), XII 98, 120
Angst v. (*s. a.* Melancholie), IV 131f.; X 439
u. Krankheitsgewinn, VIII 466; XII 193; XIV 251-53
Psychoanalyse Unbegüterten unzugänglich (*s. a.* Gratisbehandlung), VIII 465f.; XI 448f.
Erwünschtheit psychoanalytischer Ordinationsinstitute, XII 192f.
als Symbol f. Impotenz ('Unvermögen'), V 207

Arrhythmie, angstneurotische, I 320

Art (*s. a.* Archaische Erbschaft; Fortpflanzung; Menschheit; Phylogenese)
u. Auslese, VII 144
-erhaltung *s.* **Fortpflanzungstrieb** (*s. a.* Brutpflege; Selbsterhaltung; Sexualtrieb)
Menschen-, *s.* **Menschheit**
-schranke *s.* **Sexualeinschränkung**
stirbt am Kampf gegen Außenwelt, XVII 72
u. Krieg, XVI 26
u. Vererbung, XIII 267

Arteriosklerose, pseudoneurasthenische, I 315

Arzt [Ärzte] (*s. a.* Ärztlich; Patient; Psychoanalytiker; u. i. Biogr. Reg.: Ansichten ü. (ärztliche Standpunkte seiner Zeit))
mit affektiv überbetontem therapeutischem Interesse, XIV 291
als Analytiker (*s. a.* Psychoanalytiker)
ärztliche Vorbildung (*s. a.* Laienanalyse)
Einseitigkeit d., Vorteile u. Nachteile d., XIV 294f.
gegenwärtige, ungenügend, XIV 262-66, 294f.
grundsätzlich nicht notwendig, X 449f.
Nachteile d. obligatorischen -n, XI 12-14; XIV 279-82, 294f.
Prozentsatz v. -n mit -r (1926), XIV 261, 272f.
als psychiatrischer Kurpfuscher, ohne analytische Ausbildung (1926), XIV 262-66
Vorteile, gegenüber Laienanalytikern, XIV 273f., 277f.
Bedingung, moralische, V 25
Internisten z. Rat heranziehend, XII 280; XIV 277f.

Forderung d. Ausschließlichkeit, XIV 209
  u. Standesvorurteile, XIV 273, 279
Angst v. s. **Patient**
Anklagen hysterischer Patienten gegen, II/III 191
Ausbildung u. Studium (außer medizinischer) s. **Arzt, als Analytiker; Lehranalyse; Psychoanalytische Ausbildung**
Berufswahl
  auf Grund unbewußter Identifizierung, IV 218f.
  kindliche s. **Doktorspiel**
  Umstände, Möglichkeiten, usw. (1917), XI 8
Diskretion beim s. **Diskretion; Psychoanalytiker**
  u. Erzieher Zusammenwirkung v., X 79, 450
Fehlleistungen beim (s. a. Fehlleistungen; u. i. Reg. d. Fehlleistungen)
  Irrtum als Ersatz f. Verdrängung o. absichtliche Verschweigung, IV 245f.
  Vergreifen, IV 196–98
  Verschreiben, IV 113, 134–38, 140f.
Glauben an s. **Patient**
Haus-, I 506
Patienten, Beeinflussung d., V 302–04
  durch Hypnose u. Suggestion (s. a. Psychotherapie, nichtanalytische; – voranalytische, Suggestion), V 304–15
    Vorteile f. d. Arzt bei, V 309–12
  u. Patient, Verhältnis zwischen s. **Patient**
  u. schnelle Ergebnisse

therapeutischer Ehrgeiz nicht vorteilhaft, XII 33
  u. Vertrauensseligkeit d. Patienten, VIII 461f
  u. Seelsorger, Zusammenwirkung v., X 450
  u. sexuelle Fragen
    Aufrichtigkeit notwendig, I 495, 505, 508, 515
    Prüderie unrichtig, I 492–94, 515; V 25, 208f.
  u. Übertragung s. **Übertragung**
Wahl d. –s s. **Ärztewahl**
  u. Widerstand s. **Widerstand** (i. allgemeinen)
Asexualität (s. a. Unwissenheit, sexuelle)
  als 'Reinheit'
  d. Kindes, vermeintliche, VII 20–23; VIII 408; XI 213f., 322f. 337
  weibliche, Ideale d. (s. a. Virginität, Tabu d.), XI 367
Asexuell (–er, –e, –es) (s. a. Desexualisierung)
Libido, Frage einer –n, XI 428; XIII 230
Liebe s. **Liebe**
Traum, vermeintlicher s. **Traum**, 'harmloser'
Askese (s. a. Abstinenz), XIV 485
  d. Anachoreten, X 146
  als christliches Ideal, VIII 88f.
  u. Heiligkeit, VII 150
  u. Ichideal, X 146
  u. Lebenserhaltung, XIII 353
  Reaktionsbildungen d., VIII 88
Asketische Züge
  i. Phantasien s. **Phantasie**(n) (-bildungen): asketische
  i. Polarität mit libidinösen, XI 310f.

Asketische Züge u. Sinnlichkeit
- i. d. Renaissance, VIII 135
- u. Sinnlichkeit *s.* **Sinnlich-**
- i. d. Zwangsneurose, VII 463; XI 310f.

Asozial (–er, –e, –es) (*s. a.* Narzißtisch-; Sozial-) Charakter
- u. Kulturfeindschaft (*s. a.* Kulturfeindschaft), XIV 330f.
- d. Massen, XIV 159, 333–35, 362f.
- d. Neurose (*s. a.* Angst vor Gesellschaft), XII 327; XIII 159f.
- d. nicht-asozialen Charakter d. Kunst gegenübergestellt, XIV 90–92
- u. Versagung, XIV 331
- d. Traumes, VI 204; XIV 90
- Konfliktlösung, Neurose als, XII 327
- Triebe [-wünsche] (*s. a.* Inzest; Kannibalismus; Mordlust), XIV 331
- Religion u. Beherrschung d., XIV 360f.
- übergroße Stärke d. *s.* **Verbrecher; Verwahrlosung**

Assonanz *s.* **Anklang; Gleichklang**

Assoziation (d. Vorstellungen) (*s. a.* Einfall), II/III *544*
- affektvolle, i. d. Erzeugung v. Abulie u. Lähmung, I 144f.
- Affinität d. einzelnen –en, I 53
- Anfall, hysterischer, veranlaßt durch, VII 237
- Anstößigkeit d. *s.* **Anstößigkeit**
- Ausschluß aus d., i. d. Hysterie, I 9, 52f.
- äußere (*s. a.* Gleichklang; Gleichzeitigkeit), IV 11, 28–50
- z. Bewußtsein (primären) gehörend, I 13
- zwischen Bewußtseinszuständen, verschiedenen, nicht möglich, XVII 5
- i. d. Breite gehende, als Widerstand, XIII 302
- Ding-, [Bild-], II/III 624; VI 143
- 'eingeschränkte Fähigkeit z. –', Theorie d. (Janet), I 60
- u. Erinnerung, I 88, 431–34
- u. Fehlleistungen (*s. a.* Wortassoziationen), IV 11, 134; XI 58f., 64, 71

Freie *s.* **Assoziation, freie**
- gehemmte (*s. a.* Hemmung), I 13f.; VII 10
- durch Gleichzeitigkeit, II/III 544
- i. hypnoiden u. hypnotischen Zuständen, I 91
- indirekte Darstellung durch, VIII 28
- Inhalt d., VII 7
- innere (*s. a.* Ähnlichkeit; Denkrelationen; Kausalbeziehung)
- i. Fehlleistungen, IV 134; VII 5
- i. Traum durch äußere ersetzt, VI 196
- Melodien, XI 106
- Namen-, VII 5; XI 104–06
- oberflächlich scheinende, IV 28–50
- i. Traum, II/III 535–37, 656
- bei organisch destruktiven Hirnprozessen, II/III 535
- 'pathologische –', I 92
- Perseveration d., VII 7
- sinnlos scheinende, II/III 535–37
- 'tiefe', II/III 535–37

Traum
- als Auszug, verkürzter, d., XV 12
- als Zerfall d., XI 83
- z. Traum, u. Traumdeutung, XI 112f.; XV 12f.; XVII 91f.

divergierend u. konvergierend (je nach Widerstand), XIII 303f.

u. Traumzensur (*s. a.* Traum(zensur)), II/III 535–37

unbewußte, mit großer Affektbesetzung, I 53f.

Entlarvung d. –n, VII 7

bei Vergeßlichkeit, I 524f.

Wesen u. Begriff d., II/III 544

u. Witz, VI 192

Zusammenhang v. (bei Kraepelin), VI 8

Wort-, *s.* Einfall; Wortassoziation als Wortanknüpfung, reine, f. Analyse nicht förderlich, VII 294

Zahlen als (*s. a.* Zahleinfall), XI 104–06

v. Komplex bedingt, VII 5

zu Zahlen *s.* Zahl(en)

zögernde, deutet auf Widerstand u. Komplexnähe, VII 10

'Zufalls-' (Hartmann), Zufälligkeit ausgeschlossen bei, II/III 533f.

Assoziation, freie (*s. a.* Einfall; Psychoanalytische Grundregel), XI 104–06

bei anderen Autoren

Börne, XII 311f.

Garth Wilkinson, XII 310f.

Hartmann, II/III 533f.

Jung, II/III 537

Schiller, II/III 107f.; XII 310f.

Determinismus d., XI 104f.

u. Festhaltung d. Ausgangsvorstellung [höhere Freiheit durch], XI 104f.

Methode d.

Anwendung d., VIII 30; XIII 410f.; XIV 65f.

Beschreibung, VII 9

Geschichte d., I 276–80; VIII 27f.; X 45, 57, 67

Stockung [Versagung] d. Einfälle (*s. a.* Widerstand), I 13; VIII 30f.; XI 150f.

Beseitigung d., VIII 366

bei Komplexnähe, VII 5, 9f.; XI 106f.

bei Symbolen, XV 12f.

wegen Unlustgefühl, VIII 366

u. Traumdeutung (*s. a.* Traum(deutung)), XI 102–11

Assoziationsexperimente (Jung), IV 283; VIII 31; XI 107f.

Affekte, Rolle d., i., VII 7

an Angeklagten angewendet, VII 6

Aufmerksamkeit, Rolle d., VII 14

Geschichte d., VII 3

u. Komplexe, VII 5, 9f.

'Phantomübungen', VII 14

Reaktionszeit, VII 7

Reizwort, VII 4

Selbstverrat, psychischer, bei, VII 7

z. Tatbestandsdiagnostik, VII 3–15

Assoziationsgesetze, II/III 533f., 544; V 6, 198; VIII 30f.

i. Traum, II/III 61f.

Assoziationstheorien

psychoanalytische (*s. a.* Psychoanalytische Grundregel), V 198

voranalytische

Fehlleistungen (Versprechen) angeblich erklärend, IV 61–69

Kritik d., II/III 534f.

d. Magie, IX 101–06

Assoziationskette

Länge d., u. Widerstand, Verhältnis zwischen, XI 115; XV 13

Verschiebung längs d., II/III 344

Assoziationskette, Vorstellungen

Vorstellungen, ausgeschlossene, aus d., I 13

'Assoziationstraum' (Volkelt u. Wundt), II/III 43f., 226

Assoziationswiderstand *s.* **Widerstand** (Formen d.): Assoziations-

Assoziationszwang, I 122

Assoziativ (-er, -e, -es)
Arbeit, I 54
Hervorrufen d. hysterischen Anfalles, VII 237
Korrektur, I 97, 252
u. logische Verknüpfung zwischen Abwehr u. Erinnerung, I 447f., 450
Unzulänglichkeit bei unerledigtem Affekt, I 145
Verarbeitung verdrängter Traumen, I 64, 90

Ast
Ausreißen eines –es, als Symbol f. Genitalien u. Masturbation (*s. a.* i. Symbol-Reg.), I 551; II/III 353f.; 395; XI 158, 167
Zwang z. Wegräumen eines –es, VII 414f.

Astasie, I 44, 196f.

Asthma, nervöses
als angstneurotische Störung, I 320
als Koitus-Symbol, V 242f.

Astralmythen, X 25

'Asylrecht' (*s. a.* i. Reg. d. Gleichnisse), XI 298

'Asymptotischer Heilungsvorgang', XII 192

Ataxie, u. Fehlgreifen, IV 180, 185f.

Atem *s.* **Atmen**

Atemmuskulatur d. Säuglings, XIV 168

Atemzeremoniell (*s. a.* Zeremoniell (zwangsneurotisches)), XII 40, 97, 120

Atheismus (*s. a.* Religiosität, u. Irreligiosität)
bei Dostojewski, XIV 411
als Empörung gegen d. Vater (aus Ödipuskomplex), XIV 395f.
Erledigung d. Elternkomplexes u. Schuldbewußtseins ohne Religion, i., VIII 195
bei Leonardo, VIII 195f.
nicht intolerant, XIII 107
u. Ödipuskomplex, XIV 395
bei später gläubigem Arzt, XIV 393–96

Atmen [Atem, Atmung] (u. Atemnot [-beschleunigung]) (*s. a.* Atemmuskulatur; -zeremoniell; Asthma), I *184–95*, 319, 368, 415
u. Angst [-anfall, -neurose], I 320, 338; XI 411, 415; XIV 163; XV 88
u. Geburt, XIV 165
u. böse Geister, XII 97f.
'feierliches', XII 97
u. Flugträume, II/III 37, 40f., 231f., 279, 398f.
bei Hysterie, V 179, 242f.
normales, beim Koitus, I 338
Koitussymbolik, I 338; V 242f.; XI 159; XII 98
Regression zu archaischen Seelenzuständen durch Yoga-, XIV 431
als 'ruach', 'animus' u. 'spiritus', XVI 222
i. Traum (*s. a.* Atmen, u. Flugträume), II/III 291

Attacke *s.* **Anfall**

'Attaque de sommeil' (Charcot) (*s. a.* Anfall, hysterischer), I 93

Attentate
aggressive, auf kleine Geschwister, VII 175

sexuelle (*s. a.* Kindheitstrauma;
Verführung)
Erwachsenen gegenüber
Mitverursachen, unbewußtes, IV 201
phantasierte,beiHysterikern
s. **Verführungsphantasien**
Kindern gegenüber
Folgen d. Vergewaltigungsversuches I 381, 417f., 437f.,
444
Mißbrauch, I *380*, 417–20,
439, 485f.
phantasierte *s.* **Kindheitstrauma,** Theorie d., Berichtigung d.
Täter d., I 382
als Trauma, I 381f., 417f.,
444; II/III 191

'Attitude(s) passionnelle(s)' (Charcot) (*s. a.* Anfall, hysterischer),
I 93; XVII 9f.

'Auch', als Bestätigung, XIV 51

'Auditifs' (Charcot), IV 55

Auditiv-, *s.* **Akustisch; Gehör**

'Aufdrängen sexueller Deutungen'
s. **Psychoanalyse,** Widerstände
gegen d. (*s. a.* Konstruktionen)

Aufeinanderfolgen *s.* **Reihenfolge;
Sukzessiv[ität]; Zeitfolge**

Auffallen [Auffälligkeit], d. Neuen,
Kinderglaube an d. (*s. a.* Neu-),
II/III 221

Auffressen *s.* **Einverleiben; 'Zärtliches Schimpfen'**

Aufgaben, d. Patienten gestellte intellektuelle (*s. a.* Psychoanalytische Technik), VIII 385f.

Aufgefressenwerden *s.* **Gefressenwerden, Angst vor; 'Zärtliches Schimpfen'**

'Aufhebungen' *s.* **'Ungeschehen-Machen'**

Aufmerksamkeit

Aufklärung (intellektuelle, i. d. Analyse) (*s. a.* Psychoanalytische
Technik, Mitteilungen), XIV
255f.

Aufklärung (sexuelle)
d. Kinder (*s. a.* Infantile Sexualforschung; Kind (als Subjekt):
Wissensdrang beim), VII *19–27*;
XVI 78f.
u. Ablösung v. d. Eltern, VII
186
Autoren ü., VII 25–27
brutale, unrichtige [unvollständige u. herabsetzende]
Folgen d. –n, VIII 72f.
u. Sexualablehnung, VII
25; XI 330
traumatische Wirkung d. –n,
XI 330
u. intellektuelles Interesse, VII
22
Lebensalter d.,i.verschiedenem
sozialen Milieu, VII 185f.
v. Masturbation begleitet, VII
186
Mißtrauen [Ablehnung] seitens
d. Kindes, VII 176, 187f., 248,
268, 309, 326; XII 111; XVI 79
als Prophylaxe gegen Neurose,
VIII 115
i. d. Pubertät, VII 21, 186
u. 'Reinheit' d. Kindes, vermeintliche (*s. a.* 'Reinheit';
Unwissenheit), VII 21
u. Religion, VII 25–27
i. d. Schule, VII 25–27
Verhehlung, vermeintliche Berechtigung d. (*s. a.* Heuchelei),
VII 20f.
d. Patienten, XVI 78
d. Angehörigen d., I 515

Aufmerksamkeit (*s. a.* Konzentration, normale), VIII *232 f.*; IX 81

Aufmerksamkeit, Ablenkung d.

Ablenkung d., u. d. komische Eindruck d. Naiven, VI 208

Abwendung d., v. Inhalt d. Zwangsidee, VII 441; XIV 151

u. Anpassung an d. Realitätsprinzip, VIII 232f.

u. Assoziation, XI 104f.

v. Bewegung angezogen, XII 123

u. Bewußtsein, II/III 621; X 291; XIV 224f.

u. enttäuschte Erwartung i. d. Komik, VI 226

Entzug d.
- erleichtert Verschiebung, IV 7, 20
- v. d. Wahrnehmung, i. d. Hysterie, XIV 191

Fehlleistung bei gestörter (Wundtsche Theorie), IV 68f., 145f.; VIII 392; XI 22, 39f.
- keine vollständige Motivierung, IV 168f., 268, 303f., 307f.
- bei Vergeßlichkeit, I 519f.
- beim Verlesen, IV 145f.
- beim Versprechen, IV 68f.

Finden, ohne gelenkte, IV 232–34

gleichschwebende, d. Analytikers (*s. a.* Psychoanalytiker), VIII 377f.; XIII 215

bei Hypnose, Zentrierung d., V 304f.; XIII 140f.

d. Kindes *s.* **Kind** (als Subjekt)

d. Komplex zugewendete, beeinträchtigt Reaktion, VII 14

Konzentration d.
- i. d. Analyse, V 5f.
- auf Krankheit, anfangs schwer, X 132
- durch Willensanstrengung, bietet keine Hilfe, VIII 386
- i. d. Hypnose *s.* **Hypnose**; **Hypnotismus** (*s. a.* Konzentrierung)

bei Yoga, XIV 431

körperlicher Ausdruck d., VI 220

körperliche Vorgänge beeinflussend, V 296f., 302

als motorische Leistung, VI 226

Nachlaß d. *s.* **Aufmerksamkeit**, Fehlleistung bei gestörter

normaler Mangel an, IV 168f., 268, 303f.

u. Projektion, IX 81

Richtung d., X 291

u. Schmerzen, V 296f.

Sexualerregung erzeugende Wirkung, V 104f.

ein reversibler Vorgang, V 107

u. Traum (*s. a.* Traum), II/III 509–11 582f.

Weck-, II/III 578f.

Un-, *s.* **Aufmerksamkeit**, normaler Mangel an (*s. a.* Vergeßlichkeit; Zerstreutheit)

auf Vergleichung gerichtete (ungünstige Bedingung f. Komik), VI 250f.

u. zwangsneurotisches Isolieren, XIV 151

Aufmerksamkeitsstörung[Aufmerksamkeitstheorie] *s.* **Aufmerksamkeit**, Fehlleistung bei gestörter

Aufrechter Gang *s.* **Gang**, aufrechter

Aufregung (*s. a.* Erregung)

Fehlleistungen bei, XI 22f., 37–39

i. d. Masse *s.* **Massenseele**

sexuelle *s.* **Erregung**

bei Versprechen u. Vergreifen, XI 21

Aufrichtigkeit

d. Arztes *s.* **Arzt**; **Psychoanalytiker**

d. Eltern *s.* **Eltern**

Mangel d. sexuellen *s.* **Heuchelei;
Kultur
i. d. Psychoanalyse** *s.* **Psychoanalytische Kur,** Schwierigkeiten

Aufschneiden d. Leibes *s.* **Infantile Geburtstheorie,** Bauchaufschneiden (*s. a.* i. Biogr. Reg.: Träume, eigene (bestimmte): Unterleib)

Aufschrecken, nächtliches *s.* **Pavor nocturnus**

Aufschubperiode *s.* Latenz [periode]

'Aufsitzer', VI 155

Aufwachen *s.* **Erwachen** (*s. a.* Weckreiz)

Aufwand (*s. a.* Besetzungsaufwand; Ersparnis; Gefühlsaufwand; Hemmungsaufwand; usw.)

Abstraktions-, VI 226, 229, 240

Affekt-, VI 260f.; XIV 383f.

Aufmerksamkeits-, u. enttäuschte Erwartung, VI 226

Besetzungs-, *s.* **Besetzungsaufwand; Ersparnis; Komik**

Bewegungs-, VI 216

-differenz, lusterweckende *s.* **Aufwandersparnis**

-ersparnis [-differenz] (*s. a.* Ersparnis; Ökonomie)

durch Denken, VIII 233f.

i. d. Komik, VI *247–52*

Tendenz d. psychischen Apparates z., VIII 234; XVII 78

i. Witz, VI 133

Erwartungs-, VI 225–27

Fehlen d., bei d. Komik, VI 268

Gefühls-, VI 269; XIV 383

Hemmungs-, VI 133, 176, 208, 269

Mehr- (*s. a.* Maßlosigkeit; Übertreibung)

u. d. Erhabene, VI 228f.

z. körperlichen Leistungen wirkt komisch, VI 223, 225

Clowns, Veitstanz, VI 216f.

Minder-, z. seelischen Leistungen, wirkt komisch, VI 223

Unterdrückungs- (*s. a.* Aufwand, Hemmungs-), VI 133

d. Vorstellungsweisen, u. Komik, VI 267

Aufwecken *s.* **Weck-**

Aufzählung *s.* **Zahl; Zählen** (*s. a.* Rechnen; Witz)

Auge(n) (*s. a.* Blick)

Angst (kindliche), um, XII 243

u. Kastrationsangst, XII 243f.

als erogene Zone, V 68f.

Fenster als Symbol f., XII 61

Glaukom am (*s. a.* i. Biogr.-Reg.: Familie, Vater), II/III 222

als Organ d. Schaulust, VIII 98–100

Symbolik, II/III 18, 216, 222, 276, 322–24, 364, 403f., 425, 428f., 445f., 485; IV 30

'Dreckpatzen' statt, VII 421

i. Freuds eigenen Träumen, II/III 17f., 176, 216, 222, 276, 322–24, 403f., 425, 445f., 485; IV 133

'Ihrer schönen – willen', II/III 649–68

Unbeschädigtheit d., i. masochistischen Phantasien, XIII 375

Unfall bei 'Nachschauen' auf d. Straße, IV 205

-verdrehen (*s. a.* Heuchelei), X 296

Aura

epileptische [epileptoide], Seligkeit i., XIV 410

hysterische (*s. a.* Anfall, hysterischer), I 250, 319, 324, 341

Ausdruck

Ausdruck
d. Gedanken (*s. a.* Bildersprache; Gebärdensprache; Schrift; Wort), VIII 403

körperlicher (*s. a.* Körperlich; Mimik; Pantomimik)

d. Affekte u. Gemütsbewegungen, I 248–51; V 293–95, 302; VIII 14

d. Aufmerksamkeit, VI 220

d. geschlechtlichen Entzükkung, V 294

Ausdrucksbewegungen
d. Hysteriker, I 147

Komik d., VI 216f.

Ausdruckssysteme, archaische (*s. a.* Archaisch), VIII 403

Ausdrucksweise d. Patienten, Änderung d., auf Widerstand deutend, VII 10

'**Auserwähltes Volk**' *s. i.* Geogr.-Reg.: Juden

Auskleide(n) (*s. a.* Entblößung; Exhibition; Schaulust)

–zeremoniell *s.* **Zeremoniell**, (zwangsneurotisches): bestimmte Zeremonien, Ankleide- u. Auskleide-

Auslassung (*s. a.* Lücken)
durch Anspielung, VI 83

i. Lesen (*s. a.* Halluzination, negative), IV 172

v. Namen, aus Groll, IV 172

i. Schreiben, IV 141f.

i. Traum *s.* **Traum(entstellung)**

bei Witz u. Zwangsidee, VII 443f.

'**Ausleben**', freies [Triebfreiheit] d. Sexualität, XIII 227; XIV 464f.; XVII 131

angebliches, d. Wilden, XII 167f.; XIV 445f., 463, 474f.

u. Ausschweifung, V 26

Frage [Illusion] eines –n, –s, XIV 335f.; XVII 131

keine Therapie, XI 448f.

d. Tyrannen, XIV 336

d. Urvaters (*s. a.* Ur(vater)) XIV 458f., 474

Auslese, sexuelle u. vitale (*s. a.* Art), VII 144

Auslösende Ursache *s.* **Ätiologie**; **Ätiologische Gleichung**; **Ätiologisches Schema**

'**Ausnahmen**', X *365–70*
Frauen als, X 369f.

u. kongenitale u. infantile Benachteiligung, X 369

Aussagen, Glaubwürdigkeit d. *s.* **Glaubwürdigkeit**

Ausscheidung *s.* **Exkretion**

'**Ausscheidungstheorie**', d. Traumes (Robert), II/III 83, 585

Ausschweifung, sexuelle *s.* '**Ausleben**'

Außen *s.* **Innen** u. **Außen** (*s. a.* Realität)

Außenschicht d. Urzelle, als Reizschutz, XIII 27

Außenwelt (*s. a.* Realität; Realitätsprüfung; Umgebung)

Abwendung v. [Entfremdung, Loslösung v., Lockerung d. Beziehung mit] d. (*s. a.* Zurückziehung d. Interesses, d.Libido), XIV 425

durch Abwehrmechanismen, XII 232f.; XVI 83

i. Amentia, XIII 389

i. Melancholie *s.* **Melancholie**

i. d. Psychose, XIII 389; XV 16; XVII 132f.

i. Schizophrenie, XIII 389

i. Schlaf *s.* **Schlaf**

i. Trauer *s.* **Trauer**

i. Traum, II/III 54f.; XIII 389
u. Verdrängung (s. a. Verdrängung), XIII 391
i. Yoga, XIV 430f.
u. Art (s. a. Art), XVII 72
Begreifen d.
   durch Analogie d. eigenen Körpers, XVI 9
   durch Wahrnehmungen s. **Wahrnehmung**
Bewältigung d.
   durch Anpassung an, XIII 366; XIV 228
   mangelt beim Zwangscharakter, XVI 181
   auto- u. alloplastisches Verhalten, XIII 366
   durch Handlung, XIV 122
u. Es, XIII 365, 380; XIV 231 f.; XVII 138
als Gegenwart, XVII 138
'gut' u. schlecht, XIV 13
Ich aktiv durch Triebe, aber passiv gegen Reize d., X 227
u. Ich, XIV 228; XVII 70
Abhängigkeit, XV 92
Beziehung (s. a. Wahrnehmung), XIII 391; XV 82, 84
-entwicklung, X 227f.; XVII 68
Introjektion, X 228
Konflikte zwischen s. **Konflikt**; **Psychose**
narzißtisches u. primitives, X 227
Polarität, X 226–29
Ichfremdheit d., X 228; XIV 13
Ichfunktionen gegenüber, XIV 122
u. Innenwelt (s. a. Außenwelt, u. Ich), XIII 264, 389; XVII 84, 131
   Konflikte zwischen (s. a. Konflikt; Psychose), XIII 387–91; XIV 231 f.

Analogie, XVII 152
Gegensatz, XVII 131
körperliche, XVII 84
psychischer Apparat (Zusammenfassung), XVII *125–35*
Introjektion d., X 228
Neurose u. Psychose, als Auflehnung gegen d., XIII 365
Objekt, erstes, d. s. **Mutterbrust**
Objekt kommt v. d. – her, X 228
i. d. oralen Phase, XIV 13
u. 'ozeanisches Gefühl', XIV 422–31
Prüfung d. s. **Realitätsprüfung**
u. Reizschutz, XIII 26f.; XIV 119, 121
d. Säuglings, XIV 424
u. Schmerz, XIV 424
u. Unlust (s. a. Angstsignal; Flucht), X 228; XIV 424
u. Überich, XIII 380, 390; XVII 138
Übermächtigkeit d.
   als Gefahrquelle (s. a. Gefahr), XVI 80; XVII 130
   i. traumatischer u. Kriegsneurose, XII 324
   u. Situationskomik, VI 224
Traumen d. s. **Trauma**
Versagung kommt immer v. d., XIII 390
Wahrnehmung d. s. **Wahrnehmung**

Aussetzungsmythus s. **Familienroman**; **Mythus** v. d. Geburt d. Helden

Aussprechen eines Geheimnisses s. **Selbstverrat** (s. a. Geheimnis; Versteck-)

Ausspucken, als orale Abwehr d. Schlechten (s. a. Schlucken), XIV 13

Ausweichen

Ausweichen, ungeschicktes, auf d. Straße (s. a. Fehlleistungen), IV 195

'Ausweichen'
Phylogenese d. –s, XII 286
als Ursache d. Homosexualität, u. i. Mechanismus d. Libidofixierung, XII 286

Autismus (Bleuler) (s. a. Narzißmus; Narzißtisch), VIII 232; XIII 74

Autobiographisches, aus Freuds Leben, verschiedenes s. i. Biogr. Reg.

Autoerotismus [Autoerotische Befriedigung] (Havelock Ellis) (s. a. Masturbation), V 81–83, 98, 123; VII 22; VIII 46; XIV 61

  d. Ablösung v. Lustprinzip dienend, VIII 234

  analer, XI 341

    durch Reizung d. Darmschleimhaut, XII 113

  Bewegungslust, Sport u., V 104

  (Definition), XI 431

  hysterischer Anfall, als Ersatz f., VII 238

  infantiler, V 81–83, 120f., 134; VII 22; XI 325

    bei Knaben u. Mädchen, V 120f.

  d. Säuglings, XI 325, 340

  Narzißmus als Zwischenstadium, zwischen Objektwahl u., VIII 296f.; IX 109

  u. Narzißmus, X 141f., 227f.

    Unterschied zwischen, VIII 446

  u. Objektliebe, VII 151; VIII 296f.; IX 109

    gleichzeitig, X 225

    zeitlich getrennt, X 223

  oraler (s. a. Lutschen), XI 341

  u. Organ, X 225

  u. Perversion, VIII 48

  gegen Realitätsprinzip kämpfend, erzeugt Neurose, VIII 235

  Rückkehr z., i. Symptom, XI 381

  u. Schaulust, X 222f.

  u. Schwererziehbarkeit d. Sexualtriebe, XI 369

  u. Trauma, VII 427

  u. Verführungsphantasie, XI 385

  Wesen d., X 225; XI 431

Autohypnose (s. a. Hypnose), XVII 5

  Vorstellungen entstanden i. Zustand d., I 86, 89f.; XVII 12, 17

'Automatisme ambulatoire', II/III 460f.

Automatismus [Automatisch, d. Automatische]

  u. Fehlleistungen, XI 23

  d. Gewöhnung (i. d. Witztechnik), VI 67–70

  Theorie d. Komik, hinweisend auf

    (Bergson), VI 238f., 253f.

    (Pascal), VI 238

  u. d. Unheimliche, XII 237

  d. unbewußten Prozesse, VI 251

  d. Wiederholung u. d. Zeitaufwandes, i. d. Zwangsneurose, XIV 145f.

Automobil, als Traumsymbol f. analytische Kur, II/III 414

Autoplastische Reaktion auf Außenwelt, XIII 365f.

Autorität (s. a. Erhabenheit; Gehorsam; Revolutionäre)

  Aggression gegen (s. a. Aggression; Vater(mord))

    Heros, als Empörer gegen, XVI 193

  Neigung z., XIV 488f., 497

durch Witz, VI 114f.
Eltern als (s. a. Autorität, sich
  in Überich verwandelnde; El-
  tern), VII 227
Ablösung v., V 128
Introjektion d., XIII 399
bei Leonardo s. **Namen-Reg.**:
  Vinci, Piero da
u. revolutionäre Kinder, VII 25
Erniedrigung d., XIV 489
als Erziehungsmittel (s. a. Auto-
  rität, i. Überich sich verwan-
  delnde), XV 68
u. Ichideal, XIII 121, 262f.
ideelle, Frage d. Möglichkeit einer
  –n, XVI 18f.
Identifizierung mit s. Autorität,
  in Überich sich verwandelnde
d. Psychoanalyse s. **Psychoana-
  lytische Bewegung, Geschichte** d.
d. Psychoanalytikers s. **Psycho-
  analytiker**
Schuldbewußtsein als (s.a. Angst,
  soziale), XIV 484, 486f., 496;
  XV 68
Sexualtrieb einschränkend (s. a.
  Sexualeinschränkung; Triebein-
  schränkung), V 132
staatliche, XIV 400, 410f.
u. internationale (d. Völker-
  bundes, usw.), XVI 17–19
d. Oberschicht, XIV 334f.; XVI
  24
strafende s. **Angst, soziale; Angst
vor Vater; Autorität, Schuldbe-
wußtsein als;** – i. Überich sich
verwandelnde
durch Suggestion (s. a. Sugge-
  stion), I 156
i. Überich sich verwandelnde,
  XIV 484–89; XV 68
durch Identifizierung (s. a.
  Identifizierung), XIV 497

Aversion

durch Introjektion, XIII 399
d. Vaters s. **Vater**
durch Überschätzung d. Liebes-
  objektes entstandene, V 49f.
Verinnerlichung d. s. **Autorität,**
  i. Überich sich verwandelnde
Witz als Auflehnung gegen s.
  Witz (Arten): aggressiver; –
  skeptischer; – zynischer
Autoritätsglauben [–bedürfnis,
  –fürchtigkeit]
i. Charakter u. Gemüt, VIII 195;
  XI 44
infantiler s. **Hilfsbedürftigkeit**
beim Kulturmenschen, VIII 109
i. d. Masse (s. a. Massenseele),
  XIII 83, 92, 142; XVI 217
i. d. Neurose s. **Neurose**
i. d. Religion (s. a. Religion),
  VIII 109, 195
Autoritätssucht (s. a. Führer)
i. d. Kultur, VIII 109
Autosuggestion (s. a. Autohypnose;
  Suggestion)
u. Hysterie, VIII 94f.
Konversion, Symbolismus u., I
  249
Wesen d., VIII 95
Autosuggestive Idee (s. a. Vorstel-
  lung), I 55
Autosymbolische Bilder s. **Funktio-
  nales Phänomen**
Auxiliär (–er, –e, –es) (s. a. Ätiolo-
  gie; Hilfs-)
Momente bei d. Entstehung d.
  Neurose s. **Neurose, Ätiologie** d.
Traumas s. **Trauma**
Traumdeutungsmethode, sym-
  bolische Deutung als, II/III 246
Aversion s. unter d. einzelnen Stich-
  wörtern (s. a. Abscheu; Ekel;
  Unlust)

Aversion, sexuelle

sexuelle *s.* **Frigidität; Misogynie; Sexualablehnung**

Avoidances (*s. a.* Inzestverbot; Vermeidungsvorschriften), IX 15

Ähnlichkeit
  u. Assoziation, i. Fehlleistungen verwertet (*s. a.* Verlesen; Verschreiben), IV 134f., 140f.; VII 5
  Darstellung durch *s.* **Darstellung; Denkrelationen; Zusammengehöriges**
  Leugnen v. (*s. a.* Konstruktionen; Verleugnen), VIII 269
  u. Magie *s.* **Magie**, imitative
  i. Traum durch Einheit dargestellt (*s. a.* Denkrelationen), II/III 674f.
  zwischen Unähnlichem, i. Witz, VI 7

Ängstigen, Sich-, (*s. a.* Angst; Ängstlichkeit; Erwartungsangst)
  sexuell erregende Wirkung d. –s, V 104f.

Ängstliche, (Das) *s.* **Unheimliche,** (Das)

Ängstlichkeit (*s. a.* Angst, frei flottierende; Angstbereitschaft), XI 412; XII 141; XV 88
  als Angstneurosensymptom, I 255, 318, 321f., 415, 497
  chronische, als Erwartungsangst *s.* **Erwartungsangst**
  u. frustrane Erregung *s.* **Erregung**, sexuelle, frustrane
  f. geliebte Person (*s. a.* Angehörige; Zärtlichkeit)
    aus Ambivalenzkonflikt, X 353; XIV 190
  kindliche (*s. a.* Hilfsbedürftigkeit; Kinderangst; Kindheitsnervosität), XI 421–24; XIV 285
  als 'Lebensangst' (*s. a.* Lebensangst; Todesangst), VII 167; XII 141; XIV 170
  bei Nervösen [neurasthenische] (*s. a.* Angst, neurotische), I 497
    i. allgemeinen, XI 407f.
    bei Kindern *s.* **Kindheitsnervosität**
  neurotische *s.* **Angst**, neurotische
  u. Phobie (*s. a.* Phobie), I 321f.; XI 415
  u. sexuelle Beschränkungen *s.* **Angsttheorie** (toxikologische)
  als Sorge, II/III 273; X 353
  u. d. Unheimliche, XII 254, 256

Über-, *s.* **Überängstlichkeit**
  '– d. Überichs' existiert nicht, XV 92

Äquivalente (*s. a.* Ersatz; Symbol)
  d. analytischen Konstruktion, Wahnbildungen als, XIV 55
  Angst-, XI 416

Ärger (*s. a.* Haß; Unlust; Wut)
  bei Fehlleistungen
    Vergessen, I 519f., 525; IV 93; XI 24
    Versprechen, IV 93; XI 62f.
  nach Fehlleistung, bei d. Deutung
    gegen richtige Motivation, IV 268
  d. Symbolhandlungen, IV 235f.
  u. Humor, VI 264
  i. Hysterie ersetzt durch Angst, XI 418f.
  u. Namen, eigener
    Gleichnamigkeit anderer, IV 31
    Verdrehung d. –n, IV 94
  i. Traum, als Todeswunsch, XIII 83

Ärzte *s.* **Arzt**

Ärztewahl, Freiheit d., V 302f.

Ärztlich (−er, −e, −es)
Ansichten [Einstellungen]
Freuds persönliche *s.* i. **Biogr. Reg.**: Ansichten ü. (ärztliche Standpunkte seiner Zeit)
Geringschätzung
  d. Psychischen, V 290–92
  d. Traumes, II/III 67, 97 f.
  ü. Heredität i. d. Ätiologie d. Neurosen *s.* **Heredität**
  d. Hysterie gegenüber, VIII 6
  d. Masturbation gegenüber, VII 423
Verpönung
  d. Sexuellen *s.* **Pansexualismus; Psychoanalyse**, Widerstände gegen d.
  d. 'Wunderkuren', V 300
Kreise (*s. a.* i. Biogr. Reg.: Gegner u. Kritiker)
  gegen d. Psychoanalyse *s.* **Pansexualismus; Psychoanalyse**, Widerstände gegen d.
Sexualheuchelei i. −n, I 359, 414, 495, 515; V 208 f.
Pädagogik (*s. a.* Erziehung; Pädagogik u. Psychoanalyse), X 79, 450
Untersuchung, körperliche, durch Analytiker vermieden, XII 280; XIV 277 f.
Vorbildung *s.* **Arzt**, als Analytiker; **Laienanalyse**
Wissenschaft (u. Profession) *s.* **Medizin** (*s. a.* Psychoanalyse, Anwendungsgebiete d.)

Ästhetik (*s. a.* Häßlichkeit; Kunst-; Künstler-; Schönheit)
ökonomische Gesichtspunkte d., XIII 15
Philosophie d., VI 103 f.
u. Psychoanalyse, XII 229; XIV 441 f.

Ätiologie d. Neurosen

(Zusammenfassung), XIII 425
als Unlustabwehr, XIV 441 f.
u. Überich, XIII 264

Ästhetisch (−er, −e, −es)
Ergriffenheit u. 'Ratlosigkeit', X 172 f.
Genuß, nicht ziellos, VI 103 f.
Idealanforderungen u. Hemmungen Sexualentwicklung eindämmend, V 78
Intoleranz (*s. a.* Ekel)
  d. Kulturmenschen gegen Krieg (*s. a.* Krieg), XVI 26
Konflikt *s.* **Konflikt**
Kulturanforderungen, VIII 21
Lustgewinn bei d. Dichtung, als Vorlust (*s. a.* Dichtung), VII 223
Schranken i. Ich (*s. a.* Ekel), V 78
  i. d. Latenz, XIV 144
Tendenzen d. Traumzensur, XI 142–44
Vorurteile gegen Psychoanalyse (*s. a.* Psychoanalyse, Widerstände gegen d.), XI 14, 16

Ätiologie [Ätiologische Momente] (i. allgemeinen)
d. Ichveränderungen, XVI 64 f.
quantitatives Moment d. (*s. a.* Quantitativ; Triebstärke), XVI 70
d. Neurosen [-entstehung] u. d. Psychoneurosen, i. allgemeinen (*s. a.* Neurosen, Ätiologie d., u. unter d. Namen d. einzelnen Krankheiten), I 367, 411–14; V 25; XI *351–71*
Ähnlichkeiten i. d., motivieren psychische Induktion, II/III 155 f.
akzidentelle Ursachen *s.* **Hilfsursachen**
auslösende u. veranlassende Ursachen, I 372–74

Ätiologie d. psychischen Störungen

banale Noxen *s.* **Banale Noxen**
Bedingungen, I 372, 411f., *484*
definitive (*s. a.* Neurosen, Ätiologie d., sexuelle), V 142
Degenerationstheorie *s.* **Degeneration; 'Dégénérés'**
Disposition i. d. *s.* **Disposition**
Hilfsursachen *s.* **Hilfsursachen**
u. infantile Amnesie (*s. a.* Amnesie, infantile), XVII 75f.
Konflikte i. d. *s.* **Konflikte**
konkurrierende Ursachen *s.* **Hilfsursachen**
konstitutionelle Faktoren *s.* **Konstitution** (hereditäre); −(sexuelle)
Krankheitserreger *s.* **Agent provocateur**
u. Morphologie, I 496
Prinzipien d., I 370–75, 411–14
psychogene, I 118; XIV 102
sekundäre Faktoren, V 158
sexuelle *s.* **Neurosen, Ätiologie d., sexuelle** (*s. a.* Angsttheorie)
als konkurrierende Ursache, I 414
spezifische Ursachen (*s. a.* Spezifische Ursachen)

Vermengung mehrerer −n, I 339
Synthese, i. d. Feststellung d., weniger befriedigend als Analyse, XII 296f.
(Zusammenfassung), I 365f.
d. psychischen Störungen
i. d. Entwicklungsgeschichte zu suchen, XVII 78
Kompliziertheit d., XVII 131
sekundäre
d. Inversion, V 38f.
d. Neurose, V 158
Ätiologie [Pathogenese] (*s. a.* Pathogen)
u. pathogener Konflikt (*s. a.* Konflikt), X 370
Ausgangspunkt, XIII 367
Begriff u. Definition, XI 362f.
Widerstand als Anzeichen d. −n, −es (*s. a.* Widerstand), XV 14f.
'Ätiologische Gleichung' d. Neurosen, VIII 113
Ätiologisches Schema [Ätiologische Formel] d. Neurose, I 373f.
Äußeres *s.* **Außenwelt; Innen u. Außen**
Äußerung *s.* **Ausdruck; Glaubwürdigkeit** d. Aussagen

B

Badewitz *s*. Witz (Arten); Bade-; u. i. Reg. d. Anekdoten

Bahnung *s*. Erinnerungsspur

Banale, (Das), u. d. Ernste i. d. Komik, VI 240

Banale Gemütsbewegung, V 158

Banale Noxen, i. d. Ätiologie d. Neurosen (*s. a.* Hilfsursachen), I 364, 367, 373, 411, 413f. 484; V 158

v. spezifischen Ursachen verschieden, I 365–67

Base, Vermeidungsvorschriften bei Primitiven, IX 16f.

Bauchaufschneiden, infantile Geburtstheorie v. *s.* Infantile Geburtstheorien

Bauer *s*. Stand, sozialer

Baum, als Symbol
    f. männliches Genitale (*s. a.* Ast), XI 156
    f. Voyeurtum (*s. a.* Schaulust), XII 70

'Bändigung' d. Triebe, XIII 228; XVI 69, 263

Beachtungswahn *s*. Beobachtungswahn

Bedeutung (u. Bedeutungslosigkeit) d. Wortes *s*. Wort

Bedürfnis (*s. a.* Befriedigung; Trieb(e))
    körperliches *s*. Körperliche Bedürfnisse
    d. Säuglings u. d. Fötus, XIV 168f.
    -spannung *s*. Trieb, u. Lust u. Unlust
    -träume *s*. Traum, Bedürfnis-

Beeinflussung *s*. Suggestion

Befriedigung (*s. a.* Trieb(e))
    Aufschiebbarkeit d. verschiedenen –en, XIII 6
    Ausbleiben d. (*s. a.* Abstinenz; Erregung, sexuelle, frustrane; Versagung)
        halluzinatorischen, u. Realitätsprinzip, VIII 231f.
    u. Dauerbindung, Verhältnis v., XIII 127
    Erniedrigung z. Symptom, XIV 122
    Ersatz-, *s*. Ersatzbefriedigung
    Ersetzbarkeit *s*. Ersetzbarkeit
    erste, u. Wahrnehmung, II/III 571
    d. Libido *s*. Libido, Befriedigung d.
    lustvolle (*s. a.* Lust)
        als Traumzweck, II/III 561f.
    u. Masturbation *s*. Masturbation
    Objekt d. *s*. Objekt
    orale *s*. Sättigung
    sexuelle *s*. Koitus, normaler; Lust; Sexuelle Befriedigung
    Trieb-
        u. Bedürfnis, X 212; XIV 215, 435
        Spannung zwischen (*s. a.* Lust u. Unlust)
            beim Säugling, XIV 168
        d. Ich entscheidet ü., XVII 68
        während d. Kur (*s. a.* Psychoanalytische Regeln, Abstinenz, VIII 109
    Psychoneurose als Ersatz f., VIII 112

Befriedigung, Unkenntlichwerden d.
u. Triebverzicht *s.* **Triebverzicht**

Unkenntlichwerden d., XIV 122

Wunsch-, *s.* **Wunschbefriedigung**
u. Zwangsneurose, I 349; VII 405 f.

Befruchtung *s.* **Empfängnis; Infantile Sexualtheorien** (bestimmte)

Befürchtung *s.* **Unheilserwartung**

Begabung *s.* **Génie; Genius; Große Männer; Intellektuelle Begabung; Künstlerische Begabung**

Begeisterung (*s. a.* Leidenschaft)
f. Ideale *s.* **Ideale**
i. Massen (*s. a.* Massenseele), XIII 89
sexuelle (*s. a.* Verliebtheit), V 294; XIII 125

'Begging the question', XI 34

Begierde *s.* **Gier** (*s. a.* Erregung; Gelüste; Wunsch)

Begreifen *s.* **Verstehen**

Begriff *s.* **Vorstellung** (*s. a.* Idee)

Begründungen, i. d. Traumanalyse *s.* **Patient; Rationalisierung**

Behaarung, Genital-, *s.* **Genitalien**

Behandlung *s.* **Psychoanalytische Kur; Psychotherapie** (*s. a.* Psychoanalytische Technik; — Therapie)

Behaviorismus, XVII 79
u. Psychoanalyse, XIV 79

Beherrschung d. Triebe *s.* **'Bändigung'; Sexualität,** Beherrschung d.; **Trieb-**

Beichte
als Abreaktion, I 87
u. Psychoanalyse, XIV 215 f., 548 f.
nicht identisch, V 18 f.
Psychoanalytiker als Beichthörer, I 285

Zurückhaltung i. d., XII 99

Beinstellen, Komik i., VI 228

Beispiele
d. Patienten *s.* **Patient**
f. verschiedene psychische Phänomene *s.* i. **Reg. d. Fehlleistungen**

Beißen (*s. a.* Orale Phase; Zahn)
Juckempfindungen als, VII 265
d. Tiere, Angst v. *s.* **Tierphobien;**
u. i. **Reg. d. Krankengesch.**: Namenverzeichnis, Kleiner Hans
d. Zunge *s.* **Epilepsie; Zungenbiß**

Bejahung ['Ja']
i. d. Analyse, XIV 12; XVI 49
als Abwehr, XVI 255
heuchlerische, XVI 49
indirekte, XVI 50
u. Eros, XIV 15
als Ersatz f. Vereinigung, XIV 15
i. Traum, durch 'Traum i. Traum', II/III 342—44
als Urteilsfunktion, intellektuelle, XIV 12, 15

Bekannt (—er, —e, —es) [Bekanntheit, Bekanntheitsqualität]
Orte(s) i. Traum, als Mutterleibsu. Genitalsymbol(e), XII 259
Wiederfinden *s.* **Erinnern,** Wieder-; **Wiedererkennen**

Bekehrung, religiöse *s.* **Religion**

Belauschungsphantasie *s.* **Ur(szene)** (*s. a.* Phantasie)

'Belle indifférence' (Charcot) (*s. a.* Indifferenz), I 196; X 258

'Beleuchtung, psychische', I 306

Belobung *s.* **Erziehung; Psychoanalytische Technik**

Belohnung *s.* **Prämie**

Bemächtigungstrieb [-drang] (*s. a.*

Aggressionstrieb; Destruktionstrieb; Selbsterhaltung), V 58, 93, 99; VIII 448; XI 339f.; XIII 13f.; XVI 20f.

auf anal-sadistischer Stufe, V 93; X 231

Hand, Bevorzugung d., beim, V 89

u. Mitleidsschranke, V 93

i. Spiel, XIII 14

zu Wißtrieb sublimiert, V 95; VIII 450

Benachteiligung *s.* **'Ausnahmen'; Minderwertigkeit; Penisneid**

'Benommenheit' d. Kopfes *s.* **Kopf-Beobachtetwerden**

u. Exhibitionismus, II/III 249f.

als Vorbereitung f. Strafe, XV 65

als Wahn *s.* **Beobachtungswahn**

Beobachtung

d. Kinder, VII 171

kindliche, symbolisiert durch hohen Baum, XII 70

Koitus-, *s.* **Ur(szene)**

Selbst-, *s.* **Selbstbeobachtung**

u. Wissenschaft, X 142

Beobachtungsgabe d. Kinder, u. infantile Sexualforschung, V 97

Beobachtungswahn [Beachtungswahn], I 389; X 162f.; XII 247; XV 64

d. Ankleiden betreffend, II/III 250f.

u. Gewissen, XII 215; XV 65

Projektion i., XII 247

u. Selbstvorwurf, I 389

halluzinatorischer, XV 64f.

u. 'Stimmen' X 163

u. Ich, XII 215

u. Ichideal, XII 215; XIII 121

u. Ichinstanzen

beobachtende, XI 444

u. Selbstbeobachtung i. Traum, II/III 509f.

Spaltung u. Zerfall d., XIII 121; XV 64f.

zwanghaft, I 389

Bequemlichkeit, beim Koitus u. beim Mahl, VIII 138

Bequemlichkeitstraum (*s.a.* Traum), II/III 128-30, 166, 239, *407*, 577, 659; XI 215f.; XIII 305; XVII 93

Beispiele anderer Autoren ('Kollege Pepi'), II/III 130

nicht sexueller, XI 196

Berg

als Genitalsymbol

männliches, XI 160

weibliches, XI 197

-schwindel *s.* **Schwindel**

Beruf(e)

u. Abstinenz (sexuelle), VII 160

ärztlicher (*s. a.* Arzt), IV 218f.

Freuds *s. i.* **Biogr. Reg.**: Autobiographisches, Jugendzeit

Hemmung i. *s.* **Arbeitshemmung**

intellektuelle, beim Weib, u. Penisneid, XV 134

Mißerfolg i., XVI 185

professioneller Komplex, IV 29

u. unbewußte Identifizierung, IV 218f.

'unmögliche –', XIV 565; XVI 94

u. Verlesen, IV 125f.

Berufsarbeit (*s. a.* Arbeit)

als Sublimierung, XIV 438

Berufssoldat *s.* **Soldat** (*s. a.* Heer)

Berufsgewohnheiten, Komik d. erstarrten, VI 239

Berufswahl, V 102f.; XII 51; XVII 120

Berufswahl d. Analytikers

d. Analytikers, XI 8
d. Arztes, IV 218f.
kindliche s. **Puppenspiel**; **Spiel**(e), bestimmte, d. Kinder, Doktor-
'Berufung' ['Berufen'] u. 'Beschreiung' ['Beschreien'] (s. a. Unheilserwartung)
Aberglaube d., I 130
u. Verneinung, XIV 12

Berührung
erotische, XIII 154; XIV 152
i. d. imitativen u. kontagiösen Magie, IX 105
Mana d. [magische Heilung durch], IX 54
Tabu d. s. **Berührungsverbot**
i. Traum s. **Denkrelationen**, logische, i. Traum

Berührungsangst (s. a. Berührungsverbot; Délire de toucher), IX 37, 44
als Ansteckungsfurcht, I 68; VII 433; VIII 405; XIII 134
u. Berührenwollen (s. a. Berührungslust), XI 320
Entstehung d., IX 39-41
u. Tabu s. **Berührungsverbot**
u. Unreinheit s. **Unreinheit**

Berührungsdrang s. **Kontrektation**

Berührungslust
Berührungsangst vorangehend, IX 39; XI 320
d. Genitalien, IX 39
u. Kastrationsdrohung, XII 48
Verdrängung d., IX 39
u. Zärtlichkeit, XIII 154
u. Zote, VI 106f.

Berührungsverbot [Tabu d. Berührung]
u. Ansteckungsfurcht, I 68; IX 29-31, 89

Délire de toucher, IX 90f.
indirektes, IX 16-18, 72f.
bei Primitiven (s. a. Tabu, -objekte), I 53; IX 29-31, 37-40, 43-46, 89
d. andersgeschlechtlichen Blutsverwandten, IX 16-18
u. Heiligkeit, XVI 228
d. Herrschers, IX 55-61
d. Schwiegermutter, IX 19
d. Toten, IX 66f.
u. Namensverbot, IX 72f.
beim Zwangsneurotiker, I 53; IX 90f.; XIV 152

Berührungszwang s. **Zwang** (psychischer): bestimmte Arten, Berührungs-

Beschauen s. **Schau**(lust)

Beschimpfen s. **Blasphemie**; **Tiernamen**

Beschmutzung (s. a. Inkontinenz; Reinlichkeit)
Angst v. (s. a. Ekel), I 68
beim Kleinkind s. **Analerotik**; **Reinlichkeitspflege**
Traum v., II/III 206, 218-22, 245f., 337, 400, 408f., 431, 450, 473

Beschneidung, XII 166
d. Ägypter, XVI 125f., 134
u. Christentum, XVI 194, 198
Christi, XII 119
d. Juden (s. a. i. Geogr. Reg.: Juden), XII 119f.; XVI 124-26, 128f., 134, 139f., 144f.
u. Judenhaß, VIII 165
als Kastration [-sersatz, -ssymbol], VIII 165; IX 184; XI 167; XII 119f.; XVI 194, 198, 230; XVII 117
als Mannbarkeitsritual, IX 184; XV 93
d. Mädchen, XII 166

als Therapie d. Onanie, XV 93
Beschreien s. 'Berufung'
Beschwerden (s. a. Klagen; Vorwurf) gegen Arzt s. Patient
Beschwörung s. Magie
Besessenheit (s. a. Dämonische, (Das)), I 14, 31
Hysterie u. Neurose als, VII 208; XIII 317f.
d. Nonnen, I 14, 89; XVII 12
als Teufelssohnschaft, XIII 326–39
Besetzung [Cathexis] (s. a. Energie; Erregung; Libido), XIV 302
bei Amentia, X 426
u. Angstentstehung, XIV 120f.
bei Angsthysterie, XV 92
Begriff d., XIV 302
bei Dementia praecox, X 415f.
beim Denkprozeß, VIII 233f.
Energie d. (s. a. Besetzungsenergie)
Aufheben (s. a. Zurückziehung), II/III 559f.
Erhöhung d. s. Besetzungsaufwand
d. Erinnerungsreste, XIII 247
d. Erinnerungssystems, XIII 248
Gegen-, s. Gegenbesetzung
Gesamt-, s. Besetzungsaufwand
Gleichgültigkeit i. bezug auf d. Objekt, XIII 273f.
Größe d. s. Besetzungsaufwand
i. Größenwahn, VIII 309; X 152f.
i. d. Halluzination, XIII 248
Hemmungs-, VI 170
Ich-, s. Ich-; Libido, Ich-; Narzißmus; Narzißtisch
Lenkung d., durch d. Bewußtsein, II/III 621f.

Besetzung, Verschiebung d.

u. Libido, ersetzbare Begriffe, X 281
u. Lust u. Unlust, XIII 67, 249
Maß d. s. Besetzungsaufwand
narzißtische s. Narzißtisch
i. d. Neurose, XI 373–90
Niveau d., XIII 69
bei paranoischen Anfällen, XIV 387
i. Phantasien, XI 388f.
Probe-, bei Angst (s. a. Angstsignal), XV 97
qualitative Gesichtspunkte d., XIII 272f.
quantitative Gesichtspunkte d. s. Besetzungsaufwand; -energie
sadistische, XIV 155
sekundäre, als Heilungsversuch, X 139
beim Scherz, VI 203
i. d. Schizophrenie, X 426
i. Schlaf, II/III 559f.
u. Schlafwunsch, X 416
'Strahlen', bei Schreber, als dargestellte u. projizierte Libido-, VIII 315
d. Tagesreste, X 414–16
beim Traum, X 426
Theorie d., Geschichte d., I 216
Trägheit d., i. Alter, XII 151
Trieb-, u. Symptom, X 284
Umwandlung s. Besetzungsenergie
i. Unbewußten u. Vorbewußten, XIII 35
u. Überbesetzung (s. a. Überbesetzung), X 295; XVII 86
bei Übertragung, XIII 273f.
bei Verliebtheit, XIV 387
Verschiebung [Umsetzung] d. s. Libidoverschiebung (s. a. Verschiebung)

Besetzung, Verteilung d.

Verteilung d. *s.* **Libidoverteilung**
i. Wachsein, II/III 559f.

beim Witz, VI 203, 233

Wünsche, einstiger, Aufhebung d., durch Analyse, XV 80f.

Zurückziehung d. *s.* Zurückziehung (*s. a.* Libido-)

Besetzungsabfuhr (*s. a.* Abfuhr) bei d. Komik, VI 256f.

Vermeidung d., bei Denkvorgängen, VI 170

Besetzungsaufwand

Erhöhung d. −es

Gesamt-, XIII 273

u. Unlust, XIII 249

Ersparnis an (*s. a.* Ersparnis), i. d. Komik, VI 170, 222–27, 269

i. Humor, XIV 387

u. Lust u. Unlust, XIII 69, 249

Maß d. −es (*s. a.* Überbesetzung), VIII 121

ertragbares, XI 358

Wichtigkeit d. −es, VIII 121, *328f.*

niederer, beim Schreck, XIII 31

Niveau d. −es, XIII 69

u. paranoische Anfälle, XIV 387

v. Vorstellungen *s.* **Vorstellung**

Besetzungsenergie (*s. a.* Besetzung, Energie d.; Besetzungsaufwand), XIII 273; XVII 86

freie *s.* **Freibewegliche Besetzungsenergie**

d. psychischen Systeme (*s. a.* Prinzipien, Konstanz-; Psychischer Apparat), II/III 549

ruhende [tonische] (Breuer), X 287; XIII 26, 31, 67

Umwandlung d. −n, XIII 67

verschiebbare *s.* **Libidoverschiebung**

Zurückziehung d. *s.* **Zurückziehung**

Besetzungsinnervationen, XIV 8

Besetzungsmengen [-quantitäten] *s.* Besetzungsaufwand (*s. a.* Besetzungsenergie)

Besetzungstreue *s.* **Trägheit**

Besetzungswandel *s.* **Libidoverschiebung**

'**Besitz**' (*s. a.* Privateigentum), VII 275; XI 179

u. zweite Stufe d. anal-sadistischen Phase, XV 106

Beständigkeit (*s. a.* Gleichgewicht; Trägheit)

d. Krankheitssymptome *s.* **Symptom**(e)

Bestätigung

d. Deutung *s.* **Deutung** (*s. a.* Bejahung)

d. Unbewußten *s.* **Unbewußte**, (Das), Beweise d. Realität d. −n

Bestrafung *s.* **Strafe** (*s. a.* Züchtigung)

Bestrafungsangst *s.* **Angst vor Bestrafung** (*s. a.* Angst, soziale; Gewissensangst)

Betagte Personen *s.* **Alter**

Betasten *s.* **Tasten**

Betäubung, als zwangsneurotische Schutzmaßregel, I 391

Bett, durch Tisch symbolisiert, XI 269–71

Bett(nässen) [Enuresis nocturna] (*s. a.* Harnabgang; Inkontinenz), II/III 221; IV 161f.

bei Dora, V 225–55 (225f., 233f., 236f., 252f.)

u. Ehrgeiz, 'brennender', VII 209

u. Epilepsie, V 90

u. Kastrationsdrohung, XIII 397; XIV 22

u. Masturbation, V 236f., 241;
XIV 22

u. Neurose, V 236f.

d. Pollution entsprechend, V 90;
XIII 397

u. Scham, XII 126

u. Schwimmträume (s. a. Traum,
typischer), II/III 400

Symptome, I 475

u. Verehrung f. Huß, XII 125

Bett(zeremoniell) s. **Zeremoniell**
(zwangsneurotisches)

Bettler (s. a. Schnorrer; Witz) I
118; XII 98, 120

Beweglichkeit [Motilität] (s. a. Motorik; Motorisch), II/III 542,
546f., 549, 570f., 604f., 615,
620

Abfuhr durch s. **Motorische Abfuhr**

u. Affektivität, X 278

d. Besetzung s. **Libido, Beweglichkeit d.; Libidoverschiebung**

u. Gemütsbewegung, II/III 571

Hemmung d. (s. a. Gehemmtsein; Hemmung)
 i. neurotischen Symptom, XIV
 122
 i. Schlaf, II/III 244f., 560,
 573f.; XV 20; XVII 88
 i. Traum, XV 16
 i. hysterischen Anfall, u. Phantasieprojektion, VII 235

als Ichfunktion, XIII 253, 285;
XV 82

d. Libido s. **Libido, Beweglichkeit d.**

Mangel an s. **Trägheit**

u. Schmerz, II/III 606

d. ψ-Systeme (s. a. ψ-Systeme),
II/III 549

i. Trieb, X 214f.

Bewegungsspiele d. Kleinkinder

d. Verdrängte, vordringend bis
z., XVI 263

i. d. Verdrängung, XIV 122

Versperrung d. Weges z. s. **Beweglichkeit, Hemmung d.**

Zugang, II/III 573; XV 16, 82

Bewegung(en) (s. a. Gebärden; Lokomotion; Mimik; Motorik;
Motorisch; Muskelaktion;
Pantomimik)

Anziehung d. Aufmerksamkeit,
XII 123

Ausdrucks-, s. **Ausdrucksbewegungen; Mimik**

als Erregungsableitung (Darwin),
I 147

gehemmte s. **Gehemmtsein**, d.
Beweglichkeit (s. a. Traum, Gehemmtsein i.)

große, i. hysterischen Anfall (s. a.
Anfall), I 93; XVII 9

Komik d., VI 217, 221, 255, 257

ungeschickte s. **Ataxie; Fehlgreifen; Ungeschicklichkeit**

unwillkürliche (s. a. Reflex), I 15

übertriebene, VI 217

Bewegungsaufwand

u. Denken s. **Denken**

u. Komik, VI 216f.

Bewegungslust

u. Gehstörung u. Raumangst, V 104

u. Sport, V 104

u. Übelkeit, V 102f.

Bewegungssensation, u. Flugträume u. Sexualität, II/III 278–80

Bewegungsspiele (s. a. Spiel(e), bestimmte)

u. Fliegen i. Traum, II/III 278f.,
398

d. Kleinkinder ['Fliegenlassen',
'Hetzen'], II/III 278f., 398f.; IV
208f.; V 102

Bewegungsspiele u. hysterischer Anfall

u. hysterischer Anfall, II/III 278f.

passive, V 102

u. Sport, V 104

Bewegungsunlust *s.* **Agoraphobie; Gangstörungen; Gehemmtsein, d. Beweglichkeit**

Bewußt (-er, -e, -es)

Arbeit, psychische, als Heilungsfaktor, I 54

Gedankengänge, alternieren mit unbewußten, I 306f.

i. Ich ist nicht alles, XV 76; XVI 202; XVII 84

Liebesleben, eigenes, nicht vollständig, XII 296

psychische Vorgänge, sind nur f. kurze Zeit, I 306; XV 77

Wahrnehmungen sind, XIII 246

Wunsch *s.* **Wunsch**

Bewußte, (Das) [Bewußtsein, als psychische Instanz; Bw.-System] (*s. a.* Psychischer Apparat, Instanzen), II/III 149f., 542–49, 553, 558–61, 611–15, 622; IV 163; VIII 397; XII 326; XIII 241; XV 79; XVII 82f.

u. Ich, nicht identisch, XV 76; XVI 202; XVII 84

u. d. Psychische, nicht identisch *s.* **'Psychisch'**, u. 'bewußt'

Topographie d. –n, u. Hirnanatomie, XIII 23f., 246; XVII 67

u. d. Unbewußte, II/III 546, *614–26*; X 250; XIII *239–45*, 241; XV 76; XVII 82f.

Abkömmlinge d. Ubw. durch d. Bw. verwertet, X 289–91

Beeinflussung d. Ubw. durch d., Bw., langsam u. schwierig, X 293

Bewußtwerden d. *s.* **Bewußtwerden**

i. Kind wenig unterschieden, XII 139

Kompromisse zwischen, i. Zweideutigkeit ausgedrückt, VII 113

Neurose ein Konflikt zwischen, XIII 244

Probleme d. –n, XV 76f.

Unterschiede zwischen, XIII 247

Zensur zwischen d. –n, (*s. a.* Zensur), II/III 622f.; X 272

u. [Über-] Ich nicht identisch, XV 75

Verbalität d. –n, i. Kind weniger stark, XII 139

u. Verdrängung (*s. a.* Verdrängung), VIII 22f.; X 291; XII 326

u.d.Vorbewußte, II/III 546, 579f.; XIII 241; XVII 82f.

Inhalte, X 293

Trennung durch Zensur (*s. a.* Zensur), X 272, 290f.

u. Wahrnehmung [W-Bw-System] (*s. a.* Bewußtheit), X 423; XIII 23f., 249; XIV 119

physiologische Erklärung, XIII 25–29

u. 'Wunderblock', XIV 6–8

Bewußtheit [Bewußtseinswahrnehmung] (*s. a.* Bewußte, (Das), u. Wahrnehmung), X 270, 423; XIII 246; XVII 83f., 143f.

d. Empfindungen, XVI 204; XVII 83f.

d. Erinnerungsspuren u. Sprachreste, XVII 130

Grad d. (*s. a.* Bewußtsein, i. Traum), I 232, 306; X 291; XII 11; XIII 240, 242f., 248

d. Ich, XV 76

-inhaltes u. d. -peripherie, XVII 84

Über-, XV 76

Bewußtsein (als psychisches Phänomen u. als Begriff): unvollkommenes als inkonstante Qualität d. Psychischen, XVII 144, 146
 d. Sinnes- u. Schmerzwahrnehmungen, XVI 204
 Wandern d., VIII 434 f.
 Wert u. Bedeutung d., XVII 147
Bewußtmachen (durch analytische Therapie), I *85*, 268; XI 289-91, 453; XII 184, 187
 u. Ichkorrektur, XVI 84
 als 'Verstärkung d. bösen Triebe', VII 374
 Verdrängung schädlicher als, VIII 57
 Vorteile d., XIII 227 f.
 als Zweck, XI 288-90
Bewußtsein (als psychisches Phänomen u. als Begriff), II/III 614-24; XV 81-86; XVII 79, 143
 u. Aufmerksamkeit (*s. a.* Aufmerksamkeit), II/III 621; X 291; XIV 224 f.
 als Beleuchtung, psychische, I 306
 u. Bewußtes, XIII 239-45
 Bw-System *s.* **Bewußte, (Das)**
 u. Denken, II/III 598 f.
 u. Sprache, XVI 204; XVII 130
 als deskriptiver Terminus, XIII 240
 Deutlichkeitsskala d. -s [Intensitätsgrade] (*s. a.* Bewußtheit, Grad d.), XIII 242
 Dissoziation d. -s *s.* **Bewußtseinsspaltung**
 Enge d. -s, X 265 f., 270
  i. d. Hysterie (Janet), I 60, 64 f., 295 f.
 Entstehung d. -s, II/III 545; XIII 24 f., 40; XIV 5
 d. Erinnerungsspur nachfolgend, II/III 545; XIII 25; XIV 5
 Erweiterung d. -s, durch Hypnose, I 64

Funktion d. -s, II/III *620-24*; XIII 25, 246
 Außen u. Innen, Unterscheidung v., als, X 424
 biologische, VII 375
 Realitätsprüfung als (*s. a.* Realitätsprüfung), X 424 f.
 als Wahrnehmungsorgan psychischer Qualitäten (*s. a.* Bewußtheit), II/III 620-22; X 423; XIII 246; XIV 302 f.; XVI 204
 als höchste Entwicklungsstufe, X 292
 hypnoider Rest i., u. hypnoide Zustände (*s. a.* Hypnoid), I 91, 96
 u. Ich, XIII 254
 d. Ich beherrscht d. Zugang z., XIV 122
 u. Realität, XI 375
 u. Identifizierungen, XIII 259
 Inhalt d. -s, Dissoziation d. -s *s.* **Bewußtseinsspaltung**
 beim Kind, XII 139
 latentes, XIII 240
 Mechanismus d., XIII 247-50
 u. motorische Abfuhr *s.* **Motorisch**
 bei multipler Persönlichkeit, XIII 259
 Qualität d., X 291; XIII 239
 inkonstante, XVII 146
 Raum-, *s.* **Raum-**
 u. Selbst[bewußtsein], X 165
 als Tatsache, psychische, unvergleichlich, XVII 79
 beim Tier, X 268; XVI 204
 i. Traum, II/III *614-26*
 'Träume v. oben' [Nähe d. Träume z.], XIV 559
 unvollkommenes, XII 11; XIII 242 f.

65

Bewußtsein (als psychisches Phänomen u. als Begriff): Unzuverlässigkeit d.

Bilderdenken ist ein, XIII 248
Unzuverlässigkeit d. –s, XII 11
Überschätzung d. –s, *s.* '**Psychisch**', u. 'bewußt' nicht identisch
d. Verdrängte, vordringend z. –, ist pathologisch, XVI 263
Verengung *s.* **Bewußtsein, Enge d. –s**
Wesen d. –s, II/III 149f., *620–24*
u. Wortvorstellungen, XIII 247; XVI 204; XVII 130
Zeit-, *s.* **Zeit**
Zwangsaffekt erzwingt Rolle i., I 387f.
Bewußtsein ('offizielles–') (Charcot), I 129
u. hypnoide Zustände, I 95
'zweites' *s.* **Condition seconde**
Bewußtseinsfähig *s.* **Vorbewußt**
Bewußtseinsfeld (Janet), I 60
Bewußtseinsinhalt, Dissoziation d. –es *s.* **Bewußtseinsspaltung**
Bewußtseinsleere *s.* **Absence**
Bewußtseinslücke(n), XVII 83
physiologische, VII 239
Bewußtseinspsychologie
i. allgemeinen *s.* **Psychologie**
als Glaube d. Wundtschen Schule an d. nie fehlende Bewußtsein *s.* '**Psychisch**', u. 'bewußt' nicht identisch
Grenzen d., XIII 239f.
psychoanalytische *s.* **Bewußt-**
Bewußtseinsschwelle (Fechner), XIII 4f.
Bewußtseinsspaltung [Dissoziation], I 9f., 31, 60, 91, 122, 235; II/III 525f.; V 155; X 269; XVII 9
hereditäre Erklärung abgelehnt, I 9, 31, 46, 60–62, 64f., 91f., 235, 476; VIII 23

Hysterie als (Janet), I 10; VIII 18–20, 95f.; XIII 407; XVII 9
'dissoziierte Zustände' (Morton Prince), II/III 525f.
u. 'double conscience', I 91
u. Konversion, I 235
Kritik d. Theorie, VIII 23, 95–97
Retentions-, I 61
durch Willensakt d. Patienten, I 61f., 182
Motiv u. Mechanismus, I 233
i. Mythen u. Paranoia, VIII 285
i. Psychasthenie (Janet), I 65
i. Psychosen, I 65; VIII 285
Stimmung als Faktor i., I 122
'**Bewußtseinsunfähige Denkvorgänge**' (Breuer), I 458
Bewußtseinsvorgänge, Lokalisation d., XIII 23f., 246; XVII 67
Bewußtseinswahrnehmung *s.* **Bewußtheit**
Bewußtseinszustand
bei Hysterie
erster, XVII 11
hypnoider [traumartiger], I 60, 91
zweiter, XVII 6, 11f.
u. Trauma (*s. a.* Trauma), I 90
Bewußtwerden (*s. a.* Verdrängung; Widerstand; Wiedererinnern)
affektbetontes, ist symptomtilgend, I 85
durch Analyse *s.* **Bewußtmachen**
durch Aufmerksamkeitsrichtung eingeschränkt, X 291
Bedingungen d., XVI 201
als besonderer psychischer Akt, II/III 150
i. bildlichen Denken unvollkommen, XIII 248

d. Denkvorgänge, XVII 82
d. Erinnerungsinhaltes u. Vorwurfaffekts i. d. Zwangsneurose, I 387f.
u. Erregungsvorgang, XIII 24
d. Phantasien, VII 85
i. psychotischen Zuständen, XVII 83
Schädlichkeit, angebliche d. -s, VII 374; VIII 56
als Überbesetzung, X 292
u. Verneinen, XIV 12
u. Verschwinden d. hysterischen Anästhesie, I 85
u. Wahrnehmungen, XVII 83f.
u. Wahrnehmungslücken, XVII 82f.
Widerstand gegen d., I 268; VII 75; XVII 82f.
Zensur gegen d. (*s. a.* Zensur), X 292

Beziehungswahn [Kombinatorische Paranoia] (*s. a.* Paranoia)
u. Eifersucht, XIII 199
u. Fehlhandlungen, IV 284f.; XI 62

Bibliophilie, II/III 178

Bibliothèque rose, u. Schlagophantasien (*s.a.* Schlagephantasien), XII 198

Bienenstaat, XIV 482

Bierschwefel (*s. a.* Unsinn), VI 142

Bild(er)
Ersatz-, *s.* **Ersatzbilder**
Erinnerungs-, *s.* **Erinnerungsbilder**
u. Magie (*s. a.* Bilderverbot), IX 111; XVI 220f.
i. d. Rede *s.* **Redensarten; Wortwitz**
Spiegel-, Schatten-, *s.* **Doppelgänger**

Bilderverbot d. Juden

als Symbol f. abstrakte Worte (i. Traum, usw.), XI 178f.
Tier-, IX 111
Vexier-, u. Sexualität, II/III 361f.
Wort-, *s.* **Wortbilder**
i. Wort umgesetzt *s.* **Durcharbeiten** (*s. a.* Denkvorgang)
Bilderdenken *s.* **Bildersprache; Denken; Vision; Visuell)**
Bilderrätsel *s.* **Rätsel**
Bilderschrift (*s. a.* Hieroglyphen), XI 178, 236f.
Bildersprache [Bilderdenken, bildliches Denken, Verbildlichung] (*s. a.* Sacherinnerungsbilder; Vision; Visuell)
u. Denksprache *s.* **Denkweisen** hysterische, I 251; II/III 623f.
d. Massen, XIII 82f.
d. Redensarten u. Symptomhandlungen, IV 241
d. Tiefenpsychologie, XIII 65
i. Traum (*s. a.* Traum, visuelle Beschaffenheit d. -es) VIII 404; XI 86, 93, 118– 20, 152, 171, 173, 178f.; XV 20
Beispiel (Armbruch f. Ehebruch), XI 179
als Darstellung d. Abstrakten, II/III 345, 347–51, 410; X 419
u. funktionales Phänomen *s.* **Funktionales Phänomen**
Trauminhalt als Bilderrätsel, II/III 283 f.; XI 93
Verbildlichung, XI 118–20, 152, 173, 178
u. Vision, VIII 405
unvollkommener als Wortdenken, XIII 248
als unvollkommenes Bewußtwerden, XIII 248
Bilderverbot (*s. a.* Heiligenbilder)
d. Juden *s.* i. **Geogr. Reg.**: Juden

67

Bilderverbot u. Magie

u. Magie, IX 99

u. Sprachentwicklung, XVI 221

Wirkungen, geistige d. –es, XVI 220 f., 223

Bildlich (–er, –e, –es) (*s. a.* Vision; Visuell)

Darstellung [Ausdrucksweise] *s.*
Bildersprache (*s. a.* Gleichnis; u. i. Reg. d. Gleichnisse)

Bildung *s.* **Intellektuell; Intelligenz; Kultur; Ungebildete**

Bindewort, als technisches Mittel i. Witz, VI 73 f.

Bindung

an d. Analytiker *s.* **Patient; Psychoanalytiker; Übertragung**

an Eltern *s.* **Eltern**

d. Energie *s.* **Energie**

an Mutter *s.* **Mutterbindung**

an Vater *s.* **Vater**

Biochemie *s.* **Chemismus**

Biographie

analytische, Rechtfertigung d.–n, XIV 549 f.

Grenze d. Leistungsmöglichkeiten d., XIV 549 f.

Biographik

u. Anekdoten, VI 12

Freuds Person betreffende *s.* i. **Biogr. Reg.**

u. Psychoanalyse, VIII 202–08

Biographischer Traum (*s.a.* Traum), II/III 354, 368–70

Biologie (*s. a.* Entwicklungsgeschichte; Phylogenese; Physiologie)

u. Aktivität u. Passivität *s.* **Aktivität u. Passivität**

Angst, biologische, Unentbehrlichkeit d., XIV 164

Bisexualität, Theorie d. originellen, XII 301

d. Fortpflanzung *s.* **Fortpflanzung**

v. Leben u. Tod, psychoanalytische Verwertung d., XIII 54

u. Psychoanalyse, V 30; VIII *407–11*; XIV 281; XVII 125

u. Psychologie, X 144

als Reich d. unbegrenzten Möglichkeiten, XIII 65 f.

d. Reizes, X 211, 213, 215, 217 f., 227

d. Sexualität

d. Entwicklung, XVII 113

bei Ferenczi, X 217 f.; XVI 268 f.

d. Sexualtriebes, X 143–45

d. Vorgänge, XVI 268 f.

d. Todes (natürlichen), XIII 40–42, 47, 54

d. Triebe, X 211, 213, 215, 217 f., 227; XIV 83 f.

Ichtriebe u. Sexualtriebe, X 143–45

Todestrieb, XIII 40–42, 47, 59–62

u. Vererbung *s.* **Heredität**

Wiederholungszwang i. d. Embryologie u. i. tierischen Reproduktionsvermögen, XIII 38 f.

Biologisch (–er, –e, –es) (*s.a.* Chemismus; Heredität; Körper –; Organisch; Somatisch)

bedingte Gefahrsituationen, i. d. Ätiologie d. Neurosen, XIV 186 f.

u. Angst, XIV 164

u. Geburts- u. Kastrationsangst, XIV 169

Gesichtspunkte, i. d. Trieblehre, X 143; XV 102, 110

'– Kränkung' d. Menschheit durch Darwins Abstammungslehre, XII 7*f.*; XIV 109

Parallelen d. prägenitalen Organisationen, XII 143

Passivität (*s. a.* Aktivität u. Passivität), V 121
Periodizität (Swoboda)
i. Traum, II/III 98f., 172f.
u. Psychisches, Zusammenhang (*s. a.* Biopsychische, (Das)), XIV 169; XVI 99

Biopsychische, (Das) (*s. a.* Biologisch(es), u. Psychisches), XVI 92

Bipolarität (Stekel) (*s. a.* Ambivalenz), VIII 373; XIV 478

Bisexualität [Bisexuell (-er, -e, -es), Zweigeschlechtigkeit], V 43
i. Abbildungen (*s. a.* Hermaphroditismus)
bei Leonardo, VIII 136-38
u. Homosexualität, V 40-44, 46; XII 301f.; XIV 63
d. Libido, ist nicht vorhanden, XV 141
normale [allgemeine] Veranlagung z., XIV 465f.
somatische [hermaphroditische] Komponente, V 40, 121; XV 121f.
konstitutionelle, XII 283; XIV 63
psychische Komponente, V 44; XII 145; XIV 26; XV 121, 124; XVI 89; XVII 115
u. Ambivalenz u. Identifizierung, XIII 261
bei beiden Geschlechtern, XIII 261; XVI 97
u. Gewissensbildung, XIV 407-10
u. Kastrationsangst, XIV 407
Libidokonflikte d., XIV 513
u. Masturbation, XIV 26
u. Ödipuskomplex (vollständiger), XIII 260f.; XIV 21
u. Phantasien, VII 198; XII 222-24

u. Verdrängung, XII 222
beim Weib deutlicher (*s. a.* Männlichkeitskomplex), XIV 520
platonische Fabel v. d. ursprünglichen, V 34
psychische Anlage bei Neurotikern z., VII 198; XIV 513
i. d. Hysterie, VII *191-99*
Anfall, VII 236
Phantasien, VII 198
Symptome, VII 197-99
Theorie d.
Adler (*s. a.* 'Männlicher Protest'), XI 244; XII 222-24
u. Schlagephantasie, XII 222-24
bei Stekel, II/III 401f.
i. d. Traumdeutung, II/III 401f.
Traumsymbole, Frage d., II/III 364

Bittgänge, um Regen, IX 100

Bittopfer, IV 187

Blague (*s. a.* Humor, Galgen-), VI 262

Blasenleiden, bei Kindern, V 90

Blasphemie [Flüche; Gotteslästerung; Sakrileg] (*s. a.* Fluchen; Hohn)
anale (*s. a.* Koprolalie), XII 115f.
i. Einfällen, Traum u. Gedanken, VII 415; XII 150
u. Frömmigkeit, XII 150-52
Gottes, XII 40, 93
u. Grübeln, XII 92-97 (93, 95), 111
hysterische, I 14
als Kompromißergebnis, XII 97, 115f.
i. d. Melancholie, I 100
Projektion auf böse Geister, XII 97f.
bei Schreber (*s. a.* i. Reg. d.

Blasphemie i. Witz

Krankengesch.: Namenverzeichnis, Schreber), VIII 286

i. Witz, VI 126

i. d. Zwangsneurose, VII 415; XII 93–98, 115f.

Blei, Symbolik d. es, X 25f., 28f.

Blei(stifte) (s. a. Instrumente), XI 156

Bleichheit, u. Tod (s. a. Tod), X 28f.

Blendung (s. a. Auge; Blindheit)

als Kastration (s. a. Kastration), XII 243f.; XIII 375; XVII 117

i. masochistischen Phantasien nicht vorkommend, XIII 375

Blick

böser, I 249; II/III 652; XII 252f., 256f.; XIII 140

d. Hypnotiseurs, XIII 140

Blindheit, hysterische (s. a. Auge), VIII *94–102*

Blume(n) [Blüten]

'durch die –', II/III 320, 330

als Deflorationssymbol, I 546f.; II/III 379–82; XI 160

Lilien, Kamelien s. i. **Symbol-Reg.**: Blumen

Löwenzahn, I 541–44, 548

Rosen, II/III 217; VII 103

als weibliches Genitalsymbol, II/III 324, 352–54, 379–82; XI 160

Blumentopf, als weibliches Genitalsymbol, XI 275

Blut

-andrang s. **Kongestion**

-band [-bündnis], totemistisches, i. Brüderclan, IX 28, 166f., 176

-bann, IX 146

-scheu, XI 413; XII 166, 169

u. Aggressionseindämmung, XII 166

nervöser Personen, VII 184

Tabu d. –es

u. Blutscheu u. Defloration u. Menstruation, XII 166

-zirkulation s. **Herz-**; **Zirkulationsstörung**

Blutsverwandtschaft s. **Blutband; Exogamie; Inzestscheu; Sippe; Totemismus; Verwandtschaftsgrade**

Blüten s. **Blume**

Bohren [Bohrer], VII 334

Bolschewismus [Bolschewisten] s. **Kommunismus**

Bonmot (s. a. Wortwitz), VI 37

Bordelltraum (s. a. Traum(phantasien)), II/III 338, 359, 400; XI 202

Bouphonien, IX 166

Bös (–er, –e, –es)

Absichten, u. d. Unheimliche (s. a. Unheimliche, (Das)), XII 256

Blick s. **Blick**, böser

Geister s. **Dämon**(en)

Gewissen s. **Gewissen**, böses (s. a. Überich, Härte d.)

Triebregungen, X 331–35

u. Krieg, X 336

Wünsche s. **Todeswunsch**

Böse, (Das) (s. a. Unlust), XIV 483f.

Abwehr gegen d. s. **Aberglauben**; **Abwehr; Flucht; Projektion; Schutzmaßregeln**

d. Äußere u. Fremde als, XIV 13

(Definition), XIV 484

u. Destruktionssucht, XIV 479

i. Es, I 568

u. d. 'Gute' s. '**Gut**' u. '**Böse**'

u. d. Infantile i. Traum (s. a. Anstößigkeit; Unart), XI 215f.

u. Liebesverlust, XIV 484

durch 'Links' symbolisiert, XIV 560

i. Menschen (u. i. d. Masse), X 331–36; XI 143–48; XIII 79; XIV 281f., 333

i. d. Natur (*s. a.* Natur), XIV 433–35, 442, 444; XV 180

als Werk d. Dämonen, XIV 338

orale Abwehr durch Ausspucken, XIV 13

u. Schuldgefühl (*s. a.* Gewissen; Schuldgefühl; Ur(verbrechen)), XIV 483

u. d. Sittlichkeit (*s. a.* Anstößigkeit; Sittlichkeit; Sünde; Unart), X 331

als Tat o. als Absicht, XIV 484, 487

i. Traum, XI 215f.; XIV 560

u. d. Überich, XIV 484f.

Böswilligkeit (*s. a.* Aggressionslust; Destruktion-; Feindseligkeit)

d. Toten *s.* Dämon(en); Tote

Brandung, als Symbol f. Wehen, XIII 182f.

Braut

-nacht, mißlungene, u. Zwangszeremoniell (*s. a.* Defloration; Hochzeit; Virginität), VII 133f.; XI 268–71, 275

-stand, frustrane Erregung während d. (*s. a.* Erregung, sexuelle, frustrane), I 327

ungeliebte, Absage an, durch Fehlleistung, IV 248f.

Verlobungszeremoniell, XI 275

verstorbene, als Dämon, IX 75

'Bravheit' d. Kinder [Wohlerzogenheit] (*s.a.* Kindheitsnervosität; Kindheitsneurose; Schlimmheit; Unart)

als Erziehungsziel, VIII 147

i. Gegensatz z. selbständigem Denken, VII 25

Bruder, Verführung durch

hysterischer Kinder, I 14, 89; XVII 12

infantile Sexualforschung irregeführt i. Interesse d., VII 25

u. Koprolalie, I 16

d. Musterknaben, XVI 184

Brechreiz *s.* Erbrechen

Brennen (*s. a.* Ehrgeiz; Feuer; Juckempfindungen)

u. Bettnässen, VII 209

Briefe, Fehlleistungen durch (*s. a.* Fehlleistungen; Verschreiben)

Absage, IV 248, 256

Verlöbnis, IV 248f.

Verwechslung, IV 249

Brot, I 541, 545f., 548f.; VI 92f.; XVI 21

Brotstudium (*s. a.* Beruf), I 545

Bruder [Brüder] (*s. a.* Brüder-; Geschwister)

ältere, XIII 153; XIV 59

älterer, Freuds, IV 60

Benennung nach d. Regeln d. Exogamie, IX 11f.

Fixierung d. Libido auf *s.* Bruderimago

d. Heros, durch kleine Tiere symbolisiert, XIII 153

-imago

u. Defloration, XII 174f.

u. Übertragung, VIII 365f.

jüngere, XII 19; XIII 153

-mord, i. d. Phantasie, II/III 460f.

als Objekt

Liebes-, XI 346

d. Schlagephantasien, XII 203

als Vaterersatz, XI 346

Verführung durch, I 382, 442, 447; V 244; XIV 59

71

Bruder, Vermeidungsvorschriften

Vermeidungsvorschriften, IX 15–17
d. weiblichen Patienten, I 111, 396–98

Brust [Brüste]
als erogene Zone *s.* **Erogene Zonen** (bestimmte) (*s. a.* Brustwarze)
Entwöhnung v. d. *s.* **Mutterbrust** (*s. a.* Entwöhnung)
Genitalien vertretend, XI 315f.
infantile Geburtstheorie, V 96
d. Mutter *s.* **Mutterbrust**
u. Nates *s.* **Gesäß**
symbolisiert durch Früchte, II/III 293, 377; XI 158, 160
i. Teufelsphantasie, XIII 335–37

Brustkind, u. Flaschenkind, XVII 115

Brustwarze [Mamma] (*s. a.* Mutterbrust), XIII 377
u. Fellatio, XIV 23
Finger als Ersatz f. *s.* **Mutterbrust**
als Penis, VII 245; VIII 155; XV 107
Euter als Mittelvorstellung zwischen, V 212
Penis als Ersatz f. *s.* **Mutterbrust**

Brutalität *s.* **Destruktion-; Gewalt-; Grausamkeit; Krieg; Mißhandlung**

Brutpflege, XV 122

Brücke (Baukonstruktion)
Angst v., XI 413f.
als Symbol f. Penis u. f. d. Übergang ins Jenseits, XV 25

Brücke (Name) *s.* i. **Namen-Reg.**

Brüder (*s. a.* Bruder)
'i. Apoll', IX 12
Märchen v. d. zwölf –n, X 29f.

Brüderbund *s.* **Brüderclan; -horde**

Brüderclan (*s. a.* Brüderhorde; Sippe; Totemismus), XVI 188f., 239f.
Ambivalenz i., IX 170–73
Blutband d., IX 176
u. Mutterrecht, IX 174
'nachträglicher Gehorsam' d., IX 173, 176
u. Reue, IX 174f.
u. Schuldbewußtsein, IX 173, 176
Solidarität i. *s.* **Solidaritätsgefühl**
u. Sozialisierung, IX 176
totemistischer, XIII 151f.
u. Triebverzicht, XVI 188, 227
Urdemokratie erlischt i., IX 179
Übergang v. d. Brüderschar i. d. *s.* **Brüderhorde**
u. Vaterideal, IX 174f., 179
u. Vaterkomplex (*s. a.* Tierphobien)
beim Kind, Neurotiker u. Primitiven, IX 170, 172f.

Brüderhorde [-schar] (*s. a.* Brüderclan; Vater(mord)), IX 171–74, 176
z. Abstinenz gedrängt, XIII 138f., 156f.
u. Christus, XVI 193
Gleichheit i. d., XIII 139
griechischer Chor als, IX 187; XVI 193
Identifizierung miteinander i. d., u. Homosexualität, XIII 138f.
i. Kirche u. Heer, XIII 102f.
Übergang i. d. Brüderclan [Brüderbund], IX 177f., 239f.; XIV 459f.

Buch [Bücher]
Entlehnung, u. Vergessen d. Rückgabe, IV 174; XI 69
Entleihung, widerwillige IV 246f., 258f.

als Symbol f. Weib, XI 158

-zensur, Verdrängung verglichen mit, XVI 81

Buchstaben s. Druckfehler; Symbolik; Verschreiben

Bulimie s. Gier, orale

Buntheit, mancher Träume (s. a. Traum, kaleidoskopischer; –visueller Charakter d. –es), II/III 232, 552f.

Burg, als weibliches Symbol (s. a. i. Symbol-Reg.), XI 165

Buße s. Sühne

Bußmaßregeln [Bußhandlungen] s. Schutzmaßregeln, zwangsneurotische (s. a. Zeremoniell)

Bücher s. Buch

Büchse (s. a. Dose; Kästchen; Schachtel), X 26; XI 157

Bühne (s. a. Drama; Mimik; Tragödie)

Kuß als Symbol d. Sexualaktes auf d., XI 333

Wiederholung einer Theateraufführung wirkt nicht lustvoll, XIII 37

Bürger s. Stand, sozialer

Bürgerkrieg, XVI 17

Bw. s. Bewußte, (Das); Psychischer Apparat, Systeme

C

Calembourg s. Kalauer

'Carpe diem'-Gefühle, II/III 213f.; VI 119f.

Casque, sensation de, I 415

Cathexis (s. a. Besetzung), XIV 302

Cerebrale Displegien [Kindheitstrauma, physisches, d. –n]
u. Schreck, I 478, 480

Cerebrasthenie, I 363

Charakter (s. a. Persönlichkeit; Typus), V 140f.
u. Abwehrmechanismen, XVI 83
u. Alter, VIII 450; XVI 88
u. Analerotik, VII 203–09; VIII 449f.; XV 108
asketischer, u. Zwangsneurose, VII 463
Begriff, V 9
u. Erinnerung, II/III 545
als Geschichte d. Objektwahlen, XIII 257f.
d. Ich zugehörig, XV 97
integrierter s. Integration
d. Juden (s. a. Geogr. Reg.: Juden), XVI 246
-klischee i. Liebesleben, VIII 364
d. Knaben u. Mädchen, i. allgemeinen, XV 125
u. Masturbation, V 90; XVII 117f.
neurotischer (s. a. Neurotiker), II/III 483
Resistenz, XIII 259
u. Traum, II/III 625f.
u. Trauma [u. Fixierung u. Wiederholungszwang], XVI 180f.

Typen s. Typus
u. Urethralerotik, XV 108f.
u. Überich (s. a. Überich), XV 70
weiblicher, XIII 257f.; XIV 29; XV 125
Aggression i. –n, XII 172, 176
geringere, XV 125
größere, i. Alter, VIII 450
Entwicklung d. –n. –s (s. a. Klitoris; Mädchen, Sexualentwicklung d. –s; Männlichkeitskomplex), XV 138f.; XVII 77, 120
Ich-, bei sadistischem Überich, XIV 408–10
v. Liebesleben beeinflußt, XIII 257f.
mit erotischer Phantasiewelt, VII 192, 217
Narzißmus d. –n –s s. Narzißmus
durch Ödipus- u. Kastrationskomplex gebildet, XIV 523
Selbstgenügsamkeit, geringere, d. –n –s, XV 125
u. soziale Ordnung, XV 123
Starrheit, größere, d. –n –s, XV 144
Trotz geringerer i. –n, XV 125
Zärtlichkeitsbedürfnis, größeres, beim –n, XV 125
u. Zwangsidee, Entstehung d. (s. a. Zwangsvorstellungen), VII 388

Charakteranalyse (s. a. Psychoanalytische Kur), V 140; XIV 300; XV 97, 168f.

Indikation f., XIV 300
u. therapeutische Analyse, XVI 96

Charakterbildung [-entwicklung] (*s.
a.* Latenz; Pubertät; Überich),
XV 97
u. Identifizierung, XIII 256f.;
XV 97
u. Kastrationsangst, XV 138f.
u. Liebe *s.* Liebe
u. Masturbationsphantasien, XVII 117f.
d. Mädchens *s.* **Charakter**, weiblicher
u. neurotische Entwicklung, VIII 449
u. Reaktionsbildung, V 140f.;
XIV 191

Charakterkomik, VI 221–23, 257

Charakterperversion *s.* **Charakterverbildung**

Charakterstörungen *s.* **Charakterverbildung**

Charaktertypen *s.* Typus, Charakter-

Charakterveränderung [-verwandlung] (*s. a.* Charakterverbildung; Ich-)
nach Analyse *s.* **Charakteranalyse**
u. Gleichzeitigkeit d. Objektbesetzung u. Identifizierung, XIII 258
Stabile, Zwangscharakter d. –n, XVI 181
nach Trauma, XVI 181
d. Weibes *s.* **Charakter**, weiblicher (*s. a.* Mädchen, Sexualentwicklung d. –s; Männlichkeitskomplex)
mit Wiederkehr d. Verdrängten, XVI 233f.

Charakterverbildungen [-deformationen], V 9
i. alten Frauen, VIII 450

Chemismus i. Liebesleben

Analyse d. *s.* **Charakteranalyse**
bei Epilepsie, XIV 402f.
bei Hysterie, I 14f.
u. d. Ich, XIII 391
u. Krankheitsdauer, X 367
i. d. Zwangsneurose *s.* **Zwangscharakter**; **Zwangsneurose**

Charakterzüge
(Definition), VII 209
d. Erinnerung, Veränderung d., I 419, 421
Intensität d. (beim Kind), V 143
sexuelle, Entwicklung d. -n (*s. a.* Sexualität), XVII 77

Chemische
Analyse, u. Psychoanalyse (*s. a.* 'Psychosynthese'; u. i. Reg. d. Gleichnisse), VIII 31; XIV 82; XVII 80
Erklärung
d. Neurosen (*s. a.* Angsttheorie (toxikologische)), XIV 102
d. Aktual-, (*s. a.* Aktualneurosen), XI 402f.; XIV 50; XV 101
u. mechanische Natur d. Reizquellen (*s. a.* Alkohol-; Toxische), X 215f.; XIV 433

Chemismus d. sexuellen Vorgänge [Chemische Faktoren d. –] (*s. a.* Somatische Vorgänge d. Sexualität; Toxisch-), V 44, 68, 158, 276; X 143f.; XI 331, 403; XIV 50, 534
u. Abstinenz, XIV 50
u. Aktualneurosen, XI 402f.
Biochemie, XIV 534
i. d. Entwicklung (weibl.), XIV 533f.
bei intensiver Erregung, V 103
i. Liebesleben (nach Goethe), XIV 549

Chemismus, Schreck

Schreck u. mechanische Erschütterung wirkt zerrüttend auf d., V 103
Sexualstoffe [-stoffwechsel, -toxine], V *114–17*; XI 403
   Anhäufung u. Abladung (beim Mann), V 115f.
   beim Kastraten, Kind u. Weib, Frage d., V 115f.
   Spannung durch, V 114–17
Störungen i., V 158
Theorie (*s. a.* Angsttheorie (toxikologische)), V 114–18, 136
u. Therapie, XI 452f.
d. Triebe, XIII 63

Chiffre *s.* **Bilderschrift**

Chiffriermethode, d. Traumdeutung, II/III 102f., 356, 358, 647

Chirurg, Psychoanalytiker verglichen mit –en, *s.* i. Reg. d. Gleichnisse

Chor
   i. griechischem Drama, XVI 193
   u. i. Brüderclan, IX 187

Chorea St. Viti [Veitstanz], I 362, 409
   chronica, I 375
   Komik d., VI 217
   u. Traum, XI 83

Christentum (*s. a.* Religionen, bestimmte), XIV 94
   Ambivalenz i., XVI 194, 244–46
   Askese i. *s.* Askese
   u. Atonreligion, XVI 194f.
   u. Beschneidung, XVI 194
   u. Buße, XVI 245
   als Erlösungsreligion, XIV 495
   u. Juden, XVI 245
   Kommunion i., XVI 190, 193f.
   als kulturelle Leidensquelle, XIV 445

   u. Liebe *s.* Nächstenliebe
   Magie u. Muttergottheit i., XVI 194
   Monotheismus i., XVI 191, 194
      Aufgeben d., teilweises, i., XVI 245
   u. Paulus, XVI 192–96
   u. Polytheismus, XVI 194, 198
   u. Schuldgefühl d. Mittelmeervölker, XVI 244
   Sohnesreligion i., XVI 192–94
   u. Totemtiere, XVI 191
   u. Wiederkehr d. Verdrängten, XVI 244–46

Christian Science, u. Laienanalyse, XIV 269f.

Christus *s.* i. Namen-Reg.: Jesus Christus

Chronische
   Ängstlichkeit *s.* **Erwartungsangst**
   Paranoia *s.* **Paranoia**

Chronologie, umgekehrte [Chronologische Umkehrung] *s.* **Zeitfolge, umgekehrte**

Chtonische Göttinnen *s.* **Schicksalsgöttinnen; Todesgöttinnen**

Churinga, IX 139

Clairvoyance *s.* **Aberglauben; Telepathie** (*s. a.* Okkultismus)

Clan *s.* **Brüderclan; Sippe**

Clantotem *s.* **Stammestotem; Totem**

Clitoris *s.* **Klitoris**

Clowns, Komik d., VI 216

Cocapflanze, Monographie ü., I 466f.; XIV 38f,
   i. Traum, II/III 175, 179

Cocain
   Abgewöhnung v. Morphium, Chloralhydrat, usw. u., I 506
   u. Anästhesie (i. Traum), II/III 175–79, 182, 222, 288

u. Angst, I 471
Euphorie, I 467
u. Hunger, II/III 213
u. Sucht, I 471; XIV 38f.

Coitus (*s. a.* Koitus) interruptus
u. Aktualneurose (*s. a.* Aktualneurose), XIV 172
u. Angst, I 416; II/III 161f.; XI 416f.; XIV 172
u. 'i. Angst verwandelte Libido' (*s. a.* Angsttheorie (toxikologische)), XIV 138f.
-neurose (*s. a.* Angstneurose), I 338, 358, 363f., 416, 483, 497f., 502; II/III 161f., 416; V 150; VIII 338; XI 416; XIV 49f., 172; XV 89
männliche, I 326f., 329–33
weibliche, I 326, 329–33, 337
als ätiologisches Moment, II/III 162; V 150, 242
u. Hysterie, V 242
u. Neurasthenie (männliche), I 327, 337f.
u. Neurosen, gemischte, I 340
u. Schwindelanfall, I 329
durch Summation schädigend, I 332
u. Zwangsneurose, I 352
a latere, VIII 138

reservatus
u. Neurosen, gemischte, I 339f.
u. weibliche Angstneurose, I 326f., 332f., 337
a tergo [more ferarum]
u. Analerotik, XII 64, 68, 87–89
Darstellungen d., VIII 138
u. Erniedrigungstendenz, Weib gegenüber, XII 129
u. sadistische Auffassung v. Koitus, XII 72

Commensalen
Gott u. Anbeter als, beim Opferfest (*s. a.* Kommunion), IX 163f., 166f.

Condition seconde [zweites Bewußtsein], I 95

Congressus *s.* Coitus; Koitus

Continued story (*s. a.* Tagtraumroman), XIII 304

Convulsif, Tic *s.* Tic convulsif

'Coup de foudre' (*s. a.* Denken, plötzliche Problemlösung), XVII 144
auch auf intellektuellem Gebiet affektiv, XI 250

Couvade, u. infantile Sexualtheorien (*s. a.* Infantile Sexualtheorien), VII 185

Crines pubis (*s. a.* Genitalien), II/III 90, 362, 371, 382, 392; V 262; XI 158, 197; XIV 314

D

Δαιμων και τυχη, VIII 364
Dame s. **Lebedame** (*s. a.* i. Reg. d. Krankengesch.: Namenverzeichnis, Rattenmann, 'Dame')
Dankgefühle, aus Überkompensation d. Kastrationsangst abgewiesene, XVI 98f.
Darm (*s. a.* Diarrhöe; Exkremente; Kot; Stuhlgang; -verstopfung)
  End-, als Vagina, X 407–09; XV 108
  Geburt durch, infantile Theorie d. *s.* **Infantile Geburtstheorien**
  Labyrinth als Symbol f., XV 26
Darmausgang *s.* **After; Anal-**
Darmeingießungen *s.* **Lavement**
Darminhalt (*s. a.* Exkremente; Kot)
  Trennung v., als Vorläufer d. 'Kastration', VII 246; XIII 296, 397; XIV 160f.
Darmschleimhaut (*s. a.* After)
  autoerotische Reizung d., durch Kot, XII 113, 116
  als erogene Zone, V 99
  u. sadistisch-anale Phase, V 99
Darmreiz
  Symbolik d. Leibreize, II/III 87–92
  -traum (*s. a.* Traum, typischer, (bestimmte Arten d.): Darmreiz-), II/III 37, 39, 89f., 166, 221, 225f., 407–09; IX 91f.
  Verlesen motivierend, IV 126
Darmstörungen *s.* Verdauungstätigkeit, Störungen d. (*s. a.* Diarrhöe; Stuhlverstopfung)
Darmzone *s.* **Anale Zone**
Darstellbarkeit i. Traum *s.* **Traum(darstellung)** (*s. a.* Traum(arbeit))
Darstellung [-sweise]
  hysterische u. schizophrene, X 297
  indirekte (*s. a.* Traum(darstellung); Witz), VI 97
  durch Anspielung (*s. a.* Anspielung), VI 79–87
  durch Assoziationseinfall, VIII 28
  durch Denkfehler *s.* **Denkfehler**
  durch Gleichnis, VI 87, 96
  durch ein Kleinstes *s.* **Kleinst (–es)**
  d. Komplexinhalte, VII 10
  durch Unifizierung *s.* **Integration**
  Witz, VI 95f.
  durch Zusammengehöriges *s.* **Witztechnik, indirekte; Zusammengehöriges, Darstellung durch**
  plastische [Verbildlichung] *s.* **Bildersprache; Traum; Vision; Visuell**
  zwangsneurotische, durch Zwangshandlung, direkte, VII 132
Darstellungslust, XVI 7
Darwinismus (Prozeß gegen, in Dayton), XIV 362
Dauer
  -heilung *s.* **Heil(ung); Ichveränderungen; Psychoanalytische Kur**
  d. Kur *s.* **Psychoanalytische Kur**
  -spur *s.* **Erinnerungsspur**

-symptome *s.* **Hysterie,** Symptome (i. allgemeinen): Dauer-Zeit-, *s.* **Zeit-**

Daumen
-einklemmen, IV 200
-lutschen *s.* **Lutschen**

Dämmerzustand *s.* **Hypnoider Zustand**

Dämon(en) [böse Geister] (*s. a.* Animismus; Geist; Teufel), IX 106, 112f.; X 347; XII 253f.; XIII 47; XV 177f.

Angst v. *s.* **Angst vor,** Dämonen u. Atem, XII 97f.

älter als gute Geister (Wundt), IX 82, 114

Blasphemie projiziert auf, XII 97f.

d. Böse i. d. Natur, als Werk d., XIV 338

Götter, gestürzte, als Gegner Gottes u. als, XII 248; XIII 331; XIV 459

als Projektionen, IX 113

durch psychologische Formel ersetzt, i. d. Psychiatrie, I 34

i. Traum, II/III 2, 690

als phallische Symbole, II/III 371

Triebregungen symbolisiert als, XIII 318

Tote als, IX 74–79

u. animistische Weltanschauung, IX 81f.

Bräute, verstorbene, u. ermordete Personen als, IX 75

Ursache d. Verwandlung i., IX 79–86

Dämonenglaube [Dämonismus] (*s. a.* Animismus)

u. Tabu, IX 33–35

v. Todesgedanken ausgehend, IX 108

Dämonische, (Das) [Dämonischer Charakter]

als Ambivalenz d. Heiligkeit u. Unreinheit, IX 83f.

d. Epilepsie u. d. Wahnsinns (*s. a.* Besessenheit), XII 257; XIV 402

d. Es, XIV 123

d. Hysterie, I 14f., 31, 34

d. Schicksals, XIII 20–22

i. Traum, II/III 619, 690

u. d. Unbewußte, II/III 618f.

u. d. Unheimliche, XII 232

u. d. Wirkung d. Wiederholungszwanges (*s. a.* Wiederholungszwang), XII 251; XIII 20–22, 36

Dämonomanie, II/III 592f.

als psychische Epidemie, VII 208

Deck(einfall), IV 26

Deck(en), d. Symptoms, durch ein anderes, I 183

Deck(erinnerung(en)) (i. allgemeinen) [Ersatzerinnerungen] (*s. a.* Deck(einfall)), I 531–34 (546, 548); II/III 396; IV *51–60;* XI 204f.; XII 17, 79f.; XIII 181, 184–86

anstoßende, rückläufige, u. vorgreifende, I 551; IV 52

Fetisch als, V 54

Harmlosigkeit, scheinbare, XII 18

hysterischer Symptombildung analog, I 551f.

Kindheitserinnerungen, lebhafte, sind meistens, I 531, 533–38; IV 55–60

Lebhaftigkeit u. visueller Charakter d., I 552f.

Masturbation betreffend, V 244

u. Märchen, X 2

Deck(erinnerung(en)) (i. allgemeinen): positive

positive u. negative [Trutzerinnerung], I 551 f.
- d. Rettungsmotivs, VIII 74 f.
- u. Vergessen, IV 52–54; X 128
- u. Verdichtung, XI 205

Deck(erinnerung(en)) (bestimmte)

Ansteckung durch Bruder (Doras), V 244

Blumen u. Schwarzbrot, I 538–51

Buchzerreißen (Freuds), II/III 178

Geschirrhinauswerfen (Goethes), XII 16 f.

'Kakao van Houten', VII 205 f.

Kastentür, offene, u. vermißte Mutter (Freuds), IV 58 f.

'm' u. 'n', Unterschied zwischen, IV 57

Rockaufbinden/Entbindung, IV 58

d. Wolfsmannes *s.* i. **Reg. d. Krankengesch.**: Namenverzeichnis, Wolfsmann

Zahnextraktion, II/III 396

Deck(träume), II/III 254

Decke, Tisch-, Zwangszeremoniell mit, VII 133 f.; XI 268 f.

Defäkation *s.* Stuhlgang (*s. a.* Exkremente; Kot)

Definition, Wert u. Zeitgemäßheit d., X 210 f.

Defloration [Deflorieren] (*s. a.* Virginität), I 546–49; II/III 379–82

als Blutband [Tabu], u. Totemismus, IX 146; XII 166

durch Ehemann, Verbot d., XII 163, 169–71

u. Feindseligkeit d. Weibes, XII 172–80

Flucht vor (*s. a.* Virginale Angst), XII 171 f.

durch Fremden, XII 164

u. Frigidität, XII 171 f.

durch Götzen, XII 175

durch Gutsherrn, XII 174 f.

i. Hebbels 'Judith u. Holofernes', XII 178 f.

u. Kastrationskomplex, XII 175 f.

Kastrationswunsch i. Traum, nach, XII 176

mißlungene, VII 133 f.; XI 268–71

Phantasie v., V 262

durch Priester, XII 164 f.

u. Pubertätsriten, XII 166

Schmerz bei, XII 172 f.

i. Schnitzlers 'Das Schicksal d. Freiherrn v. Leisenbogh', XII 178

durch Vater, XII 164, 174

u. Vater, Fixierung d. Libido auf, XII 174 f.

Deflorationssymbole (*s. a.* i. Symbol-Reg.)

Blume wegnehmen (*s. a.* Blume), I 546 f.

Teller zerschlagen (*s. a.* Braut; Hochzeit-; Verlobung), XI 271, 275

Deflorationszeremoniell, XII 164 f.

Defusion *s.* Triebentmischung

Degeneration (*s. a.* Disposition; Heredität; Konstitution)

als ätiologischer Faktor (*s. a.* Ätiologie d. Neurosen), I 345; XII 9 f.

i. d. Hysterie, I 60, 65, 227 f., 256, 436, 447

bei Janet (*s. a.* 'Dégénérés'), I 60–65; VIII 17 f.

v. Disposition unterschieden, I 161

Entwicklungshemmung ist keine, II/III 256

u. Hysterie *s.* **Degeneration,** als ätiologischer Faktor; – als sexuelle Schwäche

u. Inversion, v 36–38
d. Nervösen
u. Abulie u. Phobie, I 142
enges Bewußtseinsfeld als Stigma d., I 60–65
Familiendisposition, I 410
Lehren d. französischen Schule
s. **'Dégénéré(s)'**
neuropathische, nicht analysierbar, v 21
'status nervosus' (Moebius), I 316
Neurose ist keine, v 21
u. Perversität, v 59f.; XI 317f., 332
psychische, I 411
als sexuelle Schwäche, I 415, 436f., 449f.
u. Zwangsneurose, I 411

'Dégénéré(s)' (*s. a.* Degeneration), v 21; VII 372–74
'– et déséquilibrés', I 298
'– supérieurs', XI 268
Wahn befällt nur d. –?, VII 71f.
Zwangsneurotiker als, XI 268

Degradierung (*s. a.* Erniedrigung; Geringschätzung), VI 228

Deifikation *s.* **Vergöttlichung** (*s. a.* Ur(vater))

Deismus *s.* **Philosophie; Religion; Theismus**

Déjà entendu [éprouvé, senti], X 119

Déjà raconté, IV 298; VIII 378; X *116–23*; XII 117
u. Entfremdungsgefühl, XVI 255
Erklärungsversuche, X 118f.
fausse reconnaissance, IV 166f., 297f.

Déjà vu, II/III 448f.; IV *294–98*
Entfremdungsgefühl bei, XVI 255

Delirium u. Traum

u. Metempsychose, XVI 255
u. 'Too good to be true'-Gefühl, XVI 252f.
u. unbewußte Phantasien u. Tagträume, v 294–97

Dekalog (*s. a.* Mord), II/III 262

Délire
'– ecmnésique' (Pitres), I 246
'– de toucher' (*s. a.* Berührungsangst; -verbot), IX 37, 44
u. Tabu, IX 90f.
'– terminal', XVII 9

Delirium [Delirien] (*s. a.* Anfall; Wahn)
Alkohol- (*s. a.* Alkohol), X 425
i. Amentia, eine Wunschphantasie, X 420
Assoziationen i., wie v. Zufall bestimmt, II/III 533f.
hysterische (*s. a.* Anfall, hysterischer), I 93, 150f.; II/III 534
bei Anna O., VIII 4, 10
chronologische Umkehrung i., II/III 333
d. Nonnen u. Heiligen, I 14, 89
Psychoanalyse i. Zustande d. nicht anwendbar, I 513
Tic-artiger Charakter, I 100f.
mit Tierhalluzinationen, I 99–162
nicht sinnlos, II/III 534
physiologische Erklärung d., VIII 391
Psychoanalyse d., VIII *401*
Kontraindikation f., I 513
psychotische (*s. a.* Psychose; Wahn; u. unter d. Namen d. einzelnen Krankheiten), VI 194f.; VIII 401
u. Traum, II/III 62f., 94–96
u. Zensur, II/III 534

Delirium, Wesen d.

Wesen u. Mechanismen d., VIII 401

Wortlaut, mißverstandener, i., VII 462

i. Zwangsdenken u. Zwangsneurose, VII 440, 462

Delusion s. Wahn

Demente s. **Dementia** (s. a. Paranoia)

Dementia paranoides, I *392-403;* VIII *240-320;* XIV 87

Dementia praecox, II/III 535; X 67, 146f.

Beschreibung d., VIII *313f.*

Delirien d. (s. a. Delirium), VIII 401

Diagnose, bei manchen Fällen schwankend, XIV 86

Fixierung bei, XI 436f.

Gedankensprache d., VIII 405

halluzinatorische, VIII 401; X 425

u. Hebephrenie, VIII 228, 313

Hypochondrie, als Vorläufer d., XI 405

m. Hysterie, vorhergegangener, I 150f.

u. Hysterie, Ähnlichkeit zwischen, X 153; XI 436f.

u. Ichpsychologie, X 148

u. Katatonie, VIII 313

Narzißmus i., X 139f.

mit neurotischen Vorstadien, I 150f.; VIII 455f.; XI 405

Lebensalter d. Auftretens, VIII 443

Libidotheorie d., XI 435-37; XII 322-24

Besetzung

u. Gegenbesetzung, X 415f.

d. Objekte fehlend (s. a. Zurückziehung d. Libido), VIII 313f.; XI 430

Verteilungsstörungen durch organische Krankheit zeitweilig aufgehoben, XIII 34

u. mythenbildende Phantasie, XIII 228

u. Paranoia (s. a. Paranoia), VIII *312-16;* XI 439; XIV 87

Paraphrenie als Benennung vorgeschlagen, VIII 313

Phantasien d., XI 471f.; XIII 228

Psychoanalyse d., VIII *400f.*

Kontraindikation d., XI 455f., 477; XIV 68, 301

Realitätsprüfung, Ausschaltung d., bei, X 425

Restitutions- u. Heilungsversuch bei, X 153; XI 437

u. Schizophrenie (s. a. Schizophrenie), VIII 312f.; XIII 421

Skotomisation bei s. Skotomisation

Stereotypien bei, VIII 400f.; XIV 87

Symbolverständnis d., II/III 356

Symptombild d., XI 437

(Terminus technicus), VIII 312f.

Unbeeinflußbarkeit (s. a. Dementia praecox, Psychoanalyse d.), XI 455f., 471f.

Übertragung negativ bei, XIV 68

Vergiftungsphantasie d., Schwängerung symbolisierend, VIII 405

u. Zwangsneurose, Ähnlichkeiten zwischen, XI 437

Demenz s. Dementia

Demokratie, XVI 157

i. d. Kirche, XIII 102

Ur-, d. Brüderclans, IX 179

Demut

i. analytischen Beruf, XI 146

i. d. Verliebtheit, XIII 124f.

Demütigung (s. a. Erniedrigung)

Lust an d. (*s. a.* Masochismus; Sadismus), V 56

Denken [Denkarbeit, -funktion, Verstandesarbeit] (*s. a.* Denkvorgänge; Gedankengänge)
abstraktes (*s. a.* Denkweisen)
u. Innervationsaufwand, i. Unterschied z. Handeln, VI 218f.
f. Komik nicht günstig, VI 250
u. Traum, II/III 540; X 419
u. d. Unbewußte (Hartmann), II/III 533f.
assoziative *s.* **Assoziativ**
Bilder- (*s. a.* Bildersprache) archaisch, XIII 248
i. Traum, II/III 51, 106
'coup de foudre' i. *s.* **Denken,** plötzliche Problemlösung
Entwicklung d.–s, *s.* **Denkweisen; Denksysteme**
Erleuchtung i. *s.* **Denken,** plötzliche Problemlösung
geistige Leistungen i. *s.* **Aufmerksamkeit; Gedanken; Intellektuelle Arbeit; Vorstellung** (*s. a.* Denkgesetze; Denkrelationen; Denkweisen, logische; Urteil)
i. Traum (*s. a.* Denkrelationen), II/III 570
u. Grübeln (*s. a.* Grübeln), VII 180f.; VIII 147
statt halluzinatorischer Wunschbefriedigung, II/III 572
statt Handeln (*s. a.* Denken, als Probehandeln)
i. d. Zwangsneurose, VII 459, 461
u. Handeln (*s. a.* Denken, als Probehandeln), VI 218f.; XIV 14
als Ichfunktion, XIII 285; XV 82; XVII 129
Klarheit i., als 'männlich' bezeichnet, XII 280

d. Komik, VI 221–23, 257
f. Komik ungünstige Bedingung, VI 250
logisches *s.* **Denkweisen**
Mehraufwand i., u. Verringerung d. Bewegungsaufwandes, VI 223
Nach- (*s. a.* Denken, u. Grübeln) bietet keine Hilfe i. d. Bekämpfung d. Neurosen, II/III 106; VIII 386
als Probehandeln (*s. a.* Denken, u. Handeln), II/III 605; VIII 233; XIV 14; XV 96
plötzliche Problemlösung [Erleuchtung]
als Beweis f. d. Unbewußte, XVII 144
'coup de foudre', XI 250; XVII 144
Freude an d. –n, XIV 438
beim Wiedererinnern, I 520
i. Witz (*s. a.* Verblüffung; Witz), VI 8–10, 14, 62f., 147
selbständiges (*s. a.* Neugierde; Wißtrieb)
i. Kind (*s. a.* Infantile Sexualforschung; Kind, Fragelust beim; – Wissensdrang i.)
mit 'Bravheit' i. Gegensatz stehend, VII 25
erstes Mißglücken d. –n –s (*s. a.* Infantile Sexualforschung), VIII 146
sexualisiertes, I 440; VII 460f.; VIII 147; IX 110
bei Primitiven IX 110
u. Sprache (*s. a.* Denken, i. Worten), XVI 204, 206
u. Sublimierung (*s. a.* Wißtrieb), XIII 274
i. Traum *s.* **Traum,** u. Denken
u. traumatischer Eindruck, Erledigung

Denken u. Urteil

d. Erregungsreste d. durch, I 64, 90, 141

Unmöglichkeit d., durch, XVII 13

u. Urteil *s.* Urteil-

u. Verdrängung

Analogie zwischen, XV 96

u. d. Verdrängte, I 64, 90

visuelles *s.* **Denken, Bilder-**

u. Wahrnehmung *s.* **Wahrnehmung**

i. Worten (*s. a.* Denken, u. Sprache; Wortvorstellungen), II/III 622; XIII 250

onto- u. phylogenetisch jüngeren Datums als Denken i. Bildern, XIII 248

Wunsch, halluzinatorischer, ersetzt durch, II/III 572

Zeit

-dauer, notwendig f., XVI 171

u. Raum, als notwendige Formen d. –s, XIII 27 f.

Zwangs-, *s.* **Denkzwang; Zwangsdenken**

durch Zwangshandlung ersetzt (*s. a.* Zwangshandlung), VII 459 f.

u. Zweifel

infantile, sexuelle, vorbildlich f., VII 180 f.; VIII 146

normale, I 318, 349

Denkfehler (*s. a.* Irr(tum); Sophismen; Unsinn), VIII 397

automatische, VI 68 f.

u. Komik, VI 232–35

Logik i. (*s. a.* Sophismen), VI 63–67

u. logische Verblendung *s.* **Logische Verblendung**

u. Unsinn, VI 67 f.

u. Verschiebung, I 538; XV 21

u. Witz *s.* **Witztechnik**

Denkgesetze (*s. a.* Logik; Logisch)

Monotonie d., Widerstand gegen, i. Wunderglauben, XV 34 f.

Denkhemmung(en)[Denkschwäche] (*s. a.* Denkverbote; Hemmung; Intelligenz; Unwissenheit)

u. Erziehung, VIII 147

u. infantile Sexualforschung, VIII 146 f.

nach Latenz, XIV 244

u. Lernhemmung, X 41

i. d. Massen, XIII 92

beim Patienten affektiv bedingt, XV 183

religiöse u. sexuelle, XIV 371 f.

bei Schwachsinnigen *s.* **Schwachsinn**

Urteilsschwäche i. Verliebtheit, V 49 f.

Denkidentität, II/III 607

Denkleistungen (*s. a.* Intellektuelle Leistungen)

i. Traum *s.* **Logische Funktionen i. Traum**

Denkrelationen [logische Gedankenverknüpfung] (*s. a.* Denkweisen; Logik; Logisch)

Kausalbeziehung

Bedürfnis f. Kausalität *s.* **Kausalerforschungen**

i. Traum *s.* **Denkrelationen**, i. Traum (*s. a.* Traum)

Zerreißen d. Zusammenhänge, i. Aberglauben, VII 448

i. d. Zwangsneurose, VII 461

i. Traum (*s. a.* Logische Funktionen i. Traum; Traum(darstellung); -(gedanke)), II/III 60 f., 317, 548 f., 674; XI 180, 189; XV 20

Darstellung d., durch

Alternative (nur i. Traumbericht), II/III 674; VI 234

Anspielung *s.* **Traum**, u. Anspielung

Bilder *s.* **Bildersprache** (*s. a.* Traum, visueller Charakter d. –es)

Einheit

   f. Ähnlichkeit [Berührung, 'Gleichwie', Gemeinsamkeit,Übereinstimmung] II/III 324–31 (324f.), 674f.

   f. Gegensatz [Widerspruch], II/III 323; VIII 214

Entfernung, räumliche, f. zeitliche, XV 27

Gegenteil [Gegensatz] (*s. a.* Traum, Gegensatz i.; – Gegenteil i.), II/III 331, 474, 674; VI 95f.

gehemmte Bewegung, i. Widerspruch u. Willenskonflikt, II/III 251, 674

Gleichzeitigkeit

   f. Kondition, II/III 341

   f. Zusammenhang, II/III 319, 673f.

Identifizierung, II/III 331

Kleines [Kleinstes], ein, VI 96

Mischgebilde, f. Gleichstellung, VII 102

Nacheinander [Zeitfolge]

   f. Alternative, II/III 674; VI 234

   f. Kausalbeziehung, II/III 319–21, 674

   f. Zusammenhang, II/III 253, 320, 674

Nebeneinander, f. Entweder-Oder, VI 234

Umkehrung, f. Gegensatz [Widerspruch], II/III 146f., 323f., 331–35, 341–44

Unsinn, f. Hohn, Spott, Widerspruch, II/III 675–78; VII 110, 436

Denkrelationen i. Traum

Vermehrung [Vervielfältigung], II/III 376f.; XV 26

Vertauschung

   d. Objektes, f. Gemeinsamkeit, II/III 327

   v. Ursache u. Wirkung, II/III 674

Wechsel v. lebendig o. tot sein, f. Gleichgültigkeit, II/III 433

Witziges (*s. a.* Traum u. Witz; – Witzigkeit i.), XI 120, 241–43

   f. Strenge d. Zensur, II/III 148f.

Zeit- u. Raumrelationen, f. Annäherung o. Gleichzeitigkeit, II/III 319, 673f.

Zweideutigkeit, II/III 347

Erklärungsversuche, II/III 458–62

fehlende, II/III 317, 321–23; XI 180, 189

logische Funktionen, II/III 50f., 55

-gedanken (*s. a.* Traum(gedanken))

abstrakte (*s. a.* Denkweisen, abstrakte)

   durch Bilder dargestellt *s.* **Bildersprache**

   Alternative („Entweder – Oder') i., nicht darstellbar, II/III 321–23, 674

   durch Nebeneinander ersetzt, VI 234

   Ähnlichkeit [Berührung, Gemeinsamkeit, Identifizierung, Übereinstimmung], dargestellt durch Einheit, II/III 324–31, 674f.

   Bejahung, II/III 342–44

   Gegensatz [-teil, Verneinung, Widerspruch] (*s. a.*

Denkrelationen i. Witz

Traum, Gegensatz i.), dargestellt durch

    Einheit, II/III 323; VIII 214

    Identifizierung, II/III 331

    Umkehrung, II/III 146f., 323f., 331–35, 341–44

    Gemeinsamkeit, durch Vertauschung, II/III 327

    Gleichstellung, durch Mischgebilde, VII 102

    Kausalbeziehung (*s. a.* Logik; Logisch-),

        durch Nacheinander, II/III 319–21, 574

        durch Verwandlung, II/III 674

    Kondition, durch Gleichzeitigkeit, II/III 340f.

    Schlußfolgerungen, II/III 453–55; XI 185

Urteil *s.* **Urteilsfunktion**

Widerspruch, II/III 318, 323, 331; VIII 214

    dargestellt durch

        gehemmte Bewegung, II/III 251, 674

        Unsinn, II/III 675–78; VII 110, 436

    Zusammenhang, durch Annäherung i. Zeit u. Raum, II/III 319, 673f.

    -logik, verneint v. vor-analytischen Autoren *s.* **Traum**, Unsinn i.; **Unsinn**

Neutralität, II/III 433

Plausibilität, II/III 450

sachliche Beziehungen, II/III 253, 320, 674

(Zusammenfassung), II/III 453–55

i. Witz *s.* **Syllogistische Fassade**; **Witz** (als Vorgang); **Witztechnik**

Denksprache *s.* **Denkweisen**, abstrakte (*s. a.* Bildersprache)

Denksystem(e) (*s. a.* Denkweisen; Vorbildlichkeit; Vorstellungsweisen)

d. Animismus (*s. a.* mythologische Weltanschauung), IX 108, 119–21

d. Paranoia (*s. a.* Wahn), X 164

d. Paraphrenien (*s. a.* Wahn), VIII 405

d. Philosophien *s.* **Philosophie**

d. Phobien u. d. Traumes, IX 117–19

sekundäre Bearbeitung i. Dienste eines –s, IX 116–19

d. Traumes (*s. a.* Bildersprache; Traum), VIII 405; IX 117; XI 186

als Umordnung psychischen Materials, IX 117

Wachdenken *s.* **Wach(denken)**

d. Wahnes (*s. a.* Wahn), IV 287–89; IX 117

d. Wissenschaft (*s. a.* Denkweisen, wissenschaftliche; Wissenschaft), IX 96

Zwangs- (*s. a.* Zwangsdenken), IX 117

Denkverbot (*s. a.* Denkhemmung)

intellektuelle Inferiorität beim Weib erzeugend, VII 162; XV 185

d. Kirche, XV 185

    keine kriegsverhütende Kraft, XVI 24

i. Kommunismus, XV 196

Neigung z. Ausbreitung, XV 185

Denkvorgang [Denkakt, -prozeß] (*s. a.* Denken), II/III 605–11; V 295f.

u. Affekt, V 295f.

als Aufwandsersparnis, VI 223; VIII 234

Depression

bewußte Wahrnehmung d. –es, XVII 82

bewußter, VIII 476f.

u. Bewußtsein, II/III 598f.

'bewußtseinsfähiger', I 458

Ertragen d. erhöhten Reizspannung ermöglichend, VIII 233

i. d. Hysterie, II/III 622–24

als Ichfunktion s. Ichfunktion(en)

als Ichinhalt, XVII 84

körperliche Wirkung, V 295f.

u. Lustprinzip (s. a. Lustprinzip), II/III 607f., 622; VIII 235

Ökonomik d. –es, VII 461

Phantasien als Abspaltungen v., VIII 234

Qualitätslosigkeit d. –es (ohne Worterinnerungen), II/III 622

u. Realitätsprinzip (s. a. Realitätsprinzip), VIII 232f.

i. Schlaf, II/III 559f.; XIII 254

Topik d. –es, XIII 246f.

unbewußter, X 265; XVI 204

  u. Sprache s. Denken, u. Sprache

u. Verdrängung, VIII 235, 476f.

vorbewußter

  Charakter d. –n –es, II/III 559f.; VII 375; XIII 254; XVII 84

  phantasierender, XIII *439f.*; XVII 84

Denkweisen (s. a. Denksysteme; Denkvorgang)

  abstrakte (s. a. Wortdenken), II/III 533f.; VI 218f., 250; X 419

  u. Bildersprache s. Bildersprache

  u. Wahrnehmungsfähigkeit d. endopsychischen Vorgänge, IX 18

  archaische (s. a. Archaisch; Bildersprache; Denken, Bilder-)

Überwindung d. –n, mit Verdrängung nicht identisch, XII 263f.

Entwicklung d. (s. a. Intelligenz, Entwicklung d.)

u. Anpassung a. d. Realitätsprinzip, VIII 233f.

Parallelen i. d. Traumarbeit, XI 186

Vorbildlichkeit infantiler u. sexueller Zweifel f., VII 180f.; VIII 146

infantile, neurotische, psychotische, u. Witz, VI 194f.

logische (s. a. Denkrelationen; Denkweisen, abstrakte), I 293, 298f., 306; XVI 209

u. zwangsneurotische, Unterschied zwischen VIII 405; XVI 181

d. Traumes s. **Denken**, Bilder-; **Denksystem**(e)

d. Unbewußten s. **Unbewußte**, (Das)

wissenschaftliche, IX 96; XV 184f.

Denkzwang

Auflehnung gegen (normalen) (s. a. Kulturzwang)

Unsinn als, VI 141f.

pathologischer s. **Zwang** (psychischer): bestimmte Arten, Grübel-; **Zwangsdenken**

Dentition (s. a. Zahn; Zähne), XVII 76

zweite, XIII 395

u. Hysterie, I 449; XIII 395

Depersonalisation (s. a. Déjà vu; Entfremdungsgefühl; Realität)

u. Double conscience, Unterschiede zwischen, XVI 255

Deplacierung s. **Verschiebung**

Depression [Taedium vitae, Traurige Stimmung, Verstimmung] (s. a. Melancholie; Stimmung; Trauer), I 9, 230; V 185

Depression, Affektzustände d.

Affektzustände d., v 294

Allgemeinhemmung bei, XIV 117

epileptoide, XIV 405, 410

Erschöpfung bei (s. a. Müdigkeit), I 163, 391

Gedanke, überwertiger, i. d., v 215

i. d. Hysterie, I 132, 148, 246; v 181, 185

bei Intoxikations- u. Verworrenheitszuständen analog, v 21, 177, 277

beim Kind, XIV 285

körperlicher Ausdruck u. Wirkung, I 391; v 294f.

melancholische (s. a. Melancholie), x 430; XIV 86

nach Mißglücken d. infantilen Sexualforschung, VIII 146

als nervöse Verstimmung, I 4, 9

periodische [zyklische] (s. a. Manie; Melancholie), I 132; XIV 86

psychoanalytische Methode, Kontraindikation bei Stadien d., v 9, 21

u. Selbstmißtrauen, I 9

u. Selbstmord o. Selbstbeschädigung, unbewußte, IV 201-03

i. Trauer, x 430

i. Traum, II/III 491f.

bei Verlust s. **Depression**, i. **Trauer**; **Trauer**

weiblicher Patienten, auf Peniswunsch deutend, XVI 99

Desexualisierung (s. a. Asexualität; Asexuell; Askese; Sexualablehnung; Sexualtriebe, zielgehemmte; Sublimierung), VIII 323; XI 428; XIII 66, 273-76; XIV 83, 125

d. Eros, XIII 273

d. Ichenergien, XIV 125

i. d. Identifizierung, XIII 272, 399

d. Libido (s. a. Narzißmus; Narzißtische Libido), XI 428; XIII 273-76; XIV 194

u. Masochismus, XIII 378, 382

z. Neurose führend, x 151f.

u. Sublimierung, XIII 258

u. Triebentmischung, XIII 284f.

u. Vateridentifizierung, XIII 284

'Désintérêt', beim Einschlafen (Claparède), II/III 55f.

Deskriptive Begriffe d. Psychoanalyse s. **Regression**; **Unbewußte**, **(Das)**; **Vorbewußte**, **(Das)**

Destruktion

u. antisoziale Tendenzen i. d. Kultur, XIV 326-31

u. Erneuerung, i. Mythus, XVI 8

u. erste Stufe d. anal-sadistischen Phase, xv 106

i. Essen, XVII 71

ohne Libido, XVII 76

u. Libido s. **Destruktionstrieb**

u. Masse, XIII 83f.

Tendenz z., i. Verbrecher, XIV 400

u. Todestrieb s. **Destruktionstrieb**

als Ziel d. Aggressionstriebe, xv 110

Destruktionssucht [Zerstörungssucht] (s. a. Aggressionslust; Böse, (Das); Sadismus), XIV 331, 479f.

Destruktionstrieb [–neigungen] (s. a. Todestrieb), II/III 167; x 216; XIII 66; XIV 480; xv 110; XVII 76, 112, 128

u. Aggressionstrieb, x 216; IV 84

nach ihren Zielen verschieden, XVI 88

Angst v., i. Höhenphobien, XIV 201

nach außen gewandter s. **Destruktionstrieb**, u. Sadismus
Begriff u. Wesen d. -s, XIII 376
bei Empedokles, XVI 91-93
u. Eros [i. Dienste d. Eros], XIII 270, 275, 376; XVI 20f.
freier, i. Ich u. Es, XV 117
als Grundtrieb, XVII 71
u. Haß (s. a. Haß), XIII 271; XVI 20
nach innen gewandter [Introjektion d. -s], XIV 478f.
u. Gewissen, XVI 22
als Masochismus s. **Destruktionstrieb**, u. Masochismus
als Selbstschädigung u. Selbstmord, XVII 106
u. Strafbedürfnis, XV 117
u. Konfliktneigung, XVI 190
durch Libidovorstoß angefachter, XIV 482
ohne Libido, u. Todestrieb, XVII 76
u. Masochismus (s. a. Masochismus), XIII 377, 383
Muskulatur als Organ d. -es, XIII 269, 376; XVII 72
Neutralisierung d. es, durch Libido, XVII 72
u. normales Seelenleben, XVI 89
projizierter s. **Destruktionstrieb, u. Sadismus**
u. Sadismus, XIII 59, 376f.; XIV 478f.
u. Sexualfunktion s. **Destruktionstrieb**, u. Eros
u. Todestrieb, XIII 233, 268-70; XIV 478, 481; XVI 22; XVII 72
auf Traum nicht einwirkend, II/III 167
u. Verneinung, XIV 15
(Zusammenfassung), XIV 302

Deutung i. d. Analyse

Determinierung [Determiniertheit] (s. a. Motive; Zufall)
d. Assoziationsreaktion, durch Komplex (s. a. Einfall), VII 5; XI 105f.
d. Fehlleistungen (s. a. Fehlleistungen), VII 5
mehrfache, d. Traumelemente, II/III 301, 312f., 528, 661, 666
d. Spieles, VII 5
d. Symptoms (s. a. Neurosenwahl; Symptom), I 242
Über-, s. Überdeterminiertheit
zweifache, i. Wahn, VII 79
Determinismus, IV 267f., 282f.; XI 42, 104, 107; XIII 216
d. freien Einfälle, XI 104, 107
Detumeszenztrieb (Moll), V 69
Deutbarkeit (s. a. Deutung)
Grenzen d., I *561-64*
verzögerte Erreichung d., IV 299f.
Deutlichkeit (s. a. Intensität; Lebhaftigkeit; Vision; Visuell)
d. Erinnerung s. **Erinnerungsbilder**, Lebhaftigkeit d.; **Traumatische Erinnerung**
d. Traumes s. **Traum**, Deutlichkeit
Über-, bei Fehlleistungen, II/III 520-27; IV 18, 49
Deutung [Interpretation], V 7
i. d. Analyse (s. a. Psychoanalytische Technik), XIV 249
Bestätigung d. (s. a. Psychoanalytische Technik, Deutung)
stimmender Einfall als, V 217
Verleugnung u. Verneinung als (s. a. Verleugnen), V 218; VIII 268
Zitat, Gleichnis, usw., als, VIII 269

Deutung, Ärgernis bereitend

Mitteilung d., XIV 250f.

d. Widerstandes (*s. a.* Widerstand), I 281

Widerstandsbekämpfung wichtiger als, XIV 255

Ärgernis bereitend, IV 235f.

d. Fehlhandlungen (*s. a.* Fehlleistungen), XI 43; XVII 103f.

verzögerte, IV 299f.

Widerstand gegen, IV 298–301

Hamlets, X 174

Ich, Teilnahme d., an d. Arbeit d., XVII 107

u. Konstruktion, Unterschied zwischen (*s. a.* Konstruktionen), XVI 47f., 84

d. Kunstwerke, X 172–74

nachträgliche, XIV 531

Suggestion, angebliche, i. d. *s.* **Psychoanalyse,** Widerstände gegen

d. Symbole (*s. a.* Symbole)

Dementia praecox, u. Verständnis f., II/III 356

durch Phantasien Dementer bekräftigt, XI 471f.

d. Symptome (*s. a.* Symptome)

eigene, nicht einwandfrei, XI 43, 97–100

historische, Schwierigkeit d., XI 278f.

d. Traumdeutung analog, II/III 104–08

Wichtigkeit d., I 151

d. Symptomhandlungen *s.* **Symptom(handlung)**

d. Träume *s.* **Traum(deutung)**

u. Vieldeutigkeit *s.* **Überdeterminiertheit**

Widerstand gegen *s.* **Widerstand**

Deutungskunst

Psychoanalyse als *s.* **Psychoanalyse,** Wesen d.

Deutungstechnik *s.* **Psychoanalytische Technik**

Deutungswahn, I 402f.

Diagnose [Diagnostik] (*s. a.* unter d. einzelnen Begriffen)

Eigen-, durch Traum (*s. a.* Krankheitsanzeiger), II/III 235–37, 694f.; X 413f.

psychoanalytische *s.* **Psychoanalytische Diagnose**

schwankende, bei Psychoneurose, XIV 86

Tatbestands-, *s.* **Tatbestandsdiagnostik**

Dialektik, Überschätzung d., XI 251

Diarrhöe [Durchfall] (*s. a.* Darmreiz; -störungen), XII 105f.

angstneurotische, I 320, 323f., 415

chronische, I 415

statt Erektion, XII 113

Konstipation alternierend mit, I 324

neurasthenische, I 324

mit Prostataaffektion, I 323f.

reflektorische (Möbius), I 323

Diät *s.* **Speiseverbote** (*s. a.* Anorexie; Eßstörungen; Nahrungsaufnahme; Hunger)

Dichter (*s. a.* Dichtung)

epischer, u. Vatermord, XIII 152

erdichtete Träume d., VII 33f., 213–23; XIV 91

Jensens 'Gradiva', II/III 101; VII 31–125

Personifikation u. Projektion beim, IX 82

Pessimismus d., X 358f.

u. Phantasie (*s. a.* Phantasieren), II/III 107f.; VII 213–23; VIII 53f.; XI 390f.; XIII 152

Psychoanalyse d. (*s. a.* Dichtung), X 76f.

u. spielendes Kind, VII 214
u. Trauer, Auflehnung gegen d., X 359
Verständnis d. – f.
Deutungen
  d. Fehlleistungen u. Symptome, IV 195f., 209–11, 236–38
  d. Träume, VII 32f.
Psychiatrie
  Ähnlichkeit d. Einstellung, VII 119–21
  Unterschiede d. Einstellung, VII 70
  d. Unbewußte, VII 119–21
Dichtung (u. Literatur) (*s. a.* Dichter)
u. Allmacht d. Gedanken (*s. a.* Märchen; Mythus), IX 111; XII 260
Ars poetica u. poetische Freiheit, VII 223; VIII 66f.
doppelte Quelle d., VII 221
Egozentrizität d., VII 220
epische *s.* **Heldensage**
freisteigende Einfälle u. ungewollte Gedanken i. (Schiller), II/III 107f.
u. Früherlebnis, VII 221
u. Hysterie, XII 327
Inzestkomplex i. d. *s.* **Inzestkomplex**
u. Irrealität
  u. Realität, XII 265f.; XIV 90
  d. Todes, X 343f.
  d. Träume, VII 33f., 213–23; XIV 91
Jungfräulichkeit als Thema d. (*s. a.* Virginität), XII 175, 178f.
u. Kindheitserinnerung, VII 214, 217, 221f.
u. Komplexe, verdrängte, XII 266

Dienstboten, Ungeschicklichkeit

u. Lustprinzip u. Realitätsprinzip, XIV 90
Masse, erste Loslösung v. d., durch, XIII 152f.
u. Mimik, XII 327
'Minderwertigkeitskomplex' i. d. *s.* **Minderwertigkeitsgefühl**
u. Psychiatrie *s.* Dichter, Verständnis f.; **Psychiatrie**
Psychoanalyse d., X 76f.; XII 327
u. Realität *s.* Dichtung, u. Irrealität; – u. Lustprinzip
u. Spiel, VII 214
Tagträume i. d., VII 191, 213f.
Tiefenpsychologie i. d., XV 146–48
u. Tradition, II/III XII, 101, 252, 480f.; XII 174–76
u. Traum (*s. a.* Dichtung, u. Tagtraum; Traum(schöpfungen); Zwangsdichtungen), II/III XII, 101, 252; XII 480f.
u. d. Unheimliche, XII 261, 264–68
  wegbleibend, XII 260
Unverletzlichkeit d. Helden i. d., VII 220
Vorlustcharakter d., VII 223
Wahn-, *s.* **Wahndichtungen**
'– u. Wahrheit' (Goethe), XII 15–26
u. Wiederfindung d. Bekannten, VI 136
Zwangs-, *s.* **Phantasie**(n) (u. andere psychische Phänomene): u. Zwangszeremoniell

Dienstboten (*s. a.* Amme; Kinderfrauen)
Haß d., IV 192; X 388f.
Haß gegen, I 348
Ordentlichkeit, allzu große, d., II/III 342
Ungeschicklichkeit (Fallenlassen

Dienstboten als Verführer

u. Zerbrechen) als Feindseligkeit, IV 192

als Verführer, I 382

männliche (z. Homosexualität), V 131

Differentialdiagnose *s.* **Psychoanalytische Diagnose**

Digestion *s.* **Verdauungstätigkeit**

Diktator, XIV 336

Dipsomanie (*s. a.* Alkohol-), I 391

Dirigent, Bewegungen, komische, d. –en, f. d. Unmusikalischen, VI 217

Dirne [Prostituierte] (*s. a.* Prostitution, männliche)

Bevorzugung d. [Dirnenliebe], VIII 68–70, 78–91 (85f.)

u. Mutterfixierung, VIII 70–74

Mutter als (*s. a.* Erniedrigung d. Weibes), XIV 415–18

polymorph-perverse Anlage d., V 92

Vorstellungen d. Adoleszenten, erste, v. d., VIII 73

Diskretion

ärztliche (*s. a.* Psychoanalytiker, Regeln d. subjektiven Einstellung, Diskretion), VIII 470

u. Mitteilung v. Krankengeschichten, V 164; X 234f.

als Pflicht, XIV 235

u. Übertragungsliebe, X 307

d. Patienten

Befolgung d. analytischen Grundregel unmöglich machend, VIII 469

Mangel d., 'Leck' i. d. Kur erzeugend, VIII 470

z. Unaufrichtigkeit führend, V 174

Dislozierung d. Affekte *s.* **Affekt-(verwandlung)**

Displegien, cerebrale, I 478, 480

Disposition (neuropathische) (*s. a.* Ätiologie; Degeneration; Heredität; Hilfsursachen), I 510

u. akzidentelle Ursachen, V 29

i. d. Ätiologie d. Neurosen (*s. a.* Neurosen), I 5, 366, 449, 510; V *142,* 155

u. Degeneration, Unterschied zwischen, I 161

als Entwicklungshemmung, VIII 237, 443, 445

u. Fehlleistungen, XI 39f.

u. Fixierung, V 144; VIII 298, 304

hereditäre (*s. a.* Heredität), XI 447f.; XII 9

luetische Eltern, V 237

z. Hysterie, I 13f., 33f., 97, 171, 180f., 360, 381, 410, 449

Anfall, XVII 11

u. infantile Sexualerinnerungen, unbewußte, I 449

bei Menstruation, I 171

nervöse Familien, I 34, 410

d. Ich, XVI 86

u. Neurosenwahl, VIII 442–52

u. psychische Archaismen, VIII 413

u. Reizbarkeit *s.* **Reizbarkeit**

u. Sexualentwicklung, V 29, 39, 141f., 159

u. Zwangsneurose, I 348

u. Wahl d., VIII *442–52*

Dispositionshysterie (*s. a.* Disposition z. Hysterie), XVII 6

Dissoziation *s.* **Bewußtseinsspaltung**

'Dissoziation' i. Perversion *s.* **Triebentmischung**

'Dissoziierte Zustände' *s.* **Bewußtseinsspaltung**

Distanz (*s. a.* Raum), IX 105

Dreck

Divinatorische Theorie d. Traumes
s. **Traum,** prophetischer;
Traum(theorien)

Dogmatismus
i. d. Darstellungsweise d. Forschungsergebnisse, XVII 141
i. d. Psychiatrie (*s. a.* Psychiatrie), XI 249–52
Psychoanalyse ist kein, XIV 216–18
u. Wandlungen, XI 251f.

Doktorspiel (*s. a.* Spiele, bestimmte), VII 185; XIII 15; XIV 290, 529f.

Dolch *s.* **Waffen** (*s. a. i.* Symbol-Reg.)

Domestikation d. Tiere [Haustierwirtschaft, Zähmung d. Tiere] (*s. a.* Tiere (bestimmte Arten): Haus-; u. i. Reg. d. Gleichnisse: Domestikation)
Inzestverbot älter als, IX 151
u. 'pastorale' Religion, IX 166
beendet d. Totemismus d. Urzeit, IX 166, 178f.

Doppelgänger, XII 246–49
einstmals freundlich, XII 247f.
u. Ichstrebungen, XII 246, 248
u. Narzißmus, XII 247f.
u. Schatten- u. Spiegelbild, u. Schutzgeist, Seelenlehre u. Todesfurcht, XII 247
d. Unheimliche am, XII 262
als d. Überwundene, XII 248

Doppelgesicht (*s. a.* Janusköpfigkeit)
d. Ich, XIV 125
d. Ichideals (*s. a.* Ichideal), XIII 262f.

Doppelsinn (*s. a.* Zweideutigkeit)
u. Verschiebung, Unterschied zwischen, VI 55–57

i. Witz *s.* **Witz**

Doppelt *s.* **Verdoppelung**

Doppelte Moral, VII 158

Dose, als weibliches Genitalsymbol, II/III 359, 364; V 240; X 26; XI 157

'**Double face**' d. Witzes (*s. a.* Janusköpfigkeit; Witz), VI 268

'**Double conscience**' (*s. a.* Bewußtseinsspaltung), I 91

Doubletten *s.* **Symbole,** mehrfache

Doublierung *s.* **Verdoppelung**

Doute, Folie de, [Zweifelsucht] *s.* **Zweifel,** pathologischer **Zwangs-**

Drama (*s. a.* Mimik; Theater; Tragödie)
griechischer Chor i., u. tragische Schuld, IX 187; XVI 193
Lustspiel u. Trauerspiel, VII 214
mittelalterliche Passionsspiele, XVI 193
Wiederholung wirkt nicht lustvoll i., XIII 37

Dramatisierung d. Traumes (*s. a.* Traum), II/III 53

Drängen
d. Arztes (i. d. kathartischen Methode) (*s. a.* Psychotherapien, voranalytische; Suggestion), I 167–70, 267–70, 285f., 296, 298; VIII 105
statt Hypnose, VIII 27
u. Stockung d. Einfälle, u. Übertragung, XIII 141
Nach-, *s.* **Verdrängung,** Ur-, u. **Nachdrängen**
d. Patienten [Frage nach Dauer d. Kur] (*s. a.* Patient; Psychoanalytische Kur), VIII 460–62

Dreck *s.* **Kot** (*s. a.* Analerotik; Geld; Gold)

93

Dreizahl

Dreizahl
 d. Schicksalsgöttinnen, X 32
 Sexualsymbolik d., XI 155, 166
Dritte Person
 Anwesenheit einer
  i. d. Komik, VI 206, 236
  u. d. Naive, VI 211
  beim psychoanalytischen Prozeß unmöglich, VIII 470; XIV 67, 211
  bei d. Sexualbetätigung [i. Liebesverhältnis], u. Scham, XII 173; XIII 157; XIV 467
  i. Traum, VI 198
  unbeteiligte, wichtige Person symbolisierend, II/III 326
  i. Witz (*s. a.* Witzpublikum), VI 169, 198, 204, 206, 208f., 236
   i. aggressiven, VI 112
   i. d. Zote, VI 108, 161
 Geheimnis vor, *s.* **Geheimnis**
 'd. geschädigte –', VIII 67f.
 bei d. Schlagephantasie, XII 205, 210f.
Drittes Geschlecht, Nichtvorhandensein eines –n –es, V 33f., 43–45; VIII 168–70; XI 314f.; XII 300
Drohung *s.* **Kastrationsdrohung; Kastrationskomplex**
Druck auf d. Stirne ['Druckprozedur'] *s.* **Psychotherapie**, voranalytische (*s. a.* Suggestion)
Druckfehler (*s. a.* Verschreiben), IV 142–46
 Beispiele anderer Autoren
 Fontane, IV 144f.
 Prochaska, IV 144
 Silberer, IV 144
 hartnäckiger, XI 24
 Hinweglesen ü., II/III 504

 u. Witz (*s. a.* Witztechnik), VI 27
'Druckfehlerteufel', IV 143
Dualismus
 i. Animismus, IX 95, 114f.
 u. Schlaf, Tod, Unsterblichkeit, IX 95
 d. Triebe (*s. a.* Polarität), XIII 53, 57, 269; XIV 83f.
Dummheit (*s. a.* Denkhemmung; Kinderdummheit; Lernhemmung; Naive (Das); Schwachsinn; Unsinn), X 41; XII 102
 affektiv bedingte, XV 183
 Dümmerwerden, i. d. Latenz, XIV 244
 simulierte, i. Märchen, XIII 153
'Dunkelbewußte, (Das)' (Wundt) (*s. a.* Bewußtsein), VII 249
Dunkelheit
 Angst vor (*s. a.* Angst v. Nacht), I 68
 bei Kindern *s.* **Kinderangst**
 Unheimlichkeit d., XII 261, 268
Durcharbeiten (i. d. Analyse), I 283
 d. Abreagieren gleichgestellt, X 136
 Aufhebung d. Verdrängung durch, XIV 192
 Erinnern, Wiederholen u. –, X 126–36
 d. Widerstände, X 135f.
Durchbruch
 d. Libido [d. Sexualtriebe] *s.* **Libidosteigerung**
 d. Reizschutzes (*s. a.* Reizschutz), XIII 29, 31f.; XIV 160, 204
  bei traumatischer Neurose, XIV 160
 d. Verdrängten *s.* **Symptom(bildung)**; **Verdrängte, (Das)**
Durchfall *s.* **Diarrhöe**

Durst
u. Hunger s. **Hunger,** u. Durst
-reiz, II/III 557; X 211
-träume s. **Traum,** typischer,
(bestimmte Arten d.): Durst-
Unbefriedigung d., nicht angst-
erzeugend, XI 427

Dynamik [dynamische Gesichts-
punkte d. psychischen Vor-
gänge] (s. a. Psychischer Appa-
rat), II/III 549; X 272, 280–85;
XIII 240–43; XIV 85, 227–32,
301–03, 388; XVI 204; XVII 86f.

d. Abwehr s. **Abwehr**

Aktivität, psychische, Steigerung
d., durch Unbewußtwerden, I 420

d. Durcharbeitens, XIV 192

d. eingeklemmten Affekte s. **Affekt**

d. Humors, d. Komik, d. Scher-
zes u. d. Witzes, XIV 388f.

d. Konflikte, u. Religion, XVI 33

d. Ich, XIII 18; XV 83

d. Libido, XVII 78

d. Manie, XIV 388

d. Melancholie, XI 443; XIV 388

u. Ökonomik u. Topik, XIV 85,
301; XVI 70f.; XVII 78

d. Todes, XIII 52

d. Traumarbeit, XVII 92f.

d. Verliebtheit, XIV 388

d. Wahnbildung, XIV 388; XVI 54

Dynamisch (–er, –e, –es)

Auffassung [Betrachtungsweise]
d. seelischen Vorgänge, I 97; XI
62, 388f.

d. Psychosen, XI 435–42

Charakter d. Unbewußten, VIII
432–34

Gesichtspunkte s. **Dynamik**

Ichschwäche (s. a. Ichschwäche),
XV 83

Störungen, I 49–51

Dyspepsie

neurasthenische [nervöse], I 4,
315, 415, 497

organische [pseudoneurastheni-
sche], I 499

Dyspnoe s. **Atmen**

E

Echolalie, I 15

Echtheit s. Glaubwürdigkeit; Realität (s. a. Dichtung; Phantasie)

Edelmut (s. a. Erhabenheit)

–Phantasien s. Rachephantasien, Monte Christo

Ego s. Ich

Egoismus [Egotische Triebe, Egotismus, Eigensucht], IV 306; XI 433
- u. Altruismus, X 332f.; XIV 500
  'eigennützig–uneigennützig', II/III 653
  i. Druckfehler, IV 133; XI 57
  Wendung z.
  i. Einzelnen s. Nächstenliebe
  durch Erziehung, X 333f., 340
  i. d. Menschheit, XIII 112f.
- (Definition), XIV 500
- u. Fehlleistungen, IV 306f.
- u. Glück, XIV 500
- u. Jugendneurasthenie, I 4
- d. (Klein)kindes, II/III 256–63, 274; VII 146, 346; X 456; XI 208, 344; XIII 14
- u. Ödipuskomplex, XI 344f.
- kranker Personen (s. a. Hypochondrie), X 149
- u. Libidoverteilung, X 151
- u. Liebe, XI 208
- i. Menschen, XI 146–49
- u. Narzißmus, X 138f., 413
  Unterschied zwischen, XI 432f.
- i. d. Objektbesetzung s. Ichinteresse
- als Streben nach Glück, XIV 500
  Sublimierung d., i. d. Religion, VII 139
- u. Todeswünsche, XI 206–08
- d. Traumes [i. Traume], II/III 274, 277, 327f., 677; X 413; XI 142f., 196, 207f.
  Beispiele, XI 207f.
- u. Triebe [Triebregungen]
  libidinöse, i. Adlers Lehre, X 96f.
  soziale (s. a. Sozial(e) Triebe), X 333
- u. Triebverzicht, u. Religion, VII 139
- i. Verbrecher, XIV 400

Egoistischer Zusatz z. d. libidinösen Triebregungen, X 96f.

Egozentrizität, d. Dichtungen, VII 220

Ehe [Heirat] (s. a. Braut; Familie; Hochzeit; Witwe), XII 162; XIV 463
- u. Abstinenz, VII 156f.; XII 175
  Eifersucht i. d., XIII 196f.
  Feindseligkeit i. d., XIII 110; XIV 523f.
  Frigidität i. erster, XII 177
  Gruppen-, XIII 157
  Herdentrieb, XIII 157
- u. Hysterie s. Ehe, u. Neurose
  kindlicher Begriff v. d. (s. a. Infantile Geburtstheorien; –Sexualtheorien), X 20

als Kompromiß, VII 137
i. d. Kultur, VII 144
u. Mutterbeziehung d. Weibes, XIV 523f.
u. Neurose
  Heilung o. Rezidiv d., durch Heirat, V 242; VII 158; XII 188f.; XIII 379
  u. Strafbedürfnis, XII 188f.; XIII 379; XV 142f.
aus Neugierde, XI 226, 231
aus niederem Stande, VIII 85f.
Raub-, IX 20
Sublimierungen i. d., XIII 156
  Schaulust, erfüllte, XI 226, 231
u. Symptomhandlungen, IV 196, 198f., 203f., 213, 223f., *226–28*, 230
'i. d. Theater gehen', als Symbol f., XI 226, 231
Tobias-, XII 175
unglückliche, XII 188f.; XIII 379; XV 142f.
i. Witz (*s. a.* Witz (Arten): 'Schadchen-'), VI 57, 65f., 68, *117–19*, 231
-zeremoniell *s.* **Hochzeit**
Ehefrau (*s. a.* Frau; Weib)
Frigidität d. *s.* **Frigidität**
glückliche *s.* **Eheglück**
aus niederem Stande, VIII 85f.
i. zweiter Ehe, XIV 528; XV 143
Eheglück (*s. a.* Ehe, unglückliche)
i. Aberglauben *s.* **Aberglauben**
d. Weibes, XIV 528; XV 142f.
u. Störungen, VII 158; XV 143
Eheleute
Entfremdung d., u. Hysterie, V 242
Überzärtlichkeit d. (*s. a.* Überzärtlichkeit), IX 63

Eifersucht u. Fehlleistungen

Ehemann
Deflorationstabu, f., XII 163, 169–71, 180
als Ersatzmann, XII 174
als Kind, XV 143
i. d. Mutterrolle, XIV 523f.; XV 143
Ehescheidung, d. Eltern (*s. a.* Eltern), V 131
Ehevermittler, Witze ü. d. *s.* **Witz** (Arten): 'Schadchen-'
Ehrennamen, u. Totem, IX 134f.
Ehrfurcht, u. Abscheu, Aufeinanderfolge v. (Wundt), IX 35
Ehrgeiz [Ambition] (*s. a.* Erfolg)
i. Analytiker, XVI 67
u. Bevorzugung durch Mutter, II/III 403f.; XII 26
'groß' zu sein, beim Kinde, u. Spiel (*s. a.* Spiel), VII 216; XIII 15
i. Tagtraum (junger) Männer, VII 192, 217
i. Traum *s.* **Traum**, Eroberungs-
u. Urethralerotik, V 141; XV 108f.
'Brennen' u. Enuresis, VII 209
u. Feuer, XIV 449
bei Wunderhoilungen, Rolle d. —es, V 299
Eichel [Glans penis], V 88, 112
Eid, u. totemistische Ordalien, IX 128
Eidechse (*s. a.* Lacertenjäger), I 11, 279; II/III 11f.; VII 103
als Penissymbol, II/III 11, 362
Eifersucht (*s. a.* Rivalität), IV 306; XIII 266
i. d. Affenhorde, IX 152f.
Arten d., XIII 195–98
Aufgeben d., i. d. Masse, XIII 133
u. Fehlleistungen, IV 306f.

Eifersucht u. Gerechtigkeitsforderung

u. Gerechtigkeitsforderung, XIII 133

u. Habgier, XII 115

u. Homosexualität, XIII 205f.

kindliche, V 130; VII 22; XIII 14, 19f.; XVII 75

auf Geschwister, II/III 255f.; IV 60; XIII 205f.; XV 131f.

  u. Regression z. Unreinlichkeit, XV 131f.

  u. Zerschlagen v. Geschirr (Goethes Kindheitserinnerung), VIII 153; XIII 14

als Liebesbedingung, VIII 68f.

Mechanismen, neurotische bei, XIII *195-98*

normale, XIII 195f.

u. Penisneid, XIV 25; XV 134

projizierte, XIII 196f.

auf Rivalen *s.* **Eifersucht,** kindliche, auf Geschwister

u. Schlagephantasie, XIV 25

durch Traum sich manifestierend, XVII 132

i. Traum, XIII 200

d. Urvaters *s.* Ur(vater)

Verstärkung d., V 130

wahnhafte *s.* **Eifersuchtswahn**

Eifersuchtswahn, XI 255–61, 439, 442; XIII 197–201 (197f.)

beim Alkoholiker, VIII 300f.

Entstehung, XI 258f.

Erklärungsversuche, XI 257

u. Homosexualität, XIII 197f.

u. Paranoia, XIII 197–201

u. Verfolgungswahn, XIII 199

beim Weib, VIII 301f.

Wesen d. -es, XI 260f.

Eigenanalyse *s.* **Selbstanalyse** (*s. a.* Lehranalyse; Psychoanalytiker)

Eigenbeziehung *s.* **Komplex,** persönlicher (*s. a.* Egoismus)

Eigene Person, i. Traum, II/III 327f.

Eigenlichterregungen, als Traumquelle, II/III 35

Eigenname (*s. a.* Name(n), Eigen-) Vergessen v. –n *s.* **Vergessen**

Eigenliebe *s.* **Selbstgefühl; Selbstüberschätzung** (*s. a.* Egoismus; Narzißtische Libido)

Eigensinn [-willigkeit]

u. Analerotik, VII 203; X 402; XV 108

i. Charakter d. Zwangsneurotikers, XI 267

beim nervösen Kind, XIV 285

Eigentum, Privat-, *s.* **Privateigentum**

Eignung, persönliche

z. Psychoanalytiker *s.* **Psychoanalytiker**

z. Witzbildung, VI 156, 203, 242

'**Einbildungen',** d. Neurotikers, V 296–98, 311; XI 381–83

Einbrecher

Angst v., *s.* **Angst vor Räubern**

grumus merdae d., XII 113

Eindämmung *s.* **Hemmung; Sexualentwicklung; Triebeinschränkung**

Eindruck (*s. a.* Erinnerungsspuren) Erinnern an, I 54

unbewußt bleibend, I 54

Vergessen d. (*s. a.* Vergessen), IV *148–67*

Einfall [Einfälle] (*s. a.* Assoziation, freie, Namen, (Eigen): Assoziation; Zahleinfall)

Ausflüchte gegen Echtheit u. Bedeutung d. I 280–82

Bedingtheit d. (*s. a.* Determinierung; Überdeterminiertheit), XI 105f.

als Bestätigungen s. **Deutung** (s. a. Konstruktionen)

Charakter u. Bedeutung d. (z. Traum), XV 11f.

Deck-, IV 26

Ersatz-, XIV 66

freisteigende, i. d. Dichtung, II/III 107f.

Komplexbedingtheit, VII 5

Kontiguität d., V 198

u. latente Traumgedanken, Unterschied zwischen, XV 12

als Material d. Analyse, XVI 44

Methode d. s. **Psychoanalytische Grundregel** (s. a. Assoziation, freie, Methode d. –n; Traum(deutung))

Namen-, s. **Name(n)** (Eigen-): –assoziationen; – Komplexempfindlichkeit; **Namen** (verschiedene Benennungen): Vor-

plötzliche s. **Denken,** plötzliche Problemlösung

Stockung [Versagung] d., [Einfallslosigkeit] s. **Psychoanalytische Grundregel** (s. a. Traum(deutung); Widerstand)

v. Unbewußten stammend (s. a. Unbewußte, (Das)), X 265

Unwichtigkeit, scheinbare s. **Einfall,** Ausflüchte gegen; **Psychoanalytische Grundregel**

Versagung d. s. **Psychoanalytische Grundregel**; **Psychoanalytische Technik; Übertragung; Widerstand** (i. allgemeinen): während d. psychoanalytischen Prozesses; **Widerstand**(Formen d.): Assoziations-; **Widerstand gegen,** Bewußtwerden

Verweigerung d., bei Homosexualität, verdrängter, VIII 472

Einschränkung d. Triebe

witziger, Rolle i. Unbewußten (Hartmann), II/III 533f.

Zahl-, s. **Zahleinfall**

Einfühlung

beim Analytiker (s. a. Psychoanalytiker), VIII 474; XII 138

u. Erziehung, VIII 419

u. Identifizierung, XIII 119, 121

u. Komik, VI 222, 224, 258

Eingeklemmter Affekt s. **Affekt**(e), eingeklemmte (s. a. Abreagieren)

Eingeschlechtigkeit, angebliche, d. Geier u. Skarabäen, VIII 157–59

Eingeweide s. **Darm**

Eingeweidewürmer s. **Wurm**

Einheit (s. a. Integration)

i. Traum s. **Traum**

Einreden s. **Suggestion**

Einsamkeit [Alleinsein]

Angst vor s. **Kinderangst**

i. d. infantilen Sexualforschung (s. a. Infantile Sexualforschung), V 97

selbsterwählte, XIV 439

d. Unheimliche i. d. s. **Unheimliche, (Das)**

Einschlafen (s. a. Hypnagogische Halluzinationen; Phospheme; Schlaf; Schlafen; Wachsein), II/III 51f., 106, 508

'Désintérêt' bei, II/III 55f.

Schläfrigkeit, II/III 53

Zeremoniell vor, s. **Zeremoniell** (zwangsneurotisches)

Einschränkung

d. Narzißmus s. **Narzißmus**

d. Triebe s. **Triebeinschränkung** (s. a. Erziehung; Kultur; Moral)

99

Einstellung

Einstellung (*s. a.* unter d. einzelnen Stichwörtern)
auf komische Lust, Komik fördernd, VI 249f.

Einverleiben [Einverleibung] (*s. a.* Fressen; Gefressenwerden)
u. Essen, XVII 71
d. Objektes, i. d. oralen Phase (*s. a.* Introjektion; Oral-), XIII 116

Einwilligung, d. Patienten *s.* **Patient**

Eisenbahn (*s. a.* Abreisen; Fahren; Reise)
Abreisen, I 514, 540; II/III 390; IV 287; XI 154
Angst vor [Eisenbahnphobie], I 139, 540; V 102f.; XI 413–15; XIV 158
beim Kleinen Hans, VII 319
Lust (*s. a.* Reiselust), V 102
Nichterreichen d. Zuges, II/III 390
u. sexuelle
Erregung, XIII 33
Symbolik, V 103
'Verkehr', Doppelsinnigkeit d. Ausdrucks, V 262
als Traumsymbol f. Sterben u. Todesangst *s.* **Symbol-Reg.**:
I. Symbole: Eisenbahn

Eiszeit, u. Latenz (*s. a.* Latenz), XIII 263; XVI 180; XVII 75

Eitelkeit
auf Genitalien
auf Gestaltung d. eigenen (weibl.), V 246f.
männliche *s.* **Penisstolz**
starke körperliche, beim Weib, durch Penisneid bedingt, XV 142

Ejaculatio praecox, I 337; XIV 114
u. weibliche Angstneurose, I 326

Ejakulationsmangel, XIV 114

Ekel (*s. a.* Abscheu; Anorexie; Ästhetische Schranken; Erbrechen; Reaktionsbildungen), I 428, 431; V 79, 132; XIV 62, 241
als Abwehrsymptom u. Sexualhemmung, XIV 114
als Affektverkehrung, V 187
vor d. After, V 51
Erbrechen erzeugend, I 428f.

Eß-, *s.* **Anorexie**
vor Exkrementen (*s. a.* Exkremente; Harn; Kot)
Entwicklungsgang, V 51; X 454; XIV 459
Geruch V 189f.
Mangel an
beim Kleinkind, II/III 609; V 51, 93; XI 212, 326; XII 113, 116; XIII 137; XIV 459
beim Voyeur, V 51
vor Genitalien (*s. a.* Ekel, vor Sexualität)
seitens d. Mannes (*s. a.* Kastrationsangst; Penisstolz), VIII 166
seitens d. Weibes (i. Hysterie)
vor eigenen (Affektionen d. Scheidenschleimhaut), V 246f.
d. Mannes (*s. a.* Frigidität), V 51
u. Humor, VI 264
hysterischer (*s. a.* Hysterie, Konversions-, Symptome, bestimmte), I 5–8, 11, 135, 451, 474f.; V 51, 83, 264; VIII 4, 8f.; XIV 114
Essen, Exkretion u. Genitalfunktionen verbindend, I 451; V 51, 90
u. Koprophilie, X 454
vor Kuß, V 186–90
moralischer *s.* **Moral-**
vor d. Mundhöhle, V 51
u. Perversion, V 50f.; XI 315

Relativität u. konventionelle Grenzen, V 51
vor Sexualität (s. a. Ekel, v. Genitalien)
Entwicklung eindämmend, V 61, 64, 78f., 92, 132
hysterischer, mit direkter Angst, XIV 114
durch mißratene Aufklärung d. Kinder, VII 25
Sexualüberschätzung, i. Gegensatz z., V 51
u. Scham u. Schaulust, V 56
i. Traum *s.* Traum
durch Triebstärke überwunden, V 51
als verdrängende Macht *s.* Ekelschranke
Voyeurs überwinden d., V 51, 56
vor Wasser, VIII 8
als Widerstand gegen Libido, V 56, 58, 60

Ekelschranke (*s. a.* Erziehung; Sexualeinschränkung;), V 50f., 78, 120; VIII 47; XI 213

Eklektizismus, XV 155f.
i. d. therapeutischen Anwendung d. Psychoanalyse (*s. a.* Psychoanalytisch), XV 149, 104f.

Ekstase (*s. a.* Rausch), XVII 12
Abwehr durch, XIV 385
u. 'ozeanisches Gefühl', XIV 431

Elektrakomplex (*s. a.* Ödipuskomplex, weiblicher), XVII 121
(Terminus technicus abgewiesen), XII 281; XIV 521

Elektrotherapie (*s. a.* Psychotherapien, nichtanalytische), X 46; XIV 39f.
eigentlich Suggestion, XIV 40

Elementarorganismen [Protisten, Protozoen], XIII 46, 59, 61

Eltern, Ambivalenz gegenüber

Kopulation d., XIII 59–61, 63
u. Tod, XIII 41f., 49–53, 287
u. Todestrieb, XIII 269

Elend (*s. a.* Armut; Leid; Not; Unglück)
'hysterisches', I 312
d. Neurose, eine besondere Art, XVII 110
'psychologisches', I 162
d. Masse, XIV 475

Elliptische Technik [Ellipse]
d. Witzes *s.* Witztechnik, Auslassung
d. Zwangsneurose, VII 444

Eltern (*s. a.* Mutter; Vater)
Abhängigkeit d. Kindes v. d., V 124f.
beim Mädchen, V 128
Ablösung v. d., i. d. Pubertät, V 127f., 131; VII 186f., 227; VIII 51; XI 349
Entfremdung durch Sexualforschung, V 97
u. Kritik, Sinn f., XII 97
beim Mädchen *s.* Mädchen, u. Mutter, Abwendung v. d.
u. sexuelle Aufklärung, VII 186
verzögerte u. unvollständige, V 128
'Allwissenheit' usw. d., VII 387, 389; XV 60f., 70
Ambivalenz gegenüber (*s. a.* Ambivalenz; Mädchen, u. Mutter), IX 189; XIII 19, 110f.; XVII 101
u. Bisexualität, XIII 261
u. Ödipuskomplex u. Neurose, VII 428
u. Schlimmheit, XII 22, 25; XIII 110f.
u. Todeswünsche (*s. a.* Angehörige, Tod geliebter; – Todes-

Eltern, Analyse d.

wunsch gegen), IX 78; XI 209f.

Analyse d., parallel z. Kinderanalyse, XV 159

Anteil d., an d. Ödipuseinstellung d. Kinder, VIII 50

als Autorität [Instanz] *s.* **Elterninstanz** (*s. a* Autorität)

u. Disposition, neurotische, durch Heredität, V 138, 237

Feindseligkeit gegenüber *s.* **Eltern, Ambivalenz gegenüber**

Fortsein d. *s.* **'Fortsein'; Hilfsbedürftigkeit; Kinderangst; Todeswunsch**

Geschlechtsverkehr d., Belauschung d. -s (*s. a.* Ur(szene); Ur(szenenphantasie)), V 127

u. Gespensterangst, IX 82

Heuchelei d. *s.* **Heuchelei**

u. Ichideal, XIII 121, 259-62; XV 71

u. Ideale [Vorbilder] (*s. a.* Imago), VIII 51

Ich-, XIII 121, 259

i. d. Übertragung, XIV 259

Identifizierung mit (*s. a.* Identifizierung mit; Mutter; Vater)

ohne Geschlechtsunterschied, XIII 259

u. 'vollständiger' Ödipuskomplex, XIII 262

als Liebesobjekte (Liebesneigungen gegenüber -) (*s. a.* Imago; Objektwahl, inzestuöse)

Anästhesie, sexuelle, erzeugend, V 128

u. Fixierung *s.* **Fixierung**

d. Gläubigkeit d. Hypnotisierten analog, V 307

u. Inzestschranke (*s. a.* Inzestschranke), V 136

u. Wiederbelebung d. Neigung i. d. Psychoneurosen, V 129

als Vorbilder f. Liebesobjekte, VIII 51

luetische, V 138, 237

neurotische, V 125

d. Patienten (*s. a.* Patient, neurotischer, Angehörige), VIII 386

Scheidung d., V 131

Schicksalsrolle d., i. d. Einleitung d. Verdrängung, VII 263

Tod eines d., V 131

unbefriedigte, VII 164f.

uneinige, V 131

Überich d., XV 73

u. Überich *s.* **Überich,** u. Eltern (*s. a.* Elterninstanz)

Zärtlichkeit u. Überzärtlichkeit d., V 124-26; VII 165; VIII 79f.; IX 63

Elternbeziehung (*s. a.* Eltern; Elternkomplex;Ödipuskomplex), XIV 305

Elternbindung *s.* **Mutterbindung; Mutterfixierung; Vater(bindung)**

Elternersatz (*s. a.* Übertragung)

Analytiker als *s.* **Übertragung**

Ideale, Lehrer, Vorbilder als, XVI 259; XV 70

Onkel u. Tante als, XII 132

Schicksal als *s.* **Elterninstanz**

u. Überich *s.* **Elterninstanz**

Elternhypnose (*s. a.* Hypnose), V 307

Elterninstanz (*s. a.* Autorität; Elternersatz), VII 227; XIII 381; XIV 489f.; XV 68, 175

u. Charakter, XV 97

Gewissen als *s.* **Elterninstanz,** Überich als (*s. a.* Gewissen, Entstehung d. -s.)

Gott als (*s. a.* Elternkomplex; Gott), XIII 381; XV 175-77

Introjektion d., XIII 399
Schicksal als Ersatz f., VII 263; XIII 381; XIV 409
 strafende, XIV 409, 486
 Überich als [Überich, als Erbe, als Nachfolger d.], XIV 387, 389; XVI 224; XVII 69, 111f., 137
Elternkomplex (Ferenczi), V 50
 u. Ambivalenz, IX 189; X 206; XI 344–46; XIII 261
 u. feminine Einstellung s. Feminine Einstellung
 u. Religion (s. a. Gott; Religion), IX 188f.; XIII 381; XV 175–77
 u. Rettungsmotiv, VIII 74–77
 u. Übertragung s. Übertragung
Elternliebe (s. a. Mutter; Vater)
 Ambivalenz d. (s. a. Ambivalenz), IX 63
 Kindlichkeit u. Narzißmus d., V 129; X 157f.
 d. Mutter, XV 134, 137
 d. Mutter, gegenüber d. Sohn, XIV 473
 bei Neurotikern, V 129
Elternsymbole (s. a. Kaiser; König; -in), XI 154
 i. Traum, II/III 358f., 607
'Emanzipierte' s. Feministen
Embryo s. Fötus
Embryonale
 Entwicklung [Embryologie]
 d. Afters v. Urmund, V 99
 d. Sexualorgans, V 78
  mit indifferenter u. gleichartiger Genitalanlage, V 100
  als Wiederholungszwang, XV 113
 Periode, u. Mutterbindung (Rank), V 128
 Zellen, XIII 54

Empfindungen u. Wahrnehmung
Emotion [Emotiv-] s. Affekt-; Gefühl-
Empathie s. Einfühlung
Empfängnis (s. a. Schwangerschaft)
 orale, infantile Theorie d. s. Infantile Sexualtheorien (bestimmte): Empfängnis, orale
 unbefleckte, Glaube d. Aruntas an, IX 139, 142, 144
 Verhütung d. s. Kontrazeption
Empfindlichkeit [Sensibilität] (s. a. Hyperalgesie; Hyperästhesie; Reizbarkeit)
 hysterische (s. a. Hysterie), I 32, 455; II/III 206
 kindliche, II/III 206
 Störungen d., I 32
 u. Trauma, I 84
 Über-, s. Hyperästhesie
Empfindungen [innere, unbewußte Wahrnehmungen; Sensationen] (s. a. Gefühl; Wahrnehmung)
 Allgemein-, s. Stimmung
 Bewußtheit d., XVI 204
 als Halluzinationen wiederkehrende, I 63
 d. Neugeborenen, u. Geburtstrauma, XIV 165–67
 nicht lokalisierbar, II/III 615
 nie vorbewußt, XIII 250
 peinliche s. Schmerz; Unlust
 Schmerz-, s. Schmerz
 u. Sinnesorgane s. Wahrnehmung, Sinnes-
 Sinnes-, s. Sinnes-; u. unter d. einzelnen Stichwörtern
 Stärke d. s. Ökonomie (psychische)
 unbewußte, XIII 250
 u. Wahrnehmung, bewußte, Unterschied zwischen, XVII 84

Enddarm

Enddarm s. **After** (s. a. Darm)
Endlust (s. a. Sexualbefriedigung; Lust; Orgasmus; Vorlust), V 112–14
Endopsychische Wahrnehmungen s. **Selbstwahrnehmung** (s. a. Innen-)
Endoptische Phänomene (s. a. Hypnagogische Halluzinationen), II/III 527
Energie(n), psychische
  i. Affekt umgesetzt, X 256
  Angst als direkte Umsetzung d. libidinösen s. **Angsttheorie** (toxikologische) (s. a. Libido)
  -besetzung s. **Besetzung; Psychischer Apparat; Überbesetzung**
  Bindung d., XIII 30f., 36, 67
  desexualisierte, XIV 125
  Entzug d. s. **Energieverarmung** (s. a. Zurückziehung)
  -ersparnis s. **Ersparnis**
  Libido als Trieb-, s. **Libido; Triebenergie**
  neutralisierte s. **Neutralisierung**
  u. psychische Instanzen (s. a. Energie, Bindung d.; Psychischer Apparat), II/III 549; X 280–85
  ruhende u. freibewegliche (Breuer), X 287; XIII 26, 31
  -stauung s. **Ökonomie** (psychische)
  tonische, XIII 36, 67
  Trieb-, s. **Libido; Triebenergie**
  Umsetzung d. s. **Libidoverschiebung**
  -verarmung (s. a. Zurückziehung)
  u. Symptombildung, XI 372
  u. Unlustentbindung, i. Humor, VI 266f.
  Verschiebungs- [verschiebbare –] (s. a. Libidoverschiebung)
  Primärvorgang ein Beispiel f., XIII 274
  u. Sublimierung, XIII 274
  Wichtigkeit d. Begriffes, VI 165

Enge
  d. Bewußtseins, I 295f.
  d. Erinnerungsvermögens s. **Erinnerung**
  d. Gesichtsfeldes, als konversionshysterisches Symptom, I 84
  Räume, Gassen, Zimmer, usw. als Traumsymbole, II/III 400–03, 414

Engramm s. **Erinnerungsspur**

'Ενύπνια, bei Artemidoros, II/III 3

Entartung s. **Degeneration; Heredität** (s. a. Art)

Entbehrung (s. a. Abstinenz; Versagung)
  (Definition), XIV 331
  u. Tagtraum, VII 192

Entbindung (s. a. Gebären; Geburt)
  Affekt-, s. **Affekt(entbindung); Angstentbindung** (s. a. Abfuhr; Durchbruch)
  Hysterie auslösend, I 5, 474f.
  Unlust-, s. **Schreien; Unlust,** Abwehr d.; –empfindung; **Unlustentbindung; Weinen; Wut**

Entbindungsphantasie (s. a. Phantasien, Schwangerschafts-), V 265, 267
  Rockaufbinden als Deckerinnerung f., IV 58

Entblößung (s. a. Auskleiden; Exhibition)
  u. Fetischismus, XIV 315
  d. Hintern (s. a. Gesäß)
    als Ausdruck d. Trotzes, VII 207
    infantile Sexualtheorie v. d. gegenseitigen, VII 184
  Komik u. Obszönität d. (s. a.

Obszön-; Zote),
VI 106, 149, 161, 252f.
u. Neugierde, V 55
Selbst-, VII 207

Entfremdung (*s. a.* Projektion)
psychische
  v. Analytiker, XVI 85
  d. Ehegatten, Hysterie wiederbelebend, V 242
  d. Eltern, voneinander, V 131
  v. d. Eltern *s.* Eltern, Ablösung
v. d.
  d. Psychischen, v. Somatischen, i. Ablauf d. Sexualerregung, I 337
als Stigma d. Verdrängung, XIV 313

Entfremdungsgefühl (*s. a.* Depersonalisation; 'Too good to be true'-Gefühl), XVI 253f.
als Abwehr, XVI 255
u. 'Déjà vu', 'Déjà raconté', u. 'Fausse reconnaissance', XVI 255
u. Depersonalisation, Unterschied zwischen, XVI 255
i. Fehlleistung, XVI 254
als 'nichtreal', XIV 13
u. Vergangenheit u. peinliche Erlebnisse, XVI 254, 256

Entgegenkommen
somatisches *s.* Somatisches Entgegenkommen
d. Sprachmaterials, z. Witzbildung, VI 34

Entkleidung *s.* Entblößung (*s. a.* Exhibition; Zeremoniell (zwangsneurotisches): Ankleide- u. Auskleide-)

Enthaltsamkeit *s.* Abstinenz

Enthaltung, Mangel d. *s.* Inkontinenz

'**Entharmlosung**, d. Kindheit' (*s. a.* Unwissenheit, sexuelle), XIV 238

Enthüllung (*s. a.* Entblößung)
v. Geheimnissen *s.* Geheimnis; Versteck

Entlarvung
d. Affektbesetzung, bei Assoziationsexperimenten, VII 7
durch Glossen (d. Traumgedankens), II/III 337–39
als Herabsetzung, VI 259
d. Heuchelei, durch Fehlleistung *s.* Fehlleistungen (*s. a.* Selbstverrat)
Komik d., VI 69f., 244, 258f.
(Definition), VI 230
u. d. Erhabene, VI 230
Karikatur, Parodie, Travestie als Gegenstück d., VI 228
komisch machen durch, VI 228, 230–32
u. obszöner Witz, VI 253
u. 'Schadchenwitz', VI 231
als Witzfassade, VI 231

Entleerung *s.* Exkretion; Stuhlgang; Urinieren (*s. a.* Inkontinenz)

Entlehnen
v. Büchern
Irrtum beim Leihen u., IV 246f.
Vergessen d. Rückgabe nach, IV 174
v. Geld *s.* Geld, Vergeßlichkeit

Entmannung *s.* Kastration

Entmannungswahn, Schrebers *s.* i. Reg. d. Krankengesch.: Namenverzeichnis, Schreber

Entmischung d. Triebe *s.* Triebentmischung

Entropie, psychische (*s. a.* Todestrieb), XII 151; XVI 87–89

Entrüstungsersparnis, u. d. Naive, VI 212–14

Entsagung

Entsagung s. Triebverzicht

Entscheidungen s. Entschluß

Entschluß [Vorsatz] (s. a. Handeln; Motivierung; Posthypnotische Suggestion; Rationalisierung; Ratlosigkeit)

   Hinausschieben d. –es, bei Zwangskranken, VII 452

   -lähmung s. **Abulie**; **Hemmung**; **Unsicherheit**; **Willenslähmung**

   zweifache Determinierung, d. –es, i. Wahn, VII 79

Entsetzen s. **Anfall**, Angst-; **Panik**; **Schreck** (s. a. Schock; Trauma)

Entstehung psychischer Phänomene s. **Alter** (Zeit-); **Ätiologie**; u. unter d. einzelnen Stichwörtern

Entstellung(en) [Verzerrung] (s. a. Modifikation), V 6 f.; VIII 398

   durch Auslassung, typisch f. Zwangsneurose, VII 444

   i. Hysterie (s. a. Konversion), VIII 399

   Neurose als, d. Philosophie u. Kunst, IX 91

   normale, d. Erinnerung, IV 304 f.

   sekundäre, d. Totemismus, bei jetzigen Primitiven, IX 8

   i. Traum s. **Traum**(entstellung) (s. a. Mischbildung)

   d. Vergangenheit (s. a. Deckerinnerung; Verführungsphantasien), XII 31

   u. Verstellung, II/III 197

   d. Wahrnehmungen, XVI 82

   i. d. Wiederkehr d. Verdrängten, I 387, 419, 421; XVI 202

   i. Witz (begrenzte), VI 204

   v. Worten s. **Wortverdrehungen** (s. a. Namensverdrehung; u. i. Reg. d. Anekdoten)

   durch Zensur (Grad d.), X 252 f.

   i. d. Zwangsneurose s. **Zwangs-** (s. a. Zwangsneurose)

Entsühnung s. **Schuldbewußtsein**; **Sühne**

Enttäuschung (s. a. Liebesverlust; Narzißtische Kränkungen; Versagung)

   d. Erwartung, Komik durch (Kant) (s. a. Erwartung; Komik), VI 225–27, 244

   u. Aufmerksamkeit, VI 226

   d. Mädchens (kleinen) s. **Mädchen**

   u. Melancholie, X 435, 446

   als Trauma, XVII 11

Entweder-Oder (s. a. Denkrelationen)

   i. Traum durch Nebeneinander ersetzt, II/III 674; VI 234

Entwicklung (s. a. Entwicklungs-; u. unter d. einzelnen Stichwörtern)

   Höher-, Trieb z., XIII 43

   individueller u. kultureller, Ähnlichkeit zwischen, XIV 449–502, 504

   u. Untergang d. Ödipuskomplexes (s. a. Ödipuskomplex), XIII 395 f.

   zweierlei Streben i. d., XIV 501

   d. Überich i. Dienste d., XIV 501 f.

Entwicklungsgeschichte (s. a. Biologie; Phylogenese)

   Geschlechtsdifferenzierung, eine späte Erscheinung d., XIII 51, 61

   Krieg als Regression i. d., X 354

   u. Psychoanalyse, VIII *411–13*; XIV 288

Entwicklungshemmung s. **Sexual**entwicklung, Eindämmung (s. a. Infantilismus; Libido)

Entwicklungsprozeß

   organischer, u. äußerer Zwang, XIII 41 f.

phylogenetische Reihenfolge d.
 -es, V 143
Schübe d. *s.* **Schübe**
sexueller *s.* **Sexual**entwicklung
 (*s. a.* Schübe)
'Entwicklungstrieb', XIII 43–45
Entwöhnung (*s. a.* Flaschenkinder;
 Mutterbrust; Oralerotik; Saugen; Säugen), XIII 397; XIV
 160f.; XV 130; XVII 115
 als Vorbild d. Kastration, VII
 246; XIII 296, 397; XIV 160f.
 Vorwurf (d. Mädchens), wegen
 z. rascher, XIV 527f.
 u. Widerwillen gegen Milch, XI
 380
Entziehung *s.* **Zurückziehung** (*s. a.*
 Versagung)
Entzücken *s.* **Begeisterung; Faszination; Leidenschaft; Sexuelle
 Entzücken; Verliebtheit**
Enuresis *s.* **Bett(nässen)**
Ephialtes *s.* **Alpdruck**
Epidemie, psychische *s.* **Induktion**
 (*s. a.* Massenseele, Induktion
 i. d.)
Epik *s.* **Heldensage**
Epilepsie (*s. a.* Anfall, epileptischer),
 I 82, 410, 413
 'affektive' u. organische, XIV 404
 Ähnlichkeit mit Angstzuständen,
 I 369
 u. Enuresis nocturna, V 90
 u. hysterischer Anfall, Ähnlichkeit zwischen *s.* **Anfall**, epileptoider (*s. a.* Anfall, hysterischer;
 Hysterie)
 Koitus als 'kleine –', VII 239; XIV
 404
 Krankheitsbild d., XIV 402–04
 als 'Morbus sacer', XIV 402
 Periodizität d., I 367, 369

Reflex-, hysterische, I 33
Seligkeit bei, XIV 410
als somatische Erledigung d.
 psychisch nicht bewältigten Erregung, XIV 404
als Triebabfuhr, abnorme, XIV
 403
Triebentmischung i. d., XIII 270
d. Unheimliche an, u. d. Dämonie d., XII 257; XIV 402
'Epileptische Reaktion' i. d. Neurose, XIV 404
Epileptoide [Epileptiforme] Phase d.
 hysterischen Anfalles *s.* **Anfall**
Epos [Epik] *s.* **Heldensage** (*s. a.*
 Heros)
'Er' (-element, -system), II/III 543f.,
 549
Erb
 -gut, menschliches *s.* **Archaisch;
 Menschheit; Phylogenetisch**
 -lichkeit *s.* **Degeneration; Heredität; Konstitution**
 -spuren, i. Es, XVII 151
 -sünde (*s. a.* Frevel; Sünde; Ur-
 (schuld)), IX 184; X 345
 u. Schuldgefühl (*s. a.* Schuldgefühl), XVI 192
 Talion d., IX 185
 u. Tod, XVI 192
 Vatermord, d. eigentliche, IX
 185; XVI 192, 244
Erb (Name) *s. i.* **Namen-Reg.**
Erblindung (*s. a.* Augen; Blendung;
 Blindheit)
 als Kastrationssymbol (*s. a. i.*
 Namen-Reg.: Ödipus), XII 243f.
Erbrechen (*s. a.* Anorexie; Ekel),
 XIV 115
 als angstneurotisches Symptom,
 I 323
 Brechreiz [Übelkeit]

Erbrechen, dauerndes

 u. Bewegungslust, V 102f.

 u. andere Verdauungsstörungen, I 323

 dauerndes, I 82

 u. Ekel u. Schreck, I 428f.

 u. Eßunlust u. Katarrh, V 245f.

 u. Fluor albus, V 183

 als Graviditätssymbol, VIII 405, 433

 hysterisches, I 82f., 189, 245f., 301, 428, 434, 451; II/III 575f., 623f.; V 83, 183; VIII 405, 433; XIV 115

 Intensitätssteigerung u. Wiederkehr d. -s, I 301

 als Koitussymbol, I 189

 bei Lutschern, vormaligen, V 83

 'nervöses'

  bei Kindern, XIV 285

  bei Nährmutter, I 5-7, 11

 u. Oralerotik, V 83

 als Traumsymbol f. moralischen Ekel, I 84

Erde

 als Symbol f. Mutter, VIII 290; XI 165; XII 305

 u. Tod, II/III 211

Erektion (*s. a.* Spannung), V 110, 123

 als Apotropaeon, XVII 48

 Ausbleiben d., XIV 114

 infantile, V 74

 d. Klitoris, V 122

 u. Kuß, V 188

 Verlegung v. Unten nach Oben *s.* **Unten,** Verlegung

Erektionsäquivalente (*s. a.* Unten, Verlegung), V 68

 Durchfall, XII 113

 Fliegen, i. Traum (*s. a.* Traum, typischer), II/III 399; XI 156

 Kopf u. Gesicht, XI 336

 nichtgenitale, V 68, 122

 Starrwerden, XVII 47

 Urinieren, I 70

Eremit (*s. a.* Menschenfurcht), V 190; XIV 439

Erfolg (*s. a.* Ehrgeiz; Mißerfolg; Optimismus; Pessimismus)

 d. Lieblings d. Mutter, XII 26

 Scheitern am, X *370–89*

 als Kritik am Vater, XVI 256f.

 u. Schuldbewußtsein, X 372

 u. 'Too good to be true'-Gefühl, XVI 252f.

 Unglauben an, d. Analyse, u. Peniswunsch, XVI 99

Ergänzungsreihe d. pathogenen Faktoren, V 141f.

'Ergänzungsträume' (J. H. Fichte), II/III 7

Ergriffenheit

 u. Abscheu *s.* **Abscheu**

 ästhetische, X 172f.

 Geisterglauben u. partiellen Schwachsinn erzeugend, VII 99

Erhabenheit [Erhabene, Das]

 d. Abstrakte, als intellektuelle, VI 240

 (Definition), VI 228

 Entlarvung d. falschen, i. d. Komik, VI 230

 u. Großartigkeit, XIV 385f.

 Herabsetzung d., i. d. Komik, VI 228f.

 i. Humor, XIV 385f.

 u. Karikatur, VI 228f.

 u. Mehraufwand, VI 228

Erinnern (Gedächtnis) *s.* **Erinnerungsapparat** (*s. a.* Reminiszenz; Vergessen)

Erinnern (Vorgang d.) [Erinnerungsvorgang] (s. a. Erinnerungs-), II/III 604–09; XVII 5

u. Abreagieren (s. a. Erinnern, Wieder-; Psychotherapie, voranalytische, kathartische)

u. Erblassen d. Erinnerung, I 88

i. d. Katharsis, X 126f.

Lebhaftigkeit d. Nicht-Abreagierten, I 88f., 97

u. Abwehr (s. a. Abwehr)

assoziative u. logische Verbindung zwischen, I 447f., 450

u. Adaptierung z. Realitätsprinzip, VIII 233

Agieren statt [Wiederbelebung d. Erlebnisse] (s. a. Agieren; Erinnern (Vorgang): Wieder-), V 283; VIII 374; X 129; XIII 16f.; XVII 101, 103

i. d. Mordtat an Moses, XVI 195

traumatisch wirkend, I 381, 419

u. Assoziation, I 431–34

Definitionen u. Auffassungen voranalytischer Autoren, II/III 543

u. Durcharbeiten, X 126–36

u. Erkennen, VI 136f.

als Funktion s. **Erinnerungsfunktion**

u. Halluzinieren (s. a. Halluzination)

Unterschied zwischen, XIII 248

u. Identifizieren, XII 108

u. Phantasie s. **Deck(erinnerung(en))** (i. allgemeinen); **Erinnerungstäuschungen; Glaubwürdigkeit; Phantasie** (Funktion d.): u. Erinnerung (s. a. Verführungsphantasien)

u. Realitätsprinzip, VIII 232f.

Reminiszenzen d. s. **Erinnern** (Vorgang): Wieder-; **Reminiszenz**

Erinnern (Vorgang): Wieder-

i. Traum (s. a. Erinnern (Vorgang): Wieder-; Traum), XVII 89

u. Übertragung s. **Übertragung**

u. Verdrängung (s. a. Amnesie; Verdrängung), V 174f.

an d. Verdrängte s. **Erinnern** (Vorgang): Wieder-

u. Vorstellen (s. a. Vorstellung), IX 115

i. Wachzustand, XVII 89

u. Wahrnehmung (s. a. Wahrnehmung)

Unterschied zwischen, XIII 248

Wieder- (an d. Verdrängte) (s. a. Verdrängte, Das), I 387

Agieren statt s. **Erinnern** (Vorgang): Agieren statt

an Bilder leichter als an Vorstellungen [Gedanken], I 282f.

chronologische Folge, umgekehrte, d. –s, I 129, 434

lineare Anordnung, I 292

halluzinatorisches (s. a. Halluzination), XIII 248; XVI 53f.; XVII 10–12

i. Hysterie, I 133, 149f.; XVII 10

u. Konstruktionen, psychoanalytische, XVI 52–54

plötzliches, I 520; II/III 523–25

partielles, erzeugt keinen Heileffekt, I 133, 149f.

Schmerzen, hysterische, bei, I 212

therapeutischer Effekt, I 85, 252, 418

an traumatisches Erlebnis, I 54, 88, 380–85, 419, 430f.

u. Hypnose (s. a. Erinnerungsvermögen), I 91

nicht abreagiertes, I 88f., 97

traumatisch wirkend, I 381

Vorgang, I 430f.

109

Erinnern (Vorgang): u. Wiederbelebung

statt Wiederholen, XI 461–63; XIII 16f.

an Zuerstvergessenes, als Wichtigstes, II/III 523–25; V 262f.

u. Wiederbelebung d. Erlebnisse *s.* **Erinnern** (Vorgang): Agieren statt

Wiederholen statt *s.* **Erinnern** (Vorgang): Agieren statt

i. d. Zwangsneurose, mit u. ohne Vorwurfsaffekt, I 387–89

Erinnerung an (*s. a.* Reproduktion)

Bilder, I 282f., 287

Kinderfreuden [Kinderspiel], Theorie d. Komik als, VI 254

Kindheit (*s. a.* Deck(erinnerung(en)), I 418–21, 531, 533f., 536, 553f.

lückenhafte, VII 426f.; VIII 412

i. Träumen, II/III 194–224, 559; XVI 234f.

(Literatur), II/III 16–18

verfälschte (*s. a.* Deck(erinnerung(en)); Verführungsphantasie), XI 382

betreffs Datierung, XII 92

verlorene *s.* **Amnesie**, infantile

Nicht-Vergessenes, X 127f.

Person als 'Geist', IX 115

Sache

als 'Geist', IX 115

Mechanik d., X 299f.

traumatische Erlebnisse *s.* **Erinnern** (Vorgang): Wieder-

Unwesentliches (*s.a.* Deck(erinnerung(en)))

mit Wesentlichem vermischt, I 292, 300

Urszene *s.* **Ur(szene)**

Verdrängtes *s.* **Erinnern** (Vorgang): Wieder-

Vorstellungen, I 282f., 287

Wahrnehmung

u. Innenwelt, Ausbildung d., XIII 389

u. Sprachfunktion, XVII 84

Wort-, X 299f.

Wunschbefriedigung, II/III 604

Zahlen, I 169f., 527; IV 18

Erinnerungsapparat [Gedächtnisapparat], II/III 200–11, *543–47*; XIV 3–8

d. Analytikers (*s. a.* Notieren; Psychoanalytiker), V 166f.; VIII 376–78

Erinnerungsbilder

Bedeutsamkeit d., I 301, 305

blasse *s.* **Erinnerungsschwäche**; **Erinnerungvermögen**

Bruchstücke [Faszikel] mehrerer, I 292f., 300

Lebhaftigkeit d. (*s. a.* Erinnern (Vorgang): Wieder-, halluzinatorisches; Erinnerungsvermögen)

i. d. Hysterie, I 105

nach Konstruktionen, XVI 53f.

Mangel [Undeutlichkeit] d., als Widerstandssymptom, I 284

u. Trauma, I 88f., 97

unlustvolle u. schmerzhafte *s.* **Erinnerungsunlust**; **Schmerz**; **Verdrängung**

Wiederkehr d.

i. d. Analyse, I 305

Leichtigkeit, relative d., I 282f., 287, 301

weil unerledigt, I 301

Erinnerungsdichtungen *s.* **Phantasie(n) (-bildungen)**

Erinnerungsfunktion [Gedächtnis, Funktion d. -es], II/III 548; IV 148; VIII 233; XVII 68

Altersgrenze *s.* **Erinnerungsvermögen**

Entstehung, späte, d., X 164
als Ichfunktion, XVII 68
parteiischer Charakter d. *s.* Erinnerungstäuschungen
Stärke d. *s.* Erinnerungsschwäche; Erinnerungsvermögen
tendenziöser Charakter d. *s.* Erinnerungstäuschung
Tendenz d., Unlust z. vermeiden (*s. a.* Unlust), VIII 397
u. d. Unbewußte [u. unbewußte Erinnerungen, u. Unbewußtheit v. Erinnerungen]
Herkunft d. unbewußten Erinnerungen, XVII 11f.
beim hysterischen Anfall, XVII 11
infantile, sexuelle *s.* Infantile Sexualität
(französische Fassung), I 418-21
tiefe, II/III 545
traumatische, I 54, 380-85, 420
Veränderung d. unbewußten Erinnerungen, I 419, 421
Ungenauigkeit d. *s.* Erinnerungsschwäche; Erinnerungstäuschungen; Fehlerinnerung; Glaubwürdigkeit; Irr(tum)
u. d. Vorbewußte, X 288
Wesen d., XIII 24
Widerstand gegen (*s. a.* Verdrängung; Vergessen; Widerstand)
bei Kindheitserlebnissen, I 418, 536
i. d. Traumdeutung, I 563f.
Wirkung
auf Charakterbildung, II/III 545
auf Vorstellungsleben, IX 115
Zweifel an d., V 175; VII 450; XIV 3

Erinnerungsinhalt (*s. a.* Erinnerung an–; Erinnerungsbild; Reminiszenz)
affektvoller, I 85, 87
lustvoller, II/III 604; VI 137
peinlicher *s.* Erinnerungsunlust (*s. a.* Unlust)
affektloser, I 85
Deckerinnerung *s.* Deck(erinnerung(en)) (i. allgemeinen)
Ersatzerinnerung *s.* Ersatzerinnerung
Trutzerinnerung (*s. a.* Deck(erinnerung(en))), I 551
unbewußter *s.* Erinnerungsfunktion, u. d. Unbewußte
vergessener (*s. a.* Amnesie; Früherlebnisse; Infantile Sexual-; Trauma)
mit Fehlerinnerung nicht identisch, IV 6
als 'psychischer Fremdkörper', I 476
Erinnerungslücke (*s. a.* Amnesie), I 510, 539; V 175; VII 426f.; VIII 412
Erinnerungsmaterial *s.* Erinnerung an; Erinnerungsbilder; Erinnerungsinhalt (*s. a.* Infantile Sexual-)
Erinnerungsreste (*s. a.* Rest(erscheinungen); Sprachreste), I 551
u. Sprachfunktion, XVII 84
Unbewußtheit d. traumatischen, XVI 204
d. Wahrnehmungen
akustischer u. visueller, XIII 248; XVII 84
Bewußtheit, XVI 204
Bewußtwerden, XIII 247
d. Wortvorstellungen (*s. a.* Wort-), XIII 247

Erinnerungsschwäche

Erinnerungsschwäche [Enge d. Erinnerungsvermögens]
nach Auflösung d. Wahnes, VII 65
Heilung d., i. Neurosen, V 175
bei Kindern, I 531f.
normale, I 525f., 531; IV 304f.
i. Paranoia, I 403
pathogene, I 267–69, 282f.

Verblassen d. Erinnerung, I 87f.

Erinnerungsspur(en), I 63, 549, 552; II/III 543, 545, 547f., 571; V 144; XV 82

Bewußtheit d., u. Sprachreste, XVII 130

Bewußtsein entsteht an Stelle d., XIII 25

dauerhafte [Dauerspur], XIII 26

u. 'Wunderblock', XIV 3–5

bei Delboeuf, II/III 21

u. Erregungsvorgänge, XIII 24f.

Funktion d., XIII 247

bei Individuum u. Masse, XIV 201, 206–09

Unvertilgbarkeit d. (s. a. Erinnerungsspur, dauerhafte), I 63f.

verdrängte, d. Sekundärvorganges unfähig, XIII 37

vererbte, XVI 207

u. Wahrnehmungen [W-System], XIII 24, 247

Erinnerungsstörung (s. a. Déjà vu; Erinnerungstäuschungen)
hysterische Paramnesie, I 134

Erinnerungssymbole, I 241, 243
u. Affekte, Herkunft d., XIV 120
halluzinierte, I 63, 149, 176–78
Monumente als, VIII 11f.
u. motorische Innervation, I 63
Symptome als, I 149, 302; VII 196

Erinnerungssysteme, II/III 543–49

Erinnerungstäuschung(en) [-fälschungen] (s. a. Entstellung; Fehlerinnerung; Glaubwürdigkeit; Irrtum)
u. Aberglauben, VII 448
Amnesien komplementär mit, V 175
durch Analyse nicht geschaffen, I 300
i. d. Analyse (s. a. Déjà raconté), VIII 378
Deckerinnerungen s. Deck(erinnerung(en)) (i. allgemeinen)
d. Hysteriker, I 105, 153
u. Verführungsphantasie (s. a. Verführungs-), V 153
als Identifizierungsversuch, XII 108
bei Kindheitserinnerungen (s. a. Deck(erinnerung(en)), XI 382; XII 92
normale, I 88; VIII 435
i. d. Paranoia, I 402
u. Schuldgefühl, VIII 238
tendenziöse, I 553; VIII 393
u. Überzeugungsgefühl s. Deck(erinnerung(en)) (i. allgemeinen)
i. Völkertraditionen, IV 164
als Widerstand s. Widerstand durch –

Erinnerungsunlust, I 425
u. Fehlhandlungen, XI 70–73
u. Schmerz, I 146f., 212
u. Widerstand (s. a. Widerstand), I 268

Erinnerungsvermögen
Altersgrenze, untere, d., I 383, 418, 533f., 542
beim Analytiker, VIII 378
Enge d. s. Erinnerungsschwäche
hyperästhetische, I 96

Intensität (d. aufsteigenden Materials), I 86f.
  u. traumatisches Erlebnis, I 88, 384
Verblassen, I 87f.
Intensität (d. Reproduktionsprozesses)
Erstarkung [Erweiterung] d.
  durch Drängen [Mahnen], I 167–70, 267f., 270, 285f., 296, 298
  (Beispiel), I 170f.
  durch Handauflegen, XIV 53
  durch Hypnose, I 67, 88–91, 167; V 3; VIII 19
  u. ohne, verglichen, I 194
  durch Konzentration u. Suggestion, I 267f.
Schwäche *s*. Erinnerungsschwäche
übernormale *s*. Hypermnesie
latente Erinnerungen, psychischen, nicht somatischen Vorgängen zugehörig, X 266
normales, I 88; VIII 435
  u. Verdichtung u. Vergessen, IV 304f.
Schäden i., u. ihre Heilung, V 175
Stärke d. –s, *s*. Erinnerungsvermögen, Intensität
u. Verdrängung *s*. Verdrängte, (Das); Verdrängung
Verfälschungen d. *s*. Erinnerungstäuschungen
Erinnerungsvorgang *s*. Erinnern (Vorgang)
Erkennen (*s. a*. Intelligenz; Wiedererkennen)
  u. Agierenwollen, ein Kampf zwischen, i. d. Analyse, VIII 374
  u. Erinnern, VI 136f.
lustvoller Charakter d. –s, VI 136

Erklärung (*s. a*. Deutung)
logische *s*. Logisch
Erklärungsversuch(e) (*s. a*. Rationalisierung)
  i. Traum, II/III 450–52, 458–62
  nach d. Traum, II/III 447
Erleben
  Lachesis, als Symbol f., X 32f.
  u. Vorstellen, Unterschied zwischen, XII 261–68
Erlebnis(se)
  fortwirkende (*s. a*. Erinnerungsspur, dauernde; Symptom –; Trauma)
  i. Zwangszeremoniell (*s. a*. Zeremoniell (zwangsneurotisches), VII 133
  infantile [d. Kindheit] *s*. Früherlebnisse; Infantil-; Sexual-
  neues, d. pathogenen ähnliches, als Krankheitserreger, I 96
  reales, z. Hervorbringung neurotischer Symptome nicht ausreichend, I 432
  traumatisches *s*. Trauma
Vergessen d. *s*. Amnesie; Vergessen
Erleichterungsgefühl d. Patienten *s*. Patient
Erleuchtung *s*. Denken, plötzliche Problemlösung (*s. a*. Erwartung, enttäuschte, u. Komik)
Erlöser (*s. a*. Messias), VIII 250, 262; XVI 192f.
Analytiker als, XIII 279f.
-gestalt bei Schreber *s*. i. Reg. d. Krankengesch.: Namenverzeichnis, Schreber
Tod als, XIV 447
-Wahn, VIII 250
Erlöserin, Mutter als, XIV 417
Erlösungsbotschaft *s*. Evangelien

Erlösungsdichtungen

Erlösungsdichtungen [-phantasien] (*s. a.* Familienroman; Rettungsphantasie)
 u. Masturbation, XIV 417f.

Erlösungsreligion, u. Schuldgefühl (*s. a.* Christentum), XIV 495

Ermordete (*s. a.* Mord; Mörder)
 als Dämonen, IX 75
 Tote als (*s. a.* Todeswunsch), IX 78

Ermüdbarkeit, neurasthenische (*s. a.* Müdigkeit; Neurasthenie), I 415, 497; VIII 339

Ermüdung
 allgemeine, andauernde [Erschöpfung] *s.* Müdigkeit
 u. 'déjà vu', X 118
 u. 'Funktionelles Phänomen' (Silberer), II/III 349f., 507–10; X 164
 u. Neurasthenie *s.* Ermüdbarkeit
 u. Schlaf u. Traum *s.* Schlaf; Traum
 als Ursache, angebliche
  f. Fehlleistungen, IV 28; VIII 392; XI 21f., 37–40; XIII 414
  f. Neurasthenie *s.* Neurasthenie

Ernährungsvorgänge *s.* Essen; Nahrungsaufnahme; Sättigung; Stuhlgang (*s. a.* Anorexie; Darmstörungen; Gier; Hunger; Säugling)

Erniedrigung [Degradierung; Herabsetzung] (*s. a.* Demütigung)
 i. d. Komik (*s. a.* Erhabenheit), VI 228f., 240f., 253, 258–60
 durch Entlarvung *s.* Entlarvung
 z. Kind, VI 259f.
 z. leblosen Mechanismus (Bergson), VI 238
 i. obszönen Witz, VI 241, 253
 Lust (aktive) an d. *s.* Sadismus
 Lust (passive) an d. (*s. a.* Masochismus), V 56; XIII 374

 d. Sexualobjektes [d. anderen Geschlechtes], VIII *78–91*
  beim Mann [Erniedrigung d. Weibes], VIII 78–91; XIV 24f.
  Geringschätzung beim kleinen Knaben (*s. a.* Penisstolz), XIV 24
  z. Hebung d. eigenen Wertschätzung, VII 453f.
  u. Kastrationskomplex (*s. a.* Kastrationskomplex; Penismangel), VII 271; XIV 522
  Mutter als Dirne (*s. a.* Dirne), VIII 83
  beim Wolfsmann *s.* i. Reg. d. Krankengesch.: Namenverzeichnis, Wolfsmann
 u. sinnliche Strömungen, VIII 83
  beim Weib nicht vorhanden, VIII 86
 Minderwertigkeitsgefühl statt, XIV 25, 522
 Symptombildung als, d. Befriedigungsablaufes, XIV 122

Ernst
 u. Komik, VI 240
 Spiel kein Gegensatz z., VII 214

Eroberungswunsch [-gefühle] (*s. a.* Aktivität; Ehrgeiz)
 u. Bevorzugung durch Mutter, XII 26
 i. Traum *s.* Traum, Eroberungs-

Erogene Zone (i. allgemeinen), VIII 46, 409, 449; XI 324–26; XV 104
 u. Autoerotismus (*s. a.* Autoerotismus), VII 22
 Charaktere d. –n, V 83–85
 u. Genitalien (*s. a.* Genitalien, Genitalzone), V 68, *88f.*, 123, 134f.
 u. Hypochondrie, X 150
 u. hysterogene Zonen, V 85

beim Kind (*s. a.* Infantile Sexualität; Partialtriebe), VII 22, 151; VIII 409
- infantile Überbetonung, spätere Gefahren d. -n, V 113; VII 22
- Leitzonen, V 121f.; XV 126
- als Libidoquellen, XVII 73
- u. Neurose, V 157f.
- u. Partialtriebe, V *67–69*; XVII 73
- Reizbarkeit d., V 101, 105, 117
  - bei ungenügender Spannung, V 115
  - (Zusammenfassung), XIII 220f.; XIV 61
- u. Zwangsneurose, V 68f.

Erogene Zone(n) (bestimmte) After[-schleimhaut, Darmschleimhaut], V *86–88*, 99
- Genitalien vertretend, V 66
- anale (*s. a.* Anal-), XI 323, 325f.; XVII 76
  - sadistisch-, XVII 76
  - u. Witz, VIII 224f.
- Augen, V 68f., 111
- Brust, V 81, 84, 111
- Darmschleimhaut *s.* **Erogene Zone(n)** (bestimmte): After
- Genitalien (*s. a.* Genitalien; Genitalzone), V *86–88*
- Hand, V 111
- Haut, V 69, 102, 105, 134
- Klitoris *s.* **Klitoris**
- Kloake (*s. a.* Erogene Zonen (bestimmte): After), VIII 448
- Lippen (*s. a.* Erogene Zone(n) (bestimmte): Mund), V *82f.*
- Mund[-schleimhaut] (*s. a.* Erogene Zonen (bestimmte): Lippen), V 212; VIII 98f.
  - Genitalien vertretend, V 66
- orale (*s. a.* Oral-), XI 323–25; XVII 76

Eros, Kultur

Penis *s.* **Penis**
Schleimhäute, V 86–89, 99, 112, 123, 212
Sinnesorgane als, V 105, 134
Vagina (Eingang d.) *s.* **Vagina**

Erogeneität (*s. a.* Organe; Reizbarkeit), V 84f., 102; XIV 116
- u. Hypochondrie, X 150

Erogener Masochismus (*s. a.* Masochismus), V 105; XIII 373, 375, 377
- primärer, V 57
- als Überrest einer Vermischungsphase, XIII 376f.

Eros [Lebenstrieb; Libidinöse Triebkräfte], II/III 167; V 32; XIII 41, 43, 233
- Abkömmlinge d., XIII 275
- u. Aggressionstriebe, XV 110
  - Sadismus u. Masochismus als Vermischung d., XV 110
  - (Zusammenfassung), XIII 232f.
- u. Ananke *s.* **Ananke**
- Ausbreitungstendenz d., XIV 477
- u. Bejahung, XIV 15
- desexualisierter (*s. a.* Narzißtische Libido; Sublimation), XIII 273–75
- u. Destruktion, XVI 20f.; XVII 128
  - -strieb, XIII 270, 275, XVII 71
- u. Es, XIII 289
  - i. Goethes Auffassung, XIV 549
- u. Ich, XIII 289
- u. Ichliebe u. Objektliebe, XIII 66; XVII 71
- u. Integration [Unifizierungstendenz, Synthese], XIII 45, 274; XIV 477f.
- Kampf gegen, XIII 275f.
- Kultur, i. Dienste d., XIV 481

115

Eros, Libido

Libido als Kraftäußerung d., XIV 302
u. Libido, XIV 478; XVII 72
narzißtische s. Eros, u. Ichliebe
u. Liebe u. Haß, XIII 271–74
u. Lustprinzip, XIII 270–76
Nicht-Befriedigung d., erzeugt kein Schuldgefühl, XIV 498
nicht konservativ, XIV 477
Plastizität d., XIII 273
d. Plato, XIII 99
u. Sadismus (u. Masochismus), XIII 58; XIV 481; XV 111f.
u. Sexualtrieb s. Sexualtrieb(e), als Lebenstrieb
als 'Störenfried', XIII 69
u. Sublimierung, XIII 274
(Terminus technicus), XIII 99
u. Todestrieb (s. a. Todestrieb u. Lebenstrieb), XIII *268–76*; XIV 84, 477f., 481, 499; XVII 129
u. Konfliktneigung, XVI 89f.
Plastizität, Frage d., i., XIII 272f.
Schuldgefühl u. Ambivalenzkonflikt zwischen, XIV 492
Vermischung, Verteilung u. Entmischung d., XVI 88f., 92
als Urtrieb, XVII 71
Wesen d., XIII 54, 66, *268f.*
(Zusammenfassung), XIV 302

Erotik (s. a. Eros; Libido; Liebe; Sexualität)
Ablehnung d. s. Sexualablehnung
Kinder-, Aggression u. Zärtlichkeit i. d., V 104; VII 72f.
'Libido', als Terminus technicus statt, XIII 99f.
prägenitale u. genitale Organisationen d., V 135

u. Selbstgefühl, X 167
i. Traum (s. a. Traum), II/III 695–99
ungezügelte, i. d. Hysterie (s. a. Erektionsäquivalente), I 14; VII 238
Wichtigkeit d. s. Liebe, u. Glück
Zärtlichkeit als, VIII 79f.

Erotisch (–er, –e, –es)
Kindheitseindrücke s. Infantile –; Kinderliebe
-libidinöser Typus, XIV 510
Hysterie als typische Erkrankung d. –n, XIV 512
narzißtischer, XIV 511f.
Tagträume (s. a. Tagtraum), VII 192
Vorstellungs[Gedanken-]kreis (s. a. Verführungsphantasie)
i. d. Analyse v. Frauen, I 307; VII 217
u. Konversion, I 143, 194f., 231f., 235
u. Verdrängung, I 234–36
Witze (s. a. Zote), VIII 224f.
Wunschphantasien, VII 217
-zwangshafter Typus, XIV 511

Erotomanie, XI 439
fetischistische, u. Jensens 'Gradiva', VII 71
u. Homosexualität, VIII 300

Erregung (s. a. Aufregung; Reiz-)
Abfuhr d. s. Abfuhr
Ablauf d., u. Verdrängung, XIV 118
Ablenkung d., I 334, 336
i. d. Angstneurose, I 334, 342, 358, 484
i. d. Hysterie, I 342
Amplitude d. (s. a. Erregungssumme), XIII 28, 31

Bewältigung d., i. psychischen Apparat *s.* **Psychischer Apparat**
u. Bewußtwerden, XIII 24
frustrane *s.* **Erregung, sexuelle,** frustrane
d. Massen *s.* **Leidenschaft; Massenmenstruale,** I 369
neurologische u. physiologische (*s. a.* Erregungsvorgänge; Reiz), II/III 549
nichtsexuelle, mit sexuellem Ergebnis *s.* **Erregungsquellen**
Quantität u. Qualität d. *s.* **Qualität; Quantität**
sexuelle (*s. a.* Libido; Spannung), I 337; II/III 37; V 63, 110, *114–17*, 213f.; VI 106, 253

Angst i. Traum, deutet auf, VII 87f.

Anhäufung d. *s.* **Stauung**

u. Entfremdung zwischen Somatischem u. Psychischem, I 337

Erledigung d. (*s. a.* Abfuhr; Erregungsvorgänge)

durch Ablenkung, I 334, 336; II/III 604

durch Abreagieren *s.* **Abreagieren**

durch Denkarbeit *s.* **Denken**

u. Es, XVII 91

frustrane, XVII 13

u. i. Angst verwandelte Libido (*s. a.* Abstinenz; Angstneurose; Angsttheorie; Stauung; Versagung), I 327, 352, 416, 483, 497f.; XIV 138f.

beim Weib, XI 416f.

während Brautstand, I 327; XI 416

durch Coitus interruptus *s.* **Coitus-**

Erregung, sexuelle

u. Erwartungsangst, XI 416

u. Hysterie, XVII 13

durch Impotenz *s.* **Impotenz**

u. Unlust, V 85, 110f.; XIII 68f., 372; XVII 68

u. Genitalien *s.* **Genitalien**

u. Geruchssinn u. Sehen, XIV 458f.

u. Gleichgewicht d. Spannung, I 416

i. Kinderjahren (*s. a.* Infantile Sexualität), V 113

u. Neurose, I 338f., 366, 375

Projektion d., i. d. Angstneurose, I 338f.

psychische, I 334, 337

u. Reize *s.* **Reiz**

Rhythmik v. Lust u. Unlust i. d., XVII 68

somatische, I 337

  beim Mann, I 334f.

  beim Weib, I 335, 337

Spannungsgefühl bei *s.* **Spannungsgefühl**

durch Sport u. Spiel *s.* **Spiel; Sport** (*s. a.* Mechanische Erregungen)

Steigerung d. *s.* **Erregungssumme; Stauung**

symbolisiert durch wildes Tier, XI 160

Transposition u. Verschiebung d. *s.* **Transposition; Verschiebung**

durch Trauma frei gewordene, XIII 34

ungenügende Spannung d. –n, u. Mangel an Reizbarkeit, V 115

Ursachen d. *s.* **Erregungsquellen**

Übergroße *s.* **Erregungssumme**

bei Verdrängung nicht zu-

Erregung i. Traum

    stande kommend [Verdrängungsschranke], V 273; XIV 118f.
    u. Versagung (*s. a.* Versagung), XVII 13
    Zustand d. Erregtheit (*s. a.* Spannungsgefühl), V *109f.*
    i. Traum (*s. a.* Erregung, sexuelle; Traum), II/III *584f.*, 605

Erregungsabfuhr *s.* Abfuhr (*s. a.* Versagung)

Erregungsquellen (*s. a.* Reiz)
    Affektvorgänge, V 104f.
    direkte u. indirekte, V 104
    Eisenbahnfahrt, XIII 33f.
    innere [somatische], I 335, 338f.
    intellektuelle Arbeit, V 104f.
    d. Kindheit, I 417; V 102–05; XIII 33f.
    Ängstigung, V 104f.
    Kontrektationsdrang (Moll), V 74, 104
    mechanische
        Spiele u. Sport. II/III 398f.; V 102–05
        als Trauma, XIII 33f.
    nichtsexuelle, V 104
    Reibung, I 417; V 81, 84
    Schaudern, V 104
    Schaukeln, usw., V 102f.; XIII 33
    Schmerz, V 105
    Schreck, V 104f.
    sexuelle (*s. a.* Erregung, sexuelle), V 106f.
    Sinnes-, *s.* Sinneserregungen
    Spiele *s.* Erregungsquellen, mechanische

Erregungssumme (*s. a.* Quantität), I 74, 337
    freibewegliche u. Innervationen, I 63, 174, 481
    Gesamtbelastung u. Neurose, I 366, 375
    Retention großer –n, I 159; V 103
    durch Therapie beeinflußbar, I 365f.
    übergroße (*s. a.* Spannung; Stauung), I 341f.; V 103; X 216; XVII 13

Erregungsverteilung, I 416
    bei Hysterie, I 65
    bei schlafähnlichen Zuständen aufgehoben, I 64

Erregungsvorgänge (*s. a.* Wahrnehmungssystem)
    Ablauf d., II/III 544; XIII 25f.
    progredient, II/III 549, 553
    regredient, II/III 547f.
    i. Traum, II/III 37, 547–49
    Amplitude d., XIII 28, 31
    u. Erinnerungsspur, XIII 24f.
    innere, XIII 28, 35
    u. Reizschutz, XIII 26–32
    Rückströmung, II/III 549
    bei Schreck, XIII 31f.
    Unkenntnis ü. d. Natur d., XIII 30

Errötungsangst (*s. a.* Angst vor–), II/III 304

Ersatz [Surrogat] *s.* Ersatzbefriedigung (*s. a.* Substitution)

Ersatz für (*s. a.* Kompromiß; u. unter d. einzelnen Stichwörtern)
    abstrakte Vorstellungen i. Traum *s.* Denkrelationen; Ersatzbildungen
    Autoerotismus *s.* Ersatzbefriedigung (*s. a.* Autoerotismus)
    -befriedigung *s.* Ersatzbefriedigung
    Genitalien *s.* Ersatzgenitalien; Fetisch
    Kulturgüter, verlorene, X 360f.

Masturbation *s*. **Masturbation**
Mutterbrust *s*. **Mutterbrust**
Penis *s*. **Penis**
Realität, i. d. Psychose, XIII 368
Sexualität *s*. **Desexualisierung; Ersatzbefriedigung; Sublimierung**
Sexualobjekt, ungeeigneter, V 52–54
Spiel, VII 215
Vater *s*. **Religion; Totemtier; Vater(ersatz)**
Verdrängung *s*. **Verdrängung**, u. Verurteilung
Vereinigung, XIV 15
Wunsch *s*. **Ersatzbefriedigung**

Ersatzbefriedigung (als Phänomen)
u. Autoerotismus, VII 238
als Erniedrigung, XIV 122
Konversionshysterie als (*s. a.* Erektionsäquivalente), XIV 55
während d. Kur, XII 188f.
Mangel an, u. Neurose, VIII *322f.*
u. Triebstärke, XVI 70
u. Verzicht, VII 215
Verzicht auf, Widerstand gegen, VIII 52
Verschiebbarkeit *s*. **Ersatzobjekt**
bei Zwangsneurose, XIV 142

Ersatzbefriedigung(en) (verschiedene) [Ersatz f. Wunscherfüllung] (*s. a.* Ersatzobjekt; Ersetzbarkeit), XIV 432f., 442f.
Anfall, hysterischer als, f. Autoerotismus, VII 238
Aufgeben d., VIII 52
Bejahung als, f. Vereinigung, XIV 15
Denken als, f. halluzinatorischen Wunsch (*s. a.* Denken), II/III 572
Illusion als, XIV 354
Kunst als, XIV 335
Masse als, XIII 138, 157
Masturbation als *s*. **Masturbation**
Moral, Sittlichkeit als, VIII 416
Mythus als, VIII 416
Narzißmus als (*s. a.* Narzißmus; Objektliebe), XIII 139
Phantasie als *s*. **Phantasie** (Funktion d.): als Ersatz
Psychoneurose als, VIII 112
Rauschmittel (*s. a.* Intoxikation; Rausch; Sucht), I 506; XIV 432f., 443
Religion als (*s. a.* Gott; Religion), VIII 416; XIV 352f., 356, 433, 443
Symptom als *s*. **Symptom**
Übertragung als (*s. a.* Übertragungsliebe), XII 189
bei Frauen, I 307f.
Zärtlichkeit als (*s. a.* Zärtlichkeit), X 360f.

Ersatzbilder [Ersatzbildungen] (*s. a.* Ersatznamen; – objekt; Vorstellungen)
als Abkömmlinge d. Ubw., i. Bw.
u. Vbw. verwertet, X 290f
f. abstrakte Vorstellungen, XI 120
i. d. Kunst, VIII 416f.
i. Traum, XI 120, 240f.
u. ungenaue Traumerinnerung, XI 112

Ersatzbildung [Substitution] (als Funktion), VII 215; VIII 398
i. Delirien u. Halluzinationen, VIII 401
u. Symptombildung, XIV 176
u. Verdichtung, VI 18–24
u. Verdrängung, X 256f., 259f.
bei Verdrängung, mißlungener, VIII 25
durch Verschiebung, XI 240f.
als Vorgang *s*. **Substitution**
i. Witz, VI 18–24

Ersatzbildung i. d. Zwangsneurose

i. d. Zwangsneurose, X 259f., 298f.; XIV 142

  u. i. Hysterie u. Schizophrenie, Unterschied zwischen, X 298f.

Ersatzeinfälle (*s. a.* Einfall), VIII 30

  als Widerstand, XIV 66

Ersatzerinnerung (*s. a.* Deck(erinnerung(en)); Ersatznamen) Spott i. d., I 527; IV 18

Ersatzgenitalien *s.* Fetischismus, Hysterie; Perversion

Ersatzhandlungen (*s. a.* Kompromißhandlungen; Schutzmaßregel)

  i. d. Zwangsneurose (*s.a.* Zwangs-; Zwangsneurose), IX 40f.

Ersatznamen, IV 6, *18*

  Bewußtwerden d., IV 12

  u. Deckerinnerung, IV 52–54

  als Kompromiß, IV 9

  Überdeutlichkeit d., IV 18

  bei Vergessen v. Eigennamen, XI 108–10

  Verschiebung längs d., IV 6, 10

Ersatzobjekt (*s. a.* Ersatzbilder), X 139

halluziniertes *s.* Halluzinatorische Befriedigung

Kind als *s.* Kindeswunsch

  beim Kind, XIII 84

  u. Phantasie, XIII 84f.

  Verschiebung auf, Leichtigkeit d., XIII 84

  i. d. Zwangsneurose, IX 40f.

Ersatzopfer, Fremde als, IX 182

Ersatzvorstellungen

  u. Affektstärke, VII 399f.

  i. Angsthysterie, X 281–83

  u. Widerstand, XI 114f.

i. d. Zwangsneurose (*s. a.* Zwangsneurose), I 65–72, 346–48

Erschöpfung *s.* Müdigkeit

Erschrecken *s.* Pavor nocturnus; Schock; Schreck; Trauma

Ersetzbarkeit (*s. a.* Libido, Beweglichkeit d.)

  d. Triebbefriedigung, XV 103

  Neurose als, VIII 112

Ersetzung(en) *s.* Ersatz-; Modifikation; Substitution; Witz

Ersparnis [Ersparung d. Aufwandes], VI 43–45, 133f., 175

  Abstraktionsaufwand, VI 226, 229, 240

  Affekt [Gefühls-]aufwand, VI 260f., *269*; XIV 383f.

  Ausdrucksaufwand, VI 45

  Besetzungsaufwand, VI 269

  Bewegungsaufwand, VI 222

  durch Denken, VIII 233f.

  Entrüstungsaufwand, VI 212–14

  Erwartungsaufwand, VI 226

  Hemmungsaufwand, VI 42–46, 104, 133–76, 269

  i. Humor, VI 260f., 269; XIV 383f.

  Kleinstes, Darstellung durch ein, als (*s. a.* Klein-), VI 86f.

  i. d. Komik (*s. a.* Ersparnis, Abstraktions-, Besetzungs-, Bewegungsaufwand), VI 269

    d. Hemmungsaufwandes fehlend, VI 268

  Kritik-, VI 44

  Mitleid-, beim Galgenhumor, VI 262–64

  beim Naiven, VI 212–14

  Tendenz, allgemeine, d. psychischen Apparates z., VIII 234

  d. Unlust *s.* Unlust

  Unterdrückungsaufwand, VI 133

i. Witz, IV 42–46, 104, 132–35, 144, *269*

Erstarrung s. **Starre** (s. a. Erektion; Hysterie; Katalepsie)

Erstaunen s. **Verwunderung**

Erst (–er, –e, –es) (s. a. Primär-) Abwehr, XIV 425

Ambivalenz, i. d. oral-sadistischen Phase, X 231; XV 106

Angst ist toxisch, XI 411; XV 88

Angstbedingung, Wahrnehmungsverlust als, XIV 203

Angstsituation s. **Geburt**

Befriedigung u. Wahrnehmung, II/III 571; XIV 167

Ehe, u. Frigidität, XII 177

Eindrücke, Wirkungen d. –n, u. Konstitution, VIII 412

Einfälle, Symptome, Träume, Widerstände, Zufallshandlungen, usw. i. d. Analyse

Glaubwürdigkeit d., V 175

Wichtigkeit d., VII 386; VIII 355, 472; XII 17

Erlebnisse mit d. Mutter sind passiv, XIV 530

Erscheinen eines psychischen Phänomens s. **Alter**

Früherlebnisse, Auftauchen, erstes, v. –n, i. d. Analyse, XII 17

'Geschenk' d. Kindes, XII 113

Gottesidee, IX 177–79

Identifizierung, d. Überich, XIII 277

Loslösung v. d. Masse durch Dichtung, XIII 152 f.

Mythus, Heldensage als, XIII 153

Objektwahl u. Anlehnungstypus, XIII 260

sexuellen Verkehr, Flucht v. –m, XII 171 f.

Erste Ideen z. **Wiederholungszwang**

traumatisches Erlebnis u. Perversion, XII 213

Unterscheidung zwischen Ich u. Außenwelt, XIV 425

Urteilsäußerung, Zuverlässigkeit d., V 175

Verdrängung (anale), als Vorbild f. alles Verwerfliche, V 88

-vergessenes, II/III 523–25; V 262 f.

Erste Ideen [Formulierungen] (Freuds) z.

Angsttheorie, toxikologischen, Revision d., (Anzeichen d.), VII 262

Grundregel, I 280 f.

Kindheitserlebnisse, Wichtigkeit d. (i. Fall 'Dora'), X 48

Metapsychologie, II/III 616

phallischen Phase, V 100, 108; VII 343–45

polymorph-perversen Anlage d. Kindes, I 451 f.

psychoanalytischen Methode (s. a. Psychoanalyse, Geschichte d.), I 296–303, 308–11, *512–16*; X 53 f.

als Bewußtmachung d. bisher Unbewußten (s. a. Psychoanalytische Methode, Ziele), I 381

Regression, V 133; X 47

(Terminus technicus 'Psychoanalyse'), I 273, 379, 381, 383, 500, 512; V 16

Trauma (Definition), XVII 13

Unbewußten, XIV 46

Übertragung, I 264 f., 286, 307, 310 f.

negativen, I 251, 307

Verdrängung, I 62, 170 f.; II/III 611; VIII 20; X 53 f.; XIV 54

Widerstandstheorie, I 218–20; X 53 f.

Wiederholungszwang, I 162; V 144

Erstlingsscheu

Erstlingsscheu [-angst], XII 167, 169
Ertränken [Ertrinken], als Symbol f. Gebären, XII 290
Erwachen (*s. a.* Wachen; Weckreiz), II/III 91, 336, 377, 693
  d. Ammen *s.* **Ammenschlaf**
  'Funktionelles Phänomen' (Silberer), beim, II/III 508
  aus d. Hypnose, V 308f.
  u. Straftraum, XIII 311
  Traumdeutung nach (*s. a.* Traum(deutung))
    Unübersetzbarkeit, II/III 56
    Urteil ü., II/III 447f., 525
  u. d. Vorbewußte, II/III 581
  Vorgang u. Grund d. –s, II/III 586
Erwachsene (*s. a.* Reife)
  infantiles Seelenleben beim –n, *s.* **Infantiles Seelenleben; Infantilismus**
  u. Kinder, Verhältnis zwischen –n, (*s. a.* Eltern; Elternersatz; Familie; Kind; Lehrer; Mutter; Vater; u. unter den einzelnen verwandten Begriffen)
    Entfremdung d. *s.* **Eltern**, Ablösung v. d.
    i. Kinderphantasien *s.* **Phantasie(n)** (Arten d.): Kinder- (*s. a.* Phantasie(n) (mit bestimmtem Inhalt): v. Kinderbekommen; Ur(szenenphantasien))
    Verführung durch *s.* **Verführung**
    als Vorbilder *s.* **Ichideal; Identifizierung mit**, Eltern; **Überich**
  Masturbation bei –n *s.* **Masturbation**
  neurotische *s.* **Infantiles Seelenleben; Infantilismus; Neurose**; u. unter den einzelnen Krankheitsnamen
  normale Erwachsene, normales [v. kindlichem unterschiedenes] Seelenleben d. –n
    Ambivalenz d. Liebe nicht absolute Regel, XIV 528
    Erziehbarkeit i. d. Analyse, als Nacherziehung *s.* **Psychoanalyse**, als Nacherziehung
    Gefahrsituationen, Bedeutungsverlust gewisser, u. Aufgeben v. Angstbedingungen, XIV 179
    Größenwahn gedämpfter, X 160
    Humoristen, als, XIV 386
    Neuheit, Lust an d., nicht an Wiederholungen, XIII 37
    Ödipuskomplex, Unbewußtheit, beim, durch Ödipussage symbolisiert, XVII 119
    Sexualität, beim –n, (*s. a.* Normal-; Sexualität), V 133
    Spiele d. –n
      künstlerische, XIII 15
      u. Phantasien, VII 214–16
    Tieren gegenüber (i. d. Kultur) hochmütig (*s. a.* Hochmut; Tier), IX 154
    Tod gegenüber Scheu empfindend, X 342
    Träume d. –n
      sinnloser als Kinderträume, XI 126
      Wunschträume
        meistens Bedürfnisträume, XI 133, 136
        seltener einfache Wunscherfüllungen, XI 131
    Unterscheidung v. Bewußtem u. Unbewußtem deutlicher, XII 139
    Verdrängung(en)
      ohne Neurose unwahrscheinlich bei –n, XIV 542

neue, werden nicht vollzogen, XVI 71
Vorurteile f. Unzuverlässigkeit d. Aussagen verantwortlich, VII 338
Wiederholungslust, geringere, XIII 37
Erwartung
ängstliche *s.* **Erwartungsangst** (*s. a.* Angst, neurotische; Ängstlichkeit)
enttäuschte *s.* **Verblüffung**
u. Gegenerwartung, i. d. Phobie, I 9
gläubige, i. d. Heilkunst, V 301
d. Naturheilkünste u. d. Wunderkuren, bei Verpönung d. ärztlichen Kunst, V 300
Wirkung auf Genesung, V 297–302
kindliche, Komik ausschließend, VI 259
Unsicherheit d., I 8f.
u. Witz, 'Güte', VI 135
Erwartungsaffekt, I 8
Erwartungsangst (*s. a.* Angst, neurotische; Ängstlichkeit; Lebensangst; Sorge; Todesangst; Unheilserwartung), II/III 273; XI 412; XIII 10; XIV 197f.
v. Aggression *s.* **Aggression,** sexuelle
als Angst v. Überraschung, I 111f.
i. Angstneurose, I 318
Auswirkungen d., V 295, 297
u. frustrane Erregung *s.* **Erregung,** sexuelle, frustrane
u. Gegenerwartung, I 9
u. Libido, XI 416
normale, u. Pessimismus, I 318
u. Phobie, I 9, 321f.; XI 415

Erziehbarkeit d. Sexualtriebes
i. d. Religion, VII 137
i. d. Zwangsneurose
bei Zwangshandlungen, VII 135
bei Zwangszeremoniell, VII 135f.
Erwartungsaufwand
Ersparnis an, VI 226
u. Experiment, VI 225f.
Erwartungsvorstellung (*s. a.* Konstruktionen), VII 339
als intellektuelle Hilfe i. d. analytischen Kur, VIII 105
Erweiterung
d. Bewußtseins (*s. a.* Bewußtsein)
durch Hypnose, I 64
d. Gedächtnisses *s.* **Erinnerungsvermögen**
Erythrophobie [Ereuthophobie] *s.* **Angst vor Erröten**
Erzählung
v. Märchen *s.* **Märchen**
v. Träumen *s.* **Traum(bericht)**
v. Witzen u. Anekdoten *s.* **Anekdoten; Witz** (als Vorgang u. Erscheinung); **Witzmachen** (*s. a.* Witztechnik)
Erziehbarkeit [Erziehungsfähigkeit] (*s. a.* Erziehung), V 159
als Bedingung d. Pyschoanalyse, V 21
Grenzen u. Schranken d., XIV 329f.
d. Ichtriebe u. Sexualtriebe, verschiedene, XI 368f.; XIII 6
u. Konstitution, V 159
d. Lebenstriebe, schwere, VIII 90f.
Sexualtätigkeit, Frühreife d., beeinträchtigt, V 136
d. Sexualtriebes (*s. a.* Sexual(entwicklung)), XI 322f., 368f.; XIII 6

Erzieher

Erzieher (*s. a.* Eltern; Lehrer)
u. Arzt, psychoanalytische Zusammenwirkung v., X 450
u. Einfühlung, VIII 419
als Elternersatz, u. Beeinflussung d. Überich, XVII 69
Psychoanalyse u. psychoanalytische Schulung d., XIV 566; XV 161
Laienanalyse, X 450; XIV 285

Erziehung (*s. a.* Erziehbarkeit; Kulturanforderungen; Pädagogik), II/III 274; V 134; XVII 112
z. Ablösung v. d. Eltern (*s. a.* Eltern, Ablösung v.), VIII 51
u. Aggression, XIV 494
u. Ambivalenz (*s. a.* Ambivalenz) i. Mutter-Kind-Verhältnis, XV 132f.
u. Anal- u. Urethralerotik *s.* Erziehung, z. Reinlichkeit
z. Anpassung, XV 162f.
u. Ätiologie d. Neurosen *s.* Erziehung u. Neurose
u. d. 'brave' Kind *s.* **'Bravheit'** (*s. a.* 'Schlimmheit')
v. Egoismus z. Altruismus, X 333f., 340
u. Einfühlung, VIII 419
u. Gesellschaft, X 449
gleichgeschlechtliche, d. Männer, u. Homosexualität, V 131
hypnotische Suggestion i. Dienste d., X 448f.
d. Ich (*s. a.* Ichveränderung), XV 80
u. Konstitution u. Kindheitstraumen, XV 161
i. d. Latenzperiode, V 79f.
durch Liebe (*s. a.* Übertragungsliebe), X 365f.
Lustprinzip, Überwindung d., durch, VIII 236

d. Mädchens (*s. a.* Mädchen; Weib), XI 366f.
Methoden d., inadäquate o. pathogene
Aggressions- u. Sexualtriebe betreffend, V 78; XIV 494
u. Bequemlichkeit d. Eltern, VII 374
u. Denkhemmung, VIII 147
intellektuelle, VI 141–43
[Über-]strenge, VIII 420; XIV 490
Verwöhnung (*s. a.* Verwöhnung), XIV 490
u. Moralität *s.* **Moral** (*s. a.* Sittlichkeit)
Nach-, *s.* **Psychoanalyse**, Wesen d., als Nacherziehung
u. Neurose
ätiologischer Faktor i. d. (*s. a.* Hilfsursachen, kulturelle Faktoren), V 25
u. Neurosenverhütung, X 450; XI 379
Probleme d., XV 160f.
u. Psychoanalyse *s.* **Pädagogik**
z. Realität, statt Religion, XIV 372–76, 379
z. Reinlichkeit (*s. a.* Reinlichkeit), XI 325f.
d. Säuglings *s.* **Säugling**
i. d. Schule, u. Schülerselbstmorde, VIII 62–64
durch Sexualeinschränkung *s.* **Sexualeinschränkung**
u. Sexualentwicklung, XI 366f.
Eindämmung d., durch, V 61, 78; XI 322f.
u. Sittlichkeit *s.* **Sittlichkeit**; Unart (*s. a.* Moral, Kultur-)
u. Sublimierung, VIII 420
z. Soziabilität *s.* **Soziale Triebe**

Triebbeherrschung als Zweck d., XV 160f.

z. Triebeinschränkung (s. a. Kultur, Triebeinschränkung), XIV 106f.

Triebunterdrückung, hingestellt als einziges Ziel d., VII 376

z. Triebverzicht, X 333f., 340

u. Überich (s. a. Überich), XIV 490

Ansprüche d., XV 68

d. Eltern, XV 73

ungleiche Strenge d., XV 117

d. Verwahrlosten, XIV 490, 565–67

Wesen d., XV 162

Erziehungsideal u. Latenzperiode, V 79f.

Erziehungsprozeß, u. Kulturprozeß (s. a. Erziehung; Kultur; Moral), XIV 499–501

Erziehungswissenschaft s. **Pädagogik**

Es, XVI 203; XVII 128f.

i. Amentia vorherrschend, XIII 389

amoralische Natur d., XIII 284; XV 81

Frage d. –n, XIII 266f.

-Angst [Triebangst] (s. a. Ich, u. Angst), XIV 171

wegen masochistischer u. Destruktionsgefahr, XIV 201

nicht vorhanden, XV 92; XVII 128

archaische Erbschaft i. (s. a. Archaisch-; Phylogenetisch-), XIII 79; XIV 179; XVI 86; XVII 131, 138, 151

als 'Außenwelt', XIII 285

u. Außenwelt, XIII 365; XIV 231 f.; XVII 138

(Definition), XIV 302

-Energie u. Traumarbeit, XVII 89–91

Erbspuren i., XVII 151

u. Erregungsabfuhr, XVII 12f., 91

Funktion, Bedeutung u. Umfang d., XVII 67f.

als Gefahrquelle, XVII 130

Gegensätze nicht kennend, XV 80; XIV 223

u. Gewissen, I 568

Gleichgültigkeit d., i. bezug auf Objekte u. Abfuhrmöglichkeiten, XIII 273f.

als Gott, d. durch d. Entsagung d. Feuerlöschens betrogen ist, XVI 5

u. Ich s. **Ich**, u. **Es**

u. Ichideal s. **Ichideal**

Inhalt d., XV 81

irrationell u. primitiv, XV 81

i. Konflikt s. **Ich**, u. **Es**; **Überich**, u. **Es**

konfliktlos s. **Es**, Gegensätze nicht kennend

u. Kultur s. **Kultur**

u. Lebensabsicht, XVII 70

Libido i., XVII 72f.

als Libidoreservoir, XIII 258, 273; XVII 72f.

logische Denkgesetze nicht kennend, XV 80

v. Lustprinzip beherrscht (s. a. Lustprinzip), XIII 252, 275f.; XV 80f., 98; XVII 129

u. Mystik, XVII 152

negative Beschreibung einzig möglich, XV 80–82

u. Neurose, XIII 363–65

u. Objektbesetzung, XIII 257

ohne Organisation, XIV 124; XV 80

organische Vergangenheit repräsentierend, XVII 69, 138

Es, phylogenetische Einflüsse

phylogenetische Einflüsse *s.* Es, archaische Erbschaft i. (*s. a.* Phylogenetisch)
u. Primärvorgang, XVII 91
primitiv, XV 81
d. Primitiven, XIII 266f.
Psychoanalyse d., XIV 233; XVII 98
Psychologie d., XIII 427
u. Psychologie (offizielle Schul-), XIV 224f.
u. Psychose, XIII 363f.
Raum u. Zeit nicht kennend, XV 80f.
u. Realität (*s. a.* Es, u. Libido; – v. Lustprinzip beherrscht), XIII 363–65
Religion u. Sittlichkeit, Anteil d., an Erwerbung v., XIII 266f.
sexuelle Strebungen bevorzugt durch, XIII 276
u. d. Somatische, XV 80; XVII 70
Symptome als Quelle d. Kenntnisse ü. d., XV 80
nach Synthese nicht strebend, XIII 289; XIV 223; XV 82
(Terminus technicus) XIII 251; XIV 222; XV 79
Todestrieb abwehrend, XIII 275f.
Topik d., XIII 246–55
u. Traum, I 567f.
 -arbeit, XVII 89–91
 -studium, XV 80
'Träume v. – her', XVII 88
u. Triebe, XIII 252f., 275f.; XV 80f.; XVII 70
 als Anspruch, XVII 98
 als Inhalt d., XIV 227
Unbändigkeit d., XIV 276
Unbewußtheit d., XIII 251; XIV 225, 302; XVII 85
u. Überich *s.* **Überich**, u. Es

u. d. Verdrängte, XIII 79, 252; XVI 203; XVII 85
Verschiebungen u. Verdichtungen i., XV 81
Vorbewußtes i., XVII 85
Wertungen nicht kennend, XV 81
Wesen d., XV 80–82
Widerstand d., XIV 192, 223, 255; XVI 85, 87
 u. Durcharbeiten, XIV 193
Willen, einheitlichen, nicht kennend, XIII 289

'Esprit de Corps', XIII 102f., 134

Eßabneigung [Eßunlust] *s.* **Anorexie**

Eßekel *s.* **Anorexie**; **Ekel**; **Erbrechen**

Essen (*s. a.* Fressen; Gefressenwerden; Hunger; Nahrungsaufnahme; Oral; Sättigung; Selbsterhaltungstriebe)
 alleine, u. Speiseverbote, IX 164
 u. Destruktion u. Einverleibung (*s. a.* Introjektion), XVII 71
 gemeinsames (*s. a.* Opferfest; Totemmahlzeit), IX 163f., 166f.
Triebvermischung i. Akt d. –s, XVII 71

Eßstörungen (*s. a.* Anorexie; Erbrechen)
 hysterische, I 11, 83; V 83
 d. Kleinkindes, V 107
Nahrungsselektion, nervöse, I 135–38; VIII 135; XI 380
Nahrungsverweigerung, i. d. Psychose (*s. a.* Melancholie), XIV 115
 beim Wolfsmann *s.* Reg. d. Krankengesch.: Namenverzeichnis, Wolfsmann

Eßverbot, Totem gegenüber *s.* **Totem**

Eßzeremoniell *s.* **Zeremoniell** (zwangsneurotisches): Eß-

Eßzwang s. Gier; Zwang (psychischer): bestimmte Arten, Eß-

Ethik (s. a. 'Gut' u. 'Böse'; Moral; Sittlichkeit), XIV 501, 503

'anagogische' Erklärung d. Sublimationen seitens d. Jungianer, X 106f.

i. animistischen Alter, XV 178f.

ärztliche, u. Übertragungsliebe (s. a. Psychoanalytiker), X 311–16, 318f.

(Definition), XIV 502f.

Güte, v. Standpunkte d., X 334

u. Idealforderungen d. Kultur-Überich, XIV 502f.

u. Judentum s. Ethik u. Religion, mosaische (s. a. i. Geogr. Reg.; Juden)

Kants s. Kategorischer Imperativ (s. a. i. Namen-Reg.: Kant)

u. Kompensationen u. Überkompensationen (s. a. Überkompensation), XVI 73

u. Kulturanforderungen s. Moral

d. Kulturmenschen, weniger feinfühlig gegenüber Krieg, als primitive, X 349

u. Mystik [mystische Anteile d.], XVI 230, 250

natürliche, XIV 504

Neurose u. z. hohe Anforderungen d., VIII 325f.

u. Religion, XIV 504; XV 174–77; XVI 227

mosaische, XVI 174, 192, 226f., 243f.

rationale Anteile d., XVI 230–33

u. religiöse

Verbote, XV 174–77

Versprechungen, XIV 504

Sexual- (s. a. Moral, Kultur-, sexuelle), VII *143–67*

u. Sublimierung, XIII 444

u. Triebverzicht, XVI 226f.

Ethisch (–er, –e, –es) (s. a. Ethik)

Gefühle (u. Verantwortlichkeit) (s. a. Moral)

i. Traum, I *565–69*; II/III *68–78*

Konflikt s. Konflikt

Narzißmus (s. a. Narzißmus), I 568

Schranken i. Ich, u. Latenzperiode (s. a. Latenz, Reaktionsbildung), XIV 144

Tendenzen d. Traumzensur, XI 142–48

Ethnographie (s. a. Anthropologie; Gesellschaft; Kultur-; Volks-; Völkerpsychologie; u. i. Geogr. Reg.)

Exogamie s. Exogamie

Initiationsriten s. Defloration; Pubertätsriten

Inversion, Einschätzung d., bei verschiedenen Völkern, V 37f.

i. Altertum, V 43f.

Kindheitserinnerungen d. Völker i. Sagen u. Mythen (s. a. Mythen), IV 56

Kuß, Einschätzung d. –es, bei verschiedenen Völkern, V 49

Mischgebilde i. d. orientalischen Kunst u. Mythologie (s. a. Mythologie), II/III 664

Perversion, Einschätzung u. Grenzen, bei verschiedenen Völkern, V 210

Totem u. Tabu s. Totem u. Tabu

Trauer u. Selbstbeschädigung bei verschiedenen Völkern, IV 198

Traum

-symbolik i. d. Volksauffassung, II/III 647

u. Volksgebräuche, II/III 699

Virginität, Einschätzung d., bei

Ethnologie
 verschiedenen Völkern *s.* **Virginität**
Ethnologie *s.* **Anthropologie**
Etikette, d. Herrscher, IX 56, 65
Eucharistie *s.* **Kommunion**
Euphorie (*s. a.* Manie; Seligkeit; Stimmung, heitere)
 Cocain-, Steigerung d. motorischen Kraft i. d., I 467
 d. epileptischen Aura, XIV 410
 d. kindlichen, mangelt es an Humor, Komik u. Witz (*s. a.* Kinderglück), VI 269
 normale *s.* **Stimmung,** heitere
 psychotische *s.* **Manie**
 Wiedergewinnung d., durch Komik, VI 249
Euter
 als Mittelvorstellung zwischen Brustwarze u. Penis, V 212
 als Penis, VII 245; VIII 155
Evangelien, XVI 192, 195, 198
Evangelisten, Totemtiere d., XVI 191
Ewigkeitsgefühl [ozeanisches Gefühl] (Romain Rolland), XIV 422–31
 u. Außenwelt, XIV 422–25
 u. Narzißmus, XIV 430
 u. Religion, XIV 422, 430
Ewigkeitswunsch (*s. a.* Unsterblichkeit)
 f. d. Schöne u. Vollkommene, X 358
Exekution, Zerbrechen als, IV 188
Exekutive Schwäche d. Sexualapparates *s.* **Genitalien; Schwäche,** sexuelle
Exhibition [-ismus, -slust, Zeigelust] (*s. a.* Entblößung; Schaulust), V 56
 u. Aktivität u. Passivität, X 219, 222 f.

 Auge als erogene Zone bei, V 68 f.
 u. infantile Sexualforschung, XIII 295
 u. infantile Sexualtheorie v. Koitus als, VII 184
 u. Kleidung, VI 107
 Kleinkind, Neigung beim, z., V 92 f.; VII 255–57; VI 106 f.
  Alter d. Verdrängung, VII 257
 beim Neurotiker, V 66
 u. Odysseussage, IV 119
 u. Schaulust (*s. a.* Schaulust)
  Polarität d., X 225
 als Verkehrung d. Triebzieles, X 219, 222 f.
 als Selbstentblößung, VI 106 f.; VII 207
 als Sexualakt vorgestellt, VIII 184
 i. Traum [Nacktheitstraum] (*s. a.* Traum, typischer, bestimmte Arten), II/III 249–53, 271
 unbewußte Zufallshandlung als, IV 216
 u. Witz *s.* **Entblößung; Zote**
Exhibitionszwang *s.* **Exhibition; Zwang** (psychischer): bestimmte Arten, Exhibitions-
Exkremente (*s. a.* Harn; Kot; Sekretion)
 Bewertung, X 454; XI 326
 eigene u. anderer, XIV 459
 Ekel vor –n, u. Verpönung d., X 454; XIV 459
  Mangel an Ekel
   beim Kind *s.* **Kind** (als Subjekt)
   Grenzen v. Konvention bestimmt, V 51
   beim Säugling, XI 326
   beim Voyeur, V 56
 Geruch d., V 189 f.

als 'Geschenke', V 87; XI 326;
XV 107, 125
u. d. Hund, XIV 459
Zoten bezüglich *s.* Zote (*s. a.*
Anal-; Urethral-)
Zurückhalten [Retention], infantiles, d.
Schmerz u. Lust d., V 87
u. Trotz, X 407
als Vorzeichen späterer Neurose, V 87
Exkretion [Defäkation, Exkrementelle Betätigung] (*s. a.* Exkremente; Harn; Kot; Stuhlgang; Urinieren)
u. anal-sadistische Phase (*s. a.* Analerotik), XVII 76
Gemeinsamkeit d., bei Kindern u. Soldaten, XIII 137
sexuelle Elemente d., beim Kind (*s. a.* Anal-), VIII 409
Exkretionskomplex, VII 340
Exkretionslust (*s. a.* Analerotik; Urethralerotik; u. i. Reg. d. Krankengesch.: Namenverzeichnis, Kleiner Hans; – Schreber), VIII 260
Exogamie (*s. a.* Inzesttabu), XVI 188
u. Frauenraub, IX 147
als Inzestverhütung (*s. a.* Inzestscheu), IX 147f.
Regeln d., IX 9–21
Theorien ü. d. Herkunft d., IX *145–53*

Totem-, *s.* Totem
u. Totemismus (*s. a.* Totemismus), IX 8–20, 128; XVI 240
als Folge d. Totemismus, IX 146
Unabhängigkeit v., IX 146f.
Ursprung, früherer, d. Totemismus, IX 147, 153
Ursprung, gleichzeitiger, v., IX 176
Zusammenhang nicht anerkannt, IX 8f.
u. Triebverzicht, XVI 227
u. Urhorde, IX 153
u. Verliebtheit, XIII 158
Wesen d. *s.* Totemismus
Exorzismus (*s. a.* Besessenheit; u. i. Reg. d. Krankengesch.: Sachverzeichnis, Teufelsneurose), IV 18
Experimente
Assoziations-, *s.* Assoziation
u. Erwartung, VI 225f.
Traum-, *s.* Experimentell hervorgerufene Träume
Experimentalpsychologie *s.* Psychologie, experimentelle
Experimentell(e)
hervorgerufene Träume, II/III 26f., 41, 188, 389, 649
Überprüfung d. Traumsymbolik, II/III 389
Expression *s.* Ausdruck
Extremitäten (*s. a.* Fuß; Hand)
Steife u. Kältegefühl i. d., I 124f.

F

Fabel(n) (*s. a.* Märchen)
Ödipus-, *s.* i. **Namen-Reg.**: Ödipus
Storch-, *s.* **Storchfabel**

Fahren [u. Fahrt] (*s. a.* Eisenbahn)
Ab-, Todessymbolik d., I 514, 540; II/III 390; XI 154, 201

Automobil-, als Traumsymbol f. Analyse, II/III 414

i. falsche Richtung, als Fehlleistung, IV 252–54, 285 f.

See-, Angst v., XI 413

Über-, *s.* **Überfahrenwerden**

Versäumen d. Züges, IV 253 f., 287

i. Wagen, faszinierende Wirkung auf Knaben, V 102

beim kleinen Hans *s.* i. **Reg. d. Krankengesch.**: Namenverzeichnis, Kleiner Hans

Fallen (*s. a.* Sturz)
Symbolik d. –s (*s. a.* i. Symbol-Reg.)

Gebären, XII 289 f.

Jungfernschaft, Schwangerschaft, usw., II/III 208 f., 400; IV 193 f.; XII 289 f.

Sterben, II/III 565 f.; XIII 166

d. volkstümlichen Sprachgebrauch entsprechend, IV 193 f.

Traum v., II/III *400*; XI 280

traumatisch wirkend, u. nachfolgende Hysterie, IV 193 f.

Fallenlassen
v. Sachen *s.* **Fehlleistungen; Zerbrechen**

Fallsucht *s.* **Epilepsie**

Falsche (*s. a.* Pseudo-; Schein-)

Erinnerung *s.* **Erinnerungstäuschungen; Fehlerinnerung**

Richtung, Fahren i., als Fehlleistung, IV 252–54

Verknüpfung [Transposition] (*s. a.* Verschiebung), I 66–72, 121 f., 299, 309, 456

u. Stimmung, allgemeine, I 122 f.

u. Unwissenheit, I 122

Wahrnehmung *s.* **Halluzination**, u. **Wahrnehmung**

Familie (*s. a.* Angehörige; Ehe; Eltern; Sippe; Todeswunsch; Totemclan), XIV 458–61

Ablösung v. (*s. a.* Eltern, Ablösung v.), XIV 462 f.

Besonderheiten d. (individuelle u. Rassen-), u. analytische Kur, XVI 86

i. Entwicklungsgang d. Kultur (*s. a.* Familie, Urgeschichte d.), XIV 454, 473, 493

fiktive u. reale (*s. a.* Familienroman), XVI 111 f.

Geschwister *s.* **Geschwister**

u. Gesellschaft, XIV 462 f.

Gleichheit i. d., XIII 139

Illusion einer, i. d. Kirche, XIII 102

u. Kind

Stellung d. Kindes i. d. Kinderreihe, VII 231; XI 347

uneheliches u. aufgezwungenes, i. d., XI 73

vaterloser Sohn, Mutterfixierung beim –n, VIII 187–89

Verantwortlichkeit d. Familie
f. Sexualentwicklung d. —es,
V 130
u. Liebe, XIV 459, 461
nervöse (*s. a.* Heredität), I 34,
408–10
u. perverse Glieder innerhalb
einer, VII 154
d. Patienten *s.* Anamnese; **Patient, neurotischer**
Unzufriedenheit mit, u. Reisesehnsucht, XVI 256
Urgeschichte d. (*s. a.* Sippe; Ur-(horde)), XIV 458 f.
i. Entwicklungsgang d. Kultur *s.* Familie, i. Entwicklungsgang d. Kultur
u. Gang, aufrechter, XIV 459
u. Gruppenehe, XIII 157
Identifizierung i. d., XIII 121
u. Kinship nicht gleichbedeutend, IX 164
u. Totemclan (*s. a.* Totemclan), IX 128; XIII 152
u. Zärtlichkeit (*s. a.* Zärtlichkeit), XIV 462

Familienbande (*s. a.* Eltern, Ablösung v.)
Lockerung d., i. d. Pubertät (*s. a.* Pubertät), V 127

Familiengeschichte (*s. a.* Anamnese), I 408

Familienkomplexe *s.* Eltern-; Komplex-; Mutter-; Vater-; u. i. Biogr. Reg.: Familie

Familienkonflikt, XI 209 f.
'anagogische' Erklärung d. Jungianer, X 107
u. Ödipuskonflikt, XI 344–46

Familienroman, V 127; VII 227–31
i. einem Gleichnis, X 107
Mythus u., V 127; VII *228–31*

Fausse reconnaissance

v. d. Geburt d. Helden, XVI 109–11
als Rache, VII 230
v. d. Rettung (*s. a.* Rettungsphantasie), VIII 74
u. sozialer Kontrast, XVI 109–11
Stellung d. Eltern i., VII 229 f.
Stiefkind z. sein, Gefühl, VII 228
u. Tagtraum, VII 229
u. Traum, II/III 320–22, 353; VII 231
umgekehrter, bei Moses (*s. a.* i. Namen-Reg.: Moses), XVI 110 f.

Familienverhältnisse (*s. a.* Umgebung)
außergewöhnliche, V 131; VIII 187–89; XI 73
d. Patienten (*s. a.* Anamnese), I 408; V 176; XI 366 f.
Verantwortlichkeit d., f. Neurose u. gestörte Sexualentwicklung (*s. a.* Hilfsursachen; Patient), V 130, 176

'Famille névropathique' (Charcot), I 34

Faradisieren, I 125

Fassade
Haus-, Sexualsymbolik d., XI 154, 161
Traum-, *s.* Traum (fassade); Traum (inhalt)
Witz-, *s.* Witzfassade

Faszination (*s. a.* Hypnose; 'Reiz')
i. d. Massen, XIII 80 f.
narzißtischer Geschöpfe, X 155
u. Prestige, XIII 86
i. d. Verliebtheit, V 294; XIII 125

Fausse raconté, X 116–23; XII 117

Fausse reconnaissance ['Déjà raconté'] (*s. a.* 'Déjà vu'), IV 166 f., 297 f.; X *116–23*; XII 117

Fausse reconnaissance u. Entfremdungsgefühl

u. Entfremdungsgefühl, XVI 255

Faziale Paralyse *s.* Gesichtsmuskeln, Lähmung d.

Federstiele *s.* Instrumente (*s. a. i.* Symbol-Reg.)

Fehlerinnerung (*s. a.* Deckerinnerung; Erinnerungstäuschungen; Irrtum; Vergessen)
bestimmte Fälle v. *s.* i. **Reg. d. Fehlleistungen**

u. Deckerinnerung, I 553; IV 52f.

u. Erinnerungsfälschung, I 553; IV 22–24

an Namen, I 520–26; IV 4, 44–46

u. Bilderrätsel, IV 10

Freuds, II/III 540; IV 165f.

Überdeutlichkeit bei, I 520–27; IV 18, 49

als Verdrängung, teilweise [Verdrängung als zweites Stadium d.], V 175

mit Vergessen nicht identisch, IV 6, 12

Fehlgreifen [Vergreifen] (*s. a.* Sachbeschädigung; Ungeschicklichkeit; Zerbrechen), IV 131–33, *179–211*; XI 37, 73–75

i. Alltagsleben u. Traum, II/III 684

d. Arztes, IV 196f.

u. Ataxie, IV 180, 185f.

bei Aufregung, XI 21

u. Erotik, IV 194–96

u. Gegenwille, IV 306

Geldausgeben als Opfer, IV 194

u. Hysterie u. Somnambulismus, IV 185f.

u. Symptomhandlung, Unterschied zwischen, IV 179f., 212f.

Treffsicherheit u. Gewaltsamkeit d. –s, IV 185f.

mit Vergessen, IV 262f.

mit Verlegen, XI 50f., 62

Fehlhandlungen *s.* Fehlleistungen

Fehlleistungen [Fehlhandlungen] (*s. a.* Druckfehler; Fehlerinnerung; Fehlgreifen; Irrtum; Selbstschädigung; Symptomhandlungen; Unfall; Ungeschicklichkeit; Vergessen; Verhören; Verlegen; Verlesen; Verlieren; Verschreiben; Versprechen; 'Versteigen'; Wortneubildungen; Zerbrechen), XI *18–76*

ansteckende, IV 49, 70

Auflösung d., IV 300; XI 62–64

leichter bei bewußtseinsfähiger Motivation, IV 307f.

Aufmerksamkeitstheorie d., IV 68f.; XI 22–25, 38–40

Widerlegung d., IV 145, 303f.

ähnliche Phänomene

abergläubische Gebräuche als, IV 104

Entfremdungsgefühl als, XVI 254

obsedierende Worte *s.* **Obsedierende** Worte

Omina als, XI 53

Sachbeschädigungen als (*s. a.* Sachbeschädigungen), XI 73

Zahleinfall *s.* **Zahleinfall**

zeichnerische, d. Leonardo, VIII 138

Ärger bei *s.* **Ärger**

v. Ärzten

Verschreiben, IV 135–38

Versprechen

anonym, IV 88, 93–96, 101

Brill, IV 113

Ferenczi, IV 94f.

Freud *s.* i. **Biogr. Reg.**

Stekel, IV 77f.

Bedingungen d., IV 267f., 303f., 307f.
bestimmte Fälle v. s. i. Reg. d. Fehlleistungen
als Beweis f. d. Unbewußte, VIII 37f., 435; X 265, 267; XV 77; XVII 144f.
i. Beziehungswahn sucht d. Paranoiker bei jedem, IV 284f.; XI 62
(Definition), IV 267f.
Determiniertheit, IV 267; VII 5; XI 68f.
Deutung d.
richtige
durch Dichter, IV 236–38; XI 29–32
durch Frauen, IV 169, 173
später bestätigte, XI 52f.
verzögerte, IV 299f.
Widerstand gegen, IV 298–301; XI 43
Disposition z., XI 39
u. Fehlsichtigkeit u. Flüchtigkeit, IV 125
u. Feindseligkeit s. **Feindseligkeit**
Freuds eigene s. i. **Biogr. Reg.**
Geringschätzung d., XI 19–21, 80
Geringschätzung durch s. **Geringschätzung**
durch Halluzination, negative [Verblendung], IV 121, 254
Harmlosigkeit d., IV 307f.
Heuchelei entlarvend, IV 49f., 65, 73, 77f., 81–83, 85f., *96*
Inhalt d., IV 302–07
Intention d. s. **Fehlleistungen, Tendenz d.**
Interferenz u. Substitution i., XI 35, 40
Klassifikation d., XI 18f., 58–60, 62
kombinierte, IV *256–66*; XI 50

Fehlleistungen, Psychoanalyse d.

Beispiele anderer Autoren:
Jones, IV 257
Rank, IV 258–61, 264f.
Stärcke, IV 261f.
Wedekind, IV 264
Weiß, IV 257f.
bestimmte s. i. Reg. d. **Fehlleistungen**
als Kompromisse, XI 61
u. Konflikt, VIII 392
i. Krieg, IV 40f., 80–85, 125–28
Lichtenbergs Bemerkung ü., XI 32
Lust u. Unlust
u. Komik d., VI 141
ökonomische Probleme d., i. d., IV 299f.
Mechanismus d., IV 247, 308–10; XI 58–60
Motivation d. (s. a. Fehlleistungen, Determiniertheit; – Sinn), IV 307f.; XI 67
mehrdeutige, d. Gegenwillens, XI 68f., 73; XV 24
sinnvolle, IV 267
als Nachklang v. Gedankengängen, XI 57
mit Negation, XVI 51
u. Neurose s. **Neurose**, u. Fehlleistungen
normale, VIII 38
u. Opferhandlung s. **Opferhandlung**
u. Paranoia s. **Beziehungswahn**; **Fehlleistungen**, i. Beziehungswahn
physiologische [u. psychophysiologische] Theorien d., IV 27, 62, 145, 301; VIII 391; XI 21–28, 39f.
auf Vergessen nicht anwendbar, XI 54
Psychoanalyse d., VIII *392–95*

Fehlleistungen, psychoanalytischer Wert d.
Leichtigkeit d., VIII 393
psychoanalytischer Wert d., XI 75; XVII 103
u. Psychoneurosen, Ähnlichkeit d. Mechanismus, IV 308–10
bei Reise, XI 73f.
v. Schulkindern, XI 48
Selbstverrat durch, IV 95–113; VIII 394
Sinn d., IV 267; XI 28f., 54
(Definition), XI 55
Sinnlosigkeits-Theorie d., i. Dienste d. Widerstandes, XI 43
Spott i., I 527; IV 18, 88, *92*
u. Stottern, IV 92
u. Symptomhandlungen, Unterschied zwischen, XI 55
Tendenz d., IV 302f., 306f.; XI *38–54*, 56, 61, 64
Art d., XI 58–60
i. Traum, XI 111
Unlustvermeidung als, VIII 393
überkompensierende, IV 92f.
u. Traum (u. Symptom) Ähnlichkeit zwischen, IV 260, 265, 308–310; VIII 38; XI 79f., 101–03, 111, 128f., 277; XIV 303
Unterschied zwischen, XI 249
u. d. Unbewußte *s.* **Fehlleistungen,** als Beweis f. d. Unbewußte
Überkompensation i., IV 92f.
variierende u. wiederholte, IV 257–65; XI 50
Verblendung *s.* **Fehlleistungen,** durch Halluzination, negative
u. Verdichtung, IV 66f., 304f.
u. Verdrängung, IV 306f.; VIII 38; XI 60
auf Vergessen beruhende, v. anderen unterschieden, XI 54
verkettete, XI 24, 50

vermeintliche (Ferenczi), IV 298
Versäumen
Station, einer, IV 29
Zuges, eines, IV 253f., 287
Verschiebung auf Geringfügiges i. d., VIII 394; XVI 37–39
Vertauschung d., XI 50
u. d. Vorbewußte, XV 77
Widerstand gegen Deutung *s.* **Fehlleistungen,** Deutung d.
u. Witz, VI 116
als 'Zerstreutheit' u. 'Unaufmerksamkeit', IV 173, 257, 268; VIII 392
als 'Zufälligkeit', IV 268
(Zusammenfassung), XIII 216, 414f.; XIV 72f.
u. Zwangsneurose, IV 92

Feigheit (*s. a.* Mut), VII 408, 427; IX 101; XIV 494
i. d. Angsthysterie, VII 351
d. Massen, XIII 82, 283
u. Perversion, V 47f.

Feind(e)
heuchlerische Versöhnung mit, i. Traum *s.* **Traum,** heuchlerischer Mord d., XVI 14f.
Tabu d., IX 47–53

Feindseligkeit (*s. a.* Aggression; Ambivalenz; Groll; Haß), IV 306; VI 112
bei Dienstboten, IV 192
i. d. Ehe, XIII 110; XIV 523f.
eigenem Geschlecht gegenüber (*s. a.* Ödipuskomplex), V 131
zwischen Eltern u. Kind (*s. a.* Ambivalenz; Eltern, Ablösung v.; Groll; Mädchen, u. Mutter; Schlimmheit), XIII 110f.
u. Fehlleistungen, IV 72f., 78, 81–83, 92, 101, 105f., 113–17,

119–21, 141f., 192, 237, 306f.;
VIII 393
Fetisch gegenüber, XIV 317
  i. d. Freundschaft, XIII 110f.
  u. Führerverlust, XIII 107
  u. Krieg, XI 8
Kultur-, s. **Kulturfeindlichkeit**
  i. Mutter u.
  Sohn-Verhältnis (normalerweise) fehlend, XIII 110
Tochter-Verhältnis s. **Mädchen, u. Mutter**
  d. Weibes, XIV 523f.; XV 125
  angebliche, XII 169
  gegen Bruder, aus Penisneid, XII 175f.
  u. Defloration, XII 172–80
  'emanzipierten', XII 176, 298
  i. d. Frigidität, u. 'zweizeitige' Symptome, XII 172
  Mutter gegenüber s. **Groll** (s. a. Mädchen u. Mutter)
  paläobiologische Hypothese, XII 176f.
  pathologische, XII 172, 177, 179
  gegen Triebfreiheit (i. allgemeinen), XIV 463
  d. Witzes, VI 111–19 (112), 149, 161

Fellatio (s. a. Penis), V 207, 211f.; VII 245; XIV 23
  u. Geierphantasie d. Leonardo, VIII 154f.
  u. Säugen, VIII 155

Fels (s. a. Berg), XI 160

Feminin (–er, –e, –es) (s. a. Frau-; Weib-)
  Bedeutung d. Höhenphobien (s. a. Fallen; Sturz), XIV 201
  Einstellung (i. Mann) (s. a. Bisexualität; Homosexualität, latente; Mutter, Identifizierung mit; Passivität), XII 52; XIII 338f.
  Ablehnung d., XIII 336; XVI 97
  u. Ambivalenz, Eltern gegenüber, XIII 261
  Angst v., XII 102
  Aufgeben d., Schwierigkeit d. -s, XVI 98
  (Definition), XIV 21
  bei Dostojewski, XIV 409
  Gott gegenüber, XII 116
  u. Identifikation (s. a. Homosexualität; Identifikation), V 44
  u. Kastrationsphantasien s. **Kastration-**
  u. Masochismus, XIII 374f., 382
  u. narzißtische Männlichkeit d. Genitale, XII 145
  u. Phantasien
  Kastrations- (s. a. Kastration-), X 122
  passive, VIII 154, 156
  Schlage-, XIII 382
  Schwangerschafts-, XIII 334–37
  u. prägenitale Passivität, VIII 448
  z. Vater s. **Vater**
  Masochismus s. **Masochismus, femininer**

Feminismus [Feministen, Frauenrechtlerinnen], XII 298; XIII 400; XIV 30, 523; XV 139
  'Emanzipierte', XII 176

Fenster
  Hinausfallen aus d. (s. a. Fallen; Höhenphobien), XIV 201
  als Symbol f. Augen, XII 61, 100

Fest(e) [Festlichkeit] (s. a. Euphorie; Manie; Mysterien; Orgie; Rausch), XIII 147

Feste

Feste [Festung], als weibliches Symbol, XI 165

Fetisch [Götze] (d. Primitiven)
u. Gott, XIV 486
u. Totem, Unterschied zwischen, IX 126

Fetisch (als Sexualziel, abnormes) [Symbole, fetischistische] (*s. a.* Fetischismus), X 253
Auswahl, V 53f.
als Deckerinnerung, V 54
Fuß als (*s. a.* Fuß), V 52, 54; VII 71, 73; VIII 166; XI 316; XIV 314
   i. Jensens 'Gradiva' *s. i.* Namen-Reg.: Gradiva
Klitoris als Normalvorbild d., XIV 317
   i. Mythus, V 54
als Penisersatz, XIV 312f., 317; XVII 61, 133
Penissymbol als, XIV 314
u. phallisches Weib, XIV 312; XVII 133f.
Samt u. Pelz als, V 54; XIV 314
Schamgürtel u. Schwimmhose als, XIV 316
Schuh als, VIII 166; XIV 314
Wäsche als, V 52; XI 316; XIV 315
zärtliche u. feindselige Behandlung d., XIV 317
Zopf als, VIII 166; XI 316; XIV 317

Fetischismus [Fetischistisch], V 52–54; XIV *311–17* (315f.)
u. Amnesie, traumatische, XIV 314f.
Ätiologie d., V 53, 71
akzidentelle, V 71
Entfremdung v. weiblichen Genitale i., XIV 313
Entstehung d., XVII 61
ambivalente, V 252f.
Erotomanie, fetischistische, VII 71
u. Fixierung, V 53f., 62
u. Hemmungen, XIV 114
u. Homosexualität, XIV 314f.
u. Ichspaltung, XVII *133–35*
u. Kastrationsangst, XVII 133f.
u. Kastrationskomplex, XIV 316; XVII 61
u. Kindheitseindrücke (*s. a.* Fetischismus u. Fixierung) erotische, VII 73
Perversion, VII 152; XII 200f.
u. Koprophilie u. Riechlust, V 54
u. Sexualeinschüchterung, V 53
i. Sexualleben, normalen, V 53
u. sexuelle Neugierde, XIV 314
u. Skotomisation, XIV 316
Übergangsformen, V 52f.
u. Vateridentifizierung, XIV 317
zwiespältige Einstellung z. 'Kastration' d. Weibes bei, XIV 316

Feuer (*s. a.* Flamme; Zündholz)
Aufzehrung d., u. Leidenschaften, XVI 6f.
u. Bettnässen, II/III 400; V 234; XII 125
Ehrgeiz, Harnerotik u., XIV 449
Erzeugung d. -s, XVI *3–9*
u. Erhaltung nicht identisch, XVI 3
als Diebstahl u. Frevel, XVI 4f.
u. Verzicht auf homosexuelle Lust, XVI 3
u. Zähmung d. -s, XIV 449
u. Homosexualität, XIV 449; XVI 3, 6
u. Libido, XVI 6
Löschen d. -s, durch Urinieren, II/III 472; XV 109; XVI 3

Traum v., XVI 4
Verzicht auf, XVI 3
u. Prometheus, Leber d., XVI 6f.
-symbolik, V 233f.; XVI 6
phallische, XI 165; XIV 44ʸ;
XVI 3, 6
u. Urinieren, XII 126; XIV 449;
XV 109; XVI 3
Verehrung d. Enuretiker f. J.
Huss, XII 125
u. Wasser, Gegensatz zwischen,
XVI 4, 6, 8f.
Weib als Hüterin d. -s, XIV 449
'Zündeln', II/III 400; V 233f.

Fiktionen (*s. a.* 'Als ob'), XIV 351

'Filzigkeit', VII 207

Finden, als Symptomhandlung, IV 232f.

Finger
abgeschnittene (i. Halluzination), X 120; XII 117f.
statt Brustwarze, V 212
Lähmung u. Masturbation mit, VIII 100
-lutschen, V 80f., 211f.
masturbatorische Verwendung, V 88, 212, 238-40
als Penissymbol, X 119-21; XII 117f.
Prickeln d., hysterisches, I 239f.
'rote', II/III 549f.
zwölf, eine Fehlleistung, IV 113-17

Finsternis, Angst vor *s*. **Kinderangst**

Fisch, als Symbol f. männliches Genitale, XI 157

'Fixe Idee' (*s. a.* 'Idée fixe'), I 156, 512

Fixierbarkeit (*s. a.* Trägheit), V *144f.*
früher Sexualeindrücke (*s. a.*

Fixierung (d. Libido): u. Neurose
Früherlebnisse; Infantile Sexualität), V 53, 88f., *144*
d. Inversion, V 37f.

Fixierung (d. Libido) V 128f., 144f.;
VII 150; X 215; XI 373-77; XII 4; XIII 221; XIV 238; XVII 73
aktive u. passive Faktoren d., VIII 304
u. Beweglichkeit *s.* **Libido**, Beweglichkeit d.
(Definition), X 215; XI 353
bei Dementia praecox, XI 437
als Dispositionelles, VIII 298, 322
somatische Ursachen d., V 144
f. spätere Erkrankung, VIII 304
frühzeitige, d. Triebe, X 246
bei Hysterie, XI 437
infantiler Sexualität, V 153; VIII 327; XI 375-79; XVII 75
u. Fetisch (Art u. Wahl), V 53f.
u. Masturbation, VIII 81, 342
u. vorläufiges Sexualziel, VII 152
intellektuelle Ausbildung u. Neigung z., V 144
inzestuöse *s.* **Ödipuskomplex**
bei Konflikt u. bei Wegfall d. Befriedigung, VIII 322-25
Mannigfaltigkeit d., VIII 305
bei unvollkommener Entwicklung, XI 359
Mechanismus d., VIII 81
'Ausweichen' i., XII 286
an Mutter *s.* **Mutterfixierung** (*s. a.* Mutterbindung)
i. Narzißmus, VIII 309
u. Neurose, XI 282-86, 364f.
Ätiologie d., XI 357
Bedeutsamkeit d., i. d. Ätiologie, V 153; VIII 12, 322, 327; XI 359f.
Bedingungen d., XI *365*

Fixierung (d. Libido): u. Neurosenwahl

Faktoren d., XI 359f.

inzestuöse, V 128f.

als Trägheit d. Libido s. Fixierung, u. Trägheit

u. Neurosenwahl, XIV 61

bei Paraphrenien, VIII 309, *314f.*, 444; XI 437

d. Partialtriebe, spätere Gefahren d., V 113

u. Perversion, V 139; VII 152; XVII 77f.

u. Pubertätsphantasien, VIII 74, 81

quantitative Faktoren, Rolle d. –n, bei, XIV 185f.

u. Regression, V 139; XI 353, 373–77

Schema d., XI 376

Trauer als, XI 285

an d. Trauma s. **Trauma**

u. Trägheit d. Libido [d. Triebe] (s. a. Trägheit), V 144; VII 151; X 246

Ursprung d., VIII 49

an Vater s. **Vater(bindung)**

u. Verdrängung s. **Verdrängung**, u. Fixierung

vorläufiger Sexualziele, V 55–59, 144f.

u. Wiederholung, zwangshafte, V 144

u. Zeremoniell, Zwangs- (s. a. Zeremoniell, Zwangs-), I 391 (Zusammenfassung), X 215; XI 353

Fixierung, Ur- (Rank) s. **Ur(fixierung)** (s. a. Geburtstrauma)

Fixierungsstellen

(Definition), VIII 443

bei Paraphrenien, VIII 444

Flamme (s. a. Feuer)

phallische Bedeutung d., XIV 449; XVI 6

u. Zunge, XVI 6

Flasche, als Symbol f. weibliches Genitale, XI 157

Flaschenkinder (s. a. Entwöhnung), XV 130; XVII 115

Flatus, II/III 219, 473; X 83

Flatulenz, als neurasthenisches Symptom, I 315, 415

Flechten, XV 142

Fliegen (s. a. Traum, typischer, (bestimmte Arten d.): v. Fliegen)

'-lassen', V 102

sexuelle Bedeutung, VIII 197f.

als Symbol f. Koitus, VI 156

Flirt (s. a. Kokettieren), XIII 197

Fluchen [Flüche] (s. a. Blasphemie)

anale (s. a. Koprolalie), VII 434

aus Zwang, VII 415

Flucht

als Abwehr, VI 266; XIV 176–78

Angst als Signal d. (s. a. Angstsignal), XI 409, 420; XV 88

v. erstem sexuellen Verkehr (s. a. virginale Angst), XII 171f.

u. Gefahrsituation, XVI 82

v. äußerer, XI 408–10; XIV 176; XV 91

v. innerer, unmöglich, XVI 82

'– i. d. Krankheit' (s. a. Fluchtversuch; Krankheitsgewinn), V 202; VII 158; VIII 52–54; XI 396f.; XIV 81, 251–53

durch analytische Massenwirkung vereitelt, VIII 113f.

als Ersatzbefriedigung, XIV 443

u. hysterischer Anfall, VII 237

i. d. Kriegneurose (s. a. Kriegsneurose), XII 322; XIV 252f.

i. Teufelsneurose, einer, XIII 351

als Widerstandsquelle, XIV 254

nach Opferung, IX 166
u. Realität s. **Realität**
als Reizvermeidung (s. a. Reiz; Unlust), XVII 68
durch Vermeidungen u. Verbote s. **Fluchtversuch**
vor Weib s. **Homosexualität; Misogynie**
Fluchtreflex
als motorische Aktion, X 212; XI 409f.
u. Phobien, XIII 287
bei realer Angst, XI 408–10
Fluchtversuch (s. a. Flucht i. d. Krankheit; Krankheit)
u. Abwehrvorgang, XIV 176–78
o. Aggression, XIV 229
Analyse will Konflikterledigung ohne, XIV 232
Angst als –, vor Anspruch d. Libido, XI 420
vor Angst, XIII 287
i. d. Angsthysterie, X 281–84
bei äußerer u. innerer Gefahr verschieden, XIV 177
d. Ich, XIV 122
als Ichfunktion, XIII 287; XVII 68
v. innerer Gefahr, XV 91; XVI 82
i. Neurose u. Psychose, XIII 365f.
i. d. Phobie (s. a. Phobie), X 258, 260, 414; XIII 45, 287
i. Rausch, XIV 436
bei Schizophrenie, X 302
u. Symptom, XIV 122
vor Triebbefriedigung, XIII 45
Verdrängung als, XI 425; XIV 120, 185, 230; XVII 111
Mittelstufe zwischen Verurteilung u., X 248
verhinderter, erzeugt Angstanfall, XIV 175

durch Vermeidungen u. Verbote, X 260
i. d. Zwangsneurose, X 260
Flug (s. a. Fliegen)
-traum s. **Traum**, typischer, (bestimmte Arten d.): v. Fliegen
Fluor albus
u. hysterisches Erbrechen, V 182f.
u. Masturbation, V 183, 238, 241, 244
Folgerung, i. Traum (s. a. Denkrelationen), XI 185
Folie de doute (s.a. Zweifel, Zwangs-), I 10, 15, 321, 323, 349f.
Symptome, I 15
Zwangsvorstellungen i. d., I 15
Folklore (s. a. Mythen; Volksgebräuche)
u. Psychoanalyse, X 76
Symbolik d., u. Symbolik d. anderen psychischen Erscheinungen, II/III 350f., 356f.; VIII 36; XV 24
sexuelle, XI 160
u. Traum, II/III xii
'Fonction du réel' (Janet), VIII 230
Formale Regression s. **Regression**
'Formes frustes' (Charcot), I 22
u. Fehlleistungen, IV 309f.
Forschertrieb s. **Infantile Sexualforschung; Kind** (als Subjekt): **Wissensdrang; Neu(gierde); Wißtrieb**
Fortpflanzung u. Fortpflanzungsfunktion [Arterhaltung] (s. a. Art; Fortpflanzungstrieb; Keimzelle), V 98f.; VII 151; XI 358; XIII 55; XIV 63; XV 104; XVII 74, 79
u. Amphimixis, XIII 50f., 61
Biologie d., XIII 60–65
Fruchtbarkeitszauber, IX 99

Fortpflanzung, Kopulation

    Kopulation, XIII 46, 54

    u. Liebe, X 230

    Organe d. *s.* **Geschlechtsorgane** (*s. a.* Genitalien)

    Perversität als Aufgeben d. Zieles d., XI 327

    u. Sexualität

        Entwicklung d. (*s. a.* Reife), XVII 74

        i. d. Kultur, XIV 464

        nicht identisch (*s. a.* Partialtriebe), XI 314, 322, 330; XVII 74f.

    u. Sexualtriebe (*s. a.* Normales Sexualleben; Sexualtrieb), VII 151; X 218f.; XI 327, 332; XIII 55; XV 104; XVII 74

    u. Sublimierung, XI 358

    u. Tod, XIII 42, 46, 48, 50

    als Ureigenschaft, XIII 49

    u. Wachstum, XIII 61

    Wiederholungszwang i. Vermögen d., XIII 38f.

Fortpflanzungslust, u. Sexualziele, XI 358

Fortpflanzungstrieb (*s. a.* Fortpflanzung), XVII 113

'Fortsein' (*s. a.* Trennungsangst)

    d. Mutter (*s. a.* Hilfslosigkeit; Objektverlust)

        Angst v., II/III 463f.

        u. Wiederkehr i. Spiel, XIII 12–15

        Tod als, II/III 259–62, 264f.

        als Todeswunsch, i. Traum, II/III 257, 259–61; IX 156f.

Fortwerfen v. Gegenständen (*s. a.* 'Fortsein', d. Mutter; Hinauswerfen)

    i. Spiel, XIII 12–15

Fortwünschen

    als Rache (*s. a.* Todeswunsch), XIII 14

    d. Störenden (*s. a.* Geschwister; Fortwerfen; Hinauswerfen, Todeswunsch), XIII 14

Fötus [Embryo]

    Bedürfnisse d., XIV 169

    Entwicklung d. *s.* **Embryonale Entwicklung**

    Körperhaltung i. Schlaf, u. d., X 412f.

    Mutter kein Objekt f., XIV 161, 169

    Narzißmus vor beginnender Objektbesetzung, XIV 161, 165

    Unlust d., bei ökonomischer Störung d. narzißtischen Libido d., XIV 165

Fragelust *s.* **Infantile Sexualforschung**

Fratzen

    u. Angst vor Vater, XII 98

    u. Grimassen, I 15

        Komik d., VI 217

    d. Komikers, I 16

    u. Hohn gegen Vater, XIII 332

Frau(en) [Weib, i. Sinne d. Gesellschaftlichen] (*s. a.* Feminin-; Sozialer Aspekt d. Weiblichkeit; Weib)

    Abstinenz u. Angstneurose bei (*s. a.* Abstinenz; Angstneurose), I 326–28, 369

    alte *s.* **Alter** [Lebens-] Greisen-; **Menopause**

    Anspruch d.

        auf Rechte *s.* **Feminismus**

        auf Vorrechte, X 369f.

    u. ärztliches Honorar, IV 175

    Beruf intellektueller, u. Penisneid bei, XV 134

    Ehe-, *s.* **Ehe–**

    erotischer Vorstellungskreis i. d. Analyse v., I 307

u. Familie (*s. a.* Familie), XIV 463
Fehlleistungen, Motive, Verständnis f., bei, IV 169, 173
-herrschaft *s.* **Matriarchat**
mit Kastration drohende, XII 119f.; XIII 396
Kleidung u. Exhibition, VI 107
u. Kultur, XIV 463
Leidenschaftlichkeit d., X 315
u. menstruale Erregung, I 369
Passivität d., soziale Gesichtspunkte d., XV 123
-raub u. Exogamie, IX 147
Sublimation bei *s.* **Sublimierung**
Takt gegenüber, VIII 119
Unaufrichtigkeit [Heuchelei,Prüderie], konventionelle, d., I 192; V 50
unterdrückte, u. Krankheitsgewinn, V 204
Vase als Symbol f. *s.* **Vase**
u. Vergeßlichkeit, IV 169, 173
Verlangen nach Liebessurrogat, i. d. Analyse, I 307f.
weniger sozial, XIII 266

Freche (Das)
u. d. Naive, VI 207f.

Frei (–er, –e, –es)
Assoziation *s.* **Assoziation, freie; Einfall; Psychoanalytische Grundregel**
'Ausleben' d. Sexualität *s.* **'Ausleben'**
Energie, psychische *s.* **Freibewegliche Besetzungsenergie**
Libido *s.* **Freibewegliche** Besetzungsenergie; **Libido**, Beweglichkeit d.
Luft, Angst v., XI 413
'– Psychoanalyse' (Adlers), X 95
Wahl (*s. a.* Willensfreiheit), X 34f.
Wille *s.* **Willensfreiheit**

Frei(auf)steigende Einfälle *s.* **Einfall**

Freibewegliche
Besetzungsenergie (d. Libido) (*s. a.* Besetzungsenergie; Libido, Beweglichkeit d.), XIII 26, 31
i. Größenwahn z. Ichvergrößerung verwendet, VIII 309
u. tonische [ruhende] Besetzung (Breuer), X 287; XIII 26, 31, 67
Erregungsvorgänge (d. Triebregungen), XIII 35; XVII 86
i. Innervation übergehend (*s. a.* Innervation), I 174, 481

Freiflottierende Angst, I 318f.; XV 88

Freigewordene Affekte (*s. a.* Affekt)
Transposition d. –n (*s. a.* Libido, Beweglichkeit d.; Verschiebung), I 65–72

Freiheit
u. Kultur, XIV 455f.
psychische, eine Illusion (*s. a.* Willensfreiheit), XI 42; XII 248
Sehnsucht nach, i. Traum (nicht sexuell), XI 196
sexuelle *s.* **Freiheit, Trieb-** (*s. a.* 'Ausleben', freies)
Trieb- (*s. a.* 'Ausleben', freies; Sexualeinschränkung; Triebeinschränkung; Triebverzicht), VII 155; XIV 464f.
Drang nach, XIV 455f.
Feindschaft gegen, XIV 375
bei Frauen, XIV 463
d. Götter, XVI 5
keine Therapie, V 25
beim Primitiven, angebliche, XII 167–89; XIV 445f., 463, 474f.

Freiheit, Un-

    Schäden d. Ausschweifung, VIII 88

    d. Urvaters (*s. a.* Ur(Vater)), XIV 458f., 474

    Un-, d. primitiven Herrschers, IX 56–61

    Willens-, *s.* **Wille**(n) –

    u. Witz, VI 7

'Freimann', Tabuierung d. –es, IX 53

Fremde, XIII 132

    Angst d. Kleinkindes v. –n *s.* **Kinderangst** (*s. a.* Ur(mensch))

    d. 'Außen' als d., XIV 13

    Arzt, i. negativer Übertragung, als mißtrauisch betrachteter –r, XVI 85

    Defloration durch, XII 164

    als Ersatzopfer f. Vater, IX 182

Fremdheit [Fremdartigkeit] (*s. a.* Unheimliche, (Das))

    d. Abstrakten, VI 240

    d. Traumes, II/III 655f.; VIII 33

    d. Weibes, angebliche *s.* **Weib** (als Objekt)

Fremdsprachig (–er, –e, –es) [Fremdsprachigkeit]

    i. Hysterie, I 83

    Namen, Vergessen v. –en, I 519–26; XI 70f.

    z. Deckung v. Symptomhandlungen verwendet, XII 128

    i. Traum, II/III 11

    Worte, Vergessen v. –n –n, IV *13–20*, 42f., 48–50; XI 70f.

Fressen (*s. a.* Einverleiben; Gefressenwerden; Introjektion; Oral-), X 231

    u. Gefressenwerden (*s. a.* Gefressenwerden), XIII 116; XV 118

    u. Hunger *s.* **Essen**; **Hunger**

    als Sexualziel

    auf anal-sadistischer Stufe, XII 143

    als Vorstufe d. Liebe (*s. a.* Zärtliches Schimpfen), X 143

Freude (*s. a.* Lust)

    körperliche Wirkungen d., V 294

Freundschaft (*s. a.* Kameradschaft; Masse-), XIII 20; XIV 462

    Ambivalenz i. d. *s.* **Ambivalenz**, i. d. Freundschaft

    erotisch werdend, XIII 156

    feindselige Gefühle während, XIII 110f.

    homosexuelle Komponente d. sozialen, VIII 297f.

Frevel (*s. a.* Erbsünde; Sünde; Ur-(verbrechen)), I 139

    (Definition d. religiösen Idee d. –s), VII 139

Fried(e) [-nszeit] (*s. a.* Krieg; Pazifismus)

    -fertigkeit u. Ichintegration, XIV 127

    Neurosen d. *s.* **Neurose**(n); **Traumatische Neurose**

Frigidität [Anästhesie, sexuelle, beim Weib] (*s. a.* Anästhesie, hysterische; Sexualablehnung), I 326, 328; V 122, 128; VIII *85–88*; XII 173f.; XIII 184f.; XV 141; XVII 120

    u. Abstinenz, VII 161, 164

    Angstneurose entwickelt sich nicht bei, I 328

    u. Defloration, XII 171–80

    u. Elternablösung, Unvollständigkeit o. Verzögerung d., V 128

    i. erster Ehe, XII 177

    u. Feindseligkeit *s.* **Feindseligkeit**, d. Weibes

    als genetische Bedingung d. Neurose, XII 174

durch Kastrationskomplex, XIV 522, 525

u. klitoride Erotik (s. a. Masturbation, weibliche), VII 179; XI 328

konstitutionelle u. anatomische Faktoren d., XV 141

bei Neuvermählten, I 326, 337; IV 213; XII 171–80

u. 'Potenz' d. Weibes, I 328

Psychogenese d., V 122; VII 161; XVII 77

durch Sexualablehnung (s. a. Sexualablehnung), XIV 114; XVII 77

Typus d. anästhetischen Frau, V 122, 128; VII 161, 164, 179

u. unfertige Sexualität d. Weibes, XII 177

vollständige selten, I 328

'zweizeitige' Symptome bei feindseliger, XII 172

Frömmigkeit [Fromme] (s. a. Gebet; Glauben; Katechismus; Religion)

Gebet magisch unwirksam ohne Glauben, IX 104 f.

hysterische, I 274

u. Rückfall i. Sünde [Sündhaftigkeitsgefühl], VII 136 f.

als Schutz gegen gewisse Neurosen, XIV 367

u. 'unerforschlicher Ratschluß', XIV 444

werden nicht ungläubig, XIV 358, 369 f., 372, 376

Frucht (Früchte)

als Opfer, später verwendet als Tieropfer, IX 162

als Symbole

f. Brüste, XI 158, 160

f. Kinder, XI 160

Fruchtbarkeitszauber, IX 99

Früherlebnisse, Lebhaftigkeit d.

Frustrane Erregung s. Erregung, sexuelle, frustrane

Frustrane Form(en) s. 'Formes frustes' (Charcot)

Frustration s. Versagung

Frühanalyse s. Kinderanalyse

Früherlebnisse (erotische u. andere) (s. a. Infantile Sexualszenen; Kindheitstraumen; Schreckerlebnis; Ur(szene))

Altersgrenze

d., u. Perversion, XII 213

untere, d., I 418, 533–35; IV 54 f.

Arten d. (s. a. Kastrationsdrohung; Ur(szene); Verführung), XI 383

Bedeutsamkeit u. Wichtigkeit d., VIII 412; XII 77 f., *83*

u. Deckerinnerung, IV 55–60; VII 221

d. Dichter u. Künstler, VII 217, 221 f.; VIII 417

Erhaltung d. Reaktionen d., wegen Synthesenmangel, XVII 151

Erinnerung an erste, i. d. Analyse, die wichtigste, XII 17

u. Fetischismus, VII 73

Fixierbarkeit d., V 53, 144; XVII 151

Goethes, XII *15–26*

u. Halluzination, II/III 551 f.

Indifferentes i. d. (s. a. Deckerinnerungen), I 534–38; IV 51, 55

Inhalt affektbestimmt, I 535

Lebhaftigkeit d., XVI 234 f.

auf Deckerinnerungen deutend, IV 55–60

d. Leonardo, VIII 150, 204, 210–12

u. Massenpsychologie, XVI 235

143

Früherlebnisse u. Neurose

u. Neurose, XVI 177f.

-nbildung, Wichtigkeit d., i. d., XII 83

u. Paranoia, I 396

u. Phantasie (*s. a.* Phantasie u. Erinnerung), XI 381–86

regressive u. progredienter Einfluß d., XII 83

Theorie d. –n, Leugnung d., XII 79–87

Primärvorgang vorherrschend i., XVII 151

Realität i. d., XI 382–85

Rekonstruktion i. d. Analyse, XII 80; XIV 245f.

sexuelle *s.* **Infantile Sexualszenen**

technische Verwertung, XII 70–80

i. Traum, II/III 16–18, 20, 551–53, 573; XVII 89

traumatische *s.* **Kindheitstrauma**

unbewußte, VII 73

Urszenen (Vorwiegen d., i. –n), XI 383; XII 80

Verbindung zwischen d. Rezenten u. d. –en, i. Traum hergestellt (*s. a.* Kindertraum), V 233

Vergessen d. (*s. a.* Amnesie, infantile), XIV 245f.

d. Völker, Mythen als, IV 56

u. Wiederholungszwang [Zwanghaftigkeit d.] (*s. a.* Wiederholungszwang), XVI 238

u. Wort, XII 72

Frühperiode, d. infantilen Sexualität *s.* **Infantile Sexualität** (als Erscheinung): Frühperiode

Frühreife (*s. a.* Reife), I 417; V *142f.*; XII 207

u. Grausamkeit, V 94

d. intellektuellen Entwicklung, XIV 244

d. intellektuell Hochbegabten, V 143; VII 372f.

u. Latenzperiode, V 142

u. neurotische Symptome, V 142

Ödipuskomplex intensiv bei, V 216f.

u. Perversion, V 142

Sadismus als voreilige Sexualkomponente d. Partialtriebe (*s. a.* Sadismus), XII 200f., 212

sexuelle, V 142f.; VII 372f.; XII 156

durch überzärtliche u. überängstliche Mutter erweckt, VII 165

u. unbefriedigte Eltern, VII 165

u. Zwangscharakter, V 142; XII 201

Funktion (*s. a.* unter d. einzelnen Stichwörtern)

Hemmung [Lähmung] d. *s.* **Hemmung**

Funktionales Phänomen (Silberer) [Autosymbolische Bilder], II/III 349–51, 383f., 410–12, 507; X 164; XV 23f.

u. Ichstruktur u. Gewissen, XII 215

u. Mythus, IX 181

Furcht (*s. a.* Angst; Schreck)

u. Angst, Unterschiede zwischen, VII 261; XI 410; XIII 10; XIV 198

(Definition), XIII 10

u. Schreck, Unterschiede zwischen, XI 410; XIII 10

Furcht vor *s.* **Angst vor**

Fuß [Füße]

als Fetisch [Fußfetischismus] *s.* **Fetisch**, Fuß als

Genitalien vertretend, XI 316

u. Penisneid, I 150f.

'verschämte', X 41
als Penissymbol, V 54; X 299; XI 41, 157
tanzende, Unheimlichkeit d. –n, u. Kastrationskomplex, XII 257
Verstümmelung d., bei Chinesen, XIV 317

Fühler (*s. a. i.* Reg. d. Gleichnisse: Fühler; Pseudopodien)
Sinnesorgane verglichen mit –n, XIII 27
d. Unbewußten, XIV 8

Führer (*s. a.* Führerpersönlichkeiten)
als Abstraktum, XIII 109f.
Gefühlsbindung an, XIII 104, 142, 144
u. Gleichheitsforderung, XIII 134f.
mit Herdentrieb nicht erklärt, XIII 132
'Herrennatur' d., XIII 138; XIV 336
u. Hypnotiseur, XIII 81, 127
statt Ichideal, XIII 2–4, 128, 142, 144
als Illusion, XIII 102
Mana d., XIII 140
u. Masse, XIII 142, 144; XV 74
Identifikation mit (*s. a.* Führer, u. Hypnotiseur), XIII 118f.
Psychologie d., unterschieden v. Psychologie d. Masse, XIII 137f.
als narzißtische Typen, XIII 138; XIV 511
negative, XIII 110

Prestige d. *s.* **Führer**, Mana d.
Suggestion d., XIII 130
Überich beeinflussend, XVII 69
als Vater (d. Urhorde), XIII 137f.
als Vaterersatz, XIII 102
Verlust d.
u. feindselige Impulse, XIII 107
u. Panik, XIII 106f.
Vermissen d., u. 'psychologisches Elend d. Masse', XIV 475
Wahl d., XIII 145

Führerpersönlichkeit(en) (*s. a.* Führer; Große Männer), XIV 511
als Führer d. Menschheit, XIV 328f.
Jesus Christus als (*s. a. i.* Namen-Reg.), XIV 502
Moses als (*s. a. i.* Namen-Reg.), XVI 126f., 131f., 149, 165, 217
u. Urvater, XIV 502
als Überich d. Kulturepochen, XIV 501f.
verspottet, bei Lebzeiten, XIV 502

'**Fünf** gerade Glieder', IV 86

Fürsorge-Erziehung *s.* **Verwahrloste Jugend**; **Verwahrlosung** (*s. a.* Erziehung)

Fürwahrhalten (*s. a.* Glauben; Kind (als Subjekt), Zweifel beim; Realität; Wahrheit-)
u. Storchfabel *s.* **Storchfabel** (*s. a.* Aufklärung, sexuelle; Unwissenheit)
u. Witz (*s. a.* Entlarvung), VI 9

Füße *s.* **Fuß**

G

Galgenhumor *s.* Humor, Galgen-
Gang [Gehen]
aufrechter
 u. Genitalien, Position d., u. Scham, XIV 459, 466
 u. Kulturentwicklung, XIV 459
 u. Riechen, VIII 90
 Beschleunigung, beim Tagträumer, VII 192
 -störungen (*s. a.* Abasie), I 156f.

Ganzes *s.* Integration (*s. a.* Teil-)

Garten, als Symbol f. Weib, u. weibliche Genitalien, II/III 352; XI 160

Gastralgien *s.* Magenschmerzen

Gebärden [Sprache] [Pantomimik] (*s. a.* Bewegungen; Mimik)
 i. d. Hysterie, II/III 270; VII 235; VIII 405
 u. Komik, VI 199, 216
 u. Symptomhandlungen, XI 55

Gebären (*s. a.* Geburt)
 Entbindungsphantasie, V 265, 267
 i. Traum, mit Wehensymbolik, XIII 183
 Fallen, Ertränken, Vergiften als Symbole f., XII 289f.
 Fähigkeit d. Mannes z., i. infantiler Sexualtheorie *s.* Infantile Sexualtheorien (bestimmte)
 u. Masochismus, XIII 374, 377
 als 'Niederkommen', XII 289f.

Gebäude, als Genitalsymbole (*s. a.* i. Symbol-Reg.), II/III 368–70

Geben (*s. a.* Geschenk)
 als Kastration, XII 116

Gebet (*s. a.* Zeremoniell (religiöses)), VII 131; XIV 99; XV 177
 als Abwehrhandlung, religiöse, VII 136
 Magie d. -es, ohne Frömmigkeit unwirksam, IX 104f.
 Stereotypie i., VII 131
 zwangsneurotisches (*s. a.* Zeremoniell), VII 415, 442f., 458

Gebildete Personen *s.* Intellektuell (*s. a.* Stand)

Gebote u. Verbote, i. d. Zwangsneurose *s.* Zwangsverbote

Gebrechen, körperliche (*s. a.* Krankheit; Krüppel)
 i. Witz, VI 113–15

'Gebrochener' Humor *s.* Humor, 'gebrochener'

Geburt (*s. a.* Gebären; Geburtsvorgang)
 anale *s.* Infantile Geburtstheorien
 d. Geschwisterchens *s.* Geschwister
 d. Helden *s.* Mythus, v. d. Geburt d. Helden
 infantile Theorien ü. *s.* Infantile Geburtstheorien (*s. a.* Infantile Sexualtheorien)
 kloakale *s.* Infantile Geburtstheorien
 Nabel-, *s.* Infantile Geburtstheorien
 u. Narzißmus, XIII 146
 orale *s.* Infantile Geburtstheorien
 u. Schlaftrieb, XIII 146; XVII 88

Schwere d., XIV 183f.
-ssymbolik (*s. a.* Traum, Geburts-)
   Rettung, II/III 409; VIII 107
   aus d. Wasser, II/III 404–08; VIII 76; XI 154, 162f.; XIII 181–83
   Tabu d., IX 28, 31, 33, 43; XII 167
   Vorgang d. *s.* Geburtsvorgang

Geburtsangst (*s. a.* Geburtstrauma (Rank); Geburtsvorgang), VIII 76; XI 411f., 422; XIII 289; XIV 120f., 182f., 194; XV 88, 94, 100
   Abreagieren d., XIV 171, 194
   als Affektsymbol, XIV 120f.
   u. Angst (spätere)
   'd. Es', XIV 171
   als Reproduktion d., XIV 163–74
   d. Säuglings, XIV 169
   Unterschiede zwischen, XIV 121, 163f.
   u. Phobien, XIV 166f.
   als Reminiszenz, Frage d., XI 411f.; XIV 166
   u. Schreck beim Anblick weiblicher Genitalien, XIV 315
   u. Symbolik d. Macduff-Sage, VIII 76
   toxische Natur d., XI 411; XV 88
   als Urangst, XIV 167
   Vorbildlichkeit d. (*s. a.* Geburtsvorgang, als Vorbild), VIII 76; XIV 165, 194

Geburtskontrolle *s.* Empfängnis, Verhütung d.

Geburtstheorien, infantile *s.* Infantile Geburtstheorien

Geburtstrauma (Theorie d.) (Rank) (*s. a.* Geburtsangst; Geburtsvorgang), V 127f.; VII 350; XV 94f., 100, 154

Angst als Reproduktion d. –s, XIV 163–74
u. Angsthysterie, VII 350
Widerlegung d., XIV 160f., 166–70, 182–84, 194f.

Geburtsträume *s.* Traum, typischer, (bestimmte Arten d.): Geburts-

Geburtsvorgang (*s. a.* Empfängnis; Gebären; Schwangerschaft; Wochenbett)
   Affekte bei *s.* Geburtsangst
   Erinnerung an d., Frage d., XIV 166
   Gefahr, reale, beim, VIII 76; XIV 165
   hereditäre Konstitution u. phylogenetische Faktoren, XIV 183
   Reizsteigerung beim, XIV 168
   schwere, u. Neurose, XIV 183f.
   traumatisches Moment beim (*s. a.* Geburtstrauma; Geburtsangst), XV 100f.
   als Vorbild [Urbild]
      d. Angstaffektes, II/III 406; XIV 165, 194; XV 101
      Gefahrensituationen, aller späteren, XIV 194
      d. Kastrationskomplexes, VII 246; XIV 161
      Lebensgefahr, aller späteren, VIII 76; XIV 165
      d. Traumas, XV 101

Geburtswehen *s.* Gebären

Gebüsch, als Symbol f. Genitalbehaarung, XI 158, 197

Gedanken (*s. a.* Denken; Idee; Logik; Vorstellungen)
   abstrakte, i. Traum, X 419
   u. Affekt
   u. Aggression, XIV 147
   Fortwirken v., i. Zwangszeremoniell, VII 132
   Allmacht d. *s.* Allmacht

147

Gedanken, Assoziation

Assoziation *s.* **Assoziation**

Ausdruck d. (*s. a.* Bildersprache; Gebärdensprache; Schrift; Wort), VIII 403

u. Bilder, Unterschied zwischen d. Reproduktion v., I 282f.

-Induktion *s.* **Induktion; Telepathie**

latenter, VIII 433f.

i. Traum *s.* **Traum(gedanke)**

plötzlich auftauchender *s.* **Denken**, plötzliche Problemlösung

Reaktions-, *s.* **Reaktionsgedanke**

Schalt-, II/III 494

-übertragung *s.* **Induktion; Telepathie**

[-zug], überwertiger (Wernicke), V 214f.

u. Depression, V 215

Gedankenerraten (u. Verraten), V 296

Gedankengänge (*s. a.* Denken; Gedanken)

alternierend bewußt u. unbewußt, I 306f.

Fehlleistungen als Nachklang v. —n, XI 57f.

Gedankensprache (*s. a.* Denksysteme)

unterschiedliche, i. verschiedenen Neurosen u. Psychosen, VIII 405

Symbolik der Schwängerung als Beispiel f., VIII 405

'**Gedankenunschuld**' *s.* **Unwissenheit**, sexuelle, angebliche

Gedankenübertragung *s.* **Induktion; Telepathie**

Gedankenwitz *s.* **Witz** (Arten)

Gedächtnis *s.* **Erinnerungsapparat**

Gedächtnisaufwand, I 541

Gedächnislücke *s.* **Amnesie**

Gedächtnisfähigkeit (*s. a.* Zensur), I 551

Gedächtnisschwäche *s.* **Erinnerungsschwäche**

Gedächtnistäuschungen *s.* **Erinnerungstäuschungen; Fehlerinnerungen; Irr(tum)**

Gedränge, Angst vor, XI 414

Gefahr(en)

Abwehr d. *s.* **Abwehrmechanismen; Gefahren**, Arten d.; – äußere Abwehr als, XVI 82f.

u. Angst (*s. a.* Angstsignal; Gefahrsituation u. Angstsignal), I 338; XIV 198; XV 88, 91

normale, I 351

u. Unlust, Wunsch d. Vermeidung v., XVI 80; XVII 68

u. Angstbereitschaft, XII 167; XIII 7f.

Arten d. (*s. a.* Angstbedingung), XIII 286

v. Außenwelt, Es u. Überich (*s. a.* Außenwelt; Es; Gefahr, äußere; – innere; Überich), XIII 286

Hilflosigkeit, Objekt [Liebes-] verlust, Kastration *s.* **Gefahrsituation**

i. traumatischen u. Übertragungsneurosen verschieden, XII 324

äußere (*s. a.* Außenwelt), XII 324; XIII 286; XVII 130

Abwehr gegen (*s. a.* Flucht), XIV 177; XV 88; XVI 82

bei Tierphobien, XIV 177

Todesangst als Reaktion auf, XIII 288

als Drohung (*s. a.* Kastrationsdrohung), XVII 130

u. Flucht *s.* **Flucht** (*s. a.* Fluchtversuch)

Geburt als Vorbild aller (*s. a.*
Geburt), VIII 76
Gott als Beschützer vor, XV
174–76
Heilung als, XVI 84f., 99
Ich-, (*s. a.* Gefahr, innere), XV
80–85
Ich, Reaktion d., auf *s*. **Abwehr**;
Angst; **Flucht**
innere [neurotische, nicht-reale]
(*s. a.* Trieb-, Gefahr), XVI 80
Abwehr gegen *s*. **Abwehrmechanismen**; **Fluchtversuch**
durch Es, XV 80–85; XVI 80;
XVII 130
durch Überich, XIII 286; XV
84f., 95
i. Übertragungsneurosen, XII
324
i. d. Zwangsneurose, XIV 177
Kultur-, Nachinnenwendung d.
Aggressionstriebes als, XVII 72
Projektion d., i. Animismus, XII
170f.
Quellen *s*. **Gefahr**, Arten d.; –
äußere; – innere; **Gefahrsituation**
reale (*s. a.* Gefahr, äußere; Gefahrsituation)
Geburt als Vorbild aller Lebensgefahr, VIII 76
u. Hilfslosigkeit (*s. a.* Hilfsbedürftigkeit), XIV 201
Kastration als, XV 93, 95
u. Phobien, XI 413–15
i. d. Sexualbetätigung, V 55
Todes-, XIII 41
zweierlei Reaktion auf, XIV 198
u. Tabu, XII 168, 170f.
Todes-, *s*. **Gefahr**, reale (*s. a.*
Tod)
u. Todesangst (*s. a.* Todesangst),
XIII 288

Gefahrsituation, (Definition)

u. Todestrieb (*s. a.* Todestrieb),
XIII 41
als traumatisches Moment (*s. a.*
Kriegsneurose; Trauma; Traumatische Neurose), XII 324; XV
100
Trieb-, *s*. **Triebgefahr**
Verhalten gegenüber, XIV 119f.;
XVI 82
Abwehr *s*. **Abwehrmechanismen**; **Gefahr**, Arten; – äußere
(*s. a.* Abwehr)
infantiles, XIV 180; XV 95; XVII
59
neurotisches, XIV 185; XV 95
verinnerlichte *s*. **Gefahr**, innere
Wahrnehmung d. *s*. **Angstsignal**;
Unlustsignal

Gefahrneurose *s*. **Kriegsneurose**;
Traumatische Neurose (d.
Friedenszeit)

Gefahrsignale

Angst *s*. **Angstsignal**; **Gefahrsituation**
Traum, XV 17
Unlust (*s. a.* Unlustsignal), XIV
119f.; XVII 68

Gefahrsituation

bei Agoraphobie, XIV 157
Angst als Reaktion auf (*s. a.* Gefahr, u. Angst; – u. Angstbereitschaft), I 338, 351; XII 170; XIV
154–57, 159, *194*, 198, *203f.*, 229;
XV 88, 91; XVII *60*
Unterschied bei neurotischer
u. Real-, XV 88, 91
u. Angstsignal (*s. a.* Angstsignal),
XIV 164f.; XVII 68
Bedeutungsverlust einzelner –en,
bei normalen Erwachsenen, XIV
179
biologisch bedingte, XIV 186f.
(Definition), XIV 168, 199; XVII 68

Gefahrsituation, entwicklungsgeschichtliche Reihe

entwicklungsgeschichtliche Reihe d. Arten d., XIV 172, 178f., 195; XV 95

Geburt als Vorbild d., VIII 76; XIV 165, 194

Innervation bei, XIV 164f.

u. Hilflosigkeit (*s. a.* Hilfsbedürftigkeit), XIV 180, 199–201; XV 95

Kastrationsgefahr, XIV 24, 154–61, 407; XV 95

reale, XIV 177; XV 93, 95

Lebens-, VIII 76

Liebesverlust als (*s. a.* Liebesverlust), XIII 19; XV 95; XVII 130f.

u. Lustprinzip, XV 100

neue (nach Icheinschränkung), XIV 185

Neurotiker i. d. *s.* **Gefahr,** Verhalten gegenüber

Objektverlust als, XIV 177; XV 95

beim Weib, XIV 173f.

phylogenetisch bedingte, XIV 187

psychologisch bedingte, XIV 187f.

u. Reizgrößen, XIV 168

u. Schädigung, wirkliche, XV 100

Symptom entzieht Ich d., XIV 175f.

u. traumatisches Moment, XIV 199; XV 100f.

i. d. Tierphobie, XI 413–15; XIV 154–57, 177

Vermeidung d., XVI 82f.

i. d. Zwangsneurose, XIV 177

Gefälligkeitstraum *s.* **Traum,** heuchlerischer

Gefängnis (*s. a.* Verhaftungsphantasie)

u. Inversion, V 38f.

Gefäße, weibliche Symbolik d., II/III 359, 364; IV 189–91; XI 157, 164, 275

Gefressenwerden (*s. a.* Einverleibung; Fressen; Oral-), XV 118

Angst vor

u. Oralerotik, XIII 377; XIV 531; XVII 62

u. Masochismus, XIII 377

d. Mädchens (seitens d. Mutter) (*s. a.* Mädchen u. Mutter; Mutterbindung, präödipale), XIV 519f., 531

seitens d. Totemtieres, u. Totemmahlzeit [-tieropfer], XIII 377

durch d. Vater, XIII 377; XIV 133–35, 531; XVII 62

als Verwandlungsprodukt d. auf d. Mutter gerichteten oralen Agression, XIV 531

beim Wolfsmann *s.* i. Reg. d. Krankengesch.: Namenverzeichnis, Wolfsmann

i. Märchen u. Mythologie, XIV 133, 239f.

Gefügigkeit *s.* **Gehorsam**

Gefühl(e) (*s. a.* Abscheu; Affekte; Angst; Ergriffenheit; Gemütsbewegung; Schmerz; Stimmung; Trauer; usw.)

Allgemein-, *s.* **Allgemeingefühl** (*s. a.* Stimmung)

Allmacht d. *s.* **Allmacht**

Gemeinschafts-, *s.* **Gemeinschaftsgefühle**

Ich-, *s.* **Ich-**

moralische *s.* **Ethik;** '**Gut**' u. '**Böse**'; **Moral-**

d. Ozeanischen [d. Ewigkeit], XIV 422–31

bei Phobien, I 346

Psychologie d., XIV *202–05*

unbestimmt, als Urteil (ü. Witz), VI 87f., 239

unbewußte, X *275–79*
d. Überlegenheit *s.* **Selbstgefühl; Selbstüberschätzung**
Verdrängung richtet sich gegen d., VII 75
Verkehrung ins Gegenteil *s.* **Gegensatz**
Wertigkeit d., i. Seelenleben, VII 75

Gefühlsambivalenz *s.* **Ambivalenz**

Gefühlsaufwand *s.* **Aufwand**

Gefühlskonflikte *s.* **Konflikt(e)**

Gefühlsvorgänge, Psychologie d. *s.* **Gefühl(e), Psychologie d.**

Gefühlswirkung, u. Stoffwahl, Unabhängigkeit d., i. d. Dichtung, XII 268

Gegenbesetzung (*s. a.* Zensur), II/III 610; X 280, 440; XI 374; 426; XIV 55; XVI 201 f.; XVII 87, 97

bei Angst, X 280f., 284; XI 426

äußere u. innere, XIV 191

Begriff d., XIII 30; XIV 55

Bekämpfung d., i. d. Analyse, XIV 191

(Definition), X 416; XIV 191

Festhalten an d., XIV 191

bei Hysterie
Angst-, X 280 f., 284
Konversions-, X 284; XIV 190 f.

u. Ich *s.* **Ich**

Isolieren durch, XVI 201

durch Krankheit herabgesetzt, XVI 201 f.

bei Melancholie, X 439 f.

Nachteil gegenüber Abfuhr, X 285

u. Neurose, X 284; XI 374 f.

bei Phobie, XIV 191

u. Reaktionsbildung, X 285

i. Schlaf herabgesetzt, X 416; XVII 88

i. Traum, XI 374

gegen d. Trauma, XIII 30

i. Ubw.-System, X 280

u. Verdrängung *s.* **Verdrängung, u. Gegenbesetzung**

Wesen d., II/III 610; X 280

u. Widerstand, XI 453 f.; XIV *189–93*; XVII 87, 104 f.

bei Zwangsneurose, X 284 f.; XI 390, 396; XIV 190 f., 196 f.

Gegenerwartung *s.* **Erwartung**

Gegenindikation *s.* **Psychoanalytische Methode, Anwendbarkeit**

Gegensatz[-sätze] (*s. a.* Denkrelationen; Gegensinn; Gegenteil)

Erhaltung d., i. verschiedenen Reaktionen d. Früherlebnisse, XVII 151

d. Es kennt keine, XIV 223; XV 80

Fetisch, bestehend aus –n, XIV 316

d. Gefühle *s.* **Ambivalenz**

i. Selbstvorwurf, X 41

i. d. Sprache (*s. a.* Gegensinn d. Urworte; Widerspruch), II/III 323

i. d. Ursprache nicht vorhanden, II/III 674; XI 181–83

i. Traum *s.* **Denkrelationen; Traum**

Umkehrung d. *s.* **Umkehrung**

u. d. Unbewußte, VI 199

u. Kompromiß, XVII 91

durch Verdrängung eingeführt, XII 113

Verfolgungswahn verkehrt Gefühl i., VIII 275 f.

Gegensatzpaare *s.* **Polarität**

Gegenseitige Masturbation *s.* **Masturbation**

Gegensinn

Gegensinn (*s. a.* Ambivalenz)
d. Urworte, II/III 323, 674; VI 199; VIII *214–21*, 403f.; XI 236; XVII 91
  i. d. ägyptischen Sprache, VIII 215–19
  kennt keine Gegensätze, II/III 674; XI 181–83
  i. indoeuropäischen u. semitischen Sprachen, VIII 219
  u. 'Tabu', IX 26, 31, 34, 83
  u. Vergleichung, VIII 217f.
  u. Versprechen, VIII 221

Gegensuggestion *s.* Suggestion, Gegen

Gegenteil (*s. a.* Ambivalenz; Gegensatz; Gegensinn)
Darstellung durch d. (*s. a.* Unsinn)
  i. Traum, II/III 146f., 323f., 331–35, 341–44; VI 95f.; VII 236f.; XVII 91
  i. Witz, VI 26, 74f., 95f., 139f., 199
  ohne Anlaß, VI 78
Verkehrung [Verwandlung] i. d. (antagonistische)
  als Affektverwandlung (*s. a.* Affektverwandlung), VIII 275f., 303; XI 440; XIII 271f.
  i. Verfolgungswahn, VIII 275f.
  v. Aktivität z. Passivität (*s. a.* Aktivität, u. Passivität), X 219f.
  i. hysterischen Anfall, VII 236f.
  inhaltliche, X 219f.
  d. Innervationen, VII 236f.
  u. Verdrängung, X 250

Gegenübertragung *s.* Übertragung, Gegen-

Gegenwart
Außenwelt als, XVII 138

u. Phantasie, VII 217
reale, XIV 67
i. Traum, statt Optativ *s.* Optativ

Gegenwille (*s. a.* Widerstand)
hysterische Symptome, entstanden durch, I *3–17* (3–10), 49, 83, 149, 310, 474f.
Objektivierung d. –s, I 17
peinlicher, I 13
Tic verursachend, I 149
Verdrängung d. –s, IV 261f.
  beim Vorsatz, IV 171–78
  Vergessen, IV 261f., 305f.
  v. Rechnungen, Schulden, usw., XI 69f.
  u. Verlegen u. Zerbrechen, IV 261f.

Gegenwunsch
-traum (*s. a.* Traum, Gegenwunsch-), II/III 163–65
u. Wunsch (*s. a.* Ambivalenz), IX 47

Gegenzauber *s.* Zauber (*s. a.* Magie)

'Gegenzwang' d. Kur, i. d. Analyse d. Zwangsneurotiker, XII 192

Gegner d. Analyse *s.* **Psychoanalyse**, Widerstand gegen (*s. a.* i. Biogr. Reg.)

Geh(en) (*s. a.* Gang)
-hemmung *s.* **Abasie**; **Agoraphobie**
als Koitussymbol, XIV 116
-störung, I 156f.
-unlust (*s. a.* Lokomotion), XIV 115f.

Gehaltlosigkeit d. Witzes (*s. a.* Unsinn)
mit Harmlosigkeit nicht gleichbedeutend, VI 99f.
nicht ungeeignet z. theoretischen Erörterung, VI 102

Geheimnis (*s. a.* Selbstverrat; Unheimlichkeit; Versteck(tes))
Aussprechen d. –ses, i. Koprolalie u. Tic, I 17
Erraten *s.* **Entlarvung**; **Gedankenerraten**; **Rätsel**
Masturbation als, V 235, 241, 243
sexuelles Wissen bei Kindern als, VII 176f.
Symbolisiert durch 'viele Menschen', II/III 251, 294
Tendenz beim Neurotiker stark, beim Paranoiker nicht vorhanden, VIII 240
i. Traum, II/III 251
u. d. Unheimliche, XII 254
beim Verbrecher, VII 8
Verrat v. –sen *s.* **Selbstverrat**
wahren [Verheimlichung] (*s. a.* Entlarvung)
  i. d. Analyse *s.* **Psychoanalytische Kur** (*s. a.* Diskretion; Patient; Psychoanalytiker)
vor Kindern *s.* **Heuchelei**
d. Liebesverhältnisses, XII 173
  ehelichen, X 51
u. Witz, VI 11
u. Zwangsvorbot (u. -vorstellung), I 68; VII 131
durch Zweideutigkeit teilweise verraten, VII 10

Geheimtuerei *s.* **Heuchelei**

Gehemmtsein (*s. a.* Bewegung; Hemmung; Hilflosigkeit, motorische)
d. Beweglichkeit, VIII 100; XIV 201, 204
u. Gehunlust, XIV 115f.
  i. Schlaf u. Traum (*s. a.* Schlaf; Traum), II/III 244f., 560, 573f.
Unlustgefühl d. –s. bei Vergeßlichkeit, I 520

Gehirn, V 42, 290–92
u. Hysterie, XVII 9
Geschlechtsunterschiede i., bei Inversion (Bisexualitätslehre) V 42
Lokalisation
  d. Bewußtseinsvorgänge, X 273; XVII 67
  d. topographischen Sitzes d. psychischen Systeme i., XIII 23f.
  '-männchen', XIII 253f.
als Organ d. Psyche, XVII 67
organische Affektion d. –s. **Organisch**

Gehorsam [Gefügigkeit] (*s. a.* Autorität; Gewalt)
Arzt gegenüber, XIII 18
Masochismus u. Zwangs-, XIII 374
d. Massen (*s. a.* Massenseele), XIII 83f., 86, 92
'nachträglicher –', VII 271
u. Arbeitshemmung, XIII 333f.
i. Brüderclan, IV 173, 175f.
u. Reue, XIII 334
u. Schuldbewußtsein, IX 173, 175
u. Verdrängung, VII 271
Reue u. Strafe i., XIII 333f.
sexueller (*s. a.* Hörigkeit)
Halb-, VII 163
somnambuler
Beständigkeit d. Krankheitssymptome unbeeinträchtigt durch –n, I 156f.
Hypnotiseur gegenüber, V 306f.

Gehör(s-) (*s. a.* Akustische)
Fehlleistung durch *s.* **Fehlleistungen**
-halluzinationen, i. Paranoia, I 394, 398–401

Gehörhyperästhesie

-hyperästhesie, angstneurotische, I 317

'-kappe' d. Ich, XIII 252

-wahrnehmung, u. Überich, XIII 282

Geier

Eingeschlechtigkeit d. –s, Fabel v. d., VIII 157–59

Mut, ägyptische Göttin als, VIII 156f.

als Muttersymbol, VIII 157

als Penissymbol (i.d. Prometheussage), XVI 7, 9

-phantasie Leonardos *s. i.* **Namen-Reg.**: Leonardo

Vexierbild i. 'Hl. Anna Selbdritt', VIII 187f.

Geist (*s. a.* Geistigkeit; Intellekt; Psyche; Seele; Witz), IX 113–15; XVI 222

Gemein-, *s.* **Gemeinschaftsgefühle**

Heiliger, XII 97, 99

Geister (*s. a.* Animismus; Dämonen; Gespenster), X 347f.

Angst vor –n *s.* **Gespensterangst**

böse *s.* **Dämon**(en)

(Definition), IX 115

als Erinnerung an Person o. Sache, IX 115

Glauben an *s.* **Animismus; Gespensterglaube**

Schutz-, u. Totem, IX 7

Geisteskranke [-gestörte] *s.* **Psychotiker**

Geisteskrankheit (*s. a.* Angst vor Irrenhaus; Psychopathische Bildungen; Psychose; Traum u. Geisteskrankheit)

Unheimlichkeit d. (*s. a.* Unheimliche, (Das)), XII 237, 257

Geisteswissenschaften *s.* unter d. einzelnen Fächern (*s. a.* Kultur; Psychoanalyse, Anwendungsgebiete d., u. Geisteswissenschaften; Wissenschaft)

Geistige

Leistungen *s.* **Denken; Intellektulelle** Leistungen; **Leistungsfähigkeit**

Wirkungen, d. Bildverbotes, XVI 220f., 223

Geistigkeit (*s. a.* Intellektuell; Intelligenz; Vernunft), XIV 340

(Definition), XVI 225

u. Gewalt, XVI 14

u. Glauben, XVI 226

u. intellektuelle Prozesse, XVI 225

d. Juden *s. i.* **Geogr. Reg.**: Juden

u. Kinder (*s. a.* Frühreife), XIV 244

u. Seelenidee, XVI 222

u. Selbstgefühl, XVI 222, 225f.

Sieg d., u. Sieg d. Vaterrechts u. Bildverbots, XVI 221f., 225f.

u. Sinnlichkeit, XVI 221, 226

Geiz (*s. a.* Geld; Gold; Habgier; Sparsamkeit), XII 104, 115

u. Analerotik, VII 204

u. Schmutzigkeit, II/III 206; VII 207

Geld (*s. a.* Gold)

anale Bedeutung (u. Analerotik; Geldinteresse; Kot als-), II/III 408; V 87; VII 207f.; VIII 425; X 404, 406–09, 455; XI 326; XII 103–05, 113

Annehmen v., als Liebesbeziehung, VIII 424f.

Ausgeben zu viel, als Opfer, u. Fehlgreifen, IV 194

als 'Dreck', VII 207f.

-gier *s.* **Gier, Geld-**

-interesse *s.* **Geld, anale Bedeutung**

Irrtum wegen materieller Schädigung, IV 246f.

als Kind, XII 115
Kot als *s.* **Geld,** anale Bedeutung
bei Leonardo *s.* **Namen-Reg.:**
Leonardo
 i. Mythus, VII 207f.
 -notierung, als Zwangszeremoniell, VII 134
 Prüderie i. d. Gesellschaft gegenüber, VIII 464
 i. d. Psychoanalyse, Frage d. –es, VIII 458, 464f.
 i. Symptomhandlungen, IV 174f., 194, 213f., 222f., 230, 232-34, 238f., 246f., 257–59
 u. Teufel (*s. a.* i. Reg. d. Krankengesch.: Teufelsneurose), VII 207f.; XIII 339–46
 Vergeßlichkeit u. andere Fehlleistungen mit, IV 174f.

Gelegenheitsursachen *s.* **Hilfsursachen; Neurose,** Ätiologie d.

Gelehrte (*s. a.* Wissenschaft)
 u. Abstinenz, VII 160

Gelenke (*s. a.* Lähmung)
 Reize wirkend auf, V 102

Geliebte Personen (*s. a.* Angehörige; Ehe; Eltern; Liebe; Objekt; Sexualobjekt; Verliebtheit)
 i. Aberglauben *s.* **Aberglauben**
 Tod –r *s.* **Tod-** (*s. a.* Trauer)

Geltungstrieb (*s. a.* Machtstreben), XIII 41; XV 101

Gelüste (*s. a.* Gier; Wunsch), II/III 294; XV 67, 116
 kannibale, V 58
 u. Nachahmung, IX 46
 perverse (*s. a.* Perversion), XI 312; XVII 74
 sexuelle (*s. a.* Lüsternheit; Sexual-; Sexuell-; Trieb-), VII 428; XIV 180, 333; XVI 5; XVII 74
 u. Tabu, IX 45

Gemeingefühl, u. Kriegsverhütung, XVI 19, 23

Gemeingeist *s.* **Gemeinschaftsgefühle**

Gemeinsamkeit (*s. a.* Gemeinschaft; Geselligkeit-; Gesellschaft; Öffentlichkeit)
 mit Dritten, bei Liebe ausgeschlossen, XII 173; XIII 157; XIV 467
 bei Exkretion (Kinder u. Soldaten), XIII 137
 bei Masturbation *s.* **Masturbation,** gegenseitige
 d. Symbole, II/III 350f., 356f.
 i. Traum *s.* **Traum;** -(darstellung)

Gemeinschaft (*s. a.* Familie; Gemeinsamkeit; Gesellschaft; Kollektiv; Masse; Nation; Sippe)
 Arbeits- *s.* **Arbeitsgemeinschaft**
 Ehe-, *s.* **Ehe**
 Konflikte i. d., Lösung d., durch Gewalt
  u. Mord, XVI 14f.
  u. Recht, XVI 15–17
 Kontinuität i. d. Organisation einer, XVI 73
 d. Kultur u. d. Liebe, Unterschied zwischen, XII 173; XIII 157; XIV 467
 Kreis u. Grenzen d., XIII 127, 137
 Stolz auf (*s. a.* Nation)
  i. Krieg, X 360
 zusammenhaltende Ideen d., XVI 19

Gemeinschaftsgefühle [Gemeingeist], XIII 134; XVI 16

Gemeinschaftsneurosen (*s. a.* Massenseele), XIV 505

Gemischte Neurosen *s.* **Neurosen,** gemischte

155

Gemurmel

Gemurmel, i. Traum, als Symbol f.
Zensur, II/III 148f.; XI 137–39, 142

Gemütsbewegung(en) [Emotion] (*s. a.* Affekt; Gefühl; Leidenschaft; Stimmung)
u. Angstneurose, I 484
Ausdruck d.
  u. Gebärden, XI 55
  körperlicher, I 248–51; V 293–95, 302; VIII 14
  übertriebener, komisch, VI 217
banale, V 158
u. Beweglichkeit, II/III 571; XI 55
einzelne, als Krankheitserreger
bei Krankenpflege, I 228–31, 328, 337f.
Liebesenttäuschung, I 72f.
moralische (*s. a.* Zwangsneurose), I 412f.
Verzweiflung, I 150f.
u. Hysterie (Oppenheim), I 65
u. Motilität, II/III 571
u. Neurasthenie, I 500, 510
bei Versprechen, XI 62f.

'Gemütsmenschen', VI 78

Genesung *s.* **Heilung; Psychoanalyse**, Ende d.

Genesungstraum *s.* **Traum**, Genesungs-

Genesungswille [-bedürfnis, -wunsch] (*s. a.* Heilung; Patient; Pyschoanalytische Kur), V 297
Affekt mobilisiert durch, VIII 477
Krankheitsverzicht, V 313; XVI 98f.
Laienurteil ü., V 204f.
Mangel an *s.* **Krankheitsgewinn; Strafbedürfnis**
psychoanalytische Technik, als Kompromißakt zwischen Widerstand u., VIII 368f.

u. Schuldgefühl, XV 117
u. Symptomverzicht, XIII 305
als Vorsatz, V 297
beim Weib, XVI 99
als Wunsch, VIII 477f.; XVII 107

Genetische
Darstellungsweise d. Forschungsergebnisse, XVII 141
Gesichtspunkte d. psychoanalytischen Theorie
u. dynamische, I 97
Gefahrentheorie, XIV 195
durch Resterscheinungen, XVI 73
u. topische, XVI 202f.

Genickkrampf (*s. a.* Migräne)
hysterischer, I 103, 124, 129, 152f.

Génie (*s. a.* Genius)
'-latin', '-teutonique', XIV 88

Genital
u. sexuell nicht identisch (*s. a.* Sexual-; Sexualität, erweiterter Begriff d.), VIII 449; XI 332, 335; XVII 75

Genital(e)
Anlage, beim Embryo indifferent u. gleichartig, V 100
Betätigung *s.* **Koitus; Masturbation**
Erotik *s.* **Genitalprimat; Phallische Phase**
Phase *s.* **Genitalität; Phallische Phase**

Genitalien (*s. a.* Geschlechtsorgane (innere); Mann, Geschlechtsdifferenzierung beim; Weib –), II/III 392; V 134f., 137
Anästhesie d. *s.* **Anästhesie** (*s. a.* Frigidität)
Anbetung d. (*s. a.* Phallus), VIII 167

Behaarung d., I 402
symbolisiert durch
Pelz u. Samt, V 54; XIV 314
Wald u. Gebüsch, XI 158, 197
Berührungsdrang, infantiler, d.
eigenen (*s. a.* Kontrektation; Reiben), V 104
Berührungslust u. Berührungsangst (*s. a.* Berührungslust), IX 39
Beschauen u. Schaulust (*s. a.* Exhibition; Schaulust), V 56
Ekel v., i. d. Hysterie (*s. a.* Ekel), V 51
u. erogene Zonen (andere) (*s. a.* Erogene Zonen; Genitale Phase; Genitalität; Partialtriebe; Vorlust)
bei Neurotikern, V 66, 158
Verhältnis zwischen, V 68f.
Erregung d.
frühzeitige (*s. a.* Frühreife), I 417
hysterische Traumen erzeugend, I 380
durch Reinlichkeitspflege (*s. a.* Reinlichkeitspflege), V 124f.
als Vorbild f. Organerkrankung, X 150f.
Zustand d. *s.* **Erektion**
Ersatz-, *s.* **Fetisch; Hysterie; Perversion**
Geruch d., XIV 466
Größe d., I 402
halluzinatorische Organempfindungen i. d., I 394
u. Harnentleerung, V 88f.
hermaphroditische, V 40–42
infantiles Interesse an (*s. a.* Infantile Sexualforschung; Neugierde), II/III 351; V 56, 92f.
infantile Sexualtheorien ü. *s.* **Infantile Sexualtheorien**

Genitalien, 'Unschönheit' d.

Infantilismus d., I 436
Integrität d. *s.* **Integrität**
Irritation d. *s.* **Genitalien, Erregung d.**
d. Kindes, V 77, 81
Größenwunsch, infantiler, zentriert sich auf, VII 342
Liebkosung, seitens Erwachsener (*s. a.* Verführung), VII 259
Reiben d. (*s. a.* Masturbation; Reiben; Reinlichkeitspflege; Verführung), V 81, 84
somatisch z. Sexualverkehr noch ungeeignet, I 438, 511; VIII 337
i. d. Latenzperiode, V 109
Minderwertigkeit d. *s.* **Klitoris; Minderwertigkeit; Penisneid; Scham**
Neugeborener (*s. a.* Embryonale Entwicklung d. Sexualorgans), V 77
Parästhesie d., I 451
als Pudenda, VIII 166
Reife d., u. Geschlechtsleben (*s. a.* Reife), I 511
Schleimhäute d., V 88f.
Schutzbedürftigkeit d., u. aufrechter Gang, XIV 459
u. Sexualziel, normales, V 48
Stolz, ursprünglicher, d. Menschen, VIII 166f.
Symbole d. (beider Geschlechter) (*s. a.* Genitalien, männliche, Symbole; – weibliche, –; u. i. Symbol-Reg.), XI 159
i. Traum *s.* **Traum, Symbole**
unausgebildete, unentwickelte *s.* **Genitalien, d. Kindes** (*s. a.* Degeneration; Infantilismus; Konstitution; Sexuelle Entwicklung)
'Unschönheit' d., V 55; VIII 90; XIV 441f.

Genitalien, Wortwitz i. Traum

Wortwitz i. Traum: 'Gen-Italien', II/III 237

Zeigen d.

 Lust am *s.* Exhibition

 u. Medusenhaupt (*s. a.* Kastrationsschreck; Penismangel), XVII 48

Genitalien, männliche (*s. a.* Eichel; Penis; Scrotum)

Hoden(sack) *s.* Scrotum

Impotenz d. *s.* Impotenz

Einschätzung d. (*s. a.* Kastrationsangst; Kastrationskomplex; Penisneid; Penisstolz), V 122

 narzißtische, Verdrängung d., u. Homosexualität, XII 144f.

Symbole f. (*s. a.* i. Symbol-Reg.), II/III *359–71*; XI *157–65*, 170

beim Weib *s.* **Infantile Sexualtheorien** (bestimmte): phallisches Weib

Genitalien, weibliche (*s. a.* Klitoris; Vagina; Virginität)

'crinkled' u. 'zerwutzelt', II/III 381; VII 272–75

Eitelkeit u. Stolz, V 246f.

Entfremdung d. Fetischisten v., XIV 313

u. Geburtsangst, XIV 315

Genitalprimat mit Unkenntnis d. *s.* **Phallische Phase**

Grauen vor, XIII 296; XIV 314f.

als 'kastriert' (*s. a.* 'Kastration'; Kastrationsangst; -schreck; Penismangel), XII 258f.; XIII 397f.; XIV 314

Komik d., f. kleinen Knaben, VII 257

Labien, Exzision d., bei Primitiven, XII 166

bei Leonardo, VIII 138

Mons Veneris [Schamberg], V 54; XI 197

Scheide *s.* **Vagina**

Schöße (i. einer Halluzination), I 394–96, 402

Symbole f. (*s. a.* i. Symbol-Reg.), II/III *359–64*, 370f.; V 54; XI *157–65*, 167, 170

Unheimlichkeit d., XII 258f.

Genitalität [Genitalphase] (*s. a.* Genitalprimat), V 135; XV 105; XVII 77

Fortschritt z., XIII 270

frühe (*s. a.* Frühreife), I 417; V 216f.; XII 73, 207

d. phallischen Phase, unvollkommene, V 100

u. Sexualität nicht identisch *s.* **Sexualität**

Genital(e)libido *s.* **Libido-**; **Sexual-**

Genital(e)organe *s.* **Genitalien**; **Geschlechtsorgane** (innere)

Genital(e)organisation (*s. a.* Phallische Phase)

infantile, XIII 291, *293–98*

u. Verdrängung (*s. a.* Verdrängung), XIV 155

Genital(e) Phase *s.* **Genitalität**; **Genitalprimat**; **Phallische Phase**

Genitalprimat [Genitale Erotik] (*s. a.* Genitalzone), V 100, 108, *109–14* (113), 121–23, 135; VII 151; VIII 47f., 446f.; XIII 221, 294; XIV 61; XVII 77

Begriff d. –es, XIV 304

Entstehungsgeschichte d. –es, I 124f., 417; V 81, 88

u. Liebe, X 230

bei Neurotikern u. Perversen Entwicklung z., gehemmt, VII 22

u. Partialtriebe, XI 358; XIII 270

u. phallische Phase (*s. a.* Phallische Phase), XIII 294f.

i. d. Pubertät z. Geltung kommend, I 417, 511; VII 22

mit Unkenntnis d. weiblichen Genitalien *s.* **Phallische Phase**

Übergang v. d. prägenitalen Organisationen z. (*s. a.* unter d. einzelnen prägenitalen Organisationen), VIII 47; XI 340

zweifache leitende Geschlechtszone beim Weib, XIV 520

Genitalsensationen *s.* **Erregung; Genitalität; Genitalzone; Normales Sexualleben; Sexual-**

Genitaltheorie (Ferenczi), XVI 268f.

Genitalzone [Genitale Zone] (*s. a.* Genitalprimat)

Entdeckung d., noch während d. Lutschens, V 81, 84; XIV 23

infantile Betätigung d., V *88–91*

konstitutionelle Schwäche d., beim Kind, V 138f.

leitende *s.* **Genitalprimat; Klitoris; Penis; Phallische Phase; Vagina**

u. Lust *s.* **Normales Sexualleben**

Primat d. (*s. a.* Genitalprimat), V 100, *109–14*, 123, 136

i. d. zweiten Hälfte d. Kindesalters, V 113

Wiederentdeckung d., XIV 23

Genius (*s. a.* Génie; Groß(e) Männer)

Konstitution u. Zufall i. Leben d., VIII 210f.

eines Volkes, XIV 88; XVI 168

Wesen d., XVI 168

Genuß *s.* **Lust-**

Geometrie, Symbolik i. d., VII 61f.

Gerechtigkeit (*s. a.* Recht)

Idee d., Entstehung d., XIII 133

Maat, ägyptische Göttin d. *s.* i. **Namen-Reg.:** Maat

als religiöses Ideal *s.* i. **Namen-Reg.:** Atonreligion

soziale, XIII 134

Gerechtigkeitsforderung

u. Eifersucht beim Kind, XIII 133

i. d. Masse, XIII 133f.

u. Religion, XIV 352

Gerechtigkeitssinn

beim Weib, XIV 25, 30; XV 144

Gereiftere Frauen *s.* **Alter; Weib**

Geringschätzung (*s. a.* Erniedrigung)

durch Fehlleistungen ausgedrückt

Verdrehen v. Namen, IV 93

Vergessen

v. Namen, IV 95f.

v. Vorsätzen, IV 169–73

Verlesen, IV 123

Verschreiben, IV 129–31, 141

Versprechen, IV 72f., 88–92, 97f., 100

Wortmischbildungen, IV 65

Zerstreutheit, IV 173

d. Juden, aus Kastrationskomplex entstanden (*s. a.* Antisemitismus), VII 271

d. Mitmenschen (*s. a.* Egoismus) u. Zerstreutheit, IV 173

d. Traumes (d. wissenschaftlichen Wertes d. –), II/III 67, 97f.

d. Vaters *s.* **Vater**

d. Weibes (*s. a.* Abscheu; Erniedrigung; Kastrationskomplex; Misogynie; Penisstolz), XIII 296

bei Homosexuellen (*s. a.* Kastrationskomplex), XIII 205; XIV 522

aus Kastrationskomplex (*s. a.* Homosexualität (männliche): Objektwahl i. d.), V 96; VII 271; VIII 165; XII 169; XIII 205; XIV 522

Geringschätzung d. Weibes

Geruch

beim Mädchen *s.* **Groll; Kastrationskomplex; Männlichkeitskomplex; Weib**

narzistische (*s. a.* Penisstolz), XII 169

nicht primär, X 99f.

wegen Penismangel (*s. a.* Penismangel), XIV 24

u. Selbstüberschätzung (*s. a.* Penisstolz), VII 453f.; XIII 205

aus Vaterfixierung, VII 453f.

Geruch

d. Exkremente, V 189f.

d. Genitalien, VIII 90; XIV 466

Geruchshalluzination, I 163f., 173, 177, 181–83; V 235f.

Geruchsinn

u. aufrechter Gang, VIII 90; XIV 466

u. Fetischismus, V 54

u. Gesichtssinn, XIV 458f.

d. Hundes, XIV 459

u. Koprophilie u. Analerotik, VII 462

u. Menstruation, XIV 458f.

u. Neurosen, Entstehung d., VII 462

'organische Verdrängung' u. Verkümmerung d., VII 462; XIV 458–60

u. Periodizität d. Sexualvorgänge, XIV 458f.

u. Riechlust, V 54; VII 462

u. Sexualtrieb, VII 462; XIV 458f.

Geruchswahrnehmung u. hysterische Anosmie, I 163–83

Gesammelte Schriften Freuds, XVI 32

Gesamt

-Ich, XIII 145

-stimmung *s.* **Allgemeingefühl** (*s. a.* Stimmung)

-wille i. Insektenstaat, XV 59

Gesäß [Hintern, Nates] (*s. a.* Analerotik; Popo), II/III 363, 392, 416

Brust als Symbol f., II/III 192

Entblößung d. -es

gegenseitige, VII 184; XII 43

als Trotz (*s. a.* Entblößung), VII 207

als erogene Zone, XIII 377

als Genitale (i. d. infantil-analerotischen Rolle) (*s. a.* Popo), XI 195, 198

-haut (*s. a.* Haut), V 94; VII 207

u. Masochismus, V 94; XIII 377

Vorliebe f., XII 85

weibliches, XII 49, 85, 126f.

u. Zwangsneurose, XII 68

Zweifel u. Blasphemie bezüglich, XII 93–97

Geschenk

erstes, XII 113

Kind als, V 87; X 406; XII 113f.

Kot als, X 404, 406–09; XI 326; XII 113; XV 107

Urin als, X 406

Wert d. -es, XVI 38

Geschichte

Kranken-, (*s. a.* i. Reg. d. Krankengesch.) *s.* **Krankengeschichten**

d. Menschheit *s.* **Menschheit-**

d. Psychoanalyse *s.* **Psychoanalytische Bewegung**

u. Tradition, XVI 172

Welt-

u. Krieg, X 354

Wirkung großer Männer auf, XVI 214–17

Geschichtsforschung [-schreibung], bei Primitiven, VIII 152

Verbot d., IX 71

Geschädigter Dritter *s.* **Dritte Person**

Geschirr
Hinauswerfen v. *s.* **Hinauswerfen**
Zerschlagen v.
als Fehlhandlung, IV 191f.
als Verlobungszeremoniell, XI 275

Geschlagenwerden (*s. a.* Schlagephantasie)
Angst vor, u. Masochismus, XIII 377

Geschlecht, 'Drittes –', XII 300

Geschlechter (*s. a.* Geschlechtscharakter; -unterschiede)
entwicklungsgeschichtlich keine frühe Erscheinung, XIII 43, 51, 61
Kampf d., VII 183
u. 'männlicher Protest' *s.*
'Männlicher Protest'; **Männlichkeitskomplex**
paläobiologische Theorie d. *s.*
Feindseligkeit
sozialer *s.* **Feminismus**
Mythen ü. d. Herkunft d., V 34; XIII 62f.
soziale Trennung d., bei Primitiven u. i. d. Kultur, XII 168

Geschlechtlich *s.* **Sexual-**

Geschlechtlichkeit *s.* **Geschlechtscharakter; Sexualleben**

Geschlechtscharakter (*s. a.* Bisexualität; Geschlecht; Geschlechtsunterschiede; Männlich(keit); Sexualität; Weiblich(keit)), V 108f.
u. Analyse u. Neurose, XII 212; XVI 96–99
Änderung d., durch Kastration o. Keimdrüseneinpflanzung, V 46, 116
Differenzierung zwischen Mann u. Weib (*s. a.* Bisexualität; Hermaphroditismus), V 120–23, 136
gemischt, i. Einzelindividuum (*s. a.* Bisexualität), V 121
sekundärer u. tertiärer, V 41f.
u. Inversion, V 43–46
beim Weib, XV 121
Unterschiede i.
Entdeckung d., i. Kindesalter (*s. a.* 'Kastration' d. Weibes; Kastrationsschreck; Minderwertigkeitsgefühl; Penismangel), VII 174, 257
u. Ablehnung d. Weiblichkeit, XVI 99
späte, XIII 259
Verleugnung d. (*s. a.* Verleugnung), VII 178, 248; X 122; XIII 397f.; XIV 21–30, 312f.; XVII 60f., 151
als Vorstufe z. Penisneid, XIV 24
psychische Folgen d. anatomischen, XIV *19–30*
i. d. Sexualentwicklung *s.*
Sexualentwicklung

Geschlechtsdifferenzen[-ierung] *s.*
Geschlechtscharakter

Geschlechtsfunktion *s.* **Sexualfunktion**

Geschlechtsleben *s.* **Sexualleben** (*s. a.* Koitus)

Geschlechtsliebe *s.* **Liebe**

Geschlechtsorgane (*s.a.* Geschlechtszone)
äußere *s.* **Genitalien**
innere (*s. a.* Keimdrüse)
d. Kindes (*s. a.* Embryonale –), V 77
u. Sexualspannung, V 116
Unkenntnis d. –n, *s.* **Vagina**
perverse [uneigentliche]

Gesäß *s.* **After; Gesäß**

Geschlechtsorgane als Reproduktionsorgane

Mund, Lippen, Zunge, II/III 392; V 50

als Reproduktionsorgane, VII 22

rudimentäre (*s. a.* Klitoris), V 40–42

somatische Entwicklung d., V 77f.

Symbolik d. *s.* i. **Symbol-Reg.**

unreife, unentwickelte, V 77

u. Degeneration bei Hysterikern, I 436f.

Geschlechtsprodukte *s.* **Chemische; Chemismus**

Geschlechtstotem (*s. a.* Totem), IX 126

Geschlechtstrieb *s.* **Eros; Fortpflanzungstrieb; Sexualität**

Geschlechtsumwandlung *s.* **Geschlechtscharakter, Änderung d. –s**

Geschlechtsunreife (*s. a.* Geschlechtsorgane, unreife; Infantilismus; Reife; Unreife)

Personen, als Sexualobjekte (*s. a.* Kind (als Objekt); Verführung), V *47f.*

Geschlechtsunterschied *s.* **Geschlecht; Geschlechtscharakter, Unterschiede i.**

Geschlechtsverkehr *s.* **Koitus; Sexual-**

Geschlechtszone (*s. a.* Genitalzone)

leitende (*s. a.* Genitalprimat; Klitoris; Penis; Phallische Phase; Vagina)

zweifache, beim Weib, XIV 520

Geschwätzigkeit, neurotische (*s. a.* Rede(n)), VIII 72

Geschwister [–chen] (*s. a.* Bruder; Schwester)

Ambivalenz gegenüber, XI 208–10

Geburt eines neuen –s

Eifersucht auf (u. Feindseligkeit gegen) [Geschwisterhaß],

II/III 255–61 (257f.); IV 60; V 95; VII 174f., 248; VIII 50, 146, 153; XI 209, 346; XII 22, 24f., 208; XV 131f.

bei Goethe *s.* i. **Namen-Reg.**: Goethe

Schlimmheit aus, XV 131f.

als Entschädigung f. Kindeswunsch, VII 364

Enttäuschung bei d., VII 247f.

Groll gegen Mutter anläßlich d., XV 131

'zu k(l)ein' II/III 258; VII 248

beim kleinen Hans *s.* i. **Reg. d. d. Krankengesch.**: Namenverzeichnis, Kleiner Hans

beim Kleinkind, II/III 255f.; IV 60; VI 257f.; VIII 153; XIII 205f.; XV 131f.

u. Ödipuskomplex (*s. a.* Ödipuskomplex), VII 428; VIII 50

u. Sexualforschung u. Wissensdrang, V 95; VII 174f.; VIII 50, 146; XI 346

Liebe z. (*s. a.* Inzest-), XI 208–10, 346

als Objekt d. Schlagephantasien (*s. a.* Schlagephantasien), XII 203, 206

präödipaler Wunsch beider Geschlechter (Mutter gegenüber), i. bezug auf, XIV 532f.

als Rivale (*s. a.* Geschwister, Geburt eines neuen –s, Eifersucht), XIII 265f.

soziale Beziehungen z., XIII 73f., 265f.

Todeswünsche gegen, II/III 255–61; VII 248, 303, 306–10; XI 209, 346

beim kleinen Hans *s.* i. **Reg. d. Krankengesch.**: Namenverzeichnis, Kleiner Hans

i. Traum, II/III 255–61; IX 78

durch Ungeziefer u. kleine Tiere symbolisiert, XI 154

Verführung durch *s.* **Bruder;** **Verführung**

Geschwisterpaar, neurotisches hysterische u. perverse Geschwister, VII 154

hysterische u. zwangsneurotische Geschwister, I 421

Geselligkeit u. Zote (*s. a.* Dritte-), VI 109

Geselligkeitstrieb (*s. a.* Herdentrieb), X 216; XV 101

Gesellschaft (*s. a.* Gemeinschaft; Geselligkeit; Gesellschaftsordnung; Masse; Sozial; Staat)

u. Familie, XIV 462f.

gebildete *s.* **Intellektuelle;** **Kulturmenschen;** **Mittelstand**

große *s.* **Leute**

u. Herde (*s. a.* Herdentrieb), XIII 130–35

libidinöse Bindungen, i. d., Absicht d. (*s. a.* Gemeinschaft), XIV 467f.

Männer-, *s.* **Heer;** **Kirche;** **Männer-**

patriarchalische *s.* **Patriarchalismus**

Urform d., XIII 136; XVI 187

u. Witz, VI 109, 121

Gesellschaftsangst (*s. a.* Eremit; Menschenfurcht; -menge), V 190

Gesellschaftsklasse *s.* **Stand-**

Gesellschaftsordnung (*s. a.* Gesellschaft), XIV 105

Anfänge d. (*s. a.* Gesellschaft, Urform d.), XIV 458–60

Anpassung an, u. Erziehung, X 449

psychoanalytische, XV 162f.

'Gefährdung' d., angebliche, durch Psychoanalyse, XIV 105–09

Gesichtshalluzination

Neurose durch z. großes Maß d. Versagungen, auferlegt durch, XIV 446

u. Patriarchalismus *s.* **Patriarchalismus**

Perversion i. verschiedenen Epochen verschieden beurteilt, V 210

Prüderie d., i. Geldfragen, VIII 464

u. Psychoanalyse, XII 183; XIV 283

u. Sexualmoral, XI 450f.

u. würdigere Zustände, VIII 115

u. Sexualität, V 35, 37f., 43f., 49, 131; XI 450f.; XIV 105

Suggestion d., u. Therapie, VIII 110f.

Totemismus als, IX 126–29

d. Weib i. passive Situationen drängend (*s. a.* Weib), XV 123

Gesetze (*s. a.* Recht)

wissenschaftliche, XIV 379

Gesicht (*s. a.* Fratzen; Mimik)

Verlegung d. Erektion auf, XI 336

Gesicht [-ssinn] (*s. a.* Auge; Sehen; Sehstörung)

u. Geruchssinn, XIV 458f.

Halluzinationen d. -es *s.* **Vision;** **Visuell**

beim Neugeborenen, XIV 166

Störung d. -es *s.* **Seh(störungen)** (*s. a.* Blindheit)

Gesichter (*s. a.* Fratzen)

Erinnerung an, XVI 53

Gesichtsausdruck *s.* **Ausdruck;** **Mimik**

Gesichtsfeld

Enge [Einengung] d. -es, I 84

Gesichtshalluzination(en) (*s. a.* Vision; Visuell), als konversionshysterisches Symptom, I 82, 85

163

Gesichtshaut

Gesichtshaut, u. Masturbation *s*.
Angst vor Errötung; **Mitesserauspressen**

'Gesichtsreizträume' (*s. a.* Traum),
II/III 232

Gesichtsmuskeln
Lähmung d., I 47, 51, 91–162
Tic, hysterischer, d., I 99–162

Gesichtsschmerzen [-neuralgie], I
245–48
hysterische, I 47, 51, 99–162 (118)

Gespenster (*s. a.* Animismus; Dämon(en); Geist)
-angst (*s. a.* Leiche; Tote), II/III
409
u. Ahnenverehrung, Ambivalenz zwischen, IX 82
u. Eltern, VII 440f., 443; IX 82
u. Mutter, II/III 409
i. Traum *s.* Traum
-glaube [Geisterglaube] (*s. a.*
Spiritismus), IX 31, 49, 73, 82,
94, 114
intelligenter Personen, VII 97–
99
i. Paranoia, VII 99
Unheimlichkeit d., XII 254–56
i. Zwangsneurose, VII 440f., 443

Geständnis(se) (*s. a.* Verbrecher)
Glaubwürdigkeit d. *s.* **Glaubwürdigkeit**
d. Kranken (*s. a.* Patient; Psychoanalytische Kur), I 495
Schlimmheit d. Kinder als, XII
52f.
i. Traum, X 17

Gesten *s.* **Ausdruck; Bewegung;
Gebärden; Mimik; Pantomimik**

Gesund [Gesundheit] *s.* **Normal;
Normale Menschen**

Gettatore (*s. a.* Auge; Blick, böser;
Unheimliche, (Das)), XII 256

Gewalt (*s. a.* Macht-; Zwang)
durch Einigung d. Schwächeren
gebrochen, XVI 15
u. Geistigkeit, XVI 14
intellektuell gestützte, XVI 15
Konfliktentscheidung i. Urzustand durch, XVI 14f.
u. Krieg, XII 324
Recht als, XVI 15–17, 19f.
sexuell verwendete *s.* **Attentate**
(*s. a.* Trauma)
d. Urvaters *s.* **Ur(vater)**

Gewaltsamkeit
d. motorischen Äußerungen i.
Hysterie, Somnambulismus u.
Fehlgreifen, IV 185f.

Gewalttätiger Vater (*s. a.* Ur(vater);
Züchtigung)
u. Überich (*s. a.* Autorität; Gewissen-; Mißhandlung; Überich,
sadistisches), XIV 408–10

Gewehr *s.* **Waffe**(n) (*s. a.* i. Symbol-Reg.)

Gewissen (*s. a.* Schuldbewußtsein;
Schuldgefühl; Strafbedürfnis;
Überich), XI 444; XV 65, 67,
116; XVII 136f.
abnormes *s.* **Gewissen, böses**; –
sadistisches
u. Aggression (*s. a.* Gewissen,
sadistisches), I 457; XIV 482;
XVI 22
Ansprüche d. –s *s.* **Überich**
u. autosymbolische Bilder, XII 215
böses (*s. a.* Gewissen, sadistisches), XIV 484
bei Dostojewski, XIV 409f.
u. Liebesverlust, XIV 483; XVII
137
u. Selbstmord[-gedanken], XIII
288; XIV 417f.
u. Strafbedürfnis *s.* **Strafbedürfnis**

beim Verbrecher u. beim Hysteriker s. **Verbrecher**
(Definition), IX 85; XI 444; XIV 496; XVI 22

Entstehung d. –s, X 162; XII 247; XIII 281; XIV 407–10, *482–93* (484), 495 f.

i. Beobachtungswahn, XII 247

Chronologie d., XIV 487 f.

ontogenetische Stufen d., XII 247; XIV 486

Ökonomie d. Bildung, XIV 486 f.

phylogenetische, XIV 490–93

i. Volk u. Masse, XIV 486

Funktion d. –s, XII 215; XIII 265

d. Gesellschaft (d. Zukunft), XII 192 f.

u. Ichideal, X 162 f.; XIII 120, 265

als Ichinstanz, beobachtende, XI 444; XII 247; XV 65

als Ichzensor, X 163–65, XI 444; XIII 120 f.

Intoleranz d. –s s. **Gewissen**, sadistisches

Kastrationsangst, als Kern d. –s, XIII 288

konstitutioneller Faktor d. –s, XIV 490

u. Kultur, XIV 482–93

u. Liebe, XIV 492

d. Massen s. **Gewissen**, soziales (s. a. Massenseele)

beim Melancholiker (s. a. Melancholie; Selbstvorwürfe), X 433

u. Mißerfolg, X 372 f., 389–91

normales s. **Normal**(es) Gewissen

u. Ödipuskomplex, XIII 281; XIV 29 f.

paradoxes Verhalten d. –s, XIV 485, 487 f.

u. Reue, Unterschied zwischen (s. a. Reue), XIV 491

sadistisches [strenges] (s. a. Gewissen, böses; Überich, Härte d.), XIV 409 f.

Bekämpfung d. –n –s, i. d. Analyse, XVII 98

i. Dienst kultureller Triebunterdrückung, XIII 383

u. Härte d. Überich (s. a. Überich, Härte d.), XIV 496

als nach innen gewandter Destruktionstrieb, XVI 22

bei milder Erziehung, XIV 489 f.

'russischer Typus', XIII 382

besonders streng bei geringer Aggression gegen andere, XIII 383

bei Tugendhaften, XIV 485

u. Versagung, innere, X 372

u. Schuldgefühl, Unterschied zwischen, XIV 491

soziales

u. Angst, soziale, XIII 79

u. Gerechtigkeits [Gleichheits-] forderung, XIII 134

i. Krieg aufgehoben, X 330

i. d. Masse aufgehoben (s. a. Massenseele), XIII 92

u. Tabu, IX 85–87

u. Triebverzicht, XIV 486–88

u. unbewußte Impulse, IX 85–90; XIII 254 f., 281 f.

u. Überich (s. a. Überich), XIV 254

als Funktion d. Überich, XV 65 f., 72

Unterschied zwischen, XIV 496

Übermoral u. Übergewissenhaftigkeit s. **Gewissen**, böses; – sadistisches

u. Verbot, IX 87

u. Verliebtheit (Mangel d. –s i. d.), XIII 125

Gewissen u. Verschiebung

u. Verschiebung, IX 88
u. Versuchung, IX 86–88
Völker, ganzer, XIV 485f.
Wesen d. -s, XII 247; XIV 496

Gewissenhaftigkeit
  als Abwehrsymptom, primäres (*s. a.* Abwehrsymptome), I 387, 391
  u. Analerotik (*s. a.* Analerotik), VII 203
  Entstehung d., VII 136f.
  als Reaktionsbildung[-symptom], VII 136; IX 86; XIV 144f., 190
  i. Religionsübungen, VII 131f.
  gegenüber Triebzielen, verdrängten, VII 136
  zwangsneurotische (*s. a.* Zwangsneurose), I 391; IX 86; XIV 144–46
  d. Eigenliebe schmeichelnd, XIV 127
  gesteigerte, X 259
  i. Zwangshandlungen, VII 131f.

Gewissensangst (*s. a.* Angst vor Bestrafung; Selbstvorwürfe; Überich, Angst vor), I 318; IX 86; XIII 379; XIV 254, 484–87, 495f., 502; XV 68, 85, 92, 95
  u. Angst v. Autorität [soziale Angst], X 330; XIII 79; XIV 496
  (Definition), XIII 287
  d. Ich, v. Überich *s.* **Überich, Angst vor**
  Inhalt d., XIV 170
  u. Kastrationsangst, XIV 158f., 170
  als Kern d., XIII 288f.
  neurotische, I 318; IX 24; XV 84f.
  normale, XIV 180
  u. Realangst, IX 24; XV 68, 85f.
  Realangst als Vorläufer d., XV 68
  i. Religionsübungen, VII 131f.
  u. Schuldbewußtsein, IX 86; XIV 496
  statt Schuldgefühl, XIV 495
  u. Selbstvorwurf (*s. a.* Selbstvorwurf), I 388f.
  Strafbedürfnis als, XIV 496
  als Strafe, XIV 496
  u. Todesangst (*s. a.* Todesangst), XIII 288f.
  i. Zwangshandlungen, VII 131f.
  i. d. Zwangsneurose, XIV 158f., 495
  beim Zwangstypus, VII 131f.; XIV 510f.

Gewissensbisse *s.* **Selbstvorwürfe**
Gewissensfunktion *s.* **Gewissen**
Gewissensqual *s.* **Selbstvorwürfe**
Gewitter, Angst vor, XI 413, 415
  hysterische, I 68, 142

Gewohnheiten (*s. a.* Sitten)
  Komik d. erstarrten (Berufs-), VI 239
  Macht d., XV 87
  u. Symptomhandlungen, IV 239–41

Gewöhnung (*s. a.* Anpassung)
  Entlarvung u. Verblüffung d., i. d. Witztechnik *s.* **Entlarvung; Verblüffung; Witztechnik**

Gicht *s.* **Rheumatismus**

Gier (*s. a.* Gelüste; Lustprinzip; Lüsternheit; Maßlosigkeit; Unersättlichkeit), IV 175
  Hab- (*s. a.* Geiz), XIV 333
  d. Libido (*s. a.* Libido), XIV 527
  orale, d. Kindes u. Säuglings, IV 175; XV 130f.
  nach Liebe (*s. a.* Zärtlichkeitswunsch), II/III 206; V 203f.
  d. Neurotiker, V 125
  i. d. Melancholie *s.* **Melancholie**

nach Nahrung [Heißhunger],
I 320; XV 130
   als angstneurotisches Symptom, I 323
   u. Geldsucht (s. a. Geld), IV 173, 175
   i. Traum, XI 196

Gießkanne, als Symbol f. männliches Genitale, XI 156

Gingerbreadman, XIV 133

Giraffe
   als Penissymbol (beim kleinen Hans), VII 230, 269, 272–75
   als Spitzname, II/III 217

Glans Penis s. Eichel

Glanz auf d. Nase s. Nase

Glaube(n) (s. a. Fromme; Gläubigkeit; Überzeugung; Zweifel)
   Aber-, s. Aberglauben (s. a. Leichtgläubigkeit)
   an Allwissenheit d. Eltern u. Gottes, XV 60f.
   u. Argumente, XI 463
   u. Erstaunen, XIV 347
   an Gott, XII 306; XV 176
   u. Illusion, XIV 354
   an Jenseits [Paradies, Messias, Unsterblichkeit] (s. a. Jenseitsglaube; Messias), XV 195f.
   u. Liebe, XI 463
   i. Naturheilkünsten, V 300
   u. Religion (s. a. Religion), XIV 346–52
   an d. Teufel s. Dämon(en); Teufel, Glauben an
   Trost i. (s. a. Trostbedürfnis), XIII 47
   u. Vernunft, XIV 350–52
   an Vorsehung, besondere, X 366; XIV 431
   Zufalls-, IV 267–310

Gläubigkeit, Hypnotiseur gegenüber
   zwanghafter, i. Wahn, XIV 54–56
   Zweifel aus Schuldgefühl, XVI 167

Glaubwürdigkeit [Echtheit; Verläßlichkeit]
d. Aussagen
   i. d. Analyse (s. a. Anamnese; Patient), I 418; V 173f., 182f.
   erste, zuverlässiger, V 175
   bei Erwachsenen v. Vorurteilen herrührend, VII 338
   Gleichnisse ü. s. i. Reg d. Gleichnisse
   v. Kindern, VII 338
   Widerstand, als Beweis f., I 418
   Zeugen-, IV 164; VII 3
d. Erinnerung, Frage d. Erinnerungstäuschungen
   Früherlebnisse, Kindheitserinnerungen, Sexualszenen, I 418
   normale, I 546
   Traumwiedergabe (s. a. Traum(bericht)), II/III 519f., VII 11; XI 112
d. Psychoanalyse (s. a. Psychoanalytische Methode, Wert d.;
   – Theorie, Methodologie), VII 172
u. Überzeugungsgefühl s. Déjà raconté

Glaukom s. Auge (s. a. Gesicht-; u. i. Biogr. Reg.: Träume, eigene, Augen, Rolle d.)

Gläubigkeit [Gläubige Erwartung] (s. a. Glaube; Skepsis)
   an Arzt, V 301
   Behandlung v. Vertrauensseligen, VIII 457f.
   mangelnde, bei 'Naturheilkünsten', V 300
   Genesung, Wirkung d., auf d., V 14, 297–302
   Hypnotiseur gegenüber, V 306f.

Gläubigkeit, Komik
Komik d. Ausnützung d., VI 228
i. d. Liebe, durch Überschätzung d. Sexualobjekts, V 49f.
Leicht-, *s.* Leichtgläubigkeit
i. d. Religion *s.* Frömmigkeit; Glaube; Religion
an Wunder [Wunderglauben] *s.* Leichtgläubigkeit

Gleichberechtigung [Gleichheitsforderung] (*s. a.* Gerechtigkeitsforderung), XIII 134
d. Weibes (*s. a.* Feminismus), XIII 400; XIV 25

Gleichgeschlechtigkeit, angebliche, d. Geiers *s.* Geier

Gleichgeschlechtiger Verkehr *s.* Homosexualität

Gleichgültigkeit *s.* Indifferenz

Gleichgewicht [Stabilität] (*s. a.* Besetzung; Energie; Libidoverteilung; Ökonomie, psychische; Proportion; Quantität; Reizschutz; Ruhezustand; Spannung; Vestibularnerven), XIII 67–69
d. Ich i. Dienste d. Komik, XIII 146
körperlicher u. psychischer Sexualfunktionen, I 416
u. Labilität, u. Differenzierung d. psychischen Funktionen, XIII 146
u. Lust u. Unlust, XIII 4f.
u. Spannung (*s. a.* Spannung), I 416
Tendenz z. (Fechner), XIII 5, 371f.
u. Todestrieb, XIII 376

Gleichheitsforderung *s.* Gleichberechtigung (*s. a.* Demokratie; Freiheit; Führer; Gerechtigkeitsforderung)

Gleichklang (*s. a.* Anklang; Reim), VI 135f., 193

u. Assoziation (*s. a.* Assoziation), IV 28–50
z. Komplex leitend, IV 28–50
i. Traum, II/III 62f.
i. Traumbüchern, orientalischen, II/III 103f.
i. Witz, VI 12, 135
Wort- (*s. a.* Wort)
u. kindliches Denken, VII 293

Gleichmut *s.* Indifferenz

Gleichnis(se) [Metaphern, Vergleiche], (*s. a.* i. Reg. d. Gleichnisse) XI 120
i. d. Analyse *s.* Gleichnis(se), d. Patienten
u. Anspielung, VI 93
bestimmte, einzelne *s.* i. Reg. d. Gleichnisse
Darstellung durch, VI 196
indirekte, VI 87–96
fixierte Phrase als, VI 89
Freuds Auswahl d. Gesichtspunkte d., VI 12; XV 79, 81
Komik durch, VI 217, 239
Lichtenbergs, VI 88–102
d. Patienten (*s. a.* Psychoanalytische Situation; u. i. Reg. d. Krankengesch., unter d. einzelnen Krankengeschich.), VIII 269–73; XII 133
i. d. Psychologie (statt Beschreibung), XIV 222
Traum als, II/III 671f.
i. Traum, VI 196
Unifizierung durch (*s. a.* Witz), VI 99
Wert d., II/III 541; XV 79, 81
durch Witz, VI 84, 87–96, 239–41
witzig, nicht immer, VI 87–95
witzige *s.* Gleichnisse, Lichtenbergs; **Witz** (Phänomene): Metapher; **Witztechnik**, Gleichnis u. i. Sprach-Reg.

durch Wortspiele [Metapher], VI 37f.

Gleichschwebende Aufmerksamkeit d. Analytikers (*s. a.* Psychoanalytiker), VIII 377f.; XIII 215

Gleichstellung (*s. a.* Identifizierung)
i. Traum, durch Vermischung symbolisiert, VII 102
d. Weibes *s.* **Gleichberechtigung**

Gleichzeitigkeit (*s. a.* Zeit-)
Darstellung i. Traum (*s. a.* Denkrelationen)
durch Assoziation, II/III 544
als Darstellung d. Zusammenhanges, II/III 319, 673f.
Vorstellungsweisen, verschiedener, Komik erzeugend, VI 267

Gleiten *s.* **Rutschen**

Glieder
-schmerzen, hysterische, I 122–25, 196–251
Stellung d., i. Traum, II/III 41f.

Globus hystericus [Schnüren i. Hals], I 250, 451; V 83

Glossen, z. Traum, u. Traumgedanke, II/III 337, 379

Glück (*s. a.* Unglück; Unlust, Abwehr d.), V 295
u. Anpassung, XIV 500f.
(Definition u. Wesen), XIV 434
Ehe- (*s. a.* Ehe-), XIV 528; XV 142f.
Aberglauben bezüglich, IV 287
d. Ich u. Härte d. Überich, XIV 503
Intensität d. -s, u. Bändigung d. Triebe, XIV 437
u. Kultur, VIII 58f.
Kinder-
Komik als Erinnerung an (Bergson), VI 254

Glückwünsche, Allmacht

vermeintliches, II/III 136
u. Libido-Ökonomie, XIV 442f.
Liebe als Vorbild f., XIV 440f., 460f.
u. Narzißmus, XIV 443
u. Natur (*s. a.* Natur), XIV 433–35, 442, 444
als Rausch, XIV 436f.
u. Religion, XIV 443f.
als Ruhe, XIV 435, 437
Streben nach *s.* **Glücksstreben**
-strebung i. d. Kultur, XIV 446f., 500f.
subjektiver Maßstab, XIV 442f., 448
u. Technik, XIV 446–49
durch Triebe (u. Triebstärke, ungebändigte), XIV 437
Unerfüllbarkeit *s.* **Glücksstreben**

Glück [-sgefühl] (*s. a.* Glück)
intrauterines (*s. a.* Mutterleibsphantasien; Ozeanisches Gefühl; Regression), XIV 166f.
u. Sublimierung, XIV 437f.

Glückshaube
Glaube an, XII 133f.
als Mutterleibs- u. Wiedergeburtsphantasie, XII 134

Glückskind, Goethes Phantasie v., XII 26

Glücksstreben [-wunsch]
u. Egoismus, XIV 500
d. Menschheit, XIV 501
Rücksichtslosigkeit d. Überich, gegenüber, XIV 503
unerfüllbar, XIV 442
Werturteile leitend, XIV 505f.

Glückwunsch *s.* **Glücksstreben**; **Glückwünsche**

Glückwünsche
Allmacht d. Gedanken i. -n, XVI 249

Glückwünsche, Ambivalenz d.

Ambivalenz d., XVI 267
Goethe s. i. Namen-Reg.
Goethepreis (1930), XIV 545–50; XVI 33
Gold (s. a. Geld)
  'd. Analyse', XII 193
  als 'Dreck d. Hölle', VII 208
  u. Kot, VII 208; X 407; XV 107
  'Vorahnung', i. Zusammenhang mit d. Namen '–', IV 293f.
Goldene(s)
  '– Regel', d. Darwin, XI 72
  Zeitalter
    u. Bolschewismus, irdisches Paradies d., XV 196
    d. Kultur, XIV 327f.
    i. primitiven u. Kinderphantasien, VIII 151–53; IX 141
Goldschmiede v. Ephesus, VIII 360f.
Gonorrhöe, u. Neurasthenie (s. a. Syphilis), I 4
Gott[esbegriff] (s. a. Götter; Göttin; Vergöttlichung)
  Abbildungsverbot d. Juden s. i. **Geogr. Reg.**: Juden
  Absetzung u. Züchtigung –es (s. a. Gott, u. Fetisch), XVI 219
  Allwissenheit, Glaube an –es, XV 60f.
  Ambivalenz i. d. Vorstellung –es, XIII 331f.
  d. 'auserwählten Volkes' (s. a. i. Geogr. Reg.: Juden), XIV 341
  als Beschützer, XV 175–77
  Dämon als gestürzter, XIII 331
  Dämonen als Gegner –es, XIII 331
  Einzigkeit d. –es s. **Monotheismus** (s. a. i. Geogr. Reg.: Juden)
  als Elterninstanz (s. a. Gott, als Vater), XIII 381; XV 175–77
  Entmaterialisierung d. –es, XVI 220–23, 236
  Entwicklung d. Idee, XIV 92–94, 338–40
  als Erhöhung d. Vatergestalt s. **Vater**, Gott als
  erste, IX 177–79; XIV 92–94
  d. Es, als d. durch d. Feuerlöschentsagung betrogene, XVI 5
  u. Ethik, XVI 226f.
  feminine Einstellung gegenüber, XII 116
  u. Fetisch (d. Primitiven) (s. a. Götzen), XIV 486; XVI 219
  Glauben an, XII 306; XV 176
  u. d. Gute (als Inbegriff alles –en), XIV 341
  mit Herdentrieb nicht erklärt, XIII 132
  Herrlichkeit –es, XVI 236f.
  Heros als, XVI 242
    Moses als, XVI 217f.
  u. Induktionsfurcht, XV 60f.
  als Intelligenz, überlegene, XIV 340
  mit Kot [Schwein, usw.] i. Blasphemien identifiziert (s. a. Kot), XII 40, 116
  u. König, IX 181; XVI 219
  Kulturideal als, XIV 450f.
  als moralische Macht, XIV 340f.
  Mord an s. **Vater(mord)**
  d. Philosophen, XIV 355
  Privilegien –es, VII 139
  als Problemlösung, allzu einfache, XVI 230f.
  als Schöpfer, XV 175
  Schrebers s. i. **Reg. d. Krankengesch.**: Namenverzeichnis, Schreber
  u. Sexualität, XVI 5, 226f.
  als strafendes Wesen, XIII 284
  Technik macht Menschen z. Prothesen-, XIV 451

u. Teufel, XIV 479f.
als Tier s. Tier, Gott als Totem als, XVI 242
'unerforschlicher Ratschluß –es', XIV 444
Urvater als s. Ur(vater); Vater
als Vater s. Vater, Gott als; — Vergöttlichung d. (s. a. Gott, als Elterninstanz)
u. Verbote, XIV 364f.
als Verfolger, VIII 251f.
als Vermenschlichung d. Natur, XIV 343
i. Wahn s. i. Reg. d. Krankengesch.: Namenverzeichnis, Schreber; – Wolfsmann
Zweifel an s. Zweifel
bei d. Juden s. i. Geogr. Reg.: Juden

Gottesidee s. **Gott**

Gotteslästerung s. **Blasphemie; Fluchen**

Gottesmord s. **Vater(mord)**

Gottesnamen, Tabu d. –s, XVI 139f.
bei Hebräern, VIII 348

'Gottesstrahlen' s. i. Reg. d. Krankengesch.: Namenverzeichnis, Schreber

Gottsohn (s. a. Sohnesgott; u. i. Namen-Reg.: Jesus Christus), IX 186

Gottvater s. **Vater, Gott als; Ur(vater)**

Gottwerdung s. **Vergöttlichung** (s. a. i. Zitat-Reg.: Weh mir)

Gouvernante(n) (s. a. Dienstboten; Kinderfrauen)
u. Ammen (s. a. Amme), XII 48
als Verführerinnen, I 266, 382, 417

Götter (s. a. Gott-; Polytheismus)
ehemalige s. **Dämon(en); Teufel**

Inzestehe d. s. **Inzest-**
menschliche Eigenschaften d., VII 139
neue, alte überwindend, IX 181
i. Tiergestalt s. **Tier, als Gott**
Triebfreiheit d., XVI 5
Vulkan-, XVI 146f., 163

Götterbilder s. **Bilderverbot; Götzen**

Götterfamilien [-generation, -reihen], IX 181; XIII 153; XVI 242

Göttin(nen), XVI 147
Freiheit d., XVI 5
Liebes-, s. **Liebesgöttin**
Mutter-, s. **Muttergottheiten**
Schicksals-, s. **Schicksalsgöttinnen**
Todes-, s. **Todesgöttinnen**
Vegetations-, s. **Vegetationsgöttinnen**
als Weltschöpferin, XV 175

Götzen [Götterbilder] (s. a. Fetisch, d. Primitiven; Gott, u. Fetisch)
Defloration durch, XII 175
Verbot d. s. **Bilderverbot**

'Grand mal' s. **Epilepsie**

'Grande attaque' s. **Anfall, hysterischer (Charcot)**

Graphologie, XV 48; XVII 41

Graphische Skizzen [Abbildungen, Schemas] i. d. 'Gesammelten Werken' Freuds
z. Apparat, seelischen, II/III 542f., 546; XV 85
u. 'Hörkappe', XIII 252
z. Identifizierung i. d. primären Masse, XIII 128
z. Krankengeschichten, VII 281f., 432
d. Libidofixierung, XI 376

Graphische Skizzen z. primitiven Organisation

z. primitiven Organisation d. Phratrien, IX 13

d. Triebumsetzung i. d. Analerotik, X 408

d. Vergessens v. Eigennamen, IV 9

d. Versprechens, IV 9

d. Wahrnehmung u. Erinnerung, II/III 542–44, 546

Gratifikation s. Befriedigung

Gratisbehandlung (s. a. Honorar), IV 252f.; VIII 465f.; XI 448f.

u. Übertragung u. Vaterkomplex, VIII 465

Grauen s. Grausen

Grausamkeit (s. a. Aggressionslust; Attentat; Gewalt; Haß; Mißhandlung; Sadismus; Zärtlichkeit), V 56, 101; X 332; XI 339; XIV 479

u. Bemächtigungstrieb, V 93

u. Brutalität, i. Krieg, X 328–31

u. Frühreife, teilweise, V 94

d. Gewissens s. Gewissen, sadistisches

u. Haß, V 66

Haut als erogene Zone d., V 69

Heilbarkeit, Frage d., V 94

d. Ichideals (s. a. Überich, Härte d.), XIII 285

d. Kinder, V 58, 92–94

kulturgeschichtlich betrachtet, IV 56; V 58; X 328–31, 345

d. Massen, X 328–31; XIII 84

u. Mitleid, V 93

religiöse Beurteilung d., XV 110

gegen Tiere, II/III 295–98; XII 50

i. Traum, II/III 311

d. Urmenschen, X 345

d. Überich s. Überich, Härte d.

i. d. Übertragung, V 284

als Vorläufer d. Zwangsneurose, XII 40

u. Zärtlichkeit, V 141; XIV 476f.

Grausen [Grauen] (s. a. Abscheu; Unheimlichkeit)

fehlendes, i. Freuds Traum v. Sektion am Unterleib, II/III 455, 481

v. gruseligen Erzählungen, V 125

u. Humor, VI 264

hysterisches, I 100, 104f., 107f., 125, 137, 147

u. Sexualität

erregende Wirkung d. Grausens, V 104f.

v. realen Anforderungen d. Sexuallebens (s. a. Sexualablehnung), V 129

durch unrichtige sexuelle Aufklärung (s. a. Aufklärung), VII 25

als Widerstand gegen Libido, V 60

v. weiblichem Penismangel (s. a. Kastrationsschreck), XIII 296

Grausenerregendes [Grauenhaftes] s. Unheimliche, (Das)

Gravidität s. Schwangerschaft

Greiftrieb, V 80f.

Grenz(en)

Alters-, s. Alter

d. Bewältigung, XIV 180

d. Normalen u. d. Pathologischen, XIII 399

-stationen mit gemischter Besetzung, XIV 126

Grimassen s. Fratzen (s. a. Mimik)

Grippe, aus Strafbedürfnis, XV 116

Groll (s. a. Feindseligkeit; Vorwurf)

gegen Eltern (s. a. Groll, gegen Mutter)

u. Schlimmsein (*s. a.* Schlimmheit), XII 22, 25
durch Fehlleistungen ausgedrückt (*s. a.* Fehlleistungen)
Übersehen, Überlesen d. Namens, IV 172
Verlesen, IV 119-21
gegen Kulturheros, XVI 6
gegen Liebesobjekt, i. d. Melancholie, durch Selbstvorwurf, X 434
gegen Mutter [Feindseligkeit], seitens d. Tochter (*s. a.* Mädchen, u. Mutter; Mutterbindung, präödipale), XIV 532, 535; XV 26, 130-36
durch Fehlleistung ausgedrückt
    durch Verlesen, IV 119-21
    durch Verschreiben, IV 129-31, 141f.
    durch Versprechen, IV 97-117; XI 36
auf Ehemann übertragen, XIV 523f.
u. Haß, XV 129
Milch nicht genug gespendet z. haben, XV 130f.
wegen Penismangel, XIV 527; XV 133-36
Rationalisierungen d., XV 130f.
nicht aus Rivalität u. Ödipuskomplex, XIV 524
i. Schützlingen, XIII 20
Verführungsvorwurf, XIV 525, 527, 532; XV 128-36 (128f.); XVII 115
mit Vergiftungswahn *s.* Vergiftungswahn

'Group mind' (McDougall) (*s. a.* Massenseele), XIII 74, 90-94, (90)

Groß (-er, -e, -es) (*s. a.* Hervorragend)

Größenwahn, Mechanismus d.

Bewegungen *s.* Anfall, hysterischer; Bewegungen; Gebärden

Hysterie *s.* Anfall, hysterischer (nach Charcot)

Männer (*s. a.* Führer; Genius)
Begriff, XVI 215-17
u. Geistesgestörte, Rolle d. Traumes i. Leben v. -n u. -n, VII 82
Ideen d., XVI 216f.
Person d., XVI 215-17
Wirkung auf Geschichte, XIV 214-17

Neurosen (*s. a.* Anfall, hysterischer)
sexuelle Ätiologie d. (*s. a.* Ätiologie; Neurosen), I 410-12, 416

Großartigkeit *s.* Erhabenheit (*s. a.* Triumph)

Grotesk(e) *s.* Komik; Komisch-; Unheimliche, (Das)

Größe, d. Genitalien *s.* Genitalien

Größenwahn (*s. a.* Maßlosigkeit), X 160
als asymptotische Wunscherfüllung, VIII 283f.
Fixierungsstelle, frühe, d., VIII 444
als Heilungsversuch, X 152
Ichvergrößerung i., VIII 309
beim Kind, II/III 221; X 160
d. Kinder (*s. a.* Allmacht d. Gedanken), VII 450
u. Libido, VIII 309
narzißtische (*s. a.* Narzißtische Libido), X 139f.
Objekt-, X 140
-verteilung, VIII 309; X 140
u. Liebeswahn, XI 439
Mechanismus d., VIII 309; X 152f.

Größenwahn bei normalen Erwachsenen

bei normalen Erwachsenen gedämpfter, X 160
Rationalisierungen i., VIII 284
Schrebers s. i. Reg. d. Krankengesch.: Namenverzeichnis, Schreber
Selbstliebe i., VIII 301f.; X 139f.
u. Verfolgungswahn, VIII 284; XI 439
u. Versagung, X 152

Größenwunsch, d. Kindes
auf Genitale zentriert (s. a. Klitoris, Penisneid), VII 342
'groß z. sein', XIII 15

Grube [Schacht] als Symbol f. weibliches Genitale, XI 157, 199

Grumus merdae d. Einbrecher, XII 113

Grundregel s. Psychoanalytische Grundregel

Grundsprache (s. a. Ursprache)
Symbolik als, I 569; XI 169, 171

Grundtriebe s. Triebe, Ur-

Gruppenehe, IX 12f., 129; XIII 157

Gruppenseele s. Massenseele (s. a. 'Group mind')

Gruselgeschichten (s. a. Grausen; Unheimlichkeit), V 125

Grübeln, VII 440; XI 319f.
u. Blasphemie, XII*93–97
Entstehung d. -s, VII 460; VIII 450
u. infantile Sexualforschung, u. spätere Denkarbeit, VII 180f.; VIII 146f.

Grübelsucht[-zwang] s. Zwang (psychischer): Arten d., Grübel-

'Gut' u. **'Böse'** [Schlecht] (s. a. Moral; Sittlichkeit), I 567–88; X 110f., 331–35; XI 147f.; XIII 282; XIV 483; XVI 228
i. d. Außenwelt, XIV 13

beim Dichter, VII 220
i. d. Erziehung, X 333–39
d. Es kennt kein, XV 81
u. Ich, XIV 13
i. d. Kultur, X 331–35
i. Menschen, X 332f.; XI 146–49; XIV 281f., 470, 483–85; XV 110f.
u. Nächstenliebe (s. a. Nächstenliebe), XIV 470
Platos Ansicht ü. (Unterschied v. Tat u. Traum), II/III 625; XI 147
i. d. Psychologie, XVI 20f.
u. Schuldgefühl, XIV *483–93*
Wesen v., XIV 483

'Gute', (Das) s. **'Güte'**

'Guter Witz' s. Witz (Arten): 'guter' u. 'schlechter'

Gutsherr, Recht d.-n, z. Defloration, XII 174f.

Güte ['das Gute'] (s. a. Ethik; 'Gut' u. 'Böse'; Nächstenliebe; Übergüte)
ethische Definition d., X 334
Gott als Inbegriff d., XIV 340f.
Introjektion d., i. d. oralen Phase, XIV 13
menschliche, eine Illusion, XV 110f.

Über-, nervöse s. Überzärtlichkeit

Gymnasiasten
neurotische, VI 141
Psychologie d., X *204–07*

Gymnastische Darstellungen s. Akrobatik

Gynäkologische
Behandlung u. Angstneurose, I 330
Beurteilung d. Hysterie, I 248

Gynäkophilie s. Homosexualität, (weibliche)

γνῶθι σεαυτόν, IV 236

H

Haar (s. a. Behaarung)
als Fetisch (s. a. Zopf), V 52–54
genitales s. Genital-

Haarabschneiden, als Kastrations-
äquivalent [-symbol], II/III
362, 371; IX 184

Haarzopf s. Zopf

'Haben' u. 'Sein' (beim Kind), XIII
115f.; XV 69; XVII 151

Habgier [-sucht] (s. a. Analerotik;
Geiz; Gier; Zwang (psychi-
scher))
 u. Eifersucht, XII 115
 u. Fehlleistung (s. a. Verrechnen),
 IV 101
 i. Traum (s. a. Traum), XI 196

Haftbarkeit [-fähigkeit] (s. a. Fi-
xierbarkeit; Trägheit), V 53,
144

Hag(i)os [ἄγ(ι)ος] Tabu-Bedeu-
tung d. griechischen Wortes,
IX 26

Hahn, Identifizierung mit s. i. Reg.
d. Krankengesch.: Andere Au-
toren, (Ferenczi)

Halb
'-gehorsam', sexueller, VII 163
-hypnotischer Zustand s. Hyp-
noide Zustände
-träume [Wachträume], VIII 10;
XVII 17

Halluzination(en), VIII 10; XVII 84
 d. abwesenden Person, beim
 Säugling (s. a. 'Fortsein'), XIV
 167
 i. Alkoholdelirium, X 425

 i. Amentia, X 420, 425
 angstneurotische Neigung z., I
 324
 Bedingung d., X 423
 Begriff d., XVII 84
 bestimmte einzelne
 abgeschnittener Finger, X 120;
 XII 117f.
 i. Dementia praecox, X 425
 'grüne Gesichter, rote Augen',
 II/III 549f.
 weibliche Schöße, I 395f., 402
 u. Entfremdungsgefühl, XVI 54
 u. Erinnerung, XIII 248
 als Erinnerungssymbol, I 149,
 176–78
 früheste, XIV 167
 Geruchs-, I 162, 164, 173, 177,
 181–83; V 235f.
 Gesichts-, s. Vision; Visuell
 hypnagogische s. Hypnagogische
 Halluzinationen
 i. d. Hypnose, V 307f.
 i. d. Hysterie, I 74, 93, 246, 267;
 II/III 549; XIV 140f.
 u. Infantilszenen, II/III 551f.
 i. Jensens 'Gradiva', XII 93, 95
 u. Kastrationskomplex, X 120–
 22; XII 117
 v. Liederfragmenten (s. a. Per-
 severation), II/III 422; XI 106
 negative (s. a. Fehlleistungen;
 Skotomisation; Übersehen; Ver-
 blendung), I 167; II/III 236; IV
 121; V 233, 308; VII 94; X 423,
 425

175

Halluzination(en), Normaler

bei Druckfehlern, II/III 504

beim Nichtfinden, IV 121

u. Kastrationserkenntnis, XIV 24, 315

u. Magie *s.* **Magie**

Namen d. Beleidigers, Übersehen d. -s, IV 172

Normaler (*s. a.* Halluzination, u. Entfremdungsgefühl; -negative), XVI 254

i. d. Paranoia, I 393–95, 398–400, 402; II/III 549

Psychoanalyse d., VIII *401*

i. Psychoneurosen, II/III 540

u. Realitätsglauben, X 421f.

Regression keine genügende Erklärung f., X 422

religiöse, werden heutzutage seltener, VIII 113

u. Schlaf, II/III 560

u. Sprachfähigkeit, XVI 54

v. Stimmen, X 163

i. Traum, II/III 52f., 92–94, 540, 549f.; X 420, 425; XVII 84

v. Trauma (*s. a.* Trauma), I 82

Verdrängung, Konflikt, Reaktions- u. Ersatzbildungen, Verdichtung u. Verschiebung i. d., XIII 401

u. Wahnbildungen, I 393–95, 398–400, 402; XVI 54–56

u. Wahrnehmung, XIII 366; XVI 54

  Elemente d., i. d. Erinnerung, XIII 248

  Korrektur d. durch Halluzination, X 121

  Lücken d., X 121

  Unterschiede zwischen, XIII 248

  als Übergreifen auf d. W.-System, XIII 248

  wiederkehrend i. d. (*s. a.* Halluzinatorische Befriedigung), I 63; II/III 57

u. Wunsch (*s. a.* Wunsch), II/III 571, 604

u. Wunschbefriedigung *s.* **Halluzinatorische** Befriedigung

Halluzinatorisch (-er, -e, -es)

Befriedigung (*s. a.* Befriedigung; Versagung; Wunschbefriedigung, -erfüllung; -phantasie), II/III 570–72, 604; VII 192; IX 104; X 415; XIII 32

  Ausbleiben d. -n, VIII 231f.

  Denken als Ersatz f., II/III 572

  i. gestörtem Ruhezustand, VIII 231

  i. Magie, IX 103–06

  u. Regression d. Ich (*s. a.* Regression), X 418, 420f.; XI 413

  d. Säuglings, II/III 571; VIII 232

  i. Spiel, IX 103–06

  i. Traum (*s.a.* Traum, Wunsch-; Traum(wunsch)), VII 32, 121; XV 16f., 20

  i. Wahn, VII *31–125*; XVI 54

Beobachtungswahn *s.* **Beobachtungswahn**

Charakter (Deutlichkeit, Lebhaftigkeit)

  d. Erinnerung u. d. Details, I 63

  nach analytischer Konstruktion, XVI 53f.

  i. Hypnose, XVII 17

  traumatischer Erlebnisse, I 63, 88; XVII 10f.

  d. Traumes, II/III 52, 539f., 547; XI 178, 218

Psychosen *s.* **Amentia; Psychosen,** (bestimmte): halluzinatorische

Regression (*s. a.* Regression), II/III 547

Verworrenheit [Wahnsinn] *s.*
Amentia; Psychosen (bestimmte):
halluzinatorische
Wiederkehr
 d. Erinnerung i. hysterischen
 Anfall, XVII 10f.
 d. Wahrnehmung als Wunsch-
 erfüllung, II/III 571
Wunschbefriedigung *s.* **Halluzi-
natorische** Befriedigung
Wunschpsychose *s.* **Psychosen**
(bestimmte): halluzinatorische

Hals
-muskeln, Tic, hysterischer d., I
100
-schmerzen, hysterische, I 250
Schnüren i., hysterisches (*s. a.*
Globus), V 83

Hammer (*s. a.* Instrumente), XI 156
Hand (Hände) (*s. a.* Finger; Fuß)
 u. erogene Zone, V 111
 u. Kastrationsdrohung, XIII 397
  Unheimlichkeit d. abgehaue-
  nen, XII 257, 259, 267
Lähmung d., VIII 100
Schwellen, Empfindung d. -s, d.,
XII 25
Schmerzen, hysterische, I 118
als Symbol f. männliches Geni-
tale (*s. a.* Hand, u. Kastrations-
drohung), XI 157
-zeremoniell, u. Masturbation, V
243; XIV 417
Zote bezüglich, VI 62, 81

Handeln (*s. a.* Handlung)
als Abwehr *s.* **Abwehr; Handeln,**
zweckmäßiges
als Anpaßung d. motorischen Ab-
fuhr, VIII 233
als Außenweltsbewältigung, XIV
122
(Definition), VIII 233

Handlung(en), Wahn-
u. Denken *s.* **Denken,** u. Handeln
u. Entschluß *s.* **Entschluß**
Hemmung d. *s.* **Abulie; Hem-
mung; Unsicherheit**
als Ichfunktion, XIII 285; XIV 122
Probe-, *s.* **Denken,** als Probe-
handeln
u. Realitätsprinzip, VIII 232f.
u. Reden *s.* **Reden,** u. Handeln
zweckmäßiges (*s. a.* Handeln, als
Anpassung)
 als normale Abwehr, XVI 255f.

Handlung(en) (*s. a.* Handeln)
Abwehr-, *s.* **Abwehr-; Schutz-
maßregel**
Ersatz-, *s.* **Ersatzhandlungen;
Zwangshandlung**
Fehl-, *s.* **Fehlleistungen**
Kompensations-, XI 63
korrekte, Definition d. -n, XVII
69
u. Moral *s.* **Moral; Zwangsneu-
rose**
Motive d. (*s. a.* Motiv-), XVI 21
Penisneid als *s.* **Penisneid**
Täuschungen, wahnhafte, ü.,
bei Normalen (*s. a.* Rationali-
sierung), VII 93
u. Rede, i. Witz, VI 208
verpönte (*s. a.* Erziehung; Moral;
Scham; Sittlichkeit; Unart;
Zwangsverbote)
 Annäherung d. Abwehrhand-
 lungen an, VII 137
Versicherungs-, *s.* **Abwehr-;
Schutzmaßregel**
o. Vorsatz, XIV 484, 487
Wahn-,
u. Phantasien, VII 78
als Symptome, VII 78
zweifache Determinierung d.,
VII 79

Handlung(en), Zwangs-

Zwangs-, *s.* **Zwangs-** (*s. a.* Schutzmaßregel)

Handwerkstätigkeiten *s.* **Instrumente** (*s. a. i.* Symbol-Reg.)

Harem-Traum [-Phantasie], II/III 359, 400; XI 202

Harmlosigkeit, scheinbare (*s. a.* unter d. Namen d. verschiedenen krankhaften Erscheinungen)

d. Deckerinnerungen, XII 18

'Entharmlosung' d. Kindheit (*s. a.* Unwissenheit), XIV 238

d. Kunst, XV 173

d. Träume *s.* **Traum**, 'harmloser'

i. Witz *s.* **Witz** (Arten): 'harmloser'

Harmonie *s.* **Integration**

Harn [Urin] (*s. a.* Exkremente; Urethral-; Urinieren)

-abgang, unwillkürlicher (*s. a.* Bettnässen; Inkontinenz)

bei hysterischem Anfall, VII 238

-apparat

u. Genitalien, V 88 f.

Masturbation vermittels -es, V 88–90

Traumsymbole f., II/III 90, 230 f.

-drang *s.* **Harnreiz**

Ekel v., V 51

-entleerung *s.* **Urinieren** (*s. a.* Inkontinenz)

als Geschenk, X 406; XI 325

-reiz [-drang]

angstneurotischer, I 324

hysterischer, I 451

-symbole, II/III 371–73, 400, 407

-traum *s.* **Traum**, typischer (bestimmte Arten d.): Harnreiz-Zurückhaltung d. -es, beim Kind (*s. a.* Urethralerotik), VII 289

Mangel an *s.* **Bett(nässen)**; **Inkontinenz**

zwangsneurotischer, I 348

Haß [Hassen] (*s. a.* Aggression; Destruktionstrieb; Eifersucht; Feindseligkeit; Groll)

Abwehr d. *s.* **Liebe**; **Paranoia**

Ambivalenz i. (*s. a.* Ambivalenz; Liebe u. Haß), XIII 271

u. anal-sadistische Phase *s.* **Anal (sadistische) Phase**

Archaisches i. Regungen d. -es, XI 206 f.

asexuell, i. Vergleich z. Liebe, X 230

älter als Liebe, VIII 451; X 231

-befriedigung, durch Mord, X 349

-bereitschaft

i. größeren Einheiten (*s. a.* Haß, i. d. Masse), XIII 111 f.

i. Individuen, XIII 110 f.

u. Destruktionstrieb, XIII 271

i. d. Eifersucht, XIII 195 f., 266

u. Fehlleistungen (*s. a.* Feindseligkeit), IV 237

Geschwistern gegenüber, XI 346

u. Grausamkeit, V 66

u. Homosexualität, XIII 266, 272

i. d. Hysterie, XIV 190

u. Ichtriebe, narzißtische, X 231

gegen Kinder, XIV 190

u. Liebe *s.* **Liebe**, u. Haß (*s. a.* Ambivalenz)

i. d. Masse (*s. a.* Massenseele), XIII 83

aufgehoben (*s. a.* Bruder; Brüder-;), XIII 133

u. Moral, VIII 451

d. Mutter (beim Mädchen) *s.* **Groll**; **Mädchen**, u. Mutter (*s. a.* Feindseligkeit; Mutterbindung, präödipale)

als negativer Faktor d. Liebe,
VII 456
auf Objektstufe entstehend, X 228
u. Paranoia (s. a. Paranoia), V 66;
XIII 200, 271
u. Selbsterhaltung, X 230f.
Sexualbetonung geringer, Entstehung älter, i. Vergleich z.Liebe, X 230f.
u. Töten (s. a. Mord), X 349
u. Trauer (s. a. Todeswunsch), X 347, 349, 353
i. Traum, XI 143
u. Trieblehre, XIII 57–59
u. Unlust (s. a. Unlust), X 230f.
Verfolgungswahn verwandelt Zärtlichkeit i., XI 440; XIII 271f.
i. Verliebtheit (nicht manifest), XIII 271
u. Zwangsneurose, I 348; VIII 447

Hast, u. Nervosität, VII 145–48

Hauch, als 'Geist' (s. a. Atmen), XII 97; XVI 222

Hauen (s. a. Schlagen)
'wann haut'n ...', VII 206

Haufen
Kot-, s. Grumus
Menschen-, (s. a. Gedränge; Masse), XIII 90f.

Haus-Symbolik (s. a. i. Symbol-Reg.)
d. Fassade, bisexuell, II/III 351f., 368f.; XI 154, 157f., 161
f. Leib (bei Scherner), II/III 89, 230f., 618; XI 154, 161
f. Weib u. weibliches Genitale, XI 157f., 165

Hausarzt (s. a. Arzt)
u. Hypnose, V 311

'Hausfrauen-Psychose' ['-neurose'] (s. a. Zwang, Wasch-), IV 47; V 178

Haustiere s. Domestikation; Tiere, bestimmte Arten

Haut
u. Analerotik, VII 205–07
Berührung d.
als Bedürfnis ['Kontrektationstrieb'], V 69
beim Raufen u. Ringen, V 104
d. Brust, V 111
als erogene Zone, V 102, 105
bei Schmerz u. Grausamkeitskomponente d. Sexualität, V 69
-erotik, V 55
u. Lutschen, V 82–85
Flugträume u. Sensationen d., II/III 279f.
Gesäß-, VII 207
Gesichts-, u. Masturbation, X 298
Hyperalgesie d., I 197–99
Hypochondrie bezüglich, X 298f.
Sensibilitätsstörungen d., bei Hysterie, I 32, 197–99

Hämorrhoiden, u. Nervosität, V 86f.

Hängelampe, als Genitalsymbol, XI 156, 195

Härte d. Überich s. Überich, Härte d.

Häßlichkeit (s. a. Schönheit)
d. Genitalien s. Genitalien
i. d. Karikatur, VI 6f.

Häufigkeit, i. Traum durch Häufung dargestellt (s. a. Traum-(personen)), XV 26f.

Häufung s. Häufigkeit

Häuptling s. Führer; König

Hebephrenie (s. a. Dementia praecox), VIII 228, 313

Hedonismus (s. a. i. Zitat-Reg.: Carpe diem)

Hedonismus u. kulturelle Sexualmoral

u. kulturelle Sexualmoral, VII 167

Heer (*s. a.* Krieg; -sneurosen; Soldaten)
Fehlleistungen, Beurteilung, Strenge d., i., IV 170f.
Gemeinsamkeit i., auch Exkretion nicht ausschließend, XIII 137
Gleichheitsforderung i., XIII 134f.
u. Kriegsneurose, XIII 103
Gleichheitsillusion i., XIII 139
Ichidealersetzung u. Identifizierung i., Unterschied zwischen, XIII 150
Kameradschaft u. Inversion i., V 38f.
als künstliche Masse, XIII 101, 103f.
Volks-, u. Kriegsneurose, XII 323
u. Weib, XIII 158

Heil(barkeit) *s.* Prognose

Heil(erfolg) *s.* **Heil(ung)**; Psychoanalytische Kur, Heilerfolg

Heil(kraft) (*s. a.* Mana)
d. Königs u. Priesters, IX 54

Heil(methoden) *s.* Psychotherapie; Psychoanalytische Therapie

Heil(traum) *s.* Traum, Genesungs-

Heil(ung) (Reaktion auf, beim Patienten)
u. Genesungswille *s.* **Genesungswille**
u. gläubige Erwartung, V 297–302
Mitarbeit an d. *s.* **Psychoanalytische Kur**; - Situation; - Therapie
psychische Faktoren d., V 297–300
Schein-, *s.* **Schein**heilung
Traum ü. Genesung *s.* **Traum**, Genesungs-
Widerstand gegen (*s. a.* Abwehr; Krankheitsgewinn; Widerstand gegen), XVI 84f., 88, 99

Heil(ung) (als Vorgang)
'asymptotischer', XII 192
durch ärztliche Hilfe *s.* **Psychoanalytische Therapie** (*s. a.* Prognose; Psychoanalytische Kur)
Dauer-, *s.* **Ich**veränderungen, durch Analyse; **Psychoanalytische Kur**, vollständige Analyse
durch Ehe, Frage einer *s.* **Ehe**
durch intellektuelle Einsicht (beschränkte), XI 454f., 463
durch Liebe, X 169
i. erotischen Wahn, VII 107, 115–19
nachträgliche (nach d. Kur) *s.* **Psychoanalytische Kur**
d. Neurose *s.* **Psychoanalytische Therapie** (*s. a.* Psychoanalytische Technik)
Schein- [Schief-], i. d. Masse *s.* **Scheinheilung**
spontane, I 261
bei Kindern *s.* **Kindheitsneurose(n)**
u. Triebkonflikt, Frage d. endgültigen Lösung d. –es, XIV 67
durch Unglücksfälle *s.* **Unglück**
durch Wiedererinnerung *s.* **Erinnern**, (Vorgang): Wieder-
Wunder-, *s.* **Wunderheilungen**

Heil(ungsversuche) (durch Rekonstruktion, Restitutionsversuch), i. d. Psychose, XIII 389
i. d. Schizophrenie, X 302
durch sekundäre Libidobesetzung, X 139
i. d. Paranoia, VIII 308
i: Paraphrenien, X 139, 152f.
zwangsneurosenhafte, X 153

Heilige [Heiligkeit]
Ambivalenz d., IX 83f.; XVI 229f.

'– Handlung', Zwangszeremoniell als, VII 130

Personen Berührung durch Herrscher o.
-n, IX 54

hysterische Delirien d. –n (*s. a.*
Delirien; Nonnen; Visionärinnen), I 89

Sachen, Berührungsverbot d. –n
(*s. a.* Tabu), XVI 228

u. Triebverzicht, VII 130, 150

Heiligenbilder (*s. a.* Bilderverbot), XII 40

Heilsarmee, XIV 285

Heimliches (*s. a.* Geheimnis; Versteck(tes))

u. Unheimliches (*s. a.* Unheimlichkeit), XII 235

Heirat *s.* Ehe

Heiratsbeschränkungen *s.* Exogamie; Inzestscheu

Heiratsklassen (*s. a.* Sippe; Verwandtschaftsgrade), IX 13, 148

Heiratsverbot *s.* Exogamie; Inzestverbot; Verwandtschaftsgrade

Heiratszeremoniell *s.* Hochzeit

Heiserkeit, nervöse *s.* Aphonie

Heißhunger [Bulimie] *s.* Gier, orale

Heiterkeit *s.* Stimmung, heitere

Held *s.* Heros

Heldenmut, VII 219f.; X 350

Heldensage [Epos, Epik], XVI 106

Entstehung d., XIII 152

Geburt d. Helden *s.* Mythus v. d. Geburt d. Helden

d. Kulturheroen, XVI 6–8

u. Vatermord, XIII 152

Volks-, XVI 174–76

Heldentum [-taten]

i. Tagtraum, XI 95

Hemmung(en) d. Assoziationen durch Unvorstellbarkeit d. eigenen Todes, X 350f.

Heldentraum *s.* Wunschphantasie(n), ehrgeizige

Hellsehen *s.* Aberglauben; Telepathie

Hemianästhesie, als konversionshysterisches Symptom, I 46, 84

Hemianopsie, I 49

Hemikranie *s.* Migräne

Hemmung(en) (*s. a.* Ekel; Gehemmtsein; Latenz; Moral; Pubertät; Scham; Unsicherheit), XI 351; XIV *113–17*

d. Abfuhr

-neigung i. Ubw., X 287

u. Motilität, II/III 605, 607

-reaktion, u. Unlust, XIII 250

Affekt-, II/III 482f.; VIII 13f.; X 277–79

u. Symptombildung, VIII 13f.

Konversion, VIII 14

u. Traumzensur, II/III *470f.*

d. Aggression (*s. a.* Aggression)
i. d. Kultur, XIV *482–93*

i. d. Agoraphobie, XV 90

allgemeine, bei Trauer, XIV 117

u. Angst[entwicklung]

Anfallerzeugung, XIV 175

Angstersparung, XV 90

i. Sexualleben, XIV 114f.

Arbeits-, (*s. a.* Arbeitshemmung)
berufliche, XIV 116f.

aus kindlicher Onanie, XVII 152

aus Müdigkeit, XIV 117

i. d. Zwangsneurose, XIV 115

Arten u. Stufen d., XIV 114f.

d. Assoziationen (*s. a.* Assoziation, freie, Methode, Stockung; Assoziationsformen; Widerstand), VII 10

Hemmung(en), Aufhebung d.

Aufhebung d. [Befreiung v.]
    Denkfehler erzeugend, II/III 611
    i. Schlaf, XVI 263
    i. Witz, VI 131–33
Aufrechterhalten d., u. Kräfteaufwand, XVI 263
als Ausweichen v. Konflikt, XIV 116 f.
ästhetische (*s. a.* Ekel), V 78
Befreiung v. *s.* **Hemmung, Aufhebung d.**
Begriff u. Wesen d., XIV 113
(Definition), XIV 116 f.
Denk-, *s.* **Denkhemmung**
d. Entwicklung (*s. a.* Infantilismus)
    Sexual-, *s.* **Sexualentwicklung, Hemmung d.**
    u. Erregungsabfuhr *s.* **Hemmung, u. Abfuhr**
Funktion d., XIV 113–17; XVI 72
als Funktionseinschränkung d. Ich, XIV 116 f.
Gefühl d. *s.* **Gehemmtsein**
    i. Traum *s.* **Traum**
Geh-, *s.* **Abasie**
als Gehemmtsein *s.* **Gehemmtsein**
d. Handlung *s.* **Abulie** (*s. a.* Unsicherheit)
d. Ich, XV 90; XIV 116 f.
u. Innervation, VIII 14
d. Intelligenz *s.* **Intelligenz** (*s. a.* Denkhemmung)
d. Kontrastvorstellung, peinlichen, I 10
Lebens-, *s.* **Lebenshemmung; Neurotiker**
Lern- (*s. a.* Denkhemmung; -schwäche; Lerneifer; Lernhemmung), X 41
d. Libido *s.* **Libido**

lokomotorische *s.* **Gehemmtsein; Lokomotion**
d. Lustprinzips, XIII 6–8
Mangel an *s.* **Hemmungslosigkeit**
i. Melancholie *s.* **Melancholie**
moralische (*s. a.* Moral)
    u. Witztechnik, VI 112
    i. d. Zwangsneurose (übertriebene), I 568; VIII 400
d. Motilität *s.* **Beweglichkeit; Hemmung, d. Abfuhr; Lähmung**
durch Müdigkeit (*s. a.* Müdigkeit)
    allgemeine, XIV 117
    Arbeits-, XIV 115
u. Neurose
    Entstehung d., VIII *327*; XIII 159
    bei Neurotikern u. Perversen, Erreichung d. Genitalprimats verhindernd, VII 22
d. Orgasmus (*s. a.* Frigidität; Impotenz), XIV 114
u. Perversion, VII 22; XIV 114
Selbst-, i. d. analytischen Kur (*s. a.* Psychoanalytische Kur), XVI 61
d. Sexualentwicklung *s.* **Sexualentwicklung, Hemmung d.**
d. Sexuallebens *s.* **Sexualleben**
sexuelle *s.* **Sexualfunktion, Hemmung d.**
Sprach-, *s.* **Stottern**
als Symptom, XIV 175
u. Symptom
    u. Angst, XIV *113–205*
    Unterschiede zwischen, XIV 113, 117
durch Symptombildung, XIV 122
i. Trauer *s.* **Trauer**
u. Trauma, XVI 181
d. Triebregung

durch d. Ich *s.* **Ich**
durch Verdrängung (*s. a.* Hemmung, durch Symptombildung; Verdrängung), II/III 622; XIV 122

Unlust bei (*s. a.* Ärger; Unlust), I 520; XIII 250

d. Unlust, u. Sekundärvorgang, II/III 607

u. Vorsatz, I 15; IV 171–78

d. Vorstellung, I 15

bei Waschzwang, XV 90

Widerstandskraft d., XVI 72

Wiederholung [-szwang] d. (*s. a.* Wiederholung-), X 131

u. Witz

Aufhebung d. Hemmung i., VI 131–33

-bildung, VI 195

u. d. Naive, VI 211–14

-technik, VI 112

i. d. Zwangsneurose, VII 456 f.

Arbeits-, XIV 115

moralische, VIII 400

Waschzwang, XV 90

Zweck d., XIV 116

Hemmungsaufwand *s.* Ersparnis, Hemmungsaufwand

Hemmungsbereitschaft, u. Witz, VI 169

Hemmungsbesetzung, VI 170

Hemmungslosigkeit [Hemmungsfreiheit, -mangel] (*s. a.* 'Ausleben'; Ersparnis; Freiheit; Triebeinschränkung; Triebfreiheit)

beim Heros, VII 150

d. Massen, XIII 84

d. Naiven, VI 207, 254

d. Urvaters *s.* **Ur(vater)**

d. Verbrechers, VII 150; X 391

Heredität u. Degeneration

Henker, Tabu d. –s, IX 53

Henotheismus, Übergang d., z. Monotheismus (*s. a.* Monotheismus), XVI 237

Herabsetzung *s.* **Erniedrigung**

Heraldisches Zeichen, Totem als, IX 134

Herd, als Symbol f. weibliches Genitale, XI 165

Herdentier, XIII 135

Herdentrieb (Trotter) (*s. a.* Sozialer Trieb), XIII 74, *129–35*

Einwendungen gegen d. Theorie d. –es (*s. a.* Massenseele), XIII 131–34

Geselligkeitstrieb (*s. a.* Sozialer Trieb), X 216; XV 101

u. Integration, XIII 130 f.

u. Kinderangst, XIII 131–33

i. d. Menschheit [Streben nach Anschluß], XIV 501

u. Schuldbewußtsein u. Pflichtgefühl, XIII 131

Sexualtrieb gegen, XIII 157 f.

u. Sprache, XIII 131

u. Suggestibilität, XIII 131 f.

u. Verdrängung u. Widerstand, XIII 131

(Zusammenfassung), XIII 232

Heredität [Hereditär (–er, –e, –es), Erblichkeit, Vererbung] (*s. a.* Degeneration; Disposition; Familie; Konstitution), I 408; XIII 25

u. Angstneurose, I 364, 366, 370–76

Biologie d., XVI 207

u. Degeneration (*s. a.* Degeneration)

Janets Hysterietheorie d., I 60 f.

Heredität v. Disposition

Jensens 'Gradiva', Held i., als dégénéré diagnostizierbar ?, VII 71 f.

v. Disposition, psychischer, IX 190

d. Erinnerungsspuren, Frage d., XVI 207

u. Erwerbung, XIII 266, 299

erworbener Eigenschaften, XVI 86, 207

u. Familien, nervöse *s.* **Familie**

Frage d.

d. Ich, XIII 267

d. Sittlichen, beim Weib, XIII 266

gekreuzte, XIV 30

i. sittlicher Erwerbung, XIII 266

u. Homosexualität (*s. a.* Homosexualität), V *36–39*

u. Hysterie, I 5, 33, 35, 62 f., 227 f., 256, 360, 366, 381, 426, 436 f., 447

u. Disposition, I 180 f.

Freuds Ansichten ü. (*s. a.* Heredität, u. Neurose; Neurose, Ätiologie d.), I 158–61; V 176, 178

u. Ich u. Artbegriff, XIII 267

u. Umsetzung i. d. Es, XIII 267

u. Instanzen, XIII 266

Inzestscheu-Theorie, begründet auf *s.* **Inzestscheu**

beim Kastrationskomplex gewichtiger als akzidentelles Erlebnis, XII 119

u. Kindheitsneurose, VII 372–74

mystische Überschätzung d., XVI 86

u. Neurasthenie, I 500 f.

u. Neurose [i. d. Ätiologie d. Neurosen] (*s. a.* Heredität u. Psychoneurose), I 366, 375, 484–87, 501; V 159

gemeingültige Auffassungen, I 33, 35, 61–63, 256, 360, 366, 426, *510*; V 154 f.; XII 9 f.

u. Konstitution *s.* **Konstitution**

Kritik d. (*s. a.* Heredität u. Degeneration), I 357–76

(französische Fassung), I 345, *407–22*

(Zusammenfassung), I 486 f.

Vernachlässigung ihrer Erforschung unrichtig, V 176, 178

u. kulturelle Faktoren, XVII 110–13

u. Lues [Tabes, usw.] d. Eltern, V 178 f.

u. Ödipuskomplex, XIII 396

u. Perversion, V 59 f.; XI 317 f.

Pseudo- [durch Induktion entstandene], I 382 f., 445; VII 164 f.

u. Psychoneurose (*s. a.* Heredität, u. Neurose), V 210 f.; VII 148, 372

u. sexuelle Konstitution, I 415; V *137–39*

Sexualentwicklung mitbestimmend, V 78

völker- u. massenpsychologische Probleme d. (*s. a* . Massenseele), IX 189–91

u. Wahn, VII 80

i. d. Ätiologie d. Wahnideen, XI 257 f.

beim Wolfsmann *s.* i. **Reg. d. Krankengesch.**: Namenverzeichnis, Wolfsmann

Hermaphroditismus (*s. a.* Androgyne; Bisexualität), XIV 466

phantasierter *s.* **Infantile Sexualtheorien** (bestimmte): 'phallisches Weib'

psychosexueller, V 35, 42 f.

u. Homosexualität, V 40–43; VIII 170; XII 280, 300–02

Therapie *s.* **Homosexualität**
somatisch-anatomischer [wirklicher], V 40–42; XII 301f.

u. androgyne Darstellungen, VII 178; VIII 167

partieller, bei Homosexuellen, VIII 170

Therapie, V 46

Heros [Held] (*s. a.* Führer; Führerpersönlichkeiten; Heldenmut; -sage; -tum)

u. d. Brüder, XIII 152f.

(Definition), XIII 152

i. d. Dichtung (*s. a.* Heldensage), VII 219

als Empörer u. alleiniger Täter d. Vatermordes, XVI 193

d. Familienromans, VII 230

Heldentaten d. *s.* **Heldensage; Heldentum**

d. Ich als, VII 219, 230

als Ichideal, XIII 152

Inzest(ehe) d., XVI 228f.

jüngster Sohn als, XIII 152

Kultur-

Groll gegen, XVI 6

Mythen d., XVI 6–8

Mangel d. Triebunterdrückung beim, VII 150

d. Massen, Charakteristik d., XIII 83

Mut d. *s.* **Heldenmut**

Mythus v. (*s. a.* Heldensage)

als erster Mythus, XIII 153

d. Geburt d. Helden *s.* **Mythus** v. d. Geburt d. Helden

u. Totem, XVI 242

Unverletzlichkeit d., VII 219f.

u. Überich, XIII 381

Vergöttlichung d., XIII 153

als Vorstufe z. Gott, XVI 242

Heterosexualität u. Homosexualität

Heroischer Mythus *s.* **Heldensage**

Herrennatur *s.* **Führer; Narzißmus**

Herrscher (*s. a.* Führer; König; Priester)

Ambivalenz gegenüber, IX 61–66

infantil, IX 64

Empörung gegen *s.* **Heros**

Etikette d., IX 56f., 65

Gott, aber kein Despot bei Primitiven, IX 56f.

Inzestgebot d., XI 347

Mord an, IX 66

Tabu d., IX 28f., 31, 43, 47, 53–66

Unfreiheit d., IX 56f.

Zeremoniell bezüglich, IX 57–61, 64f.

Herzanfall *s.* **Herzkrampf**

Herzklopfen *s.* **Herztätigkeit**

Herzkollaps *s.* **Herzkrampf**

Herzkrampf [-anfall, -kollaps], I 341

bei Angstneurose, I 319, 321, 361

Herzkranke, Angstträume d. –n, II/III 36f.

Herztätigkeit, beschleunigte

u. Angst, XI 415; XIV 163; XV 88

angstneurotisches Herzklopfen, I 320, 338, 368, 415

bei Geburt, XIV 165

hysterische [Herzklopfen], als Koitus-Symbol, V 242

bei normalem Koitus, I 338

Traumsymbole f., II/III 90, 230f.

Heterosexualität (*s. a.* Homosexualität; Normale Menschen), XVI 89

u. Gefahren d. normalen Verkehrs, V 38

mit Homosexualität [Heterosexualität, partielle], V 44, 143

u. Homosexualität, V 38f., 65f., 143; VIII 297f.; XII 276

185

Heterosexualität, Umkehrung d.

Umkehrung [Verwandlung] d., XII 276

Unterdrückung, vollständige, V 65f.

Heterosexuelle

Komponente d. sozialen Triebe, VIII 297f.

Objektwahl später erfolgend als homosexuelle, VIII 297

'Hetzen' *s.* **Bewegungsspiele,** d. Kleinkinder; **Neckerei**

Heuchelei [Heucheln; Unaufrichtigkeit, Verstellung] (*s. a.* Entlarvung; Selbstverrat; Täuschung)

durch Fehlleistung entlarvt, IV 49f., 65, 73, 77f., 81–83, 85f., *96*

i. Geldfragen, VIII 464

Kinder-, d. 'offiziellen' Storchfabel gegenüber *s.* Storchfabel

i. d. Kultur [Kulturheuchelei], X 336; XIV 106f.

beim Patienten, V 174, 182f.

i. d. Anamnese, IV 160f.; V 173

d. Angehörigen d., I 508f., 515

Sexualleben betreffend, V 150; VIII 42f.

durch Zustimmung, XVI 49

Prüderie u. Lüsternheit, I 192; V 25

bei Selbstkritik, X 41

auf sexuellem Gebiet (*s. a.* Erziehung; Kultur; Moral; Sexualität), I 495, 508f.; V 50, 150; VIII 42f.; XI 317

i. d. Abfallsbewegungen, X 102f., 106–13

beim Arzt (*s. a.* i. Biogr. Reg.: Ansichten), V 150; X 50f.

bewußt u. unbewußt, V 174

bei Eltern, I 508f.

bei Frauen ('konventionelle Unaufrichtigkeit'), I 192; V 50

Geheimtuerei vor Kindern, VII 22

Irreführung, VII 25

Täuschung i. Witz, VI 9

i. Traum *s.* **Heuchlerischer Traum**

u. Übertragungsliebe *s.* **Übertragungsliebe**

Verstellung durch Entstellung, II/III 147

d. Zärtlichkeit (*s. a.* Heuchlerischer Traum; Überzärtlichkeit), II/III 150, 266

Heuchler (Definition), X 336

Heuchlerischer Traum, II/III 150, 474–78; XII 293f.

Freuds, II/III 143–47, 150, 474f., 480

während d. Kur, XII 293f.

Ödipus-, II/III 150, 403f.

Roseggers, II/III 476–78

u. Todeswunsch, II/III 150, 266

durch Traumentstellung, II/III 147, 150

u. Verstellung, II/III 147, 150, 474–78

Zärtlichkeit i., II/III 150, 266

Hexen (*s. a.* Dämon(en); Unheimliche, (Das); u. i. Sprach-Reg.)

-angst, hysterische, I 129

-prozesse, I 31

u. Teufel als Vaterersatz, XIII 333

Hieroglyphen [Sprachschrift] (*s. a.* Bilderschrift)

assyrische, XI 239

ägyptische u. chinesische, XI 236–38

Hierurgie (*s. a.* Opfer), IX 161

Hilfe, Prinzip d., i. Fall d. Witzes, VI 153

Hilflosigkeitsgefühl

i. Hysterie, I 217
u. d. Unheimliche i. Traum, XII 249
u. Wiederholung d. Gleichartigen, XII 249f.

Hilfsbedürftigkeit [Hilflosigkeit] (*s. a.* Gefahr)
u. Angst vor Liebesverlust, XIV 484
i. Anlehnungstypus, XIV 342–46
u. Gefahrsituation, XIV 172, 199f.
i. d. Hypnose, XIII 127
d. Kindes, VIII 49; XIV 338–40, 345, 352f.
Folgen d., X 227
u. Komik, VI 258
d. Säuglings (*s. a.* Trennungsangst), XV 95
    als biologischer Faktor, i. d. Ätiologie d. Neurosen, XIV 186f.
u. Unreife d. Ich, XIV 172
u. sexuelle Entwicklung, VIII 49
u. Überich, XIII 263
u. Liebesbedürfnis, XIV 186f.
materielle u. psychische, XIV 199
menschliche, d. Natur gegenüber, XIV 338–46 (340), 373
motorische u. psychische, XIV 201, 204
u. Objektverlust, XIV 200
u. Ödipuskomplex, XV 72f.
u. Realgefahr (*s. a.* Gefahr), XIV 201
u. Religion, XIV 342–46, 430; XV 181
u. Totemismus, XIV 344f.
i. Trauma, Angst als Reaktion auf, XIV 199f.
u. Vaterkomplex, IX 170, 172f.; XIV 344–46, 352f.

u. Verwöhnung, XIV 200

Hilfsursachen [auxiliäre, Gelegenheits-, konkurrierende Ursachen] d. Neurosenentstehung (*s. a.* 'Agents provocateurs'; Ätiologie; Neurose), I 182f., 194f., 362, 372–75, 411–14, 420, 484
Arten (Aufzählung) d., I 412f.
'auxiliär traumatische', I 64, 195
banale Noxen *s.* **Banale Noxen**
Erschöpfung, Überarbeitung (geistige), I 413; XVI 70
Faktoren d. Erziehung, V 25
Familienverhältnisse, V 130, 176
gleichgültig erscheinende Umstände, I 84
körperliche Krankheiten als, I 413f.
kulturelle Faktoren, V 25; XI 365–67; XVII 110–13
moralische Emotionen (i. d. Zwangsneurose), I 412–14
sexueller Faktor allgegenwärtig i., I 414
Trauma als, I 413f.
traumatisch wirkende gleichgültige Umstände, I 84
Umstände, i. allgemeinen, I 411f.

Himmelskörper, i. Traum, u. Urszene, XII 120

Himmlische Liebe *s.* **Liebe**

Hingabe [Hingebung], VII 22; XIII 125

Hinterbacken *s.* **Gesäß; Popo**

Hintere Körperpartien *s.* **Analerotik**

Hinausschieben d. Entscheidungen u. Handlungen *s.* **Hemmung; Unsicherheit**

Hinauswerfen [Wegschleudern] (v. Gegenständen), VII 153; XII 16–26; XIII 14

Hinauswerfen u. Eifersucht

u. Eifersucht, VIII 153
Fälle v., XII 18f., 22–25
i. Kindheitserinnerung Goethes, VIII 153; XII 16
als magische Handlung, XII 21f.
u. Todeswunsch, XII 22

Hirnanatomie, Hirnrinde, usw. *s.* **Gehirn**

Historisch (–er, –e, –es) (*s. a.* Geschichts-)
Deutung *s.* **Deutung**
Konflikte, XVI 17
Nacheinander (*s. a.* Zeitfolge), XIV 428
Wahrheit [Kern] i. Komplexen u. ähnlichen Gebilden (*s. a.* Archaische Erbschaft; Phylogenetisch-; Wahrheitsgehalt), XVI 48, 54, 191
Zeitfolge *s.* **Zeitfolge**

Hochachtung (*s. a.* Ideal-), V 101

Hochbegabte *s.* **Genius; Große Männer; Intellektuelle Begabung**

Hochmut (*s. a.* Selbstüberschätzung)
männlicher *s.* **Penisstolz**
moralischer (*s. a.* Moral), I 568
Tier gegenüber *s.* **Tier**
väterlicher, u. Jugendneurasthenie, I 508

Hochschule, psychoanalytische, Frage einer –n (*s. a.* Psychoanalytische Ausbildung), XIV 281

Hochzeit (*s. a.* Braut; Ehe)
-szeremoniell [Verlobungs-], VII 137
bei Arabern, Juden, usw. *s.* i. **Geogr. Reg.**: Araber; Juden
i. Europa, XII 165f.
Lingam bei, XII 175

bei Primitiven, XII 164f., 173–75
Tellerzerschlagen als, XI 275

Hoden *s.* **Scrotum**

Hohn [Spott] (*s. a.* Namensverdrehung; Schmähen; Spitznamen)
i. Fehlleistungen, I 527; IV 92f.
Fratzen u. Karikatur als (gegen Vater), XII 98; XIII 332
grumus merdae u. Kot als, XII 113
u. Namen-Magie, IX 137
i. Paranoia, VII 436; VIII 288
i. Traum, II/III 675; VI 117; VII 110, 436; VIII 288, 396f.
durch Unsinn (*s. a.* Unsinn), II/III 675; VII 436; VIII 288
i. Witz, VI 117
i. d. Zwangsneurose, VII 436

Holz (*s. a.* Materie)
als Symbol f. Weib, II/III 360; XI 158f., 161

Homoerotik (Ferenczi) (*s. a.* Homosexualität (männliche): Arten d.), V 45f.

Homosexualität (i. allgemeinen) (*s. a.* Bisexualität; Heterosexualität), V 34–47; VII 152, 163, 178; VIII 48, 171, 277; XI 314, 318; XII 200; XIV 522; XVI 89; XVII 74, 78, 120
Abwehr durch *s.* **Homosexualität** (i. allgemeinen): u. Paranoia
amphigene Phase d. Entwicklung, VII 344
u. Analerotik (*s. a.* Analerotik), V 45; VII 208; XII 148
Anamnese i. Fällen v., XII 282
u. 'Ausweichen', XII 286
u. Begabung, V 37; XII 280
u. bisexuelle Anlage, XIV 407f.
u. Degeneration (*s. a.* Homosexualität (i. allgemeinen): kon-

stitutionelle Faktoren), V 36–38; VII 152f.; VIII 171

Entstehung d., i. männlichen u. weiblichen Fällen ähnlich, XII 284f.

u. heterosexueller Verkehr, ausschließlicher, V 38f.

ideelle, VIII 148

kindliche Regungen d. (s. a. i. Reg. d. Krankengesch.: Namenverzeichnis, Kleiner Hans; –Wolfmann), VII 344; VIII 297; X 163; XII 94, 135

perverse, XII 200f.

konstitutionelle Faktoren, V 36–38, 221; VII 152f.; XII 213, 299

latente (s. a. Homosexualität (i. allgemeinen): u. Paranoia), V 44; XI 318; XII 144f.

u. Verweigerung d. Einfälle i. d. Analyse, VIII 472

männliche *s.* **Homosexualität (männliche)**

Mechanismen, neurotische, bei, XIII *204–07*

u. Neurose, V 65f., 284–86; XI 318; XII 285

bei normalen, heterosexuellen Kulturmenschen, VIII 338f.

u. Paranoia, VIII 277, 295, 299–301; X 163; XI 318, 440–42 XIII 200f., 237–46

Phantasien d. *s.* **Phantasie(n)(-bildungen):** homosexuelle; u. i. **Reg. d. Krankengesch.**: Namenverzeichnis, Schreber

Pubertätsneigungen z., V 220f.

u. Schlagephantasie, XII 94, 220

u. Schuldbewußtsein, X 169

verdrängte *s.* **Homosexualität (i. allgemeinen)**: latente; – u. Paranoia

weibliche *s.* **Homosexualität (weibliche)**

Homosexualität (männliche) [Inversion] (s. a. Feminine Einstellung), V *34–47*; VII 152

Abwehr d. (s. a. Homosexualität (i. allgemeinen): latente; – u. Paranoia), XIII 271

u. Abwendung v. Weib *s.* **Homosexualität (männliche)**: Objektwahl; **Weib (als Objekt)**

aktive *s.* **Homosexualität (männliche)**: Arten d.; – passive

Alkoholismus, VIII 300f.

i. Altertum, V 37f., 43f., 131, 210

u. Analzone, V 45

angeborene *s.* **Homosexualität (i. allgemeinen)**: konstitutionelle Faktoren; **Homosexualität(männliche)**: konstitutionelle Faktoren

u. Angst vor femininer Einstellung (s. a. Feminine Einstellung), XII 102

Arten d., V 45f.; XII 299f.

absolute, V 34f.

amphigene, V 35

okkasionelle, V 35

Ätiologie d., V 38f., 44

sekundäre, V 38f.

u. Dienerschaft, männliche, V 131

u. Eifersuchtswahn, VIII 300–02; XIII 197f., 205

Entstehung *s.* **Homosexualität (männliche)**: Vorgeschichte d.

u. Erotomanie, VIII 300

episodische, V 35f.

u. Familiensituation, V 45, 131

u. feminine Einstellung (s. a. Feminine Einstellung; Homosexualität (männliche): passive), V 44

u. Fetischismus, XIV 313–15

u. Feuerlöschen durch Urinieren, XIV 449; XVI 3, 6

u. Fixierung

an d. Mutter, VIII 169–71

Homosexualität (männliche): u. Freundschaft

an d. Vater *s.* **Feminine Einstellung**
u. Freundschaft, VIII 297 f.
u. Geringschätzung d. Weibes *s.* **Homosexualität (männliche): Objektwahl**
Heilbarkeit, Frage d.
   durch Keimdrüseneinpflanzung, V 46
   durch psychoanalytische o. suggestive Methoden, V 35, 46
u. Heterosexualität, V 44; XVI 89 f.
   abwechselnde, V 36
   amphigene Kindheitsphase, VII 343 f.
   ausschließliche, V 38 f.
   gleichzeitige, V 143; XII 299 f.
Homoerotik (Ferenczi), V 45 f.
u. Identifizierung, XIII 115 f., 119 f.
   d. Brüder, miteinander (*s. a.* **Homosexualität (männliche): u. Massenbindungen**), XIII 139
   mit Mutter [Weib], V 44; VIII 170; XIII 119, 204–07
   mit Rivalen (*s. a.* **Homosexualität (männliche): u. Eifersuchtswahn**), XIII 266, 272
u. infantile Theorie v. phallischen Weib (*s. a.* **Homosexualität (männliche): u. Fetischismus; Infantile Sexualtheorien**), VIII 165
u. Kameradschaft (*s. a.* **Homosexualität (männliche): u. Massenbindungen**), XIII 112 f., 139, 266
Knabenliebhaber, V 43 f.
konstitutionelle Faktoren, V 36–38, 221; VII 152 f.; VIII 171; XII 213, 299
   angeborene, nicht erwiesen, XII 213
u. bisexuelle Anlage, XIV 407 f.
u. 'drittes Geschlecht', VIII 168–70

u. Hermaphroditismus (*s. a.* **Hermaphroditismus**), XII 280, 301 f.
latente [verdrängte] *s.* **Homosexualität (i. allgemeinen): latente** (*s. a.* **Homosexualität (i. allgemeinen): u. Paranoia**)
Unbeeinflußbarkeit, XVII 121
Leistungs- [u. Existenz-]fähigkeit, V 37
Leonardos, VIII 162, 168
u. Libidoverschiebung, XII 285
Liebe u. Haß bei, XIII 271 f.
u. Mangel an mütterlicher Fürsorge, V 131
u. Massenbindungen, X 169; XIII 112 f., 139, 159
Männlichkeit, seelische, mit, V 41, 43
Mutterfixierung, V 44
u. Narzißmus, VIII 170, 296–98; X 138, 157, 163; XII 94, 144 f., 285; XIII 139
u. Nächstenliebe, VIII 297 f.
Objektwahl i. d., VII 344; VIII 169; XI 442; XII 299 f.; XIII 204–06
   u. Abwendung v. Weib [Abstinenz v., Flucht vor normalem Geschlechtsverkehr], V 38 f., 44; VIII 165
   u. Arten d. Homosexualität, XII 299 f.
   u. Geringschätzung d. Weibes, XIII 205; XIV 522
   u. Kastrationskomplex, XIII 205, 296 f.
   d. heterosexuellen vorangehend, VIII 297
u. Paranoia *s.* **Homosexualität (i. allgemeinen): u. Paranoia**
passive (*s. a.* **Feminine Einstellung**), V 44; VIII 154, 156, 168

prägenitale (*s. a.* Homosexualität (i. allgemeinen): kindliche), VIII 448

Pädikatio, V 51

u. Penisstolz [Überbewertung d. Penis], VII 344; XII 280

periodische, V 35f.

persönliche Einstellung d. Beurteilung, V *34–37*

u. Perversion, infantile, XII 200f.

bei Primitiven, V 37f., 44

Psychoanalyse d.

  Schwierigkeiten d., XVII 121

  Verweigerung d. Einfälle, i. d., VIII 472

u. Psychoneurose, V 65f.

u. Schlagephantasie, XII 220f.

Schwärmerei bei, V 130f.; XII 110

u. Selbstüberschätzung *s.* Homosexualität (männliche): u. Narzißmus; – u. Penisstolz

Sexual

  -objekt d., V *43–45*

  -trieb, herabgesetzter, bei, V 41

  -ziel bei, V *45f.*

Sklaven u. Diener, Rolle d., V 131

u. sozialer Stand, V 131, 210; VII 153

u. soziale Triebe, XIII 206f.

u. Sublimierung, VII 153; VIII 297f.

Theorien d.

  Bisexualitäts- (Einwendungen gegen), V 38f., 45

  Hereditäts-, V 36–39

    als Degeneration, V 36

    Einwendungen gegen, V 38f., 45

  nichtanalytische, V *39–42*

  psychoanalytische, V *44–47*

    Ferenczis, V 45f.

als 'Variation d. Geschlechtstriebes', V 39

'drittes Geschlecht, VIII 168–70

i. Traum, II/III 165, 332; XII 94f., 146

  durch Umkehrung dargestellt, II/III 332

Ursachen d., XIV 63f.

Übergangstypen u. Zwischenstufen, V 40, 43, 45

Verbreitung d., V 35

u. Verführung, V 131; XIII 205

Verhütung d., V 130f.

Vorgeschichte d., i. d. Sexualentwicklung, VIII 164–66, 168–71; XII 200f.; XIII 116, 119f.

Altersgrenze, V 35, 44

  bei Waisen, V 131

Zwangshaftigkeit d., V 35

Homosexualität (weibliche), V 45f., 284; VIII 301f.; XII *271–302*; XVII 120

Beispiel, XII 271–302

Entstehung d. –n, XII *271–302*

gynäkophile Gefühlsströmungen, V 224

Libidoentwicklung, XII 281–87

u. 'Männlichkeitskomplex', XII 298f.; XIV 522; XV 139f.

u. präödipale Mutterbindung, XV 140

'russische Taktik' d. Widerstandes i. d. –n, XII 291–94

Schwärmerei bei *s.* **Schwärmerei**

späterworbene, XII 271–302

Homosexuelle Personen, VIII 171; XI 314f.

Anspruch auf Ausnahmestellung (unbegründete), XI 318

Auffassung v. eigenen Wert, XI 315

Homosexuelle Personen, (Definition)
(Definition), VII 344
Einstellung (*s. a.* Feminine Einstellung)
  u. analytische Grundregel, X 130
  Entstellungen d., VIII 47
  u. Schuldbewußtsein, X 169
Schwärmereien d. *s.* **Schwärmerei**
Homöopathische Magie *s.* **Magie**, imitative
Honorar d. Analytikers (u. d. Arztes i. allgemeinen) (*s. a.* i. Reg. d. Fehlleistungen), IV 175, 246f. 252f.; VIII 458, 464f.
  u. Frauen, IV 175
  u. Gratisbehandlung, Frage d. (*s. a.* Psychoanalytiker), IV 252f.; VIII 465f.; XI 448f.
Horde *s.* **Ur(horde)**
Hormontherapie *s.* **Psychotherapie, nichtanalytische**
Höflichkeit, II/III 147
Höhenphobie (*s. a.* Agoraphobie; Angst vor-), XIII 183
  masochistische Triebgefahr u. feminine Bedeutung d., XIV 201
  u. Selbstmord *s.* **Selbstmord**
Höhenschwindel *s.* **Höhenphobie; Schwindel**
Höherentwicklung *s.* **Entwicklung, Höher-**
Höhle, als Symbol f. weibliches Genitale, II/III 359f.; XI 157
Hölle (*s. a.* Teufel)
  Gold als Dreck d., VII 208
Hör(en) *s.* **Gehör**
Höre(r), d. Witzes *s.* **Dritte Person**
'Hör(kappe)' d. Ich (*s. a.* Gehör), XIII 252
Hörigkeit (*s. a.* Hypnotiseur, u. Hypnotisierter)

sexuelle
  i. d. Kultur[-ehe], XII 162
  beim Mann, XVI 99; XVII 118
  seltener, XII 162
  u. polygame Tendenzen, XII 162
  (Terminus technicus), XII 162
  u. Übertragung (*s. a.* Übertragungsliebe), VIII 367
  i. d. Verliebtheit, XIII 124f.
  d. Weibes, XV 69
  u. Virginität (*s. a.* Virginität), XII 161f., 171, 177, 179f.
Hufeisen, als Sexualsymbol, XI 166
Humor, VI *260–69*; VII 215; XIV *383–89*
  Abwehr i., VI 266f.; XIV 385f.
  Affektaufwand, ersparter, i., VI 260f., 269; XIV 384
  d. Mitleids *s.* **Humor**, Galgen-Arten d. -s, VI 264f.
  Aufnahme d. Verdrängten i. d. Ich, i., XIII 146
  u. Ärger, VI 264
  (Definition), VI 266f., 269; XIV 388
  i. Don Quijotes u. Falstaffs Figur, VI 264
  Energieentzug v. d. Unlustentbindung beim, VI 266f.
  Entstehung d. -s, XIV 384
  d. Erhabene u. Großartige i., XIV 385f.
  Galgen-, IV 138; VI 261f.; XIV 385
  u. Blague, VI 262
  Mitleidsersparnis beim, VI 262–64
  'gebrochener', VI 265
  u. Grausen u. Ekel, VI 264
  u. Illusion, XIV 389
  Intensität d. Lust i., XIV 389

u. Komik s. **Komik**, u. Humor

Lustprinzip triumphiert i., XIV 385f., 389

ökonomischer Gesichtspunkt i., XIV 383

Personen i. humoristischen Vorgang, XIV 383f.

u. Philosophie, Unterschied zwischen, VI 266

satirischer, VI 263

u. Spiel, VII 215

u. Überich, XIV 388f.

Verschiebung beim, VI 265–69

u. d. Vorbewußte, VI 267

u. Witz s. **Witz** (u. andere psychische Phänomene): u. Humor

Humorist, XIV 384f.

(Definition), XIV 387

als 'Erwachsener', XIV 386

Ich, Es u. Überich d. –en, XIV 386f.

Vateridentifizierung i., XIV 386f.

Hund

Angst v. s. **Tierphobie(n)**

als Schimpfwort, XIV 459

Hunger (s. a. Anorexie; Essen; Gier; Nahrungsaufnahme; Selbsterhaltung; Triobo)

Angst v. Verhungern, u. Eßzwang, XIV 115

als Angstneurosensymptom, I 319f., 323

u. Durst (s. a. Traum, typischer), XV 104

beim Kind (s. a. Gier; u. i. Traum-Reg.: Kindertraum), II/III 571

u. Kokain, II/III 213

u. Libido [u. Geschlechtstrieb], V 33, 47, 49; XI 323; XII 4

u. Liebe (s. a. Hunger, u. Libido), VIII 98; X 143; XIII 55, 230; XIV 227; XV 102

-phantasien, II/III 137, 572, 660; XI 132f.

-reiz, X 211

u. Totemismus, IX 138, 140

-traum s. **Traum, typischer**, (bestimmte Arten d.): Hunger-

Unbeugsamkeit u. Unaufschiebbarkeit d. Triebes, X 249; XV 104

Verdrängung kommt nicht vor, bei, X 249

Husten, nervöser [Tussis nervosa], I 273f.; V 179f., 185, 206f., 245, 264; VIII 4

Hut, als Symbol

bisexuelles, XI 159

f. Penis, X 394f.; XI 157

i. Traum, II/III 360f., 365f.

u. Wegfliegen d. –es, f. Kastration, XII 42

Hüftschmerz, I 83

Hydra, XVI 7f.

Hydrophobisch anmutender Ekel vor Wasser, I 135–38; VIII 4, 8

Hydrotherapie s. **Psychotherapie, nichtanalytische**

Hygienische Gefahren s. **Gefahr**

Hymen (s. a. Defloration; Virginität), VIII 337; XII 135

Hyperalgesie (s. a. Hyperästhesie)

hysterische, d. Haut u. Muskeln, I 197, 199

Hyperalgische Zonen, I 199

Hyperästhesie (s. a. Hyperalgesie; Sensibilität)

u. Angstneurose, I 255f., 317, 341, 415, 497

Gehörs-, I 317

i. Hysterie, I 341

seelische, I 455

Schrebers s. i. **Reg. d. Krankengesch.**: Namenverzeichnis, Schreber

193

Hyperästhesie, sexuelle

sexuelle, I 70

Hyperästhetische Erinnerung, als Krankheitserreger i. d. Hysterie, I 96

Hypermnesie (*s. a.* Erinnerungsvermögen)

i. somnambulen Zustand, I 154f., 167

i. Traum (*s. a.* Traum; u. i. Traum-Reg.), II/III 13f., 594, 646

Hypersensitivität *s.* **Hyperästhesie**

Hypnagogische

Halluzinationen [Autosymbolische Bilder, Hypnagogische Bilder, Phosphene] (*s. a.* Funktionales Phänomen), II/III 32–35, 51f., 106, 225, 349–51; XV 23f.

endoptische Phänomene, II/III 527

u. Okkultismus, I 280

als Symbole, I 278–80

Traumtheorie d., u. Beispiele

Ladd, II/III 34f.

Maury, II/III 33f.

Zustände, II/III 349–51

Hypnoid (–er, –e)

Bewußtseinsrest, I 97

-hysterie, I 61, 91, 235, 288; XIV 47

u. Abwehrneurose *s.* **Abwehrneurose**

'– Zustände' [Dämmerzustand] (*s. a.* Absence; Hypnogogische Zustände; Hypnose; Hypnoidhysterie)

bei Hysterie (Breuer), I 60f., 89–96; V 185, 201; VII 239; VIII 4, 7, 15–17; X 48; XIII 213f.; XIV 47f.; XVII 17

v. Abwehrhysterie unterschieden, I 235

durch Affekt entstanden, I 188

Binets u. Janets Auffassung, I 91

u. Dauersymptome, I 94f.

bei Frl. Anna O. *s.* i. **Reg. d. Krankengesch.**: Andere Autoren, (Breuer) Anna O...

u. Ichbewußtsein, I 15, 235; II/III 623

psychotisch, I 92

u. Trauma, I 429f.

Wiederkehr d., unverhütbar, I 97

'zweites Bewußtsein', als Rudiment d., I 91

Hypnose (Zustand d.) (*s. a.* Hypnotisch; Hypnotisierbarkeit; Hypnotismus; Psychotherapie, voranalytische, hypnotische)

Abreagieren i. d., I 253, 259–63

Amnesie i. d., I 91

Anfall, hysterischer, während, I 93

als archaische Erbschaft, XIII 142

als 'artifizielle Hysterie', I 91

Auto-, I 86, 90; XVII 5

als Beweis f.

Existenz d. Unbewußten, X 267; XVII 145f.

psychogenen Charakter d. Neurose, XIV 102

Bewußtseinserweiterung i. d., I 64, 91

Blindheit, hysterische, erzeugt i., VIII 94f.

Dämmerzustand i. d. *s.* **Hypnoide 'Zustände'; Hypnose,** u. **Somnolenz**

(Definition), XIII 126

d. Eltern *s.* **Hypnotiseur; Vater**

Erinnerung i. d. *s.* **Hypnose, Wiedererinnerung i. d.**

Erscheinungen d., XI 100f.
Erscheinungen nach d. *s.* **Posthypnotisch**
Erwachen aus d., V 308f.; XI 100f.
Halluzination i. d., V 307
Hervorrufung d. *s.* **Hypnotismus**; **Psychotherapie**, voranalytische, hypnotische
Hilflosigkeit durch, XIII 127
u. hypnoide Zustände *s.* **Hypnoide Zustände**; **Hypnose**, u. **Somnolenz**
u. Induktion, XIII 79–81
u. Lähmung *s.* **Hypnose**, Hilflosigkeit durch
u. Masse, XIII 81, 140, *160f.*
u. Massenbildung (*s. a.* Hypnose, u. Induktion), XIII 126f., 142
u. Paramnesie, I 134
u. passiv-masochistische Einstellung *s.* **Hypnotisierbarkeit**
u. Prestige *s.* **Hypnotiseur**
Rätselhaftigkeit [Mystik, Unheimlichkeit] d., XIII 96f., 127, 140, 406
u. Schlaf, V 304f.; XIII 127
Schreck-, XIII 127
u. Somnolenz u. Somnambulismus, I 91; V 305

Dämmerzustände, hypnoide Zustände, I 89–91
Sucht nach, V 314
u. Suggestion *s.* **Hypnotische Suggestion**; **Hypnotismus**
Suggestion, als Teilerscheinung d., XIII 143
u. Tabu, XIII 140
Technik d., u. Witztechnik, XIII 141
tiefe *s.* **Somnambulismus**
d. Tiere, XIII 127

Hypnotische Suggestion

u. Traum, XI 100–02
u. Trauma *s.* **Hypnose**, Schreck-; −u. Wiedererinnerung; **Trauma**
u. d. Unbewußte, XIII 407
u. Verliebtheit, XIII *122–28*, 160
Wesen d., XIII 160
Wiedererinnerung i. d., I 91, 97, 252; VIII 14f.; X 126, 130f.
mit nichthypnotischer verglichen, I 194
unvollständige, I 133, 149f.
Hypnotisch (–er, –e, –es)
Beziehung (*s. a.* Hypnotischer Einfluß; Hypnotismus)
Ausschluß sexueller Befriedigung bei –r, XIII 126
(Definition), XIII 126
Ich u. Ichideal, Grad d. Sonderung v., i. d. –n, XIII 126
Einfluß (*s. a.* Hypnotische Beziehung; – Suggestion; Psychotherapie, voranalytische, hypnotische u. kathartische)
d. Eltern (*s. a.* Eltern), XIII 141f.
d. Führer *s.* **Hypnose**, u. **Masse**
passiv-masochistische Einstellung als Bedingung d., V 50; XIII 142
Heilmethode *s.* **Psychotherapie**, voranalytische, hypnotische u. kathartische
Somnambulismus (Bernheim), VIII 19
Suggestion (*s. a.* Psychotherapie, voranalytische, hypnotische u. kathartische; Suggestion), I 3, 34, 269f.; V *304–15*; XI 468–71; XIII 143; XIV 216f.; XVII 9, 145–47
durch Drängen, Druck auf d. Stirne *s.* **Psychotherapie**, voranalytische, antreibende
'Einreden', V 304f.

Hypnotische Zustände

bei Homosexualität, V 39

Hypnose mit Suggestion kombiniert, I 3–17, 275f.

Hypnose eine Teilerscheinung d. Suggestion, XIII 143

u. Konzentrierenlassen, I 268, 275f.

v. d. psychoanalytischen Suggestion verschieden *s.* **Suggestion**

u. Übertragung, VIII 55

Wirksamkeit d., I 92

Zustände (*s. a.* Hypnose)

i. d. analytischen Situation, II/III 106f.

mit hypnoiden Zuständen, I 91

Hypnotiseur, V 305–09; XIII 142f.

Autorität u. Macht d., V 50; XIII 81, 86, 140

als Mana, XIII 140

bei Wunderheilungen, V 309

Blick d., XIII 140

Einstellung z., XIII 141f.

u. Elternverhältnis, V 307

Fixierung auf, V 50

Führer d. Massen, als, XIII 81, 140

Gehorsam gegenüber, u. Glauben an, V 306f.

u. Ichideal, XIII 126f.

u. Prestige, XIII 86

Rapport mit, u. Übertragung auf, XIII 140f.

Verhältnis z., verglichen mit Hingebung i. Liebesverhältnis, V 307

als Wundermann, bei Wunderheilungen, V 309

Hypnotisierbarkeit (*s. a.* Somnambulismus), I 253, 267

als archaische Erbschaft, XIV 94f.

bei Geisteskranken nicht vorhanden, V 305

Grenzen d., V 313

u. passiv-masochistische Einstellung, XIII 142

Hypnotismus [Hypnose, als Verfahren] (*s. a.* Hypnose; Hypnotischer Einfluß; Posthypnotische Suggestion; Psychotherapie, voranalytische, hypnotische), V 304–07; XIII 140f.

Aufmerksamkeitsfesselung i., I 268, 275f.; V 304f.; XIII 140f.

u. 'Einreden' *s.* **Hypnotische** Suggestion (*s. a.* Hypnotischer Einfluß)

u. Hausarzt, V 311

Nachteile o. Schäden d. *s.* **Psychotherapie**, voranalytische, hypnotische

posthypnotische Suggestion *s.* **Posthypnotische** Suggestion

u. Suggestion *s.* **Hypnotische** Suggestion

Technik d.

durch Blick, XIII 140

durch Schlafgebot, XIII 141

durch Suggestion *s.* **Hypnotische** Suggestion

u. Witztechnik, XIII 141

als Therapie *s.* **Psychotherapie**, voranalytische, hypnotische

u. Übertragung (*s. a.* Übertragung), XIV 68

Verhältnis d. Hypnotisierten z. Hypnotiseur *s.* **Hypnotiseur**

Vorteile d.

Abreaktion *s.* **Abreagieren**

Aufhebung d. Amnesie, I 91, 97, 252

Erweiterung d. verengten Bewußtseins, I 64

u. Widerstand, I 110; VIII 23

Hypochondrie, X 298; XI 404f.

als Aktualneurose (dritte), VIII 338; X 150f.

u. Angstneurose, VIII 292
u. angstneurotische Erwartungsangst, I 318; X 152
u. Erogeneität, X 150
gemischt mit anderen Neurosen, I 349; X 150
u. Hysterie u. Konversion, Ähnlichkeit zwischen, X 298
u. Leiden
  körperlicher Schmerz, I 318
  subjektives, I 197f.; XIII 9
Libido i. d., X 149
Libidotheorie d., XI 434
u. Masturbation, VIII 292
u. Narzißmus, X 148f.
neurasthenische, I 389
Neurose als (i. d. voranalytischen Psychiatrie), XIII 317, 332
u. Organerkrankungen, X 150
u. Organsprache *s*. **Organsprache**
u. Paraphrenien, X 151
  Mechanismus d. Libidobesetzung i., X 152f.
  Paranoia, VIII 292; X 151
  als Vorstufe d., XI 405
u. Parästhesie, I 318
Schrebers *s*. i. **Reg. d. Krankengesch.**: Namenverzeichnis, Schreber
u. Selbstvorwurf, I 389
(Terminus technicus), I 256
i. Traum, X 413
u. traumatische Neurose, XIII 9
zwangsneurotische, I 349, 389

Hypochondrische
Eigendiagnose durch Traum, X 413f.
Sprache *s*. **Organ(sprache)**

Hypothese(n)
-Charakter d. Witz-Theorie, VI 202

u. Theorien (*s. a.* 'Als ob'), XIV 58

Hysterie (*s. a.* Hysteriker), I *77–312* (141f., 255f.), *482f.*; V 8, 13, 22, 63, *163–284*; XI 279, 293, 336, 355, 418f.
Abspaltung psychischer Gruppen i. d. *s*. **Bewußtseinsspaltung**
u. Abstinenz *s*. **Abstinenz**
Abwehr i. d. (*s. a.* 'Abwehrhysterie'), I 61, 234f., *288–90*, 379, 481f.; V 155; XIV 145
d. Überich, XIII 281
u. Affekt
  i. Angst umgewandelter, XI 418f.
  -spannung, Toleranz gegen, I 242
akquirierte, I 61, 92, 181–83, 194
v. Natur d. Traumas bedingt, I 92, 181–83
Theorie d. –n, I *59–74*
aktive Technik d. Therapie *s*. **Hysterie, Therapie**
mit Aktualneurose, I 509
u. Aktualneurose, X 151
akute *s*. **Anfall**, hysterischer
akzidentelle, I 82; XVII 6
Altersgrenze (Entstehung, Ausbruch) (*s. a.* Hysterie, Inkubationszeit d.), I 449; VIII 443; XIV 143
Ambivalenzkonflikt i. d. (*s. a.* Ambivalenz; Konflikt), XIV 190
Amnesie *s*. **Amnesie**
Anamnese d., VII 238f.
Anfall *s*. **Anfall**, epileptoider; – hysterischer; **Delirium**
Angst-, *s*. **Angsthysterie**
u. Angstneurose, I 341f., 363f.; VIII 292, 338
Diagnose, schwankende, zwischen, I 118

Hysterie, Angstsymptome d.

gemischt, I 339

f. Jugendneurosen typisch, I 184–95, 258

Unterschied zwischen, I 118, 257–59

vorangehende, I 364

Angstsymptome d. *s*. **Hysterie**, Konversions-, Symptome; **Hysterie**, Symptome (bestimmte): Angst

Anklagen gegen Arzt, II/III 191

u. Arbeitsunfähigkeit *s*. **Hysterie**, Symptome (bestimmte): Arbeitsunfähigkeit

Assoziationen, bei

  Ausschluß d., I 9, 52f.

  sinnvoll, nicht sinnlos, II/III 533f.

Aura *s*. **Aura**, hysterische

Ausbruch d. *s*. **Hysterie**, Altersgrenze

u. Autosuggestion, VIII 94f.

Ätiologie d. (*s. a*. **Hysterie**, sexuelle Ätiologie; – traumatische), I 5, 32–34, 97f., 159f., 253, 288, *380–85*, *425–59* (434 51), 483

  auxiliäres Moment i. d., I 64, 182, 195

  banale Ursachen i. d., I 362

  Folgen verwechselt mit Ursachen (Janet), I 161

  durch Gegenwillen, I 1–17

  Gelegenheitsursachen (Charcot), I 33

  Heredität i. d. *s*. **Hysterie**, u. Heredität

  Hilfsursachen (*s. a*. Hilfsursachen)

    Geringfügigkeit, scheinbare d., I 436f.

  'konstitutionelle Schwäche', *s*. **Hysterie**, Konstitution

  Krankenpflege, vorangehende, I 228–31, 243f.

  Liebesenttäuschung, vorangehende, I 72f.

  Trauer, I 228–31

  spezifische Ursachen (*s. a*. **Hysterie**, sexuelle Ätiologie), I 362, *380–85*, 410, 416f., 446–48, 485

als 'Besessenheit' (*s. a.* **Hysterie**, d. Nonnen), I 14f., 31, 34; XIII 317f.

als Beweis f. d. Ubw., VIII 432f.

bewußte psychische Arbeit als Heilfaktor, I 55

Bewußtsein u. Zensur i. d., II/III 623

Bewußtseinsspaltung i. d. *s*. **Bewußtseinsspaltung**

Bewußtwerden, Widerstand gegen *s*. **Hysterie**, Widerstand i. d.

Bildersprache i. d., II/III 623f.

als Charakterperversion *s*. **Hysteriker**

Darstellung i. d. *s*. **Bildersprache**; **Darstellung**; **Gebärden**; **Hysterie**, Symptome; **Mimik**

Dauersymptome *s*. **Hysterie**, Symptome (i. allgemeinen): Dauer-

u. Dämonie *s*. **Hysterie**, als 'Besessenheit'

Delirien *s*. **Delirium**

i. Dementia praecox übergehend, I 150f.

u. Dementia praecox

  Ähnlichkeit zwischen, X 153; XI 436

  Unterschied zwischen, XI 437

Denkvorgänge i. d., II/III 622–24

Disposition z., I 33f., 180f., 360, 381, 410, 449; II/III 206; XVII 5, 17

u. Dissoziation *s*. **Bewußtseinsspaltung**

Eigennamen, Rolle d., i. d., VII 411

nach Entbindung, vorangehender, I 474f.
i. Epidemien, psychischen, d. Mittelalters s. **Hysterie, als 'Besessenheit'**
'epileptische Reaktion' bei (s. a. Anfall), XIV 402f.
u. Erinnerung s. **Amnesie; Erinnerung, Wieder-;** Hysterie, als 'Leiden an Reminiszenzen'
u. Erinnerungsvermögen, I 75–77, 86, 97, 105, 153, 268, 418; V 75–77
erogene Zonen, Rolle d. (s. a. Hysterogene Zonen), V 68, 84
Erregungsanhäufung bei, I 65, 341f.
als Ersatzbefriedigung s. **Ersatzbefriedigung**
u. Ersatzbildungen i. Neurosen u. Psychosen, Unterschiede zwischen, X 298f.
f. verdrängte klitoride Sexualität, VII 179
Fixierung bei (s. a. Fixierung), XI 437
Gebärdensprache i. d. s. **Gebärden**
Gegenbesetzung bei, X 284; XIV 190f.
Gegenwille bei, I 1–17 (3, 10), 83, 149, 474f.
Gelegenheitsursachen s. Hysterie, Ätiologie d.; **'Hystérique d'occasion'**
i. gemischten Neurosen, I 339–41
i. Gesellschaftsklassen, verschiedenen, I 32
'große' ['grande'] (Charcot) (s. a. Anfall, hysterischer), I 32, 82, 410
halluzinatorische Verworrenheit i. d. (s. a. Anfall, hysterischer), I 72, 74, 262, 379, 513; VIII 4, 7
Haß i. d., XIV 190

d. Heiligen, I 89
u. Heredität (s. a. Hysterie, Theorien, voranalytische), I 35, 426; V 178
u. Degeneration, I 60, 65, 227f., 256, 436, 447
u. Disposition s. **Hysterie, Disposition**
psychoanalytische Theorie d., I *158–61*; VIII 23; XVII 5f.
'hypnoide' s. **Hypnoidhysterie** (s. a. i. Reg. d. Krankengesch.: Andere Autoren, (Breuer) Anna O...)
Hypnose als artifizielle –, I 91
hypnotische Heilung d. s. **Psychotherapie,** voranalytische, hypnotische (s. a. Psychiatrie, voranalytische)
u. Hypochondrie, X 150f.
Ähnlichkeit zwischen, X 298
Ich, Rolle d., i. d., I 288–90; XIII 281
Mangelhaftigkeit d., I 15, 235
Monoideismus d. (s. a. Idée fixe), I 61
u. Zensur, II/III 623
Identifizierung i. d. s. **Identifizierung** (Gebiete d.); i. d. Hysterie
u. Infantilismus (s. a. Infantilismus), V 154
Inkubationszeit d. (s. a. Hysterie, Altersgrenze), I 195, 262
Innervationen i. d. s. **Innervation(en)**
d. Kinder s. **Kindheitsneurose(n)**
mit kindlicher Empfindlichkeit, vorangehender, II/III 206
u. Koitusphantasie (s. a. Hysterie, Konversions-, Symptome (i. allgemeinen)), II/III 623
'kleine' ['petite'] (Charcot), I 32; V 181

Hysterie als Kompromiß

als Kompromiß (*s. a.* Hysterie, Symptome (i. allgemeinen): als Kompromisse), V 64; VII 414; XIV 55

als Konflikt *s.* **Konflikt**

Konstitution (*s. a.* Degeneration; Hysterie, sexuelle Ätiologie) durch kathartische Methode unbeeinflußbar, I 261

als 'Schwäche, konstitutionelle' (Janet), XIV 56

Unfähigkeit z. Synthese, angeborene, nicht vorhanden, VIII 96 f.

Konversion, hysterische (*s. a.* Hysterie, Konversions-, Symptome; Konversion), V 63; VII 382; X 46; XIV 300

Vorgang d. –n, VII 194, 196, 349; VIII 14

Sonderstellung d. –s, XIV 125

Konversions-, (*s. a.* Konversion (hysterische): Vorgang d.), I 15, 142, 235, 341, 481, 483; VII 349; XI 405f.

Affektabfuhr bei, I 63

Vorteil d., X 285

Affektfähigkeit bei, I 65

Angst i. d. (*s.a.* Hysterie, Symptome, bestimmte), XIV 195

ohne Angst, VII 349; XIV 140f.

u. Angsthysterie (*s. a.* Hysterie u. Phobie), VII 349f.

Ätiologie, Verdrängung, I 174, 181f.; X 258

Gegenbesetzung bei, X 284; XIV 190f.

Krankengeschichten, I *99–251*

motorische Phänomene *s.* **Hysterie**, Konversions-, Symptome (bestimmte)

Mechanismus d., X 258f., 284

Neurasthenie als Vorstufe d., XI 405

mit u. ohne Phobien, VII 349

u. Phobie, Unterschied i. d. Therapie d. (*s. a.* Hysterie u. Phobie), VIII 108f.

Regression, Verdrängung u. Verdichtung i. d., X 258f.

Symptombildung undurchsichtig bei d., XIV 141

Symptome (i. allgemeinen) (*s. a.* Hysterie, Konversion, hysterische, Vorgang d. –n)

Entstehung d. (*s. a.* Hysterie, sexuelle Ätiologie), I 11f.

Genitalien u. d. Genitale (*s. a.* Hysterie, u. Sexual-, usw.)

Ekel vor (*s. a.* Ekel; Sexual-; Virginale Angst), V 51

Rolle d. v. anderen Zonen übernommen, V 68

Koitussymbole u. -phantasien), I 184; II/III 623; V 242f.

sexueller Charakter, I 342; V 68, 84; VIII 100; XI 319, 336

beim Weib (*s. a.* Hysterie, weibliche), I 474f.; VIII 405

somatisches Entgegenkommen, I 124f.; V 200f.

Stigmata *s.* **Stigma**

durch Symbolisieren sprachlicher Ausdrücke, I 217, 248–50

u. Traumsymptome, Ähnlichkeit zwischen, I 83

Umkehrung d. Reihenfolge i. d. Analyse, I 183

Symptome (bestimmte) (*s. a.* unter d. Namen d. einzelnen Symptome), XIV 140f.

Amaurose, I 157
Analgesie, I 44, 46, 82, 156f.,
163
Anästhesie *s.* **Anästhesie** (*s.
a.* Frigidität; Hysterie, Konversions-, Symptome (bestimmte): Analgesie)
i. Anfall *s.* **Anfall**, epileptoider; – hysterischer
Anorexie [Appetitlosigkeit,
Eßstörung], I 5–8, 11, 115,
117, 135–38, 474f.
Anosmie, I 163–83
Aphasie [Aphonie], I 44f.;
V 198f.
Atemnot, I 185, 341; V 179
Blindheit (*s. a.* Sehstörung,
psychogene), I 82; VIII *94–
102*
Darmstörungen, I 451
Dyspnoe *s.* **Atmen**
Ekel u. Erbrechen *s.* **Ekel;
Erbrechen**
Erschöpfung, Ermüdung, I
14, 163–83, 196–251
Gangstörung, I 156f.; XIV
115
u. Bewegungsunlust, V 104
Genickkrampf, I 103, 124,
129, 152f.
Gesichts-, Gliederschmerzen
s. **Hysterie, Konversions-,
Symptome (bestimmte):
Neuralgie;** – **Schmerzen**
Globus hystericus *s.* **Globus
hystericus**
Halsschmerzen, I 250
Harndrang, I 451
Heiserkeit u. Husten (*s. a.*
Hysterie,Konversions-,Symptome (bestimmte): Aphasie), V 179f., 198f., 207, 245,
264

Hysterie, Konversions-

Hemianästhesie, I 46, 84
Hemianopsie ist nicht unter d. –n –n d., I 47, 49, 51
Herzstörungen, I 341
Klopfen, V 242
Stiche, I 250
Hyperalgesie (d. Haut u.
Muskeln), I 197
d. Innervation *s.* **Innervation**
Kälteempfindung, I 102,
124f., 129, 210
Konstipation, I 4
Kontraktur d. Muskeln, I
42–44, 82f., 301; XVI 37,
140f.
d. Stimmbänder, I 237–42
Konvulsionen *s.* **Anfall, hysterischer**
Kopfschmerz, I 118, 124,
185, 243, 250, 369, 434; XI
405f.
Krampf (*s. a.* Anfall), I 150,
455f.
Laktationsschwierigkeiten,
I 3–17, 474f.
Lähmung, I 33, 47, 49,
39–55, 82, 113, 118, 287,
475f., 480f.; VIII 4; XIV
37–39, 115, 140f.
d. Armes, I 52f.
d. Lokomotion, I 124f.
mit organischen Zuständen
gemischt, I 124f., 480f.
Theorien d., II/III 569
Charcots, I 49f., 97
Repräsentations- u.
Projektionslähmungen,
I 41, 480f.
als verdrängte Sexualität
an motorischen Organen,
VIII 100
Magenkrämpfe [Gastralgie],
V 241f.

Hysterie, Konversions- (Forts.)

motorische Phänomene (*s. a.* Innervation), I 93, 95, 156 f.; IV 185 f.; V 104

Mangel d. –n *s.* **Hysterie, Konversions-, Symptome (bestimmte): Lähmung**

Migräne, I 124, 369; V 179

Monoplegie, I 44 f.

Mutismus, V 198 f.

Nahrungsselektion (*s. a.* Hysterie, Konversions-, Symptome (bestimmte): Anorexie) I 135–38

Neuralgie (*s. a.* Hysterie, Konversions-, Symptome (bestimmte): Schmerzen), I 82, 85, 243–48

   Gesichts-, I 118, 125

   Glieder-, I 102, 122–25, 196–251

   Hand-, I 118

   Hüft-, I 83

   Kopf-, I 124, 369; V 179

   Kreuzschmerzen *s.* **Spinalirritation**

   Trigeminus-, I 247

Ohnmacht, V 202

Paralyse *s.* **Hysterie, Konversions-, Symptome (bestimmte): Lähmung**

Paraplegie, I 453

Parästhesie, I 150, 237–42, 451

Parese (Paresis), I 45

Prickeln, I 150

   i. Fingerspitzen, I 240

Schlaflosigkeit, I 5

Schlafsucht, I 93

Schmerzen (*s. a.* Hysterie, Konversions-, Symptome (bestimmte): Neuralgie), XIV 140 f.

   beim Erinnern, I 212

   beim Gehen u. Stehen, I 214 f., 217

   Kopf-, *s.* **Hysterie, Konversions-, Symptome (bestimmte): Kopfschmerzen**

   körperliche, I 83, 102, 114, 196–251 (243)

   beim Liegen u. Sitzen, I 216

   Magen-, I 117, 136–38, 197; V 197, 241 f.

   u. Masturbation, V 241

   mit organischen Zuständen gemischt, I 124 f., 146 f., 199–211, 236, 242–48

   rheumatische *s.* **Hysterie, Konversions-, Symptome (bestimmte): Neuralgie**

   Zahn-, I 245 f.

Schwindel u. 'Benommenheit', I 163–83 (170 f.)

   lokomotorischer, I 124 f.

Sehstörung *s.* **Seh(störungen)** (*s. a.* Hysterie, Konversions-, Symptome (bestimmte): Blindheit

Sensibilitätsstörungen (*s. a.* Hysterie, Symptome (bestimmte): Halluzination), I 32

Sexualhemmung, XIV 114 f.

Spinalirritationen *s.* **Spinalirritation**

Steifigkeit, I 124 f.; II/III 623

Stigma *s.* **Stigma**

Stimmbänder, Krampf d., I 237–42

Stottern, I 105, 110, 115, 125, 147 f.

(Terminus technicus), I 63, 142; VIII 14

Tic (*s. a.* Tic), I 12–16, 82–84, 99–162 (101), 474 f.; II/III 623 f.

-ähnliche Phänomene, I
100, 110
Tremor, I 156 f.
Trigeminusneuralgie, I 247
Weinen, I 132
Zahnschmerzen, I 245 f.
Zungenschnalzen, I 12 f., 83,
100, 105, 110, 147
Krankengeschichten *s. i. Reg. d.*
Krankengesch.
als Krankheit d. erotischen Typen, XIV 512
Krankheitsmotive (*s. a.* Hysterie, Ätiologie d.), V 202–05
u. Kunst, I 250 f.; IX 91; XI 390 f.;
XII 327; XVII 12
als 'Leiden an Reminiszenzen',
I 86, 476; VIII 11; XI 410 f.; XIII
10; XVI 56
Libidoentwicklung i. d., VIII 451 f.
u. Libidoentzug, VIII 309
u. Liebesverlust, XIV 174
u. d. Massen (*s. a.* Hysterie, als
'Besessenheit'), XIII 85 f.
u. Masturbation (*s. a.* Masturbation), V 242
männliche, I 32 f., 381, 437; V
65, 71; XIV 37, 39; XVII 10
Gesellschaftsklasse u., I 447
u. homosexuelle Neigung, V
64 f.
Meynerts Auffassung ü., II/III
439 f.
Mechanismus d., I *81–98*; X 258 f.,
284; XIII 117
u. Mimik, VIII 399
u. Dichtung, XII 327
monosymptomatische *s.* **Hysterie**, Symptome (i. allgemeinen)
motorische Innervationen bei *s.*
Innervation

u. Mutterbindung (*s. a.* Mutterbindung), XIV 519
u. Mythologie, II/III 624
u. Nationalcharakter (d. Franzosen), I 33
als Negativ d. Perversion (*s. a.* Neurose, als Negativ d. Perversion), V 132, 138
u. Nervensystem, V 292 f.
u. Neurasthenie, I 255 f., 259, 360, 499 f.; XI 405
Unterschied zwischen, I 10 f.
verbunden mit, I 495 f.
als Vorstufe, XI 405
d. Nonnen (*s. a.* Hysterie, als 'Besessenheit'; – d. Heiligen),
I 89; XVII 12
Objektbeziehung bei (*s. a.* Identifizierung (Gebiete d.), i. d.
Hysterie), X 436 f., XIV 190
Objektlibido bei, V 118 f.
Organsprache d., I 212, 301
u. Paranoia *s.* **Paranoia**, u. Hysterie
u. Passivität (*s. a.* Hysterie, u. Zwangsneurose, Unterschied zwischen)
als ätiologischer Faktor i. d.,
I 380 f., 383
pathologische Formel d., XVII 6
Periodizität i. d., I 368 f.
u. Perversion, V 63–67, 138
phantasierte, V 284 f.
Traum, Freuds, nach Vortrag ü. (*s. a.* i. Biogr. Reg.:
Träume, eigene, Vortrag), II/III
473
'petite' *s.* **Hysterie**, 'kleine'
Phantasieproduktionen i. d. *s.*
Hysterie, Symptome (bestimmte): Phantasietätigkeit (*s. a.*
Phantasieren
u. Phobie (*s. a.* Hysterie, Sym-

Hysterie, Prognose d.

ptome (bestimmte): Angst; –
Phobie)

statt Konversionssymptome,
I 515

Therapie verschieden, VIII
108f.

v. zwangsneurotischer Phobie
verschieden, I 71f.

Prognose d., I 262, 515

bei Anna O . . ., VIII 5f.

Projektion i. d., X 414

u. präödipale Bindung s. **Hysterie**, u. Mutterbindung

u. 'Psychasthenie', I 65, 71f.

Psychoanalyse d. s. **Hysterie**, Therapie

als Psychose (i. alienierten Zuständen) (s. a. Hysterie, halluzinatorische Verworrenheit i. d.), I 92, 262

als Tilgungs-, I 123

als Vorstufe d., I 262; VIII 455f.

u. Pubertät, I 435–38, 449; VIII 443; XIV 143

u. Reaktionen, I 54

Reiz i. Mißverhältnis z., I 454–56

Reaktionsbildungen bei, XIV 190

nicht vorhanden, XIV 144f.

Regression bei, II/III 549–51; VIII 452; X 259; XI 355f.

reine, I 163–83, 258

selten, I 258

u. Reminiszenzen s. **Hysterie**, als 'Leiden an Reminiszenzen'

'Retentions-', I 61, 237–42, 288–90

u. Krankenpflege, I 228f., 243f.

Schichtungen i. d., mehrfache, I 201, 291, 296

u. Schlafzustand, Ähnlichkeit zwischen, I 31

u. Schönheit o. Organminderwertigkeit, X 166f.

Schwängerung symbolisiert durch Erbrechen, VIII 405

schwere (Hystero-Epilepsie) (s. a. Anfall, epileptoider)

Dostojewskis, XIV 402

sensorische Innervation bei s. **Innervation**

u. Sexualität, I 257; V 265

ungezügelte, I 14, 342; VII 238

Sexualentwicklung, gehemmte, bei, I 436f., 449f.; V 46, 154

'sexuelle' (s. a. Erektionsäquivalente), I 342

Verpönung d., I 257f.

sexuelle Ätiologie d., I 159f., 253, 257f., 414, 416–20, *434–51*, 483; VII 80f.

u. 'Dissoziation' u. 'idée fixe' (Janet), XIII 407

u. Infantilismus (s. a. Hysteriker, Infantilismus), V 64, 154

u. Kindheitstraumen u. Mißhandlung s. **Kindheitstrauma**

libidinöse Strebungen i. Symptome verwandelt [erotischer Vorstellungskreis] (s. a. Hysterie, Konversions-, Symptome (i. allgemeinen)), I 231f.; V 64

Passivitätstheorie d. s. **Hysterie**, u. Passivität (s. a. Hysterie u. Zwangsneurose, Unterschiede zwischen)

als Sexualbetätigung d. Kranken, V 278

u. Ersatzbefriedigung, V 63

Unwissenheit, sexuelle, i. d. Jugend, I 194f.

Verpönung d. Theorie, I 257f. (Zusammenfassung), XIII 219

u. Simulation, I 11, 42; VIII 6

Charcots Ansichten ü., I 30f.
Stigmata s. **Stigma**
u. Symbolisierung, I 217, 248–51, (250f.); VIII 405
Symptome (i. allgemeinen) (s. a. Hysterie, Konversions-, Symptome (bestimmte)), I 432; II/III 575
u. Amnesie, Koexistenz d., VIII 15
Art d., bestimmt durch infantile Sexualerlebnisse, I 451–54
während Behandlung entstandene, I 237–42
'belle indifférence' gegenüber d. –n, I 196; X 258
Bisexualität d., VII 197f., 240
d. Phantasien, VII 191–99
Dauer- (s. a. Autohypnose; Traum; Trauma), I 64, 94–97, 149, 341; VIII 399
Ätiologie d., I 149
Entstehung d., I 141; XVII 5
u. hypnoide Zustände, I 94f.
als Reaktionsversuche, XVII 5
u. Deckerinnerungen, Ähnlichkeit zwischen, I 551f.
(Definition), VII *194, 196f.*; XVI 125f.
Deutung, Wichtigkeit d., I 151
u. Ehe (s. a. Ehe), I 339, 399, 515; V 242
Entstehung d., I 141; II/III 575; XVII 5
durch Gegenwillen, I *1–17*
als Erinnerungssymbole, I 427, 432; VII 196
als Ersatz s. **Hysterie**, sexuelle Ätiologie d.
mit Gewissen (schlechtem) verglichen, VII 8
u. Ich u. Überich, XIV 125f.
'ideogene', I 259

Hysterie, Symptome (i. allgemeinen)

als Kompromisse (s. a. Hysterie, als Kompromiß), V 156; VII 196f.
Konversions-, s. **Hysterie**, Konversions-, Symptome
statt libidinöser Strebungen, V 63f.
mehrere, geschichtet, I 291–96
'Mitsprechen' d., I 301–03
monosymptomatisch, I 149, 196–251 (213), 263, 291
bei nichtsexuellem Anlaß (scheinbarem), V 265
u. Phantasie (s. a. Hysterie, Symptome d. (bestimmte): Phantasietätigkeit), VII 194–96
primäre, XIV 126
psychogene u. nicht-psychogene, I 263f.
als Selbstbestrafung, II/III 575f.; VII 8; XIV 126, 145
somatische s. **Hysterie**, Konversions-, Symptome
Steigerung, Neigung z., I 301
Therapie d. s. **Hysterie**, Therapie d.
u. Traum (s. a. Traum), XV 15
traumatische Entstehung d., I 89f.
u. Traumen (s. a. Kindheitstraumen)
motorische s. **Innervation**
Reproduzierbarkeit u. Katharsis, X 46
Überdeterminierung d., I 453; II/III 575
Verdichtung u. Verschiebung s. **Hysterie**, Verdichtung; – Verschiebung
d. Verdrängte u. d. Verdrängende gleichzeitig darstellend, XI 311

Hysterie, Symptome (bestimmte)

Verschwinden d., durch Bewußtwerden, I 85, 432

visueller Charakter d., II/III 623 f.

Vorstufe d. *s.* **Hysterie,** u. Tagtraum

Wiederholungszwang d. (*s. a.* Wiederholungszwang), I 162, 301; X 46

als Wunscherfüllung (*s. a.* Wunscherfüllung), II/III 575 f.

Symptome (bestimmte) (*s. a.* Hysterie, Konversions-, Symptome (bestimmte); Hysteriker)

Amnesie (*s. a.* Amnesie), I 525 f., 532; V 76; VII 417; VIII 15

bei Anna O..., d. Muttersprache betreffend, VIII 4,7,18

u. Verdrängung, V 76; VII 417

Angst (*s. a.* Anfall, Angst-; Angsthysterie), I 184–95, 274 f., 339; II/III 587; XI 415, 418 f.; XV 88

Erwartungs-, I 143

phobische *s.* **Hysterie,** u. Phobie; **Hysterie,** Symptome (bestimmte): Phobien

u. Urszene, I 184–95

Angst vor, bestimmte Fälle v.

Einschleichen Fremder, I 133, 143

Hexen, I 129

Irrewerden, I 143

Ungeziefer, usw., I 142 f.

Arbeitsunfähigkeit [-störung] (*s. a.* Hysterie, Konversions-, Symptome (bestimmte): Erschöpfung; Hysteriker, Leistungsfähigkeit), XIV 115

Charaktereigenschaften *s.* Hysteriker

Dissoziation, Neigung z. *s.* Bewußtseinsspaltung

Halluzinationen (*s. a.* Halluzination(en), bestimmte, einzelne), I 74, 246; XIV 140 f.

Geruchs-, I 163–83

Gesichts-, I 82; II/III 549 f.

Sensibilitätsstörungen, I 32

Tier- (*s. a.* Tierphobien), I 99–162 (103, 117)

Menschenscheu (*s. a.* Menschenfurcht), I 118, 143

Nahrungsselektion *s.* **Hysterie,** Konversions-, Symptome (bestimmte): Anorexie; Nahrungsselektion

Namenvergessen, IV 47

Phantasietätigkeit, erhöhte, u. Phantasieproduktionen (*s. a.* Phantasieren), I 72–74; II/III 495, 623; IV 284; V 65, 153 f.; 284 f.; VII 191–99 (194–96), 235

u. Bisexualität, VII *191–99*

Erinnerungstäuschung i. d. (*s. a.* Verführungsphantasie), I 72–74, 105, 152 f., 186, 418; V 153

mit 'Gschnas' verglichen, II/III 222 f.

v. Koitus, II/III 623

v. Mißhandlungen (*s. a.* Aggression; Attentat; Verführungsphantasie), V 284 f.; VII 195

motorische Innervation bei *s.* Innervation

v. perversen Handlungen, V 284 f.; VII 194

Prädominanz d., XI 390

sexuelle, Darstellung u. Realisierung d. –n, V 206

bewußte, VII 195

Tagtraum *s.* **Hysterie,** u. Tagtraum

unbewußte, u. Phobien, II/III 618

Verführungs-, s. **Verführungsphantasien**
vorbewußte, VII 194, 196
Wahn- [paranoische Wahnbildungen i. d.], v 154, 284f.;
VII 195
-befürchtungen, V 65
Phobien (s. a. Hysterie, u. Phobie), I 71f., 346f., 515
Angst, Ängstlichkeit s. **Hysterie**, Symptome (bestimmte): Angst
Tier-, I 68, 99–162 (117)
u. Traum, II/III vii
i. ubw. Phantasien, II/III 618
Schutzformeln, I 100, 103, 108f., 147, 150f.
Schweigsamkeit, I 159
Stigmen s. **Stigma**
Verführungsphantasien s. **Verführungsphantasien**
Willensschwäche u. -perversion, I 11f.
Zwangsvorstellungen, I 71f., 346f., 386
Symptombildung bei, V 84; XI *373–90*
bei Konversion undurchsichtig, XIV 141
Mechanismus d., XIII 117
u. Tagtraum, als Vorstufe d. Symptome, II/III 495f.
Theorien d.
Freuds (s. a. Abwehrhysterie; Hysterie, Ätiologie d.; – sexuelle Ätiologie d., Therapie, psychoanalytische)
aktiv-passive s. **Hysterie**, u. Zwangsneurose
'flächenartige Darstellung' d., XVII 5
v. Janets unterschieden, VIII 23

Hysterie u. Traum

sexuelle s. **Hysterie**, sexuelle Ätiologie d.
Verdrängungstheorie s. **Hysterie**, u. Verdrängung
(Zusammenfassung), XVII 5f.
Geschichte d., I 59
voranalytische, XIII 406; XVII 9
bei Anna O..., VIII 6
Charcots Ansichten, I 30–34; V 151; VIII 17
ü. Schwachsinn, VIII 476
Irrtümer d. -n, I 30f.
Janets (s. a. Bewußtseinsspaltung), I 65; VIII 17f., 23
Oppenheims u. Strümpells, I 65
'traumatische' s. **Hysterie**, u. Trauma; – 'traumatische' Therapie, I 252–312
aktive Technik vermeidbar, XII 191
u. bewußte Mitarbeit d. Patienten s. **Psychoanalytische Situation**
hypnotische, I *1–17*, *80–98*, *252–312*, *474–76*
kathartische, I *80–98*, 253–55
psychoanalytische (s. a. Psychoanalytische Methode; – Technik; – usw.), VII 80f.; VIII *399*
Indikation d. -n, I 513f.; VIII 390; XIV 300
Kontraindikation bei akuter, I 262, 513f.
symptomatische, Fraglichkeit d. Heilerfolges, I 262
Wunderheilungen, V 205
u. Tic s. **Tic**
u. Traum (s. a. Traum, u. Hysterie)
Ähnlichkeit zwischen, I 512

207

Hysterie u. Trauma

u. Trauma, I 54, 93, 141, 342–46;
V 151, 185 f.

u. Anfall, XVII 10

u. Art d. –s. u. Neurosenwahl,
I 181–83

u. auxiliäres Moment, I 64,
182, 195

Kindheits-, *s.* **Kindheitstrauma**

u. Konversion, nachfolgende, I
195

mehrfache Traumen, I 296

Unfall *s.* **Traumatische Neurose**

'traumatische', XVII 11

Ätiologie, I 32f., 54, 82, 84, 93,
97, 141, 181–83, 291–97, 345f.,
360, 381, 427–30 (*427*); V 185f.

Charcotsche, V 151

Krankengeschichten, I 99–162,
163–83, 184–95, 196–251

Phobien d. –n, I 345 f.

u. traumatische Neurose (*s. a.*
Traumatische Neurose), XIII 9

Unart bei, I 14 f.; XI 312

'Ungeschehenmachen' i. d., durch
Amnesie u. Verdrängung, XIV 151

Unzerstörbarkeit unbewußter
Gedankenwege i. d., II/III 583 f.

Überich bei, XIII 281

u. Übertragung (*s. a.* Übertragung)

zentrale Bedeutung, XI 462

als Übertragungsneurose *s.* **Übertragungsneurosen**

Verdichtung (i. d. Konversions-),
II/III 684; VIII 285; X 259

Verdrängung i. d., I 61–65, 174,
181 f.; V 63, 84; VII 8; X 258 f.

u. Abwehr, XIV 196

gleichzeitige Darstellung d.
Verdrängten u. Verdrängenden, XI 311

Mechanismus d., X 258 f.

u. Vergessen (*s. a.* Amnesie, hysterische; Hysterie, Symptome (bestimmte): Namenvergessen)

absichtliches, XVII 12

unbeabsichtigtes *s.* **Amnesie**

u. Vergeßlichkeit, normale, I 525

Verschiebung (i. d. Konversions-),
II/III 684

Mechanismus d., d. Lutschen
analog, V 84

Verlegung v. unten nach oben,
II/III 392, 395; XI 336

Verworrenheit bei *s.* **Hysterie**,
halluzinatorische Verworrenheit;
– als Psychose

u. virginale Angst *s.* **Virginale Angst**

u. Wahn *s.* **Hysterie**, Symptome
d. (bestimmte): Phantasien,
Wahn-

d. Waisen (bei Wegfall eines d.
Eltern), V 131

weibliche (*s. a.* Hysterie, männliche)

u. Ekel vor Genitalien d.
anderen Geschlechts, V 51

nach Entbindung, I 474 f.

u. Haß gegen Kinder, XIV 190

Häufigkeit d. –n [Affinität d.
Weibes z.], I 381, 457 f.; XIV 174

u. 'männliche' Sexualität, verdrängte, reaktivierte (*s. a.*
'Männlichkeitskomplex'), VIII
452

u. Perversion, männliche, i. derselben Familie, V 138

Schwängerungsidee (*s. a.*
Schwangerschaft; u. i. Symbol-Reg.), VIII 405

Ursachen d. (*s. a.* Liebesverlust; Männlichkeitskomplex;
Mutterbindung; Passivität), I
421; XIV 174

u. virginale Angst (s. a. Virginale Angst), I 325
u. Zwangsneurose, männliche, I 382, 421; XIV 174
Widerstand i. d., I 268
u. Bekämpfung, I 288–94
u. Wiedererinnerung s. **Erinnern, Wieder-**
Wiederholungszwang d., I 162
u. Ehe, V 242
u. Willensakt (s. a. Hysterie, Gegenwille bei), I 62, 64, 131, 182
d. wohlerzogenen Kinder s. **'Bravheit'**
d. Wolfsmannes s. i. **Reg.** d. **Krankengesch.**: Namenverzeichnis, Wolfsmann
Wortneubildungen i. d., II/III 309
Wunderheilungen d., V 205
Zensur u. Bewußtsein, Zusammenhang v., i. d., II/III 623
als Zerrbild einer Kunstschöpfung, IX 91
mit Zwangsvorstellungen s. **Hysterie,** Symptome (bestimmte): Zwangsvorstellungen
u. Zwangsneurose
  aktiv-passive Theorie d., I 381f., 385f., 421, 457f., 485; V 154
  Widerrufung d., VIII 444
Ähnlichkeiten u. Zusammenhang, I 276, 386, 392, 411, 457; VII 411; XII 107, 148f.; XIII 281; XIV 142f.
Unterschiede zwischen, I 256f., 392; VII 414, 417, 463; XI 265
  betreffs d. Unbewußten, VII 446
  Zwangsneurose undurchsichtiger, VII 382f.
d. Wolfsmanns s. i. **Reg.** d. **Krankengesch.**: Namenverzeichnis, Wolfsmann

Hysterieartige Symptome
i. Dementia praecox (Restitutionsversuch), X 153; XI 436
bei Paranoia, I 457
bei Zwangsneurose, XIV 143
Hysteriker [Hysterika] (s. a. Hysterie)
Argwohn, Neigung z., I 308
Ängstlichkeit d., I 143
Ausdrucksbewegungen, I 147
autosuggestive Idee, I 55
Begabungen, I 160
'belle indifférence', I 196; X 258
Beschuldigungen, II/III 191
als Besessene s. **Hysterie, als 'Besessenheit'**
Bildersprache d., II/III 623f.
Charakterperversion d., I 14f.
Depression [Traurigkeit], I 148, 246; V 181, 185
  periodische, I 132
Ekel s. **Ekel**
Empfindlichkeit [Hypersensitivität], I 455; II/III 206
Erinnerungstäuschungen s. **Deck(erinnerung(en))**; **Erinnerungstäuschung(en)**
Erotik, ungezügelte (s. a. Hysterie, u. Sexual-, usw.), I 14, 342; VII 238
Geheimnis beim, VII 8
'Gelegenheits-', I 4, 11
Gotteslästerungen beim, I 14
Halluzinationen s. **Hysterie,** Symptome (bestimmte): Halluzinationen
Ignoranz
  d. Anatomie d. Nervensysteme, I 51–54
  sexuelle s. **Unwissenheit**
Imitation, u. Neigung z. psychischen Infektion, I 83; II/III 155

Hysteriker, Infantilismus

Infantilismus, sexueller, I 436f., 449f.; V 154

interessantmachen, 'Sich-', d., XV 152

Konversionsfähigkeit s. **Hysterie,** Konversions-

Lebhaftigkeit d. Erinnerungsbilder, I 97, 105

Leistungsfähigkeit d., I 161f.

verminderte [Arbeitsunfähigkeit], I 161, 163–83; XIV 115

Menschenscheu d., I 118, 143

Monoideismus d., I 161, 512

'neurotische Währung' beim, IX 107

Organsprache beim, X 296f.

Phantasien s. **Hysterie,** Symptome (bestimmte): Phantasietätigkeit (s. a. Phantasie(n))

Schmerz, Verhalten bei (s. a. Anästhesie; Hyperalgesie; Hyperästhesie; Hysterie, Konversions-, Symptome (bestimmte): Parästhesie; – Schmerz), I 198f.

Schönheitsfehler, Verzweiflung ü., I 150f.; X 166f.

Schuldgefühl, II/III 266; XIII 281

Selbstmordkomödien beim, V 181, 191; XIII 283

selbstquälerische Neigung, I 139, 159

Sexualentwicklung s. **Hysteriker, Infantilismus**

Überzärtlichkeit, II/III 266

u. Verbrecher, VII 8

Visionen u. visuelle Halluzinationen bei (s. a. Hysteriker, Bildersprache; – Lebhaftigkeit d. Erinnerungen), I 82, 105, 117, 282; VIII 94–102

Willensschwäche, I 12

Zwangsdichtungen u. Verführungsphantasien s. **Verführungsphantasien**

'Hystérique d'occasion', I 4, 11, 33

Hysterisch (-er, -e, -es) (s. a. Hysterie; Hysteriker)

Anfall s. **Anfall,** hysterischer

Angst s. **Anfall,** Angst-; **Angsthysterie; Hysterie,** Symptome (bestimmte): Angst

Blindheit s. **Hysterie,** Konversions-, Symptome (bestimmte): Blindheit

Charakter s. **Hysteriker**

Darstellungsweise s. **Darstellung**

Dauersymptome s. **Hysterie,** Symptome (i. allgemeinen): Dauer-

Identifizierung s. **Identifizierung** (Gebiete d.): i. d. Hysterie

Konversion s. **Hysterie,** Konversions-

Lähmung s. **Hysterie,** Konversions-, Symptome (bestimmte): Lähmung

Phantasie s. **Hysterie,** Symptome (bestimmte): Phantasietätigkeit

Phobie s. **Hysterie,** u. Phobie; – Symptome (bestimmte): Phobien

Reflexepilepsie s. **Anfall,** epileptoider

Stigma s. **Stigma**

Symptome s. **Hysterie,** Symptome (s. a. Hysterieartige Symptome)

Wahn s. **Hysterie,** Symptome (bestimmte): Phantasien

Hystero-Epilepsie s. **Anfall,** epileptoider

Hysterogene Zonen [Punkte] (s. a. Hysterie; Schmerz), I 32, 96, 244, 259, 455

Andeutung eines hysterischen Anfalles bei Reizung d. –n, I 199

atypische, I 199, 212

u. erogene Zonen, V 85

I

Ich, VIII 97; XI 364; XII 215; XV 63–65; XVII 128–35
Abhängigkeiten d., XIII *277–88*, 282, 387; XIV 122f., 159; XV 84f., 92; XVII 97
-abspaltung *s.* Ichspaltung
Abwehr [-kampf] gegen Libidɔ (*s. a.* Ichveränderungen), I 68, 262, 269; XIV 127f.; XVI 82f.
 u. Erblichkeit, XVI 86
 i. d. Hysterie, XIV 141
 i. d. Phobie, XIV 137–39
 i. d. Zwangsneurose, XIV 144–48
u. Abwehr
 -kampf gegen Symptom (*s. a.* Ich, u. Symptom), XIV 125f.
 -prozesse, u. Übergabe v. Inhalten an d. Es, XVI 203
 -reaktionen o. Angstsignal, XV 97
'abwehrlustiges', I 280
Aggression gegen Unlustquellen, X 230
Akzidentelles u. Aktuelles bestimmt d., XVII 69
i. Amentia, X 424
-analyse, XIII 57
 u. Es-Analyse, XVI 84
 u. Massenpsychologie (*s. a.* Masse-), XIII *73–161*
 anatomische Analogie d. 'Gehirnmännchens', XIII 253f.
u. Angst [Ichangst]
 dreierlei, XV 85
 als Funktion d. Ich *s.* Ichfunktionen

Gewissensangst als, XV 85
v. Libidoanspruch *s.* Ich, u. Libido
i Phobien, XIV 138f.
Real-, XI 426
u. Trieb- [Es-] Angst, XIV 193f.
i. Überich *s.* Ich, u. Überich
i. Übertragungs- u. traumatischen [Kriegs-]neurosen verschieden, XII 324
u. Angstsignal (als Affektreaktion auf Gefahr [als Gefahr- o. Unlustsignal]), XIV 119, 159, 169–71; XV 99; XVII 130
 mit Abwehrreaktionen alternierend, XV 97
 auf Kastrationsgefahr (*s. a.* Gefahr;–Kastrations-),XIV 154–57
 Lust-Unlust Automatismus weckend, XV 96f.
 als Angststätte, eigentliche, XIII 287; XIV 120; XV 91
Überprüfung d.Theorie,XIV 171
Anteil d., an Erwerbung v. Religion u. Sittlichkeit, XIII 266f.
 u. Außenwelt (*s. a.* Außenwelt; Ich, Grenze d.; – u. Realität; – u. Wahrnehmung), X 227–29; XIII 387, 391; XIV 228; XV 82, 84; XVII 70, 132
 Abhängigkeit v., XV 92
 Ablösung v., u. Verdrängung, XIII 391
 Aktivität u. Passivität gegenüber, X 227
 u. Befriedigung, XVII 70
 u. Entwicklung *s.* Ichentwicklung

211

Ich u. Befriedigung

d. Es, als Außenwelt d. Ich, XIII 285

'Ichfremdheit' d. Außenwelt, X 228; XIV 13

Introjektion d., X 288

Konflikt zwischen s. Ichkonflikt

Mittelstellung d. Ich zwischen Es u. (s. a. Ichfunktionen), XIII 387

Lockerung d. Verhältnisses zwischen, i. d. Psychose, XVII 132f.

Reize d. s. Reizschutz

u. Befriedigung, XVII 68, 70

Begriff d., XIII 243; XVII 68

bewußte Anteile d., XVII 83f.

-bewußtsein (s. a. Bewußtsein)

i. d. Hysterie (s. a. Ich, bei Hysterie), I 161, 235; II/III 623

i. d. hypnoiden-, I 235

u. Körper, I 15

u. Peripherie d. Ich, XVII 84

u. Realität, XI 375

u. Bewußtsein s. Ichfunktionen

Charakter gehört z., XV 97

-charakter (s. a. Charakter; Persönlichkeit), XVII 68f.

Deformationen d., -s, XIII 391

u. Objektbesetzung, XIII 257

(Definition), XIII 243, 253, 267; XIV 124

u. Denkarbeit s. Ichfunktionen

desexualisierte Energien d. (s. a. Desexualisierung), XIII 274f.; XIV 125

Deutungsarbeit, Teilnahme d., an d., XVII 107

Dispositionen d., XVI 86

Distanz d., z. Erlebnis, XVI 76f.

u. Doppelgänger, XII 246-48

drei Abhängigkeiten d., XVII 97

Ängste ['Zwingherren'] d., XIII 387; XV 84f.

Doppelgesicht d., XIV 125

dynamische Gesichtspunkte d., XIII 18

Einbeziehung i. d. s. Ich, Introjektionswunsch d.

Einheit d. (s. a. Ich, u. Integration)

anfangs nicht vorhanden, X 142

beim Neurotiker verlorengegangen, XIV 251

ungeteilte, XIV 489

durch Verdrängung abgespalten, XIII 6f.

-einschränkung s. Ichverarmung

-entleerung s. Ichverarmung; Ichverlust

-entwicklung [-entstehung] (s. a. Ich, u. Regression), X 142, 167-69; XI 364-71; XIII 253, 256, 267, 275; XVII 68

Anfänge d., X 228; XVI 80, 86, 203

u. Außenwelt, X 227f.; XVII 68

aus d. Es s. Ich, u. Es

d. höheren Organisation, XIII 6

u. Libido, XI 364f.

d. Libidoentwicklung voraneilend, VIII 451

d. Real-Ich aus d. Lust-Ich, XIV 13

mit Sexualentwicklung parallel, XVII 113

Stufen d. Abwehr, X 224

u. Trieb, XIII 286

unerforschte Natur d., VIII 451f.

u. Zwangsneurose, VIII 451

-ersetzung, XIII 150f.

-erstarkung s. Ich, Stärkung
u. Es (s. a. Ichanalyse; Ichangst; Ich, u. Es, u. Überich), I 567f.; XIII 237–89 (246–55), 285; XIV 124, 223, 228f.; XV 81–84, 99; XVI 203

Abhängigkeit v., XV 92

i. d. Abwehrsituation, XVI 82

i. d. Analyse, XV 79f.; XVI 84

als 'Außenwelt' d. Ich, XIII 285

u. Destruktionstrieb, freier, XV 117

Einfluß auf d. Es, XIV 119

Einheit, ursprüngliche, XVI 86, 179

Grenzen, gegen Es durch Widerstand gesichert, XVII 87

Konflikt zwischen s. Konflikt, Neurose als, zwischen, Ich, u. Es (s. a. Ichkonflikt)

als Objekt d. Es, XIII 258

u. Realität, XIV 223

Scheidung, teilweise, durch Verdrängung, XV 84

u. Strafbedürfnis, XV 117

u. Sublimation, XIII 258

als Teil d. Es (s. a. Ich(-schwäche), infantile), XIII 252

Absonderung, erste, XIII 253

differenzierter, XIII 266f.; XIV 187f.

Entwicklung aus d. Es, XVI 203; XVII 85, 129

Es als Kern d., XIII 79

als Fassade, XIV 222

modifizierter, XIII 267 XV 82;

organisierter, XIV 124, 275–77; XV 99

u. d. Verdrängte, XVI 84, 201

Topik d., XIII 246–55 (251–54)

u. Trieb

-befriedigung s. Ich, u. Befriedigung

-veränderungen i. Es durch d., XV 104

Umsetzung d. Erlebnisse v. Ich i. d. Es, XIII 267

Unstimmigkeiten zwischen (s. a. Konflikt, Neurose als), XV 83f.

u. Verdrängung s. Verdrängung, u. Ich

als Vermittler zwischen Außenwelt u. Es, XIII 387; XIV 274

u. Es u. Überich (s. a. Ichpsychologie; Ich u. Überich; Psychischer Apparat), XIII 286; XIV 85, 253f.; XV 84–86; XVII 97f.

Abhängigkeit d. Ich v., XIV 122f.

(Definitionen), XIV 302f.

d. Humoristen, XIV 386–89

Konflikte d. Ich-Es i. Überich fortgesetzt, XIII 267

korrekte Koordination zwischen, XVII 69

Kräfteverhältnis zwischen, XIII 390f.

Rationalisierung d. Angst i., XIII 286f.

Sonderung v.

u. Abwehr, XIV 117

keine scharfe, XV 85f.

Variationen, individuelle, XV 85f.

Wesen d. (Zusammenfassung), XIV 302f.

(Zusammenfassung), XIII 284; XIV 221–24, 302f.

bei Zwangsneurose, XIV 147

-fassade, XIV 222

-fixierung

d. Abwehr, XVI 83

u. Verdrängung, XI 365

Ich, Fluchtreflex d.

Fluchtreflex d., XIII 287
Fluchtversuch d. (*s. a.* Fluchtversuch), XIV 122
  i. d. Schizophrenie, X 302
durch Verdrängung, XI 425
-fremdheit [-fremde], XVI 233
Innenwelt, XIV 126; XV 62
  i. oralen Phase mit 'Schlechtem' identisch, XIV 13
d. Pathogenen, I 294f.
'Seelenfremdheit' d. Traumes, II/III 50
d. Symptoms, X 289f.; XV 62
frühe Schädigung d. (*s. a.* Narzißtische Kränkungen), XVI 179
frühes (*s. a.* Ichschwäche), X 142; XIII 267, 276; XVII 136
-funktion(en), XIII 243, 253, 274f., 285; XIV 221–24; XV 81–83; XVII 68, 70, 97
  Angst als (*s. a.* Ich, u. Angst), XV *91–97*
  gegenüber Außenwelt, XIV 122
  Bewußtsein (*s. a.* Ich, u. Bewußtsein), XIII 254; XIV 122, 302f.
  Denkvorgänge als, XIII 274, 285; XIV 14f.; XV 82, 96; XVII 84
  mit desexualisierten Energien *s.* **Ich**, desexualisierte Energien d.
  Einschränkung d. *s.* Ichverarmung (*s. a.* Hemmung; Ich (-hemmung))
  Herstellung d., als Ziel d. Analyse, XVI 96
  Integration als *s.* **Ich**, u. Integration
  Isolierung als *s.* **Isolierung**
  Kritik als *s.* **Ich**, u. Kritik
  Leidenschaften, Beherrschung d., XIV 229
  u. motorische Entladung [Motilität], XIII 253, 285f.; XIV 221f.; XV 82
  Organisierung als (*s. a.* Ich, als Organisation), XV 99
  Realitätsprüfung als (*s. a.* Ich, u. Realität-), X 424; XIII 256, 285; XIV 228; XVII 129f.
  Reizschutz als (*s. a.* Reizschutz), XV 82
  Sekundärvorgang als, XVII 86
  Synthese als (*s. a.* Ich, u. Integration), XVII 60
  Urteil als, XIV 15
  Vermittlung zwischen Es u. Realität als, XIII 387; XIV 274; XVI 80; XVII 68, 70, 129
  Wahrnehmung als (*s. a.* Ich, u. Wahrnehmung), XIII 285; XIV 302f.
  Wichtigkeit d., XIII 253
  Widerstand *s.* **Ich**, Widerstand d.
  Zensur *s.* **Ich**, u. Kritik; – u. Zensur
-furcht *s.* **Ich**, u. Angst
d. Führers, XIII 138
-gefühl (*s. a.* Selbst-), XIV 423
  gesichertes, XIV 425
  Herabsetzung d. –s, X 431
  Phasen d. –s, XII 249
  primäres
    u. ozeanisches Gefühl, XIV 425
    d. Säuglings, XIV 424
      u. Hilflosigkeit (*s. a.* Hilflosigkeit), XV 95
  Regression z. unabgegrenzten, XII 249
  u. d. Unheimliche, XII 249
Gegenbesetzungen d. *s.* **Ichlibido**
-gerecht (–e, –es), XII 145; XVI 233

Bewältigung, XVI 73
Männlichkeitsstreben, XVI 97
d. Unbewußte als, X 293
Verwendung d. Libido, X 167
Gesamt- (s. a. Ich u. Objekt),
XIII 145
u. Gewissen s. Gewissen
Glück d., XIV 503
-grenze, X 151
   gegen Es durch Widerstand
   gesichert, XVII 87, 104f.
   pathologisch gestörte, XIV 423f.
   i. Verliebtheit, verschwommen,
   XIV 423
-größe, Selbstgefühl als Ausdruck
f. (s. a. Allmacht; Größenwahn;
Selbstgefühl), X 165
'Gutes' i., XIV 13
Harmonie d., XVI 69
-hemmung [Lähmung]
   als Ausweichen u. Funktions-
   einschränkung, XIV 114, 116f.
   u. Es, XVI 82
'Hörkappe' d., XIII 252
bei Hysterie (s. a. Ich(-bewußt-
sein)), I 235, 269, 289; II/III
622f.; XIII 281
   Konversions-, XIV 141
   monoideistisch, I 161
u. Ichideal s. Ichideal (s. a. Ideal-
Ich)
   d. Ideal-, als Maßstab, XI 444
u. Identifizierung (s. a. Identifi-
zierung), XIII 150f., 256–63 (259),
274
   erste (s. a. Überich), XIII 277,
   281; XIV 158f.
   u. Ichersetzung, Unterschied
   zwischen, XIII 150f.
u. Ichschwäche, XIII 277
u. Ichspaltung, XIII 259

mit Objekt, i. Melancholie, X
435f.
u. Veränderung s. Ichverände-
rungen
Identität d. eigenen (s. a. Ichge-
fühl, Ichgröße)
   Verwirrung d., XII 246
-inhalt, Bewußtsein, Sprachfunk-
tion u. Denkvorgänge als, XVII 84
Institutionen d. (s. a. Ich, –funk-
tion(en)), X 424
u. Integration [Ichsynthese] (s. a.
Ich, Einheit d.; – als Organi-
sation), XIII 85; XVII 60, 107
   als Einheit, X 142
   -sstreben, XIII 274; XIV 142,
   148, 223
   als Friedfertigkeit, XIV 127
   als Harmonie, XV 84f.; XVI 69
   Kohärenz i., XIII 146
   Neurose als Mißlingen d., XIV
   402
   synthetische Funktion, XV 82f.
   als therapeutisches Ziel, XVI 80
-interesse
   u. Libido, i. Schlaf u. intraute-
   rinem Leben vereint, XI 432
   i. Krison, XVI 77
Introjektionswunsch d.
   i. d. oralen Phase, XIV 13
   u. Urteil, XIV 15
Isolierungstätigkeit d. s. Isolie-
rung
Kern d.
   Es als, XIII 79
   System W-Bw. als, XIII 18,
   250f., 256
   u. Kindheitsneurosen, XIV 275–77
   beim Kleinkind (ohne Überich)
   (s. a. Ich, frühes), XVII 136
Komik d. Vergleichens d. ande-
ren, mit d., VI 222–25, 257

Ichkonflikt

-konflikt(e)
mit Außenwelt, ergibt Psychose, XIII 387, 389
mit Es (*s. a.* Konflikt, Neurose als)
   i. Überich fortgesetzt, XIII 267
   Hemmungen, als Ausweichen vor d., XIV 116f.
   i. Jungs Theorie, X 108
u. Neurose *s.* Konflikt, Neurose als, zwischen, Ich, u. –
bei normalem Verhältnis mit Es nicht vorhanden, XIV 229
mit Sexualtrieben *s.* Ichtriebe u. Sexualtriebe
wechselnde Ichstärke entscheidet ü. d. Los d., XVI 69f.
u. Konversion *s.* Ich, bei Hysterie
Kränkung d. *s.* Narzißtische Kränkungen
u. Kritik [als kritische Instanz] (*s. a.* Gewissen; Zensur), X 141; XII 215, 247f.; XV 64
Körper-, [körperliches –], I 15, 52; XIII 253–55
-lähmung *s.* Ichhemmung
-libido (*s. a.* Libido; Narzißmus; Narzißtisch), V *118f.*
Angst vor Anspruch d., XIV 138
(Definition), V 118
u. Desexualisierung, XIII 274
Fixierung d., XI 365
u. Objektlibido (*s. a.* Ich, u. Libidobesetzung; Ich, u. Objekt), X 141; XI 430–36
Überbesetzung bei Schizophrenie, X 295
u. Libido, u. Eros, XIII 274f., 287; XVII 71–73
u. Libidobesetzung, XVII 73
u. Erogeneität, X 150; XVII 73

u. Gegenbesetzung
Festhalten an, XIV 191
Widerstände d., XIV *192f.*
Grenzen d. Ichbesetzung, X 151
Probleme d., VIII 311f.
Unfähigkeit d., z., u. Neurose, XI 401f.
u. Verteilung, X 146, 149, 166
Zurückziehung d. Objektlibido nicht immer abnorm, XI 436
als Libidoreservoir, XII 6; XIII 55f., 258, 273; XIV 83; XV 109; XVII 72f.
u. Liebe, X 141, 166; XIII 285
u. Lustquellen, X 227f.
u. Objekt, X 227–32
   -liebe (*s. a.* Narzißmus), XVII 71
Lust-
u. Introjektion, X 228; XIV 13
u. Lustprinzip, XIV 230; XV 99–101
primitives, XIV 424f.
u. Real-Ich, VIII 235, 237
Entwicklung, XIV 13
unifiziertes, X 228
u. Lust-Unlust Automatismus, XV 96f.
Masochismus
u. Passivität d., XIV 408–10
als Rückwendung d. Sadismus gegen d., XIII 59
u. Masse, XIII 73–161 (144–49); XV 74
d. Führers d., XIII 138f.
i. d. Melancholie, VIII 64; X 433–36, 440; XIII 257, 390
metapsychologisches, XIII 278
mißhandelt v. Überich *s.* **Überich**, Intoleranz d. (*s. a.* Überich, Härte d.)

216

Ich, phylogenetische Einwirkungen auf

Mittelstellung d. (zwischen Es u. Außenwelt), XIII 387

moralischer Charakter d., XIII 284

u. Motilität *s.* Ichfunktion(en)
u. motorische Entladung
u. Muskelaktionen, XIII 285f.

narzißtisches (*s. a.* Narzißmus; Narzißtisch-), X 227

d. Nervösen, XI 394f.

Neurose als Affektion d., XVII 111

u. Neurose (*s. a.* Ich, u. Symptome; Konflikt, Neurose als, zwischen Ich u. -), XI 373f., 394–400; XII 9; XIII 363; XVII 99, 106f.

u. Mißlingen d. Synthese, XIV 402

u. Regression, XI 373f.

i. d. Neurose, XVII 99, 106f.

narzißtischen, XI 364, 395

psychoanalytische Wertung d., XII *10f.*

traumatischen (u. Kriegs-), XI 396

Widerstandsfähigkeit, XVII 99

Neuschöpfung d., durch Analyse, XVI 71

normale Aufgaben d. *s.* Ichfunktion(en)

normales, I 13, 294f.; XI 436; XVI 80, 180; XVII 69

eine Idealfiktion, XVI 80

Grenzen d. –n (*s. a.* Ich, Grenze), XVII 87

korrektes Verhältnis mit Es u. Überich, XIV 229; XV 85f.; XVII 69

u. pathogenes
v. Kräfteverhältnis d. Instanzen abhängend, XIII 390f.

Übergänge zwischen –m, u. –m, I 294f.

als oberste Instanz [Ansprüche d.], XII *8–11*

Objekt u. Gesamt-, XIII 145

als Objekt (*s. a.* Narzißmus), XIII 274; XV 64

d. Ideals, X 161; XIII 145

u. Objekt, X 226–32; XIII 145
mit aktiv-passiver Polarität [kein Gegensatz] nicht identisch, X 226f.

aufgegebenes, XIII 261

-besetzung, XIII 257

-erhaltung, XIII 283

erstes, XIV 424f.

geringere Indifferenz d. Ich verglichen mit Es, gegenüber, XIII 274

-identifizierung, XIII 258

-libido (u. Ichlibido, Gegensatz v.), X 141

-liebe, XVII 71

i. d. Melancholie, X 435f.

-verlust, Veränderung d., bei, XIII 257

als Organisation [organisierter Teil d. Es] (*s. a.* Ich, u. Integration), XIII 6; XIV 124, 229; XV 99

u. Kinderneurosen u. Verdrängung, XIV 275–77

u. Zwang, XVI 181

u. Ödipuskomplex *s.* **Ödipuskomplex**

ökonomische Aufgabe d., XV 84f.

Partial- (*s. a.* Partial-), VII 220

Passivität d., X 227; XIV 408–10

pathogenes, u. normales *s.* **Ich, normales**

Peripherie d., u. Bewußtsein, XVII 84

u. Phantasie, XIII 367

phylogenetische Einwirkungen auf, XVII 131

217

Ich, primäres

primäres (Janets), I 148
u. Primärvorgang, XIII 274
primitives (*s. a.* Ich(-entwicklung; – frühes), X 227
bei Primitiven (*s. a.* Animismus), XIII 266
als Projektion einer Oberfläche, XIII 253
i. d. psychoanalytischen Theorie, Rolle d., XII *10f.*
-psychologie [psychologisches Ich], X 406; XI 438; XIII 55f.; XV *62–86* (74)
    Adlers, X 96–99
    u. Dementia praecox u. Paranoia, X 148
    u. Espsychologie (*s. a.* Ich, u. Es), XIII 427
    bei Phobien, XIV 154
    u. Psychose [u. narzißtische Neurosen], XI 364, 395, 438; XIII 387–90; XVII 97f.
    d. Psychotikers, XVII 98f.
Reaktionsbildungen *s.* **Zwangsneurose**
Real-, *s.* **Ich,** Lust-
u. Realangst *s.* **Ich,** u. **Angst**
u. Realität (*s. a.* Ich, u. Außenwelt), XIV 223
    i. Neurose u. Psychose, XIII 363f.
    u. Realitätsprinzip (*s. a.* Ich (-funktionen)), XI 82; XIV 228; XV 82; XVII 129f.
    Konflikt zwischen, XVII 97f.
u. Realitätsprüfung, XVII 129f.
    als eine Funktion d. Ich, X 424; XIII 256, 285
u. Regression, XI 370–74
    u. halluzinatorische Wunscherfüllung, X 413
    Kampf gegen, XI 373f.; XIV 143

u. Schlafwunsch, II/III 240
-schranken, ethische u. ästhetische, d. Latenz (*s. a.* Ekel; Moral; Scham), XIV 144
u. Schuldbewußtsein *s.* **Schuldbewußtsein,** u. **Ich; Schuldgefühl,** Entstehung d.
-schutz *s.* **Abwehr; Isolierung; 'Ungeschehen-Machen'**
-schwäche, XI 401f.; XIV 229–31; XV 83
    i. d. Ätiologie d. Neurosen, XVI 64, 69f.
    dynamische, XV 83
    u. entwicklungsgeschichtliche Reihe d. Gefahren, XV 95
    bei Erschöpfung, XVI 69f.
    d. Es gegenüber, XV 83, 99
    u. Identifizierung, XIII 276
    infantile [d. unreifen Ich] (*s. a.* Ich, frühes), XIV 230, 275f.; XV 89f.; XVI 64; XVII 111
    u. Hilflosigkeit als Gefahrsituation, XIV 172
    u. psychoanalytische Therapie, XVII 98
    i. Psychose, XVII 97f.
    i. d. Todesangst, XIII 288f.
    Überschätzung d., XIV 122f.
    u. Verdrängung, XV 96
sekundäres, II/III 256
Sekundärvorgang gehört z., XVII 86
Selbstliebe d., X 161
u. Selbstmord, VIII 64
v. Sexualobjekt beeinflußt (*s. a.* Hörigkeit), XV 69
als Sexualobjekt (*s. a.* Narzißmus), XIII 56
Sexualstrebungen, Fehlen d., i., XII 147

Ichtriebe

Sich-Aufgeben d., i. Melancholie, XIII 288f.

-sicherheit [Sicherung d.], XII 247; XIII 283

u. Sinnesreize, u. motorische Akte, Mittelstellung zwischen, XIV 221f.

Souveränität d., durch Verdrängung aufgegeben, XIV 185

-spaltung (s. a. Bewußtseinsspaltung; Doppelgänger; Ich, u. Integration), XII 248; XIII 6f., 120, 259; XVII 60, 107, 132–35

  i. Abwehrvorgang, XVII 59–62

  u. Fetischismus, XVII 133–35

  durch Identifizierung, XIII 259

  nach Konflikt, XVII 60

  i. d. populären Psychologie, XII 248

  i. Psychosen, XVII 133

Spaltbarkeit, XV 64

  i. Traum, II/III 96, 327f.; XIII 314

  nach Trauma, XVI 182f.

  u. Verleugnung, XVII 134

  u. Wahn, XVII 132f.

Stärke d. (s. a. Ichschwäche), XIII 146f., 285; XVI 69–71

  i. Krankheit, XVI 69

  u. Reife, XVI 71

  wechselnde, u. Entscheidung d. Triebkonflikte, XVI 71

-stärkung (s. a. Ichschwäche), XIV 229

  durch Analyse, XV 86; XVI 64, 74; XVII 100, 103f.

u. Straftraum, II/III 563

u. Sublimierung, XIII 258, 274f.

-symbole (i. Traum), II/III 358

Symptom als Reaktion gegen libidinöse Triebe d., V 63

u. Symptom, XIV 125

Anpassung an d., XIV 127

u. Gefahrsituation, XIV 175f.

-synthese [synthetische Funktion d.] s. Ich, u. Integration

systematisch betrachtet, XIII 18, 246–55 (251–54); XVII 78

-teilung s. Ichspaltung

d. Tiere, XIII 266

u. Tod (s. a. Todesangst), XII 247; XIV 409

  i. d. Trauer, VIII 64

Trauerarbeit d., X 430

u. Traum

  Ichvielheit i., XIII 314

  Rolle i., II/III 240, 327f., 563

  Straf-, II/III 563

  'Träume v. Ich her', XVII 88

u. Trieb, XVI 64–66

-trieb(e), XI 363, 427

  Abstammung d., XIII 46, 66

  (Definition u. Wesen d.), XIII 66

  konservativ-regredierender Charakter d., XIII 46

  u. libidinöse Triebe s. Ichtriebe, u. Sexualtriebe

  narzißtische (s. a. Ichlibido), XIII 66

    u. Haß, X 231

  nur sekundär pathogen, XI 445

  u. Objekttriebe, XIII 66; XIV 476f.

    Konflikt zwischen (s. a. Konflikt), XIV 476f.

    (Zusammenfassung), XIV 301 –03

  u. Selbsterhaltung (s. a. Selbsterhaltung), X 216, 218f.; XIII 66

  v. Haß beherrscht, X 230f.

  u. Sexualtriebe [Urtriebe] (s. a. Konflikt, Neurose als), X 143–

219

Ich u. Triebbefriedigung
 47, 216–19, 230f.; XI 427f.;
 XII 4f.; XIII 46, 54–56, 66; XIV
 105; XV 102, 109
- auf anal-sadistischer Stufe,
  X 231
- Erziehungsfähigkeit d., XI
  368f.
- Gegensatz d., VIII 97f.; X
  231; XV 109
- Konflikt zwischen s. Konflikt, Neurose als, zwischen,
- u. Krankheit, XI 430–37
- u. Lustprinzip
  i. d. Ablösung v., verschieden VIII 234f.
- u. Realitätsprinzip, XIII 6
- Neurose als Konflikt zwischen s. Konflikt, Neurose als
- ökonomische Unterschiede, XI 369–71
- Sexualtrieb angelehnt an, X 153
- topische Gesichtspunkte, XIII 56
- als Urtriebe, X 216–19
- u. Übertragungsneurosen (s. a. Übertragungsneurosen), XI 429
- i. Verliebtheit, Krankheit u. Schlaf, XI 430–36
- (Zusammenfassung), XIII 227, 229f.; XIV 83
- (Terminus technicus), XIII 43
- u. Todestrieb, XIII 46, 57
- (Zusammenfassung), XIII 232f.
- u. Verdrängung s. Ich, u. Verdrängung
- u. Triebbefriedigung, XVII 68
- Triebbesetzung d. primitiven, X 227
- Triebenergie d., X 141
- u. Triebhemmungen, XIV 302
- u. Triebkonflikt s. Konflikt, Neurose als
- u. Triebveränderungen i. Es, XV 104
- u. Triebvorgang, XIV 178
- -umarbeitung s. Ichveränderungen
- unbewußte Anteile d., XIII 18, 244; XV 75f.; XVI 202f.
- u. Aktivität, X 293
- u. Konflikte, XV 78
- weder primitiv, noch irrationell, XV 81
- unterbliebene Strebungen d., durch Doppelgänger symbolisiert, XII 248
- ungeteiltes (s. a. Ich, Einheit d.; – u. Integration), XIV 489
- unreifes s. Ich, frühes; – schwäche
- Unüberwindlichkeit d., XIV 386
- Unverletzlichkeit d.
  i. Humor, XIV 385
  i. Tagtraum u. Dichtung, VII 220
- Unverträglichkeiten i. Vorstellungsleben mit d., I 481
- ohne Überich (s. a. Ich, frühes; – infantiles), XVII 136
- Überich (Rolle d., gegenüber d. Ich)
- Es-Beherrschung d. Ich irrtümlich annehmend, XIV 503f.
- als erste Identifizierung d. (s. a. Identifizierung), XIII 277; XIV 409
- als Reinkarnation v. früheren Ichbildungen, XIII 276
- Rücksichtslosigkeit gegenüber d. Glück d. Ich, XIV 503
- Unabhängigkeit, v. Ich, XIII 282

u. Überich (Rolle d. Ich, gegenüber d. −) (*s. a.* Gewissen; Ich, u. Es u. Überich; Ichideal), XIII 256–67, 278, 282, 285f.

Abhängigkeit v., XV 92

Angst v. *s.* Überich, Angst vor Differenzierung v., XV 74

i. Humor, XIV 387

Konflikt zwischen (*s. a.* Konflikt)

als Fortsetzung d. Ichkonflikte, XIII 267

Hemmungen als Ausweichen vor einem, XIV 116f.

i. narzißtischen Neurosen, Melancholie u. Psychosen, XIII 388, 390f.

bei Moral u. moralischem Masochismus verschiedenes Verhältnis zwischen, XIII 381

bei Normalen, Kooperation zwischen, XVII 87

Spannung zwischen, XIII 379; XV 84f.

u. Minderwertigkeitsgefühl, XV 71

u. moralisches Schuldgefühl, XV 67

nicht vorhanden

i. narzißtischen Typus, XIV 511

bei Verwahrlosten, XIV 490

als Vater-Identifizierung, erste (*s. a.* Identifizierung; Vater), XIII 277; XIV 409

Veränderung durch *s.* Ichveränderungen

Vorstufen d. [ältere Ichgestaltungen], XIII 267

als wunschprüfende Instanzen, XVI 263

-verarmung [-einschränkung; -entleerung] (*s. a.* Selbstgefühl), VIII 109; X 440; XIV 117, 387

Ichveränderungen

durch Abwehrmechanismen, XVI 83

Folgen d., XIV 185

bei Hysterie, XIV 191

bei Impotenz, X 166

u. Libidobesetzungen, X 149

beim Neurotiker, X 166, 169

nach Trauma, XVI 181

i. Übertragungsneurosen, X 165f.

Zwangscharakter d., XVI 181

-veränderungen (*s. a.* Ichspaltung; -verlust), I 402; XIII 125; XVI 85–93

durch Abwehr [-mechanismen], XVI 64, 83–85

durch Analyse, XVI 64, 68f., 79, 84, 95; XVII 104f.

als Dauerheilung, XVI 67f., 79

i. Heilungsprozeß, XI 473f.

relative, XVI 80

als Ziel, XVI 79–85

Ätiologie d., XVI 64

(Definition), XVI 85

u. Deutungswahn, I 402f.

erworbene

spontane Prozesse d. Umarbeitung, XVI 95

u. ursprüngliche, XVI 80

nach latenter Kindheitsneurose, XVI 182

Stärke u. Tiefe d. -n, XVI 85

frühe, XVI 85–89

durch Gegenbesetzung, XIV 190f.

durch Identifizierung, XIII 258; XVI 233f.

auf konstitutioneller Grundlage, XVI 85–90

u. Libidoverteilung, X 149

Ichverdoppelung

  i. d. Melancholie, XIII 288f.
  als Narbenbildungen, XII 215; XV 166; XVI 182
  bei Objektverlust, XIII 257
  durch Reaktionsbildung, XIV 191
  durch Übericheinwirkung (s. a. Überich), XIII 262, 266f.
  i. Zwangsneurose, X 259
-verdoppelung [-teilung, -vertauschung] (s. a. Doppelgänger; Ichvielheit), XII 246–48
  u. d. Verdrängte, XVI 84, 201; XIII 146
  u. Verdrängung s. **Verdrängung, u. Ich**
  vereinigende Tendenz d. s. **Ich, u. Integration**
-vererbung, Frage einer, XIII 267
-vergrößerung s. **Größenwahn**
-verlust (s. a. Ichverarmung)
  u. Ichkränkung, X 435, 440
  i. d. Melancholie, X 431–34, 439f.
-verschiedenheiten, angeborene, XVI 80, 86
Verstandesarbeit d. s. **Denken**
-verstärkung s. **Ichstärkung**
-vertauschung s. **Ichverdoppelung**
-vielheit (s. a. Doppelgänger; Ich(-spaltung), VII 220; XIII 259, 267, 314
vorbewußter Anteil d., XIII 18; XVI 202; XVII 84f.
-vorgänge, Synthese d. s. **Ich, u. Integration**
  u. Vorstellung, I 269
    i. Widerspruch, I 235, 269, 288, 481; XIV 13
    u. Zwangsidee, VII 388
  i. Wahndichtungen, VII 191

  u. Wahrnehmung (s. a. Ichfunktionen), XIII 252f.; XIV 119, 302f.; XV 81–86
  innere, u. d. Körperich, XII 8–11; XIII 253; XVI 82
  u. motorische Akte, XIV 221f.
  Widerstand gegen, XIV 191
  Wesen d., XIII 243, 251–54, 286–89; XIV 125
  Widerstand d., XIII 18; XIV 192f.
  Grenzen gegen Es sichernd, XVII 87, 104f.
  hysterischer, I 235, 269, 288, 481
  als Ichfunktion, XI 453f.; XIII 18; XIV 191f.
  gegen Wahrnehmungen, XIV 191
  Widerstandsfähigkeit d., XVII 99
  u. Widerstandsanalyse, XVI 84
  u. Wille, XII 9
  u. Willenslähmung [-aufhebung], XIII 142; XVI 148
  beim Witz u. beim Naiven, Rolle d., VI 211
  u. Zeit, XV 82f.
-zensor [-zensur] (s. a. Zensur), I 269; X 424
  als beobachtende Ichinstanz s. **Gewissen**
-zerfall s. **Ichspaltung** (s. a. Ich, u. Integration; -verlust)
Zurückziehung d. Libido i. d. (s. a. Zurückziehung), nicht direkt pathogen, XI 436
  bei Zwangsneurose, X 259; XIV 147
    Abwehr, XIV 144–48
    Einschränkung, XVI 181
    schärfer, XIV 151f.
    Synthese, Neigung z., XIV 142
    u. Überich

Angst v., XIV 158f.
u. Es, XIV 147
Zwangsideen, VII 388
'Zweifrontenkrieg' d., XVII 130

Ichideal (*s. a.* Ideal; Überich), XIII 116, 120f., 262; XV 71

aggressives, bei eingeschränkter Aktivität, XIII 284

Analytiker an Stelle d. (Folgen), XIII 279f.

Begriff d., XIII 262f.

Bildung d. [Entwicklung d.], XIII 262f.

aus Autoritätseinflüssen (*s. a.* Ichideal, u. Eltern), XIII 121

mit Sublimierung nicht identisch, X 161–63

(Definition), XIII 286

Doppelgesicht d., XIII 262f.; XIV 125

u. Eltern, XIII 121, 264f.

-identifizierung, XIII 259–62

-vorstellung, XV 71

als Erbe

d. Narzißmus, XIII 121

d. Ödipuskomplexes, XIII 264f.

-ersetzung, XIII 150

Funktion d., XIII 121, 126

u. Gewissen (*s. a.* Gewissen), X 162f.

grausames (*s. a.* Überich, Härte d.), XIII 285

u. Heros, XIII 152

u. Ich, XIII 121, *256–67*

Konflikt zwischen (*s. a.* Konflikt), XIII 264

u. Massenideal *s.* **Ideal**, u. Massenideal

periodische Auflehnung [Durchbruch d. Scheidung v.], XIII 147–49

Sonderung [Scheidung] v.

Grad d., u. Hypnose u. Massenseele, XIII 126, 142, 144f.

i. Verliebtheit, XIII 161

Spannung zwischen, u. Schuldgefühl, XIII 147

Zusammenfallen v., u. Triumph [Manie], XIII 147f.

Zwiespalt zwischen, u. Melancholie, XIII 148

u. Kultur, XIII 264–66

u. Leidenschaften, XIV 228

u. Libidoschicksale d. Es (Ausdruck d.), XIII 264f.

u. Masse *s.* **Ichideal**, u. Ich

u. Massenideal, X 169f.; XIII 142

bei Melancholie, XIII 148, 281

u. Narzißmus, X 167f.

u. Neurose *s.* **Neurose** (*s. a.* Konflikt, Neurose als, zwischen –)

nicht lokalisierbar, XIII 265

u. Objekt (*s. a.* Objekt), X 161; XIII 124–26

u. Paranoia, X 170

u. Perversion, X 168

Reaktionsbildung d., u. schlecht bewältigter Ödipuskomplex, XIII 267

u. Religion, XIII 265

u. Schuldgefühl, XIII 147, 280–84

u. Schwere d. Neurose, XIII 280

u. Sexualideal, X 168f.

i. Traum, XIII 314

als Traumzensor, X 165

mit Triebregungen kommunizierend, XIII 267

unbewußtes, XIII 267

Urvater als (*s. a.* Ur(vater); Vater), XIII 151, 265

Überich als Träger d. (*s. a.* Überich), XV 71

223

Ichideal, Vater als

Vater als *s.* **Vater**
u. Vatersehnsucht, XIII 265
i. Verliebtheit durch Objekt abgelöst, XIII 125f.
Wesen d., XIII 264
Zerfall d., i. Beobachtungswahn, XIII 121
bei Zwangsneurose, XIII 280f.

Id *s.* **Es**

Ideal
-fiktion d. Normalität, XVI 80
-Ich (*s. a.* Ichideal), XI 444
Ich als Objekt d., XIII 145
-objekte d. Verlieben (*s. a.* Ideale; Idealisierung; Imago; Schwärmen; Verliebtsein)
Aggressionseinschränkung gegenüber –n, XIII 124
Verlust d. (*s. a.* Liebesverlust), u. Melancholie, XIII 147f.
d. Reizabhaltung, X 213

Ideale [Vorbilder] (*s. a.* Führer; Große Männer; Heros; Ichideal; Imago), XIII 256f.

Aggressivität d. *s.* **Überich**

Analytiker als *s.* **Psychoanalytiker**

Bildung d. *s.* **Idealisierung**

an Elternstelle (*s. a.* Eltern; Ersatz-), XV 70
i. Freuds Leben *s.* i. **Namen-Reg.**: Brutus; Charcot; Goethe; Hannibal; John (Neffe); Masséna; Moses, usw.
u. Gemeinschaft, Zusammenhalten d., XVI 19
Klassen-, XIV 334f.
Kultur- (*s. a.* Kultur-)
Gefährdung d., angebliche, durch Psychoanalyse, VIII 111
Götter als, XIV 450f.

Heroen als *s.* **Heros**
höhere psychische Tätigkeiten als, XIV 453f.
Schönheit, Reinlichkeit, Ordnung als, XIV 452f.
nationale, XVI 19
i. d. Pubertät, XIV 472
u. Verdrängung, aus gemeinsamer Quelle stammend, X 252f.
d. 'weiblichen Reinheit', XI 367

Idealforderungen (*s. a.* Moral)
Änderung d., organische Begründung d., XVI 26

Idealgebote *s.* **Moral**; **Nächstenliebe**; **Sittlichkeit**

Idealisierung [Ideal-Bildung] (*s. a.* Sexualideal; -überschätzung), XIII 124
(Definition), X 161
u. Fetischismus, X 253
u. Sublimierung, Unterschiede zwischen, X 161
i. d. Verliebtheit, XIII 124–26

'Idée Fixe' (Janet) [Fixe Ideen], I 156; V 24, 278
Komik d. Erstarrung d., VI 239

Idee(n) [Begriffe] (*s. a.* Vorstellungen)
u. Affekte *s.* **Vorstellungen** (Arten d.): affektbetonte
-assoziation *s.* **Assoziation**
u. Autorität, XVI 19
-flucht
i. d. Psychose *s.* **Psychose**
i. Traum, II/III 94, 96
Gemeinschaften zusammenhaltende, X 360; XVI 19
Todes-, *s.* **Todesidee**
Wahn-, *s.* **Wahnidee**

Identifizierung [Identifikation] (i. allgemeinen), II/III 154f.; V

Identifizierung (als Phänomen): archaischer als Objektwahl

98; X 267f.; XIII *115–21*; XV 69f., 83, 97; XVII 120

Identifizierung (Arten d.)

ambivalente, XIII 116f., 260

erste (*s. a.* Überich), XIII 277

frühe, XIII 259

mehrfache [multiple, vielseitige]
 i. Hysterie, VII 236
 u. Ichbildung, XIII 277
 u. Massenseele, Vielheit d., XIII 145
 u. Persönlichkeit, multiple, XIII 258f.

narzißtische (*s. a.* Narzißmus; Narzißtisch-), XII 51
 u. hysterische, Unterschied zwischen, X 436f., 443
 bei Melancholie, XI 443
 u. Objektwahl *s.* Identifizierung (als Phänomen): Objektwahl
 i. sekundären Narzißmus, XIII 257

partielle, XIII 117

überkompensierte u. sich wieder durchsetzende, XVI 234

Identifizierung (Gebiete d.)

i. Clan *s.* Identifizierung miteinander

bei Dienstboten, mangelhafte, IV 192

bei Eltern, IX 22

i. epileptoiden Anfall, XIV 406, 409f.

i. frühen Alter, XIII 259

i. Homosexualität, XIII 115
 Entstehung d., XIII 116, 119f.
 miteinander, XIII 139
 mit Objekt, XII 285
 u. Regression, XII 285
 mit Weib (*s. a.* Feminine Einstellung), V 44

i. d. Hysterie [hysterische Identifikation], II/III 156

i. Anfall (mehrfache), VII 236; XIV 406, 409f.

u. narzißtische, Unterschied zwischen [mit Objekt], X 436f.; XI 443

u. Traum, II/III *154–56*; V 269

i. Kannibalismus, IX 172; XIII 257

bei Kindern, XIII 133

beim kleinen Hahnemann *s.* i. Reg. d. Krankengesch.: Andere Autoren, (Ferenczi) kleiner Hahnemann

i. d. Kunst, XIV 335

i. d. Masse
 mit Führer, XIII 118f.; XIV 335
 mehrfache, XIII 145
 miteinander, XIII 118f., *128*, 133–35
 bei Mädchen (*s. a.* Ehe-; Männlichkeitskomplex; Mutterbindung; Mutteridentifizierung), XIII 259f.

i. d. Melancholie, X 435f., 443; XIII 256

i. Mythus, XIII 152f.

i. d. Neurose (*s. a.* Neurose), XIII 116f.

i. d. Schizophrenie, X 297, 436

i. Totemmahlzeit u. Kommunion, XIII 257

i. Traum, II/III 325–31
 hysterische, II/III 154f.; V 269

Identifizierung (als Phänomen)

u. Aggression (Einschränkung d.), XIII 121

u. Ambivalenz, XIII 116, 260

u. Ansteckung, psychische, XIII 117f., 121

archaischer als Objektwahl, XV 69f.

225

Identifizierung (als Phänomen): u. Atmen

u. Atmen, XII 120
Bisexualität, konstitutionelle, u. primäre –, XIII 260f.
u. Charakterbildung, XIII 256f.; XV 97
(Definition), XV 69
u. Desexualisierung, XIII 272, 399
als Einfühlung, XIII 117–19, 121
u. Gefühlsbindung, Mechanismus d., XIII 113f., 117f.
Gegensatz, i. Traum, dargestellt durch, II/III 331
u. Gerechtigkeit, XIII 133f.
Ich
  Einfluß auf, d., XIII 259
  Gestaltung d., durch, XIII 256
u. Ich, XIII 274
Ich- u. Ichidealersetzung, Unterschied zwischen, XIII 150f.
u. Ichschwäche, XIII 277
u. Konflikte, XIII 259
u. Kultur, XVI 23
mangelhafte, u. Fehlleistungen, IV 192
u. Mischpersonen i. Traum, II/III 325–29
u. Nachahmung, XIII 121
durch Namen, IV 94f.; IX 137
u. Narzißmus, XII 285
u. Objekt (*s. a.* Identifizierung mit (Gegenstand d.); Objekt)
  Aufgeben d. -es, XIII 257
  -besetzung
    Gleichzeitigkeit d., bei Charakterveränderung, XIII 258
    i. d. oralen Phase nicht unterscheidbar, XIII 257
  -verlust, XIII 125f.; XV 69f.
  -wahl, X 436; XI 436; XV 69, 83
    aufgegeben (*s. a.* Identifizierung (als Phänomen): u. Regression), XIII 116f., 257

  nachfolgende, XII 52; XV 69f.
u. Ödipuskomplex [-konflikt, -verhältnis], XIII 115–19, 259–64, 267, 399; XIV 21; XV 70
u. Prahlerei, VIII 426
primäre, XIII 259f.
  u. Ödipuskomplex u. Bisexualität, XIII 260f.
Regression, XIII 116–18 (117); XV 69
z. Narzißmus u. Homosexualität, XII 285
i. Schizophrenie, X 436
beim Weib *s.* **Weib** (als Subjekt): Identifizierung beim
u. Rivalität, XIII 133
u. Schuldbewußtsein, XIII 117
u. Selbstkritik, X 41
Selbstvorwurf als, X 41
u. Sexualität (*s. a.* Identifizierung mit (Gegenstand d.), Objekt, Sexual-), II/III 156; XV 69
u. soziales Gefühl, XIII 134f.
u. Sublimierung, XIII 399
u. Suggestion, XIII 145
durch Symptome, XIII 116–18
u. Todestrieb, XIII 287
Unlustvermeidung durch, XIII 117, 133
u. Überich *s.* **Überich**, Entstehung d.
d. Wolfsmanns *s.* i. **Reg. d. Krankengesch.**: Namenverzeichnis, Wolfsmann
durch Worterinnerung, XII 108
Identifizierung mit (Gegenstand d. Identifikation)
Analytiker, IV 70f.
  Wichtigkeit d., IV 89f.
anderen (*s. a.* Identifizierung mit (Gegenstand d.): Objekt; Identifizierung (als Phänomen): als Einfühlung), X 267f.

Brust, XVII 151
-einander
  i. Clan, IX 172; XIII 121, 139
  u. Homosexualität, XIII 139
  i. d. Masse, XIII 118f., 128
Eltern (*s. a.* Mutteridentifizierung; Vateridentifizierung), XIII 121, 259, 262; XV 68–70, 97
  ambivalente, XIII 260
  u. Ichideal, XIII 259
höheren Gesellschaftsklassen, XIV 334f.
Kindern, eigenen, IX 22
Klitoris, XVII 151
Männlichkeit, beim Weib *s.* **Männlichkeitskomplex**
Mutter *s.* **Mutteridentifizierung**
Nahrung *s.* Identifizierung (Gegenstand d.): Objekt, durch Einverleibung
Nation (u. internationale-), XVI 19f.
Objekt (*s. a.* Identifizierung (als Phänomen), u. Objekt-), XIII *115–21*, 258
  als Einfühlung *s.* **Identifizierung (als Phänomen): als Einfühlung**
  durch Einverleibung [Introjektion], V 98; XIII 116, 118, 125; XVI 187
  orale, XV 69; XVII 151
    i. Kannibalismus u. i. Brüderclan, IX 172; XIII 116, 257
    i. d. -n Phase, XIII 257
Liebes- [Sexual-]
  i. Melancholie, X 435f.
  u. Objektbesetzung ['sein' o. 'haben'], XIII 115; XV 69
  u. Regression (*s. a.* Identifizierung (als Phänomen), u. Regression), XII 285

Illumination

  i. Übertragungsneurose, X 436f.
  beim Weib häufiger, XV 69
Penis *s.* **Penis**
Totem [Toten], i. epileptoiden Anfall, XIV 406, 409f.
Totemtier (beim kleinem Hahnemann), IX 157–60
  i. Spiel, XIII 120
Vater *s.* **Vater(identifizierung)**
Verbrecher, XIV 414
Weib (beim Mann) (*s. a.* Feminine Einstellung; Identifizierung (Gegenstand d.), mit Objekt) i. Homosexualität, V 44
Identifizierungsgefühle d. Kunst, XIV 335
Identifizierungsperson *s.* **Mischbildung**
Identität
  d. Denkens *s.* **Identitätsziel**
  eigene *s.* **Depersonalisation; Ich, Identität; Selbst-**
  i. Traum, bildliche Darstellung d., II/III 345
  d. Wahrnehmung, Entwicklung d., II/III 571–73
  Wiederfinden d., als kindliche Lustquelle, XIII 37
Identitätsziel, i. psychischen Apparat, II/III 607f.
Ideogene Symptome *s.* **Symptome, neurotische, ideogene**
'Ideologien', XV 73f.
Ignoranz *s.* **Unwissenheit** (*s. a.* Virginale Angst)
Illegitimes Kind (*s. a.* Familie; Umgebung), XI 73
  Phantasie Leonardos, als, VIII 159, 208
Illumination *s.* **Denken, plötzliche Problemlösung**

Illusion(en)

Illusion(en), XIII 44, 47, 102
  als Abwehr d. Unlust, XIV 439
  v. d. Aufhebung d. Aggression, XVI 23
  d. 'auserwählten Volkes' *s. i.* **Geogr. Reg.**: Juden
  (Definition), XIV 354
  Druckfehler nicht bemerken, als negative, II/III 504
  d. 'freien Auslebens' d. Triebe (*s. a.* 'Ausleben'), XIV 335 f.
  'Güte' d. Menschen, als, XV 110 f.
  Humor dient einer, XIV 389
  u. Intuition, XV 172 f.
  u. Irrtum, Unterschiede zwischen, XIV 353
  d. Kommunismus (*s. a.* Kommunismus), XV 195 f.; XVI 23
  künstlerische, u. Allmacht d. Gedanken, IX 111
  d. Massen, XIII 85
    einen Führer z. haben, XIII 102 f.
  d. Menschheit *s.* **Infantile Sexualität** (als Erscheinung): abgeleugnete; **Religion**; **Vervollkommnungstrieb**
  u. Phantasie (*s. a.* Phantasie), XIV 439
  u. Psychoanalyse *s.* **Illusion, u. Wissenschaft**
  Religion [religiöse Vorstellungen, Gottesidee] als (*s. a.* Illusion, u. Wissenschaft; Religion), XIV 325–96, 421 f.; XV 189
  bei R. Rolland, XIV 421 f.
  d. Sittlichkeit i. d. Kultur [d. Staates] (*s. a.* Kultur; Moral; Sittlichkeit), X 329–31
  u. Traum, II/III 31–33, 55, 241
    mehr geträumt z. haben, II/III 285 f.
  Ursprung d., X 331

Übermensch-, XIII 44 f.
  u. Übertragung, XVII 102
  u. Wahnidee, XIV 35
  Wert d., XV 172
  u. Werturteile, XIV 505 f.
  d. Wissenschaft, angebliche, XIV 102 f., 379 f.; XV 23
  u. Anarchisten, XV 190 f.
  u. Wissenschaft (*s. a.* Illusion, Religion als)
  u. Psychoanalyse, VIII 111; XV 23, 172 f., 197
  als Wunscherfüllung, XIV 352–54
  u. Verzicht auf, XIV 378

Imago [Vorbild] (*s. a.* Bruder; 'Haben' u. 'Sein'; Ideale; Mutter; Vater), V 123, 129; VII 231; VIII 71, 80; 155; X 154, 206; XIII 80, 116, 155, 366; XIV 306
  Anziehungskraft d., i. Unbewußten, XIV 192
  bei Jung, VIII 366
  d. Masse (*s. a.* Führer), XIII 80, 116
  normale Haftbarkeit d., V 53 f.
  Psychoanalytiker als, VIII 474
  u. Pubertät, Rolle i. d., VIII 80 f.
  Regression z., VIII 367, 370; XI 354
  f. d. Übertragungsliebe, XIV 259

'**Imago**', Zeitschrift *s. i.* **Namen-Reg.**

Imitation *s.* **Nach(ahmung)** (*s. a.* Induktion; Mimik)

Imitative Magie *s.* **Magie**

Immoralität (*s. a.* Moral; Sittlichkeit; Sünde; Unart), XIII 282
  i. Es, XIII 266 f.; XV 81
  d. Kleinkindes, I 386; II/III 256–58, 274; V 92 f.; XV 68
  i. d. Masse *s.* **Masse**(n), u. **Neurose**; **Massenseele**

i. Menschen, XIV 333
u. Perversion (*s. a.* Perversion), V 209 f.; XIII 412
i. Schlaf u. Traum (*s. a.* Moral; Traum(theorien)), X 338
i. Witz (*s. a.* Obszön-; Zote), VI 112

Imperativ, kategorischer *s.* **Kategorischer Imperativ**

Imperialismus, u. Monotheismus, XVI 168

Impotenz (*s. a.* Potenz, Schädigung d.; Schwäche, sexuelle)
u. Abstinenz (*s. a.* Abstinenz), VII 160, 164
u. Aggression (Mangel an), XVII 71
Ätiologie, XVI 184
Erregung, frustrane, durch, XI 416 f.
als Hemmung d. Sexualfunktion, XIV 114
u. Hörigkeit, XII 162
u. infantile Theorie v. phallischen Weib, VIII 165
u. inzestuöse Objektwahl, VIII 82
kindliche (*s. a.* Genitalien, d. Kindes; Unreife), I 438, 452, 511; II/III 696; VIII 337
als Kulturleiden, VIII *84–88*
u. Masochismus, XII 218
u. Masturbation, VIII 343; XII 218
u. Mutterleibsphantasie, XIV 170
Pathogenese d., VIII 79
u. Pädophilie, V 47
psychische, VIII 78, 165; X 451; XII 218; XIV 114
(Definition), VIII 83 f.; X 451 f.
als psychogene organische Krankheit, X 451 f.
relative, I 352; VII 164; VIII 343
u. Selbstgefühl u. Ichverarmung, X 166

Indifferenz d. Patienten

symbolisiert durch Hut mit schiefer Feder, II/III 366
Symptomhandlung bei, IV 230, 238
u. Urszene, XVI 184 f.
Überwindung d., durch ein bestimmtes Weib, XII 162 f.
Wirkung auf d. Weib
Angstneurose, I 326, 352
Frigidität, XII 171
Zwangsneurose, VII 133 f.

Impulse, Zwangs-, *s.* **Zwangs-**

Impulsivität *s.* **Leidenschaft** (*s. a.* Affekt-)

Inaktivität (*s. a.* Feminine Einstellung; Hemmung; Passivität)
bei Leonardo, VIII 131–34, 208
d. Patienten (*s. a.* Patient), XVI 76

Incontinentia alvi *s.* **Inkontinenz**

'Indifférence, la belle –' (*s. a.* Hysteriker), I 196; X 258

Indifferent (–er, –e, –es) (*s. a.* Banal-)
i. Kindheitserinnerungen (*s. a.* Deckerinnerungen), I 534–38; IV 51–55
Tageseindrücke, II/III 560
i. Traum (*s. a.* Traum, Rezentes u. Indifferentes i.), II/III 19, 170–89, *189–94*, 568 f., 669 f.

Indifferenz [Gleichgültigkeit; Gleichmut; Grausen, fehlendes; Teilnahmslosigkeit] (*s. a.* Neutralisierung)
d. Es u. d. Primärvorgänge, bei Besetzungen u. Abfuhr, XIII 273 f.
d. Hysterikers *s.* **'Indifférence –'**
d. Ich, betreffs Sexualstrebungen, XII 147
d. Patienten (*s. a.* 'Indifférence –'; Patient; Psychoanalytische

Indifferenz bei Selbstbeschädigung

Technik, Mitteilung), I 283f.;
VIII 471; XII 33, 291

bei Selbstbeschädigung, unbewußt gewollter, IV 198f.

i. Traum, symbolisiert durch Wechsel v. Tod u. Leben, II/III 433

bei Zerbrechen eines Gegenstandes, IV 187f.

Indikation f. Psychoanalyse *s.* Psychoanalytische Methode, Indikation(en)

Indirekte

Darstellung *s.* Darstellung, indirekte (*s. a.* Traum; Witz)

Rede *s.* **Rede**, indirekte

Individualpsychologie (*s. a.* Massenpsychologie; Psychologie), XIII 73, 137, 151

Adlers, X 94–102, 159f.; XIV 293

Entstehung, X 95f.

u. Organminderwertigkeitstheorie, X 166f.

(Terminus technicus, unrichtig), XV 151

Ursache seiner Popularität, XV 153

Widerlegung d., XV 152f.

Individuell (–er, –e, –es) (*s. a.* Charakter; Ichpsychologie)

i. Ich, XV 85f.; XVI 86

Symbolik *s.* **Traum(symbolik)**, individuelle

Totem, IX 126

Individuum *s.* **Masse; Mensch; Persönlichkeit**

Indizien

-beweis i. d. Analyse, XI 43–46

auf Intentionen, i. Fehlhandlungen, XI 59

Induktion [Ansteckung, psychische Infektion] (*s. a.* Nachahmung), II/III 155; XV 42

d. Affekte, XIII 96, 104; XVII 34f.

u. Steigerung, XIII 91, 95, 104

durch ähnliche ätiologische Momente, II/III 155f.

u. Berührungstabu *s.* **Berührungsverbot**

bei Dämonenwahn, VII 208

v. Eltern, nervösen, auf Kinder übertragen, VII 164f.

bei Fehlleistungen, IV 49, 70

Namenvergessen durch, IV 48–50

Versprechen, XI 63

Gedanken- (*s. a.* Telepathie), XVII 35, 43

gegenseitige, i. Reim, II/III 346

u. Hypnose (*s. a.* Hypnose, Hypnotismus; Hypnotisch-), XIII 79–81

bei Hysterie (*s. a.* Hysterie), I 83; II/III 155

als Identifizierung, XIII 117f., 121

beim Kind, VII 164f.; XV 60f.

i. d. Massen [Epidemie, psychische] (*s. a.* Massenpsychologie; -seele), VII 208; XIII 79f., 96, 104

durch Nachahmung, II/III 155

u. Panik, XIII 104–06

u. Prestige (McDougall), XIII 96, 104

Symptombildung durch, XIII 117f.

u. Telepathie, XVII 34f., 43

während Analyse, XV 50–58

(Definition), XV 42

bei Kindern, XV 60f.

Möglichkeit einer, XV 59f.

u. Witz, XVII 35

u. Zwangsneurose, XIII 134

bei Zwangsverbot u. Tabu, IX 37–40, 43–46

Infantil (-er, -e, -es) (*s. a.* Infantile-;
Infantiles –; Infantilismus;
Kind; Kindlich)

Amnesie *s.* **Amnesie, infantile**

Denken *s.* **Denksystem; Lust-(prinzip); Primärvorgang**

Geburtstheorien *s.* **Infantile Geburtstheorien**

Komplexe u. Konflikte *s.* **Komplex; Konflikt;** u. unter d. Namen d. einzelnen Komplexe

Nervosität *s.* **Kindheitsnervosität**

Neurose (*s. a.* Kindheitsneurose) Geschichte einer, XII 29–157

i. d. Neurose *s.* **Infantiles Seelenleben** (*s. a.* Neurose)

Objektfindung [Objektwahl] *s.* **Objekt(wahl)**

Sexualinteresse *s.* **Infantile Sexualität** (als Erscheinung): u. Sexualinteresse

Sexualität *s.* **Infantile Sexualität** (als Erscheinung): u. Sexualinteresse

Sexualtheorien *s.* **Infantile Sexualtheorien**

-szene *s.* **Infantile Sexualszenen; Ur(szene)** (*s. a.* Kindheitstrauma; Phantasie; Verführungsphantasie)

Wünsche u. Wunscherfüllungen *s.* **Wunscherfüllung** (*s. a.* Infantiles Seelenleben, d. Erwachsenen)

Infantile Geburtstheorie(n) (*s. a.* Empfängnis; Gebären; Geburt; Infantile Sexualtheorien; Koitus; Schwangerschaft), V *96*; XI 329; XV 107

anale, VII *181*; VIII 50f.

Darmgeburt, V 87, 96; XI 329; XIII 297

kloakale, II/III 359f.; V 87, 96f.; VII 181f.; XII 109–12; XIII 297

d. Kastrationstheorie widersprechend (*s. a.* Infantile Sexualtheorien (bestimmte): 'kastriertes Weib'), XII 110–12

u. Zote, VI 106

Labyrinth als Symbol f., XV 26

'Lumpf' *s.* **'Lumpf'** (*s. a.* Anale 'Kinder')

Bauchaufschneiden, V 96; VII 181; XII 49

i. Märchen v. Rotkäppchen, VII 181; X 8; XII 58

als Spiel, XII 58

Brustgeburt, V 96; XI 328f.

Gebärfähigkeit d. Mannes [Couvade], VII 181f., 185, 322, 328–30, 332; XII 41, 49

i. d. Kiste, VII 303–05, 308, 313, 331, 333

Mundgeburt, XVII 76

Nabelgeburt, V 96; VII 181; XI 329

Rätsel d. Geburt, V 95; VII 24; XI 328f.

Storchfabel *s.* **Storchfabel**

Wassergeburt (*s. a.* Rettungsphantasien; Storchfabel), II/III 405; VII 175f.; VIII 76; XI 154; XIII 181 83

Infantile Sexualforschung (*s. a.* Aufklärung; Infantile Sexualität; Intellektuelles Interesse, u. Sexualproblem; Sexualinteresse; Wißtrieb), IV 57; V *92–101* (95–97); VII 23f., 245f.; VIII 50f.; XI 328–30, 337; XIV 62; XVII 77

Aggression i. Dienste d., XIII 295

Buchstabe 'n' u. 'm', IV 57

Einsamkeit d., V 97

Entfremdung mit d. Umgebung erzeugend, V 97

u. Exhibition, XIII 295

Fragelust, VI 254

Infantile Sexualforschung u. Geburt

u. Fragen, direkte, VIII 72

u. Geburt d. Geschwisters, VII 174f.; VIII 146; XI 346

u. Grübelzwang, VII 25, 460f.; VIII 146f.

u. intellektuelle Tätigkeit, XVII 77

irregeführt, i. Interesse d. 'Bravheit', VII 25

Kenntnisse, sexuelle, d. Kindes *s.* **Kenntnis**(se)

beim kleinen Hans *s.* i. Reg. d. **Krankengesch.**: Namenverzeichnis, Kleiner Hans

bei Leonardo *s.* i. **Namen-Reg.**: Leonardo

durch Lexikon-Nachschlagen, II/III 536; V 262f.; 273f.

d. Mädchens, durch Penisneid früher, als durch Frage d. Herkunft d. Kinder, entfacht, XIV 24

u. Märchen, VII 24, 175, 181; XII 49, 58

Mißlingen d., V 97; XIII 19

Folgen d. -s, VIII 146

u. Neugierde, IV 57

u. Neurose, VIII 51

u. Pubertätsphantasien, V 127

Ratlosigkeit d., VII 25; X 129

u. religiöse Aufklärungen, XII 96

Schranken d., XIII 19

u. Storchfabel *s.* **Storchfabel** (*s. a.* Unwissenheit)

i. Träumen, XI 194f.

Verzicht auf, V 97; VIII 146

u. Wißbegierde *s.* **Kind** (als Subjekt): Wissensdrang beim

beim Wolfsmann *s.* i. Reg. d. **Krankengesch.**: Namenverzeichnis, Wolfsmann

u. Zwangsneurose, spätere (*s. a.* Infantile Sexualforschung, u. Grübelzwang), VII 460

Infantile Sexualität (als Erscheinung), I 380, 386, 436, 511; V *73–107*; VII 21; VIII 43–51, 341, 408, 419f.; XI 213f.; XIV 58–60, 107f., 237, 247; XVII 75

abgeleugnete (*s. a.* Asexualität' angebliche; Infantile Sexualität (Theorie d.): Widerstände gegen), XI 213f.

Aufklärung, sexuelle, d. Kinder *s.* **Aufklärung**

u. Autoerotismus (*s. a.* Autoerotismus), V *81–83*; VII 22

Beschränkungsversuch gegenüber d. –n *s.* Sexualeinschränkung

Entwicklung d., XIII 154

Phasen d., VIII 419f.

zielgehemmt *s.* **Zielgehemmte** (Sexual-) **Triebe** (Zusammenfassung), XIII 154–57, 293f.

u. erogene Zonen *s.* **Erogene Zone** (i. allgemeinen); –(n) (bestimmte)

Fixierung d., V 129f., 133, 144f.; XI 375–79

Frühperiode [-blüte, Gipfelpunkt], V *79, 135*; VII 21; XIII 19; XIV 244, 304; XV 158f.; XVI 179

u. Latenz *s.* **Latenz**

Untergang d.

u. Liebesverlust (*s. a.* Liebesverlust), XIII 19

u. Ödipuskomplex *s.* **Ödipuskomplex**

genitale (*s. a.* Infantile Sexualität (als Erscheinung), Frühperiode; Kind, Genitalien d. –es), V 113f.

Berührungsdrang eigener Genitalien, V 74, 104

Betätigung (*s. a.* Masturbation), I 385; V 156; XIV 63

Infantile Sexualität (als Erscheinung): u. Sexualerlebnisse

Erektion u. koitusähnliche Vornahmen, V 74
heterosexuelle, VII 252, 329
als Laster betrachtet *s.* **Unart**
u. Masturbation *s.* **Masturbation**
Pollution bei nicht-sexuellen Erregungen, V 104
Quellen d. *s.* **Infantile Sexualität (als Erscheinung): Quellen d.**
u. Reinlichkeitspflege *s.* **Reinlichkeitspflege**
Sinnlichkeit (*s. a.* Lüsternheit; Sinnlich-), VII 405
Spannungen, V 113
Impotenz d. *s.* **Impotenz, kindliche**
Inhalt d., VII *428*
Inzestwünsche d. *s.* **Inzest-; Ödipus-**
i. Kinderwünschen *s.* **Kinderwunsch** (*s. a.* Kindeswunsch)
Latenz d. *s.* **Latenz**(periode)
mechanische Erregung d. (durch Erschütterungen), V 102f.; XIII 33
Narzißmus d., VIII 419; XIII 19
neurotische *s.* **Kindheitsnervosität; Kindheitsneurose(n)**
normale, VII 172–74
Objekte [Objektwahl] d. *s.* **Objekt(wahl), infantile**
u. Organlust, V 83, 123; VIII 409; XI 335f.
Partialtriebe d. *s.* **Infantile Sexualität (als Erscheinung), polymorph-perverse Anlage d.; Partialtriebe** (*s. a.* Erogene Zonen)
Penis, Stolz auf, i. *s.* **Penisstolz; Phallische Phase**
Perversität d. (*s. a.* Infantile Sexualität (als Erscheinung): polymorph-perverse Anlage; Perversion; Schlagephantasien), V 79; VIII 408f.
Gemeinsamkeit aller Perversionen, XI 326f., 335f.
polygame Regungen (beim Kleinen Hans), VII 345
polymorph-perverse Anlage d. (*s. a.* Perversion i. Kindesalter), I *451f.*; V *91f.*, 156f.; VIII 419; XI 213f., 323, 334–36
Quellen d. (*s. a.* Infantile Sexualität (als Erscheinung): genitale), V 101–07.
Affektvorgänge, V 104f.
Beeinflussung, wechselseitige, V 106f.
Beobachtung (*s. a.* Ur(szene)), VI 329; XII 80
intellektuelle Beschäftigung, V 103–06
Konstitution, V *106*
lebenswichtige Körperfunktionen, V 83, 123; VIII 409
mechanische Erregungen, V 102f.
Muskeltätigkeit, V 103f.; VIII 409
prägenitale *s.* **Erogene Zone;** (i. allgemeinen); –(n) (bestimmte); **Gesäß; Lutschen**
Schmerz *s.* **Schmerz**
d. reifen Sexualität ähnlich u. unähnlich, VIII 408; XI 338
i. Säuglingsalter *s.* **Säugling**
u. Schreckwirkung, V 104f., 125
u. Sexualbetätigung *s.* **Masturbation**
u. Sexualeinschüchterung *s.* **Sexualeinschüchterung**
u. Sexualerlebnisse, u. Sexualerinnerungen *s.* **Infantile Sexualszenen; Kindheitstrauma** (*s. a.* Verführungsphantasie)

Infantile Sexualität (als Erscheinung): u. Sexualforschung

u. Sexualforschung *s.* **Infantile Sexualforschung**

u. Sexualinteresse (*s. a.* Infantile Sexualforschung; Kind, Wissensdrang beim; Schaulust), V 64

Auftreten d. (*s. a.* Infantile Sexualforschung; Neugierde), VII 172, 245

an Genitalien, u. Neugierde, II/III 351; V 56, 92f.

f. Penis, narzißistisches (u. Kastrationsangst) (*s. a.* Kastrationsangst), VII 341; XIV 21

an Tieren, II/III 351; VII 246, 251

z. Sexualitätsbegriff gehörend *s.* **Sexualität, erweiterter Begriff d.**

u. Sexualszenen *s.* **Infantile Sexualszenen** (*s. a.* Ur(szene))

u. Sexualtheorien *s.* **Infantile Sexualtheorien**

Sexualwissenschaftliche Literatur ü. d., V 74, 77, 81f., 91

i. d. Sinnestätigkeit, VIII 409

somatische Vorgänge d., V 77

Anatomie d. −n (*s. a.* Reife; Unreife), VIII 337

genitale *s.* **Infantile Sexualität** (als Erscheinung): genitale Sexualstoffe, V 115–17

Theorie d. *s.* **Infantile Sexualität** (Theorie d.)

u. Traum, II/III 696

u. Unwissenheit, angebliche *s.* **Aufklärung** (sexuelle); **Kenntnis(se); Storchfabel; Unwissenheit**

Verdrängung d. (*s. a.* Latenz; Ödipuskomplex), VIII 420

weiterwirkende, II/III 255; VIII *412f.*; XII 79; XIII 16f.

i. d. Neurose *s.* **Neurose**(n), Ätiologie d., sexuelle

i. Traum, V 233

u. Wiederholungszwang, XIII 16f.

Zärtlichkeitswunsch i. *s.* **Zärtlichkeit-**

Ziel d., V 83–86

(Zusammenfassung), XIII 219f., 412f.; XVI 179; XVII 74f.

Infantile Sexualität (Theorie d.), I 380, 437f., 443f.; II/III 136, 696; V *73–107* (71f., 80–83); 124f.; VIII *408–10*; XI 327, 330, 335f.; XIII 219f., 412f.; XIV 58–61, 63; XVI 179; XVII 74f.

aktive u. passive, Theorie d. (*s. a.* Infantile Sexualszenen), I 385–88, 417–21, 457f.; II/III 191; V 154

Altersgrenze d. (v. dritten Jahr an unbestreitbar), VII 245; XI 337

z. erweiterten Begriff d. Sexualität gehörend (*s. a.* Sexualität, erweiterter Begriff d.) XI 330

Geschichte d. Idee, I 443f.; V 153–55; X 55–57

kathartische i. psychoanalytische Methode umgestaltend, X 53

u. Kultur, XIV 464

an lebenswichtige Körperfunktionen sich anlehnend, V 83, 123; VIII 409

Literatur d., V 74, 77, 81f., 91

u. Organlust (*s. a.* Erogene Zonen), VIII 409; XI 335f.

technische Verwertung d., XII 78–80

u. Urszenen (*s. a.* Ur(szene)), XII 80

Vernachlässigung d., V 72–74

Verführungstheorie (*s. a.* Verführung-), V 153f.; X 55f.; XIV 60

als regressive Phantasien bewertet XII 79f.

nicht ausschließlich, XI 377f.

Revision, (teilweise) d., V 154f.;
X 56f.

Wichtigkeit d., XII 77–80, *83*; XIV
19

Widerstände gegen d. Anerkennung d. (*s. a.* Psychoanalyse,
Widerstände gegen d.), VIII 43;
XIII 219f., 412f.; XVII 74f.

bei Adler, XII 137; XIV 79

Anklage d. 'Suggerierens', XIV
60

'frevelhaft' anzunehmen, V 124

bei Jung, X 57; XII 137; XIV 79

Infantile Sexualszenen (*s. a.* Kindheitstrauma;Schreck;Trauma;
Ur(szene)), I 419

u. Aggression (*s. a.* Infantile
Sexualszenen, aktive; – u.
Zwangsneurose), I 420f., 457f.

aktive u. passive, I 385–87, 417–
21, 444, 457f.; II/III 191

Revision d. Theorie, V 152–55

akzidentelle Wirkung, V 141f.,
154

Altersgrenze d., I 382f., 417–21

Analyse, Einschätzung i. d., XII 79

u. Angstneurose, I 385

Echtheit [Glaubwürdigkeit] d.,
Frage d. (*s. a.* Verführungsphantasien), I 418, *440–46*; XI
381; XV 128f.

d. Zeitpunktes, V 54

Erinnerung an (*s. a.* Neurose(n),
Ätiologie d., sexuelle)

Abwehr, Verdrängung u. Vergessen d. (*s. a.* Amnesie, infantile), I *384*, 419, 447f., 531f.,
534–37

i. d. Analyse, XII 79f.

halluzinatorische, i. Träumen,
II/III 551f.

Intensität d., größer als d. d.
Original-Erlebnisses, I 384

Unbewußtheit d., I 380–83,
419, 448f.; XII 79f.

(französische Fassung), I 417f.

u. Hysterie, I 380, 417–20, *439*,
443, 447f., 485f.

Art u. Symptome d. Erkrankung bestimmend, I 449, 451–
54

als 'Kindheitstraumen' *s.* **Kindheitstrauma**

als Konstruktionen verwertet,
XII 79

lustvolle u. unlustvolle, I 417–21

mittelbar u. unmittelbar wirkend, I 384f.

u. Neurasthenie, I 385

u. Neurosen, I 385, 444f., 510,
531f.; V 152f., 155, 157

nicht-sexuelle *s.* **Früherlebnisse**
(*s. a.* Deckerinnerungen)

u. Paranoia, I 396, 402

u. Pubertät (*s. a.* Pubertät)

erneuerte Wirkung i. d., I 384,
419, 437f., 443, 511; V 127

Unbewußtwerden i. d., I 419

Selbstvorwürfe wegen *s.* **Zwangsneurose**

i. Traum, Absurditäten als Symbol u. Ersatz f., II/III *551f*.

Unbewußtheit d. *s.* **Infantile Sexualszenen**, Erinnerung an

als Urszene *s.* **Ur(szene)**

Übereinanderschichtung d., I 453

u. Vergessen *s.* **Amnesie**, infantile
(*s. a.* Infantile Sexualszenen, Erinnerung an)

Verführungsphantasie u. Kindheitstrauma (*s. a.* Infantile Sexualszenen, Echtheit d.; Kindheitstrauma; Verführung; Verführungsphantasien), XV 128f.

u. Zwangsneurose, I 385–87, 390,
420f.

Infantile Sexualtheorien (i. allgemeinen)

Rolle d. Aktivität i. d., I 386, 420f., 457f., 485; V 154

Revision d. Theorie, VIII 444

Infantile Sexualtheorien (i. allgemeinen, als Phänomen) (*s. a.* Infantile Geburtstheorien), V 95–97; VII 22–25, *171–88* (174, 182); VIII 50f., 146; XI 195, 328; XIV 62; XVI 9; XVII 76

archaische Erbschaft [instinktives Wissen, phylogenetische Wahrheiten i.], VII 177, 179, 181, 183f., 207, 249

'Genialität' d., VII 177

beim kleinen Hans u. beim Rattenmann *s. i.* Reg. d. **Krankengesch.**: Namenverzeichnis, Kleiner Hans; – Rattenmann

u. Märchen u. Mythen, VII 173–75, 179, 207f.

Samen, Unkenntnis d. Funktion d. –s, VII 186

u. Sexualtheorien d. Pubertät, Verschiedenheit zwischen, VII 186

Vagina, Unkenntnis d. (*s. a.* Vagina), XI 328

Wahrheitsgehalt d., VII 177, 179, 181, 183f., 249

u. Weltprobleme Erwachsener, Lösungsversuche d., VII 177

Wirkung auf infantiles Sexualleben, VII 186

Zähigkeit d., XIV 78f.

Infantile Sexualtheorien (bestimmte) (*s. a.* Infantile Geburtstheorien)

Blutvermischung als 'Koitus', VII 184

Empfängnis

nach erstem Verkehr, VII 187

orale

durch Essen, V 87; VIII 50; XI 329

durch Küssen, VII 185

durch Totem (-Ahnen), IX 139

Exhibieren, gegenseitiges, als 'Koitus', VII 184

Gebärfähigkeit d. Mannes *s.* **Infantile Geburtstheorien**

intrauterines Treffen mit väterlichem Penis, XV 26f.

'kastriertes Weib' (*s. a.* Infantile Sexualtheorien (bestimmte): 'phallisches Weib'; 'Kastration'; Kastrationsphantasien), II/III 368; VII 271; VIII 165; XII 72f.; XIII 296f., 397f.; XIV 23f.

bei beiden Geschlechtern, XIV 526f.

u. Homosexualität, VIII 165

d. Kloakentheorie widersprechend (*s. a.* Infantile Geburtstheorien, anale, Kloake), XII 110–12

durch Medusenhaupt symbolisiert, XIII 296; XV 25; XVII *47f.*

als Strafe, XIII 296f.; XIV 25, 527; XV 93

als Unglück, individuelles, XIV 526; XV 135

Knabe als Vaters, Mädchen als Mutters Kind, usw., VII 322; XII 41

Menstruation durch Koitus, XI 195; XII 109

Peniserwartung *s.* **Peniserwartung**

'phallisches Weib' [Weib mit d. Penis] (*s. a.* Infantile Sexualtheorien (bestimmte): 'kastriertes Weib'; Peniserwartung), V 95f.; VII *177–81*, 344; VIII 50, *164f.*, 167; X 121f.; XI 195; XIII 259, 295, 297, 398; XIV 23, 312f.

u. Entdeckung d. Vagina, XI 328

u. Fetischismus, XIV 312f.; XVII 61, 133

Fuß-, V 54

u. Hermaphroditen, antike, VII 178

u. Impotenz, Homosexualität, Kastrationskomplex u. Misogynie, VIII 165

Mutter [-Göttin] als, VIII *163f.*; XIII 259

späterer Penisverlust, XIII 297

bei Leonardo, XIV 312

zwischen Oberschenkeln versteckt, X 122

durch Spinne symbolisiert, XV 25

sadistischer Koitus, (*s. a.* Ur-(szene)), V *97*; VII 182–84, 276; VIII 51; XI 329; XII 72, 109f.; XIV 395; XVI 179, 183–85

Rauferei als Vorbild f., VII 182

ü. Scrotum, VII 187

Urinieren, als 'Koitus' (*s. a.* Infantile Sexualtheorien (bestimmte): sadistischer Koitus), VII 182–86; XVI 8f.

'Wachsen' d. Klitoris *s.* **Peniserwartung** (*s. a.* Klitoris; Penisneid)

Infantile Wiederkehr d. Totemismus, IX *122–94*

Infantiles Seelenleben beim Erwachsenen [Infantile Quellen psychischer Phänomene] (*s. a.* Fixierung; Infantile Sexualität (als Erscheinung): weiterwirkende; Infantilismus; Neurose(n), Ätiologie d., sexuelle; Regression), VIII 412f.

i. d. Analyse (*s. a.* Psychoanalytischer Prozeß), XV 159

Einschätzung d. Infantilszenen (*s. a.* Infantile Sexualszenen), XII 79

bei Angst

Herdentrieb u. Kinderangst, XIII 131–33

Pavor nocturnus u. Angstneurose, I 320

Unterschiede zwischen Kinderangst u. Angst d. Erwachsenen (*s. a.* Hilflosigkeit; Kinderangst), XI 424

i. Benehmen [Verhalten] (*s. a.* Infantilismus)

bei Gefahr (*s. a.* Gefahr), XIV 180

i. d. Hysterie *s.* **Infantilismus**, i. d. Hysterie

beim Trauma *s.* **Trauma** (*s. a.* Kindheitstrauma)

Unarten u. Koprophilie, X 455

d. 'Böse', d. Infantile als, XI 215

i. Denkvorgang (*s. a.* Denksysteme; Lustprinzip; Primärvorgang), II/III 608f.

i. d. Elternliebe, narzißtischen (*s. a.* Verwöhnung), X 157f.

d. Mutter, Sohn gegenüber, XIV 473; XV 134, 137

Exhibitionismus, infantiler, i. d. Zote, VI 106f.

u. Kinderanalyse

Kinderanalyse i. d. Analyse v. Erwachsenen, XV 159

Kindheit v. Neurotikern u. Gesunden, Ähnlichkeit zwischen, VII 172–74

Prophylaxe d. Neurose d. Erwachsenen, i. d. analytischen Pädagogik, XIV 285

u. masochistische Einstellung, XIII 374f.

Quellen, infantile

d. Hysterie (*s. a.* Infantilismus), II/III 603

d. Intellektualität, XVII 77

d. Inzestscheu, IX 24

d. Komik, VI *254–60*

Theorie d. 'verlorenen Kinderlachens', VI 256

237

Infantiles Seelenleben beim Erwachsenen u. Sexualität d. Kindes

d. Neurosen, I 497; VII 172–74, 373; XI 378f.; XII 76f., 83, 133, 155; XIV 285

d. Perversion, I 452; VII 152; XII 200f.

d. Traumes *s.* **Infantiles Seelenleben, u. Traum**

d. Wahnes, XVI 54

d. Witzes, VI 194

d. Zote, VI 106f.

u. Sexualität d. Kindes (*s. a.* Infantile Sexualität; Wunsch; -erfüllung)

Ähnlichkeiten, I 452; XI 338

fortdauernde Formationen, VIII 412f.

i. d. Hysterie *s.* **Infantilismus, i. d. Hysterie**

beim Neurotiker, IX 170–73; XII 79; XIII 16

durch Regression verstärkt, aber nicht geschaffen, IX 377f.; XI 377–79

Unterschiede (*s. a.* Genitalien, d. Kindes; Unreife), VIII 408; XI 338

Übergang, VIII 412

vorläufige u. endgültige Sexualziele, VII 152

u. Sexualtheorien d. Geisteskranken *s.* **i. Reg. d. Krankengesch.: Namenverzeichnis, Schreber, Weiblichkeitsverwandlung** (*s. a.* i. Haupt-Reg.: Infantile Sexualtheorien)

u. Sexualtheorien d. Primitiven (*s. a.* Infantile Sexualtheorien; Primitiv), IX 139

u. Traum (*s. a.* Wunsch; -erfüllung), II/III 16–18, *194–224, 204–13,* 571–75, 696; v 233; XI 203–17

Priorität d. Infantilen, II/III 558–60, 696

Sexualszenen, infantile, i., II/III 551f.

Sexualwünsche, infantile, i., II/III 696

unbewußte, II/III 603

Wichtigkeit d. Rolle d. –n –s i., II/III 554, 603

d. Unbewußte stammt v. –n, VII 401; XI 215

u. Verleugnung *s.* **Verleugnen**

Vorstellungen v. d. Urzeit d. Menschen (*s. a.* Wahrheitsgehalt), VIII 153

u. Wunsch u. Wunscherfüllung *s.* **Wunsch; Wunscherfüllung**

Infantilismus [Infantilismen] (*s. a.* Infantiles Seelenleben, beim Erwachsenen; Reife) V 157; VIII 48

Abwehrmechanismen als, XVI 83

i. d. Hysterie, I 447f.; II/III 603

d. Sexualität (*s. a.* Hysterie, sexuelle Ätiologie d.), I 436f., 449f.; v 54, *154*

u. Inzestscheu, IX 24

u. Masturbation, VIII 342

d. Neurotiker, IX 24

i. Gefahr, XIV 180; XV 95

sexuelle *s.* **Infantilismus, i. d. Hysterie; –, d. Sexualität**

u. Perversion, VII 152; XII 200f.

psychischer *s.* **Intelligenz, gehemmte**

d. Sexualität [d. Sexuallebens] (*s. a.* Genitalien, d. Kindes; Sexualentwicklung, Hemmung d.; Unreife), V 71f., 154

degenerativ verkümmerte (*s. a.* Konstitution; Schwäche; Triebschwäche), I 415, 436f., 449f.

bei Fetischisten, V 54

i. d. Hysterie *s.* **Infantilismus, i. d. Hysterie**

'individualpsychologische'Einschätzung d. Rolle d., X 100
i. d. Neurose (*s. a.* Neurose), V 71f.
psychoanalytische Einschätzung d. Rolle d., V 157; X 100
d. Traumes (*s. a.* Infantiles Seelenleben, u. Traum), XI *203—17*

Infantilszene *s.* **Infantile Sexualszenen; Ur(szene)**

Infektion
Angst vor (*s. a.* Angst vor –; Syphilophobie; Zwang, Wasch-), VII 433; VIII 405
körperliche *s.* **Ansteckung** (*s. a.* Krankheit)
psychische *s.* **Induktion** (*s. a.* Masse; Nachahmung)

Inferiorität *s.* **Minderwertigkeit**

Infinitivsprache d. Traumes, XIII 182

Infusorien *s.* **Elementarorganismen**

Inhalt, psychischer *s.* unter d. einzelnen Stichwörtern
d. Komplexe, VII 237

Inhibition *s.* **Gehemmtsein; Hemmung**

Initial (-er, -e, -es) *s.* **Erst** (-er, -e, -es)

Initiationszeremonien *s.* **Pubertätsriten**

Inkohärenz, d. Traumes (*s. a.* Traum, Kohärenz d.-es), II/III 21, 58–60

Inkontinenz (*s. a.* Bettnässen; Diarrhöe; Körperliche Bedürfnisse; Pollution)
Harnabgang, unwillkürlicher (*s. a.* Urethral-; Urinieren)
i. hysterischen Anfall, VII 238
als infantile Pollutionsform, V 93; VII 238

u. kindliche Voyeurs, V 93

Incontinentia alvi (*s. a.* Analerotik), VII 204
kindliche u. neurotische, XII 106–10
u. Komik, VI 258
psychische *s.* **Geschwätzigkeit** (*s. a.* Agieren, statt Erinnern)

Inkubation[-szeit -intervall] (*s. a.* Alter (Zeit-))
bei Hysterie, I 195, 262
d. Konversion, I 195
bei Neurose
traumatischer, XVI 171, 182–84
Zwangs-, VII 461
Symptome, Latenz d., I 242
als typisch f. traumatische Erkrankungen, XVI 182f.
Übergang v. latenter i. manifeste Krankheit, I 413

Innen
u. Außen, XII 149; XIV 424
Bekanntheit u. Fremdheit, XIV 13
u. Projektion, X 424
Reize v., X 211f.
u. System Bw., X 424
Unterscheidung v.
als Bewußtseinsfunktion, X 424
u. Muskelaktion, X 212, 423
u. Wahrnehmung, X 211f., 423
Wendung nach *s.* **Introjektion**

Innenwelt (*s. a.* Außenwelt; Psychischer Apparat), XVII 136–38
u. Außenwelt *s.* **Außenwelt, u. Innenwelt**
(Definition), XIII 389
Erregungsvorgänge i. d., XIII 28, 35f.
Ichnähe d., XIV 13, 126

Innenwelt u. Lust

u. Lust u. Unlust *s*. **Lust**, u. **Unlust**

u. Wahrnehmungen, frühere, XIII 389

Innere

Erregungsquelle (*s. a.* Somatisch-), I 335, 338f.

Gefahr *s*. **Gefahr**

Geschlechtsorgane *s*. **Geschlechtsorgane**, innere

Sinneserregung, subjektive *s*. **Sinneserregung, innere**

Wahrnehmung *s*. **Selbstwahrnehmung**

Innervation(en)

u. Abfuhr (*s. a.* Abfuhr), X 286

u. abstraktes Denken, VI 218f.

u. Affektäußerung (*s. a.* Lachen), VIII 14, 233

antagonistische Verkehrung, VII 236f.

Besetzungs-, XIV 8

Diskontinuität d., u. Zeit, XIV 8

Erregungssumme, freibewegliche, Verteilung d., I 63, 174, 481

u. Fehlleistungen, XI 26f.

bei Gefahr, XIV 164f.

u. Hemmung, VIII 14

u. Komik, VI 217f.

als Kompromißergebnisse u. Ersatzbefriedigungen, XIV 55

d. Kontrastvorstellung, I 10

Konversion als ungewöhnliche (*s. a.* Konversion), VIII 14

Kontraktur, XIV 141

Mimik als, I 147; VI 219–21

u. Affektäußerung (*s. a.* Lachen), VIII 233

motorische (*s. a.* Abfuhr, motorische), I 65, 174, 250f., 481; II/III 615

d. Affekts, I 147; XI 410

i. Anfall, I 93f.

Verteilung großer Erregungssummen i., I 65

Wiederholung d., i., I 96

u. Zappeln d. Säuglings, Ähnlichkeit zwischen, I 95; VIII 232

d. Angst (*s. a.* Flucht), XIV 163–65

als Erinnerungssymbol, I 63

i. d. Hysterie, (*s. a.* Hysterie, Konversions-, Symptome; Innervation, Konversion als), I 10, 13f., 65, 150f.; VII 194, 235–37; VIII 14; X 258f., 284; XIII 9; XIV 55, 141

i. Phantasien, VII 194

i. d. Sprache, X 296f.

Über- (*s. a.* Innervation, Über-), X 259

als Reaktion, I 54

bei Schmerzen, I 147; XIV 141, 163

statt Schreien, I 147

i. Trauer, XIV 163

d. traumatischen Erlebnisses, I 63

u. d. Unbewußte, X 286

Verschiebung d. *s*. **Innervation**, Konversion als

d. Willensvorstellungen, I 10

d. Muskeln (*s. a.* Muskelbetätigung), I 237–42; V 102f.; XIV 141

sensorische bei Hysterie (*s. a.* Hysterie, Konversions-, Symptome), X 258f.

i. Sprachinhalt d. Psychopathen, X 296f.

d. traumatischen Erlebnisses, I 63

u. d. Unbewußte, X 286

Über- (*s. a.* Hysterie, Konversions-), u. Verdrängung, X 259

verdrängte, Lähmung erzeugend,
VIII 100
u. Vorstellung, VI 218 f.

Innervationsaufwand
u. abstraktes Denken, VI 218 f.
allzugroßer *s.* **Innervation, Über-**
kleinster, II/III 607
u. Komik u. Mimik, VI 217 f.

Innervationsempfindungen, VI 218

Inquisition ('d. heilige –'), XVI 21
ü. d. Traum, II/III 73

'Insanity, nocturnal' (Allison), II/III 93

Insektenstaat, Gesamtwille i., XIII 138; XV 59

Insomnia (*s. a.* Schlaflosigkeit), bei Artemidorus, II/III 3

Instabilität *s.* **Stabilität**

Instanz(en) (*s. a.* Autorität)
Eltern als *s.* **Eltern**
psychische [seelische] *s.* **Psychischer Apparat**
Überich als *s.* **Überich**

Instinkt [-e, -leben] *s.* **Trieb(e); -leben**

Instinktive(s)
'– Inzestscheu' *s.* **Inzestscheu**
als Kern d. Unbewußten, X 294; XII 156 f.
Stufe i. d. Entwicklung d. Menschheit, XII 156
Wissen [Kenntnis, Verständnis] um d. (*s. a.* Kenntnis(se)), XVI 241
Urszene, X 294; XII 156 f.; XIV 201
Vatermord, ursprünglichen, IX 190 f.; XVI 208

Institut(e) *s.* **Anstalt** (*s. a.* Psychoanalytische –)

Institutionen, kulturelle u. soziale *s.* **Kulturinstitutionen**

Instrumente [Maschinen, Werkzeuge] (*s. a.* Technik), XIV 449–51; XVI 14
scharfe, Angst vor –n, XI 413
als Symbole f. männliches Genitale, II/III 90, 361, 389; VII 300, 334, 360; XI 156, 166, 170
Tätigkeiten mit –n, als Koitussymbole, XI 158

Integration [Synthese; Unifizierung; Vereinheitlichung] (*s. a.* Intelligenz, unbewußte)
(kulturelle)
u. Herdentrieb, XIII 130 f.
als Kulturzweck, XIV 481, 500
i. Liebesverhältnis eher erreichbar als i. größeren Einheiten, XIV 467 f.
d. Seelenlebens [Ichsynthese] (*s. a.* Ich, u. Integration; Ich(spaltung)), XIII 85, 115; XVII 71
durch Analyse, XVI 79 f.
Bejahung als Ersatz f., XIV 15
u. Eros, XIII 274; XVII 71
Es-Widerstand gegen, XIII 289; XIV 223; XV 82
Funktion d. [Ichfunktion], XIV 125; XV 82 f.; XVII 60, 107
Kohärenz d. Ich, XIII 146
Neigung z., XIII 274; XIV 125 f., 142, 223
Schwäche d., XVII 151
i. d. Zwangsneurose, XIV 142
gestörte
u. Früherlebnisse u. Fixation, XVII 151
bei Verdrängung, XIV 230
u. Harmonie d. Ich u. d. psychischen Kräfte, XV 84 f.; XVI 69

241

Integration, (Unifizierung)

bei Hysterie keine konstitutionelle Unfähigkeit z. (*s. a.* Bewußtseinspaltung), VIII 96f.

Kooperation i. psychischen Apparat, X 293

Mangel an (*s. a.* Ichspaltung; Perversion), XI 339–41; XVII 151

Möglichkeit einer, VIII 23, 96f.; XVII 71

d. Objekte, XI 341

d. Partialtriebe *s.* **Partialtrieb**(e) (*s. a.* Genital-)

d. Persönlichkeit, XIII 85

'Psychosynthese', Forderung nach (*s. a.* Psychosynthese), XII 185

u. Sublimierung, XIII 274

i. Traum *s.* **Traum**, Einheit i.

d. Triebe, XVII 71

d. Partial-, u. Liebe, X 230

Mangel d., XI 339–41

u. Triebvermischung, XVII 71

u. Überbesetzung, XVII 86

(Unifizierung)

u. d. Abstrakte, VI 92

u. Doppelsinn, VI 71

i. d. Komik, VI 241

d. Objekte, XI 341

u. Rätsel, VI 71f.

i. Traum, Zwang z. (*s. a.* Traum, Einheit i.), II/III 185f.

u. Kohärenz (*s. a.* Traum, Kohärenz i.), II/III 680

u. Verdichtung, VI 71

i. Witz (*s. a.* Witztechnik), VI 8, 31f., 35, 40, 70–74, 100, 114, 135, 139, 241

(wissenschaftliche)

d. Analyse, nach Abschluß d. Behandlung, VIII 380

Integrität d. Genitalien (*s. a.* Kastrationsangst; Virginität)

Betonung d., bei Exhibitionszwang, V 56

i. masochistischen Phantasien, XIII 375

Zweifel an *s.* **Zweifel**

Intellekt *s.* **Vernunft** (*s. a.* Intelligenz)

Intellektuell [Intellektual] (-er, -e, -es) (*s. a.* Intelligenz)

Ablehnung *s.* **Verneinung; Verurteilung; Widerstand**(sformen) intellektueller

Arbeit [Betätigung, Tätigkeit] (*s. a.* Beruf; Denken; Grübeln; Infantile Sexualfoschung; Kind, Wissensdrang beim)

u. Erschöpfung, als konkurrierende Ursache bei Neurosen, I 413, 501; XVI 70

u. Neurasthenie (*s. a.* Neurasthenie), I 501f.

sexuell erregende Wirkung beim Kind, V 104f.

i. Traum u. Traumgedanken (*s. a.* Denkrelationen; Traum), II/III 318

Aufklärungen

Nutzlosigkeit d., i. d. Analyse, XIV 255f.

sexuelle, d. Kinder *s.* **Aufklärung**

Ausbildung *s.* **Intelligenz,** Entwicklung d. (*s. a.* Intellektuelle Leistungen; Intelligenz, gehemmte; – Schärfe d; Vernunft)

Begabung (*s. a.* Intellektuelle Leistungen), I 448

u. Dementia praecox, XII 44f.

frühe *s.* **Frühreife**

Hoch- (*s. a.* Genie; Große Männer)

Intellektueller Nihilismus

u. sexuelle Frühreife, V 143; VII 372f.

u. Homosexualität, V 37; XII 280

u. Hysterie, I 160

u. Zwangsneurose, VII 460; XII 45

Bemächtigungstrieb,Wißtrieb als (*s. a.* Wißtrieb), VIII 450

Einfall (*s. a.* 'Coup de foudre'; Denken, plötzliche Problemlösung)

beim Witz, VI 191

Einsicht, Rolle i. Heilungsvorgang, beschränkte, XI 454, 463

Entwicklung *s.* **Intelligenz,** Entwicklung d.

Erhabenheit, durch d. Abstrakte repräsentiert, VI 240

Erschöpfung *s.* **Intellektuelle Arbeit**

Erziehung, Befreiungsversuche v. Zwang d. –n, VI 141–43

'– gestützte Gewalt', XVI 15

Hemmung *s.* **Intelligenz,** Hemmung d. (*s. a.* Massenseele)

Hochbegabung,Höchstleistungen *s.* **Intellektuelle,** Begabung; – Leistungen

Interesse (*s. a.* Aufmerksamkeit; Wißtrieb)

u. Bemächtigungstrieb *s.* **Intellektueller Bemächtigungstrieb**

d. Kindes *s.* **Infantile Sexualforschung; Kind** (als Subjekt): Wissensdrang beim

d. Patienten (*s. a.* Patient)

Verwertung u. Wert i. d. Analyse, I 285; VIII 478

u. Sexualproblem, Beschäftigung mit (*s.a.* Infantile Sexualforschung; Infantile Sexuali-

tät (als Erscheinung): u. Sexualinteresse), V 64; VII 22f.

Leistungen (*s. a.* Aufmerksamkeit; Denken; Denkrelationen; Denksysteme; Logik)

Aufwand f., geringer als f. körperliche Leistung wirkt komisch, VI 223

Hemmung d. (*s. a.* Intelligenz, gehemmte)

i. d. Massen, XIII 82, 84, 89

Höchst-, (*s. a.* Genie; Große Männer; Hoch-; Intellektuelle Begabung)

i. d. Epilepsie, XIV 403

Hypermnesie Freuds u. anderer, II/III 14f.

u. Komik, VI 221–23, 257

produktive (*s. a.* Dichtung; Kunst; Wissenschaft), II/III 618f.

i. Schlaf, XIII 254

i. Traum, II/III 11–17, 68, 229, 428–62 (445–47, 459–62), 645; V 229

Sprachgeläufigkeit,Beispiele anderer Autoren, II/III 11–14, 17

Freuds, II/III 14f.

u. d. Unbewußte, II/III 618f.

i. Vorbewußten, XIII 254

Macht d. –en, VIII 111

Motivierung [Ausweichen ins Intellektuelle] (*s. a.* Rationalisierung)

als Widerstand (*s. a.* Widerstand(sformen), intellektueller), VIII 386; X 62

Nachgiebigkeit, X 62; XI 227f.; XV 155

Neuheiten, instinktive Abwehr gegen, XI 219

Nihilismus, XV 190

Intellektuelle Personen

Personen *s.* 'Intellektuelle'

Probleme *s.* **Philosophie**; **Wissenschaft**

Prozesse (*s. a.* Denkrelationen; Logik; Logisch; Urteil; Vernunft)

u. höhere Geistigkeit, XVI 225

u. Triebregungen [triebhafte Prozesse], VIII 374; XII 156; XIII 41; XIV 15; XVI 225

Selbständigkeit d. Kindes

erstes Mißglücken d., VIII 146f.; XII 102

u. 'Bravheit', Gegensatz zwischen, VII 25

Unsicherheit, u. d. Unheimliche, XII 231, 238, 245, 261

Urteil *s.* **Urteil**

Vorurteile gegen Psychoanalyse *s.* **Psychoanalyse**, Widerstand gegen

Widerstand *s.* **Widerstand** (Formen d.): intellektueller (*s. a.* Intellektuelle Motivierung; Rationalisierung)

'**Intellektuelle**' [Gebildete Personen] (*s. a.* Geistigkeit; Gesellschaft, gebildete; Intelligenz; Kultur; Stand, sozialer)

Frauen u. Penisneid, XV 134

als Führer, politische, XVI 24

Gelehrte u. Abstinenz, VII 160

Hochmut bei –n, Tieren gegenüber (*s. a.* Hochmut; Tier), IX 154; XII 7f.

Idiosynkrasie d. –n gegen Krieg, XVI 26

Komik d. körperlichen Gebrechen nicht empfunden v. –n, VI 113f.

Männer, u. Zote, VI 108–10

Intellektualistische Denkeinstellung unangebracht i. d. Psychoanalyse, VIII 475; XI 454f., 463

Intellektualität *s.* **Geistigkeit**

Intelligenz [Verstand] (*s. a.* Dummheit; Geistigkeit; Intellektuell; Vernunft)

u. Abwehrbestreben, Abhängigkeit d. –s v. d., I 448

Dümmerwerden d. Kinder, i. d. Latenz, XIV 244

Entwicklung d. (*s. a.* Infantile Sexualforschung; Intelligenz, gehemmte), XII 144

u. Fetischismus, V 144

u. Frühreife, sexuelle (*s. a.* Frühreife), V 142f.

u. Epilepsie, XIV 402f.

gehemmte [eingeschränkte, verkümmerte] (*s. a.* Denkschwäche; Intellektuelle Leistungen)

i. affektbetonten Situationen (*s. a.* Verliebtheit), VII 98f.; X 339

durch Denkverbot, VII 162; VIII 147

u. Fixierungsneigung, V 144

i. Krieg, X 339

i. d. Massen, XIII 81f.

durch Masturbation (kindliche), XVII 152

durch mißglückte selbständige Sexualforschungen, VII 22, 25; VIII 146f.; XII 102

durch Religion *s.* **Religion**, u. Denken, Verbot d.

durch Sexualeinschränkung (*s. a.* Sexual-), V 64; VII 25

beim Weib (*s. a.* Vernunft; Weib), VII 162

i. d. Zwangsneurose (*s. a.* Grübeln; Zwang, Grübel-), XII 45

Gott als überlegene, XIV 340

u. Homosexualität, XII 144

d. Kindes (*s. a.* Frühreife; Kind), VII 373; XIV 370

Mädchen, kleiner, XV 124
d. Menschheit, XIV 372f., 377
normale, als Vorbedingung d. Analyse (*s. a.* Patient), I 264, 513; V 9, 20–22
d. Paranoiker, XI 455f.
produktive *s.* **Genius; Intellektuelle Leistungen; Künstler**
Schärfe d. *s.* **Intellektuelle Begabung;** – Leistungen (*s. a.* Vernunft)
u. Sexualität *s.* **Intellektuelle Begabung** (*s. a.* Frühreife; Intellektuelles Interesse, u. Sexualproblem)
u. Triebleben, Kampf zwischen, i. Kampf d. Analytikers mit d. Patienten, VIII 374
unbewußte, zweite (*s. a.* Integration), I 272, 276, 297
Intensität (*s. a.* Lebhaftigkeit; Quantitativer Faktor; Triebstärke)
d. Abwehrreaktionen
u. Maß d. Intelligenz, I 448
u. Zwangscharakter, XVI 181
d. Affekte (*s. a.* Affekt)
u. Neurose (*s. a.* Neurose), II/III 462–64
u. Traum *s.* **Traum**
d. Ambivalenz *s.* **Ambivalenz**
Begriff, psychischer, d., II/III 311f.
d. Erinnerung (*s. a.* Erinnern; Erinnerung), I 86f.
an infantile Sexualszenen (*s. a.* Infantile Sexualszenen), I 384
d. Infantilen *s.* **Fixierung; Trägheit**
d. infantilen Charaktereigenschaften, V 143
pathogener Vorstellungen, I 90
d. Reize *s.* **Reiz**
d. Sexualwiderstandes u. Hörigkeit, Verhältnis zwischen, XII 162

Interesse, narzißtisches

d. Traumas *s.* **Trauma; Wiederholungszwang**
d. Traumes, II/III 334–36, 344, 581f., 601
bei serienhaften Träumen, II/III 339f.
Steigerung d. *s.* **Intensitätssteigerung**
u. Verdichtung, II/III 335f.
Verschiebung d. psychischen, i. Traum, II/III 551
d. visuellen Bilder (*s. a.* Traum, Lebhaftigkeit), II/III 551f.
Verschiebung d. *s.* **Verschiebung, Akzent-**
d. Wünsche *s.* **Wunsch**
d. zärtlichen u. sinnlichen Strömungen, VIII 82
Intensitätssteigerung (*s. a.* Spannung)
d. Deutlichkeit d. serienhaften Träume, II/III 339f.
beim neurotischen Symptom, als Widerstand, I 301f.
Intention(en) bei Fehlleistungen *s.* **Fehlleistungen** (*s. a.* Interferenzen; Tendenz; Vorsatz)
Interesse (*s. a.* Aufmerksamkeit)
am Beruf *s.* **Beruf** (*s. a.* Sublimierung)
(Definition), XI 430
intellektuelles (*s. a.* Geistigkeit; Intellektuell; Intelligenz; Vernunft; Wissenstrieb)
d. Kindes *s.* **Infantile Sexualforschung; Kind** (als Subjekt): Wissensdrang beim
beim Patienten *s.* **Patient** (*s. a.* Intellektuell)
u. Libido *s.* **Ichlibido, u. Objektlibido**
narzißtisches *s.* **Infantile Sexualität** (als Erscheinung): u. Sexualinteresse; **Narzißtisch**

245

Interesse, Sexual-

Sexual-, *s.* **Infantile Sexualforschung** ;**Infantile Sexualität** (als Erscheinung): u. Sexualinteresse an Tieren *s.* **Tier**

i. Traum u.Wachzustand, II/III 43

Verlust d. –s f. d. Außenwelt *s.* **Zurückziehung** (*s. a.* Außenwelt)

Interferenzen, bei Fehlleistungen [– d. Redeintentionen] (*s. a.* Fehlleistungen), XI 35, 40, 54, 56 f. 61

Interkurrente Erkrankungen, VIII 459

International Journal of Psycho-Analysis, XIII 418; XIV 306

Gründung d., X 91

Internationale Psychoanalytische Vereinigung, VIII 125

Berlin, Wien, Zürich, Gruppen i., X 87; XIV 306

Budapester u. New Yorker Gruppe, i. Frage d. Laienanalyse, XIV 288

Gründung, X 85 f.

Holland, Kalkutta, Moskau, Schweiz, Gruppen i., XIV 306

Komitee z. Sammelforschung ü. Symbolik, Plan f., VIII 106

Londoner Gruppe, X 89

u. Budapester Gruppe (Gründung d.), X 89; XIV 306

Internationale Zeitschrift für [ärztliche] Psychoanalyse, XIII 417; XIV 306

Gründung d., X 90 f.

Internist, durch Analytiker z. Rate gezogen, VIII 471; XIV 277 f.

Interpretation *s.* **Deutung**

Intervention, sensorische u. motorische (*s. a.* Innervation)

d. traumatischen Erlebnisses, I 63

Intimität, Nachteile d., i. d. Analyse, VIII 383 f.

Intoleranz (*s. a.* Toleranz), XIV 401

d. Gewissens *s.* **Gewissen** (*s. a.* Überich)

i. d. Masse, XIII 83

d. Psychoanalytiker (angebliche) (*s. a.* Intellektuelle Nachgiebigkeit; Psychoanalytiker, Charakteristik d. –s), XI 227 f.; XV 155 f.

u. 'tout comprendre', IV 25; VI 112

religiöse, XIII 107; XVI 117 f.

sozialistische, XIII 108

urväterliche *s.* **Ur(vater)**

Intoxikation (*s. a.* Rausch; -gifte; Toxisch)

alkoholische, u. heitere Stimmung (*s. a.* Stimmung), VI 142, 249

Blei-, u. hysterische Phänomene, I 32

chronische, als Ersatzbefriedigung, XIV 443

als konkurrierende Ursache bei Neurosen, I 413

durch Kunst, XIV 439

Liebe als, XI 403

Neurose als, XIV 101

psychische Störungen, toxisch bedingte, VII 148

u. Sexualneurosen, Ähnlichkeit zwischen, V 117, 158

Verworrenheit u. Verstimmung bei, analog z. psychotischen Zuständen, V 21, 117, 277

Intrapsychisch *s.* **Endoptische Phänomene; Innere-; Selbstwahrnehmung**

Intrauterine

Phantasie *s.* **Mutterleibsphantasie**

Regression *s.* **Mutterleib**, Regression z.

Situation (*s. a.* Intrauterinexistenz)

u. Angst v. Dunkelheit u. Alleinsein, XIV 166f.

Intrauterinexistenz [-leben]

Dauer d., verkürzte, beim Menschen, XIV 186

u. Glück, XIV 166f.

u. Narzißmus (*s. a.* Narzißmus), XI 432

i. Schlaf, XI 432

i. Traum, II/III 404f.

als Urzustand d. Libidoverteilung, XI 432

Introjektion [Einverleibung d. Objektes] (*s. a.* Einverleibung; Identifikation; Oral-), V *98*; X 228

d. Aggression (*s. a.* Aggression; Gewissen; Introjektion, d. Destruktionstriebes; Todestrieb; Überich), XIV 147, 482; XVI 90; XVII 72

Ausspucken als Gegenteil d., XIV 13

(Definition), XIII 257

d. Destruktionstriebes (*s. a.* Introjektion u. Aggression)

als sekundärer Masochismus (*s. a.* Masochismus), XIII 377

v. Eigenschaften, i. d. Verliebtheit, XIII 125

d. Elternautorität (*s. a.* Autorität; Eltern)

u. Untergang d. Ödipuskomplexes (*s. a.* Ödipuskomplex), XIII 399

bei Ferenczi, X 228

d. Gewissens *s.* **Introjektion**, i. d. Überich (*s. a.* Überich)

d. Guten, XIV 13

u. Identifizierung, XIII 116, 118–20; XV 69

i. d. Melancholie (*s. a.* Melancholie), XIII 120

u. Objekt, X 228; XIII 116, 118–20, 125

als Regression, X 151; XIII 257

i. Spiel, XIII 120

u. orale Phase, u. Einverleibung (*s. a.* Kannibalismus), XIII 116; XIV 13; XVII 76

i. d. Überich (*s. a.* Überich), XIII 380; XIV 332f.

d. Gewissens, XIV 483, 486, 488f.

Kern d., XIII 399

d. Kulturforderungen [-zwanges], XIV 332f.

Wunsch d. *s.* **Wunsch**

Introspektion *s.* **Selbstbeobachtung**; **Selbstwahrnehmung** (*s. a.* Psychologie)

Introversion d. Libibo, VIII 81, 323, 367; X 139, 146, 295; XI 389

(Definition), X 152

u. Regression, X 151

i. d. Schizophrenie, X 294

z. Stauung führend, X 151f.

i. Übertragungsneurosen, VIII 456; X 294

Wesen u. Begriff d., XI 388f.

'**Introversionsneurosen**' (Jung), VIII 456

Intuition, XIII 64

u. Illusion, XV 172

u. Philosophie, XV 173

u. Psychoanalyse, XV 171f.

i. Traum, II/III 68, 570, 618

Wert d. (*s. a.* Denken, plötzliche Problemlösung), XIV 354

Invalidenrente (*s. a.* Kriegsneurosen; Simulation), XIV 126

Invalidität

Invalidität durch Neurose, VII 165f.
Inversion (d. Charakters) s. Charakter
Inversion (sexuelle) [sexuell Invertierte] (s. a. Homoerotik; Homosexualität; Homosexuelle), V *34–47*; VII 152
Involution (s. a. Alter, (Lebens-):, Greisen-; Klimakterium; Menopause; Senium)
  postnatale, V 77
Inzest
  i. Adel, XVI 229
  i. Altertum, XVI 228
  i. Ägypten s. Inzestehe
  d. Götter, XVI 5
  i. d. Literatur s. Inzestmotiv
  mit Sohn, u. Kastration (s. a. Kastration), IX 183f.
  mit Tochter, relativ spät geächtet, IX 148
  i. Totemismus, XI 347f.
  d. Urvaters s. Ur(vater)
Inzestehe [Inzestprivileg]
  i. Adel, XVI 229
  i. Ägypten, XI 347; XIV 242f.; XVI 228
  d. Götter s. Inzestmotiv
  d. Könige u. Heroen, IX 183f.; XVI 228f.
  u. Unfruchtbarkeit d. Felder, IX 99
  i. d. Urgeschichte, XI 347
Inzestkomplex (s. a. Ödipuskomplex)
  'symbolisch' aufgefaßt (Jung), II/III 270; X 110f.
Inzestmotiv [-thema]
  Bedeutsamkeit d., II/III 270
  i. d. Dichtung, IX 25; XI 350
    Hamlet, VIII 50

Ödipus (s. a. i. Namen-Reg.), II/III 267–71; VIII 50
  Rebekka West, X 383–89
  i. Mythus, IX 183f.; XII 327; XVI 228f.
  i. Traum (s. a. Traum), XI 214f.
  als uraltes menschliches Erbgut, XI 347; XIV 243
Inzestneigung(en) [-wunsch] (s. a. Objektwahl, inzestuöse; Ödipus-; Traum; Wunsch)
  u. Fixierung d. Libido (s. a. Fixierung), V 128f.
  infantile, II/III 262, 264, 267–71
    u. Kinderliebe, Eltern gegenüber, V 136
  Natürlichkeit d. (s. a. Ödipuskomplex), V 216; VIII 50; IX 24, 150f.; XI 214f.; XIV 243
  i. d. Phantasie (s. a. Inzestmotiv), V 128
    als Versuchung (s. a. Inzestscheu), IX 24
  Wiedergeburts- (s. a. Phantasie(n); Wiedergeburtsphantasie), XII 136
  Verdrängung d., IX 25
Inzestscheu [-schranke; -tabu; -verbot], V 126–28, 136; VIII 50; IX *5–25*, 148; XI 213, 347f.; XIV 331–33; XVI 188
  angeborene, angebliche (s. a. Inzestscheu, 'instinktive'), XI 347
  u. Exogamie (s. a. Exogamie; Totemismus), VIII 80f.; IX 10, 147
    Klassifizierungssystem, IX 10–21
    als negativer Ausdruck d., XVI 229
    Vermeidungsvorschriften u. Versuchung, IX 24
  bei Haustieren, IX 20

u. Haustierwirtschaft (älter als Inzesttabu), IX 151
'Heiligkeit' d., XVI 228f.
hoher Grad d. Empfindlichkeit hinsichtlich d., IX 11
infantil, neurotisch u. primitiv, IX 24
'instinktive', Lehre d. -n (*s. a.* Inzestscheu, angeborene), IX 148–50
u. Kastration *s.* Inzest; **Kastration**
nach d. katholischen Kirche, IX 15
u. Ödipuskomplex (*s. a.* Ödipuskomplex), VIII 50; XIV 29, 108
Regeln d., IX *9–21*, 32f.
u. 'Reizhunger', VIII 89f.
zwischen Schwiegersohn u. -mutter, IX 18f., 21–23
Sitten als Vermeidungsvorschriften, IX 15
Theorien u. Erklärungsversuche, XI 214f., 347
  biologisch-hereditäre [Schädlichkeits-] (*s. a.* Art; Fortpflanzung), IX 148–51
  durch Gewöhnung (Westermarck) IX 149
  historische (Darwin), IX 152f.
  psychologische, IX 152
u. Todesstrafe, IX 9

Inzestuöse
Fixierung u. Wünsche *s.* **Inzestneigung**(en) (*s. a.* Ödipuskomplex)
Objektwahl *s.* **Objektwahl**, inzestuöse (*s. a.* Ödipuskomplex)

Inzucht (*s. a.* Inzest), XI 347

Ironie
u. Witz
  ironischer, VI 198f.

Irr(tum), i. d. Konstruktion
Unterschied zwischen, VI 78f.

Irr(e)
Angst vor -n, I 143
-sein [-sinn] (*s. a.* Angst vor Irrenhaus; Geisteskrankheit; Psychopathische Bildungen; Psychose)
  zyklisches *s.* **Manie**; **Melancholie**
-wahn *s.* **Psychose**; **Wahn**
-werden, Angst vor, I 143

Irr(enhaus), I 72–74; II/III 94
Angst vor, I 107, 114f., 120, 143

Irr(tum) [Irrtümmer] (*s. a.* Fehlleistungen), IV *74–76*, *242–55*; VIII 393; XI 18f.
affektbedingte, VII 98
  beim Assoziationsexperiment, VII 98
d. Analytikers (*s. a.* Irrtum, i. d. Konstruktion)
  durch Verschweigung o. Verdrängung erzeugt, IV 245f.
bestimmte *s.* i. **Reg. d. Fehlleistungen**
als Fehlleistung, XVI 37–39
u. Fehlleistungen, andere
  Unterschiede, IV 243, 247
  Vergessen, IV 243, 248, 256f.
  kombiniert mit, XI 51
  Vergreifen, kombiniert mit, XI 62
  Versprechen, II/III 459, 523; VIII 435
Gedächtnis- (*s. a.* Erinnerungstäuschungen; Fehlerinnerung), VIII 435
u. Illusion, Unterschied zwischen, XIV 353
i. d. Konstruktion, psychoanalytischen (*s. a.* Konstruktionen) XVI 48f.

Irr(tum), Mechanismus d.

Mechanismus d., IV *247*
normaler, II/III 684; VIII 435
i. Traum, II/III 459, 523, 684
u. Unwissenheit, Unterschied zwischen, IV 246
Urteils-, *s.* **Urteilsirrtümer**
u. Verdrängung, IV 243f.

Irrealität [irrealer Charakter] (*s. a.* Real-)
d. masochistischen Phantasien, XIII 375
d. neurotischen Befriedigung *s.* **Befriedigung**; **Ersatz**; **Libido**

Irreligiosität *s.* **Atheismus** (*s. a.* Frömmigkeit; Religion; Skepsis; Zweifel)

Irritation d. Genitalien *s.* **Erregung**; **Juckempfindungen**; **Reiben**; **Reinlichkeitspflege**

Ischias, I 124

Isolierung [Abspaltung, Absperrung], XIV 130, 149
als Abwehr, XIV 196
durch Gegenbesetzung (*s. a.* Gegenbesetzung), XVI 201
als Ichschutz, XIV 197
als Ichtätigkeit, XIV 130, 151

i. d. Komik, VI 249
normale
i. d. Entwicklung (einzelner psychischer Gruppen), I 194
Konzentration als, XIV 151
peinlicher Vorstellungen [-sgruppen] (*s. a.* Bewußtseinsspaltung)
bei Adoleszenten, I 195
i. d. Hysterie (*s. a.* Hysterie), I 92, 222, 232–34
traumatische, I 92
i. Religionsübungen u. Zwangshandlungen, VII 131f.
'Taboo of personal isolation' (Crawley), XII 169
Technik, VII 458
symptombildende, XIV 149–52
als Ungeschehenmachen *s.* '**Ungeschehen-Machen**'
u. Vergessen, X 127
i. Zwangsneurose, VII 131f., 458; XI 278; XIV 149–52 (150f.), 196f.

Isolierung (politisch-religiöse), XVI 191

ἱερουργία (*s. a.* Opfer), IX 161

J

Ja *s*. Bejahung; Bestätigung

Janusköpfigkeit[Doppel(an)gesicht, 'Double face'] *s. a.* Doppelgesicht)
 d. Ich, XIV 125
 d. Ichideals, XIII 262f.
 d. Witzes, VI 173, 244f., 268

Jargon, Witzelement i., VI 119, 126

Jähzorn (*s. a.* Wut)
 d. Moses, d. Papstes Julius II.
 u. d. Michelangelo, X 198f.

Jenseits
 Begräbnis (d. feindselig verspürten Toten) auf Inseln o. auf d. anderen Seite d. Flusses lieferte d. Ausdrücke Diesseits' u. '–', IX 75
 Brücke als Symbol d. Überganges i. d., XV 25
 -glauben [-versprechen, -vorstellung] (*s. a.* Glauben; Tod; Triebverzicht; Unsterblichkeit), XVI 117
  u. Animismus, IX 95
  u. Belohnungsglauben u. Lustprinzip, VIII 236
  u. Ewigkeitsgefühl, XIV 421
  u. Kommunismus, XV 195f.
  beim Rattenmann, VII 452
  bei Schreber, VIII 262
  u. Tod, XII 255
  u. Unsterblichkeitsglauben, IX 95
  u. Zwangsneurose (*s. a.* i. Reg. d. Krankengesch.: Namenverzeichnis, Rattenmann), VII 440f., 443, 452

Mystik als eine Art v. '–', XV 32

Jesuitische Wahrheit (*s. a.* Wahrheit), VI 127

'Joke, practical', VI 228

Juckempfindungen [Kitzelreiz] (*s. a.* Prickeln), V 85, 90
 i. Afterzone, Eichel o. Klitoris, V 88
 als 'Beißen', VII 265
 u. Lachen, VI 215
 u. Lutschen, V 84
 u. Masturbation, V 88

Juden *s*. i. Geogr. Reg.: Juden

Judenhaß *s*. Antisemitismus

Judenschwank *s*. Witz (Arten): jüdischer

Judentum (*s. a.* i. Geogr. Reg.: Judentum), XVII 51
 Monotheismus i. (*s. a.* Monotheismus; Religion, mosaische), XVI 195
 Vergeistigung d. –s, XVI 191f., 194

Judenwitz (*s. a.* Witz (Arten): jüdischer; u. i. Reg. d. Anekdoten), VI 123, 159

Jugendalter (*s. a.* Adoleszenten; Jugendliche)
 weibliches *s*. **Mädchen; Weib** (als Subjekt): Liebesleben d. –es, verzögertes (*s. a.* Peniswunsch(träume); Phantasie(n) (-bildungen): männliche u. weibliche)

Jugendliche
 Angst v. Sexualität [Scheu, Schüchternheit] (*s. a.* Adoles-

Jugendliche Erschöpfung

zent; Scheu; Sexualablehnung; Virginale Angst), I 547

Erschöpfung, XVI 88

Postpubertätserlebnisse, Unwesentlichkeit d. –n, i. d. Ätiologie d. Neurosen, I 420

sexuelle Erregung bei intellektueller Arbeit, V 105f.

Unwissenheit, sexuelle, angebliche u. wirkliche *s.* **Unwissenheit**

Verbrecher aus Schuldgefühl (*s. a.* Kinderlügen), XIII 282

verwahrloste, XIV 565–67

Jugendneurosen (*s. a.* Adoleszent; Neurosen), I 184f., 258

Neurasthenie, I 4f.

u. Egoismus, I 4

u. Masturbation, I 508

typische, Hysterie u. Angstneurose, gemischt, I 184f., 258

'Jungferngift', XII 178

Jungfräulichkeit *s.* Virginität (*s. a.* Defloration; Hymen)

Jus primae noctis, XII 174

Justiz u. Mord (*s. a.* Recht), XIV 364

Juvenil *s.* Jugend – (*s. a.* Adoleszent)

Jüdisch(er) (*s. a.* i. Geogr. Reg.: Jüdisch)

Witz *s.* Witz (Arten): jüdischer

Jüngst (–er, –e) (Der, Die)

als Heros, XIII 152

i. Märchen, X 26f.

Sohn, d. Liebling d. Mutter, XVI 187

K

Kachexie, v 20

pseudoneurasthenische Störungen d., I 315

Kahlheit, als Kastrationssymbol, II/III 362; XI 195

Kainsphantasie (*s. a.* Zwangsvorstellungen), II/III 460 f.

Kaiser, XII 231

einzelne *s.* i. **Namen-Reg.**, unter d. einzelnen Eigennamen

als Symbol f. Vater (i. Traum u. Familienroman), II/III 358 f.; VII 231; XI 154

Kaiserin, als Symbol f. Mutter, II/III 358 f.; VII 231; XI 154

Kakao, VII 205 f.; XIII 313

Kalauer [Calembourg], VI 30, 46–48, 81 f.

u. Anklang, VI 81

Begabung z., VI 48

Fischers Definition, VI 47

mit Modifikation, leichter, VI 82

u. Reim, VI 46

u. Wortspiel, VI 47 f.

Kaleidoskopische Träume, II/III 45–50, 59, 71

Kaltwasserkur *s.* **Psychotherapie,** nichtanalytische

Kamelie *s.* i. **Symbol-Reg.**

Kameradschaft (*s. a.* Freundschaft), XIII 102 f., 112

u. sublimierte Homosexualität (*s. a.* Heer; Massenpsychologie), XIII 113

i. Krieg, V 38 f.

Kampf (*s. a.* Aggression; Eifersucht; Haß; Heer; Kämpfer; Rivalität)

'– d. Geschlechter', VII 183

Kandidaten, psychoanalytische *s.* **Lehranalyse;Psychoanalytiker, Kandidaten**

Kannibale Phase *s.* **Orale Phase** (*s. a.* Kannibalismus)

Kannibalismus [Kannibalistische Gelüste] (*s. a.* Einverleibung; Gefressenwerden; Gelüste; Introjektion; Orale Phase; Totemmahlzeit; 'Zärtliches Schimpfen'), V 58, 98; XII 95, 141; XIII 116 f.; XIV 331 f.

als Identifizierungsversuch, XIII 161, 257; XV 69; XVI 187

u. Magie, kontagiöse, IX 101

u. Melancholie, X 436

Objektwahl durch Identifizierung i., IX 172; XIII 257; XVI 187

Phase d. (*s. a.* Orale Phase, kannibalistische), V *98*; XII 95

bei d. Primitiven, IX 101

beim Säugling u. Kleinkind *s.* **Orale Phase**

Scherzfrage mit Bezug auf, VI 172

i. Traum, II/III 423 f.

i. d. Urhorde, IX 171 f.; XVI 187

beim Wolfsmann *s.* i. **Reg. d. Krankengesch.**: Namenverzeichnis, Wolfsmann

Kanthariden, II/III 297

Kapelle, als Symbol (*s. a.* Haus), II/III 370 f.; XI 158, 197

Kapuzinade

Kapuzinade (aus Wallenstein), VI 30, 46

Karikatur, VI 200, 228; X 399

Entlarvung als Gegenstück d., VI 228

u. d. Erhabene, VI 228f.

u. d. Häßliche, VI 6

als Hohn gegen Vater, XII 98; XIII 332

Komik durch, VI 216, 228–30, 258

u. Nachahmung, VI 238

u. Parodie u. Travestie, Unterschied zwischen, VI 230

Karneval, XIII 147

Kartenspiel, Irrtum beim, IV 175

Kasten (*s. a.* Kistchen, Kiste)

als Mutterleibsymbol, IX 58–60

als Symbol f. weibliche Genitalien, II/III 362

Kastrat, Sexualstoffe u. Libido beim –en, V 115f.

Kastration [Kastrieren, wirkliches] (*s. a.* Kastrationsgefahr)

Beschneidung als Ersatz f., IX 184; XI 167; XII 119–21; XV 93; XVI 198, 230; XVII 117

u. Antisemitismus, VII 271; VIII 165

u. Blendung, XII 243

Geschlechtscharakter, Änderung d. –s, durch, V 46

Haarabschneiden als Ersatz f. (bei Männerweihe), IX 184

i. d. infantilen Sexualtheorie *s.* **Infantile Sexualtheorien** (bestimmte): 'kastriertes Weib'

i. d. Mythologie, II/III 263; VII 179, 246

d. Hydra, XVI 8

i. Märchen *s.* **Kastrationsphantasien**

d. Medusa *s.* i. **Namen-Reg.:** Medusa

d. Sohnesgötter, IX 183f.

d. Priester, XIII 152

vor o. nach d. Pubertät, V 116

u. Pubertätsriten *s.* **Pubertätsriten**

Realangst vor d., i. Phobie, XIV 137

i. d. Urhorde, XIV 178; XVI 190, 198; XVII 117

phylogenetische Wirkung d. *s.* **Kastrationsgefahr**

als Weibwerden aufgefaßt *s.* **Infantile Sexualtheorien** (bestimmte): 'kastriertes Weib'; **'Kastration'** d. Weibes (*s. a.* Infantile Sexualtheorien (bestimmte): 'phallisches Weib'; Kastrationsangst; Penismangel; Penisneid)

Zahnausschlagen als Ersatz f., bei Männerweihe (*s. a.* Traum, Zahnreiz-), IX 184

'Kastration' d. Weibes (*s. a.* Infantile Sexualtheorien; Kastrationskomplex; Penisneid; Vagina, Unkenntnis d.), VII 271; XII 72f.; XIV 62f.

'Entdeckung d.' (*s. a.* Geschlechtscharakter, Unterschiede i.), VII 178, 251; XV 135–39

Verleugnung d. (*s. a.* Verleugnung), VII 178, 248; XII 117; XIII 397f.; XIV 23; XVII 60

i. Fetischismus, XIV 311, 316

durch d. Mädchen, XIII 397; XVII 60

Sexualablehnung nach, XIV 522, 525

Kastrationsangst (*s. a.* Kastrationsgefahr; Kastrationskomplex), IX 184; X 119–21; XIV 136f., 240; XV 93, 133

als Abscheu, XIV 313

als Affektreaktion, XIV 154–57

Affektverwandlung, bewerkstelligt durch, XII 63

ambivalente, XII 62, 73f., 117

u. Antisemitismus *s.* **Kastration**, Beschneidung als Ersatz f.

u. Ängste, andere (*s. a.* Kastrationsangst, u. Gewissensangst; – u. Phobie), XIII 288f.; XIV 136, 152f., 161, 167, 169f., 179f., 406–10; XV 95

bei bisexueller Anlage, XIV 407 (Definition), XIV 21

u. 'déjà raconté', X 119–21

u. Fetischismus, XVII 62, 133f.

als genitale Angst vor Vater, XVII 62

u. Gewissensangst [Schuldgefühl], XIII 288f.; XIV 170, 406–10

als Kern, XIII 288

u. Glauben an Drohung *s.* **Kastrationsdrohung**, ernstgenommene

i. d. Halluzination eines Knaben, X 119–21

beim kleinen Hans, beim Wolfsmann *s. i.* Reg. d. Krankengesch.: Namenverzeichnis, Kleiner Hans; – Wolfsmann

u. Masochismus (*s. a.* Masochismus), XIII 371

'männlicher Protest' beim Mann, ist, XVI 99

aus narzißtischem Interesse f. d. Genitale, XIV 21

z. oralen Angst regredierend (*s. a.* Gefressenwerden; Tierphobien), XVI 190; XVII 62

u. Penismangel *s.* **Kastrationskomplex**

u. phallische Phase *s.* **Phallische Phase** (*s. a.* Kastrationsgefahr, als Gefahrsituation d. phallischen Phase)

Kastrationsdrohung u. Berührungslust

u. Phobie (*s. a.* Kastrationsangst, u. Syphilophobie; – Tierphobien), XIV 136–38, 153, 174, 179

phylogenetische Basis [Verstärkung] d. *s.* **Kastration**, i. d. Urhorde

reale Gefahr u. innere Triebgefahr hervorgerufen durch (*s. a.* Kastration; Kastrationsgefahr), XIV 137; XV 99f.

u. Schuldgefühl, XIV 406–10

soziale Angst als (*s. a.* Angst, soziale), XIII 288f.; XIV 158f., 170, 406–10

u. Symptombildung i. d. Neurosen, XIV 153

u. Syphilophobie, XIV 179f.; XV 95

u. Tierphobien, XIV 136

u. Todesangst, XIII 288f.; XIV 170

u. Trennungsangst, Identität v. (*s. a.* Kastrationskomplex, Vorläufer d. –es), VII 246; XIII 296, 397; XIV 167, 169f.

anale, X 409

Überwindung d., i. d. Übertragung, XVI 98f.

u. Vater, Verhältnis z. (*s. a.* Vater), XIV 406–10; XVII 62

Vorläufer d. *s.* **Kastrationskomplex**

beim Weib

i. einem Traum, II/III 366–68

fehlend, XIII 401; XIV 153; XV 93, 138f.; XVII 120

Kastrationsdrohung (*s. a.* Sexualeinschüchterung), II/III 368; VII 179, 245f.; XI 328, 383f.; XII 48; XIV 408; XVII 60, 77, 116f.

u. Berührungslust d. Genitalien, XII 48

Kastrationsdrohung u. Bettnässen

u. Bettnässen, XIII 397; XIV 22
ernstgenommene [Glauben an –]
(*s. a.* 'Kastration' d. Weibes),
XII 72f.; XIV 24

v. Frauen ausgehend, XII 48, 119;
XIII 396f.

als Früherlebnis, XI 383; XII 48;
XIII 396f.

als Gefahrsituation, XVII 131

u. Hand, XII 257, 259; XIII 397

Kastrationskomplex
  entstanden ohne, VII 246
  entsteht durch, VII 245f.

u. Masturbation, XII 48; XIII
396f.; XIV 22; XVII 77, 116
trotz, XIV 525

'männlicher Protest' (Adlers) zurückführbar auf, X 100, 159f.

u. Mythen, VII 179, 246

nachträgliche Wirkung d., VII 271

u. Ödipuskomplex, Untergang d.,
beim Mann, XIII 398–402

u. phallische Phase *s.* **Kastrationsgefahr**

als Phantasie, V 127

u. Phobie, XIV 136, 174

phylogenetische Wirkung d. *s.*
Kastrationsgefahr

Sexualeinschüchterung durch,
XVII 77, 117

  u. Fetischismus, V 53
  u. Homosexualität, V 45

väterlicherseits, V 131; XI 193,
212

als Trauma, XVII 117–19

Unglauben, anfänglicher, an (*s. a.*
'Kastration'; Kastrationsgefahr), XIII 397f.

  Schwinden d. *s.* **Kastrationsdrohung**, ernstgenommene

Wirkung [Folgen] d., XII 48; XIV
23; XVII 117–19

beim Wolfsmann *s. i.* **Reg.** d.
Krankengesch.: Namenverzeichnis, Wolfsmann

'**Kastrationsentdeckung**' s. Infantile
Sexualtheorien (bestimmte):
'kastriertes Weib'; '**Kastration**'
d. Weibes; **Vagina**, Unkenntnis
d.

'**Kastrationserkenntnis**' d. Mädchens (*s. a.* Infantile Sexualtheorien (bestimmte): 'kastriertes Weib'; Kastrationskomplex; Kastrationsphantasien; Penismangel), XIII 400f.;
XIV 522, 525, 535; XV 135–40

Verweigerung d. (*s. a.* Skotomisation; Verleugnen), XIV 24, 315

Kastrationsgefahr (*s. a.* Kastration;
Kastrationsangst; -komplex;
-phantasien), XI 386; XIV 154–
61, 172–74; XV 93

Drohung als (*s. a.* Kastrationsdrohung), XI 386; XII 119; XVII
131

als Gefahrsituation d. phallischen
Phase (*s. a.* Phallische Phase),
XIII 377, 396f.; XIV 21, 172;
XVII 131

phantasierte *s.* **Kastrationsphantasien**

u. Phobie *s.* **Kastrationsangst**, u.
Phobie; – u. Syphilophobie; –
u. Tierphobie

phylogenetische Wirkung d. einstmaligen Realgefahr (*s. a.* Kastration, Realangst; – i. d. Urhorde), XII 119, 155; XIV 183

u. Triebgefahr, XIV 137; XV 93

Verleugnung d. *s.* '**Kastration**' d.
Weibes; '**Kastrationserkenntnis**'

u. Zwangsneurose, XIV 153, 173f.

Kastrationskomplex (*s. a.* Infantile
Sexualtheorien; Kastration;
'Kastration'; Kastrationsangst;
-drohung; -entdeckung; -erkenntnis;-gefahr; -phantasien;

-schreck; -symbole; -träume;
Kastrator; Vater, als Kastrator), V 96; VII 246, 271; VIII
165; XI 212, 328; XIII 295–98;
XIV 62f., 408; XVII 77, 117–19

als Abwehr, i. d. Zwangsneurose,
XIV 144

v. Adler übersehen, XIV 25

alleinige Rolle d., übertrieben (s.
a. Kastrationskomplex, Fehlen
d. -es), X 159f.

u. Analerotik (s. a. Kastrationskomplex, u. Kot), XII 103

u. Antisemitismus s. Kastration,
Beschneidung als Ersatz f.

Aufgeben d. -es, als Bedingung
einer beendeten Analyse, XVI
98

u. Beschneidung s. Kastration,
Beschneidung als Ersatz f.

(Definition), X 159

u. Deflorationskomplex, XII 175f.

durch Drohung entstanden (s. a.
Kastrationsdrohung), VII 245f.

ohne Drohung entstanden, VII
246

u. Exhibitionszwang, V 56

Fehlen [Ausbleiben] d. -es, Frage
d. -s (s. a. Kastrationskomplex,
alleinige Rolle), XII 246; XIV 25

u. Fetisch (s. a. Fetisch; Fetischismus), XVII 60

Folgen, bei beiden Geschlechtern,
XV 138f.

u. Geringschätzung d. Weibes (s.
a. Homosexualität), V 96; VII
271; VIII 165; XII 169; XIII 205;
XIV 522

u. Halluzination s. Kastrationsangst, i. d. Halluzination; Kastrationsphantasien

u. Homosexualität (Ätiologie),
XIII 205

u. Hysterie, Konversions-, XIV
152

beim kleinen Hans, beim Wolfsmann s. i. Reg. d. Krankengesch.:
Namenverzeichnis, Kleiner Hans;
– Wolfsmann

u. Kot, X 409; XII 116–20; XIII
397; XIV 160f.

u. 'Lumpf', X 409

u. Masochismus s. Kastrationsphantasien

u. Masturbation (s. a. Kastrationsdrohung), VII 179; XIV 21

u. 'männlicher Protest', X 100,
159f.

i. Märchen s. Kastrationsphantasien

u. Misogynie, VIII 165

u. Mitesserauspressen, X 298

u. Mitleid, XII 120f.

u. Mutterbrust, XIII 397; XIV
160f.

i. Mythus s. Kastration, i. d. Mythologie

u. Narzißmus, X 159; XII 247f.;
XIII 205

Neurose ohne, X 160

u. Ödipuskomplex

männlicher, XIV 521f.

weiblicher, XIV 522f.

u. Passivität, XVI 99

ohne pathogene Rolle, X 160

u. Penismangel (s. a. Kastrationsschreck; Penismangel), XIII 398

u. Phobien s. Kastrationsangst

u. Selbstvertrauen, ambivalente
Wirkung d. -es, VII 271

u. Todesangst [u. Trennungsangst], XIV 160

u. Todeswunsch gegen Vater, XI
193, 212

Unausbleiblichkeit d. -es, VII 246

Kastrationskomplex u. d. Unheimliche

u. d. Unheimliche, XII 233–48
  abgetrennter Körperteile,t anzender Füße, XII 257
u. Vagina, Entdeckung d. (s. a. Vagina), XI 328; XIII 110–12; XIV 28, 520
Vorläufer d. –es (s. a. Kastrationsangst, u. Trennungsangst), VII 246; X 409; XII 116–20; XIII 296, 397; XIV 160f.
d. Weibes s. **Weib** (als Subjekt): Kastrationskomplex d. –es (s. a. 'Kastration' d. Weibes; Männlichkeitskomplex; Penisneid)

Kastrationslust s. **Kastrationsphantasien**

Kastrationsphantasien, V 127
  ambivalente, XII 62, 73f., 117
  u. Angst (s. a. Kastrationsangst)
  u. Halluzination, X 122f.
  u. Blendung, Rolle d., i. Phantasie u. Mythus, XII 243f.
  d. Kastrationsgefahr (s. a. Infantile Sexualtheorien)
    bei beiden Geschlechtern, XIV 527
    als 'individuelles Unglück', XIV 526; XV 135
    als Strafe, XIII 296f.; XIV 25, 527; XV 93
    u. Verleugnen, XIII 397; XVII 60
  lustvolle, bei Schreber (s. a. i. Reg. d. Krankengesch.: Namenverzeichnis, Schreber), XIII 338f.
  u. Masochismus [masochistische], V 58; XIII 374f.
  i. Märchenträumen, X 5, 7; XII 49
  Mutterleibs-, XIV 170
  i. Mythen s. **Kastration**, i. d. Mythologie

Kastrationsschreck (s. a. Infantile Sexualtheorien; 'Kastration' d. Weibes; Penismangel), XIII

296, 398; XIV 23f., 314f.; XVII 47

u. Grausen, XIII 296
  als männliche Reaktion auf Geschlechtsunterschied, XIV 23
  Medusenhaupt als Symbol f., XIII 296; XV 52; XVII 47f.
  u. d. Unheimliche d. weiblichen Genitales (s. a. Vagina, Unkenntnis d.), VIII 164f; XII 258f.

Kastrationssymbole (s. a. Traum)
  einzelne s. i. **Symbol-Reg.**

Kastrationstheorie, infantile s. **Infantile Sexualtheorien** (bestimmte): 'kastriertes Weib'; '**Kastration**' d. Weibes; Kastrationsangst; Kastrationsphantasien; Penismangel

Kastrationsträume (s. a. Traum, typischer, (bestimmte Arten d.): Kastrations-)
  bei Kindern, II/III 368, 371

Kastrator
  Drohung v. Frauen ausgehend s. **Kastrationsdrohung**
  Vater als s. **Vater**, als Kastrator

Katalepsie [kataleptische Starre], XVII 10
  i. Hysterie (s. a. Starre), I 93
  u. Ruhezustand, XVII 10

'**Katalytische**' Funktion d. Analytikers, VIII 55

Kataplexie s. **Schreckkataplexie**

Katarrh, neurotischer, V 238; XV 116
  u. Eßunlust u. Erbrechen, V 245f., 264
  als Verlegung v. unten nach oben, V 245f.

Katastrophe (s. a. Weltuntergang)
  d. Ödipuskomplexes (s. a. Ödipuskomplex), XIV 29

Kenntnisse ü. phylogenetische Wahrheiten

Katatonie i. Dementia praecox, VIII 313

Katechismus u. Wissenschaft, XI 44f.; XIII 69

Kategorischer Imperativ, II/III 71; XV 176

als Erbe d. Ödipuskomplexes i. Überich, XIII 380f.

'gestirnter Himmel ü. mir', XV 67

Tabu als zwangsartiger, IX 4, 32

Überich als, XIII 263, 277f.

Katharsis [Kathartische Methode] s. Psychotherapie, voranalytische, kathartische

Kathartische Wirkung, normale, d. adäquaten Reaktion, i. Alltagsleben, I 87

Kathexis s. Besetzung

Katholizismus [katholische Kirche] (s. a. Kirche; Religion)

u. Heiratsverbot d. Vettern, IX 15

u. Psychoanalyse, XIV 293; XVI 157f.

Katzen

Angst vor, XI 413f.

Augen d. (i. 'dummen' Witz Lichtenbergs), VI 62, 101

Identifizierung mit, i. Spiel, XIII 120

Narzißmus u. Reiz d., X 155

Kaufmann von Venedig s. Kästchenwahl; u. i. Namen-Reg.: Shakespeare

Kausalbeziehung s. Denkrelationen (s. a. Logik; Logisch)

Kausalerforschungen [Kausalitätsbedürfnis] (s. a. Denkrelationen; Logik)

u. infantile Sexualforschung (s. a. Infantile Sexualforschung), VII 174f.

u. Überdeterminierung, XVI 214

i. d. Zwangsneurose, irregeführt durch Intervall, VII 461

Käfer (s. a. Skarabäen)

Angst vor, XII 39

i. Traum, II/III 295–98

Kältegefühl, hysterisches (s. a. Temperaturreize), I 102, 124f., 129, 210

Kämpfer (s. a. Heer; Kampf; Mord)

Tabu d. –s, IX 51

Kästchen (s. a. Lasten; Kiste), als Mutterleibssymbol (s. a. Mythus, v. d. Geburt d. Helden), X 26; XVI 108

Kästchenwahl (i. Kaufmann v. Venedig), X 24–37

Versprechen i. Zusammenhang mit, XI 31f.

Wunscherfüllung i. d., X 34

Kätzchen s. Katzen

Keimdrüse (s. a. Geschlechtsorgane, innere), V 46, 77f.

Änderung d. Geschlechtscharakters durch Einpflanzung d., o. durch Kastration, V 46, 116f.

Homosexualität, Heilbarkeit d., Frage d., durch Einpflanzung d., V 46

Verlust d. (s. a. Kastration), V 116

Keimzelle [-plasma] (s. a. Fortpflanzung)

Lustprämie d., X 143

narzißtisches Gehabe d., XIII 54

u. Tod, XIII 42, 46, 48

u. Todestrieb, XIII 42

Kenntnis(se) (s. a. Unwissenheit)

Geheimhalten d. (s. a. Geheim-), VII 176f.

ü. phylogenetische Wahrheiten hinter d. infantilen Sexualtheorien, VII 177, 179, 181, 183f., 249; XVI 241

259

Kenntnisse ü. Schwangerschaft

ü. Schwangerschaft d. Mutter, beim Kind s. **Schwangerschaft** sexuelle, infantile (instinktive) (s.
   a. Infantile Sexualforschung; Instinktive –; Unwissenheit, sexuelle, angebliche), V 97; XII 156
   unbewußte, d. Menschheit um Gefahren, u. Phobien, XI 413, 415
   Vatermord, XVI 208
   ü. Urszene, Bedeutung d., beim Kind, XII 155–57
   Vergessen d. infantilen Sexualkenntnisse s. **Amnesie, infantile**

Kern
   d. Gewissensangst (s. a. Kastrationsangst), XIII 288
   d. Ich (s. a. Ich), XIII 250, 256
   pathogener Schichtung, I 292–94, 296
   d. Unbewußten, X 293
   d. Instinktive als (s. a. Unbewußte, (Das)), XII 156, 294
   d. Überich (s. a. Überich), XIV 170
   Objekte als, d. Bildung d., XIV 29

Kernkomplex d. Neurosen (s. a. Ödipuskomplex) I 304
   Liebe u. Haß i., VII 428
   Ödipuskomplex als, IX 24; XIII 413
   Sexualforschung als, VII 176
   Wesen u. Entstehung d. –es, VII *428*

Kernsymptom, Angst als, I 497

Kinästhetische Wortbilder d. Taubstummen, XIII 248

Kind (als Objekt) [Kinder] (s. a. Kind (als Subjekt))
   Aufklärung, sexuelle, d. –es s. **Aufklärung**
   Beobachtung d. Sexualität d. –es s. **Kinderbeobachtung**
   Ehemann als Ersatz f., XV 143
   als 'erotisches Spielzeug', VIII 80
   als Ersatz d. Sexualobjekts, VII 158
   Erziehung d. –es s. **Erziehung; Pädagogik** (s. a. Triebeinschränkung)
   '-haben', infantiler Wunsch s. **Kindeswunsch**
   Haß gegen
      bei Hysterika, XIV 190
      u. Todeswunsch (s. a. Todeswunsch), XI 206 f.
   Identifizierung d. Mutter mit eigenem, IX 22 f.
   Liebe, ambivalente, gegenüber s. **Kind** (als Objekt): Überzärtlichkeit gegenüber
   '-machen' s. **Kindeswunsch**
   i. masochistischen Phantasien (s. a. Schlagephantasien), XIII 374
   u. Narzißmus d. Eltern, X 157
   u. narzißtischer Ichteil d. Mutter, X 156
   als Penissymbol, II/III 362 f., 366–68; X 404; XI 159; XIV 27
   Reiz d. –es, durch seinen narzißtischen Charakter, X 155
   als Sexualobjekt s. **Pädophilie; Verführung**
   symbolisiert, u. als Symbol s. i. **Symbol-Reg.**
   Überschätzung d. –es, seitens d. Mutter (s. a. Mutter, u. Sohn), V 51
   Überzärtlichkeit gegenüber, VII 165; IX 63; XIV 190
   Verführung d. –es s. **Verführung**
   'Verwöhnung' d. –es (s. a. Kind (als Objekt): Überzärtlichkeit; – u. Zärtlichkeit), XIV 200

i. Witz (*s. a.* Naive, (Das); Witz),
VI 194, 210, 258

Wunsch, z. haben u. z. machen
s. **Kindeswunsch**

u. Zärtlichkeit
elterliche [mütterliche], V 124,
126, 131

als 'zärtliches Schimpfen', X 9;
XII 58, 141

Kind (als Subjekt) [Kinder] (*s. a.*
Erwachsener; Infantil-; Kind
(als Objekt); Kinder-; Kindheit-; Kleinkind; Knabe; Mädchen; Säugling)

Aggression beim (*s. a.* Aggression), XIV 489

Grausamkeit, V 93f.

sexuelle, V 93f.

Ambivalenz beim *s.* **Ambivalenz**

Analerotik beim (*s. a.* Anal-;
Kind (als Subjekt), Ekel), VIII
409; XII 113, 116f.

narzißtische o. objektliebende
Einstellung z. Defäkation, X
406f.

Schamlosigkeit i. bezug auf
anale Funktion, XIII 137

Angst d. –es *s.* **Kinderangst**

Asexualität, angebliche *s.* **Asexualität; Unwissenheit**

Aufklärung, sexuelle *s.* **Aufklärung**

Aufmerksamkeit d. –es, v. Bewegung mehr angezogen als v.
Ruhe, XII 123

Autoerotismus d. –es *s.* **Autoerotismus**

Beobachtungsgabe d. –es (*s. a.* Infantile Sexualforschung; Kenntnis(se); Unwissenheit) V 97; XI
329

Bewußtsein d. –es, XII 139

v. Unbewußten kaum unterschieden, XII 139

Bravheit *s.* **'Bravheit'**

Denkvorgänge beim (*s. a.* Kind,
(als Subjekt): Gedankenassoziationen beim), VI 194

Egoismus d. –es *s.* **Egoismus**

Eifersucht beim (*s. a.* Eifersucht),
VIII 45

u.Gerechtigkeitsforderung, XIII
133

auf Rivalen [Geschwister], VIII
153; XII *15–26*

Einsamkeit u. Entfremdung,
durch Sexualforschung hervorgerufen, V 97

Ekel nicht vorhanden, II/III 609;
XI 213, 326; XIII 137; XIV 459

u. Eltern *s.* **Eltern; Ersatz-; Erziehung; Hilfsbedürftigkeit** (*s. a.*
Bravheit; Schlimmheit)

Empfindlichkeit d. –es, u. Hysterie, II/III 206

u. Erwachsener (*s.a.* Erwachsene),
VIII 419; XIV 386

Fragelust beim *s.* **Infantile Sexualforschung**; **Kind** (als Subjekt):
Wissensdrang

Gedankenassoziationen beim (*s.
a.* Kind (als Subjekt): Denkvorgänge beim), XII *305 f.*

Gedächtnisschwäche beim (*s. a.*
Amnesie, infantile; Gedächtnisschwäche), I 531f.

u. Gefahr (*s. a.* Gefahr-), XIV 180,
201

Genitalien d. –es *s.* **Genitalien** (*s.
a.* Infantile –; Infantilismus)

Genitalorganisation beim (*s. a.*
Genitalität; Phallische Phase),
XIII *293–98*

u. Geschlechtsunterschied

Bemerkung d. –s *s.* **'Kastration'**
d. Weibes; **Kastrationsschreck**

keinen Wert beigemessen, XI
213

Kind (als Subjekt): Größenwahn beim

unbemerkt s. **Infantile Sexualtheorien** (bestimmte): 'phallisches Weib'; **Phallische Phase**; **Vagina**, Unkenntnis d. Verleugnung d. s. **Verleugnung**
Größenwahn beim (s.a. Allmacht; Größenwahn; Maßlosigkeit), II/III 221; X 160
Größenwunsch
  auf d. Genitale zentriert, VII 342
  i. Spielen, XIII 15
gruselige Erzählung, Wirkung d. –n, auf, V 125
'Haben' u. 'Sein' beim, XIII 115; XV 69; XVII 151
Hilfsbedürftigkeit [Hilflosigkeit], Rolle d., beim, VIII 49; XIV 201, 338
Hungergefühle beim (s. a. Halluzinatorische Befriedigung), II/III 571
Ichschwäche (s. a. Ich-), XVII 111
Identifizierung
  durch Erinnerung, I 531 f.; XII 108
  mit Objekt, XVII 151
Induktion beim, XV 60 f.
Inkontinenz s. **Bett(nässen)**; **Inkontinenz**
instinktive Kenntnisse s. **Kenntnis(se)**
Intellektualität u. Intelligenz beim, XIV 370; XV 125
  sexuelle Frühzeit eine Blüteperiode d., XIV 244
Koitus beim s. **Kindesalter**
Komik, Mangel d. Gefühls f., beim, VI 254–56
Kontrektationsdrang beim s. **Kontrektation**
Koprophilie (s. a. Kind (als Subjekt): Analerotik), VII 181; VIII 47 f.; X 454; XIV 459

Lachen beim, VI 255
Leugnen beim s. **Kinderlüge**
Liebesleben d. s. **Kinderliebe** (s. a. Infantile Sexualität; Kindesalter, Koitus i.)
Lutschen s. **Lutschen**
u. Masse, Ähnlichkeit zwischen, XIII 82, 84, 129
Maßlosigkeit d. (s. a. Gier; Kind (als Subjekt): Größenwunsch; Kinderliebe; Übertreibung), II/III 274; VI 258
Masturbation beim (s. a. Masturbation), V 89–91
  u. neurotische Symptome, u. Abstinenz, V 241 f.
  u. Verführungsphantasie (s. a. Verführungsphantasie), V 153
  u. Märchen, X 2
  u. Mißtrauen s. **Kind** (als Subjekt): Zweifel beim
  u. Moralität s. **Moral** (s. a. Latenz; Triebeinschränkung)
  u. Mutter s. **Mutter** (s. a. Eltern)
Naivität beim, VI 207
  unechte, VI 210
  u. Witz, VI 207 f.
Narzißmus d. s. **Narzißmus**, primärer
nervöses, neurotisches s. **Kindheitsnervosität**; **Kindheitsneurose** (s. a. Kinderangst; Kinderanalyse)
  u. d. Neue
  Angst vor –em s. **Kinderangst**
  Glaube an Auffälligkeit d. –en, beim, II/III 221
Neugierde d. s. **Infantile Sexualforschung**; **Kind** (als Subjekt): Wissensdrang
  u. Neurotiker, Ähnlichkeit zwischen s. **Infantiles Seelenleben**
neurotisches s. **Kindheitsneurose** (s. a. Kinderanalyse)

u. Objektbesetzung, leichte Verschiebbarkeit d., beim, XIII 84

u. Objektwahl *s.* **Objektwahl**

'Onkel' u. 'Tante'-Benennungen, beim, u. primitive Gruppenehe, IX 12

Partialtriebe beim *s.* **Partialtriebe**, i. d. prägenitalen Phasen

Phobien beim *s.* **Kindheitsneurosen** (*s. a.* Kinderangst; Kindheitsnervosität)

Pollution beim

durch Harnabgang, VII 238

bei nicht-sexueller Erregung, V 104

Prahlerei (*s. a.* Kind (als Subjekt): Maßlosigkeit d.), VIII 425

u. Primitive, Ähnlichkeit zwischen –rn u. –n, IX 170, 172f.; XIII 129

Psychoanalyse d. –es *s.* **Kinderanalyse**

'Reinheit' d. –es *s.* **Unwissenheit**

religiöse Vorstellungen beim, XII 95–102, 306

Retention, Lust u. Schmerz durch, bei, V 87

Schlimmheit *s.* **Schlimmheit** (*s. a.* Kindheitsnervosität)

Sexualität d. –es (*s. a.* Infantile Sexualität)

  Einschüchterung d. *s.* **Sexualeinschüchterung**

  Forschung *s.* **Infantile Sexualforschung**

  heterosexuelle (*s. a.* Kinderliebe), VII 72f., 253

  u. Fixation, VII 253, 256

  Interesse *s.* **Infantile Sexualität** (als Erscheinung): Sexualinteresse; **Phallische Phase**

  Kenntnisse *s.* **Kenntnis**(se)

  Theorien *s.* **Infantile Geburtstheorien**; – **Sexualtheorien**

Kind (als Subjekt): Umgebung d.

soziale Unterschiede nicht kennend, XII 132

Spiele d. –es *s.* **Spiel**

Sprache, eigene, d. –es

  dingliche Behandlung d. Worte, VII 334

  Reduplikationen, Zittersprache, usw., VI 140f., 194

  Symbolik, VII 251, 283

  Wortverdrehungen, VI 140f.; XV 35

u. Storchfabel *s.* **Storchfabel**

u. Strafe *s.* **Strafe**

Sublimierung beim, XII 306

u. Tier (*s. a.* Tier; Tierphobien)

  keine hochmütige Einstellung z., IX 154; XI 213; XII 7, 132

Todesbegriff beim (*s. a.* 'Fortsein'), II/III 260f.; X 342

Todeswunsch beim *s.* **Todeswunsch**

Totemismus beim *s.* **Totemismus** (*s. a.* i. Reg. d. Krankengesch.: Andere Autoren, (Ferenczi))

Traum d. –es *s.* **Kindertraum** (*s. a.* Traum, v. infantilen Typus)

u. Trauma *s.* **Kindheitstrauma** (*s. a.* Infantile Sexualszenen; Verführung)

Umgebung d. –es (*s. a.* Eltern; Familie; Geschwister; Kinderreihe; Lehrer; usw.)

  u. Analyse, XV 160–62, 166

  Geschwister (*s. a.* Geschwister) XIII 132f.

  Halbwaisen u. Homosexualität, V 45

  illegitime, XI 73

  unbefriedigter Eltern, VII 165

  u. Überich, XIV 489; XVII 137f.

  Waisen u. Kinder geschiedener Eltern, V 131

Kind (als Subjekt): Unarten d.

Unarten d. –es (*s. a.* Schlimmheit; Wortverdrehungen)
   sexuelle (*s. a.* Exhibition; Infantile Sexualität; Koprophilie; Lutschen; Masturbation; Schaulust, usw.), XI 214

Unsinn, Lust am, VI 141; XV 35

Unwissenheit (angebliche u. wirkliche) *s.* **Unwissenheit** (*s. a.* Naivität)

u. Überich, XIV 489
   hat noch kein eigenes, XV 159; XVII 137 f.

Überlegenheitsgefühl u. Schadenfreude beim, VI 255

Übertreibung beim *s.* **Kind** (als Subjekt): Maßlosigkeit d.

Vaterkomplex d. –es *s.* **Vater**- als 'd. Vater d. Mannes [d. Erwachsenen]', VIII 412; XVII 113

Verführungsversuche [-wünsche] *s.* **Verführungsversuch**(e)

verwöhntes (*s. a.* Zärtlichkeit), XIV 200

Wissensdrang [-begierde, Forschertrieb, Neugierde] beim (*s. a.* Infantile Sexualforschung; Wißtrieb), IV 57; VIII 145, 419

   u. Bemächtigungstrieb, VIII 450
   als Fragelust, VIII 72

   u. Geburt eines neuen Geschwisterchens, V 95; VII 174f.; VIII 146; XI 346; XIII 19

   Gegenstand d., VIII 146

   i. d. prägenitalen Periode, XI 339f.

   u. Sexualforschung, Zusammenhang zwischen, VIII 72, 145–48; XVI 78

   Wesen d. –es, VIII 145, 419

Wutausbrüche (*s.a.* Anfall, Wut-), XII 52

u. Zärtlichkeit (*s. a.* Kinderliebe; Zärtlichkeit)

   ambivalente, XI 344–46; XIV 190

   erotische, V 124, 131; XI 337

   Zärtlichkeitswunsch d. –es, V 125, 129, 141; XIII 154

   Abnahme d. Zärtlichkeit als Liebesverlust betrachtend, XIII 19

Unersättlichkeit d. –es beim, V 125, 129, 141

Zweifel [Mißtrauen, Unglauben] beim (*s. a.* Infantile Sexualforschung), VII 180f.; VIII 146

gegen Erwachsene, VII 176, 248, 268, 309, 326

gegen Fremde *s.* **Fremde**; **Kinderangst**

Kastrationsdrohung gegenüber *s.* **Kastrationsdrohung**

beim kleinen Hans *s.* i. Reg. d. **Krankengesch.**: Namenverzeichnis, Kleiner Hans

religiöse, XII 93f.

sexuellen Aufklärungen gegenüber, VII 268; XVI 78f.

Storchfabel gegenüber *s.* **Storchfabel**

Kindbett

Phantasie, V 265, 267; VI 209

– Tabu, XII 167

Kinderanalyse (*s. a.* Kinderbeobachtung; Pyschoanalyse, Anwendungsgebiete d., Kinderanalyse; – u. Pädagogik), IV 220f.; X 56f., 78; XI 378; XII 30–32; XIV 96, 244, 565–67; XV 154, 157–62 (158)

abgeänderte Technik bei, XV 159

größere Aktivität, VII 339

i. d. Analyse d. Erwachsenen, XV 159

Erfolge d., XV 159

   Einwendungen, mögliche, gegen Resultate d., VII 336f.

u. Elternsituation, XV 160–62, 166

u. Triebkonstitution, XV 161

u. Erziehung, XIV 244f.; XV 160–66

Geschichte d. s. **Kinderbeobachtung**

indirekte, VII 336f.

Induktion während, XV 60f.

Mängel d., VII 337–40

als Prophylaxe, XV 160f.

Schädlichkeit, angebliche d., XIV 244f.; XV 159

Schwierigkeiten d., I 514; VII 243f.; IX 155; XII 139

'Suggestion', Frage d., bei, VII 337, 339f.

Kinderangst (s. a. Angst vor –; Kindheitsnervosität; Kindheitsneurose; Pavor nocturnus; Phobien; Tierphobien), V 125; XI 414, 421f.; XIV 166f., 179, 201f.

vor Alleinsein [Einsamkeit], V *125f.*; XI 422; XIII 13, 132f.; XIV 166, 179, 201f.; XV 89f.

    auf d. Eisenbahn u. auf d. Straße, XI 414; XIV 158

    u. 'Fortsein' d. Eltern (s. a. 'Fortsein'), II/III 463f.

    u. intrauterine Situation, XIV 166f.

um Augen s. **Augen**

'Auswachsen' d. (s. a. Kindheitsneurosen, spontane Heilung d.), XIV 166f., 179

(Definition), XI 424

vor Dunkelheit (s. a. Unheimlichkeit), XI 415, 422; V 125f.; XIV 179, 201f.

    u. intrauterine Situation, XIV 166f.

vor Nacht s. **Pavor nocturnus**

vor Eltern (s. a. Autorität Angst

Kinderangst u. Trennungsangst

vor; Eltern; Gewissensangst; Soziale Angst)

Mutter s. **Gefressenwerden; Mutter**

Vater s. **Kastrationsangst; Vater** (s. a. Angst vor Räubern)

vor Fremden (s. a. Menschenfurcht) V 125; XI 421f.; XIII 132; XIV 167, 179, 201f.; XV 89f.

i. Analyse wiederholt, XVI 85

u. Geburtsangst s. **Geburtsangst**

vor gruseligen Erzählungen, V 125

u. Herdentrieb, XIII 131–33

vor Liebesverlust s. **Liebesverlust**

u. Minderwertigkeit, XI 421

vor Neuem (s. a. Kind (als Subjekt): u. d. Neue; Neue, (Das)), XI 421f.; XIV 99

normal, beinahe (s. a. Kindheitsneurosen, spontane Heilung d.), XIV 179

objektlos, anfänglich, VII 261

vor Objektverlust s. **Objekt(verlust)**

Phobien (s. a. Kindheitsneurose), VII 260, 372–74; XIV 158, 166f., 179, 201f.; XV 89f.; XVII 111

u. Geburtstrauma, XIV 166f.

Häufigkeit d., VII 373; XI 378

Situations-, XI 422f.

Tier-, s. **Tierphobie(n)**

als Wiederholung d. Verhaltens d. Urmenschen u. heutigen Primitiven, XI 421

vor Räubern s. **Angst vor Räubern**

Realangst, Frage d. Vorhandenseins einer, beim (s. a. Realangst), XI 421, 423

v. Tieren s. **Tierphobie(n)**

u. Trennungsangst s. **Trennungsangst**

Kinderaussagen

Kinderaussagen *s.* **Glaubwürdigkeit**
Kinderbeobachtung, analytische, V 32
   als Bestätigung d. analytischen Theorie, VII 24, 175
   Geschichte d. –n, I 514; V 22, 101f.
Kinderbücher
   Bibliothèque Rose, XII 198
   Struwwelpeter, XI 384
   d. Wolfsmanns (*s. a.* i. Reg. d. Krankengesch: Namenverzeichnis, Wolfsmann), XII 39
Kinderdummheit, VI 194
   Dümmerwerden i. d. Latenz, XIV 244
Kindererlebnisse *s.* **Kindheitseindrücke** (*s.a.* Deck(erinnerung(en)); Früherlebnisse; Infantile Sexualszenen; Kindheitstrauma; Ur(szene))
Kinderfehler
   als Nervosität *s.* **Kindheitsnervosität**
   Zeitschrift, 'Die –', V 74
Kinderfeindschaft *s.* **Geschwister; Rivalität** (*s. a.* Eifersucht; Haß; Todeswunsch)
Kinderfragen *s.* **Infantile Sexualforschung; Kind** (als Subjekt): Wissensdrang beim
Kinderfrauen (*s. a.* Amme; Dienstboten; Gouvernanten)
   als Verführerinnen, I 382, 390, 443f.; V 81
Kindergeschichte *s.* **Anamnese; Kind** (als Subjekt); **Kindheit** (*s. a.* Früherinnerungen)
Kinderglück (*s. a.* Kinderangst; Kindlich(e))
   als Euphorie nach Kindheitsneurose, VII 342

Komik u. Humor ausschließend, VI 269
Komik als Erinnerung an (Bergson), VI 254, 257
u. Leid, VI 257
vermeintliches
   u. Einsamkeit, V 97
   u. Enttäuschungen, II/III 136
Kinderliebe (*s. a.* Kind (als Subjekt): Sexualität d. –es), VII 72f., 252–55
u. Aggression (*s. a.* Neckerei), V 104; VII 72f.; XIV 528f.
Ambivalenz d., XIV 528f.
u. Eifersucht (*s. a.* Eifersucht; Geschwister; Ödipuskomplex), VII 22; XIII 19
Eltern als Liebesobjekte u. Vorbilder f. Liebesobjekte (*s. a.* Eltern; Liebe-; Mutter; Ödipuskomplex; Vater), V 216f.; VIII 51
u. Fetischismus, VII 73
u. Hingebung, VII 22
i. d. Latenzperiode, V 124
Leistungen d., VII 22
Liebesverhältnisse, V 125
   mit Erwachsenen, I 382, 444, 451–53
   mit Kindern, anderen (*s. a.* Bruder), I 442–44, 447, 452
i. d. Pubertät *s.* **Schwärmerei** (*s. a.* Pubertät; Verliebtheit)
i. d. Säuglingszeit, V 123–25
Typen d., XIII 19
Unersättlichkeit d. (*s. a.* Gier; Maßlosigkeit), II/III 206; V 203f.; XIV 524, 527; XV 132
Unfertigkeit d., V 216f.
verdrängte (i. Jensens 'Gradiva'), VII 31–125
Verführungsversuche (*s. a.* Verführung; -sversuch), VII 255–57

vergessene Schwestergestalt, VII
31–125 (123–25)

u. Zärtlichkeit (*s. a.* Zärtlichkeit),
VII 22, 72f.

Kinderlosigkeit, IX 22

d. Lady Macbeth, II/III 272; X
375–77

Kinderlügen, I 418; VII 303, 308f., 319

Bewertung d., u. Einschränkung
d. Begriffes, VII 338

u. Phantasie (*s. a.* Phantasie(n)
(Arten): Kinder–), VII 338

als Rache, VII 305, 361

u. Selbstbeschuldigung, VII 13f.

u. Verleugnung *s.* **Verleugnung**
zwei, VIII *422–27*

Kindermord, II/III 162

Kinderneurosen *s.* **Kindheitsneurosen**

Kinderpflege (*s. a.* Amme; Mutter;
Reinlichkeitspflege; Säugling)

u. Objektliebe (*s. a.* Objektliebe), VII 345

Kinderphantasien *s.* **Phantasie(n)**
(Arten): Kinder-

Kinderpsychologie (*s. a.* Kinderanalyse; -beobachtung), II/III 132

Kinderreihe, VII 231; XI 347

Kinderschar [-zahl] (*s. a.* Jüngst-;
Masse), XIII 132f.

Kinderspiel(e) *s.* **Spiel-**

Kindersprache *s.* **Kind** (als Subjekt):
Sprache

Kindersterblichkeit, XIV 447

Kindertraum [-träume] (*s.a.* Traum,
v. infantilen Typus), II/III
132–36, 463f., 556–58, 656–59,
692f.; VIII 33; XI 124–35; XIV
72

Angst- (*s. a.* Kinderangst; Pavor
nocturnus), II/III 140; VII 259

Kindesalter, i. allgemeinen

bestimmte Träume *s.* i. Traum-Reg.

deutliche Erhaltung u. Zugänglichkeit d., VIII 33; XI 87; XII
80

mit Entstellung, XI 124

ohne Entstellung (*s. a.* Kindertraum, als Wunscherfüllung),
VIII 33; XI 124, 126, 174

frühe, VII 259

Kastrations-, II/III 368, 371, X 120

Lenkbarkeit d.–es, XII 80

Liste d. Werke anderer Autoren
ü. d., II/III 136

Literatur d., II/III 559, 603

Sinnlosigkeit d. –es, angeblichgeringer als bei Erwachsenen, XI
126

später analysierte, II/III 527

Traumarbeit i., XI 124, 127, 174

u. Traumtag, XI 125, 127

als Wunscherfüllung, direkte,
einfache (*s. a.* Wunsch; -erfüllung), II/III 132–36, 558f., 603,
656–59, 688, 692f.; VIII 33; XI
127

als Antizipation d. –n –n, XII
62

Verzicht auf *s.* **Wunschbefriedigung,** Verzicht auf

Kinderwunsch [-wünsche] (*s. a.*
Analerotik; Halluzinatorische
Wunschbefriedigung; Infantile
Sexualität; Mutterbindung;
Oralerotik; Wunsch, infantiler;
Wunschbefriedigung; -erfüllung; Zärtlichkeitsbedürfnis)

einfache, i. Traum *s.* **Kindertraum**

Kind z. haben; Kind z. machen
s. **Kind** (als Objekt): Kindeswunsch

Kindesalter

i. allgemeinen *s.* **Kindheit**

Kindesalter, erste Hälfte

erste Hälfte *s.* **Infantil-; Kind-; Kleinkind; Prägenital-; Säugling**
Koitus i. (Stekel) (*s. a.* Infantile Sexualität; Koitus), I 444
zweite Hälfte *s.* **Genitalzone, Primat d.; Kindheit; Latenz; Phallische Phase**

Kindeswunsch, infantiler [Wunsch, Kind z. haben]
als Ersatz (*s. a.* Weib (als Objekt): Kindeswunsch beim)
    f. Geburt eines Geschwisters, VII 364
    f. Penis *s.* **Kindeswunsch**, beim kleinen Mädchen
ohne Ersatz, mit nachfolgender Angstneurose, VIII 445f.
'Kinderhaben', euphemistischer u. infantiler Ausdruck f. Wunsch nach Sexualverkehr, X 20
beim kleinen Mädchen (*s. a.* Mädchen, Kindeswunsch beim; Weib, Kindeswunsch beim), X 404f.; XIII 401
    u. jüngere Schwester, XI 346
    u. Ödipussituation, XIII 401; XIV 27–29; XV 137
    Peniswunsch ablösend, X 404f., 407, 409; XII 207; XIII 401; XIV 27f.; XV 108, 137; XVII 121
    i. bezug auf d. Vater (*s. a.* Verführungsphantasie), XII 207, 284; XIV 22
beim Knaben (*s. a.* Ödipuskomplex), VII 322, 328–30, 332f.; XII 207; XIV 533
präödipaler, 'd. Mutter ein Kind machen', XII 207; XIV 532f.
als Sohneswunsch, XV 137, 143

Kindheit [Kindesalter] (*s. a.* Infantil-; Kind (als Subjekt); Kindlich-; Kleinkind; Säugling)
Affektvorgänge i. d., V 103f.

Aggression u. Analerotik i. d. *s.* **Aggression; Analerotik; Kind** (als Subjekt): Aggression beim; – Analerotik beim (*s. a.* Analsadistische Phase)
Amnesie i. bezug auf *s.* **Amnesie**, infantile
Angst i. d. *s.* **Kinderangst**
Autoerotismus d. (*s. a.* Autoerotismus), V 134
Bedeutung
    i. d. Entstehung d. Neurosen *s.* **Kindheitsneurosen**, disponieren z.
    d. Phasen *s.* **Kindheit**, Phasen d. Entwicklung
Blasenleiden d., V 90
Cerebrale Diplegien durch Trauma u. Schreck i. d., I 478, 480
Darmstörungen i. d., V 86f.
Entwicklung *s.* **Kindheit**, Phasen
Ereignisse, Erlebnisse i. d. *s.* **Früherlebnisse**
    sexuelle *s.* **Infantile Sexualszenen** (*s. a.* Verführung)
Erotik i. d. *s.* **Infantile Sexualität** (als Erscheinung); **Kinderliebe**
Fixierungen *s.* **Fixierung**
frühe *s.* **Kleinkind; Säugling**
Gedächtnislücke i. bezug auf *s.* **Amnesie**, infantile
Glück, vermeintliches, d. *s.* **Kinderglück**
Moral u. Immoralität i. d. (*s. a.* Immoralität; Moral), I 386; II/III 256–58
d. Neurotiker u. Gesunden (Ähnlichkeit u. Unterschied zwischen), VII 172–74
Oralerotik i. d. *s.* **Oralerotik**
Phallische Phase *s.* **Phallische Phase**

Phantasien d. *s*. **Phantasie(n)** (Arten): Kinder–

Phasen d. Entwicklung, V 113–15; XIV 170

erste (*s. a.* Kleinkind; Säugling) Bedeutsamkeit d. –n, VIII 210f.; XV 158; XVI 234f.; XVII 113f.

u. Partialtriebe *s*. **Partialtriebe**

u. Pubertät, Unterschied zwischen, XIII 294

u. Regression *s*. **Regression**

Übergang i. d. Seelenleben d. Erwachsenen, VIII 412

u. Verdrängung, II/III 611; XVI 71

verlängerte, beim Menschen, XVII 112

zweite Hälfte, V 113–15, 135

phylogenetische (*s. a.* Archaische Erbschaft)

verkürzte Durchführung d. Kulturentwicklung i. d., XVII 111f.

d. Völker, tendenziöse Bearbeitung d., d. Kindheitserinnerungen ähnlich, VIII 151–53

Wiederholungen i. Seelenleben d., XIV 240

Psychoanalyse reicht durch regredierende Richtung zurück z., X 47f.

Psychoneurosen, enge Verknüpfung d., mit, I 497

Schau- u. Zeigelust i. d. *s*. **Exhibition**; **Schau(lust)**

Sexualität i. d. *s*. **Infantile Geburtstheorien**; – **Sexualforschung**; – **Sexualität** (als Erscheinung); – (Theorie d.) – **Sexualszenen**; – **Sexualtheorien**; **Kindheit**, Phase d. Entwicklung (*s. a.* Partialtriebe; Polymorph-pervers-)

Kindheitsnervosität, Ängstlichkeit

Variationen, Gegenströmungen, Intensität, zeitliche Momente, V 143

Zensur, Fehlen d., zwischen Ubw. u. Vb., i. d., II/III 559

Kindheitsamnesie *s*. **Amnesie**, infantile

Kindheitsanalyse (*s. a.* Kindheitseindrücke; Psychoanalytische Methode; – Technik)

Schwierigkeiten d., XII 76f.

Wichtigkeit d., XII 202

Kindheitseindrücke [–erlebnisse, –erinnerungen] (*s. a.* Deck(erinnerung(en)); Früherlebnisse), XII 202

Altersgrenze d. *s*. **Alter**

erotische *s*. **Kinderliebe**

lückenhafte (*s. a.* Erinnerungsschwäche), VII 173, 221, 426f.; VIII 412

nicht-sexuelle *s*. **Früherlebnisse**

sexuelle *s*. **Infantile Sexualszenen**; **Ur(szene)** (*s.a.* Kindheitstrauma)

traumatische *s*. **Kindheitstrauma**

i. Träumen *s*. **Traum**, Infantiles i. Literatur d., II/III 16–18

Verfälschungen d. (*s. a.* Deckerinnerungen; Verführungsphantasien), XI 382

i. bezug auf Datierung, XII 92

verlorene *s*. **Amnesie**, infantile

Wiedererinnern d. (*s. a.* Erinnern, Wieder-)

Widerstand gegen, I 418, 536

Zugänglichkeit d., XII 80

Kindheitsnervosität (*s. a.* Kinderangst; Kindheitsneurose(n)), XI 421–24; XIV 285

Appetitlosigkeit [Eßunlust], V 107; XIV 285

Ängstlichkeit (*s. a.* Hilflosigkeit; Kinderangst), XI 421–24; XIV 285

Kindheitsnervosität, Bravheit

Bravheit als Anzeichen d., I 89; XVII 12
Darmstörungen, V 86f.
Denkschwäche *s*. **Denkhemmung; Denkverbot; Kinderdummheit**
Depression, VIII 146
Eigensinn, XIV 285
Erbrechen, XIV 285
'Kinderfehler', Psychotherapie d., X 448f.
Kinderlügen *s*. **Kinderlügen**
v. normalem Gehaben schwer z. unterscheiden, VII 376; XIV 179
Retention d. Stuhles als Anzeichen d., V 87
Schlimmheit *s*. **Schlimmheit**
Tierphobie *s*. **Tierphobien**
Unarten *s*. **Unarten**
Unartigkeit (*s. a.* Schlimmheit) meistens Neurose, XI 378
Unaufmerksamkeit, XIV 285
Wut *s*. **Anfall,** Wut-
Kindheitsneurose(n) (*s. a.* Kinderangst; Kindheitsnervosität; -psychosen; -trauma), XI 377f., 421-24; XII 30-32; XIV 285; XVII *111f.*
u. Abstinenz v. Masturbation, V 241f.
u. aggressive u. sadistische Regungen, vorzeitig verdrängte, VII 370
u. Angst (*s. a.* Kinderangst)
  beinahe normal, XIV 179
  vorwiegend Angsthysterien, VII 349f., 373
  Zusammenhang zwischen, VII 373
Beschreibung d., XVI 182
disponieren z. späterer Neurose, I 497, 510; VII 172-74, 373, 375; X 100; XI 375-79, 424; XII 133; XIV 285

Erkennbarkeit, leichte, d., XIII 317
Geschichte einer, XII *29–159*
u. Halluzinationen, XVI 54
Häufigkeit d., VII 372-74; XI 378; XIV 179
hereditäre Veranlagung, Frage d., VII 372-74
Hysterie, VII 349f., 373; XVII 12
u. Ichschwäche, XIV 275-77
u. Ichveränderungen, als Narben, XVI 182
latente [unbemerkte] (*s. a.* Kindheitsneurose, spontane Heilung), I 497; XI 378; XVI 182; XVII 111
u. Latenz, XVI 182
Lücken d. nachträglichen Analyse, XII 31
Pavor nocturnus *s*. **Pavor nocturnus**
Phobien *s*. **Kinderangst**
Quantitative Faktoren d. Fixierung u. Fortsetzung d., XIV 186
Religion verglichen mit, XIV 377
Sexualität normaler u. neurotischer Kinder nur graduell verschieden, VII 172-74
spontane Heilung ['Auswachsen'] d., XIV 179
  d. kleinen Hans *s*. **i. Reg. d. Krankengesch.**: Namenverzeichnis, Kleiner Hans
Symptome, einzelne *s*. **Kindheitsnervosität**
theoretisches Interesse d., XII 31
Unumgänglichkeit d., XIV 366
Zwangsneurosen, XIV 366
Kindheitspsychosen, XIV 24, 315
Kindheitsszene *s*. **Ur(szene)** (*s. a.* Infantile Sexualszenen; Kindheitstrauma)

Kindheitstrauma [-traumen, traumatische Kindheitserinnerung(en)] (*s. a.* Infantile Sexualszenen; Trauma), I 82, 380; VII 427; XVI 179

u. Abwehr-Neuropsychosen, I 385

u. Autoerotismus, VII 427

Benehmen, subjektives, bei, XVII 59

als Disposition z. Hysterie, I *380*, 417–20, 439, 449, 485f.

u. Empfindlichkeit, spätere, Traumen gegenüber, VIII 43

Erinnerung an, Lebhaftigkeit d., I 88, 384

infantile Sexualszenen als (*s. a.* Infantile Sexualszenen), I 187, 238, 277, *380–82*, 385–87, 390, 396, 417–21, 439, 443–45, 448f.; 451f., 454, 486, 497, 510, 531f.; II/III 191; V 103f., 152–55

lügnerische *s.* **Verführungsphantasie** (*s. a.* Deck(erinnerung(en)))

mehrere –en, Summation v. –n, als 'traumatische Szene', XIV 45

u. Phantasie (*s. a.* Verführungsphantasie) I 440

um d. Pubertätsperiode, I 187, 238, 277

vor u. nach Pubertät, Unterschiede zwischen, I 383f.

schwere, I 82, 418

Sexualattentate (*s. a.* Attentat), I 381f., 417f., 444; II/III 191

Spätwirkung d., I 384

Theorie d., I 380–87, 485

Bedeutung, phylogenetische u. ontogenetische, XII 156f.

als 'Caput Nili' d. Neuropathologie betrachtet, I 438–43 (439)

Berichtigung u. Kritik d. Theorie (*s. a.* Verführungsphantasie), I 381, 385; V 91, 153f., 157

Kindliche Übertreibung

u. Fixierung (*s. a.* Fixierung), XI *282–95*

durch 'Gruscha-Szene' d. Wolfsmanns z. Geltung gebracht, XII 128

Traum v., ist keine Wunscherfüllung (*s. a.* Wunscherfüllung), XIII 32f.

Unbewußtbleiben d. Erinnerung an (*s. a.* Amnesie), I 88, 384

u. Unfall (*s. a.* Unfall), VII 427

u. Urszene *s.* **Ur(szene)**

u. Verdrängung, I 384

u.Verführungsphantasie (*s.a.*Verführungsphantasie), XI 381–83; XV 128f.

Kindlich (–er, –e, –es) (*s. a.* Infantil-; Naiv-)

Einsamkeit *s.* **Infantile Sexualforschung**

Erwartung schließt Komik aus, VI 259

Euphorie schließt Humor, Komik u. Witz aus (*s. a.* Kinderglück), VI 269

Hilflosigkeit (*s. a.* Hilflosigkeit) u. Komik, VI 258

Körperfunktionen, mangelnde Beherrschung d., u. Komik, VI 258

Nachahmung, VI 258f.

Namenspielerei *s.* **Namen(s)verdrehung**

Schautrieb u. Zeigelust (*s. a.* Exhibition; Schautrieb), V 93f.

i. Seelenleben v. Erwachsenen *s.* **Infantiles Seelenleben**

Sexualleben *s.* **Infantile Sexualität**

Unarten *s.* **Unarten** (*s. a.* Exhibition; Infantile Sexualität; Lutschen; Masturbation; Schaulust; Schlimmheit, usw.)

Übertreibung (*s. a.* Gier; Kinderlüge; Maßlosigkeit; Prahlerei)

'King's Evil'
- i. Größenwahn, X 160
- i. Liebesunersättlichkeit, II/III 206; XIV 524; XV 132
- i. Monoideismus i. Traum, i. Psychoneurosen u. Komik, VI 258
- i. Zärtlichkeit, V 125, 129, 141; XIII 14

'King's Evil' (*s. a.* Berührung; Herrscher), IX 54

Kinship (*s. a.* Sippe; Stamm; Verwandtschaft), IX 163f.
- u. Familie, nicht gleichbedeutend, IX 164

Kirche (Gebäude) als Symbol *s.* **Haus; Kapelle** (*s. a.* i. Symbol-Reg.)

Kirche (katholische), XIII 101, 150
- Demokratie i. d., XIII 102
- Denkverbot d. (*s.a.* Denkverbot), XVI 24
- Ichidealersetzung u. Ichidentifizierung, Unterschied zwischen, i. d., XIII 150f.
- Illusion
  - d. Führers, i. d., XIII 102, 109
  - d. Gleichheit u. Gerechtigkeit, i. d., XIII 134f., 139
- Inzestverbot i. d. Regeln d. [Vetternheirat i. d. katholischen –], IX 15
- als künstliche Masse, XIII *101–03*
- politische Rolle d. (*s. a.* Inquisition)
  - i. d. dreißiger Jahren, XVI 157–59
- Ritual d. *s.* **Zeremoniell** (religiöses)
- u. Sittlichkeit, XIII 151
- u. Weib, XIII 158f.

Kirchenväter, VIII 158

Kiste (*s. a.* Kasten; Kästchen)
- als bisexuelles Symbol, XI 159
- als Mutterleibssymbol, VII 304–06, 308–13; XI 157
- als weibliches Genitalsymbol, XI 195

Kitzelreiz *s.* **Juckempfindungen**

Klagen d. Patienten (*s. a.* Vorwürfe)
- i. allgemeinen *s.* **Patient**
- als Anklagen, X 434
- melancholische *s.* **Melancholie**
- paranoische *s.* **Paranoia; Verfolgungswahn**
- Selbstvorwürfe *s.* **Selbstvorwürfe**

Klangwitz *s.* **Kalauer**

Klarheit
- d. Denkens *s.* **Denken**
- visueller Bilder *s.* **Bild-**; Lebhaftigkeit; Vision; Visuell (*s. a.* Intensität; Halluzinatorisch-)

Klassen d. Gesellschaft *s.* **Stand** (*s. a.* Gesellschaft; Sozial-)

Klassifizierungssystem
- i. d. Kinderstube, IX 12
- d. Verwandtschaftsgrade *s.* **Verwandtschaftsgrade** (*s. a.* Exogamie, als Inzestverhütung; Inzestehe; Inzestscheu), IX 11

Klassisches Altertum (*s. a.* Antike)
- Homosexualität i. –n *s.* **Homosexualität**
- Traumdeutung i. –n *s.* **Traum(deutung)**

Klaustrophobie [Angst vor geschlossenem Raum] (*s. a.* Agoraphobie), I 115, 120f., 143f.; II/III 406; XI 414
- Gedränge, Angst vor, XI 414
- Lift, Angst vor, I 120f.
- normale, XI 414
- Raumangst, V 104

Klavierspiel

Hemmungen beim, XIV 116
als Masturbations- u. Koitussymbol, XI 158f.

Klebrigkeit d. Libido *s.* **Trägheit** (*s. a.* Libido, Klebrigkeit d.)

Kleeblatt, als männliches Genitalsymbol, XI 166

Kleid (–er) [-ung, -ungsstück] (*s. a.* Entblößung; Exhibition; Uniform)

als Fetisch, V 52; XI 316

d. Frauen u. Exhibitionismus, VI 107

als Nacktheitssymbol (*s. a.* Nacktheit), XI 155, 159

Klein (–er, –e, –es) (*s. a.* Kleinstes) Hans *s. i.* Reg. d. Krankengesch.: Namenverzeichnis, Kleiner Hans

Hysterie (Epilepsie), I 82

Kind *s.* **Kleinkind; Säugling** (*s. a.* Kind)

Tiere *s.* **Tier**

'Kleine, Das'

u. d. Abtrennbare, XII 116

Darstellung durch *s.* **Kleinst**

Kind als, X 404, 409

Penis als, II/III 362, 366–69; X 404, 409

Kleinheitswahn [Selbstverkleinerung], XII 214

i. d. Masse *s.* **Autoritätsglauben**

u. Minderwertigkeitsgefühl (*s. a.* Minderwertigkeitsgefühl), XIII 148

moralischer, i. d. Melancholie, X 431–33

Kleinigkeit (*s. a.* Banal-; Indifferent; Kleinst)

als Beweismaterial i. d. Analyse (*s. a.* Psychoanalytische Technik; – Theorie), XIV 395

Kleinkind u. Geburtstrauma

in Fehlleistungen VIII 394; XVI 37-39

Kleinkind (–er) (i. d. ersten Phase d. Kindheit) (*s. a.* Kind; Säugling), V *135*; XVI 234

aktive Verführungsversuche beim (*s. a.* Infantile Sexualszenen, aktive u. passive), VII 255–57

z. Entblößung (*s. a.* Entblößung; Exhibitionismus; Schautrieb), V 93

Angst d. (*s. a.* Kinderangst), V 125; XIV 166f.

Bedeutung d. ersten Phase, V 135; VIII 210f.; XV 158; XVI 234f.; XVII 113f.

Egoismus d. –es, II/III 256f., 274; XI 208, 344

u. Ödipuskomplex, XI 344f.

Eifersucht beim

auf Geschwister (*s. a.* Geschwister, Eifersucht auf; – Geburt eines, usw.), II/III 255f.; IV 60; VIII 153; XIII 205f.

Schlimmheit u. Unreinlichkeit aus, XV 131f.

ekeln sich nicht vor Exkrementen, II/III 609; XI 213; XII 113, 116; XIII 137; XIV 459

erste Erlebnisse mit d. Mutter immer passiv, XIV 530

Eßstörungen beim (*s. a.* Kindheitsnervosität), V 107

Exhibitionismus beim, V 92f.; VI 106f.

Alter d. Verdrängung, V 92f.

u. erotische Bedeutung d. Urinierens, VII 255–57

Früherlebnisse *s.* **Früherlebnisse; Infantile Sexualszenen; Kindheitstrauma**

u. Geburtstrauma *s.* **Geburtsangst; -trauma**

Kleinkind, Gefahrsituationen d.

Gefahrsituationen d. –es

Liebesverlust, XVII 131

Objektverlust, XIV 172; XV 95

Geschlechtsorgane, innere, beim, V 77

Halluzination d. ersehnten Person, beim (*s. a.* Halluzinatorische Befriedigung), XIV 167

Hinauswerfen v. Gegenständen (*s. a.* 'Fortsein' d. Mutter), XII 16–26; XIII 12–15

Ichschwäche beim, XV 90

Identifikation beim, XIII 259

Immoralität d. –es, I 386; II/III 256–58, 274; V 92f.; XV 68

Interesse am Penis (*s. a.* Infantile Sexualität, Sexualinteresse), VII 341

'Konservativismus' beim (*s. a.* Kinderangst), XIV 99

Körperpflege d. –es u. Erotik (*s. a.* Reinlichkeitspflege), V 88f.

Liebe d. –es, XIII 122f.

Unersättlichkeit d. (*s. a.* Kinderliebe), XV 132

Masturbation beim (*s. a.* Masturbation), V 89–91, 136, 241f.

keine Hysterie durch, I 383

ohne Minderwertigkeitsgefühl, IX 111

Mißbrauch, sexueller, d. –es, I 417f.

Narzißmus d. –es (*s. a.* Narzißmus, primärer), XII 6

Nervosität beim *s.* **Kindheitsnervosität**

Neurose beim *s.* **Kindheitsneurose**

Phobien beim *s.* **Kinderangst** (*s. a.* Kind (als Subjekt): Phobien; Kindheitstrauma)

prägenitale Erotik beim (*s. a.* Kleinkind, Exhibitionismus beim;

Liebe d. –es; – Masturbation beim; – Sexualität d. –es)

anale *s.* **Analerotik**

u. Objektwahl (*s. a.* Kleinkind, aktive Verführungsversuche), VII 342f.

Oralerotik *s.* **Oralerotik**

phallische Phase *s.* **Phallische Phase** (*s. a.* Kind)

u. Zappeln *s.* **Zappeln**

Schamlosigkeit d. –es V 92f.

Sehnsucht u. Ratlosigkeit i. Angst umschlagend, XIV 167

Sexualität d. –es (*s. a.* Infantile Sexualität; Kleinkind, prägenitale Erotik)

Sexualstoffe, Frage d. Vorhandenseins d., V 115f.

Sexualverhältnisse d., untereinander, I 417f.

somatische Vorgänge, V 77

Unarten *s.* **Kind** (als Subjekt): Unarten (*s. a.* Unarten)

Verwöhnung d. –es, XIV 200

v. zwei Jahren, XVI 234

Kleinlichkeit *s.* **Pedanterie**

Kleinst (–er, –e, –es) (*s. a.* Klein-)

Aufwand *s.* **Ersparnis**

Darstellung durch ein

i. Witz, VI 86f., 96, 109, 196, 230

als Ersparnis, VI 86f.

i. jüdischen, VI 123, 230

Innervationsaufwand, II/III 607

Kind *s.* **Jüngst**

'unerwartetes –' u. Komik (Lipps), VI 215

Verschiebung auf ein

bei Fehlhandlungen, VIII 394; XVI 37–39

i. d. Magie, IX 108

i. religiösem Zeremoniell, VII 138

bei Zwangshandlungen u. i. d. Zwangsneurose, VII 138, 457, 459; IX 108; X 260

Klettern (*s. a.* Steigen; Stiegen), II/III 279

Klimakterium

Libidovorstoß i., I 328, 336; VIII 328

männliches, I 328, 336; VIII 281

psychische Folgen d. (*s. a.* Alter), XI 260

weibliches *s.* **Menopause**

Klinik, psychoanalytische *s.* **Psychoanalytische Institute**

Klirren, Lust am, XII 22f.

Klischee, bezüglich d. Liebesobjektes (*s. a.* Imago; Vorbild-; u. i. Reg. d. Gleichnisse: Klischee) VIII 364f.

Klitoride (*s. a.* Klitoris)

Erotik *s.* **Klitoris, als erogene Zone**

Masturbation *s.* **Masturbation, d. Weibes, klitoride**

Phase (als phallische Phase), VIII 452

Sexualität *s.* **Klitoris, als erogene Zone**

Klitoris, V 88, 121; XIV 317

Erektion d., V 121f., 189

als erogene Zone [Erregbarkeit d. –], V 121f.

Ersatzbildungen f. d., i. d. Hysterie, VII 179

u. Frigidität (*s. a.* Frigidität), VII 129, 179

Leitzone, VIII 452; XIV 520; XV 126; XVII 76f.

Aufgeben d. [Verdrängung d. klitoriden Sexualität], V 122; XIV 517

Kloake als erogene Zone

Projektion d., X 243

Erregbarkeit d. *s.* **Klitoris, als erogene Zone**

als Ersatz f. Mutterbrust, XIV 23

Exzision d., bei Primitiven, XII 166

Flugtraum, weiblicher, durch, XI 157

u. Frigidität (*s. a.* Frigidität), VII 179

Identifizierung mit, XVII 151

männlicher Charakter d. *s.* **Klitoris, als Penisäquivalent; Männlichkeitskomplex, weiblicher**

als Normalvorbild f. Fetisch, XIV 317

'Organminderwertigkeit' d. *s.* **Minderwertigkeit**

als Penisäquivalent [phallische Bedeutung d. –], V 96; VII 179, 248f.; XI 328; XIII 400; XIV 27, 520f.; XV 126; XVII 76f.

minderwertige *s.* **Minderwertigkeit** (*s. a.* Penisneid)

u. Peniserwartung ['wird schon wachsen'] *s.* **Peniserwartung**

Reizbarkeit d. *s.* **Klitoris, Erektion d.;** – als erogene Zone

Rolle d., i. d. weiblichen

Charakterentwicklung, XVII 77

Sexualentwicklung, VIII 452; XV 126

u. Scheideneingang (*s. a.* Vagina), V 122f.

u. Schlagephantasie, XIV 26

u. Thorax, V 189

durch Ticken d. Uhr symbolisiert, X 243; XI 274f.

Kloake

u. anale Zone, V 88, 99

u. Sadismus, V 99

als erogene Zone, VIII 448, 452

Kloake i. Geburtstheorien

i. Geburtstheorien *s.* **Infantile Geburtstheorien**
i. Traum, XV 108
u. Vagina *s.* **Vagina**
Kloakentheorie *s.* **Infantile Geburtstheorien** (*s. a.* Infantile Sexualtheorien)
'Klubhaus' d. Primitiven, IX 16
Klysma [Klystiere] *s.* **Lavement**
Knabe(n) (*s. a.* Adoleszent; Kind; Mann; Mädchen; Sohn)
    Ambivalenz beim (*s. a.* Ambivalenz)
        Mutter gegenüber (*s. a.* Mutter, Ambivalenz gegenüber), XIV 528f.
        u. Ödipuskonflikt, XI 344
        Vater gegenüber (*s. a.* Vater; Ambivalenz gegenüber) XIV 406–08, 528f.
    Autoerotismus beim, V 120f.
    Charakter d. kleinen, XV 125
    Familienkonflikt beim, XI 344–46
    u. Genitalien, Verhältnis z. d. eigenen
        Angst um *s.* **Kastrationsangst; -komplex**
        Interesse f. *s.* **Infantile Sexualität** (als Erscheinung): Sexualinteresse; **Penisstolz**
        weiblichen, V 95f.
        Geringschätzung d. *s.* **Geringschätzung,** d. Weibes; **Minderwertigkeit; Misogynie; Penismangel**
        infantile Sexualtheorien ü. *s.* **Infantile Sexualtheorien** (bestimmte)
    Komik d., f., VII 257
    Minderwertigkeit d., f. *s.* **Minderwertigkeit; Penismangel**
    Unkenntnis d. *s.* **Vagina,** Unkenntnis d.

    Verleugnung d. Geschlechtsunterschiedes beim *s.* **Infantile Sexualtheorien** (bestimmte): 'phallisches Weib'
    Identifizierung u. Bisexualität beim, XIII 260–62
    Kastrationsangst beim *s.* **Kastrationsangst**
    Kindeswunsch beim (normalen) (*s. a.* Kind (als Objekt): Kindeswunsch; Ödipuskomplex), VII 252, 322, 328–30, 332f.
    Masturbation beim (*s. a.* Masturbation), V 120f.
    u. Mädchen
        Ähnlichkeit d. präödipalen Phase bei, XIV 532f., 535
        Geringschätzung *s.* **Knabe,** u. Genitalien; **Penisstolz**
        Unterschiede i. d. Sexualentwicklung (*s. a.* Sexualentwicklung d. Knaben), XIV 21–30; XV 125
    u. Mitleidsgefühl, V 120
    als Objekt d. Schlagephantasie, XII 205, 211
    Objektwahl d.
        homosexuelle *s.* **Homosexualität**
        Mutter *s.* **Ödipuskomplex**
    Ödipuskomplex [-konflikt] beim (*s. a.* Ödipuskomplex), XIII 260–62; XIV 21f.
    u. Ambivalenz, XI 344f.
    Ödipusphase beim (*s. a.* Ödipuskomplex), XI 344–46; XV 138; XVII 77
    Partialtriebe beim (*s. a.* Partialtriebe), V 120
    Penis, Angst um *s.* **Kastrationsangst; -komplex**
    phallische Phase beim (*s. a.* Phallische Phase), XIII 396–400; XIV 21; XVII 76

Phobie eines fünfjährigen *s.* i. **Reg. d. Krankengesch.**: Namenverzeichnis, Kleiner Hans
pollutionsartiger Vorgang bei kleinen, V 90
präödipale Phase d., XIV 529
   mit d. d. Mädchens identisch, XIV 532f., 535
Scham beim, V 120
Schlagephantasien beim (*s. a.* Knabe, als Objekt d. Schlagephantasie), XII 209f., 217–24
   Mutter, Rolle d., i. d., XII 209, 218f.
   Vater, Rolle d. –s, i. d., XII 219f.
Sexualeinschüchterung d. *s.* **Kastrationsdrohung** (*s. a.* Infantile Sexualität; Sexualeinschüchterung)
Sexualentwicklung d. *s.* **Sexualentwicklung, d. Knaben**
Sexualverdrängung beim, V 120
Wagenfahrt, faszinierende Wirkung d., auf, V 102f.

Knabenliebhaber (*s. a.* Homosexualität), V 37f., 43f., 131

Kneipzeitung *s.* **Unsinn**

Knödel
'–argumente', X 315
i. Freuds Traum, II/III 210–14

Koffer, XI 199

Kohabitation *s.* **Koitus**

Kohärenz *s.* **Integration**; Traum, Kohärenz i. (*s. a.* Ich, u. Integration)

'Koitiertwerden' (*s. a.* Feminine Einstellung; Koitusphantasien; Masochismus; Passivität), XIII 374, 377

Koitus [Sexualakt, Kohabitation] (*s. a.* Coitus; Sexualbefriedigung; -leben; -verkehr)

Koitus i. Kindesalter

Aggression i.
   normale (*s. a.* Aktivität), XVII 71
   sadistische *s.* **Aggression**; **Sadismus** (*s. a.* Anal(sadistische) Phase)
-ähnliche Vornahmen i. Kindesalter *s.* **Koitus, i. Kindesalter**
-äquivalent (*s. a.* Symptome) hysterischer Anfall als, VII 239f.
Befriedigung durch *s.* **Sexual-** (*s. a.* Orgasmus)
Beobachtung (d. elterlichen) *s.* **Ur(szene)**
(Definition), XVII 74
als Epilepsie ['kleine –'], VII 239; XIV 404
erniedrigend empfunden (*s. a.* Sexualablehnung), VIII 86, 136
Erregungsablauf beim, XIII 68
erster, d. Weibes (*s. a.* Defloration; Virginität)
   Enttäuschung durch –n, i. d. Kultur, XII 173
   Feindseligkeit, pathologische, nach –m, XII 172
   psychische Wirkungen, XII 171–73
z. Exkretion gehörig aufgefaßt *s.* **Infantile Sexualtheorien** (bestimmte)
Gefahren, i. allgemeinen, d., V 55
Gemeinsamkeit mit Dritten nicht geduldet beim, XIII 137
Orgie ausgenommen, XIII 157
infantile Theorien ü. *s.* **Infantile Sexualtheorien** (bestimmte)
'Kinder haben' als euphemistisch-infantiler Ausdruck f. Sexualverkehr u., X 20
i. Kindesalter (Stekel), I 444

Koitus u. Klysma

    Genitalien somatisch ungeeignet z. (*s. a.* Genitalien, d. Kindes; Infantile Sexualität), I 438, 511; VIII 337

    koitusartige Sexualbetätigung i. Kindesalter (*s. a.* Infantile Sexualszenen), I 380, 418; V 74

    u. Klysma, XII 134f.

    körperliche Symptome, normale, d., I 338

    Leonardos Ansicht ü., VIII 136

    Lust bei *s.* **Sexualbefriedigung**

    malthusianische Tendenzen, Einwirkung auf, I 506f.

    mangelhafter (*s. a.* Abstinenz; Coitus interruptus; – reservatus), I 326, 330, 416, 507

    u. Masturbation *s.* **Masturbation**

    als Mißhandlung aufgefaßt *s.* **Infantile Sexualtheorien** (bestimmte): sadistischer Koitus

    normaler (*s. a.* Sexualbefriedigung), I 326, 330, 338; VIII 138; XVII 71

        Eros u. Aggression vermischt i. –n, XVII 71

    passiv erlebter

        beim Mann *s.* **Homosexualität**

        beim Weib

            hysterischer, mit Ekel, XIV 114

            normaler *s.* **Passivität**, weibliche

    -phantasien, XII 43

        hysterische, unbewußte, II/III 623

        Mutterleibs-

            als Ersatz f. Impotente, XIV 170

            beim Mädchen, XV 94

        passive [feminin-masochistische], XIII 374, 377

        symbolische, VII 355

    u. Symptom, V 206; VII 195

    Reflexmechanismus d., VII 239

    Reizabfuhr bei, XIV 404

        unerledigte Erregungsanteile *s.* **Angsttheorie** (toxikologische)

    Rhythmus d., VIII 106

    sadistischer

        vorgestellter *s.* **Infantile Sexualtheorien** (bestimmte): sadistischer Koitus (*s. a.* Koitusphantasien)

        wirklicher *s.* **Sadismus**

    Schwächung d. Mannes durch, Angst vor, XII 168

    als Sexualbestreben, XVII 75

    'Sexualleben' bedeutet, i. volkstümlichen Sinn, VIII 120f.

    u. Soma u. Keimplasma, XIII 276

    Stellung beim, VIII 138

        Adlers Erklärung f. normale, X 97

        stehende, i. Leonardos Zeichnung, VIII 137f.

    Symbole f. *s.* i. **Symbol-Reg.**

    i. Traum (*s. a.* Traum, Ödipus-; – Pollution i.; – sexueller), II/III 372–76; XI 195f.

        symbolisch, II/III 359/61, 366–68, 389; VIII 106; XI 158f.

    Traum nach, X 405f.

    triebhafte Faktoren beim, XVII 71

    Urinieren, Unmöglichkeit d. –s, bei (*s. a.* Infantile Sexualtheorien, Urinieren), XVI 9

    -wunsch, ödipaler, Mutter gegenüber (*s. a.* Ödipuskomplex)

        Mutterleibsphantasie statt *s.* **Koitusphantasien**

    zeichnerische Darstellung d., VIII 136–38

Kokain *s.* **Cocain**

Kokettieren [Koketterie]

Komik (als psychischer Vorgang): Bedingungen

kleiner Mädchen, XI 345
'Koëttieren', IV 96
mit Mutter, VIII 228

Kollaterale, V 69f.; XI 320, 358
Rückstauung [Triebbeeinflussung, Libidoverdrängung], V 70, 94, 133, 211; VII 163; XI 320f.; XVI 70
Triebbeinflussung, XVI 70
Wege s. i. Reg. d. Gleichnisse

Kollektiv (-er, -e, -es) (s. a. Gemeinsam-; Gemeinschaft-)
i. d. Masse (s. a. Massenpsychologie; -seele), XIII 137
Unbewußte, XVI 241
Vergessen, IV 48

Kombinatorische Paranoia s. Beziehungswahn; Paranoia

Kombinierte Fehlleistungen s. Fehlleistungen

Komik (als Eigenschaft) ['komisch sein']
d. Bewegungen, VI 216f., 221, 225–27, 255, 257
d. Charakters, VI 221–23, 257
d. Clowns, VI 216
i. Denkfehler, VI 232–35
d. Dirigenten, beim Unmusikalischen, VI 217
d. Entblößung u. d. Obszönen, VI 252f.
d. Ernsten mit Banalem, beim Vergleich, VI 240
d. Erstarrung [d. Automatischen] (Bergson), VI 69f., 239, 253
Formen d., VI 257
Gegenstand d., VI 6
geistiger Leistungen, VI 221–23, 257
d. Gewohnheiten, VI 239
d. Grimassen, VI 217

d. Häßlichkeit, VI 6
d. Karikatur, VI 216, 228–30, 258
u. d. Erhabene, VI 228f.
d. Körperformen, VI 217
d. körperlichen Gebrechens, VI 113f.
i. Parodie u. Travestie, VI 216, 229
d. Rede, VI 242
erstarrter Redensarten, VI 239
d. Sexuellen u. Obszönen (s. a. Zote), VI 252
Situations-, VI 216, 224f., 227f., 230, 258
Aggression i. d., VI 216
an Tieren, VI 217
i. Unsinn, VI 200, 222
i. d. Witzfassade s. Witzfassade
d. Unzweckmäßigkeit, VI 217
d. Übertreibung [Übermäßigkeit] VI 216f., 225, 258
u. Monoideismus i. Traum u. Psychoneurosen, VI 258
d. Nachahmung, VI 238
d. Veitstanzes, VI 217
d. Verkleidung, VI 216
d. weiblichen Genitales, f. kleinen Knaben, VII 257

Komik (als psychischer Vorgang u. ästhetischer Begriff) ['das Komische'] (s. a. Humor; Witz), VI 5f., 160, 194, *206–69*
absichtliche, d. Rede, VI 242
Abstraktionsaufwand, Ersparnis an, i. d., VI 240
Anspielung i. d., VI 241
Arten d., VI *206–69*
u. d. Witz, VI 237, 241, 257
Bedingungen d. Entstehung d.
günstige

279

Komik (als psychischer Vorgang): Besetzungsabfuhr

Einstellung auf komische Lust, VI 249f.

toxisch– o. normal-heitere Stimmung, VI 249

ungünstige

abstrakte Denkweise, VI 250

Affektentbindung, gleichzeitige, VI 251f.

Denk- u. Vorstellungsarbeit, VI 250

auf Vergleiche gerichtete Aufmerksamkeit, VI 250f.

Besetzungsabfuhr bei, VI 256f.

Besetzungsaufwand, VI 222–27

ersparter, VI 269

(Definition), VI 248, 255f., 269; X 286

Bergson, VI 239, 253, 257

Unzulänglichkeiten d., VI 248

Degradierung bei d. (*s. a.* Erhabenheit), VI 240f., 253, 258–60

dritte Person entbehrlich z., VI 206

u. Dummheit (*s. a.* Witz (Arten): Dummheits-), VI 62f., 222, 257f.

kindliche, VI 194

Einfühlung bei d., VI 214, 222, 224, 258

u. Entlarvung, VI 69f., 244, 258f.

Entstehung d., VI 249

u. Erwartung (*s. a.* Komik, Theorien d.), VI 267

u. Aufmerksamkeit, VI 226

enttäuschte, VI 225–27, 244

kindliche, schließt Komik aus, VI 259

Gefühl f., bei Kindern, VI 254f., 257

gelegentliche, VI 249

Hemmungsersparung, Fehlen d., VI 268

u. Humor

Ähnlichkeit zwischen, VI 264, 267

als Beitrag z. Komik [Verschmelzung v. –], VI 265; XIV 388f.

Unterschied zwischen (i. Don Quijotes Figur), VI 264

u. Witz, XIV 388

u. Ich

Aufnahme d. Verdrängten i. d., durch Humor, Witz u. d., XIII 146

-stabilität, XIII 146

Vergleich mit, VI 257

infantile Wurzeln d., VI *254–60*

u. Degradierung z. Kind, VI 259f.

u. Hilflosigkeit, VI 258

u. körperliche Funktionen, VI 253, 258

u. d. Naive, VI 207, 214, 253

u. d. Spiel *s.* **Spiel**

u. Innervation, VI 217f.

durch Kontaktwirkung gefördert, VI 252

u. Kontrast, VI 214, 226f.

'Leihen, komisches' (Jean Paul), VI 214

Lust i. d. (*s. a.* Witz), VI 214, 252

aus Aufwanddifferenz, VI *247–52*

Wiederholungs-, kindliche, u., VI 258

Mangel

d. Gefühls f., beim Kind, VI 254–56, 259

durch Nachahmung, VI 216, 238, 258f.

d. Naiven *s.* **Naive,** (Das)

u. Pantomime VI 216, 219f.

u. Parodie u. Travestie u. Karikatur *s.* **Komik** (als Eigenschaft)

280

u. Primärvorgang, II/III 611; X 286

u. Selbstverrat u. Automatismus, VI 69f.

Sinn u. Unsinn i. d. *s.* **Witz** (als Vorgang): Sinnhaftigkeit d. –es; – u. d. Unsinnige soziale Seite d., VI 215

u. Spiel *s.* **Spiel** (*s. a.* Witz (u. andere psychischen Phänomene)) 'subjektive', VI 6

Technik d. (*s. a.* Komik (als Eigenschaft); Witztechnik), VI 216

i. Theater, VI 250

Theorien d.

Automatismus ['Mécanisation' (Bergson)], VI 238f., 253f.

Erinnerung an Kinderspiel [-zeug] u. -freuden (Bergson), VI 254

Erwartungs-, XI 225–27, 248–50

Konstrast-, XI 214f., 226f., 248, 253

Unzulänglichkeiten d., VI 248

'Trockenheit' d., VI 199

unabweisbare u. gelegentliche, VI 249

unfreiwillige (*s. a.* Naivität), VI 242, 246f.

u. Unheimlichkeit, XII 250, 259f., 267f.

Unifizierung i. d. (*s. a.* Witz), VI 241

Unsinn, komischer (*s. a.* Witz (als Vorgang): Sinnhaftigkeit d. –es; – u. d. Unsinnige), VI 245

u. Überlegenheit, VI 227, 255

durch Vergleichung (*s. a.* Gleichnis), VI 217, 239

u. d. Vorbewußte, II/III 611; VI 251

Vorstellungsweisen d. (gleichzeitige u. nacheinanderfolgende), VI 267

u. Wiederholung, VI 258

u. Witz *s.* **Witz** (u. andere psychischen Phänomene): u. Komik

Komiker (*s. a.* Humorist), I 16

Komischmachen, VI 215f., 227

u. Aggression durch 'practical joke', VI 228

durch Entlarvung, VI 228, 230–32

durch Nachahmung, Karikatur, Parodie, Travestie, VI 228–30

Sich–, VI 227

Komischsein *s.* **Komik** (als Eigenschaft)

Komische, (Das), (komische Wirkung) *s.* **Komik** (als psychischer Vorgang u. ästhetischer Begriff)

Komitee z. Sammelforschung ü. Symbolik,Plan eines –s,VIII 106

Kommunion, IX 162, 186; XIII 257; XIV 94; XVI 190, 193f., 240

christliche [Abendmahl, Eucharistie], IX 186; XVI 190, 193f.

d. Commensalen, IX 163f., 166f.

Objektwahl durch Identifizierung i. d., XIII 257

u. Totemmahlzeit, IX 186; XIV 94; XVI 190, 240

Kommunismus [Kommunisten; Marxismus; Materialistische Geschichtsauffassung], XIV 472 –74, 504; XV *191–97*

u. Aggression, XVI 23

Denkverbot i., XV 196

als Experiment, XV 196f.

'Jenseitsversprechen' i., XV 195f.

Illusionen d., XV 23, 195f.

u. Kriegsverhütung, XVI 19

Kommunismus, Materialismus d.

Materialismus, angeblicher, d., XV 191

ökonomische Lehren, XV 192–95

  u. psychologischer Faktor, XV 193f.

russischer [Bolschewismus], XV 194f.; XVI 23, 156f.

  u. irdisches Paradies, XV 196

als Religion, XV 195f.

Vernachlässigung d. Faktors d. Tradition i., XV 73f.

Kommunizieren

d. Partialtriebe, XIII 273

v. Röhren *s. i.* **Reg. d. Gleichnisse**

Kompensation(en) (*s. a.* Ersatz)

nach analytischem Prozeß (i. Resterscheinungen), XVI 73

u. Minderwertigkeiten (Adlers Theorie d.), XIV 79

Mißlingen d. neurotischen, VII 166

Über- (*s. a.* Überkompensation) durch Altruismus (*s. a.* Altruismus; Egoismus), IX 90

Kompensationshandlungen, nach Versprechen, XI 63

Komplex(e), VII 4, 6, 173; VIII 30, 107, 367; XI 107; XIV 87

affektive (*s. a.* Affekt), XI 107; XIV 87

'anagogische' Erklärung d. (*s. a.* i. Namen-Reg.: Jung; Silberer), X 107

während Analyse nicht aktivierte, XVI 65, 75–79

u. Anfall, hysterischer (*s. a.* Anfall, hysterischer; Hysterie), VII 237

u. Assoziation

  freie, XI 106f.

  -sexperimente, VII 5

u. Aufmerksamkeitszuwendung, VII 14

bei ungewöhnlicher, irrtümlicher o. verlängerter Reaktion, VII 7, 10

Behandlung d., statt Symptombehandlung (*s. a.* Symptome), VIII 107f.

Bewältigung d., VIII 54

bei Bleuler, VIII 30

(Definition), VII 4f.

bei Demenz, paranoider, XIV 87

Exkretions- (*s. a.* Exkretion), VII 340

Familien- (*s. a.* Familienkonflikt), IV 29; X 107; XI 344–46

infantile, verdrängte (*s. a.* Infantil-; Kind), Unheimlichkeit d., XII 233–46, 251, 259–68

Inhalt d., VII 237

Kastrations-, *s.* **Kastrationskomplex**

Kern-, infantile Sexualforschung als, VII 176

Lehre v. d. –n, X 68f.

Libido, u. unbewußte Teile d. –es, VIII 367f.

lustbetonte, VII 13

Männlichkeits-, *s.* **Männlichkeitskomplex**

Ödipus-, *s.* **Ödipuskomplex**

pathogener, VIII 339

persönlicher, IV 25–50 (28)

u. professioneller, IV 25f., 28f., 125f.

beim normalen Kulturmenschen, VIII 338f.

u. beim Neurotiker, Ähnlichkeit zwischen, X 146

neurotische (*s. a.* Neurose), VII 9; VIII 339; X 146; XIV 87

beim Psychoanalytiker (*s. a.* Psychoanalytiker), VIII 382

u. Reaktion *s.* **Komplex**(e), u. Assoziationsexperimente

sexuelle (*s. a.* Sexual-; Sexuell-), VII 12, 149, 176

u. Symptom, VII 8

(Terminus technicus), VIII 30; XVI 65

mißbräuchliche Verwendung d., X 69

Todes-, *s.* **Todeskomplex**

i. Traum, Mythus u. Märchen, VIII 414

Vater-, *s.* **Vater-**

u. Vergessen, IV *28–50*

verschiedene, Wandern zwischen, d. Bewußtseins, VIII 434f.

Wortzweideutigkeit leitet z., IV 28–50

durch Zögerung angedeutet, VII 7, 10

Komplexabkömmlinge, XI 108

Komplexbereitschaft

i. Assoziationsexperimenten *s.* Assoziationsexperimente

u. Telepathie, IV 292–94

Komplexempfindlichkeit, VII 430; VIII 82f.; IX 72

Komplexnähe, I 301

u. Übertragung, VIII 369

durch zögernde o. gehemmte Assoziation angedeutet, VII 7, 10

Komplexreizwort, VII 4f., 435

'Komplexwitze', VIII 225

Komposition, gute, d. Traumes (*s. a.* Traum, Kohärenz), II/III 680

Kompression *s.* **Verdichtung**

Kompromiss(e) [-leistung(en)]

zwischen Bewußtem u. Unbewußtem, i. Zweideutigkeit ausgedrückt, VII 113

zwischen Erinnern an wichtige u. scheinbar unwichtige Ereignisse, u. Verdrängung, I 387, 537f.

Fehlleistung als, XI 61

Hysterie als, V 64; VII 414; XIV 55

i. d. Hysterie, V 156; VII 197

Kunstwerk als, XIV 90

i. d. Religion (*s. a.* Religion), VII 137

i. Unbewußten (d. Gegensätze), XVII 91

u. Witz VI 232f., 267

schafft keine, VI 196, 232f.

Zwangshandlung als *s.* **Kompromißhandlungen**

Kompromißbildung(en) (*s. a.* Mischbildung), I 537; VII 78; XIII 222

als Abwehrsymptome, sekundäre, I 387

i. Es, XIII 222

Masturbation i. d. Pubertät, als schädliche, VIII 342

bei Normalen, I 537f.

Symptom als (*s. a.* Symptom), VII 78; X 97; XIII 222, 388; XIV 55

Wahnsymptom als Ergebnis einer ungenügenden, VII 78, 80

Traum als, XV 15, 19

i. Traum (*s. a.* Traum, Kompromißbildung i.), II/III 689–91, 693; VI 196, 204; XVI 264

Angsttraum als, XVII 93

zwischen Vorbewußtem u. Unbewußtem, VI 267

i. d. Zwangsneurose, I 387–89

Kompromißhandlungen

als sekundäre Abwehrsymptome, I 387

i. d. Zwangsneurose (*s. a.* Zwangsneurose), VII 139; IX 40f.

Kompromißleistungen

Kompromißleistungen, i. Witz s. **Kompromiß**

Kompromißvorstellungen (s. a. Mischbildung)
- Archeopteryx (i. Jensens 'Gradiva'), VII 58f., 113
- Hydra, XVI 7f.
- Sphinx s. i. **Namen-Reg.**: Sphinx

Kompulsion s. **Zwang**

Kondensation s. **Verdichtung**

Kondition s. **Denkrelationen** (s. a. Condition)

Kondom, I 326
- Fehlleistung mit d. Wort, Befürchtung wegen, IV 92
- Überzieher, i. Traum, als Symbol f., II/III 193, 393, 396

Konfirmation, als geeigneter Zeitpunkt f. sexualmoralische Aufklärungen, VII 27

Konflikt(e), psychische (s. a. Ambivalenz; Komplex(e); u. unter d. Namen d. einzelnen Konflikte), I 447, 537; VIII 231, 401; XI 360, 449; XIV 55; XV 14, 62

Abwehr-, XVI 85

aus entgegengesetzten Abwehrreaktionen nach Trauma, XVI 181

zwischen Aggression u. Eros, XIV 513

Aktivieren eines –es, X 254; XVI 65, 75–79

Ambivalenz, frühe, ohne, XIII 84f.

Ambivalenz- (s. a. Ambivalenz-), Symptom o. Reaktionsbildung i. d. Erledigung d. –es, XIV 130f.

asoziale Lösung d., –es, XII 327

Auflösen d. –es [Auflösbarkeit] i. d. Analyse, XII 5

endgültige, Frage d. –n, XVI 67, 75

zwischen Außenwelt u. Innenwelt (s. a. Konflikt, Neurose als), XIII 264

Ausweichen d. –es, Hemmung als, XIV 116f.

ästhetischer u. ethischer, beim Neurotiker, VIII 21

i. d. Ätiologie d. Neurosen s. **Konflikt**(e), Neurose als

Bedingungen d., XVI 90

zwischen Bewußtem [Ich] u. Unbewußtem [Verdrängtem], XIII 244; XV 15, 78

z. Bewußtsein dringend, XVII 87

d. bisexuellen Anlage s. **Konflikt**(e), zwischen Männlichkeit u. Weiblichkeit

i. Delirium, VIII 401

i. Dementia praecox, X 153; XI 436

zwischen Denken u. Fühlen, XVI 265

Entstehung, X 217; XI 373; XIII 367

i. Es nicht vorhanden, XIV 223

zwischen Es u. Außenwelt (s. a. Es), XIII 365; XIV 231f.; XVII 138

Fehlleistungen, Verursachung d., durch, VIII 392

Gefühls-, VII 454

i. Halluzinationen, VIII 401

i. d. Hysterie (s. a. Hysterie), VIII 399

Ähnlichkeit zwischen Dementia praecox u., X 153; XI 436

Entstehung, X 217

als Kompromiß, V 64

Ich-, s. **Konflikt**(e), Neurose als, zwischen Ichanteilen

zwischen Ich u. s. **Konflikt**, Neurose als, zwischen Ich u. –

Identifizierungen, verschiedene, führen z., XIII 259
infantile (s. a. Infantil-), XIII 412
Sexualforschung als Kern d. -n, VII 176
Interessen-, XVI 14
i Kriegsneurosen, XII 322f.
Liebe u. Haß s. Liebe, u. Haß
Lösbarkeit s. Konflikt(e), Auflösen d.
zwischen Männlichkeit u. Weiblichkeit (s. a. Femine Einstellung; Homosexualität; Männlichkeitskomplex), XII 145; XIV 513; XVI 89f.
Meinungs-, XVI 14
bei Mensch u. Tier, XVI 14
Neurose als (i. allgemeinen), VIII 324–27; XI 362; XIV 513; XV 62f.
asoziale Lösung d., XII 327
Ausweg aus, V 64
d. Ich (s. a. Neurose, als Konflikt, zwischen Ich, u.-), I 447
Neurose als, zwischen
asketischer Richtung [Sexualverdrängung] u. sinnlicher [libidinöser] Regung, XI 449
übergroßer [überstrenger], VIII 121
Es u. Überich (s. a. Zwangsneurose), XIV 142, 148
Ich
u. Es, XIII 267, 387–90; XIV 116, 187f., 229–32 (231), 315; XVII 87
i. Überich fortgesetzt, XIII 267
u. Ichideal, XIII 161, 164, 267
u. Realität, XVII 59f.
u. Trieb, XVI 67, 75

Konflikt(e) i. d. Neurose

endgültige Auflösbarkeit, Frage einer –n, XVI 67
Sexual-, s. Konflikt(e), Neurose als, zwischen Ichtrieben u. –
wechselnde Ichstärke entscheidet ü., XVI 69f.
Ich[-Bewußtsein] u. System Ubw., XIII 244; XV 78
Ich[-Triebanspruch] u. Realität XVII 59f.
Ich[-Widerstand] u. Triebleben, XV 62f.
u. Ichanteilen [Ichkonflikt, Konflikt zwischen Ichinstanzen], XIV 513
u. Ichspaltung (s. a. Ichspaltung), XVII 60
i. d. Kriegsneurose, XII 323f.; XIII 33f.
zwischen Friedensich u. kriegerischem Ich, XII 322f.
Ichtrieben
i. d. Hysterie (s. a. Hysterie), V 64; X 153, 217; XI 436
u. Objekttrieben [zwischen Ich u. Libido], XIV 476f.
u. Sexualtrieben [-strebungen, Libido], VIII 316, 329, 341, 410; XI 363–65; XII 4f., 10f.; XIII 56; XIV 29; XV 102
als Urkonflikt, VIII 410
i. d. Neurose [bei Neurotikern], XIII 161, 367f.
ästhetische u. ethische, VIII 21
als Kampf verschiedener Anlagen [Instanzen, Komponenten, Stufen], XI 449; XIV 513
u. beim Normalen, XI 473
Unterschiede zwischen, XI 449
u. Psychose, XIII 367f.

Konflikt(e) bei Normalen

    sexuelle Komponente verantwortlich f., V 64f.
bei Normalen [Kulturmenschen], VIII 338f.; XIV 55; XV 15
    i. neurotische verwandelt, XI 473
    u. neurotische, Unterschied zwischen, XI 449
Ödipus-, *s*. **Ödipuskomplex**
pathogene (*s. a*. Konflikt, Neurose als, usw.), X 370
    Ausgangspunkt –r, XIII 367
    Begriff u. Definition, XI 362f.
phantasierte, XVI 77
zwischen psychischen
    Instanzen *s*. **Konflikt**(e), Neurose als; – i. d. Neurose
    u. realen, XIII 264
    Psychose als, zwischen Ich u. Außenwelt, XIII 387
    i. Psychose u. Neurose (*s. a*. Konflikt, Neurose als), XIII 367f.
    Sexual- (*s. a*. Konflikt, Neurose als, zwischen Ichtrieben u. Sexualtrieben), V 64f.
        bei Kriegsneurosen nicht nachweisbar, XII 322f.
    u. Symptombildung(en), VIII 324; X 245; XI 362f., 373, 380
    i. Traum, II/III 343
        durch Gehemmtsein dargestellt, II/III 251, 674
    u. Traum, XVII 88
    –entstellung, XVI 264f.
    beim Trauma, XVII 59f.
Trieb-, *s*. **Konflikt**(e), Neurose als, zwischen Ichtrieben u. Sexualtrieben (*s. a*. Triebkonflikt)
    u. Unlust, XIII 6f.
Ur-, zwischen Ich [-trieb] u. Sexualtrieb [Libido] (*s. a*. Konflikt, Neurose als, zwischen Ichtrieben u. Sexualtrieben), VIII 410

i. d. Übertragung [-sneurose] (*s. a*. Übertragung; -sneurose), XI 455, 473; XIII 56; XIV 232f.; XVI 77f.
-Verdrängung, X 254f.
u. Versagung, X 370; XI 362
Wahrheitsgehalt d. *s*. **Archaische Erbschaft**
Widerstand, als Anzeichen eines –es, XV 14f.
Wiederkehr d. –es, XIV 232f.; XVI 75
Willens- (*s. a*. Willenskonflikt)
    i. Traum, II/III 251, 343, 674
Willensmacht, Versagung d., bei Trieb-, XII 11
Zugrundegehen am, XVII 152
(Zusammenfassung), XIV 304
i. d. Zwangsneurose, VIII 400; XIV 142, 148
    paarweise auftretend, VII 454

Konfliktbekämpfung (*s. a*. Psychoanalyse)
    ohne Widerstandsbekämpfung nicht erfolgreich, VIII 123

Konfliktneigung, XVI 89f.
    u. Destruktionstrieb, XVI 90f.

Konfliktprophylaxe, Frage einer, XIV 67, 75

Konfliktsituation, Wiederbelebung d. *s*. **Konflikt**(e), Wiederkehr d. –es

Kongenital *s*. **Konstitution-**

Kongestion
    angstneurotische, I 320, 323, 338, 415
    beim normalen Koitus, I 338
    als 'vasomotorische Neurasthenie', I 320

Kongresse, psychoanalytische *s*. **Psychoanalytische Kongresse**

Konkretes, Abstraktes darstellend s. **Abstrakt-**

Konkurrenz s. **Rivalität**

Konkurrierende Ursachen i. d. Ätiologie d. Neurosen s. **Hilfsursachen**

Konservativismus
(politischer)
 bei Dostojewski, XIV 400, 410-12
 i. d. dreißiger Jahren, XVI 157
(psychischer)
 beim Bauern u. Kleinkind, XIV 99
 u. Erhaltung d. Symptomform, V 213
 d. Es, XVII 70
 i. d. Konversionswahl, V 213f.
 u. Kultur, XIV 511
 d. Masse (s. a. Tradition), XIII 84
 u. Mißtrauen gegen d. Neue s. **Neu**
 d. Neurose, V 213
 d. Triebe (s.a. Trägheit; Trieb; Wiederholungszwang), XIII 38-45; XV 113; XVII 70
 Ich-, XIII 46
 Lebenstrieb entwickelt keinen, XIV 477
 Sexual-, XIII 42f.
 d. Zwangsneurotikers, XIV 511

Konstanzprinzip (Fechners), XIII 3, 60, 275
 u. Lustprinzip, XIII 5

Konstipation s. **Stuhlverstopfung**

Konstitution (hereditäre) [konstitutionelle Anlagen] (s. a. Resistenzfähigkeit; Somatisches Entgegenkommen), XI 375-77
 u. Analyse, Ende d., XVI 64

 als archaische Erbschaft (s. a. Archaische Erbschaft), XVI 85, 204-06
 Disposition
  neuropathische, I 510f.; XVI 9
  Trieb-, XVI 206
 u. Es, XVII 67f.
 u. Geburtstrauma, XIV 183
 u. Genius, VIII 210f.
 u. Glück, XIV 442f.
 u. Ichveränderung, XVI 64, 85-90
 Klotho als Symbol f. Anlage u., X 33
 u. kongenitale Benachteiligung, X 367, 369
 u. Kulturanforderung, V 159; VII 145
 u. Neurose [i. d. Ätiologie d. Neurosen] (s. a. Konstitution (hereditäre): u. Triebstärke), I 510f.; XIV 276; XV 165; XVI 64, 204
  als ausschließliche Ursache betrachtet (s. a. Heredität), XII 9
 u. Prognose (s. a. Prognose, Faktoren d.), I 261; V 9; XV 165f.
 'schwache Punkte' d. psychischen Organisation, V 138f.; XII 9; XIV 56; XVII 110
 sexuelle s. **Konstitution** (sexuelle)
 u. Triebstärke (s. a. Triebstärke), XIV 276; XVI 64, 68
 u. Wirkungen d. ersten Eindrücke, VIII 412
 u. Zufall, V 171f.; VIII 210f.

Konstitution (politische) s. i. **Reg.**
 d. **Gleichnisse**: Konstitutioneller Monarch

Konstitution (sexuelle), V 29-145 (91), 154-56
 u. Abstinenz, VII 156
 u. akzidentelle Erlebnisse, V 141f.
 Beeinflußbarkeit d., Frage d.

Konstitution (sexuelle): degenerativ verkümmerte

durch Analyse, I 261; V 9

hysterische, durch Katharsis nicht beeinflußbar, I 261

durch Kultur u. Erziehung, V 159

degenerativ verkümmerte (*s. a.* Triebschwäche), V 139

i. d. Hysterie, I 415, 436f., 449f.

u. Fixierung *s*. **Fixierung**, als Dispositionelles

u. Heredität, I 413–15; V *137–39*; XVI 9

u. Homosexualität, V 36–44, 46; VII 152–54; VIII 171; XII 299

u. infantile Sexualität, V *106*

u. Neurasthenie, I 415

u. Neurose, X 56; XI 360, 375–77

   als alleinige Ursache, angeblich (*s. a.* Ätiologie), XII 9

   Behandlung d. *s*. **Konstitutionelle** Faktoren

Psycho-, V 210f.

Traumen provozierend, X 56

u. Traum, Wechselwirkung zwischen, XVI 64

u. Perversion, V 53, 69, 71f., 137–39; VII 152–54

u. Fetischwahl, V 54

u. Regression *s*. **Trägheit**

u. Schlagephantasien, XII 212

u. Trauma, Wechselwirkung *s*. **Konstitution** (sexuelle): u. Neurose

u. überstarker (Sexual)trieb [Libido] i. d. Hysterie, I 261; V 46; VIII 96f., 101f., 121

Verschiedenheiten i. d., V *106*, 137f.

u. weibliche Entwicklung, XV 124

   u. Triebkonstitution (*s. a.* Charakter, weiblicher; Weib), XV 125

d. Wolfsmannes *s*. i. **Reg. d. Krankengesch.**: Namenverzeichnis, Wolfsmann

(Zusammenfassung), XIV 304

Konstitutionelle

Anlagen *s*. **Konstitution** (hereditäre); – (sexuelle): u. Heredität

Faktoren, Momente (*s. a.* Konstitution)

   allgemeine, XI 375; XV 161, 165f.

   d. Männlichkeitskomplexes, XV 139

   d. Neurose *s*. **Konstitution** (hereditäre): u. Neurose; – (sexuelle): u. Neurose;. **Neurose**, Ätiologie d., konstitutionelle Faktoren d.

   d. Neurosenbehandlung, XV 165

   d. Wahnes, VII 80

Frigidität (*s. a.* Frigidität), XV 141

'– Schwäche' (Janet) d. Genitalzone, V 130–39; XII 9; XVII 110

   als Hilfsursache d. Hysterie, XIV 56

'– Untauglichkeit d. Menschen z. wissenschaftlichen Forschung', XV 4

Konstitutiver Besitz eines Volkes, Sexualmoral als (Ehrenfels), VII 143

Konstruktionen

i. d. Analyse (*s. a.* Psychoanalytische Technik), XII 42, 79; XVI *43–56* (48); XVII 103f.

   als Aufgabe d. Analytikers, XIII 16; XVI 45

   als Ausfüllung d. Wahrnehmungslücke, XIII 16; XVII 82

   Bestätigung d. [Richtigkeitsbeweis, Verifizierung], XIII 16; XVI 48

bei negativer therapeutischer Reaktion, XVI 52
durch Verleugnung, VIII 269
(Definition), XVII 82
u. Deutungen, Unterschied zwischen, XVI 47f., 84
Einwände gegen, XVI 43
Erinnerung als Idealziel d., XVI 52f.
u. 'Erraten' d. Motivation, I 285
Erwartungsvorstellung, VII 339; VIII 105
i. d. Fortsetzung d. Analyse verifizierbar, XVI 52
infantile Sexualszenen, verwertet als, XII 79
Irrtümer i. d., Harmlosigkeit d., XVI 48f.
Korrektur d., XVI 48
Notwendigkeit d., XIII 308f.
Patient, Stellungnahme d. -en, z., XVI 49–53
u. Psychose u. Wahn-Mechanismen, XVI 54
Rekonstruktion, XIV 245f.
unbewußter Inhalte, XVII 82, 102
Unschädlichkeit d., XII 42; XVI 48f.
Unvollständigkeit d., Unumgänglichkeit d., XVI 50
Überzeugung v. d. Wahrheit d., als Ersatz f. Erinnerung, XVI 53
als Vorarbeit, XVI 47, 52
u. Wahn, Ähnlichkeit zwischen, XVI 55f.
Wesen d., XVI 55f.
Zeitverlust, scheinbarer, durch, XVI 48
intellektuelle (*s. a.* Denksysteme)
Weltanschauungen als, XV 170

Kontrazeption u. Coitus interruptus

Kontagiöse Magie *s.* **Magie, kontagiöse**

'Kontaktwirkung d.Laute'(Wundt), IV 69

Kontaminationen (*s. a.* Kompromißbildung; Mischbildung; Verdichtung), IV 62, 69, 86f., 302, 308
beim Versprechen, IV 62

Kontinenz *s.* **Körperliche Bedürfnisse, mangelnde Beherrschung d.** (*s. a.* Inkontinenz)

Kontinuität *s.* **Konservativismus; Trägheit** (*s. a.* Periodizität)

Kontraindikation *s.* **Psychoanalytische Methode, Anwendbarkeit** (*s. a.* Psychoanalytische Regeln;–Technik;–Therapie)

Kontraktur (*s. a.* Hysterie, Konversions-, Symptome (bestimmte))
hysterische, XIV 140f.
Intensitätssteigerung u. Wiederkehr, I 301
d. Muskeln u. Stimmbänder, I 42, 44, 82f., 237–42
i. Trauma, I 82

Kontrast, VI 6
quantitativer
bei d. Komik, VI 226, 260
beim Witz fehlend, VI 268
-theorie d. Komik, VI 214f., 226f., 248, 253
Vorstellungs-, [Kontrastvorstellungen], I 8, 13f., 148; VI 8, 173, 214
peinlicher, I 8

Kontrazeption [Empfängnisverhütung] (*s. a.* Kondom; Verhütung), X 4
u. Angstneurose, I 506–08
u. Coitus interruptus [reservatus] *s.* **Coitus**

Kontrazeption, Gebrauch v. Mitteln d.

Gebrauch v. Mitteln d., I 506f.
u. Neurose *s*. **Abstinenz; Angstneurose; Coitus; Neurasthenie; Neurose**
u. Potenzstörung, VII 164
u. Zärtlichkeit, VII 157, 164

Konträrsexuale (*s. a.* Homosexualität), V 34

Kontrektation[-sdrang, -trieb] (*s. a.* Berührungs-), VI 107; VII 345
infantiler, V 74, 104
'-trieb' (Moll), V 69

Konversationslexikon *s.* **Lexikon**

Konversion (hysterische) (*s.a.* Anfall, hysterischer; Hysterie, Konversions-), I 63, 142, 181–83, 233, 235, 269, 288, 324, 392; V 4, 13, 63, 151; VII 194, 196, 349, 382; VIII 14; X 153; XIII 212, 409; XIV 300
u. Abwehr[-kampf] (*s. a.* Abwehr-), I 208, 210, 269; XIV 125
als Affekthemmung, VIII 14
i. d. Angstneurose, I 324, 341
u. Autosuggestion, I 249
Begriff d., XIV 46, 300
u. Bewußtseinsspaltung, I 233, 235
(Definition), X 46; XIV 300
u. erotischer Vorstellungskreis *s.* **Hysterie**, sexuelle Ätiologie d.
'– d. Erregung', I 288
u. Erregungssumme, I 65, 174
u. Hypochondrie, Ähnlichkeiten zwischen, X 298
u. Innervation
motorische *s.* **Innervation**, motorische, i. d. Hysterie
ungewöhnliche, I 174; VIII 14
Mechanismus d., I 232, 235; VII 194, 196

partiale, I 63f., 234
Rück-, V 4
v. Seelischen i. d. Körperliche (*s. a.* Hysterie, Konversions-, Symptome (bestimmte)), I 15, 84, 118, 233f.
Schmerzen, I 83f., 118, 220, *233*
mit Substitution verglichen, I 392
u. Symbolisierung (*s. a.* Symbolisierung), I 249
Symptome d. (*s. a.* Hysterie, Konversions-, Symptome; Symptom, als Ersatz[-befriedigung])
als Darstellung einer sexuellen Phantasie, V 158
(Terminus technicus), X 46
Theorie d., I 63f., 242
totale, I 63
u. Trauma (*s. a.* Trauma), I 84
Zeitspanne zwischen, I 195
u. Traumen, mehrere, I 235f.
Umkehrung d. chronologischen Reihenfolge d. Symptome, I 183, 434
unvollständige, I 234
u. Verdrängung (*s. a.* Verdrängung), I 174, 181f.
Vorgang d., VII 194, 196, 349; VIII 14
Sonderstellung d. –es, i. Abwehrkampf, XIV 125
durch Widerstand erzeugt, I 301f.
Zurückleitung d., durch kathartische Methode, I 64
(Zusammenfassung), XIII 212; XIV 300

Konversionshysterie *s.* **Hysterie**, Konversions- (*s. a.* Anfall, hysterischer)

Konversionssymptome *s.* **Hysterie**, Konversions-, Symptome (bestimmte)

Konversionswahl (*s. a.* Symptomwahl)

konservativer Charakter d., V 213f.

Konvulsionen

epileptische *s.* **Epilepsie**

hysterische (*s. a.* Anfall, hysterischer; Hysterie, 'große'; – 'kleine'; Zuckungen), I 84f., 94, 124

Konzentration [Konzentrieren]

hypnotische (*s. a.* Hypnose; Hypnotisch; Suggestion), I 268, 275f.; V 304f.; XIII 140f.

auf Krankheit, i. Analyse, anfangs schwierig, X 132

normale (*s. a.* Aufmerksamkeit) u. Erinnerung, I 267–70

u. Isolierung, zwangsneurotische, XVI 151

Widerstand gegen, I 286–88

Konzentrationsmethode *s.* **Psychoanalyse, Geschichte d.**

Konzeption (*s. a.* Empfängnis)

-sverhütung *s.* **Kontrazeption**

Kooperation d. psychischen Systeme *s.* **Psychischer Apparat**

Koordination, i. Witz, VI 73f.

Kopf

abgehauener, u. Unheimlichkeit u. Kastrationskomplex (*s. a.* Köpfen), XII 257, 259; XVII 47

'Benommenheit' d. –es, I 163–83, 185, 415

-druck (*s. a.* Kongestion; Kopfschmerzen)

neurasthenischer, I 4, 163–83, 315, 497

organischer [pseudo-neurasthenischer], I 499

'-drücken', Technik d. –s *s.* **Psychiatrie, voranalytische**

d. Hydra, als Phallus, XVI 8

Kopulation als Verjüngung

-jäger, IX 48f.

als Penissymbol, X 394f.; XI 276; XVI 8; XVII 47

-schmerzen (*s. a.* Kopfdruck; Migräne)

hysterische, I 118, 124, 185, 243, 250, 434; II/III 623f.; XI 405f.

neurasthenische, VIII 339

i. Traum, II/III 25, 39, 89, 230

als Widerstandssymbol, I 308

'Sturm i. –', hysterischer, I 134

i. d. Symbolik (*s. a.* i. Symbol-Reg.), XI 161

Verlegung d. Erektion auf d. (*s. a.* Erektion; Kongestion; Unten), XI 336

Koprolalie (*s. a.* Blasphemie, Fluchen), I 15–17

u. Angst vor Nachahmungszwang, I 16f.

als Geheimnis-Aussprechen, I 17

u. Tic, I 16

u. Wohlerzogenheit, I 16

Koprophilie (*s. a.* Analerotik; Exkremente; Kot), X 454–56

u. Ekel, X 455

u. Fetischismus, V 54

u. Geld, X 456

d. Kindes, VII 181; VIII 47f.

Kotlecken, V 60

u. Riechen, V 54; VII 462

u. Riechorgan u. aufrechter Gang, VIII 90

u. Zauber, X 455

Kopulation (*s. a.* Koitus), XIII 46, 59–61, 63

u. Amphimixis, XIII 61

paläobiologische, u. Feindseligkeit d. Weibes, XII 176f.

als Verjüngung, XIII 50f.

291

Korrektur

Korrektur, assoziative *s.* **Assoziative Korrektur**

Korrektur (psychische)
 d. Affektes (*s. a.* Assoziative Korrektur), I 87 f., 95, 97, 252
 d. Ich, durch Analyse (*s. a.* Ich –; Psychoanalyse, Wesen d., als Nacherziehung), XVI 84
 d. Konstruktionen, XVI 48
 d. Libidoentwicklung i. d. Analyse, XVI 73
 d. Verdrängungsvorganges, Analyse als, XVI 71
 d. Wahrnehmung
  durch Halluzination, X 121
  d. inneren – , X 270

Korrekturbögen, d. 'Traumdeutung', IV 176

Kosmogonie(n)
 primitive u. schizophrene, X 76
 u. Religion, XV 175
 Tier als Weltschöpfer i., XV 175

Kosmologische Kränkung d. menschlichen Eigenliebe, XII 7; XIV 109

Kosmopolitismus, X 326–28, 330

Kot [Dreck] (*s. a.* Analerotik; Exkremente)
 Abtrennung d. –es, u. Kastration (*s. a.* Kastrationskomplex), X 409; XII 116–20; XIII 296, 397; XIV 160 f.
 autoerotische Reizung d. Darmschleimhaut durch, XII 113, 116
 Geld symbolisierend (*s. a.* Gold), II/III 408; VII 207; X 404, 406–09; XI 326; XII 105, 113; XV 107
 als Geschenk (*s. a.* Exkremente, als Geschenke), II/III 408; V 87; XII 113; XV 107
 u. Gott, II/III 213; XII 40, 116
 als Hohn, XII 113

-interesse [Wertschätzung d. –es], X 407; XI 326; XV 107
 u. Kastration *s.* **Kot**, Abtrennung
 Kind symbolisierend (*s. a.* 'Lumpf'), V 87, 96; VII 181; X 404, 409 f.; XII 113, 116; XV 107
 -lecken (*s. a.* Koprophilie), V 60
 -patzen, i. Traum, VII 421
 als Opfer, X 406
 als Penis (*s. a.* Kot, Abtrennung), X 404, 409 f.; XII 116; XV 107
 zärtliche u. offensive Bedeutung d. –es, XII 143
 Zurückhaltung d. –es *s.* **Retention** (*s. a.* Exkremente; Stuhlverstopfung)

König(e) (*s. a.* Herrscher)
 Ambivalenz gegenüber –en, IX 61–66
  u. Verfolgungswahn, IX 64
 einzelne *s.* i. **Namen-Reg.** unter d. einzelnen Eigennamen
 u. Gott, IX 66, 181
 Heilkraft d. –s, IX 54
 Inzest[-ehe] d. –s *s.* **Inzest**; **-ehe**
 Macht d. –s (*s. a.* Herrscher), IX 56
 Tabu d. –s, IX 28 f., 31, 33, 43, 47, 53–66
 Unfreiheit d. –s, IX 56–61
 Vater, Symbol f., i. Märchen u. Traum, II/III 358 f.; XI 154, 161
 als Vaterersatz *s.* **Patriarchalismus**
 Zeremoniell um d., IX 57–61, 64–66

Königin
 Mutter, Symbol, f., i. Märchen u. Traum, II/III 358 f.; XI 154, 161

Königsmord, rituéller (*s. a.* Vater(mord)), IX 66

Köpfen (*s. a.* Kopf), X 394

als Symbol f. Kastrieren, II/III 362, 371; X 394f.; XI 276; XII 178f.

Körper (*s. a.* Soma)
u. Außenwelt *s.* **Körperinnere**
eigener, als Objekt (*s. a.* Narzißmus), XIII 253
i. d. Hysterie *s.* **Hysterie,** Konversions-, Symptome; **Konversion**
'Mitsprechen' d. -s *s.* **Organsprache**
'Naturzwang' d. -s, I 507
als Quelle menschlichen Elends (*s. a.* Leid; Schmerz), XIV 434, 444
u. Seele, Verhältnis zwischen *s.* **Seele**
u. Selbstbewußtsein (*s. a.* Ich; Selbst-), I 15
symbolische Darstellung i. Traum, II/III 89, 230, 364, 618; X 394f.
u. Wahrnehmung *s.* **Körperinnere**

Körpererschütterungen, mechanische *s.* **Mechanisch**

Körperfehler (*s. a.* Krüppel)
als Fetisch, V 53

Körperformen, Komik d., VI 217

Körperhaltung, fötale, i. Schlaf, X 412f.

Körperich *s.* **Ich,** Körper-

Körperinnere [-organe]
u. Außenwelt, XVI 9; XVII 84
Lust u. Unlust i. *s.* **Lust,** u. Unlust
d. Mutter *s.* **Mutterleib**
infantile Geburtstheorie v. Leibaufschneiden (*s. a.* Infantile Geburtstheorien), V 96
Organe (*s. a.* Organ -), XIV 424
Organsprache d. *s.* **Organ(sprache)**
Reize aus d. *s.* **Leibreiz**
Sensibilitätsstörungen d. (bei Hysterie), I 32

Körperliche Krankheit

Wahrnehmungen v., XIII 253; XVII 83f.

Körperlich (-er, -e, -es) (*s. a.* Organisch; Somatisch)
Ausdruck *s.* **Ausdruck,** körperlicher (*s. a.* Mimik; Pantomimik)
Bedürfnisse [Funktionen] (*s. a.* unter d. Namen d. einzelnen Funktionen)
Konzentration auf, i. Yoga, XIV 431
lebenswichtige, Zusammenhang mit infantiler Sexualität, V 83, 123
mangelnde Beherrschung d. (*s. a.* Inkontinenz)
u. Komik, VI 258
sexuelle *s.* **Sexualität**
Zeremoniell bei d. Befriedigung d., VII 130
Erschöpfung *s.* **Müdigkeit**
Gebrechen (*s. a.* Körperfehler; Krüppel)
Komik d., VI 217
v. Kulturmenschen nicht empfunden, VI 113f.
Gesamtstimmung *s.* **Allgemeingefühl**
Innervation *s.* **Innervation**
Krankheit (*s. a.* Körperliches Gebrechen)
als Ausdruck einer psychischen *s.* **Konversion;** Symptome, neurotische, ideogene; - als körperliche Erscheinungen
u. Hysterie *s.* **Hysterie,** Konversions-, Symptome; **Konversion;** Körperveränderung
leichte, u. Fehlleistungen, VIII 392; XI 22
u. Neurasthenie, I 500, 510
u. Neurosen, XI 406; XIII 317f.
Ablösung d. Neurose [Verschwinden] durch, [Siechtum statt], XII 188f.; XIII 379

293

Körperlich u. psychisch

Verursachung d. Neurose durch *s*. **Hilfsursachen** (*s. a.* Neurosen, Ätiologie d.)

während Neurose, Ratsamkeit d. Konsultation d. Internisten bei, VIII 471; XIV 277f.

i. Schlaf, Wahrnehmung d., X 42, 413

schmerzhafte, Libidoverteilung bei –r, XI 434–36; XIII 33f.

schwere, Angstneurose erzeugend, I 329, 337f., 484

u. Strafbedürfnis, XII 188f.; XV 115f.

Träume bei *s*. **Krankheitsanzeiger**; **Traum**, 'diagnostischer'; – mit Organstörung

Unwohlsein *s*. **Körperliche Krankheit**, leichte

Widerstandsfähigkeit gegen, i. Krieg, V 295

u. psychisch *s*. **Seele**

Reinlichkeit *s*. **Reinlichkeit**; **-spflege** (*s. a.* Schmutzigkeit)

Reize *s*. **Leibreiz**, **Sinnesreiz(e)** (*s. a.* Traum, typischer)

Schmerz *s*. **Schmerz** (*s. a.* Hysterie, Konversions-, Symptome (bestimmte); Neuralgie; Schmerz)

Symptome *s*. **Symptome** (*s. a.* Konversion)

Traumreize [-quellen] (*s. a.* Traum, typischer (bestimmte Arten d.: Darmreiz; Reize, somatische), II/III 23–32, *225–46*, 646f.

u. Schlaf, II/III 23f.

Verkennung d., II/III 24–31

Wirkung d. Gemütsbewegungen

d. Angst, V 294; XIV 163

d. Kränkung, V 294f.; XVII 11

d. Trauer, I 117; V 294

d. Wut, V 294

Zustand, Vorahnung eintretenden –s (*s. a.* Krankheitsanzeige, Diagnose), I 129

i. Schlaf, X 413

i. Traum *s*. **Traum**, 'diagnostischer'

Züchtigung, u. Masochismus (*s. a.* Züchtigung), V 94

Körpermuskulatur *s*. **Muskeln**

Körperorgane *s*. **Körperinnere**

Körperpflege *s*. **Reinlichkeitspflege** (*s. a.* Verführungsphantasien)

Körpersekrete *s*. **Sekretion**

Körperstellen [-teile]

abgetrennte, u. d. Unheimliche, XII 257, 259

erogene *s*. **Erogene Zonen**

hysterogene *s*. **Hysterogene Zonen**

als Sexualobjekte, statt Genitalien (*s. a.* Fetischismus; Perversion), V 50–52

i. Traum, II/III 89f., 230, 618

als Traumsymbole (*s. a.* i. Symbol-Reg.), II/III 364

Körperveränderung

krankhafte, als Ausgangspunkt d. Hysterie, XI 406

phylogenetische Regression i. Symptom, als, XI 381

Krampf, hysterischer *s*. **Anfall**, epileptoider; – hysterischer; **Hysterie**, 'große'; **Kontraktur**; **Konvulsionen** (*s. a.* Innervation; Muskeln; Zirkulationsstörung)

Kranke (Person(en))

Egoismus d. –n, X 149

'eine –', als Traumsymbol f. Patienten, II/III 414

Nerven-, *s*. **Neurotiker**; **Patient(en)**

Krankheit, Unwohlsein

Tabu d. –n, IX 28, 31, 33

Krankengeschichten (i. allgemeinen)

Diskretion u. ähnl. Fragen, XII 30, 271

fiktive Namen, Motivation v. –n ('Dora'), IV 268–70

Kaufmann, sonst gesunder, XIII 352

Mangel an Frische d. Erlebens, i., VII 338

u. Novellen, I 227

Pathographien, VIII 202f.

durch Patienten dargestellt (s. a. Anamnese), V 174

Protokolle v. –n (s. a. Anamnese), VIII 379f.; XII 36

Technik, Darstellung d., durch, nur unvollkommen möglich, V 170

Ungenauigkeit i., XIII 3, 16

Veröffentlichung v., Probleme d., V 163–68

Zweck d. Publikation v., XII 36

Krankengeschichten (bestimmte) s. i. Reg. d. Krankengesch.

Krankenpflege, i. d. Ätiologie d. Nervenkrankheiten

Angstneurose, I 328, 337f.

Hysterie, I 228–31, 243f.

Krankhafte Körperveränderungen s. **Körper-**; **Krankheit-**; **Krüppel**

Krankheit

während Analyse, interkurrente, VIII 459, 471

Angst vor [Pathophobie] (s. a. Hypochondrie), I 349

angstneurotische, I 351

Ankündigung d., i. Traum s. **Krankheitsanzeiger**, Traum als (s. a. Traum, 'diagnostischer')

Begriff d., VII 376; VIII 52; XI 372f., 476

Dauer d., u. Charakterverbildung, X 367

dynamische Auffassung, II/III 614

Flucht i. d. s. **Flucht**, i. d. Krankheit

Gegenbesetzung herabgesetzt durch, XVI 201f.

u. Gesundheit (s. a. Normal-), V 8; VIII 54, 322

u. **Ich**

-stärke, XVI 69f.

-triebe u. Sexualtriebe, XI 430–37

Konzentration d. Aufmerksamkeit auf, anfängliche Schwierigkeit d., X 132

körperliche s. **Körperliche Krankheit**; **Organische** Störungen; **Somatisch**

Neurose als somatische s. **Konversion**; **Körperliche** Krankheit

organische s. **Organisch-** (s. a. Körperliche Krankheit)

Projektion d. Verursachung, Tendenz z., XII 9

psychische s. **Neurose**; **Psychose** (s. a. Psychoneurose u. unter d. Namen d. einzelnen Neurosen u. Psychosen)

schmerzhafte, Libidoverteilung bei, XI 434–36; XIII 33f.

Schuldbewußtsein befriedigt i. s. **Krankheitsbedürfnis** (s. a. Strafbedürfnis)

als Schutz s. **Krankheitsgewinn** (s. a. Flucht, 'i. d. Krankheit')

Tabu d. s. **Kranke**, Tabu d. –n

Toleranz f., während analytischer Kur, X 132f.

Unwohlsein u. Fehlleistung, VIII 392; XI 22

295

Krankheit, Übertragung

Übertragung als Zwischenreich zwischen Leben u., X 135

Übertragungsneurose als artifizielle, X 135

Zustandsverschlechterung durch Schreck, V 295

Krankheitsanlaß s. Krankheitsmotive (s. a. Ätiologie)

Krankheitsanzeiger [-ankündiger], Traum als (s. a. Traum, mit Organstörung), II/III 22, 36f., 76; X 42

mit Übertreibung, X 413f.

Krankheitsbedürfnis (s. a. Schuldgefühl; Selbstschädigung; Strafbedürfnis), XII 188f.; XV 115f.; XVII 105, 107

u. Wuncherfüllung, X 371

Krankheitsdisposition s. Disposition (s. a. Konstitution)

Krankheitseinsicht, V 21; X 132

Krankheitserreger s. Agent provocateur (s. a. Neurose, Ätiologie d.)

Krankheitsformen (s. a. Neurosenwahl; Symptomwahl)

u. Regression, XV 106

u. Triebe, XVI 89

Krankheitsgewinn (s.a. Flucht, 'i.d. Krankheit'; Heilung, Widerstand gegen), V 203; VII 419; VIII 466; X 97; XI 397–400; XIII 279, 378f.; XIV 81; XV 153

i. Homosexualität, XII 285f.

u. Ichwiderstand, XIV 193

illusorisch gemacht durch Analyse, VIII 113

i. d. Kriegsneurose, XIV 251–53

u. negative therapeutische Reaktion, XIII 278f.

i. d. Neurose, XIV 126f., 251–53

primärer, V *202–05*; XI 397f.

u. Schuldgefühl, XIII 278f.

sekundärer, V *202–05*; XI 398f.; XIV 126f.; XV 153

bei armen Leuten, VIII 466

u. Selbsterhaltungstrieb, XV 152f.

u. Widerstand, XIV 193, 251–53

u. Zwangsneurose, VII 406f., 419

Krankheitsmotive [-anlässe], VII 417–21; VIII 322

u. Krankheitsmöglichkeiten, Unterschied zwischen, V 202–05

Krankheitsmöglichkeiten (s. a. Krankheitsformen), XVI 89

u. Krankheitsmotive, Unterschied zwischen, V 202–05

Krankheitssymptome s. Symptome

Krankheitsverschulden (s. a. Selbstschädigung), I 122

Krankheitsverursachung s. Ätiologie

Krankheitsverzicht (s.a. Genesungswille; Heilung; Patient)

durch Hypnose nicht erreichbar, V 313

Krankheitszwang, u. 'Gegenzwang', XII 192

Kranzelherren, XII 166

'Krawallmachen' (s. a. Zappeln; u. i. Reg. d. Krankengesch.: Namenverzeichnis, Kleiner Hans), VII 285, 298–300, 307, 343, 367

Krawatte, als männliches Genitalsymbol, II/III 360f., 697; XI 159

Kränkung (s. a. Depression; Leid(en)), V 295

biologische, XII 7f.; XIV 109

kosmologische, XII 7; XIV 109

narzißtische s. **Narzißtische Kränkungen**

als Trauma, I 87f.; XVII 11

Wirkung, psychische d., V 294f.;
XVII 11

Kreuzschmerz s. **Spinalirritation** (s.
a. Hysterie, Konversions-,
Symptome (bestimmte); Neuralgie; Schmerz)

Krieg, XVI *13–27*
  u. Aggressionslust, XVI 21
    Ablenkung d., XVI 23
  u. d. Böse i. Menschen, XI 147
  Empörung gegen, als Kulturprozeß, XVI 24–27
    ästhetische (s. a. Pazifismus), XVI 26
  Enttäuschung d. –es, X *324–40*
  als entwicklungsgeschichtliche Regression, X 354
  u. Erlöschen d. Menschenart, XVI 26
  Eroberungs-, XVI 17f.
  Fehlleistungen i., u. anläßlich d. –es, IV 40f., 80–85, 125–28
  u. Frieden, XVI 18
  Gemeinschaft i., u. Homosexualität (s. a. Kameradschaft), V 38f.
  u. Gewalt, XVI 14–20
  u. Illusion d. Sittlichkeit d. Staates, X 331
  u. Intelligenz, X 339
  u. Kultur [Zivilisation] (s. a. Kultur)
    Empörung gegen s. **Krieg**, Empörung gegen
  -güter, Zerstörung d., X 324
    Trauer ü., X 360f.
  logische Verblendung i., X 339
  Mißtrauen u. Feindseligkeiten auslösend, XI 8
  u. Nächstenliebe, X 360
  u. Okkultismus, XVII 27
  u. Regression, X 338–40, 354

Reue wegen Mord i., X 349
  u. Schmerzunempfindlichkeit s. **Krieg**, Widerstandsfähigkeit i.
  u. Selbstmordversuch, IV 201
  soziale Angst, aufgehoben während d. –es, X 330
  u. Staatseigenmächtigkeit, X 329f.
  u. Stolz auf Gemeinsamkeiten, X 360
  u. Tod, X *324–55*
  u. Trieblehre, XVI 23
  Unabwendbarkeit d. –es, X 354
  u. Vaterlandsliebe, X 360
  Verhütung d. –es s. **Kriegsverhütung**
  u. Völkerrecht, X 328f.
  Widerstandsfähigkeit gegen Erkrankungen i., V 295
  Wirkungen d. –es, X 324, 360f.

Kriegsgefahr, XIV 506

Kriegsneurose(n) (traumatische) (s. a. Kriegsverletzte), IV 126f.; XI 283; XII 193, *321–24*; XIII 9, 33, 103, 305; XIV 80f., 126, 172
  u. Aktualneurosen, XIV 172
  bei Berufssoldaten u. Söldnerschar unwahrscheinlich, XII 323
  (Definition), XII 324; XIV 159f.
  Flucht i. d. Krankheit s. **Flucht**, 'i. d. Krankheit'
  u. Gewalt (äußere), XII 324
  u. Ich, XI 396
  -konflikt, XII 322f.; XIII 33
  u. Invalidenrente, XIV 126
  als Mittelglied zwischen traumatischer u. Übertragungsneurose, XII 324
  als Protest gegen Rolle d. Einzelnen i. d. Masse, XIII 103

Kriegsneurose(n), Schwinden d.
Schwinden d., nach d. Kriege, XII 321
u. Simulieren, XIV 252
Symptomverzicht bei, XIII 305
Therapie d., XII 322
kathartische, XIV 47
durch Suggestion, mit Analyse, XII 193
u. Todesangst, XIV 159f.
u. traumatische Neurose (*s. a.* Traumatische Neurose)
Ähnlichkeit zwischen, XIII 33f.
Unterschiede zwischen, XII 324
Träume bei, XV 29
u. Übertragungsneurosen
Ähnlichkeit zwischen, XIII 305
Unterschiede zwischen, XII 324
u. Verletzung, gleichzeitige (*s. a.* Wunde), XIII 33f.

Kriegsverhütung, XVI 18–24
durch Autorität u. Denkverbot unmöglich, XVI 24
durch Diktatur d. Vernunft, XVI 24
u. Kommunismus, XVI 19, 23
u. Nächstenliebe, XVI 23
u. Völkerbund, XVI 18f.

Kriegsverletzte, XIII 33f.; XIV 126

Kriminalität [Verbrechertum] (*s. a.* Mord; Verbrecher; Verwahrlosung)
Psychoanalyse, u. Verhütung d., XV 161f.
i. Traum (*s. a.* Traum, krimineller), I 565f.
als typische Erkrankung d. narzißtischen Typus, XIV 513
u. unbewußtes Schuldgefühl, XV 117f.

Kriminologie *s.* Recht, Straf- (*s. a.* Tatbestandsdiagnostik)

Krisen[-hafte Zustände, akute] (*s. a.* Akut-; Anfall)
Analyse v. –n, XVI 77

Kritik
Ersparnis d., i. Witz, VI 44
Mangel d., i. d. Massen, XIII 82
d. Religion *s.* **Religion**
u. Schuldgefühl, XIII 282f.
Selbst-, *s.* **Selbstkritik**
Sinn d.
durch infantile Sexualforschung *s.* **Infantile Sexualforschung**; **Kind** (als Subjekt): Wissensdrang beim
beim Zwangsneurotiker (*s. a.* Zweifel), XII 93, 97, 152
i. Traum, II/III 492f.; XI 185
gegen Vater *s.* **Vater**
als Widerstand, XI 299, 302f.; XIV 66
durch Witz, VI 114f., 232–34
als Befreiungsversuch v. Zwang, VI 141–43, 146–49

Kritiker, Freuds *s.* **Psychoanalyse**, Widerstände gegen; u. i. **Biogr. Reg.**: Gegner

Kritiklosigkeit (*s. a.* Realitätsprüfung)
i. d. Masse, XIII 82
i. d. Selbstbeobachtung *s.* **Selbstbeobachtung** (*s. a.* Psychoanalytische Grundregel)

Kritzeln, IV 215

Kröte, Angst vor (*s. a.* Tierphobien), I 107, 116, 120, 133, 139, 142f.; II/III 89, 230

Krüppel (*s. a.* Körperfehler; Körperliche Gebrechen), XII 98, 120
Komik d., VI 113f.
u. Neurose, X 100, 367–69

Kryptographie, u. Sexualität, II/III 361f.

Kryptomnesie(n), Freuds eigene, II/III 336; IV 159f.; XII 312; XIII 357f.
etwaige, II/III 211f.; XVI 90f.
i. bezug auf Empedokles, XVI 91
'Kulanz', i. wissenschaftlichen Betrieb unstatthaft (*s. a.* Wissenschaft), X 62; XI 227f.
Kultur [Zivilisation] (*s. a.* Kulturgefahren; -werte), XI 15; XVI 32f.
u. Aggressionstrieb *s.* **Kultureinschränkung; -gefahren**
Allmacht d. Gedanken nur auf d. Kunstgebiet aufrechterhalten, i. d., IX 111
u. Analcharakter, XIV 456
antisoziale [destruktive] Tendenzen d. *s.* **Kulturgefahren**
u. Arbeit, XIV 458, 460
Autoritätssucht i. d., VIII 109
Begriff d., XIV 326, 328, 331
(Definition), XIV 448f.
dynamische Konflikte zwischen d. psychischen Instanzen i. d., XVI 32f.
u. Eros (d. Menschheit), XIV 481
u. Es (Frage d. Anteiles d., an d.), XIII 266f.
Feindseligkeit gegen *s.* **Kulturfeindlichkeit**
u. Freiheit, XIV 455f.
Genese d. *s.* **Kulturentwicklung**
u. Gewissen *s.* **Kulturentwicklung**
d. 'goldene Zeitalter' d. (*s. a.* Geistigkeit), XVI 24
'gut' u. 'böse' i. d. Kultur, X 331–35
u. Erziehung (*s. a.* Erziehung), X 333f.
-heuchelei *s.* **Kulturheuchelei** (*s. a.* Heuchelei)

Kultur u. Neurose

u. Hochmut gegenüber Tieren (*s. a.* Hochmut), IX 154
u. Ichideal, XIII 264–66
u. Identifizierung, XVI 23
-kreis, XIV 473
u. Krieg *s.* **Krieg**
u. Kunst, IX 111; XIV 335, 453f.
als Leidensquelle *s.* **Kultur, Unbehagen i. d.**
u. Liebesverhältnis (*s. a.* Dritte Person)
Ähnlichkeit u. Unterschied zwischen, XIV 462f., 467, 481
Mangel a.
d. Durchschnittweibes, u. polymorph-perverse Anlage d. Prostituierten, V 92
d. Kleinkindes *s.* **Kind; Kleinkind** (*s. a.* Infantil-)
bei Primitiven *s.* **Primitive** (Völker)
Masturbation, Vor- u. Nachteile d., i. d., VIII 343
Mehraufwand i. Denken bei Verringerung d. Bewegungsaufwandes i. d., VI 223
menschliche Eignung z., X 334
u. Narzißmus, XIII 138; XIV 512
u. Natur, XIV 106, 327, 336–43, 453
Nächstenliebe (*s. a.* Nächstenliebe), XIV 481
f. verlorene Kulturgüter entschädigend, X 360f.
u. Neurose (*s. a.* Kulturgefahren)
menschliche Unfähigkeit d. Kulturmaß d. Versagungen z. ertragen (*s. a.* Kultur u. Sexualität), XIV 446
Nervosität (*s. a.* Moral, Kultur-), VII 139, *142–67*
Neurasthenie (*s. a.* Moral, Kultur-), I 413, 500f.; VII 146f.

Kultur u. Ödipuskomplex

u. Ödipuskomplex *s.* **Ödipuskomplex**
u. Perversion, VII 152–54
u. Phantasien (*s. a.* Phantasie(n)), VIII 53
primitive *s.* **Primitive** (Völker)
Projektion rationalistischer Motivationen d., IX 137f., 140, 151
u. Psychoanalyse (*s. a.* Kulturgeschichte, u. Psychoanalyse)
   u. Erleichterung d. Unbehagens, XIV 285
   Schädlichkeit, angebliche, d., f., d., VIII 57; XIII 425; XIV 105f.
u. Schuldgefühl, XIII 282
u. Sexualität (*s. a.* Kultur, u. Trieb; Kultureinschränkung; Sexualeinschränkung; Triebverzicht), II/III 696; XIV 326–30
   aufgespeicherte, I 511
   Auslese, sexuelle, VII 144
   Beeinflußbarkeit d. Konstitution (*s. a.* Erziehbarkeit), V 159
   Entwicklung *s.* **Kulturentwicklung**, d. Sexualtriebes
   Erniedrigung d. Weibes, VIII 85–88
   Hörigkeit, sexuelle, i. d., XII 162
   u. Impotenz, VIII 85, 87
   infantile (*s. a.* Infantile Sexualität), XIV 464
   Kuß, Bewertung als nicht-pervers, i. d., V 49
   Moral *s.* **Moral**, Kultur-
   Noxen, V 159; VIII 85–87
   Sexualablehnung i. d. *s.* **Kulturgefahr**
   Störungen, sexuelle i. d. (*s. a.* Kultur, u. Neurose), I 416
   zärtliche u. aggressive Regungen, unvollständige Verknüpfung d., i. d., VIII 85–89
   zweizeitiger Ansatz d., I 511
u. Sittlichkeit *s.* **Sittlichkeit**, Illusion d.; – d. Kulturmenschen
soziale Faktoren d., IX 90–92
Stützen d., XIV 106
u. Sublimierung, VIII 58f., 91; XI 16; XIV 456–58
   bei Homosexuellen, VII 152f.
u. Tod u. Tote, X 342f.
u. Trieb (*s. a.* Kultur u. Sublimierung; – Unbehagen i. d.)
   -befriedigung (*s. a.* Befriedigung), XIV 326–30; XVII 72
   -kräfte d. Pubertät, I 511
   -unterdrückung *s.* **Kulturgefahr**
   -verzicht *s.* **Kulturentwicklung**
Unbehagen i. d. (*s. a.* Kulturgefahren), I 413f.; XIV *421–506*
   Erleichterung d., durch Psychoanalyse, XIV 285
   Kultur als Leidensquelle, XIV 445–58
      u. Glück, XIV 446f.
   u. Neurose *s.* **Kultur**, u. Neurose
v. Religion nicht aufgehoben, XIV 326–31, 360–62
als Schuldgefühl, unbewußtes, XIV 495
u. Überich *s.* **Kulturentwicklung**
Verdrängung i. d., VI 110; VIII 58; X 101
   ästhetische u. ethische Anforderungen, als Kräfte hinter d., VIII 21; XIV 459
   beim Kind
      durch Erziehung (*s. a.* Erziehung; Moral, Kultur-), X 333f.

Kulturentwicklung, primitive

spontane, VIII 418f.

normales Maß (*s. a.* Normal(e)), VIII 338f.

d. Wünsche (ubw.), schädlicher als Bewußtmachung, VIII 57

Weib, Rolle d. –es, i. d. (*s. a.* Moral, Kultur-, sexuelle; Weib), XIV 463

weiße [christlich-jüdische], VIII 88; X 325f.; XIV 341, 361

Wert d., X 358–61; XIV 505f.

-werte *s.* **Kulturwert**

Wesen d., XIV 481

Zukunft d. *s.* **Kulturentwicklung,** Zukunft d.

u. zweizeitiger Ansatz d. menschlichen Sexuallebens *s.* **Kultur,** u. Sexualität

Kulturanforderung(en) (*s. a.* Erziehung), VIII 58f.; XV 118

u. Konstitution, VII 145

Monogamie als weibliche, VII 144

Kultureinschränkung(en) (*s. a.* Sexualeinschränkung; Triebverzicht; Überich), VII 139, 149; X 331–34; XI 15f; XIV 456–58, *463–68* (464); XVII 131f., 139

d. Aggressionstriebe, IV 118; VIII 90; IX 90–92; XIII 383; XIV 456–58, 467–75, 493f.; XV 118; XVI 6, 23, 26f.; XVII 72

nach innen gewandt (*s. a.* Introjektion, d. Aggression), XIV 332f.; XVI 26f.; XVII 72

u. Altruismus, IX 90–92; XIV 500

Ekel, Scham u. Mitleid als (*s. a.* Ekel; Mitleid; Scham), V 132

i. Gesellschaftsklassen, verschiedenen, XIV 333

Illusion d. Aufhebung d. (*s. a.* 'Ausleben', freies), XIV 335f.

als narzißtische Kränkung, XIV 337

sexuelle (*s. a.* Moral, Kultur-; Sexualeinschränkung), V 78; VII 139, 149; X 331–34; XI 15f.; XIV *463–68*; XVII 131f., 138

u. Impotenz, VIII 84–88 beim Weib *s.* **Weib**

Unumgänglichkeit d., XIV 336–38

Kulturell (–er, –e, –es)

Altruismus als – Strebung, (*s. a.* Mitleid; Überich), IX 90f.; XIV 500

Faktoren d. Prognose, XI 480

Interesse an –n Problemen, XVI 32

Leistung d. Kindes (*s. a.* Erziehbarkeit; Triebverzicht), XIII 12

Sexualmoral *s.* **Moral,** Kultur-

Kulturelle, (Das) *s.* **Kultur**

Kulturentwicklung [-prozeß], VIII 91, 414f.; X 337; XIV 455–58 (Definition), XIV 481, 499

u. Domestikation, XVI 26

u. Eiszeit, XIII 263

Entstehung d., XI 15f.; XIII 424f.; XIV 458–65, 473, 493

u. 'Entwicklungstrieb', XIV 499–501

Epochen [Stufen] d., VII 152; IX 122f.; XIV 504f.

u. Eros u. Ananke, XIV 499

Gefahren d. *s.* **Kulturgefahren**

u. Gewissen, XIV 482–93

u. Grausamkeit, IV 56; VIII 90; XV 118

individuelle (*s. a.* Erziehung), XIV 499–502

aus Lebenskampf d. Menschheit, XIV 481

Pazifismus als *s.* **Kulturmenschen;** **Pazifismus** (*s. a.* Krieg)

primitive *s.* **Primitiv; Tabu; Totem**

Kulturentwicklung u. Psyche

u. Psyche, XVI 26

u. reale Not, XIII 424f.

u. Schuldgefühl (*s. a.* Kultureinschränkung), XIV 493f.

u. Schwinden d. Tabu, IX 83

d. Sexualtriebes (*s. a.* Erziehbarkeit; Konstitution), V 159

Abstinenzperiode, verlängerte, VII 159f.

Genitalien als pudenda (*s. a.* Kulturgefahren, Sexualablehnung; Pudendum), VIII 166; XI 314, 317

Koprophilie u. Sadismus überwunden (*s. a.* Gang, aufrechter; Mitleid; Reinlichkeit), VIII 90; XIV 459

Periodizität, Wegfall d., XIV 458

u. Trägheit d. Libido, XIV 467

u. Triebverzicht *s.* **Kultureinschränkung**; **Moral**, Kultur-Überich i. Dienste d., XIV 501f.; XVI 32f.

verkürzte, u. Kindheitsneurosen, XVII 111f.

Ziel d., XIV 500

Zukunft d. – [-fortschritt], XIV 325–30

Kulturepochen, Führerpersönlichkeit als Überich d., XIV 501f.

Kulturfeindlichkeit, VII 166; XIV 326–35, 337, 455

d. Es, XIII 266f.

u. gesellschaftlicher Stand, XIV 333

d. Neurosen, VII 166

d. Psychoanalyse, angebliche, VIII 57

Kulturfortschritt *s.* **Kulturentwicklung**, Zukunft d.

Kulturgefahr(en) [-noxen] (*s. a.* Kultur u. Neurose; – Unbehagen i. d.), V 159; XVII 72

antisoziale [destruktive] Tendenzen (*s. a.* Kulturfeindschaft), XIV 326–31

Entzweiung zwischen Kultur u. Liebe, VIII 85–89; XIV 462–65

Neurose als *s.* **Kultur**, u. Neurose; – Unbehagen i. d.

i. Sadismus gegen d. eigene Person (*s. a.* Introjektion, d. Aggression; Kultureinschränkung, d. Aggressionstriebe), XVII 72

Sexualablehnung d. Koitus als (*s. a.* Kultur, u. Sexualität)

weil erster Koitus f. Weib d. enttäuschend, XII 173

weil ‚unrein' (*s. a.* Reinlichkeit), VIII 86

d. unbefriedigten [unterdrückten] Triebe (*s. a.* Trieb-), XIII 383; XVII 72

d. Verdrängung *s.* **Kultur**, Verdrängung i. d.

verkürzte Durchführung d. Kulturentwicklung i. d. Kindheit u. Kindheitsneurosen, XVII 111f.

Kulturgemeinschaft, XIV 504

Kulturgeschichte (*s. a.* Anthropologie; Mythologie)

d. Grausamkeit i. Lichte d., IV 56; V 58; X 328–31, 345

u. Pyschoanalyse, VIII 414–16; XI 404; XIV 281, 283, 288, 305; XV 156

Triebverdrängungen, spontane, d. Kindes verglichen mit, VIII 418f.

(Zusammenfassung), XIII 425

Kulturgüter *s.* **Kulturinstitutionen**; **Kulturwert** (*s. a.* Gesellschaft; Kunst; Religion; Wissenschaft)

Kulturheuchelei (*s. a.* Heuchelei), X 336; XIV 106

Kulturheros (*s. a.* Heros), XVI 7–9

Kulturüberich

Kulturideale, u. Nation (*s. a.* Ideale), XIV 334

Kulturillusionen *s.* Illusion

Kulturinstitutionen [-güter, -leben, -schöpfungen] (*s. a.* unter d. einzelnen Stichwörtern), XIV 326–30, 448, 452–56

Ananke, als erste Schöpfung d. Kultur, IX 114

Arbeit *s.* Arbeit

archaisches Erbgut i., XII 327 f.

Entstehung [Ursprung] d., XVI 188

Familie (*s. a.* Familie)

Mann u. Frau (*s. a.* Ehe), XII 162; XIV 463

Schwiegermutter u. -sohn, IX 21 f.

Gesellschaft *s.* Gesellschaft

Heiligkeit d. ['göttliche Herkunft' d.], XIV 364 f.

Krieg zerstört, X *324–30*, 360 f.; XVI 24–27

Kunst (*s. a.* Kunst), IX 111; XIV 335, 453 f.

Marxisten übersehen psychologischen Faktor i. d. Bildung v., XV 193 f.

Mythen u. Sagen als Kindheitserinnerungen d. Völker (*s. a.* Mythen; Mythus), IV 56

Nächstenliebe entschädigt f. verlorene, X 360 f.

Neurose als Zerrbild d., XIII 160

Privateigentum, XIV 472 f.

Psychoanalyse d., VIII 414 f.

als angebliche Gefahr f. *s.* Kultur, u. Psychoanalyse

Recht u. Gemeinschaft (*s. a.* Gemeinschaft; Recht), XIV 454 f.; XVI 15–17

Religion als (*s. a.* Religion), IX 162 f.; XIV 342 f., 360

u. Sexualität (*s. a.* Kultur, u. Sublimierung), XI 15 f.

u. Weib *s.* Kultur, Weib, Rolle d. —es; Kulturmangel; Weib

Werte d. *s.* Kulturwerte

u. Zeit, XVI 83

Kulturkampf, bei Tieren, nicht vorhanden, XIV 482

Kulturkreis, XIV 334, 449–56

Kulturmangel (*s. a.* Primitive)

d. Weibes (*s. a.* Weib), V 92

Denkverbot, XV 185

Heuchelei, V 50

u. Prostitution, V 92

Rechtsgefühl, geringeres, XIV 30

Kulturmenschen [-nationen]

Enttäuschungen d., über Krieg, X 325–30

Entwicklung *s.* Kulturentwicklung

Ethik d., weniger feinfühlend f. Mord i. Krieg, als bei Primitiven, X 349

Hochmut Tieren gegenüber (*s. a.* Hochmut; Tier), IX 154

Impotenz bei, VIII 84

Pazifismus d., XVI 25–27

Prüderie u. Lüsternheit d., VIII 42

Sittlichkeit d., X 331–34

Kulturmoral *s.* Moral, Kultur-

Kulturnoxen *s.* Kulturgefahren (*s. a.* Kultur, u. Neurose; — Nervosität)

Kulturprozeß *s.* Kulturentwicklung

Kulturschicksale, XIV 325

Kulturschöpfungen *s.* Kulturinstitutionen

Kulturüberich (*s. a.* Kulturentwicklung; Moral, Kultur-; Überich), XIII 383; XIV 332 f., 501 f.; XVI 32 f.; XVII 72

Kulturversagung

Kulturversagung *s.* **Kulturein-
schränkung; Versagung**

Kulturwert(e) (*s. a.* Kultur, u.
Triebverzicht; Kulturinstitu-
tionen)
d. Kulturinstitutionen v. ihrer
Vergänglichkeit unabhängig (*s.
a.* Kulturinstitutionen) X 358–61
d. Liebe, d. Narzißmus bezwin-
gende, XIII 138
u. Sadismus *s.* **Triebunterdrük-
kung**, verbunden mit Sadismus
d. Vorurteile, XV 33f.

Kulturzwang [-vorschriften],
Auflehnung gegen, i. Unsinn, VI
141f.
Introjektion d. –es, XIV 329, 332–
34

Kummer *s.* **Kränkung; Leid**(en) (*s.
a.* Depression)

Kunst (*s. a.* Künstler), XII 8; XV 173
Allmacht d. Gedanken i. d., IX
111
bildende
orientalische Mischgebilde i. d.
–n, II/III 664
Symbolik i. d., XV 26
als Ersatzbefriedigung, XIV 332f.,
335
Harmlosigkeit d., XV 173
u. Hysterie, I 250f.; IX 91; XI
390f.
u. Identifizierung, XIV 335
u. Illusion, XIV 433
u. Unlustabwehr, XIV 439
u. Wissenschaft, XV 172f.
u. Kultur, IX 111; XIV 334, 453f.
u. Künstler, XI 390f.
'L'art pour l'art', nicht ursprüng-
lich i. d., IX 111
Lust- u. Realitätsprinzip i. d.,
XIII 15; XIV 90, 439

Versöhnung d. – i. d., VIII 236f.
Mischbildungen i. d., II/III 664;
XI 175
als Narkotikum, XIV 439
narzißtische Befriedigung durch,
XIV 335
Neurose als
Alternative f., VIII 54
Verzerrung d., IX 91
u. Organminderwertigkeit, X 166
u. Perversion, V 140f.
Schaulust, VIII 46
u. Phantasie (*s. a.* Phantasie),
VIII 54; XI 390f.
Psychoanalyse als (*s. a.* Psycho-
analyse; Psychoanalytisch-),
XVI 93
u. Psychoanalyse *s.* **Kunstge-
schichte**
u. Religion, XIV 432f.
u. Sexualität, XI 15f.
partielle Ableitung, XIV 105
als Zauber *s.* **Kunst, Allmacht**

Kunstgenuß, VIII 417

Kunstgeschichte [-wissenschaft], u.
Psychoanalyse, VIII 416f.; XIV
91, 105f., 283

Kunstwerk(e) [-schöpfungen]
Analyse u. Deutung d., X 76f.,
172–74
Hysterie als Zerrbild d., IX 91
als Kompromiß, XIV 90
Rätsel d., X 173
u. Traum, Unterschiede zwischen
als soziale u. asoziale Produk-
tion, VI 204; XIV 90
'Verlockungsprämie' i., XIV 90f.
Wirkung d., X 172f., 359

Kur, psychoanalytische *s.* **Psycho-
analytische Kur**

Kurpfuscher, XIV 210
(Definition), XIV 262
-gesetz, Frage eines –es, XIV 267–72
Laienanalytiker als angebliche, XIV 210f.
 i. Amerika, XIV 288, 295f.
 i. Österreich, Reik angeklagt als, XIV 287f.
Nervenärzte als, XIV 265f.

Kurträume *s.* **Psychoanalytischer Prozeß, Träume während** (*s. a.* Traum)

'Kurzschluß' i. Wortwitz (*s. a.* Denken, plötzliche Problemlösung), VI 134

Kuß [Küssen], VIII 99; XI 333; XIII 154; XVII 74
Bedeutung d. –es, bei Dora, V 186–89, 207
eigentlich eine Perversität, XI 314, 333, 335
Ekel vor d., V 186–90
infantile Sexualtheorie d. Schwängerung durch *s.* **Infantile Sexualtheorien** (bestimmte): Empfängnis, orale
u. Klitoris u. Erektion, V 186–89 (188)
i. d. Kultur keine Perversität, V 49
u. Lutschen, V 83
u. Säugen, VIII 178
als Symbol d. Sexualaktes, II/III 403f.
auf d. Bühne, XI 333

Küche
Sexualsymbole aus d., II/III 352f.
Traum v. d. Mutter i. d., II/III 210–14

Künstler (*s. a.* Kunst)
u. Abstinenz, VII 160
bildender, XVI 87
Destruktionstrieb beim (*s.a.* i. Namen-Reg.: Dostojewski), XIV 401
u. Kunst, XI 390f.
u. Neurotiker, XI 390f.
Persönlichkeit d. –s, VIII 407
Psychoanalyse d. –s, VIII 416f.; X 76f.; XIV 91
Schwärmerei f., XIII 133
Sublimierungsfähigkeit beim, V 55, 140f.; XI 390f.
Tagträume, Bearbeitung d., beim, XI 391

Künstlerisch (–er, –e, –es)
Begabung, VIII 54; XIV 401
Darstellung (*s. a.* Darstellung) u. Traum, XV 26
Illusion u. Allmacht d. Gedanken, IX 111
Interesse, VIII 46
Leistung (*s. a.* Ästhetik; Kunst)
 Rolle d. Unbewußten bei d. (Hartmann), II/III 533f., 618f.
Sublimation *s.* **Künstler,** Sublimierungsfähigkeit beim
Veranlagung
 u. hysterische Symbolisierung, I 250f.; IX 91
 Neurose, Perversion u. Leistungsfähigkeit vereinigt i. d., V 140f.

Kürze (*s. a.* Lakonismus; Verkürzung)
u. Witz, VI 10–12, 27, 45
durch Verdichtung (*s. a.* Verdichtung), VI 192f.

Küssen *s.* Kuß

L

L'art pour l'art, nicht ursprünglich, IX 111

Labien [Schamlippen] (*s. a.* Genitalien, weibliche; u. i. Symbol-Reg.)

Exzision d., bei Primitiven, XII 166

Labilität *s.* **Gleichgewicht**

Labyrinth, als Symbol f. anale Geburt u. f. Darm, XV 26

'Lacertenjäger' (*s. a.* Eidechse), VII 48, 100, 122

u. Männerfang, VII 103

Lachen (*s. a.* Komik; Lächeln), II/III 611; VI 163, 217, 255; X 286

i. d. Analyse, VI 194

Ausbruch v., als Reaktion d. unbefriedigenden Orgasmus, XVII 152

bitteres, VI 252

als Eingeständnis, VI 194; VII 205f.

beim Kind, VI 255f.

beim Kitzeln, VI 215

als motorische Abfuhr, VI 164, 255f.

bei Trauer, VII 415

Zwangs-, *s.* **Zwangslachen**

Lachs *s.* i. Reg. d. Anekdoten; Traum-Reg.

Lahme (*s. a.* Krüppel; Lähmung)

Aberglauben i. bezug auf Kinder, XI 164

Laien (*s. a.* Volkstümliche Auffassung)

als Analytiker *s.* **Laienanalyse**

Einschätzung, analytisch richtige, v. Fehlleistungen durch (*s. a.* Vergessen), IV 169–73; XI 47

Hypnose durch, Verbot d., XIV 270f.

Kriterien d. Analytikers, um nicht als – betrachtet z. werden, XIV 260

als Kurpfuscher, XIV 210

i. Amerika, XIV 295

Mißtrauen gegen d. Neue bei, XI 481f.

Psychiatrie, instinktives Verständnis d. Dichter f. d. *s.* **Dichter, Verständnis d.**

Psychoanalyse schwer verständlich f., XV 76

Laienanalyse, XIV *209–96*, 567

amerikanische Gruppe, Auffassung d., gegen, XIV 288, 295f.

Autoritätsfrage, XIV 279, 292

u. Ärzte

ärztliche Ausbildung nicht grundsätzlich notwendig, X 449f.

Gegnerschaft aus Standesbewußtsein, XIV 273

Nachteil d. obligatorischen medizinischen Studiums f. d. Analyse, XIV 279–82

mit organischen [anatomischen, chemischen] Problemen zusammenhängende Fragen, d. Medizinern z. überlassen, XIV 295

Prozentsatz d. medizinischen u. nichtmedizinischen Analytiker (1926), XIV 261

Latenz u. Erziehungsideal

d. unausgebildeten ärztlichen Analytiker XIV 96, 294f.
Vorschlag, XIV 267f.
Vorteile d. ärztlichen Analytikers vor d. Laien, XIV 273f.
Beweisbarkeit, schwere, d., XIV 269f.
u. Christian Science, usw., XIV 269f.
u. Erziehung, X 450; XIV 285
Kriterien d., XIV 277
(Terminus technicus), XIV 209
ungarische Gruppe, Auffassung d., XIV 288
Verbot, Frage d. d., XIV 267–72

Lakonismus (*s. a.* Kürze), VI 27
kein Witz (*s. a.* Witz), VI 45

Laktation *s.* Nähr(mutter); Säugen

'Landesvater', XI 161

Landschaft, i. Traum *s.* Traum

Langsamkeit *s.* Trägheit; Unsicherheit (*s. a.* i. Namen-Reg.: Leonardo)

Langweile d. Liegekuren (*s. a.* Tagtraum), I 266

Lanzen *s.* Waffen (*s. a.* i. Symbol-Reg.)

Lappalien *s.* Indifferent(es)

Lapsus
calami *s.* Verschreiben
linguae *s.* Versprechen

Laster (*s. a.* Anstößigkeit; Freiheit, sexuelle; Immoralität; Infantil-; Lüsternheit; Masturbation; Moral; Sittlichkeit; Sünde; Unart)
infantile Sexualbetätigung [Masturbation] als, V 74, 79–81; VIII 409; XI 323; XIV 417
Onanie u. Spielsucht als, XIV 417

Latent (–er, –e, –es) (*s. a.* Unbewußt-)

Gedanke *s.* Vorbewußte, (Das)

Krankheit
infantile Neurosen als *s.* Kindheitsneurose; Kindheitsnervosität
Übergang v. – i. manifeste (*s. a.* Inkubation), I 413

Traumgedanke *s.* Traum(gedanke

Triebkonflikt (*s. a.* Triebkonflikt), XVI 75

Latenz
d. Bewußten (*s. a.* Vorbewußte, (Das)), XIII 240f.
d. Neurosen, XVI 70, 75, 83, 90, 177, 182–84
physiologische, V 77f.
i. d. Religion [Latenz d. Monotheismus i. d. Moses-], XVI 171, 173, 191, 232f.
d. Symptome *s.* Inkubation(szeit)
nach Trauma typisch (*s. a.* Trauma), XVI 182

Latenz[-periode, -zeit] (*s. a.* Pubertät; Sexual(leben), zweizeitiger Ansatz), V 77–80, 100, 133–35, 140; XI 337f.; XIII 154–56, 221; XIV 62, 64, 187, 239, 304; XVI 179; XVII 75, 77, 113
u. Ablösung v. Lustprinzip, VIII 234
u. Aggression, XVI 183–86
u. Amnesie (*s. a.* Amnesie, infantile), XI 338
Charakterentwicklung i. d., XIV 190
Durchbrüche d., V 79f., 136
Dümmerwerden d. Kinder, i. d., XIV 244
u. Eiszeit *s.* Latenz, phylogenetische Erklärung d.
u. Erziehungsideal (*s. a.* Erziehung), V 79f.

Latenz u. Frühperiode

u. Frühperiode, XIV 304
u. Frühreife, V 142
u. Gegenbesetzung, XIV 190
Genitalien, Wachstumshemmung d., i. d., V 109
u. Kindheitsneurose, XVI 182
d. Krankheiten s. **Inkubation(szeit)**
u. Kultur, XIII 263; XIV 64
lange, u. Moral, VIII 447
u. Liebe, V 124
u. Masturbation, VIII 336
Kampf gegen, XIV 144–46
beim Menschen u. Tier, V 78, 135; XVI 180
u. Neurose (s. a. Neurose), XVI 182 f.
Objektwahl, Stillstand o. Rückbildung d., i. d., V 100
u. Ödipuskomplex, XIII 395, 399
u. phallische Phase, XIII 396, 399
Phantasien i. d. s. **Phantasie(n) (Arten d.)**
phylogenetische Erklärung d., XIII 263; XVI 180; XVII 75
bei Primitiven meistens nicht vorhanden, XIV 64
Reaktionsbildung i. d., V 78 f.
Sexualhemmungen i. d., V 78; XIII 156
Sublimierung i. d. (s. a. Sublimierung), V 78 f.
(Terminus technicus), VII 205
u. Trauma, XVI 182
u. Überichbildung, XIII 263
u. Überichangst, XIV 172; XV 95
Überwindung d., V 123
weibliche, XIII 400
Wesen d., XIV 144
u. Zeit d. Ausbruchs d. Zwangsneurose, XIV 143–46

(Zusammenfassung), XIII 221 f.
Laune(n) (s. a. Stimmung), I 415
-haftigkeit d. hypnotischen Therapie, XI 469
Phobie als '–', XI 415
d. Unbewußte determiniert d., V 219 f.
Lautumdrehung [Metathesis] u. Gegensinn d. Urworte, VIII 221
Lavement [Klysma, Klystiere], XII 106
Angst u. Wut, anläßlich, XIV 531 f.
u. Koitus u. Orgasmus, XII 134 f.; XIV 531 f.
u. Urszenenphantasie, XII 129
Lächeln, VI 164
abwesendes, beim Tagträumer, VII 192
archaisches, VIII 179
u. Lachen, VI 255
auf Leonardos Bildern, VIII 179–83
d. Monna Lisa, VIII 179–86 (183 f.), 189
Lähmung(en) (s. a. Abasie; Aphasie; Astasie; Gehemmtsein; Hemmung)
durch Affekt s. **Schreck; Trauma**
durch Angst s. **Lähmung**, u. Schreck (s. a. Angst)
choreiforme, echt, nicht hysterisch, I 24 f.
Funktions-, s. **Hemmung**
d. Gehfunktion s. **Abasie** (s. a. Gangstörung)
Hemianopsie keine, I 47, 49
u. Hypnose, I 54; XIII 127
hysterische (s. a. Hysterie, Konversions-, Symptome (bestimmte)), I 42, 49 f., 82, 118, 287, 475 f.; XIV 37–39, 115, 140 f.

Affekte, unerledigte, erzeugt durch, I 145
d. Armes, I 52f.
Charcots Ansichten ü., I 47, 97
Gesichts-, I 47, 51, 118
Hemianopsie keine, I 47
u. hypnotische Heilmethode, I 54
u. organische, Unterschied zwischen, I 39-55, 480f.
u. Schreck, I 89
u. Sexualität, verdrängte, VIII 100
Verschwinden d., durch Bewußtwerdung, I 85
durch Innervation *s.* **Innervation**
d. Lokomotion (*s. a.* Gangstörung), VIII 100; XIV 115
motorische *s.* **Hilfsbedürftigkeit**;
Lähmung(en), hysterische; – d. Lokomotion; **Organische Lähmung**
organische *s.* **Organisch-**
Projektions-, I 480f.
'Repräsentations-', I 480f.
u. Schreck [Angstlähmung] (*s. a.* Angst; Schreck; Trauma), I 89; XIII 127; XIV 198
somatische, psychogene *s.* **Lähmung, hysterische**
Theorie d., II/III 569
i. Traum *s.* **Traum** (*s. a.* Gehemmtsein)
traumatische *s.* **Trauma; Traumatisch-**

Längliche Gegenstände, als Penissymbole, II/III 359, 364; XI 156

Lärm als Weckreiz (*s. a.* Weckreiz), II/III 24, 27, 29f., 238, 695; XI 88f., 156

Lebedame (*s. a.* Dirne; Prostitution), XV 47; XVII 42

u. homosexuelle Patientin, XII 288f., 292f.
u. Zwangspatient, XVII 42

Leben
Entstehung d. –s, XIII 40
Inhalt d., soziale Interessen als, XII 102
Mißerfolg i., XVI 185
Sexual-, *s.* **Sexual-** (*s. a.* Koitus)
u. Tod *s.* **Tod**
Überwundenes als Resterscheinung weiterbestehend, i., XVI 73
Zweck d. *s.* **Teleologie**

Lebendig (–er, –e, –es) (*s. a.* Organismus)
-begrabenwerden (*s. a.* Scheintod; Tod)
Angst vor, I 143f.; II/III 406
als Mutterleibsphantasie, XII 257
-bleiben (*s. a.* Selbsterhaltung; Todestrieb), XIII 69

Lebensalter *s.* **Alter**

Lebensangst [-ängstlichkeit] (*s. a.* Angstsignal; Ängstlichkeit; Erwartungsangst; Gefahr; Todesangst), X 438
Ängstlichkeit als, VII 167; XII 141; XIV 170
u. Abstinenz, VII 167
als Angst vor Überich, XIV 170

'**Lebensaufgabe**', Jungs Begriff d., X 107-11

Lebensdauer, XIII 47
Kürze d., VI 121
d. Metazoen, XIII 53f.

Lebenserhaltung *s.* **Selbsterhaltung**

Lebensgefahr (*s. a.* Gefahr, reale)
i. d. Ätiologie d. Neurosen (*s. a.* Schock; Trauma), XII 324
Geburt, als Vorbild aller, VIII 76

Lebenshemmung

Lebenshemmung (*s. a.* Hemmung)
 i. d. Neurose (*s. a.* Neurotiker), XIII 352; XVI 182
Lebenskampf (*s. a.* Elend; Natur; Not; Realität; Selbsterhaltung), XIII 351; XVI 182
Lebenskunst [-technik], XIV 440–44
 u. Ästhetik, XIV 441
Lebensnot *s.* **Ananke** (*s. a.* Gefahr, reale)
Lebenstheorie, XVI 88
Lebenstrieb *s.* Eros
Lebensweise u. Nervosität *s.* Nervosität
Lebenszeiten *s.* Alter
Lebenszweck *s.* Teleologie
Leber, als Sitz d. Leidenschaften u. Triebe, i. primitiven Glauben, XVI 5
Lebhaftigkeit [Überdeutlichkeit] (*s. a.* Buntheit; Intensität)
 d. Erinnerungen (*s. a.* Erinnerungsbilder), II/III 551; XVI 53
  Deck-, I 531, 533–38, 552f.; IV 55–60
  d. Früherlebnisse (u. ersten Kindheitseindrücke) *s.* **Früherlebnisse**
 Grade d., I 301
 d. Hysteriker, I 105, 123
 u. nicht abreagierte Traumen, I 88f., 97
 Mangel d., d. Bilder, als Widerstandssymptom, I 284
 d. Traumes, II/III 334–36, 345
  statt Affekt, XV 21
  durch sekundäre Bearbeitung bedingt, II/III 505
  u. Tagtraum, Unterschiede zwischen, II/III 540
  u. Verdichtung, II/III 335f.
 d. Vorstellungen, I 123
Leblose, (Das) (*s. a.* Leiche(n); Tote)
 Belebung d. –n, i. d. Magie (*s. a.* Animismus), IX 95
 Degradierung d. Lebenden z. ’–n, i. d. Komik (Bergson), VI 238, 253f.
 Polarität d. Lebenden u. –n, XVII 71
 Priorität d. –n, XIII 40
'Leck' i. d. Kur, VIII 470
Legierung v. Trieben (*s. a.* Triebmischung; -entmischung), XIII 233
Lehranalyse(n) (*s. a.* Charakteranalyse; Psychoanalyse, Unterricht i. d.), VIII 108; XI 12; XIV 225f.; XVI 93–96
 u. Autorität d. Laien als Analytiker, XIV 279, 284
 Beschreibung d., XVI 94f.
 Freuds, XVI 68
 Lehranalytiker (Terminus technicus), XIV 284
 u. medizinisches Studium, XIV 273f., 277–83
 Notwendigkeit d., VIII 382f.; XVI 93–96
 periodisch weitergeführte, XVI 95f.
 Selbstanalyse eigener Träume, VIII 382
Lehranalytiker *s.* **Lehranalyse**
Lehrer
 ambivalente Einstellung gegen, X 206f.; XIV 550
 Ausbildung d., psychoanalytische (*s. a.* Pädagogik; Psychoanalyse), XV 161
 u. Gymnasiast, X 204–07
 Pädophilie bei *s.* **Pädophilie**
 Psychoanalytiker als, I 285; XVII 101

i. Schlagephantasien, XII 218
soziale Beziehungen z., XIII 73f.
als Vater [Eltern-]-Ersatz [-Figur], X 206f.; XII 66, 100; XIII 265; XV 70
  i. Schlagephantasien, XII 205
  u. Überich (*s. a.* Überich), XIII 381
  beim Wolfsmann *s. i. Reg. d.* **Krankengesch.**: Namenverzeichnis, Wolfsmann

'**Lehrhafte** Suggestion', bei Freud, I 97, 130

Lehrinstitute, psychoanalytische *s.* **Psychoanalytisch-**

Leib (*s. a.* Körper; –innere) infantile Geburtstheorie bezüglich d. –es *s.* **Infantile Geburtstheorien**
Mutter-, *s.* **Mutterleib**
-reiz (*s. a.* Reiz, Leib-)
-Symbolik (Scherner), II/III 87–92
-Traum (*s. a.* Traum, typischer (bestimmte Arten d.): Darmreiz), II/III 3, 24f., 35–42 (40), 89–92, 96, 166f., 221, 224–46 (225f.), 230–32, 371f.; XI 91
u. Seele *s.* Seele, u. Leib (*s. a.* Somatisch-)

Leibespforten, symbolisiert durch Türen u. Tore, XI 161

Leiche(n) [Leichnam] (*s. a.* Tote)
Begräbnis d., i. 'Jenseits', IX 75
Berührungsverbot, IX 66–69
(Definition), XIII 50
Grauen vor, u. Trauer um d. Toten, keine genügende Erklärung f. Tabu, IX 73
Perversität an *s.* **Leichenmißbrauch**
Tabu d., IX 28, 66f., 73

Leid(en) ohne Neurose

als Vampyr, IX 75

Leichenbegängnisse
Besuch d., i. Zwangsneurose, VII 452
u. 'Jenseits', IX 75

Leichenmißbrauch [Nekrophilie), V 60; XI 316; XV 152

Leichtgläubigkeit (*s. a.* Denkschwäche; Gläubigkeit; Logische Verblendung)
d. Massen i. Krieg, X 338f.
u. Okkultismus, XV 34f.
Wunderglauben, XV 34f.

Leid(en) [Elend] (*s. a.* Not; Unglück; Unlust), XIV 432–37 (434)
i. d. Analyse, unvermeidbares Maß d. –s (*s. a.* Versagung), XII 188; XVI 76
biologische Notwendigkeit d. –s, X 325
u. Humor, XIV 385
bei Hypochondrie (*s. a.* Hypochondrie; Schmerz), I 197f., 318; XIII 9
Kinder- (*s.a.* Kinderglück), VI 257
körperliches *s.* Schmerz (*s.a.* Körperliches Gebrechen; – Krankheit)
Kultur als Quelle d. –s (*s. a.* Kultur, Unbehagen i. d.), XIV 434, 445–58 (444)
bei Melancholie (*s. a.* Depression; Melancholie; Trauer), XIII 9
Natur als Quelle d. –s, XIV 433–35, 442, 444
i. d. Neurose, XVII 110
traumatischen, XIII 9
ohne Neurose ['psychisches –'], XVII 109f.
i. d. Sehnsucht, XI 357f.
i. Trauer *s.* **Trauer**

Leid(en), nicht abreagiertes

nicht abreagiertes *s.* **Kränkung**
Organismus als Quelle d. –s, XIV 434, 444
u. Rausch, XIV 386, 436f.
an Reminiszenzen *s.* **Hysterie, als 'Leiden an Reminiszenzen'**
durch Triebe, XIV 437
i. d. Übertragung, ist real XVI 76
u. Wahnsinn, XIV 385

Leidensbedürfnis *s.* **Krankheitsbedürfnis; Schuldgefühl; Selbstschädigung; Strafbedürfnis**

Leidensquellen *s.* **Leid**

Leidenschaft[lichkeit] (*s. a.* Affektivitätssteigerung; Spielsucht; Verbrecher)
i. d. Abweisung (*s. a.* Widerstand), XV 18
Beherrschung d., durch d. Ich, XIV 228
d. Frauen, X 315
hysterische, I 93
u. Ich u. Es, XIV 228
Leber, als d. Sitz d., XVI 5
i. d. Liebe *s.* **Liebe; Liebesekstase**
i. d. Massen (*s. a.* Massenseele, Leidenschaftlichkeit d.), XIII 82
Rationalisierung d., X 340
d. Verbrechers *s.* **Verbrecher, triebhafte**
durch wildes Tier symbolisiert, II/III 414; XI 160

Leihen
v. Büchern, IV 246f., 257–59
Ent-, *s.* **Vergessen**

Leistung(en)
d. Analytikers *s.* **Psychoanalytiker, Leistungen**
Bedingung d. Vollkommenheit d. Ich–, X 293

geistige *s.* **Intellektuelle Leistungen**
d. kindlichen Liebeslebens, VII 22; XIII 13
Kompromiß-, *s.* **Kompromiß**
künstlerische (*s. a.* Ästhetik; Kunst; Kunstwerk; Künstlerisch)
Rolle d. Unbewußten i. d., II/III 533f., 618f.
produktive (*s. a.* Kunst; Produktive; Wissenschaft), II/III 618f.
Triebverzicht als, XIII 13
Über-, VIII 54
d. Gedächtnisses (*s. a.* Hypermnesie) i. Traum, II/III 646
intellektuelle *s.* **Intellektuell**

Leistungsfähigkeit (u. Unfähigkeit)
Heilbarkeit durch Analyse, I 261; V 10
Homosexueller, V 37
Hysteriker (*s. a.* Hysteriker), I 161–83 (161f.)
künstlerisch Veranlagter, bei Neurose u. Perversion, V 140f.
normale, verfeinert durch Zwei-Instanzen-System, II/III 614
u. Unlustprinzip, II/III 622
unverminderte, trotz Krankheit, I 161f.
verminderte, I 163–83
als 'psychische Minderleistung' (Janet), I 161
schwere, V 10
Zweifel an d. eigenen, I 10

Leitende Genitalzone [Leitzone] *s.* **Erogene Zone** (i. allgemeinen): Leitzonen; **Genitalprimat; Klitoris; Penis; Phallische Phase; Vagina**

Leiter, als Symbol f. Koitus, II/III 360; XI 159, 166f.

Legitimität *s.* **Familienroman** (*s. a.* Kind (als Subjekt): Umgebung d. –es)

Lektüre (*s. a.* Lesen; Literatur; -wissenschaft; Roman) analytischer Schriften, seitens Patienten (*s. a.* Patient; Psychoanalytische Ausbildung), VIII 386; XVI 78

d. Lexikons *s.* **Lexikon**

u. Schlagephantasien, XII 198

sensationelle, V 104f.

Lerneifer (*s. a.* Kind (als Subjekt): Wissensdrang; Wißtrieb) als Abwehr, u. Mathematik, u. sexuelle Verdrängung, VII 61f.

Hemmung d. *s.* **Lernhemmung**

Lernhemmung (*s. a.* Denkschwäche; Dummheit), XII 102

durch Scham u. Penisneid verursachte, X 41

Lesen (*s. a.* Lektüre) automatisches, Verlesen verursachend (*s. a.* Verlesen), IV 145f.

Unleserliches i. Traum, II/III 322f.

u. Wortvorstellung, XIII 248

Lethargie, Todesbedeutung d., XIV 405

Leugnen (*s. a.* Konstruktionen; Lüge; Verleugnen; Verneinung) Bestätigung d. Unbewußten durch, V 218

'schuldiger' Kinder (*s. a.* Kinderlüge), VII 13f.

Verdrängung als *s.* **Verdrängung**, Verleugnen u. Verneinen

als Widerstandszeichen, I 281–83; V 218

Leute, viele (*s. a.* Gedränge; Masse; Menschen-)

i. Traum, II/III 251, 294

Lexikon, Konversations-

u. infantile Sexualforschung, II/III 536

bei Dora, V 262f., 266, 273f.

i. Scherzfrage, VI 172

Libidinöse

Befriedigung *s.* **Libido**, Befriedigung d.

Spannung *s.* **Spannung; Spannungsgefühle** (*s. a.* Erregung)

Tendenzen, i. Traum, II/III 167; XI 143

Triebe, neurotische Symptome als Reaktion gegen Anspruch d. (*s. a.* Trieb), V 63f., 157; XIV 498f.

Typen (*s. a.* Typus, libidinöser), XIV *509–13*

Libido (*s. a.* Erregung; Sexualtrieb; Spannung), V 33; VI 107; VIII 46; XI 143, 323, 428, 430; XII 4; XVII 72f.

-ablösung [-ablenkung; -entzug, -unterbrechung, -vorbeugung, -zurückziehung] *s.* **Zurückziehung d. Libido**

aktive u. passive Ziele d., XIV 534

d. Ananke widerstrebend, XI 445

u. Angst *s.* **Angsttheorie** (toxikologische)

'asexuelle', Frage einer –n, XI 428; XIII 230

aufgebrauchte, u. Sterben (*s. a.* Sterben), XVII 72

Aufsplitterung d., XII 71

Aufstauung d. *s.* **Libidostauung**

Befreiung d., durch Analyse, XII 5

Befriedigung d. (*s. a.* Befriedigung; Libidoposition)

Art d., u. Symptom, XI 380

irrealer Charakter d. neurotischen, XI 389

Libido, Begriff d.

Regression z. Zeitalter d. jeweiligen, XI 380

Begriff d., XI 357; XIV 61; XV 109

-besetzung *s*. **Besetzung** (*s. a.* Libidoposition; -stauung; -verteilung)

u. Besetzung, ersetzbare Begriffe, X 281

Beweglichkeit [Plastizität] d. (*s. a.* Besetzungsenergie; Ersetzbarkeit; Frei-; Freibeweglich-; Libidoverschiebung), I 65–72; VI 170, 187; VIII 309; XI 358f.; XII 151, 285; XIII 26, 31, 67, 273; XIV 388; XV 98; XVI 87; XVII 73

freibewegliche Triebregungen, XIII 3

u. Primärvorgang, X 285f.

Verschiebbarkeit d. Sexualtriebe (*s. a.* Triebschicksale), VII 150

Bisexualität, angebliche, d., V 120f.; XV 140f.

(Definitionen), V 120; VIII 53; X 144; XI 143, 323, 428, 430; XII 4; XIII 98, 227, 229; XIV 61, 302, 480; XV 102, 109; XVII 72

desexualisierte *s*. **Desexualisierung** (*s. a.* Narzißtisch-; Sublimierung)

u. Destruktion, XIV 482

Neutralisierung d., XVII 72

u. Todestrieb, XIII 376; XVII 76

als Energie, psychische, XV 109

d. Sexualtriebes, XV 102

u. Erkrankungstypen, VIII 322–30

Erniedrigung d. *s*. **Libidoregression**

u. Eros, XIV 302, 480; XVII 72

Es, als Reservoir d., XIII 258, 273; XVII 72f.

i. Es u. i. Überich, XVII 72f.

Fixierung d. *s*. **Fixierung**

freie *s*. **Freibewegliche; Libido,** Beweglichkeit d. (*s. a.* Frei-)

Freimachung gebundener, durch Analyse, XII 5

Hemmung d. *s*. **Libido,** u. Neurose; **Libidoentwicklung** bei Hemmungen, XIV 114f.

i. Homosexualität *s*. **Libidoverschiebung** (*s. a.* Homosexualität)

u. Hunger, XI 323

i. Hypochondrie, X 151

Ich- (*s. a.* Libido, Introversion d.; Narzißtische Libido), V *118*; X 141

u. Narzißmus, IX 110

u. Neurose (*s. a.* Libido, u. Neurose), XI 401f.

u. Objektlibido *s*. **Libido,** Objekt-

Unfähigkeit ihrer Unterbringung (*s. a.* Libidoposition; -verteilung), IX 110; XI 401f.

Ich, als Reservoir d., XII 6; XIII 55f., 258, 273; XIV 83; XV 109; XVII 72f.

u. Ichentwicklung, XI 364

u. Ichinteresse, i. Schlaf u. Intrauterinleben vereint, XI 432

u. Ichprobleme, VIII 111; XIII 287–89

u. Ichveränderung, X 149

Introversion [Regression] d. (*s. a.* Libido, Ich-; Narzißtische Libido; Regression), VIII 81, 323f., 367f.; X 139, 151f.; XI 389

(Definition), X 152

beim Kastraten, V 116

'Klebrigkeit' d. *s*. **Trägheit,** d. Libido (*s. a.* Fixierung)

u. Komplexe, VIII 367f.

Maß d. *s.* **Libidostauung; -verteilung**
männliche
Natur u. Intensität d., V 120 f.
u. weibliche, XV 141
narzißtische *s.* **Narzißtische Libido** (*s. a.* Narzißtische Neurosen)
u. Neurosen, VIII 52–54; X 151; XI 425f.; XII 4
Ätiologie (*s. a.* Fixierung; Konflikt; Libidoregression; -stauung; -steigerung), VIII 121, 322, 327–29; XI 354f., 359f.
als Hemmung d., XIV 304
u. Ichlibido, Unfähigkeit d. Unterbringung d., IX 110; XI 401f.
als Sexualablehnung [-verdrängung] (*s. a.* Konflikt; Neurose als –), VIII 121; XI 357f., 449
u. Versagung (*s. a.* Versagung), VIII 81, 322–24; XI 357, 360, 363
Objekt- (*s. a.* Objektbesetzung; -liebe), V *118f.*; XII 6; XVII 73
u. Befriedigungserlebnis, X 153
(Definition), V 118
bei Dementia praecox fehlend, XI 430
Entstehung d., X 151, 161
beim Fötus fehlend, XIV 161
u. Größenwahn, VIII 309; X 140; XI 430
u. Ichlibido (*s. a.* Narzißmus; Narzißtische Libido), X 141–44, 151–53
Umsetzung [Vertauschbarkeit] (*s. a.* Narzißtische Neurose), XI 435; XIII 258
Unterschiede zwischen, X 141–44
(Zusammenfassung), XIII 420

u. Objektliebe, XII 6
sekundäre *s.* **Libidoposition**
Stauung d. *s.* **Libidostauung**
u. Sublimierung, X 161
Wandlungen d., V 119
Zurückziehung d. *s.* **Zurückziehung**
i. d. Zwangsneurose, V 118f.
Organ-, [somatische Quellen d.] (*s. a.* Libido, Ich-; Narzißtische Libido; Organ(libido)), XI 335; XIII 34; XV 104; XVII 73
i. Paraphrenien (*s. a.* Paraphrenien), X 139, 152
Periodizität d., XIV 458f.; XVII 75
u. Phantasie *s.* **Phantasie** (Funktion d.): u. Libido
u. Phobie (*s. a.* Angsttheorie)
als Projektion d. Libidogefahr nach außen, XI 426
als Verschanzung gegen Libido, XI 425
Plastizität d. *s.* **Libido, Beweglichkeit d.**
als psychische Triebkraft *s.* **Libidotheorie, Jungs**
Restitutionsversuche d. (*s. a.* Libido, Objekt-; Libidoposition)
i. Paraphrenien, X 139, 152f., 245
Rückzug d. *s.* **Zurückziehung**
Schau-, *s.* **Schaulust**
Schicksale d., VIII 322; XV 98
i. Es, XV 98
u. Ichidealbildung, XIII 264f.
u. Sehnsucht *s.* **Sehnsucht**
Sinken d. *s.* **Libidoregression**
Sublimierung d. *s.* **Sublimierung**
u. Suggestion, XIII *95–100*
Symbole d.

Libido u. Symptom

Feuer, XVI 6
Gott als Tiertöter (bei Jung), IX 181
u. Symptom, XI 380, 388f.
Tast-, *s.* Berührungslust
(Terminus technicus), I 334; V 33; X 281
anstatt 'Erotik', XIII 99f.
Transposition d. *s.* Libidoverschiebung
Trägheit d. *s.* Trägheit
Triebäußerungen, Anteil an d., XIV 480
als Triebenergie [-kraft], XV 102
bei Jung, XIII 56f.; XIV 477
u. d. Unbewußte (*s. a.* Unbewußte, (Das)), XI 373
Ur- (Jung), XIII 230–32
asexuelle, XI 428; XIII 230
Überbesetzung d. *s.* Libidoverteilung
Übergroße *s.* Libidosteigerung
Überleitung d. *s.* Libidoverschiebung
u. Übertragungsneurosen *s.* Übertragungsneurosen
u. Versagung *s.* Versagung (*s. a.* Libido, u. Neurose)
Verschiebung d. *s.* Libidoverschiebung
Verwandlung d., i. Angst *s.* Angsttheorie (toxikologische)
'weibliche', These v. d., nicht z. rechtfertigen, XV 141
Wesen d., XI 357
Widerstände gegen d. (*s. a.* Ekel; Grauen; Scham; Schmerz), V 56, 58, 60, 64; VIII 88
Zurückziehung d. *s.* Zurückziehung
(Zusammenfassung), XIII 229

Libidoentwicklung (*s. a.* Libido, Hemmung d.), VIII 322; XI *331–50*; XIII 54, 154, 200f.
Allmählichkeit d., u. Überlagerungen i. d., XVI 73
u. Disposition [-sstellen] d. Erkrankung [d. Neurose] (*s. a.* Libidoentwicklung, Phasen d.; Prägenital-), VIII 323; XII 4; XV 106
Hemmungen i. d. (*s. a.* Hemmung; Sexualentwicklung)
u. Impotenz, VIII 79
u. Neurose, XIV 304
bei Hysterie, VIII 451f.
Ichentwicklung nicht unabhängig v., XI 364
Korrektur d., XVI 73
u. Neurose
Disposition *s.* Libidoentwicklung u. Disposition
als Hemmung i. d., XIV 304
Phasen d. (*s.a.* Anal(sadistische)–; Genitale –; Orale –; Phallische –; Prägenitale Phase), XI 338f.; XV 105
phylogenetische, XI 367f.
u. d. Masse, XIII 160f.
(Zusammenfassung), XIII 220f.
bei Zwangsneurose, VIII 443–50

Libidoorganisation *s.* Sexualentwicklung

Libidoökonomie *s.* Libidoverteilung (*s. a.* Libidostauung)

Libidoposition (*s. a.* Libidoverteilung)
Regression d. *s.* Libidoregression
sekundäre Besetzung d. (als Heilungsversuch), X 139
Wiedergewinnung d., Versuche z., X 139, 152f., 245

Libidoregression [-erniedrigung] (*s. a.* Regression), VIII 79; X 413; XI 373–77, 380; XIV 304; XV 98, 106; XVII 78, 98

Neurose als, XI 354–56

i. Perversion, XI 354f.

z. Phantasien, VIII 324

als Zwischenstufe z. Symptombildung, XI 388f.

Sinken d. Libido, I 338

Libidostauung [-anstauung] (*s. a.* Stauung), VIII 323, 327–29; X 151

u. Abfuhr (*s. a.* Abfuhr), XIII 272f.

i. hysterischen Anfall (*s. a.* Anfall, hysterischer), VII 239

u. Abstinenz, VIII 323

i. d. Ätiologie d. Angstneurose *s.* **Angsttheorie**

d. Ichlibido (*s. a.* Narzißtische Libido), X 151f.

u. Introversion, X 152

d. Objektlibido

u. irreale Objektbesetzung, X 152

u. Übertragungsneurose, X 151

Rückstauung *s.* **Rückstauung**

u. Unlust, X 151f.

Libidosteigerung [-durchbruch; -vorstoß], plötzlich [Durchbruch d. Sexualtriebes] (*s. a.* Durchbruch; Libidoverteilung; Spannung), VIII 121, 328; XI 322; XVI 70

u. Destruktionstrieb, XIV 482f.

beim hysterischen Anfall, VII 238

beim Kind, durch Affektvorgänge, V 104f.

i. Klimakterium, I 328, 336; VIII 328

i. d. Latenzperiode, V 79f., 136

i. d. Pubertät (*s. a.* Pubertät), VIII 322, 328; XI 322; XVI 70

Libidotheorie (*s. a.* Libido, Ich-; – Objekt-), V *118–20*; X 144; XI *427–46*; XII 6; XIII 229–33; XV 102

als Beweismaterial ungeeignet, i. Dementia praecox, Kriegsneurosen, Melancholie u. Paranoia, XII 322–24

u. Biologie v. Leben u. Tod, XIII 54; XVII 72

Jungs (*s. a.* Libido, asexuelle; – Ur-), V 120; X 107–13

u. Narzißmus, X 139, 144; XI *427–46*

d. Neurose, XII 4–6

d. organischen Krankheit (*s. a.* Hypochondrie), X 148f.; XI 432, 434f.

u. Ödipuskomplex, XIV 83

d. psychoanalytischen Heilungsvorganges, XI 472–76

d. Schlafes, XI 432, 435

u. Todestriebtheorie *s.* **Libido**, u. Destruktion; **Todestrieb**

d. Traumes, XI 434, 474–76

d. Verliebtheit, XI 430, 432, 435 (Zusammenfassung), XIII 54–56, 229–33, 420; XIV 60f.

Libidoverschiebung (*s. a.* Libido, Beweglichkeit d.), VI 170; XI 358, 435; XII 117; XIII 67, 258, 272f.; XIV 83, 388, 437

beim Humor, XIV 387

u. Lustprinzip, XIII 273

beim Lutschen, V 84f.

i. Neurose u. Homosexualität, XII 285; XIII 273

Ödipuskonflikt, nach erledigtem, XV 98

i. Phobien u. Zwangsneurose, I 65–72

Libidoverschiebung, Verschiebbarkeit d. Sexualtriebe

Verschiebbarkeit d. Sexualtriebe (*s. a.* Triebschicksale), VII 150

Verschiebungsenergie *s.* **Energie, Verschiebungs-**

Libidovertauschung (*s. a.* Libido, Ich-; – Objekt-; Narzißtische Neurose), XI 435

Libidoverteilung [-ökonomie] (*s. a.* Konstitution; Quantitative Faktoren; Trieb), VIII 309; X 140; XVII 78

durch d. Bewußtsein, II/III 621 f.

u. Egoismus, X 151

u. Glück, XIV 442 f.

u. Ichveränderung, X 149

i. Melancholie, XIII 34

bei schmerzhafter Krankheit, XIII 33 f.

Revision d., durch Analyse, XII 5

unrichtige *s.* **Libidostauung**

Urzustand d., XII 5

i. Intrauterinleben u. Schlaf, XI 432

u. Überbesetzung, XIII 34

Libidovorstoß *s.* **Libidosteigerung**

Liebe (*s. a.* Verliebtheit), XI 433

i. Adlers Lehren kein Raum f., X 102

Aggression u. Sadismus i. d. (*s. a.* Liebe, u. Haß), XIV 466

bei d. Schwiegermutter, IX 23

Altruismus i. d., XIII 112 f.

Ambivalenz d. *s.* **Liebe**, u. **Haß**

Angst, panische, lockert affektive Bindungen d., XIII 105

i. Angst verwandelt, durch Verdrängung, XV 90

als Anziehung d. Objektes, X 229

asexuelle, XVI 23

Ideal d. ('reinen' –), V 129; VIII 82

u. Askese, VIII 88

Ausbleiben [Fehlen, Mangel an] *s.* **Desexualisierung; Lieblosigkeit**

Begriff d., XIV 63

u. Charakterbildung, XIII 139

christliche *s.* **Liebe**, paulinische; **Nächstenliebe**

(Definitionen), V 294; X 227 f., 229

Eltern-, narzißtische Kindlichkeit d., X 157 f.

gegenüber Eltern *s.* **Eltern** (*s. a.* Mutter-; Vater-)

Entfremdung zwischen Psychischem u. Somatischem i. d., beim Mann (*s. a.* Dirne), I 337; VIII 68–70, 82

Entwicklungsgeschichte d., X 230; XIII 122 f., 158

v. Autoerotismus z. Objektwahl, X 153 f.

als Entzücken *s.* **Liebesekstase** (*s. a.* Leidenschaft; Verliebtheit)

ersetzt durch Haß *s.* **Liebe**, u. **Haß**

erste, Haftbarkeit d. *s.* **Imago**

erweiterter Begriff d. (*s. a.* Liebe, platonische; – paulinische; Nächstenliebe), XIII 98–100; XIV 459, 461 f.

u. Familie (*s. a.* Ehe; Familie), XIV 459, 461

u. Freundschaft, XIII 99; XIV 462

d. Führers, XIII 90, 130

Geheimhalten i. d. (*s. a.* Dritte Person), XII 173

u. Geliebtwerden, X 232

Gemeinschaft i. d. (*s. a.* Dritte Person), XVI 19

u. Genitalprimat, X 230

Geschlechts- (*s. a.* Liebe, sinnliche; Sexualität), V 136 f., 294; X 230; XIII 98

u. Gewissen, XIV 492

u. Schuldbewußtsein aus unbefriedigter, XVII 152

u. Glück, XIV 440f., 460f.

u. Haß [Lieben u. Hassen] (*s. a.* Liebe, Aggression u. Sadismus VII *371*; X 231, 354; XIII 110f.; XIV 528f.; XV 110; XVI 20

Ambivalenz v., X 232

Abfuhr d., durch Gebote u. Verbote, VII 459

i. Angst verwandelt, XV 89f.

Geschwistern gegenüber (*s. a.* Eifersucht; Geschwister), XI 208–10

beim Kind u. Zwangsneurotiker d. Regel, XIV 528

normale, XIV 528f.

u. Reue, XIV 492f.

v. Vorstufen d. Liebe herrührend, X 232

u. Willenslähmung, VII 456f.

bei Empedokles, XVI 91–93

bei Homosexualität, XIII 271f.

intensive (bewußte) Liebe weist auf verdrängten Haß, VII 455

i. Kernkomplex d. Neurosen, VII 428

Polarität v., X 225, 228–32; XIII 271; XVI 20

i. d. Objektliebe, XIII 57f.

Todestrieb u. Eros i. d., XIII 271–74

Unterschiede zwischen

Haß als negativer Faktor d. Liebe, VII 456

Haß als Regression d. Liebe, X 232

i. d. Liebe innigere Beziehung z. Sexualfunktion, X 230

Liebe, spätere Objektrelation, VIII 451; X 231

Liebe, negativer Faktor d.

bei Verfolgungswahn, XIII 271f.

Verkehrung i. d. Gegenteil bei, X 225; XIII 271, 283

i. d. Paranoia, XIII 271

bei Verliebtheit, XIII 271

auf d. Vorstufen d. Liebe kaum z. unterscheiden, X 231

i. d. Zwangshandlungen, VII 413–17

i. d. Zwangsneurose, VII 454–57; XIII 283f.; XIV 528f.

Heilung durch *s.* **Heilung**

als 'Heimweh', XII 259

'himmlische u. irdische', VIII 82; XIII 123

u. Hunger, X 143; XIII 55, 230; XIV 227

Ich- (*s. a.* Ichliebe; -triebe; Narzißtische Libido), XIII 285

Identifizierung als ursprüngliche Form d., XIII 117f.

u. Indifferenz, X 228f.

Kind gegenüber *s.* **Liebe**, Eltern-

i. Kindesalter *s.* **Kinderliebe** (*s. a.* Objektwahl, inzestuöse)

u. Kultur (*s. a.* Dritte Person), VIII 85; XIII 158f.; XIV 400–02

einschränkende Wirkung d., auf, XIII 138

Entzweiung v., XIV 462–65

Gegensatz v., XIV 467

i. d. Latenzperiode, V 100, 124

Mangel an *s.* **Desexualisierung**; **Lieblosigkeit**

u. Massenbindung, XIII 158

u. Narzißmus, X 227, 231; XIII 138

Nächsten-, *s.* **Nächstenliebe**

negativer Faktor d. (*s. a.* Liebe u. Haß), VII 456

319

Liebe, normale

normale (*s. a.* Liebe, Geschlechts-; Sexualität), V 136 f.

Objekt-, *s.* **Objektliebe**

ohne Objektunterscheidung, XIV 461

panische Angst lockert affektive Bindungen d., XIII 105

u. Paranoia, VIII 299–303

u. Partialtriebe

nicht identisch, X 225 f.

als Synthese d., X 230

paulinische, XIII 99, 155

'platonische', V 124, 129; XIII 99

Polaritäten [drei Gegensätze] d., X 226

i. d. Pubertät *s.* **Pubertät** (*s. a.* Schwärmerei)

'reine' *s.* **Liebe, asexuelle**

als Rausch *s.* **Liebesekstase**

Regression auf Haß *s.* **Liebe, u. Haß**

i. d. Religion (*s. a.* Kirche, Nächstenliebe), XIII 102, 107; XIV 461

u. Schönheit, V 55

schwärmerische *s.* **Schwärmerei**

Selbst-, *s.* **Narzißmus** (*s. a.* Egoismus)

mit sexuellen Zielen *s.* **Liebe, sinnliche**

ohne sexuelle Ziele (*s. a.* Liebe, asexuelle; Zärtliche Regungen) XVI 23

sinnliche (*s. a.* Liebe, Geschlechts-; – zärtliche; Liebesverhalten; Sexualität), V 294; VIII *79–83*, 85; XI 433; XIII 122–24, 127, 158

u. Streit (Empedokles), XVI 91–93

Sympathie, als Ersatz f., I 305–08

Unersättlichkeit i. d. *s.* **Kinderliebe**

Unfähigkeit z. *s.* **Liebesunfähigkeit** (*s. a.* Lieblosigkeit)

unglückliche (*s. a.* Liebesverlust; Versagung), XIII 124 f.

Intensität u. Hilflosigkeit d. –n, XIV 441

Unlustabwehr durch (*s. a.* Abwehr; Unlust), XIV 440 f.

i. d. Urfamilie, XIII 138 f.; XIV 459 f.

Übertragung als 'Rezidiv' d. (*s. a.* Übertragungsliebe), VII 118 f.

Übertragungs-, *s.* **Übertragungsliebe**

u. Verdrängung (*s. a.* Verdrängung), XI 455; XV 89 f.

u. Versagung *s.* **Versagung**

u. Versprechen [Fehlleistung], IV 108

Vorstufen d., VIII 451; X 230, 232

weiblichen Peniswunsch befriedigend, XVII 121

Welt-, *s.* **Liebe,** i. d. Religion

Wichtigkeit d., beim erotischen Typus, XIV 510

zärtliche (*s. a.* Liebe, sinnliche; Liebesverhalten; Zärtliche Regungen; Zärtlichkeit), XIII 123, 158

Zärtlichkeit als primäres Verhalten d., VIII 79–81

zielgehemmte (*s. a.* Zielgehemmte –), XIII 123, 127, 158; XIV 461 f.

Zwangs-, *s.* **Zwangslieben**

Zweifel, jeder, ein Zweifel an d., VII 457

Liebesansprüche [-forderung]

d. Kindes *s.* **Kinderliebe**

d. Kirche, XIII 150

Liebesbedingungen *s.* **Objektwahl**

Liebesbedürfnis d. Kindes (*s. a.* Hilfsbedürftigkeit), XIV 186 f.

Liebesbeziehungen

i. d. Massen, XIII 100

soziale, XIII 73f.

als Spiel, VII 163

Liebesenttäuschung s. **Liebesverlust**

Liebesekstase [-entzückung] (s. a. Wahn), V 294

als Rausch, XI 403

u. Weltuntergangsphantasie, VIII 307

Liebesfähigkeit

Fehlen d. s. **Lieblosigkeit; Liebesunfähigkeit**

Verlust d. (s. a. Desexualisierung)

i. Trauer u. Melancholie, X 429

Liebesforderung s. **Liebesansprüche**

Liebesgöttin u. Todesgöttin, X 33–35

Liebesleben (s. a. Sexualität; Verliebtheit), VIII 66–91; XII 161–80

abnorm verwendetes (s. a. Perversion; Übertragungsliebe), XIV 257f.

Anlehnungstypus u. narzißtische Objektwahl, X 154–58

Entwicklung d. –s s. **Liebe**, Entwicklungsgeschichte d. (s. a. Autoerotismus; Objektwahl)

Erniedrigung i., VIII *78–91*

u. Narzißmus (s. a. Narzißmus), X 148, *153–58*

u. Neurose (s. a. Neurose), VIII 41

u. Reizhunger, VIII 90

Schäden d. Askese u. d. ungezügelten –s (s. a. Askese; 'Ausleben', freies), VIII 88

u. Selbstgefühl, X 165, 167f.

unvollständig bewußt, XII 296

d. Weibes s. **Weib** (als Subjekt): Liebesleben d. –es

Liebesobjekt (s. a. Objekt; -liebe; -wahl)

Bruder als (s. a. Bruder; Liebe, z. Geschwistern; Schwester)

Erniedrigung d. s. **Erniedrigung**

erstes, Mutter als (s. a. Mutterbindung, präödipale), XI 341

inzestuös-regressives [Regression z. –n] (s. a. Inzest-; Ödipuskomplex; Regression), XI 341, 354f.

Klischee d. (s. a. Imago), VIII 364f.

u. sexuelles Objekt, XI 341

soziale Beziehungen z., XIII 73f.

Umtausch d. –s (beim Mädchen) (s. a. Mutterbindung; Vaterfixation), XIV 517

Überschätzung d. s. **Sexualüberschätzung**

Vater als zweites (beim Mädchen), s. **Vater**-

Vorwürfe wegen (s. a. Melancholie; Selbstvorwürfe), X 434

Liebesprämie, VIII 236; X 335

Liebestrieb s. **Sexualtrieb; Triebe** (s. a. Eros)

Liebesunersättlichkeit

d. Kindes (s. a. Kinderliebe), II/III 206; XIV 524; XV 132

d. Patienten (s. a. Patient), VIII 384

Liebesunfähigkeit (s. a. Liebesfähigkeit; Lieblosigkeit)

i. Neurotiker (s. a. Sexualablehnung), V 273; X 169

Liebesverhalten s. **Liebe**, sinnliche; – zärtliche

Liebesverlust (s. a. Liebe, unglückliche; Liebesversagung)

Angst vor, XIV 483

u. Hilflosigkeit (s. a. Hilfsbedürftigkeit), XIV 484

beim Säugling u. Kleinkind, V 125; XV 94f.; XVII 131, 137

Liebesverlust als Gefahr

beim Weib, XIV 173f.; XV 94f.
als Gefahr, XIV 484; XVII 131
u. Gewissensvorwürfe, XVII 137
u. Hysterie, I 72f.; XIV 174
u. Kinderspiel, XIII 19
als Objektverlust (beim Weib), XIV 173f.
u. Untergang d. Frühblüte d. infantilen Sexualität, XIII 19
u. Überich, Strafe d., XIV 170
Zärtlichkeit, Abnahme d., empfunden i. Kindheit als, XIII 19, 206

Liebesversagung [-enttäuschung] (*s. a.* Liebe, unglückliche; Liebesverlust; Versagung), XIII 288f.; XV 95; XVII 137
u. Aggression, XIV 490
u. Geisteskrankheit, I 72–74; X 431, 435
u. Übertragungsneurose, XII 324; XVI 78

Liebeswahl *s.* **Objekt(wahl)**

Liebeswahn *s.* **Erotomanie**

Liebkosung (*s. a.* Zärtlichkeit)
Süßigkeiten als Symbol f., XII 141

Lieblosigkeit (*s. a.* Liebesunfähigkeit)
i. Eltern *s.* **Eltern; Erziehung**
i. Verbrecher, XIV 400

Lieder, Traumgedanken dargestellt durch (*s. a.* Melodien), II/III 350f.

Liegekur (*s. a.* Psychotherapie, nichtanalytische)
Psychoanalyse verbunden mit, I 266

Liegen
während Analyse
Rückenlage, V 4f.

Sträuben gegen, VIII 467, 472f.
beim Koitus, VIII 138; X 97
beim Schlafen, XI 85
Gliederstellung, u. Traum, II/III 41f.
Schmerzen beim, I 216

Lift, Angst vor, I 120f.

Lilie
französische, Symbol f. männliches Genitale, XI 166
Jungfräulichkeit, Symbol f. *s.* i. Symbol-Reg.: Blume

Lingam, bei Hochzeitszeremonien, XII 175

Links
i. Cartesius' Traum, XIV 560
bei Pascal, I 346
u. Rechts *s.* **Rechts u. Links** (*s. a.* Aberglauben)

Lippen
als erogene Zone, V *82f.*, 212

Lutschen *s.* **Lutschen**
u. Mundschleimhaut, V 49–51
u. Nahrungsaufnahme, V 107
Scham-, *s.* **Genitalien**, weibliche; **Labien**
sexuelle Verwendung d., V *49–51*, 107

Literatur (*s. a.* Dichter; Dichtung; Lektüre; Roman; Traum(schöpfungen))
u. Schlagephantasie, XII 198
'Sensations-', V 104f.
Tiefenpsychologie, populäre, anwendend, XV 146
u. Todesidee, X 342–44
Vatermord i. d., IX 187–89; XIII 152; XIV 412
d. Ödipus, II/III 267–71; XI 342–44; XIV 412f.

Literaturwissenschaft [-geschichte], u. Psychoanalyse, VII 120; XIV 89–91, 281, 305

Lob, während Analyse s. **Psychoanalytische Technik**

Loch (*s. a.* Lücken-)
  als Symbol f. weibliches Genitale, II/III 338, 352; X 299

Lockerheit d. Verdrängung (*s. a.* Verdrängung), XI 391

Logik, XVII 128f.
  Abweichen v. d., i. Witz, VI 96, 140
  Mangel d. (*s. a.* Unsinn)
    i. Es, XV 80
    i.Traum (*s. a.* Traum; Unsinn), VI 96
    i. Unbewußten, XVII 91
    i. d. Wahnidee, XI 442
  Schein- [Anschein d.]
    i. Denkfehlern, VI 67f.
    Schrebers *s.* i. **Reg. d. Krankengesch.**: Namenverzeichnis, Schreber
    i. Sophismen, VI 64–67
    i. d. Witzfassade, VI 51, 54–56, 58, 63, 117–20 (119), 140, 233
    i.d.Zwangsneurose, VII 414, 429
      beim Wolfsmann *s.* i. **Reg. d. Krankengesch.**: Namenverzeichnis, Wolfsmann
  Schwäche i. d. *s.* **Denkfehler; Denkschwäche**
  'Suppen-', X 315
  u. d. Unbewußte, XVII 91
  Verdrehung d. *s.* **Logik, Schein-, Wahnidee** unzugänglich d., XI 442

Logisch (-er, -e, -es)
  Denken *s.* **Denkrelationen; -weisen**

Funktionen, i. Traum (*s. a.* Denkrelationen, i. Traum), II/III 64, 316–34, 447–55, 673–75
  Aufhebung d., II/III 50f., 55
  einzelne *s.* **Denkrelationen**
  Lösung v. Aufgaben, II/III 570
  rationalisierte Affektäußerung, II/III 146
  Verwunderung, II/III 455–58; XI 185
  (Zusammenfassung), II/III 453–55
  u. morphologische Schichtung d. pathogenen Materials, I 292–96
  Relationen *s.* **Denkrelationen**
  Tätigkeit [Funktionen] (*s. a.* Denkrelationen)
    i. Schlaf, II/III 64, 228f., 316–19, 447–55
    i. Traum *s.* **Denkrelationen**, i. Traum (*s. a.* Logische Tätigkeit i. Schlaf)
  'Verblendung' (*s. a.* Illusion), IV 254
    i. Krieg, X 339
    i. d. Überschätzung d. Sexualobjekts *s.* **Sexualüberschätzung**
  Verknüpfung [Zusammenhang]
    i. Denken *s.* **Denkweisen**, logische
    zwischen Erinnerung u. Abwehr, I 447f., 450
    i. Traumdarstellung, durch Annäherung v. Zeit u. Raum, II/III 673f.

Logos, XIV 378

Lohn (*s. a.* Prämie)
  u. Strafe *s.* **Strafe**
  u. Triebverzicht, XIV 449

Lokalanästhesie, durch Kokain (*s. a.* Cocain), XIV 39

Lokalisation

Lokalisation
d. Bewußtseinsvorgänge, u. d. seelischen Apparates, i. Gehirn (*s. a.* Psychischer Apparat, Topik), X 273; XVII 67
d. inneren Wahrnehmung, unmöglich, II/III 615
  weil multilokulär, XIII 249
d. Wunsches, i. d. psychischen Systemen, II/III 556f.

Lokalität (*s. a.* Ort; Raum)
psychische (*s. a.* Raumbewußtsein; Schauplatz), II/III 541–49, 615

Lokomotion (*s. a.* Bewegung)
Angst vor
  als Agoraphobie *s.* **Agoraphobie**
  als Gelegenheitsphobie, I 321, 351
  u. Schwindel (*s. a.* Angstneurose; Schwindel), I 497
Funktion d., u. Gehunlust, XIV 115f.
Lähmung, hysterische d. (*s. a.* Abasie; Gangstörung; Gehemmtsein), XIV 115, 124f.
  u. Schwindel, I 320f., 497
  als Sexualität, verdrängte, d. motorischen Organe, VIII 100
Unfähigkeit z. *s.* **Lähmung** (*s. a.* Abasie)
Zeremoniell bei, XIV 145f.

Loyalität
Ambivalenz i. d. (*s. a.* Herrscher, Ambivalenz gegenüber), IX 62
Denkverbot als, VII 162

Löschen *s.* **Feuer** (*s. a.* Flamme)

Löwe (*s. a.* i. Namen-Reg.: Löwe; i. Sprach-Reg.; i. Traum-Reg.: Verschiedene Träume)
-nzahn (Blume), i. einer Deckerinnerung, I 540f., 544, 549

Ludeln *s.* **Lutschen**

Lues [Luetisch] *s.* **Syphilis**

Luftschiff [-ballone] (*s. a.* Fliegen)
als Traumsymbol, II/III 362

Luftschlösser *s.* **Phantasien**, Wunsch-; **Tagtraum**

'Lumpf' (*s. a.* Kot, Kind symbolisierend; i. Reg. d. Krankengesch.: Namenverzeichnis, Kleiner Hans), VII 288–92, 297–300, 302f., 309f., 332, 340, 343, 358, 360, 365; X 406, 408–10

Lunge(n) (*s. a.* Atem, Atmen)
Traumsymbole f., II/III 90, 230f.

Lungenkranke, Angstträume –r, II/III 37, 40f.

Lust (*s. a.* Befriedigung; Erogene Zonen; Koitus, normaler; Libido; Orgasmus), V 33, 84, 114, 136; XVII 68
aus Aufwanddifferenz *s.* **Lust**, komische
ästhetische *s.* **Ästhetik**; **Ästhetisch**
Begriff d., V 33, 84, 114
Darstellungs-, XVI 7
(Definition), XIV 302; XVII 68
an Demütigungen (*s. a.* Grausamkeit; Masochismus; Sadismus), V 56
u. Destruktion, XVII 76
Freude, beim Wiedererkennen (*s. a.* Wiedererkennen), VI 135f.
am Humor, XIV 383
i. infantilen Sexualszenen erlebt
u. Schuldgefühle erzeugend (*s. a.* Schuldgefühl), I 420f.
u. Zwangsneurose, I 420f.
komische [am Komischen], VI 247–52; XIV 389
u. Libido (Terminus technicus), V 33

324

Lust(empfindung)

Mensch sucht unermüdlich nach (*s. a.* Gier; Luxus; Lüsternheit), VI 142; XI 387

u. Realitätsprinzip *s.* **Lust(prinzip)** u. Realitätsprinzip am Schaffen (*s. a.* Künstler), XIV 438 f.

sexuelle *s.* **Libido** (*s. a.* Orgasmus) (Terminus technicus), V 33, 114

u. Unlust (*s. a.* Reizbewältigung; Spannung), II/III 604, 621; V 110; X 212–14; XVII 68, 128 f.

    Affektverwandlung v., bei Verdrängung, XIV 119

    Automatismus d., durch Angstsignal erweckt, XV 96 f.

u. Bedürfnisspannung, V 110; XIV 227

u. Besetzung

    Erniedrigung d., XIII 249

    Vorgänge d., reguliert durch, II/III 580

(Definition), XIV 227

Empfindungen d. *s.* **Lust(empfindung)**

-entbindung *s.* **Unlustentbindung**

d. Erregung, XIII 68

u. Innenwelt [Funktionen d. Lust u. Unlust], II/III 580; X 228 f.

    indizierend Vorgänge d. Innenwelt, XIII 29

    Reizschutz, XIII 28

    vorwiegend unter d. anderen Empfindungen, XIII 29

    Wahrnehmung, XIII 249

i. d. Kunst [Tragödie], XIII 15

u. Masochismus, V 58; XIII 371

ökonomische Probleme d. bei Fehlhandlungen, IV 299 f.

Quantität d., XIII 372

i. Philosophie u. Psychologie, XIII 3–5

Polarität v., i. Triebleben, V 59; X 226

    entsprechend Ich u. Außenwelt, X 228 f.

d. Primär- u. Sekundärvorgänge, XIII 68

Prinzip (*s. a.* Lust(prinzip)), Proportionalität i., XIII 4

Qualität, als einzige psychische, bei inneren Energieumsetzungen, II/III 580

u. Rhythmusveränderung, XVII 68

Spannung zwischen, XIII 68 f.

u. Spannung *s.* **Reizspannung; Spannung**

u. Stabilität, XIII 4 f.

i. Traum, II/III 580

u. Triebregungen, XIII 6–8 beim Verlesen, IV 299 f.

i. d. Wiederholung

    beim Kind intensiver verknüpft, XIII 37

    i. d. Kunst [Tragödie], XIII 15

    i. Spiele (*s. a.* Spiel), XIII 13–15

    d. Unbefriedigten, XIII 20

Wesen d., XI 369 f.

an d. Wiedererinnerung *s.* **Erinnern** (Vorgang d.): **Wieder-**; **Wiedererkennen**

i. Wiedererkennen (*s. a.* Wiedererkennen), VI 136

i. d. Wiederholung *s.* **Lust, u. Unlust, i. d. Wiederholung**

i. Witz u. Gleichnis, VI 88

    beim tendenziösen Witz größer, VI 104 f.

Lust(empfindung), X 212–14

325

Lust(empfindung), Biologie d.

> Biologie d., X 212–14
> Charakter d., XIII 240
> u. Erregung, XIII 68
> i. Koitus *s.* **Lust(empfindung)**, normal –
> normal am Endakt d. Sexualvorganges (*s. a.* Spannung, sexuelle), I 507; V 114
> u. Rausch, XIV 436
> u. Reiz (*s. a.* Lust u. Unlust), XI 369f.; XIII 29
> u. Schmerz, V 58
> Steigerung d. *s.* **Lust(gewinn)**
> u. Unlust *s.* Lust, u. Unlust

Lust(entwicklung), VI 88, 153

Lust(gewinn)
> bei Beschränkung, X 359
> i. d. Wiederholung, XIII 15
> beim Witz, VI 104f., 109, *113*
> > beim aggressiven, VI 113
> > Verdichtung als Quelle z., VI 193–95
> bei d. Zote, VI 109–11

Lust(ich) (*s. a.* Ich)
> u. Introjektion, XIV 13
> u. Real-Ich, VIII 237

Lust(mechanismus) i. Witz, VI 105, *131–55*

Lust(motiv), I 547

Lust(mörder), XVII 71

Lust(prämie) *s.* **Prämie**

Lust(prinzip), VIII 231; XI 369f., 390; XIII 3; XIV 302, 424; XV 96–99; XVII 29, 129
> Ablösung [Loslösung] v., [Überwindung d. –s], VIII 67f., 234f.
> > Erziehung z., VIII 236
> > > durch Analyse, X 365
> > i. d. Latenz, VIII 234f.

> i. d. Wissenschaft, VIII 67, 236; X 365
> als Erschwerer d. Lebensaufgaben, XIII 69
> u. Es, XIII 275, 289; XV 80, 82, 98
> halluzinatorisch befriedigt (*s. a.* Halluzinatorische Befriedigung), VIII 231
> Hemmungen d. –s, XIII 6–8
> Herrschaft d. –s, XIV *227*, 230; XV 98
> i. Humor, XIV 385
> u. Ich, XIII 270f., 287f.; XIV 230; XV 82
> > Einschränkung d., durch, XIV 230
> > Warnung d., vor Überich, XIII 287f.
> Jenseits d. –s, XIII *3–69*; XVI 88
> i. Jenseitsglauben, VIII 236
> als Kompaß, XIII 275
> u. Konstanzprinzip, XIII 5
> u. Kunst *s.* **Kunst**
> Lebensaufgabe erschwerend, XIII 69
> u. Masochismus, XIII 371
> u. Masturbation, VIII 342
> ökonomische Gesichtspunkte d. –s, XII 3–8
> u. Primärvorgang, XIII 68
> u. Realitätsprinzip, II/III 571–73; VIII 235f.; XI 369–71; XIII 6, 8; XIV 85, 302, 435
> > u. Ich
> > > u. Es, XIII 252; XV 82
> > > u. Sexualtriebe, XIII 6
> > Kunst versöhnt, VIII 236f.
> u. Nirwanaprinzip, XIII 372f.
> Übergang v. (*s. a.* Lust(prinzip), Ablösung v.)
> > nie vollständig, VIII 235f.

i. d. Kunst versöhnt, VIII 236f.; XIV 90
i. Sexualtrieb, VIII 235
  als Sicherung (u. nicht Absetzung) d. Lustprinzips, VIII 235f.
  als Zweck d. Analyse, X 365
  u. Reiz[-bewältigung], X 214
  Rückkehr z., i. Symptom, XI 381
  als Schutz, XIII 287f.; XV 100
  u. Selbsterhaltungstrieb, XV 100
  Sicherung d. –es, VIII 235f.
  u. Spiel, XIII 13
  Tendenz z., XIII 5f.
  d. Todestrieb dienend, XIII 67f., 270–76, 371–73
  i. Traum, II/III 580, 605
  u. Triebarten, XIII 270
  Triumph d. –s (*s. a.* Euphorie; Humor; Manie), XIV 385
  v.– unabhängige Vorgänge v. (*s.a.* Lust(prinzip), Ablösung v.), XIII 29, 67; XV 114
  Unfallsträume dienen ursprünglicherem Zweck, als d., XIII 32
  u. Unlustprinzip *s.* Lust, u. Unlust
  u. Überich, XIII 287f.
  u. Verdrängung, VIII 231; XV 96–98; XVI 82
  u. verschiebbare Libido (*s. a.* Libido, Beweglichkeit d.; Libidoverschiebung), XIII 273
  Versuchungen d. –s, XVII 29
  Wahrnehmung (–s)
  –skala d. –s, XVI 89
  –system, Bw-System u., XIV 119
  als Wahrnehmungslust d. Formschönheit, XIV 90
  Wesen d. –s, XIII 67f.

Lutschen d. Horus

Widerstand i. Dienste d. –s, XIII 18
  beim Wiederholungszwang, XII 251
  außer acht gelassen, XIII 18, 21f.; XV 114
  Zensur, psychische, tendiert z., XVI 82
  u. Zweck d. Lebens, XIV 434
Lust(spiel) (*s. a.* Posse)
  als Spiel, VII 214
Lust(streben), VI 142; XI 387
Lust(verzicht) (*s. a.* Lust(prinzip); Triebverzicht)
  u. Glaube an Belohnung (*s. a.* Jenseitsglaube; Strafe u. Lohn), VIII 236
  Witz rekompensiert f., VI 110f.
Lust(voll) [Lustbetont] (–er, –e, –es) (*s. a.* Gelüste)
  Komplexe *s.* Komplexe, lustbetonte (*s. a.* Lust)
  Traumzweck, Befriedigung d. –es (*s. a.* Traum, als Wunscherfüllung), I 561f.
Lustration [Reinigung] (*s. a.* Sühne)
  bei Mord, IX 50f.
  Sühne ursprünglicher als, IX 45
  d. Unreinheit *s.* Unreinheit
  durch Wasser, u. Waschzwang (*s. a.* Zwang (psychischer): bestimmte Arten, Wasch-), IX 38
  Zeremonien, IX 29, 52f.
Lutschen [Ludeln], V *80f.*, 98f., 133, 211f.; VIII 46; XI 324f., 339f., 384; XIV 23; XVII 76
  Daumen, XI 325
  Genitalzone, Entdeckung d., beim, XI 325; XIV 23
  Haut u. Schleimhauterotik, V 82, 84
  d. Horus, XI 339

Lutschen, hysterisches Erbrechen

hysterisches Erbrechen, Globus, Schnüren i. Hals, mit vorangehendem, V 83
u. Kitzelreiz, V 84
Masturbation, Übergang z., v., V 80f., 84f.; XI 325
u. Penis (*s. a.* Fellatio), XIV 23
u. Rhythmik, V 84
u. Saugen, V 82
als Unart, XI 324
Verschiebbarkeit d. Aktion, V 84f.
'Wonnesaugen', V 80; VIII 46
Zungen-, V 80; XI 325

Luxus (*s. a.* Kultur; Verwöhnung)
u. Nervosität, VII 145-48 (146)

Lücken[-haftigkeit, -en] (*s. a.* Auslassung)
Anerkennungsmangel beim Patienten, I 295f.
Ausfüllen d. amnestischen, als Zielsetzung d. Psychoanalyse (*s. a.* Psychoanalytische Methode), VIII 412; XI 452
d. Bewußtseinsphänomene *s.* **Bewußtseinslücke; Wahrnehmung**
i. d. Deutung *s.* **Konstruktionen** (*s. a.* Deutung; Psychoanalytische Technik)
Entstellung durch Auslassungen (i. d. Zwangsneurose), VII 444
i. d. Erinnerung [i. Gedächtnis] *s.* **Amnesie** (*s. a.* Erinnern; Erinnerungslücke)
'Leck' i. d. Kur, VIII 470

i. Traum *s.* **Traum,** Lücken i. (*s. a.* Verdichtung)
mit Verlust nicht identisch *s.* **Traum,** Lücken i.
i. d. Wahrnehmung *s.* **Wahrnehmungslücken**
i. Witz *s.* **Witz(technik),** Auslassung

Lüge(n) (*s. a.* Heuchelei; Leugnen; Verleugnen), XIV 333
d. Dichters, XIII 152
hysterische *s.* **Verführungsphantasie** (*s. a.* Phantasie)
u. Irrtum, IV 247
Kinder- (*s. a.* Kinderlügen; Phantasie), VII 338; VIII *422-27*
d. Mythus, XIII 153
u. Sehnsucht, XIII 152
Simulieren als *s.* **Simulation**
durch Traum (*s. a.* Traum, Gefälligkeits-), XII 293f.; XIII 306-10
Unfähigkeit z., als Folge d. analytischen Beschäftigung, IV 247; X 312; XVI 94

Lüsternheit (*s. a.* Gier; Lust; Lust(prinzip); Sinnlich-), V 166, 208
kindliche, VII 389, 405; XIII 295
nach intrauterinem Leben, XII 257
u. Prüderie d. Kulturmenschen, V 25; VIII 42
sexuelle Gelüste, XIV 333

M

Macht (*s. a.* Gewalt)
  d. Intellektuellen, VIII 111
Machtgefühl (*s. a.* Eroberungswunsch), XIII 41, 78f.
  i. Spiel (Groos), VI 135–37
Machtstreben [-trieb, Geltungstrieb, Wille z. Macht], XII 4; XIII 41, 376; XV 101f.
  Adlers Theorie v., XIV 79, 236
  als Geltungstrieb, XV 101f.
  i. d. Masse, XIII 78f.
  als Rationalisierung, XII 46
  u. Sexualität, XIV 236
  u. Spiel (Groos' Theorie), VI 135–37
  Überschätzung d. Motive d., XII 46
Madonna
  Leonardos Madonnen *s.* i. Namen-Reg.: Anna, Hl.; Madonna; Vierge
  -Phantasie, V 267
  als Vision, VIII 113
Magenschleimhaut, als somatische Analogie z. Masochismus, XV 113
Magenschmerz(en) [-krampf], hysterische(r) [Gastralgie], I 106, 116f., 136–38
  bei Dora, V 197, 241
  u. Masturbation, V 241f.
  u. Trauer, I 117
Magie [magische Handlungen], IX *93–121*; XIV 92; XV 178
  u. Allmacht d. Gedanken, IX 93–121; XVI 221
  u. Animismus, IX *93–121*; XV 177–79
  als Strategie u. Technik d. Animismus, IX 97
  apotropäische (*s. a.* Apotropäa), IX 108; XVII 48
  Arten d., IX 100–06
  Assoziationstheorie d., IX 102f., 105
  Aufgeben d., u. geistige Wirkungen d. –s, XVI 191, 220f.
  d. Augen *s.* **Blick**, böser (*s. a.* Augen)
  Berührung als allgemeinstes Prinzip *s.* **Magie**, kontagiöse
  u. Bildnis, XVI 220f.
  Kunst (u. Tierbilder) ursprünglich i. Dienste d., IX 111
  Verbot d. Abbildung, wegen, IX 99
  i. Christentum, XVI 191–94 (194)
  (Definition), IX 97f., 103
  Fruchtbarkeits-, IX 99
  d. Gebetes, unwirksam ohne Frömmigkeit, IX 104f.
  homöopathische, IX 100
  imitative, IX 100–04
  beim Kind (*s. a.* Allmacht), X 140
  Geschirrhinauswerfen als (bei Goethe), XII 21
  kontagiöse, IX 101–03, 105
  u. Kannibalismus, IX 101
  u. Verschiebung, IX 102
  'kooperative' (Frazer), IX 140, 142
  Mittel u. Prozeduren d., IX 98–100, 104f.

Magie u. Monotheismus

u. Monotheismus d. Ägypter u. Juden, IX 99; XVI 191
Namen-, IX 101
Narzißmus i. d., X 140f.
statt Naturwissenschaft, aus Trostbedürfnis, XIV 338
negative ('Ungeschehenmachen')
 i. Zauber, XIV 149
 i. Zwangsneurose, XIV 149–51
u. räumliche Distanz, IX 100, 105
Regen-, IX 99f.
'schwarze Kunst', VIII 131
u. Technik, XVI 221
u. d. Unheimliche, XII 252–54, 256, 258
Verbote d., IX 100
d. Worte s. Wortzauber
u. Wunschbefriedigung, IX 103–06
u. Zwangshandlung (s. a. Zwangshandlung), IX 108

Magnetismus, 'tierischer', u. Tabu, XIII 140

Mahomedanische Religion, XVI 199

Makropsie, VIII 9
mit hysterischer Tierhalluzination verglichen, I 117

Malocchio s. **Blick**, böser

Malthusianismus (s. a. Coitus interruptus; – reservatus), I 506f.

Mamma s. **Brustwarze**

Mana (s. a. Animismus; Manes), XII 253
d. Führers, XIII 140
i. Moses, XIII 140
u. Tabu, IX 27, 29, 43–45

Mandat s. **Posthypnotische Suggestion**

Manes [Manismus] (s. a. Ahnenverehrung; Stammesvater; Totem; -ismus), IX 93

Mangel (s. a. Ersparnis; u. unter d. Negationspartikel: Un-)
an Aggression (s. a. Neutralisierung), XVII 71
an Angst s. **Angstfreiheit**
an Anpassungsfähigkeit, beim Zwangscharakter, XVI 181
d. Aufmerksamkeit s. **Fehlleistungen; Zerstreutheit**
an Aufrichtigkeit s. **Heuchelei**
an Befriedigung s. **Versagung** (s. a. Frigidität; Impotenz; Orgasmus)
d. Beweglichkeit d. Libido s. **Trägheit**
d. Deutbarkeit d. Träume s. **Traum(deutung)**
an Einfällen s. **Assoziation, freie**, Stockung d. Einfälle
Ekel s. **Ekel**
an Empfindung s. **Indifferenz**
an Genesungswillen s. **Krankheitsgewinn; Strafbedürfnis**
an Gerechtigkeitssinn, i. Weib, XV 144
an Glaubwürdigkeit d. Zeugenaussagen, IV 164; VII 3
Hemmungs-, s. **Hemmungslosigkeit**
an Identifikation, bei Dienstboten, IV 192
an Integration s. **Integration** (s. a. Perversion)
an Komik s. **Komik**
an Lebhaftigkeit d. Bilder, als Widerstandssymptom, I 284
an Leistungsfähigkeit s. **Leistungsfähigkeit**
an Liebe s. **Lieblosigkeit**
an Mitleid, V 94
d. Moral s. **Immoralität; Sünde; Unart**
an Motivierung s. **Unsinn**

richtiger –, *s*. **Rationalisierung;
Tabu; Zwangsverbote**

an Mut *s*. **Feigheit**

an Objektbesetzung *s*. **Fötus;
Psychose**

an Ordnung, i. Traum, II/III 47

an Orgasmus (*s. a.* Impotenz),
XIV 114

an 'Orientierung', Traumtheorie
d., II/III 54f.

Penis-, *s*. **Penismangel**

Raumbewußtsein [-gefühl], i.
Traum, II/III 47, 54

an Realitätsprüfung *s*. **Realitätsprüfung** (*s. a.* Kind; Masse-)

an Reizbarkeit d. erogenen Zonen, bei ungenügender sexueller Spannung, V 115

Scham *s*. **Scham**

Selbstbewußtsein *s*. **Kleinheitswahn; Minderwertigkeitsgefühl; Selbstmißtrauen**

an sexueller Befriedigung (*s. a.*
Abstinenz; Befriedigung; Coitus interruptus; Versagung)

bei Angstneurose

männlicher, I 327, 329f.,
333, 358, 363

weiblicher, I 326f., 329f.,
333, 363

beim Orgasmus, XIV 114

u. Spannungsgefühl, unlustvolles, V 85

u. Zwangsneurose, I 327

an Übersetzbarkeit d. Träume
beim Erwachen, II/III 56

Wunscherfüllung *s*. **Ersatz-; Versagung; Wunscherfüllung**

an Zeitbewußtsein, i. Traum (*s. a.* Zeit), II/III 47

an Zensur *s*. **Zensur**

Zuverlässigkeit *s*. **Glaubwürdigkeit; Unverantwortlichkeit**

Mann, Abstinenz beim

an Zweifel, i. d. Masse, XIII 83

Mangelhafter Koitus (*s. a.* Abstinenz; Coitus interruptus; – reservatus), I 416, 507; XIV 114

Manie (*s. a.* Euphorie; Stimmung, heitere), XI 444; XV 67

u. Ichideal (*s. a.* Manie u. Überich), XIII 147–49

Ichverhalten i. d., XIII 283

u. Melancholie, X *440–42, 445f.*

ökonomische Gesichtspunkte,
X 441–43, 445

u. normale gehobene Stimmung,
X 441

Psychoanalyse nicht indiziert bei
(*s. a.* Psychoanalytische Methode), I 513

u. Rausch, XIV 436

Alkohol-, X 441

u. Trauer, X 442

als Triumph, X 441f., 446

u. Überich (*s. a.* Manie, u. Ichideal), XIV 388

Manifest (–er, –e) (*s. a.* Latent)

Krankheit, Übergang v. d. latenten i., I 413

Trauminhalt *s*. **Traum(inhalt), manifester**

Manifestationsalter *s*. **Alter** (*s. a.* Inkubation)

Manismus (*s. a.* Mana), IX 93

Mann (*s. a.* Männlich–)

Abstinenz beim (*s. a.* Abstinenz)

u. Angstneurose *s*. **Angstneurose**

u. frustrane Erregung (*s. a.*
Angstneurose; Neurasthenie),
I 321, 336; XI 416

u. Triebunterdrückung, VII
160f.

u. Zwangsvorstellungen, I 327

Mann u. Aggression

u. Aggression
  bei gehemmter Libido, VI 108
  normale, V 57, 121
u. Sadismus, XV 111
i. Analyse
  Überwindung d. Kastrationskomplexes als Bedingung d. Heilung, XVI 98f.
  Verweigerung d. Einfälle, durch verdrängte Homosexualität, VIII 472
Angst vor Sexualität beim (s. a. Kastrationsangst), I 327f.
Angst v. Weib s. **Mann,** u. Weib, Beziehungen
Angst d. Weibes vor s. **Virginale Angst**
als 'Anhängsel d. Penis', X 405
Coitus interruptus, Wirkungen d., auf d.
  Angstneurose erzeugend, I 327, 336
  Neurasthenie erzeugend, I 327
ehrgeizige Wunschphantasien beim jungen s. **Wunschphantasie(n)** ehrgeizige
Ekel beim s. **Ekel** (s. a. Kastrationsangst)
Entfremdung v. Psychischen u. Somatischen beim [Dirnenliebe] (s. a. Dirne), I 337; VIII 68–70, 82; XIV 415–18
erogene Leitzone beim, V *121f.*
Exhibitionismus, normaler, beim, u. Zote, VI 107f.
frustrane Erregung beim s. **Mann, Abstinenz**
'Gebärfähigkeit' d. –es, infantile Theorie v. d. s. **Infantile Geburtstheorien**
Gefahrsituation d. Kastration u. Überichangst beim, XIV 173f.

Geschlechtsdifferenzierung d. –es (s. a. Genital-; Geschlecht-; Sexual-), V 136
Homosexualität beim s. **Homosexualität** (männliche)
Hypochondrie u. Angstneurose beim, I 328
junger s. **Adoleszent**
Kastrationsangst beim s. **Kastrationsangst**
Kastrationsschreck beim s. **Kastrationsschreck**
u. Kultur, XIV 463
Liebesleben d. –es (s. a. Liebesleben)
  Objektwahl nach Anlehnungstypus charakteristisch, X 154
  Sexualüberschätzung i. s. **Mann,** Sexualüberschätzung
Masturbation beim
  u. Angstneurose, I 328
  besser vertragend als Weib, XIV 26f.
Perversität zugeneigter als Weib, VII 154
Potenz, Schädigung d., beim, u. Angstneurose, I 328
Rauferei, u. Selbstbeschädigung i. hysterischen Anfall, VII 239
schützender, Objektwahl d. –n –es, X 157
Schwindel als Angstneurosensymptom, beim, I 328
Senium beim, I 328
Sexual
  -einschüchterung beim (s. a. Sexualeinschüchterung), XVII 117
  -entwicklung beim s. **Knabe; Sexual**entwicklung
  -stoffe, ihre Anhäufung u. Abladung beim, V 115f.
  -überschätzung beim

eigene s. **Penisstolz** (s. a. Kastration; Kastrationskomplex)

d. Partners, V 50; X 154f.; XII 280, 287

somatische Erregung beim, I 334f.

Sublimierung beim (s. a. Sublimierung), VII 158; XIV 463

Tagträume beim s. **Wunschphantasie(n)**, ehrgeizige

Überheblichkeit beim s. **Kastration; Kastrations-; Penisstolz**

Überkompensationen als Übertragungswiderstände beim, XVI 98f.

Vaterkomplex beim, als Hauptquelle d. Widerstände, VIII 108

Verhütungsmittel (bei geringer Potenz) schwer ertragend, VII 164

u. Weib

Beziehungen zwischen (s. a. Liebe)

Ablehnung d. Weibes (s. a. Homosexualität; Misogynie), I 337; VIII 68–70, 82

Abscheu (s. a. Fetischismus; Penismangel), XIV 24

Angst (s. a. Kastrationsangst), I 327f.; XII 168

Erniedrigung (s.a. Erniedrigung), VIII 79–91 (83)

Geringschätzung, VII 453f.

Schwächung durch, Furcht vor, XII 168

Hörigkeit v. Weib, XVII 118

u. Masochismus, männlicher Protest u. Kastrationsangst, XVI 99

seltener, XII 162

durch Schicksalsgöttinnen symbolisiert, X 36f.

Unterschiede zwischen

i. Geschlechtscharakter s. **Geschlechtscharakter**

als Polarität, sexuelle (s. a. Aktivität u. Passivität; Polarität), V 99, 121, 136

i. d. Sexualentwicklung (s. a. Sexualentwicklung)

Kastrations-, u. Ödipuskomplex, Verschiedenheit d., bei, XV 138f.

Zwangsneurose häufiger beim Mann, XIV 174

wegen aktiverem Charakter (s. a. Aktivität), I 386, 421, 457f.

Mannbarkeitsritual, IX 184; XV 93

Mannweiber s. **Männlichkeitskomplex**

Mantel, als Symbol f. männliches Genitale, II/III 361, 371; XI 157–59; XV 24

Mantik (s. a. Traum, Dämonie i.; – prophetischer; Traum(deutung)), II/III 2

Marxismus s. **Kommunismus**

Maschinen (s. a. Instrumente; Mechanisch-; Technik)

als Ausdruck d. Erhöhung d. Denkaufwandes z. Verringerung d. Bewegungsaufwandes, VI 223

als Symbole f. männliche Genitalien, II/III 361; XI 158

Masochismus [Masochistisch, –e Tendenzen], V 56, 94; VIII 46; XI 316; XV 111, 123; XVII 76

Adlers Theorien widerlegt durch d. Phänomen d., XV 153

u. Bußhandlungen, XIV 147

(Definition), XIV 201; XV 111

u. Desexualisierung, XIII 382

u. Destruktionstrieb als nach innen gewandter (s. a. Selbstde-

Masochismus bei Dostojewski

struktion), XIII 377f., 383; XIV 201; XV 112
bei Dostojewski, XIV 401
einfacher, XVI 89
Entstehung d., XII 143f., 212-15, 220-22
erogener *s.* **Masochismus**, primärer
femininer, V 57; XII 218; XIII 373-76; XV 111, 123
freier u. gebundener, XVI 88
u. Gesäßhaut, V 94
i. d. Hypnose, V 50; XIII 142
u. Ich, bei sadistischem Überich (*s. a.* Überich, sadistischer), XIV 408-10
als Ichtendenz, XIII 11
ideeller, u. Gegenwunschträume, II/III 165
immanenter, XVI 88
u. Impotenz, XII 218; XIII 374
infantile Einstellung beim, XIII 374f.
u. Kastrationskomplex, V 58; XIII 338f.
Lust u. Unlust i., V 56; XIII 371
beim Mann, XV 123; XVI 99
    u. Schlagephantasien, XII 217-19
u. Masturbation *s.* **Masochismus**, Phantasien
moralischer, V 57f.; XIII 373-75, 378
    desexualisierter Charakter d., XIII 378
    u. Moral, Unterschied zwischen, XIII 381
    u. negative therapeutische Reaktion, XIII 378f.
    u. Schuldgefühl *s.* **Masochismus**, u. Schuldbewußtsein; Schuldgefühl u. Strafbedürfnis, usw.

nicht-neurotischer, Frage eines, XIV 401f.
u. Ödipuskomplex, XIII 382
ökonomisches Problem d., XIII *371-83*
u. Passivität (*s. a.* Passivität)
    u. Aktivität, X 219-23
    als feminine Einstellung, XIII 374f.
    ohne Unlustcharakter, XII 214
d. Perversen, XIII 374
als Perversion, XV 111
Phantasien d., XIII 377
    u. Masturbation, XII 217f.; XIII 374f.
    nach Operation, XVI 66
    Schlage- (*s. a.* Schlagephantasien), XII 212-15, 220-22; XIII 374f., 382
    Unbeschädigtheit d. Augen u. Genitalien als Bedingung d., XIII 375
phylo- u. ontogenetische Phasen, XIII 377
primärer [erogener] (*s. a.* Sadismus, u. Masochismus), V 57, 105; X 220f.; XII 214; XIII *59*, 373, 375, 377; XV 112
    Verneinung d. Vorhandenseins eines X 221
als Regression, XIII 59
u. Sadismus *s.* **Sadismus**, u. Masochismus (*s. a.* Überich, Härte d.)
u. Schlimmheit, XII 52f.
u. Schmerz (*s. a.* Masochismus, primärer), V 58, 94, 105; X 221; XIII 375
    durch sexuell erregende Wirkung, V 94, 105
    als Ziel, XIII 375
u. Schuldbewußtsein u. Schuldgefühl, V 58; XII 50f., 208; XIII 378; XVI 88

sekundärer, V 57; XIII 377
u. Selbstbestrafung [-quälerei], XIV 147
nicht gleichbedeutend, X 221
u. Selbstdestruktion *s.* **Selbstzerstörung**
Sexualisierung d. Moral i., XIII 381
u. Strafbedürfnis, XIII 379
u. Strafe (*s. a.* Masochismus, u. Selbstbestrafung), V 94; XIII 380–83
u. Sublimation i. d. Religion, XII 95
Therapie d.
Schwerbeeinflußbarkeit, XVI 89
Triebbefriedigung während Kur, Frage d., VIII 109
u. Widerstand gegen Heilung, XVI 88f.
i. Traum, II/III 479
Gegenwunschträume, II/III 165
peinliche Träume, II/III 164–66
u. Straf-, II/III 479
i. Wunscherfüllungs-, II/III 164–66; VII 122
u. Trieb
Destruktions-, *s.* **Masochismus**, u. Destruktionstrieb
-angst, XIV 201
-schicksal, X 220
bei Unfallsneurotikern, XIII 11
u. Ursadismus *s.* **Sadismus**
Ursprünglichkeit d., Frage d. *s.* **Masochismus**, primärer; **Sadismus**, u. Masochismus
Versuchungen provozierend, XIII 382
beim Weib *s.* **Masochismus, femininer**
Wesen d., XII 209
u. Züchtigung, körperliche, V 94

Masse(n) u. Neurose

i. d. Zwangsneurose, XIV 147
Masochist (Definition u. Begriff), XIII 378
Masse(n)
Affekte i. d. *s.* **Massenseele**, Induktion; – Leidenschaftlichkeit
Arten [Morphologie] d., XIII 99, 101, 109
(Definitionen), XIII 128; XV 74
u. Führer (*s. a.* Führer; Massenseele), XIII 81, 86f., 130; XIV 328f.; XVI 217–28
d. große Mann als, XVI 217f.
haben verschiedenen Psychologien, XIII 137f.
u. Hypnotiseur, XIII 80, 140f.
Identifizierung mit, XIII *114–21* (118f.), 144; XV 74
als Illusion i. Kirche u. Heer, XIII 102f.
-lose Massen, XIII 101, 109
'psychologisches Elend' d., XIV 475
u. Geschlechtsliebe *s.* **Massenbindung**
Haufen [crowd], XIII 90–93, 101, 109
Individuum, Veränderung d., i. d. (*s.a.* Massenseele), XIII 77–82
Kinder [-schar], Ontogenese d., XIII 132f.
u. Kriegsneurose, XIII 103
kurzlebige *s.* **Masse, Haufen**
künstliche
Heer, XIII *101*, 103f.
Kirche, XIII *101–03*
Liebesbeziehungen i. d. *s.* **Massenbindung**
u. Neurose
asozialer Charakter d., XIII 159

Masse(n), Organisation d.

    Gemeinschafts-, *s.* **Massenseele,** Induktion i. d.
    u. Symptombildung, XIII 160
    Organisation d., XIII 90–94, 128
    u. Panik, XIII 104–06
    Prestige i. d., XIII 86f.
    primäre, XIII 128
    'psychologisches Elend d.', XIV 475
    revolutionäre, XIII 90
    stabile, XIII 90, 93f., 101
    Trägheit u. Feigheit d., XIV 283
    Wesen d., XIII 76f., 82–87

Massenbildung, XIII 144f.
    durch Eifersucht u. Intoleranz d. Urvaters, XIII 138f.
    statt Symptombildung, XIII 160
    Wahnsystem ersetzt, XIV 440
    zwanghafter Charakter d., XIII 142
    z. zweien, XIII 120
    Hypnose eine, XIII 126f., 142

Massenbindung
    an Führer, XIII 104
    geschwächt durch Geschlechtsliebe, XIII 157–60
    u. Homosexualität, X 169; XIII 133, 159
    u. Hypnose *s.* **Massenseele,** Induktion i. d.
    u. Liebesbeziehungen, XIII 100, 157–59
    mystische, XIII 159f.
    Neurose wirkt zersetzend auf, XIII 159
    durch Schein–[Schief-]heilungen, XIII 159f.
    i. d. Schule, XIII 133

Massenideal (*s. a.* Masse, u. Führer)
    anstatt Ichideal, X 169f.; XIII 142, 144f., 150f.

Massenneurose *s.* **Massenseele,** Induktion i. d.

Massenpsychologie (als Psychologie d. Massen) *s.* **Massenseele**

Massenpsychologie (als Wissenschaft)
    Alter d., XIII 137f.
    u. Ichanalyse, XIII *73–161*
    u. Individualpsychologie, XIII 73f., 137f.; XV 151
    Kreis d., XIII 74
    Theorien d., XIII *88–94*
    Le Bon, XIII *76–87*
    u. Vererbungsproblem, u. Völkerpsychologie, IX 189–91
    eine unter zweierlei Psychologien (*s. a.* Masse, u. Führer), XIII 137f.

Massenpsychose [-wahn] (*s. a.* Massenseele, Induktion i. d.)
    u. Illusion, XV 172
    Religion als (*s. a.* Religion), XIV 440

Massenseele, IX 189
    Allgemeinverhalten d., XIII *77–94*
    Ambivalenz d., XIII 84
    Arbeitslust, geringe, d., XIV 327–29
    Autoritätsbedürfnis [-sucht] i. d., XVI 217
    als Gehorsam, XIII 86
    als Glauben, XIII 83f., 92, 142
    Bilderdenken i. d., XIII 82f.
    Egoismus, Einschränkung d., i. d., XIII 113
    Eifersucht i. d., XIII 157
    Aufgeben d., i. d., XIII 133
    Entstehung d., durch Intoleranz d. Urvaters, XIII 138f.
    'esprit de corps' d., XIII 100, 102f. *134*

d. Sexualstrebungen gegensätzlich, XIII 157–59

Feigheit u. Mut d., XIII 82; XIV 283

u. Führer s. **Masse**, u. **Führer**

Gehorsam s. **Massenseele**, **Autoritätsbedürfnis** d.

u. Gemeinsamkeit (s. a. Gemeinschaft), XIII 91, 118

u. Gewissen, XIII 92

u. Glauben s. **Massenseele**, **Autoritätsbedürfnis** d.

'Group mind', XIII 74, 90–94, 106

Haß u. Intoleranz i. d., XIII 83

u. homosexuelle Libido (s. a. Massenbindung, u. Homosexualität), X 169

u. Ich (s. a. Masse, u. Führer; Massenideal), XIII *144–49*

u. Überich-Differenzierung, XV 74

Ideale d. s. **Massenideal**

u. Identifizierung, XIII 114–21

   mehrfache, XIII 144

   miteinander, XIII 117f., 128

   mit Führer s. **Masse**, u. **Führer**

Illusionen d., XIII 85f.

Gerechtigkeit u. Gleichheit, XIII 102f., 133, 139

Religion als s. **Religion**

d. Individuum i. d. Masse

Charakteristik, XIII 81

Veränderungen, seelische, i., XIII 77–82

Induktion i. d. [Psychische Ansteckung; – Epidemie; – Induzierung; – Infektion] (s. a. Nachahmung), XIII 96, *104*

   u. hypnotische [sugestive] Wirkung, XIII 80, 126f., 141f., *160f.*

   gegenseitige, XIII 91, 130

u. Suggestibilität d. Masse, XIII 80f., 84f., 92

hysterische Nachahmung, II/III 155f.; XIII 79f., 96, 104, 117f.

Massenneurose [Gemeinschaftsneurose, Psychische Epidemien] (s. a. Masse, u. Neurose), XIV 505

Namenvergessen, kollektives, IV 48–50

telepathische Möglichkeit d., XV 59f.

Wunderkuren bei, V 299–301

intellektuelle Minderwertigkeit d. [Hemmungen d.] (s. a. Massenseele, Induktion i. d. – Unverantwortlichkeit), XIII 82, 84, 88f., 92, 94f., 129f.

Kritiklosigkeit, XIII 83

u. Kind, Seelenleben d. –es, Ähnlichkeiten zwischen, XIII 82–84, 129

u. Kinderschar s. **Masse**, **Kinder**

Konservatismus d., XIII 84

u. Tradition, XVI 174, 200f., 234–36

u. Lebhaftigkeit d. Früherlebnisse, XVI 234f.

Leidenschaftlichkeit [Impulsivität] d., XIII 82–84, 89, 91–93; XIV 328f.

u. Haß, XIII 110

Möglichkeit telepathischer Induktion bei erregter, XV 59f.

u. Liebesversagung, XIII 137f., 157

Maßlosigkeit d., XIII 83

i. d. Affektivitätssteigerung, XIII 91f.

als Allmachtgefühl, XIII 80, 82

Mythus als erstes Austreten aus d., XIII 152f.

Massenseele u. Neurotiker

u. Neurotiker, Ähnlichkeit zwischen, XIII 82, 84f.; XV 148

Phantasie d., XIII 83, 85

'psychisches Elend' d. (s. a. Masse, führerlose), XIV 475

Regression i. d. (s. a. Regression), XIII 82, 129, 135–38

u. Religion s. **Religion**, u. Masse

u. Schamgefühl, XIII 157

u. Schuldbewußtsein, X 169 f.

Selbständigkeitsmangel i. d. s. **Massenseele**, Autoritätsbedürfnis d.

u. Selbsterhaltungstrieb, XIII 95

u. Sexualität

Energie d., f. soziale Gefühle verwendet, V 134

verminderte (s. a. Massenbindung, u. Liebesbeziehungen), XIII 157–59

u. soziale

Gefühle, V 134

Solidarität i. Clan, IX 176; XIII 121

Vorgänge, beim Witz, VI *156–77*

Suggestibilität d. s. **Massenseele**, Induktion i. d.

u. Tabu, XIII 85

u. Traumleben, Ähnlichkeiten zwischen, XIII 83

d. Triebverzicht abhold (s. a. Triebstärke), XIV 328–30

Unbewußtheit d., XIII 82

Unverantwortlichkeit d., XIII *79 f.*, 86

u. Urhorde, XIII *136–43*

u. Überich (s. a. Masse, u. Führer; Massenideal; Überich)

Gemeinsamkeit d., XV 74

Vatersehnsucht u. Wunschphantasien i. d. (s. a. Masse, u. Führer), XVI 217 f.

Massentherapie, XII 192–94

durch Psychoanalyse, VIII 112 f.

Maßlosigkeit (s. a. Übertreibung)

kindliche, II/III 274; VI 216 f., 225, 258; XIII 83

i. d. Liebe, II/III 206; XIV 524; XV 132

i. bezug auf Nahrung s. **Gier**

Prahlerei, VIII 425

i. d. Masse s. **Massenseele**

Monoideismus d., VI 258

d. Neugierde (s. a. Infantile Sexualforschung), als Widerstandsfaktor, I 280

beim Neurotiker, II/III 274

Todeswunsch als, XIII 83

i. Traum (s. a. Traum), II/III 88, 274 f.; XIII 83

bei Aristoteles, II/III 3

Mastkur u. Ruhekur (Weir-Mitchellsche), mit kathartisch [-analytisch]er Methode verbunden, I 266

Masturbation [Onanie], I 328, 347, 415, 497, 505, 550 f.; V 74, *86–94*; VII 193, 423; VIII *331–45*, (332 f.); XI 314, 327

Abgewöhnung[-skampf, Aufgeben, Entwöhnung], I 505 f.; V 89; VII 263; XIV 418

i. Mädchen s. **Masturbation**, d. Weibes

u. Regression, XII 50 f.

Rückgängigmachen d. Entwöhnung, i. d. Symptombildung, VII 194

u. Abstinenz (s. a. Masturbation, u. Neurasthenie), V 241 f.; VII 162 f.; VIII 342

i. d. Agoraphobie, XIV 158

u. Anämie, Unterernährung, u. Überarbeitung, I 505

u. Angst, I 328, 497

als alleinige Erklärung ungenügend, VII 263

vor Aufdeckung (durch Arzt), V 235, 241, 243

als Ersatz f., V 243

-neigung, I 337

-neurose, V 243

'Onanie-', II/III 550

u. Aufklärung, sexuelle, VII 186

u. Bettnässen, V 236f., 241; XIV 22

Deckerinnerung, V 244

als Ersatzbefriedigung u. neurotische Symptome, XI 311f.

Ersatzhandlungen, statt (s. a. i. Symbol-Reg.), XI 320; XVI 185

bei Erwachsenen s. **Masturbation**, Phasen d.

u. Erziehung, XIV 27

exzessive s. **Masturbation**, Schädlichkeit d.

u. Finger, V 238–40

-lähmung, VIII 100

u. Fluor albus, V 238

gegenseitige, als Sexualziel (bei Homosexuellen), V 39, 51

Geständnis, bezüglich d., XIV 26

u. Handzeremoniell (s. a. Hand), V 243; XIV 417

Hemmung d. kindlichen, XVII 152

u. Hypochondrie, VIII 292

u. Hysterie, I 382f.; V 241f.; VII 238

infantile s. **Masturbation**, Phasen d.

u. Juckreiz i. d. Afterzone, V 88

u. [Kastrations-]drohung (u. Verbot), V 89, VII 179; IX 156; XIII 396f.; XIV 21f., 525; XV 93, 132f.; XVII 61, 77, 117

u. Ambivalenz gegenüber Mutter, XV 132f.

u. Beginn d. Latenz, XIII 396

Masturbation u. Perversionsneigung

u. Kindeswunsch, XIV 23

beim Kleinkind s. **Masturbation**, Phasen d.

klitoride s. **Masturbation**, d. Weibes, klitoride

u. Koitus, VII 163; VIII 341

Komplex bezüglich d. [Onanie-], IV 278f.; XI 194

konstitutionelle Disposition z. [somatischer Faktor d.], I 415; VIII 335, 344

Kulturvorteile d., VIII 343

als Laster, XIV 417

i. d. Latenz s. **Masturbation**, Phasen d.

u. Lustprinzip, VIII 342

u. Lutschen s. **Lutschen**

u. Magenschmerzen [-krämpfe], hysterische, V 241

u. Masochismus (s. a. Masturbationsphantasien, Schlage-; Schlagephantasie), XII 217f.

maßlose, VIII 342; XIV 418

mutuelle s. **Masturbation**, gegenseitige

u. Neurasthenie (echte) (s. a. Masturbation u. Abstinenz), I 335, 415, 483, 497–99, 508; V 150; XIV 49f.

mit Angstneigung, I 337

u. Neurose s. **Masturbation**, Schädlichkeit, Frage d.

offene [nicht-Verbergen, als Verführungswunsch], XII 48

organische

durch Fixierung u. Vorbildlichkeit d. Surrogate, VIII 342

spontane ohne Inhalt, XIV 22f.

u. Ödipuskomplex, XIII 396, 398; XIV 21f.

u. Pavor nocturnus, II/III 592

u. Perversionsneigung, VIII 342

339

Masturbation u. Phantasie

u. Phantasie *s.* **Masturbationsphantasie**(n)

phantasielose, XIV 525

Phase(n) d., V *86–90*; XIII 396f.

    bei Erwachsenen, V 242

    infantile [d. Kleinkindes], V 74, 81, 86–94 (89–91), 121, 153; VII 260, 263, 424; VIII 46, 336; XI 336f.; XII 215; XIV 418

        Abstinenz v., u. neurotische Symptome, V 241f.

        d. Amnesie verfallend, XV 136

        erzeugt keine Hysterie, I 382

        i. d. Pubertät aufgefrischt, VII 423f.

        Ubiquität d., VIII 335–37

    kindliche, V 89–91, 136, 241–43; XIII 375; XIV 63; XVII 117

        u. intellektuelle Arbeitshemmungen, XVII 152

        bei Knaben u. Mädchen, V 120f.

        u. Orgasmus, unfertiger, XVII 152

    spontane, I 385; V 156

    Überwindung d. *s.* **Masturbation**, Abgewöhnungskampf

    Verbot d. *s.* **Masturbation**, u. Kastrationsdrohung

Latenz, XIV 144–46

phallische, XIII 396f.

    beim Mädchen *s.* **Masturbation**, d. Weibes, klitoride

    i. d. Pubertät, II/III 391; V 89f., 216f.; VIII 336, 342; XI 327; XII 215; XIV 418; XV 136

        als Auffrischung d. Kindheitsonanie, VII 423f.

        Fixierung bei, VIII 342

        als 'Notonanie', XI 327

        Schädlichkeitsfrage *s.* **Masturbation**, Schädlichkeit

    i. Säuglingsalter (*s. a.* Masturbation, u. Lutschen), V 80–86, *88f.*, 90; VIII 336; XI 327

        früheste, ohne psych. Inhalt, XIV 23

        u. Reinlichkeitspflege *s.* **Reinlichkeitspflege**

psychische, (*s. a.* Phantasie(n)), XVI 185

Pubertäts-, *s.* **Masturbation**, Phasen d.

    u. Schaulust, V 93

Schädlichkeit, Frage d. (*s. a.* Masturbation, Abstinenz), VIII 335, 340–44

    ärztliche Ansichten ü., VII 423

    u. Bettnässen, V 236f., 241

    direkte u. indirekte, VIII 343

    bei exzessiver, VIII 341

    bei Fixierung, VIII 342

    u. Neurosen, VIII 342

        Aktual- (*s. a.* Masturbation, u. Neurasthenie), VIII 335, 337

        gemischte, I 339f.

        Kinder-, I 383

        schwere, XIV 418

    u. Potenz, I 328; VIII 343

    d. Pubertät, VII *423f.*; VIII 341f.

    Verwöhnung, sexuelle, durch, VII 163

    durch Schenkeldruck, V 89; VII 238

    u. Schuldbewußtsein, V 90; VIII 335; XII 50f., 215

    u. Selbstanklage, I 69, 347; V 241

    u. Selbstmordgedanken, XIV 417f.

    u. Spielsucht, XIV 417

spontane *s.* **Masturbation**, organische

Masturbationsverbot

Symbole (u. Ersatz) f. *s.* i. Symbol-Reg.

als Symptomhandlung, V 238-40

durch Symptomhandlung verraten, IV 222

Techniken d., V 89, 238-40; VII 238; VIII 100

Therapie d., I 505f.

durch Beschneidung, XV 93

'therapeutische Wiederkehr' d., VIII 344

u. Traum (*s. a.* Masturbation, Symbole), II/III 368-70, 385-88, 391-96

u. Visionen, II/III 550

unbewußte, VIII 344f.

Unkenntnis d. Arztes ü. – d. Patienten, I 505; V 241, 243

Verführung z. *s.* **Verführung**

verschiedene Aktionen verlötet i. d., VII 193

Verwöhnung durch, VII 163

d. Weibes, XIV 26; XV 126, 136

   klitoride [phallische] (*s. a.* Klitoris), V 121; VIII 336; XI 328; XIV 525; XV 135-37; XVII 120

     beim kleinen Mädchen, V 120f.; XIV 22f.; XVII 120

     Abgewöhnung[skampf], XIV 27; XV 136f.

     Aufgeben d., bei Abwendung v. Mutter, XIV 533

     frühes, XIV 27; XVII 120

     Beibehalten, aus Trotz, XIV 525; XV 139

u. Hand, V 89

Mutter als 'Verführerin' (*s. a.* Mädchen, u. Mutter; Reinlichkeitspflege), XIV 525, 532; XV 128f.

u. Männlichkeitskomplex, XIV 27, 525f.; XV 135, 139

durch Schenkeldruck, V 89; VII 238

seltener als beim Mann, anscheinend, XIV 26f.

vaginale *s.* **Vagina**

d. Wolfsmannes (*s. a.* i. Reg. d. Krankengesch.: Namenverzeichnis, Wolfsmann), XII 48

Zahleinfall, determiniert durch, IV 278f.

als Zwangshandlung, XI 320; XIV 144

bei andauernder Zwangsneurose (*s. a.* Zwangsneurose), VII 460

bei Zwangsneurose, V 244

Masturbationsersatz *s.* **Masturbation, Ersatzhandlungen, statt;** – psychische; u. i. **Symbol-Reg.**

Masturbationskomplex[Onaniekomplex], IV 278f.; XI 194

Masturbationsphantasien (*s.a.* Phantasien), VII 163, 193, 198, 267; VIII 74, 82, 335, 342; XVII 117

u. Aktion, VII 193

Bisexualität i. d., VII 198

u. Charakterbildung, XVII 117f.

u. Erlösungsdichtungen (*s. a.* Familienroman; Rettungsphantasien), XIV 417f.

u. Fixierung, VIII 81, 342

u. Masochismus (*s. a.* Masturbationsphantasien, u. Schlagephantagren), XII 217f.; XIII 375; XIV 25

beim Mädchen, XIV 25

u. Schlagephantasien, XII 50f., 205, 207, 209f., 217; XIV 25

Onanie, früher als, XII 210

Verzicht auf, XII 210

durch Symptomhandlung (*s. a.* Symptomhandlungen), V 238-40

Masturbationsverbot *s.* **Masturbation, u. Kastrationsdrohung**

Materialismus

Materialismus, XVII 29
- d. Geschichtsauffassung, XV 73
- d. kommunistischen Ideologien (*s. a.* Kommunismus; Privateigentum), XV 191
- i. d. Medizin, XIV 101–03

Materie
- mütterliche Bedeutung d. Wortes Mater, materia, Madeira, XI 162
- u. Todestrieb, XVI 88

Mathematik, Verdrängung d. Sexuellen durch Beschäftigung mit (*s. a.* Lerneifer), VII 61 f.

Matriarchat [Mutterrecht], IX 174; XVI 188 f., 221, 239 f.
- als Übergangsstadium, IX 174; XIII 152
- Vaterrecht, Sieg d. –es, ü. d.
    - i. d. Orestie, XVI 221
    - als Sieg d. Geistigkeit ü. d. Sinnlichkeit, XVI 221 f.

Matrilinear (–er, –e, –es)
- Sippe *s.* **Sippe**
- System, früher als patrilineares, IX 7, 10

Mädchen (*s. a.* Tochter; Weib), V 88–90, 96
- Aggressivität, geringere, beim, XIII 401; XV 125
- Aktivität beim *s.* **Phallische Phase**, d. Mädchens; **Masturbation**, d. Weibes, klitoride
- anal-sadistische Phase beim, XV 125
- Autoerotismus beim (*s. a.* Masturbation, weibliche; Narzißmus), V 120 f.
- Beschneidung d., XII 166
- Charakter d. kleinen –s, XV 125
    - -entwicklung, XVII 77
- Defloration *s.* **Defloration**
- Elternablösung (*s. a.* Mädchen, u. Mutter)
    - unvollständige, Frigidität erzeugend, V 128
- erotische Wunschphantasien, vorwiegend beim, VII 217; XI 95
- infantile
    - Sexualforschung (*s. a.* Infantile Sexualforschung)
        - durch Geschlechterunterschied, nicht durch Frage, woher Kinder kommen, erweckt, XIV 24
    - Sexualtheorien d. (*s. a.* Infantile Sexualtheorien), VII 185–87
- Intelligenz u. Lebhaftigkeit, XV 125
- 'Kastrationserkenntnis' beim (*s. a.* Penismangel), XIV 522, 525, 535; XV 135–39
    - verleugnete, XIV 24
- Kastrationskomplex beim (*s. a.* Penisneid), XIII 395, 400 f.; XV 133–36; XVII 120 f.
    - statt Kastrationsangst, XIII 400 f.; XV 94, 138 f.
- Kindeswunsch beim (*s. a.* Kindeswunsch, beim kleinen Mädchen; Peniswunsch)
    - 'Kinderhaben'-wollen, als Wunsch f. Sexualverkehr, X 20
    - d. Mutter ein Kind z. machen [gebären], XIV 532 f.; XV 128
    - u. Mutteridentifizierung, XVII 121
    - u. Ödipussituation, XIII 401; XIV 27–29; XV 137
    - Peniswunsch ablösend, X 404, 407, 409; XII 207; XIII 401; XIV 27 f.; XV 108, 137 f.; XVII 121
    - u. Schwester, jüngere, XI 346
    - v. Vater (*s. a.* Verführungsphantasie), XII 207, 284; XIII 401; XIV 22

u. Knabe *s.* **Knabe,** u. Mädchen
Masturbation beim *s.* **Masturbation, d. Weibes**
Männlichkeitskomplex beim *s.* **Männlichkeitskomplex**
u. Mutter (*s. a.* Mutterbindung, präödipale)
   Abwendung v. d., XIV 26, 535; XV 128-36, 143; XVII 120f.
   Feindseligkeit u. Haß gegen, XIV 520, 531, 535; XV 129-36
      auf Ehemann übertragen, XIV 523f.
   wegen Kastrationskomplex (*s. a.* Penismangel; Penisneid), XIV 26, 524-28; XV 133-36
u. Masturbation
   gleichzeitig mit Abstellung d., XIV 533
   wegen Verbots d., XIV 525f.
   Organminderwertigkeit, wegen d. Gefühls d., XIV 524
i. d. Pubertät, XIV 526
wegen schlechter präödipaler Bindung, XIV 519f., 523f.
Vorwürfe (*s. a.* Groll; Penismangel), XIV 26, 527; XV 133-36
Rationalisierungen d.
   Milchspendung, ungenügende, XIV 527; XV 130f.
   Rivalen bevorzugt, XV 131f.
   verführt worden zu sein, XIV 525, 532; XV 128f.; XVII 115
Todeswünsche (*s. a.* Todeswünsche), XIV 531
aggressive, orale, analsadistische u. phallische Sexualwünsche d. -s i. bezug auf d., XIV 531; XV 128

Mädchen, z. Reinlichkeit leichter erziehbar

aktive Wünsche *s.* **Liebesobjekt; Mädchen,** Kindeswunsch; Mutterbindung (präödipale): d. Mädchens
Ambivalenz, XI 345f.
Angst, paranoide, v. d. – vergiftet o. umgebracht z. werden (*s. a.* Gefressenwerden), XIV 519; XV 128, 130f.
als erstes Liebesobjekt, XIV 64, 517, 521, 529-33; XV 126
-identifizierung (*s. a.* Weib (als Subjekt): Identifizierung beim), V 271; XIII 260; XV 143; XVII 120f.
intrauterine Phantasie, XV 26
Rückkehr z., XIV 534
Mitleidsgefühle beim, V 120
Objektbesetzungen, stärkere, beim, XV 125
Ödipuskomplex beim *s.* **Ödipuskomplex,** weiblicher (*s. a.* Mädchen, u. Vater; Vater)
Partialtriebe beim (*s. a.* Partialtriebe), V 120
Passivität, Wendung z. (*s. a.* Männlichkeitskomplex; Passivität), XIV 535
Peniserwartung; -mangel; -neid; -wunsch *s.* **Peniserwartung; -mangel; -neid; -wunsch**
phallische Phase beim *s.* **Phallische Phase, d. Mädchens**
Pollutionsanwandlungen, hysterische, bei, VII 239
präödipale Phase *s.* **Präödipale Phase,** beim Mädchen (*s. a.* Mädchen, u. Mutter; Mutterbindung (präödipale))
präödipale Wünsche i. bezug auf Mutter *s.* **Phallische Phase, d. Mädchens**
Pubertät *s.* **Pubertät,** weibliche
z. Reinlichkeit leichter erziehbar, XV 125

Mädchen, Scham beim

Scham beim (*s. a.* Sexualabwendung; Virginale Angst), V 120

u. Minderwertigkeitsgefühl, XV 142

Schlagephantasien d., XII 203–17, 220–22; XIV 25

   als Zuschauer bei, XII 199f., 221

Sexualentwicklung (*s. a.* Sexualentwicklung; Weib), V 120–23; XIV 21–30, 64, *517–37*; XV 124–41; XVI 97

   Eindämmung d., V 120–22; XV 135–39

   Enttäuschungen i. d., Sexualablehnung durch präödipale u. ödipale, XVII 77

   'Entdeckung d. Kastration' *s.* **Mädchen,** 'Kastrationserkenntnis'

   Entfremdung d. Somatischen v. Psychischen, I 337

   u. Identifizierung (*s. a.* Identifizierung), XIII 260

   Klitoris, Kloake u. Vagina, Rolle d., i. d. (*s. a.* Klitoris; Vagina), VIII 452

   Latenz, XIII 400f.

   leitende Genitalzonen *s.* **Klitoris; Vagina**

   u. männliche Sexualentwicklung, Unterschied z.

      komplizierter, XV 124

      unbekannter, XIV 241

      weitere Entwicklungsmöglichkeiten d. Persönlichkeit erstarrend, XV 144f.

   u. Männlichkeitskomplex *s.* **Männlichkeitskomplex**

   Penisneid *s.* **Penisneid**

   Vorpubertät (*s. a.* Pubertät, weibliche), X 456

   Zärtlichkeit, Rolle d. beim Mädchen *s.* **Zärtlichkeit-**

      zwei Phasen d., VIII 452; XIV 520f.

      i. d. Objektfindung, XIV 517, 521–29 (523); XV 124f.

   Tagebuch eines halbwüchsigen –s, Brief an Frau Hug-Hellmuth ü., X *456*

   unerfahrene (*s. a.* Mädchen, Unwissenheit)

   Schädlichkeiten, angebliche, d. Psychoanalyse f., V 182f., 207–09

   Unwissenheit, sexuelle (*s. a.* Unwissenheit)

      jugendliche (*s. a.* Virginale Angst), I 194f.; V 182f., 207–09; VII 184–88

   Urinieren, Stellung beim, VII 180; XII 175f.

   Überich d. –s (*s. a.* Weib (als Subjekt): Gerechtigkeitssinn)

      u. Charakterbildung, XIV 25, 30; XV 138f., 144f.

   u. Vater (*s. a.* Ödipuskomplex, weiblicher)

      Enttäuschung durch *s.* **Mädchen,** u. Mutter

      Feindseligkeit gegen, als Rivalen, XIV 518f.

      intensive Bindung an, auch ohne Neurose möglich, XIV 518, 520

      u. Kindeswunsch *s.* **Mädchen,** Kindeswunsch beim

      lange Bindung an, XV 127

      u. Umtauschen d. ersten Liebesobjektes, XIV 517, 523

   Zärtlichkeit beim (*s. a.* Zärtlichkeit), XIII 401

   Zärtlichkeitsbedürfnis, mit übergroßer, V 129, 141

   Züchtigung, Einfluß d., auf, VIII 422–25; XIII 395

Mädchenname *s.* **Namen,** Mädchen-

'Männlicher Protest', (kritische Stellung z. Theorie Adlers)

Männer *s.* **Mann** (*s. a.* Männlich; -keit)

Männer, Große *s.* **Große Männer** (*s. a.* Führer; Genie; Heros)

Männerfang, u. Eidechsenfang d. Lacertenjägers, i. Jensens 'Gradiva', VII 103

Männergesellschaft, u. Zote, VI 106–10
  gebildete, VI 109f.
  ungebildete, VI 108f.

Männerverbände [Männerbünde] (*s. a.* Brüderclan), XVI 190
  u. Totemismus, IX 171; XVI 190

Männerweihe *s.* **Pubertätsriten**

Männlich (–er, –e, –es) (*s. a.* Mann)
  Charakter, konventionelle Beurteilung d. –n –s, XII 280
  Dienerschaft, u. Homosexualität, V 131
  Genitale *s.* **Genitalien, männliche**
  Geringschätzung d. Weibes *s.* **Geringschätzung, d. Weibes; Misogynie** (*s. a.* Penis-)
  Hochmut *s.* **Penisstolz** (*s. a.* Hochmut)
  Homosexualität *s.* **Homosexualität**
  Hysterie, I 32f., 437; V 71; XIV 37, 39; XVII 10
    u. Gesellschaftsklasse, I 447
    Sexualverdrängung bei, V 64f.
    bei Meynert, II/III 439; XIV 39
  '–Libido' u. 'weibliche Libido' existiert nicht, XV 141
  Masochismus u. Schlagephantasie (*s. a.* Masochismus; Schlagephantasie), XII 217–19
  Muskelentwicklung, V 121
  Neurasthenie (*s. a.* Neurasthenie), I 4, 327, 340, 497f., 502f., 505, 508
  Pervertierte, XII 145
  Hysterikerinnen i. d. Familie v., V 138
  Phase *s.* **Männlichkeitskomplex; Phallische Phase**
  Potenz *s.* **Potenz** (*s. a.* Impotenz)
  Prostitution u. Homosexualität (*s. a.* Homosexualität), V 43
  Protest *s.* **'Männlicher Protest'**
  Reaktion auf Geschlechtsunterschied *s.* **Kastrationsschreck**
  Reife, V 108f.
  Senium, VIII 281
    u. Angstneurose, I 327f., 336
  Sexualität *s.* **Geschlechtsunterschiede; Sexualität** (*s. a.* Sexuelle Polarität)
  Sexualüberschätzung d. Objektes (*s. a.* Sexualüberschätzung), XII 280, 287
    u. weibliche *s.* **Männlichkeit**, u. Weiblichkeit
  Zwangsneurose häufiger als weibliche, I 386, 421, 457f.; XIV 174

'Männliche' Klarheit i. Denken (*s. a.* Denken), XII 280

'Männlicher' Charakter
  u. Intensität d. Libido, V 120f.
  d. Klitoris *s.* **Klitoris**

'Männlicher Protest' (Adler) (*s. a.* Männlichkeitskomplex), VIII 277; X 97–102; XIV 25; XVI 97–99
  u. Defloration, XII 175
  Feministen, Widerspruch d., XIV 29
  (kritische Stellung z. Theorie Adlers)
    als 'Ablehnung d. Weiblichkeit' richtiger bezeichnet, XVI 97

'Männlicher Protest' u. Lage beim Koitus

als biologische, soziale, psychologische Unmöglichkeit, X 99

als biologische Tatsache ('Ablehnung d. Weiblichkeit'), XVI 99

i. Freuds Definition, X 98

ist gleich Kastrationsangst, XVI 99

als Verdrängung d. Männlichkeit, XII 145

u. Lage beim Koitus, X 97

beim Mann

mit Hörigkeit u. Masochismus d. Weib gegenüber verbunden, XVI 99

ist keine Ablehnung d. Passivität überhaupt (sozialer Aspekt d. Femininität), XVI 99

als Sträuben gegen Kastration u. feminine Einstellung, XIII 338f.

Männlichkeit

u. Aggression *s*. **Aggression**; **Mann** u. Aktivität *s*. **Aktivität** u. Passivität, männlich u. weiblich identifiziert mit

anatomische (*s. a.* Genitalien, männliche; Geschlechtscharakter)

u. sekundäre Geschlechtscharaktere, XV 121

Begriff d., V 120f.

konventioneller, XII 208; XVI 223

biologische u. psychologische, VIII 411

Einschüchterung d. *s*. **Sexualeinschüchterung**

'—' d. Mädchens (*s. a.* Klitoris; Männlichkeitskomplex), V 123; X 406; XIII 261

u. 'männlicher Protest' *s*. **'Männlicher Protest'**

u. Muskulatur, V 121; XVI 223

seelische, aufrechterhalten, bei Inversion, V 41, 43

sekundäre Geschlechtscharaktere (*s. a.* Bisexualität; Geschlechtscharakter), XV 121

Sexualentwicklung d. *s*. **Sexualentwicklung**

Verdrängung d., beim Weib *s*. **Männlichkeitskomplex**

virile Auslese, u. moderne Sexualmoral, VII 144

u. Weiblichkeit, V 121; VIII 411; XII 146; XIII 298; XIV 537; XV 121

u. Aktivität u. Passivität (*s. a.* Aktivität), XVII 114f.

als Polarität (*s. a.* Polarität), XIII 297f.

ununterschieden (*s. a.* Mutterbindung, präödipale)

i. Charakter d. Libido, XV 141

i. d. prägenitalen Objektwahl, VIII 448

Männlichkeitskomplex (van Ophuijsen)

männlicher

als Abwehr d. Weiblichkeit, XIV 409

Ichgerecht, XVI 97

bei Schreber *s*. i. **Reg. d. Krankengesch.**: Namenverzeichnis, Schreber

u. weiblicher Ödipus- u. Kastrationskomplex, Bewertung d. —es, XIV 523

weiblicher [Männliche Phase], VII 179; XIII 400f.; XIV 24–27, 520–23, 525

als Abwehr d. Weiblichkeit, XIV 537

Aufgeben [Überwindung, Verdrängung] d., V 122, 136f.; VII 240; VIII 452; XIV 535

als Bedingung d. Heilung,
XVI 97–99
u. Pubertät, V 122
u. Ehemann *s.* Ehemann
u. Homosexualität, weibliche,
XII 298f.; XIV 522; XV 139f.
u. hysterischer Anfall, VII 240;
VIII 452
Identifizierung mit Mann i.,
XIII 261
durch 'Kastration, Entdekkung d.' *s.* 'Kastrationserkenntnis'
statt Kastrationsangst (*s. a.*
Kastrationskomplex), XIII
400f.
konstitutioneller Faktor d., XV
139
u. Masturbation, trotzige, XIV
525
u. narzißtische Männlichkeit,
X 406
als Phase, XII 176
i. Schlagephantasien, XII 211
u. Sohn, Verhältnis z.
Befriedigung durch, XV 143
Charakteristik d. Söhne bei
mütterlichem, VIII 169
u. Vaterbindung, XIV 537
u. Verdrängungsschub d.
Männlichkeit, u. Hysterie, VII
240

Märchen (i. allgemeinen)
Ablehnung d., als Fiktion (*s. a.*
Storchfabel), XIV 351
Allmacht d. Gedanken nicht unheimlich i., XII 260, 264f., 267
u. Angst, V 125; XII 268
u. Deckerinnerung, X 2
Deutung d., XIII 425
u. Dichtung (*s. a.* Dichtung), VII
222

Entstehung d., VIII 414
v. Gefressenwerden (*s. a.* Gefressenwerden), XIV 239f.
u. infantile
Sexualforschung, XII 49
Sexualtheorien, VII 173f.
d. Jüngste i., X 26f.
u. Kastrationskomplex, VII 49
u. Kind, X 2
u. Kinderangst, V 125
Komplexe i., VIII 414
u. Mythus, VIII 414–16
Namen-Nennen als machtbrechende Tat i., VIII 112
u. Psychoanalyse, XIV 239f.
Sexualsymbolik i., XV 24–26
u. Tagtraum, VII 222
Tier i., XII 8
u. Tierphobie (*s. a.* Tierphobie),
X 8
Tod i., XI 191
symbolisch, X 29–31, 33–35
u. Traum, II/III 699; VIII 415; X
2–9
-symbolik, XV 24–26
Unterschiede zwischen, XI
168f.
u. Tierphobie u. Urszene, XII
54–75
typischer, II/III 248f., 252,
562f., 586f., 699
u. d. Unheimliche, XII 264
Urszene i., XII 54–75
beim Wolfsmann *s.* i. Reg. d.
Krankengesch.: Namenverzeichnis, Wolfsmann

Märchen (bestimmte)
Aschenputtel, X 27, 29, 35
Bäumlein, d. andere Blätter hat
gewollt, VIII 326

347

Märchen (bestimmte): drei Wünsche

drei Wünsche [Würstchen], II/III
562f., 586f.; XI 221f.; XII 260

v. d. Gänsehirten am Brunnen,
X 35

Geißlein, sieben, X 5–9 (7); XII
49, 56–58, 66–69; XIII 332

d. Kaisers neue Kleider, II/III
248f.

Odysseus u. Nausikaa, II/III 252

Ödipus *s.* i. **Namen-Reg.**: Ödipus
Psyche, X 27, 35

Platos, v. d. i. zwei Hälften geschnittenen Menschen, V 34

Reineke Fuchs, XII 49

Rotkäppchen, VII 181; X 6f.; XII
49, 56–58

  i. d. infantilen Geburtstheorie,
VII 181

Rumpelstilzchen, X 2–5

Schneewittchen, XII 260

Schneider u. Wölfe, XII 56

sechs Schwäne, X 2, 30

Sieben auf einen Streich, II/III
480f., 528

Storchfabel *s.* **Storchfabel**

Wanderer, d. nach Länge d. Weges fragt, VIII 460

Wölfe *s.* **Märchen** (bestimmte):
Geißlein, sieben; – Schneider
u. Wölfe

Märtyrer, Analgesie d. (*s. a.* Selbstaufopferung), V 297

Mäuse, Angst vor –n, XI 413f.

Mechanische

Erregungen, als Quellen d. infantilen Sexualität, V *102f.*

  Faktoren *s.* **Organische** Psychiatrie

Körpererschütterungen (*s. a.* Mechanische Erregungen)

  als Reize, V 102f.; XIII 33

mit Schreck zusammentreffend, traumatische Neurose erzeugend, V 103

Natur d. Reizquellen, X 215f.

Mechanismus [-en] (*s. a.* Automatismus; Maschinen; u. unter d. jeweiligen Stichwörtern)

'Freudsche –', XIII 421

Komik d. (Bergson), VI 238f., 253f.

Mechanistische Denkweise, XV 59; XVII 29

Medium (telepathisches), V 296; XV 37

Wahrsagerin als, XVII 34f.

Medizin (Arznei), als 'Mädizin', VI 208, 213

Medizin (Wissenschaft) (*s. a.* Psychiatrie)

Anatomie *s.* **Anatomie**

Materialismus d., XIV 101–03

u. Psychoanalyse, XIV 273f., 277–84, 288f., 291, 294f.

  i. Mittelstellung zwischen Philosophie u., XIV 104

Vorbildung

  analytische, f. Arzt, Vorschlag z., XVI 34

  ärztliche, f. Analytiker, Frage d. (*s. a.* Laienanalyse), XI 12f.

Mediziner (*s. a.* Arzt)

Auffassungen d. *s.* **Medizinische Auffassungen**

Medizinisch (–e, –es)

Auffassungen

  Materialismus, XIV 101–03

  Misoneismus (*s. a.* Misoneismus), XI 481f.

  ü. Neurosen geringschätzige (*s. a.* Psychotherapie, nicht analytische), XV 59

348

gegenüber Psychoanalyse *s.*
Psychoanalyse
Studium [Schulung] d. Analytiker *s.* **Arzt**, als Analytiker; **Laienanalyse**, u. **Ärzte**; **Lehranalyse**, medizinisches Studium i. d.

Medusenhaupt *s.* **Kastrationsschreck; Mythen**, bestimmte

Mehr
-aufwand *s.* **Aufwand**
-deutigkeit
  d. Sprache (*s. a.* Gegensinn d. Urworte), XI 236–38
  d. Traumes (*s. a.* Traum), XI 234f., 238
-dimensionale Organisation d. pathogenen Materials (*s. a.* Schichtung), I 272–76

Mehrfache [Multiple] (*s. a.* Doppelt–; Vervielfältigung; Viel-)
Determiniertheit [Motivierung] *s.* **Motivierung**, mehrfache; **Überdeterminiertheit**
Identifizierung *s.* **Identifizierung**, mehrfache
Persönlichkeit, XIII 259

Mehrheit ätiologischer Momente *s.* **Neurosen**, gemischte

Mehrzahl, i. Traum *s.* **Traum**, Mehrzahl i.; **Viele Leute**

Melancholie, VIII 64; *428–46*; XI 443; XV 66
u. Aggression, XIII 149
Allgemeinhemmung bei, XIV 117
Ambivalenz i. d., XI 437, 443–45
Analerotik i. d., X 439
Angstsymptome i. d., I 339
Beschreibung d., X 429
Depression [schmerzliche Stimmung] bei (*s. a.* Depression), I 9, 230, 389; X 430

Melancholie, Narzißmus i. d.

u. Einverleibung *s.* **Melancholie**, Introjektion i.
Entwicklung u. Entstehung d., X 435
u. Erschöpfungszustände, I 391
u. Gefahr *s.* **Melancholie**, als Reaktion
u. Gegenbesetzung, X 439f.
u. Ich, VIII 64
Aufgeben d. [Ichverlust], X 431–34; XIII 288f.
u. Ichideal, XIII 147f.
u. Konflikt u. Überich (*s. a.* Melancholie, u. Manie), XIII 390
u. Identifikation
  d. Ich mit Objekt, X 435f.
  narzißtische, XI 443
Interessenverarmung gegenüber d. Außenwelt bei, X 429
u. Introjektion [Einverleibung], X 436f.; XIII 120
Kontraindikation f. analytische Therapie, I 513
Leiden, subjektives, bei, XIII 9
u. Libido, VIII 64
  -theorie, VIII 64; XII *323f.*; XIII 34
  -verteilung (*s. a.* Zurückziehung), XIII 34
Linderung, abendliche, bei, X 440
ohne Manie, XIII 148f.
u. Manie [zyklisches Irresein], X *440–42*, 445f.
  Abwechslung v., u. Ich u. Überich, XIV 388
  leichte, analysierbar, XIV 86
  spontaner Umschlag, XIII 148f.
u. Nahrungsaufnahme, Weigerung d., X 431f., 436

Narzißmus i. d.
Identifikation, XI 443

349

Melancholie u. Neurasthenie

Objektwahl, X 435–39
u. Neurasthenie, I 316
u. Objektverlust, X 446; XIII 148f., 256f.
  kein realer, X 431
u. orale Einverleibung *s.* **Melancholie,** Introjektion
u. oralsadistische Phase, XV 106
durch organische Krankheit zeitweilig aufgehoben, X 440; XIII 34
i. d. Psychiatrie, X 428
psychogene u. spontane, XIII 148f.
als Reaktion auf innere Gefahr, XIII 288
Regression i. d., X 436, 445f.
Sadismus bei, X 438
Schlaflosigkeit bei, X 431f., 439f.
schlechte Wünsche bei (*s. a.* Todeswunsch), I 100
Schuldgefühl bei *s.* **Melancholie,** Selbstvorwürfe
Schutzformeln i. d., I 100
Selbstmord bei, VIII 64; X 432
Selbstvorwürfe i. d., X 446; XIII 149
  Wahrheitsgehalt d., X 432f.
somatischer Faktor d., X 440
i. Teufelsneurose, XIII 325f., 328, 333, 350, 352
Todesangst bei, XIII 288f.
Todestrieb i. d., XIII 284
topischer Gesichtspunkt d., X 443–45
Trauerarbeit bei (*s. a.* Trauer, u. Melancholie), X 431f.
u. Überich *s.* **Überich,** bei Melancholie
Verarmungsangst bei, X 439
Voraussetzungen d., X 446
Wesen d., XIII 256

u. Wut, XIV 117
u. Zwangsneurose
  Erschöpfung bei, I 391
  u. Selbstvorwürfe nach Todesfall, X 446
  Unterschiede zwischen, XIII 280f., 283
zyklische [periodische] Formen (*s. a.* Melancholie, u. Manie), XI 443f.; XIII 147f.
  leichte, XIV 86
mit Zwangssymptomen, I 389

Melodien (*s. a.* Lieder; Musik)
als Einfälle, IV 240; XI 106
halluzinierte, II/III 422
Summen [Trällern] v., als Symptomhandlung, IV 240; XI 55
i. Traum, II/III 52
  Lieder i., II/III 350f.
'Verfolgung' durch, XI 106

Menopause (*s. a.* Alter)
Angstneurose, während, I 327, 336
Charakterveränderung, anale [Regression], i. d., VIII 450
u. Neurose, I 327, 336f.; XIV 276
u. rascheres geistiges Altern, XV 144f.
Triebverstärkung [Libidosteigerung] i. d., XI 260
  plötzliche, VIII 328
Verdrängungen i. d., XVI 70

Mensch(en) (*s. a.* Kulturmenschen; Menschheit)
Doppelexistenz d. (als Individuum u. Art, o. Gemeinschaft), X 143; XVI 15
auf Genitalien ursprünglich stolz, VIII 166f.
Geringschätzung d., u. Zerstreutheit, IV 173

Güte i. s. **Menschheit**
als 'Lustsucher, unermüdlicher',
VI 142
als 'Lusttier', XI 387
Motive d., XVI 21
normale s. **Normale Menschen**
Sexualleben d. (s. a. Normales
Sexualleben; Sexualität; Sexualleben)
als Einzelner, u. i. d. Masse,
XIII 78f.
infantile Sexualität (s. a. Infantile Sexualität), biologische
Einschränkung d., I 511; II/III 696
zweizeitiger Ansatz d. -s, eine
Eigentümlichkeit d., XIII 263
Über- (s. a. Große Männer), XIII 44f.
Verzichten, Unfähigkeit d., z.,
VII 215
viele- i. Traum, Geheimnis symbolisierend, II/III 251, 294
u. Zukunft [Einstellung d. - z.],
XIV 325-30

Menschenart (s. a. Menschheit),
XIV 481
Erlöschen d., XVI 26
Geschichte, verkürzte, i. d. Kindheit durchlebt, XVII 111f.

Menschenfurcht [-scheu], I 143,
391; V 125
d. Eremiten, V 190; XIV 439
hysterische, I 116, 118, 143; V 188-90
d. Kleinkinder s. **Kinderangst**, vor Fremden
paranoische, I 393f., 400
u. Selbstvorwürfe, I 389
zwangsneurotische, I 389, 393f., 400

Menschenmenge
Gedränge, Angst vor, XI 414

Menschheit, Fähigkeit z. Neurose

als Symbol f. Geheimnis, II/III 251, 294

Menschenliebe s. **Nächstenliebe**

Menschenopfer (s. a. Opfer; Totemmahlzeit), IX 167f.
u. Ersatzopfer (Tier, Puppen, usw.), IX 182
theantropische, IX 182

Menschheit (s. a. Mensch(en))
Aggressivität (konstitutionelle Neigung z.) i. d., XIV 470f., 483, 503, 506
Ausnahme i. Mutter-Sohn-Verhältnis, XIV 473
Bekämpfbarkeit, Frage d. (s.a. Erziehbarkeit; Kultur), XIV 506; XVI 23
u. Mordlust i. d., X 345, 349-52; XIV 331
ambivalente u. antisoziale Tendenzen s. **Ambivalenz**; **Kultur**, Unbehagen i. d.; **Kulturfeindlichkeit**
archaische Erbschaften d. s. **Archaisch**; **Konstitution**
aufrechter Gang, XIV 459
bisexuelle Anlage. s. **Bisexualität**
Destruktionstrieb i. d., durch Libidovorstöße angefacht, XIV 482
Egoismus d., XI 146-49
Wendung v. - z. Altruismus, XIII 112f.
Entwicklungsprozeß, XIV 421-506
u. Anpassung, XIV 500
zweifaches Streben i. (nach individuellem Glück u. nach Anschluß an), XIV 501
Eros d. (s. a. Nächstenliebe), XIV 481
Erziehbarkeit d. s. **Erziehbarkeit**
Fähigkeit z. Neurose, eine Kehrseite d., XI 429

Menschheit, Führer d.

Führer d. (*s. a.* Führerpersönlichkeit(en)), XIV 328f.

Gemeinschaft, libidinös verbundene i. d., XIV 499

Geschichte *s.* **Geschichte; Ur(geschichte)**

'Gut u. Böse' i. d. (*s. a.* Menschheit, Aggressivität), X 332f.; XI 146–49; XIV 281f., 470, 483–85; XV 110f.

Hilflosigkeit d., Natur gegenüber, XIV 338–46, 373

Hochmut i. d. *s.* **Hochmut**

Illusion(en) d.
  Güte, XV 110f.
  Religion als *s.* **Menschheit, u. Religion**
  Sittlichkeit, VIII 42; X 329–31; XIV 106f., 333
  'Vervollkommnungstrieb', XIII 44f.

infantile Sexualität i. *s.* **Mensch** (*s. a.* Menschheit, Sexualentwicklung)

Intelligenz d., XIV 372f., 377

Inzestkomplex, Bedeutung d. -es, f. d., II/III 270

Kausalitätsbedürfnis i. d. *s.* **Kausalerforschungen**

Kriege d. *s.* **Krieg**

Kultur[-entwicklung] d.
  u. Domestikation d. Tiere, XVI 26
  Eignung z., X 334
  als Lebenskampf d., XIV 481
  verkürzte Rekapitulation d., i. d. Kindheit, XVII 111f.
  Wertung d. (*s. a.* Kultur; -entwicklung), XIV 505f.

Machtgefühl, XIII 78f.

Misoneismus, XI 219

Mythen d.
  als Kindheitserinnerungen d., IV 56; VIII 151–53
  als Säkularträume d., VII 222; IX 141
  narzißtische Kränkungen d., XII 3–12
    biologische, XII 7–8; XIV 109
    kosmologische, XII 7; XIV 109
    durch Kultur u. Natur, XIV 337f.
    psychologische, XII 8–11; XIV 109

Neurose
  Entwicklungsgang d., i. d. Geschichte d., XVI 186
  Fähigkeit z., i. d., XI 429; XII 151, 156f.
  instinktive Vorstufe d., i. d., XII 156
  Institutionen d., i. Symptombildungen d., verzerrt, XIII 160
  Periodizität, Wegfall d. sexuellen, i. d., XIV 458
  Phobien (beinahe normale) d., I 68, 321, 351
    vor Dämonen (i. animistischen Zeitalter), II/III 409; XV 177, 179

Psychogenese d., u. Sexualität, V 61

Religion
  als Illusion u. Wunscherfüllung d., XIV 352f.
  als infantile Beschwichtigung d. Lebenskampfes, XIV 481
  als [Zwangs-]neurose (*s. a.* Religion), XIV 366f.; XVI 157f., 160

Schmerzen, verbreitetsten, d., i. Hysterie wiederkehrend, I 243

Sexualentwicklung, Hemmung d., durch äußere Ursachen, V 61

Sexualleben d. *s.* **Sexualleben** (*s. a.* Sexual(funktion); Sexualität)

Symbolgemeinschaft i. d., II/III 350f., 356f.

u. Tier *s.* **Tier**

Tod, Verhältnis z. (*s. a.* Tod(esidee)), X *341–55*

Triebhemmungen i. d. (*s. a.* Erziehung; Kultur; Trieb-), XIV 302

Unzuverlässigkeit, moralische [Betrug, Lüge, Verleumdung], XI 143–48; XIII 79; XIV 333

Urgeschichte d. *s.* **Ur(geschichte)**

Urphantasien d., VIII 152f.; XI 386

Übertragungsneigung, Allgemeinheit d., i. d., XIV 68

Vatermord, unbewußte Kenntnis ü., i. d., XVI 208

Verkürzung
   d. Kulturentwicklung d., i. d. Kindheit, XVII 111f.
   d. intrauterinen Existenz d., XIV 186

Wahnbildungen d., XVI 56

Wahrheitsdrang i. d., IV 247

wissenschaftliche Forschung, 'konstitutionelle Untauglichkeit' d., z., XV 4

Zweck d. Lebens d. *s.* **Teleologie**

zweizeitiger Ansatz d. Sexuallebens d. *s.* **Latenz; Pubertät; Sexualleben, zweizeitiger Ansatz d. menschlichen -s**

Menschheitsgeschichte (*s. a.* Geschichte; Menschheit; Ur(geschichte))
   u. Neurose, XII 156; XIII 160; XVI 186
   Zwang i. d., X 333

Menstruation, VII 448; XII 166
   Angstzustände während, bei abstinenten Frauen, I 369
   als Blutbann, u. Totemismus, IX 146
   u. Defloration, XII 166

als Dispositionsmoment f. Hysterie, I 171

Erregung während, I 369

u. Geruchssinn, XIV 458f.; XVII 113

durch Koitus entstandene, Glauben an, XI 195; XII 166

libidinöse Rolle d., XVII 75

u. Neurose, XIV 276

u. Periodizität d. Sexualität, XVII 75

Tabu d., IX 28, 31, 33, 43, 51, 121; XII 166f.; XIV 459

Traum v., als Schwangerschaftsanzeige, II/III 131, 659

Merken (*s. a.* Erinnern)
   u. Adaptierung a. d. Realitätsprinzip (*s. a.* Realitätsprinzip; Vergessen), VIII 233

'Merkwürdiges Zusammentreffen' (*s. a.* Ahnung; Vorahnungen; Zufall), IV 290–94

Messer (*s.a.* Waffen), II/III 359, 389, 401; XI 156

Messias, Glauben an (*s. a.* Erlöser; Vermittler), VIII 250, 262; XIV 353; XV 195f.; XVI 192f.

Jesus als *s.* i. **Namen-Reg.**: Jesus Christus

u. Kommunismus, XV 195f.

Moses als *s.* i. **Namen-Reg.**: Moses

Weltherrschaft d., XVI 196

Metapher
   i. allgemeinen *s.* **Gleichnisse**
   bestimmte *s.* i. **Reg. d. Gleichnisse**

Metaphysik, IV 288

Metapsychologie (*s. a.* Psychischer Apparat), IV 288; X 280f.; XIV 85
   Begründung d., X 281
   erste Gedanken z., II/III 616

Metapsychologie als 'Hexe'

als 'Hexe', XVI 69
 d. Libidoverwandlung i. Angst,
  Revision d. Theorie d. (*s. a.*
  Angsttheorie), XIV 120, 137f.
 d. Lustprinzips (*s. a.* Lustprinzip), XIII *3–69*
 d. Primär- u. Sekundärvorganges *s.* **Primärvorgang; Sekundärvorgang**
 d. Regression (*s. a.* Regression), XIV 143f.
 d. Traumlehre, X *412–26*

Metapsychologisch (–er, –es)
 Charakter d. psychischen Systeme, II/III 616–18
 Ich, XIII 278

Metathesis [Lautumdrehung] (*s. a.* Gegensinn d. Urworte), VIII 221

Metazoen
 Lebensdauer d., Verlängerung d., bei (*s. a.* Lebensdauer), XIII 53
 Tod d. (*s. a.* Keimzelle), XIII 49
 u. Todestrieb (*s. a.* Todestrieb), XIII 269

Metempsychose *s.* **Wiedergeburt** (*s. a.* Seelenwanderung)

Methode [Methodologie] *s.* **Psychoanalytische Methode**

Miene (*s. a.* Mimik)
 d. Patienten (*s. a.* Patient, Charakteristik), V 219
  gespannte, beim Widerstand, I 283, 299, 307
  ruhige, I 307; XII 291

Mienenspiel *s.* **Mimik**

Migräne (*s. a.* Kopfschmerz), I 124, 369; V 181
 Fehlleistungen bei, XI 21f., 37–39
 hysterische, I 185; V 179
 Namenvergessen mit, IV 27
 'Sexual-', u. Angstzustand, I 369

Vorahnung d., XI 21; XIV 12

Mikado, Unfreiheit d., IX 57f.

Milch (*s. a.* Säugling)
 karge Spendung d., Vorwurf d. Mädchens gegen Mutter, XIV 527; XV 130f.
 Widerwillen gegen, u. Entwöhnung, XI 380

Militarismus, XIII 103

Militär *s.* **Heer; Kämpfer; Soldaten**

Mimik [Mienenspiel] (*s. a.* Ausdruck; Darstellung; Gebärden; Miene; Nachahmung; Pantomimik)
 als Ausdruck. körperlicher
  d. Abstraktion, Niveau d., VI 220
  d. Affekte u. Gemütsbewegungen, I 248–51
  d. Aufmerksamkeit, VI 220
  d. Unbewußten, V 219
 als d. Charakteristische i. d. Hysterie, VIII 399
 (Definition), V 293f.; VIII 233
 u. Dichtung, XII 327
 Fehlleistungen als, VIII 392
 i. d. Hysterie, I 147; VII 235; VIII 399; XII 327
 als Innervation, VI 219–21; VIII 233
 komische, VI 220f.
 normale, VIII 391, 403
 Psychoanalyse d., VIII 391
 u. Tic *s.* **Tic**
 Vorstellungs-, VI 219–21, 225f., 240
 d. Wut, V 294

'Minderleistung, psychische' (Janet), I 161

Minderschätzung *s.* **Abscheu; Erniedrigung; Geringschätzung**

Minderwertige Personen, i. Witz (*s. a.* 'Schadchen'; Witz), VI 115

Minderwertigkeit, XII 214; XVII 151

Entdeckung d. Penismangels als s. **Minderwertigkeit, d. Klitoris; Penismangel,** beim Mädchen

intellektuelle u. moralische, d. Massenseele s. **Massenseele**

u. Kastrationskomplex, XIV 522

d. Klitoris, XIV 25; XVII 151

u. Charakterentwicklung, XVII 77

als Penis, zu kurzer o. verkümmerter (s. a. Peniserwartung), XIII 400; XV 71

Unzufriedenheit mit, XIV 522

'konstitutionelle', XII 9f.

d. Masse s. **Massenseele**

Organ-, s. **Organ(minderwertigkeit)**

Minderwertigkeitsgefühl, XI 421; XIII 9; XV 84

u. Angst, XI 421f.

u. Eitelkeit, XV 142

Entstehung d. -s, XIII 147; XV 71f., 84f.

u. infantile Sexualität, Untergang d. Frühblüte d., XIII 19

als Kleinheitswahn [Selbstverkleinerung] (s. a. Kleinheitswahn), I 118f.; XIII 148

als 'Narbenbildung', XII 214f.; XIV 25

Narzißmus d. Kindes, ursprünglicher, kennt kein, IX 111

u. Ödipuskomplex, XII 214

aus Penismangel s. **Minderwertigkeit, d. Klitoris; Penismangel,** beim Mädchen

Quelle d., X 166

u. Scham, XV 142

u. Schuldgefühl, XV 71

u. Selbstkritik, X 41; XIII 280

u. Selbstüberschätzung, XII 214

als Spannung zwischen Ich u. Ichideal [u. Überich], XIII 147, 280; XV 71f.

'too good to be true'-Gefühl aus, XVI 253

d. Weibes (s. a. Minderwertigkeit, d. Klitoris; Penismangel), XIV 25; XVII 120

bei Wilhelm II. v. Hohenzollern (?), XV 72

Minderwertigkeitskomplex (Adler) (s. a. Organ(minderwertigkeit)), X 94, 100; XIV 181f.; XV 152f.

literarische Popularisierung d. Theorie, XV 71

als Selbstwahrnehmung v. Organverkümmerungen, XV 71f.

Widerlegung d. Theorie, XV 71f.

Minoritäten, XIV 473f.; XVI 197; XVII 52

Misère psychologique (s. a. Elend), I 162

Mischbildung [Mischgebilde] (s. a. Entstellung; Verdichtung; Wortspiel), II/III 325–29; XI 175

Archäopteryx, VII 58f., 113

Mischgebilde

disparate, II/III 329

gegensätzliche, II/III 665f.

als Kompromisse, II/III 670f.

i. d. Mythologie u. i. Orient, II/III 664

undeutliche, II/III 326, 329

Mischpersonen [Sammel-] (s. a. i. Namen-Reg.: Galton), II/III 299, 301, 664–66; XI 175

u. Identifizierung, II/III 326–29

Mischworte u. Wortspiele s. **Wortneubildungen** (s. a. i. Sprach-Reg.

Mischbildung i. Traum

i. Traum (*s. a.* i. Traum-Reg.); II/III 299, 301, *325–31* (329f.), 601–03, 664–66, 670f.; VI 28, XI 175

unvollständige, II/III 329

durch Mitanwesende dargestellt (i. Traum), II/III 326

Verdichtungen v. Personen u. Worten *s.* **Mischbildung, Mischpersonen; Wortneubildungen** (*s. a.* i. Sprach-Reg.)

i. Witz, Sprache, Mythologie, Kunst (*s. a.* Mischbildung, i. Traum), VI 28

Mischvorstellung *s.* **Mischbildung**

Misogynie (*s. a.* Abscheu; Geringschätzung. d. Weibes)

Angst vor d. Geschwächtwerden durch Koitus, XII 168

u. Aufklärung, unrichtige *s.* **Aufklärung**

u. Homosexualität (*s. a.* Homosexualität), V 38f., 44; VII 72, 163; VIII 165

u. Kastrationskomplex (*s. a.* Infantile Sexualtheorien; Kastrationskomplex; -schreck), VII 271; VIII 165; XIV 24

bei Weininger, VII 271

Misoneismus (*s. a.* Konservatismus; Neu), XI 219; XIV 99

beim Kind *s.* **Kinderangst**

beim Mediziner, XI 481

Mißbehagen *s.* **Unbehagen**

Mißbildungen, körperliche *s.* **Krüppel**

Mißbrauch (sexueller) d. Kindes *s.* **Attentate; Kindheitstrauma; Pädophilie; Verführung**

Mißerfolg (*s. a.* Erfolg; Pessimismus)

u. Gewissen, X 389

Mißhandlung (*s. a.* Aggression; Attentate; Gewalt; Grausamkeit; Sadismus; Züchtigung)

i. Phantasie, d. Sexualobjekte

hysterischer (*s. a.* Phantasie; Schlagephantasie), IV 284; VII 195

paranoischer, IV 284

Sexualakt als *s.* **Infantile Sexualtheorien** (bestimmte): sadistischer Koitus

durch Vater, gewalttätigen, XIV 409f.

Mißtrauen (*s. a.* Argwohn; Fürwahrhalten; Glauben; Menschenfurcht; Selbstmißtrauen; Verfolgung; Zweifel), I 308; II/III 191

Arzt gegenüber, I 122

Fremdem u. Neuem gegenüber *s.* **Konservatismus; Misoneismus; Neu**

d. Kindes (*s. a.* Kind, Mißtrauen; – Zweifel)

Aufklärung gegenüber, VII 176; XVI 79

Storchfabel gegenüber *s.* **Storchfabel**

i. Krieg, XI 8

als Symptom, VIII 457f.

Mitarbeit d. Patienten *s.* **Patient**

Mitbestimmung *s.* **Hilfsursachen**

Mitbewegung, u. Komik, VI 216

Mitesserauspressen, als Ersatz f. Masturbation, X 298f.

Mitgefühl, XIII 118f.

Mitleid (*s. a.* Altruismus; Nächstenliebe; Reaktionsbildungen)

Appellation auf, hysterischer Ohnmachtsanfall als, V 202

beim Galgenhumor, Ersparnis an VI 262–64

u. Grausamkeit (*s. a.* Grausamkeit), V 93; X 332
als Identifizierung mit Verbrecher, XIV 414
bei Knaben u. Mädchen, V 120
Mangel an, V 94
narzißtischer Ursprung d. -es, u. Kastration, XII 120f.
als Reaktionsbildung gegen Sadismus, X 222; XIV 144f., 190
u. Sexualverdrängung, V 120, 132
mit Tieren, VIII 204
u. Todeswunsch (*s. a.* Todeswunsch), XIII 184
i. Traum, XI 191-94, 211
Vater gegenüber *s.* **Vater**

'Mitleidsschwärmer', X 325, 333

Mitmenschen (*s. a.* Gemeinschaft; Masse-; Menschenmenge; Nächstenliebe)
Bindung an, XIII 127
als öffentliche Meinung, Beobachtungswahn u. Elterninstanz, X 163

Mitschuld (*s. a.* Totemmahlzeit; Totemopfer), IX 166f.

'Mitsprechen'
d. Körpers *s.* **Organ(sprache)**
d. Symptoms, I 212, 301-03

Mittagsgeisterstunde, VII 40f., 97

Mitteilen [Mitteilung] *s.* **Psychoanalytische Technik**

Mitteilungsdrang (*s. a.* Schuldbewußtsein; Strafbedürfnis Traum, Straf-)
u. Witz, VI 160

Mittelalter
Besessenheit, Glauben an, i. (*s. a.* Besessenheit; Dämonische, (Das); u. i. Reg. d. Krankengesch.: Sachverzeichnis, Teufelsneurose), I 31, 34

Epidemien, hysterische, i., I 14
Hexenprozesse i. (*s. a.* Hexen), I 31
Nervenkranken, Behandlung d., i., I 28, 30
Traumtheorien d. *s.* **Traum(theorien)**

Mittelglieder [-vorstellungen] (*s. a.* Kompromiß)
zwischen Reizwort u. Reaktion, VII 4
i. Traumgedanken [Zwischengedanken], II/III 532, 537, 601f.

Mittelmann *s.* **Vermittler**

Mittelstand
gebildeter [Intellektuelle]
Frauen d. -es *s.* **Frauen**
u. Malthusianismus, I 506-08
Männer d. -es *s.* **Mann**
u. Neurose, I 514
Patienten Freuds aus d., I 77, 514; XVI 261
u. Psychoanalyse, VIII 466f.
u. Rechenfehler bei Geldausgaben, IV 175

Mittelvorstellung, II/III 601, 671

Mnemotechnik, XI 71

Modeärzte u. Kuren, V 299f.

Moderne Zivilisation *s.* **Kultur**

Modifikation [Modifizierung] (*s. a.* Entstellung(en); Verdichtung, Verschiebung)
v. Redensarten, VI 135
i. Traum *s.* **Traum(entstellung)**; **Verschiebung**
v. Vokalen (*s. a.* Kalauer), VI 33, 47
i. Witz, VI 135, 243-45

Mohammedanische Religion *s.* **Mahomedanische** Religion

'Moi splanchnique' (Tissié), II/III 38

Monismus

Monismus
d. Jungschen Libidotheorie, XIII 57, 230
d. Triebe, Biologie widerspricht d., XIV 83 f.

Monogamie (*s. a.* Polygamie), VII 144; XIV 466 f.
u. Virginitätsforderung, XII 161
als weibliche Kulturforderung, VII 144

Monoideismus
d. Hysteriker, I 161
i. Traum, Psychoneurosen, Komik, u. kindlicher Übertreibung, VI 258

Monoplegie, hysterische, I 44 f.

Monosexualität, V 40–42
d. Geiers, angebliche *s.* **Geier** (*s. a.* i. Namen-Reg.: Leonardo)

Monosymptomatische Hysterie, I 149, 196–251
u. mehrfach determinierte, I 291

Monotheismus, XIV 341
d. Ägypter (*s. a.* i. Namen-Reg.: Aton), XVI 191, 194
d. Christentums, XVI 191, 194, 196
 als teilweises Aufgeben d., XVI 245
Einzigkeit als Herrlichkeit i., XVI 237
falscher, XVI 199, 245
d. 'große Mann' i. d. Genese d. (*s. a.* Große Männer), XVI 215
u. Henotheismus, XVI 237
u. Imperialismus, XVI 168, 191, 196
u. Jahve (*s. a.* i. Namen-Reg.: Jahve), XVI 151, 165
d. jüdischen Religion (*s. a.* i. Geogr. Reg.: Juden), XIV 341; XVI 116, 151, 167, 170, 191, 195 f.
 als spontane Entwicklung, XVI 168

i. d. Latenz, XVI 191
u. Mohammedanismus, XVI 199
u. Moses (*s. a.* i. Namen-Reg.: Moses), XVI *103–246*
u. Mystik, XVI 191
u. Polytheismus, Niveauunterschied zwischen, XVI 117
Wiederkehr d. Urreligion i., XVI 191–97

Mons Veneris, II/III 370 f.; XI 197
Pelz als Symbol f. Behaarung d. (*s. a.* i. Symbol-Reg.), V 54

'Montagskruste', i. d. Analyse, VIII 460

Monument(e), als Erinnerungssymbole, VIII 11 f.

Moral (*s. a.* Altruismus; Ethik; Reaktionsbildungen; Sittlichkeit; Sünde; Triebeinschränkung), VI 121; VII 205; VIII 451; XIII 282; XIV 62
Aggression d. (*s. a.* Aggression d. Überich)
u. Unterdrückung d. Aggression, XIII 284
Anforderungen d. (*s. a.* Erziehung; Kultur)
 als konkurrierende Ursache d. Neurosen, I 413 f.
'Carpe diem' –, II/III 213 f.
i. Witz, VI 119 f.
u. Dekalog, II/III 262
doppelte, VII 144, 158
Entstehung d., XVI 188
 totemistischen, XVI 240
u. d. Es, XIII 266, 284
 keine Moral kennend, XIII 284; XV 81
als Ersatz, VII 416
u. Erziehung *s.* **Moral**, Kultur (*s. a.* Sittlichkeit)
u. Gottesbegriff, XIV 339–41, 502

u. Handlung u. Hemmung *s.*
Moral, Über- (*s. a.* Zwangsneurose)
u. Haß, VIII 451
u. Hypnose, XIII 127
u. Ich, XIII 266, 284
u. Instanzen, psychische, XIII 283-85
d. Kleinkindes *s.* **Immoralität; Kind; Kleinkind; Moral,** Mangel an
Kultur- (*s. a.* Kultureinschränkung; Moral, u. Überich; Triebeinschränkung), XIII 424f.; XIV 502-04
mangelhafte *s.* **Moral,** Mangel an
als periodisches Phänomen, XV 67f.
sexuelle (*s. a.* Sexualeinschränkung), I 448, 492-95; V 79; VII 139, 142-67; XV 67f.
u. Askese, VII 144
u. Auslese, sexuelle, VII 144
(Definition), VII 142, 147
doppelte, VII 144, 158
u. Ehe, VII 144
u. Erziehung, V 61; X 333f., 340
u. Homosexualität, V 35, 37f., 43f., 131
als 'konstitutioneller Besitz' (Ehrenfels), VII 143
u. Nervosität, VII 139, *143-67*
u. Neurasthenie, I 413, 500f.; VII 147
u. Psychoanalyse, XI 450f.
Relativität d., V 35, 37f., 43f., 131
Sexualethik, VII 143
weibliche (Anforderungen an d.) VII 144, 158, 161; XIII 266; XIV 29f.

Unaufrichtigkeit, V 50
Unberührtheit ['Reinheit'] (*s. a.* Reinheit: Virginität), XI 367
Unwissenheit *s.* **Unwissenheit**
als weibliche Forderung, VII 144
u. Sittlichkeit, VIII 415f.; X 331-34
Illusion d., VIII 42; X 329-31
u. lange Latenzperiode, VIII 447
Mangel an (*s. a.* Immoralität)
beim Es, XIII 284; XV 81
beim Kleinkind, II/III 256-58, 274
beim Kulturmenschen, XIV 333
u. Sexualabirrungen, meistens gleichzeitig auftretend, V 48
i. Witz, VI 112
d. Massen (*s. a.* Massenseele), XIII 84
normal entwickelte, als Bedingung d. Analyse, V 9, 20-22
u. Ödipuskomplex, XIII 380f.; XIV 29
Psychoanalyse d., VIII 414f.
u. Schuldgefühl *s.* **Schuldbewußtsein; Schuldgefühl**
Sexualisierung d. (*s. a.* Masochismus, moralischer), XIII 382
u. Sexualität *s.* **Moral,** Kultur-; — Mangel an; Sexualeinschränkung
u. Traum, I *565-69*; II/III 68-78, 625
harmlose Träume *s.* **Traum,** 'harmloser'
kriminelle Träume, I 565f.
unsittliche Träume, I 565
Verantwortung f., II/III 625
Über-, IX 88-91; XIII 284f.

359

Moral u. Überich

u. Hemmung, I 568; VIII 400

historische Realität hinter, IX 193

u. Masochismus (s. a. Masochismus), XIII 381

u. Phobie, I 321

u. Übergewissenhaftigkeit [-bedenklichkeit], I 321; XI 298–300

u. Überich (s. a. Überich), XIII 381–84

als Widerstand, XI 298–300

zwangsneurotische, I 69, 568; VIII 400, 451; IX 193; XI 298–300

u. Überich (s. a. Überich, Härte d.), XIII 263–66, 284, 287, 381–84; XIV 254; XV 67, 73; XVII 137

u. Vaterkomplex s. **Vater(komplex)**

als verdrängende Macht s. **Kultur; Reaktionsbildungen; Verdrängung**

i. Witz (s.a. Moral, 'carpe diem'-), VI 119–22

Mangel d., i., VI 112

als Zersetzungsprodukt, XIII 287

Moralisieren

Einfühlung statt, i. d. Psychoanalyse, VIII 474

therapeutische Wertlosigkeit d. -s, VII 408

Moralisierende Therapie (s. a. 'Psychosynthese'; Psychotherapie(n), nichtanalytische, moralisierende; – 'roborierende'), VII 408; XIII 406

Moralisch (–er, –e, –es)

Abnormität mit sexueller meistens zugleich auftretend, V 48, 60

'backside', VI 91

Emotion [Gemütsbewegung] (s. a. unter d. einzelnen Stichwörtern)

Abscheu u. Ekel (s.a. Abscheu; Ekel), I 82

als konkurrierende Ursache d. Neurose, I 412–14

Entwicklung, normale s. **Normal**

Hemmungen (s. a. Erziehung; Moral, Über-; Reaktionsbildungen; Zwangsneurose), V 78

Kleinheitswahn (i. d. Melancholie), X 431–33

Masochismus s. **Masochismus, moralischer**

Überbedenklichkeit s. **Moral, Über-**

Verantwortlichkeit s. **Verantwortlichkeit**

Vorurteile gegen Psychoanalyse, s. **Psychoanalyse, Widerstände gegen d.**

Moralität [Moralische (Das), Moralischer Sinn], XIV 340; XVII 137

d. Überich (s. a. Überich), XV 67

Moralvorschriften [-gebote, u. -verbote]

u. Tabu, IX 31 f., 34, 88–90

Unterschiede zwischen, IX 26 f.

u. Zwangsverbote s. **Moral, Über-; Zwangs-**

Zweckmäßigkeit als Ursprung d., X 311

Morbus

Basedowii, II/III 276–80, 561; V 158; XIV 50

sacer (s. a. Epilepsie), XIV 402

Mord (s. a. Ermordete; Feind; Kämpfer; Mörder; Tabu; Verbrecher), IX 48; XIV 363 f.

u. Buße, XIV 400

d. Feindes, XVI 14 f.

u. Haßbefriedigung, X 349

am Herrscher, IX 66

u. Justiz, XIV 364

Lust-, *s.* **Mordlust,** i. **Lustmord**

an Moses *s.* i. **Namen-Reg.:**
Moses, Tod d.

u. Opfer, IX 66, 166–68

an Pharaonen selten, XVI 149

bei Primitiven erfolgt Tod nur
durch, XV 131

religiöses Verbot gegen *s.* **Mordverbot**

Tabu d. –es *s.* **Mörder, Tabu** d. –s

d. [Ur]vaters *s.* **Vater(mord)**

Mordanklagen, Angst vor, u.
zwangshafte Sammlung v.
Alibis gegen, II/III 266f.

Mordimpuls (*s. a.* Haß; Mörder)

Kainsphantasie, II/III 460f.

u. Selbstmordtendenz *s.* **Selbstmord-**

i. Traum, II/III 625

als Zwangsimpuls, I 70f.; II/III
266f., 460f.

Mordlust (*s. a.* Dekalog), X 346, 350;
XII 166; XIV 331–33

i. Lustmord, XVII 71

i. d. Menschheit, X 345, 350–52

Mordprozeß

gegen Halsmann, ü. d. Fakultätsgutachten i., XIV 541*f.*

i. d. Literatur *s.* **Vater(mord)**

nach Opferung, bei Primitiven,
IX 166

Mordverbot, X 349f.; XIV 345, 363–66 (365)

Mordversuch, Unfall als unbewußter *s.* **Unfall**

Morphium (*s. a.* Cocain)

-sucht, I 506

Indikation d. Hypnose bei, V 311

Morphologie d. Neurosen (*s. a.* Neurosenart), I 496

Motivierung, Mangel d.

Morphologische Schichtung d. pathogenen Materials, I 292–96

Mosaikhaftigkeit d. Träume, II/III 45–50, 59, 71

Mosaische Religion (*s. a.* Monotheismus; Religion; u. i. Geogr. Reg.: Juden)

Latenz d., XIV 232f.

als Monotheismus, XVI 116, 151, 167

als Tradition erst wirksam werdend, XVI 236, 238

als Verschmelzung d. Aton- u. Jahve-Religionen (*s. a.* i. Namen-Reg.: –Aton; Jahve), XVI 150, 154, 166f., 172, 174

'Moteurs' (Charcot), IV 56

Motilität *s.* **Beweglichkeit** (*s. a.* Motorik; Motorisch-)

Motiv(e) (*s. a.* Determinierung; Handeln; Handlung; u. unter d. einzelnen Stichwörtern), I 298; XVI 21, 125

d. Bewußtseinsspaltung, I 233

Darstellungslust als, XVI 7

Erraten v. Entwertung d., i. d. Analyse, I 285; VII 9; XVI 125

Groll als, f. Vergessen, IV 32, 95f.

Krankheits- u. Selbstmords-, V 205

Lehre v. d. –n, XVI 21

Penisneid als, XIV 24

Täuschungen ü., wahnhafte, bei Normalen, VII 93

Unklarheit ü. eigene, VII 93

'Motivenrose', VI 92f.; XVI 21

Motivierung [Motivation] (*s. a.* Determinierung), I 298

bei Fehlleistungen *s.* **Fehlleistungen**

Mangel d., bei Zwangsverboten, IX 36, 38

Motivierung, mehrfache

mehrfache (*s. a.* Überdeterminiertheit), VIII 38
d. Gegenwillens, XI 68f., 73
d. Symptoms, I 291–93
neurotische, 'Erraten' d., I 285
Projektion rationalistischer, d. Kultur, IX 137f., 140, 151
sinnvolle, IV 267
bei Tabu nicht vorhanden, IX 4
unbewußte, I 298f., 454; VII 93
Versuch d. *s.* **Rationalisierung**
bei wahnhaften Täuschungen, VII 93

Motorik (*s. a.* Bewegung(en); Beweglichkeit)
u. Affekt (*s. a.* Affekt), XIV 163
d. Aufmerksamkeit, VI 226
u. Denken, XIV 14
Komik d. übertriebenen, VI 216–27, 223, 225

Motorisch (–er, –e, –es)
Abfuhr (*s. a.* Abfuhr; Bewegung; Beweglichkeit), X 278, 417; XIV 120, 122
d. Affekte, II/III 610; X 277f., 286
u. d. Bewußte, X 417
Darwins Ansichten ü., I 147
epileptische (*s. a.* Anfall; Epilepsie), XIV 403f.
d. Erregungssumme, XVII 12f.
Handeln als d. Realität angepaßte, VIII 233
hysterische (*s. a.* Anfall; Hysterie), I 54, 95, 454–56; VII 239; XVII 9–11
u. Innervationen (*s. a.* Innervation), IV 186; X 286
Lachen als (*s. a.* Weinen), VI 164, 255f.
u. Somnambulismus, X 418

i. Traum ausgeschlossen, X 418
Trauma u. Versagung d., XVII 13
d. Unlust beim Säugling, Zappeln als, I 95; VIII 232
d. Wut *s.* **Wut**
Zweck d., VIII 233

Abwehrtechnik d. Wiederholung, XIV 150f.

Aktion (*s. a.* Motorische Abfuhr)
statt Erinnern *s.* **Agieren; Wiederholungszwang**
bei Gefahr u. Hilflosigkeit (*s. a.* Flucht; Reiz), I 95; VIII 232; XIV 201–04
als Ichfunktion
d. Ich, i. Mittelstelle zwischen Wahrnehmung u., XIV 221f.
v. Ich abgewehrt, XIII 388

Hilflosigkeit (*s. a.* Gehemmtsein; Lähmung), XIV 201, 204

Innervation *s.* **Innervation**

Intervention, Konversion als (*s. a.* Konversion), I 63

Isolierung, XIV 150f.

Lähmung *s.* **Lähmung**, motorische (*s. a.* Lokomotion)
Organe, Lähmung d. *s.* **Hysterie, Konversions-,** Symptome (bestimmte): Lähmung (*s. a.* Lähmung)

Symbolik, XIV 149

Symptome
i. d. Hysterie (*s. a.* Bewegungen; Gebärden; Innervationen; Hysterie, Konversions-, Symptome (bestimmte))
u. i. d. traumatischen Neurose, XIII 9

[Treff-]sicherheit i. Hysterie, Somnambulismus u. Fehlgreifen, IV 185f.

Unzulänglichkeit (*s. a.* Unge-
schicklichkeit)
  Selbstbeschädigung u. Unfall,
  Anteil d., an, IV 207
  Versagung (*s. a.* Hemmung; Mo-
  torische Abfuhr; Versagung),
  XVII 13
Mönchtum *s.* **Orden, geistlicher** (*s.
a.* **Askese**)
Mörder (*s. a.* Ermordete; Mord)
  i. Fehlleistung, IV 81
  Tabu d. −s, IX 50–53, 58; X 349f.
Mörderische Phantasien *s.* **Mord-
impuls**
Multiple *s.* **Mehr-**; **Viel-**
Mund (*s. a.* Lippen; Oral-), XVII 76
  -höhle
    Ekel vor, V 51
    u. Perversion, V 68
    bei Leonardo *s.* i. **Namen-Reg.**:
    Leonardo
    u. Lutschen (*s. a.* Lutschen), V
    80f.
  als passiv-aufnehmendes Organ,
  XII 143
  -schleimhaut, als erogene Zone,
  V 66, 212; VIII 98f.
  als Sexualziel [als perverses Ge-
  schlechtsorgan], V *50f.*; XI 315
  als Symbol f. weibliches Genitale,
  XI 158
  Ur-, After als, V 99
  Vagina vertretend *s.* **Mund, als
  Sexualziel**
  -zone *s.* **Oral**
Murmeln *s.* **Gemurmel**
Muschel, als Symbol f. weibliches
  Genitale, XI 158
Musik (*s. a.* Lieder; Melodie)
  u. Sublimierung, VII 369

Muskel(n) [Muskelsystem, Musku-
latur]
  d. Darmschleimhaut (*s. a.* Anal-),
  V 99
  u. Destruktionstrieb
    als Organ d. −es, XIII 269, 376;
    XVII 72
    u. Sadismus, X 225
  Entwicklung d., u. Männlichkeit,
  V 121
  Erregung d., V 102
    u. Reizbewältigung, X 212–14
    sexuelle Elemente d., beim
    Kind, VIII 409
  Hyperalgesie, hysterische, d., I
  197–99
    u. organische, I 124, 199f., 211
  Kontraktur d., hysterische (*s. a.*
  Tic), I 42, 44, 82f., 237–42
Muskelaktion [-betätigung, -tätig-
keit] (*s. a.* Bewegung; Motorik;
Motorisch-)
  aktive
    bei Gefahr u. i. hysterischen
    Anfall, XIV 164f.
    beim Raufen u. Ringen, V 103f.
    u. Reizbewältigung, X 212–14
    u. Sadismus, V 104
  Fluchtreflex als (*s. a.* Fluchtre-
  flex), X 212; XI 409f.
  bei Hilflosigkeit *s.* **Hilfsbedürf-
  tigkeit**; **Zappeln**
    u. d. Ich, X 286f.
    u. infantile Sexualität, V *102–04*;
    VIII 409
  v. innen u. außen, Unterschied
  zwischen, X 212, 423
  passive (*s. a.* Innervation), V 102f.
    als Innervationsverschiebung,
    XIV 141
    als Kontraktur (*s. a.* Muskeln,
    Kontraktur d.), I 237–42

Muskelaktion u. Reflex

u. Reflex (*s. a.* Muskelaktion, Fluchtreflex als), X 287

u. Sinneswahrnehmung (*s. a.* Sinneswahrnehmung), XVII 68

Muskelkraft (*s. a.* Muskeln, Entwicklung d.)

als Volksideal, XVI 223

Musterknaben *s.* **Bravheit; Schlimmheit; Unart**(en)

Mut (*s. a.* Heldentum; Heros), XIV 494

   d. Massen, XIII 82

      Mangel an, XIII 82; XIV 283

Mut (Göttin) *s.* i. **Namen-Reg.**: Mut

Mutismus [Aphonie], hysterische (*s. a.* Stimmbänder), V 198f.

Mutter (*s. a.* Eltern; Matrilinear; Ödipuskomplex; Vater)

  Abwendung v. d.

    d. Sohnes *s.* **Kastrationsdrohung; Ödipuskonflikt**

    d. Tochter *s.* **Mädchen**, u. Mutter, Ablösung v. d.

  Aktivität d., gegenüber Kind, XV 122

  Ambivalenz gegenüber

    präödipale, wegen Reinlichkeitspflege u. Drohungen u. Versagungen (*s. a.* Reinlichkeitspflege), XV 132f.

    d. Sohnes, XV 132f.

      auf Vater übergehend, XIV 528f.

    d. Tochter *s.* **Mädchen**, u. Mutter

  u. Amme (*s. a.* **Amme; Flaschenkinder; Milch; Mutterbrust; Nährmutter**), XII 155

  Angst vor d., XIV 531

    u. Angstschutz, XIV 346

    präödipale *s.* **Gefressenwerden, Angst vor**

  als Dirne *s.* **Dirne** (*s. a.* Erniedrigung d. Weibes)

  als erstes Liebesobjekt (*s. a.* Mutterbrust), XI 431; XV 126–33; XVII 115

    u. Entstehung d. Ödipuskomplexes, XI 341

    auch d. Mädchens (*s. a.* Mädchen, u. Mutter), XIV 64, 517, 521, 529–33; XV 126

    i. Familienroman, VII 229f.

  Fortsein d. *s.* **'Fortsein'**

  u. Fötus, noch keine Objektbeziehung zwischen, XIV 161, 169

  Gefressenwerden v. d. *s.* **Gefressenwerden**

  Genitale d. *s.* **Infantile Sexualtheorien; Kastrationsschreck; Mutterleib;** u. i. **Namen-Reg.**: Medusa

  als Gespenst, i. Traum, II/III 409

  Groll d. Tochter, gegenüber *s.* **Groll; Mädchen**, u. Mutter, Abwendung v. d.

  Identifizierung seitens d., mit eigenen Kindern, IX 22f.

  Inzest mit *s.* **Inzest** (*s. a.* Ödipuskomplex)

  'Kind machen d. –', als präödipaler Wunsch, XIV 532f.; XV 128

  u. Kind, Verhältnis zwischen *s.* **Kind** (als Objekt); **Kinderliebe; Liebe; Mädchen**, u. Mutter; **Mutter**, u. Sohn; **Mutterbindung**, präödipale

  Mangel an Fürsorge, seitens d.

    phantasierter *s.* **Mädchen**, u. Mutter, Abwendung v. d., Vorwürfe

    wirklicher (*s. a.* Kinderhaß)

      u. Homosexualität d. Kindes, V 131

  nährende *s.* **Nähr(mutter)** (*s. a.* Säugen)

Mutterbindung (präödipale): d. Mädchens

als Objekt *s.* **Mutter, als erstes Liebesobjekt** (*s. a.* Mutterbrust, als erstes Objekt)

als Objektwahl d. Knaben *s.* **Ödipuskomplex**

Objektwechsel v., auf Vater, XIV 346, 531

Passivität d. ersten Erlebnisse d. Kindes mit d., XIV 530

phallische (mit d. Penis] *s.* **Infantile Sexualtheorien**: phallisches Weib, Mutter als

Phantasie d. Erlösung durch, XIV 417f.

'Schlafen bei d. –'. VII 254, 303, 345

u. Schlagephantasien d. Knaben, XII 209f., 218–20

Schwangerschaft d. *s.* **Schwangerschaft**

Sexualüberschätzung bei d. (*s. a.* Mutter, u. Sohn), V 50; X 156–58

u. Sohn, VIII 187–89; XV 143

Ächtung d. Inzestes, früher als d. d. Inzestes zwischen Vater u. Tochter, IX 148

u. Erfolg u. Eroberungsgefühle, XII 26

jüngster, XVI 187

Liebling, XII 26

optimales Verhältnis zwischen, XIII 110; XIV 473; XV 143

u. Optimismus, II/III 403 f.; XII 26

Verehrung d. Mutter, u. Dirnenliebe *s.* **Dirne**

Vermeidungsvorschriften *s.* **Vermeidungsvorschriften** (*s. a.* Inzest-; Totemismus; Verwandtschaft)

Symbole f. *s.* **Mutterleibsymbole**

u. Tochter *s.* **Mädchen, u. Mutter; Mutterbindung** (präödipale): d. Mädchens

Todeswünsche gegen *s.* **Mutterhaß** (*s. a.* Todeswünsche)

Trennung v. d. *s.* **'Fortsein'; Trennungsangst**

'Untreue –' d., VII 230; VIII 73f.

Überängstlichkeit u. Überzärtlichkeit d. *s.* **Überzärtlichkeit**

als Verführerin *s.* **Verführung** (*s. a.* Reinlichkeitspflege)

Vermeidungsvorschriften d. Primitiven bezüglich, IX 15–17

Schwieger-, *s.* **Schwiegermutter**

verschämte, Neurosenbekämpfung hindernd, I 508

Wiedervereinigung mit, Einschätzung d. Penis als Gewähr f., XIV 169f.

Mutterbindung (postödipale)

beim Knaben *s.* **Mutterfixierung**

beim Mädchen *s.* **Mutterbindung** (präödipale): d. Mädchens, Rückkehr z.

Mutterbindung (präödipale) (*s. a.* Mutter, als erstes Liebesobjekt; Präödipale –), XIV 64; XV 126–33

i. d. embryonalen Periode (Rank), V 128

Mutter noch kein Objekt, XIV 161, 169

d. Knaben (*s.a.* Mutter, als erstes Liebesobjekt; Mutterfixierung), XIV 535; XV 126f.

d. Mädchens, XIV 535; XV 126, 128–33, 143

aktive Wünsche d. Tochter (*s. a.* Mädchen, Kindeswunsch; Phallische Phase, d. Mädchens), XIV 529, 532f., 535f.; XV 128, 132f.

Ambivalenz d., XV 128

Dauer d., lange, XIV 536f.

Ende d. *s.* **Mädchen, u. Mutter, Abwendung v. d.**

Mutterbrust

erstes Liebesobjekt, Mutter als (*s. a.* Mutterbrust, als erstes Objekt), XIV 517, 521, 529–33; XV 126, 128–33

Fixierung i. d., ohne Erreichung d. Ödipuskomplexes, XV 140

u. Homosexualität, XV 140

u. Hysterie u. Paranoia, II/III 266; XIV 519

Identifizierung mit Mutter, II/III 255; XV 143; XVI 233; XVII 120 f.

homosexuell-männliche, XII 285

u. Kindeswunsch, XVII 121

Liebesgeschichte d. Mutter, als Vorbild f., V 271

Koituswunsch gegenüber Mutter *s.* **Phallische Phase**, d. Mädchens

negative [aggressive] *s.* **Mädchen**, u. Mutter, Abwendung v. (*s. a.* Groll; Mutterbindung (präödipale): d. Mädchens, Wünsche, aggressive)

passive, XV 128

Rückkehr z., postödipale, XIV 534 f.; XV 143 f.

schlecht gelungene, XIV 519 f., 523 f.

sexuelle Wünsche gegenüber Mutter *s.* **Phallische Phase**, d. Mädchens

i. Vaterbindung übergehend (*s. a.* Liebesobjekt, Vater als), XIV 517, 523, 531; XV 129 f.

enttäuscht, XIII 395; XIV 534 f.

Mutterbrust (*s. a.* Brust; Nährmutter; Oralerotik; Saugen; Säugen), V 123; VII 245; VIII 155

Ersatz f.

Finger als (*s.a.* Lutschen), V 212

Klitoris als, XIV 23

Penis als, V 212; XIV 23

als erstes (erotisches) Objekt, V 123; XI 325, 340; XIII 260; XIV 424; XVII 115

u. Flaschenkinder, XVII 115

E. T. A. Hoffmanns Erinnerungen an d., XVI 234

Identifizierung d. Säuglings mit d., XVII 151

u. Milchspendung *s.* **Milch**; **Säugen**

phylogenetische Bedeutung, XVII 115

Trennung v. d. [Entziehung d., Entwöhnung v. d., Verlust d.] (*s. a.* Entwöhnung; Trennung), XIV 527

u. Kastrationskomplex, VII 246; XIII 296, 397

als Vorläufer d. 'Kastration', XIV 160 f.

Mutterfixierung

Sohnes

u. Dirnenliebe (*s. a.* Dirne–), VIII 70–74; XIV 415–18

u. Fetischismus (*s. a.* Fetischismus), V 54

u. Homosexualität (*s. a.* Mutteridentifizierung, d. Sohnes), V 44; VIII 169

u. Impotenz, VIII 79

i. Teufelsneurose, XIII 337

u. Vorliebe f. ältere Frauen, VIII 71

d. Tochter *s.* **Mutterbindung** (präödipale): d. Mädchens, Identifizierung mit Mutter; – Rückkehr z., postödipale

Muttergestalt(en) [-figuren, -imago] (*s. a.* Imago)

Amme als, XII 155

Schwiegermutter als, IX 23 f.

u. Übertragung (*s. a.* Übertragung), VIII 365 f.

Muttergottheiten [-göttinnen], IX 180; XIII 152; XVI 147, 189

Anerkennen d., XIII 152

i. Christentum, VIII 360 f.; XVI 194

Duplizität d. orientalischen, als Vernichterinnen (*s. a.* Todesgöttinnen), X 34

Heros, Vatergott u., XIII 153

phallische, VIII 163 f., 167

u. Sohnesgötter, u. Inzest u. Kastration, IX 183 f.

Mutterhaß

d. Kleinkindes i. Zorn *s.* Wut

d. Mädchens *s.* Groll; Mädchen, u. Mutter

Todeswünsche gegen Mutter, II/III 265 f.; XIV 531

Mutterhypnose *s.* Hypnotiseur, u. Elternverhältnis

Mutteridentifizierung

bei beiden Geschlechtern, XII 108; XIII 260

ambivalente, XIII 260

u. Züchtigung, XVI 184

d. Sohnes (*s. a.* Homosexualität; Identifizierung), VIII 170; XII 108; XIII 119, 204, 259

d. Tochter *s.* **Mutterbindung** (präödipale): d. Mädchens, Identifizierung

Mutterkomplex (*s. a.* Mutterbindung; -fixierung; -haß; -identifizierung; Vaterkomplex)

beim normalen Kulturmenschen, VIII 338 f.

Mutterleib

Regression z. [Regression z. intrauterinen Existenz], XII 134; XIV 157, 170

Müdigkeit, Ichschwäche bei

normaler Wunsch, i. Schlaf [-trieb], X 412; XI 85; XVII 88

u. Scheintod (*s. a.* Lebendigbegrabenwerden), XII 257

u. Vagina (*s. a.* Vagina), XIII 298

Mutterleibsphantasie(n), V 127; XII 134–37; XV 25 f., 94

Deutung d., XIV 170

u. 'Glückshaube', XII 134

als Koitusersatz f. Impotente, XIV 170

statt Koituswunsch, Mutter gegenüber, beim Mädchen, XV 94

v. Lebendigbegrabenwerden, XII 257

d. Mädchens, XV 26, 94

u. Tod, XV 25

u. Urszenenphantasie, XV 26

als Wiedergeburtsphantasie, XII 133–36

inzestuöse Bedeutung d., XII 136

Mutterleibsymbole (*s. a.* Genitalien, weibliche)

bestimmte *s.* i. **Symbol-Reg.**

Mutterrecht *s.* **Matriarchat** (*s. a.* Matrilinear)

Muttersprache (*s. a.* Sprache)

Vergessen d., i. Hysterie (Anna O.), I 83; VIII 4, 7, 18

Müdigkeit [Erschöpfung] (*s. a.* Ermüdung; Ermüdbarkeit)

als Allgemeinhemmung, XIV 117

als Arbeitshemmung, XIV 115; XVI 70

Fehlleistungen bei *s.* **Ermüdung**

geistige u. körperliche, I 413; XIV 117

hysterische, I 13 f., 163 f., 196–251, 413

Ichschwäche bei, XVI 69 f.

367

Müdigkeit, melancholische

melancholische, i. d. Zwangsneurose, I 391

nervöse, I 13f., 415; V 181

keine Indikation f. Analyse i. Stadien d., V 9

u. Neurasthenie *s.* **Ermüdbarkeit** (*s. a.* Neurasthenie)

bei Neurosen, als Hilfsursache, I 413; XVI 70

partielle, I 13

Verstimmung durch, I 163

statt Wut, XIV 117

Mühsal (*s. a.* Not)

bei Wunderheilungen, Rolle d. körperlichen (*s. a.* Müdigkeit), V 298

Myom *s.* Uterus

Mysophobie, zwangsneurotische, I 350

Mysterien

u. Opferfeste, IX 165–67

orphische, IX 184f.

Totemtier, eigenes, d. Gott dargebracht, bei, IX 178

Mystik [Mystizismus], IV 287f.; XIII 39; XIV 431; XV 32, 86; XVII 28, 152

u. Anarchismus, XV 190f.

Bewußtsein i. Unbelebten annehmend, X 268

(Definition), XVII 152

i. d. Ethik, XVI 230

als 'Jenseits', XV 32

u. Monotheismus, XVI 91

i. Okkultismus *s.* **Okkultismus**

physiologische Begründung d., XIV 430f.

Schwärmerei, religiöse, u. Perversität i., X 77

u. Traum, II/III 5; XI 80; XV 32

i. Wahnideen *s.* i. **Reg. d. Krankengesch.**: Namenverzeichnis, Schreber

Wesen d., XVII 152

u. Wissenschaft, XV 58f.

Mystische

Einstellung *s.* **Mystik**

Opfer *s.* **Mysterien**

Mythen (*s. a.* Mythologie; Mythus)

bestimmte u. typische (*s. a.* i. Namen-Reg., unter d. betreffenden Eigennamen)

Adam, Benennung d., I 23

d. Arunta, XI 141

Astral-, X 25; XIV 95

Aussetzungssagen (*s. a.* Mythus, v. d. Geburt d. Helden; Wassergeburt), XVI 107

v. d. Bisexualität [platonischer, v. d. Herkunft d. Geschlechter], V 34; XIII 62f.

Blendungs- (*s. a.* Mythus, u. Kastration-; u. i. Namen-Reg.: Ödipus), XII 243f.

christliche, IX 185

Dämonen i. *s.* **Dämon**

Dionysos, IX 185

v. Erneuerung durch Destruktion, XVI 8

Faust-, XIII 318

Feuer-, XII 126; XVI 4

v. d. Geburt d. Helden (Rank) (*s. a.* Mythus, v. d. Geburt d. Helden; Rettungsphantasie; Wassergeburt), XVI 106–11

Moses, XVI 108, 110f., 161

v. Gefressenwerden (*s. a.* Gefressenwerden), XIV 133, 239f.

v. goldenen Zeitalter, IX 141

Mythus, (Definition)

v. Göttern (Frühgötter überwindend, tiertötend) (*s. a.* Götter), IX 181

Helden (*s. a.* Heldensage; Heros), XVI 6, 106f.

Hydra, lernäische, XVI 7f.

Inzest i. d., XI 347

Jonas, X 14, 19f.

Josef u. seine Brüder, XVI 213

Kastrations-, *s.* **Mythus**, u. Kastration

Kronos (*s. a.* i. Namen-Reg.: Kronos; – Zeus), X 9; XII 58; XIV 133, 239f.

Labyrinth u. Ariadnefaden, XV 26

Medea u. Kreusa, V 222

Medusa, XII 126; XIII 296; XV 25; XVI 4; XVII 47f.

Narzissus, VIII 170; XII 6

Natur-, IX 32

orphische, IX 185

Ödipus *s.* i. **Namen-Reg.**: Ödipus

platonische *s.* **Mythen**, bestimmte, v. d. Bisexualität

Prometheus, XVI 4

Sphinx *s.* i. **Namen-Reg.**: Sphinx

Tiere i., IX 181; XII 8

Götter als Tiertöter, IX 181

als Helfer, XIII 153

Tierverwandlung, IX 178

Titanen, IX 185

Tobias, XII 175

Todesgöttinnen, X *31–37*

v. d. unbefleckten Empfängnis *s.* **Empfängnis**

Vatermord i. d. (*s. a.* i. Namen-Reg.: Ödipus), IX 186f.

Mythenbildung (*s. a.* Mythologie), VIII 414; XI 383

u. Dementia praecox, XIII 228

u. Kinderstube, XII 44

Sinn d., XVI 7

ständig fortlebend, VIII 319

Mythologie (*s. a.* Mythenbildung)

u. d. Fall Schreber, VIII 317–20

Hindu-, u. Kastrationskomplex, XIV 459

u. Hysterie, II/III 624

Mischbildungen i. d. (*s. a.* Mischbildungen), II/III 664; XI 175

u. Neurotik (*s. a.* Mythus, Deutung, u. Neurose), VIII 100; X 146f.

u. Paranoia, IX 287–89; XIII 228

'– d. Psychoanalyse', Trieblehre [Theorie] als, XV 101f.; XVI 22

u. Psychoanalyse, X 76; XI 404; XIV 95, 239f., 281; XV 156 (Zusammenfassung), XIII 228f., 425

durch Traumdeutung erläutert, XV 26

zwei Stufen d. (nach Wundt), Ehrfurcht u. Abscheu als, IX 35

Mythologisch(e)

Eltern (*s. a.* Familienroman), XIII 381

Traumhypothese, II/III 645

Weltanschauung (*s. a.* Animismus), IX 96

u. eigene Allmacht, IX 108

u. Paranoia, IV 287–89

als projizierte Psychologie, IV 287–89

Mythus [Sagen, als psychische Schöpfungen] (*s. a.* Mythen), IV 56; IX 96; XII 8

u. Animismus, Verhältnis zwischen (*s. a.* Animismus), IX 96

(Definition), XIII 153

369

Mythus, Deutung d.

Deutung d., XIII 425
u. Dichtung, VII 222
Entstehung *s.* **Mythenbildung**
u. Familienroman (*s. a.* Familienroman), V 127; VII 228; XVI 109
fetischistische Symbole i., V 54
u. funktionales Phänomen, IX 181
v. d. Geburt d. Helden [heroischer Mythus] (*s. a.* Heldensage; Heros), XVI 106–11
    Entstehen d., XIII 152
    u. Rettung aus d. Wasser *s.* **Rettungsphantasie**, aus d. Wasser
Grenzen d., XII 126
historischer Kern d., XVI 6f.
Identifizierung i., XIII 153
u. infantile Sexualtheorien, VII 173f.
Inzestkomplex i., XII 327
u. Kastration, -sdrohung, u. -skomplex, VII 179, 246; XII 243f.; XIV 240
als Kindheitserinnerungen d. Völker, IV 56; VII 228; VIII 151–53
Komplexe i., VIII 414
d. Kulturheroen, XVI 7–9
u. Massenseele, Austreten aus d., XIII 153
u. Märchen, VIII 415
Nationalgefühl [-stolz], Rolle d. –s, bei d. Umarbeitung d. (*s. a.* Patriotismus), IV 164; VII 427; XII 44
neurotische Vorgänge erklärt durch, VIII 100; X 146f.
nordischer *s.* **Saga**
u. Ödipuskomplex, XII 327
u. Phantasiebildungen, Ähnlichkeit zwischen, V 127

i. Dementia praecox, XIII 228
Kindheits-, VIII 151–53
Normaler u. Neurotiker, X 146f.
Wunsch-, IX 141
Psychoanalyse d. *s.* **Mythologie**, u. Psychoanalyse
u. Religion u. Sittlichkeit, VIII 416
als Säkularträume d. Menschheit, VII 222; IX 141
Spaltungen i. Paranoia u. – (*s. a.* Mythologie), VIII 285
Stoff d., XVII 89
u. Symbolik, I 569; II/III 351, 356f.
    bestimmte Symbole *s.* i. **Symbol-Reg.**
    u. Fetischismus, V 54
    Geburts-, VII 304; XI 162f.
    Geld-, VII 207f.
    Sexual-, XI 160f., 164–66, 168
        Libido, IX 181
    Todes-, XI 163
    u. Traumsymbolik, Unterschied zwischen, XI 168f.; XV 24–26
u. Totemismus, XIII 152f.
u. Traum, II/III 645, 699; VIII 4/5; XI 168f.; XV 24–26; XVII 89
u. traumatische Kindheitserinnerung, Verarbeitung d., Ähnlichkeit zwischen, VII 427
u. d. Unbewußte, Aufdeckung d. Denkweisen d. –n, durch, VIII 225
Verarbeitung *s.* **Mythus**, Nationalgefühl, Rolle d.
statt Wunschbefriedigung, VIII 416; IX 141
u. Zwangsbild, X *398–400*

N

Nabel

-geburt s. **Infantile Geburtstheorie**(e)

-schnur, durch Ariadnefaden symbolisiert, XV 26

Nach(ahmung) [Imitation] (s. a. Induktion; Mimik), VI 228, 238, 258

d. Arztes, seitens Patienten (s. a. Identifizierung; Übertragung), IV 70 f.

d. Eltern s. **Eltern; Identifizierung; Überich**

u. hysterische Induktion (s. a. Induktion), II/III 155

als Identifizierung, XIII 118, 121

kindliche (s. a. Spiel), VI 258 f.

Komik durch Übertreibung d. (s. a. Karikatur; Parodie; Travestie), VI 215 f., 228–30, 238, 258 f.

u. Magie s. **Magie**

magische Gefahr d., IX 46

i. d. Masse s. **Massenseele**

i. Spiel (s. a. Spiel), XIII 13

u. Suggestion (s. a. Suggestion), XIII 96

u. Symptom (s. a. Symptom), I 83; XIII 115, 118

d. Totemtieres, IX 128

u. Übertreibung, VI 238

Nach(ahmungstrieb) [-drang], VI 218; XV 101 f.

Annahme eines –es, überflüssig, XIII 18, 121

Nach(ahmungstheorie) d. Spieles (s. a. Spiel), XIII 15

Nach(ahmungszwang)

Angst vor (s. a. Koprolalie; Tic), I 16

Komik d., VI 258 f.

Nach(analyse) s. **Psychoanalytische Kur, Nachanalyse**

Nach(denken) s. **Denken**

Nach(drängen) s. **Verdrängung, Ur-, u. Nachdrängen**

Nach(einander) s. **Denkrelationen; Zeitfolge**

Nach(erziehung) (d. Neurotikers) s. **Psychoanalyse, Wesen d., als Nacherziehung**

Nach(giebigkeit) (s. a. Erziehung; Güte; Verwöhnung)

intellektuelle s. **Eklektizismus, Intellektuelle Nachgiebigkeit**

Nach(klang)

-theorie d. Fehlleistungen (Meringer u. Meyer), IV 62, 65; XI 25–28, 43, 57 f.

beim Versprechen, IV 62

Nach(träglich) (–er, –e–, –es)

Gehorsam s. **Gehorsam, nachträglicher**

Heilung nach Analyse, V 279

Wiederbelebung v. Eindrücken, XII 72

Wirkung d. Kastrationsdrohung, VII 271

Nach(träumen) (s. a. Träume, mehrere, wiederkehrende), II/III 513

Nach(verdrängung) s. **Verdrängung, Ur-**

Nach(wirkung)

Nach(wirkung) *s*. Perseveration
Nacht (*s. a.* Nächtlich)
  Angst vor *s*. Angst vor; Kinderangst; Pavor nocturnus
  als Symbol, XII 70
  -wache *s*. **Krankenpflege** (*s. a.* Überarbeitung)
Nackt(er) Vogel, an kleinen Menschen erinnernd, XII 114
Nackt(heit) (*s. a.* Entblößung; Exhibition; Schaulust)
  i. Schlagephantasie, XII 200
  i. Traum *s*. **Traum**, typischer, Nacktheits-
  Uniform als Traumsymbol f., II/III 248; XI 155, 159
Nackt(heitstraum) *s*. **Traum**, typischer, (bestimmte Arten d.): Nacktheits-
Nahestehende *s*. **Angehörige** (*s. a.* Familie)
Nahrung
  Identifizierung mit d., bei Primitiven (*s. a.* Totemmahlzeit), XIII 257
  witziger Vergleich d. Lernstoffes mit, VI 91
Nahrungsaufnahme (Funktion d.) (*s. a.* Essen; Eß-; Lippe;Mund; Sättigung; Selbsterhaltung), XI 319; XVII 76
  u. Appetitlosigkeit (*s. a.* Anorexie; Eßstörungen), XIV 115
  u. Dentition, V 82
  Ernährungsbedingungen d. seelischen Apparates, XIV 276f.
  u. Lutschen, V 107; XI 324
  bei Primitiven (*s. a.* Speiseverbote; Totemmahlzeit)
    Glaube betreffend, XIII 257
    omnivor, IX 138
  u. Sexualität [-befriedigung] (*s. a.* Organ(libido)), V 107, 118, 123; XI 323–25
  beim Kind, V 82, 133; VIII 409
  beim Säugling, V 82, 133
  wählerische [Nahrungselektion], nervöse, I 135–38
  Weigerung d. (*s. a.* Eßstörung)
  i. d. Psychosen [i. d. Melancholie], X 431f.; XIV 115
  u. Zähne, erste, V 82
Nahrungssorgen *s*. Not
Naive, (Das) [Naivität] (*s. a.* Kindlich –), VI 207
  u. Aufmerksamkeit, VI 208
  u. d. Dumme (*s. a.* Unsinn), VI 257f.
  Kinderdummheit, VI 194
  'Entharmlosung d. Kindheit' *s*. **Psychoanalyse**, Widerstände gegen
  Entrüstungsersparnis bei d., VI 212–14
  u. d. Freche, VI 207f.
  Hemmung bei d. –n, VI 211–14
  Hemmungslosigkeit bei d. –n, VI 254
  Ich, Rolle d., beim, VI 211
  kindliche, VI 194, 209f., 254; XI 323
  unechte, VI 210
  unterschieden v. Obszönen u. Witzigen, VI 254
  verglichen mit Obszönen u. Komik, VI 252f.
  u. d. Komische [Komik d. –n], VI 207–15
  i. d. Kinderdummheit, VI 194
  d. Naivkomische, VI 214
  rezeptive u. produktive Person bei d., VI 211–14
  Sexualität i. d. Verkleidung d. –n, IV 195

Name(n) (verschiedene Benennungen): Vor-

i. Träumen normaler Personen u. erster Träume v. Patienten, VIII 355

u. Witz, VI 207–15

bestimmte Witze s. i. Reg. d. Anekdoten

Zensur nicht vorhanden beim, VI 211

Zote, naive, VI 210, 214

Name(n) (Eigen-)

u. Abkunft (bei Moses), XVI 105f., 112, 114

-assoziationen [-einfälle], IV 268–70; XI 105f., 108

Determinierung d. s. Namen(s)wahl

komplexbedingt, VII 5

d. Aton, XVI 123f.

-auslassung, IV 172

Erinnerung an

u. Bilderrätsel, IV 10

Stolz auf, IV 94

i. d. Hysterie, VII 411

Identifizierung durch, IV 94f.

d. Jahve, XVI 139f., 145

mit d. Wurzel 'Jah-', XVI 146

Komik d., VI 236

Komplexempfindlichkeit (s. a. Name(n) (Eigen-): -assoziationen

gegen Aussprechen, bei Neurotikern, IX 72

Mädchen-, Symptomhandlung mit, IV 226

Mitteilung v., während Analyse

schwer, IX 72

unerläßlich, VIII 469

d. Moses s. Name(n) (Eigen-): u. Abkunft

patrilinearer, XVI 225

u. Persönlichkeit, IV 226; IX 71f., 134f.

d. Rumpelstilzchens, X 2–5

u. Seele, IX 136

Sinn u. Symbolik d. -s (s. a. Sprache; Symbolik; Wahn), VII 63; 411

theophore, XVI 140, 146

d. Toten, IX 69–73

Kindern wiederverliehen, IX 71

Vergessen v. s. Namen(s)vergessen

Verlesen v., IV 172

Versprechen v., IV 94f.

Wortspiel mit s. Namen(s)verdrehung

u. Witz, VI 236f.

-zauber, V 301f.; IX 97; XI 9f.; XIV 214; XVI 221

u. Zwangsneurose, VII 443

Name(n) (eigener)

Abschrift, beim Neurotiker, IX 72

Ärger [Empfindlichkeit] wegen Gleichnamigkeit anderer, IV 31

Freuds, IV 31, 93, 165f.

Vergessen seitens anderer Personen, IV 94

Witzeleien ü., II/III 213

Illusion, ihn gelesen z. haben, IV 122f.

Name(n) (Fremd-) (s. a. Fremdsprachige Worte)

Vergessen v., VI 6–12, 98; XI 70f., 109f.

Name(n) (verschiedene Benennungen)

Ehren-, IX 134f.

Ersatz-, IV 6, 12

Spitz- (s. a. Namen(s)verdrehung), IX 134f., 137

Vor-, Einfälle mit, VII 5

Namen(s)

Namen(s)
-gebung *s*. **Matrilinear; Patrilinear**
-magie (*s. a.* Namensverbote), IX 101; X 2–5
  u. Spott u. Schimpf, IX 137
-tabu, IX 69–73
  u. Totem *s.* **Totemismus**, Theorien, nominalistische
-veränderung
  nach Heirat *s.* **Name(n)** (Eigen-): Mädchen-
  nach Todesfall, IX 70f.
-verbote [-tabu], IX 71
  Gottes, bei Hebräern, VIII 348; XVI 139f.
  u. Magie, IX 101
  u. Trauer, IX 71, 73
  u. Vermeidungsvorschriften, IX 16f., 19
    Schwester, IX 16
    Schwiegermutter, IX 19
-verdrehung [-entstellung, -spielerei] (*s. a.* Wortverdrehungen)
  als Kinderspiel u. i. Traum, II/III 213
  als Schmähung (*s. a.* Namen (verschiedene Benennungen): Spitz-), IV 92–94; VI 98; XI 35–37
  Tendenz z., XI 36, 45
  als Wortspiel, IV 91f.; VI 19, 29, 31f., 35–37, 44, 82, 98, 236
-vergessen, IV *5–12* (5–7), *21–50* (47f.); VIII 393f., 435; IX 136
  ohne Fehlerinnern, IV 12
  v. Fremd-, *s.* **Namen** (Fremd-)
  durch Groll motiviert, IV 32, 95f.; VIII 393
  als hysterisches Symptom, IV 74
  kollektives (*s. a.* Induktion), IV 48–50

  Mechanismus d. –s, IV *47f.*
  Migräne, mit, IV 27
  serienhaftes, IV 50
  i. Traum, XI 200f.
  u. Wiedererinnern, XI 108–10
-verwechslung(en), IV 249f.
-wahl, Motivation fiktiver (i. d. Krankengeschichte 'Doras'), IV 268–70

Narbe(n) [-bildung(en)] (psychische)
  d. Ichveränderungen, XII 215; XV 166; XVI 182
  nach Kur nicht immer vermeidbar, XIII 185
  Minderwertigkeits- (u. Schuld-) gefühl als (*s. a.* Minderwertigkeitsgefühl), XII 214f.; XIV 25
  narzißtische, XIII 19

Narkotika *s.* **Rauschgift(e)** (*s. a.* Intoxikation; Sucht)

Narzißmus (*s. a.* Ichlibido), VIII 297; IX 109–11; X *138–70*; XI *427–46*, XIII 224f.; XIV 477; XV 109; XVII 72f.
  u. Allmacht d. Gedanken, IX 110f.; X 140f.; XII 6
  Anziehungskraft i., X 155
  u. Autoerotismus, X 141f., 224, 227f.
  nachfolgender, VIII 296f.; IX 108–10
  Unterschied zwischen, VIII 446
  Begriff d., XIV 83
  (Definition), VIII 446; X 138f.; XI 432; XIII 258; XVII 72
  u. Dementia praecox, XI 437
  u. desexualisierte Libido, XIII 273–76
  u. Doppelgängertum, XII 247f.
  u. Egoismus, X 413
  Unterschied zwischen, XI 432f.

Einführung d., X *138–70*
Einschränkung(en) d., XIII 113, 124, 231
  i. d. Liebe u. i. d. Kultur, XIII 138
  i. d. Masse, XIII 112
  i. d. Elternliebe, V 129; X 157f. XV 134, 137
  ethischer, I 568
  u. Geburt, XIII 146
  gekränkter *s.* Narzißtische Kränkungen
  u. Glück, XIV 443
  u. Homosexualität, V 44f.; VIII 170, 296–98; X 138, 157; XI 442; XII 285
    verhindert durch Narzißmus, XII 94
  i. Humor, XIV 385
  bei Humoristen, X 155
  u. Hypochondrie, X 148–50
  u. Ich
    -entwicklung, X 167
    als Objekt, i., XV 64
    projiziert ins Kind (beim Weib) (*s. a.* Mutter), X 156–58
    Unverletzlichkeit d. (i. Humor), XIV 385
  u. Ichideal, X 161–63, 167f.
    als Erbe d. Narzißmus, XIII 121
  u. Identifizierung, XII 285
  intellektueller, i. Allmachtsgefühl, IX 110f.
  Intensität [Maß] d., u. analytische Prognose, XI 463
  i. intrauterinen Leben, XI 432; XIV 161
  d. Katzen, X 155
  d. Kindes (*s. a.* Narzißmus, primärer), II/III 261; X 158; XI 111; XII 6
    Anziehungskraft d., X 155
    elterlicher Narzißmus, projiziert i., X 156–58
    'd. kleinen Differenzen', XII 169; XIII 111; XIV 473f.
  Kränkung d. *s.* Narzißtische Kränkungen
  u. Kultur, XIII 128; 138; XIV 334
  u. Libidotheorie (*s. a.* Libido-), XI *427–46*; XIV 83
  u. Liebesleben, X 148, *153–58*; XIII 138
  u. Mitleid, XII 120f.
  d. Neoplasmazellen, XIII 54
  ohne Objekt, X 295; XIV 161
  u. Objekt
    als Ersatz f. Objekt, X 346
    Identifizierung mit (i. Homosexualität), XII 285
    -liebe, XI 431; XII 6
    ursprünglicher als Narzißmus, XI 431; XII 176
  u. organische [körperliche] Krankheit, X 148f.
  u. ozeanisches Gefühl XIV 430
  i. d. Paraphrenien [Psychosen] (*s. a.* unter d. einzelnen Krankheiten), X 152f.; XIV 87
    Dementia praecox, XI 437
    Fixierungsstellen d., VIII 444
    u. Libidostauung, X 151
    Paranoia, XI 440
    Schizophrenie, X 139f.
  primärer [primitiver], X 154, 413; XI 440; XIII 121, 275; XVII 72
    u. Doppelgänger, XII 247
    erste Libidobesetzung, XVII 115
    d. Fötus, XIV 161
    u. Ichentwicklung, X 167
    beim Kind *s.* Narzißmus, d. Kindes

Narzißmus d. Raubtiere

u. Libidoregression, X 413; XII 285

Minderwertigkeitsgefühl ausschließend, IX 111

normaler [natürlicher], X 139, 157; XII 6, 11; XIV 337

u. Objekt, X 228, 295

d. Primitiven, XII 6

u. sekundärer, X 140

ursprünglich, XI 431

d. Raubtiere, Anziehungskraft d., X 155

Regression z., X 413; XII 285

u. Sadismus u. Schaulust, X 224

i. Schlaf, X 149, 415

sekundärer

(Definition), XIII 258

u. Ichlibido, XI 440; XIII 258, 275

u. Identifizierung, X 436f.; XII 285; XIII 258

u. Selbstgefühl, X 165–67

u. Selbstliebe, X 226

u. Sexualbefriedigung, XIII 139

u. Sexualideal, X 168f.

sexuelle Anziehungskraft d. s. **Narzißmus**, Anziehungskraft i.

u. soziale Phänomene, XIII 73f.

(Terminus technicus), V 119; X 138; XII 6

i. Traum, X 149, 413–15

zweiter Einbruch, X 416f.

i. d. traumatischen Neurose, XIV 159

u. Triebabwehr, X 224

u. Triumph (i. Humor), XIV 385

u. Trotz, X 409

u. d. Unheimliche, XII 247f.

d. Urvaters (s. a. Ur(vater)), XIII 138f.

überwundener, d. Urzeit, XII 248

d. Verbrecher, Anziehungskraft i., X 155

Verdrängung d., X 160f.; XII 248

Verliebtheit als Ersatzbefriedigung f., XIII 124, 138

vollständiger, i. Intrauterinleben (Libido u. Ichinteresse vereint), XI 432

beim Weib s. **Weib** (als Objekt): Anziehungskraft; – (als Subjekt): Narzißmus d. –es

Wesen d., XI 431; XII 6

beim Wolfsmann s. i. Reg. d. Krankengesch.: Namenverzeichnis, Wolfsmann

(Zusammenfassung), XIII 224f., 231

als Zwischenstadium, VIII 296f.; IX 109f.

Narzißtisch (–er, –e, –es)

Befriedigung (s. a. Autoerotismus; Befriedigung)

durch Kulturideale, XIII 138

Identifizierung mit Nation, XIV 334f.

Kunst, XIV 335

u. Typus (narzißtischer Zwangs-), XIV 512

Besetzung (s. a. Besetzung; Ich; Libido)

erste s. **Narzißmus**, primärer

bei Schmerz, XIV 204

Charakter s. **Narzißtische** Typen

Erkrankungen [Affektionen] (s. a. Narzißtische Neurosen; – Psychosen)

Analyse nicht indiziert bei (s. a. Psychoanalytische Methode), XV 167

als Ersatz f. Objektliebe, X 436

Gehaben d. Keim-, embryonalen, u. bösartigen Zellen s. **Narzißmus**, d. Neoplasmazellen

Identifizierung (*s. a.* Identifizierung), X 436f.; XIII 258
als Ersatz f. Objektliebe, X 436
u. Homosexualität (*s. a.* Narzißmus, u. Homosexualität), XII 285
u. hysterische Identifizierung, Unterschiede zwischen, X 436f.
mit Nation, XIV 334f.
Interesse
i. narzißtischen Neurosen, XI 435
am Penis (*s. a.* Penis-)
u. Kastrationsangst (*s. a.* Kastration; Kastrationsangst), XIV 21
Kränkungen (*s. a.* Kränkung; Minderwertigkeitsgefühl), V 295; XII 6
durch Defloration, XII 173
i. d. Eifersucht (normalen), XIII 195
frühe, XVI 179
Ich-, X 170, 435, 440
durch Kultur u. Natur, XIV 337f.
i. Melancholie, X 435, 440
u. Paranoia, X 170
durch Penismangel *s.* **Penismangel** (*s. a.* Minderwertigkeitsgefühl)
durch Psychoanalyse *s.* **Psychoanalyse** (*s. a.* Kränkung; Menschheit)
psychologische, XII 8–12; XIV 107f.
durch Trauma (*s. a.* Trauma), XVI 179
d. Weibes, XII 173; XIV 25
Libido [Ichlibido] (*s. a.* Ich-; Libido), V 119; IX 110; X 413, 428; XI 431, 437; XII 5f.; XIII 56f., 66, 420; XIV 477; XVII 73

Narzißtische Libido

u. Angst u. Schreck, Zusammenhang zwischen, XII 324
u. Autoerotismus *s.* **Autoerotismus; Narzißmus**
Begriff d., V 119; XIII 56
u. Eros *s.* **Narzißtische Libido, u. Objektlibido**
erste *s.* **Narzißmus, primärer**
beim Fötus allein vorherrschend, XI 432; XIV 161
Genital- (*s. a.* Organ(libido)), XII 73
i. Kriegsneurosen, traumatischen Neurosen u. Psychosen, XI 435; XII 323f.; XIV 159f., 477
u. Lustprinzip, XIII 273
u. Objektlibido (*s. a.* Objekt-; Zurückziehung), V 119; X 141–44, 151–53; XIII 420; XIV 83; XV 109
i. d. individuellen u. i. d. Kulturentwicklung, XIV 501
Umsetzungen zwischen, XI 435; XIII 258
fortwährend, XIV 83
Verhältnis zwischen, u. Glück, XIV 443
i. Psychoneurosen (*s. a.* Narzißtische Libido), XIII 390
Regression aus *s.* **Libidobesetzung; Zurückziehung** (*s. a.* Libido, Introversion d.; Regression)
u. Selbsterhaltungstrieb, XIII 56f.
u. Selbstgefühl, X 165–67
Stauung d.
u. Hypochondrie u. Paraphrenien, X 151
u. Introversion, X 152
Überbesetzung d. Organ-, bei Schmerz, X 148f.; XIII 34
Verdrängung d., X 160f.

Narzißtische Männlichkeit

Verschiebbarkeit d. (*s. a.* Libido, Beweglichkeit d.; Narzißtische Libido, u. Objektlibido, Umsetzungen), XIII 273

Männlichkeit (*s. a.* Phallische Phase), XII 145

Narbe *s.* **Narbe** (*s. a.* Minderwertigkeitsgefühl)

Neurose(n) u. Psychoneurose(n) (*s. a.* Narzißtische Psychosen; u. unter d. Namen d. einzelnen Krankheiten), XI 364, 395, 435, 455, 465

   Dynamik d., XI 435–42

   Ichbeteiligung, größere, i. d. (*s. a.* Übertragungsneurosen), XI 364, 395

   Interesse, narzißtisches, i. d., XI 435

   Libido, narzißtische, statt Objektlibido, i. d., XI 435; XII 323f.; XIII 390; XIV 159f., 477

     vertauschbar (*s. a.* Libido, Beweglichkeit d.), XI 435

   Unzulänglich f. psychoanalytische Technik [Widerstand unüberwindbar] i. d., XI 438

Objektliebe, beim Weib *s.* **Weib** (*s. a.* Objektliebe)

Objektwahl *s.* **Objekt(wahl)**

Phase (Definition), X 224

Psychosen (*s. a.* Narzißtische Neurosen), XIV 513

   u. Konflikt d. Ich mit d. Überich (*s. a.* Konflikt, Psychose als), XIII 390

   u. soziale Phänomene, XIII 73

Typen [Charakter] (*s. a.* Typen), XI 442; XIV 510f.

   u. Anlehnungs-, XI 442

   erotisch-, XIV 511

   d. Objektwahl *s.* **Objekt(wahl)**

Psychose u. Verbrechertum, als typische Erkrankung d. Selbstgefühls, XVI 225f.

sexuelle Anziehungskraft d., X 155

Wert d., XIV 512

   zwanghafter, XIV 511f.

     Kulturwert d., XIV 512

Urzustand, X 227; XI 432

Überbesetzung *s.* **Überbesetzung**

Versagung *s.* **Versagung**

'Nasale Reflexneurose' (Fließ), I 315

Nase

   Glanz auf d., als Fetisch, XIV 311

   Nebenhöhlen d., I 499

   als Symbol *s.* i. **Symbol-Reg.**

Nates *s.* **Gesäß**

Nation(en) [Völker] (*s. a.* Gemeinschaft; Masse-; Patriotismus; Staat; Völker-)

   Besonderheiten, psychologische, einzelner

   u. Einstellung gegenüber Psychoanalyse, XVI 86

   französische, u. Hysterie, I 33

   Feindseligkeiten zwischen (*s. a.* Krieg), XIV 334

   Genie einer, XIV 88; XVI 168

   u. Gewissen, XIV 485f.

   Ideale d., XVI 19

   Kultur-, XIV 334

   Majoritäten u. Minoritäten i. d. (*s. a.* Rasse), XVI 197; XVII 52

   Mythen als Kindheitserinnerungen d. (*s. a.* Mythus), IV 56; VII 427; XII 44

     Verarbeitung d. *s.* **Mythus**, Nationalgefühl; **Patriotismus**

   'Narzißmus d. kleinen Differenzen' i. d., XIV 473f.

   narzißtische Identifizierung mit *s.* **Patriotismus**

   Völkerverstimmung [Unheilserwartung d.], XVI 244

Nationalsozialistische Revolution, XVI 159, 198

Nationalstolz *s.* Patriotismus

Natur
 Beherrschung d., XIV 453
 Elementargewalt d. (*s. a.* Ananke), XIV 327, 336–43
 u. Glücksstreben, XIV 433–35, 442
 Goethes Aufsatz ü. d., XIV 34, 546
 u. Ausruf eines Kranken, II/III 441–43, 451, 677f.
 Gott als vermenschlichte, XIV 343
 als Heilmittel, Glauben an, i. d. voranalytischen Psychotherapie, XIV 265
 Hilflosigkeit d. Menschen gegenüber *s.* **Hilfsbedürftigkeit**
 u. Kultur, XIV 327, 336–43
 narzißtische Kränkungen d. Menschheit durch, XIV 337f.
 Personifizierung d. (*s. a.* Animismus), IX 95
 als Quelle menschlichen Elends, XIV 433–35, 442, 444
 Ungerechtigkeit d., XV 180
 zurück z., XIV 445f.
 '-zwang', u. Malthusianismus, I 507

Naturforscher (*s. a.* Naturwissenschaft)
 bibelgläubige, XIII 85

'Naturheilkunst' ['-künstler'], V 300; XIV 265

Naturkraft, als Totem (*s. a.* Animismus; Totem-), IX 7

Naturliebe, u. Beobachtung, VIII 194

Naturmythus, u. Menschenmythus, X 32

Naturphilosophie, XIV 102
 Animismus als primitive, IX 94

griechische, XIII 55

Naturschutzpark *s. i.* **Reg. d. Gleichnisse**

Naturvölker *s.* Primitive (Völker)

Naturwissenschaft [-studium], XIV 446
 Definition i. d., XIV 84
 Magie statt, aus Trostbedürfnis, XIV 338
 als Mythologie, XVI 22
 Psychoanalyse d., VIII 194
 Psychologie als, XV 194; XVII 80f., 126, 143
 u. Animismus statt, XIV 338f., 343f.
 u. Psychologie, als alleinige Wissenschaften, XIV 84, 338; XV 4f., 194
 u. Religion *s.* **Religion**, u. Naturwissenschaft

Naturzustand *s.* **Natur**, u. Kultur; **Primitiv**

Naturzwang, I 507

Nächstenliebe [Menschen-], XIV 468–75 (*468*), 481, 503, 505
 u. Aggression *s.* **Aggression** (*s. a.* Altruismus; Egoismus)
 als Eros d. Menschheit, X 360f.; XIV 481
 Erziehung postuliert –, bei anderen, XIV 494
 u. 'Gut' u. 'Böse' (*s. a.* 'Gut' u. 'Böse'), XIV 470
 homosexuelle Komponente d. sozialen Menschenliebe, VIII 297f.
 als Inflation, unmögliche, d. Liebe (*s. a.* Mitleidsschwärmerei), XIV 503f.
 u. Krieg
 als Kompensation nach, X 360f.
 -sverhütung, XVI 23
 i. d. Kultur, X 360f.

Nächstenliebe u. Mitleidsschwärmerei

    als Gebot, jüngstes d. (Kultur-) Überich, XIV 503
    u. Mitleidsschwärmerei (s. a. Mitleid), X 325, 333; XIV 503 f.
    Sublimierung i. d., VIII 297 f.
    Unfähigkeit d. Witzes z., VI 112 f.
    f. verlorene Kulturgüter entschädigend, X 360 f.
    als 'Weltliebe', XIV 461
    'Zärtlichkeit f. Nächsten', X 360

Nächtlich(es) (s. a. Nacht)
    Aufschrecken s. Pavor nocturnus (s. a. Gespenster)
    Phantasien (s. a. Phantasie(n); Tagtraum)
    u. Traum (s. a. Traum), XIII 178

Pollutionen s. Pollution

Nägelfeile s. i. Symbol-Reg.

Nährmutter, X 157
    Laktationsschwierigkeiten bei, I 3–17, 474 f.

Nährschwierigkeiten [Laktationsschwierigkeiten] s. Säugen (s. a. Entwöhnung; Milch; Nahrungsaufnahme; Nährmutter; Saugen)

'Nebenbewußt', XI 306

Nebeneinander, i. Traum u. Witz, VI 73 f., 234

Nebensinn s. Anspielung; Doppelsinn; Verschiebung; Zweideutigkeit

Neckerei, II/III 206
    i. d. Kinderliebe, V 104; VII 72 f.; XIV 528 f.

Negation s. Verneinung (s. a. Leugnen; Verleugnen)

Negationspartikel, Anspielung vermittels, VI 83 f.

Negativ (–er, –e)
    Halluzination s. Halluzination, negative
    Magie s. Magie, negative
    Ödipuskomplex s. Ödipuskomplex, negativer
    Suggestibilität (Bleuler), VI 199
    therapeutische Reaktion s. Psychoanalytischer Prozeß, negative therapeutische Reaktion
    Übertragung s. Übertragung, negative

Negativismus, Nerven- u. Geisteskranker, VI 199
    als Triebentmischung, XIV 15

Neid (s. a. Eifersucht; Geschwister), XV 134
    u. böser Blick, XII 253
    u. Gemeingeist, XIII 134
    u. Kinderzahl i. d. Familie, XIII 132
    u. Penisneid (s. a. Penisneid), XV 134
    i. Weib (s. a. Penisneid), XV 144

'Nein' (s. a. Negationspartikel; Verneinung)
    Sinn d., XIV 12
    i. Traum, II/III 341–44

Nekrophilie (s. a. Leichenmißbrauch), XI 316

νέκυς, II/III 469

Neoplasmazellen, narzißtisches Gehaben d., XIII 54

Nerven s. Neurone

'Nerven', Schrebers s. Reg. d. Krankengesch.: Namenverzeichnis, Schreber

'Nervenarzt' (als zeitgenössischer Begriff), XIV 265

Nervenärzte s. Arzt; Psychiatrie; Psychoanalytiker; Psychotherapie

Nervengift, VII 148

Nervenhaushalt s. Psychischer Apparat, Ökonomie; Ökonomie

Nervenheilanstalten s. Anstalten

Nervenkranke s. Neurotiker (s. a. Nervosität; Nervös)

'Nervenkranke', als Terminus technicus ungeschickt, VIII 203

Nervenkrankheiten s. Neurosen

'Nervenreiz' -Traum s. Traum (theorien)

Nervenschwäche s. Nervosität; Neurasthenie

Nervensystem (s. a. Neurone)
autonomes, XIV 294
'funktionelle' Leiden d. (s. a. Neurose), V 292f.; XII 2; XIII 405f.; XVII 109
Gesamtbelastung u. Resistenzfähigkeit, I 375
u. Neurose, I 339, 375; V 293
als Organ d. Psyche, XVII 67
zentrales [Zentralnervensystem], XIII 25

Nervenvorgang s. Neurone (s. a. Nervensystem; Psychischer Apparat)

Nervosität, gemeine [Status nervosus] (s. a. Neurasthenie), I 9, 317; V 148f., 292; VII 143–67, 350; XI *392–406*
Allgemeinstimmung, neurotische, I 122f., 142
u. Hast, VII 145–48
u. Hämorrhoiden, V 86f.
d. hereditär Degenerierten (Möbius), I 316
Ichschwäche, kindliche, als Ursache d., XIV 276
u. Kaltwasserkur (s. a. Psychotherapien, nichtanalytische), X 452
u. kulturelle Sexualmoral, VII *142–67*
u. Luxus, VII 146

Neu [Neue, (Das)], Abwehr d.

'Nervenschwäche', als Leiden, I 491
u. Nervensystem s. Nervensystem, u. Neurose
u. Neurose s. Neurose
u. Normalität s. Normal; Normale Menschen
Reizbarkeit, allgemeine, I 317
unbemerkte, I 4, 9
Zärtlichkeitsbedürfnis, unersättliches, als Zeichen späterer, V 125

Nervös (–er, –e, –es) (s. a. Nervosität; Neurasthenie; Neurastheniker; Neurotisch)
Charakter, Folge, nicht Ursache d. Neurosen, XI 395
Erschöpfung s. Ermüdbarkeit; Müdigkeit
körperliche Leiden s. Hysterie, Konversions-
Personen
Angst bei –n, XI 407f.
Charakter d. s. Nervöser Charakter
Kinder s. Kindheitsnervosität (s. a. Kindheitsneurosen)
Selbstbewußtsein d. –n s. Selbstgefühl
Prädisposition s. Heredität; Konstitution
Schlaflosigkeit, I 5
'sexuelle Schwäche', I 415
Verstimmung, I 4, 9

Neu (–er,– e, –es) [Neue, (Das), Neuheit] (s. a. Fremd-; Konservatismus), XVI 118
Abwehr d. –n (s. a. Misoneismus), XIV 99
intellektuelles, XI 219
aus Kastrationsangst, XII 111
u. Trägheit, psychische, XII 151
u. d. Unheimliche, XII 231

Neues u. Altes
  u. Altes i. Seelenleben, u. seine Analyse, XVI 71
  Angst vor –m
    beim Kind (*s. a.* Kinderangst), XI 421 f.
    beim Primitiven u. Urmenschen, XI 421; XII 167
  Auffälligkeit d. –n, i. Kinderglauben, II/III 221
  Lust d. Erwachsenen am –n, XIII 37
  Mißtrauen gegen *s.* **Misoneismus**
  Realität i. d. Psychose, XIII 368
  Skepsis [u. Widerwillen] gegen (*s. a.* Konservatismus; Skepsis)
    i. d. Wissenschaft (*s. a.* Wissenschaft), XIV 100

Neu(entstehen) *s.* **Symptom**, neurotische; **Symptom(bildung)**, i. d. Neurose

Neu(gebilde) *s.* **Neoplasmazellen**

Neu(geborenes) (*s. a.* Säugling)
  Angst beim –n, XIV 165–67
  Involution, postnatale, beim –n, V 77
  Sensationen [Sinnesempfindungen] d. –n, nur taktile u. allgemeine, keine visuellen, XIV 166
  Tabu d. –n, IX 28, 31, 33, 43

Neu(gierde) (*s. a.* Neue, (Das))
  i. Analytiker, Unterdrückung d., VII 398
  kindliche [u. infantiles Sexualinteresse] (*s. a.* Infantile Sexualforschung; Infantile Sexualität, Sexualinteresse; Kind, Wissensdrang beim), IV 57
  sexuelle (*s. a.* Infantile Sexualforschung; Schaulust)
    u. Entblößung, V 55
    u. Fetischismus, XIV 314
    Heiraten aus –r, XI 226, 231
    u. Neurosen, II/III 351
    u. Traum, II/III 351
  Symptomhandlung bei, IV 239
  übergroße, als Widerstandsfaktor, I 280
  wissenschaftliche *s.* **Wißtrieb**

Neu(vermählte)
  Angst vor d. Sexualität, u. Angstneurose bei –n, I 326
  Frigidität bei (*s. a.* Frigidität) –n, I 326, 337

Neunzahl, Bedeutung d., i. Schwangerschaftsphantasien, XIII 334 f.

Neuralgie (*s. a.* Hysterie, Konversions-, Symptome, bestimmte; u. unter d. einzelnen Stichwörtern)
  echte, I 243, 408
  als konversionshysterisches Symptom, I 82, 85, 243–48
  Kreuzschmerz *s.* **Spinalirritation**
  u. Trauma, I 82
  als Traumsymbol f. seelischen Schmerz, I 84

Neurasthenie, I 9, 255–57, 315, 411; V 148 f., 293; VII 87, 147; VIII 122; XI 404 f.
  als Aktualneurose, I 509; VIII 338; XI 404 f.
  u. Angst, I 316, 339
  Angstneurose, abgelöst v., I 330 f.
  Angstneurose mit, I 327, 498
  u. Angstneurose, I *315–42* (320, 335 f., 339–41), 357, 360, 483 f., 497–99; V 149–51
  Arbeitsunfähigkeit i. d. (*s. a.* Arbeitshemmung), I 4
  u. Ängstlichkeit (*s. a.* Ängstlichkeit), I 497
  Ätiologie d.
    Hilfsursachen (Gemütsaufregung; körperliche Krankheit, Überarbeitung als), I 413, 500 f.

sexuelle (*s. a.* Abstinenz; Coitus interruptus; Masturbation; Pollution), I 255, 357, 415, 499f.; VII 148f.; XIV 49

u. infantile Sexualszenen, I 385

Beardsche (Terminus technicus), I 409, 411, 413

u. Coitus interruptus, I 327

Diagnose d., I 499

u. Dyspepsie, I 4, 315, 415, 497, 499, 503

echte u. unechte, I 315f., 483

u. Egoismus, I 4

u. Ermüdbarkeit, I 415, 497; VIII 339

u. Flatulenz, I 315, 415

u. Gonorrhöe u. Syphilis, I 4, 499

u. Heredität, I 500f.

u. Hypochondrie, X 150f.

u. Hysterie
Unterschied zwischen, I 10f., 255f., 259, 360, 495f., 499f.

als Vorstufe d. Konversions-, XI 405

Jugend- [Pubertäts-] (*s. a.* Adoleszenz), I 4f., 508

u. Konstipation *s.* Stuhlverstopfung

u. Kopfdruck, I 4, 163f., 315, 415, 497

u. Kultur, I 413, 500f., 508; VII 147

u. Masturbation, I 328, 337, 415, 497, 499, 508; V 150; VIII 335, 337-40

männliche, I 327

u. Melancholie, I 316

Monotonie d., I 255

u. Nervensystem, V 293

u. Neurosen
gemischte, I 339-41, 495f.

mit o. ohne, I 421

Psycho-, I 495-97, 499

periodische, I 389

Phobien i. d., I 9, 71f., 345, 482

u. Pollutionen (*s. a.* Neurasthenie, u. Masturbation), I 483, 497f.; V 150; VIII 335, 337-40

Prophylaxe d. Aufrichtigkeit auf sexuellem Gebiet, I 508

Pseudo- (*s. a.* Neurasthenie, echte u. unechte)

als Vorstadium d. Psychose (*s. a.* Neurose, u. Psychose), I 315

Psychiatrie, Stellungnahme u. Unkenntnis d., i. bezug auf, XIV 37

u. Schmerzen, I 197-99; VIII 339

u. Sexualleben (*s. a.* Neurasthenie, Ätiologie d.; – u. Coitus interruptus; – Gonorrhöe; – u. Masturbation; – u. Pollutionen), I 499f., 508; XIV 49

u. Spinalirritation, I 258, 315, 415, 497

Symptome d., I 4, 10f., 15, 163-83, 211, 258, 315, 320, 415, 497

durch Analyse nur indirekt bekämpft, VIII 339

toxische Natur d., VII 148

u. Überarbeitung, V 105

'vasomotorische –', I 320

u. Willensschwäche [-perversion], I 10f.

u. Zwangsneurose
Ähnlichkeit zwischen
'periodische', I 389

Zwangsvorstellungen verbunden mit, I 71f., 345, 495f.

u. Phobien, I 345, 482

Unterschiede zwischen, I 411, 482, 499

Neurastheniker (*s. a.* Neurotiker)
Phantasien beim, X 245

subjektives Verhalten d., bei Be-

Neuro-Psychosen

schreibung d. Schmerzen, I 197–99

Neuro-Psychosen *s.* **Abwehr-Neuropsychose(n)** (*s. a.* Psychoneurosen)

Neurone [Neuronsysteme] (*s. a.* Nervensystem)

Nervenvorgang [psychischer –) d. (*s. a.* Psychischer Apparat), I 40; VI 165; XIII 35

Neuropathologie (Charcot), I 24–26

Neuropathologisch [Neuropathisch] (–er, –e) (*s. a.* Neurotisch; Psychose

Disposition *s.* **Heredität; Konstitution**

Patient *s.* **Patient**

Neurose(n) (*s. a.* unter d. Namen d. einzelnen Neurosen)

u. Abstinenz (*s. a.* Abstinenz), VII 156; VIII 330

u. Abwehr, I 379

als Mißglücken d., V 155

als Vorbereitung d., XVI 83

Abwehr-, *s.* **Abwehrneurose**

u. Affekt (*s. a.* Affekt; u. unter d. Namen d. einzelnen Affekte)

Beziehung zwischen, I 338f.

Intensität d., II/III 462–64

u. Aggression, XIV 498f., 513; XVI 90

Aktual-, *s.* **Aktualneurose**

Allgemeinstimmung i. d. *s.* **Nervosität**

u. Psychoneurosen (*s. a.* Psychoneurosen), V 151

u. Ambivalenz (*s. a.* Ambivalenz), VIII 373; X 438f.

u. Amnesie *s.* **Amnesie**

Angst-, *s.* **Angstneurose**

Angst i. d. *s.* **Angst; Ängstlichkeit**

u. Anpassung (*s. a.* Anpassung), VIII 324–27

u. Armut, XII 193

d. 'Ausnahmen' *s.* **Typus**, Charakter-, d. 'Ausnahmen'

u. Außenwelt (Auflehnung gegen), XIII 365

Autoritätssucht i. d., VIII 109

Ätiologie d., I 338, 373, 491; VII 467f.; XI 257f., *351–71*; XVI 83

akzidentelle (*s. a.* Neurose, Ätiologie d., ohne spezifische Krankheitsursachen)

u. d. definitive, V 142

u. d. dispositionelle, I 82; V 29, 53, 142, 154

mit konstitutionellen Faktoren, VIII 364f.; XVI 64

banale Noxen *s.* **Banale Noxen**

Erschöpfung, intellektuelle *s.* **Intellektuell; Müdigkeit** (*s. a.* Hilfsursachen; Überarbeitung)

hereditärer Faktor i. d. *s.* **Heredität** (*s. a.* Neurosen, Ätiologie, konstitutionelle Faktoren d.)

Hilfsursachen *s.* **Hilfsursachen**

Kastrationskomplex kein unbedingter Faktor d., X 160

u. Kindheit (*s. a.* Kindheitsnervosität; -neurose)

u. verlängerte Kindheitsperiode d. Menschheit, XVII 112

Konflikte i. d. *s.* **Konflikt**

Konfliktneigung i. d., XI 365

konstitutionelle Faktoren d., VIII 364f., 412; XI 375–77; XIV 276; XV 161, 165f.; XVII 112

mit akzidentellen Faktoren zusammenwirkend, VIII 364f.; XVI 64, 70

Konfliktneigung, XI 365

'konstitutionelle Minderwertigkeit', XII 9f.

sexuelle Konstitution (*s. a.* Neurosen, Ätiologie d., sexuelle), X 56; XII 137

mit traumatischen Faktoren zusammenwirkend, XVI 64

kulturelle Faktoren d. *s.* **Hilfsursachen; Kultureinschränkung**

Lebenszeit i. d., XVII 110–12

mehrfache [gemischte] u. überdeterminierte [verschiedene]

i. traumatischen u. Kriegsneurosen, u. i. Übertragungsneurosen, XII 324

Überdeterminierung, I 367; XVI 64

Wechselwirkung, VIII 364f.; XVI 64

Morphologie d., i. Ätiologie übersetzbar, I 496

psychogene, VII 149

d. Psycho-, XIV 275

sekundäre, V 158

sexuelle, I 357–76, 411–14, *491–516*; II/III 611; V 25f., 64f., 142, *149–59* (150); VIII 41–51; XI 15; XII 4f.; XIII 390f.; XIV 48–51

u. Abstinenz *s.* Neurose(n), Ätiologie d., Abstinenz i. d.

Allgegenwärtigkeit d. –n, I 410–12, 414, 416

Arten u. Wahl d. Neurose bestimmend *s.* **Neurosenart; Neurosenwahl**

Einwendung gegen, XII 5

Geschichte d. –n, XIV 49

   als Grund d. Trennung Breuers v. Freud, X 49f.

   nicht fremd f. Breuer, Charcot u. Chrobak, X 50–53

d. 'großen' Neurosen, I 410–12, 416

Neurose(n), Ätiologie d.

u. infantile Sexualität (*s. a.* Infantil-)

u. Amnesie, I 532; XVII 75f.

Fixierung d., V 133

Traumen (*s. a.* Infantile Sexualszenen; Kindheitstraumen), I 385, 444f., 510f.; V 152f., 155, 157

Konstitution, X 56; XII 137

Liebesversagung i. d., XI 324

Neugierde, II/III 351

Noxen, sexuelle, I 385; V 151

d. paranoiden Demenz u. d., XIV 87

d. Psycho-, II/III 611

Symbolik, II/III 352

toxikologische *s.* Neurose(n), Ätiologie d., toxikologische

traumatische *s.* Neurose(n), Ätiologie d., traumatische

Trieblehre d. *s.* Neurose(n), Ätiologie d., Trieblehre d.

Widerstand gegen, i. ärztlichen Kreisen, I 257f., 414; X 59–62

soziale *s.* **Soziale Ätiologie d. Neurosen**

spezifischen Krankheitsursachen d. (*s. a.* Neurose(n), Ätiologie d., sexuelle), XVII 109

ohne spezifische Krankheitsursachen (*s. a.* Hilfsursachen; Neurose(n), Ätiologie d., akzidentelle; Schock; Überarbeitung), XVI 70; XVII 109

nie ohne sexuellen Faktor, I 414

durch quantitatives Moment gerechtfertigt (*s. a.* Neurose(n), Ätiologie d., konstitutionelle Faktoren; – Trieblehre d.), XVI 70

Theorie u. Prinzipien d. Ätiologie *s.* **Ätiologie**

Neurose(n), ätiologische Faktoren d.

toxikologische [somatische] (*s. a.* Angsttheorie (toxikologische)), VII 148f.

traumatische (*s. a.* Neurose(n), Ätiologie d., sexuelle, u. infantile Sexualität), I 82; V 4; VIII 42f.; XIII 10; XVI 64, 177–85; XVII 10

auf Angstneurose nicht beziehbar, I 360

bei Ichschwäche, XVI 64

mit konstitutionellen Faktoren vermischt, XVI 64

Lebensgefahr, XI 324

scheinbar gleichgültige Erlebnisse, I 84, 89f.

Schockwirkung (*s.a.* Schock), XVI 70

Trauma als konkurrierende Ursache (*s. a.* Trauma), I 64, 182f., 194f., 413f.

als 'agent provocateur', I 85

Trieblehre d., XIV 227f.

Fixierung (*s. a.* Fixierung), V 133; XI 357

quantitative Disharmonien u. Triebstärke (*s. a.* Neurose(n), Ätiologie d., konstitutionelle Faktoren), XVI 64, 70; XVII 109f.

u. Regression (*s. a.* Regression), XI 351–71 (357)

spezifische Ursachen d. Triebmomente, XVII 112f.

Unsicherheiten d., XIV 180, 513

überdeterminierte *s.* Neurose(n), Ätiologie d., mehrfache

d. Verdrängung *s.* **Verdrängung, u. Neurose**

(Zusammenfassung), XIII 219, 412f.; XIV 513

ätiologische Faktoren d.

biologische, XIV 186f.

phylogenetische, XIV 187

psychologische (*s. a.* unter d. einzelnen Begriffen), XIV 187f.

'ätiologische Gleichung d. –', VIII 113

Bedingungen d. *s.* **Neurosenbildung**

Begriff d., XVI 178f.

als Besessenheit [dämonologische Theorie d.], XIII 317f.

u. Bettnässen, V 236f.

als Beweis f. d. Unbewußte, VIII 432–34

biologische Funktion d., VIII 114f.

u. Chemismus u. Toxikosen, XIV 101f.

(Definition), VIII 316, 410; XIII 364f.; XIV 257, 304; XVII 111

Disposition z. (*s. a.* Konstitution), I 366

u. Kindheitsneurosen *s.* **Kindheitsneurose(n)**

u. Libido, Entwicklungsgeschichte d. *s.* **Libido**, Objekt–, Entstehung d.; **Libido**, Schicksale d.; **Libidoentwicklung**

als eigentliches Gebiet d. Psychoanalyse, XIV 86

Einzigkeit jeder, VIII 463

als Elend, spezifisch psychisches (*s. a.* Leid; Not), XVII 110

endogen o. exogen?, XI 357

Entwicklung [Entstehung] d. *s.* **Neurosenbildung**

'epileptische Reaktion' i. d. (*s. a.* Epilepsie), XIV 404

erogene Zonen, Rolle d., i. d., V 157

u. Erregung, I 338*f.*

u. d. Es, XIII 363, 365

i. Konflikt mit d. Ich, XIV 229, 231, 315

u. Familienheredität, VII 154

Fähigkeit z., ein Menschenvorrecht vor Tieren, XI 429

u. Fehlleistungen (s. a. Neurose, u. Verlesen; − Versprechen; usw.), XIV 303

Ähnlichkeiten zwischen, XI 249, 277

u. 'formes frustes' (s. a. 'Formes frustes'), IV 309f.

Unterschiede zwischen, XI 249

Fixierung i. d. (s. a. Fixierung), V 133; XI 282−86, 357

Flucht i. d. s. Flucht, i. d. Krankheit

als Funktionsstörung s. Neurose(n), u. psychische Systeme

u. Geburt, schwere, XIV 183f.

u. geistige Tätigkeit

  i. d. Bekämpfung d., I 285; VIII 478

  Erfolglosigkeit d., VIII 386; XIV 255f.

  als Erschöpfung (s. a. Müdigkeit), I 413, 501f.

u. Zwangs-, VII 460

Gemeinschafts- (s. a. Massenseele), XIV 505

gemischte, I 74, 141, *256−58, 339−42*; XI 405

Aktualneurosen u. Psychoneurosen (s. a. Aktualneurosen), I 509; XI 405

Angstneurose mit Hysterie, I 184−95, 258

Therapie d. −n, I 259

u. virginale Angst, I 340, 342

Genitalien u. andere Zonen, Rolle d., i. d., V 157f.

Geringschätzung seitens d. Psychiatrie f. d., XV 58f.

'große −', I 10, 410−12, 416

Heilung d. (s. a. Psychoanalytische Kur; − Therapie)

Neurose(n) u. d. Instinktive

durch Ehe s. Ehe

u. geistige Mithilfe d. Patienten (s. a. Patient), I 285; VIII 478

Schief-, durch mystische Sekten, XIII 159f.

durch Unglücksfall (vorübergehende) (s. a. Unglück), XVII 106

u. Heredität s. Heredität (s. a. Konstitution)

u. Homosexualität s. Homosexualität

u. Hypnose (s. a. Hypnose), XIII 161

u. Hypochondrie, XIII 317

u. Ich, XIII 363−65

u. Es, XIV 229, 231, 315

Rolle d., i. d., XII *10f.*

Situation d., i. d., XVII 99, 106f.

widerstandsfähiger bei, als bei Psychose, XVII 99

als Ichaffektion, XI 394−400; XIII 365; XVII 111

u. Ichideal

-bildung u. Sublimierung, Diskrepanz zwischen, i. d., X 161−63, 169

u. Schwere d. Neurose, XIII 280

Ichspaltung i. d., XVII 135

u. Ichsynthese (s. a. Integration)

mißlungene, XIV 402; XVII 107

Verlust d., XIV 251

idealer Fall einer, XIV 184

infantile s. Kindheitsneurose(n) (s. a. i. Reg. d. Krankengesch.: Namenverzeichnis, Kleiner Hans; − Wolfsmann)

u. infantile Sexualforschung s. Infantile Sexualforschung

u. Infantilismus, IX 24

u. d. Instinktive, XII 156

Neurose(n), jugendliche

jugendliche (*s. a.* Adoleszenz)
    Angstneurose u. Hysterie (gemischt), typisch f., I 184–95, 258
    u. Kastrationskomplex (*s. a.* Kastrationskomplex)
    ohne pathogene Rolle, X 160
    Kernkomplex d.
    Liebe u. Haß als, VII 428
    Ödipuskomplex als *s.* **Ödipuskomplex**
    Kindheits-, *s.* **Kindheitsneruose(n)** (*s. a.* Kindheitsnervosität)
    als Konflikt (*s. a.* Konflikt, Neurose als)
    u. Aggression (*s. a.* Aggression), XVI 90
    Trieb-, *s.* **Trieb-**
    u. Kastrationsvorstellung, I 9
    u. Krankheitsgewinn *s.* **Krankheitsgewinn** (*s. a.* Flucht, i. d. Krankheit)
    Kriegs-, *s.* **Kriegsneurose**
    u. Kultur (*s. a.* Kultur-), VIII 53; XII 156; XIV 446; XVII 112, 131
    u. Kunst (*s. a.* Kunst)
    Leistungsfähigkeit i. d., V 140f.
    Schaffen als Alternative f., VIII 54
    als Verzerrung d., IX 91
    Latenz d. (*s. a.* Alter; Inkubation), XVI 182–84
    u. Lebensalter [-zeit], XVII 110
    u. Lebensbehauptung, XIII 352
    leichtere, Indikation f. Analyse, XIV 300f.
    Leiden, Grund d. -s, bei, XVII 109f.
    u. Leistungsfähigkeit, V 140f.
    u. Libido *s.* **Libido-**
    u. Liebesbedürftigkeit, X 315
    als Liebesleben, abnorm verwendetes, XIV 257
    Lokalisation d., I 25
    Manifestationsalter d. *s.* **Alter**
    u. Masse
    Bildung d., XIII 159
    u. Hypnose, XIII 160f.
    Massen- (*s. a.* Massenseele, Induktion), XIV 505
    Masturbation, Schädlichkeit d. *s.* **Masturbation**
    u. Menopause, XIV 276; XVI 70
    u. Menstruation, XIV 276
    Mischformen d. *s.* **Neurose(n), gemischte**
    bei Mischtypen wahrscheinlicher als bei reinen [Charakter-]typen, XIV 512
    narzißtische *s.* **Narzißtische Neurosen** (*s. a.* Psychosen)
    als Negativ d. Perversion (*s. a.* Neurose(n), u. Perversion), V 65, 69f., 133, 137f., 157, 210f.; VII 154, 343; VIII 48; XI 361
    u. Hysterie, V 132, 138
    u. Normalität (*s. a.* Normale Menschen), VIII 449
    als Nervenkrankheiten, funktionelle, XIII 405
    u. Nervensystem *s.* **Nervensystem**
    u. Nervosität, Unterschiede zwischen, XI 476
    mit o. ohne Neurasthenie, I 421
    u. Normalität *s.* **Normale Menschen**, u. Neurose
    u. Objektwahl, primäre, VIII 81
    u. organische [somatische] Krankheit (*s. a.* Neurose(n), u. somatische Krankheit), I 25
    d. Nervensystems [somatogene Neurose] (*s. a.* Nervensystem), I 25, 263f.; XIV 317f., 379

Organisiertheit einer, VII 198

u. Organminderwertigkeit, X 166 f

Ödipuskomplex als Kernkomplex d. s. **Ödipuskomplex**

Pathogenese s. **Neurosenbildung**

u. Perversion (s. a. Neurose(n), als Negativ d. Perversion), V *65-67*, 69-71, 132 f., 138, 144; VIII 48, 449

analytische Einsichten i., V *62-65*

u. Gesundheit (s. a. Normale Menschen, u. Neurosen), V 156 f.

Leistungsfähigkeit, bei künstlerisch veranlagten, V 140 f.

Neigung z., scheinbar besonders starke, i. d., V *69 f.*

Unterschiede zwischen, XI 356 f., *373 f.*

u. Phantasie[-welt] (s. a. Phantasie-), XIII 220, 367

als Philosophie, verzerrte, IX 91

Prognose d. s. **Prognose**

Prophylaxe d. s. **Prophylaxe**

u. psychischen Systeme

als Funktionsstörung d. (s. a. Nervensystem, 'funktionelle' Leiden d. -s), XVII 109

Zerfall d., u. Unbeeinflußbarkeit, X 293

Psychogenese d. s. **Neurosenbildung**

u. Psychoneurose, V 151

Unterschiede zwischen, VII 148 f.

u. Psychose (s. a. Psychose), I 59; VIII 455 f.; XIII 145, 363, *387-91*, 420 f.; XIV 87, 232, 315; XV 166

Ähnlichkeiten zwischen, VIII 398 f.; XIII 366 f.

u. Traum, Ähnlichkeiten zwischen, VIII 398 f.

Neurose(n) u. Schreck

Unterschiede zwischen, XIII 365 f., 387; XIV 315

als Vorstadium d. Psychose (s. a. Neurasthenie, Pseudo-), VIII 455 f.

u. Pubertät

als Ausbruchsalter d., V 69; XVI 70, 182, 184

Masturbation i. d. (s. a. Masturbation), VII *423 f.*

quantitative Gesichtspunkte d. (s. a. Quantitativ), I 375

Disharmonie, quantitative, als Grund d. Leidens i. d., XVII 109 f.

d. Libido, VIII 327-29

Ökonomie d., u. Schuldgefühl, XIII 255

u. Realität, VIII 52, 230, 324-27; XIII 363-68

Flucht vor (s. a. Flucht), XIII 365

Geringschätzung d., XI 381-83

Überbetonung d. psychischen, XII 258

Verlust d., XIII *363*, *368*

u. Realitätsprinzip

Abwendung, teilweise, v. d., i., VIII 230 f.

u. verspätete Erziehung (d. Sexualtriebes), VIII 235

als Regression [Rückfall, -kehr] z. instinktiven Vorstufe d. Menschheit, XII 156

d. Libido s. **Libido**; **Regression**

u. Religion s. **Religion**

u. Riechlust, VII 462

rudimentäre s. **Aberglauben**; **Primitiv**; **Religion**

Schiefheilungen d. (durch mystische Sekten), XIII 159 f.

u. Schreck (s. a. Neurosen, Ätio-

389

Neurose(n) u. Schuldgefühl

logie d., traumatische; Schock; Trauma), I 360
u. Schuldgefühl (*s. a.* Schuldgefühl), XIII 254; XIV 499
Schutz gegen *s.* **Prophylaxe**
als Schutzvorrichtung, VIII 114f.
Schübe i. d., VIII 329
u. 'schwache Punkte' einer normalen Organisation, XVII 110
Schwere d., u. Ichideal, XIII 280
als Selbstbestrafung (*s. a.* Schuldgefühl, unbewußtes), XIII 254; XIV 254, 499
Selbstbewußtsein i. d., I 9
Selbstmordtendenz, Ambivalenz d., i. d., X 438f.
u. Sexualität (*s. a.* Infantile Sexualität; Neurose(n), Ätiologie d., sexuelle; Sexualität; Sexualleben), I 491; V 157; XIV 257
u. sexuelle Mechanismen, I 338
u. Simulation, XIII 346; XIV 102
u. somatische Krankheit, XIII 317f., 379
somatogene *s.* **Neurose(n)**, u. organische Krankheit
soziale *s.* **Neurose(n)**, u. Masse; – Massen-
soziale Frage d. *s.* **Sozial** (*s. a.* Kultur-)
Symbol i. d. *s.* **Symbol; Symbolik**
Symptome d. *s.* **Symptom; Symptomatik**
u. Syphilis *s.* **Syphilis**
u. Tabes *s.* **Tabes**
Teufels-, *s.* **Neurose(n)** als Besessenheit (*s. a.* i. Reg. d. Krankengesch.: Sachverzeichnis, Teufelsneurose)
Therapie d. *s.* **Psychoanalytische Therapie** (*s. a.* Psychotherapien, nichtanalytische; – voranalytische)

Toleranz d., Frage d., i. d. Gesellschaft, VIII 114f.
u. Traum *s.* **Traum**, u. Neurose
u. Trauma [u. 'traumatische Hysterie'] (*s. a.* Hysterie, traumatische; Kindheitstrauma; Trauma), I 84, 360; XIII 33; XVI 177
Trägheit, psychische, als Grundbedingung d. (Jung), X 245f.; XVI 76
Triebentmischung i. d. (*s. a.* Trieb; Triebentmischung), XIII 270
u. Unglück
nicht gleichbedeutend, VIII 323; XII 189; XIII 379; XVII 110
Heilung, vorübergehende, durch, XVII 106
Unzerstörbarkeit unbewußter Gedankenwege i. d., II/III 583
Überdeterminierung i. d., I 367
durch Übertragungsneurose
ersetzt (*s. a.* Übertragungsneurose), X 134f.
verständlich (*s. a.* Übertragungsneurose), VIII 56
Verbreitung d. (*s. a.* Kultur; Moral, Kultur-), VII 165f.
u. d. Verdrängte
Forderung d. –n, i. Aufnahme i. d. Ich, XIII 146
Wiederkehr d. –n, I 387; XVI 236
u. Verdrängung *s.* **Verdrängung**, u. Neurose
u. Vergangenheit, VIII 418
u. Vergessen *s.* **Amnesie**
u. Versagung *s.* **Versagung**
Verteidigungssysteme i. d., gegen Angst (*s. a.* Abwehrmechanismen), XI 426
als Verzerrung d. Philosophie, Kunst u. Religion, IX 91

u. virginale Angst *s.* **Virginale Angst**

vorbewußte Inhalte i. unbewußten Zustand rückverwandelnd, XVII 83

Wiederholungszwang, infantiler, i. d., V 144; XIII 37

u. Wiederkehr *s.* Neurose(n), u. d. Verdrängte

u. Witz, II/III 351; VI 106, 110f.

Zensur i. d. (*s. a.* Zensur), XI 307

Zwangs-, *s.* **Zwangsneurose**

Neurosenart [-form, Erkrankungstypen, Morphologie] (*s. a.* Neurosenwahl; u. unter d. einzelnen Begriffen), I 255; VIII *322–30*

Mischformen *s.* Neurose(n), gemischte

Morphologie i. Ätiologie übersetzbar (*s. a.* Neurose(n), Ätiologie d.), I 496

durch sexuelle Ätiologie bedingt (*s. a.* Neurose(n), Ätiologie d., sexuelle), I 375, 414

Typen *s.* **Neurotiker, Typen**

u. Verdrängung, X 257

Wandlungen d., XVI 66

Neurosenbildung [-entstehung, -entwicklung, Pathogenese] (*s. a.* Neurose(n), Ätiologie d.), VIII 52f., 98; XI 373f., 401f.; XIII 146, 159, 161, 388; XIV *54–56*, 230f., 275f.

durch Abwehrmechanismen vorbereitet (*s. a.* Abwehr; Neurose(n), Verteidigungssysteme), XVI 83

Anlässe d., u. Erkrankungstypen (*s. a.* Neurosenart; -wahl)

durch Ichkonflikt (*s. a.* Konflikt), VIII 316

u. Anpassungsunfähigkeit an Realforderung, VIII *324–27*

u. autoerotische Befriedigung (*s. a.* Masturbation), XIV 418

Bedingung(en) d., I 375f.

drei, XIV 186–88

Frigidität als genetische, XII 174

Kastrationskomplex nicht immer, X 160

u. Kindheit *s.* Neurosenbildung, u. Kindheit

Kultureinfluß (*s. a.* Kultur-), XVII 112, 131

Beispiele, XVI 66, 185

als Entwicklungshemmung, VIII *327*

u. Kindheit (*s. a.* Kindheitsneurose; -nervosität; Neurose(n), Ätiologie d.), I 497, 510; X 100; XII 83

u. Libidoquantität (*s. a.* Quantitative Gesichtspunkte), VIII *327–29*

i. d. Menschheitsgeschichte (*s. a.* Kultur; Menschheit), XVI 186

u. Riechlust, VII 462

d. Symptome (*s. a.* Symptom), VIII 121

nach Symptombildung, X 245

erst durch Übertragungsphänomen verständlich, VIII 56

u. Versagung *s.* **Versagung**

Werdegang d., XI 373f.

(Zusammenfassung), XVI 185, 235f.

Neurosenlehre [-psychologie], I 456; XI *249–482*; XII 145; XIV 303

u. Widerstand gegen Psychoanalyse *s.* **Psychoanalyse**, Widerstände gegen d.

Neurosenwahl (*s. a.* Krankheitsformen; Neurosenart), I 376; 154; VII 456; VIII 237, 442–44; XI 396, 443f.; XIV 61

u. Disposition, VIII 442–44

Neurosenwahl u. Entgegenkommen

u. Entgegenkommen, somatisches, V 213–15

u. Fixierung *s.* **Fixierung**

bei Hysterie, I 92, 181–83

d. Form d., XI 396

Konservatismus d. (*s. a.* Konservatismus; Trägheit), V 214 f.

u. Libidoquantität *s.* **Neurose**(n), quantitative Gesichtspunkte d.

u. Libidoschicksale, VIII *323–30*

u. parallele sexuelle Störungen, I 414

d. Paraphrenien, X 444

u. partielle Traumen (*s. a.* Traumen, mehrere), I 93

v. Phasen d. Entwicklung abhängend, VIII 237

durch sexuelle Ätiologie bedingt (*s. a.* Neurose(n), Ätiologie, sexuelle d.), I 375, 414

Theorie d., I 375, 414; V *154,* 213

i. d. Zwangsneurose, VII 456; VIII *442–52*

Neurotiker [neurotischer Charakter] (*s. a.* Neurastheniker), II/III 483

Allgemeincharakter beim, V 273

Allmacht d. Gedanken beim, IX 110

Ambivalenz beim, u. Verschiebung auf Ersatzobjekt, XIII 84

Asozialität d., IX 91 f.; XII 327; XIII 159; XIV 331

als 'Ärgernis' u. Verlegenheit d. Psychiater u. Therapeuten, XIV 263 f., 274, 283

Behandlung d. (bei Charcot), I 28, 30

Besonderheit [Andersartigkeit] d., XIV 210, 251 f., 263 f., 274, 283

(Definition), VII 154; XIV 180

u. Dichter, VII 39

Eignung z. Witzproduktion häufig bei, VI 203 f.

'Einbildungen' beim, XI 381–83

Eltern d. (*s. a.* Eltern; Familie; Heredität; Mutter; Vater)

-ablösung, mißglückte, XI 349

ethischer u. ästhetischer Konflikt beim, VIII 21

Geschwätzigkeit beim, VIII 72

Geschwisterpaare

hysterisch u. pervers, VII 154

hysterisch u. zwangsneurotisch, I 421

homosexuelle Neigung *s.* **Neurotiker,** Sexualität d.

Ichverarmung beim, X 169; XIV 251

infantiler Charakter d. (*s. a.* Infantiles Seelenleben beim Erwachsenen), IX 24

Ähnlichkeit zwischen Kind u., IX 170, 172 f.

braucht ähnliche Behandlung, XVII 101

i. d. Gefahrsituation, XV 95

i. Lust am Unsinn, VI 141

i. Vaterkomplex, IX 170, 172 f.

Kindheit d. (*s. a.* Kindheitsnervosität; -neurosen), VII 172–74

Kleinheitswahn beim *s.* **Minderwertigkeitsgefühl**

Komplexe beim (*s. a.* Komplex; u. unter d. einzelnen Stichwörtern)

z. bewältigen unfähig, VIII 54

Konflikte beim *s.* **Konflikt**; u. unter d. einzelnen Stichwörtern

Lebenshemmung u. -unfähigkeit, XVI 182

Leugnen beim (*s. a.* Verleugnen; Verneinung; Selbstbeschuldigung), VII 13 f.

u. Massenseele (*s. a.* Neurose(n), Massen-), XIII 84 f.

Maßlosigkeit d. (*s. a.* Maßlosigkeit), II/III 274

Mischtypen (meistens), VIII 329 f.

Mißglücken d.
  Elternablösung, XI 349
  d. Verdrängung, VIII 24 f.

Nacherziehung d. *s.* **Psychoanalyse, als Nacherziehung**

u. Naturvölker *s.* **Primitiv**

Narzißmus d. (*s. a.* Narzißmus), IX 110
  eigenem Namen gegenüber komplexempfindlich, IX 72
  Negativismus i., VI 199

u. Normaler *s.* **Normale Menschen**

Ödipuskomplex beim (*s. a.* Ödipuskomplex)
  'vollständiger' beim, XIII 262

u. Paranoiker, Unterschied zwischen, VIII 240

Phantasie
  u. Realität nicht vereinen könnend, V 273
  sexuelle, beim, I 440

u. Primitive *s.* **Primitiv**

u. Psychotiker, Unterschiede zwischen (*s. a.* Neurose(n), u. Psychose)
  widerstandsfähigeres Ich, XVII 99

Pubertät d. (*s. a.* Neurose(n), u. Pubertät)
  Genitalprimat nicht hemmungslos erreicht bis z., VII 22

u. Realitätsprinzip, VIII 231, 235

Selbstbeschuldigung d., VII 13 f.

Selbstkritik d., X 41

sexualisiertes Denken d., I 440; IX 110

Sexualität d., V *62–67, 150*
  anale u. orale Erotik, V 66

Neurotiker, Übertragungsneigung d.

Bedeutung d., beim, V 25 f., 150

homosexuelle Neigung allgemein beim, V 65, 221

infantiler Zustand beibehalten [konstitutionelle (Trieb-) Schwäche, Verkümmerung] beim (*s. a.* Infantil-), I 415, 436 f., 449 f.; V 71 f.

Liebesunfähigkeit (*s. a.* Liebe; Liebes-), V 273; X 169

Partialtriebe beim (*s. a.* Partialtriebe), V 66 f.

Phantasien d. *s.* **Neurotiker, Phantasie; Phantasie(n)**

Sexualabneigung u. Verdrängung, V 26

Sublimierungsfähigkeit, individuelle Variationen d., beim, VIII 385

Trägheit d. –*s*, XII 151
  als Patient, XVI 76

Typen d. (*s. a.* Charaktertypen; Objektwahl, Typen d., Anlehnungstypus; – Narzißtischer –; Typus)
  'Ausnahmen', X *365–70*
  'Dirnenliebhaber', VIII 78–91
  'die am Erfolg scheitern', X *370–89*
  'ewige Säuglinge', XIII 351 f.
  frigide [anästhetische] Frauen, V 122, 128; VII 161, 164, 179
  'geschädigten Dritten' brauchende, VIII 67–70
  Pedanten, Sonderlinge, I 318, 391
  Sensationssüchtige, V 104 f.
  'sonst gesunder Kaufmann', XIII 352
  'Verbrecher aus Schuldbewußtsein', X 389–91

Übertragungsneigung d., XI 464

Neurotiker, Überzärtlichkeit d.

Überzärtlichkeit d. (als Eltern), v 125

u. Verbrecher *s.* **Verbrecher**

u. Verdrängung (*s. a.* Verdrängung)

  Mißlingen d., beim, VIII 24f.

  u. Triebstärke, täuschende, x 251

Neurotisch (–er, –e, –es)

Angst *s.* **Angst**

Erkrankungstypen *s.* **Neurosenarten; Neurotiker**

Geschwisterpaar *s.* **Neurotiker**

Komplex *s.* **Komplex**

Kulturepochen *s.* **Kultur-**

Symptome *s.* **Symptom; Symptomatik**

'– Währung', VIII 238; IX 107

Neutralisierung [Neutralität] (*s. a.* Indifferenz)

d. Destruktionstriebe (*s. a.* Aggression; Todestrieb), X 228f; XVII 72

'Neveu de Rameau, le' *s.* **Ödipuskomplex**, i. d. Dichtung (*s. a.* i. Namen-Reg.: Diderot)

Nicht (*s. a.* Mangel an-; Negationspartikel; Negativ-; Nein; u. unter d. Negationspartikel: Un-; Verleugnung; Verneinung)

-abreagierte Traumen, Lebhaftigkeit d. Erinnerung an, I 87, 91

-Analytiker *s.* **Arzt; Laie** (*s. a.* Patient; Psychoanalytiker)

-analytische Widerstände gegen ärztliche Verordnungen, I 122

-Arzt *s.* **Laie**

-Befriedigung *s.* **Versagung**

-erreichen d. Eisenbahnzuges, i. Traum, II/III 390

-finden *s.* **Fehlleistungen** (*s. a.* Halluzination, negative; Verlegen)

-genitale Erektion, V 68, 122

-hypnotische Erinnerung, mit hypnotischen verglichen, I 194

-hypnotisierbarkeit Geisteskranker, V 305

-infantile Traumen, sexuelle, i. d. Pubertät, I 187, 238, 277

-medizinische Anwendung d. Psychoanalyse *s.* **Psychoanalytische Methode**

-psychogene hysterische Symptome, I 263 f.

-religiöse Wunderheilungen, V 299–301

-sexuelle (*s. a.* Asexualität; Asexuell; Desexualisierung)

  Erregungen, mit sexueller Wirkung, V 103–06

  Körperfunktionen, Störungen i. d. –n, u. Neurose (*s. a.* Hysterie, Konversions-), V 107

  Träume (*s. a.* Kinderträume), II/III 166f.

  scheinbar *s.* **Traum**, 'harmloser'

  Ursachen d. Angstneurose *s.* **Angstneurose**

-traumatische Hysterie, I 54; V 151f.

-visuelle Elemente *s.* **Denkweisen**, abstrakte

-vorhandensein d. Zensur zwischen Bewußtem u. Unbewußtem d. Kindes, II/III 559

-wissen (*s. a.* Unwissenheit), u. gleichzeitiges Wissen, I 175, 232

-wollen, I 269

'Niederkommen' (*s. a.* Fallen; Gebären), XII 289f.

'Nightmare' (*s. a.* Alpdruck), XV 53–55

Nihilismus

politischer *s.* **Anarchismus**

wissenschaftlicher (*s. a.* Skepsis), XV 190

Nirwana [-prinzip] (*s. a.* Todestrieb) XIII 60, 372f.; XVII 129

Nocturnal insanity (Allison), II/III 93

Nomenklatur (*s. a.* Termini technici)

Grenzen d., XII 185

'Non arrivé' Vorstellungen (*s. a.* 'Ungeschehenmachen'), I 63; XIV 150; XVI 255

Nonnen, Delirien u. Hysterie bei (*s. a.* Besessenheit; Heilige; Visionärinnen), I 14, 89; XVII 12

Normal (-er, -e, -es) (*s. a.* Pathologisch; u. unter d. einzelnen Stichwörtern)

Abneigungen u. Abscheu, I 321, 351

Abreagieren, I 85–87, 90

Unfalles (*s. a.* Unfall), I 85f.

durch Weinen, I 87

'Abspaltung psychischer Gruppen', I 194

Abwehr, I 537f.

als Flucht *s.* **Flucht**

als zweckmäßiges Handeln, XVI 255

Aggression (männliche), V 57, 121; XV 111

Angst (*s. a.* Angst, Real-; Normale Phobien), XI 408

Erwartungs- (*s. a.* Erwartungsangst), I 318

Gefahren, I 351; XV 91

Gewissens-, *s.* **Normales Gewissen**

d. Kleinkindes *s.* **Kinderangst**

vor Krankheit, I 351

als Signal (*s. a.* Angstsignal), XV 97

vor Überich *s.* **Normales Gewissen; Überich,** Angst vor

Aufmerksamkeit (*s. a.* Aufmerksamkeit; Normale Unaufmerksamkeit), XIV 151

bisexuelle Veranlagung *s.* **Normales Sexualleben**

Denken *s.* **Denken**

Eifersucht, XIII 195f.

Entstellung u. Ersatzbildung, VIII 398

Euphorie *s.* **Stimmung,** heitere

Exhibitionismus

bei Kindern, VI 106f.

bei Männern, VI 107

Fehlleistungen (*s. a.* Normale Symptomhandlungen; – Unaufmerksamkeit; – Vergessen; – Vergeßlichkeit; – Versprechen)

Fehlgreifen, II/III 684

Gedächtnis (*s. a.* Normales Vergessen), I 170

u. Verdichtung, IV 304f.

Gesundheitszustand *s.* **Normale Menschen**

Gewissen, XIII 280f.; XIV 407–10

u. Reue, IX 86f.

-sangst, I 318; XIV 180

v. Überich, XIV 180; XV 95

u. Schuldgefühl (ubw. bleibendes), XIII 254f,. 281f.

u. Sexualleben *s.* **Normales Sexualleben**

Größenwahn, bei Erwachsenen gedämpft, X 160

Ich, I 294f.

-anteil i. Psychosen, XVII 132

Aufnahme, teilweise, d. Verdrängten i. d., XIII 147

Funktionen u. Aufgabe, XVII 97

als Idealfiktion, XVI 80

Normaler Intellekt

    i. Verhältnis z.

        Es, XIV 229; XVII 87
        Überich, XVII 87
        Intellekt

        v. Affektleben nicht unabhängig, XI 303

        Anwendbarkeit d. Psychoanalyse möglich nur bei, I 264; V 9, 20–22

    Isolierung, XIV 151; XV 129

    Koitus *s.* **Koitus; Normales** Sexualleben

    Komplexe (*s. a.* **Normale** Konflikte), VIII 54

    Kompromißbildungen, I 537f.

    Konflikte [u. ihre Erledigung], VIII 338f.; XIV 55; XVI 69

        u. neurotische (*s. a.* Aktivierung; Prophylaxe)

            Unterschied zwischen –n, XI 449

            durch Übertragung verwandelt i. normale, XI 473

    Konzentration *s.* **Normale** Aufmerksamkeit

    Kulturverdrängung *s.* **Normale Menschen**

        Fehlleistungen i. *s.* **Normale Fehlleistungen**

        Verschiebung i., II/III 684

        Zensur i. (*s. a.* Zensur), XI 307

    Leistung[-sfähigkeit], II/III 614

    Libidobesetzung

        Loslösung (*s. a.* Libido, Beweglichkeit d.), VIII 309

        Mechanismus d., X 153

        Trägheit [Klebrigkeit] (*s. a.* Trägheit), XI 361; XII 511

    Liebe (*s. a.* Liebe; Normales Sexualleben; Verliebtheit), V 136f.

        u. Übertragungsliebe *s.* **Übertragungsliebe**

Lust *s.* **Normale** Sexualleben

Menschen *s.* **Normale Menschen**

Mimik, Sprache (*s. a.* Mimik; Sprache), VIII 403

moralische Entwickeltheit, als Bedingung d. Anwendbarkeit d. psychoanalytischen Methode, V 9, 20–22

Narzißmus, X 139; XII 6

Partialtriebe, V 157

Pedanterie u. Skrupulosität, I 318

Pessimismus, I 318

Phobien [Angst v. Objekten d. Phobien] (*s. a.* **Normale** Angst), XI 408, 413f.

    Schlangen, I 351; XI 413

'-Psychose' *s.* **Traum**, als normale Psychose

Reaktion auf Realität, XIII 365

Reaktionsbildungen (*s. a.* Ekel; Gewissenhaftigkeit; Mitleid; Ordentlichkeit; Ordnung; Reaktionsbildungen; Reinlichkeit; Scham; Zärtlichkeit), XI 390, 396; XIII 281; XIV 190

Regression, i. Traum u. Verliebtheit (*s. a.* Traum; Verliebtheit) II/III 553; X 412

Reife *s.* **Reife**

Reue *s.* **Normales** Gewissen

Schlaf, II/III 559f.

'Schwache Punkte' bei –n, XVII 110

Seelenleben *s.* **Normale Menschen**

Sehnsucht, als Ertragen libidinöser Versagung, XI 357

Selbstanalyse (*s. a.* Selbstanalyse)

    d. Träume, X 59

    Vorteile d., VIII 383

Selbstbewußtsein, u. Vorsatz, I 9

Selbstgefühl, X 165

Sexualgenuß (*s. a.* Normale Menschen)
Sucht als Ersatz f., I 506
Sexualleben [-beziehung, Vita sexualis] (*s. a.* Geschlechtsleben)
Abweichungen, kleine, v., I 498
Aktualneurosen ausschließend, XI 400f.
Angstneurose ausschließend, I 363, 370
u. Befriedigung *s.* **Befriedigung**
bisexuelle Veranlagung (psychische u. somatische), V 44
erotische (sinnliche u. zärtliche) Strömungen i. (*s. a.* Sinnlich-; Zärtlich-), V 101, 108, 126
gleichzeitige, VIII 81
Erwachsener, V 133
Genitalien, Rolle d., i. (*s. a.* Genitalien), V 48
Heilung d. Hysterie durch (u. ihre Grenzen) (*s. a.* Ehe; Heilung), V 242
Koitus, I 326, 330, 338
  körperliche Symptome beim (*s. a.* Orgasmus)
  Atembeschleunigung, Herzklopfen, I 338
  Schwindelgefühl, I 338
Lust am Endakt (*s. a.* Orgasmus), V 108f., 112f.; X 218
Stellung beim, VIII 138; X 97
Neurose nicht zulassend, V 48, 110
Organlust als Ziel, X 218
Partialtriebe i. *s.* **Partialtriebe**
u. Perversität, VIII 449; XI 317, 320f., 333f.
  Ähnlichkeit zwischen *s.* **Normale Menschen**, u. Perversität
Selbstvorwurf selten wegen, I 498f.

somatischer Faktor, VIII 122
u. Spannung, V 48, 110, 114f.
u. Verdrängung (*s. a.* Normale Menschen, u. Verdrängung), V 156
Ziel d., V 48f.; X 218
soziale Angst *s.* **Angst, soziale**
Symptomhandlungen (*s. a.* Symptomhandlung), VIII 38
Toleranz gegen Affektspannung, I 243
Trauer (*s. a.* Trauer), I 331f.; V 294; IX 82f.; X 412, 429, 437; XIII 195
Traum [-erscheinungen] (*s. a.* Normale Menschen, u. Traum), I 92; II/III 684; VII 85, 89; VIII 355; X 412; XI 475; XIV 73
  Einfachheit d., VIII 355
Regression (*s. a.* Regression), X 412
Selbstanalyse d., X 59
Unaufmerksamkeit (*s. a.* Zerstreutheit), IV 168f., 268, 303f.; XIV 151
'Ungeschehenmachen', XIV 150
Über-, *s.* **Leistung**(en), Über–
Überich (*s. a.* Normales Gewissen), XIV 29
u. Angst, XIV 180
als Erbe d. Ödipuskomplexes (*s. a.* Überich als Erbe d. Ödipuskomplexes), XIV 29
Ich- u. Es-Verhältnis d., XVII 87
unpersönlich geworden, XIV 254
Überzeugungsgefühl, VII 108
u. wahnhaftes, Unterschiede zwischen, VII 404
Verdichtung i. d. Erinnerung, IV 304f.
Verdrängung *s.* **Normale Menschen**, u. Verdrängung

Normales Vergessen

Vergessen (i. Alltagsleben) (*s. a.*
Normal(es) Gedächtnis), II/III 46,
684; IV 304f.

   Verwechseln als Vorstufe d. –n,
VI 192

   Vorsatzes, XI 69

Vergeßlichkeit, I 225f., 532

Verschiebung (i. Alltagsleben),
II/III 684

Versprechen (i. Alltagsleben),
II/III 684

Visionen, II/III 549, 553

Wahnbildungen, VII 85, 89, 93

Weinen, I 87

Zärtlichkeit *s.* **Zärtlichkeit**, normale

Zensur, VIII 398; XI 307

Zweifel (*s. a.* Zweifel), I 318, 349

   i. d. Denkarbeit *s.* **Denken** (*s. a.* Denk-)

Normale Menschen, [Normalität, Normales Seelenleben, Psychischer Gesundheitszustand] (*s. a.* Gleichgewicht), XVI 63, 70

u. Abnormität [u. d. Pathologische] (*s. a.* Normale Menschen, u. Neurose), V 106; XIV 388

   Grenzen d., XIII 399

   Isolierung ü. Übertreibung i.,
XV 129

   Libidoschicksale entscheidend f., VIII 322

   Unterschiede zwischen, i. Lichte d. Psychoanalyse, VIII 391f.; XIV 180

   Übergang zwischen, I 294f., 498; V 156f.; XVII 125

Abstinenz bei, VII 156, 159

alloplastische (*s. a.* Handeln; Handlung; Realität), XIII 366

Begriff d., XIII 365

(Definition), XIII 365

als Genuß-, u. Leistungsfähigkeit, XI 476

u. Destruktionstrieb, XVI 89 erreichte

   nach beendigter analytischer Kur, V 8; XVI 63

d. Weiblichkeit, XV 135–39

Grad d. (*s. a.* Normale Menschen, u. Neurose)

d. 'gründlich Analysierten', XVI 96

d. Psychoanalytiker, XVI 93

homosexuelle Schwärmerei i. d. Pubertät bei, XII 297

als Idealfiktion, XVI 80

i. Kind *s.* **Erziehung**; **Kind** (als Objekt); – (als Subjekt) (*s. a.* Kindheitsnervosität; Normale Menschen, u. Perversität)

u. Neurose (*s. a.* Normale Menschen, u. Abnormität), XIV 180

   Ähnlichkeiten u. Zusammenhang zwischen, V 156f.

   i. d. Kindheit (*s. a.* Infantil-), 172–74, 376

   Komplexe u. Phobien, X 146

   u. Perversität, V 59f., 156f.

Unterschiede zwischen, XI 476

   i. d. Ichstärke u. Bändigung d. Triebansprüche (*s. a.* Ichschwäche; Ichstärke; Konstitution; Trieb-), XVI 69f.; XVII 87

   nur quantitative u. virtuelle, VII 376; VIII 54, 329, 339, 449; XI 435, 475; XIV 82, 180; XVI 69f.; XVII 109f., 125

Übergang zwischen, I 498

u. d. Pathologische *s.* **Normale Menschen**, u. Abnormität

u. Perversität [perverse Neigungen], VIII 449; XI 320f., 333f.

Ähnlichkeit u. Zusammenhang zwischen, V 59f., 157
i. d. Exhibition, VI 107
i. Fetischismus, V 53
i. Kuß, V 51
i. d. Schaulust, V 55f.
Zusätze, perverse, z. (*s. a.* Partialtriebe), V 59f., 156f.
sadistische u. masochistische (*s. a.* Masochismus; Normale Aggression; Sadismus), XV 111
Psychoanalyse d., X 59; XIV 303
scheinbare
nach gelungener Abwehr, I 387
durch Schiefheilungen, XIII 159f.
u. Sittlichkeit, XIV 388
u. Tagtraum, I 92
u. Traum (*s. a.* Normaler Traum), I 92; II/III 378–89, 611–14
d. Neurotikers, II/III 611–14, 684; V 156f.
u. Pathologisches i. Wachleben (*s. a.* Normale Fehlleistungen)
Ähnlichkeit zwischen, II/III 684
als Psychose *s.* Traum, u. Psychose
Übertragungsneigung schwächer bei, XI 464
i. Verhältnis z. d. psychischen Instanzen (*s. a.* Es; Ich; Psychischer Apparat; Überich), XVII 87
u. Verdrängung, I 62; VIII 38, 338f., 398; XIII 147
u. Ersatzbildung u. Entstellung, VIII 398
Kultur-, VIII 338f.
Sexual-, V 156

Nützlichkeitstheorie(n) d. Spieles
i. Symptomhandlungen u. Fehlleistungen, VIII 38
Widerstände, Aufrechterhaltung gewisser, bei, V 8; XVII 83
u. Zwangscharakter d. (normalen) Reaktionsbildungen, XIV 190; XVI 181
Normalvorbilder krankhafter Affektionen (*s. a.* Schlaf; Trauer; Traum; Verliebtheit), X 412
Not (*s. a.* Ananke; Leiden; Schicksal; Unglück)
als 'Erzieherin', X 366; XI 427
u. Neurose, XIII 351–53
-onanie *s.* Masturbation, i. d. Pubertät
Notieren [Notizen], während d. analytischen Kur
nachträgliches, V 166f.; VIII 379
u. Protokolle (*s. a.* Krankengeschichten), VIII 379f.
seitens d. Patienten, IV 174
während d. Sitzung
Mißtrauen d. Patienten erweckend, V 166
unnötig, VIII 377
v. Träumen, nach Erwachen, VIII 356
Noxen
banale *s.* Banale Noxen
sexuelle *s.* Neurose(n), Ätiologie d., sexuelle
durch Umgebung *s.* Familie; Umgebung
Nützlichkeit [Nutzen] o. Lustgewinn als Ziel (*s. a.* Lustprinzip, u. Realitätsprinzip), I 561; VIII 235f.
Nützlichkeitstheorie(n) (*s. a.* Teleologie)
d. Spieles, d. Traumes *s.* Spiel; Traum(theorien)

O

Oben
Träume v., XIII 303f.; XIV 559
Verlegung nach *s.* **Unten**, Verlegung nach oben

'Oberbewußtsein', II/III 620

Oberfläche
d. Körpers (*s. a.* Haut), XIII 253
psychische
  i. d. Analyse, XII 140
  'Abtasten' d., XIII 410
  Ausgehen v. d. jeweiligen, I 297; V 169; VIII 351f.
d. psychischen Apparates, XIII 246, 252

Oberflächenidentifizierung d. Ich, XIII 253f.

Oberflächliche Assoziationen *s.* **Assoziationen**

'Oberstübchen', als Symbol, XI 161

Objekt(e) (*s. a.* Sach-), XVII 115, 151
aufgegebene, XIII 119
  u. Ich, XIII 261
Aufrichtung d., i. Ich (*s. a.* Objektwahl), XIII 257
Befriedigungs- (*s. a.* Befriedigung; Ersatz), XIV 13
Einverleibung d. *s.* **Introjektion**
Ersatz-, *s.* **Ersatzobjekt**
d. Es, i. d. Übertragungsneurose v. Ich bestritten, XIII 388
Fortbestehen d., i. Ubw., X 295
frühes, bedeutungsvoll (*s. a.* Imago), X 154, 206
Gleichgültigkeit d. Besetzung i. bezug auf d. *s.* **Objekt(unterscheidung)**
halluziniertes *s.* **Objekt**, imaginäres
als Helfer o. als Gegner, i. d. Massenpsychologie (*s. a.* Massenseele), XIII 73
Ich als *s.* **Narzißmus** (*s. a.* Autoerotismus)
u. Ich *s.* **Ich**, u. **Objekt**
Idealisierung d. –es [Objekt u. Ichideal], X 161; XIII 125
Identifizierung mit (*s. a.* Objekt(liebe), u. Identifizierung), XIII 258
u. Homosexualität, XII 285
beim Kind, XVII 151
Objektverlust bei, XIII 125f., 257
u. Objektwahl, XV 69
i. d. oralen Phase, XIII 257
Regression z., XIII 117
i. d. Schizophrenie, X 436
d. Weibes, XV 69
imaginäres, irreales (*s. a.* Ersatzobjekt)
u. halluzinatorische Befriedigung *s.* **Halluzinatorische Befriedigung**
u. Libidostauung, X 152
reales ersetzend, X 139
Introjektion d. –es (*s. a.* Introjektion), V *98*; XIII 125, 257
Introversion d. –es, X 139, 152
Körper, eigener, als, XIII 253
sexuelles *s.* **Autoerotismus**; **Masturbation**; **Narzißmus**
Liebe, als Anziehung d. –es, X 229
Liebes-, *s.* **Liebesobjekt**

Mehrzahl d., i. d. prägenitalen Periode, XI 339

Mutterbrust als erstes (*s. a.* Mutter, als erstes Liebesobjekt; Mutterbrust), V 123; XI 325, 340; XIV 424; XVII 115

u. Partialtriebe *s.* **Partialtrieb**(e)

i. d. Realitätsprüfung (*s. a.* Objekt, imaginäres), XIV 14

Schädigung d. –s, X 231

d. Schlagephantasien, u. Geschlecht d. Phantasierenden, XII 203, 205, 211

Sexual- (*s. a.* Liebesobjekt), V 34

Erniedrigung d., VIII *78–91*

geschlechtsunreife Kinder als, V 47f.

d. Homosexuellen, V *43–45*

Imagines als, V 129

intermediäre Relationen z., u. vorläufige Sexualziele, V 49

Körperstellen als, V 50–52

Penis als autoerotisches (*s. a.* Phallische Phase), VII 178

d. Säuglingsalters, V 124f.

Schmerzzufügung gegenüber *s.* **Sadismus**

Schönheit d. –es, V 55

Tiere als, V 47f.

ursprüngliche *s.* **Objekt**, frühes

Überschätzung d. *s.* **Sexualüberschätzung**

i. Verliebtheit an Stelle d. Ichideals tretend, XIII 125f.

Wahl d. –es *s.* **Objekt(wahl)**

Sexualisierung d. (beim Kind), VII 246f.

Sexualüberschätzung d.*s.* **Sexualüberschätzung** (*s. a.* Verliebtheit)

u. Subjekt *s.* **Subjekt**, u. Objekt

d. Unheimliche am (*s. a.* Automatismus), XII 237–59

Objekt(findung)

Unifizierung d. (*s. a.* Integration; Partialtriebe), XI 341

u. Überichbildung, XIV 29

Versagung d. –es *s.* **Versagung**

u. Wort, X 302

'**Objekt-Homoerotik**' (Ferenczi), V 45f.

Objekt(besetzung) (*s. a.* Libido, Objekt-; Objekt(wahl))

Aufgeben d. *s.* **Objekt(verlust)**

u. Charakterbildung, XIII 258

v. Es ausgehend, XIII 257

frühe, X 206

beim Kind, X 140f., 206

beim Mädchen früher intensiv, XV 125

o. Narzißmus (*s. a.* Narzißmus), X *140f.*

u. orale Phase, XIII 257

präödipale (*s. a.* Mutterbindung), XIV 21

u. Selbstgefühl, X 165f.

bei Verliebtheit *s.* **Verliebtheit**

Verschiebbarkeit, leichte, d. (*s. a.* Libido, Beweglichkeit d.; Libido, Objekt; Libidoverschiebung), V 47f.

beim Kind, XIII 84

Objekt(beziehung) [-relation] (*s. a.* Objekt, Aufrichtung d. –s; Sach-)

Ambivalenz d. *s.* **Ambivalenz**

beim Fötus noch nicht vorhanden, XIV 161

d. Hasses, älter als d. – d. Liebe *s.* **Liebe**, u. **Haß**

d. Säuglings, XII 113

i. Schizophrenie, X 295, 299

u. Selbstmord, X 439

Objekt(findung) *s.* **Objekt(wahl)** (*s. a.* Objekt, Aufrichtung d. –es; – frühes)

401

Objekt(haß)

Objekt(haß) (*s. a.* Haß; Objekt-(liebe))
'Objekt' mit 'gehaßt' identisch, X 229

Objekt(libido) *s.* Libido, Objekt-; Zurückziehung

Objekt(liebe) (*s. a.* Liebe; Liebesobjekt; Objekt), VII 151f.
u. Autoerotismus (*s. a.* Autoerotismus), VII 151; XI 340f.
Narzißmus als Stufe zwischen, VIII 296f.
zeitlich getrennt, V 94
u. Haß *s.* Ambivalenz; Haß; Liebe
u. Haß; Objekt(haß)
u. Ichliebe *s.* Ich, u. Liebe, u. Objekt; Narzißmus (*s. a.* Verliebtheit)
u. Identifizierung (*s. a.* Objekt, Identifizierung mit)
  i. d. Liebesforderung d. Kirche, XIII 151
  narzißtische, als Ersatz f., X 436
u. Kinderpflege, VII 345
Narzißmus ursprünglicher als (*s. a.* Narzißmus), XI 431
u. Objektlibido (*s. a.* Libido, Objekt-), XII 6
Polarität d. (*s.a.* Polarität), XIII 57
beim Weib *s.* Weib

Objekt(mangel) [-losigkeit] d. Fötus, XIV 161

Objekt(triebe) u. Ichtriebe *s.* Ichtriebe, u. Objekttriebe

Objekt(unterscheidung) (mangelnde o. mangelhafte)
beim Fötus, XIV 161
Geisteskranken, nicht nur bei, V 47f.
Gleichgültigkeit d. Besetzung (*s. a.* Libido, Beweglichkeit d.), XIII 157, 273f.

u. homosexuelle Objektwahl, V 44
Liebe ohne, XIV 461
i. Religion u. Weltliebe, XIV 461

Objekt(verlust(e)) (*s. a.* Liebesverlust; Trennung-)
u. Angst (*s. a.* Kinderangst), XIV 160, 167–74, 201–03
i. Dementia praecox u. Schizophrenie, X 300, 302; XI 430, 436
Geburtsangst ist ohne, XIV 203f.
Gefahrsituation d. –es
  beim Kleinkind, XIV 172, 201; XV 95
  beim Säugling, XIV 168f., 202
  beim Weib wirksamer bleibend, XIV 173
u. Hilflosigkeit, XIV 168f., 200
Ichveränderungen bei, XIII 257
bei Identifizierung, XIII 125f., 258, 261
d. Kastrationsangst vorangehende, XIV 160f.
d. Kleinkindes *s.* Objekt(verlust), Gefahrsituation d. –es
Liebesverlust, als, XIV 173f.
bei Melancholie, X 430f., 435, 439f., 446; XIII 148f., 256f.
Ökonomie d. psychischen Apparates bei, XIV 168
Schmerz als Reaktion auf, XIV 202f.
Trauer als Reaktion auf, X 430; XIV 202, 205
Wahrnehmungsverlust als, XIV 203
beim Weib, XIV 173f.

Objekt(wahl) [-findung] (*s. a.* Liebesobjekt), V 44, 100f., 123–31; VIII 47, 49, *66f.*; IX 109
Altersgrenze, untere d., V 94, 100; XIII 257

auf analer Stufe, VII 342f.
nach Anlehnungstypus *s*. **Objekt-(wahl)**, Typen d.
u. Autoerotismus *s*. **Autoerotismus**
ältere Frauen bevorzugende, VIII 71
Charakter als Geschichte d., XIII 257f.
Entwicklung d., VIII 49f.
Phasen [Schübe, Zweizeitigkeit] d., V 100f., 124f.
Prozesse (Objektfindung) d., XI 340f.
beim Weib *s*. **Objekt(wechsel)** erste reife
nach Anlehnungstypus *s*. **Objekt(wahl)**, Typen d.
nach d. Erinnerungsbild d. Eltern (*s. a.* Objekt(wahl), inzestuöse), V 123, 129f.
homosexuelle, V 44; XII 285; XIII 204–06
o. Homosexualität mit invertiertem Geschlechtscharakter, XII 299f.
narzißtische, V 45; X 157, 163; XI 442
später heterosexuell werdende, VIII 297f.
u. Ichideal, XIII 124f.
Identifizierung
abgelöst v., XV 69f.
archaischer als, XII 52
statt zärtliche, XIII 266
u. Identifizierung, XV 69
narzißtische, XII 285; XV 69
Regression z., i. Symptom, XIII 117
i. d. Totemmahlzeit (*s. a.* Kannibalismus; Kommunion; Totemmahlzeit), XIII 257

Objekt(wahl), inzestuöse

infantile [kindliche] (*s. a.* Autoerotismus), X 153, 157; XIII 154
männlich u. weiblich noch nicht unterscheidend, VIII 448
Nachwirkungen d. (*s. a.* Fixierung), V *129f.*
prägenitale [frühe, primäre] (*s. a.* Mutter, als erstes Liebesobjekt), V 94, 108, 125f.; VII 251, 342f.; VIII 80, 448
d. Säuglingsalters, V 124f.
Versagung u. Anziehung i. d., Neurose-bestimmend, VIII 81, 364f.
inzestuöse (*s. a.* Inzest-; Ödipuskomplex), V 126; VIII 80; XI 349; XIV 62, 241–44
Bruder *s*. **Bruder**
bei Diderot *s*. i. **Namen-Reg.**: Diderot; Rameau
erste, ist immer eine, V 123, 129f.; XI 347
Goethes Ahnung v. d. Macht d., XIV 548
u. Impotenz, VIII 82
u. Inzestschranke u. -scheu, VIII 80f.
Mutter *s*. **Mutter; Ödipuskomplex**
Objektfindung, V 123–31; XIII *221*
Regression z., XI 354f.
phylogenetische Wiederholung d., XII 208
Schwester (bei Schreber), VIII 280
Vater als Objekt d. (*s. a.* Vater)
bei beiden Geschlechtern, i. d. Schlagephantasien, XII 220
beim Mädchen *s*. **Mädchen**; **Objekt(wahl)**, beim Weib; **Ödipuskomplex**, weiblicher

Objekt(wahl), Klischee bestimmend

Klischee bestimmend, VIII 364f.
i. d. Latenz, Stillstand o. Rückbildung d., v *100*, 124, 126f.; XIII 154f.
Liebesbedingungen d., VIII 66–77
Liebesmotive u. Machtmotive i. d. (Adler), XII 46
beim Mann (*s. a.* Mann; Objekt(wahl), inzestuöse; Ödipuskomplex), VIII 66–77
   Bedingungen d.
      'Dirnenliebe', VIII 68f.
      'geschädigter Dritte', VIII 67f.
      vorwiegend mit Sexualüberschätzung (*s. a.* Sexualüberschätzung), XII 287f.
   Verhalten
      Dirnenverehrung, VIII 69f.
      Rettungsphantasien, VIII 70f.
i. d. Melancholie, x 435–39
narzißtische, v 123; VIII 170; x 148; 153–58
   d. eigenen Person, VIII 446
homosexuelle *s.* **Objekt(wahl)**, homosexuelle
Stufe zwischen Autoerotismus u. Objektliebe [d. eigentlichen Objektwahl vorangehend], VIII 296f.; IX 109f.
beim Weib *s.* **Objekt(wahl) beim Weib**
u. Ödipuskomplex (*s. a.* Objektwahl, inzestuöse)
   u. Pubertät, XI 349; XIII 154f.
   (Zusammenfassung), XIII 221
u. Phantasie, v 127f.
prägenitale [primäre] *s.* **Objekt(wahl)**, infantile (*s. a.* Primäre Objektwahl)
u. Psychoneurosen, VIII 81; XIV 190

i. d. Pubertät (*s. a.* Objekt(wahl), erste reife; Pubertät), v 100f., 108, 126; XI 349; XIII 154f.
Reihenbildung i. d., v 130; VIII 69
u. Selbsterhaltungstrieb, VIII 47
Symptom, neurotisches, als Regression z. Identifizierung i. d., XIII 117
u. Trieb, v 46–48; VIII 237
Typen d.
   Anlehnungstypus, v 123f.; VIII 80; XI 442; XIV 345
      ist immer d. erste Wahl, x 154–58; XIII 260
   narzißtischer Typus, v 123f.; x 154–58; XI 442
   zwei Typen, XI 442
Unbefriedigung durch Inkongruenz d., x 156
beim Weib (*s. a.* Mädchen; Mutterbindung; Vaterfixation)
   u. Identifizierung, xv 69
   inzestuöse *s.* **Bruder; Objekt(wahl)**, inzestuöse; Ödipuskomplex, weiblicher; **Vater**
   narzißtische, xv 142
      vorwiegend, XII 280f.
   Objektwechsel beim *s.* **Objekt(wechsel)**
      nach Vatertypus, xv 142f.
als Wiederfindung, v 123
zärtliche, durch Identifizierung ersetzt, XIII 266
(Zusammenfassung), XIII 221
z. Zweck d. Ersetzung d. unerreichten Ichideals, XIII 124f.
zwei Phasen d. *s.* **Objekt(wahl)**, Entwicklung d., Phasen d.

Objekt(wechsel) (*s.a.* Objekt(wahl), Entwicklung d., Phasen d.)
beim Weib, v 100f.; XIV 521–29, 533

Objektiv *s.* **Subjektiv**, u. **Objektiv**
Objektivierung
   d. Gegenwillens, I 17
   d. Kontrastvorstellung, I 148, 151
   i. Symptom, I 10

Obsedierend (–er, –e) (*s. a.* Perseveration; Zwangsvorstellungen)
   Melodie, XI 106
   Traum [rêve obsédant], II/III 96
   Vers, IV 281f.
   Worte, IV 142, 280f.
   Beispiele anderer Autoren
      Hitschmann, IV 281f.
      Jung, IV 20f.
   bestimmte Fälle v. *s.* i. **Reg. d. Fehlleistungen**
   Zahl, IV 275

Obsession *s.* **Zwangsneurose**
Obstipation *s.* **Stuhlverstopfung**
Obszön (–er, –e, –es) [Obszönitäten]
   u. Angstanfall, I 436
   Komik (d. Entblößung), VI 252f.
      bei Künstlern, VIII 136
      bei Leonardo, VIII 136f.
   u. Naivität, VI 252f.
   Überempfindlichkeit gegen d., I 437
   Witz *s.* **Zote**
   Worte (*s. a.* Blasphemie; Koprolalie)
      u. Versprechen, IV 87, 89, *91f.*
      durch Wortentstellung, IV 91f.; XI 36f.

'Occasion, Hystérique d'–' *s.* **'Hystérique d'occasion'**
Ofen, als Symbol *s.* i. **Symbol-Reg.**: *I. Symbole*: Ofen
Offenbarung, Traum als (*s. a.* Traum, prophetischer), II/III 2f.

Offenheit *s.* i. **Symbol-Reg.** (*s. a.* i. **Haupt-Reg.**: Aufrichtigkeit)
'Offizielles' Bewußtsein, I 129
Ohnmacht(s)
   –anfall (*s. a.* Schwindel)
      angstneurotischer (*s. a.* Anfall, Angst-), I 329
      hysterischer (*s. a.* Anfall, hysterischer), I 157; V 202
      Vertigo a stomacho laeso, I 321
   –gefühl (*s. a.* Gehemmtsein; Hemmung; Macht)
   u. d. Unbewußte, XIV 160
Ohnmächtige Personen, i. Witz, VI 115
Ohr (*s. a.* Akustisch; Gehör)
   -läppchen
      Wackeln mit, VI 217
      Zupfen d., V 80f., 211f.
Okkultismus [Okkulte Bedeutung, – Phänomene] (*s. a.* Telepathie), XIII 165; XIV 271; XVII 27
   Bedenken gegen, XV 33–36, 58–60
   i. Gedankengängen, I 280; XV 32–61
   Gefahren d. Unwissenschaftlichkeit i., XVII 31f.
   Gespensterglaube *s.* **Gespensterglaube** (*s. a.* Aberglauben)
   u. Glaubwürdigkeit d. Wissenschaft, XVII 28
   Interesse i., ist ein religiöses, XV 36
   u. Krieg, XVII 27
   u. Phosphene, I 280
   u. Psychoanalyse, XVII 28–31
   u. Religion, XV 36; XVII 28f., 31
   Schwierigkeit d. Beobachtung, XV 36–38
   u. Traum, I 569–73; XV *32–61*, 119

Okkultismus, Verbote gegen

Verbote gegen, XIV 270f.

Omen [Omina], u. Fehlhandlung, IV 285–89; XI 53

Omnipotenz *s.* **Allmacht**

Onanie *s.* **Masturbation**

Onkel (u. Tante)
als Elternersatz, XII 132
i. d. Kindersprache, IX 12

Onkel Toms Hütte, Einfluß auf Schlagephantasien, XII 198

Ontogenese [Ontogenetisch]
d. Phylogenese vorangehend (i. ätiologischer Bedeutung), XII 131
u. Phylogenese [phylogenetisch] (*s. a.* Phylogenese), V 29; VIII 151–53, 167, 413
Denksprache vollkommener als, i. d., XIII 248
Kindheit als verkürzte, II/III 554
d. Sexualentwicklung, V 61
i. Traum, II/III 554
beim Untergang d. Ödipuskomplexes, XIII 395f., 398

Operation
Analyse als (*s. a.* i. Reg d. Gleichnisse: Chirurg), I 311
u. Masochismus, XVI 66

Opfer[ung] (*s. a.* Totemmahlzeit), IX 161
ältestes, d. Totemmahlzeit, IX 177
Ersatz- [Fremde, Puppen, Tier als), IX 182
durch Fehlleistung *s.* **Opferhandlung**
Flucht u. Mordprozeß nach d., IX 166
Gott als, IX 182f.
Kot als, X 406; XII 113
König als, IX 182
Menschen- (*s. a.* Menschenopfer), IX 167f., 182
mystisches (*s. a.* Mysterien), IX 165
i. patriarchalen Zeitalter, IX 177
u. Privateigentum, IX 167
als Sakrament, IX 167–69
Schlachten d. Tieres, IX 164
bei d. Semiten d. Altertums, IX 161
theantropisches (*s. a.* Tieropfer; Totemmahlzeit; Totemopfer; Totemtier), IX 178, 180–82
Trink-, IX 162
Vater beim, zweifach vertreten (als Gott u. Tier), IX 178, 180f.
vegetabilisches, Tieropfer nachfolgend, IX 162
Wesen, Geschichte u. Entwicklung d. -s, IX 161f., 167
-zeremonie *s.* **Opferzeremonie**

Opferfest (*s. a.* Totemmahlzeit), IX 161f.
u. Orgie *s.* **Orgie**

Opferhandlung, IV 187–90
Geldausgeben als, IV 194
Verbrühen, sich selbst, als (*s. a.* Unfall), IV 206
Verlieren als, VIII 394f.
u. Sachbeschädigung, IV 186–88; XI 73
Zerbrechen als, IV 186–88

Opfertier *s.* **Tieropfer; Totemtier**

Opferzeremonie
rituelle, d. Totemtieres, IX 124
Zwangsmäßigkeit d., IX 182f.

Optativ, i. Traum durch Präsens dargestellt (*s. a.* Gegenwart), II/III 539f., 561, 660; VI 185

Optimisten [Optimismus], XVI 67
Analytiker als, XVI 67

v. d. Mutter Bevorzugte als, II/III 403f.; XII 26

Optisch s. **Visuell** (s.a. Bilder-; Hypnagogische Halluzinationen)

Orakelträume s. **Prophetische Träume; Traum,** prophetischer (s. a. Mantik)

Oral (-er, -e, -es) (s. a. Erogene Zonen; Lippe; Mund)

  Abwehr s. **Ausspucken** (s. a. Abwehr)

  Aggression s. **Oralsadistische Phase**

  Angst s. **Gefressenwerden, Angst vor**

  Befriedigung s. **Saugen** (s. a. Kuß; Lutschen; Oralerotik)

  Einverleibung (s. a. Introjektion)

  i. d. Melancholie s. **Melancholie**

  Gier s. **Gier** (s. a. Geld)

  Phase s. **Orale Phase**

  Schwängerung s. **Infantile Sexualtheorien**

  Sexualbefriedigung s. **Oralerotik**

  Sprache d. -n, XIV 13

  Wünsche u. Strebungen (s. a. Oralerotik)

    aktive, sadistische (s. a. Mutterbindung, präödipale), XIV 531

  u. präödipale Mutterbindung (s. a. Mädchen; Mutterbindung), XV 128

Orale Phase (s. a. Oralsadistische Phase), V 98; XI 339f.; XIV 61; XVII 76

  Angst i. d. s. **Gefressenwerden, Angst vor** (s. a. Oralsadistische Phase)

  Begriff d., XV 105

  u. Einverleibung (s. a. Introjektion), XIII 257

  u. Identifizierung, XIII 257

  kannibalistische Phase d. s. **Oralsadistische Phase**

  u. Objektbesetzung, XIII 257

  Regression z. [Erniedrigung z.], XIII 257; XIV 135

  zwei Stufen d., XV 106

Oralerotik (prägenitale Organisation d.), V 106, 135, 212; XI 315, 319

  Allgemeinheit d., V 106

  u. Erbrechen, V 83

  u. Husten, V 207

  u. Kuß s. **Kuß**

  beim Säugling (s. a. Säugling), V 81, 98f., 133, 135; XI 323–25

  u. Tussis nervosa, V 207

  beim Wolfsmann s. **Reg. d. Krankengesch.**: Namenverzeichnis, Wolfsmann

Oralsadistische Phase (s. a. Orale Phase), XI 340; XV 106

  u. Aggression, Mutter gegenüber, beim Mädchen (s. a. Aggression; Mädchen), XIV 135, 531

  u. Ambivalenz, XV 106

  Angst i. d., vor Gefressenwerden (s. a. Gefressenwerden), XIV 531

  u. Masochismus, XIII 377, XIV 531

  Impulse d., XVII 76

  kannibali[sti]sche, V 98, XII 140f.

  u. Melancholie (s. a. Melancholie), XV 106

δραμα, u. ὄνειρος, bei Artemidoros, II/III 4

Ordalien, VIII 318; IX 128

Orden, geistlicher [Mönchtum] (s. a. Askese; Eremiten; Nonnen)

  Eintreten i., u. Flucht i. d. Krankheit, Ähnlichkeit zwischen, XIII 351

  u. Reaktionsbildungen, VIII 88

Ordentlichkeit

Ordentlichkeit (*s. a.* Ordnung)
  u. Analerotik, v 141; vii 203; x 402; xv 108

Ordnung (*s. a.* Ordentlichkeit; Organisiertheit)
  u. Analerotik, xiv 452–54
  i. Chaos d. Umwelt, durch Psychoanalyse, xvi 72
  u. Kultur, xiv 452–54
  Mangel an, i. Traum, ii/iii 47
  u. Wiederholungszwang, xiv 452f.

Organ(e)
  als Ersatzgenitalien [Erotisierung d. –] (*s. a.* Erektion)
  u. Erogeneität (*s. a.* Erogeneität; Reizbarkeit), v 102; x 150; xiv 116
    bei Hemmungen, xiv 116
    i. Hysterie (*s. a.* Hysterie, Konversions-), xi 319
    u. Perversität, xi 315f., 319
  Form u. Funktion d., ü. Aktivität u. Passivität d. Triebzieles entscheidend, x 225
  motorische (*s. a.* Motorisch)
    Lähmung d. *s.* **Lähmung** (*s. a.* Hysterie, Konversions-, Symptome)
  Muskulatur als, d. Destruktionstriebes, xiii 269
  narzißtische Besetzung d. *s.* **Libido**, Organ-
  u. Schmerz
    Kenntnis ü., bei, xiii 34
    Überbesetzung, narzißtische, bei, xiii 34
  sexuelle *s.* **Genitalien**; **Geschlechtsorgane**, innere
  Sinnes-, *s.* **Sinn**esorgane
  i. Sprachinhalt d. Schizophrenen, x 296f.
  u. Trieb, viii 98f.
  Vervollkommnung d., i. d. Technik, xiv 449–51

Organ(erkrankung) *s.* **Organische Krankheit**

Organ(gefühle) (*s. a.* Allgemeingefühle)
  u. Ödipuswünsche (*s. a.* Genitalien), xiii 398

Organ(libido) [-lust] (*s. a.* Libido; Lust), ii/iii 279; xi 335f., 340; xii 73; xiii 34; xv 104; xvii 73
  asexuelle, Fraglichkeit einer, xi 336f.
  Begriff d., xv 104
  genitale, xii 73
  u. infantile Sexualität, v 83, 123; xi 335
  narzißtische Überbesetzung bei Schmerz, xiii 34
  als normales Sexualziel, x 218
  Schicksale d., i. d. Entwicklung, xv 104f.
  sexuelle Lust als, xi 335

Organ(minderwertigkeit) (*s. a.* Minderwertigkeit; -skomplex; Überkompensation)
  Adlers Theorie d. *s.* **Minderwertigkeitskomplex**
  Gefühl d., beim Mädchen (*s. a.* Penismangel), xiv 522, 524
  u. Hysterie, x 159–61, 166f.
  nur bezüglich Klitoris vorhanden, xiv 522, 524
  u. Kunst, x 166
  ohne Minderwertigkeitsgefühl, x 167
  u. Neurose, x 166f.
  u. Schönheit *s.* **Schönheit** (*s. a.* Häßlichkeit)
  u. Selbstgefühl (*s. a.* Selbstgefühl), x 166f.

Organ(reiz) (*s. a.* Reiz)

-träume *s.* **Traum**, mit Organstörung; – typischer, (bestimmte Arten d.); Darmreiz; – Harnreiz-

Organ(sprache) *s. a.* 'Mitsprechen' d. Symptoms), X 297

u. Hypochondrie u. Schizophrenie, X 296f.

beim Hysteriker, X 296f.

Organisation [Organisiertheit] politische

Kontinuität d. (*s. a.* Gemeinschaft; Staat), XVI 73

psychische *s. a.* Integration; Ordnung)

u. Affektspannung, I 242

Fortschritt i. d., X 292

mehrdimensionale, d. pathogenen Materials, I 272–96 (291–96)

d. Neurose, VII 198

d. Partialtriebe, XVII 77

pathogene (*s. a.* Schichtung), I 306

Region d. (*s. a.* Komplexnähe), I 301

u. Zwang, XVI 181

Zweckmäßigkeit d. (*s. a.* Psychischer Apparat), XIV 380

Organisch (–er, –e, –es) (*s. a.* Körperlich; Somatisch)

Ätiologie

d. Hysterie

i. d. psychoanalytischen Theorie mit i. Betracht gezogen, V 276f.

u. psychogene (gemischt), I 263f., 278–80

d. Vergessens (unzulängliche), IV 27f.

Entwicklung *s.* **Entwicklung**

Hervorrufen d. hysterischen Anfalles, VII 237

Organische Verdrängung

Hirnprozesse, destruktive, u. Assoziationen, II/III 535

Krankheit *s.* **Organische Krankheit**

Lähmung I, 33, 39–42, 47–49

u. hysterische, Unterschied zwischen *s.* **Lähmung**, hysterische (*s. a.* Hysterie, Konversions-, Symptome)

Psychiatrie, II/III 44f.; VIII 379, 401f.; XIII 317

u. Psychisches (*s. a.* Psychisch), II/III 45

Schmerzen

u. hysterische, gemischt, I 124, 146, 199f., 211, 236, 242–48

Muskel-, I 124, 199f., 211

narzißtische Überbesetzung bei körperlichen, XIII 34

Störungen [Affektionen] (*s. a.* Krankheit; Organische Krankheit)

Differentialdiagnose d., X 451

u. Genitale, erregtes, Ähnlichkeit zwischen, X 150

Libidoverteilung bei, X 148–50; XIII 34

durch Masturbation, VIII 342

Träume v. Personen behaftet mit, II/III 22, 35–37

Herz- u. Lungenkranke, II/III 37

als Signale, II/III 76

Verdauungsstörungen (*s. a.* Reiz, Leib-), II/III 22, 37

Symptome, während analytischer Kur, XII 106

Traumreize *s.* **Traum(reize)**

u. Trieb, XIII 38

Ursachen d. Kulturentwicklung, XVI 26

Verdrängung *s.* **Verdrängung**, organische

409

Organische Krankheit
  als Ansatz psychischer Symptome, XI 406
  u. Dementia praecox, XIII 34
  Gehirn-, Assoziationen bei –r, II/III 535
  u. Hypochondrie, X 150
  Libidotheorie d., XI 432, 434
  u. Melancholie (*s. a.* Melancholie), XIII 34
  u. Narzißmus, X 148–50; XI 432
  'nervöse', X 451 f.
  u. Neurose
    als Ablösung d. Neuroso, XII 188 f.; XIII 379
    durch Ichschwächung, XIII 379
  v. d. voranalytischen Psychiatrie als organische Krankheit betrachtet, XIII 317
  u. Psychoanalyse
    Symptome, XII 106
    Technik d., bei gleichzeitiger –n, VIII 459, 471
    (Zusammenfassung), XIII 426
  psychogene, Impotenz eine, X 451 f.
  u. Strafbedürfnis, XII 188 f.; XIII 34

Organisierung *s.* **Integration** (*s. a.* Organisation)

Organismus [Organismen, Organische, (Das)], VI 238 f.
  Degradierung d., z. Leblosen, i. d. Komik (Bergsons Theorie), VI 238 f.
  Elementar-, XIII 42, 50, 61, 287
  als Leidensquelle, XIV 434, 444

Orgasmus [Endlust], I 507; V 108 f., 112 f.
  als Endziel, X 218
  als Kriterium d. Sexualität, XI 333
  Mangel an, XIV 114
  u. Masturbation, XVII 152
  normaler *s.* **Befriedigung**; **Koitus**, normaler; **Normales Sexualleben**
  unfertiger, u. kindlich (–er, –e, –es)
  Ausbruch v.
    Lachen u. Weinen, XVII 152
    Wut, nach Klysma, verglichen mit, XIV 532
  Lutschen (*s. a.* Lutschen), V 81
  Masturbation (*s. a.* Masturbation), XVII 152

Orgie, XIII 157
  Exogamiegebot aufgehoben bei, IX 17

Orientalische
  Mischgebilde, II/III 664
  Muttergottheiten, Duplizität d. –n, X 34

Orientierung (*s. a.* Rechts u. Links; Richtung)
  'Mangel an –', Traumtheorie d., II/III 54 f.

Originalität, u. Kryptomnesie (*s. a.* Kryptomnesie; Prioritätsfragen), XIII 357 f.

Orphische Mysterien, IX 184 f.

Ort [Örtlichkeit] (*s. a.* Lokalisation; Raum; Schauplatz)
  bekannter, II/III 15 f., 448 f.;
  als Mutterleibs- u. Genitalsymbol, X 22; XII 257, 259
  i. Traum, II/III 195

Lokalität
  psychische, II/III 541–49, 615
  unterirdische als Traumsymbol f. d. Unbewußte, II/III 414
  als Tabu, IX 33
  Tod als Fortsein v. einem (*s. a.* Fortsein), II/III 261

Ortswechsel, i. Traum, II/III 341, 565
Outlaw s. **Verbrecher**
Ozeanisches Gefühl s. **Ewigkeitsgefühl**
Ödipus, König, u. -Sage s. i. **Namen-Reg.**: Ödipus
Ödipuskomplex [-konflikt] (s. a. Inzest-; Mutter;Todeswunsch; Vater), II/III 264, 267–72; v 127–30, 216; VIII 50, 419; IX 157, 188; XI 349; XIII *221*, 224, 426; XIV 61–76, 242, 304; XVII 114

u. Ambivalenz s. **Ambivalenz**

i. Angst u. Phobie, XIV 136; XV 92f.

bei Angsthysterie, XV 92f.

u. Atheismus, XIV 395f.

Aufhebung [Bewältigung] d. s. **Ödipuskomplex**, Untergang d. –es

z. biologischen Tatsachen, ein Korrelat, XIII 426

u. Bisexualität, XIII 260f.

(Definition), XI 211; XIV 108

i. d. Dichtung, XI 212, 348–50; XIV 89f., 542; XVII 119

i. Diderots 'Le neveu de Rameau' anerkannt, XI 350; XVII 119

i. Dostojewskis 'Brüder Karamasoff', XIV 542

i. Shakespeares 'Hamlet', II/III 271f.; VIII 50; XI 348; XIV 89f.; XVII 119

i. Sophokles' 'König Ödipus' s. i. **Namen-Reg.**

o. Egoismus d. Kleinkindes, XI 344f.

u. Eifersucht (u. Rivalität), XIII 195f.; XIV 108

einfacher, positiver, XIII 260

Entdeckung d. –es, XIV 60

Entstehung d. –es, XIII 115f.

Ödipuskomplex als Kern[-komplex]

u. Fixierung, inzestuöse, V 129

u. Geburtstrauma, XIII 402

u. Gefahrsituation, XVII 131

Geschwistern gegenüber (s. a. Bruder; Eifersucht; Geschwister; Ödipussituation; Rival-; Schwester), XI 209f.

u. Gewissen (s.a. Ödipuskomplex, u. Schuldbewußtsein), XIII 281; XIV 29

bei Halsmann, XIV 541f.

u. Hilflosigkeit, XV 72f.

u. d. Ich, XIII 277; XIV 29

u. Ichideal (s.a. Ödipuskomplex, u. Überich)

u. Identifizierung (s. a. Identifizierung), XIII 259–61, 277; XIV 21; XV 70

Intensität d. –es, V 216f.; XVII 116

Reaktionsbildung d. –es, bei schlechter Bewältigung d. –es, XIII 267

u. Inzestscheu, IX 24f.; XIV 108

u. Inzestwünsche, II/III 267–71; XIV 29, 242

u. Kastrationsdrohung, XIII 398–402

komplex (s. a. Ödipuskomplex, u. Kastrationsdrohung), XIV 28, 407f., 522f.

als Katastrophe, XIV 29

u. kategorischer Imperativ (s. a. Kategorischer Imperativ), XIII 380f.

als Kern[-komplex]

d. Neurose, V 127f.; VII 428; VIII 50; IX 42, 188f.; XI 349; XII 213, 226, 327f.; XIII 413; XIV 82f.

Revision d. Theorie, XIV 518f.

völkerpsychologischer Probleme, IX 188f.

Ödipuskomplex d. kleinen Hans

d. kleinen Hans *s.* i. **Reg. d. Krankengesch.**: Namenverzeichnis, Kleiner Hans

beim Knaben, XIII 260; XIV 21

   u. Mädchen verschieden, XI 344–46; XIV 28, 518f., 522f.

konstitutionelle Anlage z. (*s. a.* Neurose), V 216f.

u. Kultur, XIII 264f.; XIV 304

-institutionen (Zusammenfassung), XIII 426

Objekt d., XI 211f.

Vorgeschichte d., XIV 21f.

(Zusammenfassung), XIII 229, 426

u. Latenz, XIII 395, 398, 401

u. Libidotheorie, XIV 83

i. d. Literatur *s.* **Ödipuskomplex**, i. d. Dichtung

u. Masturbation, XIII 398; XIV 21

beim Mädchen *s.* **Ödipuskomplex**, weiblicher (*s. a.* Mädchen)

u. Minderwertigkeit, XII 214

u. Moral [Sittlichkeit] (*s. a.* Ödipuskomplex, u. Gewissen), XIII 264–66, 380f.; XIV 29

u. Mutter, Wahl d., z. erstem Liebesobjekt (*s. a.* Mutter, als erstes Liebesobjekt), XI 341; XV 126–31

i. Mythus (*s. a.* i. Namen-Reg.; Ödipus), V 127, 216; XII 327; XIV 90

negativer

   d. Mädchens *s.* **Ödipuskomplex**, weiblicher

   u. positiver *s.* **Ödipuskomplex**, positiver u. negativer

u. Neurose, V 216f.

normaler *s.* **Ödipuskomplex**, positiver u. negativer

u. Perversionen, V 62

   als Regression z., V 62; XII 212–14

phallische Phase, als Zeitpunkt d. –es, XIII 396; XIV 21

positiver u. negativer, XIII 115, 262; XIV 136, 535

i. d. Pubertät wiederbelebt, VIII 73; XI 349

u. Religion (*s. a.* Moral; Religion; Totemismus), XIII 264–66

u. Rivalität *s.* **Ödipuskomplex**, u. Eifersucht

u. Schlagephantasien, XII 207, 209, 212–14, 220

u. Schuldbewußtsein (*s. a.* Ödipuskomplex, u. Gewissen), X 383–89, 390f.; XI 344; XIV 108

als sekundäre Bildung, XIV 23

u. Sittlichkeit *s.* **Ödipuskomplex**, u. Moral

u. Tabu, IX 42

Theorie d. –es, II/III *262, 264, 267–71*

'anagogische Erklärung' statt, X 107–13

Jung ein Gegner d., X 107–13; XIV 79

u. d. Psychoanalyse, V *127f.*

Ubiquität d. –es, XI 212; XIV 89f.

u. Verführungstheorie (*s. a.* Verführung), XIV 60

Wichtigkeit d. –es, V 127f.; XIII 223

Widerstand gegen Anerkennung u. Deutung d. –es, II/III 270; XI 212

u. Todeswunsch *s.* **Ödipuskomplex**, u. Vatermord

u. Totemismus (*s. a.* Tabu; Totemismus), IX 42

(Zusammenfassung), XIII 228f.

Ubiquität d. *s.* **Ödipuskomplex**, Theorie d. –es

Untergang [Aufhebung, Ausgang, Bewältigung, Erledigung, Zer-

Ödipustraum

trümmerung] d. –es, XI 349;
XII 208; XIII 260, *395–402*, 426;
XIV 144; XV 98; XVII 116

    beim Mädchen nicht zertrümmert, XIV 29

    onto- u. phylogenetische Erklärung d. –es, XII 208; XIII 395 f., 398

    u. Mechanismen d. Ich u. Überich, XIII 399

    ungenügende Bewältigung d. –es, XIII 267; XV 70

        durch Verdrängung (*s. a.* Verdrängung), XIII 399

    u. Urszene, XIV 22

    Überich [Ichideal] als Erbe d. (*s. a.* Überich), XIII 264, 277 f., 399; XIV 29, 85, 254, 304; XV 75, 85, 98; XVII 137

    u. Übertragung, XIV 305

    u. Vatermord

        keine Motivation f., ohne andere Beweise, XIV 542

        u. Todeswunsch, XI 211 f.; XIV 406 f., 542

    'vollständiger', XIII 260–62; XIV 21

    Vorgeschichte d. –es, XIII 115; XIV 22

    Vorverlegung d. –es, i. d. zweite Jahr (Melanie Klein), XIV 536

    weiblicher (*s. a.* Mädchen), II/III 264, 454; XI 345 f.; XII 281; XIII 116 f., 395, 400 f.; XIV 22–30 (27), 518, 536 f.; XV 126, 138; XVII 121

        kein Elektrakomplex, XIV 521; XVII 121

    u. Familienkonflikt, XI 345 f.

    u. Identifizierung, XIII 260

    u. Kastrationskomplex *s.* **Ödipuskomplex**, u. Kastrations-

        i. Kindeswunsch übergehend, XIII 401; XV 137 f.

    v. männlichen verschieden, XI 344–46; XIV 28, 521–23; XV 138 f.

    u. Mutter (*s. a.* Mädchen, u. Mutter)

        Ambivalenz gegenüber, XI 345 f.

        präödipale Bindung z. (*s. a.* Mutterbindung, präödipale)

            Ausbleiben d. Komplexes, bei Fixierung d. –n, XV 140

            schlechte, stammt nicht aus d., XIV 524

    negativer, XIV 518 f., 535

    als sekundäre Bildung, XIV 28

    Untergang d., XIII 395, 400 f.; XIV 29

    Vorgeschichte d., XIV 22–27

    weniger überwunden als beim Knaben, XIV 522 f.; XV 138 f.

    Wesen d., XIV 108

    u. Zärtlichkeit d. Eltern, VIII 50

    Zeitalter d. *s.* **Ödipusphase**

    (Zusammenfassung), XVII 114, 116, 119–21

    i. d. Zwangsneurose, XIV 142–44

Ödipuskonflikt *s.* **Ödipuskomplex; -situation**

Ödipusphantasien (*s. a.* Phantasien)

    i. einem hebephrenen u. einem hysterischen Fall, VIII 228

Ödipusphase, XI 344; XIII 396; XIV 21, 536; XVII 77, 116

    u. phallische Phase *s.* **Phallische Phase**

Ödipussituation [-verhältnis] (*s. a.* Familie-), XI 209 f., 344–46; XIII 260; XV 26, 126, 138, 140

    u. Religion, XIV 395

Ödipustraum (*s. a.* Traum, typischer, (bestimmte Arten d.): v. Tod geliebter Personen), IV 197; XI 350

Ödipustraum, heuchlerischer

heuchlerischer, II/III 150, *403f.*
u. Inzestneigungen, II/III 270
ohne Traumzensur, II/III 273

Öffentlichkeit (*s. a.* Gemeinsamkeit)
bei Exkretion, d. Kinder u. Soldaten, XIII 137
bei Sexualbetätigung verpönt, XIII 157

Ökonomie (politisch-volkswirtschaftliche) [Ökonomisch (–er, –e, –es)] (*s. a.* Elend; Not)
Gründe d. Sexualeinschränkung (*s. a.* Malthusianismus), I 506f. XI 322
Theorien d. Marxismus *s.* **Kommunismus**; **Privateigentum**
Wirtschaftskrise, nach Weltkrieg (Erstem), XV 192

Ökonomie (psychische) [Ökonomik; Ökonomische Bedeutung, – Faktoren, – Gesichtspunkte, – Momente, – Nervenhaushalt; – Prinzipien, – Rolle, – Situation, usw.] (*s. a.* Besetzung; Ersparnis; Gleichgewicht; Libido; Psychischer Apparat; Quantitativ; Spannung; Stauung), X 279–85 (280); XI 284, 369, 388–90; XIV 85, 301–03
d. Abwehr, XVI 83
u. Angst[-entstehung], XIV 120f., 181
Revision d. Theorie, XIV 170f.
u. Aufwandersparnis, Prinzip d. (*s. a.* Ersparnis), VIII 234; XVII 78
i. d. Ästhetik, XIII 15
Belastung d., durch Abwehrmechanismen, XVI 83
u. Dynamik u. Topik (*s. a.* Dynamik; Psychischer Apparat; Topik), XIV 301; XVI 70f.; XVII 78
bei Fehlhandlungen, d. Lust u. Unlust, IV 299f.
i. Gefahrsituation, XIII 35; XIV 168
i. Humor, XIV 383
d. Ichaufgaben, XV 84f.
Ichtriebe u. Sexualtriebe, Entwicklung d., Unterschiede d., i. d., XI 369–71
d. Konflikte d. psychischen Instanzen, XVII 97f.
d. Libido [d. Lust], IV 299f.; XIII 3–8; XVII 78
Lustprinzip, als Schutz gegen Schädigungen d., XV 100
bei d. Manie, X 441–43, 445
d. Masochismus, XIII *371–83*
i. d. Melancholie, X 441–43, 445f.
Nervenhaushalt, Störungen i. (*s. a.* Nervenhaushalt), I 415
bei Objektverlust (beim Säugling), XIV 168
bei Paranoia, XIII 202
d. psychischen Apparates (*s. a.* Ersparnis), VIII 235; XVII 97f.
d. Reizschutzes, XIII 35
d. Schuldgefühles (i. d. Neurose), XIII 255
d. Spieles, XIII 11
Stabilität d. *s.* **Gleichgewicht**
d. Sublimierung, XI 322, 389f.
d. Traumas, XI 284; XV 100
bei traumatischer Neurose, XIII 35
d. Triebkonflikte (*s. a.* Trieb-), XVI 64, 69–71
Veränderungen d., XIV 68
Vernachlässigung (theoretische) d., XVI 70f.
Wahrnehmung, innere, Bedeutung d., i. d., XIII 249
u. Witz (*s. a.* Witz), VI 175

Ökonomisch *s.* **Ökonomie**; **Quantitativ**; **Quantität**

Örtlichkeiten *s.* **Ort**

P

Paare, neurotische Geschwister-, hysterisch u. zwangsneurotisch, I 421
pervers u. hysterisch, v 138; VII 154

Page, XII 219

'Paleness' s. Bleichheit

Palimpsest s. i. Reg. d. Gleichnisse

Palpitation s. Herztätigkeit, beschleunigte

Panik [Panische Angst] (s. a. Anfall, Angst-)
ansteckende (s. a. Induktion), XIII 104
u. Führerverlust, XIII 106f.
u. Lockerung affektiver Bindungen, XIII 105
d. Massen (s. a. Massenseele), XIII 104–06

Pavor nocturnus s. **Pavor nocturnus**
als Symptom d. Angstneurose, I 415

Pansexualismus (s. a. Sexualität, erweiterter Begriff d.)
angeblicher, d. Psychoanalyse (s. a. Psychoanalyse, Widerstände gegen), v 32, 209; VIII 120; XI 196, 363f.; XII 80f.; XIII 55, 57, 98f., 227f., 420; XIV 60, 233–39, 306; XV 26, 62
u. Sexualtheorie d. Psychoanalyse s. **Psychoanalytische Theorien**
'sexuelle Deutungen aufdrängend', I 440f.; XIV 60
u. 'Überwindung d. Sexualität'

i. d. Abfallsbewegungen d. Psychoanalyse, X 102f., 106–13

Pantoffel, als Symbol f. weibliches Genitale, v 54; XI 159

Pantoffeltierchen, XIII 50

Pantomimik [Pantomime] (s. a. Gebärdensprache; Mimik)
i. hysterischen Anfall, VII 235
u. Komik, VI 216, 219f.
Phantasien projiziert i., VII 235

'Papa u. Mama-Spiel', VII 185

Papier
Angst vor, I 350
Sammeln v., zwangsneurotisches, I 391
als Symbol f. Weib, XI 158

Papst, Freuds Traum v. Tode d., –es, II/III 238; XI 91

Paradies, irdisches (s. a. Goldenes Zeitalter)
d. Bolschewismus (s. a. Kommunismus), XV 196

Parallelismus s. Psychophysischer Parallelismus (s. a. Philosophie)

Paralyse (s. a. Lähmung)
hysterische s. **Hysterie**, Konversions-, Symptome (bestimmte): Lähmung)
progressive, I 499; v 138
neurasthenische Vorstadien d., I 315

'Paralysie, Choréiforme', I 24f.

Paramnesie(n) (s. a. Déjà raconté; Déjà vu)

415

Paramnesie(n) durch Hypnose

durch Hypnose, I 134

Paranoia (*s. a.* Paraphrenie; Psychose), I 392; VIII 240–320; XI 471f.; XIII 421

Abwehr i. d.
  v. Haß u. Homosexualität, XIII 200
  sekundäre, I 402f.
  v. Unlust, XI 439f.
als Abwehr-Neuropsychologie, I 457, 485f.
Alter d. Ausbruchs d., VIII 443f.
Ambivalenz i. d. *s.* **Paranoia**, u. Haß; – Liebe u. Haß bei
Anfälle *s.* **Anfall**
Angst i. d., vor
  Schwängerung, VIII 405
Verfolgung *s.* **Verfolgungswahn**
Vergiftung *s.* **Vergiftungsangst**
Arten d. (*s.a.*Beobachtungswahn; Beziehungswahn; Eifersuchtswahn; Erotomanie; Größenwahn; Verfolgungswahn, usw.), XI 439
Assoziationen bei, II/III 533f.
Ätiologie d., I 485f.; X 170
chronische, I 392–403, 457, 485f.; VII 99; XVII 132f.
  normaler Ichanteil bei, XVII 133
  sexuelle Ätiologie d., I 485f.
u. Dementia praecox, VIII *312–16*
Demenz i. d. *s.* **Paranoide Demenz**
Denksystem d. *s.* **Wahnbildung**
Entstehung d., VIII 309
  frühe, XIV 387
u. Erinnerung, I 396
  Schwäche d., I 403
  Täuschungen d., IV 164
  Verschiebungen d., X 243
  Wiederkehr d. Verdrängten, I 401f.
erogene Zone, Rolle d., i. d., V 68f.
Fall, d. psychoanalytischen Theorie scheinbar widersprechender, X *234–46*
Fehlhandlungen, Deutung d., i. d., IV 284f.; XI 62
Formen d. (*s. a.* Beziehungswahn; Deutungswahn; Eifersuchtswahn; Erotomanie; Größenwahn; Querulantenwahn; Verfolgungswahn), XI 439f.
Gedankensprache i. d., VIII 405
u. Gespensterglaube, VII 99
u. Halluzination *s.* **Paranoia**, Symptome d.
u. Haß, V 66; XIII 200, 271
u. Homosexualität (*s. a.* Homosexualität, latente), X 237–46; XI 318, 440; XIII 200, 271f.
Hypochondrie als Vorläufer d., VIII 292; XI 405
u. Hysterie, I 402; VIII 292; XIII 202
  Ähnlichkeiten zwischen, I 457; IV 154; V 65
  Phantasien i., V 65, 154
  Symptome d., I 457
  Unterschiede zwischen, VIII 285, 309
Ichanteil, normaler, bei, XVII 133
u. Ichpsychologie, X 148; XIV 127; XVII 132f.
Ichvergrößerung, i. *s.* **Größenwahn**
Intelligenz i. d., XI 455f.
u. Kindheitserinnerung, I 396, 402
Klagen i., IV 284f.
kombinatorische *s.* **Beziehungswahn**
leichte, behandelbar, XIV 86

Libido, Zurückziehung d. s. Zurückziehung
Libidotheorie d., VIII 309
Liebe u. Haß bei, VIII 299–308; XIII 271
Mechanismen, neurotische, d., VIII 295–320; XIII *198–204*
Menschenscheu s. **Paranoia**, Scheu i. d. (s. a. Menschenfurcht)
Mißhandlungsphantasien, sexuelle, IV 284 f.
u. mythologische Weltanschauung, IV 287–89; VIII 285
Narzißmus i. d.
   Fixierung i., VIII 309, 314 f.
   sekundärer, XI 440
persecutoria s. **Verfolgungswahn**
u. Perversion
   Ähnlichkeit zwischen, V 65
   perverse Handlungen, IV 284 f.
u. Phantasie (s. a. Wahn; Wahnbildung), VII 191; XI 471 f.; XIII 202
   hysterische, V 65, 154
   ü. Mißhandlungen, IV 284 f.
   Schlage-, XII 216
   Unbeeinflußbarkeit d., XI 471 f.
   Überwuchern d., VII 218
   Verfolgungs- (s. a. Traum; Verfolgungs-), XIII 202 f.
u. präödipale Mutterbindung (d. Mädchens), XIV 519
Projektion i. d. (s. a. Wahn), I 401; VIII 299–308; IX 113
   v. Vorwürfen, V 194
   durch psychoanalytische Therapie unbeeinflußbar, VIII 240, 373; XI 455 f., 477; XIV 301
   quantitatives u. ökonomisches Moment bei, XIII 202

Paranoia, Verdichtung i. d.
Regression i., II/III 549, 551; VIII 298, 309 f.
Restitutionsversuch bei s. **Heil(ungsversuche)**, Systembildung bei (s. a. Wahnsysteme)
u. Scham, I 395 f.
Scheu i. d.
   v. Menschen (s. a. Menschenfurcht), I 393 f., 400
   sexuelle, I 395 f., 399 f.
u. Selbstbeobachtung, X 164 f.
Selbstmißtrauen i. d., I 401
Sexualisierung sozialer Triebe abgewehrt i. d., VIII 298
Sinnlosigkeit nur scheinbar i. d., II/III 533 f.; VIII 405
Spaltungen i. d., VIII 285
Symptome d.
   Bildung d., VIII 302 f.; XIV 127 f.
   Halluzinationen, I 393–95
      Gehörs-, I 394, 398–401
      hysterische, I 457
   Stereotypien, XIV 87
   Systembildung bei (s. a. Wahnsysteme; u. i. Reg. d. Krankengesch.: Namenverzeichnis, Schreber), IX 91, 117; X 164; XII 327; XIV 127
Therapie d., XIV 301
   Indikation f. Analyse, XIV 86
   Kontraindikation f. Analyse, VIII 240, 373; XI 455 f., 477; XIV 68, 301
u. Traum, Ähnlichkeit zwischen (s. a. Traum), II/III 79, 93, 251; XIII 200
Übertragung negativ bei, VIII 373; XIV 68
Verdacht bei s. **Verfolgungswahn**
Verdichtung i. d., VIII 293
Zerlegung statt s. **Paranoia**, Zerlegung

Paranoia, Verdrängung i. d.

Verdrängung i. d., VIII 303–05, 310f.

u. Vergeßlichkeit, normale, I 525

Verschiebung i. d. (*s. a.* Paranoia, u. Erinnerung), X 243

visuelle Halluzinationen i. d., I 394–98, 402; II/III 551

Wahn i. d. *s.* **Wahnbildung; Wahnsysteme**

beim Weib, XIV 519

Weltuntergangsphantasie bei (*s. a.* Weltuntergang), VIII 305–08; X 141

Wortneubildung i. d., II/III 309

Zerlegung statt Verdichtung bei, VIII 285

Zensur i. d., X 164

u. Zwangsneurose, I 401–03

Ähnlichkeit d. Restitutionsversuches, X 153

Paranoide Demenz (*s. a.* Paranoia), I 392–403; VIII 295

Ätiologie u. Komplexe d. –n, XIV 87

Paranoiker, I 551; VIII 240; XI 455f., 471; XIII 200; XIV 440

Charakter d., VIII 295

(Definition), VIII 295

kleine Ereignisse, Bedeutsamkeit d., f., IV 284

u. Neurotiker, Unterschied zwischen, VIII 240

Selbstgefühl *s.* **Größenwahn**

Träume d. (*s. a.* Paranoia, u. Traum), XIII 200, 202f.

Vorwürfe beim *s.* **Vorwurf**

Wahndichtungen d. (*s. a.* Wahnbildung; Weltuntergangsphantasie), VII 191; X 141

Paranoischer Wahn *s.* **Wahnbildung**, i. d. Paranoia

Paraphasien, IV 61

Paraphrenie(n) (*s. a.* Dementia praecox; Paranoia; Schizophrenie), VIII 313f., 400, 444; X 148; XI 405, 439f.

drei Erscheinungsgruppen, X 153

Fixierung bei, VIII 309, 314f.; XI 437

Fixierungsstelle bei, VIII 444

Gedankensprache i., VIII 405

Hypochondrie als Vorläufer d., X 152; XI 405

u. Hysterie, X 153

Libidobesetzung, Mechanismus d., bei (*s. a.* Zurückziehung), X 139, 152f.

u. Narzißmus, VIII 446

Restitutionsversuche i. (*s. a.* Heil(ungsversuche)), X 153

Schwängerung symbolisiert durch 'Vergiftung' i., VIII 405

Selbstgefühl, gesteigertes, i., X 165

(Terminus technicus, vorgeschlagener), VIII 313; XI 439

u. Übertragungsneurosen, X 152f.

Paraplegie, hysterische, I 453

Parapraxis *s.* **Fehlleistungen**

Parapsychologie, Parapsychisch *s.* **Okkultismus; Telepathie**

Parästhesie(n)

angstneurotische, I 320, 324, 341

d. Genitalien, I 451

u. Hypochondrie, I 318

hysterische, I 150, 237–42, 451

spinale, I 415

Parese [Paresis], als konversionshysterisches Symptom, I 83

Parodie, VI 200

Entlarvung, als Gegenstück d., VI 228

Komik d. [Komischmachen durch], VI 216, 229f.

Partial [Partiell (-er, -e, -es)]
-bewußte Phantasien, VII 192f.
Erschöpfung, I 13
Frühreife, u. Grausamkeit, V 94
Hermaphroditismus, VIII 170
-Ich, zwecks Selbstbeobachtung, VII 221
Identifizierung, XIII 117
Impotenz, u. Zwangsneurose, I 352
Konversion, I 63
Lust, Aufgeben d. -n, u. Sexualziele, XI 358
Perversion, V 59f., 156f.
Schizophrenie, XIV 86
Schwachsinn *s.* **Schwachsinn**
Traumen *s.* **Trauma**, mehrere
-Träume *s.* **Traum(fragmente)** (*s. a.* Träume, mehrere)
-Triebe *s.* **Partialtrieb(e)**
Zurückziehung d. Libido *s.* **Zurückziehung**

Partialtrieb(e) (d. Sexualität), V 67, 92–94, 98; VII 150; VIII 45f., 51, 90, 98f., 409, 449; XI 327; XIII 58, 294; XIV 63, 238; XV 104; XVII 73, 112
bei Abstinenz, sexueller, VII 156
aktive u. positive, V 56–59, 66f.
anale (*s. a.* Analerotik), XI 339
Bedeutung [Rolle, Wichtigkeit] d., VIII 449; XI 330; XVII 73
Begriff d., V 67
bestimmte *s.* unter d. Namen d. einzelnen Begriffe
dominierende (u. spätere Selektion), V 157; VIII 51; VI 377; XIII 58
u. erogene Zonen, V *67–69*; XVII 73

Partialtrieb(e) i. d. Phylogenese
u. Fixierung, Gefahren d. (*s. a.* Fixierung), V 113
Gegensatzpaare d. (*s. a.* Polarität), V 56–59, 66f.
u. Genitalprimat, V 100, 108, 113, 157; VIII 47; XI 340, 358; XVII 77
i. hysterischen Symptom, VII 196
u. infantile Sexualität (*s. a.* Infantile Sexualität; Partialtriebe, polymorph-perverse), VIII 409
Integrierung [Synthese, Zusammenfassung] d., nach d. Pubertät, V 98, 100; X 230
Intensitätsunterschiede d., V 70, 113
bei Knaben u. Mädchen, V 120
Kommunizieren d., XI 358; XIII 273
u. Liebe, X 230
Liebe ist kein, X 225f.
u. Neurose, V 66f.; XVII 112
normale, V 157
Sadismus u. Masochismus auch als, XV 111
Objekte d., noch nicht integriert, XI 334, 339–41
orale *s.* **Oralerotik**
Organisation d., XVII 77
passive u. negative Komponenten d. Sexualtriebes, V 56–59, 66f.
perverse, V 157; VIII 83, 85
u. Kultur (*s. a.* Kultur), VII 150f.
polymorph-, *s.* **Partialtrieb**(e), polymorph-perverse
u. Perversion (*s. a.* Perversion), V 157
u. infantile Sexualität, Unterschiede zwischen, XI 334
i. d. Phylogenese, XI 367f., 376

419

Partialtrieb(e), polymorph-perverse Anlage d.

polymorph-perverse Anlage d.,
v *92–94*, 132; xi 316

(erste Fassung), i 451f.

beim Kind (*s. a.* Infantile Sexualität), i 451f.; v *91f.*, 134, 136, 141, 156f.; viii 419; xi 213f., 334f.; xiv 64

als Kombination d. Triebe, xi 316

z. Perversion führend, bei zwangsartiger Entwicklung (*s. a.* Perversion), v 144, 157

bei d. Prostituierten (u. d. unkultivierten Durchschnittsweib), v 92

Rolle d. einzelnen Partialtriebe, xi 334f.

(Zusammenfassung), v 133

i. d. prägenitalen Phasen [Organisation], v *98*; viii 409, 446f.; xi 327, 334; xvii 77

u. Pubertät, v 100

Reizquellen d., v 102–06

sadistisch[-masochistisch-]e (*s. a.* Sadismus u. Masochismus), xi 339f.

teilweise normal, xv 111

Selbsterhaltung, Macht- u. Geltungstriebe als, xiii 41

Sublimierung, u. Aufgeben d., xi 358

u. Symptombildung (*s. a.* Partialtriebe, i. hysterischen Symptom), v 66

(Terminus technicus), v 156; xiv 64

Unverknüpftheit d. (*s. a.* Integrierung), xi 334, 339–41

voreilige Komponenten d. Sexualtriebe, xii 200f., 212

u. Witz, viii 224

zwangsartige Weiterentwicklung, v 157

Passagère Symptome *s.* **Symptom-(bildung)**, passagère

Passahfest, xvi 219

Passion (*s. a.* Leidenschaft)

Christi *s. i.* **Namen-Reg.**: Jesus Christus

-sgeschichte, i. Theater d. Mittelalters, xvi 193

'Passionnelle Phase' ['Attitude –'], i. d. großen Hysterie (*s. a.* Anfall, Hysterie), i 93

Passiv (–er, –e, –es)

u. aktiv *s.* **Aktiv**(e) u. passive

Einstellung beim Knaben (*s. a.* Feminine Einstellung; Homosexualität; Vater), xii 52

i. d. Hypnose, xiii 142

als Zielverwandlung d. Triebe, xii 51

Einstellung, beim Weib *s.* **Weib**

Fellatio-Phantasien, viii 154f.

Homosexualität (*s. a.* Homosexualität, passive)

bei Leonardo, viii 168

infantile Sexualszenen *s.* **Infantile Sexualszenen**, aktive u. passive

u. Masochismus *s.* **Masochismus**

Muskelbetätigung, v 102f.

Sexualziel

beim Mann *s.* **Feminine** Einstellung; **Homosexualität**; **Passive** Einstellung

beim Weib *s.* **Passivität**; **Weib**

u. weiblich *s.* **Aktivität** u. Passivität; **Passivität**, weibliche

Passivität

u. Aktivität (*s. a.* Aktivität u. Passivität)

Wendung v. Aktivität z., als Triebschicksal, x 219–25

v. Liebe z. Narzißmus, x 226

beim Weib *s.* **Passivität, weibliche**

Wendung v. Passivität z., Versuch einer, i. Spiel, XIV 200

u. Analerotik, VIII 448

i. d. Analyse [Wunsch, Stoff vorgeschrieben z. bekommen] (*s. a.* Patient, Trägheit; Psychoanalytische Situation, Mitarbeit), VIII 471

biologisch u. soziologisch, V 121

d. ersten Erlebnisse d. Kleinkindes mit Mutter, XIV 530

i. d. Hypnose, XIII 142

u. Hysterie *s.* **Passivität, i. Sexualverhalten**

beim kleinen Hans *s.* i. **Reg. d. Krankengesch.**: Namenverzeichnis, Kleiner Hans

beim Mann (*s. a.* Feminine Einstellung; Homosexualität; Kastrationskomplex)

Aufgeben d., i. Analyse, XVI 98

u. Bisexualität (*s. a.* Bisexualität), XII 145

u. Masochismus

i. Ich, bei sadistischem Überich, XIV 408–10

ohne Unlustcharakter, XII 214

u. Partialtriebe, I 417f.; V 56–59, 66f.

i. Sexualverhalten, V 56, 99, 121, 154

z. Hysterie führend, I 380f., 383, 420

i. soziologischen Sinn, V 121

weibliche [Passivität u. Weiblichkeit], V 121; VIII 411, X 227; XII 145–47, 210, 214, 219f., 301

d. Ich, XIV 408

Wendung z. (*s. a.* Klitoris; Mädchen; Männlichkeitskomplex; Vagina)

i. präödipalen Wünschen (*s. a.* Vaterbindung), XIV 529, 532f.

'Pastorale' (*s. a.* Domestikation) Religion, IX 166

Paternität *s.* **Vaterschaft**

Pathogen (–er,– e,–es) (*s. a.* Normal)

Erlebnis, u. Neuerlebnis (*s. a.* Trauma), I 96

Ich, u. normales, Übergang zwischen *s.* **Normale Menschen,** u. Abnormität; – u. Neurose, Ähnlichkeiten u. Zusammenhang zwischen; – u. Perversität, Ähnlichkeit u. Zusammenhang zwischen (*s. a.* Ich)

'– Kern', I 292–94, 296

Material, Chronologie d., I 292

Organisation *s.* **Organisation**

Phantasien *s.* **Phantasie**

Rolle d. Abwehr (*s. a.* Abwehr), XVI 83

Schichtung, I 292–96

Triebanspruch, XVI 68

Vorstellung *s.* **Verdrängte, (Das)**

Pathogenese (*s. a.* Ätiologie; u. unter d. einzelnen Stichwörtern)

Reihen

Ergänzungs-, d., XI 360

-folge, regressive, X 243

Pathographien *s.* **Krankengeschichten** u. i. **Reg. d. Krankengesch.**

Pathologie

durch Isolierung u. Übertreibung i. Normalen Verstecktes z. Schau tragend, XV 129

d. Kulturgemeinschaften (*s. a.* Gemeinschaft; Kultur; Masse), XIV 505

Pathologische, (Das) (*s. a.* unter d. einzelnen Stichwörtern: Neurose; Psychose, usw.)

Pathologische, (Das), u. Abirrungen

u. Abirrungen, Übergang zwischen (*s. a.* Kindheitsnervosität), v 60

Psychologie d. -n, u. Normalen wenig unterschieden (*s. a.* Normale Menschen, u. Abnormität), VIII 435

d. Verdrängte, z. Motilität u. Bewußtsein vordringende, als, XVI 263

Pathophobie (*s. a.* Hypochondrie; Phobie(n)), I 349, 351

Patient (*s. a.* Arzt; Kranke; u. unter d. einzelnen Krankheitsnamen)

neuropathischer, schwachsinniger, nicht analysierbar (*s. a.* Psychoanalytische Methode), I 264, 513 f.

neurotischer *s.* Patient, neurotischer (*s. a.* Neurotiker)

psychotischer *s.* Psychose; Psychotiker

Patient, neurotischer (*s. a.* Neurotiker)

Allgemeinverhalten *s.* Patient, neurotischer, Charakteristik

u. analytische Schriften, VIII 386; XVI 78

Anamnese seitens d. -n [Informationen] (*s.a.* Krankengeschichten)

unsichere, v 173 f.

vergessene o. verfälschte, IV 160 f.

Angehörige d. -n (*s. a.* Familie), VIII 386 f.; XI 9

Befragen v., IV 161 f.; VIII 475; XI 290; XII 37 f.

Eltern (*s. a.* Eltern), VIII 386

Freunde, VIII 470

Gatten *s.* Ehe-

Information d. -n, v. Widerständen, unangebracht, XI 296

Selbständigkeit d. eigenen Entschlusses z. Analyse, vorteilhafter als d., d., I 264; XII 274–76

Umgebung u. soziale Verhältnisse (*s. a.* Stand; Umgebung), v 176

Widerstand gegen d. Analyse, seitens d. -n, XI 296, 477–80

Unzufriedenheit ü. Kurerfolg, XII 275 f.

Übertragungsliebe, Stellungnahme d., z., X 308 f.

Anonymität, Wahrung d.

Schwierigkeit d., VII 381 f.

Wunsch nach *s.* Patient, neurotischer, Charakteristik, Schamhaftigkeit

u. Arzt (*s. a.* Psychoanalytiker, Einfluß, persönlicher)

Verhältnis d. Arztes z. Patienten *s.* Psychoanalytiker (*s. a.* Arzt; Psychoanalytische Situation; – Technik)

Verhältnis d. Patienten z. Arzt, XI 253 f.; XVII 100

Angst vor *s.* Patient, neurotischer, Charakteristik d. -n

Bekanntschaft zwischen (ungünstig), II/III 110 f.; VIII 456 f.

Beschäftigung mit d. Person d. Analytikers *s.* Psychoanalytische Situation; Übertragung

Diplom d. -es *s.* Patient, neurotischer, Charakteristik d. -n, u. Diplom d. Arztes

'Freiheiten' sich herausnehmend, VIII 373

Geschenke *s.* Übertragungsliebe

Mißtrauen *s.* Übertragung, negative

Passivität d. Patienten (*s. a.* Patient, neurotischer, Cha-

Patient, neurotischer, Charakteristik d.

rakteristik, Trägheit), VIII 471

Sympathie *s.* **Übertragungsliebe** (*s. a.* Übertragung, positive)

Ungefügigkeit, II/III 115, 117, 124; VIII 373

Vertrauensseligkeit, VIII 461

Widerstand gegenüber *s.* **Widerstand**

Zutrauen z. *s.* Übertragung, positive

Auswahl d. (*s. a.* Psychoanalytische Kur), V 20–22; VIII 455–57

Indikationen *s.* **Psychoanalytische Methode**

provisorische Probezeit, VIII 455

Beeinflussung d. –n, Frage d. (*s. a.* Psychoanalytische Technik, Suggestion i. d.), V 302–04; XIII 16; XVI 48

aufgedrängte (*s. a.* Psychoanalyse, Widerstände gegen d.)

Beschuldigung d. –n, I 282; XI 470–72

durch 'sexuelle Deutungen' (*s. a.* Pansexualismus), I 440f.

d. Eigenart, z. vermeiden, XII 190f.

Gefahrlosigkeit d. (*s. a.* Konstruktionen), XVI 48f.

Grenzen d., V 272f.

hypnotische [suggestive] (*s. a.* Psychotherapie, voranalytische), V 304–15

Bedenken gegen

d. Kranken, I 267

wegen Erzeugen v. masochistischer Gefügigkeit, V 50

durch Konstruktionen

irrtümliche, unmöglich, XVI 48

richtige *s.* **Konstruktionen**

'lehrhafte', I 113

Lenkung, V 303f.

z. Mitarbeit *s.* **Psychoanalytische Situation** (*s. a.* Psychoanalytische Technik)

Psychoanalyse keine Methode d. (*s. a.* Psychoanalytische Methode)

Rat, Leitung, sittliche Beeinflussung, 'Psychosynthese' unverwünscht, XI 450f.; XII 185f.

Bekannte als, II/III 110; VIII 456f.

Anverwandte v. –n, als, VIII 457

Charakteristik d. –n [Allgemeinverhalten] (*s. a.* Psychoanalytische Situation)

Allgemeinbefinden, I 303–07

Erleichterungsgefühl u. Verdüsterung i., I 304

Amnesie, I 297f.; V 173–75

u. Verleugnung wichtiger Daten, IV 160f.

durch Widerstand, V 6, 173–75

Angst i., vor Arzt

Befürchtungen, I 267, 308f.

wegen Aufdeckungsmöglichkeit d. Masturbation, V 235, 241, 243

Kastrations-, XVI 98f.

Ausdrucksweisen, Änderung d., auf Widerstand deutend (*s. a.* Patient, neurotischer, Charakteristik, Miene), VII 10

Bereitschaft (*s. a.* Patient, neurotischer, Charakteristik, Genesungswille; Psychoanalytische Situation, Mitarbeit), I 308f.

Patient, neurotischer, Charakteristik d. (Forts.)

Denkschwäche, affektiv bedingte, xv 183

u. Diplom d. Arztes, Einschätzung d. (*s. a.* Übertragung)

> Glauben i. d. ärztlichen Kunst, v 297–302 (301)
>
> > mangelnder, bei Anhängern d. Wunderkuren u. Naturheilkünste, v 300
> >
> > nicht höher, als Kunst d. Laienanalytikers, xiv 292

Drängen [Frage nach Dauer d. Kur], viii 460–62

Einwilligung i. d. Analyse (*s. a.* Psychoanalytische Situation, Mitarbeit), i 264; xii 274

Erlebnisse, u. Reaktion auf *s.* unter d. einzelnen Stichwörtern

mit fremdem Nationalcharakter, xii 128, 138

Genesungswille [Heilungswunsch] beim, viii 477f.; xi 454; xiii 279; xvii 107

Glaubensseligkeit (*s. a.* Leichtgläubigkeit; Gläubigkeit; Patient, u. Arzt)

> i. Wunderkuren, v 300

Glaubwürdigkeit (*s. a.* Glaubwürdigkeit), i 425, 440f.; viii 119; xii 37f.

> u. Unsicherheit d. Informationen, v 173f.
>
> u. Verleugnung wichtiger Daten, iv 160f.
>
> u. Widerstand, i 418

Indifferenz (*s. a.* Indifférence), i 283f.; viii 471; xii 33, 291

Intelligenz, viii 475; xi 454–56

> Maß d., i 264, 296f.
>
> Verwertung d. *s.* **Psychoanalytische Situation**, Mitarbeit als Widerstand *s.* **Psychoanalytische Situation**, Mitarbeit; **Widerstand**

Interesse d. –n (*s. a.* Psychoanalytische Situation, Mitarbeit; Übertragung; Widerstand), i 297, 304

> intellektuelles, i 285

'Klagen sind Anklagen', beim (*s. a.* Klagen; Vorwurf), x 434

Konstitution, xvi 87f.

Krankheitseinsicht, -gewinn, -verzicht *s.* **Krankheitseinsicht; -gewinn; -verzicht**

Lachen, vi 194

Leiden *s.* **Leid(en)**

Miene d. –n, i 283, 299; v 219

> Gemütsruhe, falsche, xii 291
>
> ruhige o. gespannte, i 307

Mitarbeit *s.* **Psychoanalytische Situation**

Phantasien, sexuelle (*s. a.* Phantasien), i 440f.; ii/iii 191

Schamhaftigkeit, i 492–95; v 174

Geheimhaltenwollen d. Kur, viii 470

Symptomhandlungen

> Tür offen lassen, xi 253f.
>
> Verlieren beim Arzt, iv 239

Trägheit [Passivität] (*s. a.* Patient, neurotischer, Charakteristik d. –n, Indifferenz)

> Aufschub d. Beginnens (*s. a.* Psychoanalytische Kur, Anfang d.), viii 457
>
> begnügt sich mit unvollkommener Erledigung, xvi 76
>
> d. Libido beim –n, xvi 87f.
>
> 'Montagskruste', viii 460
>
> 'Schulkrankheit', viii 459
>
> Teilnahmslosigkeit i. –n (*s. a.* Indifférence), viii 471; xii 33, 291
>
> Wunsch, Stoff vorgeschrieben z. bekommen, viii 471

Trotzeinstellung
 u. Schuldgefühl, XIII 278f.
 als Widerstand, I 288
Unaufrichtigkeit, V 173-75
 Heuchelei, XVI 49
Unersättlichkeit, VIII 384
Ungeduld, I 515; VIII 460-62
Unsicherheit (*s. a.* Unsicherheit)
 i. Allgemeinbefinden, I 304
 i. d. Anamnese, V 173f.
 u. Aufschub, VIII 457
Haltlosigkeit u. Existenzunfähigkeit, XII 190
Verantwortlichkeit, Frage d., I 223
 f. Traum, sittliche, I *565-69*
Verhalten
 Allgemein-, *s.* **Patient, neurotischer,** Charakteristik (unter d. einzelnen Stichwörtern: Ausdrucksweisen, Miene, usw.)
 bedingt durch d. einzelnen Krankheiten, deren Symptome u. Verlauf *s.* **Neurotiker** (*s. a.* Neurose; u. unter d. einzelnen Krankheitsnamen)
 ruhiges, zweierlei Bedeutung d. -n -s, I 284
 soziales, v. Partialtriebkomponenten abhängend, V 66
Verneinung beim *s.* **Verneinung**
 'Vorbereitung' auf Stunden, VIII 469f.
 'Zettel' d. -n, IV 174
 'Vorherwissen' u. 'Besserwissen', V 231
Weltanschauung d. -n, XII 190
 männlicher (*s. a.* Mann), XVI 98f.
 mehrere -en *s.* **Psychoanalytische Technik**
 negative therapeutische Reaktion beim *s.* **Psychoanalytischer Prozeß,** negative therapeutische Reaktion
 weiblicher (*s. a.* Weib)
 Entwicklungsfähigkeit [Beeinflußbarkeit] i. mittleren Alter geringer, XV 144f.
 erotische Gedankengänge beim -n, I 307; XI 95
 u. Honorar, IV 175
 Penis durch Heilung erhoffend [Unglauben an Heilerfolg], XVI 99
 reagiert anders als Mann, XVI 98
 Verweigerung d. Einfälle, u. Angst v. sexueller Aggression, VIII 472
 Widerstände beim -n (*s. a.* Patient, Trägheit)
 i. d. Analyse *s.* **Widerstand**
 nicht-analytische, gegen ärztliche Verordnung, I 122
 'Zettel' d., IV 174
 (Zusammenfassung), XVII 106-08
Patriarch (*s. a.* Ur(vater))
 als Nachfolger d. Urvaters, IX 180
 obszönes Wortspiel mit d. Ausdruck '–', X 399
 Vorrecht(e) d. -en (Defloration als), XII 175
Patriarchalismus [Patriarchalische Gesellschaft]
 nach Bruderclan-Demokratie u. Mutterrecht, IX 180
 u. Priesterkönigtum, IX 180-82
 Sieg d., XVI 221
 durch Vatergottheiten, IX 180
Patrilinear (–er, –e, –es) (*s. a.* Vaterrecht)
 Name (*s. a.* Name(n)), XVI 225
 Totem später als matrilinearer, IX 7

Patriotismus

Patriotismus [Nationalgefühl, -stolz] (*s. a.* Nation; Rasse; Völker-), x 329f.; xvii 52

Einsichtslosigkeit i., x 339f.

Mythenbildung u. -umarbeitung z. Zweck d. [Vergessen d. Peinlichen], iv 56, 164; vii 228, 427; viii 151–53; xii 44

narzißtische Identifizierung m. Nation, xiv 334f.

neue Libidoverwendung, nach Trauer um i. Krieg verlorene Kulturgüter, x 360f.

'Paulinische' Liebe *s.* **Liebe**

Pausen *s.* **Psychoanalytische Grundregel; Psychoanalytische Kur; Widerstand**

Pavor nocturnus (*s. a.* Kinderangst), i 320; ii/iii 140, 591–93; ix 156

bei Erwachsenen angstneurotisch, i 320

Pax romana, xvi 17f.

Pazifismus [Pazifisten] (*s. a.* Fried(e); Krieg), xvi 24–27

u. Aton-Religion, xvi 166

(Definition), xvi 26

Pädagogik (*s. a.* Erziehung; Nacherziehung)

ärztliche, x 79

u. Kinderanalyse, xiv 244f.

Psychoanalyse als, x 365

u. Psychoanalyse, viii 419f.; x 78f., 449f.; xiii 229; xiv 95, 284f., 305, 565–67; xv 157–62; xvi 34

durch d. Psychoanalytiker, viii 385

psychoanalytische, vii 376f.; viii 385

u. Neurosenverhütung, xi 379; xiv 285

als Prophylaxe d. Perversion, x 449

soll nicht parteiisch werden, xv 162

u. unbewußtes Schuldgefühl, xv 117f.

Pädagogische Analytiker, xiv 285

Päderastie (*s. a.* Homosexualität), v 47f.

Pädikatio (*s. a.* Homosexualität), v 51

Pädophilie [Pädophile] (*s. a.* Kind (als Objekt); Verführung), i 382, 452; v 47f.; viii 80

Pedanterie [Skrupulosität] (*s. a.* Gewissenhaftigkeit)

normale, i 318

zwangsneurotische, i 318, 391

Pein *s.* **Leid; Schmerz; Unlust**

Peinlich (–er, –e, –es)

Affekt [Empfindung] *s.* **Unlust**

Erlebnisse *s.* **Infantile Sexualszenen; Narzißtische Kränkung; Trauma; Unfall; Unglück**

Realität *s.* **Abwehr; Realität** (*s. a.* Gefahr)

Stimmung *s.* **Stimmung**

Traum *s.* **Traum, Angst-; – Peinliches i.; – Straf-**

Vorstellung [Eindruck, Gedanke] (*s. a.* Abwehr)

u. Entfremdungsgefühl, xvi 255f.

Kontrast-, i 8–10, 148, 151

Verdrängung d. (*s. a.* Verdrängung), ii/iii 236, 685

Vergessen motiviert durch, iv 160–64

Widerstand erweckend (*s. a.* Widerstand), i 268–70

Pelz als Fetisch u. Sexualsymbol, v 54; xiv 314

Penis (*s. a.* Phallisch; Phallische Phase; Phallus)

Angst um *s.* **Kastrationsangst** (*s. a.* Kastrationskomplex; -schreck)

Bedeutung u. Wertschätzung d. (*s. a.* Penis, als erogene Zone; – als Leitzone), XIII 295

als Gewähr f. Wiedervereinigung mit Mutter, XIV 169 f.

i. d. phallischen Phase *s.* **Phallische Phase** (*s. a.* Penis, Interesse am; Penisstolz)

erigierter (*s. a.* Erektion), als Apotropäon, XVII 48

als erogene Zone, XVII 76 f.

Leit-, [leitende Geschlechtszone, erogen bevorzugte Körperpartie] (*s. a.* Genitalität), VII 178; XIII 377; XIV 520 f.

-Ersatz *s.* **Penisersatz**

als Ersatz f. Mutterbrust *s.* **Penissymbole** (*s. a.* Fellatio)

Glans –, *s.* **Eichel**

Halluzination eines weiblichen (*s. a.* Infantile Sexualtheorien), X 122

Interesse am (*s. a.* Infantiles Sexualinteresse)

u. Kastrationsangst, XIV 21

d. Kleinkindes, VII 245, 341

d. kleinen Hans *s.* **Reg. d. Krankengesch.**: Namenverzeichnis, Kleiner Hans

narzißtisch, XIV 21

am Scrotum geringer als am, XIII 295

als 'das Kleine', X 404, 409

Mann als 'Anhängsel am –', X 405

als Objekt, XIV 167

autoerotisches, VII 178

u. Sadismus (*s. a.* Phallische Phase), XIII 401

Saugen am *s.* **Fellatio**

Penismangel, Reaktion auf

Schlagen auf (phantasiertes), XII 50 f., 94

d. Tiere, VII 250, 269; VIII 337

Überschätzung d. *s.* **Penisstolz** (*s. a.* Geringschätzung d. Weibes; Homosexualität)

Vagina als Herberge d., XIII 298

weiblicher *s.* **Infantile Sexualtheorien**

zwei Funktionen d., XVI 8 f.

Penisersatz

Fetisch als, XIV 312 f.; XVII 133

Klitoris als, XI 328; XIII 400; XV 126; XVII 151

Ähnlichkeit mit, VII 179

minderwertiger *s.* **Minderwertigkeitsgefühl**; **Penismangel**

Peniserwartung [Glaube d. Kindes: d. Penis d. Mädchens 'wird schon wachsen'] (*s. a.* Infantile Sexualtheorien; Kastrationskomplex), VII 23, 176, 178, 248 f.; VIII 164 f.; XIII 296–98, 400; XIV 23–25, 522, 526, XV 60, 134; XVII 60 f.

Depression u. Unglauben an Kurerfolg, bei nicht aufgegebener, XVI 99

Penismangel [Penislosigkeit] (*s. a.* Kastrationskomplex), XIII 297 f.; XIV 312–14

partiell anerkannter, VII 250 f.

Reaktion auf

'aber wird schon wachsen' *s.* **Peniserwartung**

'zu k(l)ein', II/III 258; VII 248

beim Knaben, XIV 312 f.

Abscheu f. Weib, wegen, XIV 24

beim Anblick [bei d. Entdeckung] d. *s.* **Kastrationsschreck** (*s. a.* Kastrationsangst; -komplex)

427

Penisneid

Erniedrigung d. Weibes wegen, XIII 296

Geringschätzung d. Weibes wegen, V 96; XIII 205

Grauen v. weiblichem, XII 296

Medusa als Symbol f., XIII 296; XVII 47f.

als Minderwertigkeit betrachtet *s.* **Minderwertigkeit**, u. Kastrationskomplex; – d. Klitoris

Verleugnung d. Entdeckung (*s. a.* Verleugnung), VII 178; X 122

beim Mädchen (*s. a.* Mädchen)

'Entdeckung d. Kastration', XIV 527, 535; XV 135–40

infantile Erklärungen

individuelles Unglück, XV 135

Strafe, XIV 25, 527

u. Männlichkeitskomplex ['männliche Phase'] (*s. a.* Männlichkeitskomplex), XII 176; XV 135, 139f.; XVI 99

Minderwertigkeitsgefühl aus (*s. a.* Minderwertigkeitsgefühl), XIII 259; XIV 25, 522, 524; XVII 120, 151

Mutter verantwortlich gemacht f. (*s. a.* Mädchen, u. Mutter), XIV 26; XV 133–36

als narzißtische Kränkung, XIV 25, 27

u. Sexualentwicklung (normale, als Wendepunkt), XIV 535; XV 135–39

u. Sexualhemmung, XV 135

Verleugnung d. *s.* **Geschlechtscharakter**, Unterschiede i., Verleugnung d. (*s. a.* Verleugnung)

Penisneid (*s. a.* Kastrationskomplex, weiblicher; Männlichkeitskomplex), V *96*; VII 180; X 404–07, 409; XI 328; XIV 23, 241, 524, 537; XV 133f. (134), 144; XVII 77, 120f., 151

i. d. Analyse, XVI 97, 99

u. Bruder, Feindseligkeit gegen, XII 175f.

u. Eifersucht, größere, beim Weib, XIV 25; XV 134

Entstehung (*s. a.* Penismangel, Reaktion auf, beim Mädchen), XIV 23

u. Füße, I 150f.; X 41

Folgen, drei, d. –s, XIV 24

Groll u. Vorwurf gegen Mutter, aus *s.* **Mädchen**, u. Mutter, Ablösung v. d.

u. Homosexualität, weibliche, XII 298

Identifizierung mit Klitoris als Ersatz (*s. a.* Klitoris), XVII 151

infantiles Moment ausschlaggebend bei, XV 135

u. intellektueller Beruf, XV 134

u. Kastrationskomplex (*s. a.* Kastrationskomplex), X 404

u. Kindeswunsch *s.* **Peniswunsch**

u. Lernhemmung, X 41

u. Masturbation, XIV 27

als Motiv f. Handlungen, XIV 24

u. Neid, XV 134, 144

u. phallische Phase ['männliche Phase'] d. Mädchens (*s. a.* Männlichkeitskomplex; Phallische Phase), XII 176; XIV 23–27

primärer u. sekundärer (Horney u. Jones), XIV 537; XV 134f.

i. Rumpelstilzchen-Traum, X 3f.

Schicksal d. –s *s.* **Peniswunsch**, u. Kindeswunsch

u. Urinieren, I 150f.; X 41; XII 176

Überwindung d. –s, als Bedingung d. Heilung, XVI 97f.

Perseveration

u. Verleugnung d. Penismangels (*s. a.* Penismangel; Verleugnung)
   als Vorstufe z., xiv 24
   zwei Phasen d. -s, xv 143f.

Penisstolz [Sexualüberschätzung, eigene, d. Mannes, Überwertung d. Penis] (*s. a.* Infantiles Sexualinteresse; Penis, Interesse am; Phallische Phase; Selbstüberschätzung)
   u. Geringschätzung d. Weibes, v 96; vii 453f.; xiii 205, 296; xiv 21, 24f.
   u. Hochmut u. Überheblichkeit beim Mann, xiv 24
   u. Kastrationskomplex, vii 271
   u. Homosexualität, vii 344; xiii 296
   Mensch ursprünglich stolz auf Genitalien, viii 166f.
   u. narzißtische Ablehnung d. Weibes, xii 169

Penissymbole
   bestimmte *s. i.* **Symbol-Reg.**
   Vervielfältigung d., hat Kastrationsbedeutung, xvii 47

Peniswunsch, xv 133, 137f.
   Aufgeben d. –es
      i. d. Analyse
         als Bedingung d. beendigten Analyse, xvi 98f.
         Nicht-, durch Unglauben an Erfolg d. Kur u. Depression gekennzeichnet, xvi 99
         am schwersten beeinflußbar z., xvii 121
      i. d. Liebe befriedigt u. aufgelöst, xvii 121
   als Erwartung *s.* **Peniserwartung**
   u. Kindeswunsch, x 404–07 (405), 409f.; xii 176; xiii 401; xiv 27f.; xv 108, 137f.; xvi 97; xvii 121

-träume, junger Frauen, x 405f.

Perennierender Traum (*s. a.* Periodisch; Träume, (verschiedene): wiederkehrende), ii/iii 196
   Roseggers, ii/iii 476–78

Periodisch [Zyklisch] (–er, –e, –es)
   '– Neurasthenie', zwangsneurotische, i 389
   wiederkehrende Träume, ii/iii 46; v 248

Periodizität [Zyklische Schwankungen] (*s. a.* Rhythmik)
   d. Angstzustände, i 369
   bewußter u. unbewußter Gedankengänge, i 306f.
   d. Epilepsie u. d. Hysterie, i 367f.
   -slehre (*s. a. i.* Namen-Reg.: Fließ; Swoboda), ii/iii 98f. 172; xi 331
   i. d. Melancholie (*s. a.* Manie; Melancholie), i 389; xiii 147–49; xiv 388
   organische [biologische], d. Sexualvorgänge, viii 328; xi 331f.
   i. d. Entwicklung (*s. a.* Schübe; Sexualentwicklung; Phasen), v 77f.; viii 328
   u. Geruchssinn, xiv 458f.
   u. Kontinuität, xiv 458
   i. d. Kultur überwunden, xiv 458; xvii 113
   u. Menstruation, xvii 75
   beim Tier, xvii 75
   u. Urvater, Macht d. –s, xiv 458f.
   u. Schlaf u. Wachen, xiii 146
   d. Stimmung *s.* **Stimmung** (*s. a.* Manie; Melancholie)
   u. Träume, ii/iii 98f., 172f.

Peripherie *s.* **Oberfläche**, psychische

Perseveration [Nachwirkung] (*s. a.* Obsedierend-; Wiederholungszwang), iv 142; vii 7, 11

Perseveration v. Assoziationen

v. Assoziationen, VII 7
bei Leonardo (*s. a. i.* Namen-Reg.: Leonardo), VIII 191
v. Melodien, II/III 442; XI 106

Persistenz, neurotischer Symptome, nach Hypnose, I 54

Person *s.* **Dritte Person; Mensch; Persönlichkeit; Umwelt** (*s. a.* Objekt; Selbst)

Personifizierung [Personifikation]
dichterische, u. Projektion, IX 82
d. Natur (*s. a.* Animismus), IX 95f.; XIV 338f., 343f.

'Persönliche Gleichung' *s.* **Psychoanalytiker, Charakteristik**

Persönlichkeit(en) (*s. a.* Charakter; Ichpsychologie; Individualpsychologie)
doppelte (*s. a.* Persönlichkeitsspaltung)
zwei vorbewußte, beim Zwangsneurotiker, VII 463
großer Männer, Einfluß d., auf d. Geschichte, XVI 154
Ichverschiedenheiten, angeborene, XVI 86
Integration d. (*s. a.* Integration), XIII 85
Konstitution u. Schicksal (*s. a.* Konstitution), VIII 407
multiple [mehrfache] (*s. a.* Identifizierung, mehrfache), XIII 258f.
u. Name, IX 71f., 134–37
Psychographie d., VIII 407
Schwund d., i. d. Masse, XIII 81f.
Zerlegung d. psychischen, XV *62–86*

Persönlichkeitsspaltung (*s. a.* Bewußtseinsspaltung)
'double conscience', I 91; X 269
u. Entfremdungsgefühl, XVI 255

Perverse
Komponenten d. Sexualität *s.* **Partialtrieb**(e)
Personen *s.* **Perversion**

Perversion [Geschlechtsverirrungen, Perversität], v *33–72*; VI 107; XI 314–17; XIV 63
u. Abirrungen, andere [leichtere], v *48f.*
Abscheu vor [Anstößigkeit d.] (*s. a.* Perversion, Unanständigkeit d.), XI 317
bei Ärzten, V 209f.
u. Abstinenz v. normalen Geschlechtsverkehr, VII 153, 163
Arten d. (*s. a.* unter d. einzelnen Stichwörtern)
mit Afteröffnung i. Zusammenhang stehende (*s. a.* Anal-), V 68; XI 315
aktive u. passive *s.* **Aktivität** u. **Passivität**
anatomische Überschreitungen, V *49–54*
Fellatio *s.* **Fellatio**
Fetischismus *s.* **Fetischismus**
Klassifikation, XI 213, 315f.
Masochismus, als *s.* **Masochismus; Sadismus,** u. Masochismus
mit Mund[höhle] i. Zusammenhang stehende (*s. a.* Fellatio; Oral-), V 68; XI 315, 333
Sadismus als (*s. a.* Sadismus), XIII 270
i. bezug auf d. Sexualobjekte
Inversion (*s. a.* Homosexualität), V 34–47
Tiere u. Unreife (*s. a.* Kind (als Objekt); Tier), V 47f.; XI 213
i. bezug auf d. Sexualziele, V 55–59

Variationen, v 59-61
ausschließliches Vorkommen, abnorm nur bei -m, v 61
d. Cäsaren (römischen), vii 194f.
Charakter- (s. a. Charakter), i 14f.
(Definitionen), vii 22, 152; viii 48; xi 213, 314, 327, 331, 333, 356, 361, 368; xiii 220; xvii 74, 78
als Degeneration, v 59f.; xi 317f.
u. Ekel s. Ekel
Entstehung (s. a. Perversion, als Entwicklungshemmung), xii 197
'erstes Erlebnis', Zeitpunkt d. -es, xii 213
u. Schlagephantasie, xii 200-12
als Entwicklungshemmung, v 132f., 156f., 210; vii 22, 152
u. Fixierung, v 61; vii 152; xv 134f.; xvii 77f.
u. Frühreife, v 142
u. Gelegenheit [Bequemlichkeit, Feigheit], v 47f.
u. Genitalprimat, vii 22; xi 356, 358
u. Hemmung (s. a. Perversion, u. Entwicklungshemmung), xiv 114; xvii 78
u. Hysterie, i 14f.; ii/iii 473; v 138
Organe als Ersatzgenitalien i., xi 319
Phantasien, hysterische, i. d., iv 284f.
verglichen, vii 194
u. Ichideal, x 168
u. infantile Sexualität, viii 408f., 419; xi 321-31; xii 215
Ähnlichkeiten zwischen, xi 326f., 331-34
u. d. d. Erwachsenen, Zusammenhang zwischen, xii 200f., 212

Perversion bei Normalen

als Fixierung s. Perversion, u. Fixierung
mehrseitige s. Partialtriebe, polymorph-perverse
durch Reaktionsbildung u. Sublimierung ersetzbar, xii 200, 212f.
Unterschiede zwischen, xi 334f.
kollaterale Rückstauung d., xi 320
u. Konstitution, sexuelle, v 71f.
u. Koprophilie, x 455
u. Kultur, vii 152-54; viii 338f.
u. Leistungsfähigkeit, bei künstlerisch Veranlagten, v 140f.
u. Libido, xi 373-79; xvii 77f.
durch Masturbation abgewehrt, viii 342
männliche, i. Familien weiblicher Hysteriker, v 138
multiple s. Partialtriebe, polymorph-perverse
Neurose, als Negativ d. s. Neurose, als Negativ d. Perversion
u. Neurose, v 69-71 (65-67), 132f., 138; vii 154; viii 48; xvii 114
Ähnlichkeiten zwischen, xi 319-21
i. künstlerisch veranlagten mit Leistungsfähigkeit vereinbar, v 140f.
scheinbares Überwiegen d., i., v 69f.
Unterschied zwischen, xi 356, 373
Zusammenhang zwischen, v 49, 156f;. viii 449; xiii 412
bei Normalen, v 49, 156f.; viii 338f.; xi 333f.
als analer Witz (s. a. Zote), viii 225
partielle, v 59f., 156f.

431

Perversion u. Normalität

übergangsweise, v 60

u. Normalität, v 49, 71, 156f.; VIII 449; XI 317, 320f.

Unterschiede zwischen, XI 333f.

v. Ödipuskomplex hergeleitet, v 62; XII 212–14

u. Paranoia *s.* **Paranoia**, u. Perversion

u. Partialtriebe *s.* **Partialtrieb**(e), polymorph-perverse

i. Phantasien *s.* **Phantasie**(n) (-bildungen): perverse

u. phylogenetische Entwicklung, XI 368

polymorph *s.* **Partialtrieb**(e), polymorph-perverse

u. psychoanalytische Einsichten, v 62–65, 133

Pädagogik als Prophylaxe *s.* **Prophylaxe** (*s. a.* Pädagogik)

i. d. Pubertät, XII 213

bei nicht hemmungslos erreichtem Genitalprimat, VII 22

u. Rassenfrage, v 210

durch Regression, VIII 48; XI 356

u. Schwärmerei, religiöse, x 77

seelische Beteiligung bei, v *61f.*

z. Sexualitätsbegriff gehörend *s.* **Sexualität**, Begriff d., erweiterter

u. soziale Regungen (*s. a.* Massenseele), v 210

u. Traum, II/III 95, 695f.

Unanständigkeit [Unsittlichkeit] d. (*s. a.* Perversion, Abscheu vor), v 209f.; XI 314, 316f., 326, 332f.

ursprüngliche Sexualanlage als *s.* **Partialtrieb**(e), polymorph-perverse

Verbreitung d., v 71; XI 317

ohne Verdrängung, nur durch Regression, XI 356

u. Vorlust (*s. a.* Vorlust), v 113

Wesen d., XI 333f.

'Willens-', d. Hysterie, I 11

d. Wolfsmannes *s. i.* **Reg. d. Krankengesch.**: Namenverzeichnis, Wolfsmann

zärtliche u. sinnliche Strömung, Spaltung d., i. d., VIII 83

u. Zensur, x 168

(Zusammenfassung), XIII 220f., 412

zwangsartige

Entwicklung d. Partialtriebe führt z., v *156f.*

Wiederholungen i. Neurose u., v 144f.

Pessimismus [normale Erwartungsangst] (*s. a.* Elend; Not; Trostbedürfnis), I 318; XI 412; XVI 253

u. Angstneurose, I 318

i. jüdischem Witz *s.* **Witz** (Arten): jüdischer

Neigung z., I 9

aus 'too good to be true'-Gefühl, XVI 252f.

u. Vergänglichkeit, x *358–61*

'Petit mal' *s.* **Epilepsie**; **Hysterie**

'Petite hystérie', v 181f.

Pfänderspiel (*s. a.* Fehlhandlungen; Spiel), IV 228

Pferd(e)

Angst vor –n *s. i.* **Reg. d. Krankengesch.**: Namenverzeichnis, Kleiner Hans (*s. a.* Tierphobien)

i. Freuds Traum (*s. a. i.* Biogr. Reg.: Träume, eigene (bestimmte): Furunkeltraum), II/III 236f.

-mist i. einer Blasphemie, XII 40

-spiel *s.* **Spiele**

Unfall mit, IV 201

Pflanzen
Bewußtsein d., Frage d., x 268
Sexualsymbole aus d. Leben d.,
II/III 352-54
als Totem, IX 7
Tiertotem ursprünglicher als,
IX 133

Pflegen s. **Kranke**

Pflegebedürfnis (s. a. Hilfsbedürftigkeit; Trostbedürfnis)
Folgen d. kindlichen -ses, x 227

Pflichtgefühl (s. a. Gewissenhaftigkeit)
u. Gleichheitsforderung, XIII 134
u. Herdentrieb, XIII 131

Pflug, als Symbol f. männliches Genitale, II/III 361; XI 166

Pforte
'Hohe-', XI 165
Leibes-, XI 161

Phallisch (-er, -e, -es) (s. a. Genitalien, männliche; Penis)
Mutter s. **Infantile Sexualtheorien** (bestimmte): 'phallisches Weib'
Muttergöttinnen (s. a. Muttergottheiten), VIII 163f., 167
Organisation, Primat, Phase s. **Phallische Phase**
Symbolik (s. a. i. Symbol-Reg.)
i. Symptomhandlung, v 228f.
i. Träumen, II/III 359, 364, 369, 371; XI 156-60, 165f., 197
Weib s. **Infantile Sexualtheorien** (bestimmte): 'phallisches Weib'

Phallische Phase, v 100; VIII 345; XIV 21, 62f.; XV 104f., 125f.; XVI 73; XVII 76, 116
i. allgemeinen (u. beim Knaben)
Aggressionslust i. d., XIV 532
erste Formulierung d. Lehre (Epikrise z. 'Kleinen Hans'), VII 343-45

Phallische Phase d. Mädchens
(ohne d. Terminus technicus), v 100, 108
u. Genitalprimat, XIII 294f.
u. Homosexualität, XIV 63f.
'Kastrationsgefahr' i. d. (s. a. Kastration-), XIII 396f., 402; XV 95
u. Masochismus, XIII 377
u. Masturbation, XIII 396f.
u. Mutter, Strebungen gegenüber (s. a. Phallische Phase, u. Ödipuskomplex), XIV 531
u. Ödipuskomplex, XIII 396; XIV 21; XVII 116
u. Penis, XIII 295
Bedeutung i. d., XV 105
Überschätzung d. s. **Penisstolz** (s. a. Infantile Sexualtheorien)
Verleugnung d. Geschlechtsunterschiedes i. d. s. **Infantile Sexualtheorien**; **Verleugnen**
d. Knaben, XIII 396-400; XIV 21
als ichgerechtes Männlichkeitsstreben, XVI 97
d. Mädchens ['männliche Phase'], XIII 400; XIV 23-27; XV 105, 125f.; XVII 77, 120f.
Aktivität i. d., XIV 531, 533-36; XV 128
Aufgeben d., XV 137
Kastrationskomplex, weiblicher, kommt z. Vorschein i. d., XII 176
Klitoris als Penisäquivalent i. d. (s. a. Klitoris), XI 328; XIII 400; XIV 520f., 525; XV 126
v. d. d. Knaben verschieden, XV 125f.
Männlichkeitskomplex i. d. s. **Männlichkeitskomplex**
als Schutzreaktion, sekundäre (Jones), XIV 537

Phallus

Wünsche i. bezug auf d. Mutter i. d., XIV 529–33; XV 132f.

aktive *s.* **Phallische Phase**, d. Mädchens, Aktivität i. d.

intrauterine Phantasie statt, XV 94

passive, XIV 532

phallische, XV 128

Phallus (*s. a.* Penis)

u. Flamme, XIV 449; XVI 6

geflügelter, II/III 399; VIII 198

u. Kopf d. Hydra, XVI 8

-kult, VIII 167

Primat d. (*s. a.* Phallische Phase), XIII 295

Vogel Phoenix als, XVI 7

Phantasie (u. andere psychische Phänomene)

u. Erinnerung *s.* **Phantasie** (Funktion d.): u. Erinnerung

Fixierung an (*s. a.* Fixierung), VIII 74

u. Halluzination, XVI 53f.

u. Hysterie *s.* **Phantasie**(n) (-bildungen): hysterische

u. Illusion, XIV 439

u. Konstruktionen, XVI 53

u. Kultur, VIII 53

u. Kunst (*s. a.* Phantasie(n) (-bildungen): schöpferische), VIII 53f.; XI 390f.

u. Lügen (*s. a.* Phantasie(n) (Arten): Kinder-), VII 319, 338; XIII 152f.

u. Masturbation *s.* **Phantasie** (Funktion d.)

u. Mythus, V 127; X 146f.; XII 44; XIII 228

i. d. Paranoia *s.* **Phantasie**(n) (-bildungen): paranoische

u. Phobien, II/III 618

i. d. Psychose *s.* **Phantasie** (u. andere psychische Phänomene):
u. Wahn (*s. a.* Phantasie(n) (-bildungen): paranoische)

u. Spiel (*s. a.* Spiele), I 561; VII 215f.

u. Tagtraum, II/III 495–99; VII 193; XI 387f.; XIII 304

Absonderung d. Tätigkeit d., i. d., XIII 304

Bewußtheit, bei, VII 193

i. d. Pubertät, XI 95

u. Traum (*s. a.* Phantasie(n) (-bildungen): nächtliche), II/III 418, 618, 623; VII 218

-entstellung (*s. a.* Traumentstellung), VII 219

-gedanke, II/III 495

serienhafter, XIII 304

u. Wahn, VII 71

Determinierung, zweifache, i., VII 79

u. Handlungen, VII 78

u. hysterische, V 154

-symptome als, VII 78

als Vorläufer d. Wahnes, VII 85

u. Wunscherfüllung *s.* **Phantasie**(n) (-bildungen): Wunsch- (*s. a.* Traum; Wunscherfüllung)

u. Zwangszeremoniell, Entsprechungen zwischen, XI 276f.

Phantasie(n) (Arten)

analysierter Personen, I 385

dementer Personen

bekräftigen analytische Symboldeutung, XI 471f.

bei Dementia praecox, X 146f.; XIII 228

d. Hysteriker *s.* **Phantasie**(n) (-bildungen): hysterische

Kinder- (*s. a.* Infantile Sexualtheorien), I 546f.; VII 181, 319, 338; VIII 151, 153

Phantasie(n) (-bildungen): nächtliche

Ereignisse d. Kindheit (*s. a.* Deckerinnerungen; Verführungsphantasie)
  sind nicht notwendigerweise –, XI 381f.; XII 80, 130
  u. Trauma, I 440
Hohn i., VII 306, 325
d. kleinen Hans *s.* **Reg. d. Krankengesch.**: Namenverzeichnis, Kleiner Hans
  später Geborenen, VII 230
d. Latenzperiode, V *127*; XI 95
d. Neurastheniker, X 245
d. Neurotiker *s.* **Phantasie(n) (-bildungen)**: i. d. Neurose
i. d. Paranoia *s.* **Phantasie(n) (-bildungen)**: paranoische
d. Primitiven (*s. a.* Animismus; Anthropomorphismus), XIII 220; XIV 240
d. Psychotiker (*s. a.* Phantasie(n) (-bildungen): paranoische), X 146f.
Pubertäts-, I 547; V 127f., 153f.; VIII 74; XI 95; XIV 417
Traum-, *s.* **Traum(phantasien)**

Phantasie(n) (-bildungen) [Erinnerungsdichtungen]
aggressive (*s. a.* Aggression), I 546f.; VII 195
anale *s.* **Infantile Geburtstheorien**
andersgeschlechtliche, VII 197
asketische, XIII 348, 350
bewußte (*s. a.* Tagtraum; Wahn)
  Tagtraum als, VII 193
  teilweise, VII 192f.
i. Bewußten verwertete, X 289f.
Bewußtwerdung d., VII 85
ehrgeizige o. erotische, VII 192, 217; XI 95
i. Traum, II/III 385f.

erotische, Leonardos, VII 192, 217; VIII 136–38
homosexuelle, VII 197
i. Krankengeschichten *s.* i. **Reg. d. Krankengesch.**: Namenverzeichnis, Schreber; – Wolfsmann
passive, VIII 154, 156
u. Schlagephantasie, XII 94, 200
hysterische, I 440f.; II/III 618, 623; V 65, 154; VII 191–99; VIII 399; XI 396
u. Anfall, VII 235
bei Anna O., VIII 7
u. Bisexualität, VII 191–99
mit 'Gschnas' verglichen, II/III 222f.
u. motorische Innervation u. Motilität, VII 194, 235
mit paranoischen verglichen, IV 284
mit perversen verglichen, IV 284; VII 194
prädominant, XI 396
Projektion d., VII 235
u. Symptom *s.* **Phantasie (Funktion)**: u. Symptom
u. Traum, II/III 4, 495, 497, 623
unbewußt, II/III 618
u. Wahn, V 154
jugendlicher Personen, VII 192, 217
Masturbations-, *s.* **Masturbationsphantasien**; **Phantasie(n) (mit bestimmtem Inhalt)**
männliche u. weibliche, VII 192, 217; XI 95
Mehrzahl v., ein Symptom, entspricht einer, VII 195
nächtliche (*s. a.* Traum), II/III 495; XIII 178

435

Phantasie(n) (-bildungen): i. d. Neurose

'– während Schlafens', Traum als (*s. a.* Phantasie(n) (u. andere psychische Phänomene)), II/III 336

i. d. Neurose, V 158, 273; VII 195; VIII 228; XI 146f., 381–83; XIII 367f.

als konvertierte Darstellung v. Symptomen *s.* **Phantasie (Funktion d.)**: u. Symptom [-bildung]

paranoische, XII 216; XIV 127

u. hysterische, IV 284f.

pathogene, VIII 228

perverse, IV 284f.; V 65; VII 194f.

phallische (*s. a.* Infantile Sexualtheorien (bestimmte): 'phallisches Weib'), VII 333

sadistisch-masochistische (*s. a.* Schlagephantasien), IV 284f.

Kind als Gegenstand d., XIII 374f.

u. Urszene, XVI 184f.

'schöpferische' [d. Dichters] (*s. a.* Phantasie (u. andere psychische Phänomene): Kunst), VII 213–23; XIII 152

unbeeinflußbare, XI 471f.

unbewußte

i. 'Déjà vu', IV 294–97

Entstehung, VII 192–94

i. Hysterie u. Traum, II/III 618

verwertet i. Bewußten, X 289f.

u. d. Unbewußte, Abkömmlinge d. –n, X 289f.

vorbewußte, X 289f.; XIII 248

Wunsch-, VII 192, 217

u. Zwangszeremoniell *s.* **Phantasie (u. andere psychische Phänomene)**

Phantasie(n) (mit bestimmtem Inhalt)

d. Anna O. *s.* i. **Reg. d. Krankengesch.**: Andere Autoren, (Breuer)

Belauschungs-, *s.* **Ur(szenenphantasie)**

Blendungs- (*s. a.* Kastrationsphantasien), XII 243f.

Deflorations-, V 262

Entbindungs-, u. Wochenbett-, V 265, 267

Erlösungs- (*s. a.* Erlöser-; Erlösung-; Familienroman), XIV 417f.

Familienroman (*s. a.* Familienroman; Mythus, v. d. Geburt d. Helden), V 127; XIV 417f.

Geier-, d. Leonardo *s.* i. **Namen-Reg.**: Leonardo

Harem-, XI 202

i. Traum, II/III 359, 400

Hunger- (*s. a.* Traum, typischer, (bestimmte Arten d.): Hunger-), II/III 139, 572

intrauterine *s.* **Phantasie(n) (mit bestimmten Inhalt), Mutterleibs-**

inzestuöse (*s. a.* Ödipus-), V 127f.

Kains-, *s.* **Mordimpuls, Kainsphantasie**

v. Kakaofabrikanten Van Houten, VII 206

Kastrations-, *s.* **Kastrationsphantasien**

v. Kinderbekommen (*s. a.* Infantile Geburtstheorien), VII 181

Koitus- (*s. a.* Ödipustraum; Phantasie(-bildungen): erotische), II/III 623; V 265

kosmische, d. Griechen, XVI 91

Madonna-, V 267

Mißhandlung, sexuelle (*s. a.* Verführungsphantasien), IV 284f.

Monte Christo-, *s.* **Rachephantasien**

Phantasie (Funktion d.): u. Symptom

Mutterleibs- (s. a. Mutterleib-), v 127; xii 133–36 (134), 257; xiv 170; xv 26, 94

Rache-, s. Rachephantasien

Rettungs-, s. Rettungsphantasie (s. a. Phantasien (mit bestimmtem Inhalt): Erlösungs-)

Schlage-, s. Schlagephantasien

Schwangerschafts- (s. a. Phantasien (mit bestimmtem Inhalt): Entbindungs-; – Schwangerschaft), v 265; xiii 337

  u. feminine Einstellung d. Knaben, xiii 334f.

  u. Neunzahl, xiii 334f.

Straf-, xiii 348f.

  i. Teufelsneurose, xiii 347–50

Thronfolger-, xii 50f.

  v. Tode, xiv 409

Ur-, x 242

  als phylogenetischer Besitz, xi 386; xiii 151–53

Urszenen-, s. Ur(szenenphantasien)

d. Verführung u. d. sexuellen Attentates s. Verführungsphantasien

Vorhaftungs- (i. Traum), ii/iii 498f.

Versuchungs- (s. a. Versuchungs(-gedanke(n)); u. i. Reg. d. Krankengesch.: Sachverzeichnis, Teufelsneurose), xiii 347–49

Weltuntergangs-, s. Weltuntergangsphantasie

Wiedergeburts-, (s. a. Wiedergeburtsphantasie), xii 137

Zeugungs-, vii 360

Phantasie (Funktion d.) [Phantasieleben], i 543; vii 193; viii 234; xi 387f., 390f.; xiii 220; xiv 439

  (Definition), v 127, 158

statt Erinnerung, verdrängter, vii 85

u. Erinnerung (s. a. Deckerinnerungen; Erinnerungstäuschungen; Verführungsphantasien), i 546; vii 85, 217; viii 237f.

  erste Phase d. Schlagephantasien als Mittelstufe zwischen, xii 204

  schwer z. unterscheiden, viii 237f.

  verwechselt i. Schuldgefühl, viii 238

als Ersatz

  f. Objekt, xiii 84f.

  f. Spiel, vii 215

Geringschätzung d., i 440

i. Hysterie prädominant (s. a. Phantasie(n) (-bildungen): hysterische), xi 396

u. Libido, v 127; viii 324; xi 388

u. Masturbation (s. a. Masturbationsphantasien), vii 193–95; viii 342

u. Mythus, xiii 152f.; xiv 240

u. Objekt[wahl], v 127f.; xiii 84f.

u. Realität, v 273; viii 53; xii 84

  Abhängigkeit v. d. Realität, xii 84

  Geringschätzung d. Realität beim Neurotiker, xi 382f.

  als Umkehrung d. Realität, xii 43

  Verwischung d. Grenzen zwischen, u. d. Unheimliche, xii 258

Scham über, u. Verstecken d., vii 215f.

Schillers Auffassung ü. d., ii/iii 107f.

u. Symptom[-bildung], v 127, 158, 213; vii 194; viii 53; xi 387–90; xii 136f.

Phantasie (Funktion d.): durch Symptomhandlungen dargestellt

als konvertierte Darstellungen d., I 248–51; II/III 623; V 158; VII 194

Wahn-, VII 78

als Zwischenstufe d. Libidoregression z. Symptombildung, XI 388f.

durch Symptomhandlungen dargestellt, IV 306

Tradition u. Vergangenheit, Anziehungskraft d., auf d., XVI 175f.

als Umarbeitung d. phylogenetischen Erbgutes, XII 155

Überwuchern d., VII 218; XI 396 u. Verdrängung s. **Verdrängung**

Wesen u. Ziel d., XI 386–91

Wichtigkeit d., i. d. Analyse, I 440; XII 78

u. Zeit, VII 217f.

Phantasieren [Phantasie-Tätigkeit], I 561; VII 216; VIII 234, 237; XVI 69

als Abspaltung v. Denkprozeß, d. Lustprinzip untertan, VIII 234

u. Dichter, II/III 107f.; VII *213–23*; VIII 53f.; XI 390f.; XIII 152

metapsychologisches (*s. a.* Konstruktionen), XVI 69

u. Spielen, I 561

Vorrecht d. Unbefriedigten, VII 216

Wünsche als Triebkräfte d. -s, VII 216f.

Zurück-, XI 348

d. Traumes, XI 348; XII 88

Phantasiereich [-welt] (*s. a.* Denksysteme)

u. Lust- u. Realitätsprinzip, Übergang v., XIV 90

i. d. Neurose (*s. a.* Neurose; Phantasie), XIII 367

i. d. Psychose, XIII 367f.

v. Realitätsprinzip unabhängig, XIII 367

als 'Schonung' [Reservation], XIV 90

Phantasierendes Denken *s.* **Denkvorgang**, vorbewußter

Phantastisch(e)

Gesichtserscheinungen (*s. a.* Hypnagogische Halluzinationen), II/III 33

Traumelemente *s.* **Mischbildung**

'**Phantomübungen**' (*s. a.* Assoziationsexperimente), VII 3, 14

Pharao(nen)

als 'großer Hofraum', XI 165

Inzestvorschrift d., XI 347

Moses langt nach d. Krone d., XVI 131

politische Bedeutung d., XVI 168

Traum d., II/III 101, 339

Weltherrschaft d., u. Monotheismus, XVI 191

Phasen d. Sexualentwicklung (*s. a.* Anale, Genitale, Orale, Phallische, Prägenitale Phasen), XV 105; XVI 73; XVII 77

Phänomenologie (*s. a.* Selbstbeobachtung)

u. Psychologie, XVII 79f.

Philosophen, v. Beruf (*s. a.* Antike; u. i. Namen-Reg.), II/III ix; XIII 53

Philosophie [Philosophisch (-er, -e, -es)] (*s. a.* Weltanschauungen), XV 173, 178, 189

Animismus i. d. (*s. a.* Philosophie, Systeme d.), XV 178

d. ästhetischen Genusses (*s. a.* Ästhetik), VI 103f.

'Carpe diem' –, II/III 213f.; VI 119f.

Dogmatismus *s.* **Dogmatismus**

Freuds Ansicht ü., XIV 123

u. Humor, Unterschied zwischen, VI 266

u. Intuition, XV 173

Kategorien d., XII 155

u. Kultur, XIV 453f.

Neurose als Verzerrung d., IX 91

d. Optimismus u. Pessimismus (*s. a.* Optimismus; Pessimismus), XVI 88f.

Psychoanalyse d., VIII 406f., 415

Psychoanalyse ist keine, XIV 217

u. Psychoanalyse, II/III 151; VIII 397, *405–07*; X 78; XI 13; XII 327; XIV 103–06, 217,.222

u. Religion (*s. a.* Psychoanalyse, Anwendungsgebiete d., u. Religion), XVI 168

Selbstbeobachtung [Introspektion], als Methode d., X 164; XIV 104

Sophistik [Polemik], XI 251

Systeme d., XIV 104

    bestimmte

    d. 'Als-ob', XIV 351, 357

    Anarchismus [Nihilismus], XV 190f.

    Animismus als primitive Natur-, IX 94, 96

    Deismus [Theismus], XIV 355, 431f.

    Freud gegen, XV 58

    Determinismus, IV *267f.*, 282f.; XI 42, 104, 107; XIII 216

    Dualismus *s.* **Dualismus**

    Kommunismus *s.* **Kommunismus**

    Phänomenologie, XVII 79f.

    psychophysischer Parallelismus *s.* **Psychophysischer Parallelismus**

    Psychoanalyse ist kein (*s. a.* Psychoanalyse, Wesen d.), XIV 217

Phobie(n), Allgemeines ü.

Lust u. Unlustempfindungen, nicht erklärt durch, XIII 3f.

mechanistische (d. Medizin), XIV 102–04

Natur-, XIV 102

u. Paranoia, IX 91; X 164; XII 327

Psychoanalyse d. *s.* **Philosophie, Psychoanalyse d.**

systembildende Kräfte d., X 164

als unwissenschaftliche Weltanschauung, XV 189f.

Wissenschaft u. Illusion d., XVI 172f.

Teleologie (*s. a.* Teleologie), als heuristisches Prinzip, VIII 337

Todesgedanke als Ausgangspunkt d. (*s. a.* Tod-), IX 108

u. d. Unbewußte *s.* **Psychologie**, d. Unbewußten

u. Wissenschaft, XV 172f., 189f.

i. Witz (*s. a.* Pessimismus; Skeptizismus; Witz (Arten): zynischer)

u. Sophismen, VI 64–67

Phobie(n) (*s. a.* Angst vor –; Angstneurose), I 341–47, 482, 513; V 9; VII 348–50; X 153; XI 413, 424; XV 88, 90

u. Abscheu, normale, I 351; XI 413

Abulie, als Folge d., I 144

als Abwehrkampf, X 283f.; XI 425f.; XIV 158

Affekte, Transposition d., i. d. (*s. a.* Phobie, u. Angst), I 68–72, 346–53, 368

Agora-, *s.* **Agoraphobie**

Aktivität i. d. Behandlung (*s. a.* Phobie(n), Therapie d.), XII 191

Allgemeines ü., VII 348–50

439

Phobie(n) u. Angst

u. Angst, I 346, 369; XIV 131, 133–38
  Erwartungs-, XI 415
  als Ich-, XIV 138f.
  u. Transposition, freigewordener Affekte d., I 346, 368
  Unterschiede zwischen, VII 260
  vorherrschende, i. d., I 346, 368
d. Angsthysterie, VII 349–51; XV 92
  mildere Formen aufzeigend, XI 415
u. Angsthysterie, Unterschiede zwischen, XV 88
i. d. Angstneurose, I 255, 341–47, 482
  als Bestandteile, I 352
  ohne Substitution, I 322
  v. d. zwangsneurotischen verschieden, I 322f.
  atypische, I 322f.
Ätiologie d.
  hereditäre, I 142; XII 148
  phylogenetische, XI 426; XII 149
  sexuelle, I 482
  traumatische, I 142
bestimmte (s. a. Angst vor –)
  Eisenbahn u. Straßen (s. a. Agoraphobie; Eisenbahn; Fahren), VII 319
  Gelegenheits- (s. a. Agoraphobie; Lokomotion), I 351
  Menschenscheu s. **Menschenfurcht**
  Situations-, XI 422
  Tier-, s. **Tierphobien**
  eigentliche, X 258
  zwei Formen d., XII 191
  (Definition), VII 349; XIII 45
Denksystem d., IX 117–19

Entwicklung d., VII 260, 292f.; X 258
u. Erwartung
  u. Angst i. d., XI 415
u. Gegenerwartung i. d., I 9
als Fluchtversuch [-reflex] (s. a. Fluchtversuch), X 258, 260, 283f.; XIII 45
fünfjährigen Knaben, eines s. i. **Reg. d. Krankengesch.**: Namenverzeichnis, Kleiner Hans
Gegenbesetzung bei, XIV 191
u. Hypnose, I 69
i. d. Hysterie [hysterische Phobie], I 71, 513; II/III vii, 647; X 260, 414
  statt Anfall, VII 136f.
  chronologische Reihenfolge, VII 136f.
  Konversions-, Unterschiede i. d. Therapie, VIII 108f.; X 258
  Sexuelles u. Exkrementelles verbindend, V 190
Inhalt d. (s. a. Phobien, bestimmte)
  u. manifeste Traumfassade, XI 426
  als phylogenetische Erbschaft, XI 426; XII 149
u. Kastrationsdrohung [-gefahr], XIV 174
d. Kindheit (s. a. Kinderangst; Kindheitsneurose; Tierphobien)
  frühe, XIV 167, 201
  fünfjährigen Knaben, eines s. **Reg. d. Krankengesch.**: Namenverzeichnis, Kleiner Hans
Krankheitsfurcht [Pathophobie] (s. a. Hypochondrie), I 349, 351
u. Laune, XI 415
u. Lokomotion, I 321, 351; XIV 115

Mannigfaltigkeit d. (mit Inhaltsaufzählung) (*s. a.* Phobien, bestimmte), XI 413–15

Mechanismus d., X 283 f.; XIII 287

d. Menschheit, normale, XI 413, 415

mit Neurasthenie verbunden, I 9, 71 f., 345

Objekt d. (*s. a.* Angst vor –) einst lustbetont, VII 292 f.

u. Phantasie *s.* **Phantasie**

Phasen d., X 281–83; XI 425

als Projektion, X 414; XIV 156

d. Triebgefahr, X 283 f.

rationalistisch-hereditäre Erklärung d., XII 148

Sicherungskonstruktionen i. d., XI 425

u. Tabu, XII 170 f.

Therapie d., VIII 108

analytische

aktive, XII 191

Indizierung, V 9; XIV 300

u. d. Konversionshysterie, Unterschiede zwischen, VIII 108 f.

Unbeeinflußbarkeit durch nichtanalytische, I 515

Todeswunsch gegen Vater i. d. (*s. a.* Todeswunsch; Vater), II/III 266 f.

u. Totemismus, XII 149

u. Traum[-angst] (*s.a.* Pavor nocturnus), II/III vii, 67, 647

u. Trauma [traumatische –], I 142, 346 f.; XVI 181

u. Triebanspruch, X 258, 260, 283 f.; XIII 45; XIV 138 f.

u. Überbedenklichkeit, moralische, I 321

u. Verdrängung, XI 425; XIV 133–38

versteckte Determinanten, IX 119

u. 'Vervollkommnungstrieb', XIII 45

als Vorbau, X 283

Wesen d., XI 413, 424

diffuses, VII 357

d. Wolfsmannes *s. i.* **Reg. d. Krankengesch.**: Namenverzeichnis, Wolfsmann

u. d. Wort [Rolle d. Wortes i. d.], II/III 346

u. Zwangsneurose [zwangsneurotische–], I 71, 345–53, 391

verschieden v. d.

angstneurotischen, I 322 f.

hysterischen, I 71

neurasthenischen, I 482

Zwangsneurose (reiner)

u. gemischt mit, I 353

u. Zwangsverbote u. -vorstellungen, Unterschiede zwischen, I 345 f.; VII 136 f.

u. Zweifelsucht (*s. a.* Zweifel-), I 321

Phosphene *s.* **Hypnagogische Halluzinationen**

Phratrien, IX 13

Phylogenese [Phylogenie] (*s. a.* unter d. einzelnen Stichwörtern), XIII 228

u. analsadistische Phase, XII 143

d. 'Ausweichens', XII 286

u. Hypnose, XIII 160

u. Libidoentwicklung, XI 367 f.

u. Masse, XIII 160

u. Ontogenese *s.* **Ontogenese**, u. Phylogenese (*s. a.* Archaische Erbschaft)

d. Partialtriebe (*s. a.* Partialtriebe), XI 367 f., 376

u. Perversion, XI 368

Phylogenese u. Psychoanalyse

u. Psychoanalyse, XIII 228

Sexualität hat ursprünglich keinen Platz i. d., XIII 43

d. Überich (*s. a.* Überich), XIII 263–65

Phylogenetisch (–er, –e, –es)

Bedeutung d. Säugens, XVII 115

Besitz [Erbe, Herkunft] *s.* **Archaische** Erbschaft

Entwicklung

u. Perversion, XI 368

Reihenfolge d., V 143

Erinnerungsspuren, XVI 206

Faktoren

d. Geburt, XIV 183

d. Kastrationsangst *s.* **Archaische Erbschaft; Kastrationsangst**

d. Neurosenbildung, XIV 187

d. Überich-Entstehung, XIII 263–66

Regression

i. Krieg, X 354

i. Symptom als Körperveränderung, XI 381

Schema[ta], XII 119, 155

Ursache (*s. a.* Phylogenese), d. Unterganges d. Ödipuskomplexes (*s. a.* Ödipuskomplex), XII 208; XIII 395f., 398

Vorbild [Basis]

d. Gefahrsituationen (*s. a.* Gefahr-), XIV 187

d. Libidoentwicklung, XI 367

d. Tierphobien, XVI 190

d. Vergöttlichung, XIV 339

Wahrheiten *s.* **Wahrheitsgehalt**

Wiederholung

d. inzestuösen Objektwahl, XII 208

d. primitiven Phantasien, XIV 240

Physik

u. Mythologie, XVI 22

u. Psychoanalyse (*s. a.* Psychoanalytische Theorie, Experimente), XIV 84f., 289, 291, 360; XVII 80, 126f., 142f.

Physiologie (*s. a.* Biologie; Psychophysischer Parallelismus)

(Psycho-)

d. Angst, XIV 163

d. Bw. u. Ubw.-Systeme u. ihres Verhältnisses, XIII 25–29

d. Lust u. Unlust (*s. a.* Lust-; Unlust), XIII 4f.

u. Psychoanalyse (*s. a.* Biologie; Disposition; Heredität), VIII 391f.; XI 13, 38f.; XIV 218, 289f.; XVII 126f.

seelisch u. physisch, Unterschied zwischen, X 266f.

Sinnes-, *s.* **Sinn**esphysiologie

Physiologisch (–er, –e, –es)

Erklärung

d. Delirien, Krampfanfälle, Fehlleistungen, Visionen, Zwangsideen u. -handlungen, VIII 391

d. Latenz (*s. a.* Latenz), XIV 64

pathologischer Phänomene, VIII 399

d. Träume (*s. a.* Traum(theorien)), II/III 23–42; VIII 391, 395

Prozeß u. Triebart, XIII 269

'– Schwachsinn d. Weibes' (Möbius), VII 162; XIV 371

Triebstärke (*s. a.* Konstitution; Triebe)

Verstärkung d. (*s. a.* Menopause; Pubertät), XVI 70

Physische Krankheit *s.* **Körperliche Krankheit** (*s. a.* Organisch; Organische Krankheit; Somatisch)

Pietät
Freuds, IV 253f.; XVI 257
religiöse s. **Religion** (s. a. Fromm;
Nächstenliebe; Religiös)
gegenüber Toten (s. a. Tod; Tote),
X 342; XI 193; XII 256

Pilz, als Symbol f. männliches Genitale, XI 166f.

Pistolen s. **Waffen** (s. a. i. Symbol-Reg.)

Plagiat (s. a. Fehlleistungen; Kryptomnesie), II/III 212; IV 160

Plastizität (psychische) (s. a. Trägheit), V 21f.; XV 166
 i. Alter, selten, XII 151
 i. d. Entwicklung d. Sexuallebens, X 337
 Mangel an s. Starre
 i. d. Traumdarstellung s. **Bildersprache**; **Traum**, visueller Charakter d. −es; **Vision, Visuell**
 d. Triebe [d. Libido] (s. a. Libido-), XII 151; XIII 273; XV 166
 d. Eros, u. Todestrieb, Unterschied zwischen, XIII 273
 Erschöpfung d. (s. a. Trägheit), XVI 87
 u. Erziehung, X 450
 gegenseitige Vertretung (s. a. Libido, Beweglichkeit d.), XI 357f.
 Maß d., X 337
 d. Partial-, XI 358
 u. Regression, X 337
 d. Sexual-, XI 357f.; XV 104

Plattheit, i. Witz verkleidete, VI 190

Platzangst s. **Agoraphobie**

Plausibilität, i. Traum s. **Erklärungsversuch**(e), i. Traum

Plebejer, XIV 334

Polarität d. Triebe

'Podl'-Phantasie (s. a. i. Reg. d. Krankengesch.: Namenverzeichnis, Kleiner Hans), VII 300f., *333f.*, 360

Poetische Freiheit (s. a. Dichter; Dichtung), VIII 66f.

Pogrom, XIV 448

Pointe, d. Witzes (s. a. Witz), VI 135

Polarität [Gegensatzpaare] (s. a. Ambivalenz; Dualismus; Gegenteil), VIII 373; XVI 20
 d. Aktivität u. Passivität s. **Aktivität u. Passivität**
 i. Anorganischen, XVII 71
 v. Anziehung u. Abstoßung, XV 110; XVI 20
 zwischen Asketischem u. Libidinösem, XI 310f.
 biologische, reale u. ökonomische, X 232
 v. eigennützig u. uneigennützig, II/III 653
 v. Liebe u. Haß s. **Eros**; **Liebe**, u. **Haß**; **Todestrieb**
 d. Sexualentwicklung s. **Aktivität u. Passivität**, Männlichkeit u. Weiblichkeit als (s. a. Sexualentwicklung)
 sexuelle (s. a. Aktivität u. Passivität, Männlichkeit u. Weiblichkeit als), V 99, 121, 136; XIII 297f.
 i. d. anal-sadistischen Phase nur als aktive-passive z. unterscheiden, V 99
 d. Symptome, XI 310f.
 d. Triebe [i. Triebleben], V 59, 99; X 219, 225–32, 332; XIII 57; XIV 61; XVII 71
 drei Ur-, X 226f.
 u. Narzißmus, X 227
 d. Partial-, V 56–89 (56–59, 66f.)

443

Polarität d. Urteils

    Perversionen, v 59, 66
d. Urteils, xiv 15

Polemik (*s. a.* Sophistik)
Unfruchtbarkeit d., x 93; xi 251 f.; xii 76; xiv 413

Poliklinik *s.* Anstalt; Psychoanalytische Institute

Poliomyelitis, i 40

Pollution(en), i 336, 369, 415, 497; v 90, 114

    u. Angstzustände (*s. a.* Angst), i 369

    Enuresis nocturna als Surrogat f., v 90; xiii 397

    u. hysterischer Anfall (*s. a.* Anfall), vii 238 f.

    nächtliche, i 369
        durch Samenanhäufung, v 114 f.

    bei Neurasthenie, i 483, 497; v 150; viii 337–40; xiv 49 f.

    bei nicht-sexuellen Erregungen (bei Kindern), v 104

    u. Prüfungssituation, v 104

    vor d. Reife, v 90, 104

    u. Sexualstoffe, v 114–17

    spontane, i 335 f., 415, 483, 497

    Urinieren als infantile Form d., vii 238

Pollutionstraum (*s. a.* Traum), ii/iii 244, 320 f., 340, 372, 374, 393–98, 407 f.; v 114

Polygamie [Polygame Neigungen, Regungen, Tendenzen] (*s. a.* Monogamie), xii 162; xiii 157

    Hörigkeit, sexuelle, hintanhaltend, xii 162

    beim Kind (*s. a.* i. Reg. d. Krankengesch.: Namenverzeichnis, Kleiner Hans), vii 251, 253 f.

    i. d. Masse (*s. a.* Massenseele), xiii 157

    Promiskuität i. d. Urhorde, ix 152

    durch Zimmer [Flucht v. –n] symbolisiert (i. Traum) (*s. a.* Traum, Bordell-), ii/iii 359, 400; xi 202

Polymorph-perverse Anlage, *s.* Partialtrieb(e), polymorph-perverse Anlage d.

Polytheismus, xvi 189

    u. Christentum, xvi 194

    u. Monotheismus, Niveauunterschied zwischen, xvi 117

Polyuria *s.* Urinieren (*s. a.* Harn-)

Popo (*s. a.* Gesäß), xi 36, 195, 198; xii 43, 73, 200

    als charakteristisches Detail d. Schlagephantasien (*s. a.* Schlagephantasien), xii 200

    als Genitale, xi 195, 198

    'Podl'-Phantasie d. kleinen Hans, vii 332–34

    'vorderes –', xii 49, 73

Populär *s.* Volkstümlich

Portemonnaietäschchen

    u. Masturbation, v 238–40

    als Symbol f. weibliches Genitale, ii/iii 378; v 238–40

Positive u. negative Übertragung *s.* Übertragung

Posthypnotisch (–er, –e, –es)
Amnesie, v 308; xi 100 f.

    Suggestion [Mandat] (*s. a.* Hypnose; Somnambulismus), v 308 f.; vi 185; viii 15; xvii 145 f.

    Bernheims, i 121; ii/iii 153; viii 431; xi 100, 286

    als Beweis f. d. Unbewußte, viii 431 f.; x 267

    auf lange Sicht, iv 169

    Rationalisierungsversuch nach Traum u., ii/iii 153

    u. Vorsatz, iv 167 f.

u. Zwangsvorstellung [-handlung], Ähnlichkeit zwischen, XI 286f.

Postpositionen, bei Versprechen, IV 62

Postpubertät *s.* **Adoleszent(en)**

Posttraumatisch *s.* **Trauma**

Potenz, männliche, I 326, 328, 330, 364, 502, 508; X 451f.

u. Angstneurose, I 326, 328

Schädigung, Störungen d. *s.* **Impotenz** (*s. a.* Masturbation; Neurasthenie; Schwäche, sexuelle)

'Practical joke' (*s. a.* Aggression, i. Witz; Komik; Witz (Arten): aggressiver), VI 228

Prahlerei

u. Identifizierung, VIII 426

bei Kindern, VIII 425

u. Lüge, VIII 425–27

bei Männern u. Knaben *s.* **Penisstolz; Phallische Phase**

als Selbstvorwurf [-kritik] maskiert, X 41

Präanimistisches Stadium [-e Zeit] (*s. a.* Animismus), IX 112

Prädisposition *s.* **Disposition** (*s. a.* Heredität; Konstitution)

Prägenital (–er, –e, –es)

Erotik

d. Kleinkindes *s.* **Infantile Sexualität; Kind** (als Subjekt); **Kleinkind;Säugling** (*s.a.* Anal-; Oral-; Urethralerotik)

u. Objektwahl, VII 342f.

zwischen männlich u. weiblich nicht unterscheidend, VIII 448; XIV 535

Mehrzahl d. Objekte, XI 339

Regression z. *s.* **Prägenitale** Sexualorganisationen, Phasen

u. Zappeln *s.* **Zappeln**

Organisation *s.* **Prägenitale** Sexualorganisationen

Passivität (*s. a.* Feminine Einstellung; Passivität)

u. Homosexualität (männliche), VIII 448

Phasen *s.* **Prägenitale** Sexualorganisationen, Entwicklungs; – Phasen

Sexualorganisationen (*s.a.* Anal-; Oral-; Präödipal), V 94, *98f.*, 135; VIII 447; XI 338–41; XIII 58

Charakteristik d., XI 339f.

Entwicklung d. (*s. a.* Prägenitale Sexualorganisationen, Phasen d.), V 58; VII 205; XV 105; XVII 76f.

u. Partialtriebe (*s. a.* Partialtriebe), V 98, 102–06, 113; VIII 409, 446f.; XI 327, 334; XIII 58; XVII 77

Phase(n)d.[PrägenitalePhase], XV 104–09; XVII 76f.

u. Anal- u. Oralerotik, V 135

infantiler Wissensdrang i. d. (*s. a.* Infantile Sexualforschung), XI 339f.

Übergang z. Genitalprimat (*s. a.* Partialtriebe), XI 340

Regression z., XI 354; XVII 78

d. Wolfsmannes *s.* i. **Reg. d. Krankengesch.**: Namenverzeichnis, Wolfsmann

(Zusammenfassung), XIV 304; XV 104–09

u. Zwangsneurose, XI 356

Prähistorisch *s.* **Archaisch; Phylogenese; Ur-; Wahrheitsgehalt;** u. i. **Reg. d. Gleichnisse**

Prämarital *s.* **Ehe-**

Prämie [Liebes-, Lust-, Verlockungs-] (*s. a.* Lohn), VI 153; X 335; XIV 90

Prämie f. d. Ich

f. d. Ich, xiv 191
Liebes-, viii 236; x 335
d. Rezenten, vi 139
Schönheit als, viii 417; xiv 90f.
Sexualität als, d. Keimplasma, x 143
Vorlust als, xiv 92
Präödipal(e)
Ängste *s.* Gefressenwerden, Angst vor
Bindung [Mutter-] *s.* **Mutterbindung**, präödipale
Objektbesetzung, xiv 21, 535
Phase (*s. a.* Phallische Phase), xiv 518
  analytische Literatur d. –n, xiv 534–37
  bei beiden Geschlechtern gleich, viii 448; xiv 535
  (Definition), xiv 523
  beim Knaben, xiv 529
  beim Mädchen (*s. a.* Mädchen, u. Mutter; Mutterbindung, präödipale), xiv 518-31
    aktive u. passive Wünsche gegenüber Mutter während d. –n, xiv 529f.
    Angst v. Gefressenwerden durch Mutter (*s. a.* Gefressenwerden), xiv 519f., 531
    u. Hysterie u. Paranoia, xiv 519
    schlechte Mutterbeziehung zurückführbar auf, xiv 524
  Vater als Rivale während d. –n, xiv 518f.
  Wichtigkeit d., xiv 523
  (Zusammenfassung), xiv 534–37
Präpubertät *s.* **Latenzperiode** (*s. a.* Kleinkind)
Präsens *s.* Gegenwart (*s. a.* Optativ; Vergangenheit)

Prestige (*s. a.* Mana)
d. Führer (*s. a.* Führer), xiii 86f.
u. Induktion *s.* Induktion (*s. a.* Massenseele)
u. Suggestion, xiii 96
Prickeln, i. Fingerspitzen, hysterisches (*s. a.* Juckempfindungen), i 150, 239f.
Priester, ix 181
Defloration durch, xii 165
Kastration d., xiii 152
Tabu d., ix 28f., 31, 33, 54f.
i. Witz *s.* i. **Reg. d. Anekdoten**: Pfaffen; Rebbe
Priesterkönig[-tum], ix 60f.
Berührungsverbot (*s. a.* Berührungsverbot), ix 55–61
u. Heilkraft, ix 54
Mord am, ix 66
u. Patriarchalismus, ix 180–82
Scheidung d. –s, i. zwei Machtbereiche, ix 61
Unfreiheit d. –s, ix 56–61
Priesterreligion, xiv 486
Primat
d. Genitalien *s.* **Genitalprimat**
d. Phallus (*s. a.* Phallische Phase; Phallus), xiii 295
Primaten *s.* **Affe**(n); **Ur**(horde)
Primär (–er, –e, –es) (*s. a.* Erst-; Sekundär-; u. unter d. einzelnen Stichwörtern)
Anziehung u. Versagung, neurosebestimmend (*s. a.* Versagung), viii 81
Arbeitsweise d. psychischen Apparates *s.* **Psychischer Apparat** (*s. a.* Primärvorgang)
Ich (Janet), i 148
Identifizierung, u. Ödipuskomplex, xiii 260

Krankheitsgewinn, v 202–05, xi 397f.

Liebesverhalten, Zärtlichkeit als, viii 79–81

Masochismus, v 57, 105; x 220f.; xii 214; xiii *59*, 373, 375, 377; xv 112

Narzißmus *s*. **Narzißmus**, primärer

Objektwahl (*s. a.* Imago; Mutter als erstes Liebesobjekt), v 94, 108, 125f.; vii 342f.

   idealisierte, vii 231

   i. d. Neurose, viii 80f.

   zwischen anderen Kindern, vii 251

Schreckerlebnis (*s. a.* Trauma), ii/iii 605f.

u. sekundäre

   Abwehr *s*. **Abwehr**; **Abwehrsymptome** (*s. a.* Kompromißbildungen)

   Vorgänge (*s. a.* Primärvorgang, u. Sekundärvorgang), x 286; xiii 35f.; xvi 69

   u. System Vbw, x 286

Symptome *s*. **Hysterie**, Symptome; **Symptome**

Primärvorgang, x 286; xiii 35f., 68; xiv 313; xvi 69; xvii 86, 128

u. Abfuhr, xiii 274

Ablösung v., x 300

bei d. Besetzung, xiii 274; x 285f.

Energieverschiebung i., xiii 274

Erhaltung d. –s, xvii 151

u. Es, xvii 91

i. Früherinnerungen vorherrschend, xvii 151

Gleichgültigkeit Objekten gegenüber i., xiii 274

u. Komik, ii/iii 610f.; x 286

u. Lust u. Unlust(prinzip), xiii 68

u. Neurosen, x 286

-form, x 257–59

i. d. Schizophrenie (*s. a.* Schizophrenie), x 297f.

u. Sekundärvorgang (*s. a.* Sekundärvorgang), x 286; xiii 35f.; xvi 69; xvii 86

Ersetzung, xiii 67f.

Gegensatz zwischen, xvi 69

d. psychischen Apparates, ii/iii 541–48, 593–614 (*606–11*)

i. System Ubw. u. Vbw., x 285f.; xiii 35

i. Traum, ii/iii 571–73, 593–616 (*606–11*); x 286, 418f.

Charakter d., xiii 274

u. Wahrnehmungs- u. Denkidentität, ii/iii 607f.

Verdichtung u. Verschiebung i. (*s. a.* Verdichtung; Verschiebung), x 258, 418

Wesen d. –s, x 286

Primitiv (–er, –e, –es) (*s. a.* Erst-; Infantil-; Primär-)

Reaktionen

   Gebräuche *s*. **Volks-**

   rationalistische Theorien ü. d. Sinn d. *s*. **Primitive Völker**, Projektion

Kultur *s*. **Primitive Völker**, Kultur d. –n

Reaktion auf d. Neue (*s. a.* Kinderangst; Fremd-; Neu-), xi 421; xii 167; xiv 99

Seelisches (*s. a.* Archaische Erbschaft; Infantiles Seelenleben)

   Allmachtsglauben *s*. **Allmacht**; **Primitive Völker**

   Differenzierung d. –n, xiii 266

   Unvergänglichkeit d. –n, x 358–61

   d. Überwundene als, xii 263

Primitive Völker

Vorstellungen (*s. a.* Illusionen)
i. d. Religion *s.* **Religion**
über Todesursachen, IX 75
v. d. Urzeit d. Menschen, VIII 153
Völker [Primitive] (*s. a.* Anthropologie; Ethnographie; Ur(geschichte); Ur(mensch); Volks-; Wissenschaft; u. i. Geogr. Reg. unter d. Namen d. einzelnen Stämme u. Völker), IX 5; XII 329; XIII 47
   australische, IX 6–15, 32
      Totemismus, IX 6–15
      Inzestverbote, IX 15f.
   u. Christentum, XVI 79
   Einstellung (u. Glauben) d. –n
      Allmachts-, VII 451; VIII 415f.; IX 110
   Ambivalenz (größere), IX 83
   'äußerliche' Seele, IX 141
   Denken, sexualisiertes, IX 110
   Dualismus d. Seelenvorstellung (*s. a.* Animismus), IX 114f.
   gegenüber Fetisch u. Gott, XIV 486
   z. Herrscher, IX 60f., 64
   infantiles Seelenleben bei (*s. a.* Primitive Völker, u. Kinder), IX 170, 172f.; XIII 129
   Kosmogonien, X 76
   gegenüber Nahrung, XIII 257
      omnivor, IX 138
   Narzißmus i., IX 110; XII 6
      primärer (*s.a.* Narzißmus), XII 6
   gegenüber Tier (*s. a.* Totemismus), IX 154–60; XII 7f.
   gegenüber Tod, X 345–50
      nur durch Mord verursacht, beim, XV 131

u. Kinder, Ähnlichkeit zwischen, IX 154–60; XII 6; XIII 82, 129
Koprophilie bei, X 455
Kultur d. (*s. a.* Kultur-; Tabu; Totemismus; Ur(geschichte)), IX 5
Mythen d. (*s. a.* Mythen; Mythologie; Mythus)
   als Kindheitserinnerungen d. Völker, IV 56; VII 427; VIII 151–53
u. Phobien, XII 170f.
u. Privateigentum, XIV 472f.
Tabu'i. d. (*s. a.* Tabu)
   Schwinden d., IX 83
   -Systeme, XII 170f.
   d. Veränderungen weniger unterworfen als d. Totemismus, IX 4
   u. Totem XII 329
   u. Fetisch, Unterschied zwischen, IX 126
   schwindet eher als, IX 4
Totemismus (*s. a.* Totemismus), XVI 239f.
ohne Latenz, XIV 64
u. Masse
   Ähnlichkeit zwischen, XIII 82, 129
   Kulturmenschen werden i. d., z., XIII 82
Naturphilosophie, Animismus als, IX 94
u. Neurotiker (*s. a.* Totem, u. Tabu)
   Ähnlichkeiten u. Unterschiede zwischen, IX 5, 110, 191–94
Phantasien d. (*s. a.* Primitive Völker, Einstellung, Kosmogonien; – Kultur, Mythen), XIV 240

Phobien, XII 170

polynesische s. **Tabu** (s. a. i. Geogr. Reg.)

Projektion, XII 170f.; XIV 486

endopsychischer Wahrnehmungen i., IX 112

rationalistischer Motivationen auf, IX 137f., 140, 151

v. Schuldgefühl, XIV 486; XV 131

u. Schizophrenie, Ähnlichkeit zwischen, X 76

Schuldgefühl i., u. Priesterreligion, XIV 486

Sexualtheorien d. (s. a. Empfängnis; Infantile Sexualtheorien), IX 139–41

Sitten u. Ritual (s. a. unter d. einzelnen Stichwörtern)

Benennung 'Vater' u. 'Mutter', IX 11

Couvade, VII 185

Defloration s. **Virginität**, Tabu d.

Exogamie s. **Exogamie**

Hochzeitszeremonielle s. **Hochzeitszeremoniell**

Inzest, Todesstrafe f., IX 9

Mord u. Buße, XIV 400

Pubertätsriten, IX 184; XV 93

Religion (s. a. Religion)

i. d. Gegenwart, XVI 199

als öffentliche Angelegenheit, IX 162f.

Sexualfreiheit [Triebfreiheit], angebliche, XII 167–89; XIV 445f., 463, 474f.

Sexualleben

australischer Ureinwohner, IX 6

Entwicklung d. –s, V 144

Vermeidungsvorschriften (s.

a. Vermeidungsvorschriften) IX 15–21

Thronfolger s. **Prinz**

u. Traum, II/III 2

u. Urvölker, IX 5

nicht identisch, IX 8

entstellter Totemismus bei heutigen IX 8; XVI 199

u. Ahnenkult, XVI 199

Prinz [Prinzessin, Thronfolger] (s. a. Familienroman; u. i. Symbol-Reg.), II/III 358; XI 161; XII 50f.

Thronfolger bei Primitiven, Stellung d. –s, IX 60f.

Prinzipien d. psychischen Geschehens (s. a. unter d. einzelnen Stichwörtern)

d. Aufwandersparnis, VIII 234; XVII 78

d. Hilfe, VI 151–53

d. Komplikation d. Ursachen (Wundt), IV 69

Konstanz, XIII 275; XIV 426–30

zwei, VIII 230–38

Prioritätsfragen (s. a. Psychoanalytische Theorie, Priorität), VII 428; XIV 294f.

Freuds (s. a. Kryptomnesie; u. i. Biogr. Reg.), X 53

Privateigentum, XIV 472f.

u. Aggression, XIV 473

u. Glück u. Ethik, XIV 504

u. Opfer, IX 167

Privatreligion, Zwangsneurose als, VII 132

'Privatsachen', mit Analyse nicht vereinbarbar (s. a. i. Reg. d. Gleichnisse: 'Naturschutzpark'; 'Schonung'; 'Reserve'), XI 298

Probe
-besetzung, xv 97
-handlung (*s. a.* Denken, als Probehandlung; Handeln), xiv 14; xv 96
-zeit (*s. a.* Patient, Auswahl d.), viii 455

Problemlösung, plötzliche (*s. a.* Denken), xvii 144

Produktiv(e)
Leistungen (*s. a.* Arbeit; Dichtung; Intellektuelle Leistungen; Kunst; Leistungsfähigkeit; Überleistungen; Wissenschaft), ii/iii 107f., 618; vii 213–33 (219f.)
als Alternative z. Neurose, viii 54
d. Phantasie *s.* **Phantasie** (u. andere psychische Phänomene); **Phantasie(n)** (Arten)
d. Unbewußten, ii/iii 618f.

Person, beim Witz *s.* **Witz** (*s. a.* Dritte Person)

Professionell (-er, -e, -es) (*s. a.* Berufs-)

Ethik *s.* **Psychoanalytiker**
Gewohnheiten *s.* **Gewohnheiten**
Komplex, iv 29

Prognose (*s.a.* Heilbarkeit; Heilung)
allgemeine Probleme d. Heilbarkeit, xv 165
Faktoren d.
  quantitative
    Konstitution, xv 165f.
    Maß d. Narzißmus, xi 463
    Triebstärke, xvi 64f.; xvii 107f.
  Schuldgefühl als, xvii 107f.
  soziale, xi 480
Genesungswille *s.* **Genesungswille**
d. Homosexualität, v 35, 46; xii 276–78

bei Hormontherapie, xv 166
d. Impotenz, xii 218
d. Neurose (i. allgemeinen), i 311f., 515; ii/iii 558; xv 165–69
d. Psychose, xvii 97, 99
  quantitative Faktoren d., xvii 107f.
d. Selbstmordmotivs, v 285
bei vorangehender nichtanalytischer Therapie, viii 456f.

Programmtraum (*s. a.* Traum, biographischer), viii 353

Progredient (-er, -e, -es)
Erregungsablauf, ii/iii 549, 553
psychische Vorgänge, ii/iii 547; x 302f.
Traumvorgang, ii/iii 579, 612

Progressive Paralyse *s.* **Paralyse, progressive**

Projektion, vii 108; viii 299, 302
i. Aberglauben (*s. a.* Aberglauben), vii 448f.
d. Ambivalenz, auf Tote, ix 79–83
u. Ambivalenz, ix 113
i. d. Angst v. Gefressenwerden durch Mutter (*s. a.* Gefressenwerden), xiv 519f.
i. Animismus (*s. a.* Animismus), ix 113
Astralmythen, ein Resultat d., x 25
Begreifen durch, xiv 343
d. Beleidigung, xiv 11
v. Blasphemien, xii 97f.
Dämonen als Ergebnisse d., ix 113; xii 97f.; xiii 318
d. Destruktionstriebes, als Sadismus, xiii 377
u. dichterische Personifikation, ix 82

450

Prophetische Ahnungen

u. Doppelgänger, XII 248
i. d. Eifersucht, XIII 196f.
Entstehung d., IX 80f.; XIII 29
   d. Neigung z., IX 113
   d. Erregung
     i. d. Angstneurose, I 338f.
   klitoriden, X 243
   frühe, XIV 520
   d. Gefahr
     i. Animismus, XII 170f.
     d. Trieb-, X 283f.
   d. Gewissens (*s. a.* Gewissen), XIV 486; XV 131
     i. Beobachtungswahn, XII 247
   i. d. Hysterie, V 194
   v. innen nach außen, I 338
   v. endopsychischen Wahrnehmungen, IX 81; X 423f.
   d. Krankheitsverursachung, eine allgemeine Tendenz, XII 9; XV 131
     bei Primitiven, IX 112; XII 170f.; XIV 343, 486; XV 131
   d. Unlustreize (*s. a.* Unlust), VIII 232
   nicht nur d. Abwehr dienend, IX 81
   i. Paranoia, I 401; V 194; VIII 299–302, 308f.; IX 113; XIII 199f.
   v. Phantasien, I 546
     i. hysterischen Anfall, I 546; VII 235
   Wunsch-, *s.* Projektion, d. Wunschphantasien
   i. d. Phobie, X 283f., 414 XIV 156
'Räumlichkeit', als Projektion d. psychischen Apparates, XVII 152
   i. d. 'Retourkutsche' (*s. a.* 'Retourkutsche'), V 194
   i. d. Schicksal, XIV 409
   u. sekundäre Bearbeitung, IX 81f.
   v. Selbstwahrnehmungen, als Theorie i. d. Wissenschaft (bei unvorsichtiger Eigenanalyse), VIII 383
   v. Todeswünschen *s.* Projektion, Dämonen als (*s. a.* Dämonen; Todeswunsch)
   i. Traum, X 414
   v. Trieb(en)
     -ansprüchen, X 424
     Dämonen als, XIII 318
     -gefahr, X 283
   d. Unlust (*s. a.* Unlust), VIII 232; X 228
   d. Überich (*s. a.* Überich), XIV 170
   d. Vaters, i. d. Schicksal, XIV 409
   d. Vorwürfe (*s. a.* Projektion, d. Beleidigung), V 194
   beim Wolfsmann *s.* i. **Reg. d. Krankengesch.**: Namenverzeichnis, Wolfsmann
   d. Wunschphantasien d. Vergangenheit i. Mythen (*s. a.* Mythen), IX 141
   i. d. Zwangsneurose, XIV 158

Projektionslähmungen (*s. a.* Lähmungen), I 480f.

Proletarier *s.* **Arbeiter**; **Plebejer**; **Stand**

Promiskuität (*s. a.* Gruppenehe; Monogamie; Polygamie)
   u. Urhorde, IX 152

Prompte Wunscherfüllung, Unheimlichkeit d. –n, XII 251f., 260

Prophet(en), XIV 486; XVI 152f., 218
   Analytiker als '–', XIII 279f.

Prophetisch(e)
   Ahnungen *s.* **Aberglauben**; **Unheilserwartung** (*s. a.* Zwangsneurose)

Prophetische Träume

Träume (*s. a.* Aberglauben; Telepathie; Traum, diagnostischer; – prophetischer), I 569; II/III 2, 4, 36, 68, 101, 647, 687; IV 265, 289–92

Prophezeiung (*s. a.* Aberglauben; Induktion; Telepathie; Wahrsager; Wunscherfüllung), XVII 31

Austernvergiftung, ein Fall v., XV 47

v. Freuds Zukunft (*s. a.* i. Biogr. Reg.), II/III 198

telepathische *s.* **Wahrsager** durch Träume *s.* **Traum**, prophetischer; **Traum(deutung)**, i. Altertum

Prophylaxe, I 508; XVII 131
Grenzen d., XVI 77
d. Konflikts, Frage einer, XVI 67, 75 f.
d. Neurasthenie (u. Neurosen), durch Aufrichtigkeit i. sexuellen Fragen, I 508
d. Neurosen, analytische (*s. a.* Prophylaxe, d. Neurasthenie), VII 376 f.; XIV 162
   Aufklärung, gesellschaftliche, VIII 115
   Erzieherausbildung, XV 161
   Erziehung, XI 379; XIV 285
   Kinderanalyse *s.* **Kinderanalyse**
d. Perversion, durch psychoanalytische Pädagogik, X 449
Traum als, VIII 33
unrichtig aufgefaßte, XVI 76
Wert d. analytischen, XVI 75

Proportion [-alität]
d. Aggressionstriebs u. d. Lebenstriebs, XVI 88 f.
i. d. analytischen Kur, VIII 461
zwischen d. Kräften d. Ich, u. d. Triebe, XIV 185

i. Lust u. Unlustprinzip, XIII 4
i. psychischen Vorgängen, I 454–56; XIII 4
quantitative Disharmonien d. *s.* **Quantität** (*s. a.* Libidoverteilung) zwischen Reiz u. Reaktion, I 454–56

Proskynesis, u. Stereotypie (*s. a.* Zeremoniell (religiöses)), VII 131

'Prospektive Tendenz' d. Traumes *s.* **Traum**, 'prospektive Tendenz'

Prostata-Affektion mit angstneurotischer Diarrhöe, I 323 f.

Prostitution
männliche, u. Homosexualität (*s. a.* Homosexualität), V 43
weibliche *s.* **Dirne** (*s. a.* Lebedame)

Prostration [Erschöpfung] *s.* **Ermüdbarkeit; Ermüdung; Müdigkeit**

Protektion, VII 108

Protest, männlicher *s.* '**Männlicher Protest**' (*s. a.* Männlichkeitskomplex)

Protestantische Geistliche (*s. a.* Katholizismus; Kirche; Priester), XIV 293

Protisten [Protoplasmatierchen, Protozoen] *s.* **Elementarorganismen**

Protokolle *s.* **Krankengeschichten** (i. allgemeinen): Protokolle

Provinzen d. psychischen Apparates *s.* **Psychischer Apparat**

Prozedur *s.* **Psychoanalytischer Prozeß**; – **Technik**

Prüderie, I 160, 192, 493; V 25; VIII 42
d. Erzieher, VII 21
i. Geldfragen, VIII 464

u. Lüsternheit (s. a. Heuchelei), v 25, 208f.
d. Kulturmenschen, VIII 42
u. Scham s. **Scham**
i. Wien geringer als i. Westen u. i. Norden, x 80f.

Prüfbarkeit, XIV 347–49
d. analytischen Behauptungen, XI 11
experimentelle (s. a. Experiment-), II/III 389

Prüfende Instanz (s. a. Zensur), VIII 397

Prüfung
Pollution vor (Schul-), v 104
d. Wünsche, durch Ich u. Überich, XVI 263

Prüfungsangst, II/III 280–82; v 104; XII 105

Prüfungstraum (s. a. Traum, typischer (bestimmte Arten d.): Prüfungs-)
u. sexuelle Erprobung, II/III 282

Prüfungszwang (s. a. Zwang, Grübel-), I 390

Prüfwort (s. a. Versprechen; Wort), IV 70f.

Prügeln s. **Schlagen**; **Schlagephantasien**; **Züchtigung**

Pseudo (s. a. Schein)
-angina pectoris, angstneurotische, I 320
-heredität, I 383, 445
-neurasthenische Vorstadien d. Psychose, I 315
-podien d. Protozoen, mit Objektlibido verglichen s. i. Reg. d. **Gleichnisse**

'Psychasthénie' [Psychasthenie] (Janet) (s. a. Frigidität; Impotenz), I 65, 71f.; VIII 84, 338; XII 201

Psychiatrie, voranalytische

Bewußtseinsspaltung i. d., I 65
Symptome, I 71
Psyche (s. a. Seele-; u. i. Namen-Reg.: Psyche)
Gehirn u. Nervensystem als Organ d., XVII 67
körperliche Anforderungen an, durch d. Es repräsentiert, XVII 70
u. Kulturprozesse, XVI 26

Psychiater (s. a. Psychoanalytiker)
i. Krieg, x 324

Psychiatrie [Psychiatrische Lehre]
analytische s. **Psychoanalyse**; **Psychoanalytisch-**
Begriffe d. s. unter d. einzelnen Krankheits- u. Symptombezeichnungen
Dämon durch psychologische Formel ersetzt, i. d., I 34
Diagnose i. d.s. **Psychoanalytische Diagnose**
Dichter, intuitives Verständnis d., f. s. **Dichter**, Verständnis f.
Lehrbücher d., II/III ix; XIV 283
Neurosenlehre als Teil d., XIV 86
organische (s. a. Organisch-), VIII 401f.
praktische s. **Psychoanalytische Therapie**; **Psychotherapie**, nichtanalytische; – voranalytische
u. Psychoanalyse s. **Psychoanalyse**, Anwendungsgebiete d., u. Medizin, u. Psychiatrie
voranalytische ['Schulpsychiatrie'], XI 13, 249–63; XIV 283
Dogmatismus i. d., XI 249–52
Glauben an Natur als Heilmittel, XIV 265
Neurasthenie, Unkenntnis ü., XIV 37
Neurose
als Besessenheit o. organische Krankheit betrachtend, XIII 317, 332

453

Psychiatrie, wissenschaftliche

als Hypochondrie aufgefaßt, XIII 317, 332

Priorität d. Psychischen nicht anerkennend [organische Ursachen suchend], II/III 44f.; V 290-93; XIII 405f.; XIV 102

u. d. 'Traumdeutung' Freuds, II/III ix, 44f.

wissenschaftliche, d. Zukunft, XIII 421

'Psychisch' [Das Psychische, Psychisches] (*s. a.* Seele)

u. 'bewußt' nicht identisch (*s. a.* Bewußte, (Das)), II/III 616-18; V 24; VIII 406; X 266f.; XI 14f.; XII 10; XIII 239-43, 406f.; XIV 57, 103, 224f.; XVII 79, 82f., 143f.

Beweise, XVII 143-46

(Definition), XI 14, 55; XVII 79

Erhaltung i. *s.* Psychisch(e) Erhaltung

Nervensystem als Organ d. (*s. a.* Psychischer Apparat), XVII 67

u. Real, Gegensatz v. (*s. a.* Ich u. Außenwelt; Innen u. Außen; Realität)

u. Konflikte (*s. a.* Konflikt), XIII 264

somatische [organische] Einflüsse auf d. *s.* Seele (Psyche): u. Leib

als Terminus technicus, unrichtiger Gebrauch f. 'd. Bewußte', II/III 616-18

Umfang d., XVII 142

Unbewußtheit, grundsätzliche, d., XVII 144, 147

Wesen d., XVII 142f.

Zerstörung d., XVI 46

Psychisch [Seelisch] (-er, -e, -es), X 266f.

Akzent, Verschiebung d. *s.* **Verschiebung**, Akzent-

Altertümer (*s. a.* Archaisch)

i. Traum *s.* Traum

Apparat *s.* Psychischer Apparat

Arbeit (*s. a.* Arbeit)

u. Therapie *s.* **Psychoanalytische Situation**, Mitarbeit (*s. a.* Heilung; Patient)

Aufwand *s.* **Aufwand**

Behandlung *s.* **Psychoanalytische Kur**; – **Therapie** (*s. a.* Psychotherapie)

'Beleuchtung', I 306

Degeneration *s.* **Degeneration**

Dynamik *s.* **Psychischer Apparat, Dynamik**

Energie *s.* **Energie**

Entropie, XII 151; XVI 87f.

Erhaltung, XIII 275; XIV 426-30

Freiheit *s.* **Freiheit**, psychische (*s. a.* Determinismus; Wille)

Funktionen *s.* **Psychischer Apparat**; u. unter d. einzelnen Stichwörtern

Infektion *s.* **Induktion** (*s. a.* Massenseele)

Instanzen *s.* **Psychischer Apparat**

Leiden *s.* **Leid**(en) (*s. a.* Unlust)

'– Männlichkeit', beibehalten trotz Inversion, V 41, 43

Mechanismen *s.* **Psychischer Apparat**

Minderleistung *s.* **Leistungsfähigkeit; Minderleistung**, psychische

Oberfläche *s.* **Oberfläche**, psychische

Qualitäten (*s. a.* Qualitäten)

(Zusammenfassung), XVII 79-86

Quantitäten (*s. a.* Ökonomie; Psychischer Apparat; Quantitativ; Quantität), I 74

Realität (*s. a.* Innen u. Außen)

d. Schuldgefühls, IX 192

Überbetonung d., XII 258
Reife (*s. a.* Reife) geht d. Pubertät voran, I 384, 511; V 73
Schauplatz *s.* **Lokalisation; Ort; Raum; (Schauplatz); Topik**
u. seelisch, X 266f.
Selbstverrat *s.* **Selbstverrat**
Spaltung *s.* **Bewußtseinsspaltung; Ichspaltung; Spaltung**
Systeme *s.* **Psychischer Apparat**
Trauma *s.* **Trauma**
Trägheit (*s. a.* Trägheit), X 246
Typen *s.* **Typen, psychische**
Unbewußtes *s.* **Unbewußt-**
Veränderungen sind meistens partiell, XVI 72
Vorgänge *s.* **Psychischer Apparat, Vorgänge i.**
Wert u. Inhalt *s.* unter d. einzelnen Stichwörtern (– Bedeutung; – Inhalt; – Wert; – Wichtigkeit, usw.)
Zensur *s.* **Zensur**

Psychischer Apparat [Seelischer –], I 512; II/III *541–46* (542), 547–49, 553, 558–61, 614f., 620, 622; IV 163; VIII 397; XII 326; XIII 241; XIV 4; XVII 67–69, 83f.
Abfuhr i. (*s. a.* Abfuhr), II/III 605
Arbeitsweise d., II/III 572
Aufgabe d., XI 370
Aufwandersparnis, Tendenz z., i., VIII 234
u. Außenwelt, XVII *123–35*
begriffliche Terminologie f. d., XIV 222
(Definition), XI 370
Dynamik d. [Dynamischer Gesichtspunkt] (*s.a.* Besetzung; Dynamik; Energie; Triebe; Überbesetzung; Verdrängung), II/III 549; VIII 397; X 280–85; XIII

Psychischer Apparat, Konflikte i.

240–43; XIV 85, 227–32, 301–03, 388; XVI 204; XVII 86f.
dynamischer, ökonomischer, u. topischer Gesichtspunkt, X 281; XIV 301; XV 70f.
Energiebesetzung d. (*s. a.* Psychischer Apparat, Konstanzprinzip), II/III 549
Erhaltung d. einmal Gebildeten i., XIII 275; XIV 426–30
Erregungen, Bewältigung v., i., X 152
Fundamente d., XVI 87
Funktion u. Tendenzen d., XIII 67
u. Gesundheit (*s. a.* Gleichgewicht; Proportion), XVI 70
Ich, Es u. Überich i., XIV 85
Identitätsziel, II/III 607f.
infantile Triebkräfte i., II/III 608f.
Inhalt d., XIII 246
Instanzen, psychische (*s. a.* Psychischer Apparat, Systeme), II/III 51, 149, 241, *542–49*, 553, 614f., 621, 689; IV 163; VIII 397; XII 326; XIV 85; XV 15, 29, 63, 65; XVII 67, 83
u. Affektbindung, II/III 483f.
Konflikte zwischen, u. Neurose, XIV 513
Kooperation zwischen –n, X 293
prüfende *s.* **Ich; Zensur** (*s. a.* Überich)
u. Traumarbeit, XVII 88
u. Triebarten, XIII 270f.
u. Wunscherfüllung, II/III 151
wunschprüfende Aktivität d., XVI 263
Kommunikation i. (*s. a.* Integration; Zensur), X 274, 288, 292, 417
Konflikte i. *s.* **Konflikt**

455

Psychischer Apparat, Konstanzprinzip d.

Konstanzprinzip d. (*s. a.* Psychischer Apparat, Energiebesetzung), XIII 275; XIV 426–30

Kooperation i. (*s. a.* Integration), X 293

Lust u. Unlust (*s. a.* Psychischer Apparat, Unlust), XV 82

als einzige psychische Qualität i. Inneren d., II/III 540

Prävalenz d., i., XIII 29

Mechanismen d. nicht erklärbar, nur beschreibbar, XII 140

Metapsychologischer u. nichtwahrnehmbarer Charakter d., II/III 616

Oberfläche d. (*s. a.* Oberfläche), XIII 246

Ökonomie d. [Ökonomische Gesichtspunkte] (*s. a.* Ökonomie), VIII 235; X 279–85; XI 284, 369, 388–90

primäre Arbeitsweise d., II/III 572

Primär- u. Sekundärvorgang i. (*s. a.* Primärvorgang; Sekundärvorgang), II/III 604–13 (606–11); X 285f.

Projektion d. Ausdehnung d., als Raum, XVII 152

Provinzen d., XV 79; XVII 67

Prozesse d. -n–es, *s.* **Psychischer Apparat**, Vorgänge i.

als Reflexapparat, II/III 604

Spaltungen i. *s.* **Spaltung**(en)

Stauung i. (*s. a.* Stauung), II/III 605

Strukturdiagramme z., XV 85

Systeme d. (*s. a.* Bewußt-; Metapsychologie; Psychischer Apparat, Instanzen i. Unbewußt-; Vorbewußt-; Zensur), II/III 558–61, 604–13; VIII 397

Bw., II/III 149f., 553, 620–22; XIII 23, 246

Ubw., Vbw. (*s. a.* Bewußte, Unbewußte, Vorbewußte, (Das)), XIII 241f.; XVII 82f.

u. Wahrnehmung (*s. a.* Wahrnehmung), XV 81–83

Energiebesetzung d., II/III 549

Entleerung d., X 417

funktionaler Übergang, X 274f., 279

Lokalisation d. Wunsches i., II/III 556f.

Regression i., X 286

Scheidung d. Inhalte erst i. d. Pubertät, X 294

Ubw., II/III 546f., 553, 557f., 573–78, 585, 588, 619, 623; VIII 439

Begründung d., XIV 57

u. Bw. *s.* **Psychischer Apparat**, Systeme, Bw.

Erfolg d., i. d. Koordination d., X 293

'Fühler' d., XIII 27; XIV 8

Gegenbesetzung i., X 280

u. Vbw., X 289

Primär- u. Sekundärvorgang i., X 285f.

Unterscheidung d., Bewußtheit ungeeignet z., X 291

Vbw., II/III 546f., 556, 573–80 (579), 584, 588, 610, 620, 623

Verarmung d., bei Schmerz, XIII 30

Verdrängung, Rolle d., i. d., II/III 603–13; X 292

Verkehr d. *s.* **Psychischer Apparat**, Kommunikation i.

W-Bw, XIV 4; XV 81–83

räumliche Stellung, XIII 23

Wahrnehmbarkeit, mangelnde; u. metapsychologischer Charakter d., II/III 616

Widersprüche i. d., x 2f.

Topik [Topographie, topischer Gesichtspunkt] d. (*s. a.* Topik), x 271–75, 279–85; xi 305–07; xiii 246, 251–54; xiv 85, 221–25; xvi 202–04

u. Systematik, xvii 78

Unkenntnis ü. Natur d. Elemente d., xiii 30f.

Unlust nicht vertragend (*s. a.* Psychischer Apparat, u. Lust u. Unlust), xvi 82

Unreife d., xvi 234

Unvollkommenheit d., als Ursache d. Neurosen, xiv 186–88

Vorgänge i.

Funktionsstörungen i., xvii 109

Proportionalität d., i 454–56; xiii 4

Sinn d., xi 33

Synthese d., weniger befriedigend, als Analyse (f. d. Ätiologie), xii 296f.

Tätigkeit d., xiii 7f.

Verlaufsrichtung (*s. a.* Progredient; Regressive), x 302f.

Zensur *s.* **Zensur**

(Zusammenfassung), xiv 221–24, 301–03; xvii 67–69, *123–35* (128–30)

Zweckmäßigkeit i., xiv 380

Psychoanalysanden *s.* **Lehranalyse; Patient** (*s. a.* Analysierte Personen; Psychoanalytiker)

Psychoanalyse

Abfallsbewegungen d.['Schicksale d. –'] (*s. a.* Psychoanalyse, Geschichte d.; Psychoanalytische Bewegung), x 91–97, 102–06, 112f. xiii 237; xv *154*; xvii 27

Abweichen nach d. Prinzip 'pars pro toto' (Adler, Jung), xii 82f.; xv 150–55

Adler, x 94–106; xiv 79f.; xv 151–53

u. Behaviorismus, xiv 79

Bleuler, xiv 77

Charakter d., xv 154f.

Folgerungen, abweichende, aus gleichen Ergebnissen, xii 76

u. Intoleranz, angebliche, d. Psychoanalytiker, xv 155

Jung, x 103; xiv 77–80; xv 154

Differenzen, erste (mit Freud) anläßlich d. Deutung d. Schizophrenie, x 68

Kontroversen Adler–Jung, x 86

mißverstandene Lehren (*s. a.* 'Wilde' Analyse), viii 119–21; xiv 306

Rank, xv 154

Sexualheuchelei i. d. ['Überwindung' d. Sexualität], x 102f., 106–13

Ursachen, psychologische d., x 91f., 103–07

Weltkrieg (Ersten), Einfluß auf d., xiv 80

(Zusammenfassung),xiii 223f., 418; xiv 74–87, *305f.*

Analysanden [Analysierte Personen] *s.* **Analysierte Personen; Lehranalyse; Patient** (*s. a.* Psychoanalytische Situation)

Anwendungsgebiete d., praktische *s.* **Psychoanalytische Methode**

Anwendungsgebiete d., theoretische ['Angewandte –']; Gegenstand d.; Interesse an d. –], viii 390–420; x 448–50; xiv 300f.; xv 156–58

u. Biographik, viii 202f., 207f.

u. Biologie, viii *407–11*; xiv 281; xvii 125

d. Lebens u. d. Todes, xiii 54

Psychoanalyse, Anwendungsgebiete d. (Forts.)

u. Entwicklungsgeschichte, VIII *411–13*; XIV 288

u. Geisteswissenschaften, IX 3, 93; XI 170; XV 156–58

   als Bindeglied zwischen Medizin u., XIV 281, 283, 289, 291f., 305

Kinderanalyse (*s. a.* Kinderanalyse)

   Schwierigkeiten d., IX 155

u. Kultur, XIV 106f.

   -geschichte, VIII *414–16*; XI 404; XIV 239, 281, 283, 305; XV 156f.

   -institutionen, VIII 414f.

   als Korrektur d. Bürden d., XIV 285

   (Zusammenfassung), XIII 424f.

als Kunst *s.* **Psychoanalyse**, Wesen d., als Deutungskunst; – Widerstände gegen, Vorurteile

u. Kunst

   -werke, X 76f.

   -wissenschaft [-geschichte] (*s. a.* Ästhetik), VIII *416f.*; X 76f.; XII 229; XIV 91, 105f., 283

   (Zusammenfassung), XIII 425

u. Literaturwissenschaft [Psychoanalyse d. Dichter u. Dichtungen] (*s. a.* Dichter; Dichtung), X 76–78; XII 327; XIV 89–91, 281

u. Massenpsychologie (*s. a.* Massen-)

   (Zusammenfassung), XIII 422f.

u. Medizin (*s. a.* Psychoanalytische Therapie), XI 13f., *249–63*; XIII 227, 421f. XIV 273f., 277–84 (281), 288–91, 294f., 305; XVI 34

u. Anatomie [Histologie], Vergleich zwischen, VIII 39; XI 262; XIV 288, 295

u. ärztliche Vorbildung (*s. a.* Laienanalyse), XI 12f.

   als Bindeglied zwischen Geisteswissenschaften u. Medizin, XIV 281, 283, 289, 291f., 305

u. Philosophie, XIV 104

interne Therapie, VIII 461, 471; XI 476f.; XII 106; XIII 426; XIV 277f.

u. organische Krankheit, XIII 426

u. Physiologie *s.* **Physiologie**

u. Psychiatrie, XI 13f., *249–63*; XIII 227, 421f.; XIV 281, 305

   Analyse mehr als ein Kapitel d., XIV 283f., 289

   Anwendung *s.* **Psychoanalytische Methode**

   Einstellung z.

      Neurosen *s.* **Neurose**(n)

      Psychosen [Wahnideen], XI 261f.

      Zwangsneurose, XI 267f.

   Priorität d. Psychologie nicht anerkennend, II/III 44f.

   Psychiatrie genügt nicht z. Ausbildung i. d., XIV 263

   Unterschiede zwischen, XI 261–63

   (Zusammenfassung), XIII 227, 421f.

u. Moral [Ethik], XIV 106f.

u. Mythologie, X 76; XI 404; XIV 95, 239f., 281, 283; XV 156f.

   (Zusammenfassung), XIII 229, 425

Psychoanalyse, Anwendungsgebiete d. (Forts.)

auf nicht-ärztlichen Gebieten, x 76–79; xiv 88–96, 100f.; xv 156

erste Ergebnisse u. Forschungen, x 64, 75

auf normale Phänomene bezogen (*s. a.* Psychoanalyse, u. Psychologie), viii 391f.

(Zusammenfassung), xiii 228f.

u. Okkultismus, xvii 28–31

u. Pädagogik [Pädagogische Bedeutung d.], vii 376; viii *419f.*; x 78f., 448–50; xiv 95, 284f., 305, 565–67; xv 157–62; xvi 34

d. Erzieher, xiv 566

(Zusammenfassung), xiii 229

u. Philosophie, ii/iii 151; viii 397, *405–07*, 415; x 78; xi 13; xii 327; xiv 217, 222; xvii 80f.

Determinismus, Dualismus *s.* **Determinismus; Dualismus**

keine Weltanschauung, xv 171, 197

materialistisch-mechanistische, xvii 29

Mittelstellung d. Psychoanalyse zwischen Medizin u., xiv 104

praktische *s.* **Psychoanalytische Methode**

u. Psychologie, viii *390–402*; x 76; xii 325; xiv 288f., 291; xv 170f.

experimentelle, xi 13

d. Unbewußten s. **Psychoanalytische Theorie**

(Zusammenfassung), xiii 422

u. Religion, xii 327; xiv 105f.; xvi 157f.

-spsychologie, xiv 281, 283

-swissenschaft, x 76–78; xi 404; xiv 305; xv 156f.

(Zusammenfassung), xiii 426; xv 180f.

u. Seelsorge (*s. a.* Psychoanalyse, Wesen d.)

als 'weltliche –', xiv 292–94

d. Sexualität [Sexualfunktion] (*s. a.* Sexualität), viii 408–11; xiv 233–38

infantilen –, viii 408–10

u. Sexualreform, viii 87f.

u. Sexuologie, xiv 281

u. Sinnesphysiologie, xi 13; xiv 218; xvii 126f.

u. soziale Ordnung, xiv 105f.

u. Soziologie, viii *418f.*; xiv 283, 288

(Zusammenfassung), xiii 426

u. Sprachwissenschaft [-forschung], viii *214–21, 403–05*; ix 3, 71; xi 169f.; xiv 95, 283

(Zusammenfassung), xiii 422f.

u. Tatbestandsdiagnostik, vii *3–15*

u. Telepathie, xvii *27–44*

theoretische, i. allgemeinen (*s. a.* Psychoanalyse, Anwendungsgebiete d., auf nichtärztlichen Gebieten; Psychoanalytische Theorie), xv 156

als Tiefenpsychologie *s.* **Tiefenpsychologie**

u. Völkerpsychologie [Anthropologie, Ethnologie, Folklore], x 76–78; xiv 92–94; xv 156f.

u. spezifisches Verhalten i. d. Analyse, seitens Angehöriger verschiedener Rassen, xvi 86

u. Wissenschaft [Psychoanalyse als Wissenschaft; wissenschaftliche Verwertung d.] (*s.*

Psychoanalyse, Aufgaben d.

  a. Wissenschaft), xiv 281, 283f., 291–95, 301; xv 171; xvii 29

  Anwendung d., xv 156

  empirische, xiii 229

  als Fach-, xiv 289

  Geistes-, xv 156–58

  kein dogmatisches System, xiv 217f.

  keine Weltanschauung, xv 171, 197

  materialistisch-mechanistisch, xvii 29

  ordnende u. intellektuelle Bewältigung d. Umwelt durch Analyse, xvi 72

  Unterschiede d. Technik, bei Forschung u. Behandlung, viii 380

Aufgaben d. *s.* **Psychoanalyse,** Wesen d.

als Beruf *s.* **Psychoanalytiker** (*s. a.* Arzt; Beruf; Laie; Lehranalyse)

Chancen d. (*s. a.* Psychoanalyse, Widerstände gegen d.; – Zukunft d.; Psychoanalytische Methode, Indikation u. Kontraindikation)

  v. quantitativen Faktoren abhängig (*s. a.* Quantitativ), xvi 72, 74

Definition *s.* **Psychoanalyse,** Wesen d.

als Deutungskunst *s.* **Psychoanalyse,** Wesen d., als Deutungskunst

d. eigenen Person *s.* **Selbstanalyse** (*s. a.* Psychoanalytiker, Kriterien, Eigen- u. Selbstanalyse)

Einstellung gegenüber d. (*s. a.* Psychoanalyse, Abfallsbewegungen; – Widerstände)

  d. Optimisten, Skeptiker, u. Ehrgeizigen, xvi 67

Toleranz d. Gesellschaft f. d. Neurosen, viii 114

Ende d. *s.* **Psychoanalytische Kur,** Ende d. (*s. a.* Analysierte Personen)

  'endliche u. unendliche', xvi *59–99*

u. Erziehung *s.* **Psychoanalyse,** Anwendungsgebiete d., u. Pädagogik; – als Nacherziehung; – Wesen d.

d. Erzieher, xiv 566

Experimente i. d., xi 13; xv 23f., 188; xvi 76; xvii 127

experimentelle Träume i. d., xiii 306

Ferenczis '–', (Vorwort z.), vii 469

Freuds wichtigste persönliche Beiträge z., x 45, 53f.; xiv 80–87

Gegner d. *s.* **Psychoanalyse,** Abfallsbewegungen d.; – Widerstände gegen d. (*s. a.* i. Biogr. Reg.

Geschichte d. (*s. a.* Psychoanalytische Bewegung, Geschichte d.; Psychotherapie, voranalytische; u. i. Biogr. Reg.), v 13, 62; viii 3–26; x 44–113

  Abriß d. *s.* **Psychoanalyse,** Geschichte d., Zusammenfassung

  'Analyse, psychische', i 273

  Anfänge d., i 416f.; v 4–6; xii 325; xvi 67

  mit Breuer *s.* **Psychoanalyse,** Geschichte d., Kathartische Methode

  v. Breuer abweichend

    'Abwehr' o. 'hypnoide Zustände', i. Frage d., x 48f.

    Deutungen, i 77–80

    Methode, v 4–6

    Rolle d. Sexualität, x 49–51, 55

Entwicklung, VIII 390
erste Anwendung an Psychosen, X 67
erste Assoziationsexperimente, X 67
erste Formulierungen *s.* **Erste Ideen** (*s. a.* unter d. einzelnen Stichwörtern)
Freuds persönlicher Anteil a. d., X 45, 53, 80–87; XIV 359
Frühzeit *s.* **Psychoanalyse**, Geschichte d., Anfänge d.
Hypnotische Methode (*s. a.* Psychotherapie(n), voranalytische)
    Geschichte d. Analyse beginnt mit Verzicht auf, X 54
    Übergang durch Methode d. 'Drücken d. Kopfes', I 165–70, 208, 267–75
        durch Drängen, VIII 105
Ideen, als grundlegend anerkannte (*s. a.* Erste Ideen, [Freuds, ü.]), XIII 223
infantile Sexualität, Traumdeutung, Verdrängung, Widerstand, X 53f.
Kindheitserlebnisse, sexuelle Ätiologie, d., Unbewußte Verdrängung, Widerstand, XIV 65
Kathartische Methode (*s. a.* Psychotherapie(n), voranalytische), I 266; VIII 3–11; X 45f.
    Abänderung [Umgestaltung] d. (*s. a.* Psychoanalyse, Geschichte d., Kathartische Methode, Übergang), V 4–6; X 53
    Breuers Rolle i. d., X 46–48; XIV 562f.
    mit Faradisierung (usw.), I 125, 199f.
    mit Ruhekur, I 266

Psychoanalyse, Hauptbestandteile d.

    Übergang v. d. (*s. a.* Psychoanalyse, Geschichte d., Kathartische Methode, Abänderung d.), XIII 213f., 410f.
    Breuers Anteil am, X 44f.
    Krankengeschichten (*s. a.* i. Reg. d. Krankengesch.), I 99–312
    Vergleich mit, I 311f.
Konzentrationsmethode (*s. a.* Psychoanalyse, Geschichte d., hypnotische Methode; – suggestive Methode; Psychotherapie(n), voranalytische)
    Anfänge d., I 166–70, 269–80
    Erwägungen ü. Wert d., I 283–88
Schicksale d. *s.* **Psychoanalyse**, Abfallsbewegungen
suggestive Methode (*s. a.* Psychotherapie(n), voranalytische)
Drängen *s.* **Drängen**
Übergang z. Analyse, I 184–95
    verbunden mit, I 272–75
    verglichen mit, V 18f.
d. Technik, VIII 19, 105; XII *309–12*
(Terminus technicus) *s.* **Erste Ideen**
Vorläufer d., V 14f.; XII 12
Widerstände (*s. a.* Psychoanalyse, Widerstände gegen d.), X 79
als Wissenschaft anerkannt, XV 148f.
Zeitpunkt v. wann als Psychoanalyse betrachtet, VIII 26; X 45
(Zusammenfassung), XIII 211–14, 417–20
Abriß, kurzer d., XIII *405–27* (405–22)
Hauptbestandteile d. *s.* **Psychoanalyse**, Geschichte d., Freuds

461

Psychoanalyse, persönlicher Anteil an d.

persönlicher Anteil an d.; – Ideen, als grundlegend anerkannte d.

Heilerfolge *s.* **Psychoanalytische Kur,** Heilerfolge (*s. a.* Psychoanalyse, Leistungen d.; Psychoanalytische Methode, Ziel(e) d.; Psychoanalytische Therapie

u. Intuition, xv 171 f.

d. Kinder *s.* **Kinderanalyse** (*s. a.* Pädagogik)

Konstruktionen i. d. *s.* **Konstruktionen**

Kränkungen d. menschlichen Eigenliebe durch d., xiv 109

narzißtische, xi 295

psychologische, xii *8–11*

als Kunst *s.* **Psychoanalyse,** Wesen d., als Deutungskunst; – Widerstände gegen d., Kritiken

Lehr-, *s.* **Lehranalyse**; **Psychoanalytiker**

Leistungen d. (*s. a.* Psychoanalytische Methode, Wert d.; – Ziel(e)), vii 172; xiv 300

eigentliche, xvi 71

Heilerfolge (*s. a.* Psychoanalytische Kur, Heilerfolge), viii 419; xvi 84

Motive, Aufdeckung d., vii 9; xvi 125

u. Naturwissenschaft (*s. a.* Natur-; Psychoanalyse, Anwendungsgebiete d., u. Wissenschaft)

u. Chemie *s.* **Chemisch**; **Chemismus** (*s. a.* i. Reg. d. Gleichnisse)

u. Physik *s.* **Physik**

u. Physiologie *s.* **Physiologie**; **Sinnes-**

d. normalen Phänomene (*s. a.* Normal; Normale Menschen; Psychoanalyse, Anwendungsgebiete d.), viii 391 f.

Pansexualismus, angebliche, d. *s.* **Pansexualismus**

z. Polemik ungeeignet *s.* **Polemik**

u. populäres Denken, xiv 222

u. Prognose *s.* **Prognose** (*s. a.* Psychoanalytische Therapie)

Programm d. *s.* **Psychoanalytische Theorie**

u. Psychiatrie *s.* **Psychoanalyse,** Anwendungsgebiete d., u. Medizin

u. Sinnesphysiologie (*s. a.* Physiologie; Sinnesphysiologie), xi 13; xiv 218; xvii 126 f.

u. Sittlichkeit [u. Anpassung, u. Sexualmoral, Triebeinschränkung] (*s. a.* Moral, Sexual-; Pansexualismus, angebliche; Psychoanalyse, Anwendungsgebiete, Pädagogik), xiv 106 f.; xv 162 f.

Studium d. (*s. a.* Psychoanalyse, Unterricht d.)

Lesen (*s. a.* Patient; Psychoanalytische Situation, Mitarbeit), xvi 78

(Terminus technicus) (*s. a.* Psychoanalyse, Wesen d.), xiv 96

erste Ideen ü. *s.* **Erste Ideen**

therapeutische Ziele d. *s.* **Psychoanalytische Therapie**

als Tiefenpsychologie *s.* **Tiefenpsychologie**

Unterricht i. d. (*s. a.* Lehranalyse; Psychoanalytiker), xi 8; xiv 109 f., 226

Wahrheiten d., viii 111

Wert d. *s.* **Psychoanalytische Methode,** Wert d.; **Psychoanalytische Theorie,** Methodologie

Wesen d. (*s. a.* Psychoanalytische Methode, Ziel(e); Psychoanalytische Theorie), xiii *211–29,* 437

Archäologie, verglichen mit (*s. a.* i. Reg. d. Gleichnisse), xvi 45–47

Aufgabe(n) d., xvi 84, 96

Begriff d., XII 184; XIV 289
als Fach, XIV 289
Begriffe d., Symbole f., i.
Traum, II/III 414
(Definition), VIII 372, 390; XII 184f., 187; XIII *211*, 227, 286, 390; XIV 96, 210, 300; XVI 71; XVII 142
als Deutungskunst (*s. a.* Psychoanalytische Methode), V 7; XIII 16, 186f., 411; XIV 66f., 69, 250; XVI 93
(Zusammenfassung), XIII 215–17
Diskretion i. d. (*s. a.* Psychoanalytiker, Regeln), XIV 235
Einseitigkeit d., XIV 263
einzige Methode d. Bewußtmachung d. Unbewußten, I 381
als 'Gegenzwang', XII 192
Illusionen zerstörend, VIII 111; XV 197
Indizienbeweis i. d., XI 43–46
Inhalt d.
(Zusammenfassung), XIV *300–05*
Interesse an d., *s.* **Psychoanalyse, Anwendungsgebiete** d.
Intimitäten aufdeckend (*s. a.* Aufrichtigkeit; Heucholoi; Patient), XIV 233–38
kann nicht populär werden, muß Widerspruch hervorrufen (*s. a.* Psychoanalyse, Widerstände gegen), X 45; XVI 275; XVII 142
keine
Geheimwissenschaft, XV 76
Reformbewegung (praktisch-soziale), XI 450
Weltanschauung, XIV 359f.; XV 197
als Korrektur (d. Verdrängungsvorgangs), XIV 285, 305; XVI 71

Psychoanalyse, Wesen d.

als Kunst *s.* **Psychoanalyse, Wesen** d., als Deutungskunst
Mehrdeutigkeit d., XIV 96
Mittelstellung d. [als Bindeglied] (*s. a.* Psychoanalyse, Anwendungsgebiete d., u. Psychiatrie)
Folgen d., XIV 104
'Mythologie' d.
Annahme d. Unbewußten, als Fortbildung d. Animismus, X 270
Theorien als, XVI 22
Trieblehre als, XV 101f.
als Nacherziehung, V 21, 24*f.*; X 448–50; XI 469; XIV 305, 566; XVII 100f.
als Erziehungswerk, X 365
Erziehbarkeit als Bedingung d., V 21
als Ziel d. Therapie, XVI 68f.
als Operation (*s. a.* i. Reg. d. Gleichnisse: Chirurg), I 311
Ordnung i. d. Chaos d. Umwelt bringend, XVI 72
positiver (nicht negativer) Charakter d., XI 38
regrediente Richtung d., X 47f.
'Schibboleth' d.
d. Traum als d., X 101; XV 6f.
d. Unbewußte als d., XIII 239
d. Schlechteste eines jeden Menschen z. Vorschein bringend, X 79
als 'Seelsorge, weltliche', XIV 292–94
auf Sinnhaftigkeit d. Symptome beruhend, XI 79
als spekulatives System, XIV 104
(Terminus technicus), II/III 647; XII 184; XIV 96

463

Psychoanalyse, Widerstände gegen d.

zuerst als solcher gebraucht, I 273, 379, 381, 383, 500, 512; v 16

therapeutischer Charakter d. (*s. a.* Psychoanalytische Therapie), XVI 96

als Tiefenpsychologie *s.* **Tiefenpsychologie**

'Unterwelt' d., x 113

als Wissenschaft d. Unbewußten (*s. a.* Psychoanalyse, Anwendungsgebiete, theoretische, u. Wissenschaft; Psychoanalytische Theorie), v 24; XIV 96

'Wundersame Welt d. –', I 285

als 'Zauber' (*s. a.* Wortzauber), VIII 112; XI 9f.; XIV 214

'Zeitlosigkeit' d., XII 32f.

Ziele u. Zukunft *s.* **Psychoanalyse, Ziele;** – Zukunft; **Psychoanalytische Methode,** Ziel(e)

Widerstände gegen d. (*s. a.* Psychoanalyse, Abfallsbewegungen; – Geschichte d.; – Kränkungen; Psychoanalytische Bewegung), v 32f.; VIII 39f., 56f., 111; x 44, 62, 79; XI 14–17, 476f.; XIV 58,*99–110* (99f.); XV 148; XVI 93

i. Aggressionstrieb, XVI 88

analytisches Verstehen d. Gegnerschaft, xv 156

Anekdoten ü., IV 93, 95f.; x 52f., 61, 338; XIV 74, 235; XVI 153

Angriffe gegen, x 69, 74f., 77; XI 239

Anklagen (*s. a.* Psychoanalyse, Widerstände gegen, Vorurteile), XI 448f.

Drohungen gegen, XI 476f.

Heftigkeit d., XIV 104

u. Judentum Freuds, XIV 110

i. Nordamerika, x 70f.

Persönlichkeit d. Angreifer (*s. a.* Psychoanalyse, Abfallsbewegungen d.), x 79f.

bei ungenügend Analysierten *s.* **Psychoanalyse,** Abfallsbewegungen d.; u. i. **Namen-Reg.** unter d. einzelnen Namen

i. Fachkreisen, I 359, 514–16; v 14; VIII 390f.; XIV 74, 101, 104, 108f., 235f., 264f.; xv 34, 146–48

i. Amerika, x 70f., 338

Charakter u. Stil d., XIV 74–76

i. Frankreich, XIV 37, 88f.

d. mechanistischen Richtung, XIV 102f.

Folgen d., ungünstige, VIII 110f.

Geschichte d., x 79

Gründe d., XII *3–12*

angebliche *s.* **Psychoanalyse, Widerstände gegen,** Vorurteile

inhärente

kann nicht populär werden, XVII 142

muß Widerspruch hervorrufen, XVI 275

narzißtische Kränkung verursachend (*s. a.* Psychoanalyse, Kränkungen durch) XI 295

Reiz z. Widerspruch, x 45

Kritiken u. Mißverständnisse (*s. a.* Psychoanalyse, Widerstände gegen, Vorurteile), VIII 39, 56; XIII 227f.; xv 146

Behauptung, sie sei eine künstlerische Leistung, XII 309

wegen Intoleranz, angeblicher *s.* **Psychoanalytiker** Charakteristik d. –s

gegen Methode, v 32
wegen Mystizismus, angeblichem, v 14; xi 80; xiv 102; xvii 28
Oberflächlichkeit d.Kritiker, i 513
Sexualtheorie d. Neurosen, i 359; v 32
Selbstkritik d., xii 183
'Traumdeutung', Totschweigen d., ii/iii ix, 97f.
(Zusammenfassung), xiii 227f.
bei Philosophen, xiv 103–06
populärer, xv 148–51; xvii 142
Vorurteile (s.a. Psychoanalyse, Widerstände gegen d.,Angriffe; – Kritiken), xi 8, 14, 80, 476f., 481f.; xiv 67f.

i. Abnahme begriffen (1917), xi 481f.

affektive, xi 251f., 295; xiv 104, 108f.

ästhetische, xi 14, 16

intellektuelle, xi 14f., 80; xiv 103–06

wegen 'Beeinflussung' [Suggestion], xi 244f., 470–72; xii 80f.; xiv 60

d. Einfälle, i 282

i. d. Kinderanalyse, vii 337, 339f.

d. Verführungsphantasien, xiv 60

'Epidemie, psychische' (Hoche), x 66

Ergebnisse waren 'Artefakte', xii 76

wegen 'Gefährlichkeit', v 22–24; xiii 227f.; xvi 95f.

d. Übertragung, v 281

wegen 'Schädlichkeit', viii 56

Psychoanalyse, Wirkung d.

wegen 'Unwissenschaftlichkeit', xi 80; xv 23

Verschiebungstheorie angeblich erkünstelt, xi 239–43

moralische, xiii 264

'Gefährdung d. Ideale', viii 111

wegen seiner 'Unart', xiv 395

'Verletzung d., d. Großen schuldigen Ehrfurcht', xiv 547, 549

'Verstärkung d. bösen Triebe', vii 374; viii 56

religiöse, xiv 359f.

sexuelle (s. a. Pudendum, Sexualität als; Sexualität, Begriff d., erweiterter)

wegen 'Aufdrängen v. sexuellen Themen', i 440f.

wegen erweitertem Begriff d. Liebe, xiii 98f.

wegen infantiler Sexualität, xi 212, 214; xii 80f.; xiv 60

wegen Ödipuskomplex, xi 212, 214

wegen 'Pansexualismus' s. **Pansexualismus**

wegen sexueller Theorie, xiv 235f., 306

wegen Traumdeutung, xiv 74

'unerfahrene Mädchen', i. Schutz d., v 209

Wien, 'unsittliche Atmosphäre' v. (Janets Anklage), x 80f.

(Zusammenfassung), xiii 414, 416f., 419

'Wilde' s. **'Wilde' Analyse** Wirkung d.

Psychoanalyse, Ziele u. Zwecke d.

allgemeine, VIII *112–15*

auf Analysierten, XVI 71 f.

Ziele u. Zwecke d. (*s. a.* Psychoanalytische Methode), I 381; V 8; VIII 112; X 365; XI 404, 451 f.; XIII 161; XV 86, 156; XVI 44, 68, 73, 84, 96

Zukunft d., I 514–16; VIII 111–15; XI 263; XIII 426 f.; XIV 19, 286

Psychoanalysierte Personen *s.* **Analysierte Personen**

Psychoanalytic Review, The, X 91; XIII 418

Psychoanalytiker (*s. a.* Arzt)

Charakteristik d. –s [eigene Persönlichkeit, Berufs- u. Eigenart], XIV 249 f.; XVI 93–96

Abwehrmechanismen, XVI 95 f.

Affekte, XIV 291

'blinder Fleck' beim, VIII 382 f.

Defekte, XVI 94

Eigenart, Persönlichkeit, Technik, VIII 376, 383; XVI 93

Einstellung, wissenschaftliche XVI 64 f.

'entgiftete' Psychoanalyse anwendend, XV 164 f.

Fehler *s.* **Psychoanalytische Theorie**, Methodologie, Fehlerquellen

Fehlerinnerung u. Irrtum beim (*s. a.* i. Reg. d. Fehlleistungen), IV 245 f.

Fehlleistungen *s.* **Arzt**, Fehlleistungen beim (*s. a.* i. Reg. d. Fehlleistungen)

Gedächtnis d. –s (*s. a.* Erinnerungsapparat; Notieren), V 166 f.; VIII 376–78

Gegenübertragung *s.* **Übertragung**, Gegen-

Impulsivität (*s. a.* Psychoanalytische Theorie, Methodologie, Fehlerquellen)

als Optimismus, XVI 67

Interessen, XVI 94

Intoleranz, angebliche, XI 227 f. XV 155 f.

Irrtümer *s.* **Konstruktion** (*s. a.* Irrtum; u. i. Reg. d. Fehlleistungen)

keine

Geheimbündler, XV 76

Reformer, XI 450

Komplexe, VIII 382

Lügen, Unfähigkeit z., IV 247; X 312; XVI 94

Optimisten, VIII 67

'persönliche Gleichung', XIV 250

als Fehlerquelle, XVII 127 f.

Selbstanalyse *s.* **Psychoanalytiker**, Kriterien

Technik, individuelle, bedingt durch (*s. a.* Psychoanalytische Technik), VIII 376; XVI 93

Triebansprüche, XVI 95 f.

Verdrängungen, VIII 382

Widerstände, VIII 458

als Widerstand, XVI 93

Einfluß, persönlicher, d. –s (*s. a.* Übertragung), XIV 255 f.

Autorität (*s. a.* Autorität; -sglauben; -ssucht)

durch Irrtum, gelegentlichen, nicht eingebüßt, XVI 48

Mißbrauch d., XVI 94

nicht z. verwenden, XIII 308

Grenzen d. –es, V 272 f.; VII 119

Rechtbehalten, I 283

auf Traumbildung, XI 244 f.

Kampf d. –s

Analyse, als psychische Arbeit, I 268, 286

dreifacher, X 320

als Kampf zwischen Intellekt u. Triebleben, VIII 374
als Überwindungsarbeit, XI 469
Widerstandsbekämpfung *s.* **Widerstand** (*s. a.* Psychoanalytiker, Rolle d. -s)
Kandidaten (*s. a.* Lehranalyse), XV 167f.; XVI 94f.
Lehrinstitute f. Ausbildung (*s. a.* Psychoanalytische Institute), XIV 260, 279
Eigenanalyse *s.* **Lehranalyse**
Kriterien d. -s, XIV 260
ärztlicher Beruf als *s.* **Laienanalyse** (*s. a.* Arzt)
Charakter, Anforderungen an d., V 25; XVI 94
Demut, XI 146
Eigen- u. Selbstanalyse (*s. a.* Charakteranalyse), VIII. 382f., 387; XVI 65, 94f.
   d. eigenen Träume, VIII 382
Nachanalyse, periodische, XVI 96
Unumgänglichkeit d., VIII 108
Einfühlungsvermögen, VIII 474; XII 138
Fähigkeit z. Fortbildung, XI 477
Moral, V 25
Normalität, XIV 250; XVI 93f.
Reserve *s.* **Psychoanalytiker, Regeln**
Takt (*s. a.* Psychoanalytische Technik), VIII 119, 124; XIII 215; XIV 250f.
Leistungen d. -s (*s. a.* Psychoanalyse, Leistungen d.), XVI 45
mit 'Detektivkünsten' verglichen, VII 9
Patient, Verhältnis d. -s, z. -en (*s. a.* Patient; Psychoanalytische Situation), I 307-11

Psychoanalytiker, Regeln f. d.
Abstinenz *s.* **Psychoanalytische Regeln**
Entfremdung (*s. a.* Übertragung, negative), XVI 65-85
Ethik d. -s (*s. a.* Übertragungsliebe), V 25; VII 119; X 311-16, 318f.; XVII 101
   sexuelle Beziehungen ausgeschlossen, XVII 101
   i. bezug auf sexuelle Fragen *s.* **Psychoanalytiker, Regeln, Prüderie**
Fremde, grundsätzlich, zueinander, VII 119
Geschenke, X 407
persönliche Beziehungen, I 265, 286; VIII 456f.
Rolle d. Analytikers f. Patienten *s.* **Psychoanalytiker, Rolle d. -s**
Sympathie (*s. a.* Übertragung, Gegen-) I 264f.
   als Liebessurrogat (*s. a.* Übertragungsliebe), I 307f.
   menschliche, I 264
   i. d. Widerstandsbekämpfung, I 285f.
'unfreundliche Handlung', unnötige Aktivierungen als, XVI 65
'Verschmähung' u. negative Übertragung (*s. a.* Übertragung, negative), XVII 101f.
Verwöhnung unangebracht, XII 189
Zärtlichkeiten, keine, annehmend, X 311
Regeln f. d. (*s. a.* Psychoanalytische Regeln; – Situation; – Technik)
Affektleben, eigenes
   Gefühlskälte u. Schonung d. -n -s, VIII 381; XIV 291

Psychoanalytiker, Rolle d.

Überbetontheit d. –n –s, Vermeidung d., xiv 291

Aufgabe d. –s, xi 450; xvi 45

Aufmerksamkeit, gleichschwebende, viii 377f.; xiii 215

Aufrichtigkeit, v 20f.; x 312; xiv 107; xvi 94

Diskretion (*s. a.* Diskretion), v 171; xvii 98

  u. Geheimhaltung d. Behandlung, Wunsch f., viii 470

  als Pflicht, xiv 235

Ehrgeiz, therapeutischer, Gefahren d. –es, –n (*s. a.* Arzt, als Analytiker), viii 381, 474

keine körperliche Prüfung unternehmend, xii 280; xiv 277f.

Konstruktion (*s. a.* Konstruktionen)

  als Aufgabe d. –s, xvi 45

  Irrtümer d. –s, i. d., xvi 48f.

Suggestion d., xvi 48

moralisierender Standpunkt, Vermeidung d. –en –es, viii 474

Nachhilfe d. (*s. a.* Psychoanalytische Technik, Aktivität i. d.)

  durch 'Drängen' *s.* **Psychotherapie**, voranalytische

  elektive Macht d. Analyse überschätzt, viii 463f.

  durch Erwartungsvorstellungen, vii 339f.

Neugierde, Unterdrückung eigener, vii 398

Prüderie, Unangebrachtheit d. (*s. a.* Arzt, u. sexuelle Fragen), i 492–95, 505, 515; v 208f.

  Abscheu vor Perversionen, v 209f.

  Behandlung sexueller Themen, i 440f.; v 209

Reserve, viii 381, 383f.; xiv 256

Unbefangenheit, xiv 278

d. Unbewußte d. Analytikers als empfangendes Organ, viii 381f.

  Gedächtnis d. –n, viii 378

vertrauliche Mitteilungen, subjektive, Vermeidung v. –n, viii 383f.

Voreiligkeit als Fehler (*s. a.* Psychoanalytische Technik, Mitteilungen), viii 124, 474

Wahrheitsliebe (*s. a.* Psychoanalytische Technik, Aufrichtigkeit i. d.), xvi 94

  i. sexuellen Fragen, i 495, 505, 508, 515

Wahrnehmung, xii 32

'zeitloses Verhalten', xii 33

Rolle d. –s (f. Patienten)

  als Aufklärer (*s. a.* Psychoanalytiker, Regeln, Prüderie, Unangebrachtheit d.), i 285

  als Beichthörer

    u. Lehrer u. Aufklärer, i 285

    weltlicher (Unterschiede zwischen Priester u. –), xvii 99f.

  als Beobachter, nicht als Reformer, xi 450

  als Chirurg (*s. a.* i. Reg. d. Gleichnisse: Chirurg), viii 380f.

  als Erzieher (*s. a.* Erziehung; Psychoanalyse, Wesen d., als Nacherziehung), i 285; viii 385; xii 190f.; xvii 101

  u. Erzieher, Zusammenwirken v., x 79, 450

  Funktionen, i 285

  als Imago, viii 474

  als 'katalytisches Ferment', viii 55

  als Lehrer (*s. a.* Psychoanalytiker, Rolle d. –s, als Erzieher)

u. Beichthörer, I 285
u. Elternersatz, XVII 101
u. Vorbild, XVI 94
als Prophet, Erlöser u. Seelenretter, XIII 279 f.
als Ratgeber, XII 190 f.
Rollenspielen d. -s, Unangebrachtheit d. -s, V 272 f.
u. Schuldgefühl, Handhabung d. -s, XIII 279 f.
u. Seelsorger (*s. a.* Psychoanalytiker, Rolle d., als Beichthörer), X 450; XVII 99 f.
als Spiegelplatte, VIII 384
therapeutische, I 492-94
Überschätzung d. -s, XIII 279
als Vermittler u. Friedensstifter, VIII 24
als Vorbild [Vaterimago], VIII 365 f.; XVI 98 f.
als Elternersatz [Lehrer], XVI 94; XVII 101
an Stelle d. Ichideals, XIII 279 f.
Umstände, subjektive, d. analytischen Situation, f. d. (*s. a.* Psychoanalytische Situation)
Bekanntschaft, vorherige, mit Analysanden o. Angehörigen (*s. a.* Patient, Auswahl d. -en; Psychoanalytische Kur), II/III 110; VIII 456 f.
Honorar, VIII 458, 464 f.
'falsche Fahrtrichtung', Irrtum wegen, IV 252 f.
u. Frauen, IV 175
Gratisbehandlung, VIII 465
bei Mittellosen (*s. a.* Armut; Gratisbehandlung; Psychoanalytische Institute), VIII 465 f.; XI 448 f.
u. Vergessen, IV 151-53
u. Verlegen, IV 156 f.

u. Verschreiben, IV 129
Laienanalytiker *s.* **Laienanalyse**
Lehr-, *s.* **Lehranalyse**
männliche Analytiker u. Beurteilung d. Fragen d. Weiblichkeit, XV 124
'unmöglicher Beruf' d., XIV 565; XVI 94
Wechsel d. -s, nach Terminsetzung, XVI 62
weibliche Analytiker
u. Beurteilung d. Fragen d. Weiblichkeit, XV 124
u. Kinderanalyse, XV 159
Widerstand gegen (*s. a.* Übertragung, negative; Übertragungswiderstand; Widerstand)
durch Beschwerden d. Patienten, I 308
Besiegung d., Rolle d. Analytikers i. d., 307-10
Entfremdung u. Furcht vor Analytiker, I 308 f.
Kampf zwischen Patient u. Analytiker, als Kampf zwischen Erkennen u. Agierenwollen, Intellekt u. Triebleben, VIII 374
nicht-analytischer [Mißtrauen gegenüber Arzt], I 122
'ins Unrechtsetzen' d. Analytikers, I 280 f.; II/III 152-64 (156 f., 163 f.)
durch 'Verschmähung' seitens Analytikers, XVII 101 f.

Psychoanalytische Anstalten *s.* **Psychoanalytische Institute**

Psychoanalytische Arbeit *s.* **Psychoanalytischer Prozeß**; – **Technik**; – **Theorie** (*s. a.* Deutung)

Psychoanalytische Ausbildung (*s. a.* Lehranalyse; Psychoanalytiker, Kandidaten)

Psychoanalytische Ausbildung d. Laien

d. Laien *s.* **Laienanalyse**

praktische *s.* **Lehranalyse**; **Psychoanalytische Institute**

Technik, Erlernung d. (*s. a.* Psychoanalytische Technik), XIV 109 f.

theoretische
Fächer u. Unterrichtsplan, XIV 281 f.

Institute *s.* **Psychoanalytische Institute**

Kriterien d. (*s. a.* Psychoanalytiker, Kriterien), XIV 260

Schwierigkeiten d., I 512 f.; XI 9, 12–17

Universität, als Mittel d. –n, XV 148 f.; XVI 34

als nicht d. geeignet f., XIV 288 f.

Unterricht, Studium, XI 8; XIII 441; XIV 109 f., 226

Psychoanalytische Begriffe (*s. a.* Psychoanalyse, Wesen d.; Psychoanalytische Theorie)

Traumsymbole d. –n, II/III 414

Psychoanalytische Behandlung *s.* **Psychoanalytische Kur**; – **Prozeß**; – **Therapie**

Psychoanalytische Bewegung, Geschichte d. (*s. a.* International-; Psychoanalyse, Abfallsbewegungen d.; – Geschichte d.; – Widerstände gegen d.), X *44–113*; XIII 211 f., 405; XIV 101

Anhänger, XIII 237; XV 149 f.

Eklektiker, XV 149

erste Schüler, X 63

Schwierigkeiten mit –n, X 64

Autoritätszuwachs [Aufschwung], VIII 109 f.

(1907), X 69

(1917), XI 481 f.

i. Amerika, XIV 570 f.

Einladung nach, XIV 306

Worcester, Vorträge i., X 70

'Besitzergreifung' d. Ärzte (1926), XIV 290

Gruppen, Landes- u. Orts-, (*s. a.* i. Geogr. Reg.), XIV 306

Gründung v., i.

Amerika, X 88 f.; XVI 34

Berlin, Wien, X 87

Budapest, X 87, 89; XVI 34

Calcutta, Japan, Jerusalem, Paris, Skandinavien, Südafrika, XVI 34

London, X 89

München, X 88

Zürich, X 65–69, 87 f.

Institute *s.* **Psychoanalytische Institute**

Internationale Vereinigung, Gründung d. –n, X 85 f.; XVI 34

u. Kirche, XIV 359 f.; XVI 157 f.

Kongress(e) (*s. a.* Psychoanalytische Kongresse)

erster, i. Salzburg, X 65

während d. Krieges (ErstenWelt-), XII 333 f.

Mittelpunkt: Wien o. Zürich ?, X 84 f.

periodische Literatur, X 86–91; XIII 417 f.; XIV 306

Imago, Gründung d., X 89–91; XIII 417

International Journal of Psycho-Analysis, Gründung d., X 91; XIII 418; XIV 306

Internationale Zeitschrift f. ärztliche Psychoanalyse, Gründung d., X 90 f.; XIII 417

Internationale Zeitschrift f. Psychoanalyse, XIV 306

Jahrbuch d. Psychoanalyse, Gründung d., X 89, 91; XIII 417

Journal of Abnormal Psychology, x 91

Psychoanalytic Review, The, x 91; XIII 418

Psychoanalytischer Verlag, XII 332–36

Rivista de Psiquiatria, XIII 418

Schriften z. angewandten Seelenkunde, Gründung d., x 89, 91

Zentralblatt f. Psychoanalyse
Änderungen, i. d. Redaktion, x 90f.

Gründung d., x 86f.; XIII 417

i. verschiedenen Ländern (*s. a.* Psychoanalytische Bewegung, Gruppen; u. i. Geogr. Reg.)

Britisch-Indien, England, Polen, Rußland, Schweden, spanischredende Länder, Ungarn, x 73

Deutschland, x 73f.

Frankreich, x 72; XIV 37, 88f.

Holland, x 72

Italien, x 72f.

(Zusammenfassung), XIII 417–20

Psychoanalytische Bibliothek, Internationale, XIII 418

Psychoanalytische Biographien, Rechtfertigung d., VIII 407; XIV 549f.

Psychoanalytische Deutung *s.* **Deutung** (*s. a.* Psychoanalytische Technik; – Theorie)

Psychoanalytische Diagnose (*s. a.* Diagnose), XIV 292; xv 167f.

Arzt notwendig z. (*s. a.* Laienanalyse), XIV 273f., 277f.

Probezeit als Hilfsmittel z., VIII 455f.

Schwierigkeit d., VIII 455f.

Psychoanalytischer Fehlschlag, bei reinen Wortanknüpfungen *s.*

Psychoanalytische Technik, Fehlschlag i. d.

Psychoanalytische Grundregel (*s. a.* Assoziation, freie; Einfälle; Psychoanalytische Regeln; –Technik), IV 14; v 5*f.*; VII 385; VIII 27, 30f., 386, 468f.; x 130; XI 113, 297f.; XIII 214f., 410f.; XIV 65f., 214f., 248; XVI 261f.; XVII 99f.

Ausflüchte u. Einwendungen gegen, I 280–82; XI 102f.

'eingeredeter' Einfall, I 282

'unwichtiger' Einfall, I 282

'Vergessen' d. Einfalles, I 280f.

'Zerstreutsein', I 281f.

Einfallslosigkeit [Stockung] (*s. a.* Psychoanalytische Grundregel, Pausen), I 13f.; 280–82; VIII 30f.; x 130; XI 150f., 297f.; xv 74

u. analytische Situation *s.* **Psychoanalytische Grundregel**, u. psychoanalytische Situation

aus Angst v. sexueller Aggression, VIII 472

größer, i. d. Tiefe, I 297

bei Homosexualität, VIII 472; x 130

auf Übertragung deutend, VIII 366, 473; XIII 141; XIV 11

u. Widerstand *s.* **Widerstand** (Formen d.): Assoziations-Zögerung, als Zeichen d. Komplexzugehörigkeit, VII 10

erste Einfälle, VIII 472

Geschichte d., I 270

erste Formulierungen d., I 280f.

Hemmung d., durch Analytiker, unrichtig, I 297

u. Nachdenken, II/III 106

Nichteinhalten d.

aus Abwehr, XVI 84f.

Psychoanalytische Grundregel u. psychoanalytische Situation

'Reservationen', VIII 469, 471; XI 298
 durch Auswahl, subjektive, XI 113f.
 u. psychoanalytische Situation Kontiguität d., V 198
 spontane Einfälle, Behauptung Analytikers unterstützend, V 217
 Stockung d. (s. a. Psychoanalytische Grundregel, Einfallslosigkeit)
  'Beleidigendes' i. d. Einfällen, XIV 11
  u. Beschäftigtsein mit d. Person d. Analytikers, VIII 366, 473
 Schwierigkeit d. Einhaltens d., I 280f.
 i. d. Traumanalyse, II/III 105–08, 648f.; XI 102f.
 u. Widerstand s. **Widerstand** (Zusammenfassung), XIII 214f.
 i. Zwangsneurose schwerer z. befolgen, XIV 151f.

Psychoanalytische Hochschule s. Psychoanalytische Ausbildung; – Institute

Psychoanalytische Institute (s. a. Psychoanalytische Bewegung)
 Berlin, XIV 260, 301, 572
 Hochschule, Erwünschtheit einer, XIV 281
 Lehrinstitute, XIV 279; XVI 34
 London, XIV 260
 Poliklinik (s. a. Anstalten, Nervenheil-)
  erste, i. Berlin, XIII 419, 441; XIV 306
  Erwünschtheit d., XII 192–94
 Wien, XIV 260, 301, 306

Psychoanalytische Kandidaten s. Lehranalyse; Psychoanalytiker; Psychoanalytische Ausbildung

Psychoanalytische Kenntnisse (s. a. Intellektuell)
 beim Kandidaten s. Psychoanalytische Ausbildung
 beim Patienten
  Krankheitsgewinn störend, VIII 113
  Lesen analytischer Schriften, VIII 386; XVI 78
  Nutzlosigkeit d., i. d. Analyse, XIV 255f.
  Verwertung d. Interesses f., i. d. Analyse (s. a. Psychoanalytische Situation, Mitarbeit), I 285

Psychoanalytische Klinik s. Psychoanalytische Institute

Psychoanalytische Kongresse, X 87; XVI 34
 Budapest, XIV 81
 Haag, XIV 80
 München, X 88f., 91, 105f.
 Nürnberg, X 84–87; XIV 76
 Salzburg, X 65; XIV 75
 Weimar, X 87f., 91, 102f.

Psychoanalytische Kur, I 307–12
 Abbruch d. (s. a. Psychoanalytische Kur, Unterbrechungen)
  nach kurzer Zeit, VIII 462
 Anfang d.
  andersartige vorangehende Therapie u. Vorbesprechungen, VIII 456f.
  Aufschub d. Beginns, VIII 457
  Einleitung d. Behandlung, VIII 454–78; X 129–33
   Schwierigkeiten d., XI 7f.
  Stoffwahl unnötig, VIII 467f.
  Einwilligung d. Patienten i. d., I 264

provisorische Probezeit, VIII 455

sofortiges Verstehen, Frage d., VII 259; XV 188

Charakteranalyse *s.* **Charakteranalyse**; **Psychoanalytische Kur,** therapeutische u. Charakteranalyse

Dauer d., I 264; V 10, 19f., 168f., 171, 278; VIII *458–64,* 460; XI 7f.; XIV *255;* XV 168; XVI 59, 64, 93

einer Hysterie-Behandlung (v. $^3/_4$ Jahr), XVI 66

Faktoren d., XVI 64

langwierige (*s. a.* Psychoanalytische Kur, Verkürzung d.), I 264; V 10, 19f.; XV 168f., 188

Verkürzungsversuche *s.* **Psychoanalytische Kur, Verkürzung d.**

Dauerheilung *s.* **Psychoanalytische Kur, vollständige Analyse**

Ende [Beendigung d.] (*s. a.* Psychoanalytische Kur, unvollständige; – vollständige), XI 471; XII 32f., 122; XVI 62–68 (63), 93

Annäherung d. *s.* **Psychoanalytischer Prozeß,** Beendigung d.

Auflösung d. Übertragung am *s.* **Übertragung,** Auflösung d.

Bedingungen, XVI 64, 98

Begriff d., XVI 63, 67

beim Mann: Überwindung d. Kastrationsangst, XVI 98

Terminsetzung f. *s.* **Psychoanalytische Technik**

u. Triebbeherrschung, XVI 74

beim Weib: Überwindung d. Männlichkeitskomplexes, XVI 98

Wiedererinnerung kurz vor, XII 122

endliche u. unendliche Analyse, XVI *59–99*

Entscheidungen, lebenswichtige, z. vermeiden, während, X 133

erste Mitteilungen i. d. *s.* **Psychoanalytischer Prozeß**

als 'Gegenzwang', i. d. Analyse d. Zwangsneurose, XII 192

Geheimhaltung d. (*s. a.* Psychoanalytiker, Regeln, Diskretion), V 174; VIII 470

Geldfragen (*s. a.* Psychoanalytiker, Umstände, Honorar), V 19; VIII 458–67 (464–66)

Behandlung armer Leute (*s. a.* Psychoanalytische Institute, Poliklinik), VIII 466

Gratisbehandlung (*s. a.* Gratisbehandlung), VIII 465; XI 448

Heilbarkeit *s.* **Prognose**

Heilerfolg(e) i. d. (*s. a.* Psychoanalyse, Leistungen d.; Psychoanalytische Kur, vollständige Analyse; Psychoanalytische Methode, Ziel(e) d.; Psychoanalytische Therapie, Heilung durch), VIII 419; XVI 63f., 84

Aussichten u. Wert d. (*s. a.* Prognose), I 311f.

elektive Beeinflussung d., falsch (*s. a.* Psychotherapien, voranalytische), VIII 463f.

Faktoren d.

drei, XVI 79

Genesungswille *s.* **Genesungswille**

Krankheitsverzicht *s.* **Genesungswille, Krankheitsverzicht**

Psychoanalytiker, Eigenart d. –s (*s. a.* Psychoanalytiker), XVI 93

Triebbeherrschung, XVI 74

Psychoanalytische Kur, komplizierte

Triebstärke u. Zeitpunkt d. frühen Traumas (*s. a.* Trauma; Trieb-), XVI 64, 68

Wiedererinnerung (sexueller Früherlebnisse), I 418

nachträglicher, V 278f.

schnelle Ergebnisse *s.* **Psychoanalytische Kur,** Verkürzung d.

Unglauben an, bei weiblichen Patienten, auf Peniswunsch deutend, XVI 99

Vereitelung d., durch

unvollständige Erzählung d. Leiden u. sexueller Früherlebnisse, I 133, 149f., 418

Verzögerung, XII 188

vorangehende nichtanalytische, ungünstig, VIII 456f.

Willensakt d. Patienten (*s. a.* Heilung; Reaktion auf; Widerstand), I 131

Verdrängung, 'Erfolg' d., ist nicht rückgängig zu machen, VII 375

komplizierte, I 272

Krisen i. d. *s.* **Psychoanalytische Technik**

Langwierigkeit *s.* **Psychoanalytische Kur,** Dauer d.

Mißerfolge (*s. a.* Psychoanalytische Kur, Schwierigkeiten; Psychoanalytische Therapie, Erfolge), XI 476–81

moralische Vorbedingungen d.

beim Analytiker (*s. a.* Psychoanalytiker), V 25

beim Patienten (*s. a.* Patient), V 9, 20–22

Nachanalyse

(Definition), XVI 96

Notwendigkeit d. Wiederaufnahme i. manchen Fällen, XV 168f.

periodische, v. Analytikern, XVI 96

v. Restbeständen [-erscheinungen], XVI 61f., 73

Widerstandsbekämpfung i. d., XVI 61f.

'Narbenbildung', schmerzhafte, nicht immer vermeidbar bei, XIII 185

Prognose i. d. *s.* **Prognose**

Schwierigkeiten d. (*s. a.* Psychoanalytische Methode, ungünstige Bedingungen f.; Psychotherapie), I 264; V 10, 19f.; XV 76, 164f.

Aufrichtigkeit, volle, verlangend, V 19

äußere (Kostspieligkeit, usw.) (*s. a.* Psychoanalytische Anstalten), V 19; XII 192f.

d. Bekämpfung d. Krankheitsmotive, V 205

d. rechtzeitigen Übertragungsbeherrschung, V 282

Zutrauen, großes Maß v., verlangend, I 264f.

Selbsthemmung i. d., XVI 61

Stunden *s.* **Psychoanalytische Technik**

Symbol f., Automobilfahren als, i. Traum, II/III 414

therapeutische u. Charakteranalyse (*s. a.* Charakteranalyse), XVI 96

Toleranz d. Krankheit während d., X 132f.

unbefugte (*s. a.* 'Wilde –'), V 18f.

Undurchsichtigkeit d. (f. imaginären Zuhörer), XIV 67

Unterbrechungen d. (*s. a.* Psychoanalytische Situation; – Technik), I 303; VIII 459; XVI 68

'Montagskruste', VIII 460

Psychoanalytische Methode, Anwendbarkeit d.

störende Ereignisse während, II/III 521

Wechsel d. Analytikers, XVI 62

Zwischenzeit zwischen Behandlungen, I 303

unvollständige, XVI 66

Begriff d., XVI 63

Durcharbeitung aller Symptome nicht durchführbar während einer, XI 274

Vorwurf d. Analysierten wegen, XVI 65f.

Wiederaufnahme (*s. a.* Psychoanalytische Kur, Nachanalyse), XV 168f.

u. Übertragung (*s. a.* Übertragung)

vorangehende, ungünstig, VIII 456f.

als Überwindungsarbeit (*s. a.* Psychoanalytiker, Kampf d.), XI 469

Verlauf d. *s.* Psychoanalytischer Prozeß

Verkürzung d. Dauer d. (*s. a.* Psychoanalytische Kur, Dauer d.; – Ende d.), VIII 384; XII 79; XIV 250f., 255; XV 165; XVI 68

u. Ehrgeiz, therapeutischer, XII 33

Ferenczis, XVI 74f.

Ranks, XVI 59f.

Unvorteilhaftigkeit d., VIII 462f.; XII 32f., 188

o. Vertiefung d. Kur, XVI 93

u. Vertrauensseligkeit d. Kranken, VIII 461f.

vorschnelles Verschwinden d. Leidenssymptome, XII 188

wissenschaftlicher Unwert d., XII 32

Verschlechterung während d. (*s.a.* Psychoanalytische Methode,

Kontraindikationen; Psychoanalytischer Prozeß, negative therapeutische Reaktion), V 23

vollständige [Dauerheilung] (*s. a.* Psychoanalytische Kur, unvollständige), XVI 65

u. Ichveränderung, XVI 67f., 79

'Neuschöpfung', XVI 71

Kriterien d., XVI 68

Wiederaufnahme d. *s.* Psychoanalytische Kur; Nachanalyse; – unvollständige

Ziel u. Zweck d. *s.* Psychoanalytische Methode, Ziel(e) (*s. a.* Widerstandsbekämpfung)

Psychoanalytische Lehrinstitute *s.* **Psychoanalytische Institute**

Psychoanalytische Literatur

Lektüre d. (*s. a.* Psychoanalytische Kenntnisse), VIII 386; XVI 78

Studium d. *s.* Psychoanalytische Ausbildung

Psychoanalytische Methode (*s. a.* Psychoanalyse, Wesen d.; Psychoanalytische Theorie, Methodologie), I 379, 381, 416, 513; V *3–10*

Anwendbarkeit d. (*s. a.* Psychoanalytische Therapien)

bei Aktualneurose, VIII 339

an Fehlleistungen, VIII 392–95

Indikation d. *s.* Psychoanalytische Methode, Indikation

indirekter Einfluß, VIII 339

an Kindern (*s. a.* Kinderanalyse), I 513f.

Krankheiten zugänglich d., VIII 390

bei leichter Melancholie, Paranoia u. Schizophrenie, XIV 86

bei normaler moralischer Entwicklung, V 9, 20–22

475

Psychoanalytische Methode, Ausbildung i. d.

Selbstanalyse, I 562
v. Träumen, II/III 109 f.
theoretische (*s. a.* Psychoanalyse, Anwendungsgebiete d.; Psychoanalytische Theorien), XIV 82
auf Dementia praecox, Halluzination u. Wahnsysteme, VIII 400 f.
auf Träume (*s. a.* Traum(deutung)), I 562, 564; II/III 109 f., 647–55; V 167 f.
i. d. Vorpubertät, V 22
Ausbildung i. d. *s.* **Psychoanalytische Ausbildung**
Aussichten, Erfolg u. Wert d., I 311 f.
u. Beeinflussung *s.* **Patient** (*s. a.* Psychotherapien, voranalytische)
u. Beichte (Vergleich) (*s. a.* Psychoanalytiker, Rolle d. –s, als Beichthörer), V 18 f.; XIV 548 f.; XVII 99 f.
Beschreibung d., VII 9
(Definition) *s.* **Psychoanalyse**, Wesen d., (Definition); **Psychoanalytische Methode**, Ziele
als Deutungskunst *s.* **Psychoanalyse**, Wesen d., als Deutungskunst
u. Experimente *s.* **Psychoanalytische Theorie**, u. Experimente
Fehlerquellen d. (*s. a.* Psychoanalytische Theorie, Methodologie), XIII 155
als Forschungsmethode *s.* **Psychoanalytische Theorie**
Gefahren d.
f. d. Analytiker, XVI 95 f.
angebliche *s.* **Psychoanalyse**, Widerstände gegen, Vorurteile
Gegenstand d. *s.* **Psychoanalytische Methode**, Anwendbarkeit

Geschichte d. *s.* **Psychoanalyse**, Geschichte d.; **Psychotherapie**, voranalytische
Grenzen d., VII 119; VIII 463 f.; XVI 75, 77
Grundregel d. *s.* **Psychoanalytische Grundregel**
'heilende Macht d. –', XVI 84
Indikation d. (*s. a.* unter d. einzelnen Krankheitsnamen)
bei Abulie, V 9
Bereich d., XI 477
bei funktionellen Störungen d. Affektlebens, X 448
i. d. Hysterie, I 513 f.; V 9; VIII 399
bei Neurose, I 366; XVII 99
als eigentlichem Gebiet d. analytischen Methode, XIV 86
bei leichteren Fällen, XIV 300 f.
i. d. Phobie, I 513 f.; V 9
bei sexuellen Hemmungen, XIV 300
i. d. Zwangsneurose, I 513 f.; V 9; VIII 399 f.
keine Beeinflussungsmethode (*s. a.* Suggestion), VIII 55
Kontraindikation d., bei (*s. a.* unter d. einzelnen Krankheitsnamen), V 9, 20–22; VIII 390; XV 167
akuten u. krisenhaften Zuständen (*s. a.* Anfall), I 513; V 9, 21; XVI 77
Anorexie, V 9, 22
Ausnahmen, XIV 86
Delirien, I 513
Dementia praecox, XI 455 f., 477; XIV 68, 301
Depression, Stadien d., V 9, 21
Erschöpfung, Stadien d. (*s. a.* Müdigkeit), V 9

halluzinatorische Verworrenheit d. Hysterie, I 513; V 9, 21

Intoxikation, V 21

Manie, I 513

Melancholie, I 513; XI 455f.; XIV 87

narzißtischen Erkrankungen u. Psychosen, I 513; VIII 390; XI 262, 438; XIII 420–24; XIV 82, 86f.; XV 167; XVII 98f.

Paranoia, XI 456, 477

Schwachsinnigen u. Ungebildeten, I 264, 513; V 9

Kritik gegen s. **Psychoanalyse, Widerstände gegen**

Methodologie (s. a. Psychoanalytische Theorie), XII 76, 140; XVI 125

als neue Methode, I 416

Oberflächenanalyse, sich nicht begnügend mit, XII 140

Prophylaxe durch s. **Prophylaxe,** Regeln d. s. **Psychoanalytische Regeln** (s. a. Psychoanalytische Grundregel)

Schwierigkeiten d. s. **Psychoanalytiker,** Kampf d.; **Psychoanalytische Kur,** Schwierigkeiten d.

Technik d. s. **Psychoanalytische Technik**

(Terminus technicus), V 16

Traumdeutung als Grundstein d. (s. a. Traum(deutung)), VIII 396

u. Trauma s. **Psychoanalytische Kur,** Heilerfolg

Unanwendbarkeit s. **Psychoanalytische Methode,** Kontraindikation

unbefugt verwendete s. **'Wilde' Analyse**

Unerläßlichkeit d., f. Verständnis d. Hysterie, I 381; V 167f.

ungünstige Bedingungen f. (s. a. Psychoanalytische Methode, Kontraindikation), bei

i. Alter, I 513; V 9, 21f.; XII 151; XVI 87f.

bei befreundeten Personen s. **Patient, neurotischer,** u. **Arzt**

bei Charakterverbildung u. Degeneration, V 9

bei Kindern (s. a. Kinderanalyse), I 513f.; XII 139

bei Perversionen s. **Konstitution; Sublimierung**

Unwissenschaftlichkeit, angebliche, d. (s. a. Illusion, u. Wissenschaft; Psychoanalytische Theorie, u. Experiment), XV 23

Vergleich mit anderen Methoden s. **Psychotherapie,** voranalytische

Verständlichkeit d. s. **Psychoanalytische Theorie**

Vorteile d., V 8f., 16; XIV 67f.

Vorurteile gegen s. **Psychoanalyse,** Widerstände gegen d., Vorurteile

Wert d. (s. a. Psychoanalytische Methode, Vorteile d.; Psychoanalytische Therapie, Erfolge d.; – Leistungen d.)

u. Aussichten u. Erfolge (s. a. Psychoanalytische Kur, Heilerfolg), I 311f.

Verläßlichkeit, VII 172

i. d. Widerstandsbekämpfung (s.a. Widerstandsbekämpfung), I 286–88, 381

Wirksamkeit, VIII 38–40

Ziel(e) [-setzungen] d. (s. a. Psychoanalyse, Wesen d., Ziele d.; u. unter d. einzelnen Stichwörtern), XII 184–94; XIII 16; XV 171f.

Amnesie, Aufhebung d., V 8

Aufdeckung d. geheimen Motive, I 285; VII 9; XVI 125

Psychoanalytische Methode, (Zusammenfassung)

Beseitigung d. ganzen leidenden Zustandes, I 259

Bewußtmachen, I 381; II/III 584; V 8, 209; XI 451 f.; XII 184, 187; XVI 84

   d. Schuldgefühls, XIII 279 f.

   d. Symptome, XI 289 f.

als Deutungskunst *s.* **Psychoanalyse**, Wesen d., als Deutungskunst

dieselben, wie d. d. Hypnose, X 448 f.

u. Ichfunktion, XVI 71

   Bedingungen, günstige f., Herstellung v., XVI 96

   Bewältigung, ichgerechte, undichte Verdrängungen ersetzend, XVI 73

   Stärkung d., XV 74, 86

u. Ichveränderung *s.* **Psychoanalytische Therapie**, Heilung durch

u. Konflikte, Auflösung d. (*s. a.* Konflikt), XII 5

Libido, Freimachung gebundener, z. Wiederverteilung, XII 5

v. Lustprinzip z. Realitätsprinzip fortschreitend, X 365

Nacherziehung (*s. a.* Psychoanalyse, Wesen d., Nacherziehung), XVI 68

als Namen-Nennen d. bösen Geister, VIII 112

Neuschöpfung d. Ich (*s. a.* Psychoanalytische Kur, Heilerfolg), XVI 71

als Revision *s.* **Psychoanalytische Methode**, Ziel(e), Verdrängung, Aufhebung d.

Selbsterkenntnis als, XVII 103 f.

Spannungen, Lösung d., I 525

Triebbeherrschung, Neurosenheilung durch, XVI 74

Unbewußte(s)

   Aufdeckung d., XI 404

   Erledigung u. Vergessen z. schaffen, f. d. II/III 584

Verdrängung(en)

   Aufhebung [Revision, Rückgängigmachen, Ersetzung] d., XI 451–54; XII 5, 185 f.; XIV 232 f., 305; XVI 44, 71, 73

     Ausfüllen amnestischer Lücken (*s. a.* Amnesie), XI 452

   d. vertauschten Vorgänge, XI 289

   Bewußtmachen d. (*s. a.* Psychoanalytische Methode, Ziel(e), Bewußtmachen), XVI 84

   Widerstände, Aufdeckung u. Aufhebung d. (*s. a.* Widerstandsbekämpfung), VIII 123; XI 453 f.; XIII 16, 225; XIV 65–69, 185 f., 255, 305

Wünsche, Erkenntnis d. Vergangenheit einstiger, XV 80 f.

(Zusammenfassung), XIII 225 f.; XIV 300

Psychoanalytischer Patient *s.* **Patient, neurotischer**

Psychoanalytische Pädagogen (*s. a.* Kinderanalyse; Psychoanalyse, Anwendungsgebiete d., u. Pädagogik), XIV 285

Psychoanalytische Poliklinik *s.* **Psychoanalytische Institute**

Psychoanalytische Prognose *s.* **Prognose**

Psychoanalytischer Prozeß [Verlauf d. Kur] (*s. a.* Psychoanalytische Technik, Vorgang), I 283, 307; XII 154; XVII 98 f., 103 f.

Abkürzung d. *s.* **Psychoanalytische Kur**, Verkürzung d.

u. Abstinenz *s.* **Psychoanalytische Regeln**

Abwehr als Widerstand i. –n (*s. a.* Abwehr; Widerstand), XVI 84

als archäologische Rekonstruktion (*s. a. i.* Reg. d. Gleichnisse), XVI 45–47

als 'asymptotischer Vorgang', XII 192

Beendigung d. –n –es (*s. a.* Psychoanalytische Kur, Ende d.; Psychoanalytische Technik, Terminsetzung)

Annäherung d. (*s. a.* Psychoanalytische Kur, Ende d., endliche u. unendliche Analyse)

Auftauchen v. wichtigem Material bei d., XII 122

Wiederholungszwang als Hindernis d., XIII 37

'déjà raconté' während d. –n –es, IV 298; VIII 378; X 116–23

Einleitung d. Behandlung *s*. **Psychoanalytische Kur, Anfang d.**

Entscheidungen, keine lebenswichtigen, fällen, während, X 133

Erinnerung während d. –n –es (*s. a.* Erinnern; Erinnerung)

Bilder nie bedeutungslos, I 301

durch Konstruktionen, XVI 52–54

Täuschungen d., V 173–75

erste –, während d. –n –es

Aussagen, Einfälle, Mitteilungen, usw., VII 386; VIII 472; XII 17

Zuverlässigkeit d. –n, V 175

Symptome, VIII 472

Träume, klar u. naiv, VIII 355

Erwartungsvorstellung als intellektuelle Hilfe bei d. –n (*s. a.* Konstruktionen), VIII 105

Erziehung z. Analyse während d. –n –es, XII 139

Hemmung [Stockung] d. Einfälle während *s*. **Psychoanalysche Grundregel**

Hindernisse, I 307, 535

als Kampf zwischen Erkennen u. Agierenwollen, Intellekt u. Triebleben, VIII 374

Konstruktionen i. *s*. **Psychoanalytische Technik** (*s. a.* Konstruktionen)

bei Libido , 'klebrigem' o. 'leichtbeweglichem' Typus d., XVI 87f.

Libidotheorie d. –n –es, XI 472–76

Masturbation, wiederaufgenommen während –n –es, u. Frage d. Besserung, VIII 344f.

Material d. –n –es, XVI 44

Nachanalyse *s*. **Psychoanalytische Kur, Nachanalyse**

negative therapeutische Reaktion während d. –n –es [Verschlimmerung während d. Kur], X 131–33; XII 100; XIII 278f.; XIV 193; XV 117; XVI 52, 88

als Bejahung d. Konstruktion, XVI 52

nach Belobung, XV 117

bei Kastrationsangst, nichtaufgegebener, XVI 98f.

u. Krankheitsgewinn, XIII 278f., 378f.

u. Masochismus, XIII 378f.

bei Peniswunsch, nicht aufgegebenem, XVI 98f.

durch Schuldgefühl, XIII 278f.; XV 117

durch Strafbedürfnis, XV 117

Symptomverschlechterung, VIII 463f.

beim Wolfsmann *s. i.* **Reg. d. Krankengesch.**: Namenverzeichnis, Wolfsmann

optimale Situation i. –n, XVI 76

Psychoanalytischer Prozeß, Pausen

Pausen deuten auf Widerstand (*s. a.* Psychoanalytische Grundregel; Widerstand), XI 298

Perseveration wird nicht produziert durch –n, VII 11

Protokolle *s.* **Psychoanalytische Technik** (*s. a.* Krankengeschichten)

Psychoanalytiker, Rolle d., i. *s.* **Psychoanalytiker**

v. Standpunkt eines (imaginären) Dritten, XIV 67

störende Ereignisse während d. –n –es, II/III 521

Symptome (*s. a.* Symptome)

entstanden während d. –n –es, I 237–42

erste, VIII 472

Verschlechterung d., während d. –n –es *s.* **Psychoanalytischer Prozeß**, negative therapeutische Reaktion

Tiefe d. –n –es (*s. a.* Psychische Oberfläche; Psychoanalytische Kur, Verkürzung; Tiefenpsychologie), I 297; XII 32, 77; XVI 74

u. Trauma *s.* **Trauma**

Träume während d. –n –es [Kurträume] (*s. a.* Psychoanalytische Situation; Träume i. d.; Übertragung)

bestätigende, XIII 307–09

z. Bindung traumatischer Eindrücke, XIII 33

experimentelle, XIII 306

Gefälligkeits-, XIII 306–10

Gegenwunsch-, II/III 163f.

Genesungs-, XIII 305

heuchlerische, XII 293f.

serienhafte, XIII 304

Umkehrung d. chronologischen Reihenfolge d. Konversionssymptome i. –n, I 183

Unbeeinflußbarkeit d. Fortschreitens d. –n –es, VIII 463f.

Undurchsehbarkeit d. –n –es, XIV 67

bei übertriebener Aktivität d. Analytikers, VII 299

Ungleichzeitigkeit v. Bewußtwerden u. Überzeugung i., VII 404f.

Unterbrechungen *s.* **Psychoanalytische Kur**, Unterbrechungen (*s. a.* Psychoanalytische Situation)

Überkompensation i. –n

i. Resterscheinungen, XVI 73

als Trotz, aus Kastrationsangst, XVI 98f.

Übertragung während d. –n –es *s.* **Übertragung**

Übertragungswiderstand (*s. a.* Übertragungswiderstand)

männlicher Patienten auf Kastrationsangst deutend, XVI 98f.

vollständige u. unvollständige Analyse *s.* **Psychoanalytische Kur**

Widerstand i. *s.* **Widerstand**

u. Wiederholungszwang (*s. a.* Wiederholungszwang)

als Hindernis gegen Ende d. Kur, XIII 37

verdrängter Kindheitserlebnisse, XV 113f.

(Zusammenfassung), VII 118f.; XVI 44; XVII 106–08

zwei Phasen d. –n –es, XII 277f.

Zwischenzeiten, I 303

Psychoanalytische Regeln (*s. a.* Psychoanalytiker, Regeln; Psychoanalytische Grundregel; – Technik)

Abstinenz während d. Kur [Analyse i. d. Versagung durchge-

führt], x 313, 318–20; xii 187–90 (188); xiv 259; xvi 76
u. Aktivität d. Technik, xii 188–90
Maß d. Befriedigung [Dosierung], viii 109
Unmöglichkeit d. totalen, x 313; xii 187
u. Übertragungswünsche (*s. a.* Übertragungsliebe), xii 189
'affektive Technik', Vermeidung d., viii 384
gleichschwebende Aufmerksamkeit, viii 377f.; xiii 215
keine wichtigen Entscheidungen fällen z. lassen, x 133
Grundregel *s.* **Psychoanalytische Grundregel**
Internist, Beiziehen d. –en, bei körperlicher Krankheit, viii 459, 471; xii 106; xiv 277f.
Mitarbeit d. Patienten *s.* **Psychoanalytische Situation**
Mitteilung d. Deutungen *s.* **Psychoanalytische Technik**
Nichtverwechseln v. Daten mehrerer Kranken, viii 376f.
Notizen, Protokolle *s.* **Psychoanalytische Technik**
Oberfläche, Kenntnis d. jeweiligen psychischen (*s. a.* Psychische Oberfläche), viii 351f.
Reserve u. Takt *s.* **Psychoanalytiker**
Rollenspielen vermeiden, v 272f.
Suggestion, Vermeidung d. *s.* **Psychoanalytische Technik, Suggestion**
Therapie u. Forschung, Auseinanderhalten v. (*s. a.* Psychoanalytische Theorie), viii 380
bei d. Traumdeutung (*s. a.* Traum(deutung)), viii 352f.
Triebsublimierungsbestreben, Grenzen d. –s, viii 385

i. d. Versagung durchzuführende Analyse *s.* **Psychoanalytische Regeln, Abstinenz**
Psychoanalytische Situation (*s. a.* Patient, Charakteristik d.; Psychoanalytischer Prozeß; Übertragung), i 307; v 5; xvi 76; xvii 98
Aufgaben, d. Patienten gestellte, i. d. *s.* **Psychoanalytische Situation**, Mitarbeit
Aussagen [Äußerungen, Mitteilungen] d. Patienten, i. d., v 174, 182f.
Ausdrucksweisen als, vii 10
Beispiele als d. Eigentliche d., viii 269
erste
Träume, Klarheit u. Naivität d., viii 355
Wichtigkeit d., vii 386; viii 355, 472; xii 47
zuverlässiger, v 175
Fehlleistungen, iv 70–76, 89f.
Gleichnisse, viii 269–74; xii 133
Symptomhandlungen, viii 472
Träume als, viii 355; xv 8f.
Zitate, viii 269
Befinden d. Patienten während (*s. a.* Patient), i 304
wirkliche Seelenruhe o. Abwehr, i 283f.; xii 291
Begriff d., xvii 98
Bejahung seitens d. Patienten i. d. (*s. a.* Bejahung), xvi 49
dritte Person, i. d., xiv 67, 211
Einfälle während *s.* **Psychoanalytische Grundregel**; – **Situation, Aussagen**
Freiheit d. Patienten i. d. (Anordnung Stoffes, Reihenfolge, Themen), vii 398; viii 27–31, 471; xiv 67

481

Psychoanalytische Situation, Gedankenübertragung i. d.

Gedankenübertragung, Frage einer, i. d., xv 50–58
'Gefährlichkeit' d., v 22f.
u. Gemütsruhe, falsche, xii 291
u. hypnoide Zustände, ii/iii 106f.
u. Intelligenz *s.* **Psychoanalytische Situation**, Mitarbeit
u. Konstruktionen *s.* **Psychoanalytischer Prozeß** (*s. a.* Konstruktionen)
Lachen i. d., vi 194
Mitarbeit d. Patienten i. d., i 264f., 268, 285; xvii 107

Aufgaben, viii 385f.
Bereitschaft z., i 308
bewußte, i 54
Durcharbeiten *s.* **Durcharbeiten**
Einwilligung i. d. Kur, i 264; xii 274f.
Erlangung d. energischen, i 300
Genesungswunsch verwertet i., xi 454
Ich, Teilnahme d., i. d. Deutungsarbeit, xvii 107
Intelligenz d. Patienten, viii 475; xi 454
  als Bedingung, i 264, 513; v 9; xi 454
  u. simulierter Schwachsinn, viii 478
  als Widerstand (*s. a.* Widerstandsformen, intellektuelle), xi 299
  u. Wißbegierde, i 285; viii 478
intellektuelle, viii 385f.
Lektüre analytischer Schriften (*s. a.* Psychoanalytische Kenntnisse), viii 386
Wissen, Unwert d., i. d., viii 475f.
Interesse, i 285

Erweckung d. z., i 296f., 304
Wert d., viii 478; xvii 107
  als Opfer aufgefaßt, i 307f.
Passivität, viii 471
Überwindungsarbeit, xi 469
Widerstandsbekämpfung (*s. a.* Widerstandsbekämpfung), i 285f.
'Zetteln' d. Kranken, iv 174
negative therapeutische Reaktion i. d., *s.* **Psychoanalytischer Prozeß**, negative therapeutische Reaktion
Organsymptome während, xii 106
peinliche Empfindungen während Analyse, xv 74f.
Positur während [bequeme Rückenlage], v 4f.; viii 467, 472f.
  v. Voyeur beanstandet, viii 467
Psychotiker i. d., xvi 80
Rationalisierungen i. d. (*s. a.* Rationalisierung)
  mit Besserwissen, v 231
  fadenscheinige, ii/iii 153
  u. Realitätsanerkennung, xiv 67; xvi 94
Sprechen ü. Sexuelles i. d. (*s. a.* Heuchelei, auf sexuellem Gebiet; Pansexualismus, angeblicher; Psychoanalytiker, Kriterien, Takt; Psychoanalytische Technik, Aufrichtigkeit), v 209
Stunden, analytische *s.* **Psychoanalytische Technik**
Träume i. d. [Kurträume], ii/iii 163f.
  Arten d. *s.* **Psychoanalytischer Prozeß**, Träume während d. –n –es
  als Aussagen [Mitteilungen], xv 8f.

bestätigende, XIII 307-09

erste *s.* **Psychoanalytischer Prozeß**, erste

mehr Material aufbringend als außerhalb d. Analyse, XIII 310 f.

verhüllte, beim i. d.Traumdeutung geübten Patienten, VIII 355

Vorsatz sie z. erzählen, II/III 448

Unannehmlichkeiten d., V 19

Übertragungsliebe durch (*s. a.* Übertragung; -sliebe), X 308

Verneinung während (*s. a.* Verneinung) als Leugnen einer Ähnlichkeit, VIII 269

Verschlimmerung während *s.* **Psychoanalytischer Prozeß**, negative therapeutische Reaktion

Voraussetzungen beim Patienten, V 9 f.

Wesen d., XVI 79 f.

Widerstand i. *s.* **Widerstand**

Zwischenzeit zwischen Behandlungen, I 303

Psychoanalytische 'Social Workers', XIV 285

Psychoanalytische Technik, I 427; VIII *376-87*; XII 309-12; XIII *419*; XVII 97-108

Abkürzung d. *s.* **Psychoanalytische Kur**, Verkürzung d. Dauer

Abstinenz i. d. *s.* **Psychoanalytische Regeln**, Abstinenz

'affektive', nicht erforderlich, VIII 384

Aktivierung v. Komplexen, Frage d., i. d., XVI 65, 75, 77

Aktivität i. d., VII 339; XII *186-92*

u. Abstinenz, XII 188-90

Beeinflussung (*s. a.* Patient, Beinflussung d.; Psychoanalytische Technik, u. Suggestion), XII 190 f.

Ferenczis 'aktive Therapie', XII 186; XVI 74 f.

bei Phobien u. Zwangsneurosen angebracht, XII 191 f.

Undurchsichtigkeit bei allzu großer, VII 298 f.

u. Amnesie, infantile, XVII 75 f.

u. Analytiker, Aufmerksamkeit, Benehmen, Eigenart d., Wechsel d. Person d., usw. *s.* **Psychoanalytiker**

u. Angehörige d. Patienten *s.* **Patient, neurotischer**, Angehörige d.

Aufrichtigkeit i. d. (*s. a.* Psychoanalytiker), I 495, 508; X 312; XIV 107; XVI 94

Sprechen ü. Sexuelles i. d. Analyse (*s. a.* Heuchelei, auf sexuellem Gebiet; Pansexualismus, angeblicher), V 24 f.; VIII 119 f.

u. Übertragungsliebe, X 312

Ausdrucksweisen d. Patienten, Bewertung abweichender, i. d. (*s. a.* Psychoanalytische Situation, Aussagen), VII 10

u. Auswahl d. Patienten *s.* **Patient**, Auswahl d.

Autorität, Verwendung d., i. d. *s.* **Psychoanalytiker**, Einfluß, persönlicher

u. Deutung (*s. a.* Deutung; Traum(deutung)), XIV 249

v. Fehlleistungen (*s. a.* Fehlleistungen), XVII 103 f.

Ich, Teilnahme d., a. d. Arbeit d., XVII 107

Mitteilung d. *s.* **Psychoanalytische Technik**, Mitteilung

483

Psychoanalytische Technik, Diskussionen

v. Symptomen, frischen o. alten, kein Unterschied zwischen, II/III 526f.

v. Träumen (*s. a.* Traum(deutung))

u. Fehlleistungen, XVII 103f.

u. Symptomen, kein Unterschied zwischen, II/III 526f.

d. Verneinungen (*s. a.* Verneinung), VIII 269

d. Widerstandes (*s. a.* Widerstand), I 281

Widerstandsbekämpfung wichtiger als, XIV 255

v. Zitaten, Gleichnissen, Erläuterungen u. Beispielen (*s. a.* Psychoanalytische Situation, Aussagen, usw.), VIII 269

Diskussionen mit Patienten i. d. (*s. a.* Psychoanalytische Situation, Mitarbeit)

u. Konstruktionen *s.* **Konstruktionen**

Zweck d., nicht Überzeugen, sondern Einführung verdrängter Komplexe i. d. Bewußtsein, VII 404f.

eigener Entschluß d. Patienten z. Kur vorteilhaft, I 264; XII 274f.

u. Einleitung u. Ende d. Behandlung *s.* **Psychoanalytische Kur**, Anfang; – Ende; **Psychoanalytischer Prozeß**, Beendigung

Entscheidungen während d. Kur, Vermeidung v., X 133

Entwicklung d. [Vervollkommnung d.] (*s. a.* Psychoanalytische Technik, Geschichte; – Theorie, Wandlungen), VIII 105; XIII 225; XIV 65, 68; XVI 67

Reformstrebungen, XV 165–67

Wandlungen d. (Behandlung d. Symptome, Komplexe, Widerstände), VIII 107–09

Wendung, XIII 225

Erkrankungen, verschiedene, zugänglich o. unzugänglich d. *s.* **Psychoanalytische Methode**, Anwendbarkeit; – Indikation; – Kontraindikation; – ungünstige Bedingungen

bei verschiedenen Erkrankungen *s.* **Psychoanalytische Therapien**

Erlernung d. (*s. a.* Psychoanalytische Ausbildung), XIV 109f.

Erraten u. Entwerten d. Motive i. d. (*s. a.* Motive), I 285

u. Erziehung *s.* **Psychoanalyse**, Anwendungsgebiete

als Erziehungswerk (*s. a.* Psychoanalyse, Wesen d., als Nacherziehung), X 365

Fehler i. d. *s.* **Psychoanalytische Technik**, Konstruktionen; – Mitteilungen (*s.a.* Psychoanalytische Theorie, Methodologie, Fehlerquellen; u. unter d. einzelnen Stichwörtern)

u. Fehlleistungen (*s. a.* Psychoanalytische Situation, Aussagen)

Deutung, XVII 103f.

Einschätzung, IV 89f.

Versprechen *s.* **Psychoanalytische Situation**, Aussagen

Fehlschlag i. d. –n, bei reinen Wortanknüpfungen, VII 294

u. Forschung *s.* **Psychoanalytische Theorie**

Fortschritt i. d., V 169

d. freien Assoziation (*s. a.* Assoziation, freie; Psychoanalytische Grundregel), VIII 27–31, 471

u. Freiheit d. Patienten *s.* **Psychoanalytische Situation**

Geschichte d. (*s. a.* Psychoanalyse, Geschichte d.; Psychoanalytische Technik, Entwicklung d.; Psychotherapie, voranalytische), I 427; VIII 19, 105; XII *309–12*

Drängen' (s. a. Psychotherapie, voranalytische), I 108, 276 f.

hypnotische Periode, I 165; XIV 39–41

kathartische Periode, XIV 43–51

abgeänderte, XIV 51–53

Vor-, XII *309–12*

Grenzen d., VII 119; VIII 463 f.; XI 447 f.

Grundregel d. s. **Psychoanalytische Grundregel**

Handhabung d. Übertragung s. **Übertragung**

als Hilfeleistung s. **Psychoanalytische Therapie**

Hindernisse d. (s. a. Konstitution; Psychoanalytische Kur, Schwierigkeiten; Psychoanalytische Methode, ungünstige Bedingungen f.; Triebstärke), XVI 62–68

hypnotischer Rapport, Verzicht auf, i. d., XIV 68

Ich-Analyse u. Es-Analyse, abwechselnde, i. d., XVI 84

Ichstärkung durch (s. a. Psychoanalytische Situation, Mitarbeit), XVII 98, 100, 103–05, 107

Individualität d. Analytikers (s. a. Psychoanalytiker), VIII 376, 383

infantile Ereignisse, Verwertung d., i. d. (s. a. Infantil-), XII 78–80

Irrtümer i. d. (s. a. Psychoanalytische Theorie, Mißerfolge)

Fehlleistungen s. **Arzt**, Fehlleistungen beim

i. d. Konstruktionen s. **Konstruktionen**

durch Verschweigen erzeugte, IV 245 f.

d. Jungianer (s. a. 'Psychosynthese'), X 109 f.

d. Kinderanalyse (s. a. Kinderanalyse)

abgeänderte, XV 159

gegen Kompromiß-Akte zwischen Widerstand u. d. z. Genesung zielenden Kräften, VIII 368 f.

Konfliktprophylaxe, Frage d., i. d., XVI 67, 75, 77

Konstruktionen i. d. (s. a. Konstruktionen), XVI 43–56 (45); XVII 103 f.

Erinnerung nach, XVI 52 f.

halluzinatorische Details, XVI 53 f.

negative therapeutische Reaktion nach s. **Psychoanalytischer Prozeß**, negative therapeutische Reaktion

Stellungnahme d. Patienten, XVI 49–52

z. irrtümlichen, XVI 48

Überzeugung durch, XVI 53

als Kunst s. **Psychoanalyse**, Wesen d.

Lage s. **Psychoanalytische Situation**, Positur

Länge d. Kur s. **Psychoanalytische Kur**, Dauer; – Verkürzung

u. Mechanismus d. Hilfeleistung, VIII 105

u. Mitteilung(en) [v. Deutungen], XIV 250 f.; XVII 103

Bedingungen d., VIII 123 f.

brüske, technischer Fehler, VIII 124

führt nicht z. Konfliktaktivierung, XVI 78

intellektuelle Aufklärungen, VIII 123, 475

Nutzlosigkeit d., XIV 255 f.

ü. sich selbst, seitens d. Analytikers, z. vermeiden (s. a.

Psychoanalytische Technik, Nachhilfe

   Psychoanalytiker, Kriterien d.
–s; – Regeln), VIII 383f.

   Takt i. d., VIII 124; XIV 250f.

   teilnahmslos aufgenommene, XII 33, 291

   u. Übertragungsliebe, X 312

   d. Verdrängten, erfolglose, VIII 476f.

   ohne Widerstandsbekämpfung, verschärft Konflikte, VIII 123

   Zeitpunkt d., VII 354; VIII 473–77

      verfrühter [vorschneller], II/III 113; VIII 124, 474f.; XVII 103f.

      zuviel, XVI 49

   d. Zusammenhänge, I 300

   Zweck d., VII 354

Nachhilfe u. ärztliche Einmengung (s. a. Psychoanalytiker, Einfluß d.; Psychoanalytische Technik, Aktivität), VII 339f.

negative Reaktion erzielende (s. a. Psychoanalytischer Prozeß, negative therapeutische Reaktion), XV 117

Notizen [Niederschrift]

   u. Nichtverwechseln v., VIII 376f.

   d. Protokolle (s. a. Anamnese; Krankengeschichten (i. allgemeinen): Protokolle)‘, XII 36

   unmittelbare nicht z. empfehlen, V 166; VII 377–79 (378); XII 36

      Ausnahmen, VIII 379

bei organischer Krankheit, gleichzeitigen, VIII 459, 471

u. organische Symptome, XII 106

u. Phantasien d. Patienten

   Auflösung d., VII 428

   Glaubenschenken d., I 440f.

   Plan d., XVII 98

Probezeit, provisorische, VIII 455

   rein psychologische, V 276f.

   u. Rekonstruktion (s. a. Konstruktionen; u. i. Reg. d. Gleichnisse: Archäologie), XIV 245f.

Richtung d. Vordringens, VIII 463

   nicht z. Symptombehandlung s. **Psychoanalytische Technik,** Symptombehandlung

   peripherische o. radiale (s. a. Oberfläche, psychische; Psychoanalyse; Tiefe-), I 297

   regredierende, X 47f.

Schuldgefühl, Bewußtmachung d., XIII 279f.

'Schulkrankheiten', Vermeidung v. (s. a. Psychoanalytische Kur, Unterbrechungen), VIII 459

Schwierigkeiten d. s. **Psychoanalytische Kur,** Schwierigkeiten d.; **Psychoanalytische Technik,** Hindernisse

sofortiges Verstehen unnötig, i. d., VII 259; XV 188

Sitzungen [Stunden] (s. a. Psychoanalytische Situation), VIII 458

   Montags-, VIII 460

   Zwischenzeit zwischen zwei, I 303

Suggestion i. d., VII 337; XII 193; XIV 68, 216; XVI 48f.; XVII 102

   angebliche s. **Pansexualismus,** angeblicher; **Psychoanalyse,** Widerstände gegen, Vorurteile; **Verführungsphantasien**

   wirkliche (s. a. Konstruktionen), VIII 371f.; XIV 68f., 305

   (Definition), VIII 372

   Grenzen d. Beeinflussung (s. a. Psychoanalytiker, Einfluß), V 272f.

   v. d. hypnotischen verschieden s. **Psychoanalytische Technik,** u. Suggestion

i. Kriegsneurosen u. Massentherapie, XII 193f.

u. Übertragung, VIII 371f.;
XI 464–66, 470–72; XIII 310;
XIV 68f.; XVII 102f.

z. vermeidende affektive Technik, VIII 384

Aufdrängung v. Erklärungen, I 300; XVI 48f.

Eigenart d. Patienten ist z. schonen, XII 190f.

Lenkung [Rat, 'Synthese']
s. Patient, neurotischer, Beeinflussung d.

Nachteile, XI 467f., 471

u. Suggestion

Unterschiede zwischen, VIII
384; XI 468–71; XIV 216f.

Verzicht auf, VIII 384; XIV 68;
XVI 48f.

(Zusammenfassung), XIII
213f.

u. Symptombehandlung (s. a.
Symptom-)

Bewußtmachen, XI 289f.

Deutung, kein Unterschied i.
d., bei alten o. frischen Symptomen, II/III 526f.

u. kausale, XI 452f.

Rückverwandlung d. Symptome, durch, V 63

Tiefenanalyse statt s. **Tiefenpsychologie**

Unzulänglichkeit d. Ausgehens
v. d., V 169; VIII 107, 463; XI
372

Synthese, artifizielle, unnötig i.
d. s. **'Psychosynthese'**

Takt (s. a. Psychoanalytiker,
Kriterien), VIII 124; XIV 250f.

bei Frauen, VIII 119

Terminsetzung (s. a. i. Reg. d.
Krankengesch.: Namenverzeichnis, Wolfsmann), XII 33f.; XVI
61f.

u. Theorie s. **Psychoanalytische
Theorie**

u. Traum (s. a. Psychoanalytische Situation, Träume)

-deutung (s. a. Traum(deutung))

angewandt auf, VIII *350–57*;
XVII 103f.

bei z. langen u. z. vielen
Träumen, VIII 351f.

u. Symptomdeutungen,
Ähnlichkeit d., i. d., II/III
526f.

als Teil d. Technik, I 562,
564

nicht d. wichtigste, VIII
352

aus therapeutischem o. theoretischem Interesse, VIII
354f.

-erzählung, Wiederholenlassen
d., VII 11

Triebkonflikt, Frage d. Lösbarkeit d., XVI 67

Triebstärke als Hindernis d. (s.
a. Konstitution), XVI 62–68

Typen, Behandlung verschiedener (s. a. Typen, psychische)

mit klebriger o. leichtbeweglicher Libido, XVI 67f.

u. National- [Rassen-]charakter, verschiedener, XII 128, 138

Skeptiker u. Vertrauensselige,
VIII 457f.

mit unbewußtem, wie mit bewußtem Material, V 276

Undurchsichtigkeit d. s. **Psychoanalytische Technik**, Aktivität;
Psychoanalytische Theorie

bei Unterbrechungen s. **Psychoanalytische Kur**, Unterbrechungen

Unterscheidung zwischen Abwehr u. (wirklicher) Seelenruhe (*s. a.* Abwehr; Patient; Psychoanalytische Situation, Aussagen), I 284

Übertragung (*s. a.* Übertragung)

Thema d., nicht erwähnen, solange Mitteilungen d. Patienten ohne Stockungen erfolgen, VIII 473

Verdrängungen, Aufhebung d. (*s. a.* Psychoanalytische Methode, Ziel(e); Verdrängung, u. Psychoanalyse), XIV 232f.

Verläßlichkeit d. Ergebnisse d., VII 172

Versagung, Rolle d., i. d. *s.* **Psychoanalytische Regeln**, Abstinenz

Verschlechterung einiger Symptome hervorrufende *s.* **Psychoanalytischer Prozeß**, negative therapeutische Reaktion

Vorbesprechungen, lange, u. vorhergehende andersartige Therapie ungünstig f., VIII 456f.

Vorgang während d. Verlaufs d. Behandlung (*s. a.* Psychoanalytischer Prozeß), I 296–303; XI 9f.; XIV 247f.

Darstellung d. i. Krankengeschichten nur unvollkommen möglich, V 170

u. Widerstandsbekämpfung (*s. a.* Widerstand; -sbekämpfung), XIV 65–69

i. d. Nachanalyse, XVI 61f.

Wichtigkeit d., XVII 105

größer, als Wichtigkeit d. Deutung, XIV 255

Wort, Rolle u. Macht d., i. d., XI 10

Würdigung ihrer Wirksamkeit, VIII 38–40

Zeitregelung *s.* **Psychoanalytische Technik**, Sitzungen

Zeitverlust, Frage d. *s.* **Konstruktionen**; **Psychoanalytische Kur**, Dauer

Ziele d. (*s. a.* Psychoanalytische Methode, Ziele)

Mühe-Ersparnis d. Arztes, Eröffnung d. Unbewußten d. Patienten, VIII 107

Wandlungen d. *s.* **Psychoanalytische Technik**, Entwicklung d.

(Zusammenfassung), X 126; XIII 225f.; XIV 232f.; XVII *97–108*

Zwischenzeiten *s.* **Psychoanalytische Kur**, Unterbrechungen; **Psychoanalytische Situation**; **Psychoanalytische Technik**, Sitzungen

Psychoanalytische Terminologie (*s. a.* Termini technici), XIII 65

Psychoanalytische Theorie [Forschung] (i. allgemeinen) (*s. a.* Psychoanalyse, Anwendungsgebiete; – Wesen d.; Psychoanalytische Methode, Ziel(e) d.)

'als-ob' i. d., XIV 221

Anspruch auf vollständige, nicht vorhanden, X 93f.

Anwendungsgebiete d. *s.* **Psychoanalyse**, Anwendungsgebiete d., theoretische

Begriff d. (*s. a.* Psychoanalyse, Anwendungsgebiete, u. Wissenschaft), XIV 289

Begrenzungen d. (*s. a.* Psychoanalyse, Leistungen d.; Psychoanalytische Kur, Schwierigkeiten d.; – Methode, Grenzen d.; – Technik, Grenzen d.), XII 140

Beweismaterial d.

Indizienbeweise, XI 43–46

Kleinigkeiten als, XIV 395

i. bezug auf d. Realität d. Unbewußten *s.* **Unbewußte, (Das)**, Beweise d. Realität d.

Psychoanalytische Theorie (i. allgemeinen): Methodologie

'Bildersprache' d. [Psychoanalytische Terminologie], XIII 65

Demut, wissenschaftliche, d., XI 146

u. Dogmatismus, XI 249–52
  kein dogmatisches System, XIV 217f.

dynamische Betrachtungsweise i. d., XVII 29

u. Eklektizismus (*s. a.* Psychoanalyse, Anwendungsgebiete, u. Philosophie), XV 155, 164f.

u. Experimente (*s. a.* Psychologie, Experimental-), XI 13; XV 23f., 188; XVI 76; XVII 127

Assoziations-, *s.* **Assoziation**-Traum-, XIII 306

u. Fächer, andere, Sonderung v., XV 164f.

als Forschung, wissenschaftliche (*s. a.* Wissenschaft)
  aktive, übertriebene, nicht immer zielgerecht, VII 299
  als 'asymptotischer Vorgang', XII 192
  als Ausdehnung, auf d. Seelische (*s. a.* Psychoanalytische Theorie(n) (bestimmte)), XV 171
  Langwierigkeit d., XV 188
  als -smethode, XIV 360
  normaler u. pathologischer Phänomene, unabhängig geführt, VIII 391f.
  Prioritätsfrage *s.* **Psychoanalytische Theorie** (i. allgemeinen): Priorität
  u. Statistik, Wertlosigkeit d., XI 480; XV 164
  u. als Therapie [Praxis] (*s. a.* Psychoanalytische Therapie), VII 339; XIV 19, 96; XVI 74
    Auseinanderhalten v., VIII 380
    Unmöglichkeit d. –s, XV 156

(Definition d. Analyse als), XIV 96

Erkenntnisse (theoretische)
  als Nebenerfolge, VII 428
  wichtiger als Erfolge (therapeutische), XII 202

Heilung, Probleme d., XVI 63f.

als interessanteste, V 16

als Junktim, XIV 293–95

Prioritätsfrage zwischen, XIV 294

nur Technik d. Theraphie ist rein psychologisch, nicht die Theorie, V 276f.

technische Unterschiede zwischen, VIII 380

Traumdeutung aus Interesse f., VIII 354f.

Unwert, wissenschaftlicher, d. z. kurzen Behandlung (*s. a.* Psychoanalytische Kur, Verkürzung d.), XII 32

Fortschritt u. Wandlungen i. d. (*s. a.* Psychoanalytische Theorie(n) (bestimmte); u. unter d. einzelnen Stichwörtern), VIII 105–09, 339f.; XIV 82

Geschichte d. *s.* **Psychoanalyse, Geschichte**

Grundpfeiler d., XIII 223

Inhalt d. *s.* **Psychoanalytische Theorie** (i. allgemeinen): (Zusammenfassung)

u. Intuition, XV 171f.

als materialistisch-mechanistische Theorie, XVII 29

Methodologie [Theorie d. psychoanalytischen Methode] (*s. a.* Psychoanalytische Methode), I 416; XII 76, 140; XVI 125

Psychoanalytische Theorie (i. allgemeinen): Mißerfolge d.

Beweismaterial *s*. **Psychoanalytische Theorie** (i. allgemeinen): Beweismaterial d.

Diskussion ü. *s*. **Polemik**

einzige, z. Bewußtmachung d. bisher Unbewußten (*s. a.* Psychoanalytische Methode, Ziel(e)), I 381

Erklärungsaufgaben d., XII 140

Fehlerquellen d., bei XIII 155

Aktivität, z. großer, VII 299

Hemmung d. Assoziation, I 297

Impulsivität (*s. a.* Psychoanalytische Kur, Verkürzung d.; Psychoanalytische Technik, Aktivität), VIII 124, 383, 474f.; XVII 103f.

Nichtbefolgung d. Regeln *s*. **Psychoanalytische Grundregel**; **– Regeln**

Unterschätzung d. Verdrängten, d. Ubw., u. d. Pathologische als Maßstab, XIII 155

als Forschungsmethode, XIV 360

Kritik, V 169; XVI 65, 125

Schwerverständlichkeit f. Nicht-Analytiker, XV 76

Vorteile (*s. a.* Psychoanalytische Methode, Wert d.), VIII 38–40; XIV 67

Mißerfolge d., XI 476–81

auf nicht-ärztlichen Gebieten *s*. **Psychoanalyse**, Anwendungsgebiete d.

organische Theorien d. Psychiatrie mit i. Betracht ziehend (*s. a.* Psychoanalyse, Anwendungsgebiete d., u. Psychiatrie), V 276f.

als Philosophie *s*. **Philosophie**

Polemik i. d., unfruchtbar (*s. a.* Polemik), XI 251; XII 76

Priorität (*s. a.* Prioritätsfragen; u. i. Biogr. Reg.)

Frage d., VII 428; XIV 294f.

u. Originalität nicht Hauptziele d. Arbeit, XIII 3

d. theoretischen Erkenntnis, XII 202

Programm d., XV 171

Prüfbarkeit *s*. **Prüfbarkeit**

als Psychologie (*s. a.* Psychologie)

Tiefen-, *s*. **Tiefenpsychologie**

d. Unbewußten *s*. **Psychoanalytische Theorie** (i. allgemeinen): u. Wissenschaft

schwere Fälle, Wert d., f. d., XII 32

Schwierigkeiten d. *s*. **Psychoanalytische Kur**, Schwierigkeiten d.

u. Spekulation

Analyse ist Erfahrung, u. kein System, XI 250–52

als spekulatives System, XIV 104

nur ein Surrogat i. d. Analyse, XII 140

als Tiefenpsychologie *s*. **Tiefenpsychologie**

Traumdeutung, Rolle d., i. d. *s*. **Traum(deutung)**

ungelöste Fragen [Unsicherheiten] i. d.

Ätiologie, XIV 180, 513

Therapie *s*. **Psychoanalytische Therapie**, Probleme d.

Verläßlichkeit d., VII 172

Wandlungen d. (*s. a.* Psychoanalytische Technik, Entwicklung d.), XIV 218

Kritik gegenüber, XI 252

d. Technik, VIII 107

als 'Weltanschauung' *s*. **Weltanschauung** (*s. a.* Psychoanalyse, Wesen d.)

Welterklärung d., xv 171

Widerstände gegen *s*. **Psychoanalyse, Widerstand gegen**

als Wissenschaft [als Psychologie] d. seelisch Unbewußten (*s. a.* Unbewußte, (Das)), v 24; xiii 227, 424; xiv 96; xv 170f.; xvii 80

u. Wissenschaft (*s. a.* Psychoanalyse, Anwendungsgebiete d., u. Wissenschaft; Psychoanalytische Theorie (i. allgemeinen): als Forschung; Wissenschaft), viii 380

Beitrag z., xv 171

(Zusammenfassung), xiii 405–27; xiv 300–05

Psychoanalytische Theorie(n) (bestimmte) (*s. a.* unter d. einzelnen Stichwörtern)

Aktualneurose, viii 339f.

Angsttheorie *s*. **Angsttheorie**

Angstträume, sexuelle Wurzel d., ii/iii 167f.

Assoziation, v 198; xiv 65f.

Grundlehren, xiii 223, 413; xiv 65

Grundprinzip v. d. größeren Schädlichkeit ubw. als bw. Ideen, v 209

infantile Sexualität *s*. **Infantile Sexualität**

Libidotheorie *s*. **Libidotheorie**

Lustprinzip *s*. **Lust(prinzip)**

Neuerwerbungen (Narzißmus, Psychosen, Trieblehre), xiv 82

nicht-ärztliche Gebiete *s*. **Psychoanalyse**, Anwendungsgebiete d.

normale u. pathologische Phänomene, viii 391f.

Ödipuskomplex, Wert d. Aufdeckung d., xiii 223; xvii 119f.

d. Paraphrenien, x 152f.

psychiatrische *s*. unter d. einzelnen Stichwörtern

Reformstrebungen d. Technik *s*. **Psychoanalytische Technik, Entwicklung d.**

Regression, Entdeckung d., x 47

d. Sexualität ['Sexualtheorie'] (*s. a.* Infantile Sexualität; Pansexualismus, angeblicher; Partialtriebe; Sexualität, erweiterter Begriff d., psychoanalytische Einschätzung), i 359; ii/iii xi; v 29–145 (32), 157, 276f.; xiii 223; xiv 58f., 104–09

Grenzen d., v 29

nach d. Traumtheorie entstanden, ii/iii xi; vi 106

d. Symptome (Zusammenfassung), xiii 413

Todestrieb *s*. **Todestrieb; Trieblehre**

Trieblehre, xiv 101f., 104–09

Traumtheorie, Traumdeutung, Wunscherfüllung i. Traum, ii/iii 166, 594–97; v 167f.; viii 396; x 101

d. Unbewußte, v 24, 209; xiii 239

Psychoanalyse als Wissenschaft d. Unbewußten *s*. **Psychoanalytische Theorie (i. allgemeinen): u. Wissenschaft**

Verdrängung, xiii 223

Wandlungen d. Technik, viii 107–09

Widerstand, xiii 223

(Zusammenfassung), xiii 405–27; xiv 300–05

Psychoanalytische Therapie [–s Heilverfahren] (i. allgemeinen) (*s. a.* Psychotherapie(n) (bestimmte): voranalytische), ii/iii 105f.; vii 117, 339, 354; viii 57, *104–15*, 376–87, 454–78; xi 7, 447f., 466–82 (466–88); xii *183–94*; xiv 186; xv 81, *163–69*

Analyse als therapeutisches Verfahren, xiii 225; xiv 96

Psychoanalytische Therapie (i. allgemeinen): mit anderen Behandlungen

psychische Arbeit i. d. *s.* Psychoanalytiker, Kampf d.

mit anderen Behandlungen

gemischt (*s. a.* Psychotherapie, voranalytische), xv 164f.

verglichen *s.* Psychotherapie(n), nichtanalytische; – voranalytische

Anklagen gegen *s.* Psychoanalyse, Widerstände (*s. a.* Pansexualismus)

Anstalten f., Erwünschtheit d. *s.* **Psychoanalytische Institute**

Anwendbarkeit *s.* Psychoanalytische Methode, Anwendbarkeit; – Indikation

Aufgabe d. *s.* **Psychoanalytische Methode, Ziele**

'Ausleben' keine, xi 448–51

Beeinflussung, Frage d., i. d. *s.* **Psychoanalytische Methode**

u. Beichte, Unterschiede zwischen *s.* **Beichte**

Beschreibung d. (*s. a.* Psychoanalytische Technik), xiv 213–17

Chancen d. (*s. a.* Psychoanalytische Technik), viii *104–15*; xvi 62–79

Dauerheilung *s.* **Psychoanalytische Kur, vollständige**

als Deutungskunst *s.* **Psychoanalyse, Wesen d., als Deutungskunst**

Diagnose i. d. *s.* **Psychoanalytische Diagnose**

Erfolge (*s. a.* Psychoanalytische Therapie (i. allgemeinen): Leistung d.), xv 163f.

Einschränkung d., xv 165–67

Heil-, *s.* **Psychoanalytische Kur, Heilerfolg**

Miß- (*s. a.* Psychoanalytische Kur, Schwierigkeiten), xi 476–81; xv 163f., 167

Statistik d., xv 164, 167

theoretische Erkenntnis wichtiger als (*s. a.* Psychoanalytische Theorie), xii 202

Ferenczis (*s. a.* Psychoanalytische Technik, Aktivität i. d.), xvi 269

gelegentliche Anwendung *s.* **Psychoanalytische Therapie, mit anderen Behandlungen**

u. Gesamtbelastung d. Nervensystems, i 366

Geschichte d. *s.* **Psychotherapie(n), voranalytische** (*s. a.* Psychoanalyse, Geschichte d.)

i. d. 'Gradiva' Jensens, vii 97, 112, 115, 117–19

Unterschiede, vii 119

Heilerfolg *s.* **Psychoanalytische Kur, Heilerfolg**

Heilung durch (*s. a.* Heilung; Psychoanalytische Kur, Heilerfolg), vii 118; xi 451, 471; xv 163–65

als 'asymptotischer Vorgang', xii 192

bewußte Mitarbeit d. Patienten als Faktor *s.* **Psychoanalytische Situation, Mitarbeit**

Dynamik d. Vorganges, xi 473f.

als 'heilende Macht', xvi 84

Ichveränderung i. d., xi 473; xvi 64, 71

als Neuschöpfung, xvi 71

Libidoverteilung während, xi 472–74

Mechanismus d., xi 472–76

durch Triebbeherrschung, xvi 74

Versuch d. Verkürzung *s.* **Psychoanalytische Kur, Dauer;** – Verkürzung

Verzögerung, scheinbare, xii 188

Psychoanalytische Therapie (i. allgemeinen): Zwecke u. Ziele d.

zwei Phasen d., XI 473

als Hilfeleistung

am geschwächten Ich, XVII 98–104

d. Unbewußte als Helfer, XVII 104f.

Hindernisse d. (*s. a.* Psychoanalytische Technik, Hindernisse; Psychoanalytischer Prozeß), XI 476f.; XVI 65–68

äußere *s.* **Psychoanalyse,** Widerstände gegen

u. hypnotische *s.* **Psychotherapie(n),** voranalytische

als Icherstarkung *s.* **Psychoanalytische Therapie** (i. allgemeinen): Leistung d.

Jungsche, X 109f.

u. Katharsis (*s. a.* Psychotherapie, voranalytische), I 260, 304

als kausale Therapie, XI 452f.

Konflikte, Aktualisierung latenter, Frage d., XVI 77–79

Konkurrenzen d., XV 164

leichte u. schwere Fälle (*s. a.* Psychoanalytische Methode, Indikation; – Kontraindikation; – ungünstige Bedingungen), XII 32; XVII 107

Leistung d. (*s. a.* Psychoanalytische Therapie, Erfolge d.) (Definition), XVI 71

als Icherstarkung, XVI 64, 71; XVII 98–104

massentherapeutische Wirkung, VIII 112f.

Mißerfolge *s.* **Psychoanalytische Therapie** (i. allgemeinen): Erfolge

d. Mittellosen *s.* **Armut** (*s. a.* Gratisbehandlung; Psychoanalytische Institute, Kliniken)

als Prima inter pares, XV 169

Probleme d. (*s. a.* Psychoanalytische Theorie, ungelöste Fragen), XVI 65–68

Prophylaxe *s.* **Prophylaxe**

als Radikalbehandlung, psychotherapeutische, I 516

Schwierigkeit d. Handhabung (*s. a.* Psychoanalytische Kur, Schwierigkeiten), XV 164

u. sozialer Stand, XII 192

Strafbedürfnis, d. schlimmste Feind d., XV 115f.

Suggestion i. d. *s.* **Psychoanalytische Technik,** Suggestion i. d.

u. suggestive Therapie *s.* **Psychotherapie(n),** voranalytische

Technik d., ist rein psychologisch, V 276f.

u. Theorie *s.* **Psychoanalytische Theorie,** als Forschung, u. Therapie

therapeutische u. Charakteranalyse, XVI 69

u. Triebbeherrschung *s.* **Psychoanalytische Therapie** (i. allgemeinen): Heilung durch

Vergleich mit anderen Therapien *s.* **Psychotherapie(n),** nichtanalytische; – voranalytische

Versuch d. Verkürzung *s.* **Psychoanalytische Kur,** Verkürzung d. Dauer

vorangehende nichtanalytische, ungünstig, VIII 456f.

Wege d., XII *183–94*

Stand d., XII 183–86

Wesen d., (Zusammenfassung), XIV 301

Wirkung d., I 418

auf Erkennen d. Vergangenheit einstiger Wünsche beruhend, XV 80f.

Zwecke u. Ziele d. *s.* **Psychoanalytische Methode,** Ziel(e)

Psychoanalytische Therapie (i. allgemeinen): (Zusammenfassung)

(Zusammenfassung), XIII 213–15, 225f.; XIV 301

Psychoanalytische Therapie(n) (bestimmte) [Psychoanalytische Technik, bei verschiedenen Erkrankungen] (*s. a.* Psychoanalytische Methode, Anwendbarkeit; – Indikation)

aktive (*s. a.* Psychoanalytische Technik, Aktivität i.)

bei Phobien u. Zwangsneurosen, ähnlich, XII 191f.

bei Alkoholismus, XII 193

am häufigsten vorkommende Leiden i. d. Praxis d.: Angst und psychische Impotenz, VIII 78

bei Hysterie

Konversions-, u. Phobie, verschieden, VIII 108f.; XII 191f.

u. Zwangsneurosen, ähnlich, XII 191f.

leichte u. schwere Fälle, XII 32; XVII 107

u. organische Krankheit, VIII 459, 471

Penisneid u. latente Homosexualität am schwersten z. beeinflussen, XVII 121

bei Neurosen (*s. a.* Neurosen; u. unter d. einzelnen Stichwörtern), I 366; XVI 74

Psychoanalytischer Verlag (*s. a.* Psychoanalytische Bewegung), XII 331–36

Psychoanalytisches Wissen *s.* **Psychoanalyse; Psychoanalytische Ausbildung; — Kenntnisse; — Theorie**

Psychogen (–er, –e, –es)

Charakter d. Neurose *s.* **Neurose** (*s. a.* unter d. einzelnen Krankheitsnamen)

Krankheiten *s.* **Konversion** (*s. a.* Organ-)

Psychogenese *s.* unter d. einzelnen Stichwörtern

Psychographien, VIII 407; XIV 549f.

'Psychoid', XIII *241*; XIV 57

Psychologie ['Schulpsychologie', Psychologen]

'Amateurpsycholog', jedermann ein, XVII 143

angewandte, XV 194

Beschreibung mit Vergleichen, i. d., XIV 222

u. Biologie, X 144

experimentelle (*s. a.* Psychoanalyse, Experimente i. d.), XI 13; XV 23

Forderungen, gefühlbetonte, gegenüber, XIV 338; XV 4f.

Funktion d., XIV 338

d. Gymnasiasten, X *204–07*

d. Lust u. Unlust (*s. a.* Lust, u. Unlust), XIII 4

Massen- *s.* **Massenseele**

als Naturwissenschaft, XIV 84; XVII 80f., 126, 143

statt Naturwissenschaft, aus Trostbedürfnis, XIV 338; XV 4f.

u. Naturwissenschaft, d. einzigen Wissenschaften, XV 194

d. Normalen u. d. Pathologischen wenig verschieden, VIII 435

Nutzlosigkeit d., bei Einschätzung v. Anomalien, Träumen, usw., XIV 219f.

als Phänomenologie [u. Selbstwahrnehmung, -beobachtung], XVII 79f.

unzureichend, XVII 126

u. Physik, XVI 20

u. Physiologie *s.* **Physiologie**

projizierte, mythologische Weltanschauung als, IV 287–89

Psychoanalyse ist keine, XV 23

u. Psychoanalyse (*s. a.* Psychoanalyse, Anwendungsgebiete d.), VIII *390–402*; X 76; XII 325; XIV 288 f., 291; XV 170 f.

u. Bewußtseinspsychologie *s.* **Psychologie,** d. **Unbewußten**

u. experimentelle Psychologie, XI 13; XV 23

(Zusammenfassung), XIII 422

reine u. angewandte, XV 194

Schwellenbegriff i. d., XIII 4 f.

Sinnes-, *s.* **Sinnes-**

u. somatische Vorgänge (*s. a.* Somatisch-), XVII 80

Soziologie als angewandte, XV 194

als 'Stock mit zwei Enden', XIV 413, 523, 542

Tiefen-, *s.* **Tiefenpsychologie**

Tier-, (*s. a.* Tier-), XVII 69

d. **Unbewußten**

u. Berufsphilosophen *s.* **Unbewußte, (Das), Philosophie,** usw.

Berufspsychologen *s.* **Unbewußte, (Das),** u. **Psychologie**

Beweise f. d. Realität d. Unbewußten *s.* **Unbewußte, (Das), Beweise**

u. d. Bewußten (*s. a.* 'Psychisch' u. 'bewußt', nicht identisch), II/III 616–18, 620; VIII 406, 430 f., 434; X 266 f.; XI 14 f.: XII 10; XIII *239–43*; XIV 57, 103, 224 f.; XVII 79, 143–46

'Individual-', X 100 f.

bei Lipps, II/III 616 f.; VI 184; XVII 80, 147

philosophische Theorie u. Begriff d., V 24; VI 184; VII 74, 445; VIII 406; XIV 57; XVII 80

Psychoanalyse als (*s. a.* Unbewußt-), V 24; XIV 96; XV 170 f.; XVII 80

Verspottung d., durch Dostojewski *s.* i. **Namen-Reg.**: Dostojewski

Psychologisch (–er, –e, –es)

Charaktere d. Kultur, XVI 26

Faktor, i. d. Ätiologie d. Neurosen, XIV 187 f.

u. biologischer Gesichtspunkt, XIV 169

Kränkung d. Menschheit [d. menschlichen Eigenliebe] durch Psychoanalyse (*s. a.* Narzißtische Kränkung), XII *8–11*; XIV 109

Psychoneurose(n) (*s. a.* Neurosen; Übertragungsneurosen), I 496; VII 118, 148; XIII 219

u. Aktualneurosen *s.* **Aktualneurose(n),** u. **Psychoneurose**

Angst i. d. (*s. a.* Angst), XIV 171

Assoziationen i. d., immer sinnvoll, II/III 535

Ätiologie d. (*s. a.* Neurose(n), Ätiologie d.)

akzidentelles u. dispositionelles d. (u. Konstitution), I 82; V 53, 69, 154, 210 f.

sexuelle, II/III 611; V 25 f.

(Definition), VIII 112; XIV 50

u. Dementia praecox, Unterscheidung manchmal schwierig, XIV 86

Diagnose, schwankende, d., XIV 86

Halluzinationen u. Visionen i., II/III 540

u. Homosexualität, V 65 f., 284

Ichangst i. d., XIV 71

infantile Liebe z. Eltern wiederbelebt i., V 129

Mechanismen d.

i. Fehlleistung, Traum u., übereinstimmend, IV 308–10

Psychoneurose(n), Monoideismus i. d.

d. Verdrängung, i. d. x 249, 251, 257-61

Monoideismus u. kindliche Übertreibung i. d., VI 258

narzißtische (*s. a.* Melancholie, Narzißtisch; Schizophrenie), XIII 390

o. Neurasthenie, I 496, 499

u. Neurasthenie, gemischt, I 495-97

u. Neurosen, V 151

Unterschiede zwischen, VII 148f.

Perversion als negative *s.* **Neurose, als Negativ d. Perversion**

psychogene Natur d., VII 149

nach Pubertät auftretend, V 69

u. Straftraum, II/III 563f.

Symptome d. (*s. a.* Symptom-)

u. normale Vergeßlichkeit, I 525

Vorstufe u. Kern d., i. aktualneurotischen Symptom (*s. a.* Aktualneurose), XI 405f.

Theorie d., I 511-13

Traumdeutung als Vorstudium z. d., II/III 624, 647-55

'Überflüssigkeit' d., I 515

u. Verdrängung, X 251

volkstümliche Meinung ü., I 515f.

Zeitfolge d. Auftretens, VIII 443

Psychopath *s.* **Psychotiker** (*s. a.* Neurotiker; Psychose)

Psychopathische Bildungen (*s.a.* Hysterie; Konversion; Paraphrenien; Phobie; Psychose; Verwahrlosung; Wahn; Zwangsvorstellungen)

u. alienierte Zustände *s.* **Anfall; Hypnoid**

u. sexuelle Abirrungen (*s. a.* Perversion), V 47f.

u. Traum, Ähnlichkeit zwischen (*s. a.* Traum), II/III vii-xii, 38f., *92-99*, 647, 684, 690

Wahnsinn [Geisteskrankheit, Irrsinn]

Angst vor *s.* **Angst vor Irrenhaus**

u. Leiden, XIV 385f.

u. d. Unheimliche, XII 237

u. d. Dämonie, XII 257

Psychopathologie d. Alltagslebens (*s. a.* Fehlleistungen), IV *5-310*; VI 101, 116; VII 5

(Zusammenfassung), XIII 414

Psychophysischer Parallelismus, X *266*, 347; XVII 80, 143f., 146

Widerlegung d., XVII 146

Psychose(n) [Psychotische Erkrankungen, - Zustände] (i. allgemeinen) (*s. a.* Paraphrenien), XVII 98, 132

Abwehr d., durch Hysterie, I 262

u. Außenwelt (*s. a.* Außenwelt; Projektion; Psychose u. Realität), XIII 365-68, 387; XVI 181f.; XVII 132f.

Ätiologie d., XIII 390f.

(sexuelle), I 485f.

Bewußtseinsspaltung i. d., I 65

Bewußtwerden i. d., XVII 83

(Definition), XIII 365, 390

Denkvorgänge i. d. (*s. a.* Denken; Denk-)

u. Witz, VI 194f.

dynamische Aufklärung d., XI 435-42; XIV 388

Entstehung d., I *72*; II/III 573f.; XIV 388; XVII 98, 132

Forschungen d. Züricher Schule, über d., VIII 31

Neurose als Vorstadium d., VIII 455f.

Psychose(n) (i. allgemeinen): als Realitätsverlust

nach Trauma, XVI 181f.
Fetischismus, XIV 316
u. Fluchtversuch, XIII 365
funktionelle [als Funktionsstörung d. psychischen Apparates], XIII 420f.; XVII 109
Halluzination u. Wahn i. d. (s. a. Psychosen (bestimmte): halluzinatorische), XVI 54f.
als Heilungs- u. Rekonstruktions- [Reparations-]versuch, X 420f.; XIII 389
Hysterie als, I 92
u. Hysterie, I 74, 123, 262
hysterische, I 123, 262
d. Ich i. d., XVII 97f., 132f.
u. Außenwelt, XIII 387; XVII 132f.
u. Es, XIII 363, 365; XIV 315
Konflikt mit Überich, i. narzißtischem, XIII 390
Ichspaltungen i. d. (s. a. Ichspaltung), XV 64f.
u. Illusion s. **Illusion; Wahn**
kathartische Methode unzweckmäßig bei, I 262
als Konflikt zwischen Ich u. Außenwelt, XIII 387
Libidotheorie d., VIII 312; XII 322–24; XIV 477
Massen-, s. **Masse-**
Mechanismen d., XIII 389
u. Konstruktionen, XVI 54
Nahrungsverweigerung i. d., XIV 115
u. narzißtisch (–er, –e, –es), XIII 390
Typus u., XIV 513
Wesen d., XIII 225, 390, 420; XIV 87, 477, 513
u. Negativismus (s. a. Psychose, Verleugnung), VI 199; XIV 15

u. Neurose s. **Neurose**, u. Psychose
Neurosen als Vorstadien d., VIII 455f.
normaler Ichanteil bei, XVII 132f.
Phantasiewelt d. (s. a. Phantasie), XIII 367f.
bekräftigt analytische Symboldeutung, XI 471f.
Prognose d., XVII 97, 99
[pseudo-]neurasthenische Vorstadien d., I 315
u. psychoanalytische Therapie unzugänglich f. d. (s. a. Psychose (i. allgemeinen): u. Übertragung, Unfähigkeit z.), I 262, 513; V 21; VIII 390; XI 262; XIV 82, 86, 301; XV 167
erste Anwendung d., auf Dementia praecox durch Jung, X 67
Psychologie d., XIII 145
u. Realität (s. a. Psychose, u. Außenwelt)
als Abwendung [Ablösung] v. d. (s. a. Zurückziehung), I 73f.; XIV 315; XVII 59–61
Gründe d., XV 16
vollständige, VIII 230
autoplastische Umarbeitung d., i. d., XIII 365–68
als Realitätsersatz, symbolischer, XIII 368
realitätsgerechte Strömung, Fehlen d., i. d., XIV 316
u. Realitätsprinzip, VIII 230
Realitätsprüfung, Zerfall d. Fähigkeit z., X 425
als Realitätsverleugnung s. **Psychose(n) (i. allgemeinen): Verleugnung d. Realität i. d.**
als Realitätsverlust, XIII 363–68, 387–91

Psychose(n) (i. allgemeinen): als Rebellion d. Es

als Rebellion d. Es, gegen Außenwelt, XIII 365
als Regression, X 337
als Rekonstruktionsversuch *s*. **Psychose** (i. allgemeinen): als Heilungs- u. Rekonstruktionsversuch
Therapie d. (*s. a.* Psychose (i. allgemeinen): u. psychoanalytische Therapie, unzugänglich f. d.), V 21; XV 166; XVI 54
Traum als normale (*s. a.* Psychopathische Bildungen, u. Traum), I 92; XIII 389; XVI 262; XVII 97f.
Traum i. d., VII 82, 89
u. Traum, Ähnlichkeiten zwischen, XIII 389
u. Trauma (*s. a.* Trauma), XVI 181f.
u. Triebentmischung, XIV 15
u. Überich, XIII 363, 365, 390
u. Übertragung, Unfähigkeit z. positiven (*s. a.* Übertragung), XIV 68
u. d. Verdrängte, überstark gewordene, XV 16
Verleugnung d. Realität i. d. (*s. a.* Psychose (i. allgemeinen): u. Negativismus; Verleugnen), XIII 364f.; XIV 24, 315
  als Einleitung d., XIV 24
Wahrnehmung, endopsychische, VIII 315
Wesen d., XIV 232

Psychose(n) (bestimmte) (*s. a.* Paraphrenien; u. unter d. einzelnen Krankheitsnamen)
Abwehr Neuro-, *s*. **Abwehr-Neuropsychose**
akute halluzinatorische Verworrenheit *s*. **Amentia**
Beobachtungswahn *s*. **Beobachtungswahn**
halluzinatorische, I 72–74; XIV 396

Abwendung [Ablösung], vollständige, i. d., VIII 230, 312
Phase d. Schizophrenie, X 420f.
u. religiöse Bekehrung, I 72–74; XIV 395f.
sexuelle Ätiologie d., I 482
u. Trauer, X 430
Verdrängung peinlicher Eindrücke i. d., I 73f., 401–03; II/III 236
Verworrenheit, I 72–74, 152f.
  als Abwehr-Neuropsychose, I 379
  akute *s*. **Amentia**
  i. Hysterie u. Zwangsneurose, I 74
  mit Madonnenphantasie, nach sexueller Beschuldigung, V 267
Wunschpsychose, X 420–26
zweite Phase nach Zerfall d. Fähigkeit z. Realitätsprüfung, X 425
Korsakoffsche, Sexualsymbolik i. d., II/III 389
Tilgungs-, hysterische, I 123
Überwältigungs-, I 69

Psychosexualität (*s. a.* Sexualisierung; Sexualität)
Begriff d., VIII *120f.*

'Psychosynthese' (*s. a.* Integration), XII 185f., 190f. 296f.

Psychotherapie(n) (*s. a.* unter d. einzelnen Krankheitsnamen), V *12–26, 289–315*

analytische *s*. **Psychoanalytische Therapie** (i. allgemeinen)
Aufklärung ist noch keine, VIII 123
'Ausleben' ist keine, XI 448f.
Chancen d., Faktor d. allgemeinen Vertrauens i. d., VIII 110

Psychotherapie(n), symptomatische

Geschichte d. (*s. a.* Psychoanalyse, Geschichte d.; – Widerstände gegen), v 290

bei d. alten Völkern, v 301 f.

Mißtrauen gegen neue Methoden i. d. (*s. a.* Neu-; Psychoanalyse, Widerstände gegen), xi 481

Vernachlässigung d. Psychischen i. d., v 290–93; xiii 405 f. xiv 102

gegen Zwangsvorstellungen u. Phobien machtlos gewesen, i 515

kausale (*s. a.* Psychotherapie, symptomatische), i 260, 304; xi 452 f.

nichtanalytische (*s. a.* Psychoanalyse, Abfallsbewegungen d.), xv 164

u. analytische

gemischt, i 266; xv 164 f.

verglichen (*s. a.* Psychotherapie(n), voranalytische, u. Psychoanalyse, Vergleich), xv 165, 169

d. analytischen vorangehende, ungünstig, viii 456 f.

Diät, i 266; viii 111

Erfolge auf Suggestion d. Gesellschaft beruhend, viii 111

Elektrotherapie [Faradisieren], i 125; viii 111; x 46; xi 46; xiii 406; xiv 39 f.

auf Suggestion beruhend, xiv 40

hormonale, xv 166

hypnotische u. suggestive *s.* **Psychotherapie**, voranalytische

Kaltwasserkur [Hydrotherapie], i 503 f., 515; xiv 40

mit Diät, i 266

i. Fällen v. Impotenz u. 'Nervosität', x 452

v. Freud angewendet, i 121 f.

mit Ruhekur, i 266; vii 165 f.

auf Suggestion beruhend, viii 111

Mastkur, i 266

Modeärzte u. Modekuren, v 299 f.

Erfolge d., auf Suggestion d. Gesellschaft beruhend, viii 110 f.

moralisierende, vii 408; xiii 406

Natur als Heilmittel, Glauben an, xiv 265

'roborierende', xiii 406

Ruhekur, vii 165 f.

(mit Analyse, kathartischer), i 266

i. Sanatorien *s.* **Anstalten**

technische Mittel d., v 302 f.

Wunderheilungen d. *s.* **Wunderheilungen**

gegen Zwangsvorstellungen machtlos, i. d., i 515

Opferbereitschaft u. Geduld, mangelnde, i. d., i 515

u. Psychiatrie *s.* **Psychiatrie**; **Psychoanalyse**, Anwendungsgebiete d.

Resultat d. *s.* **Heil(ung)**; **Prognose**

Schwierigkeiten d. (allgemeine) (*s. a.* Psychoanalytische Kur, Schwierigkeiten d.)

Machtlosigkeit d. Arztes, v 302 f.

symptomatische

Brauchbarkeit u. Grenzen d., i 260–63

i. Hysterie, i 262 f.

u. kausale, i 260; xi 452 f.

Resistenzfähigkeit d. Nervensystems, Stärkung d., durch, i 263

499

Psychotherapie(n), voranalytische

Unvollkommenheiten d. (*s. a.*
Psychoanalytische Technik;
Symptombehandlung), I 177;
V 169; VIII 463; XI 372

    Aufgeben d., wegen, seitens
d. Psychoanalyse, V 169

voranalytische, I 266; XIII 405–
09

    u. Abreagieren, V 151; XIV 46f.

antreibende ['roborierende'] (*s.
a.* Psychotherapie, voranalytische, Suggestion), XIII 406

    'Drängen' d. Arztes [Konzentrationsmethode], I 167–
70, 269f., 285f., 296, 298f.;
VIII 105

        u. Psychoanalyse, Unterschiede zwischen, XIV 67

    Druck auf d. Stirne [auf d.
Kopf, Handauflegen, Konzentrationsmethode], I 167–
70, 217, *270–73*, 280, 283–86,
298, 300, 307, 310; VIII 19f.;
XIV 53

        Arzt, Rolle d., bei d. Methode, I 286

        Grenzen d. Technik,
I 271f., 307f.

    als 'momentan verstärkte
Hypnose', I 271

    bei Paranoia, I 395

hypnotische (*s. a.* Hypnose;
Psychotherapie, voranalytische, Suggestion), I *3–17*, 33f.,
69, 80, 97, 156, 158f., 163–67,
230, 237–42, 246–48, 252, 267f.,
271, 275, 286–88, 474–76; V 3–
5, 7f., 16f., 304–15; VIII 7,
14f., 19, 55; XI 302, 468f.,
482; XIII 406f.; XIV 40f.; XVII
9–11

    durch Freud verwendet, XIV
39–41

    Geschichte d. (*s. a.* i. Namen-Reg., unter d. einzelnen Eigennamen), I 33f., 69, 80–98,
99–162, 163–67, 247; XIII
406f.

    Bernheim, I 121, 130, *157*;
XIII 406

    Breuer, I 99; XIII 409f.

    Charcot, XIII 407; XIV 37f.

    Delboeufs Ansicht ü., I 157

    Verbote gegen, XIV 270f.

    Wandlung d. ärztlichen
Beurteilung d., XIV 271

    Grenzen d. *s.* Psychotherapie, voranalytische, hypnotische, Nachteile d.

    d. Hysterie, I 1–17, 69, 474–
76; VIII 7f.; XVII 9–11

    beim Anfall, XVII 9–11

    bei Laktationsschwierigkeiten, I 5–8

    bei Lähmungen, I 54

    Indikation d., V 311

    u. kathartische Methode *s.*
Psychotherapie, voranalytische, kathartische

    v. Laien angewendet, XIV 271

    Nachteile [Mängel, Unzulänglichkeiten] d. (*s. a.* Psychotherapie, voranalytische,
Suggestion, Fehler d.), V 7,
16, 310–15 (311); VIII 19; XI
301f., 468f., 482

        Abreagieren nicht möglich,
I 253, 259–63

        Gefahren, V 310f.

        (angebliche), I 265

        Gewöhnung an, V 310

        Grenzen d., I 133; XIV 41

        Krankheitsverzicht nicht
erreichbar durch, V 313

        Schwächung d. Seelenlebens durch, V 310

        Symptome, Persistenz d.,
nach (einfacher), I 54

Psychotherapie(n), voranalytische (Forts.)

Unberechenbarkeit d., xiv 68

Verdrängung bleibt unbemerkt bei, viii 23

Widerstand bleibt i. zurückgezogener Stellung bei, viii 23; xii 291

bei Paranoia, i 395

u. Psychoanalyse [psychoanalytische Therapie], i 286–88; xiv 216f.

Bedeutung d. hypnotischen i. d. Entstehung d. psychoanalytischen Therapie, x 127, 130; xiii 407

gemeinsame Ziele d., x 448f.

kombiniert, i 97, 156

unvollständige, ohne Heileffekt, i 133, 149f.

Vergleich zwischen, i 194, 286–88; xi 468–70, 482; xiii *226f.*; xiv 216f.

mit Suggestion, i 3–17, 44, 269f., 275f., 304–15; viii 7f.; xvii 9–11

Wirksamkeit, i 92

Verkürzung d. Analyse durch (Ferenczi), xvi 74f.

Verzicht (Freuds) auf, v 240; x 54, 57

(Zusammenfassung), xiii *213f.*, 410f.

Vorteile f. d. Arzt, v 309–12

als Wunderkur, xiv 40f.

kathartische [Katharsis] (*s. a.* Abreagieren), i *97*, 311f., 475f., 512; v *3–5*, 7, 16f., 62, 64, 151f.; vii 8, 117; viii 3f., 13, 390; x 45–47; xiv 43–51 (46), 300

abgeänderte *s.* Psychotherapie, voranalytische, u. Psychoanalyse

u. Abreagieren, i 87; x 126f.

Breuers, viii 409f.

u. Erinnern (*s. a.* Psychotherapie, voranalytische, kathartische, u. Trauma), x 126f.

u. Erregungsabfuhr *s.* Psychotherapie, voranalytische, kathartische, u. Abreagieren

Freuds

Anteil an d., xiv 46f.

Anwendung d., xiv 43–51

abgeänderten, (*s. a.* Psychoanalyse; Psychoanalytisch-), xiv 51–53

Erfahrungen mit d., viii 18–20

Grenzen (u. Schwierigkeiten) d., i 253, 259–61, 263; xiv 68

u. hypnotische Methode

gemischt [Hypnose i.d. kathartischen Methode], viii 14f.

keine Suggestion, i 86

u. Konzentrationsmethode, i 286–88

Übergang, viii 14f.

Indikation d., bei akuter Hysterie, i 262

Kontraindikation

bei Behandlung v. kausalen Bedingungen, i 260

hysterische Konstitution unbeeinflußbar durch, i 261

bei hysterischer Psychose, i 262

bei nicht-somnambulen Personen, i 165f.

Konversion, Zurückleitung d. durch, i 64

bei Kriegsneurosen, xii 322; xiv 47

501

Psychotherapie(n), voranalytische (Forts.)

u. Liegekur, I 266

u. Psychoanalyse [psychoanalytische Therapie] Umgestaltung d. Ideen d. Verdrängung, d. Widerstandes, d. infantilen Sexualität, d. Traumdeutung, durch kathartische Methode, x 53

Übergang [abgeänderte kathartische Methode], XIII 213f.; XIV 51-53

Vergleich zwischen, I 194, 286-88, 311f.; XIII 226f.

symptomatisch, I 260f., 263

Technik d., I 77f., 252-312, 513; XIII 107

als 'Tilgung aller Schulden', I 123

u. Trauma (s. a. Trauma; Traumatisch-), I 475f.; x 46f.

Unberechenbarkeit d. Rapportes i. d., XIV 68

unvollständige, I 133, 149f.

Wert d., I 259-61, 263; VIII 24

Wirkung i. Alltagsleben, I 87 (Zusammenfassung), XIII 212f., 407-09; XIV 299f.

Konzentrationsmethode s. **Psychotherapie**, voranalytische, antreibende, 'Drängen'; – Druck auf d. Stirne

Krankengeschichten (s. a. i. Reg. d. Krankengesch.), I 81-98, 99-162, 163-67, 230, 237-42, 246-48, 474-76

u. Psychoanalyse (i. allgemeinen) (s. a. unter d. einzelnen voranalytischen Verfahren)

gemeinsame Ziele, x 448f.

als 'Prima inter pares', xv 169

Unerläßlichkeit d. Analyse, I 381; v 167f.

Vergleich zwischen, I 311f.; XIII 226f.

Vorteile d. Analyse vor d., v 7f., 16; XIV 67f.

Suggestion (s. a. **Psychotherapie**, voranalytische, antreibende; – hypnotische; Suggestion), I 269-75; v 14-18

Amnesie, Aufhebung d., durch, I 97, 252

Bernheims, I 121, 130, 157

o. Erraten, Vergleich zwischen d. Wert d., I 194, 286-88; XIII 226f.

Fehler u. Nachteile d. (s. a. **Psychotherapie**, voranalytische, hypnotische, Nachteile d.), XI 467-71

Geschichte d., XI 467f.

mit Hypnose s. **Psychotherapie**, voranalytische, hypnotische

ohne Hypnose, I 165-67, 275, 288

kathartische Methode [Abreagieren], verglichen mit, I 86, 158

u. Korrektur d. Nicht-Abreagierens d. Traumen, I 88, 97

posthypnotische s. **Posthypnotisch**

u. Psychoanalyse [psychoanalytische Therapie] (s. a. Psychoanalytische Technik, Suggestion i. d.; – u. Suggestion)

gemischt, I 184, 195

'lehrhafte –', v. Freud verwendet, I 97, 113

Vergleich zwischen, I 194, 286-88; v 16-18; XIII 226f.

Verkürzung, angebliche, d. Dauer d. Kur, durch, VIII 384

Wort d., XIII 226 f.
Vergleich mit d. d. Psychoanalyse, I 311 f.
i. d. Widerstandsbekämpfung, I 286–88
Wort als Mittel d. (s. a. Suggestion; Wort; Zauber), v 289, 301 f.

Psychotiker [Geisteskranke] (s. a. Psychose)
Delirien d., VI 194
nicht hypnotisierbar, V 305
u. Psychoanalyse s. **Psychoanalytische Methode**
Sexualtheorien d., d. infantilen ähnlich, VII 182
Sprache, eigene d. [Reduplikation, Zittersprache, usw.], VI 140 f.
u. Wahrheit, XVI 191

Pubertät (s. a. Adoleszenz; Zweizeitiger Ansatz), V 33, 108–31, 136 f.; VIII 47, 408; XI 417; XIII 123, 221 f.; XIV 62, 237, 304; XII 179; XVII 75, 113, 118

u. Ablösung
v. Eltern (s. a. Eltern), v 127 f., 131; VII 186 f., 227; XI 349
beim Mädchen (s. a. Mädchen, u. Mutter, Abwendung v. d.), V 128, 131
v. Lustprinzip, VIII 234

Angsterkrankung während Phase d., XI 417 f.
Aufklärung i. d., VII 185–87
Familienbande, Lockerung d., i. d., V 127
Fixierungen i. d., VIII 74, 342
u. Gefahrsituationen, XIV 187
u. genitale Phase, u. Genitalprimat, VII 22; XV 105
bei Gymnasiasten, X 204–07

Pubertät, Prä-

homosexuelle Neigungen u. Schwärmerei, V 220 f.; XII 297
u. Hysterie, I 435–38, 443, 447, 449
Reaktivierung d. Traumen, I 419 f.
mit Rückfall, trotz Analyse, XVI 66
u. Kindheit, Sexualität u. Traumen (s. a. Pubertät, Traumen)
Unterschied, XIII 294
Wiederbelebung i. d., I 383, 437 f., 443; VII 427
Libidosteigerung, plötzliche, i. d., VIII 328; XI 322; XVI 70
Liebe i. d. (s. a. Schwärmerei), V 101, 108 f., 126, 218; VII 58 f.; XIII 123
Masturbation i. d., XI 327
als Kompromißbildung, VIII 342
u. Neurose, VII *423 f.*
u. Schuldbewußtsein, V 90
u. Neurose (s. a. Pubertät, u. Hysterie)
Entwicklung, verspätete, VII 22
Fixierungen, VIII 342
Libidosteigerung, plötzliche s. **Pubertät, Libidosteigerung**
u. Masturbation, VII *423 f.*
Zeitalter d. Manifestwerdens d., V 69; XVI 182, 184 f.
Zwangs-, XIV 146
normale Abspaltung psychischer Gruppen i. d., I 194
u. Objektwahl, V 100 f.; XI 349
Ödipuskomplex, Wiederbelebung d., i. d., XI 349
u. Perversion, VII 22; XII 213
Post-, s. **Adoleszenz**
Prä-, s. **Latenz; Vorpubertät**

Pubertät u. Sexualentwicklung

u. Sexualentwicklung

Auflösung d. Polarität d., i. d., XIII 297f.

Wendungen, entscheidende, vollzogen vor d., VII 22; XV 124

u. Sexualleben

Beginn, angeblicher i. d., I 384, 511; V 73; VII 21; XII 21f.; XVII 74

definitive Gestaltung nach d., V 44f., 100

Sexualtheorien, [post-]infantile, i. d., VII 185–88 (186f.)

Sexualtrieb i. d. *s.* **Pubertät**, Libidosteigerung

bei Sexualverdrängung, übermäßiger, d. Kindheit, schwerer z. bewältigen, XI 379

Sexualziele

gemilderte, u. zärtliche Strömung, V 101, 108, 127–29; XIII 123

sinnliche, d. zärtliche Strömung übertünchend, VIII 80

sexuelle Traumen *s.* **Pubertät**, Traumen i. d.

sexuelle Unwissenheit i., relative (*s. a.* Unwissenheit), I 194f.; VII 186f.

somatische Vorgänge i. d., V 109

Systeme, psychische, Scheidung d. Inhalte d., i. d., X 294

Tabu d., IX 28, 31–33, 43

Traumen (sexuelle) i. d.

v. infantilen verschiedene (*s. a.* Pubertät, u. Kindheit), I 187, 238, 277, 383

Triebkräfte d., u. Kultur (*s. a.* Kultur), I 511

Triebstärke [-verstärkung] i. d. *s.* **Pubertät**, Libidosteigerung i. d.

Umgestaltungen d., V *108–31*

Vagabundieren d., XVI 256

u. Verdrängtes *s.* **Pubertät**, weibliche; – Wiederkehr d. Verdrängten i. d.

verfrühte *s.* **Frühreife**

Vor-, *s.* **Vorpubertät** (*s. a.* Latenz)

weibliche, V 122; X 155, 456; XII 284; XIV 27

Ablösung d. Mutterbindung i. d. (*s. a.* Mädchen, u. Mutter), XIV 526

bei Primitiven, XII 166

Unkenntnis d. Vagina bis z., XIV 520

Verdrängung d. männlichen u. klitoriden Sexualität i. d., V 122; VII 240; VIII 452

Vor-, VII 240; X 456

Wiederkehr d. Verdrängten i. d., I 419f.; XVI 202

Zeitalter d. Auftretens

d. Neurosen, V 69; XVI 182, 184

d. Paraphrenien, VIII 444

zusammenfassende Rolle d., VIII 47

u. Zwangsneurose, XIV 146

zwei Phasen d., V 78

Pubertätsdrüse, V 77f., 117

Funktion d., V 46

Pubertätsideale, XIV 472

'Pubertätsneurasthenie' ['Jugendneurasthenie'], I 4

Pubertätsonanie *s.* **Pubertät**, Masturbation i. d.

Pubertätsphantasien (*s. a.* Phantasie(n) (Arten): Pubertäts-), I 547; V 127f., 153f.; VII 58; VIII 74; XI 94; XIV 417

v. Inzest, XIV 417

d. Wolfsmannes *s.* i. **Reg. d. Krankengesch.**: Namenverzeichnis, Wolfsmann

Pubertätsriten [-zeremonien, Männerweihe]
u. Beschneidung (s. a. Beschneidung), IX 184; XV 93; XVII 117
u. Kastration, IX 184; XI 167
u. Lösung inzestuöser Bindungen, XI 347
beim Mädchen, XII 166
u. Vermeidungsvorschriften, nachfolgende, IX 16, 18
mit Zähneausschlagen, Haarabschneiden usw. (s. a. Haar; Zahn), IX 184

Pubertätsverliebtheit s. Pubertät, Liebe i. d. (s. a. Schwärmerei; Verliebtheit)

Publikum, d. Witz u. sein s. Witzpublikum (s. a. Dritte Person)

Pudendum [Pudenda] (s. a. Anstößigkeit)

Genitalien als, VIII 166; XI 314, 317
Sexualität
als (s. a. Pansexualismus), I 192; XI 317
ist kein, II/III 612

Puppe(n)
als Ersatzopfer, IX 182
u. d. Unheimliche, VII 245, 260

Puppenspiel (s. a. Puppe; Spiel), XII 245; XIV 530f.; XV 137

Πύξις, V 240

Φαντάσματα, bei Artemidoros, II/III 4

Φιλία – νεῖκος, XVI 92

Ψ-System(e) (s. a. Psychischer Apparat), II/III 542, 545, 549, 554, 605f.
erstes, II/III 605–07
u. Motilität, II/III 549

Q

Qual s. Leid; Schmerz; Selbstvorwürfe

Qualitative Gleichartigkeit d. Triebe, x 216

Qualität

u. Amplitude, XIII 28, 31

d. Erregungen, inneren, XIII 4, 28, 31

d. Triebregungen (s. a. Trieb), XIII 28, 31, 249, *273*

Qualität(en), psychische (s. a. Bewußt-; Psychisch-; Unbewußt-; Vorbewußt-), XIV 162; XVI 72, 85, 236; XVII *79–86*

d. Bewußtseins, X 291; XIII 239

eine d. inkonstanten, XVII 146

Lust u. Unlust d. einzigen, i. psychischen Apparat, II/III 580; XIV 162

'ubw' ist keine, sondern eine Provinz, XV 78

Quantitativ (–er, –e, –es)

Charakter

d. abfuhrfähigen Funktionen, I 74

d. traumatischen Momentes, XV 100

Disharmonie, als Grund d. Leidens bei Neurose, XVII 109f.

Faktoren s. **Quantität**

Gesichtspunkte

d. Neurose s. **Neurose**; **Ökonomie**

Proportionalität (s. a. Proportion), I 454–56; XIII 4

Kontrast, Fehlen d., beim Witz, VI 268

Momente s. **Quantität**

Unterschiede zwischen normalem Charakter

u. neurotischem (s. a. Neurose; Normale Menschen), XIV 180

u. perversem (s. a. Schaulust), XI 333

u. zwangsneurotischen Reaktionsbildungen, XIV 190

Quantität [Quantitative Faktoren, Momente] (s. a. Affektbetrag; Aufwand; Erregungssumme; Intensität; Libidoverteilung; Ökonomie, psychische; Proportion; Psychischer Apparat), I 74, 242, 412; XI 388; XIV 388

d. Affekte s. **Affekt**-; **Intensität**

Analyse als Korrektur d. Übermacht d., d. seelischen Vorgänge, XIV 185f., 225; XVI 71

i. d. Analyse

i. d. Ätiologie, I 375

Chancen d., abhängig v., XVI 72, 74

außer Kraft gesetzt, XVI 71

Vernachlässigung d., unrichtig, XVI 72, 74

d. Erregung (s. a. Abfuhr; Energie; Erregung), I 337; XIII 34

bei Humor, Verliebtheit u. paranoiden Anfällen, XIV 387f.

Konstanz d. Summe d. [Konstanzprinzip], XIII 275; XIV 426–30

Tendenz z. Aufhebung d., XIII 67f.

Verschiebung, Größe u., XVII 5f., 12f.

u. Lust u. Unlust (*s. a.* Lust u.
  Unlust), XIII 4f.
d. Es beherrscht durch, XV 81
d. Fixierung, Rolle i. d. Fortset-
  zung d. Kindheitsneurosen, XIV
  185f.
d. Gefahrsituationen, XIV 186
  kindliche Unkenntnis d. Bezie-
  hungen d., VI 258
d. Libido (*s. a.* Libidoverteilung),
  XVII 78
  Besetzung, XIII 69
  u. Neurose, XII 4
i. d. mosaischen Religion, XVI 236
u. Neurose (*s. a.* Neurose), I 375;
  VIII 327f.; XII 4; XIII 255; XVII
  109f.
i. d. Ätiologie, I 366
  bei Paranoia, XIII 202
d. Perversionen (Rolle i. d. Ent-
  stehung), XVII 78
d. Phantasie, XI 388

u. Prognose *s.* **Prognose**
  qualitative Veränderungen selte-
  ner als d. d., XVI 72, 85
d. Reiz(-es) (*s. a.* Reiz)
  Lust u. Unlust abhängig v.,
  XIII 372
  -schutzes u. -spannung, XIII
  27, 31
  u. Trauma, XIII 29
d. Sexualentwicklung, XVII 78
d. traumatischen Neurose (*s. a.*
  Trauma; Traumatische Neurose),
  XVI 178
u. Verdrängung
  Rückgängigmachen d., XIV
  185; XVI 71
  Ur-, XIV 121
Quälsucht, u. Selbstquälerei (*s. a.*
  Sadismus, u. Masochismus;
  Selbst-), X 221
Querulantenwahn, XII 216

R

Rache[-impulse]
 Abreagieren durch, I 87
 Aggression als, XIV 134, 489
 u. Analerotik, VII 204
 f. Defloration, XII 177, 180
 an Ersatzpersonen, XIII 15, 274
 Fortwünschen als, XIII 14
 Kinderlüge als *s*. **Kinderlügen**
 gegen Mutter, XIII 14
 als neurotische Reaktion, XIII 274
 i. Traum, XI 143
 i. d. Übertragung, V 284

Rachephantasien
 Doras (*s. a.* i. Reg. d. Krankengesch.: Namenverzeichnis, Dora), V 260, 262f., 273
 u. Familienroman, VII 230
 'Monte-Christo' –, VII 416f.
 i. Zwangsneurose, VII 416

Rachsucht (*s. a.* Haß), VII 204; XIV 489
 i. Melancholie, XI 443
 i. Selbstmordversuch, XII 290f.
 u. Widerstand, XII 292

Radium, XVII 28

'Raideur' *s*. **Starre**

Rapport, hypnotischer (*s. a.* Übertragung), V 306; XIV 68
 Verzicht auf, i. d. Analyse *s*. **Psychoanalytische Technik**

'Rapprochement forcé' (Delbœuf), II/III 184–86

Rasiermesser (i. einer Neurose), IX 117

Rasse(n) (*s. a.* Nation), VI 219; X 289f.; XII 128, 138, 190; XIII 130; XV 194; XVI 86; XVII 69
 französische, I 33; XIV 88
 Freuds '–', *s*. i. **Biogr. Reg.**: Autobiographisches, Verfolgung durch Nazis; – Selbstbekenntnisse, Judentum
 d. Patienten, XII 190; XVII 69
 u. Perversion, V 47, 210
 u. Psychoanalyse, Verhalten gegenüber, XVI 86
 russische (*s. a.* Russisch), XII 128, 138
 -seele (*s. a.* Massenseele), V 210; XIII 78f., 111, 130, 159; XIV 473f.
 Wahnideen i. Paranoia (Schrebers) ü., VIII 256

Rational *s*. **Vernunft; Vernunftgemäß**

Rationalisierung [Motivierung, Rationalisation] (*s. a.* Erklärungsversuch; Widerstand (Formen d.): intellektueller), II/III 153; VII 414; VIII 74, 284; XIV 554; XV 21, 84
 i. Adlers Theorien, X 96f.
 Affektäußerung d., durch Verwerfungsurteil, II/III 146
 während d. Analyse *s*. **Psychoanalytische Situation**, Rationalisierungen
 u. Angst
  -hysterie, X 281
  u. Ich, XIII 286f.
 Begründungen, fadenscheinige, bei, II/III 153

als 'Besserwissen', v 231
i. Krieg, x 338–40
d. Leidenschaften, x 340
Machtwille als, xii 46
u. Motive, wirkliche, vii 93
d. Mutterhasses beim Mädchen s.
Mädchen, u. Mutter
nach posthypnotischer Suggestion, ii/iii 153
bei Primitiven s. Primitive Völker, Projektion
d. Schuldgefühls i. Verbrechen, x 391
bei sekundärer Bearbeitung, xv 21 f.
(Terminus technicus) (Jones), xiv 554
i. Traum, ii/iii 146
i. Verfolgungswahn, viii 285
u. Verschiebung, ii/iii 684–87
durch Verwerfungsurteil, ii/iii 146
vorbewußte, xiii 286
bei Vorsichtsmaßregeln, xiv 150
i. Zwangshandlungen (s. a. Zwangshandlungen; -neurose), vii 414

Rationalistische Motivationen, bei Naturvölkern irrtümlich angenommene s. Primitive Völker, Projektion

Ratlosigkeit (s. a. Entschluß, Hinausschieben d.; Unsicherheit)
als Ausdruck d. Angst, xiv 167
Geisterglauben (u. partiellen Schwachsinn) erzeugend, vii 99
u. Trennungsangst, xiv 167
bei Zwangskranken, vii 452

Ratte(n), i 103
i. Dichtung u. Sage, vii 434 f.
als Symbol f. Geld, vii 433 f.
als Symbol f. Penis, vii 433

i. d. Zwangsneurose (s. a. i. Reg.
d. Krankengesch.: Namenverzeichnis, Rattenmann), vii 381–463

Rattenfänger v. Hameln, vii 434

Rattenmamsell (Ibsen), vii 434

Raubehe (s. a. Ehe; Exogamie), ix 20

Raubtiere, große (s. a. Tiere)
Narzißmus, Anziehungskraft d., beruht auf ihrem, x 155

Rauchen, u. Oralität, v 83

Rauchfangkehrer, als Sexualsymbol, xi 166 f.

Rauf- u. Ringspiele, ii/iii 279; v 103 f.

Rauferei
Selbstbeschädigung i. hysterischen Anfall, symbolisiert Unfall durch, vii 239
Vorbild f. d. sadistische Auffassung d. Koitus beim Kind (s. a. Infantile Sexualtheorien), vii 182

Raum [Ort, Räumlichkeit] (s. a. Lokalisation, Schauplatz)
Distanz i., i. magischer Auffassung nicht anerkannt, ix 105
als Projektion d. Ausdehnung d. psychischen Apparates (s. a. Topik), xvii 152
unterirdischer, als Traumsymbol f. d. Unbewußte, ii/iii 414
i. Traum
enger, ii/iii 400–03, 414
mehrere Räume, als Haremsphantasie, ii/iii 359, 400; xi 202
Zeit [-lichkeit] dargestellt durch (s. a. Zeit, u. Raum), xv 27

Raumangst (s. a. Agoraphobie; Klaustrophobie)
normale, i. geschlossenen Raum, xi 414

Raumbewußtsein

Raumbewußtsein [-gefühl, -vorstellung], II/III 53
Annäherung i. Raum logischen Zusammenhang darstellend (i. Traum), II/III 673f.
v. inneren Organen, bei Schmerzen, XIV 204
Lokalität, psychische, II/III 541–49, 615
Mangelhaftigkeit d., II/III 47, 54
Ort u. Szenenwechsel, II/III 340f.
i. Traum, II/III 47, 51, 53f., 341, 400–03, 414, 541, 673f.
'psychischer Schauplatz' d. (Fechner), II/III 50f., 541

Raupen (*s. a.* Ungeziefer)
Angst vor, u. Grausamkeit (*s. a.* i. Reg. d. Krankengesch.: Namenverzeichnis, Wolfsmann), XI 413; XII 39, 100–02, 114, 123

Rausch (*s. a.* Ekstase; Intoxikation; Stimmung, heitere, toxische; Sucht)
Abwehr durch, XIV 386
ästhetischer [durch Schönheit] (*s. a.* Schönheit), XIV 441f.
Flucht vor d. Realität i. d., XIV 436
Glück als, XIV 436f.
u. Leiden, XIV 386
Liebes- *s.* **Verliebtheit** (*s. a.* Liebesekstase)
u. Lust, XIV 436
u. Manie, X 441; XIV 436

Rauschgift(e) [-mittel], XIV 433
Alkohol *s.* **Alkohol**
Chemismus d., XIV 433, 436
als Ersatzbefriedigungen, I 506; XIV 432
Kokain *s.* **Cocain**
d. Kunst, XIV 439
Morphiumsucht, I 506; V 311

Religion als, XVI 157
Religion, u. Entziehungskur, XIV 372f.
d. Schönheit, XIV 441f.

Raute, als weibliches Genitalsymbol, X 394; XI 276

Rätsel
bestimmte
'Galgenstrick', VI 72
'Nachkommen u. Vorfahren', II/III 435
'Roßkamm', VI 72
'Sauerkraut', VII 72
'Totengräber', VI 71
Bilder-
u. falsche Namenerinnerung, IV 10
u. Traum, XI 120
Daldal-, VI 31f.
d. Geburt *s.* **Infantile Geburtstheorien**, u. i. **Namen-Reg.**: Sphinx
d. Leonardo, VIII 200
Rebus, II/III 284; IV 10
Scherzfragen, VI 246
Silben- [Scharade], VI 31, 71f.
d. Sphinx *s.* i. **Namen-Reg.**: Sphinx
u. Traum, II/III 182, 283f., 435; XI 120
Welt-, XIV 354
u. Witz, VI 31f., 246
u. Unifizierung, VI 71f.
Wort-, II/III 435; VI 31

Rätselhaftigkeit (*s. a.* Geheimnis; Unheimliche, (Das))
d. Neurosen [d. Hysterie, d. Seelenlebens], I 285; V 64, 155, 169; VIII 112, 386; XIII 308f.
d. Weibes, XIV 241

u. d. weiblichen Genitales, XII 258f.
u. Witz, VI 10
Räuber (*s. a.* i. Reg. d. Gleichnisse)
Angst vor (*s. a.* Kinderangst), I 133, 143; XIII 332
i. Traum (u. als Traumsymbol), II/III 400f., 409, 462
Vater als, II/III 409; XIII 332
'Räumlichkeit' (*s. a.* Raum)
Projektion d. psychischen Apparates als, XVII 152
Reaktion
i. Assoziationsexperimenten (*s. a.* Assoziationsexperimente), VII 4, 7, 14
auf Komplex deutende, VII 7
negative therapeutische *s.* **Psychoanalytischer Prozeß**, negative therapeutische Reaktion
Reaktionär(e) (*s. a.* Revolutionäre), XIV 411
Reaktionsbildungen, II/III 574, 576; V 79, 134, *140f.*; VII 209; VIII 401; XI 390; XIII 44; XV 97
als Abwehr, XIV 144f.
u. Ambivalenzkonflikt, Erledigung d., X 260; XIV 130f.
Angstanfall statt, XV 97
u. Charakter, V 140f.; XIV 191
i. Delirium, VIII 401
Ekel *s.* **Ekel**
u. Gegenbesetzung, XIV 190f.
Gewissenhaftigkeit, VII 136
zwangsneurotische, IX 86; XIV 144f.
u. Halluzinationen, VIII 401
i. Hysterie, XIV 190
fehlende, XIV 145
Ich als, gegen Triebvorgänge i. Es, XIII 286
d. Ichideals *s.* **Ichideal**

u. Ichveränderung (*s. a.* Reaktionsbildungen, u. Charakter), XIV 191
i. d. Latenzperiode, V *78f.*; XIV 144f.
Mitleid *s.* **Mitleid**
Perversion, infantile, ersetzbar durch, XII 200
Reinlichkeit *s.* **Reinlichkeit**
Scham *s.* **Scham**
u. Sublimierung, nicht identisch, V 79
statt Symptom, XIV 131; XV 97
Überich eine, gegen d. Es, XIII 262
u. Verdrängung (*s. a.* Verdrängung), X 260
Verführungsphantasien als (*s. a.* Verführungsphantasien), XIV 60
bei Zwangsneurose (*s. a.* Zwangsneurose), IX 86; X 259f., 285; XI 390, 396; XIII 281–83; XIV 144f., 190
Reaktionsgedanke, u. verdrängter Gedanke, V 215f.
Reaktionsregungen (*s. a.* Reaktionsbildungen), V 79
Reaktionsverstärkung, V 215
Reaktionswort (*s. a.* Assoziationsexperimente), VII 4
Reaktionszeit (*s. a.* Assoziationsexperimente), VII 7, 10
verlängerte, u. Affektbesetzung, VII 7
Real (-er, -e, -es)
u. Äußeres ['Außen' als] *s.* **Außenwelt**; Realität, psychische, u. materielle
Leiden, i. d. Übertragung, XVI 76
u. Psychisch *s.* **'Psychisch'**, u. Real
Realangst *s.* **Angst**, Real-

Realforderung *s.* **Realität**

Realfunktion (*s. a.* Ich; Realitätsprüfung)
- Verlust d., x 145

Realgefahr *s.* **Gefahr**, reale

Real-Ich, Entwicklung d., xiv 13

Realität (*s. a.* Außenwelt; Glaubwürdigkeit; Wahrheit-)
- Ablösung v. [Abwendung v., Abweisung] d. (*s. a.* Verleugnen; Zurückziehung), xvi 54
  - bei Introvertierung d. Libido, viii 323f.
  - i. Neurose, teilweise, viii 230
  - i. Psychose (*s. a.* Realität, u. Psychose), i 73f.; xiii 368; xiv 315; xv 16; xvii 59–61
    - i. halluzinatorischer, vollständige, viii 230
    - i. Traum, xv 16
  - nach Trauma, xiii 364
  - i. Wahn, xvi 54
  - u. Wiederkehr d. Verdrängten, xvi 54
- analytische Situation begründet auf Anerkennung d., xiv 67; xvi 94
- alloplastische Umarbeitung d., normal, xiii 366; xvi 82
- Anpassungsfähigkeit an d. Forderungen d., viii *324–27*
- Außenwelt als *s.* **Außenwelt**
- u. autoplastische Umarbeitung i. d. Psychose, xiii 365–68
- Charakterveränderungen nach Trauma entfernen sich v. d., xvi 181
- (Definition), x 423
- Eindruck d. *s.* **Realitätsgefühl**
- Flucht vor d. (*s. a.* Flucht)
  - u. aktive Veränderung d., xiii 365–68; xvi 82
- Neurose als, xiii 365
- i. Rausch, xiv 436
- Forderungen d. [Realforderungen], viii *324–27*
- Geringschätzung d., xi 381–83
- u. Ich
- u. Bewußtsein, xi 375
- i. Dienste d., xiii 388
- u. Es u. Überich, xiii 286f.
- Konflikt zwischen, xvii 97f.
- u. Psychose, xvii 132f.
- als Vermittler zwischen Es u., xiv 223, 275
- innere u. äußere (*s. a.* Realität, psychische, u. materielle), x 286; xvi 181
- u. Kinderspiel, vii 214; xiii 368
- i. Kindheitserinnerungen (*s. a.* Deck(erinnerung(en))), xi 382–85
- u. Kriterium d. korrekten Handlung, xvii 69
- während Krisen, akuten, xvi 77
- u. Kunst (*s. a.* Kunst), viii 416f.
- materielle *s.* **Realität**, psychische, u. materielle (*s. a.* Außenwelt)
- neue, i. d. Psychose, xiii 368
- u. Neurose *s.* **Neurose**, u. Realität
- u. Ödipuskomplex, xiv 409
- u. Phantasie (*s. a.* Phantasie), viii 53
  - Verwischen d. Grenzen zwischen, u. d. Unheimliche, xii 258
- phylogenetische *s.* **Archaisch**; **Phylogenetisch**
- psychische (*s. a.* Realität, innere), viii 400; xiv 411
  - u. materielle [äußere, faktische], ii/iii 635; x 351; xi 383, 389; xiv 13; xvi 181

Realitätsprinzip u. Selbsterhaltungstrieb

Ersetzung d. äußeren, i. Unbewußten, x 286

Überbetonung d. äußeren, i. d. Neurose, XII 258

als 'nichtreal', (s. a. Entfremdungsgefühl) XIV 13

u. Psychose (s. a. Realität, Ablösung v. d.), XIII 365–68; XVII 132f.

Religion, o. Erziehung z., XIV 372–76

i. Sagen u. Kindheitsphantasien s. Wahrheitsgehalt

d. Schlagephantasie, XII 204

u. Trauer, x 430

i. Traum ausgedrückt, XII 59, 80

u. Triebanspruch, Konflikt zwischen, XVII 59f.

Triebbefriedigungsmöglichkeiten d., VIII 415

Einspruch gegen, XVII 59

u. d. Unbewußte, x 286

d. Urszene, XII 59

Urteil bestimmt ü. d., d. Vorstellungen, XIV 13

Überbetonung [-schätzung] d., I 440

d. psychischen, i. d. Neurose, XII 258

v. Überich vertreten, XIII 390

d. Vaters s. Vater

u. Verdrängung, XIV 122

Verleugnung d. s. Verleugnen (s. a. Verneinung)

i. d. Versagung, x 372

u. Amentia, XIII 389

d. Vorgestellten, XIV 14

u. Wahrnehmung (s. a. Wahrnehmung), XVII 84

u. Wissenschaft, Kenntnis d., i. d., XIV 354

durch Wunsch enstellt s. Wunsch-

wunschversagend s. Realität, i. d. Versagung

u. Zwangsneurose, Verhältnis z., i., VII 449

Zweifel an d. s. Depersonalisation; Entfremdungsgefühl

Realitätsabwendung s. Realität, Ablösung v. d. (s. a. Zurückziehung d. Libido)

Realitätsersatz, d. Psychose, XIII 368

Realitätsgefühl [-glauben]

u. Halluzination u. Sinneswahrnehmung, x 421

mangelndes s. Entfremdungsgefühl

i. Traum, II/III 53–55; XII 59; XVII 87f.

bedeutet, daß etwas daran wahr ist, VII 84

Realitätsprinzip, II/III 572f.; VIII 232; XI 370; XIV 228, 424f.; XVII 129

Abwendung v. s. Realität, Ablösung v. d.

Adaptierung an, VIII 232–34

u. Aufmerksamkeit (s. a. Aufmerksamkeit; Denken), VIII 232f.

Außenwelt, Unterscheidung d., v. Ich, als erster Schritt z., XIV 425

Entstehung d., VIII 231f.

u. d. Ich, XIV 228; xv 82

Kunst als Versöhner v. Lust-, u., VIII 236f.

u. Lustprinzip s. Lust(prinzip), u. Realitätsprinzip

Neurose als verspätete Erziehung d. Sexualtriebes z., VIII 235

u. 'Nutzen', VIII 235f.

Phantasie unabhängig v., XIII 367

u. Selbsterhaltungstrieb, XIII 6

Realitätsprinzip als Sicherung

als Sicherung, nicht Absetzung, d. Lustprinzips, VIII 235f.

v. Unbewußten nicht anerkannt, VIII 237; x 286

i. Vorbewußten, x 287 f.

Realitätsprüfung, II/III 572; VIII 324; x 422–25; xv 82; XVII 84, 130

mit Aktualitätsprüfung nicht identisch, x 424

Aufhebung [Ausschaltung] d. (*s. a.* Realität, Ablösung v. d.)

   i. Alkoholdelirium u. Dementia praecox, x 425

   i. Amentia, Schizophrenie u. Traum, x 422, 424 f.

beim Dichter, XII 265

bei d. Massen (*s. a.* Massenseele), XIII 83, 86

Begriff d., XVII 84

als Bewußtseinsfunktion, x 424 f.

u. Bildung, XII 256

Entwicklung d., XIV 13

u. Ich, XIII 126

als Ichfunktion, x 424 f.; XIII 256, 285; XVII 129 f.

als Ichidealfunktion, XIII 126

statt Halluzination (*s. a.* Halluzination; Halluzinatorisch), x 422

u. Objekte, XIV 14

u. Trauer, XIV 205

u. Traum, II/III 54, 572

u. d. Unheimliche, XII 262

durch Urteilsfunktion, XIV 13 f.

u. d. Überwundene, XII 262–64

u. Wiederfinden, XIV 14

Widerstände gegen Anforderungen d., xv 34 f.; XVI 85

u. Wissenschaft, xv 184

Zweck d., XIV 14

Realitätsstörung, i. d. Neurose, XIII 363

Realitätsverleugnung *s.* Verleugnen

Realitätsverlust (*s. a.* Realität, Ablösung v. d.; Realitätsprüfung, Ausschaltung d.)

bei Neurose, XIII 363–68

bei Psychose, XIII 363, *387–91*

bei Schizophrenie (*s. a.* Weltuntergangsphantasie), x 145–47

Realitätszwang (*s. a.* Zwang)

Unsinn als Befreiungsversuch v. Denk- u. (*s. a.* Unsinn), VI 141 f.

Rebus *s.* Rätsel

Rebellen *s.* Revolutionäre

Rechnen (*s. a.* Zahl; Zählen)

i. Traum, II/III *417–21*; XI 185

Ver-, *s.* i. Reg. d. Fehlleistungen

Recht (*s. a.* Gerechtigkeit; Mord; Verbrecher)

Entstehung d. –s, VIII 460; XIV 460; XVI 188, 240

aus Gewalt hervorgegangen, XVI 15–17, 19 f.

Gesetze u. Gemeinschaft, XIV 454 f.; XVI 16

u. Kultur, XIV 454

als Macht einer Gemeinschaft (*s. a.* Gemeinschaft), XVI 15–17

Psychoanalyse d. –s, VIII 415

Straf- [Kriminologie] (*s. a.* Kriminalität; Mord; Mörder; Strafbedürfnis; Talion; Tatbestandsdiagnostik; Verbrecher)

u. Determinismus (psychoanalytischer), IV 282 f.

Justiz u. Mord, XIV 364

Gefängnisstrafe u. Homosexualität, v 38

Todesstrafe *s.* **Todesstrafe**

totemistischer Ursprung d. -s, XVI 240

Tabuvorschriften d. erste, XIV 460

u. Vaterschaft (*s. a.* Matriarchat; Matrilinear; Patriarchalismus; Patrilinear), XVI 221, 225

Verantwortlichkeitsbegriff auf Neurotiker nicht anwendbar, XIV 252

Recht(sgefühl) (*s. a.* Gerechtigkeitsforderung; -sinn)

beim Weib (*s. a.* Gleichberechtigung)

mangelhafter, XIV 25, 30; XV 144

Rechts u. Links (*s. a.* Richtung)

als Traumsymbol (Stekel), II/III 363, 385

Rede(n) (*s. a.* Sprache; Sprich-; Spruch-; Wort-)

als Abreagieren, I 87

als adäquater Reflex, I 87

i. d. Analyse (*s. a.* Psychoanalytische Technik, Mitteilung), XVI 78

'Ausrichten, etwas durch –', XI 9

zuviel, XVI 79

Geschwätzigkeit, neurotische (*s. a.* Manie), VIII 72

u. Handlung, beim Witz, VI 208

indirekte, VIII 28

Intention d.

u. Fehlleistung, VII 5

als Interferenz, XI 35, 46

'komische-'

absichtliche, VI 242

durch Redensarten *s.* **Redensarten**

u. Witz, nicht identisch, VI 242, 246f.

u. Neurose, II/III 422

Reformen, ärztliche Vorschläge z.

i. Traum, II/III 190, 309f., 318, *410–17*, *421–28* (422); X 419; XI 185

-gedanken, II/III 318

u. i. Neurose u. Witz, II/III 442

nicht originell, VII 101f.; XI 185

undeutliche [Gemurmel], II/III 148f.; XI 137f.

bei Zwangsgebot, VII 441

i. Witz, II/III 422; VI *208*, 242, 246f.

i. Zwangsneurose (*s. a.* Blasphemie), II/III 310; VII 441

Redensarten [Redewendungen] (*s. a.* Bild-; Sprichwörter; Wort-)

Komik d. Erstarrung d., VI 239

Symbolik i. d., II/III 350f., 356f.; VIII 36

als Symptomhandlungen, IV 240f.

u. Traum, II/III *410–17*

Redeteile, Darstellung d., i. Traum, XI 180

Reduplikation *s.* **Verdoppelung**

'Réel, fonction du' (Janet), VIII 230

Reflex(e) [Reflexbewegungen, Reflektorisch], I 15; X 286

Abfuhr durch, XIII 30

Abwehr-, VI 199

-apparat, psychischer Apparat als, II/III 570f., 604

-epilepsie, hysterische, I 33

-mechanismus d. Koitus, VII 239

-neurose, nasale, I 315

Pawlowsche konditionierte, VI 225

Rede als adäquater, I 87

u. d. Unbewußte, X 287

Reformation, XIII 108; XVI 137f.

Reformen

ärztliche Vorschläge z., VII 167

515

Reformen, religiöse

religiöse, Ursachen d., VII 138

Reformer, Analytiker sind keine, XI 450

Reflexionen s. **Grübeln**

Refrain (s. a. Reim), VI 136

Regenzauber, IX 99

Regredient [Regredierend] s. **Regressiv**

Regression, II/III *538–55*, 672f.; V 142; VIII 48, 53, 324, 413; X 47; XI *351–71*; XIII 222, 228; XV 106; XVII 78

  i. abnormen Zuständen, II/III 549

  als Abwehr, XIV 127f., 143f.

  i. Amentia, X 420

  z. anal-sadistischen Phase (s. a. Anal-sadistische Phase; Analerotik)

    nach Aufgeben d. infantilen Masturbation, XII 50

    i. d. Schlagephantasie, XII 50, 209f., 215, 219–21

  Begriff, Wesen u. Sinn d., VIII 413; XI 354f.; XIV 61

  bei Charakterwandlung alter Frauen, VIII 450

  (Definition), VIII 413; XI 353

  als deskriptiver Begriff, XI 355

  Entdeckung d., X 47

  Entstehung u. Ursache d., VIII 52f.; XI 373; XIV 143

  u. Entwicklung, XI 354; XIII 44

  z. Fixierungsstellen (s. a. Fixierung), VIII 443; XI 353

  formale, II/III 554; VIII 53

  z. früheren Stufen d. Sexualorganisation, XI 354; XII 50

  u. Halluzination

    nicht jede führt z. Regression, X 422

    z. Halluzination (i. d. halluzinatorischen Wunschbefriedigung) (s. a. Halluzination; Halluzinatorisch; Wunschbefriedigung), X 420

  bei Amentia, X 420

  d. Ichentwicklung, X 413

  bei Normalen, II/III 549–51

  i. Schizophrenie, X 420f.

  i. Spiel u. Magie, IX 103f.

  i. Traum (s. a. Traum), X 418

  u. Humor, XIV 385

  bei Hysterie, II/III 549–51; VIII 452; X 259

  Ich-, X 413; XI 370f.

  z. Identifizierung s. **Identifizierung**

  z. Imago, VIII 367

  z. infantilen Phantasien (s. a. Phantasien), VIII 324; XI 388f.

  u. Infantilismus, IX 24

  intrauterine s. **Mutterleib**, Regression z.; **Mutterleibsphantasie**

  u. Introjektion (s. a. Introjektion), XIII 257

  u. Introversion, X 151

  u. Inzest s. **Regression**, d. Neurotikers

  u. konstitutionelle Schwäche, V 139

  u. Krankheitsform, XV 106

  Krieg als entwicklungsgeschichtliche, X 354

  i. d. Kulturentwicklung, X 337–40

  d. Libidoorganisation, VIII 324, 443; X 413; XI 380; XV 98; XVII 78

    i. d. Ätiologie d. Neurosen, XI *351–71*

  v. Liebe z. Haß, X 232

  Masochismus als, XIII 59

  i. d. Masse (s. a. Massenseele), XIII 81f., 129

Regressive Reihenfolge

z. Männlichkeitskomplex beim Weib, XIV 28

i. d. Melancholie, X 436f., 439, 446

i. d. Mutterleib s. **Mutterleib**, Regression z.; **Mutterleibsphantasie**

z. Narzißmus, X 413; XII 285

   i. d. Homosexualität (s. a. Homosexualität (männliche): u. Identifizierung; – u. Narzißmus), XIII 139

i. Neurosen, II/III 554, 603; V 133; XI 351–71

d. Neurotikers

   z. inzestuösen Objekt, XI 354f.

   i. d. Inzestscheu, IX 24

normale, i. Trauer, Traum u. Verliebtheit, II/III 553; X 412

z. oralen Phase

   d. Angst, XVII 62

   u. Introjektion, XIII 257

i. Paranoia, II/III 549–51; VIII 309f.; X 243

   u. Perversion, VIII 48; XI 356; XVII 78

v. d. phallischen Phase, XIV 137, 143

u. Plastizität, X 337

i. d. Psychose, X 337

i. d. Schizophrenie, X 420

Schlaf als s. **Schlaf**

u. Symptombildung, II/III 554

i. d. Systemen d. psychischen Apparates, X 286

z. Todeserkenntnis, X 354

topische (s. a. Topik), II/III 554

   i. Traum, X 418; XI 183

   i. d. Trauer, II/III 553; X 412

   i. Traum (s. a. Traum), II/III 553; X 412, 418; XI 183

   -arbeit, VI 185

-gedanken, II/III 672f.

d. Triebe

   u. Entmischung, XIII 269f.; XIV 143–45

   u. Wiederholungszwang, XIII 64

i. d. Übertragungsneurose s. **Übertragungsneurose**

ohne Verdrängung z. Perversion führend, XI 356

u. Verdrängung, XI 354f.; XIV 134

i. Verliebtheit, II/III 553; X 412

u. Wiederholungszwang (s. a. Wiederholungszwang), XIII 38, 64 beim Wolfsmann s. i. **Reg**. d. **Krankengesch.**: Namenverzeichnis, Wolfsmann

durch Yoga, XIV 431

zeitliche s. Regressive Zeitfolge (Zusammenfassung), XIV 304

bei Zwangsneurose, VII 459; VIII 450; X 259; XIV 197; XV 98

zwei

   Arten d., XI 354

   Ursachen d. (s. a. Regression, Entstehung d.), XIV 143

Regressiv(e) [regrediente, regredierende]

Entwicklung Freuds, XVI 32

Reihenfolge [Darstellungsweise] (s. a. Regression, normale; – topische)

d. pathologischen Produkte, XV 15f.

Zeitfolge [zeitliche Regression]

   i. Beobachtungswahn, X 163

   d. hysterischen Symptome (i. d. Analyse) (s. a. Umkehrung), I 183

   d. Traumes, II/III 547–55 (553); VI 185; VIII 53, 309f.; X 243, 413, 418; XI 183f., 189, 203f.; XV 19

517

Regressive Richtung d. Neurose

Richtung d. Neurose, II/III 553–55
  d. psychischen Erscheinungen, II/III 553; X 302f.
  d. Psychoanalyse, z. Kindheit zurückreichend, X 47f.

Reiben [Reibungen] (*s. a.* Brust; Erregung; Genitalien; Haut; Juckempfindungen; Masturbation; Reinlichkeitspflege), V 80f., 84, 88f.

Reife (*s. a.* Erwachsene; Unreife)
  Früh-, *s.* **Frühreife**
  Ich-, u. Neurose, XVI 64
  sexuelle
    (physiologische) (*s. a.* Sexualentwicklung), I 386f.
      Altersgrenze d., I 384
      d. Genitalien (*s. a.* Genitalien), I 511
      u. infantile Sexualität, Ähnlichkeiten u. Unterschiede zwischen, XI 338
      normale (bei Mann u. Weib), V *108f.*
      Pollution vor d., V 90
    (psychische)
      Objektwahl i. d., V 129f.
      Pubertät vorangehend, I 384, 511; V 73
      Traumen, Schicksal d., i. d., I 384
  verzögerte *s.* **Infantilismus**

Reifere Jahre (*s. a.* Alter)
  Traumen d., werden nur bedingt verdrängt, I 384

Reihenbildung, i. d. Objektwahl, VIII 70, 365
  Ursachen d., VIII 71, 365

Reihenfolge
  d. Aktivierung d. Triebarten, V 143

  d. Deutungen *s.* **Deutung**
  Umkehrung d. *s.* **Regressive Reihenfolge**

Reim (*s. a.* Anklang; Assoziationszwang; Gleichklang; Rhythmik), VI 136, 140
  u. Alliteration, VI 136
  Induzierung, gegenseitige, d. Gedanken, durch, II/III 345f.
  u. Kalauer, VI 46
  u. Refrain, VI 136
  u. Rhythmus, VI 140
  als Spiel (mit Worten), VI 140
  u. Traum, II/III 345f.
    -arbeit, Ähnlichkeit zwischen, II/III 411
    Verdichtung i., II/III 663
  Wiedererkennen beim, VI 136
  Witz u. Schüttel-, VI 98

'Reinheit'
  kindliche *s.* **Asexualität; Unwissenheit**
  weibliche (*s. a.* Unwissenheit; Virginität)
    Ideale d., XI 367

Reinheitszwang [Reinlichkeitszwang] *s.* **Zwang** (psychischer): Arten d., Reinheits-

Reinigung *s.* **Lustration** (*s. a.* Sühne)

Reinlichkeit, XIV 144f., 459
  u. Analerotik (*s. a.* Analerotik), VII 203; XIV 456f.
  Bewertung, gesellschaftliche u. kulturelle [als Kulturideal], X 452f.
  i. d. Kulturgeschichte, XIV 452f., 459
  Erziehung z. [Reinlichkeitsgewöhnung], XI 325f.; XIV 22
    beim Mädchen leichter, XV 125

Reiz(e), Juck-

als Reaktionsbildung (*s. a.* Reaktionsbildungen), VII 206; XIV 144f., 190

u. Sünde, x 453

Un-, *s.* **Unreinlichkeit**
zwanghafte (*s. a.* Zwangsneurose) I 350

d. Eigenliebe schmeichelhaft, XIV 127

Reinlichkeitsgewöhnung *s.* **Reinlichkeit, Erziehung z.**

Reinlichkeitsmangel *s.* **Unreinlichkeit** (*s. a.* Schmutzigkeit)

Reinlichkeitspflege [Körperpflege]
u. Ambivalenz i. Mutter-Kind-Verhältnis, XV 132f.

u. Beschmutzung, Angst vor *s.* **Beschmutzung**

u. Säuglingsonanie, V 88f.

sexuelle Erregung [Erotik] durch, V 81, 88f., 124f.

als Spiel, VII 342f.

Verführung durch (*s. a.* Verführung), V 88f., 124; XIV 525, 532; XVII 115

u. Verführungsphantasien (*s.a.* Verführungsphantasien), XIV 525; XV 128f.; XVII 115

i. Witz *s.* **Witz** (Arten): Bade-

Reinlichkeitszwang *s.* **Zwang** (psychischer): Arten d., Reinheits-; – Wasch-

Reise(n) (*s. a.* Abreisen; Eisenbahn; Fahren)

Fehlleistungen bei, XI 73f.

i. d. 'Gradiva' Jensens, VII 93

Nichterreichen d. Zuges, als Traumsymbol, II/III 390

Tod symbolisiert durch, XI 154, 163, 201

Reiseangst *s.* **Angst vor; Eisenbahn,** **Angst vor**

Reisesehnsucht [-lust, -wunsch]
u. mechanisch-sexuelle Erregung, V 102f.

als Unzufriedenheit mit Haus u. Familie, XVI 256

Reißen [Ast Aus-], Masturbation dargestellt [symbolisiert] durch, I 550f.; II/III 196f., 353, 369–71, 392, 395–97; XI 158, 199

Reiten
als Koitussymbol, XI 158

Traum v. *s.* i. **Biogr. Reg.**: Träume

Reiz(e)
u. Angst (*s. a.* Angst), XIV 168

äußere (*s. a.* Sinnes-), VIII 232; XIII 28

u. Traum, II/III *23–32*

Begriff d., V 67; X 211f.

Bedürfnis u. Befriedigung d. *s.* **Reiz, Trieb-;** – u. **Trieb** (*s. a.* Befriedigung)

bestimmte *s.* **Gesicht; Gehör; Geruch,** usw. unter d. einzelnen Stichwörtern

chemische o. mechanische Natur d., X 215

Darm- (*s. a.* Darmreiz) -Träume *s.* **Traum,** typischer, (bestimmte Arten d.): Darmreiz

Eigenlichterregungen, II/III 35

Flucht vor, motorische, X 212f.; XV 102f.

an d. Genitalien *s.* **Genitalien,** Erregung d.

Harn- (*s. a.* Harnreiz) -Träume *s.* **Traum,** typischer, (bestimmte Arten d.): Harnreiz-

Hunger u. Durst *s.* **Hunger,** u. Durst

Intensität d. nicht-sexuellen, mit sexueller Wirkung, V 103–06

Juck-, *s.* **Juckempfindungen**

Reiz(e), Leib-

Leib-, (*s. a.*Körper; Organ; Reiz, somatischer; Traum, typischer, (bestimmte Arten d.): Darmreiz-)
 u. Allgemeingefühl, II/III 96
 durch äußere Sinneserregung, II/III 3, 24, *32–35*
 organischer, II/III *35–42*
  bei organisch Kranken, II/III 36f.
 Symbolik d. (Scherners Theorie), II/III *87–92*
 u. Lustprinzip, x 214
 physiologische-, *s.* **Reiz**, Triebpsychischer, x 211f.
 Reaktion d. Säuglings auf, VIII 232
 u. Reaktion, Proportion zwischen I 454–56
 Rhythmik d., v 102; XIII 372
 schlafstörende (*s. a.* Traum, als Schlafhüter), I 562; II/III 234, 415, 582, 586, 691
 Schmerz *s.* **Schmerz**
 sexueller *s.* **Sexual**
 Sinnes-, *s.* **Sinn**esreize
 somatischer, VIII 395; X 211–16
 i. Traum *s.* **Traum**
 Temperatur-, v 102
 Traum-, *s.* **Traum(reiz**(e)**)**
 Trieb-, u. physiologischer –, Unterschied zwischen, x 211f.
 u. Trieb, v *67*
  als psychischer, x 211
 Unterschiede zwischen, XV 102f.
 u. Unlust (u. Lust), XI 369f.
 -menge, XI 369f.
  u. Abwehr, VIII 232
  u. Reizspannung, VIII 372
  prävalent i. organischen Reizen, XIII 29
 v. Spannung unabhängige, XIII 372
 -Steigerung, VIII 232
 d. Säuglings, VIII 232
 sexueller, v 85, 100
 übergroße *s.* **Reizspannung**
 Verkennung d. (*s. a.* Traum(reiz)) II/III 24–31
 Vestibularnerv-, v 102
 Weck-, *s.* **Weckreiz**

'**Reiz**' [Anziehungskraft, d. Reizende, d. Reizvolle]
 d. Narzißmus anderer, x 155
 u. Schönheit, v 55, 111
 d. Sexualverbotes, f. Frauen, VIII 87; XII 173
 Vorzüge d. Sexualobjekts als, v 111

Reizabfuhr *s.* **Abfuhr**

Reizabhaltung [-abwehr, -fernhaltung] (*s. a.* Reiz, u. Unlust; Reizlosigkeit), XIII 29
 Ideal d., x 213

Reizanwachs (*s. a.* Reizmengen; -spannung)
 Abreagieren d., I 54
 bei Geburt, XIV 168
 bei Gefahr, XIV 168
 beim Säugling, VIII 232
 bei Unbefriedigung [Versagung], XIV 168
 u. Unlust *s.* **Reiz**, u. Unlust
 u. Urangst (*s. a.* Angst), XIV 167–69

Reizaufnahme, XIII 25; XVII 68

Reizbarkeit [Reizung, Reizwirkung] (*s. a.* Disposition), XIII 25
 allgemeine *s.* **Nervosität**
 als Angstneurosensymptom, I 317, 415

d. erogenen Zonen (s. a. unter d. einzelnen Stichwörtern), v 101, 105, 117

d. hyperalgischen Zonen, I 199

d. Kleinkindes s. **Schlimmheit** (s. a. Kindheitsnervosität) mangelhafte, v 115

Quelle d., XII 216

u. Trauma, I 84, 362; VIII 43

Reizbewältigung, XI 388–90; XIII 32, 35

u. Muskelsystem, X 212–14

bei Unlust, VIII 232; XI 369 f.

Reizempfindung (s. a. Reiz), v 85

Reizgröße (s. a. Reizmenge; Quantität)

Anwachsen d. s. **Reizanwachs**

Reizhunger

als Erklärung f. Perversion (Hoche), v 50

u. Inzestschranke, VIII 89 f.

i. Liebesleben u. bei Hunger u. Durst nicht analog, VIII 89 f.

u. d. Neue, XIV 99

Reizkontrolle, primitive, X 212

Reizlosigkeit, Wunsch nach d. Zustand d., X 213; XIII 146

Reizmenge (s. a. Psychischer Apparat, Ökonomie; Reiz, Intensität d.; – u. Unlust), XIII 27

Abwehr d. s. **Reiz,** u. Unlust

Anwachsen d. s. **Reizanwachs**

Bewältigung d. s. **Reizbewältigung**

traumatische (s. a. Trauma), XIII 29

Reizquellen (s. a. Reizbarkeit, Quelle d.), XV 102 f.

d. Traumes s. **Traum,** Reizquellen

Reizschutz, XV 82; XVII 68

Reizspannung, ungenügende

nur äußeren Reizen gegenüber vorhanden, XIII 28 f., 35; XIV 6, 121

u. Bw-W Systeme, XIII 26–31

Durchbruch d. –es

bei traumatischen Erregungen, XIII 29, 31 f.

Neurosen, XIV 160

Schmerz beim, XIV 204

u. Energievorrat, XIII 27

u. Erinnerungsvorgänge, XIII 26–31

u. Erregungsvorgänge, XIII 26–32

d. Ich als Organ d. –es, XV 82; XVII 68

ökonomische Gesichtspunkte d. –es (s. a. Reizbewältigung), XIII 35

u. Projektion, XIII 29

Rindenschicht als reizabhaltendes Membran, XIII 26

u. Sinnesorgane, XIII 27

u. Spannung, XIII 27, 31

-theorie, X 152 f.

gegen Triebanspruch nicht vorhanden, XIV 121

u. [Ur-]verdrängung, XIV 121 f.

-vergrößerung, XIII 372

Wesen d. –es, XIII 26 f.

u. 'Wunderblock', XIV 6

Reizspannung [Reiz, übergroßer] (s. a. Reizanwachs), XIII 29, 31 f., 372; XVII 13

Ertragen d. erhöhten, durch Denkprozeß ermöglicht, VIII 233

Lust u. Unlust

Rhythmus d. Veränderung d., als, XVII 68

unabhängig v., XIII 372

u. Schutz, XIII 27, 31

ungenügende, u. Reizbarkeit, v 115

Reizsteigerung

Reizsteigerung s. Reizanwachs

Reiztraum s. Traum, Bedürfnis-; – typischer, (i. allgemeinen): u. organischer Reiz; – (bestimmte Arten d.): Darmreiz-; – Durst-

Reizwirkung s. Reizbarkeit

Reizwort, VII 4; XI 107f.

  u. Komplexe [kritisches –], VII 4f., 7, 14

  u. Reaktionen, VII 4; XI 107

Rekonstruktion

  v. Kindheitserlebnissen (s. a. Früherlebnisse; Infantil-; Kindheitsanalyse; Konstruktion(en)), XIV 245f.

  Versuch d., i. d. Psychose s. **Restitutionsversuche** (s. a. Psychose)

Relationen, zwischen Traumgedanken (s. a. Denkrelationen), VI 186

Relativität [-stheorie], XVII 28

  Mißbrauch d. Einsteinschen, XV 155, 190

Religion (s. a. Aberglaube; Atheismus; Fromme; Glaube; Gott; Jenseits), XV 36, 173; XVI 103

  u. Abwehr egoistischer Triebe s. **Religion**, u. Sublimierung

  Ambivalenz i. d. (s. a. Religion, u. Vaterkomplex), IX 62, 172; XII 96f.; XIV 346

  u. Amentia, XIV 367

  Anfänge d. s. **Ur(religion)**

  u. Angst, XIV 338–46

    Beschwichtigung d. (s. a. Religion, u. Trostbedürfnis), XV 174

    u. Vatersehnsucht, IX 178; XIV 346, 430

  'Begging the question' [Petitio principii] i. d., XV 183

Bibel s. i. **Namen-Reg.**

Blasphemie s. **Blasphemie**

d. Commensalen i. Opferfest s. **Commensalen; Kommunion; Totemmahlzeit**

(Definition), IX 178; XV 181

Dekalog, (Der), II/III 262

u. Denken

  philosophisches, XVI 168

  Verbot d. –s [Intelligenzeinschüchterung, Denkhemmung] i. d., VII 25, 27, 162; XIV 370f., 443; XV 185

Entstehung d. (s. a. Ur(religion))' IX 122, 172

Ichanteil an d., XIII 266f.

Entwicklungsgang d.

  Urgeschichte s. **Ur(religion)**

  Wiederkehr d. Verdrängten, XVI 190–98

u. Erlösung (s. a. Erlöser), XIV 495

u. Erziehung (s. a. Religiöse Erziehung), XII 150

Erwartungsangst i. d., VII 137

u. Ethik s. **Ethik; Moral**

u. Ewigkeitsgefühl s. **Religion**, u. ozeanisches Gefühl (s. a. Jenseitsglaube)

u. Führertum (s. a. Führer; Kirche), XIII 102–06

u. Frevel s. **Religion**, u. Sündengedanke

u. Gesellschaftsklassen, XIV 362f.

Glaubwürdigkeitsanspruch d., XV 35

u. Glück, XIV 443f.

'Güte' d. Menschen, i. d. Auffassung d., XV 110f.

Halluzinationen i. d., VIII 113

u. d. Heilige, VII 150; XVI 228

historische Wahrheit d. *s.* **Religion**, Wahrheitsgehalt, historischer, i. d.

u. Ich, Es u. Überich, XIII 265 f.; XVI 33

Konflikte, dynamische, zwischen, u. ihre Spiegelung i. d., XVI 33

Ichanteil i. d. Erwerbung d. *s.* **Religion, Entstehung d.**

u. Ichideal, XIII 265

u. Illusion, XIV 335, 354–56; XV 172, 189

infantiler Charakter d. *s.* **Gott**, als Vater; **Religion**, u. Trostbedürfnis; – u. Vater(komplex)

Intoleranz i. d., XIII 107

u. Jenseitsglauben *s.* **Jenseitsglauben**

Kompromisse i. d., VII 138

u. Kosmogonie, XV 175

Kritik d., beim Kind, XII 92–94

u. Kultur, XII 150; XIV 342–46, 453 f.

gegen Unbehagen i. d., nicht gewachsen, XIV 360

Verdienste d., um d. Kultur, XIV 360

als Kulturinstitution (*s. a.* Kulturinstitutionen)

öffentlich-allgemein-soziale Angelegenheit, IX 162 f.

u. Kunst, XIV 432 f.

Liebe i. d. (*s. a.* Religion, u. Sexualität; – u. Sublimation), XIV 150, 461

u. Masse[-nseele], XVI 177, *198– 209*

u. Moral (*s. a.* Ethik; Moral)

u. Gottesbegriff, XIV 339–41

u. Mordverbot, XIV 345, 363–66

Motive d., stärkste: Totemopfer u. Vater-Sohn-Verhältnis, IX 177

u. Mystizismus *s.* **Mystik**

u. Naturwissenschaft *s.* **Religion, u. Wissenschaft**

u. d. Neue, XIV 99

u. Neurose

u. Autoritätssucht, VIII 109

u. Entkräftung d., VIII 109

statt individueller, XIV 443 f.

als Menschheits-, [neurotische Phase d. Menschheit], XIV 367 f.; XVI 157 f., 160, 190 f., 208 f.

mit Kindheitsneurose verglichen, XIV 367, 377

universelle Zwangs-, *s.* **Religion, als Zwangsneurose**

als Schutz gegen neurotische Erkrankung, VIII 195; XIV 443 f.

als Zerrbild d., IX 91

u. Okkultismus, XV 36; XVII 28 f., 31

Opfer als wesentlicher Bestandteil d. *s.* **Opfer; Totemmahlzeit; Zeremoniell**

u. ozeanisches Gefühl [Ewigkeitsgefühl], XIV 421 f., 430

u. Ödipuskomplex

u. Bekehrung v. Atheismus, XIV 395 f.

als letzte Quelle d., XI 344

i. patriarchalischem, Zeitalter, IX 181

Psychoanalyse [psychoanalytische Kritik d.] *s.* **Religionspsychologie**

als Rauschmittel u. als Entziehungskur, XIV 157, 372 f.

Realität, Erziehung z., statt, XIV 372–76, 379

Reformen i. d., Motiv d., VII 138

u. Reue *s.* **Reue**

Religion, Ritual i. d.

Ritual i. d. *s.* **Zeremoniell** (religiöses)
u. Rückfälle i. Sünde, VII 137
u. sakrilegische Einfälle *s.* **Blasphemie**
Schuldbewußtsein
    Erlösung v., Glauben an, i. d., XIV 495
    ewiges, i. d., IX 183
    u. Selbstvorwurf, I 389
    u. Schicksalsbegriff, XIV 486
    u. Sexualität, Ableitung, partielle, v. d., XIV 105
u. sexuelle
    Aufklärung d. Kinder, VII 25, 27
    Erregung, XIII 156
u. Strafe, XIV 340f
u. Sublimierung, VIII 195
    'anagogische' Erklärung d., durch Jungianer, X 106f.
    egoistischer Triebe, VII 139
    d. Elternkomplexes, VIII 195
    u. Masochismus, XII 95
u. Sündengedanke (*s. a.* Erbsünde), VII 137, 139; XIV 363
Symbolik d. enthaltenen Wahrheiten wirkt entstellend, XIV 368
u. Symptom, XVI 186
als System v. Lehren u. Verheißungen, XIV 431
Systeme d. (*s. a.* Religionen (bestimmte)), XIV 350
    u. Illusion *s.* **Religion**, u. Illusion
    u. Kultur *s.* **Religion**, u. Kultur
u. Tabu, IX 26f., 30
u. Teufel, XIII 331
u. Todesbegriff, XII 255; XIV 340f., 421
Totemopfer, Motiv d., i. d., IX 177

u. Tradition (*s. a.* Tradition)
u. Zwang, XVI 208
u. Trieb
    -unterdrückung, VII 150
    unvollständige, VII 137
    -verzicht (*s. a.* Abstinenz; Askese)
    auf Aggression, XII 95
    auf egoistische Triebe, VII 139
u. Jenseitsversprechen, X 365
i. d. mosaischen Religion, XVI 226f.
nicht ausschließlich auf Sexuelles bezogen, VII 137
u. Trostbedürfnis u. Hilflosigkeit, VIII 195; XIV 337f., 352f., 430, 481
Unaufrichtigkeit i. d. Sachen d., XIV 351, 355f.
ungebildete, XIV 376
Ur-, *s.* **Ur(religion)**
u. Überich (*s. a.* Religion, u. Ich; – u. Vaterkomplex; Überich), XIII 263–66
u. Vaterkomplex (*s. a.* Religion, u. Ambivalenz; Vater(religion); –(sehnsucht)), VIII 195, 287; IX 175, 177, 183, *188f.*; XI 344; XII 96f.; XIV 345f., 411, 430
    u. Ewigkeit d. Sohnestrotzes, IX 183
    als stärkstes Motiv d., IX 177
Verschiebung d. Wertverhältnisse i. d., VII 138
verspätete Wirkung d. Lehren d., XVI 170f., 177
Versuchungsgedanke i. d., VII 137
Verzicht i. d. (*s. a.* Askese; Religion, u. Sublimierung; – u. Triebverzicht), VII 137
u. Wahn[idee]

Religionen (bestimmte): Geisterglaube

als Massen- (*s. a.* Religion, u. Neurose, als Menschheits-), XIV 440, 443 f.

bei Schreber *s. i.* **Reg. d. Krankengesch.**: Namenverzeichnis, Schreber

als Wunscherfüllung, XIV 354

Wahrheitsgehalt, historischer, i. d., XIV 365–68; XVI 33, 236–40, 190–98 (191)

als Weltanschauung [Weltbild], XIV 340 f.; XV 173, *175–81*

Allmacht d. Götter i. d., IX 108

Funktion d., XV 174

Übergang v. d. animistischen z. wissenschaftlichen, VIII 416

Wiederkehr d. Verdrängten i. d., XVI 240–46

Etappen d., XVI 241 f.

u. Wißbegierde, XIV 338, 352, 443; XV 174

u. Wissenschaft, XIV 432 f.

Ablösung d. Religion durch, XIV 361 f., 367 f., 373

Katechismus o. Lehrsätze d., XI 44 f.

Kritik d. Religion, XIV 348 f.; XV *179–90* (183 f,. 186–89)

Einwendungen gegen, XV 182–88

'Gefährlichkeit' d. Kritik, XIV 356–63

durch Psychoanalyse *s.* **Religionspsychologie**; **Religionswissenschaft**

Lehrsysteme d. *s.* **Religion**, Systeme d.; **Religionen** (bestimmte); **Wissenschaft**

Natur-, XIV 362

Souveränitätsfrage, XV 182–84

Überlegenheitsfrage, XV 188 f.

Zwischenstufe zwischen Animismus u. Wissenschaft, VIII 416

u. Witz, VI 94, 97, 120, 126, 162

als [statt] Wunschbefriedigung, VIII 416; XIV 352–56

zwanghafter Charakter d., XVI 190 f., 208 f.

als Zwangsneurose [private, universelle, Zerrbild d. –], VII 139, 415; IX 91; XIV 367 f.

Ähnlichkeiten zwischen, VII 137–39

ein Fall v., VII 394

Unterschiede zwischen, VII 137

u. Zweck d. Lebens, XIV 433

Religionen (bestimmte)

altägyptische, Entwicklungsstufen u. Endprodukte konservierend, XII 155

u. Animismus, XVI 222

i. d. christlichen Religion, XV 178–80

als Geisterglaube, VII 99

Unterschied zwischen, XV 179

Übergang z. Totemismus, XV 179

Verhältnis zwischen, IX 96

ein Zeitalter vor d., XV 177–79

Aton-, *s. i.* **Namen-Reg.**: Aton

christliche, IX 150

Animismus i. d., XV 178–80

Christi Person i. d., IX 184–86, 208

u. Erlösung, XIV 495; XVI 192 f.

Jenseitsglauben i. *s.* **Jenseitsglauben**

u. jüdische, XVI 194

u. Kommunion, XVI 193 f.

Deismus [Theismus] *s.* **Philosophie**, Systeme d.

Fetisch-, XIV 486

Geisterglaube (*s. a.* Aberglauben; Gespensterglauben; Reli-

Religionen (bestimmte): Henotheismus

gionen (bestimmte): Animismus), VII 99
Henotheismus, XVI 237
jüdische s. **Religionen** (bestimmte): mosaische (s. a. i. Geogr. Reg.: Juden; u. i. Namen-Reg.: Jahve; – Moses)
Kommunismus als, XV 194–96
Mithras-, IX 184
mohammedanische, XVI 199
Monotheismus s. **Monotheismus**
mosaische (s. a. Monotheismus), XVI *103–246* (192, 226f., 243f.)
  u. christliche, XVI 194
  Ethik u. Triebverzicht i. d., XVI 226f.
  Latenz d., XVI 171, 173, 232f.
d. Ostens, XVI 199
Polytheismus s. **Polytheismus**
d. Primitiven (gegenwärtigen), XVI 199
d. Seelenwanderung s. **Seelenwanderung**
Tieranbetung i. d. s. **Tier, Gott als**
Totemismus, als religiöses System (als eine Art d. –), IX 126–28, 174–76; XIV 344–46; XVI 188f.
totemistischer Ursprung d. (s. a. Religion, u. Vaterkomplex), XVI 240

Religionsausfall u. Neurosenzunahme, VIII 109

Religionspsychologie
  d. Individuen u. d. Massen, XVI 198–209
  u. Psychoanalyse [psychoanalytische Kritik d.] (s. a. Religionswissenschaft, u. Psychoanalyse), XII 326–29; XIV 92–94, 106, 281, 283, 292f.; XV 180f.

Religionsübungen s. **Zeremoniell, religiöses**

Religionswissenschaft [-geschichte]
  u. Psychoanalyse (s. a. Religionspsychologie), X 76–78; XI 404; XII 327; XIV 92–94, 305; XV 156
  (Zusammenfassung), XIII 426

Religiosität (s. a. Fromme), XIV 421
  u. Irreligiosität (s. a. Atheismus; Religion, u. Witz), XII 97; XIV 355, 393–96
  angebliche Gefahr d., XIV 362f., 368f., 376
  Pietät, XVI 257
  Toten gegenüber, XII 256
  u. Sexualität, XIII 156

Religiös (–er, –e, –es)
  Angst, I 389
  Einschüchterung d. Kinder, VII 25
  Erlebnis (s. a. Mystik), XIV 393–96
  Erziehung, als Aufklärungshindernis, VII 27
  Gefühl
    u. Schmerzunempfindlichkeit, V 297
    u. Wunderheilungen, V 298–300
  Genie, eines Volkes, XVI 168
  Glaube (s. a. Glaube; Gläubigkeit), XVII 29
  Intoleranz, XIII 107; XVI 117
  Konversion [Bekehrung], XIV 396
  Ritual s. **Zeremoniell** (religiöses)
  Schwärmerei s. **Mystik; Perversion; Wahnidee**
  Skrupel (s. a. Blasphemie; Zweifel), XII 93–99, 102, 111, 115f.
  Vorstellungen [Ideen] (s. a. Religion, Systeme d.; Religionen (bestimmte))
    (Definition), XIV 346f., 354
    als Illusionen s. **Religion, u. Illusion**

beim Kind, XII 306
Kritik d., XIV 348f.
u. Wahnideen, XIV 354
Wert d., XIV *335–42*

Reliquien, IV 15f.; V 298

Reminiszenz(en) (*s. a.* Erinnern; Erinnerung-)
Affektzustand als Niederschlag einer, XI 410f.
historische, XIV 366
Hysterie als 'Leiden an –', I 86, 475f.; VIII 11; XI 410f.; XIII 10; XVI 56
Wahn als 'Leiden an –', XVI 56

Renaissance (*s. a.* i. Namen-Reg.: Leonardo; u. i. Reg. d. Gleichnisse), XVI 19

Reparation *s.* **Restitutionsversuch**

Repetition *s.* **Wiederholen**

Repräsentationslähmungen (*s. a.* Lähmung), I 480f.

Repression (*s. a.* Verdrängung), XIV 303

Reproduktion
physiologische, u. d. Art Organe d. *s.* **Genitalien; Geschlechtsorgane**
Organvermögen d. (*s. a.* Sexualität), XIII 39
psychische (*s. a.* Erinnern, Wieder-; Erinnerung an), XIV 3
d. Affekte, XIV 194
Affekte als, XIV 163
durch Agieren *s.* **Agieren**
irrtümliche *s.* **Fehlleistungen;**
Irrtum (*s. a.* Assoziationsexperimente)
d. Traumes *s.* **Traum**

Reptilien (*s. a.* Eidechse; Schlange)
als Traumsymbol f. männliches Genitale, XI 157

'Reservation' *s.* i. Reg. d. Gleichnisse: Naturschutzpark; Reservation; Schonung

Reservoir d. Libido
d. Es als, XIII 258, 273; XVII 72f.
d. Ich als, XII 6; XIII 55f., 273; XIV 83; XV 109; XVII 72f.

Resistance (*s. a.* Widerstand), XIV 303

Resistenz (*s. a.* Konservatismus)
gegen Widersprüche, zwischen d. psychischen Systemen, X 293

Resistenzfähigkeit [Widerstandsfähigkeit] (*s. a.* Konstitution)
gegen Affekte, u. Erkrankungen, V 295
d. Charakters, XIII 257, 259
i. Krieg (*s. a.* Krieg), V 297
d. Nervensystems, I 375
Stärkung d., durch symptomatische Behandlung, I 263

Respekt *s.* **Autorität; Führer** (*s. a.* Ehrfurcht; Prestige)

Rest[erscheinungen]
Erinnerungs- *s.* **Erinnerungsreste**
nach geheilter Krankheit, XVI 73
i. Hysterie, V 22
Nachanalyse d. (*s. a.* Psychoanalytische Kur, Nachanalyse), XVI 61f.
Überkompensation i., XVI 73
Tagesreste *s.* **Tagesreste**
Wort- [Sprach-] *s.* **Wort-**

Restitutionsversuche (*s. a.* Heilungsversuch)
i. d. Psychose (Paraphrenien, usw.), X 139, 152f., 420; XIII 365

Restriktion *s.* **Narzißmus; Triebeinschränkung** (*s. a.* Sexualität)

Retention

Retention
d. Erregungssumme (*s. a.* Erregungssumme), I 159
d. Exkremente *s.* **Analerotik**; Exkremente; Stuhlverstopfung
Retentionshysterie (Breuer), I 60f., 288f.
Retorte *s.* i. Reg. d. Gleichnisse
'Retourkutsche' (*s. a.* Schlagfertigkeit), V 194; VI 72–74; VII 353; VIII 288
Rettungsphantasie [-motiv], IV 165; VIII 70f., 74–76; XII 289
u. Deckerinnerungen, VIII 74f.
bei Dirnenliebe, VIII 70f.
u. Kind zeugen wollen, VIII 75
beim Mann u. beim Weib, VIII 76
u. Selbständigkeitswunsch, VIII 74f.
Symbolik d. (*s. a.* Geburt), VIII 107; XI 154, 162f.
i. Traum, II/III 409; VIII 74f.; XIII 178, 181–83
aus d. Wasser (*s. a.* Traum), II/III 409; VIII 76; XI 154; XIII 181–83
d. Moses, XI 163; XIII 182
Reue (*s. a.* Selbstbestrafung; -vorwürfe; Sühne), IX 41, 173, 192; XV 65
(Definition), XIV 491
Entstehung d., XIV 492
Liebe kommt z. Vorschein aus d. Ambivalenz durch, XIV 492f.
wegen Mord, i. Krieg, X 349
wegen Moses u. Messias, XVI 196
i. nachträglichen Gehorsam (*s. a.* Gehorsam, nachträglicher), XIII 334
normale, IX 82f.; XIV 494
u. Religion, XIV 431
u. Schuldgefühl [Gewissen; Strafbedürfnis], XIV 491, 495–97

Unterschied zwischen, XIV 491
u. Sexualüberschätzung, XIII 125
u. Tabu d. Mörders, IX 50; X 349
nach Urvatermord i. Brüderclan (*s. a.* Brüderclan; Vater(mord)), IX 176; XIV 491f.
Zwangshandlungen i., VII 413
u. Zwangsneurose Kompromißhandlungen d., IX 40f.; XIV 494f.
Selbstvorwürfe, VII 413
u. Zwangsvorwürfe, I 386, 457f.; VII 413; IX 82f.; XIV 494f.
u. Ahnenverehrung, IX 82f.
u. Melancholie (*s. a.* Melancholie), X 446
bei Normalen *s.* **Reue, normale**
i. Trauer, IX 76f., 83
Revenant(s) (*s. a.* Doppelgänger)
i. Traum, II/III 424, 427, 487, 489–91
Reversibilität
i. d. Richtung v. Aufmerksamkeit z. Sexualität, V 107
'Rêves d'en Haut', XIII 303f., XIV 559
Revolution, nationalsozialistische, Juden- u. Christenhaß i. d., XVI 198
Revolutionäre [Rebellen] (*s. a.* Reaktionär(e)), XIV 506
Ambivalent d. (zeitweilig Autorität stützend), XIII 20
i. Freuds Traum, II/III 214–19
d. Heros als Empörer, XVI 193
Kinder, XV 162
durch Elternautorität irregeführte, als spätere, VII 25
Witze *s.* **Witz** (Arten): skeptischer; – zynischer
Revolver *s.* **Waffe**(n) (*s. a.* i. Symbol-Reg.)

Rezentes

i. d. Ermordung Christi, XVI 208

Lustprämien d., VI 139

i. Traum (*s. a.* Tagesreste; Traum), II/III *170–94*; VI 139

Wiederkehr d. Verdrängten heraufbeschwörend (i. Fall Moses), XVI 202

i. Witz, VI 138 f.

Rezeptiv(e) (*s. a.* Passiv)

Person, beim Witz *s.* **Dritte Person**

Rheumatismus (*s. a.* Muskel(n); Neuralgie), I 124 f., 243; XV 116

angstneurotischer, I 324

hysterischer *s.* **Hysterie**, Konversions-, Symptome

u. Trauma, I 362

Rhythm[is]ieren *s.* **Zwangsneurose**, Rhythm[is]ieren

Rhythmus [Rhythmik, Rhythmische Tätigkeiten], VI 140; XIII 372

u. Arbeit u. d. Sprache, XI 169 f.

d. Entwicklung (*s. a.* Periodizität), XVI 88

als Koitussymbol, II/III 360, 375; VIII 106; XI 158 f.

u. Lust u. Unlust d. Reizspannungen, XVII 68

u. Lutschen, V 84

d. Reize, V 102; XIII 372

Veränderung d., bei Spannung, *s.* **Rhythmus**, u. Lust u. Unlust

d. Treppensteigens, II/III 360, 375; VIII 106

Wort, Spiel mit, durch Reim u., VI 140

'Zauder-' d. Lebens- u. Todestriebe, XIII 43

Richtung (*s. a.* Rechts u. Links; Regressiv; Reversibilität)

falsche Fahr- (*s. a.* Fahren; Versäumen), IV 252–54

d. Vordringens i. d. Analyse (*s. a.* Psychoanalytische Technik), I 297

zentrifugale, d. Affektentbindung, II/III 471

'Ricochet, par –' lachen, –, VI 174

Riechen [Riechlust] *s.* **Geruchssinn**

Riesen[haftes]

als Elternsymbol(e), II/III 32

i. Traum (*s. a.* Traum), II/III 31 f., 274, 412 f.; XII 101

Rindenschicht (*s. a.* Gehirn; Psychischer Apparat), XIV 222; XVII 68, 83

Ring

d. Polykrates, XII 260

Symbolik d. (*s. a.* i. Symbol-Reg.)

i. Symptomhandlungen, IV 213, 226–30

Ringen, Lust am, II/III 279; V 103 f.

Ritual [Ritus] *s.* **Zeremoniell**

Rivalität [Rivalen]

Ausweichen vor d., XII 286

aus Eifersucht (*s. a.* Eifersucht; Kind; Ödipuskomplex), XII *15–26*

mit Erwachsenen (*s. a.* Infantile Sexualforschung), VIII 146

Fehlen d., XIV 21

bei Geschwistern (*s. a.* Eifersucht; Geschwister), VIII 153; XIII 266

u. Homosexualität, XIII 205 f., 266, 272

u. Identifizierung, XIII 133, 266

u. Liebesobjekte, XIII 205 f.

d. Mädchens (*s. a.* Männlichkeitskomplex

Mutter gegenüber (*s. a.* Mädchen, u. Mutter, Ablösung v. d.)

Rivalität u. Ödipuskomplex

Rationalisierungen d., xv 131 f.

schwächer als d. d. Knaben, Vater gegenüber, xiv 524

u. Penisneid (*s. a.* Penisneid), xiv 25

u. Ödipuskomplex (*s. a.* Ödipuskomplex), xiii 195f.; xiv 108

u. soziale Gefühle, xiii 265f.

mit Vater (*s. a.* Rivalität, u. Ödipuskomplex), xii 328f.; xiv 21; xvii 116

Rivista de Psiquiatria, xiii 418

Roman (*s. a.* Dichtung; Literatur)

exzentrischer, vii 221

Familien- *s.* **Familienroman**

Partial-Ichs d. Dichters i. psychologischem, vii 221

psychologischer, vii 221

u. Tagtraum, vii 219f.

Rose *s.* i. **Symbol-Reg.**: Rote Rosen

Rotkäppchen *s.* **Märchen** (bestimmte)

Rudimentär (–er, –e)

Angstanfall *s.* **Anfall,** Angst-

Geschlechtsorgane (*s. a.* Geschlechtsorgane), v 40–42

Ruhe (*s. a.* Lärm; Schlaf)

erregt weniger Aufmerksamkeit als Bewegung (*s. a.* Bewegung), xii 123

seelische (*s. a.* Psychoanalytische Situation), i 284

Ruhe(kur)

u. Mastkur (Weir-Mitchellsche), i 266

als Psychotherapie verwendet (*s. a.* Psychotherapien, nichtanalytische), vii 165f.

Ruhe(zustand)

organischer, Streben alles Lebenden nach einem (*s. a.* Todestrieb), xiii 68

psychischer, v. Bedürfnissen nicht gestört (*s. a.* Gleichgewicht), viii 231

sozialer, xvi 16

Ruhende Energie (*s. a.* Beweglichkeit; Energie), xiii 67

Russisch (–er, –e, –es)

Rasse *s.* **Rasse(n)**

Revolution *s.* **Kommunismus**

'– Taktik', d. Widerstandes (*s. a.* Widerstand), xii 291

Typus d. Gewissens, xiii 382

Rutschen, als Onaniesymbol, xi 158

Rückbildung, xiii 44

Rückenlage, bequeme, i. d. Analyse (*s. a.* Liegen; Psychoanalytische Situation, Positur), v 4f.; viii 467, 472f.

Rückgrat, Parästhesie d., i 415

Rückkehr (*s. a.* Wieder-) d. Verdrängten *s.* **Verdrängte,** (Das)

Rückläufige Erregung, bei Traumbildung, ii/iii 547

Rückstauung (*s. a.* Libidostauung; Stauung)

kollaterale, bei perversen Neigungen, v 70; xi 320

bei Introversion, x 152

Rückphantasieren, xi 348

Rückübersetzung, i. d. Sexuelle, i 68

S

Sacer, xvi 230, xvii 91
  Tabu-Bedeutung d. lateinischen Wortes, ix 26

Sachbeschädigung
  bei Dienstpersonal, iv 192; xi 75
  u. Fehlgreifen (s. a. Fehlgreifen), xi 73–75
  bei Kindern (s. a. Aggression; Kind), xii 16, 23

Sachbesetzung (s. a. Wortbesetzung, i. Schizophrenie), x 419

Sachbeziehung (s. a. Objektbeziehung; Wort-)
  i. d. Schizophrenie (s. a. Schizophrenie), x 299

Sache(n) (s. a. Objekt)
  dingliche Behandlung d. Worte s. Wort
  unheimliche, xii 237–59

Sacherinnerungsbilder [-vorstellungen] (s. a. Bildersprache; Vision; Visuell; Wort)
  i. Animismus durch 'Geister' vertreten, ix 115
  Regression i. Traum z., x 419, 421
  i. d. Schizophrenie, x 299f., 419
  i. Ubw-Vbw-Systemen, x 300f.
  u. Wortvorstellungen, x 300f.

Sadismus (s. a. Aggression; Anal-(sadistische) Phase; Destruktion; Grausamkeit; Mißhandlung; Perversion), v 56, 104; viii 46; xi 316
  u. Aktivität (u. Passivität) (s. a. Aktivität), v 104; x 219–23
  u. Analerotik (s. a. Anal-), xvii 76
  u. Kloake, v 99, 135
  als Bemächtigungstrieb, v 93; viii 448; xiii 376
  (Definition), x 220; xiii 376; xv 111; xvii 76
  als Destruktion [-strieb], xiii 59, 376
  gegen eigene Person (s. a. Gewissen, sadistisches; Selbstmord; Selbstzerstörung; Überich, Härte d.), v 57
  u. Haß (s. a. Haß), x 438
  als Ichtrieb u. Objekttrieb, xiv 476f.
  d. Kindes (s. a. Kind), x 221
  u. Masochismus (s. a. Sadistisch-masochistisch), v 56–59; xiii 376f.; xiv 61, 466, 478, 480; xv 111f.; xvii 76
  Ambivalenz zwischen, v 59
  Ich u. Überich, Kräftespiel d., bei, xiv 496
  als normale Komponenten d. Sexualtriebes [– Triebvermischung v. Eros u. Aggression, libidinöser u. destruktiver Strebungen], xiii 58f., 270; xiv 466, 478, 480; xv 111f.; xvii 76
  Phantasien i. s. Schlagephantasien
  sekundärer, umgebildet v. Sadismus, v 57
  beim Strafbedürfnis, xiv 496
  u. Todestrieb s. Sadismus, u. Todestrieb
  als Verkehrung d. Triebzieles, x 219–23, 225

Sadismus als Männlichkeit

    zeitliche Priorität, Frage d.
    Masochismus älter (*s. a.*
    Masochismus, primärer), xv
    112
    Sadismus, älter, x 220f.; xii
    50
      i. Masochismus umschlagend, xii 214f.
      gegen Ich, xiii 59
      wegen Schuldbewußtsein, xii 50f.
    als Männlichkeit, x 219–23; xv 111
    beim Mädchen *s.* **Sadismus**, weiblicher
    als Mißhandlung d. Sexualobjekts, v 57
    Mitleid als Reaktionsbildung gegen, x 222
    u. Muskulatur
      Betätigung d., aktive, v 104
      als Organquelle d., x 225
    narzißtische Vorstufe d., x 224
    u. Organisationen d. Libido, xiv 155
    als Perversion, xiii 270; xv 111
    Projektion d., xiii 377
    u. Schaulust, x 222f.
    u. Schmerz, v 58, 93
      Zufügung v., ursprünglich nicht identisch mit, x 221
    u. Schuldgefühl, xii 208
    Sekundärer *s.* **Sadismus**, Ur-
    u. Sexualfunktion, xiii 58
    Sublimierung d., xii 100
    u. Todestrieb, xiii 58, 268–70, 377; xvii 76
      Ableitung v. Todestrieb, xiii 376
    u. Trieb
      -befriedigung während Kur, Frage d., viii 109
      -entmischung (u. -vermischung) beim, xiii 270, 376f.
    Todes- *s.* **Sadismus**, u. Todestrieb
    -ziel d. Kindes, x 221
    uneigentlicher, i. d. Schlagephantasien, xii 204, 207, 219f.
    Ur-, u. sekundärer, xiii 377
    d. Überich *s.* **Gewissen**, sadistisches; **Überich**, Härte d.
    als voreilige Sexualkomponente, xii 201
    i. Wahnbildungen d. Paranoiker, vii 195
    u. Waschzwang, viii 446
    weiblicher
      gegen Mutter, präödipaler, xiv 531f.
      u. Penisneid, xiii 401
      schwächer als männlicher, xiii 401
    Wesen d., xiii 376
    o. Wißtrieb, viii 450
    u. Zähne, Erscheinen d., xvii 76
    u. Zote, vi 106
    u. Zwangsneurose, viii 447f., 451; xi 319, 356; xii 201

Sadistisch (–er, –e, –es)
    -anal *s.* **Anal (sadistische) Phase**
    Impulse d. Kindes (*s. a.* Aggression; Kind), vii 180, 182
      frühzeitige Unterdrückung d., führt z. Neurose, vii 370
      gegen Mutter, xiv 531
      i. d. oralen Phase, xvii 76
    -masochistische (*s. a.* Sadismus, u. Masochismus)
      Phantasien *s.* **Schlagephantasien**
      Wahnbildungen, iv 284f.; vii 195

Partialtriebe *s.* **Partialtrieb(e)**, sadistische; **Sadismus Phase**

anal-, *s.* **Anal(sadistische) Phase**
Begriff d., v *99*; xv 105

oral-, *s.* **Oralsadistische Phase**
Sexualauffassung d. Kindes *s.*
Infantile Sexualtheorien (bestimmte): sadistischer Koitus

Saga, altnordische i. Wortwitz u. Traum, II/III 412

Sagen *s.* **Mythen** (*s. a.* Märchen; Mythologie; Mythus; Saga)

Sakrament *s.* **Kommunion; Opfer; Totemmahlzeit**

Sakrilege Einfälle (*s. a.* Blasphemie), VII 415

Salz, Symbolik d. -es, x 35

Samen [Spermatozoen] (*s. a.* Keimzelle)
Begriff d. -s, i. Paranoia mit Kindesbegriff verdichtet, VIII 293
infantile Unkenntnis d. Funktion d. -s, VII 186

Samenanhäufung
u. Erguß *s.* **Pollution**
Reizung durch, v 115

Sammel- u. **Mischpersonen** *s.* **Mischbildung, Mischpersonen**

Sammeln (*s. a.* Zwang (psychischer): Arten d., Sammel-)
v. Papier, I 391

Samt, als Symbol f. Genitalbehaarung u. als Fetisch, II/III 382; XIV 314

Sanatorien *s.* **Anstalt**

Sandmann (E. T. A. Hoffmanns) d. Unheimliche i., XII 238-46 (242, 244f.)

Satire [satirischer Humor] (*s. a.* Humor), VI 263

Saturnalien, XIII 147

'Satyros', II/III 103f., 619; XI 82, 243

Sauberkeit *s.* **Reinlichkeit**

Saugen (*s. a.* Brust-; Entwöhnung; Lutschen; Neugeborenes; Oral-; Säugen; Säugling), v 123; XI 324f.
aktives, passives ablösend, XIV 530
analoge Manipulationen, v 85
u. Homosexualität, VIII 168
u. Küssen, VIII 178
an Mutterbrust (*s. a.* Brust; Mutterbrust), v 82, 123; VII 245; VIII 155
u. sexuelle Befriedigung, v 82
am Penis (*s. a.* Fellatio), v 207, 211f.; VII 245; VIII 154f.
Wonne- *s.* **Lutschen**

Säbel *s.* **Waffen** (*s. a.* i. Symbol-Reg.)

Säkularträume, d. Menschheit (*s. a.* Mythus), VII 222; IX 141

Sättigung (*s. a.* Befriedigung; Nahrungsaufnahme; Saugen)
d. Säuglings u. sexuelle Befriedigung, v 82, 123
beim Sexualtrieb, v 48f.
u. Wahrnehmung, II/III 571

Säugen (*s. a.* Saugen)
aktives Verhalten d. Mutter beim, xv 122
Einstellen d. -s *s.* **Entwöhnung**
Erbrechen beim, I 5-7
u. Fellatio, VII 212, 245; VIII 154f.
o. an d. Flasche nähren, XVII 115
hysterische Unfähigkeit z. (*s. a.* Hysterie, Konversions-, Sym-

ptome (bestimmte)), I 4–8, 10, 474f.

u. Hypnose, I 5

u. passive Homosexualität, VIII 168

u. Schlaflosigkeit, nervöse, I 5

Schmerzen beim, I 11

Säugling (*s. a.* Infantil-; Kleinkind; Neugeborenes)

Affektausbruch beim, VIII 232

Angst beim, XIV 165–67, 169

    Bereitschaft z., beim, XIV 167

    u. Geburtsangst, XIV 169

    u. Schmerz bei Objektverlust, XIV 202

    Trennungsangst, XIV 169

Autoerotismus beim, XI 325

Bedürfnisse d. -s (*s. a.* Saugen), XIV 168f.

Beschmutzen (*s. a.* Inkontinenz), XII 113

Erziehung d. -s *s.* **Analerotik; Reinlichkeit; Urethralerotik**

Exkrete, Einschätzung d., beim (*s. a.* Exkremente; Harn; Kot), XI 325f.

    als Geschenke, XII 113

u. Fremde (*s. a.* Kinderangst), XIV 99

Gefahrsituationen d. *s.* **Gefahr-; Hilfsbedürftigkeit; Kleinkind**

Gier d. -s (*s. a.* Gier), XV 130f.

    u. Geldgier, spätere, IV 175

halluzinatorische Befriedigung beim (*s. a.* Halluzinatorisch), II/III 571; VIII 232; XIV 167

Hilflosigkeit d. -s (*s. a.* Hilfsbedürftigkeit), XIV 169; XV 95

    i. d. Ätiologie d. Neurose, XIV 186f.

    als biologischer Faktor, XIV 186f.

als Gefahrsituation, XIV 172

u. Trennungsangst, XIV 172

d. Ich d. -s, XIV 424

Identifizierung d. -s, mit Brust, XVII 151

Innervation, motorische

    beim Zappeln, mit hysterischem Anfall verglichen, I 95

Mutterbrust als erstes Objekt d. -s *s.* **Mutterbrust**

als Objekt, Ersatz f. Sexual-, f. d. Weib, VII 158

Objektbeziehung d. -s, XII 113

Objektverlust als Gefahrsituation beim, XIV 169, 202

Oralerotik beim, XI 323–25

Organlust beim, V 83, 123; XI 335

Passivität d. ersten Erlebnisse d. -s, XIV 530

psychisches Erleben beim, XIV 531

u. Reinlichkeitspflege *s.* **Reinlichkeitspflege**

Reizreaktion beim, VIII 232

Saugen *s.* **Saugen**

Schmerz beim, XIV 203, 424

Schrei(en), VIII 232; XIV 168, 424

    -anfall, als 'Verführungsversuch', XII 52

Sehnsucht nicht kennend, XIV 203

Sexualität d. -s (*s. a.* Infantile Sexualität)

    Befriedigung

        autoerotische, XI 325

        u. Sättigung, V 82, 123

    Betätigung (*s. a.* Oralerotik), XI 323–26

    Empfindungen, VII 21f.

    Objekte, V 124f.

Wiegen d. -s, V 102f.

Zappeln d. –s
als Ausdruck prägenitaler Erotik, VII 343; VIII 232
motorische Phänomene d. Hysterie, verglichen mit, I 95
u. Schreien, VIII 232

'Säuglinge, ewige –', XIII 351f.

Säuglingsalter
Fixierung i., XI 283
Liebe u. Sexualobjekt i., v 77, 123–25
Regression d. Neurotikers z. (*s. a.* Regression), XI 380

Säuglingsonanie (*s. a.* Autoerotismus; Masturbation, Phasen d.; Reinlichkeitspflege), VIII 336; XI 325, 327

Schacht, als weibliches Genitalsymbol, II/III 368f., 405; XI 157, 199

Schachtel-Symbolik (*s. a.* i. Symbol-Reg.)
i. Symptomhandlungen, IV 225; V 233
f. Weib, II/III 228, 260; X 26; XI 157, 164, 195
f. weibliches Genitale, XI 157, 164, 195

'Schadchen'-Witze (*s. a.* Witz), VI 57, 64f., 67–69, *115–19*
u. Entlarvung, VI 231

Schaltgedanken
i. d. Analyse, I 301
u. Traumzensur (*s. a.* Traum; Zensur), II/III 493f.

Scham [-gefühl, -haftigkeit] (*s. a.* Angst vor, Erröten; Menschenfurcht; Reaktionsbildungen; Verlegenheit), I 389, 508; v 56, 78, 132; VI 106f.; VII 205; VIII 47; XIV 62; XVII 13
als Abwehr (*s. a.* Abwehrsymptome), I 269f., 387
Agieren d., X 130

Scham als Widerstand

durch Angst ersetzt, i. Hysterie, XI 418f.
u. aufrechter Gang, XIV 459
u. Ekel u. Schaulust (*s. a.* Ekel; Schaulust), V 56
u. Enuresis, XII 126
i. bezug auf d. Exkrementelle u. Sexuelle, VI 106
nach Fehlleistung, IV 93
bezüglich d. Genitalien, VIII 166
bei Knaben u. Mädchen, V 120
Mangel an
i. Hysterie, XI 418f.
beim kleinen Kind, V 92f.
i. Melancholie, u. bei Selbstvorwürfen, X 433
ursprünglicher *s.* **Genitalien**, Stolz auf
vor Masse [Anwesenheit eines Dritten] bei Sexualbetätigung, XIII 157
i. Paranoia, I 395f.
i. Patienten *s.* **Patient**
Phantasien u. Tagträume betreffend, VII 192, 215f.
u. Schlagephantasie, XII 197
als d. Sexualentwicklung eindämmende Macht, v 61, 64, 78f., 92, 132
u. Sexualität, XII 143
i. Traum *s.* **Traum**, typischer, (bestimmte Arten d.): Nacktheits-
traumatisch wirkend, I 84
verdrängende Macht d., VIII 47
u. Versagung d. Abfuhr d. Erregungssumme, XVII 13
beim Weib *s.* **Mädchen**; **Weib**
als Widerstand gegen Libido (*s. a.* Scham, als d. Sexualentwicklung eindämmende Macht), V 56. 58, 60, 64, 120

Scham u. Zote

u. Zote, VI 106
zwangsneurotische(*s.a.* Zwangs-), I 389

Schamberg (*s. a.* Genitalien, weibliche), V 54; XI 197

Schamgürtel, als Fetisch, XIV 316

Schamlippen *s.* Genitalien, weibliche; Labien (*s. a.* i. Symbol-Reg.)

Schamlosigkeit *s.* Scham, Mangel an

Scharade [Silbenrätsel] (*s. a.* Rätsel; Witz), II/III 435; VI 31, 71 f.

Schatten

u. Animismus, IX 95

-bild als Doppelgänger (*s. a.* Doppelgänger), XII 247

Schatz *s.* Schmuck

Schaudern (*s. a.* Grausen; Unheimliche, (Das))

sexuell-erregende Wirkung d. -s, V 104

Schau(lust) [-trieb, Voyeurtum] (*s. a.* Exhibition), V 49, 55 f., 101; VI 107; VII 388; VIII 46, 99 f.; X 223; XI 226, 316; XII 298; XIII 154; XVII 74

Aktivität i., X 219

u. Passivität, VIII 46; X 222 f.

u. Angst u. Wunsch, XI 316

Auge als erogene Zone bei, V 68 f.

Autoerotismus d., X 222

Beschauen, V 55; XI 316

Blindheit, hysterische, durch Verdrängung d., VIII 99 f.

u. Ekel u. Scham (*s. a.* Ekel; Scham), V 56

bei Erwachsenen, V 56

u. Exhibitionslust,

Polarität v., X* 225

als Triebziel-Verkehrung, X 219, 222 f.

bei [Fuß]fetischismus, V 54

u. Heiraten, XI 226, 231

beim Kind (*s. a.* i. Reg. d. Krankengesch.: Namenverzeichnis, Kleiner Hans; – Wolfsmann), V 55, 92 f.

liegende Stellung i. Analyse, eine Versagung d., VIII 467

u. Masturbation, V 93

beim Mädchen, XII 221

u. Narzißmus, X 224

beim Neurotiker, V 66

i. d. prägenitalen Periode, XI 339 f.

u. Sadismus, X 222 f.

u. schauspielerisches Interesse, VIII 46

u. Scheu, VIII 99

u. Schlagephantasie (d. Mädchens), XII 198 f., 221

symbolisiert durch hohen Baum, XII 70

u. Urszenenerinnerungen, XI 385

u. Wißtrieb, V 95

u. Wunsch *s.* Schau(lust), u. Angst

u. Zote, VI 106 f.

bei Zwangskranken, späteren, intensiv, VII 460

Schau(platz) [Lokalität, Ort] (*s. a.* Raum; Raumbewußtsein)

psychischer (Fechner), II/III 50 f., 541

d. Traumes (*s. a.* Traum), II/III 50 f., 341, 541

d. Witzes, VI 200

Schau(spieler)[-isches Interesse]

u. Schaulust, VIII 46

u. Spieler, VII 214

Schau(trieb) *s.* Schau(lust)

Schau(verbot)

zwischen andersgeschlechtlichen Blutsverwandten, IX 16 f.

zwischen Schwiegermutter u. -sohn, IX 19 f.

Schaukeln (*s. a.* Bewegungslust; Spiele)

Erinnerung an, i. Traum, II/III 279

Lust am, V 102 f.

sexuell erregende Wirkung d., XIII 33

Schämen *s.* **Scham**

Schändlichkeit *s.* **Anstößigkeit** (*s. a.* Frevel)

Scheck, Vergessen d. Einschließung d., IV 146 f.

Scheide *s.* **Vagina**

Scheidung *s.* **Ehescheidung; Familie**

Schein (*s. a.* Pseudo-)

-heilung [Schiefheilung] (*s. a.* Heilung), XIV 265

nach Abwehr, gelungener, I 387

durch mystische Sekten, XIII 159 f.

-tod (*s. a.* Lebendigbegrabenwerden), I 143 f.; XII 257

i. Märchen nicht unheimlich, XII 260

-wissenschaft, u. Projektion d. Selbstwahrnehmungen, VIII 383

Schenkel, Masturbation durch Druck d. (beim Mädchen) (*s. a.* Masturbation), V 89; VII 238

Scherz, XIV 384

(Definition), VI 203

u. Spiel, Unterschied zwischen, VI 143–46

Tendenzlosigkeit d., VI 148

u. d. Unbewußte u. d. Vorbewußte, VI 201 f.

u. Witz (*s. a.* Practical joke), VI 135, 143, 147 f., 197, 203 f.

Unterschiede zwischen, VI 143–46

Scherzfragen (*s. a.* Rätsel), VI 246

bestimmte

'Es hängt an d. Wand . . .', VI 246

Kannibale, d. Eltern gefressen hat, VI 172

u. Traum, II/III 182, 435 f.

Scheu (*s. a.* Abscheu; Angst vor; Prüderie)

u. Aggression, I 547; XVII 71

Blut-, XII 166

Erstlings-, *s.* **Erstlingsscheu**

durch Ignoranz, I 285

Inzest-, *s.* **Inzestscheu**

Menschen-, *s.* **Menschenfurcht**

vor Mitteilungen z. machen, I 159

vor Öffentlichkeit i. d. Liebe, XIII 157

u. Schautrieb, VIII 99

als Schüchternheit, jugendliche, I 547

Schweigsamkeit aus (hysterischer), I 159

vor Sexualität (*s. a.* Scham; Sexualität, Angst vor)

jugendliche *s.* **Scheu,** als Schüchternheit; **Virginale Angst** (*s. a.* Angst vor, Erröten)

i. Paranoia (*s. a.* Paranoia), I 399 f.

i. d. Wissenschaft, zeitgenössischen *s.* **Pansexualismus; Psychoanalyse,** Widerstände gegen d.

u. Tabu, IX 26, 32

bei 'too good to be true'-Gefühl, XVI 253

Schibboleth d. Psychoanalyse *s.* **Psychoanalyse,** Wesen d., 'Schibboleth' d.

Schichten

Schichten (seelische), tiefste, primitivste (*s. a.* Es; Psychischer Apparat; Tiefenanalyse; Tiefenpsychologie; Topik), XII 32

Schichtung (*s.a.* Topik), I 201, 291, 296

Dobos-Torte als Symbol f., II/III 350

d. pathogenen Materials (logische u. morphologische, mehrdimensionale), I *292–96*

d. Symbole *s.* Symbolschichtung

Schicksal [-smacht] (*s. a.* Ananke; Τύχη), XIV 160, 170, 337

u. analytische Aktivität, XVI 76

Anerkennung d. –s, als erste Kulturschöpfung, IX 114

Bevorzugung durch, Glaube an (*s. a.* 'Ausnahmen'; Vorsehung), X 366; XII 154

d. Dämonische i., VIII 364; XIII 20–22; XV 114

Eltern i. d. Rolle d. –s, VII 263

als Ersatz d. Elterninstanz, XIII 381; XIV 409, 486

'Erzieherin Not', XI 427

als Projektion d. Vaters, XIV 409

religiöse Auffassung d., XIV 486

u. Überich, XIII 381; XIV 160, 170

u. Wiederholungszwang, XIII 20; XV 114

u. Zufall (*s. a.* Unfall; Zufall), VII 68f.

Schicksalsbeschwörungen (*s. a.* Allmacht; Fehlleistungen; Magie; Opfer; Selbstbestrafung), XI 73

Schicksalsgöttinnen (*s. a.* Todesgöttinnen), X 31–33

Symbolik d., X 32–34, 36f.,

Schicksalstragödien (Ahnfrau, Ödipus), II/III 268f.

Schiefertafel (*s. a.* Wunderblock), XIV 3

Schiefheilung *s.* Scheinheilung

Schiff, als Symbol f. Weib, XI 157, 164

Schildbürger *s.* i. Reg. d. Gleichnisse

Schimpfen (*s. a.* Schmähung), VI 153

blasphemisches *s.* Blasphemie

zärtliches *s.* 'Zärtliches Schimpfen'

Schimpfwörter (*s. a.* Blasphemie; Namenverdrehung; Spitznamen), VI 112; XII 8

Schirm, als Symbol f. männliches Genitale, XI 156

Schizophrenie (*s. a.* Dementia praecox; Paranoia; Paraphrenien; Psychosen), VIII 312f., 400; X 67; XIII 421

affektiver Stumpfsinn i. d., XIII 389

u. Außenwelt, Abwendung v. d. (*s. a.* Schizophrenie, u. Objekt; – u. Realitätsverlust; Zurückziehung), X 139; XIII 389

Ätiologie d., X 68

Bleulers Darstellung d., XIV 77

Darstellungsweise d., X 297

u. Dementia praecox, VIII 312f.

Ersatz d. Objektliebe durch Identifizierung, bei, X 436

Ersatzbildungen i. Hysterie, Zwangsneurose u. –, Unterschiede zwischen, X 298f.

Fluchtversuch bei, X 302

halluzinatorische Phase, ein Heilungs- u. Restitutionsversuch, X 302, 420

Heilungsversuch bei *s.* Schizophrenie, halluzinatorische Phase; – u. sekundäre Libidobesetzung

u. Hysterie, X 153, 296, 298f.

d. Ich bei

u. Sexualtrieb, x 145
Überbesetzung, x 295
Introversion i. d., x 139, 295
Jungs Theorien, x 68, 145-47
u. Kosmogonien, primitive, x 76
Narzißmus i., x 139f.
u. Neurosen, x 296
u. Objekt
  Besetzung, Aufgeben d. (*s. a.*
  Schizophrenie, u. Außenwelt;
  Zurückziehung), x 295, 300,
  426
  Versagung, x 294
u. Paranoia, VIII 313
paranoide, x 68
Differenz zwischen Freud u.
  Jung ü., x 68
Phantasiebildungen bei (*s. a.* Kosmogonien; Weltuntergangsphantasie)
u. Mythus, x 147
Realitätsverlust bei (*s. a.* Schizophrenie, u. Außenwelt; – u. Objekt), x 145–47
u. sekundäre Libidobesetzung, als Heilungsversuch (*s. a.* Schizophrenie, u. Narzißmus), x 139
Sprache i. d., x 294–98
  Organ, x 296f.
(Terminus technicus), VIII 312
Therapie (psychoanalytische) (*s. a.* Psychoanalytische Methode, Indikation; – Kontraindikation)
  nicht anwendbar, x 295
  partielle [leichtere Fälle] behandelbar durch, XIV 86
Topik
  keine Regression i. Sinne d., x 419
  d. Verdrängung i. d., x 426
u. Traumarbeit, Unterschiede zwischen, 419

u. d. Unbewußte, x 419, 426
u. Urtriebe, x 217
Verdrängung i. d.
Topik d., x 426
u. i. d. Übertragungsneurose, unähnlich, x 301f.
Verkehr zwischen Sach- u. Wortbesetzungen abgesperrt, x 419
u. Weltuntergangsphantasie *s.*
Weltuntergangsphantasie
Wort u. Sachbeziehung bei, x 299f., 419
Zurückziehung d. Libido bei *s.*
Weltuntergangsphantasie; Zurückziehung
u. Zwangsneurose, Unterschiede zwischen, V 296

Schlachten *s.* **Opfer**

Schlaf [-zustand] (*s. a.* Dämmerzustand; Einschlafen; Somnambul-; Somnolenz), II/III 21, 61, 70, 139, 623f.; VIII 231; XI 84, 374, 432; XV 16; XVII 68f., 87
Abwendung v. Außenwelt u. Realität i. (*s. a.* Schlaf, u. Besetzung), XV 16, 19
'Ammen-' [Schlaf mit Vorbehalt], II/III 55, 229, 578, 583, 693; V 306
'Attaque de sommeil', I 93
u. äußere Sinnesreize, Wegfallen d., II/III 23
u. Besetzung (*s. a.* Schlaf, u. Abwendung v. Außenwelt)
  Änderungen i. d., während, II/III 549
  Zurückziehen d. (*s. a.* Zurückziehung), II/III 559f.
Charaktere d. –es, x 413
(Definition), XI 84f., 432
Denken, vorbewußtes, i. (*s. a.* Denken), XIII 254
Gegenbesetzung(en) [Zensur, Herabsetzung d.] während., x 416; XVI 201f.; XVII 88

Schlaf u. Halluzination

u. Halluzination, ii/iii 560

u. Hypnose (*s. a.* Somnambulismus), v 305f.; xi 101f.; xiii 127

u. Hysterie, Ähnlichkeiten zwischen, i 31

u. Ich, u. Verdrängtes, Sonderung v., xiii 146

Ichtriebe u. Sexualtriebe i., xi 430–36

lethargischer, bei epileptoiden Anfall (*s. a.* Anfall), xiv 405

Libido [u. Interesse] i., x 149; xi 430–36

Libidotheorie d. –es, xi 432

logische Funktionen während (*s. a.* Denken; Denk-; Logisch), ii/iii 229

Masturbation i., viii 344f.

u. Mobilität d. Verdrängung, x 254

u. Motilität, xvi 263

gehemmte, ii/iii 573f.; xv 20; xvii 88

u. Mutterleib, (normale) Regression z., i. *s.* **Schlaf**, als Regression

Narzißmus i., x 149; xi 432

normaler [guter], ii/iii 559f.

als Objektvermeidung, xiii 146

als Regression, normale, x 338

i. d. Mutterleib, x 412; xi 85

Reize während

Sinnes-, ii/iii *23–32*

störende (*s. a.* Traum, Bedürfnis-), ii/iii 234

u. Schlagephantasie, xii 198

als Seelenlebenzustand vor d. Anerkennung d. Realität, viii 231

u. Selbstwahrnehmung, x 165

sexuelle Befriedigung, als d. beste Mittel f., v 81, 260

sinnvolles Handeln i., ii/iii 229

Sittlichkeit nicht kennend, x 338

u. Telepathie, xiii 176–78, 190f.; xv 39

u. Tod u. Unsterblichkeit u. dualistischer Animismus, ix 95

u. Traum (*s. a.* Traum), ii/iii 6; x 426; xvii 87

Eigentümlichkeiten d. –es, rühren nicht v. Schlaf her, iv 308f.

als Hüter d. –es *s.* **Traum**, als Schlafhüter

traumloser, xi 85

u. Triebverstärkung, xvi 70

u. Verdrängung, xiii 146; xvi 202

Mobilität d., x 254

teilweise Aufhebung d. (Ausruhen v. Kräfteaufwand d.), xv 16; xvi 263

u. d. Vorbewußte, x 415; xiii 254; xvi 201f.; xvii 88

u. Wachen *s.* **Wach(en)**, u. Schlaf

u. Wahnidee, x 417

Wesen d. –es, xi 84f.

u. Widerstand, Herabsetzung [Nachlassen, Verminderung] d., i. (*s. a.* Schlaf, Gegenbesetzung während), ii/iii *530f.*; vii 89f.; xvii 83

Wissen um Traum u., ii/iii 577

u. Zensur *s.* **Schlaf**, Gegenbesetzung während; – u. Widerstand

'**Schlaf** d. Welt', gerührt haben, am, x 60

Schlafähnliche Zustände (*s. a.* Absence; Dämmerzustand; Hypnoide Zustände; Hypnose; Katalepsie)

Aufhebung d. Erregungsverteilung i., i 64

u. Wille, i 64

Schlafen

u. Aufwachen *s.* **Wach(en); Weckreiz**

Ein- *s.* **Einschlafen** (*s. a.* Hypnagogische Halluzinationen)

-gehen *s.* **Zeremoniell** (zwangsneurotisches): Schlaf-

d. Kinder, mit Eltern (*s. a.* Infantile Sexualtheorien; Ur(szene)), VII 253

mit d. Mutter *s.* **Mutter**

Schlafhüter, Traum als *s.* **Traum**, als Schlafhüter

Schlaflosigkeit (nervöse) (*s. a.* Schlafstörung), I 5, 317; II/III 3; V 81, 260; XI 224, 276; XV 31

angstneurotische, I 317, 415, 497

durch Furcht vor Verringerung d. Zensur, XI 224

i. Melancholie, X 431 f., 439 f.

bei Nährmutter, I 5

sexuelle Befriedigung, als Mittel gegen, u. Mangel als Ursache d., V 81, 260

Ursachen d. *s.* **Schlafwunsch**

Schlafstellung (*s. a.* Liegen), XI 85

Schlafstörung (*s. a.* Schlaflosigkeit)

Ätiologie d., XVI 184

beim nervösen Kind (*s. a.* Pavor nocturnus), XIV 285

als Kompromißsymptom, nach Urszene, XVI 184

u. Traum (*s. a.* Weckreiz), II/III 22, 234, 586, 691

beim Wolfsmann *s.* i. **Reg. d. Krankengesch.**: Namenverzeichnis, Wolfsmann

Schlaftiefe, II/III 234, 509

Schlaftrieb, XVII 88 f.

Schlafwandeln (*s. a.* Somnambulismus), V 305

Schlagephantasie(n) u. Homosexualität

Schlafwunsch (*s. a.* Traum, als Schlafhüter; Weckreiz), II/III *239 f.*, 576–78, 583; VIII 231; XI 432, 434; XIV 70; XV 19; XVII 92

u. Besetzungsentzug, X 415 f.

d. bewußten Ich, II/III 240

u. Traum, II/III 240, 576 f.

Zensur verringernd, XI 224 f.

Schlafzeremoniell *s.* **Zeremoniell** (zwangsneurotisches): bestimmte Zeremonien, Schlaf-

Schlaganfall [-treffen], Angst vor, I 319; XI 418; XII 252

als sekundäre Bearbeitung, XI 418

Schlagen (*s. a.* Erziehung; Geschlagenwerden; Gewalt-; Strafe; Züchtigung), V 94; VII 206

u. Masochismus (*s. a.* Schlagephantasien), XIII 374

auf Penis, XII 50 f., 94

d. Pferdes, VII 310, 314–16, 361; XII 39, 50, 94

Schlagephantasie(n) (*s. a.* Geschlagenwerden; Masochismus; Sadismus), XII 50, 94, *197–226*

Bedingungen d., XII 199, 204

bei beiden Geschlechtern

Ähnlichkeiten u. Unterschiede, XII *220–22*

kein voller Parallelismus, XII 211, 217

Knabe als Objekt, XII 211

Vaterbindung, inzestuöse, XII 219 f.

Charakteristik (allgemeine) d., XII 199 f., 202–04

Entstehung d., XII 212

Zeitpunkt d., XII 198, 200–03

d. Erwachsenen, Figur i. d. – d. Kindes, XII 204

u. Homosexualität, XII 220

541

Schlagephantasie(n) d. Knaben

d. Knaben, XII 209-11, 217-22
gleichgeschlechtliches Objekt habend, XII 203-05, 210f.
sadistisches Vorstadium fehlend bei, XII 219f.
u. Literatur, XII 198
Masochismus i. (s. a. Masochismus), XII 200, 204, 208-12; XIII 374
u. Masturbation
als Ausgangspunkt, XII 50f., 208-15
als Endpunkt, XII 205, 207, 209f., 217
Schuldbewußtsein wegen s. **Schlagephantasie**, u. Schuldbewußtsein
beim Mädchen, XII 203-17, 220-24
dritte Phase, XII 205, 210f., 217
erste Phase, XII 203f., 208
Klitoris als Gegenstand d., XIV 26
als Relikt d. phallischen Phase, XIV 25f.
zweite Phase, XII 204, 208, 217, 219
Unbewußtheit d., XII 209
Männlichkeitskomplex i., XII 211
Objekte d., XII 39, 50, 74, 94, 203-05, 210f.
immer Knaben, XII 203-05, 210f.
u. Ödipuskomplex, XII 212-14
passiv-feminine Einstellung i., XIII 382
Penis als Gegenstand d. XII 50, 74, 94
auf Pferd bezogen
beim Kleinen Hans s. i. Reg. d. **Krankengesch.**: Namenverzeichnis, Kleiner Hans

beim Wolfsmann (s. a. i. Reg. d. Krankengesch.: Namenverzeichnis, Wolfsmann), XII 39, 94
Popo als charakteristisches Detail d., XII 200
primärer Zug v. Perversion i., XII 200
bei realen Szenen keine, o. ambivalente Schaulust, XII 198f.
Regression i., XII 209, 219f.
u. Sadismus, XII 200f., 204, 207, 211
uneigentlicher, XII 204, 207
i. Vorstadium d., beim Knaben nicht vorhanden, XII 219f.
u. Schaulust s. **Schlagephantasie**(n), bei realen Szenen; – u. Zuschauer
u. Schuldbewußtsein
wegen Masturbation, XII 50f., 208-15
u. Schamgefühl, XII 197
Schule, Einfluß d., auf, XII 198
u. Tagträume, XII 210
Undefiniertheit d., XII 199, 203
Vater i. d., XII 204f., 210
inzestuöse Bindung an, i., XII 219f.
vorzeitige, XII 207
Variationen d., XII 205
Vorstufe d., als Mittelstufe zwischen Erinnerung u. Phantasie, XII 204
u. Zuschauer, XII 205, 210f.
u. Züchtigungen, XII 199
u. Zwangsneurose, VIII 447f.

Schlagfertigkeit (s. a. 'Retourkutsche'), V 194; VI 34, 72-74

Schlagtreffen s. Schlaganfall

Schlange(n) (s. a. Tiere)

-halluzination (*s. a.* Kastrationsschreck, Medusenhaupt als Symbol f.), I 279; VIII 10
-phobie
angstneurotische, I 321, 351
normale [allgemein-menschliche], I 351; XI 413
als Symbol f. männliches Genitale, II/III 362; XI 156f; XII 49; XVI 47
zerschnittene, XII 79

Schläfrigkeit [Somnolenz] (*s. a.* Einschlafen, hypnagogische Halluzinationen; Hypnoide Zustände; Schlaf; Schlafen; Wach(en)), II/III 91, 336
somnambule *s.* Hypnose; Somnambulismus
Übergang i. d. Schlaf, II/III 53

Schläge *s.* Geschlagenwerden, Schlagephantasie; Strafangst; Züchtigung

Schlecht (–er, –e, –es) (*s. a.* 'Gut u. Böse'; Schlimmheit)
Witz *s.* Witz (Arten): 'guter', u. 'schlechter'

Schleier, XII 42
Virginitätssymbolik d., XII 135
Wiedergeburtssymbolik d., XII 106, 133–35

Schleim als Symbol f. andere Sekrete, II/III 364

Schleimhaut
After u. Darm- (*s. a.* Analerotik), v 51f., 66, 87, 99
als erogene Zone, V 82–84, 87
d. Genitalien, V 88
Lippen- u. Mund-, (*s. a.* Oralerotik), V 49, 52, 66, 212
u. Lutschen, V 82–84
d. Scheide, V 110–12, 246f.

Schlimmheit [Schlimmsein], d. Kindes (*s. a.* Bravheit; Kindheits-

Schmähung durch Fehlleistungen

nervosität; Unarten), II/III 256–58, 279, 398; VIII 420; X 391; XII 38, 52f.
u. Angst, XII 53, 122f.
aus Eifersucht auf Geschwister (Groll gegen Eltern) (*s. a.* Revolutionäre), XII 22, 25; XV 131
Eigensinn, XIV 285
u. Hysterie, I 14
u. Komik, VI 258
u. Masochismus u. Strafbedürfnis, XII 52f.
neurotisch, zumeist (*s. a.* Kindheitsnervosität; Kindheitsneurose), XI 378
(Terminus technicus), II/III 256
u. Todeswunsch gegen Eltern u. Geschwister, II/III 256–61
u. Triebverzicht, Mangel an, XVI 228
Wiederholung nach Verbot, Sinn d., XII 100
beim Wolfsmann *s.* i. Reg. d. Krankengesch.: Namenverzeichnis, Wolfsmann

Schloß *s.* Burg (*s. a.* i. Symbol-Reg.)

Schloß u. Schlüssel (*s. a.* Schlüssel)
Traumsymbolik v., II/III 359; v 22 8, 260; XI 160

Schlucken (*s. a.* Ausspucken; Globus)
als Symbol, I 251

Schlußfolgerungen (*s. a.* Denkrelationen)
i. Traum, II/III 453–55; XI 185

Schlüssel (*s. a.* Schloß u. Schlüssel)
Fehlgreifen mit, IV 180–82
Symbol f. männliches Genitale, II/III 359; V 228, 260; XI 160

Schmähung (*s. a.* Blasphemie; Hohn; Schimpf-)
durch Fehlleistungen

543

Schmähung durch Namenverdrehung

Verlesen, iv 119–21

Verschreiben, iv 129–31, 141f.

Versprechen, iv 97–117; xi 36

durch Namenverdrehung [-entstellung], iv 93f.; xi 36, 45

durch Witz, vi 112f.

Schmerz(en) (i. allgemeinen) (*s. a.* Leid(en); Unlust)

-affekt *s.* **Schmerzaffekt**

u. Angst, xiv 161, 163, *202–05*

Aufmerksamkeitszuwendung z., v 296f.

u. Außenwelt, xiv 424 (Definition), xiii 250

-empfindung *s.* **Schmerzempfindung**

u. Gefahr, xiv 201

-gefühl *s.* **Schmerzaffekt**; **Schmerzempfindung**

u. Grausamkeit *s.* **Schmerzzufügung**

durch Hypnose beseitigter, v 311

körperlicher *s.* **Schmerzempfindung**

lähmender Charakter, xiii 30

u. libidinöse Miterregung u. Lust *s.* **Schmerzempfindung**, erogene Wirkung d.; **Schmerzlust**

u. Libido

Attraktion d., durch, xi 434

Widerstand gegen, u., v 58, 60

Zurückziehung d. *s.* **Schmerz**, u. Narzißmus

u. Masochismus *s.* **Masochismus**; **Schmerzlust**

u. Mitleidsschranke, v 94

als Mittelerscheinung zwischen innerer u. äußerer Wahrnehmung, xiii 250

u. Narzißmus

Überbesetzung, narzißtische, bei, xiii 34; xiv 204

Zurückziehung d. Libido, bei (*s. a.* Zurückziehung), x 148f.

Ökonomie d., noch ungeklärt, x 446

psychischer *s.* **Schmerzaffekt**

Psychologie d., x 248f.; xiii 29f.; xiv 202–05

i. Schlaf u. Traum, ii/iii 25, 241

seelischer *s.* **Schmerzaffekt**

u. Tränensekretion, i 86

u. Trieb, Ähnlichkeiten zwischen, x 249

unbewußter, xiii 30, 250

als Unlust (*s. a.* Unlust), x 430; xiii 29

Verhalten bei, subjektive Beschreibung (*s. a.* Schmerzempfindung bei Hypochondrie), i 197f.

-wahrnehmung *s.* **Schmerzwahrnehmung**

als Warnungssignal, xiv 434f.

als Widerstand gegen Libido, v 58, 60

als Ziel (*s. a.* Masochismus), xiii 371

-zufügung *s.* **Schmerzzufügung**

Schmerzaffekt [psychischer, seelischer Schmerz] (*s. a.* Kränkung; Leid(en); Trauer; Unglück), i 244; v 294f.; x 446

u. Angst, xiv 161, 163, 202

Entwicklungsphasen d., xiv 178

Erinnerung an, i 54, 146f.

beim Erinnern, i 212

körperliche Wirkungen, i 86; v 294

u. körperlicher Schmerz

Verhältnis zwischen, xiv 204f.

u. Konversion, i 212, 233f.

i. Melancholie *s.* **Melancholie**; **Schmerzaffekt**, u. Trauer

u. Neurose, xvii 109f.

u. Trauer
 Schmerzlichkeit bei, XIV *202–05*
 durch Trennung (*s. a.* Trennungsangst), XIV 161
 Unlust i., X 430
 u. Verstorbene (*s. a.* Tod; Tote), X 347
 i. Traum (*s. a.* Schmerzempfindung, hysterische), I 83 f.
 Trennung erzeugt keine Angst, sondern, XIV 161

Schmerzempfindung [körperlicher, organischer Schmerz], XIII 29
 Abfuhr, ohne Vermittlung d. seelischen Apparates, XIII 30, 250
 bei Aftermuskelkontraktion, u. Retention, V 87
 bei Defloration, XII 172 f.
 bei Durchbruch d. Reizschutzes, XIV 204
 Entstehung d., X 248 f.; XIII 28–30
 traumatische, XIII 29
 erogene Wirkung (u. libidinöse Miterregung) (*s. a.* Schmerzlust), V 105; XIII 375
 bei Fieber, XIII 33 f.
 Haut als erogene Zone f., V 69, 94
 bei Hypochondrie [hypochondrische –], I 318; X 149
 Verhalten bei, I 198 f.
 hysterische, I 83, 211, 244; XIV 140 f.
  meist verbreiteten Arten d., wiederkehrend als hysterische, I 243
  als Symptom (*s. a.* Hysterie, Konversions-, Symptome (bestimmte): Schmerzen): I 83, 102, 114, 196–251 (212, 233 f., 243)
  Verhalten bei, I 198 f.
 Intensitätssteigerung d., I 301

u. Libido *s.* **Schmerz** (i. allgemeinen): u. Libido
u. Motilität (*s. a.* Beweglichkeit), II/III 606
narzißtische Besetzung bei (*s. a.* Schmerz (i. allgemeinen): u. Narzißmus), XIV 204
neurasthenischer, I 197–99
organische [echte, körperliche], I 244; XIII 29 f.
u. hypochondrische *s.* Schmerzempfindung, bei Hypochondrie
u. hysterische, gemischt, I 124, 146, 199 f., 211, 236, 242–48
u. Kenntnis d. Organe, XIII 253
u. Libidoverteilung, XIII 33 f.
u. Raumvorstellung, XIV 204
Verhalten, subjektives, bei, I 198 f.
u. primärer Apparat, II/III 606
Psychophysiologie d. *s.* **Schmerz** (i. allgemeinen): Psychologie d.
d. Säuglings, XIV 203, 424
u. seelischer *s.* **Schmerzaffekt**, u. körperlicher Schmerz
u. Sinnesorgane, XVII 84
u. Spannungsvermehrung, X 249
Unempfindlichkeit f. (*s. a.* Analgesie; Krieg; Widerstandsfähigkeit), V 297
Wiederkehr d., I 301

Schmerzlich *s.* **Peinlich** (*s. a.* Schmerzaffekt; Unlust)
Schmerzlichkeit d. Trauer *s.* **Schmerzaffekt**, u. Trauer
Schmerzlust (*s. a.* Masochismus, primärer), V 58; XIII 375
Schmerzschranke, gegen Perversionen, V 58
Schmerzwahrnehmung (*s. a.* Wahrnehmung)
 Bewußtheit d. (*s. a.* Schmerz (i. allgemeinen): unbewußter), XVI 204

Schmerzwahrnehmung als Mittelding
als Mittelding zwischen äußerer
u. innerer Wahrnehmung, XIII
250

Schmerzzufügung (*s. a.* Aggressionslust; Grausamkeit; Masochismus; Mißhandlung; Sadismus; Schmerzlust)
u. Mitleidsschranke, V 94
ursprünglich mit Sadismus nicht identisch, X 221

Schmetterling, Angst vor (*s. a.* i. Reg. d. Krankengesch.: Namenverzeichnis, Wolfsmann), XII 122f., 129, 147

Schmock, VI 242f.

Schmuck
-kästchen (*s. a.* Kästchenwahl), V 230f., 240
als Symbol f. weibliches Genitale, XI 158
-verbot, selbstauferlegtes, zwangsneurotisches, VII 461f.

'Schmutzig' ['Schmutzigkeit'] (*s. a.* Unreinlichkeit)
f. 'knauserisch', II/III 206; VII 207

Schnalzen, hysterisches, mit Zunge, I 83, 100, 105, 110, 115, 149, 153; VIII 10f.

Schnecke, als Symbol f. weibliches Genitale, II/III 362; XI 158; XII 101

Schnorrer, Figur d. –s, i. Witz (*s. a.* Witz), VI 123

Schnurren (*s. a.* Witz), VIII 224

Schnüren, V 83

Schock (*s. a.* Schreck; Trauma), I 360–62, 364
angsterzeugend, I 361; II/III 587
u. Schreck, XIII *31*
-wirkung, i. d. Ätiologie d. Neurose (*s. a.* Neurosen, Ätiologie, traumatische), XVI 70

'Schonung' (*s. a.* i. Reg. d. Gleichnisse: Naturschutzpark; Privatsachen; Reservation), XIV 90

Schoß, weiblicher *s.* **Genitalien, weibliche**

Schönheit (*s. a.* Ästhetik; Häßlichkeit; Kunst), V 55, 78, 111; X 358; XIV 441f., 453
u. Auflehnung gegen d. Trauer, X 359
berauschende Kraft d., XIV 441f.
Ewigkeitswunsch betreffend, X 358
Genitalien haben keine (*s. a.* Genitalien), V 55; VIII 90; XIV 442
u. Glück, XIV 441
u. Kultur, XIV 451–53
u. Krieg, X 360f.
u. Liebe, V 55
u. Organminderwertigkeit (u. Hysterie), X 166f.
u. Reinlichkeit u. Ordnung, XIV 453
u. d. Reizvolle, V 55, 111
Sexualempfinden, Ableitung d., aus d., XIV 441f.
d. Sexualobjekts, V 55
d. Traumes, II/III 291–95; XI 87
Vergänglichkeit d., X *358–61*
als 'Verlockungsprämie' i. Kunstwerk, VIII 417; XIV 90f.
weibliche, X 155

Schönheitsfehler, hysterische Verzweiflung ü., I 150f.; X 166f.

Schöpfung *s.* **Produktive Leistungen** (*s. a.* Kunst)

Schöpfungsgeschichte *s.* **Kosmogonie**

Schrank
als Symbol f. weibliches Genitale (u. Mutterleib), II/III 359; IV 58–60; XI 157, 160

Schreck [-affekt] (*s. a.* Anfall, Angst; Furcht; Panik; Schock; Trauma; Traumatische Neurose), I 84, 89f., 360; XI 410; XVII 111

Affektionen nach *s.* **Schreck**, als **Trauma**

u. Angst, XI 410; XII 324; XIII 10

-bereitschaft, Fehlen d., bei, XIII 31

Geburts-, XIV 315

-neurose nicht erzeugt durch, I 333

als Schutz vor, XIII 10

Besetzung bei, niedere, XIII 31

u. cerebrale Diplegien, I 478, 480 (Definition), XIII 10

Entsetzen, I 148f.

u. Epilepsie, XIV 403

u. Erbrechen, I 428f.

u. Furcht, XI 410; XIII 10

u. gruselige Erzählungen, v 125

u. Hysterie, I 360

u. infantile Sexualität, Wirkung auf, v 103–05, 125

Kastrations- *s.* **Kastrationsschreck**

u. mechanische Erschütterung, v 103

u. narzißtische Libido, XII 324

u. Neurose *s.* **Neurose, Ätiologie** d., traumatische; **Traumatische Neurose**

u. Schock, XIII 31

u. Stehenbleiben, angewurzelt, I 214

als Trauma [traumatische Wirkung], I 89, 148, 362, 431; v 103f., 125; XII 324; XIII 10; XVII 10f.

u. traumatische Neurose (*s. a.* Traumatische Neurose), I 333, 360; v 103; XIII 10; XVII 10

Verschlechterung d. Krankheitszustandes durch, v 295

Vorstellungen, entstanden i. Zustande d., I 89f.

u. weibliches Genitale, Anblick d. *s.* **Kastrationsschreck**; u. i. **Namen-Reg.**: Medusa

Schreckaffekt *s.* **Schreck**; **Trauma**

Schreckhafte, (Das)

Erregung i. d. Kindheit durch, v 103f.

u. d. Unheimliche, XII 231

Wort f., i. manchen Sprachen fehlend, XII 232

Schreckhypnose (*s. a.* Hypnose), XIII 127

Schreckkataplexie, XVII 17

Schreckneurose *s.* **Traumatische Neurose** (*s. a.* Kriegsneurosen)

Schreiben (*s. a.* Notieren; Schrift)

als Ausdruck v. Gedanken, VIII 403

als Koitussymbol, XIV 116

Schreibstörungen, XIV 115f.

Schreien (*s. a.* Innervation; Schmerz; Weinen)

motorische Innervation statt, I 147

d. Säuglings (*s. a.* Säugling; Zappeln), VIII 232; XIV 168, 424

als 'Verführungsversuch', XII 52

Stottern statt, I 149

Schrift (*s. a.* Schreiben)

u. Gedankenausdruck, VIII 403

Schriftdeutung, XVII 41

Schriften zur angewandten Seelenkunde, x 89, 91

Schriftsteller *s.* **Dichter** (*s. a.* Literatur)

Schriftzeichen

Schriftzeichen, Theorie d. Totems als, IX 134

Schuhe
 als Fetische, XIV 314
 u. Penisneid, X 41
 als Symbol f. Genitale, I 150f.; V 54; XI 159, 316

Schuld
 eigene, an Erkrankung, I 122
 tragische
  i. Drama *s.* **Drama; Tragödie**
  u. Vatermord (*s. a.* Frevel), IX 187f.

Schuldbewußtsein (*s. a.* Schuldgefühl; Selbstbeschuldigung; Strafbedürfnis; Sünde), XIV 494–98
 u. Angst, IX 86
  vor Autorität, äußerer u. innerer, zwei Schichten d., XIV 486, 496–98
 u. Aufklärung, sexuelle, unrichtige, Zusammenhang zwischen, VII 25
 i. Brüderclan *s.* **Schuldbewußtsein,** d. Söhne
 i. Cartesius' Traum, XIV 560
 Dynamik d. –s, VII 399f.
 durch Ehe, unglückliche, befriedigt, XII 188f.
 u. 'am Erfolg scheitern' (*s. a.* Erfolg, Scheitern am; u. i. Namen-Reg.: Macbeth, Lady; – West, Rebekka), X 372
 u. Gewissen
  Strenge d. –s, gleichbedeutend mit (*s. a.* Gewissen; Überich), XIV 496
  Unterschied zwischen, XIV 491
 Goethes Ansichten ü., XIV 548f.
 aus homosexueller Libido, X 169
 u. Ich, XII 215; XIII 379
 masochistisches, XIV 408–10
 i. Jungs Theorien, X 108
 d. Kinder (*s. a.* Schlimmheit), VII 13
 u. Masochismus (*s. a.* Masochismus, moralischer), XII 214f.; XIV 408–10
 u. Massenpsychologie (*s. a.* Massenseele), X 169f.
 wegen Masturbation (*s. a.* Masturbation), VIII 335; XII 50f., 215
 u. Moral (*s. a.* Moral), IX 191
 Motivierung d. Verwerfung unbewußt, VII 399f.; IX 86
 u. Ödipuskomplex, X 383–91; XIV 108
  als Quelle, wichtigste, d. –es, XI 344
 u. Verdrängung d. inzestuösen Objektwahl, XII 208
 u. nachträglicher Gehorsam (*s. a.* Gehorsam, nachträglicher), IX 173, 175
 u. Neurotiker, IX 191f.
 u. Verbrecher, Unterschied zwischen, VII 13
 i. d. Religion (*s. a.* Sünde), VII 136f.
 aus Reue (*s. a.* Reue), XIV 497
 u. Sadismus (*s. a.* Überich, Sadismus d.), XII 215
 u. Schlagephantasien, XII 50f., 197, 208–12, 215
 schöpferisches, IX 191
 ohne Schuld, VII 13
 u. Schuldgefühl *s.* **Schuldgefühl,** u. Schuldbewußtsein
 d. Söhne
  u. i. Brüderclan, IX 173, 175f., 181
  i. Mythen d. tiertötenden Gottes, IX 181

u. Strafbedürfnis (*s. a.* Strafbedürfnis), XIV 496

u. Tabu, IX 85, 173-76

u. Todesangst, X 351

Totemtabu erzeugend, IX *173-76*

u. Trieb, XIII 32

aus unbefriedigter Liebe, XVII 152

'unbewußtes' (*s. a.* Schuldgefühl), X 276f.; XIV 494

Ursprung d. -s, X 169f., 349; XII 215

u. Überich *s.* **Überich**

Verbrecher aus, X *389-91*

d. Verbrechers, VII 13

u. Verknüpfung, falsche, I 122; VII 400

u. Widerstand, XIV 193

    gegen Heilung (*s. a.* Psychoanalytischer Prozeß, negative therapeutische Reaktion), XVI 88f.

Zwangsneurose ohne (*s. a.* Schuldgefühl), XIV 147

i. d. Zwangsneurose (*s. a.* Schuldgefühl), IX 107; XIV 147

u. Zwangshandlung u. Zwangsverbote, VII 135

Schuldgefühl (*s. a.* Schuldbewußtsein, 'unbewußtes'; Selbstvorwürfe; Strafbedürfnis; Sünde), XIV 484; XV 67, 71, 84, 115; XVII 105, 152

u. Aggression, XII 143; XVI 6

unbefriedigte, XIV 497f.

u. Ambivalenz

    zwischen Eros u. Todestrieb, XIV 492f.

    d. Vaterreligion, XVI 243f.

Angst statt, i. Zwangsneurose, XIV 495

als Angst vor d. Überich *s.* **Überich**

Befriedigung d. *s.* **Schuldgefühl**, u. Masochismus

u. d. Böse (*s. a.* 'Gut' u. 'Böse'), XIV 483

u. Christentum *s.* **Christentum; Erlöser; Religionen** (bestimmte): christliche; **Reue**

(Definition), XIII 282; XIV 483, 492, 495f.; XV 67

entlehntes, XIII 279

Entstehung d., XIV 483-93

    durch Identifizierung (*s. a.* Identifizierung), XIII 117, 279

    bei Nicht-Befriedigung aggressiver Triebe, XIV 497f.

    durch Spannung zwischen Ich, Es u. Überich [Ichideal], XIII 147, 379; XV 67, 84f.

u. Vatermord, XIV 497

zwei Schichten [Wurzeln] d., XIV 486, 496-98

u. Erbsünde (*s. a.* Erbsünde), XVI 192

u. Erotik *s.* **Schuldgefühl**, u. Masochismus

f. Gedanken, o. f. Tat, XIV 497

u. Gewissen *s.* **Schuldbewußtsein,** u. Gewissen

i. hysterischer Tilgungspsychose, I 123

u. d. Ich *s.* **Schuldgefühl**, Entstehung d.

u. Ichideal, XIII 147, 149, 280-84

d. Juden

    u. Ambivalenz d. Vaterreligion, XVI 243f.

    um Zweifel an Gott z. ersticken, XVI 167

u. Kastrationsangst (*s. a.* Kastrationsangst), XIV 406-10

als Krankheitsbedürfnis, XII 188f.; XVII 105, 107

u. Kritik, XIII 282f.

Schuldgefühl u. Kultur

u. Kultur, xiv 493–95

u. Liebe, xiv 492

u. Masochismus, v 58; xii 52

moralischer, xiii 373–75, 378 f.

  u. Phantasien, masochistische, xiii 375

    Schlage-, xii 208 f.

    Sado- (*s. a.* Überich), xii 52, 143, 215

    Zusammentreffen v. Erotik u., i., xii 208 f.

wegen Masturbation (*s. a.* Masturbation), i 69

  i. d. Pubertät, v 90

u. Melancholie, xiii 149, 279 f., 283

u. Minderwertigkeitsgefühl, erotische Ergänzung z. moralischen, xv 71

d. Mittelmeervölker, xvi 244

u. Ödipuskomplex, xiv 491 f.

ökonomische Rolle d., i. Neurosen, xiii 255

beim Patienten *s.* **Patient; Psychoanalytische Technik**

Quellen d., xi 344; xiii 265; xiv 406 f.

Religion verspricht Erlösung v., xiv 495

u. Reue

  u. Strafbedürfnis, xiv 495–97

  Unterschied zwischen, xiv 491

u. Sadismus *s.* **Schuldgefühl**, u. Masochismus

u. Schuldbewußtsein

  beides, bei Dostojewski, xiv 414

  Unterschied zwischen, xiv 494

u. Schwere d. Neurose, xiii 280

sexuelles (*s. a.* Schuldgefühl, wegen Masturbation), i 420 f.

als Spannung zwischen Ich u. Ichideal [Überich] *s.* **Schuldgefühl**, Entstehung d.

Steigerung d., xiv 493, 498

u. Strafbedürfnis

u. Reue, xiv 495–97

als unbewußtes, xv 116

u. Tabu-Verletzung, ix 85

u. Tod, x 345

u. Todestrieb, xiv 492 f.

u. Todeswunsch, ii/iii 262, 266

  als Hauptquelle d., xiv 406 f.

u. Ödipuskomplex, xiv 491 f.

u. Sorge, ii/iii 273

u. Totemismus, xiv 94

u. Triebverzicht, xiv 486–88

'too good to be true'-Gefühl aus, xvi 253

unbewußtes (*s. a.* Schuldbewußtsein, 'unbewußtes'), xiii 254, 378; xiv 497

  bei Hysterie, xiii 281

kulturelles, als Unbehagen (*s. a.* Kultur, Unbehagen i. d.), xiv 495

u. Moral, xv 117 f.

u. Neurose, xiv 499

bei normalem Gewissen (*s. a.* Gewissen), xiii 281 f.

Strafbedürfnis als (*s. a.* Strafbedürfnis), xv 116

i. Totemismus (*s. a.* Totemismus), xiv 94

bei Verbrechern, xiii 282

i. d. Zwangsneurose, xiv 494 f.

Unvermeidlichkeit d., xiv 491–93

u. Überich *s.* **Überich**

u. Vatermord (*s. a.* Schuldgefühl, u. Todeswunsch), ix 173; xiv 406 f., 491 f.; xvi 243 f.

i. Verboten (*s. a.* Schuldgefühl, i. Zwangsneurose; Zwangsverbote), VII 135
u. Verbrechen, XIII 282
u. Verdrängung (*s. a.* Verdrängung), XII 208
Verwechslung v. Erinnerung u. Phantasie i., VIII 238
Wesen d., XIV 496
als Widerstand, XIII 279; XVII 105f.
u. Zwangsneurose, IX 173; XIV 147
Angst statt, i., XIV 495
Entlastung d., i., XIII 280
wegen Lustgefühle, i. Zwangsideen, I 420f.
unbewußt (*s. a.* Schuldgefühl, unbewußtes), XIV 494f.
i. Zwangsverboten, VII 135
u. Zweifel, XVI 167

Schule [Schulerziehung; -unterricht], VIII 62
u. Identifizierung, XIII 133
u. Schlagephantasien, XII 198
u. Sexualaufklärung, VII 26f.

Schulkinder [Schüler]
Fehlhandlungen bei n, XI 48
Gymnasiasten *s.* **Gymnasiasten**
Selbstmord bei -n (*s. a.* Selbstmord), VIII 62*f.*

'**Schulkrankheiten**', Vermeidung d., i. d. Analyse (*s. a.* Psychoanalytische Technik), VIII 459

'**Schulpsychologie**' *s.* **Psychologie**

Schutz
d. Kranken gegen Unkundige, XIII 441
gegen Reize *s.* **Reizschutz**

Schutzbildung *s.* **Schutzmaßregel** (*s. a.* Phobie)

Schutzformeln (*s. a.* Abwehr; Schutzmaßregel), VII 442
i. d. Hysterie, I 100, 103, 108f., 147, 150f., 153
i. d. Melancholie, I 100
i. d. Zwangsneurose, IX 108

Schutzgeist (*s. a.* Animismus; Geist; Totem; Totemismus)
u. Doppelgänger, XII 247
Totem als, IX 7

Schutzmaßregel [-handlung; Sicherung; Vorsichtmaßregel] (*s. a.* Zeremoniell), XIV 115, 150
Bußhandlung i. d. Religion als (*s. a.* Sühne), VII 137
i. d. Phobie, X 153, 425f.
i. d. Zwangsneurose (*s. a.* Berührung; Schutzformel; Zwangs-), I 353, 389–92; VII 459; XIV 142
u. Betäubung, I 391
u. Buße (*s. a.* Sühne; Zeremoniell), I 391; VII 137, 413; IX 29, 44; XIV 142
Jungfräulichkeit beschützend, XI 310f.
Mechanismus u. Technik d. (*s. a.* Isolierung; Ungeschehenmachen), XIV 147, 149–52, 400
Rationalisierung bei, XIV 150
'Sicherung' als besserer Terminus technicus f., X 98
vor Verrat schützend, I 390f.
als Vorbeugung, I 391; VII 412f.
Zeremoniell d. (*s. a.* Zeremoniell), VII 136
Zwangsverboten vorangehend, VII 136f
u. Zweifel, VII 457

Schutzzwang *s.* **Zwang**·

Schübe
i. d. Neurose, VIII 329

Schübe i. d. Objektwahl

i. d. Objektwahl [-findung] (*s. a.*
Objekt(wahl); Objekt(wechsel)),
v 100f., 124f.

beim Weib, xiv 521–29, 533;
xv 124f., 127

i. d. Sexualentwicklung (*s. a.* Latenz; Pubertät; Sexualleben,
zweizeitiger Ansatz d.), v 77f.,
133, 135; viii 443; xiv 239, 304

ambivalente, d. Passivität u.
Aktivität, x 223f.

i. d. Objektwahl *s.* **Schübe**, i.
d. Objektwahl

als phylogenetische Ursache d.
Neurosen, xiv 187

beim Weib (*s. a.* Männlichkeitskomplex), viii 452

Schüchternheit (*s. a.* Scham; Scheu;
Sexualität, Angst vor; Virginale Angst), i 547

Schüler *s.* **Schulkinder**

Schülerselbstmord *s.* **Selbstmord**, bei
Schulkindern

Schütteln [Tremor] (*s. a.* Mechanisch; Zittern)

angstneurotisches (*s. a.* Kriegsneurosen), i 320, 369

Schüttelreim(e) (*s. a.* Reim; Witz),
vi 98

Schützling u. Wohltäter, xiii 20

Schwach *s.* **Schwäche**

'**Schwache Punkte**' *s.* **Konstitution**

Schwachsinn

affektiver, als Widerstand i. d.
Analyse, xi 303

partieller, u. Geisterglauben, i.
affektbetonter Situation, vii 98f.

'physiologischer – d. Weibes'
(Möbius), vii 162; xiv 371

psychoanalytische Methode nicht
anwendbar bei (*s. a.* Psychoanalytische Methode), i 264, 513; v 9

simulierter, i. Hysterie, viii 476

Schwager, Vermeidungsvorschriften
bezüglich *s.* **Schwägerin**

Schwangerschaft [Gravidität,
Schwanger werden, Schwängerung] (*s. a.* Empfängnis)

i. Aberglauben (Zahnschmerzen),
ii/iii 394f.

Angst vor (*s. a.* Schwangerschaftssymbole), vii 157

infantile Theorien betreffend *s.*
Infantile Geburtstheorien; – **Sexualtheorien**

Kenntnis d. Kindes, unbewußte,
um Mutters –, v 97; vii *176f.*,
304–06, 361; xii 25, 305f.

bei einer Zweidreivierteljährigen, xii 25

beim Kleinen Hans *s.* i. **Reg.
d. Krankengesch.**: Namenverzeichnis, Kleiner Hans

durch Menstruationstraum angezeigt, ii/iii 131, 659

'orale' *s.* **Infantile Sexualtheorien**

Tabu d., xii 167

Wunsch nach (*s. a.* Schwangerschaftssymbole), ii/iii 575; viii
405; xii 290

Schwangerschaftsphantasien, ii/iii
575f.; v 265; xii 25

u. Neunzahl, xiii 334–37

Schwangerschaftssymbol(e) (*s. a.*
Mutterleibsymbole)

bestimmte *s.* i. **Symbol-Reg.**

verschiedene, i. verschiedenen
Neurosen u. Psychosen, viii 405

Schwangerschaftsträume (*s. a.* i.
Traumregister), ii/iii 131, 396,
659

Schwangerschaftsunterbrechung,
Reaktion auf, xii 295

Schwank *s.* **Schwänke**

Schwanz [Schwänzchen]

als Penissymbol, VIII 154, 162
'schauen Sie doch auf mein ...',
  XII 42
'Schwarze Kunst' s. Magie
Schwäche (s. a. Schwach-; u. unter
  d. einzelnen Stichwörtern)
  Denk- s. Denkhemmung
  nervöse [neurasthenische] (s. a.
    Müdigkeit), I 415
  sexuelle (s. a. Impotenz; Konstitution; Triebschwäche)
    angeborene, V 139
    als Degeneration, I 436f.
    herabgesetzte
      bei Fetischismus, V 53
      bei Homosexualität, V 38f., 41
      beim Neurotiker, V 62–67
    konstitutionelle, d. Genitalzone (s. a. Infantilismus), V 138f.
    d. Unreife (s. a. Reife; Unreife), V 77
Schwägerin, Vermeidungsvorschriften besonders streng bezüglich, IX 17f.
Schwängerung s. Empfängnis;
  Schwangerschaft- (s. a. Infantile Sexualtheorien)
Schwäne, sechs, Stummheitssymbolik i. Märchen v. d. –n, X 30
Schwänke (s. a. Witz), VI 115f.; VIII 224
  Juden-, VI 123
  u. Sexualsymbolik, XI 160
  u. Witz, VI 234
Schwänzchen s. Schwanz
Schwärmerei [Schwärmen, schwärmerische Liebe] (s. a. Verliebtheit), V 130f.
  homosexuelle, V 130f.; XII 110, 272, 278, 295

hysterische
  beim Mann V 221
  beim Weib V 220f.; 223f.
bei Normalen (s. a. Schwärmerei,
  i. d. Pubertät), V 130f.; XII 297f.
f. Künstler, XIII 133
i. d. Masse, XIII 132f.
Mitleids-, X 325, 333; XIV 503f.
i. d. Pubertät, V 130f.; XII 297f.;
  XIII 123–25
religiöse
  u. Märtyrertum, V 297
  u. Perversion u. Mystik (s. a.
    Mystik), X 77
f. Soldaten, XII 100
Schweben, i. Traum (s. a. Traum,
  typischer, (bestimmte Arten
  d.): v. Fliegen), II/III 398; XI 280
Schweigen (s. a. Geschwätzigkeit;
  Stummheit)
  hysterisches s. Scheu
  i. d. Psychoanalyse (s. a. Psychoanalytische Grundregel)
    auf Homosexualität deutend, X 130
    als Widerstand, XIII 141
  Unheimlichkeit d. Stille, XII 261, 268
Schwein
  blasphemischer Ausdruck f. Gott, XII 40
  als Sexualsymbol, XI 166
  'Vor-', s. i. Reg. d. Fehlleistungen: Versprechen, Vorschwein
Schweißausbruch [Schwitzen]
  als angstneurotisches Symptom,
    I 319f., 338, 369, 415
  bei normalem Koitus, I 338
Schwelle
  Bewußtseins-, (Fechner), XIII 4f.

Schwelle, Traumsymbolik d.
Traumsymbolik d., II/III 508f., 565

Schwester(n) (*s. a.* Bruder; Geschwister)
'– in Christo', IX 12
Benennung nach Regeln d. Exogamie, IX 11f.
Brüste symbolisierend, XI 200
jüngere
  d. Knaben *s.* Bruder
  d. Mädchens, u. Kindeswunsch, XI 346
als Liebesobjekt, VIII 280; XI 346
u. Impotenz, VIII 79
i. d. Kinderliebe (bei Jensen) (*s. a.* i. Namen-Reg.: Gradiva; – Jensen), VII 31–125 (123–25)
bei Schreber *s.* i. Reg. d. Krankengesch.: Namenverzeichnis, Schreber
als Objekt d. Schlagephantasien, XII 203
als Verführerin (*s. a.* i. Reg. d. Krankengesch.: Namenverzeichnis, Wolfsmann), XII 37, 39, 42–44 (43)
Vermeidungsvorschriften d. Primitiven, i. bezug auf, IX 15–17

Schwesterehe *s.* Inzestehe

Schwesterfixierung *s.* **Fixierung; Schwester**

Schwiegermutter
u. Fremdheit d. Mannes, IX 20–22
Mutterbedeutung d., IX 20, 23f.
u. Raubehe, IX 20
sadistische Komponente d. Liebe bei, IX 23
u. Sexualüberschätzung, gestörte, beim Verliebten, IX 22
u. Sohn
  Ambivalenz zwischen, XI 21–24

Inzestscheu i. Verhältnis z., IX 23
i. d. Kultur, IX 21f.
Vermeidungsverbot bei Primitiven, zwischen, IX 18–21
  Erklärungen d., IX 21–24
u. Tabu, IX 18; XI 261
u. Witz, IX 21

Schwiegersohn *s.* **Schwiegermutter**

Schwiegervater-Tabu, IX 18

Schwimmen i. Traum, XI 280
u. Bettnässen, II/III 400

Schwimmhose, als Fetisch, XIV 316

Schwindel [-anfall, -zustände] (*s. a.* Anfall, Angst-; Hysterisch), XIV 403
Abgrund-, Berg-, u. Höhen-, I 321
u. Agoraphobie, I 322
i. Angstanfall (*s. a.* Anfall, Angst-), I 320, 324, 329, 368, 497; XI 415
  bei Männern, I 328
  lokomotorisch, I 497
  teilweise körperlich bedingt, I 321
als Arbeitshemmung, XIV 115
hysterischer, I 170f., 184–95
u. Koitus (normaler), I 329, 338
Menièrescher, I 321
Vertigo a stomacho laeso, I 321

Schwitzen *s.* **Schweißausbruch**

Scrotum, II/III 369; VII 187; XI 198; XIII 295

See
Angst vor (*s. a.* Agoraphobie), XI 413f.; XIV 158
-schlange (*s. a.* i. Namen-Reg.: Hydra), XVI 252

Seele

(Geist) (*s. a.* Animismus; Dämon; Geister)

Vorstellungen v. d. moderne *s.* **Psychologie;** Seele (Psyche) primitive, IX 93–96; XII 247

animistische, IX 94f., 114f.

'äußerliche', IX 141

u. Doppelgänger, XII 247

Dualismus i. –n, IX 114f.

Glauben an *s.* **Animismus**

u. Name, IX 136

u. Seelenwanderung, IX 144f.

u. Totem, IX 141, 144f.

u. Windhauch, XVI 222

(Psyche) (*s. a.* Psyche; Psychologie; Seelenleben)

Beteiligung d., bei

Inversion, V 41, 43

Perversion, V 61f.

Traum *s.* **Seelenfremdheit**

Idee d. (*s. a.* Ich; Philosophie; Psychophysischer Parallelismus)

bewußte u. unbewußte Tätigkeiten vereinend (*s. a.* Bewußte, (Das); Unbewußte (Das)), VIII 406

u. mit animistischer Projektion vorgestellt, IX 115

u. Denken (*s. a.* Geistigkeit), XVI 222

psychoanalytische *s.* **Psychischer Apparat**

u. Leib [Körper] [Psychisch u. Somatisch], Verhältnis zwischen (*s. a.* Dualismus; Körper; Philosophie; Psychophysischer Parallelismus; Somatisch), VIII 406

Anforderungen durch d. Es repräsentiert, XVII 70

Beeinflussung, gegenseitige *s.* **Hypochondrie; Konversion;** u. unter d. einzelnen Stichwörtern

Begleitvorgänge, XVII 80

Einflüsse, I 118; II/III 45; XVII 70, 143

Entfremdung zwischen, i. d. Sexualerregung (*s. a.* Erregung; Sexualfunktion), I 337

'organische Parallelvorgänge d. Seelischen', d. Unbewußte als, XVII 146

Parallelismus, Lehre v., zwischen, X 266, 347; XVII 143f.

Trieb als Grenzbegriff zwischen Seelischem u. Somatischem, X 214

Massen-, *s.* **Massenseele**

Seelenbehandlung (*s. a.* Psychotherapie; Psychoanalytische Therapie), V *289–315*

Seelenfremdheit (*s. a.* Entfremdung; Entfremdungsgefühl; Seele, (Psyche): Beteiligung d., bei)

d. Traumes, II/III 50

Seelenglauben [-lehre] *s.* **Animismus**

Seelenleben (*s. a.* Psychisch)

geistiges *s.* **Geistigkeit; Intellektuell**

Gesetzmäßigkeiten d. –s *s.* **Psychischer Apparat**

infantiles *s.* **Infantil-** (*s. a.* Kind (als Subjekt); Kinder; Kindheits-; Kleinkind; Neugeborenes; Säugling)

Konflikte u. Widersprüche i. (*s. a.* Konflikt), XI 146; XV 15

Koexistenz u. Plastizität i. d. Entwicklung d. –s, X 337

körperliche Anforderungen an d., durch Es repräsentiert, XVII 70

Seelenleben u. Kulturprozeß

u. Kulturprozeß, XVI 26

Nervensystem u. Gehirn als Organ d. Psyche, XVII 67

normale *s*. **Normale Menschen**

Periodizität i. *s*. **Periodizität**

u. Psychoanalyse (*s. a.* Psychoanalyse; Psychoanalytische Theorie)

    als Ausdehnung d. wissenschaftlichen Forschung auf d., XV 171

    vollständige Theorie z. geben nicht beanspruchend, X 93f.

Reihenfolge i.

'Ergänzungsreihen', XI 360

regressive i. d. Pathogenese (*s. a.* Regressiv), X 245

Schübe i. *s*. **Schübe**

Vorbildlichkeit d. sexuellen Verhaltens, Prinzip d., i., VII 161–63

Zufall, Rolle d., i., VII 15, 33, 68

Seelenmord, i. Sage u. Paranoia, VIII 279

bei Schreber *s*. i. **Reg. d. Krankengesch.**: Namenverzeichnis, Schreber

Seelentier (*s. a.* Seele (Geist); Tier-; Totemismus), IX 145

'Seelenvermögen', Witz als, VI 156

Seelenwanderung [-slehre], X 348; XII 133–36; XIII 63

u. 'déjà vu', X 118; XVI 255

u. Totemismus, IX 144f.

u. Wiedergeburtsphantasie, inzestuöse Bedeutung d. –n, XII 136

Seelisch (–er, –e, –es) (*s. a.* Psychisch)

Altertümer *s*. **Archaisch**

'– Instrument' (*s. a.* Psychischer Apparat), V 18f.

'– Männlichkeit', beibehalten trotz Inversion, V 41, 43

u. physisch (*s. a.* Psychophysischer Parallelismus), X 266f.

Schmerz *s*. **Leid**; **Schmerzaffekt**; **Trauer**; **Unglück**

Seelische, (Das) *s*. **'Psychische'** (*s. a.* Seelenleben)

Seelsorge, Psychoanalyse, als weltliche, XIV 292–94

Seelsorger

u. Arzt, Zusammenwirkung v., X 450

als Erzieher, X 449f.

Seh(en) *s*. **Gesicht** (*s. a.* Auge; Glaukom; Schaulust)

Seh(störungen), psychogene [Blindheit, hysterische] (*s. a.* Hysterie, Konversions-, Symptome (bestimmte)), I 82; VIII *94–102*

aktualneurotische Komponente d., VIII 101

durch Schaulust (Verdrängung d.), VIII 99f.

somnambulistisch erzeugt, VIII 94

Sehnsucht

u. Angst, VII 262; XIII 289

d. Kleinkindes (*s. a.* Fortsein), XIV 167

    durch Enttäuschung, XI 422, 424

als verdrängte, VII 261

(Definition), XI 357

u. Dichtung, XIII 152

nach Freiheit *s*. **Freiheit**

als Leiden ohne Neurose, XI 357f.

u. Lüge, XIII 152

als normale Ertragung d. Versagung, XI 357f.

Reise-, XVI 256

Säugling kennt keine, XIV 203f.

als Seelenschmerz, XIV 205
u. Tagtraum, VII 192
u. Trauer, XIV 205
Unlust bei, XIV 205
Vater-, i. d. Religion (*s. a.* Vaterreligion), IX 178f.; XIV 430

Seichen *s.* **Urinieren**

Sein *s.* **'Haben'** u. **'Sein'**

Sekretion [Sekrete] (*s. a.* Exkremente; Fluor albus; Katarrh; Tränen)
ekelerregend, V 246f.
Vertauschbarkeit, symbolische, d., i. Traum (*s. a.* i. Symbol-Reg.), II/III 364

Sekundär (–er, –e, –es) (*s. a.* Primär-)
Abwehr
-kampf, gegen Symptom, XIV 127
-mechanismen *s.* **Abwehrmechanismen**, sekundäre
-symptome, Kompromißbildungen als (*s. a.* Abwehr-; Kompromiß-), I 387
Ätiologie (*s. a.* Ätiologie)
d. Homosexualität (*s. a.* Homosexualität), V 38f.
d. Neurose (*s. a.* Neurose; Hilfsursachen), V 158
Bearbeitung (*s. a.* Sekundärvorgang), XVII 90
i. d. Angst, XI 418
bei Fehlleistung (Verlesen), IV 142f.
paranoischer Wahn, eine, XI 396, 418
u. Projektion, IX 81f.
Rationalisierung (*s. a.* Rationalisierung), XV 21f.
u. Systembildung, IX 82, 116
i. Traum *s.* **Traum**, sekundäre Bearbeitung d.

Selbstanalyse v. Träumen

Entstehung d. Totemismus, IX 8
-funktion
d. Krankheit, XI 399
d. Symptoms, V 203
Geschlechtscharaktere (*s. a.* Geschlechtscharakter), XV 121
u. Homosexualität (*s. a.* Homosexualität), V 43–46
u. tertiäre, V 41f.

Ich (*s. a.* Ich), II/III 256

Krankheitsgewinn (*s. a.* Krankheitsgewinn), V 203; VIII 466; XV 153

Masochismus (*s. a.* Masochismus) V 57; XIII 377

Narzißmus (*s. a.* Narzißmus) (Definition), XIII 258
u. Identifizierung, XIII 258

Penisneid *s.* **Penisneid**

Sekundärvorgang (*s. a.* Primärvorgang; Sekundäre Bearbeitung), II/III *593–614*; X 286; XVI 69
z. Ich gehörig, u. vorbewußt, XVII 86
Lust u. Unlust i., XIII 68
u. Primärvorgang *s.* **Primärvorgang**, u. Sekundärvorgang

Unfähigkeit z., d. verdrängten Erinnerungsspuren d. Neurotikers, XIII 37

Selbst *s.* **Ich**

Selbstanalyse (*s. a.* Lehranalyse; Psychoanalytiker), VIII 108, 382f.
u. Abwehrmechanismen, XVI 95
ein Fall v., XIV 568
Freuds *s.* **Biogr. Reg.**: Selbstanalyse
Terminus technicus mißverständlich, wenn f. Lehranalyse gebraucht, XIV 226
v. Träumen, II/III 109f.; XI 112f.

Selbstanalyse, Unzulänglichkeit d.

beim Analytiker (*s. a.* Psychoanalytiker), VIII 382

Methode d., XIII 301

bei normalen Personen genügend, X 59

nicht immer einwandfrei, XI 97 –100

Unzulänglichkeit u. Schwierigkeiten d., II/III 109f.; XVI 38, 95

Vorteile (u. Nachteile d. Vernachlässigung) d., VIII 108, 383

Selbstanklage *s.* **Selbstvorwürfe**

Selbstaufopferung (*s. a.* Märtyrer), IX 185; XIII 98

u. Analgesie, V 297

Selbständigkeitswunsch, u. Rettungsphantasie, VIII 74f.

Selbstbehauptung, als Aufgabe d. Ich, XVII 68, 130

Selbstbeherrschung, i. d. Moses d. Michelangelo, X 193–95

Selbstbeobachtung [Introspektion] (*s. a.* Selbstwahrnehmung), II/III 106

i. d. Analyse (*s. a.* Psychoanalytische Grundregel), XI 12

Deutung d., XII 72

dichterische, VII 221

Entstehung u. Wesen d., X 164f.

als Funktion d. Überich, XV 72

d. Philosophen (*s. a.* Phänomenologie), XIV 104

i. Traum

u. i. Beobachtungswahn, II/III 509f.

-bildung, X 164

Wert, relativer, d., XIV 354

Widerstand i. d., gegen Anerkennung d. eigenen Unbewußten, X 268f.

u. zensorische Instanz, X 164

Selbstbeschädigung *s.* **Selbstschädigung**

Selbstbeschimpfen *s.* **Selbstvorwürfe**

Selbstbeschuldigung *s.* **Selbstvorwürfe**

Selbstbestrafung (*s. a.* Strafe)

epileptoider Anfall als, XIV 406, 409f.

durch Fehlleistung, IV 188f.; XI 73

hysterisches Symptom als, II/III 575f.

durch Krankheit (*s. a.* Krankheit-), XIV 254

u. Masochismus nicht identisch, X 221

Motive d., heilbar, V 205

i. nachträglichem Gehorsam (*s. a.* Gehorsam), XIII 333f.

durch Selbstbeschädigung, IV 198, 203f.; XI 73; XV 116

f. Abortus, IV 203–05

nachschauen, Frauen, auf d. Straße, IV 205

Selbstmordversuch als, XII 289f.

Spielsucht als, XIV 415

als Talion, XI 179

durch Verlieren, XI 73

durch Zerstreutheit, IV 173, 229f.

i. d. Zwangsneurose, XIV 147

i. Zwangshandlungen, VII 135

Selbstbewußtsein *s.* **Selbstgefühl**

Selbstblendung *s.* **Blendung**; u. i. Namen-Reg.: Ödipus

Selbstdestruktion *s.* **Selbstzerstörung** (*s.a.* Destruktionstrieb; Selbstmord; Todestrieb)

Selbstentblößung *s.* **Exhibition**

Selbsterhaltung, XIII 41, 352

u. Aggression, X 230

Selbstgefühl, vermindertes

u. Arterhaltung, XV 102; XVII 113

u. Askese, XIII 353

Selbsterhaltungstriebe (*s. a.* Ichtrieb), XI 368, 435; XII 4; XIII 6, 41, 56; XV 104

u. Aggressionstriebe, Vermischung v. –n (*s. a.* Sadismus), XVI 20f.

Krankheit, sich gebärdend als, XI 399

u. Krankheitsgewinn, sekundärer, XV 152f.

libidinöser Charakter d., XIII 56

u. Lustprinzip u. Gefahrsituation, XV 100f.

Massenphänomene nicht erklärend (*s. a.* Massenseele), XIII 95

u. narzißtische Libido, XIII 56f., 66; XIV 83, 159

nicht pathogen, XI 445

u. Objektwahl, VIII 47

als Partialtrieb, XIII 41

u. Realangst, X 438; XI 426, 445f.

u. Sexualtrieb, XIII 268; XVII 71, 113

u. Angst u. Verdrängung, XV 104

Unterschiede zwischen, XV 104

u. Todestrieb, XIII 41

Unbeugsamkeit u. Unaufschiebbarkeit d., XV 104

verkehrte *s.* **Selbstschädigung**

(Zusammenfassung), XIII 230

Selbsterkenntnis als Ziel d. Analyse (*s. a.* Psychoanalytische Methode, Zielsetzungen), XVII 103

Selbstgefühl [Selbstbewußtsein, -vertrauen], XIII 19

u. Allmachtgefühl, X 165

Anteile, Quellen u. Zusammensetzung d. –s, X 168

als Belohnung f. Triebverzicht, XVI 224f.

u. Bewußtsein, X 165 (Definition), X 165

u. Erotik, X 167

u. Geistigkeit, XVI 222, 225f.

gesteigertes (*s. a.* Größenwahn; Selbstüberschätzung; Stolz), XIV 127

als Ichgröße (*s. a.* Ich-), X 165

u. Impotenz, X 166

d. Juden (*s. a. i.* Geogr. Reg.: Juden), XVI 219f., 222, 231

nationales, XVII 52

u. Kastrationskomplex (*s. a.* Kastrationskomplex), VII 271

Komik, unabhängig v., VI 227

u. Komik, VI 255

i. Liebesleben, X 165–69 (167)

u. Objektbesetzung, X 165f.

männliches (*s. a.* Penisstolz), XII 43

narzißtisch(–er, –e)

Charakter d. –s, XVI 225f.

Libido u., X 165–67

nationaler *s.* **Patriotismus**

i. Neurotiker u. i. Normalen, I 9; X 165

u. Organminderwertigkeit, X 166f.

u. d. Schwierigere, XVI 226

u. [Selbst]bewußtsein, X 165

u. d. Überich, XVII 137

u. Verdrängung, X 160

vermindertes [Herabsetzung, Mangel d.] (*s. a.* Kleinheitswahn; Minderwertigkeitsgefühl; Selbstmißtrauen), I 9f.

i. Melancholie (*s. a.* Melancholie), X 429, 431–33, 437

Gegenstand d., X 434

Selbstgefühl u. Vorsatz

i. Trauer, X 429

i. d. Übertragungsneurose, X 165

u. Vorsatz, I 9

Wesen d., X 165–68

d. Zwangsneurotikers, u. Reinlichkeitsliebe, XIV 127

Selbstgenügsamkeit d. Weibes (*s. a.* Autoerotismus; Selbstgefühl) geringere, XV 125

u. Schönheit, X 155

Selbstgespräch, d. Tagträumers, VII 192

Selbstkomik, VI 227

Selbstkritik (*s. a.* Selbstgefühl; Selbstmißtrauen)

Freuds *s*. i. **Biogr. Reg.**

geringschätzige, d. Neurotikers, X 41

i. d. Manie, XIII 148

u. Minderwertigkeitsgefühl, X 41; XIII 280

i. d. Prahlerei, X 41

d. Psychoanalyse (*s. a.* Psychoanalyse; Psychoanalytisch), XII 183

unbewußte, XIII 254

Selbstliebe (*s. a.* Egoismus; Größenwahn; Narzißmus; Selbsterhaltungstrieb)

d. Ichs, X 161, 438

Selbstmißtrauen (*s. a.* Minderwertigkeitsgefühl; Selbstkritik; Selbstüberschätzung), I 10, 348, 401

als Abwehrsymptom, primäres (*s. a.* Abwehr-), I 387

als Herabsetzung d. Selbstbewußtseins *s*. **Selbstgefühl**, vermindertes

i. Paranoia, I 401

überstarkes *s*. **Kleinheitswahn**

Selbstmord, IV 206–08; VIII *62–64*

beabsichtigter u. unbewußt beabsichtigter, VIII 395

durch Selbstschädigung (tödliche), IV 206–08

u. böses Gewissen, XIV 417f.

u. Fehlleistung, IV 201f.

i. Hysterie u. Zwangsneurose, Unterschiede zwischen Schutz gegen, XIII 283

Ich u. Libido, Rolle d., i., VIII 64

u. intellektueller Nihilismus, XV 190

Lust am, XIII 383

i. Melancholie u. Trauer (*s. a.* Melancholie; Trauer), VIII 64

bei Schulkindern, VIII *62f.*

Tendenz z. *s.* **Selbstmordversuch**

u. Todes- u. Destruktionstrieb, XIII 283; XIV 201; XVII 106

u. Überich (*s. a.* Überich), XIII 283

Selbstmordversuch [-impuls, -tendenz, -vorsatz], V 181; X 439; XII 289; XV 48

ambivalent, i. d. Neurose, X 438f.

mit bewußter Absicht, IV 201; XVII 42

hysterischer, I, 455

aus Eifersucht, Rachsucht, Todeswunsch, XII 290f.; XVII 32

indirekter [unbewußter] (*s. a.* Selbstmord)

durch Fehlhandlung, V 285

i. Krieg, IV 201

aus Liebesversagung, XVII 42

homosexueller, XII 289

u. Masochismus, XIV 201

i. Melancholie, X 432, 438f.; XI 443

i. d. Neurose, IV 198; IX 185; X 438f.

u. Sadismus, X 438f.
  als Selbstbestrafen, XII 289f.
u. Selbstschädigung (*s. a.* Unfall), IV 200–03; XVII 32
  tödliche, durch, IV 201f. 206–08
  als Wunscherfüllung, XII 289f.
  als Zwangsimpuls (*s. a.* Zwangsneurose), I 70f., 347; VII 407f. 410; XIII 283
  gefahrlos, XIII 283

Selbstquälerei (*s. a.* Selbstvorwürfe)
  mit Masochismus nicht identisch, X 221

Selbstschädigung (*s. a.* Selbstmord-; Unfall; Ungeschicklichkeit)
  Beispiele anderer Autoren
    Ferenczi, IV 202f.
    Stärcke, IV 206
  bestimmte Fälle v.
    Beule eines Kindes, d. mit Selbstmord gedroht hatte, IV 200
    Daumen, eingeklemmt, IV 200
    Schußunfall, IV 202
    Stürzen, Fallen (*s. a.* Fallen; Sturz)
      gegen Mauer, IV 203
      v. Pferd, IV 201
      auf d. Straße, IV 198, 203–05
      v. Wagen, IV 198
      Überfahren werden, IV 206–08
    Verbrühen d. Fußes, IV 206
  bei Epilepsie, XIV 402f.
  u. Krankheitsverschulden, I 122
  u. Masochismus (*s. a.* Selbstmord, u. Todes- u. Destruktionstrieb), X 438f.; XIII 374
  Neurosensymptomen äquivalent, IV 198f.
  neurotische

Selbstverrat, objektiver

  Adlers Theorien widerlegend, XV 153
  aus Leidensbedürfnis, XVII 106
  Tendenz z., XV 116
  unbewußt, IV 198, 200–06
  als Selbstbestrafung [Leidensbedürfnis] (*s. a.* Selbstbestrafung), IV 188f., 198, 203f.; XVII 106
  als Selbstmord (*s. a.* Selbstmord; –versuch), IV 206–08
  -versuch, IV 200–03
  tödliche, IV 206–08
  als Trauer, Zeichen d., bei d. Primitiven, IV 198
  Ungeschicklichkeit u. motorische Unzulänglichkeit, Anteil d., an IV 207

Selbstüberschätzung (*s. a.* Größenwahn; Selbstgefühl; Selbstmißtrauen)
  durch Entwertung d. anderen gehobene, VII 453–55
  u. Komik, VI 255
  beim Mann (*s. a.* Erniedrigung, d. Sexualobjekts; Geringschätzung; Penisstolz; Phallische Phase), XIV 24
  u. Minderwertigkeitsgefühl (*s. a.* Minderwertigkeitsgefühl; Selbstmißtrauen), XII 214
  d. Tier gegenüber, d. Kulturmenschen, IX 154
  Überlegenheitsgefühl [Selbstgefühl, gesteigertes], VI 255; XIV 127
    Komik, unabhängig v., VI 227
    beim Zwangsneurotiker, XIV 127

Selbstverkleinerung *s.* **Kleinheitswahn** (*s. a.* Selbstmißtrauen)

Selbstverrat (*s. a.* Entlarvung; Heuchelei)
  objektiver (d. Angeklagten), VII 7

Selbstverrat, psychischer

psychischer, VI 116; VII 7
  während Analyse, VII 8
  bei Assoziationsexperimenten, VII 7
  durch Fehlleistung (*s. a.* Fehlleistung), IV 95–117; VIII 394
  durch Verlesen
    'Drückeberger', IV 127f.
    'Warum denn ich?', IV 126f.
  durch Verschreiben, IV 129–33
  durch Versprechen, IV 97–117; VIII 394
  i. d. Komik, VI 69f.
  u. Koprolalie u. Tic, I 17

Selbstversenkung *s.* **Selbstbeobachtung**

Selbstvertrauen *s.* **Selbstgefühl**

Selbstvorwürfe [Selbstbeschuldigung] (*s. a.* Gewissensangst; Schuldbewußtsein; Strafbedürfnis; Vorwurf-; Zwangsvorwürfe), XVII 137
  wegen Aggressivität, I 457f.
  gegen andere gerichtet, V 194; X 41, 434; XIII 120
  u. Angst (*s. a.* Angst; Gewissen), I 389
  u. Beobachtungswahn u. Hypochondrie, I 389
  i. d. Hysterie, V 194
  als Identifikation mit einer anderen Person, X 41
  d. Kinder u. Neurotiker, I 457f.; VII 13f.
    'Klagen sind Anklagen', X 434
    u. Selbstkritik, heuchlerische, X 41
    u. Leugnen (*s. a.* Kinderlüge), VII 13f.
  i. d. Melancholie, X 429, 431–33, 437; XI 443
  d. Objekt geltend, XIII 120
  u. Trauer *s.* Selbstvorwürfe, i. d. Trauer
  i. Paranoia, V 194
  durch Prahlerei, X 41
  religiöse, I 389
  u. 'Retourkutsche', V 194
  u. Scham, I 389; X 433
  als Selbstquälerei
    Gewissensbisse, XIII 379
    hysterische, I 139, 159
  d. Selbstbeschuldiger, VII 14
  wegen Sexualität, I 384, 420f.
    aktiver kindlicher, I 386f.
    Masturbation, V 241
    bei Normalen selten, I 498f.
  nach Tod geliebter Personen, X 345, 351; XV 131
  i. d. Trauer (*s. a.* Selbstvorwürfe, i. d. Melancholie), VIII 238; X 429; XV 131
    echte, X 434
    Gegenstand u. Charakteristik d., X 433f.
    als Vorwürfe gegen Liebesobjekt, X 434f.
    Wahrheitsgehalt d., X 432f.
  unbewußte (*s. a.* Schuldgefühl)
    i. Zerstreutheit, IV 173
    i. Zwangsneurose *s.* Selbstvorwürfe, i. d. Zwangsneurose
  u. Versuchungsangst, I 389
  i. d. Zwangsneurose (*s. a.* Zwangs-)
    Affektzustand d. Wesentliche, I 482
    wegen Aggression, I 457f.
    i. d. Ätiologie d., I 346f.
  übertriebene, VII 399
  verleugnete, VII 418

u. Wiederkehr d. Verdrängten,
I 387-89

Selbstwahrnehmung [endopsychische Wahrnehmung] (*s. a.* Selbstbeobachtung; Sinneserregung, innere), XVII 127, 129

u. abstrakte Denksprache, IX 81

dunkle, i. d. Mystik, XVI 152

Projektion d.

i. Aberglauben, IV 287; VII 448f.

bei Primitiven, IX 112

i. Psychosen (*s. a.* Projektion; Psychosen), VIII 315

als Theorie, i. d. Wissenschaft (bei Nicht-Analysierten), VIII 383

i. Traum *s.* **Traum,** Selbstbeobachtung i.

Zeit u. Raum, als, (d. W-Bw-Systems) (*s. a.* Psychischer Apparat), XIII 28

Selbstzerstörung (*s. a.* Destruktionstrieb; Selbstmord; Selbstschädigung; Todestrieb), XVII 106

u. Aggression, XVII 72

d. Ich, X 438

u. Masochismus, XV 112f.

somatische Analogien d., XV 113

u. Todestrieb, XV 114

u. Vaterhaß, XVI 185

Seligkeit (*s. a.* Euphorie; Ozeanisches Gefühl), VIII 262

i. epileptischer [epileptoider] Aura (*s. a.* Anfall; Epilepsie), XIV 410

Schrebers (*s. a.* i. Reg. d. Krankengesch.: Namenverzeichnis, Schreber), VIII 262

Senium (*s. a.* Alter), I 328

Sensation(en) *s.* **Empfindungen**

'Sensation de casque', I 415

Sexualablehnung

Sensationslektüre [-theater, usw.], sexuell erregende Wirkung d., V 104f.

Sensibilität *s.* **Empfindlichkeit; Hyperalgesie; Hyperästhesie; Reizbarkeit**

Sensibilitätsstörungen

d. Haut u. d. Körperinnern, I 32

hysterische *s.* **Hysterie,** Konversions-, Symptome (bestimmte)

Sensorische (*s. a.* Sinnes-) Innervation (*s. a.* Innervation)

d. traumatischen Erlebnisses (*s. a.* Konversion; Trauma), I 63

Serienhaftigkeit, i. Traum (*s. a.* Träume), II/III 239f.

Sezessionen *s.* **Psychoanalyse,** Abfallsbewegungen d.

Sexual- [sexuell, geschlechtlich (-er, -e, -es)] (*s. a.* Genital-; Geschlecht-)

Abirrungen (Abweichungen) (*s. a.* Perversion), V *33-72*

kleine, I 498

u. moralische, meistens zugleich auftretend, V 48

u. soziale Verhältnisse, V 150

-ablehnung [-abneigung, -abwendung] (*s. a.* Abstinenz; Ekel; Frigidität; Scheu; Widerstand gegen d. Sexualtrieb), VIII 121, 166; XI 357f., 449

u. Abscheu *s.* **Abscheu**

als Angst vor Sexualität *s.* **Angst vor** Sexualität

u. Aufklärung, sexuelle, unrichtig durchgeführte *s.* **Aufklärung**

durch 'Ausweichen', XII 286

durch erste Enttäuschung, XII 173; XVII 77

Flucht vor d. Weibe *s.* **Homosexualität;** Misogynie

Sexual- [sexuelle] **Abstinenz**

u. Grausen *s.* **Grauen** (*s. a.* Kastrationskomplex)
  vor realen Anforderungen, v 129
  homosexueller Personen *s.* **Homosexualität; Misogynie** (*s. a.* Geringschätzung, d. Weibes)
  hysterische (*s. a.* Hysterie), XIV 114
  i. Jensens 'Gradiva' (*s. a.* Traumschöpfungen; Wahn; u. i. Namen-Reg.: Gradiva)
  d. Koitus
    weil 'ekelhaft', XIV 114
    weil gefährlich *s.* **Kastrationsangst**
    weil 'unrein', VIII 86
    beim Neurotiker
      u. Libido, übergroße, VIII 121
      u. Verdrängung (*s. a.* Verdrängung), v 26
    weibliche *s.* **Frigidität; Virginale Angst**

Abstinenz *s.* **Abstinenz**

Aggression *s.* **Aggression**, sexuelle (*s. a.* Aktivität; Attentat)

-akt *s.* **Koitus**

Anästhesie, weibliche *s.* **Frigidität**

Anziehungskraft [Reiz] d. Narzißmus, X 155

-apparat *s.* **Genitalien; Geschlechtsorgane**, innere

-attentat *s.* **Attentate** (*s. a.* Verführung)

Aufklärung *s.* **Aufklärung**, sexuelle

'Ausleben', Frage d. -s, *s.* **Freiheit**, sexuelle

Auslese, u. Kulturmoral, VII 144

Ätiologie *s.* **Ätiologie; Neurose(n)**, Ätiologie, sexuelle d.; u. unter d. einzelnen Krankheitsnamen

Bedürftigkeit, v 26
Befriedigung (*s. a.* Koitus)
  eher aufschiebbar als d. d. Selbsterhaltungstriebe, XIII 6
  Ausschluß d., bei Hypnose u. i. d. Masse, XIII 126f., 133, 138
  i. d. Endlust *s.* **Orgasmus**
  Lust bei (*s. a.* Lust)
  u. Malthusianismus, I 507
  Mangel an (*s. a.* Frigidität; Impotenz)
    i. Angstneurose, I 358, 363
      männlicher, I 327, 329f., 333
      weiblicher, I 326f., 329f., 333, 363
    Spannungsgefühl, unlustvolles, bei, v 85, 110
    bei Zwangsneurose, I 349
  durch Masturbation *s.* **Masturbation**
  u. Nahrungsaufnahme, v 123
  d. Säuglings, beim Saugen u. d. Sättigung, v 82, 123
  Schlafmittel, d. beste, v 81, 260
  u. Sterben, Parallelismus zwischen, XIII 276
  Symptom als Ersatz f. (*s. a.* Symptom), XI 308–12
    irreal u. infantil, XI 311f.
  u. Todestrieb, XIII 275
  Versagung d. *s.* **Versagung**
Beobachtung *s.* **Infantile Sexualforschung; Schaulust; Ur(szene)**
Betätigung (*s. a.* Koitus; Libido; Masturbation; Sexualleben)
  infantile, spontane (*s. a.* Autoerotismus), v 156
  neurotische Symptome als *s.* **Symptom(e)**, als Ersatzbefriedigung
  Umstände d. pathogenen Wirkung d., VIII 344

–charakter s. **Geschlechtscharakter**; **Sexualität**
–chemie s. **Chemismus**, d. sexuellen Vorgänge
Denkverbot s. **Denkverbot**
Deutung d. psychischen Erscheinungen (s. a. Ätiologie, sexuelle) als Vorwurf s. **Pansexualismus**
Eindrücke (s. a. Infantile Sexualszenen; Ur(szene))
u. Hysterie, XVII 13, 18
–einschränkung [–eindämmung, –schranken] (s. a. Sexualtriebe, zielgehemmte; Triebeinschränkung), V 45; VIII 49; XI 213
biologische (s. a. Latenz; Pubertät; Sexual(leben), zweizeitiger Ansatz d. –s, I 511
durch Ekel u. Scham, V 61, 78, 120
durch Erziehung, V 61, 78; XI 322f.
u. Freiheit (s. a. Freiheit, sexuelle), VII 155; XIV 465
d. infantilen Sexualität (s. a. Infantile –), II/III 696; XIV 464
durch Kultur s. **Kultureinschränkung**
beim Mädchen, durch 'Entdeckung d. Kastration', V 120; XV 135–39
durch Moral, V 61, 64, 78f., 92, 120, 132
u. Sport, V 104
u. Totemismus, XIV 463
–einschüchterung (d. Knaben) (s. a. Kastrationsdrohung), XVII 117f.
u. Fetischismus, V 53
u. Homosexualität, V 45
väterlicherseits, V 131
Entbehrung s. **Abstinenz**; Sexual [sexuelle] Befriedigung, Mangel an

Entblößung s. **Entblößung**
–entwicklung, V 138f.; VIII 43, 49; XVII *74–78*
akzidentelle Einflüsse auf, V 29, 39, 141f., 144, 159; XIV 536
beschleunigt, vorzeitig, durch Verzärtelung, V 125f.
Eindämmung u. Hemmung d., VIII 48; XVII 117f.
durch äußere Ursachen, V 61 (Definition), XI 351
durch Einschüchterung s. **Sexualeinschüchterung**
durch Erziehung, V 78; XI 322f., 367
u. Fixierung (s. a. Fixierung), XI 353
hereditär mitbestimmt (s. a. Infantilismus), V 78
u. Inzestscheu, IX 24
i. d. Latenzperiode (s. a. Latenz), V 78
als Neurosenanlaß, VIII *327*
u. Perversion, V 132f., 210; VII 152
durch Übermoral, I 568
Familienverhältnisse, Anteil d., an d. Verantwortlichkeit f., V 130f.
u. Fortpflanzung, XVII 74
u. Hilflosigkeit d. Kindes, VIII 49
u. Ichentwicklung, Parallelität d., XVII 113
d. Knaben (s. a. Sexualeinschüchterung), V 120; XIV 21–30
i. d. Kultur s. **Kultur-**; **Sexualtrieb**
Latenz s. **Latenz**
d. Mädchens s. **Mädchen**, Sexualentwicklung (s. a. Sexualität, weibliche; Weib)

565

Sexual- [sexuelle] Entzückung

u. Neurose, XVII 112

Onto- u. Phylogenese d., V 61

Polarität d. *s.* **Polarität** (*s. a.* Aktivität u. Passivität; Männlichkeit, u. Weiblichkeit)

prägenitale Phasen d. (*s. a.* Prägenital), V 58; XVII 76f.

Schübe u. Periodizität (*s. a.* Periodizität; Schübe), V 77

Störungen d., V 137

Theorie d., Hauptergebnisse d., XVII 75

Vorlust, Rolle d., i. d. *s.* **Vorlust**

(Zusammenfassung), XVI 60–63; XVI 179f.; XVII *74–78*

zweizeitiger Ansatz d. *s.* Sexualleben, zweizeitiger Ansatz d.

Entzückung (*s. a.* Verliebtheit), V 294; XIII 125

Erprobung, u. Prüfungstraum, II/III 282

Erregung [Erregtheit] *s.* **Erregung** (*s. a.* Libido; Spannungsgefühl)

–ethik *s.* **Moral**, Kultur-, sexuelle

–forschung *s.* **Infantile Sexualforschung**

–freiheit *s.* **Freiheit**, Trieb- (*s. a.* 'Ausleben')

[Früh-]erlebnisse *s.* **Infantile Sexualszenen**; **Ur(szene)**; **Verführung** (*s. a.* Kindheitstraumen)

Frühreife *s.* **Frühreife**, sexuelle

–funktion(en) (*s. a.* Sexualität), XIV 114f.

Entwicklung d. *s.* **Sexualentwicklung**

Gleichgewicht d. Psychischen u. d. Körperlichen i. d., I 416

Hemmung d. (*s. a.* Frigidität; Hemmung; Impotenz; Latenz), V 78; XIV 114f.

Angst bei (*s. a.* Angst), XIV 114f.; XV 101

d. Entwicklung *s.* **Sexualentwicklung**, **Eindämmung u. Hemmung d.**

Psychoanalyse indiziert bei, XIV 300

i. d. Kultur (*s. a.* Kultur), XVI 26

Psychoanalyse d., VIII 408–11

Sadismus i. Dienst d. *s.* **Sadismus, u. Masochismus, als normale Komponenten**

somatische Schädigung d., direkte Angst bei –n, XV 101

somatische Vorgänge d. (*s. a.* unter d. einzelnen Stichwörtern), V *29–145* (40f.), 136, 156f.; VIII 122

u. Bisexualität, V 40–43

Chemismus *s.* **Chemismus**

Erregung *s.* **Erregung**

Gehirnzentren, V 42

d. Kinder, Kleinkinder u. Säuglinge, V 77

Monosexualität, V 40

Zwischenstufen *s.* **Hermaphroditismus**

Geheimnistuerei

bei Erwachsenen (*s. a.* Heuchelei; Weib), VIII 87; X 51; XII 173

bei Kindern, VII 176f.

Gelüste (*s. a.* Wunsch), XIV 333

u. Genital, nicht identisch *s.* **Sexualität, u. Genitalität** (*s. a.* Genital-)

'–gespenster' (Haeberlin), IX 82

'– Halbgehorsam', VII 163

–hemmung *s.* **Sexualentwicklung, Eindämmung u. Hemmung d.**; **Sexualfunktion, Hemmung d.**

Hyperästhesie, I 70

Sexualleben

'– Hysterie', I 342

–ideal (*s. a.* Ideal; Sexualüberschätzung)

  u. Ichideal u. Narzißmus, X 168f.

  –interesse (*s. a.* Schaulust)

  kindliches *s.* **Infantile Sexualforschung; Infantile Sexualität, Sexualinteresse**

  Infantilismus *s.* **Infantilismus**

  Kenntnisse d. Kindes *s.* **Asexualität; Kenntnis; Unwissenheit**

  Kindheitserinnerungen *s.* **Infantile Sexualszenen; Ur(szene)** (*s. a.* Deck(erinnerung(en)); Früherlebnisse)

  Komponente (*s. a.* Partialtriebe)

  d. Konflikte (*s. a.* Konflikt)

  f. Neurose verantwortlich, V 64f.

  voreilige (*s. a.* Frühreife), XII 200f: 212

  –konflikt *s.* **Konflikt-**

  Konstitution *s.* **Konstitution** (*s. a.* Neurosen, Ätiologie d.)

  Latenz *s.* **Latenz**

  –leben [Geschlechtsleben] (*s. a.* Koitus; Sexualfunktion), XI *313–30*

  ätiologische Bedeutung d. –s, XIII *219*

  Frühblüte d. (*s. a.* Infantile Sexualität), XIII 19

  Geschlechtsverkehr *s.* **Koitus**

  gesellschaftliche Probleme d. (*s. a.* Kultur), I 508

  Hemmung d. *s.* **Sexualentwicklung**, Eindämmung d. Hemmung d.; **Sexualfunktion**, Hemmung d.

  infantiles *s.* **Infantile Sexualität; Kind (als Subjekt)**

  u. Koitus, volkstümlich identifiziert, aber nicht gleichbedeutend, VIII 120f.

  menschliches (*s. a.* Sexualleben, zweizeitiger Ansatz), XI 313–30; XVII 75, 113

    u. tierisches (*s. a.* Tier-), XVII 75, 113

  u. Neurose *s.* **Neurose**

  normales *s.* **Normales Sexualleben** (*s. a.* Ehe; Geschlecht-; Sexualfunktion, somatische Vorgänge d.; Sexualität)

  Periodizität, u. Kontinuität i. d. Kultur, d. –s, XIV 458

  d. Primitiven *s.* i. Geogr.Reg., unter d. Namen d. einzelnen Länder, Stämme, Völker, usw.

  als Quelle unerträglicher Vorstellungen, I 66

  sinnliche Strömungen i. *s.* **Sinnlich-**

  somatischer Faktor *s.* **Sexualfunktion, somatische Vorgänge d.**

  Standpunkt gegenüber *s.* **Psychoanalyse; Psychoanalytische Theorie; Sexualwissenschaft**

  (Terminus technicus), VIII 120

  Variationen i., V 59f.

  zweizeitiger Ansatz d. menschlichen –s (*s. a.* Latenz; Pubertät; Schübe; Sexualentwicklung; Sexualleben, menschliches), XII 214; XIII 19, 221f., *263*; XIV 62, 239, 304; XVII 75

  eine Eigenheit d. Menschheit, I 511; XI *313–30*; XIII 263

  u. Kultur (*s. a.* Kultur), I 511

  als Neurosenursache, phylogenetische, XIV 187

  u. Überich (*s. a.* Überich), XIII 263

'Sexualmigräne'

'–migräne' (*s. a.* Migräne), I 369

Libido *s.* **Libido**

Mißbrauch *s.* **Verführung** (*s. a.* Attentate; Infantile Sexualszenen; 'Kindheitstraumen', Theorie d.)

–moral *s.* **Moral**, Kultur-, sexuelle

Neugierde *s.* **Infantile Sexualforschung**; **Neugierde**; **Schau(lust)**

–neurose, Hysterie als *s.* **Hysterie**, sexuelle Ätiologie d.

Noxen *s.* **Noxen**

–objekt *s.* **Objekt**; **Objekt(wahl)**

Organ *s.* **Genitalien** (*s. a.* Geschlechtsorgane)

Organisation(en), XI 331–50

anale (*s. a.* Anal-), V 135; XI 339

genitale *s.* **Koitus**; **Normales Sexualleben**; **Normale Liebe**

u. Libidoentwicklung *s.* **Libidoentwicklung**; **Sexualentwicklung**

orale (*s. a.* Oral-), V 135

prägenitale (*s. a.* Prägenital), V 98f.; XI 338

sadistische, XI 339, 356

Partialtriebe *s.* **Partialtrieb(e)**; u. unter d. einzelnen Stichwörtern

Passivität *s.* **Feminine** Einstellung; **Passivität**

Perversion *s.* **Perversion**

Phantasien *s.* **Phantasie**(n) (-bildungen)

Polarität, V 99, 136

Praktiken *s.* **Perversion**; **Unart**; **Verführungsversuch(e)**

–reform, u. Psychoanalyse, VIII 87f.

Reife *s.* **Reife**, sexuelle (*s. a.* Frühreife)

–reihen, mehrere, i. Kindheit, V 130

Reize (*s. a.* Reiz), V 110f.

infantile Quellen, V 102–06

i. Traum (*s. a.* Traum), II/III 90, 166f., 225f., 557

Schamhaftigkeit *s.* **Scham**

Scheu *s.* **Scheu**

–schranke [Artschranke] *s.* **Art**

–schranken *s.* **Sexualeinschränkung**

Schwäche *s.* **Schwäche**, sexuelle

Spannung *s.* **Erregung**; **Libido**; **Normales Sexualleben**; **Spannung**

–spiel *s.* **Autoerotismus**; **Infantile Sexualszenen**; **Verführung**

–stoff(e) [–wechsel] (*s. a.* Chemismus d. sexuellen Vorgänge), V 114

Störungen

Heredität verantwortlich gemacht f., I 414

i. d. Kultur (*s. a.* Kultur), I 416

i. d. Neurose

allgegenwärtig (*s. a.* Neurose, Ätiologie d.), I 410–12, 414, 416

u. Art d. Neurose, I 414

Schwäche, sexuelle *s.* **Impotenz**; **Schwäche, sexuelle**; **Triebschwäche**

–strebungen (*s. a.* Sexualtriebe; Sexualziele)

d. Ich hat keine, XII 147

–symbolik *s.* **Symbolik**, sexuelle

Themen (*s. a.* Sexuale Vorstellungen)

i. d. Analyse

Aufrichtigkeit gegenüber *s.* **Psychoanalytische Technik**, Aufrichtigkeit i. d.

Unvermeidlichkeit d., V 208f.

Sexualtrieb(e)

i. Traum (*s. a.* Sexualität, u.
Traum; Traumdeutung), II/III
401, 403, 695

−theorie *s.* **Psychoanalytische
Theorie** (*s. a.* Psychoanalyse,
Psychoanalytische Methode)

−theorien

bei Geisteskranken, VII 182

infantile *s.* **Infantile Sexualtheorien**

Jungs *s.* **Sexualtrieb, Jungs
Theorien ü. d.**

d. Primitiven (*s. a.* Primitive;
u. i. Geogr. Reg.), IX 139

Pubertäts-, VII 185−88 (186)

Traumen *s.* **Trauma** (*s. a.* Kindheitstraumen; Verführung)

Träume *s.* **Traum, sexueller**

−trieb(e) [Geschlechtstrieb(e)] (*s. a.* Sexualfunktion; −leben; Sexualität; Trieb-), V 33, 58, 104; XI 16, 369, 427; XIII 43; XV 104; XVI 20

durch Autoerotismus z. Objektliebe findend (*s. a.* Autoerotismus; Objektliebe), VIII 237

u. Aggressionstriebe, XIV 499

legiert (*s. a.* Triebmischung), XIV 20f.

Charakteristik d., X 218f.

(Definition), XIII 42, 323

Durchbruch d. *s.* **Libidosteigerung**

Entwicklung d. −es *s.* **Sexualentwicklung**

Erziehbarkeit d. −es (*s. a.* Erziehbarkeit; Kultur-), XI 322f., 368f.; XIII 6

u. Erziehung (*s. a.* Sexualeinschränkung; −einschüchterung; −entwicklung, Eindämmung), XI 322f.

u. Fortpflanzung, VII 151; XI 358; XIII 55; XV 104; XVII 74

Herabsetzung d. *s.* **Schwäche**
(*s. a.* Triebschwäche)

gegen Herdentrieb, XIII 157f.

u. Ichtriebe *s.* **Ichtrieb,** u. **Sexualtrieb**

Intensität d. *s.* **Konstitution;
Schwäche; Triebschwäche;
Triebstärke**

Jungs Theorien ü. d., X 57

Komplexität, Mehrheit u. Verschmelzungen d., V 61f., 155;
VII 150

konservative Tendenz u. Resistenz d., XIII 42

u. langsamere Loslösung v.
Lustprinzip, VIII 234f.

als Lebenstriebe [Eros] (*s. a.*
Eros), XIII 42f., 46f., 53, 57, 112

u. Libido (*s. a.* Libido-), XII 4

als Energie d., XV 102

u. Machttrieb *s.* **Machtstreben**

u. Neurose (*s. a.* Konflikt; Neurose), XII 4

beim Neurotiker (*s. a.* Schwäche), V *62−67*

u. Objekt (*s. a.* Objekt), V 46−48; VIII 237

Partialtriebe d. *s.* **Partialtrieb**(e)

Plastizität d. (*s. a.* Plastizität),
XI 357f.; XV 104

u. Riechlust (*s. a.* Geruch), VII 462

sadistische Komponente d.,
XIII 58f., 268, 270

u. Sättigung, V 48f.

Schicksale d. *s.* **Triebschicksal**(e)

Schwäche d. *s.* **Schwäche;
Triebschwäche** (*s. a.* Konstitution)

u. Selbsterhaltungstriebe *s.*
Selbsterhaltungstriebe

Sexual- [sexuelle] Unaufrichtigkeit

Stärke d. *s.* **Triebstärke** (*s. a.* Konstitution)

(Terminus technicus), XIII 66

Theorie d. (analytische) *s.* **Psychoanalytische Theorie** u. Todestrieb. XIII 41–45, *268–76*

Rhythmik d., XIII 43

Umfang d., XV 102

als Urtrieb, X 216–19

Verschiebung beim (*s. a.* Libido, Beweglichkeit d.), VII 150f.

Widerstand gegen (*s. a.* Widerstand), V 56, 58, 60, 64; XII 162

Wiederholungszwang, Fehlen d. -es, bei d. -n, XIII 60

Ziele d. *s.* **Sexualziele**

Hemmung d. *s.* **Zielgehemmte** (Sexual-) **Triebe**

Unaufrichtigkeit *s.* **Heuchelei**

Unbefriedigtsein *s.* **Sexual** [sexuelle] **Befriedigung, Mangel an –r**

Unwissenheit *s.* **Unwissenheit** (*s. a.* Aufklärung)

Ursprung *s.* **Ätiologie** (*s. a.* Neurosen, sexuelle Ätiologie d.; u. unter d. einzelnen Stichwörtern)

Überanstrengung (*s. a.* Müdigkeit)

psychische, I 416

–überschätzung

eigene d. [Subjekts] *s.* **Selbstüberschätzung**

d. geliebten Person [d. Objektes] (*s. a.* Objekt), V 49–52, 122; VIII 81, 83; XI 430, 433; XIII 123

durch Ekelschranke gedämpft, V 51

u. Größenwahn, verglichen, XI 430

beim Kind, X 154

i. d. Liebe *s.* **Sexualüberschätzung**, i. d. **Verliebtheit**

beim Mann (vorwiegend), VIII 86; X 154; XII 280, 287f.

f. d. sich weigernde Weib, V 122

durch Schwiegermutter gestörte, IX 22

u. Narzißmus, X 154

Urteilsschwäche [Suggestibilität], V 49f.

i. d. Verliebtheit (*s. a.* Verliebtheit), XIII 124–26

(Definition), X 161

u. Gläubigkeit, V 49f.

u. Idealisierung, X 161; XIII 124–26

infantile Wurzeln d., X 154f.

beim Weib

geringer, VIII 86; X 155

u. Verführungsphantasie, V 127

–verbot (*s. a.* Abstinenz)

psychische Folgen d. –es, XVII 131

Reiz d. –es, VIII 87; XII 173

–verdrängung (*s. a.* Ekel; Mitleid; Scham; Verdrängung), V 64, 156

Verfolgungswahn *s.* **Verfolgungswahn** (*s. a.* Erotomanie; u. i. Reg. d. Krankengesch.: Namenverzeichnis, Schreber)

Verführung *s.* **Verführung**

Verirrungen *s.* **Perversion**; **Sexual** [sexuelle] **Abirrungen**

Verhalten (*s. a.* Geschlechtscharakter; Sexualität)

u. Gesamtverhalten, VII 161–63

–verkehr (*s. a.* Koitus; Sexualleben)

infantile Theorien ü. *s.* **Infantile Sexualtheorien**

inzestuöser *s.* **Inzest-**

i. d. Phantasie (*s. a.* Phantasien), V 265

Symbole f. (*s. a.* Symbole; u. i. Symbol-Reg.) II/III 697

–verkümmerung d. Weibes (*s. a.* Weib), I 335

–verzicht *s.* **Abstinenz**

–vorgang *s.* **Chemismus** d. sexuellen Vorgänge; **Koitus; Sexualleben**

Vorstellungen (*s. a.* Sexuelle Themen)

Rückübersetzung d., I 68

Vorbildlichkeit d., VII 161–63

Zwangsvorstellungen als Ersatz f., I 67f.

–widerstand *s.* **Sexualtriebe, Widerstand gegen**

Wißbegierde *s.* **Infantile Sexualforschung; Sexual[sexuelle] Neugierde; Wißbegierde**

Witz *s.* **Witz (Arten); Zote**

Witztendenz *s.* **Witztendenzen**

–ziel(e) (*s. a.* Objekt; Sexualstrebungen), XIII 46

Ablenkung, [Hemmung] d. *s.* **Zielgehemmte (Sexual-) Triebe**

Fixierung auf infantiles (*s. a.* Fixierung; Infantile Sexualität), V 34, 85; VII 152

Fortpflanzungslust u. Partiallust aufgebend, XI 358

bei Homosexualität, V *45f.*

neue (*s. a.* Objekt(wahl); -(wechsel)), V 68f.

normales, Organlust als, X 218

passives (*s. a.* Feminine Einstellung; Passivität), XII 73

bei Perversion, V *48–59*

Sexualität, Abwendung v. d.

i. d. Pubertät, durch Verehrungsgefühl gemildert (*s. a.* Zärtliche Strömungen), V 101

Spaltung d. –s, XII 95

–verwandlung mit Triebverwandlung nicht identisch (*s. a.* Triebumsetzung), XII 51

vorläufige, V *55–59*

u. intermediäre Beziehungen z. Objekt, V 49

bei Zwangsneurose (*s. a.* Zwangsneurose), V 68f.

Sexualisierung (*s. a.* Desexualisierung), VIII 449

d. Denkens *s.* **Denken, sexualisiertes** (*s. a.* Symbol-Reg.)

i. d. Erinnerung, XII 130

d. Gegenstände [Objekte] (*s. a.* Symbolik), VII 246f.

d. Moral, i. Masochismus (*s. a.* Masochismus; Moral), XIII 382

d. Nahrungsaufnahme, beim Säugling (*s. a.* Lutschen), XI 324

nicht-sexueller Strebungen, VIII 449

i. Paranoia, VIII 298

v. Phantasien u. Kindheitserlebnissen, nachträgliche (*s. a.* Phantasien; Ur(szene), Realität d.), VII 427; XII 137

d. sozialen Triebbesetzungen, VIII 298

i. Symptom *s.* **Hysterie, Konversions-; Konversion; Symptom**

u. Verdrängung (*s. a.* Verdrängung), XII 225

i. d. Wissenschaft *s.* **Pansexualismus**

Sexualität (*s. a.* Sexualfunktion; –leben; –triebe)

Abwendung v. d. *s.* **Sexualablehnung** (*s. a.* Abstinenz; Desexualisierung; Frigidität; Kastrati-

Sexualität, Adlers Lehren ü.

onskomplex; Mädchen; Scheu; Sublimierung)
Adlers Lehren ü. *s.* **Machtstreben**
Angst vor *s.* **Sexualablehnung** (*s. a.* Angst; –neurose; Scheu; Virginale Angst)
u. Angsttraum (*s. a.* Traum, Angst-), VII 87f.
u. Arzt *s.* **Arzt, sexuelle Fragen** (*s. a.* Arzt, Sympathie; Psychoanalyse; Psychoanalytiker; Psychoanalytische Technik)
Aufrichtigkeit i. d. Fragen d. *s.* **Arzt; Eltern; Psychoanalytische Technik**
Aufrichtigkeit i. d.
  als Prophylaxe (*s. a.* Neurasthenie; Neurose; Prophylaxe), I 508
i. d. Ätiologie d. Neurosen *s.* **Ätiologie; Neurose(n)**
Bedeutung d. (*s. a.* Sexualität, psychoanalytische Einschätzung d.)
  verschiedene, i. Aktual- u. Übertragungsneurosen, XI 400f.
Begriff d. [Psycho-], V 32; VIII 49, *120f.*, 408; XI 313; XIII 55
  erweiterter (*s. a.* Infantile Sexualität; Partialtriebe; Perversion; Sexualität, u. Genitalität nicht identisch), VIII 49, 408–10, 448f.; XI 330, 332, 335; XIII 98f.; XIV 63, 233–38; XVII 75
Beherrschung d. (*s. a.* Sexualeinschränkung), XVI 69
Biologie d. (*s. a.* Biologie), X 143–45, 217f.; XVI 268f.; XVII 113
Chemismus d. *s.* **Chemismus**
(Definition), XI 313f.
u. Ehe (*s. a.* Ehe), VII 157, 161f.
Entwicklung d. *s.* **Sexualentwicklung**

u. d. Es, XIII 275f.
u. Fehlleistungen, IV 306f.
u. Fortpflanzung *s.* **Fortpflanzung**
'freies Ausleben' d. *s.* **Freiheit, Trieb-**
Frühzeit d. *s.* **Infantile Sexualität**
u. Genitalität nicht identisch (*s. a.* Genital-; Infantile Sexualität; Partialtriebe; Sexualität, Begriff d., erweiterter), XI 325, 332, 335; XIV 63; XVII 75
Grausen vor (*s. a.* Abscheu; Ekel; Grauen; Sexualablehnung), V 129
  durch unrichtige Aufklärung d. Kinder, VII 25
Hemmungen d. *s.* **Sexualeinschränkung**; –entwicklung, Eindämmung d.
Heuchelei gegenüber *s.* **Heuchelei**
u. Hysterie *s.* **Hysterie**
u. Identifikation, II/III 156
infantile *s.* **Infantile Sexualität**
Infantilismus i. d. (*s. a.* Infantilismus), VIII 48
u. Intellekt (*s. a.* Denkhemmung), I 448; V 64
Jungs u. Adlers Lehren ü. d., XIV 236
u. Kastraten, V 116
d. Kindes *s.* **Infantile Sexualität**
u. Kryptographie, Vexierbilder u. Wortneubildungen, II/III 361f.
u. Kultur (*s. a.* Kultur), II/III 696
  u. aufgespeicherte Triebkräfte d., I 511
  –institutionen *s.* **Kulturinstitutionen**
u. Liebe *s.* **Liebe** (*s. a.* Verliebtheit)
Literatur ü. *s.* **Sexualwissenschaft**
u. Machtstreben *s.* **Machtstreben** (Adlers Lehre v.)

Sexualität, weibliche

u. Masturbation *s.* **Masturbation** männliche *s.* **Knabe; Mann; Männlich-; Sexual-** (*s. a.* Geschlechtscharakter; Polarität)

u. Menschheit; Psychogenese d., V 61

u. Moral[-ität] *s.* **Moral, Kultur-, sexuelle**

als Naivität u. Ungeschicklichkeit verkleidet; IV 195

u. Neurasthenie *s.* **Neurasthenie**

u. Neurosen *s.* **Neurose(n),** sexuelle Ätiologie d.; **Neurotiker**

Orgasmus [Endlust] als Kriterium d., XI 333

u. Partialtriebe (*s. a.* Partialtriebe), XI 330; XVII 73

Periodizität d. *s.* **Periodizität** phylogenetisch keine ursprüngliche Eigenschaft, XIII 43

polymorphperverse *s.* **Partialtriebe,** polymorphperverse Anlage d. (*s. a.* Infantile Sexualität)

psychoanalytische Einschätzung d. Rolle d. [Psychoanalyse d.] (*s. a.* Neurose(n), sexuelle Ätiologie d.; Sexualität, Begriff d., erweiterter; Traum(deutung)), I 511; II/III 357, 696; V 25f., 61, 150, 157; VII 161f.; VIII *408–11*; XIII *228*f.; XIV *233–38*

als Grundpfeiler d. Theorie, XIII 223

u. Schopenhauers Mahnung, XII 12

Psychogenese d., V 61; XIII 43

als Pudendum, VIII 166; XI 317

kein Pudendum, II/III 612

u. Religion (*s. a.* Religion)

Kompromisse zwischen, VII 137

Sadismus als Destruktionstrieb i. Dienste d., XIII 376

Selbstvorwürfe wegen normaler, selten, I 498f.

u. sexueller Charakter [Sexualcharakter] (*s. a.* Geschlechtscharakter)

Wandel d. i. d. Entwicklung (*s. a.* Feminine Einstellung; Männlichkeitskomplex; Sexualentwicklung), XIII 119

als somatisches Bedürfnis *s.* **Sexualfunktion, somatische Vorgänge d.** (*s. a.* Biologie; Chemismus)

soziale Verhältnisse i. d. Gesellschaft u. Unregelmäßigkeiten i. d., V 150

u. Sprache *s.* **Ur(worte)**

u. Traum (*s. a.* Sexuelle Themen i. Traum; Sexual [sexuelle] Träume; Wunscherfüllung), II/III 166 –68

u. Trauma *s.* **Trauma**

'unanständig' (*s. a.* Anstößigkeit; Sünde, Frevel als; – Laster als), XI 317

Unaufrichtigkeit i. Fragen d. *s.* **Heuchelei**

d. Urworte *s.* **Ur(worte)**

'Überwindung' d., bei Abfallsbewegungen (*s. a.* Psychoanalyse, Abfallsbewegungen d.), X 102f., 106–13; XIV 236

Verdrängung d. *s.* **Verdrängung** (*s. a.* Sexualablehnung)

Verkümmerung d., bei Neurotikern *s.* **Degeneration; Infantilismus; Neurotiker; Schwäche; Triebschwäche**

Vorbildlichkeit d., VII 161f.

weibliche (*s. a.* Mädchen, Sexualentwicklung d.; Weib-), I 328, 337; VII 161f.; XIV 241, *517–37*

Entfremdung d. Somatischen u. d. Psychischen i. d. Erregung, I 337

573

Sexualität, Wesen d.
  'Libido, weibliche', an sich, existiert nicht, XV 141
  unfertige *s.* Mädchen, Sexualentwicklung
  Verbot, Reiz d., f., VIII 87; XII 173
  Wesen d., XI *313–30*
  Widerstände gegen Anerkennung d. *s.* **Psychoanalyse**, Abfallsbewegungen; – Widerstände gegen d.
  Wirkung auf d. Ich, XIV 187
  zielgehemmte (*s. a.* Sexualziele) *s.* **Zielgehemmte (Sexual-) Triebe**
  i. d. Zwangsneurose *s.* **Zwangsneurose** (*s. a.* Religion, u. Zwangsneurose)
Sexualitätskrüppel (*s. a.* Weib, Sexualverkümmerung), I 504
Sexualwissenschaft [Sexuologie] (*s. a.* Perversion)
  d. Homosexualität (Literatur d.), V 37, 39–43
  d. infantilen Sexualität, V 74, 77, 81f., 91
  u. Psychoanalyse, XIV 281
Sexuell *s.* **Sexual**
Sicherheit (*s. a.* Gleichgewicht; Ratlosigkeit; Unsicherheit)
  Bewußtsein d.
    unterstützt d. Verarbeitung v. Traumen, I 87f.
  mangelndes *s.* **Hilfsbedürftigkeit; Selbstmißtrauen**
  u. Glück, XIV 474
  somnambule *s.* **Somnambul-**
Sicherung, i. d. Zwangsneurose *s.* **Schutzmaßregeln; Zwangshandlungen; Zwangsverbote**
Sieben *s.* **Märchen** (bestimmte)
Siechtum *s.* **Krankheit**
Signalangst *s.* **Angstsignal**
'Silbenchemie', II/III 303

Silbenrätsel *s.* **Scharade**
Simulation [Simulanten] u. Neurose [Neurotiker], VIII 6; XIII 346; XIV 102
  u. Hysterie, I 11, 42; VIII 6
  Charcots Ansicht ü., I 30f.
  d. Schwachsinnes, IV 47; VIII 476
    i. Märchen, XIII 153
  u. Krankheitsgewinn (*s. a.* Krankheits-), XIV 251–53
  u. Kriegsneurose, XIV 252
  Unterschiede zwischen, VII 165; XIV 126
Singen (*s. a.* Melodie)
  i. Dunkeln *s.* i. **Reg. d. Gleichnisse**
Sinn [symbolische Bedeutung] (*s. a.* Deutung; Unsinn)
  i. d. Assoziationen, II/III 535 (Definition), XI 33, 55
  i. Fehlleistungen (*s. a.* Fehlleistungen), XI 28, 33, 55, 253
    Versprechen, XI 28f.
  i. d. Komik [i. scheinbaren Unsinn], VI 8f., 59, 146, 154f., 197
  i. d. Neurose, XIII 368
  i. Paranoia (*s. a.* Paranoia), VIII 405
  i. Symptomen, XI 79, 83, 246
  i. Traum (*s. a.* Traum), XI 79, 83, 85
  i. Unsinn *s.* **Unsinn**
  i. Vorgang, psychischen, XI 33
    i. jedem (Bild, Einfall, Erinnerung) I 301
    während Schlaf, II/III 229
  i. Zwangszeremoniell (*s. a.* Zeremoniell; Zwangsneurose), VII 132
Sinn(es-) [Sensorisch (–er, –e, –es)]

Sinnlichkeit, sexuelle

Erregungen u. Empfindungen (*s. a.* Empfindungen; Wahrnehmung, Sinnes-)

äußere *s.* **Wahrnehmung**, Sinnes-, (*s. a.* Gehör-, Geruch-; Gesicht-, usw.)

(Definition), XIII 246

innere (*s. a.* Empfindungen) u. äußere

    Mittelstellung d. Ich zwischen, XIV 221f.

    Unterschied zwischen, XIII 246; XVII 83f.

Multilokularität, Lust- u. Unlustcharakter d., u. d. Unbewußte, XIII 249

als Traumquellen, II/III *32–35*

Wahrnehmung d. *s.* Selbstwahrnehmung

Reizquellen d. *s.* **Reiz-**; Sinnesreiz

Sensibilität gegenüber *s.* **Sensibilität**

visuelle, beim Neugeborenen noch nicht vorhanden, XIV 166

–lust, infantile (*s. a.* Kind; Kleinkind; Säugling), VIII 409

–organe (*s. a.* Empfindungen, u. unter d. einzelnen Stichwörtern: Auge, Haut, usw.), XIII 27

    als erogene Zonen, V 105, 134

    mit Fühlern verglichen, XIII 27

    u. Reizschutz (*s. a.* Reizschutz), XIII 27

    u. Schmerzempfindungen, XVII 84

    u. Wahrnehmungen, XVII 83

–physiologie, XIV 218

    u. Psychoanalyse (*s. a.* Physiologie), XI 13; XIV 218; XVII 126f.

–reize (*s. a.* Reiz; Reizschutz). VIII 232; XIII 27f.

d. Ich eingeschaltet zwischen Wahrnehmung, motorische Akte u., XIV 221

u. Schlaf, II/III *23–32*

    als Traumquelle, II/III 23–25

–tätigkeit, sexuelle Elemente d., beim Kind, VIII 409

–täuschungen *s.* **Halluzination**; (*s. a.* Illusion; Wahn; u. i. Reg. d. Krankengesch.: Namenverzeichnis, Schreber)

–wahrnehmung *s.* **Wahrnehmung, Sinnes–**

–welt u. Wunschwelt, XV 181

Sinnlich (–er, –e, –es)

(lebhaft)

    Intensität *s.* **Intensität; Lebhaftigkeit; Vision; Visuell** (*s. a.* Buntheit)

(sensorisch) (*s. a.* Sensorische; Sinnes-)

    Erregung *s.* **Erregung; Sinneserregungen**

(sexuell) (*s. a.* Sexual)

    Strömungen [Komponente, Regungen] d. Liebesverhaltens

        u. Erniedrigung d. Liebesobjekts, VIII 83

    normale (*s. a.* Normal(es) Sexualleben), V 101

    i. d. Pubertät, V 101

    '– Verliebtheit', XIII 122

    u. zärtliche Strömungen *s.* **Zärtliche Strömung(en), u. sinnliche**

Sinnlichkeit

u. Geistigkeit (*s. a.* Geistigkeit), XVI 221

sexuelle

    u. Askese, Neurose als Konflikt zwischen, XI 449

Sinnlosigkeit

u. Liebe (*s. a.* Liebe; Verliebtheit; Zärtliche Strömung(en), u. sinnliche), XIII 122

u. Zärtlichkeit *s.* **Zärtlichkeit**

Sinnlosigkeit *s.* **Unsinn**

Sippe(n) [Clan; Stamm] (*s. a.* Brüderclan; Totemismus), IX 6f.

Inzestverbot innerhalb (*s. a.* Exogamie; Inzest-), IX 11–21

Phratrien, IX 13f.

Solidaritätsgefühl i. d., IX 176

Stammvater d. (*s. a.* Ur(vater); Vater), IX 7

Totem d. *s.* **Stamm**estotem; **Totem**

Totemclan u. Familie, XIII 152

stärker als Banden d. Familie, IX 128

Sitte(n) (*s. a.* Erziehung; Gewohnheiten; Gewöhnung)

beim Verwandtenverkehr, u. Vermeidungsvorschriften, IX 15–24

Sittlichkeit (*s. a.* Ethik; Moral; Sünde; Triebeinschränkung)

u. d. 'Böse', X 331

(Definition), XIV 106

als Ersatzbefriedigung, VIII 416

Erwerbung d.

Anfänge d., XIV 108

u. Erziehung, V 61; X 333f., 340

Ich-Anteil an d., XIII 266f.

männliche o. weibliche Errungenschaft, XIII 265f.

Illusion d.

i. d. Kultur, X 329–31

d. Staates, i. Krieg, X 331

u. Kirche, XIII 151

d. Kulturmenschen, X 331–34

u. Neurose, I 448

u. Mythus u. Religion, VIII 416

Ödipuskomplex als letzte Quelle d., XI 344

d. Perverse, als Gegensätzlichkeit z., XI 314, 316f., 327, 332f.

u. Psychoanalyse (*s. a.* Psychoanalyse, Widerstände gegen, Vorwürfe), XI 450f.; XIII 186, 264; XIV 106f.

Schlaf kennt keine, X 338

u. Sexualität *s.* **Anstößigkeit**; **Moral**, Kultur-, sexuelle

d. Staates *s.* **Sittlichkeit**, Illusion d.

u. Tod, X 348f.

u. Traum, I *565–69*; II/III *68–78* (70), 625

unsittliche Träume, I 565

als Triebeinschränkung, XIV 106

Un- (*s. a.* Anstößigkeit; Sünde)

d. Sexualität, XI 317

d. Träume, I 565

Vererbung d., Frage d., XIII 265–67

beim Weibe *s.* **Moral**, Kultur-, sexuelle; **Weibliches Überich**

u. Zensur, I 565–69

Situation, psychoanalytische *s.* **Psychoanalytische Situation**

Situationskomik (*s. a.* Komik), VI 216, *224f.*, 227f., 230

Aggression i. d., VI 216

Situationsphobien (*s. a.* Phobien), XI 413f.

d. Kinder (vor Einsamkeit u. Dunkelheit), XI 422

Sitzen, u. Liegen, Schmerzen bei, I 216

Sitzzeremoniell (*s. a.* Zeremoniell), VII 133

Skalpjäger, IX 52

Skarabäen, VIII 157–59

Skatologische Gebräuche (*s. a.* Analerotik), V 88; VIII 224f.; X 453–55

Skelett, als Symbol, IX 75

Skepsis [Skeptizismus, Skeptiker] (*s. a.* Mißtrauen; Zweifel)

  Behandlung d., VIII 457f.

  d. Kindes

    Aufklärungen gegenüber *s.* **Aufklärung, sexuelle**

    Storchfabel gegenüber *s.* **Storchfabel**

  Psychoanalyse gegenüber (*s. a.* Psychoanalyse, Widerstände gegen), XVI 67

  u. Überzeugung, XI 250

  i. d. Wissenschaft, Neuem gegenüber, XIV 100

  i. Witz *s.* **Witz** (Arten): skeptischer

  Zweifel an d., XV 57

Sklaven (*s. a.* i. Reg. d. Gleichnisse)

  u. Homosexualität, V 131

Skoptophilie *s.* **Schau(lust)**

Skotomisation (*s. a.* Halluzination, negative; Verleugnen), V 233; XIV 191, 312f., 315f.

Skrofulose, durch Priesterkönigs Heilkraft geheilte, IX 54

Skrupel, religiöse *s.* **Blasphemien; Religiös**

Skrupulosität [Überbedenklichkeit] (*s. a.* Grübeln; Zweifel)

  moralische, I 321

  zwangsneurotische, I 318, 391

Social workers, analytische, XIV 285

Sodomie, V 47f.

Sohn (*s. a.* Knabe; Mutter; Ödipuskomplex; Vater)

  d. Besessene als – d. Teufels, XIII 326–39

  kleiner, als Genitalsymbol, XI 159

  jüngster, u. Heros, XIII 152

  Lieblings-, XII 26

  u. Mutter *s.* **Mutter**

  Reue beim *s.* **Reue; Schuldbewußtsein; Schuldgefühl**

  Schuldbewußtsein d. –es (*s. a.* Reue; Schuldbewußtsein)

  i. Brüderclan *s.* **Brüderclan**

  i. Mythos v. Tiertöter, IX 181

  unauslöschbar, IX 183

  u. Urvater *s.* **Brüder; Ur(vater); Vater(mord)**

  u. Vater *s.* **Vater**

  vaterloser (*s. a.* Stiefkind; Unehelich; Waisen)

  Mutterfixierung beim, VIII 187–89

Sohnesgottheit(en)

  i. Christentum, XVI 192f.

  einzelner, Brüder v. Mitschuld erlösend, IX 184

  Inzest mit Muttergöttinnen, u. Kastration, IX 183f.

  Religion d., XVI 189

  u. Vatergötter, IX 183f.

Sohnesreligion *s.* **Sohnesgottheit**

Sohnestrotz, XIII 331

  i. Totemismus u. späteren Religionen sich fortsetzend, IX 175

  Unauslöschbarkeit d. –es, IX 183

Sohneswunsch, d. Weibes, XV 137, 143

Sokratische Methode (*s. a.* i. Namen-Reg.: Sokrates)

  nicht erfolgreich i. d. Therapie, XI 290

Soldaten (*s. a.* Heer; Kämpfer; Kriegsneurose)

Soldaten, Analgesie bei

Analgesie bei, v 297

Berufs-, u. Söldner, XII 323

Schwärmen f., XII 100

Solidaritätsgefühl (*s. a.* Massenseele; Sozial(e) Triebe)

i. Clan (*s. a.* Sippe), IX 89, 128, 176

Solipsismus, IX 110

Soma (*s. a.* Keimzelle; Körper; Tod)

Lebensdauer d., XIII 48f.

u. Lebenstrieb, XIII 56

Somatisch (–er, –e, –es) (*s. a.* Körperlich; Leib; Organisch)

Analogien d. Selbstzerstörungstendenz (*s. a.* Destruktion; Selbstmord), XV 113

Bisexualität *s.* **Bisexualität; Hermaphroditismus**

Krankheit (*s. a.* Körperlich(e) Krankheit; Organstörungen)

Neurose als, XIII 317f.

psychogene, I 118

Entgegenkommen (*s. a.* Konstitution)

u. hysterische Symptome, v 200f.; VIII 102

konservativer Charakter d. –s, V 214f.

u. Neurosen- (Konversions-) wahl, V 213–15

Erscheinungen, i. allgemeinen *s.* **Körper; Symptome**, neurotische, als körperliche Erscheinungen

Faktor

d. Aktualneurosen, VIII 339

u. d. Es, XV 80; XVII 70

i. d. Hypnose, I 34

d. Masturbation, VIII 335

i. Sexualleben *s.* **Sexualfunktion; Sexual**leben (*s. a.* Koitus)

u. psychisch (*s. a.* Seele, (Psyche): u. Leib)

Entfremdung zwischen, i. d. Sexualerregung, I 337

Unterschied zwischen, X 266f.

Quellen [somatogene Ursachen]

d. Libido (*s. a.* Chemismus), XVII 73

d. Neurose (*s. a.* Neurose, Ätiologie d.), XIV 275

d. Träume (*s. a.* Traum, typischer, (bestimmte Arten d.): Darmreiz-), II/III 225–46

d. Triebe (*s. a.* Trieb-), XV 103

Reiz *s.* **Reiz**, Leib-; – somatischer

Schädigung (*s. a.* Wunde)

d. Sexualfunktion, direkte Angst bei, XV 101

Symptome *s.* **Symptome**, neurotische, ideogene; – als körperliche Erscheinungen

Ungeeignetheit d. kindlichen Genitalien z. Koitus (*s. a.* Genitalien), VIII 337

Vorgänge

u. Psychologie, XVII 80

d. Sexualfunktion *s.* **Sexualfunktion**, somatische Vorgänge

d. (*s. a.* Chemismus)

Somatische, (Das), u. d. Psychische *s.* Seele, (Psyche): u. Leib

Somatogene Ursachen *s.* **Somatische Quellen**

'Sommeil, attaque de –' (Charcot).

i. d. großen Hysterie (*s. a.* Anfall, hysterischer), I 93

Somnambul (–er, –e, –es)

Gehorsam, I 156f.

Sicherheit, IV 157, 186

Treff-, i. Hysterie u. Fehlgreifen, IV 185f.

beim Verlegen, IV 156f.

bei Zahleinfall, IV 279f.

Somnambulismus [hypnotischer] (*s. a.* Hypnose; Posthypnotisch; Psychotherapie, voranalytische), I 89–91, 97; VIII 19; X 418; XIV 41; XVII 9

Bernheims, VIII 19

Blindheit, hysterische, erzeugt durch, VIII 94

Freuds Anwendung d., X 46f.

u. Gedächtnis, I 154f.

Amnesie u. Rückerinnerung, I 97; VIII 19

erweitertes, I 167

Gehorsam i. *s.* **Gehorsam**

kathartische Methode unzweckmäßig, bei Mangel an (*s. a.* Hypnotisierbarkeit), I 165f.

als motorische Abfuhr d. Traumwünsche, X 417f.

u. Somnolenz, I 89, 91

Ungeeignetheit z. (*s. a.* Hypnotisierbarkeit), I 165f.

Verhalten i. Zustand d. (*s. a.* Somnambule Sicherheit), I 153f.

Somnambulismus [Schlafwandeln] (*s. a.* Schlaf-), V 305

'Somnium', bei Artemidoros (*s. a.* Schlaf; Traum), II/III 4

Somnolenz *s.* **Schläfrigkeit** (*s. a.* Somnambulismus)

Sonderlinge, XIII 391

Sonne, I 279; XVI 119

i. Mythus u. Paranoia, VIII 317–20

bei d. 'Gradiva', Jensens, VII 109–11

als Penissymbol, XVI 7

bei Schreber *s.* i. **Reg. d.ʳKrankengesch.**: Namenverzeichnis, Schreber

als Vatersymbol, VIII 290f.

Sonnenjahr, XIII 48

Sophismen, Logik u. Witztechnik d., IV 64–67, 117

Sophistik (*s. a.* Polemik), XI 25

Sorge (*s. a.* Ängstlichkeit; Erwartungsangst; Schuldgefühl; Zärtlichkeit), II/III 273

beim unbefriedigten Weib als Mutter, VII 165

u. Neurose (*s. a.* Leid), XIII 352

'Sorgenbrecher' (*s. a.* Rausch), XIV 436

Sozial (–er, –e, –es) (*s. a.* Asozial-; Gesellschaft; Kultur; Kulturfeindlichkeit; Masse-; Stand)

Angst *s.* **Angst**, soziale (*s. a.* Autorität; Strafe)

Anteil [Faktor]

d. Ichideals, X 169

d. Kultur, IX 90–92

d. Prognose, XI 480

Aspekt [Gesichtspunkt] (*s. a.* Stand)

d. Neurose, XVI 180f.

d. Komik u. d. Witzes *s.* **Sozialer Charakter**

d. Psychoanalyse (*s. a.* Psychoanalyse), XII 192

u. Rassenfrage bei d. Beurteilung d. Perversion, V 210

d. Weiblichkeit (*s. a.* Frauen)

'männlicher Protest' wendet sich gegen, XVI 99

passiver, V 121

Ätiologie d. Neurosen (*s. a.* Asozial; Hilfsursachen; Massenseele; Neurosen; Neurotiker) I 84, 411f.; V 25, 176; XI 359, 365–67; XIV 504f.; XVI 182

Abreaktion, I 89

Sozialer Charakter

Berechtigung d. Krankheitsgewinnes, VIII 114f.

Hilfsursachen, I 411–13

Standesunterschiede *s.* **Standesunterschiede**

Charakter

d. Komik, VI 205

d. Witzes, VI *156–77*, 204, 206

Beziehungen (*s. a.* Herdentrieb; Massenseele), XIV 454

z. Analytiker *s.* **Patient, neurotischer,** u. **Arzt**; **Psychoanalytiker**

z. Lehrer, XIII 73f.

Eindämmung d. Triebe, durch Erziehung (*s. a.* Erziehung; Sexualeinschränkung −einschüchterung; −entwicklung, Eindämmung d.; Triebeinschränkung), XI 322f.

Einschränkung d. Sexualität *s.* **Sexual**einschränkung; −einschüchterung

Erziehung *s.* **Erziehung; Kultur; Mitleid**

Funktion *s.* **Gesellschaft; Kultur**

Gefühle *s.* **Soziale** Triebe

Gewissen *s.* **Angst,** soziale; **Gewissen; Massenseele**

Interesse(n) (*s. a.* Soziale Triebe)

fehlende, XII 102

an d. Psychoanalyse (*s. a.* Pädagogie; Psychoanalyse; Seelsorge), XIV 292–94

Institutionen *s.* **Kulturinstitutionen**

Klassen *s.* **Stand,** sozialer

Kontrast *s.* **Stand,** sozialer

Leidensquellen, XIV 434, 444f.

Ordnung, Organisation *s.* **Gesellschaft; Staat**

Passivität d. Weibes *s.* **Sozialer** Aspekt d. Weiblichkeit

Pflichten (*s. a.* Ethik; Moral), XIII 139

Produktionen, Kunstwerk u. Traum nicht gleichwertig als, VI 204; XIV 90

Psychologie *s.* **Massenpsychologie; Sozialpsychologie; Soziologie**

Solidarität, IX 176

Stand [Stellung] *s.* **Stand,** sozialer

Tätigkeiten (*s. a.* Einsamkeit; Eremit; Masse)

durch Zwang u. Verbot unbeeinträchtigt, VII 131f.

Tendenzen (*s. a.* Sozialer Charakter)

d. Traumzensur, XI 142–44

Trieb(e) [Empfindungen, Gefühle] (*s. a.* Gemeinschaftsgefühle; Gesellschaft; Herdentrieb; Soziale Interessen), XIII 133

i. Brüderclan, IX 176

aus Desexualisierung v. Haß, XIII 272

egoistische [narzißtische] umgewandelt i., X 333f.; XIII 73

durch Erziehung, X 333f.; XI 322

u. Gemeingeist, XIII 134; XVI 16

u. Geschwisterrivalität, XIII 265f.

Geselligkeit, XV 101f.

u. Identifizierung, XIII 265, 272

i. d. Masse *s.* **Massenseele** (*s. a.* Herdentrieb)

u. Mitleid *s.* **Mitleid**

nicht Urtrieb, XV 101f.

Sexualisierung abwehrende, i. Paranoia, VIII 298

sexuelle Energie [Erotik] verwendet f., V 134; X 333

580

als Sublimierung (*s. a.* Mitleid),
V 134; X 333; XIII 232, 272;
XVI 188
- d. Homosexualität, VIII 297f.; XIII 206f.
- d. Sexualziele, XI 358
- Solidarität, IX 176
- u. Überich (*s. a.* Überich), XIII 265f.
- u. Tabu, IX 90–92
- Totemismus als Hypertrophie d., IX 137
- u. Triebverzicht, XVI 188
- Wesen d., XIII 134
- u. Zwangsneurose, IX 90–92
- Umstände [Milieu, Verhältnisse]
- d. Neurose *s.* Soziale Ätiologie
- d. Neurosen; Stand; Umgebung
- u. Unregelmäßigkeiten i. d. Sexualität, V 150
- d. Überich beeinflussend, XVII 69

Unterschiede *s.* Standesunterschiede

Verhalten (*s. a.* Volkstümlich)
- v. Gegensatzpaaren d. Partialtriebkomponenten bedingt, V 66
- z. Traum u. z. Witz, VI 204
- Trennung d. Geschlechter bei Primitiven u. auf höheren Kulturstufen, XII 168
- Verwendung perverser Regungen (*s. a.* Sublimierung), V 134
- Vorgang [Vorgänge] (*s. a.* Dritte Person)
- i. d. Massen *s.* Massenseele
- Witz als, VI *156–77*

Sozialisten (*s. a.* Kommunismus), XIV 504

Sozialistische
- Gesellschaft, XIV 293

Massenbindung, XIII 108

Sozialpsychologie (*s. a.* Soziologie), XIII 73

Soziologie, XV 194
- als angewandte Psychologie, XV 194
- u. Psychoanalyse, XIII 426; XIV 283, 288f.
- (Zusammenfassung), VIII *418f.*

'Soziologische Passivität', V 121

Söldner *s.* Soldaten

Spaltung(en)
- Ab-, *s.* Isolierung
- Bewußtseins-, *s.* Bewußtseinsspaltung
- Ich-, *s.* Ichspaltung
- i. Mythen (*s. a.* Mythus), VIII 285
- normale, I 194
- i. Paranoia (*s. a.* Paranoia), VIII 285
- d. Persönlichkeit *s.* Persönlichkeitsspaltung
- 'psychische-', VII 176
- i. -n Apparat (*s. a.* Psychischer Apparat), XIII 6f.
- i. d. Psychose, VIII 285; XVII 133
- v. Sexualzielen
- mit Niveauunterschied, XII 95
- d. zärtlichen u. sinnlichen Strömung (*s. a.* Zärtliche Strömung, u. sinnliche)
- u. Impotenz, VIII 82f.

Spange, als Gegenstand d. Wahnes
- i. 'Gradiva', VII 49, 105

Spannung

Affekt-
- Organisation d., I 87, 242
- Toleranz gegen
- bei Hysterischen, I 242

Spannung, Bedürfnis-

bei Normalen, I 243

Bedürfnis-, XIV 227

u. Befriedigung, beim Säugling, XIV 168

Empfindung d. *s.* **Spannungsgefühl**

Gleichgewicht d. (*s. a.* Gleichgewicht), I 416

zwischen Lust u. Unlust, II/III 580; XIII 68f.

u. Bedürfnis, XIV 227

höhere *s.* **Spannungsvermehrung**

i. d. Sexualspannung (*s. a.* Erregung), I 48, 110, 114f., 416; II/III 580; V 48f., 85, 110f.; XIII 68f., 372; XVII 68

Reiz-, *s.* **Reizspannung**

sexuelle (*s. a.* Chemismus d. Sexualvorgänge; Spannung, zwischen Lust u. Unlust) V. 114f.

äußere *s.* **Erektion**

innere (*s. a.* Geschlechtsorgane, innere), V 116

Steigerung d. *s.* **Spannungsvermehrung**

Toleranz d., Mangel an, beim Hysteriker, I 242

ungenügende, u. mangelhafte Reizbarkeit, V 115

übergroße sexuelle, V 103

Spannungsgefühl(e)

psychische, d. Minderwertigkeit u. d. Schuldgefühls (*s. a.* Minderwertigkeitsgefühl; Schuldgefühl), XV 71f.

somatische, XIII 69

mangelndes, bei ungenügender Reizbarkeit, V 115

sexueller Erregtheit [Libidinöse –] (*s. a.* Erregung), V 48f., 110, 114f.

beim Kind, V 113

somatisch entstanden, I 335

bei Unbefriedigung (*s. a.* Erregung, frustrane; Versagung), V 85

Unlustcharakter d., V 85, 110f.; XIII 68f., 372

Spannungsvermehrung (*s. a.* Erregungssumme; Libido, Steigerung d.; Stauung)

u. Schmerz, X 249

u. Unlust, X 151; XVII 68

Sparsamkeit (*s. a.* Geiz)

u. Analerotik [-charakter], V 141; VII 203; X 402; XIV 456f.; XV 108

'schmutzige', VII 207

Spastisch erschwerte Sprache *s.* **Stottern; Tic**

Speichel *s.* **Sekretion**

Speichelfistelexperiment (*s. a.* Reflex; u. i. Namen-Reg.: Pawlow), VI 225

Speise (*s. a.* Nahrungsaufnahme; Sättigung)

-verbote (*s. a.* Tabu; Totemmahlzeit)

u. allein essen, IX 164

d. Herrschers *s.* **Herrscher,** Unfreiheit d.; **Primitiv**

u. Totemismus, IX 123, 137f., 140, 165f.

Eßverbot d. Totem, IX 7, 42, 123, 127, 130

Spekulation (*s. a.* Denken; Philosophie), XII 140, 177; XIII 64

Spermatozoen *s.* **Samen** (*s. a.* Keimzellen)

Spezifische Faktoren [Momente, Ursachen], i. d. Neurosenentstehung (*s. a.* Ätiologie; Neurosen), I 365–67, 374, 411f., 414, *484*; XVI 70; XVII 109

d. Angstneurose, I 362

v. banalen Noxen unterschieden,
I 365-67

keine eigentlichen Krankheitserreger, XVII 109

Vermengung mehrerer, I 339

Sphinkter (*s. a.* Anal-; Urethral-)
-funktion, i. d. analen Phase, XV 105

Sphinx *s.* i. **Namen-Reg.**: Sphinx

Spiegel [Spiegelbild]

d. Analytiker als – platte, VIII 384

u. Animismus, IX 95

u. Doppelgänger (*s. a.* Doppelgänger, Schattenbild), XII 247

Verschwindenlassen d. –es, als Spiel, XIII 13

Spiel(e) [–en] (*s. a.* Sport), I 561; VI 143; XIII 11-15

Abreagieren i., XIII 14

als Abspaltung v. Denkprozeß, VIII 234

affektive Einschätzung d. –es, XIII 13

u. Aktivität *s.* **Spiel**, u. passive Erlebnisse

u. Ambition, VII 216; XIII 15

als Befreiungsversuch v. Denk- u. Realitätszwang, VI 141

u. Bemächtigungstrieb, XIII 14

bestimmte

  Bewegungs-

    d. Erwachsenen *s.* **Sport**

    d. Kinder *s.* **Bewegungsspiele**; **Spiele**, bestimmte, d. Kinder

  Karten-, (*s. a.* Spielsucht)

    Irrtum beim, IV 175

  d. Kinder (*s. a.* Spiel(e), d. Kinder)

    'Bauchaufschneiden' *s.* **Infantile Geburtstheorien**

Spiel(e) d. Kinder

'Doktor-', VII 185; XIII 15; XIV 290, 529f.

'Erwachsensein', VII 216

'Fliegenlassen' u. 'Hetzen', V 102

Identifizierungs-, *s.* **Tier**,

Identifizierung mit 'Kätzchen-', XIII 120

Namenverdrehung, II/III 213

'Papa-Mama', VII 185; XIV 290

'Pferdl', XIV 133

'Puppen', XII 245; XIV 530f.; XV 137

  u. Kindeswunsch, XV 137

Reinlichkeitspflege als, VII 342f.

mit Spule, XIII 11-14

Verschwinden u. Wiederkommenlassen (bei 1½jährigem), XIII 11f.

Wegschleudern (*s. a.* Hinauswerfen), XIII 14

Pfänder-, IV 228

Wort-, *s.* **Wortverdrehungen**; **Wortwitz**

(Definition), VI 141; VIII 234

u. Denken, VI 141; VIII 234

Determinierung d. –es, durch Komplex, VII 5

u. Dichtung (*s. a.* Spiel, u. Kunst), VII 214

u. Eifersucht, XIII 14

Ernst kein Gegensatz z., VII 214

halluzinatorische Wunschbefriedigung i. (*s. a.* Halluzinatorisch; Wunschbefriedigung), IX 103-06 (104)

u. Humor, VII 215

mit Ideen, Witz als, VI 155, 194

d. Kinder (*s. a.* Spiele, bestimmte, d. Kinder), XII 245

Spiel(e) als Koitussymbole

Beschreibung d., VII 215

u. Fortwerfen u. Fortwünschen (*s. a.* Hinauswerfen), XIII 14

u. 'groß sein', VII 216; XIII 15

Komik als Erinnerung an (Bergson), VI 254

u. Realität, XIII 368

als Koitussymbole, XI 159

u. Kunst [künstlerisches –] (*s. a.* Kunst; Künstlerisch; Spielereien), XIII 15

Liebesbeziehung als, VII 163

u. Liebesverlust, XIII 19

Lust- (*s. a.* Drama), VII 214

Lustprinzip dienend, VIII 234; XIII 13–15

u. Machtgefühl (Groos), VI 135–37

u. Masturbation *s.* **Masturbation**; **Spiel**, sexuelle Erregung durch d. Mädchen (*s. a.* Spiel(e), bestimmte, d. Kinder, Puppen)

aggressive, XV 125

u. Nachahmungstrieb, XIII 15, 115

u. Neurose, XIII 368

u. passive Erlebnisse

lustvoll gestaltend, XIII 13–15

Versuch i. Aktivität überzugehen, XIV 200

Wiederholung d., i., XIV 529f.

perverse, X 407

u. Phantasien (*s. a.* Phantasien), I 561

mit d. Säugling, XIV 203

u. Scherz, Unterschied zwischen, VI 143–46

sexuelle Erregung durch (*s. a.* Bewegungsspiele), II/III 398f.; V 102, 104f.

mit Spiegelbild (*s. a.* Spiegel), XIII 13

Tagtraum als Ersatz f., VII 215

Theorien d., VI 6f., 22, 36, 135f., 141, 205, 254; VIII 234; XIII 11, 13, 15, 36

i. Traum, als Symbol f. Masturbation, XI 158

u. Unlustverarbeitung (*s. a.* Spiel, Lustprinzip dienend), XIII 15, 36

u. Wiedererkennen (Groos), VI 135f.

u. Wiederfinden d. Identität, XIII 37

Wiederholung i., XIII 13–15

u. Wiederholungszwang, XIII 21f.

u. Witz

als 'ein entwickeltes –', VI 205

als spielendes Urteil (Fischer), VI 6f., 22, 36

mit Worten *s.* **Wortwitz** (*s. a.* Namenverdrehung)

Spielabsicht, XIII 13

Spielend (–er, –e, –es)

Beschäftigung *s.* **Spielerei**; **Symptom(handlung)(en))**

Urteil, Witz als (Fischer), VI 6f., 22, 36

Spielerei(en) (*s. a.* Namenverdrehung)

d. Leonardo, VIII 199f.

als Symptomhandlungen, IV 215, 227

Spielleidenschaft [–sucht] (*s. a.* Leidenschaft), XIV 401, 414–18

bei Dostojewski, XIV 401, 414f.

u. Masturbation, XIV 417f.

als Selbstbestrafung, XIV 415

bei Stefan Zweig, XIV 415–18

'**Spielratte**' (*s. a.* i. Reg. d. Krankengesch.: Namenverzeichnis, Rattenmann), VII 430, 433

Spieltrieb, X 216; XV 101f.

Leonardos, VIII 199f.

Spielzeug, XIII 14
Komik als Erinnerung an Kinder- (Bergson), VI 254
Puppe, XII 245; XIV 530f.; XV 125

Spinalirritation [-neurasthenie], als neurasthenisches (u. hysterisches) Symptom (*s. a.* Neurasthenie), I 258, 315, 415, 497; XI 405f.

Spinat, II/III 652, 668; VI 155

Spinne(n)
Angst vor, XI 413
als Symbol f. phallisches Weib, XV 25

'Spiritus' (*s. a.* Geist; Seele), XVI 222

Spiritismus [Spiritisten] (*s. a.* Gespensterglaube; Telepathie), VII 98f.; XIV 350

Spitzname (*s. a.* Hohn; Namenverdrehung), IX 137
'Giraffe' als – eines Kollegen, II/III 217
Totem als, IX 134f.

'Splanchnique, le moi –', II/III 38

Spontaneität [Spontan] (–er, –e, –es) (*s. a.* Reflexe)
i. d. Heilung [Spontanheilung] (*s. a.* Heilung), I 261
d. Kindheitsneurosen *s.* **Kindheitsneurose**
d. Neurose, XIII 185
d. Psychose, XVII 133
i. Ich u. i. d. Triebvorgängen, XVI 71

Pollution *s.* **Pollution**
d. Übertragung (*s. a.* Übertragung), XVI 78

Sport (*s. a.* Bewegungsspiel; Spiel)
autoerotische Bewegungslust verwertend, V 104
Kulturzweck d. –es, Sexualablenkung als, V 104

sexuelle Erregung durch, II/III 398f.; V 102, 104f.

Spott *s.* **Hohn** (*s. a.* Schimpfen; Schmähen; Spitzname)

Sprach[-lich (–er, –e, –es)]
–bilder [Ausdrücke d. Sprache] (*s. a.* Sprachsymbole; Symbole)
Symbolisierung d., i. Hysterie, I 217, 247–50
vagierende, IV 65f.
Vertauschung d., i. Traum, II/III 344
–entwicklung, IX 81; XVI 206, 241
u. Bilderverbot, XVI 221
u. Herdentrieb u. gegenseitige Identifizierung, XIII 131
sexueller Ursprung *s.* **Sprachtheorie**
u. Traum
–arbeit, Ähnlichkeiten zwischen, XI 186
–symbole, XVII 89
–fähigkeit, u. Halluzination (*s. a.* Halluzination), XVI 54
–fehler *s.* **Sprachhemmung** (*s. a.* Stottern)
–forschung *s.* **Sprach**theorie; -wissenschaft
–funktion [Sprechen] (*s. a.* Rede(n)), I 87
u. Erinnerungsreste u. Ichinhalt, XVII 84
–hemmung (*s. a.* Stottern)
d. Moses (*s. a.* i. Namen-Reg.: Moses), XVI 132
–irrtum (*s. a.* Fehlleistungen; Versprechen)
normaler, VIII 435
i. Traum, II/III 459, 523
–material, Entgegenkommen d. –s, z. Witzbildung, VI 34

Sprachreste

–reste (*s. a.* Erinnerungsreste; Wortvorstellungen), XVII 84f.
  u. Bewußtheit d. Erinnerungsspuren, XVII 130
  u. d. Vorbewußte, II/III 615; X 300f.; XIII 247
–schrift
  assyrische [Keilschrift], XI 239
  ägyptische [Hieroglyphenschrift] u. chinesische, XI 236–38
–spiele *s.* **Wortverdrehungen**; **Wortwitz**
–symbolik (*s. a.* Sprachbilder; Symbolik)
  als archaische Erbschaft, XVI 205f.
  u. Hysterie, Zustandekommen u. Erstarkung d. somatischen Symptome d., Zusammenhang zwischen, I 217, 247–50
  sexuelle, II/III 357; VIII 404; XI 161, 164f., 167–70
    Entstehung d. –n, XI 169, 186
  u. Traum[-symbolik], XI 168–72; XV 24f.
–theorie (d. sexuellen Ursprungs, Sperbers), XI 169f., 186
–veränderungen, als Folge v. Namensverboten, IX 71
–vorstellung *s.* **Wortvorstellungen**
–wissenschaft [–forschung], XIV 283
  u. Psychoanalyse, VIII *403–05*; IX 3, 71; XI 169f.; XIV 95, 283
    (Zusammenfassung), XIII 422f.
Sprache(n) (*s. a.* Rede; Sprich-; Spruch-; Wort)
  u. Allmacht d. Gedanken (*s. a.* Allmacht; Magie), XV 178; XVI 221

Ausdrücke d. *s.* **Sprach**bilder
älteste *s.* **Ur(worte)**
Bilder-, *s.* **Bildersprache**
u. Denken, II/III 622; XIII 250; XVI 204, 206
  abstrakte Denk- (*s. a.* Gedankensprache; Wortvorstellungen)
  Ausbildung d., u. Selbstwahrnehmung, IX 81
  onto- u. phylogenetisch vollkommener, XIII 248
  i. d. Zwangsneurose (*s. a.* Zwangsneurose), VIII 405
eigene, d. Kinder u. Geisteskranken, VI 141
Entwicklung d. *s.* **Sprach**entwicklung
Fremd-, *s.* **Fremdsprachig**
Gebärden-, *s.* **Gebärden**; **Mimik**; **Pantomimik**
Gegensatz u. Widerspruch i. d. *s.* **Ur(worte)**
gezierte, X 295f.
Grund- (*s. a.* Ur(worte)), I 569
  Symbolik als (*s. a.* Symbolik), XI 165, *169*, 171
u. Herdentrieb *s.* **Sprach**entwicklung
Infinitiv-, d. Traumes, XIII 182
Mehrdeutigkeit d. (*s. a.* Ur(worte)), XI 236–38
Mischbildungen i. d., XI 175
Optativ *s.* **Optativ** (*s. a.* Gegenwart; Traum)
d. Oralen (*s. a.* Oral-), XIV 13
Organ- *s.* **Organ(sprache)**
Reduplikationen i. d. *s.* **Verdoppelung**
Rhythmik d. Arbeit u. d., XI 169f.
i. d. Schizophrenie, X 294–97

Organe i. Inhalt d., X 296f.

u. Sexualität, u. [Sexual-]symbolik *s.* **Sprach**symbolik d. Traumes archaisch, VIII 214, 221, 403f.

ohne Grammatik, XV 20

Ur- *s.* **Sprache,** Grund-; **Ur(worte)** Zitter-, VI 141

Sprechen *s.* **Rede**(n); **Sprachfunktion**

Sprichwörter i. Traum, II/III 350f., 410f.

Springbrunnen, als Symbol f. männliches Genitale, XI 156

Spruchweisheit, Symbolik i. d., II/III 356f.

Spucken (*s. a.* Ausspucken; Gespensterglaube) i. Freuds Traum, II/III 253

Spule, XIII 11–14

Staat [Soziale Ordnung, Organisation] (*s. a.* Autorität; Gemeinschaft; Gesellschaft; Nation)

i. Krieg (*s. a.* Krieg)

Eigenmächtigkeit d. –es, X 329f.

Gewalt d. –es, i., XVI 14–20

Illusion d. Sittlichkeit d. –es, X 331

u. Kultur (*s. a.* Kultur; Kulturinstitutionen), XIV 454

als Vater, XIV 400, 410f.

Stabile Masse (*s. a.* Masse), XIII 90, 93f., 101

Stabilität *s.* **Gleichgewicht**

Stadt, als weibliches Symbol, XI 165

Stamm *s.* **Sippe; Totem; Totemismus**

Stamm(es-)

–gliederung (*s. a.* Sippe; Verwandtschaftsgrade)

u. Totem, IX 129

–gottheit, IX 177–80

–name (*s. a.* Matrilinear; Patrilinear), IX 133–37

vergessener, IX 135f.

–organisation, u. Totemismus, IX 129

–totem (*s. a.* Totem), IX 126, 129f.

–vater (*s. a.* Ahnenverehrung; Sippe; Ur(vater); Vater)

Totem[-tier] als, IX 7, 124, 129–31, 133, 145, 159f.

Stammeln *s.* **Stottern**

Stand (sozialer) [Stände] (*s. a.* Gesellschaft; Sozial-)

u. Abweichung v. d. normalen Sexualität, Maß d. (*s. a.* Standesunterschiede), V 150

ärztlicher *s.* **Arzt**

u. Familienroman (*s. a.* Familienroman; Standeserhöhung), VII 229; XVI 109f.

[Gesellschafts-]Klassen, XIV 333

bestimmte

Arbeiter (*s. a.* Arbeiter), I 443, 447; V 203

Aristokraten (*s. a.* Adel), IV 93f.; V 131; XVI 229

Arme (*s. a.* Armut; Vermögensverlust), VIII 466; X 439; XI 448f.; XII 192f.

Bauern, Konservatismus bei, XIV 99

Mittelstand (*s. a.* Mittelstand; u. i. Biogr. Reg.: Patienten), I 77, 506–08, 514; IV 175; VIII 466f.

intelligenter [gebildeter] (*s. a.* Intellektuelle), VI 108, 110, 113f.; XVI 26

niedere

Heirat aus –n, VIII 85f.

587

Stand (sozialer): u. Kultureinschränkungen

Hysterie, Vorkommen d., i. –n, I 443, 448

Plebejer [Proletarier], XIV 334f.

Koitusbeobachtungen d. Kinder bei –n, I 443; XI 384

Prostituierte (*s. a.* Dirne; Prostitution), V 43, 92

Oberschicht [bevorzugte, herrschende, höhere Klassen] (*s. a.* Adel)

Autorität d., XIV 334, 376; XVI 17, 24

Heirat i. niedere (*s. a.* Dirne), VIII 85f.

Identifizierung mit, d. anderen, XIV 334f.

–bildung, XV 192

u. Identifizierung mit höheren, XIV 334f.

u. Recht, XVI 16f.

u. Kultureinschränkungen, u. –feindschaft, XIV 333

u. Realität d. Kindheitserinnerungen, XI 384

u. Religion, XIV 362f., 376

Standesbewußtsein (*s. a.* Stand (sozialer): Oberschicht)

ärztliches (*s. a.* Arzt; Laienanalyse), XIV 273

Standeserhöhung (*s. a.* Standesunterschiede)

u. Nervosität, VII 145

Standesunterschiede

d. Aufklärung, sexuellen, VII 185f.

Familienroman u. Kontrast d., XVI 109f.

u. Heirat, VIII 86

u. Homosexualität, V 131, 210

f. Kind nicht vorhanden, XII 132

u. Moral, Relativität d. sexuellen, V 37f., 43f., 48, 131

u. Neurose, I 514; XI 365–67

Hysterie, I 32, 447f.

männliche, I 447

u. Kultureinschränkung, XIV 333

u. psychoanalytische Therapie, Anwendung d., VIII 465f.; XI 448f., 480; XII 192f.

u. sexuelle Unregelmäßigkeiten, V 150

u. Verführung v. Kindern, I 382, 443; V 131; XI 384

beim Zotenerzählen, VI 108, 110

Standesvorurteile, ärztliche (*s. a.* Arzt; Ärztliche Ansichten; – Kreise; Psychoanalyse, Widerstand gegen d.; Standesbewußtsein), gegen Laien *s.* **Laienanalyse**

Stange

Kot-, *s.* Kot

als Symbol f. männliches Genitale, XI 156

Starre [Erstarren; Raideur; Starrheit; Starrwerden; Steifigkeit]

u. Erektion (*s. a.* Erektion), XVII 47

hysterische Steifigkeit, I 124f.; II/III 623

kataleptische

i. 'großer' Hysterie, I 93

u. Ruhezustand, XVII 10

Komik d. (Bergson), VI 239

psychische (*s. a.* Alter, (Lebens-): Greisen-), XVI 87

d. weiblichen Charakters, XV 144

Statistik, Wertlosigkeit d., XI 480; XV 164

Status nervosus *s.* **Nervosität**

Staunen *s.* **Verwunderung**

Stauung

d. Affektes (Lipps), VI 173

u. Angst (*s. a.* Angsttheorie), I 341f., 358, 484; X 285; XI 416–18; XIV 138f.

Symptom als, XIV 46

d. Energie *s.* **Ökonomie** (psychische)

d. Erregung [Anhäufung d. Erregung] (*s. a.* Erregung, frustrane), I 332–34, 336, 367f.; II/III 604

u. Angstneurose, I 341, 352, 416, 483

großer –ssummen, I 159

u. Hysterie, I 341f.

u. Versagung d. Abfuhr, XVII 13

d. Libido *s.* **Libidostauung**

Mechanismus d., beim Spiel (Groos), VI 137

‚psychische –‘, beim Witz (Lipps), VI 132, 173

i. psychischen Apparat, II/III 605

Rück-, *s.* **Rückstauung**

(Terminus technicus), VI 173

'Stählen' d. Charakters durch Abstinenz, VII 159

Stärke (*s. a.* Intensität; Quantitativ)

d. Triebe *s.* **Triebstärke**

Stehen, Schreck i., I 214

Steife[-gefühl, Steifigkeit] *s.* **Starre** (*s. a.* Erektion)

Steigen [Stiege(n)], als Traumsymbol f. Koitus, II/III 291f., 331, 360, 366–70, *372–76*, 389; VIII 106; XI 158f., 167

'Steiger', VIII 106

Stellung (*s. a.* Liegen)

beim Koitus *s.* **Koitus**

i. d. psychoanalytischen Kur *s.* **Rückenlage**

beim Urinieren *s.* **Urinieren**

Sterben (*s. a.* Tod; Tote)

Abreise [u. Eisenbahnfahrt] als Traumsymbol f., XI 154, 163

Angst vor, als sekundäre Bearbeitung (*s. a.* Todesangst), XI 418

d. Art, i. Kampf gegen Außenwelt, XVII 72

u. aufgebrauchte Libido, XVII 72

'Fallen' als, II/III 565f.; XIII 166

Gesetzmäßigkeit d. *s.* **Tod**, als Ziel d. Lebens

an Konflikten d. Individuums, XVII 72

u. selbstzerstörende Aggression (*s. a.* Selbstmord), XVII 72

u. Sexualbefriedigung, Ähnlichkeit zwischen, XIII 276

d. Soma (u. d. Keimzelle) *s.* **Keimzelle; Soma**

Wille z. (*s. a.* Wille), V 297

Stereotypie(n) (*s. a.* Wiederholungszwang), VIII 400

i. Gebet u. Proskynesis, VII 131

i. d. Paranoia, XIV 87

d. Ritus, i. Gegensatz z. individuellem Zwangszeremoniell (*s. a.* Zeremoniell), VII 131

i. Traum *s.* **Träume**

Stiefkind

Idee, ein – z. sein (*s. a.* Familienroman), VII 228

Stellung i. d. Familie *s.* **Familie-; Umgebung**

Stiege *s.* **Steigen**

Stigma [Stigmata, Stigmen], I 144, 264, 298

hysterisches (*s. a.* Hysterie), I 54

als Dauersymptom, XVII 6

'Stigma indelebile'

'– indelebile' *s.* i. **Reg. d. Gleichnisse**

Stille, Unheimlichkeit d. (*s. a.* Lärm), XII 261, 268

Stillen *s.* **Säugen**

Stimmbänder, Kontraktur d. Muskeln d. (*s. a.* Hysterie, Konversions-, Symptome), I 237–42

'Stimmen', innere, XIV 396
: i. Beobachtungswahn, d. Eltern, d. Gewissens, X 162f.

Stimmlosigkeit *s.* **Aphonie**

Stimmung(en)
: Allgemein- ['total-'] (*s. a.* Allgemeingefühl), II/III 39
: allgemein-neurotische *s.* **Nervosität**
: ängstliche *s.* **Angst; Ängstlichkeit; Erwartungsangst**
: deprimierte [schmerzvolle, peinliche, traurige] *s.* **Depression**
: heitere [gehobene] (*s. a.* Euphorie; Manie)
    : normale, X 441
    : u. Scherz, VI 203
    : toxische [u. alkoholische] (*s. a.* Alkohol; Rausch)
        : z. Entstehung d. Komischen günstig, VI 249
        : u. Witz, VI 140, 142
        : u. Wortspiel, VI 140
        : u. Zote, VI 109
: nervöse (*s. a.* Nervosität), I 4, 9, 122f., 142
: Periodizität u. Schwankungen d., XIII 147
: d. Traumes, II/III 50, 57; VIII 33
    : nachdauernde, XI 81
    : peinliche, II/III 491f.
: Ver-, *s.* **Depression**
: i. Witz, VI 140, 142, 148, 203

Stimmungstraum, II/III 138

Stimmungsveränderung *s.* **Stimmung,** Periodizität u. Schwankungen

Stimulus *s.* **Reiz**

Stirn, Druck auf d. (*s. a.* Psychotherapie, voranalytische, antreibende), I 270–73

Stock
: mit zwei Enden, XIV 413, 523, 542
: als Symbol f. männliches Genitale, XI 156

Stockung d. Einfälle *s.* **Widerstand** (*s. a.* Assoziationen; Psychoanalytische Grundregel)

Stoffe
: Sexual- *s.* **Chemismus**
: Symbolik, sexuelle d., XI 161f., 170

Stolz (*s. a.* Prahlerei; Selbstgefühl; -überschätzung)
: genitaler
    : auf Penis *s.* **Penisstolz**
: ursprünglicher, u. spätere Scham, VIII 166f.
: auf weibliches Genitale, V 246f.
: National- (*s. a.* Gemeinschaft; Patriotismus)
    : u. Krieg, X 360

Storchfabel (*s. a.* i. Reg. d. Krankengesch.: Namenverzeichnis, Kleiner Hans)
: Festhalten an d., XVI 79
: Heuchelei, Mißtrauen, Unglaube, Zweifel i. Zusammenhang mit, V 97; VII 174–77, 247f., 305f., 309–13, 325; VIII 146, 198; XI 162, 329; XIV 368; XVI 79

Stottern [Stammeln, Stammler] (*s. a.* Schnalzen; Tic)
: u. Fehlleistungen, IV 92

Versprechen, IV 112
hysterisches, I 105, 112f., 128, 147f.
   u. Tic, I 100, 110, 147, 149
   bei Moses (s. a. i. Namen-Reg.: Moses), XVI 132
   statt Schreien, I 149
   i. d. Zwangsneurose, IV 92
Störrisches Verhalten, beim Kind (s. a. Trotz), XIV 285
Strabismus, VIII 9
Strafangst [-befürchtung] (s. a. Angst (soziale); Kastrationsangst; Strafe)
   i. Tabu u. Zwangsneurose identisch, IX 90
   verschieden, IX 88f.
   bei Zwangshandlungen, VII 135; IX 88f.
Strafbedürfnis [-wunsch] (s. a. Gewissen; Leidensbedürfnis; Schuldgefühl), XIII 379; XIV 483, 486f.; XV 115
   Adlers Theorien, Widerlegung v., durch Tatsache d., XV 153
   Aggression, Anteil d., am, XV 117
   Begriff u. Wesen d., XIV 496
   (Definition), XIV 496; XV 116
   bei Dostojewski s. i. Namen-Reg.: Dostojewski
   durch Ehe befriedigt, XII 189
   als Gewissensangst, XIV 496
   u. d. Ich, XIV 408–10
   u. körperliche Krankheit, XII 188f.; XV 115f.
   u. Masochismus, XII 379–83; XIV 408–10
   u. Moral, Pädagogik, Verwahrlosung, XV 117f.
   u. Neurose s. Strafe, neurotische Symptome als
   u. psychoanalytische Kur, XVI 88

Strafe, Provokation d.

   als schlimmster Feind d. Kur, XV 115f.
   u. Reue u. Schuldgefühl, XIV 495f.
   i. Straftraum u. als Traumwunsch, II/III 564; XI 224; XIII 32
   (Terminus technicus), XIII 379
   unbewußtes, XIV 494f.; XV 116
   Unfälle aus s. Selbstbestrafung (s. a. Unfall)
   Überich, Anteil d., am, XIV 145, 193, 496; XV 117
   d. Verbrechers, XIV 410; XV 117f.
   Widerstand durch, XV 115
   als negative therapeutische Reaktion, XV 117
   u. Widerstand d. Überich, XIV 193
   i. d. Zwangsneurose, XIV 494f.
Strafbefriedigung, XIV 409
Strafbefürchtung s. Strafangst
Strafe
   Affekte bei, II/III 482f.
   Angst als, XIV 496
   Begriff d., XIV 483f.
   u. Belohnung, X 335
   Beobachtetwerden, als Vorbereitung f., XV 65
   Kastration als, XIII 296
   körperliche s. Züchtigung
   als Liebesverlust u. Verschmähung, XIII 19; XIV 484
   i. d. Natur, XIV 336
   neurotische Symptome als, XIV 145, 499; XV 116
      hysterische Symptome als, XIV 145
      Pseudoangina pectoris, XV 116
   Penismangel aufgefaßt als, XIV 25
   Provokation d., durch Schlimmheit, X 391; XII 52f.

Strafe i. d. Religion

i. d. Religion, XIV 340f.
u. Reue (*s. a.* Sühne), XIV 496
v. Schuld unabhängige, XIII 274
Selbst-, *s.* **Selbstbestrafung**
u. Tabu, IX 43f., 89
—verbot entspringend, IX 28
—verletzung automatisch nachfolgend, IX 30
Todes-, *s.* **Todesstrafe**
traumatisch kindlichen Autoerotismus verdrängend, VII 427
Überich als androhende Instanz (*s. a.* Überich), XIV 170

Strafphantasie *s.* **Phantasie**(n) (mit bestimmtem Inhalt)

Strafrecht *s.* **Recht**

Straftraum *s.* **Traum**, Straf-, (*s. a.* Traum, typischer, (bestimmte Arten d.): Prüfungs-; — Unlust-)

Strafwunsch *s.* **Strafbedürfnis**; **Traum**, Straf-

'Strahlen' als projizierte Libidobesetzung (*s. a.* i. Reg. d. Krankengesch.: Namenverzeichnis, Schreber), VIII 315

Streben, zweierlei, nach Glück u. nach Anschluß an Menschheit (*s. a.* Glück; Menschheit), XIV 501

Streit (*s. a.* Haß)
zwischen Geschwistern (*s. a.* Geschwister), XII 99
u. Liebe (Empedokles), XVI 91–93
'Vater aller Dinge' (Heraklit), XI 251
wissenschaftlicher, um d. Psychoanalyse *s.* **Psychoanalyse**, Abfallsbewegungen; — Widerstände gegen

Struktur[-verhältnisse] d. Psychischen (*s. a.* Topik), XIII 244; XV 85; XVI 47

Strumpf, Symbolik d. —es (Masturbation, Penis, usw.) (*s. a.* 'Lumpf'), X 299

Studentenulk, VI 142

Stuhlgang [Defäkation] (*s. a.* Analerotik; Darm; Diarrhöe; Exkremente; Kot; Stuhlverstopfung)
Angst vor, I 68; VII 300
u. Geldinteresse, VII 207
hysterische Störungen *s.* **Stuhlverstopfung**; **Verdauungstätigkeit**, Störungen d.
u. Kastrationskomplex (*s. a.* Kastrationskomplex), VII 246; XIV 160
kindliche Einstellung z. (*s. a.* Analerotik)
kein Ekel *s.* **Ekel**, vor Exkrementen, Mangel an
Lustgewinn, V 87
narzißtische u. objektliebende, X 406f.
keine Scham, XIII 137
Traum v. *s.* **Darmreiz**traum
Voyeurtum betreffend, V 56, 93
Zweifel u. Blasphemie i. Zusammenhang mit, XII 94, 97

'Stuhlrichter' *s.* i. **Biogr. Reg.**:
Träume, eigene (bestimmte): Vater, u. d. Magyaren

Stuhlverstopfung (*s. a.* Anal-; Kot; Verdauungstätigkeit, Störungen), V 88; XII 106
angstneurotische, mit Diarrhöe abwechselnd, I 324
neurasthenische [nervöse], I 4, 315, 415, 497; VII 207; VIII 339

Stummheit (*s. a.* Schweigen)
Symbolik d.
bei Cordelia [Aphrodite, Porzia] (*s. a.* Kästchenwahl), X 28f.

Sublimierung u. Libido

i. Märchen, X 29–31
v. d. sechs Schwänen, X 30
u. Tod (s. a. Todessymbolik), X 29–31
d. Todestriebes s. **Todestrieb**
Taub-, XIII 248
Stumpfsinn [Stupor]
affektiver, i. d. Schizophrenie (s. a. i. Reg. d. Krankengesch.: Namenverzeichnis, Schreber), XIII 389
Sturz [Stürzen] (s. a. Fallen; Selbstbeschädigung; Unfall)
v. d. Höhe, XII 290
v. Pferd, IV 201
v. Wagen, IV 198
Subjekt (s. a. Ich-)
'–Homoerotik' (Ferenczi) (s. a. Homosexualität), V 45f.
u. Objekt (s. a. Objekt)
d. Ich als, XV 64
u. d. Komische, VI 5–7
Subjektiv (s. a. Ich-; Innen), XIV 13
u. objektiv, kein ursprünglicher Gegensatz zwischen, XIV 14
Sublimierung, V 55, 79, 107, 134, 140f., 210, 280; VII 150, 156, 159f., 205, 209; VIII 25, 58, 323, 420; XI 16, 358, 391, 417; XIII 155f., 267, 274, 425; XIV 64, 304, 438; XV 103; XVII 77, 108, 132
u. Abstinenz, sexuelle, VII 156
u. Aggression (s. a. Mitleid; Soziale Triebe), XII 95; XIII 285
'anagogische' Rolle d., bei d. Jungianern, X 106f.
d. Analerotik [analerotischen Komponenten], VII 205; XIV 146
als Aufgeben d. Sexualziele d. Fortpflanzungs-, u. Partiallust, XI 358

Beginn d., XIII 155
d. Bemächtigungstriebes i. Wißtrieb, V 95
Berufsarbeit als, XI 322; XIV 438
d. Bisexualität, VIII 209
(Definition), VII *150f.*; VIII 25; X 161; XI 358; XIV 457; XV 103
u. Denkarbeit, XIII 274
als Desexualisierung (s. a. Sublimierung, u. Berufsarbeit als; – u. Kultur), XIII 258, 284
u. Geruchsinn, XIV 466
u. Glück, XIV 437f.
Grenzen, individuelle, d. Neurotikers z., VIII 385
i. Heilungsprozeß, X 312; XI 459f., 474
d. Homosexualität
Bereitschaft z., VII 152f.
i. Freundschaft u. Menschenliebe, VIII 297f.; XIII 112f.
u. soziales Verhalten, XIII 206f.
u. Ich, XIII 274f.
u. Es, XIII 258
–idealbildung, nicht identisch mit, X 161–63
u. Integration, XIII 274
u. Idealisierung, XIII 399
Unterschied zwischen, X 161
als Kastration, XIII 399
u. Kultur (s. a. Kultur), VIII 58f., 91; XI 16; XIV 457f.
u. künstlerische Begabung (s. a. i. Namen-Reg.: Leonardo), VIII 209; XI 390f.
i. d. Latenzperiode (s. a. Latenz), V *78f.*
u. Libido (s. a. Libido)
bei Anstauung d., VIII 323
narzißtische u. Objekt-, XIII 258

Sublimierung u. Linkshändigkeit

nur teilweise Verarbeitung d., durch, XI 358f.
u. Linkshändigkeit, VIII 209
beim Mann, XIV 463
d. Masochismus u. Sadismus (s. a. Masochismus; Sadismus), XII 95, 100
mißglückte, V 79f.
u. Musik, VII 369
u. 'organische Verdrängung', XIV 466
u. Ödipuskomplex, Untergang d. -es (s. a. Ödipuskomplex), XIII 399
ökonomische Probleme d., XI 322, 389f.
d. Perversion (infantilen), XII 200
Phantasie, unbewußte, anstatt (s. a. Phantasie), VII 194
u. Religion s. **Religion**
u. Schönheit, V 55, 111; VIII 209
u. soziale Triebe s. **Soziale Triebe**
u. Trieb(e)
 -entmischung, XIII 284f.
 -schicksal, X 219; XIV 457
 Todes-, XIII 287
Unbefriedigung u. treibende Momente i. d., XIII 44f.
i. d. Übertragung s. **Übertragung**
u. Vaterkomplex [-identifizierung], VIII 195; XIII 284
u. Verschiebungsenergie (s. a. Libido, Beweglichkeit d.), XIII 274
u. Vervollkommnungstriebe, Frage d., XIII 44–45
Weib weniger fähig z., VII 158; XV 144
d. Wißbegierde (s. a. Infantile Sexualforschung; Wißtrieb), V 95; VIII 147f.
u. Zeremoniell, XIV 146
(Zusammenfassung), XIII 230f.

Sublimierungsbereitschaft d. Homosexuellen (s. a. Sublimierung, d. Homosexualität), VII 153

Sublimierungsfähigkeit, Mangel d., beim Weib s. **Sublimierung**, beim Mann; – Weib weniger fähig z.

Subphratrien (s. a. Sippe), IX 13

Substitution (s. a. Ersatz; Ersatzbildung)
als Abwehr, I 340f.
i. angstneurotischen Phobien, I 322f.
u. Fehlleistungen, XI 35, 40
 Versprechen, IV 62
mit Konversion verglichen, I 392
durch Mischbildungen s. **Mischbildung**
v. Vorstellungen [Ideen], I 65–72, 346–48
i. d. Zwangsneurose (s. a. Zwangsneurose), I 65–72, 347, 351, 353, 481f.; VIII 400

Suchbereitschaft, unbewußte, vorhergehende, beim Finden, IV 232–34

Sucht (s. a. Intoxikation; Leidenschaft; Rausch)
Alkohol-, s. **Alkohol**
Destruktions-, s. **Aggressionslust**; **Destruktionstrieb**
als Ersatz f. normalen Sexualgenuß, I 506
nach Hypnose, V 314
Kokain-, I 467, 471
Morphin-, V 311
Spiel-, s. **Spielleidenschaft**

Suggerierbarkeit [Suggestibilität]
u. Herdentrieb, XIII 131f.
d. Massen (s. a. Massenseele), XIII 80f., 84
negative (Bleuler), VI 199

Sünde, Erb-

u. Sexualüberschätzung, v 49 f.
d. Träume s. **Suggestive Beeinflussung**
als Übertragungsneigung (s. a. Übertragung), XI 464

Suggestion, V 4, 15 f., *307f*.; VII 337; XI 466; XIII 33, 100
autoritative (s. a. Suggestion, u. Prestige), I 156
ärztliche s. **Psychoanalytische Technik**, Suggestion i. d.; **Psychotherapien**, voranalytische
Fehlhandlung, einer, XI 24f.
Gegen-, XIII 96f.
gegenseitige, XIII 130
d. Gesellschaft, psychotherapeutische Richtungen, bestimmte, bevorzugend, VIII 110f.
hypnotische s. **Hypnotische Suggestion**
u. Induktion s. **Induktion**
Launenhaftigkeit d., XI 469
'lehrhafte', I 97, 113
u. Libido, XIII *95–100*
u. d. Massen (s. a. Induktion; Massenseele), XIII 81, 92, 95, 130
u. Nachahmung, XIII 96
posthypnotische s. **Posthypnotische** Suggestion
u. Prestige (s. a. Suggestion, autoritative), XIII 96
u. Psychoanalyse s. **Psychoanalytische Technik**, Suggestion i. d.;
– u. Suggestion
(Terminus technicus), XIII 97
u. Übertragung s. **Übertragung**
Wesen d., XIII 18, 97
Wirkung d. (s. a. Suggestive Beeinflussung), XIII 16–18

Suggestive Beeinflussung (s. a. Patient; Psychoanalytische Technik, u. Suggestion; Psychotherapien, voranalytische; Suggestion), XIII 16
v. Träumen, XII 80; XIII 306
Unbequemes i. Psychischen bezeichnet als '–' (s. a. Konstruktionen), VII 337
Sukzessiv[-ität] (s. a. Reihenfolge; Zeitfolge)
d. rasch aufeinanderfolgenden Vorstellungsweisen, Komik d., VI 267
Summation (s. a. Quantitativ)
d. ätiologischen Momente (s. a. Ätiologie), I 365f.
d. Erregung s. **Erregungssumme**
Super-Ego s. **Überich**
Surrogat s. **Ersatz für**; **Ersatzbefriedigung**
'Survival', XVI 180
Sühne [Buße] (s. a. Selbstbestrafung), IX 45f., 89
Christentum, als Religion d., XVI 245
u. Mord, XIV 400
u. Reue nicht gleichbedeutend (s. a. Reue), IX 50
als Technik s. **Schutzmaßregel**; **Zeremoniell**; **Zwangsneurose**
ursprünglicher als Reinigung (s.a. Lustration), IX 45
Vergöttlichung d. Vaters als, IX 179f.
Verschiebung d., auf andere Person, i. Traum u. Witz, VI 234f.
Sühnehandlungen [-zeremonien] s. **Zeremoniell** (s. a. Abwehr-; Schutzmaßregeln; Zeremoniell)
Sünde [Sündhaftigkeitsgefühl] (s. a. Ethik; Moral; Religion; Sittlichkeit)
Erb-, [Frevel] (s. a. Erbsünde; Ur(schuld)), VII 137; IX 184f.; X 345; XVI 192, 244

595

Sünde beim Frommen

beim Frommen, VII 136

[Laster], infantile Sexualbetätigung als, V 74, 79–81; XI 323

Masochismus u. Provoziertes i., XIII 382

u. Reinlichkeit, X 453

religiöse Idee d. (*s. a.* Religion; Sittlichkeit), VII 137; XIV 363

u. Reue *s.* **Reue**

Rückfall i. d., u. Versuchung, VII 137

u. Schuldgefühl (*s. a.* Schuldgefühl; Straf-), XIV 495

Sexualität als *s.* **Moral**; **Religion**; **Sexual**einschüchterung; **Sexualität**

u. Zwangsneurose (*s. a.* Zwangsneurose), VII 137

Süßigkeiten, als Symbol f. Geschlechtsgenuß, Koitus, Liebkosungen u. f. d. Liebesobjekt, XI 158; XII 141

Syllogistische Fassade d. Witzes (*s. a.* Witz), VI 171

Symbol(e)

Alter d., II/III 357

Auflösung d. (*s. a.* Deutung), II/III 358

bestimmte *s.* i. **Symbol-Reg.**

-beziehung u. Sprachgrenze, XI 165

Deutung d. *s.* **Deutung**

-gemeinschaft, II/III 350f., 356f.

individuelle Unterschiede d., II/III 357

i. d. Kunst, VIII 417

mehrfache, XI 180

Phospheme als, I 278–80

-schichtung i. Darm- u. Harnreizträumen, II/III 224, 408

u. Symbolisiertes, XII 258

u. Symptom *s.* **Symptom**

u. Traum *s.* **Traum(symbolik)**

u. Traumgedanke, latenter, II/III 357

-verständnis (*s. a.* Deutung), II/III 356

-wahl, II/III 357

Symbolik (Symbolismus), VI 96; XIII *218*; XIV 305

als archaische [phylogenetische, mitgeborene] Erbschaft d. Menschheit, VIII 404; XI 204; XVI 86, 205f.

gemeinsame, d. Mythen, Redensarten, Psychoneurosen, Sagen, Sprüche, Träume, Volksgebräuche, Witze, usw., II/III 350f., 356f.; VIII 36

ohne Annahme einer 'kollektiven –', XVI 241

bestimmte Arten d. *s.* unter d. einzelnen Stichwörtern; u. i.**Symbol-Reg.**

d. Buchstaben (*s. a.* Verschreiben)

'm' u. 'n' als Symbole f. Geschlechtsunterschiede, IV 57

's' als Verzierung v. Schriften, IV 238

'v' als gespreizte Beine (*s. a.* Reg. d. Krankengesch.: Namenverzeichnis, Wolfsmann), XII 123

d. Deckerinnerungen, I 545f.

i. Dementia praecox, II/III 356; X 19

Deutung d. (*s. a.* Deutung), XI 471f.

Experimente z., XV 23

d. Fehlleistungen, IV 190

i. d. Geometrie, VII 61f.

d. 'Geschlechtsreiztraums' *s.* **Traum(symbolik)**

i. d. 'Gradiva' Jensens, VII 109–14

als Grundsprache, I 569; VIII 36;
XI 169, 171
beim Kleinkind (i. ersten Lebensjahr), V 94
d. Konversionssymptome, I 83
d. 'Leibespforten', XI 161
mehrfache, XI 180
motorische, XIV 149
i. Mythus u. Märchen (s. a. Symbolik, als archaische Erbschaft), I 569; II/III 350f., 356f.; VIII 36
i. d. Neurose s. Symbolik, d. Symptome
u. Psychoanalyse (s. a. Deutung), XIV 95
d. religiösen Zeremoniells (s. a. Zeremoniell, religiöses), I 569; VII 132
Rettungs-, (s. a. i. Symbol-Reg.), VIII 107; XI 154, 162f.
sexuelle (s. a. i. Symbol-Reg.), II/III 351–54; XI 159;
d. Apotropaea u. Amulette, XI 166
u. Fetisch, V 54
i. d. infantilen Sexualkenntnissen d. Kindes, XII 305f.
i. d. Korsakoffschen Psychose, II/III 380
i. d. Sprache s. Sprachsymbolik
vor d. Sprache (beim Kleinkind), V 94
d. Traumes (s. a. Traum(symbolik)), VIII 404; XI 155–72
beim Urmenschen, XI 169f.
d. Sprache s. Sprachsymbolik
Studium, zukünftiges, d. [Plan eines Komitees z. Sammelforschung], VIII 106
d. Symptome (s. a. Deutung; Symptome), X 394f.; XI 79, 83
als Erinnerungssymbole, I 302; VII 196

Konversions-, I 83
i. d. Neurose, II/III 351
als sexuelle Phantasie, V 206
Todes-, Geburts-, s. unter d. einzelnen Stichwörtern; u. i. Symbol-Reg.
d. Traumes s. Traum(symbolik) (Zusammenfassung), XIII 218
i. d. Zwangsneurose (s. a. Zeremoniell), X 19
Symbolisch (–er, –es, –es)
auto-, s. Funktionales Phänomen
Bedeutung s. Sinn
Beziehung zwischen Veranlassung u. pathologischem Phänomen, I 83
Deutung s. Deutung (s. a. Traum(deutung))
Ersatz s. Ersatz
Gleichung zwischen bestimmten Vorstellungen (s. a. Geschenk; Kind; Kot; Penis, usw., u. i. Symbol-Reg.), V 87
Symbolische, (Das), bei Jung, X 110f.
Symbolisierung
u. Konversion, I 83f., 217, 249
als Mittelstadium zwischen Autosuggestion u., I 249
beim Künstler (u. Hysteriker), I 250f.
Neigung z., bei Ermüdung, II/III 349f., 507–10
sprachlicher Ausdrücke (s. a. Sprachsymbolik)
u. somatischer Symptome, I 217, 247–50
Sympathie (s. a. Liebe; Mitleid; Nächstenliebe)
d. Arztes (s. a. Patient; Psychoanalytiker)
u. Bekämpfung d. Widerstandes (s. a. Widerstand), I 285f.

Symptom(e), hysterische

als Liebessurrogat (*s. a.* Übertragung; Übertragungsliebe), I 285f.

u. d. Patienten, I 264, 285

Symptom(e)

hysterische *s.* **Hysterie,** Symptome d. (i. allgemeinen) (*s. a.* Hysterie, Konversions- (i. allgemeinen); Symptome, neurotische)

neurotische (*s. a.* Neurose, Symptome d.), XV 62

u. Abstinenz v. Masturbation, V 241f.

d. Abwehr, primäre, Gewissenhaftigkeit, Scham u. Selbstmißtrauen als, I 387

u. Abwehr (*s. a.* Abwehr)

als ‚Abstoßung', I 269

-kampf, XIII 388; XIV 125f., 158, 231

sekundärer, XIV 125–27

als Affektstauung, XIV 46

u. Ambivalenzkonflikt, ungenügende Erledigung d. –es, XIV 131

Angst als *s.* **Symptom(bildung)** (*s. a.* Angst)

Anpassung an d., XIV 126

Ansteckung als Identifizierung durch, XIII 118

Ausgehen d. Analyse aus d. *s.* **Psychoanalytische Technik,** Symptombehandlung

u. Autoerotismus, Rückkehr z., i., XI 381

Begriff u. Wesen d., XI 372f., 379–81; XIV 113

Behandlung d.

i. d. Analyse *s.* **Psychoanalytische Technik,** Symptombehandlung

i. d. kathartischen Methode (*s. a.* Psychotherapien, voranalytische, kathartische), VIII 107

Beständigkeit [Persistenz] d., nach Hypnose, I 54

trotz somnambulen Gehorsams, I 156f.

bestimmte *s.* unter d. einzelnen Krankheitsnamen

als Beweis f. d. Existenz d. Unbewußten, X 265; XV 80

Bewußtwerden d. *s.* **Bewußtmachen; Bewußtwerden**

Dauer-, i. Traum u. Hysterie (*s. a.* Hysterie, Symptome d., Dauer-), XVII 5

(Definition), VII 196; VIII 25; XI 307, 372f.; XIV 46, 118; XVI 178

Determinierung d. (*s. a.* Überdeterminierung), I 242

Deutung d. *s.* **Deutung,** d. Symptome

Durcharbeitung aller, konsequent nicht durchführbar, XI 274

Entstehung d. *s.* **Symptom(bildung)**

als Erinnerungssymbole *s.* **Symptom(e),** neurotische, u. Trauma

erste, während Kur (*s. a.* Psychoanalytischer Prozeß), VIII 472

als Ersatz [-befriedigung], I 338; V *63f.,* 157f., 206, 278; VIII 52, 324; X 256; XI 289, 303f., 307–12 (308), 318, 357, 363; XIV 55, 118, 466f., 498f.

i. Angstneurose, I 338

i. einer erniedrigten Form, XIV 122

irreal u. infantil, XI 311f.

ohne Lustcharakter, XIV 122

u. Strafe, XIII 117; XIV 498f.

u. Ersatzbildung, XIV 173, 176

als Fremdkörper, XIV 125

u. Frühreife, V 142
Funktionen d., XIV 126
u. Gefahrsituation (s. a. Gefahr-), XIV 159, 175f.
u. Hemmung, Unterschied zwischen (s. a. Hemmung), XIV 113
ichfremde Herkunft d., X 289f.; XV 62
ideogene u. somatische, I 259
Intensitätssteigerung d., I 301
i. d. Inzestscheu, IX 24
als Kompromißbildungen, X 97; XI 310f., 373; XIII 388; XVI 181
u. Konflikt, X 245; XI 373; XIV 131
als körperliche Erscheinungen
  i. d. Hypnose, I 34
  i. d. Hysterie s. Konversion
bei körperlichen, gleichzeitigen, Rat d. Internisten beizuziehen, XIV 277f.
als Krankheitsgewinn (s. a. Krankheitsgewinn), V 202
Kunst statt, VIII 54
u. libidinöse Triebanteile, Umsetzung d., V 63f., 157; XIV 498f.
Libidobefriedigung, Art d., i., XI 380
u. Lustprinzip, Rückkehr z., XI 381
u. Masturbation
  Abstinenz v. d., V 241f.
  zweite Phase d., entscheidender Einfluß auf d. Symptome, V 90
Mehrdeutigkeit u. mehrfache Determinierung s. Überdeterminiertheit
mehrere, einander überdeckend, I 183
'Mitsprechen' d., I 301f.

Symptom(e), neurotische (Forts.)

u. Nachahmung, I 83; XIII 118, 155
u. Partialtriebe, VIII 98
passagère s. Symptom(bildung)
Pathogenese d. s. Symptom(bildung)
Persistenz d. s. Symptom(e), neurotische, Beständigkeit d.
Polarität d., XI 310f.
  i. Hysterie u. Zwangsneurose verschieden, XI 311
als Reaktion, VIII 43
d. Ich auf libidinöse Triebe, V 63f.
ohne u. statt Reaktionsbildungen, XIV 131; XV 97
u. Religion s. Religion; Zeremoniell
Rückverwandlung d., durch psychoanalytische Methode (s. a. Psychoanalytische Methode, Zielsetzungen), V 63
als Sekundärfunktion, V 203
Selbstschädigung, Unfall u. Selbstmordversuch als, IV 198f.
als Sexualbetätigung s. Symptom(e), neurotische, als Ersatzbefriedigung
Sinn [Symbolik] d. (s. a. Deutung), II/III 351; X 394f.; XI 79, 83, *264–81* (277–81)
  Breuers u. Charcots Entdeckung d., XI 264f.
als Darstellung, konvertierte, einer sexuellen Phantasie, V 158, 206
als Erinnerungssymbol, I 302; VII 196
symbolische Beziehung zwischen pathologischer Erscheinung u., I 83f.
durch Symbolisierung zustandekommend, I 217, 247–50

Symptom(e), psychotische

  unbewußt, XI 287f.

  d. Woher, Wozu, Wohin, XI 287, 294

  somatische s. **Symptom(e), neurotische, ideogene**; – als körperliche Erscheinungen

  als Strafe s. **Symptom(e), neurotische, als Ersatzbefriedigung**

  u. Tabuvorschriften, Zwiespältigkeit d., IX 78

  u. Tagtraum s. **Tagtraum**

  u. Traum (s. a. Traum), XVII 94

  u. Trauma (s. a. Trauma), I 241f.

  als Erinnerungssymbol d. –s, I 302; VII 196

  typische u. individuelle, XI 278–80

  unbewußte Triebbesetzung verdichtet i., X 284

  Überdeterminierung d. s. **Überdeterminiertheit**

  u. d. Verdrängte, Ähnlichkeit zwischen –n, u., VIII 25

  Verschlechterung d., während Analyse s. **Psychoanalytischer Prozeß**, negative therapeutische Reaktion

  Wiederkehr u. Neuentstehung d., I 259f., 262, 301f.

  Wortbrücken z. Lösung d., II/III 346

  (Zusammenfassung), XIII 222

  Zwangscharakter d., XVI 181

  Zweck d., XIV 175f.

  zweiseitige, XI 311; XIV 150

   bei Frigidität, feindseliger, XII 172

   i. d. Zwangsneurose, XII 172; XIV 142

   u. 'Ungeschehenmachen', XIV 149f.

  psychotische (s. a. Psychose; u. unter d. einzelnen Krankheitsnamen)

   u. Traum, XVII 94

Symptom(behandlung) s. **Psychoanalytische Technik**, Symptombehandlung; **Psychotherapie, symptomatische**

Symptom(bildung) [Pathogenese d. Symptome], II/III *603f.*; V 4, 53, 213; VII 80; VIII 8, 24, 52, 121, 302; XI *372–91*; XII 5, 140; XIII 412; XIV *118–23*, 230f.; XV 62

  i. Aktualneurosen u. Psychoneurosen

   Unterschiede zwischen, XI 402

   Zusammenhang zwischen, XI 405

  ohne Angstentwicklung, XI 419; XIV 175

  u. Angstentwicklung, XI 419; XIV 159f., 175–80; XV 90, 97

   Reaktionsbildung statt, XV 97

   statt Symptom, XV 97

  u. Angstneurose, XIV 128

  Dynamik d., XI 291f.

  u. Energieverarmung, XI 372

  als Entstellung (s. a. Symptom(bildung), Verdichtung u. Verschiebung i. d..), XIV 132

  Erklärung d. Symptome durch ihre, XII 140

  u. Ersatzbildung s. **Symptom(e)**, neurotische, u. Ersatzbildung

  bei Erschöpfung, I 13f.

  u. Gefahrsituation, XIV 159, 176

   d. Geburt, XIV 175f.

  u. Hemmung, XIV 122

  bei Hysterie, XI *372–90*

   mit Angstentwicklung, XI 419

   Konversions-, XIV 153

600

Symptom(handlung(en)), Beispiele anderer Autoren

Undurchsichtigkeit d., XIV 140f.

u. Ich, Rolle d., XIV 125f., 158, 175f., 231; XV 62

u. Es, XV 80

u. Überich, XIV 125f.

u. Identifizierung, XIII 116f.

durch Induktion, XIII 117f.

u. Konflikt, VIII 324f.; XI 362f.; XIV 131

konservativer Charakter d., V 213

Massenbindung ersetzend, XIII 160

i. d. Neurose (s. a. Symptom(bildung) i. d. Aktualneurose; – Hysterie; – Phobie; – Zwangsneurose), II/III 603f.; XI 372–90

u. i. d. Psychose, Ähnlichkeiten zwischen, XIV 315

u. Symptomform s. **Symptom(form)**

beim Normalen, XI 475

i. Paranoia, VIII 302f.; XIV 127f.

u. Partialtriebe, Rolle d., V 66

passagère, während Analyse (s. a. Reg. d. Krankengesch.: Namenverzeichnis, Wolfsmann), XII 22, 112

u. Phantasie s. **Phantasie** (Funktion d.): u. Symptom bei Phobie, XIV 153

u. Regression (s. a. Regression), II/III *554*; XI 388f.

v. Objektwahl z. Identifizierung, XIII 116f.

phylogenetische, XI 381

aus Schuldbewußtsein, XIII 117; XIV 498f.

durch Symbolisierung, I 217, 247–50

Techniken d., XI 372–91(*374–81*); XIV 149–53

u. Traumbildung, Ähnlichkeit zwischen s. **Traum(bildung)**

u. d. Unbewußte, XI 289f.

als Abkömmlinge d., i. Bewußten u. Vorbewußten verwertet, X 289f.

Verdrängung als Vorbereitung z., XI 307f.

u. Verdrängung, X 256 f.; XIV 122

u. Ähnlichkeit zwischen Verdrängten u. Symptom, VIII 25

bei Durchbruch d. Verdrängten, VIII 305

d. infantilen Wünsche, VIII 43

bei Mißlingen, VIII 96f.

Verdichtung u. Verschiebung i. d. (s. a. Symptom(bildung), als Entstellung), X 284; XI 374, 381

verhinderte, VIII 96f.; XIV 175f.

Wesen d., II/III 610

i. d. Zwangsneurose, VII 137; XI 390; XIV 127f., 141–48

ohne Angst, XI 419

Tendenz d., XIV 148

Zweck d., XIV 176

Symptom(form) (s. a. Neurosenwahl; Symptom(wahl))

Erhaltenbleiben d., V 213

durch sexualätiologisches Moment bestimmt, I 375, 414

Wahl d., bei Phobie, I 68

Symptom(handlung(en)) [Zufallshandlungen] (s. a. Fehlleistungen), IV *212–41*; VII 5; VIII 37f., 472; XI 55, 252

Beispiele anderer Autoren

Brill, IV 249

Dattner, IV 224f., 231f.

Emden, IV 223

Fontane, IV 228f.

Jones, IV 216–20

Symptom(handlung(en)), bestimmte
- Kardos, IV 229f.
- Maeder, IV 227, 252
- Rank, IV 232
- Reik, IV 227f.
- Sachs, IV 223–26
- Stärcke, IV 254f.
- Tausk, IV 252f.
- bestimmte *s.* i. **Reg. d. Fehlleistungen**
- Bilder, Redensarten, Worte, Auswahl d., als, IV 240f.
- Determinierung d., VII 5
- Deutung d. (*s. a.* Deutung), XIII 216
  - Ärgernis bereitend, IV 235f.
  - durch Dichter meistens richtig, IV 236–38
  - Wichtigkeit, entscheidende, d., i. d. Analyse, IV 221f.
- erste, i. d. Analyse, VIII 472
- u. Fehlhandlungen, Unterschied zwischen, XI 55
- u. Gesten [Gebärden], XI 55
- u. Gewohnheiten, IV 239–41
- masturbatorische, V 238f.
- Melodien, Trällern v., IV 240
- i. d. Neurose [neurotische], IV 198f., 213, 221f.
- normale, VIII 38
- Phantasien u. Wünsche darstellend, IV 306
- physiologische Erklärung d., VIII 391f.
- mit Ring *s.* **Ring**
- sind sinnreich, XI 253
- u. spielerische Beschäftigung, IV 215
- Strindberg ü., IV 236
- u. Tabu, IX 121
- Tic u. gewohnheitsmäßige, IV 215
- u. Unfall mit Selbstschädigung, deutet auf, IV 198f.
- nichteingetretener, IV 202–09
- Verdrängung i., VIII 38
- u. Vergreifen, Unterschied zwischen, IV 179f., 212f.
- (Zusammenfassung), XIII 216; XIV 72f.

Symptom(verzicht) (*s. a.* Genesungswille), XIII 305

Symptom(wahl) (*s. a.* Symptom(form)), I 449, 451–54; VIII 369
- konservativer Charakter d., V 213

Symptomatik, stumme, XII 292

Symptomatische Therapie *s.* **Psychotherapie, symptomatische**

Synthese *s.* **Integration**

Syphilis, I 365, 409
- d. Eltern, u. neuropathische Konstitution d. Kinder, V 138, 178f., 237
- u. Neurasthenie, I 499

Syphilophobie
- Angst v. Infektion i. d., XIII 134
- u. Kastrationsangst, XIV 179f.; XV 95

System(e)
- Denk-, *s.* **Denksystem(e)**
- psychische *s.* **Psychischer Apparat**

Systembildung (*s. a.* Ausdruckssysteme; Denksysteme; Philosophie; Wahn), X 164
- u. sekundäre Bearbeitung, IX 82, 116

Szene
- infantile Sexual-, *s.* **Infantile Sexualszenen**
- Ur-, *s.* **Ur(szene)**

Szenerie *s.* **Schau(platz)** (*s. a.* Traum)

Szeneriewechsel i. Traum (*s. a.* Traum, Ort), II/III 340f.

T

Tabes (*s. a.* Syphilis), V 138, 178f.; XIV 353

Tabu (*s. a.* Totemismus; Vermeidungsvorschriften)

–objekte, IX 28, 30–33

d. Berührung s. **Berührungsverbot** (*s. a.* Ansteckung; Délire de toucher)

d. Blutes, u. Blutscheu, XII 166f.

d. Entbindung, d. Kindbettes, d. Schwangerschaft, XII 167

d. Feinde, IX *47–53*

d. 'Freimannes', IX 53

Geschichtsforschung z. treiben, IX 71

d. Henkers, IX 53

d. Herrschers, IX 28f., 31, 43, 47, *53–66*

d. Inzests *s.* **Inzest-**

d. Leiche (ist keine Trauer), IX 66f., 73

d. Menstruation, XII 166f.; XIV 458

d. Mordes u. Mörders, IX 47, 50–53; X 349f.

d. Namens, IX 70–73; XIII 85

Gottes, VIII 348; XVI 139f.

d. Verstorbenen, IX 69

d. Neugeborenen, IX 28, 43

'personal isolation, taboo of –' (Crawley), XII 169

Speisen, gewissen, gegenüber *s.* **Speise**verbote (*s. a.* Totemmahlzeit)

d. Tiere *s.* **Tier-**; **Totem**tier

d. Toten *s.* **Tabu**objekte, d. Leiche; – d. Namens

d. Verwandten *s.* **Exogamie**; **Inzest-**; **Vermeidungsvorschriften**; **Verwandtschaftsgrade**

d. Virginität, XII *161–80* (466f.)

d. Weiber, IX 28, 43, 68; XII 166f.

d. Witwe, IX 68

–vorschriften [–verbote], IX 26–29; XI 261

u. Ambivalenz d. Gefühlsregungen, IX *26–92* (42, 46f., 83f.); XII 170

Theorie d. ursprünglich fehlenden, IX 34f.

'angeborene', IX 42

Angst keine letzte Wurzel d., IX 34

u. Animismus, IX 31, 33–35

u. Ausnahmestellungen, IX 43

Beschreibung d., IX 30f.

(Definition), IX 26, 31, 45

direktes ['natürliches'], IX 27

u. Ehrfurcht u. Abscheu, als Aufeinanderfolge zweier Stufen (Wundt), IX 35

Entstehung d., IX 41f.; XIII 151

u. Gefahr, XII 168

Gegensinn i. Worte, IX 26, 31, 34, 83f.

Geschichte d., IX 41

u. Gewissen, IX 85

als heilig, unrein u. unheimlich, IX 31

Macht u. Mana (Zauberkraft), IX 27, 29, 43f.; XIII 140

mitgeteiltes [übertragenes], IX 27, 29, 31, 44

u. Moralverbot, IX 34, 88–90

u. Gewissen, IX 85–87

als kategorischer Imperativ, zwangsartig wirkender, IX 4, 32

u. Strafbefürchtung, IX 88f.

Unterschied zwischen, IX 26f.

u. Ödipuskomplex, IX 42

permanentes, IX 29

rationalistische Erklärung d., IX 121

u. Recht, XIV 460

u. Religion

Gebote d., Unterschiede zwischen, IX 26f.

u. Seelen- u. Aberglauben, IX 30

u. Scheu, IX 32, 35

als Schutz gegen Dämonen, IX 28, 33, 49, 73

Schwinden d., i. d. Kultur, IX 84

u. Symptomhandlungen, IX 121

u. 'tierischer Magnetismus', XIII 140

u. Tod, IX 28f., 31, 43, 47, 66–88

Totem-, s. **Totemtabu** (s. a. Totem, u. Tabu)

Unmotiviertheit d., IX 4, 37, 39

Übertragung d. s. **Tabu**, mitgeteiltes

Übertretung d.

Ansteckendes i. d. Täter, IX 43, 89

u. Gewissen, IX 85

u. Krankheit, IX 36

u. Schuldgefühl, IX 85

Strafe d., IX 28, 30, 43f., 89

Verschiebung bei, IX 37–39, 41

bei verschiedenen Völkern, IX 26

u. Versuchung, IX 43

u. Verzicht, IX 45, 119–21

Wesen d., IX 27–30

Wirkung d., Stärke d., IX 29

Ziele d., IX 28

u. Zauberkraft s. **Tabu**vorschriften, u. Mana

u. Zeremoniell, IX 30, 39

u. Zwangsneurose, IX 35–47, 117f.

Ähnlichkeiten, IX 45f.

d. Symptome, IX 38f.

d. Verschiebung u. d. Verbote, IX 37–39, 41

d. Zeremoniells, IX 39

Tachykardie s. **Herz-**

Tachystoskop-Experimente (Pötzls), II/III 188

Taedium vitae s. **Depression**

Tagesinteresse [–leben] s. **Tagesreste; Tagtraum; Traum(tag); Wachen**

Tagesphantasie s. **Tagtraum**

Tagesreste [Rezentes] i. Traum (s. a. Traum(tag)), II/III 170f., 557, 566, 570, 578f., 696; V 127; VI 183; X 17f.; XI 93f.; 103, 152, 232, 434; XIV 70, 72; XV 11; XVI 262

Alter d., II/III 171

Bedeutung d., XI 125, 217

Besetzung d., X 414–18

u. Darstellbarkeit, X 418f.

Funktion d., X 17

i. d. 'Gradiva' Jensens (Traum Hanolds), VII 101f., 121

i. Kinderträumen, XI 125

Rezentes i. *s.* **Traum**, Rezentes i.
u. Traum
 —bildung, X 418
 —deutung, Technik d. *s.*
  Traum(deutung)
 —gedanken, latente, X 414f.
  Unterschied zwischen, XI 232
 —wunsch
  Unterschiede, X 417; XI 233
  Wirkung d. Wunsches auf, XI 232f.
u. Triebregung, XV 22
durch d. Unbewußte verstärkt, X 418
d.Vbw-System zugehörig, X 414f., 418; XI 233
u. Verdrängtes, XIII 37

Tagtraum [Tagträumen, Tagträumer, Wachtraum] (*s. a.* Phantasie), I 92; II/III 680; IV 295; VII 39, 191, 215, 219, 229; VIII 234; XI 95, 387
Benehmen v., VII 192
bewußter, VII 193
(Definition), VII 193
u. Déjà-vu, IV 294–97
u. Delirium, i. Amentia, X 420
u. Dichtung u. Kunst, VII 191, 219; XI 391
 Milderung u. Bearbeitung i., XI 391
ehrgeiziger u. erotischer, VII 192
Entstehung d. –es, VII 193
als Ersatz f. Spiel, VII 215
u. Familienroman, VII 229
u. Hysterie (*s. a.* i. Reg. d. Krankengesch.: Andere Autoren, (Breuer) Anna O.), VIII 7
 Anfall, VII 235

als Vorstufe z. Symptom, II/III 495f.
jugendliche, VII 191
Luftschlösser, VII 215, 217
männliche, VII 192; XI 95
Mechanismus d., als Abspaltung v. Denkprozeß, d. Lustprinzip untertan, VIII 234
u. Mythus, VII 222
normale, I 92
u. Phantasie (*s. a.* Phantasie), II/III *495–99*; VII 193; XI 387–91
Schamhaftigkeit betreffend, VII 192
u. Schlagephantasie *s.* **Schlagephantasien**
u. Sehnsucht, VII 192
Selbstgespräche während, VII 192
u. Traum, nächtlicher (*s. a.* Traum, u. nächtliche Phantasie), VII 192; XI 95, 129, 387f.
 —phantasie, II/III *495–99*, 680
 Unterschiede d. Bildhaftigkeit, zwischen, II/III 540
Wunscherfüllung i., XI 129
unbewußter, als Quelle d. neurotischen Symptoms, XI 388
Unverletzlichkeit d. Ich, i., VII 220
u. Versagung, VII 192
d. Vorpubertät, VII 229; XI 95
Vorstellungen entstanden i. Dämmerzustand d. Wachträumens, I 89f.
 beim Weib, VII 192; XI 95
 Arbeiterinnen, I 92
Wesen d. –es, VII 217; XI 95f.
u. Wunscherfüllung (i. Traum), XI 129

Tagtraumroman [Continued story] (*s. a.* Familienroman), VII 229; XIII 304

Takt

Takt (*s. a.* Höflichkeit)
  d. Analytikers *s.* **Psychoanalytiker**
  i. d. Mitteilung v. Deutungen *s.*
  Psychoanalytische Technik, Mitteilungen

Taktile Sensationen *s.* **Tasten**

Talent [Begabung] *s.* **Genie; Große Männer; Intellektuelle** Begabung; **Künstlerische** Begabung

Talion (*s. a.* Recht), IX 185; X 346; XII 287
  i. Blendung u. Kastration, XII 243
  d. Erbsünde [Urschuld] (*s. a.* Erbsünde; Ur(schuld)), X 346
  Selbstbestrafung i. d. Form d., XI 179
  i. Shakespeares Lady Macbeth, X 377
  i. Unbewußten, VIII 100
  Unfall als, IV 205

'Talking cure', VIII 7, 17

'Tante', X 22
  i. d. Kindersprache (*s. a.* ‚Onkel'), IX 12

Tanz, religiöser, IX 128

Tanzen, als Koitussymbol, XI 158

Tapferkeit *s.* **Heldentum; Heros**

Tasche, als Symbol (*s. a.* i. Symbol-Reg.)
  bisexuelles, XI 159
  f. weibliches Genitale, XI 157f., 164; XV 23

Tasten [Tastlibido, Taktile Sensationen] (*s. a.* Berührung), V 111
  Betasten, V 55; XI 316; XVII 74
  als Lustquelle, V 49, 55f.
    normale u. perverse, XI 333
  motorisches, XIV 14
  beim Neugeborenen, XIV 166
  Rolle i. d. Zote, VI 106f.

Tat *s.* **Handeln; Handlung** (*s. a.* Vatermord)

Tatbestandsdiagnostik (*s. a.* Recht, Straf-)
  u. Psychoanalyse, IV 283; VII *3–15*

Taubstumme
  kinästhetische Wortbilder d. –n, XIII 248
  Mitleid mit (*s. a.* Krüppel), XII 120

Tändeln, IV 215f., 227; VII 5

Tätowieren, IX 133

Täuschung (*s. a.* Entlarvung; Heuchelei; Illusion; Irrtum)
  d. Gedächtnisses *s.* **Erinnerung**
  wahnhafte, ü. Motive, bei Normalen, VII 93
  i. Witz (*s. a.* Verblüffung), VI 6, 9, 11, 14, 63

Technik
  u. Glück, XIV 446f.
  u. Magie, XVI 221
  Organvervollkommnung durch, XIV 449–51
  psychoanalytische *s.* **Psychoanalytische Technik**
  u. Werkzeuge, XIV 449–51
  u. Wissenschaft, XIV 450
  d. Witzes *s.* **Witztechnik**

Teil(e) (*s. a.* Partial-)
  u. Ganzes, Beziehung d. Traumelemente i. d. Entstellung als, XI 118–20, 152, 173
  d. Körpers, abgetrennte, Unheimlichkeit d., XII 257

Teleologie [Zwecklehre]
  als heuristische Hypothese bedenklich, VIII 337
  Tod als Ziel d. Lebens, XIII 40–47, 53, 68

u. Lustprinzip, XIV 434
u. Religion, XIV 433-35
d. Triebe, XIV 227

Telepathie [Gedankeninduktion] (*s. a.* Induktion), IV 289-94; IX 100; X 293; XII 246; XIV 270f.; XV 38; XVII 43
(Definition), XV 38
Erinnerungsungenauigkeiten betreffend, XIII 173f.
u. Gedankenübertragung, XV 42f.
Erraten, V 296
Hellsehen, IV 290
u. Induktion, XV 42
u. Insektenstaaten, 'Gesamtwille' i., XV 59
u. Komplexbereitschaft, IV 292-94
Medien, V 296; XV 37
objektive Möglichkeit d., XV 58
d. 'Parapsychische' (*s. a.* Okkultismus), XIV 271
u. Psychoanalyse, XVII *27-44*
Rätselhaftigkeit d., XIII 165
u. Schlaf, XIII 176-78, 190f.
Sympathien f., XIII 172f.
u. Traum (*s. a.* Traum, prophetischer; - telepathischer), I 570-73; X 29; XIII *165-91*; XV 38-42
zeitliche Diskrepanz zwischen d. Botschaften, XIII 191

Tellerzerschlagen
bei Dienstboten u. Kind *s.* **Reg.** d. **Fehlleistungen**: Vergreifen, als Zerbrechen
als Verlobungszeremoniell *s.* **Zeremoniell**

Tempelschlaf (*s. a.* Traum, prophetischer), V 301

Temperaturreize, V 102

Tendenz [tendentiös (–er, –e, –es)]

Teufel, Pakt mit d.

bei Erinnerungstäuschung u. Fehlleistungen *s.* **Erinnerungstäuschung**; **Fehlleistungen**
d. psychischen Apparates (*s. a.* Psychischer Apparat), XIII 67
z. Ersparnis, VIII 234
i. Traum *s.* **Traum(tendenz)**
Witz ohne, VI 97
i. Witz (*s. a.* Witztendenzen), VI 97
größere Lustentwicklung durch, VI 104f.
nie fehlend, VI 148f.

Tension *s.* **Spannung**

Termini technici [Terminologie] (*s. a.* unter d. einzelnen Stichwörtern)
bestimmte *s.* i. **Sprach-Reg.**
Grenzen d. Nomenklatur, XII 185
f. d. psychischen Apparat, begriffliche, XIV 222
d. Psychoanalyse (Bildersprache, chemische, physiologische) (*s. a.* Erste Ideen), XIII 65

Terminsetzung *s.* **Psychoanalytische Technik,** Terminsetzung

Testament, Neues, XII 260; XVI 192, 195, 198

Teufel (*s. a.* Dämon(en)), XIV 479f.
äußere Erscheinung d. –s, XIII 330, 335
weibliche, XIII 335-37
(Definition), VII 207f.
u. Dreck u. Geld u. Geschenk, VII 207
'Eingebung d. –s', XII 40
Glauben an, XIII 331f.
Pakt mit d. (*s. a.* Verschreibungen)
Fausts, XIII 324
Haizmanns, XIII 322f., 326-28
wissenschaftliche Neugierde ist kein, XIII 64

Teufel, Triebleben personifiziert i.

Triebleben, verdrängtes, personifiziert i., VII 207f.

als Vaterersatz, XIII *326–39*

weiblicher, XIII 335f.

Teufelsneurose s. i. **Reg. d. Krankengesch.**: Sachverzeichnis, Teufelsneurose

Teufelsträume (*s. a.* i. Traum-Reg.), II/III 591f., 618; XII 101

Theanthropisches Opfer (*s.a.* Opfer), IX 178, 180–82

Theater (*s. a.* Drama; Tragödie), X 343

Ehe als '–', XI 226, 231

Komik i. (*s. a.* Lustspiel), VI 250

Kuß als Symbol d. Sexualaktes auf d. Bühne, XI 333

Wiederholung nicht lustvoll wirkend, i., XIII 37

Theismus (*s. a.* Philosophie, Systeme d.), XIV 355, 431f.

Freud abhold d., XV 58

Theophore Namen *s.* **Namen**

Theorie(n) (*s. a.* Philosophie; u. unter d. einzelnen Stichwörtern)

u. Empirie, X 142

u. Hypothesen, VI 202; XIV 58

als Mythologien, XVI 22

psychoanalytische *s.* **Psychoanalytische Theorie**

Wert d., XII 76

Therapeut *s.* **Arzt**; **Psychoanalytiker**

Therapeutisch (–er, –e, –es)

Analyse *s.* **Psychoanalytische Therapie**

Ehrgeiz, XVI 75

Geschlechtsdifferenzen, XVI 96

Interesse, XIV 291

Reaktion *s.* **Heilung**

negative *s.* **Psychoanalytischer Prozeß**, negative therapeutische Reaktion

Therapie *s.* **Psychoanalytische Therapie** (*s. a.* Psychotherapie; u. unter d. einzelnen Krankheitsnamen)

Thorax, Verschiebung d. Sensationen v. d. Klitoris auf d. (*s. a.* Klitoris), V 188f.

Thronfolger (*s. a.* Prinz)

bei Primitiven, IX 60f.

Thronfolgerphantasie, XII 50, 94

Thymusdrüse, XIV 429

Thyreoide Erkrankung, Jodbehandlung d. –en (*s. a.* Morbus Basedowii), I 274

Tic

'convulsif', I 15f.; II/III 623f.

i. d. Hysterie, I 12f., 15f., 82–84, 99–162 (101); II/III 623f.

u. echter, I 101

als Geheimnis-Aussprechen, I 17

d. Gesichts- u. Halsmuskeln, ein Fall v., I *99–162*

mit Zungenschnalzen, I 83, 100; VIII 10f.

Zusammenfassung, I 474f.

Komik d. Unwillkürlichkeit d. Bewegung, VI 215

koprolalischer, I 16f.

u. Stottern, I 100, 110

Tiefe, u. oberflächliche Assoziation (*s. a.* Assoziation), II/III 535–37

Tief(en)analyse (*s. a.* Oberfläche; Psychotherapie, symptomatische), I 304; II/III 19; XII 32, 77, 290

d. frühinfantilen Erlebnisse, XIV 19

Notwendigkeit d., XII 140

u. periphere Widerstandsbekämpfung, I 296
d. primitivsten Schichten, XII 32
'Psychoanalyse', Namen d., verdient nur d., XII 32
Resultate d., XII 77; XVI 74
d. Tiefendimension, X 19
Tiefenpsychologie, X 19, 272; XIV 77, 82, 250, 281, 283, 300; XV 146, 156, 170f.; XVII 142
Anwendungen, populär-literarische, d., XV 146
u. Bewußtsein, XV 76
ohne Beziehung z. anatomischen Lagerung u. histologischen Schichtung, VIII 398
Bildersprache d., XIII 65
Bleuler ü., X 82f.
u. Dichtung (s. a. Dichter; Dichtung), XV 146–48
u. Oberflächenpsychologie (s. a. Oberfläche; Psychotherapie, symptomatische; Tiefenanalyse), XII 32; XIV 19
Psychoanalyse als, VIII 398; XIII 227f., 422–24; XIV 82, 300–05; XV 156

Tier(e) (i. allgemeinen)
Angst vor s. **Tierphobie**
Angst-, s. Tiere (bestimmte Arten)
Anziehungskraft i., X 155
Domestikation d. s. **Domestikation**
Gott als [Tier als Gott, Göttertiere]
  i. Tiergestalt, XVI 189
  an eigener Aufopferung teilnehmend s. **Mysterien; Opfer**
u. Tierverwandlungsmythen, IX 178
u. Totemtier [Opfertier] (s. a. Totemtier), IX 178

Tier(e) (i. allgemeinen): i. Mythus
Töter d. –es, IX 181
  als Libidosymbol (Jung), IX 181
Heiligkeit d. –es s. **Tiertotem**
Verlust d., Zeitalter d., IX 181
Hochmut, kulturmenschliche, gegenüber, IX 154; XII 7f.; XVI 207
Identifizierung mit (s. a. Totemismus), IX 157–60; XIII 120
kindliche Einstellung z.
  Interesse f., IX 154–60
  sexuelles [Koitusbeobachtung], XI 384f.
    u. Coitus a tergo, XI 384; XII 87
  ohne Hochmut, IX 154; XI 213; XII 7f.
kleine, als Symbole s. i. **Symbol-Reg.**: Kleine Tiere
komische Wirkung mancher, VI 217
u. Mensch(en), XI 429; XIII 135; XIV 132, 344; XVI 207f.
ähnliche Tiere s. **Tiere** (bestimmte Arten): Affen (s. a. Ur-(horde))
Interessen bei, XIV 105
–kind, Vergleich zwischen, XVI 241
primitive (s. a. Tier, Hochmut; Tabu; Totem), IX 154–60; XII 7f.
Sexualleben (s. a. Tierpsyche)
  Unterschiede zwischen, XVI 180; XVII 75
Ur-, X 345; XII 7
i. Mythus u. Märchen (u. Traum), XII 8, 54–75
Tötung d., IX 181
Verwandlungsmotiv, IX 178
  als Weltschöpfer, XV 175

609

Tier(e) (i. allgemeinen): -opfer

–opfer *s.* **Tieropfer**
Psyche d. –es *s.* **Tierpsyche; Tierpsychologie**
  i. d. Pubertätsjahren, Beobachtung v., XI 384f.
  als Schimpfname, XII 40; XIV 459
  Seelen- (*s. a.* Animismus), IX 145
  als Sexualobjekt [Sodomie], V 47f.
  als Symbole *s.* i. **Symbol-Reg.**
  Tabu d. (*s. a.* Tabu), IX 32
  als Totem *s.* **Totemtier**
Tierbeschützer (*s. a.* Mitleid), X 333
Tiere (bestimmte Arten) (Angsttiere mit * bezeichnet) (*s. a.* unter d. einzelnen Tiernamen; u. i. Symbol-Reg.)
  Adler, VIII 318f.
  Affen (*s. a.* Urhorde), IX 152f.; XVI 180; XVII 69
  –prozeß, XIV 362
  Ameisen, XIV 482
  Bären (Totem), IX 168
  Bienen, XIII 138
  *Eidechse (*s. a.* i. Symbol-Reg.), I 117, 279
  Elementarorganismen [Protozoen] (*s. a.* i. Reg. d. Gleichnisse), XII 6; XIII 41f., 46, 49–53, 55–61 (59), 63, 287
  Geier *s.* **Geier**
  *Giraffen, II/III 217; VII 269, 272, 276
  Haus- (*s. a.* Domestikation)
    Domestikation d., Kulturentwicklung d. Menschheit verglichen mit, XVI 26
    Inzestgebot unterworfen, IX 20
  *Hähne, IX 157–60
  Herden-, d. Mensch als, XIII 135
  *Hunde, IX 155f., 160; XII 8; XIV 459
  Insekten [-staaten], XIII 138; XIV 482; XV 59f.
  *Katzen, X 155; XI 413f.
  *Käfer, II/III 295–98; XII 39
  Känguruh (–Totem), IX 10
  Kätzchen (Identifikation mit), XIII 120
  *kleine, XIV 201
  *Kröten, I 107, 116, 120, 133, 139, 142f.; II/III 89, 230
  Löwen *s.* i. **Sprach-Reg.**; u. i. **Traum-Reg.**
  *Mäuse, XI 413f.
  Nashorn (i. einem Kindertraum), II/III 692
  niedere (Tod nach Sexualakt), XIII 276
  *Pferde (*s. a.* i. Reg. d. Krankengesch.: Namenverzeichnis, Kleiner Hans), II/III 401; VII 260; IX 156f.; XII 8, 39; XIV 128–33, 135–37
  *Ratten (*s. a.* i. Reg. d. Krankengesch.: Namenverzeichnis, Rattenmann), I 103; VII 392
  Raubtiere *s.* **Tiere** (bestimmte Arten): wilde
  *Raupen (*s. a.* i. Reg. d. Krankengesch.: Namenverzeichnis, Wolfsmann), XI 413; XII 39, 100, 102, 114, 123
  *Schlangen, I 142, 279; XI 413; XII 49
    allgemein-menschliche [normale] Angst vor, I 321, 351; XI 413
  Schmetterlinge, XII 123, 129, 147
  Schwein, XI 166; XII 40
  *Spinnen, II/III 89, 230; XI 413
  *Stiere, II/III 401
  *Ungeziefer, I 127, 142, 321; II/III 292f.
  *Wespen, IX 155; XII 128

wilde
   Anziehungskraft d. Raubtiere, X 155
   als Traumsymbol *s. i.* **Symbol-Reg.**

*Wolf (*s. a. i.* Reg. d. Krankengesch.: Namenverzeichnis, Wolfsmann), X 5–9; XII 49, 54–75 (67)

*Wurm [Würmer] (*s. a.* Tiere (bestimmte Arten): Ungeziefer), I 127; V 88; VII 433

Tierhalluzination(en) (*s. a.* Halluzination; u. i. Symbol-Reg.)
   i. Delirien (*s. a.* Alkohol; Rausch), I 99–162
   i. d. Hysterie u. Phobie, I 99–162 (117)
   u. Makropsie, I 117

'**Tierischer Magnetismus**', u. Tabu (*s. a.* Hypnose, Macht d.), XIII 140

Tierkompositionen, orientalische (*s. a.* Mischbildung), II/III 664

Tierkult *s.* **Totemismus; Totemtier**

Tiernamen, Beschimpfen mit (*s. a.* Schimpfwörter), XII 8

Tieropfer (*s. a.* Opfer; Totemtier)
   ältere Sitte, als Pflanzenopfer, IX 162
   Bären-, IX 168
   als Ersatz f. Menschen [Vater-]opfer, IX 182
   Opfertiere, IX 124, 164–67, 177
      mit Totemtier identisch (*s. a.* Totemtier), IX 165
   als Totemopfer, IX 124, 128, 165, 177f.
   Vater als Gott u., IX 178, 180f.
   Zeremoniell d. *s.* **Opfer; Totemmahlzeit; Zeremoniell**

Tierphobie(n) (*s. a. i.* Reg. d. Krankengesch.: Namenverzeichnis, Kleiner Hans; – Rattenmann;

Tierpsyche u. Schreckhypnose

   – Wolfsmann), I 68, 116, 142, 155f.; IX *154–60*; X 8; XI 413–15; XVI 188
   als Angst vor Gefressenwerden (*s. a.* Gefressenwerden), XIV 133

Angsttiere i.
   bestimmte *s.* **Tiere (bestimmte Arten)**
   Wahl d., XIV 133
   u. Gefahr, Reaktion auf, XIV 154–57
   äußerlich empfundene, XIV 177
   Kastrations-, (*s. a.* Kastrationsangst; –komplex), IX 158; XIV 136, 154–57; XVI 190
   u. Märchenträume, X 8
   Mechanismen d.
      d. Entstehung, X 281f.; XIV 155f.
      d. Verdrängung, X 257f.
   u. Ödipuskomplex, IX 157
   u. Pavor nocturnus u. Alptraum, II/III 401; IX 156
   phylogenetische Basis d., XVI 190
   u. Totemismus, IX 154–60
   u. Urszene (*s. a.* Ur(szene)), XII 54–75
   u. Vater (Angst vor) (*s. a.* Vater), II/III 414; IX 155f.; XIII 332; XVI 188

Tierpsyche (*s. a.* Tier, u. Mensch; Tierpsychologie)
   Angst i. d., XIV 164
   Bewußtsein, Frage eines –s, i. d., X 268; XVI 204
   Ich u. Es [Instanzenaufbau] d., XIII 266; XVII 69
   Induktion i. d., XV 59f.
   kein Kulturkampf i. d., XIV 482
   Narzißmus d., X 155
   u. Neurosen, XI 429
   u. Schreckhypnose, XIII 217

Tierpsyche u. Sexualleben

u. Sexualleben
Entwicklungsgeschichte, V 121.
130, 135

Koitus (s. a. Coitus a tergo;
Tier, kindliche Einstellung z.,
Interesse f., sexuelles) XI 384f.;
XII 87

Periodizität d. Libido u. Fehlen d. Latenzzeit i., XVII 75

Unterschied zwischen menschlichem u. tierischem, XVII 75

u. Traumleben (s. a. Traum),
II/III 137

u. Triebleben [-äußerungen, Instinkt(leben)], X 294

Sexualleben s. **Tierpsyche**, Sexualleben

Vererbtes i., XVI 207f.

u. Wiederholungszwang, XV 113

Tierpsychologie (s. a. Tierpsyche),
XVII 69

'Tierpyramide' (s. a. i. Reg. d. Krankengesch.: Namenverzeichnis, Wolfsmann), XII 56

Tierquälerei (s. a. Sadismus; Tierphobien), XII 39

'Tilgung aller Schulden', kathartische, I 123

Tilgungspsychose, hysterische, I 123

Tiqueur s. Tic

Tisch
Bett symbolisierend, VII 133f.;
XI 269–71

umgewendeter, i. Aberglauben,
XI 164

als weibliches Symbol, XI 158f.,
164

Titanen, Sünde d., u. Totemopfer,
IX 185

Tobiasehe, XII 175

Tochter
Identifizierung d., mit Mutter s.

Mädchen, u. Mutteridentifizierung

Identifizierung mit, seitens d.
Mutter, IX 22f.

kleine, als Genitalsymbol, XI 159

u. Mutter s. **Mädchen,** u. Mutter;
Mutter (s. a. Groll; Präödipale
Phase)

u. Vater
Abwendung v. (s. a. Mädchen,
u. Mutter, Rückkehr z.), XIII
395; XIV 534

Bindung an s. **Vater(bindung)**
(s. a. Ödipuskomplex, weiblicher)

Inzest mit
später geächtet als Mutterinzest Sohnes, IX 148

Vermeidungsvorschriften d.
Primitiven gegen, IX 17

unverheirateter Tochter,
IX 18

Kindeswunsch v., XII 207, 284;
XIV 22

als Rivale d., XIV 518f.

Tod (biologischer) (s. a. Sterben;
Todestrieb u. Lebensstrieb;
Tote)

Angst vor s. **Todesangst**

Begriff d. –es, XIII 288

biologische Betrachtung d. –es,
XIII 40–42, 47–54

u. Elementarorganismen, XIII
41f., 49–53, 269

u. Gefahr, XIII 41

geliebter Personen [naher Anverwandten] (s. a. Selbstvorwürfe;
Todeswunsch; Trauer), X 342f.,
346–49, 353

Eltern, eines d., V 131

u. Schuldgefühl, X 345, 351;
XV 131

Traum v. s. **Tod** (Vorstellung
v.): u. Traum

d. Vaters, Reaktion auf (*s. a.*
Vater), XIII 333, 350
Zwangsvorwürfe nach (*s. a.*
Melancholie), X 446
u. Grade d. Vitalität, XIII 242
u. Keimzellen, XIII 42, 46, 48
als Naturerscheinung, XIV 336–38
natürlicher, XIII 40–53 (47)
dynamisch betrachtet, XIII 52
morphologisch betrachtet, XIII 47–52
Schein-, *s.* **Lebendig**begraben**werden; Schein**tod
Soma, Lebensdauer d., XIII 48f.
durch Tabu, IX 30
Termin d. –es, XIII 47f.
Unwissen ü., beim Kind, II/III 260f.; X 342
Weismanns Theorie d. –es, XIII 49
als Ziel d. Lebens, XIII 40–47 (41), 53
Tod (Vorstellung v.) (*s. a.* Jenseitsglauben; Sterben), II/III 260
Anerkennung d.
  als erste Kulturschöpfung, IX 114
  späte Errungenschaft, IX 95
Angst vor d. *s.* **Todesangst**
Atropos als Symbol f., X 33
als Ausgangspunkt
  d. Animismus, IX 95, 108
  d. Dualismus, IX 95
  d. Kultur, IX 114
  d. Philosophie, IX 108
  u. Erbsünde, XVI 192
als Erlöser, XIV 447
Fortdauer nach d., XIV 393
als 'Fortsein', II/III 259–62, 264f.
Gefühle gegenüber
  ambivalente, IX 78; X 347, 349, 353

Tod (Vorstellung v.): u. Traum
'carpe diem' (*s. a. i.* Traum-Reg.: 'Carpe diem'), II/III 210–14; VI 119f.
u. intrauterine Phantasie (*s. a.* Mutterleibsphantasien), XV 25
beim Kind, unvorstellbar u. keine Scheu erregend (*s. a.* Tod (Vorstellung v.): als 'Fortsein'), X 342
u. Krieg, X *324–55*
i. Literatur u. gesellschaftlichem Leben, X 342–44
i. Märchen, XI 191
bei d. Primitiven, X 345–50; XIII 47; XV 131
  durch Erscheinen d. Totemtieres angekündigt, IX 128
Rätsel d., XIV 337
u. Religion u. religiöse Auffassung, XII 255; XIV 340f.
u. Risiko
  Heldentum (*s. a.* Heldenmut; Heldentum; Heros), X 350f.
  Leben uninteressant ohne, X 343f.
u. Sittlichkeit, X 348f.
durch Stummheit symbolisiert, X 29
u. Tabu (*s. a.* Leiche; Tabu; Tote) IX 28–31, 33, 43, 47, 66–88
u. Traum (*s. a.* Telepathie u. Traum; 'Todesklausel'; Todeswunsch; Tote), II/III 18; IX 78; XI 191–94; XIII 166f.
  v. eigenem Tod, II/III 433, 455–58, 466–71, 475f.
  Unvorstellbarkeit *s.* **Tod** (Vorstellung v.): Unvorstellbarkeit d.
-symbole f. (*s. a.* Todesangst; u. i. Symbol-Reg.), II/III 362, 390, 402; XI 200–02
v. Tod teurer Anverwandter (*s. a.* Todeswunsch), II/III 18, *254–58*, *265*, *273f.*, *430–33*, *437–40*; IX 78; XI 191; XV 131

613

Tod (Vorstellung v.): u. Unheimlichkeit

v. Wechsel v. Leben u. Tod, II/III 433

u. Unheimlichkeit, XII 247, 254–56

u. Unsterblichkeit *s.* **Jenseitsglauben**

Unvorstellbarkeit d. [Unverständnis f.], X *341–55*

eigenen Todes (*s. a.* Tod (Vorstellung v.): u. Traum), X 341, 347, 350f.

Heldentum durch, X 350f.

beim Kind, II/III 260f.; X 342

d. natürlichen, XIII 47; XV 131

bei Primitiven, IX 95, 108, 114; X 345–50; XIII 47; XV 131

i. Traum, II/III 259–62, 264f.

i. Unbewußten, XII 255; XIV 160

d. Vaters, Reaktion auf *s.* Tod (biologischer); **Vater**

beim Zwangsneurotiker *s.* **Todeskomplex** (*s. a.* Zwangsneurose)

zynische Witze ü., X 352f.; XIV 385

'**Todesanfall**' (*s. a.* Anfall, epileptoider), XIV 406, 409

Todesangst [–furcht] (*s. a.* Ängstlichkeit; Erwartungsangst; Unheilserwartung), II/III 260; VII 167; XI 418; XIII 288

Abkunft d., XIII 288

u. Abstinenz, VII 167

Angst, nicht jede, eine, XIII 288

angstneurotische u. normale, I 351

äußere Gefahr, als Reaktion auf, XIII 288

u. Doppelgänger (*s. a.* Doppelgänger), XII 247

u. epileptoider Anfall, XIV 405f.

u. Kastrationsangst, XIII 289; XIV 160

Mechanismus d., XIII 288

i. d. Melancholie, XIII 288f.

u. Schuldbewußtsein, X 345, 347, 349, 351, 353; XIII 289

i. Traum *s.* Tod (Vorstellung v.): u. Traum

Traumsymbole d. *s.* Tod (Vorstellung v.): Traumsymbolik f. (*s. a.* i. Symbol-Reg.)

u. traumatische u. Kriegsneurose, XIV 159f.

u. Unheilserwartung, zwangsneurotische, IX 108

u. Überich, XIV 170

als Verarbeitung d. Kastrationsangst, XIII 289

d. Wolfsmannes *s.* i. Reg. d. Krankengesch.: Namenverzeichnis, Wolfsmann

Todesgefahr *s.* **Gefahr**, reale; **Tod** (biologischer)

Todesgöttinnen, X *31–37*

u. Liebesgöttin, X 33–35

u. Muttergöttinnen, X 34

'**Todesklausel**' Theorie d. Traumes (*s. a.* Traum; -theorien), II/III 402; XI 244

Todeskomplex (*s. a.* Ambivalenz; Todeswunsch)

i. d. Zwangsneurose, VII 452f.; IX 108

Todesnachricht, XIV 410

Todesstrafe (*s. a.* Recht, Straf-), X 394

f. Inzest bei Naturvölkern, IX 9

Todessymbolik *s.* i. Symbol-Reg.

Todestraum *s.* Tod (Vorstellung v.): u. Traum; **Traum**

Todestrieb(e) (*s. a.* Destruktionstrieb; Selbstzerstörung), VII 371; XIII *40–45* (43); XV 114f.; XVII 71, 76, 129

aller belebten Materie, Ableitung eines, XIII 269; XIV 478; XVI 22, 88

Bewältigung d., XIII 284

u. Libido s. **Todestrieb**(e), Neutralisierung d.

biologisches Wesen d., XIII 59–62, 269

als Destruktion, ohne Libido, XVII 76

u. Destruktionstrieb, XIII 59, 66, 269, 376; XIV 478, 481; XVI 22, 90; XVII 72

Einwendung gegen d. Lehre d., XIII 59–62, 269

bei Empedokles, XVI 91

u. Eros s. **Todestrieb**(e), u. Lebenstrieb

u. Es, XIII 289

u. Gefahr (s. a. Gefahr), XIII 41

u. Ichtrieb, XIII 46

u. Identifizierung u. Sublimierung, XIII 287

u. Keimzellen, XIII 42, 46

u. Kultur, XIV 481

u. Lebenstrieb [Eros], XIII 46f., 57, 66, 112, 268f., 371–73; XIV 84, 105; XV 114

Ambivalenz u. Kampf zwischen (s. a. Ambivalenz; Kultur)

u. d. Es, XIII 289

i. Kultur- u. Lebensprozeß, XIV 499–501

Unterschied zwischen, XIII 273, 275; XIV 478

Vermischung v. s. **Triebmischung**

ohne Libido, XVII 76

u. Libido, Funktion d. s. **Todestrieb**(e), Neutralisierung d.

u. Liebe u. Haß, XIII 271–74

d. Lustprinzip i. Dienste d., XIII 67–69, 270–76, 371–73

i. Masochismus, XIII 376f.

i. d. Melancholie, XIII 284

Neutralisierung d., XIII 269, 376

durch Libido, XVII 72

teilweise, i. Zellenstaat, XIII 54

u. Sadismus, XIII 58f., 268f.

als Ursadismus, XIII 376f.

Schicksale d., XVII 72

Selbsterhaltungstrieb als Partialtrieb d., XIII 41

u. Selbstmord, XIII 283

u. Sexualbefriedigung, XIII 275

u. Sexualtriebe s. **Sexualtriebe** u. **Todestriebe**

u. Stabilität (s. a. Gleichgewicht), XIII 376

bei Stärcke, XIII 59

'Stummheit' [Unauffälligkeit] d., XIII 69, 275, 289; XIV 478

als Tendenz z. Erregungsverringerung, XIII 67f.

Unauffälligkeit d. Arbeit d. s. **Todestrieb**, 'Stummheit' d.

u. Überich, XIII 283

Verschiebung d., XIII 58

u. Wiederholungszwang (s. a. Wiederholungszwang), XIII 46f., 60; XV 114

(Zusammenfassung), XIII 232f.

i. d. Zwangsneurose, XIII 270, 283f.

Todesursachen (s. a. Tod (biologischer))

i. d. Meinung d. Primitiven, IX 75; XIII 47; XV 131

Todeswunsch [-wünsche]

u. Ambivalenz, IX 76f.

mit Befürchtung, II/III 273f.; VII 388

mit Mitleid, IX 193

i. Traum (s. a. Tod (biologischer) geliebter Personen), II/III 430–33

Todeswunsch u. Angsttraum

u. Angstraum, II/III 273f.
archaische Züge i., XI 206f.
u. Ärger i. Traum, XIII 83
gegen Eltern, II/III 262–74; XI 209–12
  Mutter, präödipaler, Mädchens s. **Mädchen**, u. Mutter
  i. d. Mythologie [u. i. d. Ödipussage], II/III 267
u. Schlimmheit, II/III 256–61
  Vater (s. a. Ödipuskomplex; Vater), II/III 260, 333f.; VIII 238; XI 191–94
    u. epileptioder Anfall, XIV 406, 410
    u. Kastrationskomplex, XI 193, 212; XII 119
    i. d. Phobie, II/III 266f.
    beim Rattenmann, VII 407f., 415, 421f., 443f., 452f.
    i. d. Zwangsneurose (s. a. Zwangsneurose), II/III 266f., 333f.
  i. Flüchen, X 351f.
geliebten Personen gegenüber (s. a. Tod (biologischer): geliebter Personen; Todesangst; Todeswünsche gegen Eltern; – gegen Geschwister), IX 76f.
gegen Geschwister, II/III 255–61; VII 248, 303, 306–10, 347; XI 206–09, 346; XII 15–26
  bei Goethe, XII 15–22
  beim kleinen Hans s. **Reg. d. Krankengesch.**: Namenverzeichnis, Kleiner Hans
  i. Traum, II/III 255–61; IX 78
u. Hinauswerfen v. Gegenständen, XII 22
infantiler s. **Todeswunsch**, gegen Eltern; – gegen Geschwister
als Maßlosigkeit, XIII 83
i. Melancholie (s. a. Melancholie), I 100

u. Mitleid, XIII 184
u. Ödipuskomplex, II/III 267; XI 211f.
Projektion v., IX 77
Schuldgefühl [Selbstvorwürfe, Sorge] wegen, II/III 262, 266, 273; VIII 238
i. Selbstmord[-versuch], XII 290
i. Traum, II/III 255–61, 266, 273f.; XI 143
durch geheuchelte Zärtlichkeit ersetzt, II/III 150, 266
unterdrückter, XVII 36–40

Toleranz (s. a. Intoleranz)
d. Affektspannung, normale (s. a. Affekt; Reiz; Spannung), I 242f.
Fähigkeit d., XIV 132f.
f. d. Neurose, i. d. Gesellschaft, VIII 114f.
religiöse, XIII 107
i. d. Wissenschaft (s. a. Eklektizismus), XV 155f., 172f.
Abweisung d., XIII 65

Tonische Energie (s. a. Besetzungsenergie, ruhende), XIII 67

'Too good to be true'-Gefühl (s. a. Wunscherfüllung, prompte), XIV 347; XVI *252f.*
aus Minderwertigkeitsgefühl, Pessimismus, Schuldgefühl u. Scheu, XVI 253
Unglaube u. Entfremdungsgefühl bei, XVI 253f.

Topik [Topische Gesichtspunkte, Topographie] (s. a. Lokalisation; Psychischer Apparat; Schichtung; Struktur), XI 353f.; XIII 56; XIV 58, 86, 301–03; XVI 71, 202–04
u. anatomische Lagerung (s. a. Anatomie), VIII 398
d. Denkvorgangs, XIII 247

Dynamik u. Ökonomik, II/III 614–16; X 281; XIV 301; XVI 70f.
u. genetische Gesichtspunkte, XVI 203
d. Ich, XIII 18; XVII 78
d. Ichtriebe u. Sexualtriebe, XIII 56
d. Melancholie, X 443–45
d. Regression, II/III 554
  i. Amentia u. Schizophrenie, X 426
  i. Traum, X 415–18, 426
d. Unbewußten, X 271–75; XIV 58
d. Verdrängung, X *279–85*, 426; XI 354
Verschiedenheit d., XIII 367
d. Vorstellung, XIII 247
Wert d. (Revision d. Lehren v.), XVI 86
beim Widerstand unbestimmt, XVI 86f.

Topophobie (*s. a.* Agoraphobie), XI 278

Tor *s.* **Türe;** u. i. **Symbol-Reg.**

'**Tories**', Spitzname d., IX 137

Tot(e) (*s. a.* Leiche; Sterben; Tabu; Tod-; Töten)
Ambivalenz d. Überlebenden, gegenüber, IX 114
  Projektion d., auf, IX 79–83
Angst vor, IX 73f.
Begräbnis d., auf Inseln u. 'Jenseits' (*s. a.* Jenseits), IX 75
als Dämonen (*s. a.* Dämon; Geist; Seele; Animismus), IX 73–86
  Vampyre, IX 75
als Ermordete empfunden (*s. a.* Mord; Mörder), IX 78
als Feinde betrachtet, IX 66; XII 256
Identifizierung mit, i. epileptoiden Anfall, XIV 406, 409f.

Pietät gegenüber –n, X 342; XII 256
Träume ü., II/III 18f.; VIII 238; XI 191–94
Unheimlichkeit d. –n, XII 254–56
  als Unreine, IX 66–69
Tot(enbücher), XI 163
Tot(enklage) u. Totemopfer, IX 169f.
Tot(sein) (*s. a.* Tod (biologischer); Tod (Vorstellung v.))
Symbole f. *s.* i. **Symbol-Reg.**

Total (–er, –e, e–s)
Konversion (*s. a.* Konversion), I 63
Stimmung *s.* **Allgemein-; Stimmung**

Totem, IX 7
u. Abstammung u. Echtheit d. Blutsverwandtschaft, IX 7, 126, 128
Arten d., IX 126
d. Arunta, IX 138
Charakteristik d., IX 130
(Definition), IX 7, 129, 178
  Frazers, IX 125
Eßverbot (*s. a.* Speiseverbote), IX 7, 42, 123, 127, 130
Feste z. Feier d. (*s. a.* Totemmahlzeit), IX 7
u. Fetisch, Unterschied zwischen, IX 126
Geschlechts-, IX 126–29
als 'Hypertrophie' d. sozialen Instinktes, IX 137
individueller, IX 126–29
als Schutzgeist [Beschützer], IX 7, 124–26
Stammes-, IX 126–29
u. Stammesvater, IX 7, 159f.
-tabu *s.* **Totemtabu** (*s. a.* Totem, u. Tabu)

Totem u. Tabu

u. Tabu (*s. a.* Exogamie; Inzest-; Primitiv; Tabu), IX *3–194* (32–35); X 77f.

Kultur verändert Tabuverbote weniger als Totem-Vorschriften, IX 4

(Zusammenfassung), XII 149; XIII 136f.; XVI 186f., 239

-tier [Tier als –] *s.* **Totemtier** (*s. a.* Tier)

Tötungsverbot, IX 7, 42, 123, 127, 130

i. Traum erworben, IX 144

als 'unbefleckte Empfängnis', IX 144

u. Vater (*s. a.* Stammesvater; Ur(vater); Vater), IX 157, 177

Vererbung d., IX 7, 144

matrilineare, IX 128, 130, 135

Verkleidung als, IX 128

als Wappen [heraldisches Abzeichen], IX 134

Totemclan (*s. a.* Sippe)

u. Familie, IX 126; XIII 152

Clan bindet stärker als, IX 128

Solidarität i., IX 89, 128

Totembaum (*s. a.* Totempflanze)

Verbot i. Schatten d. –es z. sitzen, IX 146

Totémisme, Code du, IX 123f., 130

Totemismus (*s. a.* Brüderclan; Exogamie), IX 7, *26–127*; XI 347f.; XII 328f.; XIII 136; XIV 344f. XV 179

u. Abkunftsprobe, VIII 318f.

allegorische Deutung d. *s.* **Totemismus**, Theorien ü. d.

Begriff d., IX 123, 129

Charakterzüge u. Wesen d., IX 7, *23–129* (123f.), 130–86

Einschränkungen

sexuelle, XIV 463; XVI 227

soziale d. (*s. a.* Totemismus, u. Exogamie), IX 128

u. Exogamie, IX 8–20; XVI 240

gleichbedeutend, Totemtabu ein Beweis f. d. Theorie, IX 146

u. Gruppenehe, IX 13

Prioritätsfrage: vorangehend, nachfolgend, gleichzeitig?, IX 147, 153, 176

als verschieden aufgefaßt (Frazer, usw.), IX 146f.

Geschichte d.

Herkunft, IX 133–45

Verfall d.

durch Domestikation, IX 166, 178f.

u. sekundäre Entstellung, IX 8

u. Hilflosigkeit, XIV 344f.

infantile Wiederkehr d. (*s. a.* i. Reg. d. Krankengesch.: Andere Autoren (Ferenczi); – Namenverzeichnis, Kleiner Hans; – Rattenmann; – Wolfsmann), IX *122–94*; XIII 184

u. Inzest (*s. a.* Inzest-), XI 347f.

Kultur d. *s.* **Totemismus**, als soziales System

i. d. Kultur abgeändert, IX 4

als Kulturvorstufe, IX 122f., 131

u. Männerverbände, IX 171

u. Mordverbot, XI 347f.; XIV 365

u. Ödipuskomplex (Zusammenfassung), XIII 228f.

als Religion [als religiöses System], IX 126–28, 174–77

u. Religion(en), XVI 188f.

spätere, Übergang i., XIV 344f. XVI 240f.

v. Animismus, XV 179

bei d. Semiten, IX 168

als soziales System, IX 7, 26–129

Kultur d. (*s. a.* Totemismus als Kulturvorstufe), XIV 460, 463; XVI 240
u. Stammesorganisation, IX 129
Theorien ü. d., IX 8, 133–45
  allegorische Deutung, IX 180
  animistische, IX 145
  u. Exogamie *s.* **Totemismus**, u. Exogamie
  materialistische [rationalistische, 'Hunger'-], IX 137f., 140
  nicht-analytische, Grund d. Scheiterns d. –n, IX 132f.
  nominalistische, IX 133–37
  psychoanalytische, IX 154–86
  psychologische, IX 141–45
  Seelenwanderungs-, IX 144f.
  soziologische, IX 137f.
  Tätowierungs-, (MacLennan), IX 133
  als weibliche Geistesschöpfung, IX 143f.
Tiere i. *s.* **Totemtier**
u. Triebverzicht (*s. a.* Totemismus, Einschränkungen), XIV 463; XVI 227
u. Vatermord, XI 347f.
u. Vaterverhältnis, IX 177
bei verschiedenen Völkern
  afrikanische, ostindische, ozeanische, IX 8
  australische, IX 6–8
  nordamerikanische Indianer, IX 7
  (Zusammenfassung), XIV 92–94
Totemmahlzeit (*s. a.* Menschenopfer; Vatermord), IX 130, 161, 168f., 175; XIV 93f.; XVI 188, 239f.
u. Eucharistie [Kommunion], IX 185f.; XIII 257; XIV 94; XVI 190
Geschichte d. ersten, IX *171–73*

Totemtier, Identifizierung mit
u. griechische Tragödie, IX 187–89
Identifizierung i. d., XIII 257
u. Kannibalismus, IX 171
  als Opferfest, IX 161f.
u. Ambivalenz, IX 170f.
  als älteste Form d. Opfers, IX 177
Robertson Smiths Ansicht, IX 160–71
u. Totenklage, IX 167–70
Triumph bei d., XIV 410; XVI 188
u. Vaterersatz, IX 177
Verbote bei d., XIII 257
Zeremoniell d., IX 167–70
  d. Beduinen d. sinaitischen Wüste, IX 168
Totemopfer (*s. a.* Opfer; Tieropfer; Totemmahlzeit; -tier)
  als stärkstes Motiv d. Religion, IX 177
Totempflanze, IX 133, 145
Totemsippe *s.* **Sippe** (*s. a.* Stamm-)
Totemtabu (*s. a.* Tabu; Totemverbote)
  Genese d., IX 173–76
  Tötungsverbot d. Totemtieres, IX 7, 42, 123, 127
Totemtier [Tier als Totem], IX 7, 32, 124; XVI 188, 239
  ambivalente Einstellung z., IX 159, 170f.
  Aufgefressenwerden durch, Angst vor (*s. a.* Tierphobien), XIII 377
  Einstellung gegenüber, IX 123f., 127f.
  d. Evangelisten, XVI 191
  Identifizierung mit, IX 159
  i. Kindheitsneurose (Phobie), IX 157–60

Totemtier, Känguruh-Totem

Känguruh-Totem (als Beispiel), IX 10
i. Mysterien d. Gotte geopfert (*s. a.* Tier als Gott), IX 178
Nachahmung d. –es, IX 128
als Opfer [Opferung d. –es] (*s. a.* Opfer; Theanthropisches Opfer), IX 123f., 128, 165, 177
    Identität d. Opfertieres mit, IX 165
Seelentier als, IX 145
als Stammesvater, IX 124, 129, 133, 145
als Todesankündiger, IX 128
tragische Schuld d. Tötung, IX 187
Trauer um, IX 123
ursprünglicher als Totempflanze, IX 133, 145
Vater[-surrogat-]verehrung i. d. Verehrung d., IX 170f., 174f., 177
Weitergestaltung d., XVI 242
als Weltschöpfer, XV 175

Totemverbot (*s. a.* Tabu)
Genese d. Totemtabu, IX *173–76*
durch Ödipus beleidigt, IX 160
Speiseverbot u. Tötung, IX 123

Toxikologische Theorie
d. Angstneurose *s.* **Angsttheorie** (toxikologische) (*s. a.* Libido)
d. Epilepsie, XIV 403f.
d. Neurasthenie, VII 148
d. Neurosen, VII 148f.; VIII 101

Toxische
Faktoren *s.* **Chemismus; Intoxikation; Organische** Psychiatrie
Heiterkeit (*s. a.* Alkohol[-ismus]; Rausch; Stimmung, heitere; VI 142, 249
Natur
    d. Aktualneurosen, VIII 337–40; XI 402f.; XIV 50
d. Angst [ersten, Geburts-], XI 411; XV 88
d. Angstneurose *s.* **Angsttheorie** (toxikologische)
d. Neurasthenie, VII 148
Störungen
    psychische hervorrufend (*s. a.* Intoxikation), VII 148
    psychischen nachfolgend, VIII 101
Verstimmung, V 21

Tödliche Selbstbeschädigung u. Selbstmord *s.* **Selbstmord; Selbstschädigung**

Töten [–ung] (*s. a.* Feinde; Krieg; Menschenopfer; Mord; Mörder; Opfer-; Vatermord)
d. Totemtieres (*s. a.* Tabu; Totemmahlzeit; –opfer; –tier), IX 7, 42, 123, 127, 130

Tradition (*s. a.* Konservatismus), XVI 174, 200f.; XV 73
als archaische Erinnerungsspur, XVI 206f.
u. Geschichte, XVI 172
u. Massenseele (*s. a.* Massenseele), XVI 174
mosaische Religion
    Wesen u. Sinn d., i. d., XVI 172f.
    Wirksamkeit d., zuerst durch, XVI 236, 238
u. d. Vergessen d. Peinlichen, IV 164
Phantasie Anziehung d., auf, XVI 175f.
u. Unlustgefühle, IV 164
Überich beeinflussend (*s. a.* Überich), XVII 69
u. veraltete Institutionen, XVI 83
wirksame, XVI 200
u. Zwang i. d. Religion, XVI 208

Tragische Schuld (*s. a.* Drama; Schuld; Tragödie), XVI 193
Vatermord als d., IX 187–89
Tragödie [Trauerspiel] (*s.a.* Drama; Lustspiel), VII 214; XVI 193
griechische, u. Totemopfer, IX 187–89
Lust u. Unlust i. d., XIII 15
Schicksals-, II/III 268f.
als Spiel, VII 214
Trance (*s. a.* Hypnoide Zustände; Hypnose)
u. Außenwelt u. ozeanisches Gefühl, XIV 431
Transference (*s. a.* Übertragung), XIV 303
Transitorisch *s.* Symptome, passagère
Transkription, d. Traumdenkens, i. d. Traumarbeit (*s. a.* Traum-), XI 177
Transplantation, d. Geschlechtsdrüsen, V 116
Transposition (*s. a.* Libido, Beweglichkeit d.; Verschiebung)
d. Erregung (an homosexuelle Objekte), V 44
freigewordener Affekte, I 65–72
v. pathogenem Material, VII 368
'Transsubstantiation', d. Empfindungen, i. Traumbilder (Krauß), II/III 39f.
Trauer
Allgemeinhemmung bei, XIV 117
Ambivalenz i. d.
 u. Haß hinter d., IX 113; X 347, 349, 353, 437, 444
 Projektion d., IX 79f.
u. Angst, XIV 163, *202–05*
–arbeit *s.* Trauerarbeit
Auflehnung gegen (d. Dichters), X 359

Trauer u. Sehnsucht
(Definition), X 359f., 428f.
als Fixierung, XI 285
halluzinatorische Wunschpsychose i. d., X 430
u. Hysterie, I 117, 228f.
Ich, Rolle d., i., VIII 64
u. Ichideal, XIII 120f.
Ichverarmung i., XIV 117
Interessenverlust f. d. Außenwelt i. d., X 429
Introjektion i. d., XIII 120f.
körperliche Wirkungen d., V 294
 Appetitlosigkeit u. hysterische Magenschmerzen, I 117
i. d. Kultur, Intensität d., X 343
u. Lebendigbegrabenwerden, Angst vor, I 143f.
u. Leichentabu, Gegensatz v., IX 73
Libido-Loslösung bei, VIII 64, 308; X 360, 430
u. Manie u. Triumph, X 442; XIV 410
u. Melancholie, X *428–46* (443–45)
 Unterschiede zwischen, X 431, 437–39
u. Namentabu, IX 73
normale [nicht-krankhafte] (*s. a.* Trauerarbeit, normale), I 331f.; V 294; IX 82; X 428f., 437
 u. krankhafte Regression, X 412
i. normaler Eifersucht, XIII 195
u. Objektverlust, XIV 202, 205
periodische, nachholende, I 229f.
u. Realität, X 430
u. Schmerz [schmerzliche Stimmung] (*s. a.* Depression), X 430; XIV 161, *202–05*
u. Angst, XIV *202–05*
u. Sehnsucht, XIV 205

621

Trauer u. Selbstbeschädigung

u. Selbstbeschädigung, IV 198
beim Tod geliebter Personen *s.*
Tod (biologischer): geliebter Personen
u. Todeswunsch *s.* **Todeswunsch**
um Totem, IX 124
–opfer, IX 123
u. Traum, II/III 18f.; IX 78
Trennung erzeugt keine Angst, sondern Schmerz o., XIV 161
u. Versuchungsangst, IX 78
d. Wolfsmannes *s.* i. **Reg. d. Krankengesch.**: Namenverzeichnis, Wolfsmann
Zwangslachen bei, VII 415
u. Zwangsvorwürfe (*s. a.* Selbstvorwürfe), IX 76f., 83

Trauerarbeit, X 430
Geschichte d. Theorie, I 229f.
Langwierigkeit d., X 442f.
i. d. Melancholie, X 443–46
normale, IX 82; X 439
Schmerz d., psychisch unerklärt, X 430

Trauergebräuche u. Kleidung, IX 68f.

Trauerspiel *s.* **Tragödie** (*s. a.* Tragische Schuld)

Traum (*s. a.* Träume), II/III vii–xv, 1–700; XI 79–246, *203–46*

u. Aberglauben, II/III 647; IV 291
abstrakte Gedanken i., X 419
bildlich dargestellt, II/III 345, 347–51, 410
absurder [– sinnloser, Absurdität i., Widersinn i.] (*s. a.* Traum, Unsinn), II/III 21, 57–60, *428–62* (446–48), 535f., 656, 675; VII 100, 110
Assoziationen, oberflächliche, mit tieferen verbunden, i. –n, II/III 535f., 656

Beispiele, II/III 428f., 432, 433–37, 437–40, 440f.
Geringschätzung d. –n –es, II/III 428; XI 83
Tendenz d. Traumarbeit kämpft gegen d., II/III 494f.
Abwendung v. d. Außenwelt i. (*s. a.* Außenwelt), II/III 54f.
Affekt(e) i. [u. Affekt(e)], II/III 8, 77f., *462–92*, 511f.; XI 220f.

u. Angst, X 277
–armut [Ausbleiben d.] *s.* Traum, Affektlosigkeit
–äußerung, i. Verwerfungsurteil verkleidet, II/III 146
–entbindung, II/III 462–64, 470f., 482–84
–hemmung i. (durch Zensur), II/III 471, 482f.
Intensität d. –es, II/III 462–64
d. Bilder statt, XV 21
–quellen, Zusammenwirkung d., i. Überdeterminierung d. –es, II/III 483f.
–umstellung, II/III 466–71
–unterdrückung, II/III 481–83, 562
u. Schlaf, II/III 471
Verdrängung als, II/III 470f., 474
–verkehrung [–umkehrung], II/III 331–35, 474–76
Beispiel Ferenczis, II/III 475f.
Wunscherfüllung i. Dienste d., II/III 474–81
–verwandlung, II/III 609
u. Wachleben, Affekt i., gleichwertig, II/III 462f.
–wirkung, II/III 484
affektive
Beurteilung d. –es, II/III 146
Gedankengänge als Ersatz statt, II/III 653

Affektlosigkeit i., II/III 157–60, 254, 417, 455–58, 464–66, 472–74; 481; XI 87f.; XV 21

scheinbare, II/III 653

teilweise [Affektarmut], II/III 470

d. 'Ahnungslosen' *s.* **Traum(deutung)**

u. Alltagsleben *s.* **Traum, u. Wachleben**

Alp-, *s.* **Alpdruck**

Alternative nicht dargestellt i., II/III 674; VI 243

i. Altertum, Einschätzung d. –es *s.* **Traum(deutung)**

Altertümer, seelische, i. *s.* **Traum, Archaisches** i.

u. Amentia, Ähnlichkeit zwischen, II/III 79

u. Amnesie, infantile (*s. a.* Amnesie), XV 29

i. d. Analyse, XIII 432

analytische Verwertung d. –es *s.* **Traum(deutung)**

Angst-, (*s. a.* Alpdruck), I 568f.; II/III 93, 140, 167f., 273f., *586 –93*, 688; VII 87f., 351f.; VIII 36; XI 221, 280; XIII 32; XIV 71; XV 28; XVII 93

(Definition), XI 222

Freuds eigene *s.* i. Biogr. Reg.

Gehemmtsein i. (*s. a.* Traum, Gehemmtsein i.), II/III 244–46, 341–43

i. d. 'Gradiva' Jensens, VII 37, *81–90* (82, 87)

d. Kinder (*s. a.* Kinderangst; Pavor nocturnus; u. i. Reg. d. Krankengesch.: Namenverzeichnis, Kleiner Hans; – Wolfsmann), VII 259, 351f.

d. Kranken (Herz- u. Lungen-), II/III 37

u. Phobie, II/III. vii, 647

Traum, archaische Züge d.

vor Räubern (*s. a.* Angst vor), II/III 409, 462

sexuelle Wurzel d. –es (*s. a.* Traum, u. Sexualität), II/III 167f.; VII 87f.

somatisch bedingter, II/III 242

als Straftraum (*s. a.* Traum, Straf-), I 566, 569; XI 224f.; XIII 32; XV 28

u. Todeswunsch *s.* **Todeswunsch**

typischer, II/III 400f.

als Unfallstraum, XIII 32f.

u. Urszene (*s. a.* Ur(szene)), II/III 590f.

als Verfolgungstraum *s.* **Traum, Verfolgungs-**

als Wecktraum *s.* **Wecktraum**

u. Willenskonflikt, II/III 244f., 341–43

als Wunscherfüllung, verdrängte, II/III 140, *242f., 562* f., 688; VIII 36; XI 219–33 (221–25); XVII 93

unlustvolle, II/III 586–88

u. Zensur *s.* **Traum(zensur)**

Angst i. (*s. a.* Traum, Angst-), X 277

Angstideen i., II/III 684

Todes- (*s. a.* Tod), II/III 390

Anschaulichkeit i. *s.* **Traum, visueller Charakter d.** –es

Anspielung i. (*s. a.* Anspielung; Traum(darstellung)), VI 196; XI 177f.; XVII 90

u. Beziehung d. Traumelemente i. d. Traumentstellung (*s. a.* Traum(entstellung)), XI 118–20, 152, 173

Anstößigkeit d. –es (*s. a.* Traum, 'harmloser'), I 565, 690; XIV 70

archaische Züge d. –es (*s. a.* Archaisch), II/III 554; VIII 221; XI 183, *203–17*; XIII 218; XVII 89

Traum bei Aristoteles

u. Infantilismus, XI *203–17*

–Welt (Ellis), II/III 63, 596

bei Aristoteles, II/III 2f., 36, 102, 555; X 426; XI 84; XIV 73, 548

Arten *s.* **Traum(arten)** (*s. a.* Traum, typischer)

asexuell erscheinender *s.* **Traum, 'harmloser'**

als asoziale Produktion, verglichen mit Kunstwerk, VI 204; XIV 90; XV 8

u. Assoziationen, II/III 61–63

absurde, II/III 535f., 656

durch Gleichklang, II/III 62f.

nie v. Zufall bestimmt, II/III 533f.

oberflächliche u. tiefe, II/III 535–37

'Assoziations'- (Spitta, Volkelt, Wundt), II/III 43f., 226

u. Aufmerksamkeit, II/III 509–11, 582f.

Ausscheidungstheorie d. –es *s.* **Traum(theorien)**

–auswahl, Wertigkeit d., II/III 311–13

Banales i., II/III 170

Bedürfnis-, [Befriedigungs-; Bequemlichkeits-] (*s. a.* Traum, Ungedulds-), II/III 128–30, 166, 239, 407, 577, 659; V 226; XI 134, 143; XIII 305; XVII 92f.

i. allgemeinen, I 561f.; XIV 72

u. Entbehrungen, XI 131–33

Erwachsener u. Kinder, Unterschied zwischen, XI 133

u. Genesungs-, XIII 304f.

nicht-sexueller, XI 196

Befriedigungsgefühl nach, II/III 449

Besetzung beim

Entziehung d., allgemeine, X 425f.

Vorgänge d., II/III 580

bestätigender, VIII 356; XIII 307f.

'nachhinkender', VIII 356

bestimmte Beispiele *s.* i. Traum-Reg.

Bestrafungstendenzen i. *s.* **Traum, Straf-**

Betonung d. Wirklichkeit i., II/III 22

aus d. Bett fallen während, XIII 183

als Beweise d. Unbewußten, VIII 436–38; X *12–22*, 265, 267

d. Bewußte, Vorbewußte u. Unbewußte i., XII 294

Bewußtsein i., II/III 343f., 492, 577, 581, *614–26*, 694; XII 294

u. Bilderrätsel, XI 120

bildliche Darstellung *s.* **Bildersprache**, i. Traum; **Traum**, visueller Charakter d. –es; **Traum-(bild); Traum-(darstellung)**

'biographischer', II/III 352–54, 368–70; VIII 353; X 111

u. biologische Periodizität, II/III 172f.

bisexueller, u. hysterisches Symptom, XI 244

'durch d. Blume', II/III 324, 352–54, 378–82

Bordell-, II/III 338, 359, 400; XI 202

d. 'Böse' ist d. Infantile i., XI 215f.

bunter, II/III 232, 552f.

Charaktermerkmale d. –es, II/III *50–68*, 337, *513–16*, 625f.; XI 86f.

Egoismus *s.* **Traum**, egoistischer Charakter d. –es

formale Eigentümlichkeiten, XV 27

halluzinatorische Natur *s.* **Traum**, u. Halluzination

nicht v. Schlafzustand bestimmte, II/III 362; IV 308f.; XI 88

visuelle s. Traum, visueller Charakter d. -es

chronologische Folge, II/III 339

umgekehrte, II/III 333

Darmreiz i. s. Traum, typischer, (bestimmte Arten d.): Darmreiz-Darstellbarkeit s. Traum(darstellung) (s. a. Darstellbarkeit; Traum(arbeit))

Dämonie [Dämonen i.] (s. a. Mischbildung; Traum, Angst-; Gespenst i. -), II/III 2-5, 23, 36, 645, 690

Deck-, (s. a. Deck(erinnerung(en)), II/III 254

(Definition), II/III 573; XI 86, 88, 112, 136, 186, 387f.; XII 294; XIV 73; XV 8; XVI 264

bei Aristoteles, II/III 3, 555; XIV 73

d. Terminus technicus, XI 84, 136

'Déjà vu' i., II/III 404

u. Delirium, II/III 62f., 94-96; VII 85

u. Denken (s. a. Denken; Denkrelationen; Logische Funktionen)

bei Aristoteles, II/III 555

beschleunigtes, i., fragwürdig, II/III 500-03

Denkarbeit i., II/III 318, 560, 570, 681; XV 22

als Denkform, XIII 203

Denkrelationen i. s. **Denkrelationen**

als Denksystem, IX 116f., 119

fortgeführte s, II/III 509f.

Gedankengänge, V 229

visuelles s. Traum, visueller Charakter d. -es; **Traum(bild)**

Traum, embryonaler Charakter

Deutlichkeit [Klarheit] d. -es, II/III 336

d. Kinderträume, XI 87

Mangel an s. Traum, Verschwommenheit

v. sekundärer Bearbeitung abhängend, II/III *505*

o. Verhülltsein, je nach Wissen d. Patienten, VIII 355

'diagnostischer' [als Krankheitsanzeiger], II/III 3, 36f., 76; X 42, 413

bei psychischer Erkrankung (s. a. i. Reg. d. Krankengesch.: Namenverzeichnis, Schreber), X 42

u. Dichtung, II/III 101, 252, 480f.; VII 85; XV 25

Dimension d. -es, XI 87

divergierender, deutet auf Widerstand, XIII 302f.

Doppelsinnigkeit d. -es, II/III 154

Dramatisierung i., II/III 52f., 666, 699; X 126; XIV 71, 178

Durst-, s. Traum, typischer, (bestimmte Arten d.): Durstegoistischer Charakter d. -es, II/III 227, 327f., 677; X 413; XI 130, 143, 196, 207f.; XIV 72

Beispiele, II/III 274 78

u. Eifersucht, XIII 200, 202f.; XVII 132

kindliche, II/III 255-61

u. eigene Person, II/III 327f.; XIII 314

Einheit i.

Ähnlichkeit, Gemeinsamkeit u. Übereinstimmung darstellend, II/III 674f.

Zwang z., i., II/III 184-86

Ekel i. (auch ohne Affekt), II/III 472-74

embryonaler Charakter d. Seelenlebens i., XI 195

625

Traum d. Emporkömmlings

d. Emporkömmlings, II/III 476–79
i. Märchen, II/III 480f.
u. Entbehrungen (*s. a.* Traum, typischer, Durst-; Hunger-; usw.), XI 131–33
erdichteter *s.* **Traum**, u. Dichtung; **Traum(schöpfung)**
Erfrischung durch *s.* **Traum(theorien)**
'Ergänzungs-' (Fichte), II/III 7
Erklärungsversuch u. Plausibilität i. (*s. a.* Traum(deutung)), II/III 450
Eroberungs- [Sieges-], II/III 386
–wunsch i., II/III 386
als Erregungsabfuhr, II/III *584f.*
als Ersatz f.
  affektive Gedankengänge, II/III 653
  infantile Szene, II/III 551f., 573
erster [initialer] i. d. Analyse, VIII 355
u. Es, I 567f.
v. Es u. v. Ich her, XVII 88
u. Ethik, I *565–69*; II/III *68–78*
Exhibitions-, *s.* **Traum**, typischer, (bestimmte Arten d.): Nacktheits-
experimentell hervorgerufen, II/III *25–27* (26), *34–36*, *41f.*, 106, *188*, 228, 389, 694; XI 88f.; XIII 306
u. Familienroman, II/III 320–22, 353; VII 231
u. Fehlleistung (*s. a.* Fehlleistung), IV 260, 265; XI 79f., 101–03, 111, 128f.
  Ähnlichkeit zwischen, IV 308–10; XI 277
    u. Neurose *s.* **Traum**, u. Neurose
  Unterschiede zwischen, XI 249
    u. Neurose *s.* **Traum**, u. Neurose

Feuer i., II/III *400*
–löschen, durch Urinieren, i., XVI 4
u. Fixierung an d. Trauma (*s. a.* Fixierung; Trauma), XV 30f.
Fliegen [Flug] i. Traum *s.* **Traum**, typischer, (bestimmte Arten d.): v. Fliegen
'fließender', II/III 497f.
Folgerung i., XI 185
u. Folklore, II/III xii, 699
Form u. Inhalt d. –es, II/III 337
Fremdartigkeit [befremdende Wirkung, Seelenfremdheit] d. –es (*s. a.* Traum, Dämonie d. –es), II/III 50, 57, 645, 655, 684f.; VIII 33; XI 86; XVI 262
u. Freiheitssehnsucht, XI 196
u. Früherlebnisse, XVI 234; XVII 89
Funktionales Phänomen i. (Silberer), II/III 106, 349f., 507f.; XV 24
Geburts- *s.* **Traum**, typischer, (bestimmte Arten d.): Geburts-
–gedanken [–gedankengänge] *s.* **Traum**, u. Denken; **Traum(gedanken)**
–gedächtnis *s.* **Traum(erinnerung)**
als Gefahrsignal, XV 17
Gefälligkeits- [Lenkbarkeit, Suggerierbarkeit d. –es], XI 80, 244f.; XII 293f.; XIII 306–10
Gegensatz u. Widerspruch i. (*s. a.* Traum, Angst-), II/III 84f., 192, 251, 318, 323f., 353, 674; XI 181–83; XII 61
Darstellung d. –es *s.* **Traum(darstellung)**
gegensätzliche [kontrastierende] Vorstellungen i., II/III 74–76
bei Hildebrandt, II/III 9f.

u. Kästchenwahl-Motiv, X 33f.
nicht existierend, als solcher, II/III 674; XI 181–83
  i. Reihenfolge u. i. Beziehungen, XI 181–83
  z. Vater (*s. a.* Vater), X 42
durch Widersinn ausgedrückt, II/III 675
als Wunscherfüllung *s.* **Traum, Gegenwunsch-**
u. Gegensinn d. Urworte (*s. a.* Ur(worte)), VIII 214
Gegenteil i. *s.* **Traum**, Gegensatz; –Umkehrung i.; **Traum(darstellung)**
Gegenwunsch-, II/III 151–64 (*163*)
  Beispiele anderer Autoren (Stärcke), II/III 164
  u. Masochismus, II/III 165
  als Widerstandszeichen, II/III 163f.
  als Wunscherfüllung, II/III 661f.
Gehemmtsein i. [gehemmte Bewegung i.], II/III 251, 291, 341–43; XI 280
  i. Angst-, *s.* **Traum**, Angst-
  i. Nacktheits-, *s.* **Traum**, typischer, (bestimmte Arten d.): Nacktheits-
Willenskonflikt darstellend, II/III 251, 674
u. Geisteskrankheit (*s. a.* Traum u. Delirium; – u. Psychose), II/III xii, *92–99*; VII 82, 89
  bei Beginn d., VII 82
  Theorien ü. *s.* **Traum(theorien)**
Gemeinsamkeit i., II/III 324–31
  durch Einheit dargestellt, II/III 674f.
  gewünschte o. verschobene, II/III 327
Genesungs- [Heil-], XIII 304f.

bei d. Griechen, II/III 36
bei Robert, II/III 83f.
Genitalien i. (*s. a.* i. Symbol-Reg.), II/III 90
Geringschätzung d. –es (*s. a.* Traum, Wertschätzung d.), II/III 48, 646f., 656, 693f.; XI 80f.
  wegen Absurdität *s.* **Traum, absurder**
  als Minderleistung, II/III 56–58
  als Schutzeinrichtung, VIII 40
  wissenschaftliche, II/III 81f.
  u. ärztliche, II/III 67; XI 80; XIV 104, 219f.
'Geschlechtsreiz-' (Scherner), II/III 90
v. Geschwistern *s.* **Tod** (Vorstellung v.): u. Traum; **Todeswunsch**, gegen Geschwister
'Gesichtsreiz-' *s.* **Traum(theorien)**
Gespenst i. (*s. a.* Traum, Dämonie d. –es), VII 440f.
  Mutter als, II/III 409
Geständnis i., X 17
Glaubwürdigkeit i. d. Wiedergabe *s.* **Traum(bericht)**
Gleichgültigkeit i. (*s. a.* Indifferenz; Traum, Indifferentes i.), II/III 433
Gleichklang, Prinzip d. –s, i., II/III 103f.
  als Gleichnis, XI 130
Gleichstellung i. *s.* **Traum(darstellung)**
u. Gliederstellung, II/III 41f.
Goethes Ansicht ü. d., XIV 549
großer Männer (*s. a.* Große Männer; u. i. Traum-Reg.), VII 82
gut komponierter *s.* **Traum, Kohärenz d. –es**
habsüchtiger, XI 196

Traum, Halb-

Halb-, VIII 10; XVII 17
u. Halluzination (*s. a.* Halluzination; Halluzinatorisch)
  Befriedigung, halluzinatorische i. *s.* **Traum**, Wunscherfüllung i.
  Charakter, halluzinatorischer, d. –es, II/III 52f., 94–96, 540; VI 205; X 420; XI 136; XVII 84
Harems- *s.* **Traum**, Bordell-
'harmloser' (*s. a.* Traum, Anstößigkeit i.)
  asexuell erscheinend, II/III 696–99
  Beispiele, II/III 189–94, 402f; XI 194f.
  Wirklichkeit betonend, II/III 22
Harnreiz-, *s.* **Traum**, typischer, (bestimmte Arten d.): Harnreiz-
Haupt-, (*s. a.* Träume, mehrere)
  langer, XV 27
  verwandelter, II/III 320
Heil-, *s.* **Traum**, Genesungs-
Hemmung i. *s.* **Traum**, Gehemmtsein i.
'hermetisch v. Wachleben abgeschlossen' *s.* **Traum**(theorien)
heuchlerischer (*s. a.* Heuchelei), II/III 147, 150, 404, 474f.; XII 293f.
  Freuds, II/III 480
  Roseggers, II/III 476–78
  Todeswunsch durch Zärtlichkeit übertüncht, II/III 150
  v. Versöhnung mit verfeindeten Personen, II/III 480
Hilflosigkeitsgefühl i. 'Unheimlichen', u. i., XII 249
Homosexualität i., II/III 165; XII 94f.
Hunger-, *s.* **Traum**, typischer, (bestimmte Arten d.): Hunger-
Hypermnesie [Überleistung] i., II/III 11–14, 17, 22, 67, 594, 646

  bei Delboeuf, II/III 11f., 22
  bei Maury, II/III 13, 28, 67
i. Hypnose suggerierter, XI 100-02
u. Hysterie, I 512; II/III 93, 151f.
  u. andere abnorme Vorgänge, II/III 603f.
  Wahn (*s. a.* Wahn), I 512
  Anfall, hysterischer, VII 235
  chronologische Umkehrung bei –n, II/III 333
  Traum als Ersatz f., II/III 498
  Identifizierung i., II/III *154–56*
  Symptome, hysterische, XV 15f.
  Dauer-, XVII 5
  als Kompromißbildungen, II/III 690
  Konversions-, I 83
  Phobien, II/III vii
  Verdrängung, II/III 686f., 690
  Verschiebung u. Verdichtung, II/III 684–90
Ich
  u. Ichideal i., XIII 314
  u. Trieb i., XVI 70
  v. Ich her, u. v. Es her, XVII 88
Ich-
  abspaltung i., II/III 96; XIII 314
  anteil, normaler (eines Paranoikers) i., XVII 133
  Kritik i., XIII 311
  vorgänge, XVII 84
Ideenflucht i., II/III 94, 96
Identifizierung i., II/III 154–56, 325f.
Illusion, mehr geträumt z. haben *s.* **Traum**, Verdichtung i.
Immoralität d. –es *s.* **Traum**, u. Moral; **Traum**(theorien)
Indifferentes i. (*s. a.* Traum, Gleichgültigkeit i.; – Rezentes

i.), II/III 19f., 22, 170-89, *189-94*, 568f.

indirekte Darstellung i. *s.* **Traum-(darstellung)**

Indiskretion d. -es, II/III 653

infantiler Typus d. -es (*s. a.* Kindertraum), VIII 413

Beispiele anderer Autoren

Maury, II/III 195, 212

Nordenskjöld, II/III 136f.

Deutlichkeit d., VIII 33; XI 87; XVI 234

Zugänglichkeit d., XII 80

Infantiles i., II/III *194-224*; 552, 559, 659, 692f.; V 225-36; VIII 35; XI *203-17*; XII 80f.; XVI 234f.

u. d. 'Böse', identisch, XI 215f.

Erlebnisse u., -erinnerungen (*s. a.* Früherlebnisse), II/III 16-18, 170; V 233; XVII 89

i. d. Hysterie, II/III 603

nicht-sexuelle Wünsche *s.* **Kindertraum; Traum,** infantiler Typus d. -es

Priorität d. -n, II/III 559, 603

Sexual

–forschung, XI 194f.

szenen, II/III *551f.*

–wünsche, II/III 696

Zusammenhang mit Rezentem, V 233

Infinitivsprache d. -es, XIII 182

initialer, i. d. Analyse, VIII 355

Inkohärenz i. *s.* **Traum,** Kohärenz

u. Instanzen, psychische (*s. a.* Traum, u. Es; - u. Ich), II/III *545-59*, 553, 689-91

intellektuelle Leistungen i. *s.* **Traum,** u. Denken; - als Leistung

Intensität, II/III 334-36, 344, 581f., 601

Traum, kontrastierender

d. Affekts i. d. Neurosen, II/III 462-64

d. Bilder (*s. a.* Lebhaftigkeit; Traum, Deutlichkeit)

statt Affekt, XV 21

Unterschiede i., II/III 334

Verschiebung d., i., II/III 511

Zentrum d., II/III 310, 567

Intuition i., II/III 68, 570, 618

inzestuöser [inzestuöse Wünsche i.] *s.* **Traum,** Ödipuskaleidoskopisch [mosaikhaft], II/III 45-50, 59, 71

'Kannibalismus' i., II/III 423

Kastrations-, *s.* **Traum,** typischer, (bestimmte Arten d.): Kastrations-

d. Kindes *s.* **Kindertraum**

kindlicher Charakter wiederbelebend *s.* **Traum,** infantiler Typus; – Infantiles i.

Klarheit d. -es *s.* **Intensität; Lebhaftigkeit; Traum,** Deutlichkeit; – u. Halluzination

Klassifikation d. -es *s.* **Traum,** typischer; **Traum(arten)**

Kohärenz [Komposition]

gut komponierter (*s. a.* Traum(inhalt)), II/III 680; XI 87f., 184f.

inkohärenter (*s. a.* Traum, absurder), II/III 58-60

durch partielles Vergessen motiviert, II/III 21, 691

Koitus i. *s.* **Traum,** sexueller

Koitusdarstellung i., II/III 372-76; XI 195f.

Komplexe i., VIII 414

Kompromißbildung i., II/III 689-91, 693; XV 15, 19; XVI 264f.

Konflikt i., II/III 585; XVII 88

kontrastierender *s.* **Traum,** Gegensatz

629

Traum, Konversionssymptome i.

Konversionssymptome i. (mit hysterischen verglichen), I 83
Kopfschmerz i., II/III 230
u. körperliche Reize, II/III 646f.
Körperteile i., II/III 90, 351f.
als krankhaftes Symptom nicht z. betrachten, XIV 73
u. Krankheit *s*. **Traum**, 'diagnostischer'
krimineller, I 565f.
Kritik i., XI 185
'Das ist ja nur ein –', II/III 343, 492f.
'Kur-' (*s. a.* Psychoanalytischer Prozeß, Träume während; Psychoanalytische Situation, Träume i. d.), II/III 163f.
künstlerische Motive i. *s.* **Traum**, u. Dichtung
Länge d. –es *s.* **Traum(inhalt)**
Lebhaftigkeit d. Bilder (*s. a.* Traum, Intensität; – Deutlichkeit; – visueller Charakter d. –es), II/III 334–36, 344
statt Affekt, XV 21
Leibreiz- *s.* **Traum**, typischer, (bestimmte Arten d.): Darmreiz [u. Leibreiz]
Leibreiztheorie *s.* **Traum(theorien)**
als Leistung, II/III 645; XIII 416
intellektuelle (*s. a.* Traum, u. Denken), II/III 445–47, 459–62
Minder-, *s.* **Traum**, als Minderleistung
Über-, II/III 19f., 66–68, 646
d. Gedächtnisses *s.* **Traum**, Hypermnesie i.
d. Sprachfähigkeit, I 83; II/III 11–15, 17
Lenkung, willkürliche, d. –es (*s. a.* Ammenschlaf; Traum, Gefälligkeits-), XI 80; XIII 306–310

Fähigkeit d., II/III 577f.
durch Hypnose, XI 100–02
libidinöse u. destruktive Triebkräfte i., II/III 167
u. Libidotheorie, XI 474–76
u. Lieder, II/III 350f.
Logik, mangelhafte, i. (*s. a.* Traum, absurder), II/III 50f., 55
u. logische Funktionen *s.* **Denkrelationen; Logische** Funktionen
u. i. Witz, VI 96
Lösung
v. Aufgaben, i., II/III 570
v. Konflikten, i., II/III 585
Lust u. Unlust i., II/III 140
Entbindung d., i., II/III 580
Lücken i., II/III 49, 285, 494, 521–23, 567; XV 11, 14, 21
–haftigkeit bedeutet keinen Verlust i. (*s. a.* Traum(inhalt)), II/III 522
Tendenz z. Ausfüllung d. (*s. a.* Traum, sekundäre Bearbeitung; Traum(bericht)), II/III 494f.
manifester *s.* **Traum(inhalt)**
Masochismus i., II/III 164–66, 479
u. Massenseele (*s. a.* Massenseele), XIII 83, 86
Maßlosigkeit [Übertreibung] i., II/III 88; VI 258, 412; XIII 83
Aristoteles' Theorie ü., II/III 3
Riesenhaftes i. (*s. a.* i. Symbol-Reg.: Riesen), II/III 32, 274
Schrankenlosigkeit, XI 143
Zügellosigkeit, I 565
u. Märchen, II/III 699
–stoffe [–motive] i., VIII 414f.; X 2–9; XV 25
u. Tierphobie u. Urszene, XII 54–75

Mechanismus (Zusammenfassung), XIII 217

Mehrdeutigkeit [Mehrfache Determinierung; Überdeterminierung; Vieldeutigkeit] d. –es, I 564; II/III 224, 289f., 299, 312f., 483–85, 509, 575, 666; X 419; XI 234f., 238

    d. Elemente, VI 186

    d. Auswahl d., XI 123

    nur latentem Traumgedanken eigen, XI 228–30

    Zusammenwirken d. Affektquellen, i. d., II/III 484

mehrere *s.* Träume

als Mehrleistung *s.* Traum, als Leistung

Mehrzahl i., II/III 251, 294; XII 69, 247; XV 26f.

Menge d. Produktion, ein Widerstandszeichen, VIII 351f.

u. Menschheitsentwicklung, ontogenetische Wiederholung d. (*s. a.* Traum, u. Mythus), VIII 35f.

Metapsychologie d. –es, X *412–26*

als Minderleistung, psychische, II/III 56–60; XI 83

    keine, II/III 60–66

Mischgebilde u. Mischpersonen [Sammelpersonen] i., II/III 299, 301, 325, 329f., 664–66; VII 102; XI 175

    Beispiele anderer Autoren (Arzt u. Pferd, usw.), II/III 331, 339

    als Gleichstellung, VII 102

    u. Witz, VI 28

Mißdeutung d. –es (*s. a.* Traum(deutung)), II/III 31–33, 55

    Illusion ist keine, II/III 241

als Mitteilung, mit ungeeigneten Mitteln, XV 8f.

mittleres gemeinsames Glied i., II/III 288, 301

Monoideismus i., VI 258

u. Moral[-ität] i. (*s. a.* Traum, u. Ethik; – 'harmloser'; – krimineller; – unsittlicher), I 565f.

Theorien ü. *s.* Traum(theorien)

Verantwortung f. (*s. a.* Verantwortlichkeit), II/III 565–69, 625

Mosaikhaftigkeit d. –es *s.* Traum, kaleidoskopisch

u. Mystizismus, XI 80

u. Mythus, II/III xii 645, 699; VIII 414f.

    als archaische Erbschaft, XVII 89

    Hypothese, mythologische *s.* Traum(theorien)

    Motive d., i., VIII 414f.; XV 25

nachhinkender *s.* Traum, bestätigender

Nacht, einer *s.* Träume, mehrere

nachträglich eingefügte Stücke d. –es *s.* Traum(bericht)

Nacktheits-, *s.* Traum, typischer, (bestimmte Arten d.): Nacktheits-

Namensspielerei i., II/III 213

Narzißmus i., X 413–17

    zweiter Einbruch d., i., X 416f.

u. nächtliche Phantasie (*s. a.* Tagtraum, u. Traum), XIII 178

'Nein' [u. 'Nicht'] i. (*s. a.* Verneinung), II/III 251, 323, 342f., 674; VIII 214; XI 181

'Nervenreiz-', *s.* Traum(theorien)

Neugierde, sexuelle, i., II/III 351

u. Neurose, II/III xi f.; XI 79, 374; XIV 303; XVII 94

    u. andere abnorme seelische Vorgänge, II/III 600–14; VIII 398f.

    Ähnlichkeiten zwischen, VIII 398f.; XI 249, 277

    d. Mechanismen, XV 17f.

Traum neurotischer Personen

    u. Fehlleistungen *s.* **Fehlleistungen**, Deutung d.; –u. Traum

    Intensität d. Affekts i., II/III 462–64

    u. Psychose, Ähnlichkeit zwischen, VIII 398f.

    u. Reden i. Traum, II/III 422

    u. Regression, II/III 603

    traumatische, XIII 10

    u. vorbewußte Gedanken, XIII 203

neurotischer Personen, II/III 611–14; XI 474

    Hysteriker, II/III 151f.

    Traumbildung bei (*s. a.* Traum(bildung)), XIII 203

Nichterreichen d. Zuges i. *s.* **Traum**, typischer, (bestimmte Arten d.): Prüfungs-

nichtsexueller (*s. a.* Kindertraum; Traum, Bedürfnis-; – typischer), II/III 166f.; XI 196; XIII 32f.

nicht sexuell erscheinender II/III 189–94, 402f.. 696f.

nichtvisuelle Elemente i., II/III 540

Nietzsche ü. d., II/III 554

d. Normalen, II/III 611–14; VIII 355

    Beispiele, II/III 378f.

    Deutung d. *s.* **Traum(deutung)**

    einfach, VIII 355

    Leistung i., XIII 416

    u. d. Neurotikers, Unterschiede zwischen, XI 475; XIII 203f.

    Selbstanalyse d. –es *s.* **Selbstanalyse**

als normales psychisches Phänomen, VII 85, 89; XI 475; XIV 73

    u. normalbleibende Ichanteile, XIII 203; XVII 133

    u. 'normales neurotisches Symptom', XI 79

als Normalvorbild krankhafter Affektionen [normale Regression], X 412

Notieren nach Erwachen überflüssig, VIII 356

nüchterner, XI 93f., 103

Nützlichkeitstheorie *s.* **Traum(theorien)**

oben, Verlegung v. unten nach, i., II/III 395

'v. oben', XIII 303f., XIV 559

als Offenbarung *s.* **Traum**, prophetischer

u. Okkultismus (*s. a.* Traum, prophetischer), I 569–73; XV 32–61

ominöse Bedeutung d., XI 81f.

Orakel-, *s.* **Traum**, prophetischer

mit Organstörung behafteter Personen (*s. a.* Krankheitsanzeiger, Traum als), X 42, 413f.

    Herz u. Lungenkranke, II/III 37

    Verdauungsstörungen, II/III 22, 37

Ort

    bekannter, i. II/III 15; X 22

    u. 'psychischer Schauplatz' d. –es, II/III 50f., 541; XI 86

    u. Szeneriewechsel i., II/III 340f., 565

    u. Zeitlosigkeit, II/III 47, 54

Ödipus- [– u. Ödipuskomplex], XI 143, 214, 350

    d. Caesar u. d. Hippias, II/III 403f.

    reiner, ohne Zensur (*s. a.* Traum, sexueller), II/III 273

    verkappter, II/III 150, 403f.

-paare *s.* **Träume**, mehrere

u. Paranoia *s.* **Traum**, u. Psychose

partialer *s.* **Träume**, mehrere

als partielles Wachen, II/III 79–81, 85

Peinliches i. (*s. a.* Traum, Straf-), II/III 165f.; XI 220–25

Gedanken, II/III 151–68, 685

   Beispiele, II/III 152–65

   u. Masochismus, II/III 164–66

   Stimmung, II/III 491f.

   Verdrängung d. –n, II/III 236, 472–78, 685

   Zentrierung, II/III 567

Peniswunsch-, X 405f.

perverse, XI 350

perennierende u. periodisch wiederkehrende *s.* **Träume**, mehrere

u. Periodizität, biologische (*s. a.* Traum(theorien)), II/III 98f.

Personen i. *s.* **Traum(personen)** (*s. a.* Traum, Mischbildungen i.)

-phantasien, XIII 178, 181–83

u. Phantasie (*s. a.* Phantasie; Traum(phantasien)), II/III 83, 86, 88f., 91, 336, 495, 497; V 127; VII 218f.

   bei Albertus Magnus u. bei Hobbes, II/III 547

   als nächtliche, XIII 178

   bei Plotin, II/III 139

u. Phobien (*s. a.* Pavor nocturnus), II/III 647

Pollution i. (*s. a.* Traum, u. sexuelle Erregung), II/III 25, 244, 320f., 340, 372, 374, 393–98, 407–09; XI 131, 133

   u. Traumentstellung, XI 133

populäre Einschätzung d. –es *s.* **Traum**, Wertschätzung

posttraumatischer, XV 29

Primär- u. Sekundärvorgänge d. –es (*s. a.* Primärvorgang), II/III 571–73, 593–616 (606–11); X 286, 418–20

   primäre, als unzweckmäßig verlassene Arbeitsweise d. Kinderseele i., II/III 571–73

bei primitiven Völkern *s.* **Primitiv**

Programm-, VIII 353

als Projektion, X 414

prophetischer [ominöse Bedeutung d. –es, Weissagung i. –] (*s. a.* Okkultismus; Telepathie; Traum, Genesungs-), I 569f.; II/III 3f., 68, 101, 647, 687; IV 265, 289–92; VIII 33; XI 81f.; XIV 69; XVII 21–23

   als Ahnung, erfüllte, XVII 19–23

   betreffs Fehlleistung, IV 265

   Gegenwartsbeurteilung, II/III 5

   u. Krankheit *s.* **Traum**, 'diagnostischer'

   u. Mantik [Orakeltraum, Tempelschlaf], II/III 2, 36; V 301

      bei Artemidorus, II/III 4

   als Offenbarung, II/III 2f.

   'prospektive Tendenz', angebliche, II/III 511, 585; XI 243f.

   okkulte Bedeutung, I 569–73

'prospektive Tendenz' d. –es *s.* **Traum**, prophetischer

Prüfungs- *s.* **Traum**, typischer, (bestimmte Arten d.): Prüfungs-

'psychischer Schauplatz' d. –es (Fechner), II/III 50f.

u. Psychoanalyse

   Darstellung d., i., II/III 414

   als Mitteilung, während d. Kur, XV 8

   Wichtigkeit d. –es, i. d., V 167f. XIII 305

   als Vorstudium z. d. Psychoneurosen, II/III 624

u. Psychose [Traum als harmlose Psychose, normale Psychose, neurotisches Symptom, pathologisches Produkt, physiologische Wahnschöpfung, psychopathische

Traum, 'Rapprochement forcé' i.

Bildung], I 92; II/III vii–xii, 38f. *92–99*, 540, 684, 690; VII 85, 89; XI 79; XIV 73; XV 16; XVI 262; XVII 97f.

   Alkoholismus, II/III 93

   Amentia, II/III 79

   Angst-, Wahn- u. Zwangsideen, II/III 684

   Ähnlichkeiten zwischen, II/III vii–xii, 38f., *92–99*, 684, 690; VIII 398f.; XIII 389; XV 15f.; XVII 94

   Delirium, II/III 94

   halluzinatorischer Wahnsinn, II/III 39, 236

   hysterische Symptome (*s. a.* Hysterie), II/III 684, 686f.

   Ideenflucht, II/III 94

   'nocturnal insanity', II/III 93

   Paranoia, II/III 79, 93; XIII 200, 202f.

   Perversion, II/III 95

   Schizophrenie, X 297, 419

   Zwangsneurose *s.* **Traum,** u. Zwangsneurose; -vorstellungen

'Rapprochement forcé' i., II/III 185f.

Rationalisierung i., II/III 146; VIII 74

Raum d. -es (*s. a.* Ort), II/III 50

   -bewußtsein, II/III 53f.

   u. Rätsel, II/III 182, 283f., 435; XI 120

Rätselhaftigkeit d. -es (*s. a.* Dämonische, (Das)), II/III 6, 690

realer u. erdichteter (*s. a.* Traum(schöpfungen)), XIV 91

u. Realität, XVII 87f.

Realitäts-

   -ausdruck i., XII 59

   -eindruck, lastender, bedeutet daß etwas daran wahr war, VII 84

   -gefühl [Wirklichkeitsgefühl] i., II/III 22, 53–55, 377; VII 84; XII 59

   -prüfung, Aufhebung d., i., X 422, 424–26

Rechnen i. (*s. a.* Traum, Zahlen i.), I *417–21*; II/III 410–28 (417–21); XI 185

   Beispiele anderer Autoren (Dattner), II/III 420f.

Rede(n) [Redewendungen] i., II/III 190, 285, 309f., 318, *410–18*, *421–28*; VII 101, 441; X 419; XI 185

   Beispiele anderer Autoren

      Keller, G., II/III 412

      Sachs, H., II/III 415

      Tausk, II/III 415f.

   fremdsprachige, II/III 11

   u. Neurose, II/III 422, 442

   nicht originell, VII 101f.; XI 185

   Redensarten (u. Zitate), II/III 350f., 410–17

   Text d. Zwangsgebote darstellend, VII 441

   Traumtag beeinflußt, XI 185

   undeutliche, II/III 148f.; XI 137f.

   Versprechen, II/III 684

   Vertauschung sprachlicher Ausdrücke i., II/III 344

   Zitate, II/III 350f.

Regression i., II/III *538–55*, *579*, 602f.; X 412–18; XV 19f.

   formale u. materielle, XI 216f.

   z. Halluzination (*s. a.* Traum, u. Halluzination), X 420

   Motive d., XI 217

   als normale Erscheinung, X 412

   topische, X 415–18

i. d. Traumarbeit *s.* **Traum(arbeit)**

i. d. Traumdarstellung s.
Traum(darstellung)

i. Traumgedanken s. **Traum-
(gedanken)**

–reihe s. **Träume**

u. Reim, II/III 345f., 411, 663

–reize s. **Traum(reiz)**

Reproduktion s. **Traum(bericht)**

Rettungsmotiv i., II/III 409; VIII
74f.; XIII 181–83

Rezentes i. (s. a. Traum, Indifferentes i.; Traum(tag)), II/III 18f.,
22, 82–85, *170–89* (186–89), 568f.
696

Beispiele, II/III 171

anderer Autoren (Calkins),
II/III 22

'Botanische Monographie',
II/III 175–82

u. Infantiles verbunden i., V
233

u. Somatisches i., II/III 243f.

Riesen i., II/III 31f., 412f.

-haftes i. (s. a. Traum, Maßlosigkeit i.), II/III 274; XII 101

Rohmaterial d. –es s. **Traum-
(material)**

Saga, i. d. altnordischen, II/III
412

u. Sagen s. **Traum**, u. Mythus

Sammelpersonen i. s. **Traum**,
Mischgebilde i.

Schauplatz d. s. **Traum**, Ort

u. Scherz (s. a. Traum, u. Rätsel;
– u. Witz), II/III 182

u. Schizophrenie s. **Traum**, u.
Psychose

u. Schlaf [-zustand], II/III 6; X
426; XII 294; XIII 177f.; XIV 70;
XV 16; XVII 83, 87

als Seelenleben während d.
Schlafs, XIV 73

Unterschiede zwischen, XIII
177

Zusammenhang zwischen
Schlaf als Bedingung d.
Traumes, XIII 389

Traum als Zwischenstadium
zwischen Wachen u. Schlaf,
XI 87f.

als Schlafhüter [Wächter d.
Schlafs], I 562; II/III 229, 234,
239–42, 415, 583, 586, *691–95*;
VII 398; VIII 398; X 414; XI 127–
29, 143, 223f., 432; XV 16f.;
XVI 262; XVII 93f.

u. Schlaflosigkeit, XV 31

u. Schlafwunsch, II/III 240, 576;
XVII 92

Schmerz i. (s. a. Traum, 'diagnostischer'; –Peinliches i.), II/III
25, 241, 415

u. Schönheit, XI 87

Beispiel, II/III 291–95

–schöpfungen s. **Traum**, u. Dichtung; **Traum(schöpfungen)**

Schrankenlosigkeit d. –es s.
Traum, Maßlosigkeit

Schwangerschafts-, s. **Traum**, typischer, (bestimmte Arten d.):
Geburts- (s. a. i. Traum-Reg.)

Schwimmen i. s. **Traum**, typischer (s. a. i. Symbol-Reg.)

'Seelenfremdheit' d. –es, II/III 50

sekundäre Bearbeitung d. –es (s.
a. Sekundäre Bearbeitung), II/III
49, 185f., 240, 451f., *492–512*, 517–
19, 580f., 593–614, 679; IX 116; X
19, 420; XI 184f., 396; XIII 217;
XIV 71; XV 21f.

u. Animismus, IX 119–21

i. Dienste eines Denksystems,
IX 81f.

d. Ichvielheit, XIII 314

Klarheit abhängend v. –r, II/III
505

635

Traum, Sekundärvorgang d.

  u. Paranoia u. Wahn, XI 396

  u. Projektion d. Primitiven, IX 81f.

  Sekundärvorgang d. –es (s. a. Traum, Primär- u. Sekundärvorgänge d. –es), II/III 593–614

  Selbstanalyse d. –es, VIII 382

    bei Normalen, X 59

    Schwierigkeiten d., II/III 109f.

  Selbstbeobachtung i.,

    u. i. Beobachtungswahn, II/III 509f.; X 164f.

  Selbstkorrektur i., II/III 173, 459, 523

  –serie s. Träume, mehrere

  u. Sexualität, II/III 166f., 401–03

  sexuelle Erregung, Abfuhr d., durch d. (s. a. Traum, Pollution i.), II/III 37, 584–88 (585f.)

  sexueller (s. a. Traumsymbolik), II/III 25, 167, 226, 401–03, 407; XI 131; XVII 93

    u. infantile Sexualwünsche, II/III 696

    Inhalt d. –n –es, II/III 695

      bisexueller, II/III 401f.

      leichtverständlich, II/III 339f.

      nicht-sexuell erscheinender, II/III 189–94, 402f., 696–99

      unverhüllter, II/III 612, 695

    u. Neugierde, sexuelle, II/III 351

    Ödipustraum s. Traum, Ödipus-

    Phantasien, verdrängte erotische, i., VII 88

    bei Scherner, II/III 90

    symbolischer, II/III 696–99

    typischer, II/III 400f.

    bei Volkelt, II/III 69

  Sieges-, s. Traum, Eroberungs-

  als Signal f. körperliche Leiden s. Traum, 'diagnostischer'

  Sinn i. s. Traum, Unsinn i.

  Sinneserregung [–reiz] i. s. Traum(reiz)

  somatische Reize d. –es s. Traum(reiz)

  u. Spiel s. Traum(theorien)

  Spott u. Hohn i., II/III 432, 447, 675f.; VII 110, 436; VIII 288, 396

  u. Sprachirrtum s. Traum(sprache)

  u. Sprichwörter, II/III 350f.

  stereotyper s. Träume

  v. Stiegen u. Steigen s. Traum(darstellung); u. i. Symbol-Reg.

  Stimmung i. s. Traum(stimmung)

  Störung d. Schlafes verhütend s. Traum, als Schlafhüter

  Straf- (s. a. Traum, typischer, (bestimmte Arten d.): Prüfungs-; Traum, Unlust; Unlust-), I 567f.; II/III 280f., 476–81, 563f.; VII 259, 351f.; XI 224f.; XV 28

    als Angsttraum s. Traum, Angst-

    Bestrafungstendenzen i., II/III 480, 564; XI 224

    statt Erwachen, XIII 311

    Freuds, II/III 478–80

    Ich, Rolle d., beim, II/III 563

    masochistische Tendenzen i., II/III 479

    u. Psychoneurose, II/III 563f.

    u. Überich, II/III 480, 564

    u. Wunscherfüllung (s. a. Traum, Gegenwunsch-; Traum(wunsch)), XI 224f.; XIII 32

  –stücke s. Träume, mehrere

  Suggerierbarkeit d. –es s. Traum, Gefälligkeits-

  –symbolik s. Traum(symbolik)

u. Symptom (s. a. Traum(bildung), u. Symptombildung), XI 476
  Ähnlichkeit zwischen, X 58; XI 381; XIV 69, 71, 73; XV 17f.
  Unterschied zwischen, XIV 73
Tagesreste i. s.Tagesreste; Traum(tag)
u. Tagtraum [Tagesphantasie] s. Tagtraum, u. Traum, nächtlicher
u. Telepathie [– telepathischer] (s. a. Telepathie; Traum, prophetischer), I 569–73; X 29; XIII 165–91 (178); XV 38–42 (39)
  Analyse d. –n –s, XIII 168–90
  'Botschaft' i., XIII 176f.
  Einwendungen gegen Begriff, XIII 177f.
  Entstellungen i., XIII 174–77
  Freud
    keine erlebt, XIII 165–67
    keinen bei Patienten vorgefunden, XIII 167f.
u. Okkultismus, XV 32–61, 119 (Terminus technicus), XI 84, 136
Text d. Zwangsgebotes i., VII 441
d. Tiere, II/III 137
Tod u. Todeswünsche i. s. Heuchlerischer Traum; Tod (biologischer); Tod (Vorstellung v.): u. Traum; 'Todesklausel'; Todeswünsche; Traum, typischer, (bestimmte Arten d.): v. Tod geliebter Personen; u. i. Symbol-Reg.
u. Totemismus (infantiler), XIII 184
u. Trauer, II/III 18f.
i. Traum, II/III 343f., 581
u. traumatische
  Kindheitserinnerung (s. a. Wiederholungszwang), VII 427; XV 29f.

Neurose, XIII 10, 311–13
Trennungsangst i., XIV 160f.
Treue d. Wiedergabe s. Traum(bericht)
u. Triebverstärkung, XVI 70
'type auditif' eines –es, VII 256
typischer
  (i. allgemeinen), II/III 246–75, 398–409, 699; XI 280, 343
  andere Autoren ü. d. –n, II/III 40f., 228, 246–82, 699
  (Definition), II/III 400f.
  u. Märchen, II/III 248f., 252, 562f., 586f., 699
  u. organischer Reiz, II/III 40, 228
  (bestimmte Arten d.)
  Angst-, s. Traum, Angst-Bedürfnis-, s. Traum, Bedürfnis-
  Darmreiz-, [u. Leibreiz-] (s. a. Traumreize; Traumtheorien)
    Darmreiz- (s. a. Darmreiz), II/III 37, 39, 89f., 166, 221, 225f., 407–09; XI 92f.
    Leibreiz- (s. a. Reiz, Leib-), II/III 35–42, 89f., 225f.; XI 91f.
      bei organischer Störung, II/III 22, 37
      Symbolik d. Leibreize, II/III 87–92
      u. Verlesen, IV 126
    Durst-, II/III 128–33, 136f., 166; XI 131, 196; XVII 92
    Nordenskjöld ü. Träume seiner Mannschaft, u. Mungo Park, II/III 136f.
  v. Fallen, II/III 40f., 279, 398, 400; XI 280
  v. Feuer, II/III 400; V 229–36 (233f.); XVI 4

Traum, typischer (Forts.)

v. Fliegen [Flug-], II/III 40f. 232, 245, 278f., *398–400*; XI 156f., 280

andere Autoren ü., II/III 40f.

u. Atmen, II/III 37, 40f., 231f., 279, 398f.

u. Bewegungsspiele u. 'Hetzen' d. Kinder, II/III 278f., 398

Hautsensationen keine Erreger d. -es, II/III 279, 399

v. Schweben, II/III 41; XI 280

beim Weib, XI 157

Geburts-, (*s. a.* Geburt), II/III 404–09; XIII 181–83 (182)

Beispiele anderer Autoren

Abraham, II/III 407

Jones, II/III 406f.

'Rettung aus d. Wasser', II/III *405f.*, 409; XI 154, 162f.; XIII 181–83

Schwangerschafts-, II/III 131, 396, 659

'Zahnausreißen', II/III 392, 396

als 'Reiztraum' (Scherner, Volkelt), II/III 232

v. Gehemmtsein *s.* **Traum**, Gehemmtsein i.

Harnreiz-, (*s. a.* Urinieren), II/III 90, 166, 214–23, 225f.; 232, 244, *371–73*, 407–09 (408); XI 91f.

(Freud), II/III 214, 222

(Rank), II/III 224

Schwimmtraum als, II/II¹ 232, 400

Hunger-, II/III 3, 34, 136f., 166f., 239; XI 131f., 196; XVII 92

Freuds, II/III 238

bei Kindern *s.* **Kindertraum**

nicht-sexuell, XI 196

Nordenskjöld ü. Träume seiner Mannschaft, II/III 136f.

Kastrations-, (*s. a.* Kastration-; u. i. Symbol-Reg.), II/III 366–68, *371*, 391f.

Zahnreiz- als, II/III 390–98 (391)

Landschaft, bekannte (*s. a.* Mutterleib; u. i. Symbol-Reg.), II/III 361, 370f., 404; XI 158, 160, 197; XII 259

Nacktheits- [Exhibitions- u. Verlegenheits-], I 550; II/III 244, *247–53* (251), 271, 291, 341; IV 119; XI 280

Kleider u. Uniform als Symbole i. d., XI 155, 159

u. Odysseussage, IV 119

u. Ödipussage, II/III 271

Ödipus-, *s.* **Traum**, Ödipus-

Pollution-, *s.* **Traum**, Pollution i.; – sexueller

Prüfungs-, (*s. a.* Traum, Straf-), II/III 280–82, 479–81

u. Nichterreichen e. Zuges, II/III 390

u. sexuelle Erprobung, II/III 282

als Straftraum, II/III 479–81

am Vortag verantwortlicher Leistung, II/III 281

Rettungs-, *s.* **Traum**, typischer, (bestimmte Arten d.): Geburts-

v. Schwimmen *s.* **Traum**, typischer, (bestimmte Arten d.): Harnreiz-

sexueller *s.* **Traum**, sexueller

Traum, Unlust i.

v. Steigen u. Stiegen (*s. a.* i.
Symbol-Reg.), II/III 291f.,
331, 360, 368–76, 389

Straf-, *s.* Traum, Straf-

v. Tod geliebter Personen (*s.
a.* Heuchlerischer Traum;
Tod, Tod (Vorstellung v.;
'Todesklausel'; Todeswunsch; Traum, Ödipus-),
II/III 157–61, *254–80*, 430–33; IX 78

    Todeswunsch i., II/III 255–61, 266, 273f.; IX 78; XI 143, 206–11, 350

        einstmaliger (infantiler)

            gegen Eltern, II/III *262–74*

            gegen Geschwister, II/III 255–61 (259); IX 78

        durch geheuchelte Zärtlichkeit übertüncht, II/III 150, 266, 273

        mit Trauer, typisch, II/III 254f.

        ohne Trauer, atypisch [Deckträume], II/III 254

    u. Traumentstellung, II/III 147, 150

Wasser-, *s.* Traum, typischer, (bestimmte Arten d.): Harnreiz-; – Geburts-

Zahnreiz-, (*s. a.* Traum, typischer, (bestimmte Arten d.): Geburts-; – Kastrations-), II/III 40, 90, 230, 390; XI 92, 191–94

Umdeutung d. –es, II/III 61

Umkehrung i., II/III 291, 331–35, 359, 434f., 442, 444, 674; XI 196; XII 61

    d. Affekte, i. Dienste d. Wunscherfüllung, II/III 474–81

    Beispiele anderer Autoren (Ferenczi), II/III 331

chronologische (*s. a.* Traum, chronologische Folge), II/III 333

    i. Geburtstraum, II/III 406f.

als Gegensatz u. Widerspruch ausgedrückt (*s a.* Traum, Gegensatz i.), II/III 674

d. Nacheinanders d. Kausalbeziehung, II/III 319–21, 674

'Umwertung psychischer Werte', i., II/III 335, 520

Unbestimmtheit

    u. undeutliche Wiedergabe (*s. a.* Traum, Verschwommenheit; Traum(bericht)), XI 80, 86

    u. Zwangsideen (*s. a.* Zwangsvorstellungen), XI 80f.

d. Unbewußte i. (*s. a.* Unbewußt-), II/III *614–26*; VIII 374, 397; XI 111f.; XII 326; XVII 89f.

    als Abkömmling d. Unbewußten, i. Bewußten u. Vorbewußten verwertet, X 289f.

    als Beweis f. d. Unbewußte *s.* Traum, als Beweis

Unfalls-, (*s. a.* Unfall)

    als Angsttraum (*s. a.* Traum, Angst-), XIII 32f.

    keine Wunscherfüllung, sondern nachgeholte Reizbewältigung, XIII 32f.

    psychische Traumen d. Kindheit wiederbringend, XIII 10f.; 21f., 32

Ungedulds-, (*s. a.* Traum, Bedürfnis-), II/III 157–59, 195, 689; XI 133f., 196; XII 71

    nicht-sexuell, XI 196

'ungewollte Vorstellungen' i., II/III 75f.

Unleserliches i., II/III 322f.

Unlust i. (*s. a.* Traum, Angst-; – Peinliches i.; – Straf-), II/III 139f., 561–63; XI 222f.; XIII 311–13

Traum, Unsinn i.

Unsinn i. [Sinnlosigkeit i.] (*s. a.* Traum, absurder), II/III 656; VIII 395; XI 83, 85, 87, 94, 180f.; XIV 69f.; XVII 87

    Hohn, Spott u. Widerspruch ausgedrückt durch, II/III 675–78; VII 110, 436

    statt Infantilszene, II/III *551f.*, 573

    Sinn i. (*s. a.* Denkrelationen, i. Traum; Logische Funktionen, i. Traum), II/III 655; XI 79, 83

    Urteil ersetzend, VI 200

unsittlicher *s.* **Traum**, Anstößigkeit d. –es

'unten', i. *s.* **Traum**, oben, Verlegung nach; **Traum**, v. oben

Urteil i., XI 185

Urteilsfähigkeit i., II/III 447

Urszene [urszenenhafte Phantasie] i., II/III 461f.; XII 101

    Wiederkehr d., XII 80

Überdeterminierung d. –es *s.* **Traum**, Mehrdeutigkeit d. –es (*s. a.* Überdeterminierung)

Überleistungen i. *s.* **Traum**, Hypermnesie i.; **Traum**, Leistungen i.

Überschätzung d. Rolle d. –es *s.* **Traum**, Wertschätzung

Übersetzbarkeit d. –es, beim Erwachen, Mangel d., II/III 56; XI 86

'Übertragungen' i., II/III 190f., 206

Übertragungs- (*s. a.* Übertragung), XIII 203

Übertreibung i. *s.* **Traum**, Maßlosigkeit i.

u. d. Überwundene

    i. kindlichen Seelenleben, II/III 573

    i. Wünschen, XI 206f.

Verantwortlichkeit i., Frage d., I 565–69; II/III 70–73, 565–69, 625; XI 143–48

Verbalität *s.* **Traum**, Rede i., **Wortdenken**

Verbildlichung i. *s.* **Traum**, u. visueller Charakter, d. –es; **Traum(darstellung)**

Verdichtung i. (*s. a.* Traum, Verschiebung i.; Traum(arbeit); Verdichtung), II/III *284–310*, 456, 511, 548, 579, 600f., 654, *663–66*, 684, 699; IV 303; VI 28f., 95; VIII 35, 397; X 418; XI 174–77, 194; XV 20f.; XVII 90f.

    i. hysterischen Symptomen u., II/III 684–90

    u. Illusion, mehr geträumt z. haben, II/III 285f.

    u. Intensität, II/III 335f.

    als Primärvorgang (*s. a.* Primärvorgang), X 418f.

    mit Reimeschmieden verglichen, II/III 663

    ungehindert, VI 204

    als verkürzter Auszug d. Assoziationen, XV 11f.

    u. Verschiebung, II/III 667–71, 684–90, 699

    u. Versprechen, IV 66, 86

    u. Witz, VI 186

Verdoppelung i., als Abwehr, XII 247

u. Verdrängung (*s. a.* Verdrängung), I 562; II/III 85, 241f., *593–614*, 685–87, 689–91; VIII 437; XIII 218

    Affektunterdrückung als, II/III *470f.*, 474

    Forderung d. Verdrängten um Aufnahme i. d. Ich, XIII 146

    i. hysterischen Symptom u. i., II/III 686f., 690

peinlicher Eindrücke, II/III 39, 236, 685
bei Robert, II/III 83
Topik d., X 426
Umgehen d., durch, V 173
u. d. Unbewußte, II/III 562
u. Wuncherfüllung (*s. a.* Traum, Gegenwunsch-; – Wunscherfüllung i.), II/III *687–89*
Vereinheitlichungszwang i. (*s. a.* Integration; Zwang), II/III 185f.
Verfolgungs-, XII 101; XIII 202f.
Vergänglichkeit d. –es, XI 87
'Träume sind Schäume', II/III 138, 647
Vergessen d. –es (*s. a.* Traum(deutung); –(elemente)), II/III *45–50*, 161, 285, *516–37*, 684, 691; XI 201; XV 13f.
trotz Absicht d. Analyse, XIII 432
u. Ambivalenz, XIII 306
partielles, u. Inkohärenz (*s. a.* Traum, Kohärenz), II/III 21
als Wiederstandssymptom, II/III 448, 521–27
u. Wiedererinnern, V 262f.
u. Zensur (*s. a.* Traum(zensur)), II/III 493f., 520–23
Vergessen i. *s.* **Vergessen**
Vergeßlichkeit, II/III 61
Verkehrung i. d. Gegensatz *s.* **Traum**, Gegensatz; – Umkehrung
Verkleidung i. *s.* **Traum(verkleidung)**
Verlegenheits-, *s.* **Traum**, typischer, (bestimmte Arten d.): Nacktheits-
Vermengung i. *s.* **Traum**, Mischgebilde i.
Verneinung i. (*s. a.* Traum, 'Nein' i.; Verneinung), II/III 146, 323, 341–44, 674; XI 181

Traum, Visionen i.

durch Gehemmtsein dargestellt, II/III 251, 342
ohne Verschiebung, II/III 668
Verschiebung i., II/III *183*, 187, *310–15*, 344f., 462–64, 535–37, 645, *667–69*, 684, 699; VI 187; VII 85; VIII 35; X 418; XI 140, 177f., 240–43; XIV 71; XV 21; XVII 90f.
Akzent-, II/III 183; XI 140, 178
d. Assoziationen, v. tiefen, auf oberflächliche, II/III 535–37
(Definition), VIII 397
u. Ersatzbildungen, XI 240
d. Gemeinsamkeit, II/III 327
i. d. 'Gradiva' Jensens *s.* i. **Namen-Reg.**: Gradiva
i. hysterischen Symptomen u., II/III 684–90
d. Intensitäten, II/III 511
als Motivierung d. Traumarbeit, II/III 684–87
Objekt-, XIII 274
als Primärvorgang, X 418f.
d. Sühne auf andere Person, VI 234f.
ungehinderter Prozeß i., VI 204
u. Verdichtung *s.* **Traum**, Verdichtung i.
Verschwommenheit [Verwischung, Verwirrung] d. –es (*s. a.* Traum, Deutlichkeit; – Unbestimmtheit d.), II/III 336–40, 378, 668
d. Rede *s.* **Traum**, Rede i., undeutliche
Verstellung i., II/III 150, 474–78
Versuchungsgedanken i., II/III 73
Verwunderung i., II/III 447, *455–58*; XI 185
Vieldeutigkeit d. –es *s.* **Traum**, Mehrdeutigkeit
Visionen i., II/III 540

Traum, visueller Charakter d.

visueller Charakter d. –es (*s. a.* Bildersprache, i. Traum; Traum, Deutlichkeit d. –es; Traum(bild); Traum(darstellung); Traum(inhalt); Traum(sprache)), II/III 35, 51, 325, 329, 684; VIII 404; XI 86, 93, 120; XIII 248; XV 20

    bunter, lebhafter, II/III 232, 552f.

Darstellungsfähigkeit *s.* Traum(darstellung)

Intensität d., II/III 551f.

d. manifesten Inhaltes, XI 120

nicht-visuelle Elemente i., II/III 166f.

Priorität d., i., II/III 51f.

v. Tagtraum verschiedene Art d., II/III 540

i. d. Volksmeinung *s.* **Traum,** Wertschätzung d. –es (*s. a.* Traum, Geringschätzung d. –es)

Vor-, *s.* **Träume,** mehrere, kurze

u. d. Vorbewußte, II/III 511, 599f. XIII 203

u. Wunschentstellung durch d., II/III 576

Vorsätze i., XI 228

Traum z. erzählen, II/III 448

u. periodisch wiederkehrender Traum, V 249

als Vorstudium z. d. Psychoneurosen, II/III 624f.

u. Wachleben, II/III 6–10, 50f., 53, 645, 658–60, 668–70; XVII 87f.

    Beispiele ü. Zusammenhang zwischen (Hildebrandt), II/III 9f.

Fehlgreifen i., II/III 684

Interessen, d. Tages [Wach-] u. –, II/III 43

i. Tagtraumroman, XIII 304

Vergessen i., II/III 46, 684

Versprechen i., II/III 684

u. Wachsein [–zustand], XI 84, 86

    Unterschied zwischen, XIII 203

u. Wahn (*s. a.* Traum, u. Dichtung; – u. Psychose; Traum(schöpfungen); Wahn-), I 512; II/III vii, 39, 647f.; VII 31–125 (85); XI 80f.; XIV 69; XVI 54; XVII 132f.

    halluzinatorischer, II/III 39, 236; XVI 54

-idee *s.* **Wahnidee**

identisch, XVI 54

'normale physiologische Wahnschöpfung', VII 85, 89

u. Zensur, VII 85f.

Weckreiz-, *s.* **Weckreiz**

Wertschätzung d. –es (*s. a.* Traum, Geringschätzung d.), II/III 646

i. Altertum (*s. a.* Antike; Traum(deutung)), II/III 619; VIII 33

populäre, VIII 33; XIV 219f.

    'kommen aus d. Magen', II/III 22, 225; XI 91

    'sind Schäume', II/III 138, 647; X 267

    Überschätzung, XI 81f.

d. Psychonalyse *s.* **Traum,** u. Psychoanalyse

d. Schulpsychologie, XI 80; XIV 219f.

    Überschätzung d. Rolle (*s. a.* Traum, prophetischer; – u. Telepathie), II/III 65–67, 646f., 687; XI 81f.

u. Weissagung *s.* **Traum,** prophetischer

Wesen d. –es, XI 84–86; XIII 177, 203

Widersinn i. *s.* **Traum,** absurder; – u. Unsinn

Widerspruch i. *s.* **Traum**, Gegensatz i.

Widerstand
  i. Gegenwunschtraum, II/III 163f.
  durch Vergessen, II/III 521–27, 563f.
  als Zensur, II/III 324f.
  Wiedererinnern an, plötzliches, nach Vergessen, II/III 523; V 262f.; XV 14
  u. Wiederholung d. Erlebnisse, II/III 21f.
  u. Wiederholungszwang, XIII 33, 37; XV 113f.
  wiederkehrender *s.* **Träume**, mehrere
  Willenskonflikt i., II/III 251, 343, 674
  u. Wirklichkeitsgefühl *s.* **Traum**, u. Realitätsgefühl
  Wissen um Schlafen u., II/III 577
  u. Witz (*s. a.* Witz), II/III 303f., 699; VI *181–205*; XI 242; XIV 91f.; XV 22
    Ähnlichkeit zwischen, VI 95f.
    u. Scherz u. Rätsel, II/III 182
    Wort-, II/III 346–49
    u. Zitat, Lied, Sprichwort, II/III 350f.
  Witzigkeit i. [Witziges i.] (*s. a.* Witzigkeit), VI 197f.
  Strenge d. Zensur dargestellt durch, II/III 148f.
  Wortdarstellungen i. *s.* **Traum**, Rede i.; – u. Witz, Wort-; **Wort-**
  Wortneubildungen i., II/III 300–10 (303–10), 346–49
    Beispiele anderer Autoren
      Karpinska, Marcinowski, Tausk, II/III 308f.
  -wunsch *s.* **Traum(wunsch)**

Traum, Wunscherfüllung i.

Wunschentstellung i. *s.* **Traum-(entstellung)**
ohne Wunscherfüllung (*s. a.* Wiederholungszwang), XIII 32f., 178, 311–13; XV 114
Wunscherfüllung i. [–befriedigung], I 561f.; II/III 95f., 123, *126–38*, 233f., *538–40, 555–78,* 651f., 658–61, 668, 687–89; V 229f., 249f.; VI 183, 204; VII 32, 121f.; VIII 35; X 17–19; XI 127–30, *218–33*; XIII 32; XIV 70–72; XV 19, 22; XVII 92f.
  Affektverkehrung i. Dienste d. (*s. a.* Traum, Affekt-), II/III 474–81
  i. Angsttraum (*s. a.* Traum, Angst-), II/III 242f., 562f., 586–88; VIII 36; XVII 93
  antizipierte, d. Kinderwünsche, XII 62
  v. Bedürfnissen (*s. a.* Traum, Bedürfnis-; – Ungeduldes-)
    nicht-imperativen, XI 133
    Beispiele anderer Autoren (*s. a.* i. Traum-Reg.), II/III 513–15, 538f., 547
  einfache [direkte], II/III *128–32*, 135–37, 238, 556, *559*; VIII 33; XI 127
    bei Artemidoros, II/III 3
    Beispiele anderer Autoren (Du Prel, Scherner, Stärcke), II/III 137f.
  d. Erwachsenen (*s. a.* Traum, Bedürfnis-), II/III 659f., 668, 688, 692f.
    beim Kind *s.* **Kindertraum**
  als Funktion d. –es, XI 127, 218–23
  durch Gegensatz *s.* **Traum**, Gegenwunsch-
  i. d. 'Gradiva' Jensens (*s. a.* i. Namen-Reg.: Gradiva), VII 121f.

Traum, Zahlen i.

halluzinatorische (*s. a.* Traum, u. Halluzination), II/III 604; XI 128, 136; VIII 231, 398; XV 19f.

i. Kindertraum *s.* **Kindertraum** (*s. a.* Traum, Wunscherfüllung i., einfache)

u. Masochismus, II/III 164–66

mehrere, i., u. ihre Anordnung, II/III 567

d. Schlafwunsches *s.* **Traum, als Schlafhüter**

sexueller Wünsche (*s. a.* Traum, sexueller)

verdrängte (*s. a.* Traum(zensur)), II/III *687–89*

verkleidete, II/III 526

i. Straftraum (*s. a.* Traum, Angst-; Straf-), II/III 480; XIII 32; XV 28f.

Theorie d. *s.* **Traum(theorien)**

i. Unfallstraum, XIII 32

unsittliche *s.* **Traum,** Anstößigkeit d.; – u. Moral; – Ödipus-

verdrängter Wünsche (*s. a.* Traum, Angst-; – Straf-)

Ausnahmen, XIII 311

als Versuch d. (*s. a.* Traum, Wunscherfüllung, halluzinatorische, i.), V 229; XV *30f.*

als unzweckmäßiger, primärer, II/III 571–73; XI 220

durch Wunschphantasiebildung, X 420

durch Zensur abgelehnte (*s. a.* Traum(zensur)), VIII 35; XI 219f.

(Zusammenfassung), XIII 217f., 415

zwei Stufen d., i., XV 27f.

Zahlen i. (*s. a.* Traum, Rechnen i.), II/III *417–22*, 440–43, 517f., 682f.; V 259; XII 69; XV 43

u. Lotto, XI 82

Zahnausreißen i. (*s. a.* Traum, Geburts-; – Kastrations-), II/III 392, 396

Zahnreiz-, II/III 90, 230–32, 390–98

u. Zeit

-dauer, II/III 499–503

scheinbare (*s. a.* Traum, Hypermnesie i.), II/III 502f.

-liches durch Räumliches dargestellt i., XV 27

-losigkeit i., II/III 47, 54

-sinn i., II/III 28

Zentrierung d. –es, II/III 310, 321, 530, 567, 668

u. Zitate, II/III 293, 348, 350f., 410–17

u. Zukunft [-serkenntnis] (*s. a.* Traum, 'diagnostischer'; – 'prophetischer'; – u. Telepathie), II/III 626, 687

Zügellosigkeit d. –es *s.* **Traum, Maßlosigkeit**

Zweck d. –es, lustvolle Befriedigung als (*s. a.* Traum, Bedürfnis-), I 561f.

Zweideutigkeit i. *s.* **Zweideutigkeit**

Zweifel i., II/III 450; XI 181

nur sekundär, o. als Inhalt vorhanden, XIII 83

als Werk d. Zensur, XI 181; XIII 83

als Widerstandszeichen, II/III 521

u. Zwangsneurose, VII 138

Zwangsgebote, Text d., i. VII 441

u. Zwangsvorstellung, Ähnlichkeit zwischen, II/III vii, 647f.; XV 15f.

als Zwischenstadium zwischen Schlafen u. Wachen *s.* **Traum(theorien)**

Traum(ahnung) (*s. a.* Traum, prophetischer), XVII 19–23

Traum(analyse) *s.* Traum(deutung)

Traum(arbeit), I 564; II/III *283–512, 654f., 660, 680f.*; VI 28, 181, 195; VIII 35, 397; XI 133, 137, *173–86*; XV 9, 17; XVII 88–94 (90)

u. Analysenarbeit, II/III 654

u. Angst, X 277

archaische Züge d., II/III 283–512 (510), 596f.; XI 183, 203f. XVII 89

Beispiele d., II/III 681–84

Darstellung, Darstellbarkeit i. d. *s.* **Traum(darstellung)**

Dauer d., II/III 581f.

(Definition), VIII 35, 396f.; XI 173f., 177, 186; XIII 416; XIV 71; XVII 88, 90

u. Denk- u. Sprachentwicklung, Ähnlichkeiten zwischen, XI 186

Dynamik d., XVII 92f.

Ergebnis d.

ein Kompromiß, XVII 90

d. Traum als, XI 186

u. d. Es

Energie d., i. d., XVII 89–91

als Quelle d. Kenntnis ü. d. Es, XV 80

u. Fehlleistung, IV 308

Funktion d., VIII 398

halluzinatorischer Charakter d. (*s. a.* Traum, als Wunscherfüllung, halluzinatorische), XI 218

u. Instanzen, psychische, XVII 88, 90

i. Kindertraum *s.* **Kindertraum**

Mechanismen u. Prozeß d., XI *174–86*; XV 17–22

u. neurotische Mechanismen, XV 17f.

Traum(bericht), nachträglich eingefügte Stücke d.

nicht neurotisch, an u. f. sich (*s. a.* Traum, u. Neurose; – u. Regression; – u. Wahn), XIII 203

Regression i. d. Behandlung d. Gedanken i., X 420; XI 183f.

sekundäre Bearbeitung *s.* **Traum**, sekundäre Bearbeitung d. –es

Theorie d. (*s. a.* Traum(theorien)), XV *13–31*

u. Traumentstellung, –gedanke *s.* **Traum(entstellung)**; **Traum(gedanke)**

u. Triebvorgang, XIII 35

unbeeinflußbar durch Analyse, XIII 307

u. d. Vorbewußte, XIII 35, 254

ungelungene, XI 220

Ungenauigkeiten i. d., XI 192

Verdichtung u. Verschiebung i. d. *s.* **Traum**, Verdichtung i.; – Verschiebung i.

Vertauschung d. sprachlichen Ausdrucks i., II/III 344f.

Wesen d. (*s. a.* Traum(arbeit), Mechanismen d.), X 420; XI 175f., 218, 229f.; XIV 71

u. Witzarbeit, VI 95f.

(Zusammenfassung), XIII 216f., 416

Traum(arten) (*s. a.* Traum, typischer), XI 84

Klassifikationen, nicht-analytische (*s. a.* Traum(theorien)), X 17

Traum(artige) Bewußtseinszustände (*s. a.* Hypnoid-), I 60

Traum(bericht) [–reproduktion] (*s. a.* Traum, Vergessen d. –es)

Einseitigkeit d., II/III 143

Glaubwürdigkeit [Treue] d. Wiedergabe [Entstellung] beim, II/III 519f.; VII 11; XI 112

nachträglich eingefügte Stücke d. II/III 161; XV 14

645

Traum(bericht), schriftliche Fixierung d.

schriftliche Fixierung d., XV 14
schwache Stellen i. (*s. a.* Traum-(erinnerung)), II/III 519f.
sprachliche Vertauschungen i., II/III 344f.
Umdeutung d., II/III 61
Unbestimmtheit u. undeutliche Wiedergabe d., XI 80, 86, 112
'Unleserlichkeit' i., II/III 322f.
Unvollständigkeit i., II/III 161
Wiederholung d., mit Abänderung, auf Komplexnähe deutend, VII 11

Traum(bild)(er) (*s. a.* Bild-; Träum, u. Halluzination; – visueller Charakter d. –es), VI 185
f. abstrakte Gedanken *s.* **Bildersprache, i. Traum**
u. Animismus, IX 95
u. funktionales Phänomen *s.* **Funktionales Phänomen**
hypnagogische *s.* **Hypnagogische Halluzination**
Intensität [Lebhaftigkeit] d., statt Affekte (*s. a.* Traum, Affektlosigkeit i.), XV 21
u. Phantasie (*s. a.* Phantasie) bei Albertus Magnus, II/III 547
psychischer Wert d., II/III 57

Traum(bildung) [–entstehung]
beeinflußte (*s. a.* Traum, experimentell hervorgerufen; – Lenkung), XI 244f.
u. Darstellbarkeit *s.* **Traum(darstellung)**
dynamische Theorie d., XIII *217*
infantile Wünsche, Rolle d., i. d., II/III 194–224, 559f.
Libidotheorie d., XI 434
Mechanismus d., VIII 437; X 418; XV 19f.; XVII 88–90
Phasen d., X 416–18; XV 27f.

Primär- u. Sekundärvorgänge bei d. *s.* **Traum, Primär- u. Sekundärvorgang** (*s. a.* Primärvorgang)
u. Symptombildung (*s. a.* Traum, u. Symptom)
Ähnlichkeit zwischen, VIII 34; XI 374; XVII 94
u. Überich, XV 29
vorbewußte Gedanken [Tagesreste] i. d.
normal o. neurotisch, XIII 203
Verstärkung d., i. d. ersten Phase d., X 418
bei Widerstand, geringem o. starkem, XV 14
u. Witzbildung (*s. a.* Traum, u. Witz), VI 95f.

Traum(buch) [–bücher], II/III 102f., 230, 356, 358, 647, 699f.; XIV 40
Freuds *s.* '**Traum(deutung)**'
Grundprinzipien d.
Gleichklang, II/III 103f.
Kontrast, II/III 474; VI 96
orientalische, II/III 103
'wissenschaftliche', VIII 355f.

Traum(darstellung)
Darstellbarkeit [Darstellungsfähigkeit, Verständlichkeit], Rücksicht auf, II/III *344–54* (345f., 349), 511, 553; X 41f., 418f.
u. Primärvorgang d. Traumbildung, X 418–20
u. Tagreste, X 418f.
u. Traumfassade, II/III 511, 679–84
Undarstellbarkeit d. Alternative, II/III 321–23, 674
u. Visualität (*s. a.* Traum u. visueller Charakter d. –es), II/III 344–46, 349; X 419
vorzügliche, X 41

d. Wortes, X 41f.

d. Denkrelationen [logischen Relationen] *s.* **Denkrelationen,** i. Traum

Einheit i. d. (*s. a.* Integration; Traum, Zentrierung; Traum(darstellung), Mittel d.)

Zwang z., i., II/III 184–86

indirekte, II/III 356

durch Anspielung *s.* **Traum,** Anspielung i.

durch Gleichnis, VI 96

Kindheitstage, entfernte, betreffend (*s. a.* Früherlebnisse), II/III 413

d. Körpers (*s. a.* i. Symbol-Reg.), II/III 40–42, 235–37, 402, 455, 481, 618, 694f.

d. Kur, II/III 414

Mittel d., II/III *315–44*

Denkrelationen *s.* **Denkrelationen**

Symbole als, II/III *355–409*

einzelne *s.* i. **Symbol-Reg.**

Zitate *s.* **Traum,** Zitate i.

regressive Darstellungsweise i. (*s. a.* Traum, chronologische Folge), XI 184, 189, 203f.

d. Willenskonfliktes (u. d. Ambivalenz), XIII 305

durch gehemmte Bewegung, II/III 251, 674

Witziges i. d. (*s. a.* Witzigkeit), II/III 350f.; X 41f.; XI 120, 241–43

Strenge d. Zensur dargestellt durch, II/III 148f.

durch Zweideutigkeit *s.* **Zweideutigkeit**

Traum(deuter)

i. Altertum, II/III 2f.; XI 82

Eignung z. (Aristoteles), II/III 102, 324

Traum(deutung), Deutbarkeit

d. ideale, VIII 354f.

Traum(deutung), I *561–73* (565); II/III *1–262* (104), *645–700*; IV 14; V 7; VI 183; VII 195; VIII 32, 396; X 301; XII 80; XIII 301, 415; XIV 73; XV 8, 13; XVII 87–94

i. Altertum (*s. a.* i. Namen-Reg.: Aristandros; Aristoteles; Artemidoros), II/III 2f.; XI 82, 152

Ähnlichkeit d., mit d. Deutung (*s. a.* Deutung) d.

Fehlleistungen, IV 308–10; XI 277f.; XVII 103f.

Symptome, II/III 104–08, 526f., 532f.; V 172f.

älterer o. frischer Träume, nicht verschieden, II/III 526

berühmter Träume

d. Alexandros durch Aristandros, II/III 103f., 619; XI 82

d. Caesar u. Hippias, II/III 403f.

d. Pharao durch Joseph, II/III 101, 339

Bücher ü. *s.* **Traum(buch)**

(Definition), XI 112, 174; XIV 73

bei Descartes, XIV 559f.

Deutbarkeit, I 563f.; II/III 646

d. 'Ahnungslosen', VIII 355; XIII 183

alternative Möglichkeiten, II/III 346

auxiliäre, vermittels d. symbolischen Elemente, II/III 246

Grenzen d., XV 13

Vollständigkeit, Unmöglichkeit d., I 563f.; II/III 529f.; VIII 352f.

u. Mehrdeutigkeit [Vieldeutigkeit] *s.* **Traum,** Mehrdeutigkeit d. –es

Mißdeutung, II/III 31–33, 55

Traum(deutung) eigener Träume

d. Reize, während d. Schlafs,
i. Dienste d. Schlafwunsches,
II/III 240f.

willkürliche, bei zuverlässiger Analyse unmöglich, XI 235

'ohne weiteres' deutbar, mancher Träume, XI 152

optimale

erster Träume, VIII 355

kurzer Träume, u. Traumfragmente, mehrerer, XI 116

Schwierigkeiten, II/III 527f.

Unübersetzbarkeit, II/III 56

Umdeutung (s. a. Traum, sekundäre Bearbeitung; Traum(bericht)), II/III 61

Überdeutung [entgangene –, übersehene Deutung] nach beendigter Deutung, II/III 528; XI 235

vollständige unmöglich s. **Traum(deutung)**, Deutbarkeit, Grenzen d.

eigener Träume s. **Selbstanalyse**, u. Träumen

Eignung z. s. **Traum(deuter)**

Erklärungsversuche u. Plausibilität, II/III 450

nach Erwachen, unmittelbar s. **Traum(deutung)**, Technik d.

Ichideal i. d., XIII 314

u. Konstruktionen s. **Konstruktionen**

Methoden d. (s. a. Traum(theorien))

allegorische [allegorisierende], II/III 61, 529

anagogische (Silberer) II/III 528f.; X 419

anderer Autoren (nicht-analytischer), II/III 101f., 104, 246

d. Antike s. **Traum(deutung)**, i. Altertum

Chiffrier-, II/III *102–04*, 108f., 141, 356, 358, 647

d. Dichter, VII 32f.

populäre u. unwissenschaftliche, VII 31f.; XI 94f.

als Aberglaube, XI 82f.

u. antike, XI 152

ohne Assoziationen u. Tagesreste, XI 152f.

durch Symbolik, XI 152

u. wissenschaftliche, II/III 697f.

physiologische (s. a. Traum(theorien)), XI 83

symbolische, II/III 101f., 104, 246, 698; XI 152–54

auxiliär verwendet, II/III 246

populäre, XI 152

normalen u. neurotischen Personen, Träume d., XIII 203f.

Persönlichkeitsanalyse u. Traumanalyse, VII 67

Phasen, zwei, d., XIII 304f.

i. d. Psychoanalyse, Rolle u. Bedeutung d., I 562, 564; II/III 647–55; V 167f.; VIII 352

als Analysenarbeit, II/III 654

als Grundstein d. psychoanalytischen Arbeit, VIII 396

als kathartische i. psychoanalytische Therapie umgestaltende Idee, X 53

als Schibboleth d. Psychoanalyse, X 101; XV 6f.

Tragweite u. Wichtigkeit d. analytischen Forschung, VIII 32; XIV 73, 220

Verwertung d., i. d., XVII 103

als 'via regia', VIII 32

psychoanalytische, II/III *100–26*, 654; V 167; VIII 31, 349–57, 395; X 419; XVII 87–94

Traum(deutung), Technik d.

Aufgabe d. -n, XV 9, 17

Geschichte d. -n, II/III 104-08 (105); X 53, 57f.; XVI 262

kritische Einwendungen gegen [Einstellung d. Kritik], II/III ix, 531f.; XI 144-46, 235f.; XIV 74

durch andere Traumtheorien (*s. a.* Traum(theorien)), XI 243f.

wegen Beeinflußbarkeit, angeblicher (*s. a.* Konstruktionen; Psychoanalyse, Widerstände gegen d.), XI 244f.

Deutung d. latenten Traumgedanken, II/III 532

Einfälle, Methode d. freien, XI 102-04, 113f.

Einstellung d. experimentellen Psychologie, d. Okkultismus u. d. Philosophie, XI 94f.

wegen Erkünsteltheit, angeblicher, XI *239-43*

Unerfreulichkeit d. Ergebnisse verantwortlich f., XI 143-46

wegen Unsicherheiten u. Willkür, angeblicher, XI *234-39*

Nützlichkeit d., u. Rechtfertigung d., II/III 535-37; V 277

Schicksale d., XV 7-9, 298

Schwierigkeiten d. u. Technik d. *s.* **Traum(deutung)**, Deutbarkeit; – Technik d.

realer u. erdichteter Träume gleichartig (*s. a.* Traumschöpfungen), XIV 91

i. schwierigen Analysen, XIII 302

d. Symbole (*s. a.* i. Symbol-Reg.)., XI 152

Technik d., I 561-64; II/III 531; VIII 350-57; XI 97-110 (98-102); XIII *301-14*; XV 9-13

u. Assoziationsmethode (*s. a.* Psychoanalytische Grundregel), II/III 648f.; XI 112; XV 12f.; XVII 91f.

Beginn d. [Reihenfolge]
mit auffallenden Details, XIII 301f.; XV 11

chronologische [klassische], XIII 301f.; XV 10f.

mit schwachen Stellen, II/III 519f.

mit Tagesresten, XIII 302; XV 11

i. d. Breite gehender Assoziationen, XIII 302f.

d. Elemente d. Traumes (*s. a.* Traum(elemente)), II/III 346

'fraktionierte', II/III 527f.

langer, dunkler u. vieler Träume, VIII 351f.

Mitteilung, Zeitpunkt d. (*s. a.* Psychoanalytische Technik, Mitteilung), VIII 355

Regeln d., XI 112, 125, 231

Rolle d., i. d. psychoanalytischen Technik *s.* **Traum(deutung)**, i. d. Psychoanalyse, Rolle d.

Schwierigkeiten d. (*s. a.* Traum(deutung), Deutbarkeit)

d. Materialbeschaffung, XI 187-89

Mühseligkeit d., II/III 527f.

Stockung d. Einfälle, u. stumme Traumelemente, XI 103f., 111, 150f.

Unübersetzbarkeit beim Erwachen, II/III 56

symbolische Traumelemente, Verwendung v., -n, i. d., II/III 246; XI 152, 173

Theorie u. Praxis d. (*s. a.* Traum(deutung), u. Therapie), XIII *301-14*

Traum(deutung), Vergessen d.

d. Therapie untergeordnet, VIII 354f., XI 187f.

Zusammenhang zwischen Therapie u., VIII 36f.; XIII 301–14

unmittelbar nach Erwachen, II/III 447, 525

verzögerte, IV 299f.

vollständige (*s. a.* Traum(deutung), Deutbarkeit)

nicht notwendig, VIII 352f.

wechselseitige, mehrerer Träume, VIII 354

Vergessen d., II/III 525

Widerstand d. Patienten gegen, IV 298–301; XI 114, 145; XIII 302f.; XV 13

Witzhaftigkeit d., VI 197f.

(Zusammenfassung), VIII 396–98; XIII 216f., 414–16; XIV 69–72; XVII *87–94*

'Traum(deutung)' [Freuds Werk v. d.], I 512; II/III; V 167, 172; VI 28, 96, 165, 181, 195, 199f.; VII 11, 31f., VIII 349–57, 396

Einstellung d. Kritik, gegenüber (*s. a.* i. Biogr. Reg.: Gegner, d. Traumlehre), II/III ix; XIV 74

Fehlleistung mit Korrekturbögen d., IV 176–78

Traum(elemente), XI 103, 108, 111, 123

Bedingungen d. Tätigkeit d., II/III 314

Beziehungen d.

Anspielung, Teil u. Ganzes, Verbildlichung, XI 118–20, 152, 173

symbolische (*s. a.* Traum(deutung)), II/III 246; XI 152, 173

Deutung d., Fragen bei d., II/III 346

latente u. manifeste *s.* **Traum(gedanke)**; **Traum(inhalt)**

'stumme', u. Stockung d. Einfälle, XI 103f., 111, 150f.

Vergessen d., II/III 285

Traum(entstehung) *s.* **Traum(bildung)**

Traum(entstellung), I 567f.; II/III *139–68*, 183–86, 224, 313f., 612, 685–87, 690; VI 204; VII 219; VIII 34, 437; XI 119f., 133–36, 148; XIV 70; XV 15, 21; XVI 262–64; XVII 88, 90

durch Akzentverschiebung, Auslassung, Modifikation, Umgruppierung, XI 140

durch Anspielung, Teil u. Ganzes, Verbildlichung, Symbolik *s.* **Traum(elemente)**

bei Bedürfnisträumen nicht immer gegenwärtig, XI 143

Beispiele anderer Autoren (Hug-Hellmuth), II/III 148f.

(Definition), XI 148; XVI 264

durch Gegensatz u. Umkehrung (*s. a.* Traum, Gegensatz i.), XI 183

u. hysterische Phantasie, pantomimische Entstellung i. d., VII 235

'Is fecit cui profuit', II/III 314

i. Kindesalter (u. i. Traum v. infantilen Typus) nicht vorhanden, XI 124, 126, 174

als Kompromiß [als Ergebnis eines Konflikts], XVI 264f.

Mittelglieder u., II/III 180–82

nachträgliche *s.* **Traum(bericht)**

u. Pollutionstraum, XI 133

bei Popper-Lynkeus, II/III 314; X 58; XIII 358f.; XVI 264f.

durch Symbolik, XI 152, 171, 173

als Traumarbeit, XI 137f., 173

d. Traumelemente *s.* **Traum**, Anspielung i.; – visueller Charakter

d. -es; **Traum(elemente)**, Beziehungen d.

ungehinderte, VI 204

durch Verdrängung (*s. a.* Verdrängung), II/III 165f.

durch Verkehrung *s*. **Traum(entstellung)**, durch Gegensatz

durch Verstellung, II/III 147, 150

durch d. Vorbewußte [Wunschentstellung], II/III 576

durch Widerstand [als Ausdruck d. Widerstandes], II/III 519–21; XV 14, 21

u. Wunscherfüllung (*s. a.* Traum, als Wunscherfüllung), XI 218f.

durch Zensur [i. Dienste d. Zensur], II/III 471, 520–23; XI 148, 171; XIV 70

Traum(erinnerung) u. Traumgedächtnis (*s. a.* Vergessen), II/III 10–22 (10–16), 60f., 170; XVII 89

Glaubwürdigkeit d. (*s. a.* Traum(bericht))

Einseitigkeit, II/III 143

Unvollständigkeit, II/III 161

an Kindheitserlebnisse (*s. a.* Früherlebnisse; Infantilszenen)

Wissenschaftliche Literatur ü., II/III 16–19 (16f.)

nachträglich erinnerte Traumstücke, Wichtigkeit d., V 262f.

Rezentes u. Indifferentes i. d. (*s. a.* Traum, Indifferentes i.; – Rezentes i.), II/III 20–22

Theorien anderer Autoren, II/III 18–21

Überleistung i. (*s. a.* Traum, u. Hypermnesie), II/III 19f., 646

Widerstand gegen, I 563f.

Traum(erreger) *s*. **Traum(quellen)**

Traum(erzählung) *s*. **Traum(bericht)**

Traum(fassade) (*s. a.* Traum(inhalt), I 565; II/III 679f.; XV 21f.; XVII 88

Phantasie als, II/III 680; V 273

u. Phobien, Inhalt d., XI 426

u. Verständlichkeit, Rücksicht auf (*s. a.* Traum(darstellung), II/III *679f.*

Traum(fragmente) (*s. a.* Träume, (verschiedene): Fragmente; u. Traumbeispiele i. II/III; u. i. Traum-Reg.)

Bruchstücke, Kittgedanken, II/III 494

Deutung d., am leichtesten, XI 116

korrespondierende, XI 180

Nachträge, Wichtigkeit d., II/III 161; V 262f.; XV 14

Partialträume, XI 116, 180

Stücke einer Serie, II/III 320f.

Traum(funktion), (*s. a.* Träumen), II/III *78–92, 578–82*; XI 127, 218–33; XIV 71; XV 16f.

als Schlafhüter *s*. **Traum, als Schlafhüter**

sekundäre, II/III 585

Theorien ü. (*s. a.* Traum(theorien)), II/III 78–99

Wunscherfüllung *s*. **Traum, als Wunscherfüllung**

Traum(gedanke(n)) (latente), I 565; II/III 100, 169, 194f., 283, *316–36, 341–44*, 548f., 654, 673–75; VI 28, 182; VII 86, 121, 195; VIII 34; XI 11–123 (118)

Anziehung durch d., II/III 553

u. Assoziationen z. Traum, nicht identisch, XV 12

aufeinanderfolgender Träume, II/III 339

Charakterzüge d., XI 232

651

Traum(gedanke(n)), Darstellung d.

Darstellung d. *s.* **Traum(darstellung)**
(Definition), XI 118
Dramatisierung d., II/III 666
'einwandfreie', u. verleugnete (*s. a.* Traum, ,harmloser'), XV 18f.
Einwendungen gegen analytische Deutung d. (*s. a.* Traum(deutung), psychoanalytische, kritische Einwendungen gegen), II/III 532
Entstehung d., XI 232f.
Gegensatz zwischen Tagesresten u. Triebregung i. d., XV 22
durch Glossen verraten, II/III 337–39
u. halluzinatorische Befriedigung (*s. a.* Traum, als Wunschbefriedigung, halluzinatorische), VIII 231
Leistungen d., XI 185
logische Relationen i. (*s. a.* Denkrelationen, i. Traum), II/III 318, 673–75

    Folgerung, Kritik, Rede u. Verwunderung i., XI 185
    Kausalbeziehung i., II/III 674
    Lösungsversuch, Überlegung, Vorbereitung, Vorsatz, Warnung i., XI 228–30

u. manifester Trauminhalt, Beziehung zwischen –m, II/III 140f., 149f., 170, 180, 188–94, *283f.*, 315f., 436, 447, 463f., 470, 496f., 510f., *654f.*; VI 182f.; VII 195; VIII 34f., 396f.; X 17f.; XI *111–13*, 118–23, 140, 142, 150, 184f., 203, 229f., 234; XIV 69–71; XV 9, 11f., 15; XVII 88, 90–92

    d. Elemente (*s. a.* Traum(elemente)), XI 176f., 180f.
    (Definition), XI 118f.
    i. d. 'Gradiva' Jensens, VII 85–87, 121f.
    Hauptbeziehungen, XI 118–20

manifester, kürzer als latenter, II/III 654
u. Traumarbeit *s.* **Traum(arbeit)**
u. Traumdeutung, Aufgabe d. (*s. a.* Traum(deutung)), XV 17
Wesen d., VIII *437f.*
Wichtiges u. Unwichtiges i., II/III 180
(Zusammenfassung), XIII 217, 416
Regression i. (*s. a.* Regression), II/III 672f.
u. Rohmaterial (*s. a.* Traum(material)), II/III 548f.
u. Symbol, II/III 357
u. Tagesreste, X 414f.

    Unterschied zwischen –n, XI 232

Traumarbeit am, XI 174–76
als Transkription d. –s, XI 177
u. Traumwunsch
    nicht identisch, X 417
    Wirkung d. Wunschregung auf, XI 232f.
unbewußter Charakter d., XI 217
Überdeterminierung d. (*s. a.* Traum, Mehrdeutigkeit d. –es), II/III 666
    als ausschließlicher Charakterzug d. –s, XI 228–30
Verdichtung i., VI 28f.
Verdrängtes d. stärkste Element d. –s, XV 20
Verschiebung i., II/III 667–71
Verwandlung i. *s.* **Denkrelationen**
vorbewußte, XV 18
'Zwischengedanken' i., II/III 532

Traum(gedächtnis) *s.* **Traum(erinnerung)**

Traum(inhalt) (manifester), I 564f.; II/III 140, 169, 283, *654f.*; VI 28,

182; VII 86, 195; XI 111–23, 184; XV 9; XVII 88

Abänderungen i. d. Wiedergabe d. –es *s*. **Traum(bericht)**

abstrakter, I 564

auffallende Elemente d. –s, Methode d. Anknüpfung an, i. d. Deutung, XV 11

mit Bilderschrift u. Rätsel verglichen *s*. **Bildersprache**

u. Deckerinnerung, X 128 (Definition), XI 118

Einschrumpfen d. –es, II/III 522f.; VI 28f.

Entstellung d. –es *s*. **Traum(entstellung)**

Kohärenz d., XI 87

Kürze d. –es (*s. a.* Traum(inhalt), Länge d. –es)

i. Verhältnis z. Traumgedanken, II/III 654

als Widerstandszeichen, II/III 522f.

u. latenter Traumgedanke *s*. **Traum(gedanke)**

Länge d. –es (*s. a.* Traum(inhalt), Kürze d. –es), XI 87

Technik d. Deutung, VIII 351f.

u. Verdichtung, VI 28f.

als Widerstandszeichen, VIII 351f.

Lücken i. *s*. **Traum**, Lückenhaftigkeit d. –es

peinlicher *s*. **Traum, Angst-**; – **Peinliches** i.; – **Straf-**

Sinnlosigkeit d. –es *s*. **Traum, absurder**; – **Unsinn** i.

Text d. Zwangsgebotes i., VII 441

u. Traumform, Zusammenhang v., II/III 337

Unwichtigkeit u. Wichtigkeit i. (*s. a.* Traum(gedanke)), II/III 180

Verantwortung f., I 565–69

Traum(phantasien) u. Tagtraum

visueller Charakter d. –es *s*. **Traum**, visueller Charakter d. –es

Traum(leben)

Fremdartigkeit d. –s *s*. **Traum**, Fremdartigkeit d. –es

d. traumatischen Neurose (*s. a.* Traumatische Neurose), XIII 10

Traum(lehre) *s*. **Traum(deutung)**; **Traum(theorie)**

Traum(material) (*s. a.* Traum(inhalt); Traum(quellen)), II/III 10–22, 169–82

Rohmaterial, II/III 225–44, 538, 548f., 559

u. Traumgedanke, II/III 548f.

Traum(person(en)) (*s. a.* Traum, Mischbildungen i.)

eigene Person i. Traum, II/III 327f.

gerettete *s*. **Rettung-**

inzestuöse *s*. **Traum, Ödipus-**

Mischpersonen *s*. **Traum, Mischgebilde u. Mischpersonen**

unbekannte, XIV 11

Verfolger *s*. **Alpdruck**; **Räuber**; **Tierphobie(n)**; **Traum, Angst-**; – **Straf-**; **Vater**

Versöhnung mit, II/III 480

Vertauschung d., II/III 327

viele, II/III 251, 549f.; XII 247; XV 26f.

Traum(phantasien) (*s. a.* Traum, u. Phantasie), II/III 336; XIII 178, 181–83

Beispiele, II/III 191

anderer Autoren, II/III 499–502

Harems-, II/III 359, 400; XI 202

Revision d. Lehre v. d., II/III 336

symbolische Darstellung d. Körpers i. d., II/III 618

u. Tagtraum (*s. a.* Tagtraum), II/III *495–99*

Traum(phantasien) u. Weckreiz

u. Weckreiz (*s. a.* Weckreiz), II/III 500–03

Traum(psychologie) *s.* **Traum(deutung)**; **Traum(theorien)**

Traum(quellen) [–erreger] (*s. a.* Traum(material); –(reize)), II/III 22–45, 169f., 186f., *225–46*, 658–60, 668, 670

psychische, II/III *42–45*

Tagesreste als (*s. a.* Tagesreste), X 414f.

Theorien anderer Autoren, II/III 43f.

somatische *s.* **Traum(reiz)**

Traum(reiz(e)), II/III 22–45, 81, 552f., 645–47; VII 82; X 18, 414; XI 88; XV 19

Abhaltung d. *s.* **Traum**, als Schlafhüter

i. d. 'Gradiva' Jensens, VII 82f.

psychische *s.* **Traum(quellen)**

Reaktion auf, Traum als (*s. a.* Traum, als Schlafhüter; – typischer, Bedürfnis-), XI 88

somatische, II/III 22–32, *225–46*, 646f.; VIII 395

äußere Sinnesreize, II/III *23–32*

Beispiele, II/III 24–30

anderer Autoren

Garnier, II/III 27f.

Gregory, Hennings, Hoffbauer, Meier, II/III 25

Jessen, II/III 24

Macnish, II/III 25f.

Maury, II/III 26

Simon, II/III 31f.

Theorien anderer Autoren, II/III 30f.

Verkennung d. –n, i. Traum, II/III 24–31

bestimmte *s.* **Traum**, typischer

innere Sinneserregung (subjektive) [Leibreiz, organischer Reiz], II/III *35–42*; XI 91f.

rezente, II/III 243f., 557

Rolle d. –n, XI 91–94

sexuelle, II/III 166f., 225f., 557

Symbolisierung d. –n, II/III 87–92, 96

Theorien anderer Autoren, II/III 33f., 38–42, 44

u. typische Träume [Leibreizträume] *s.* **Traum**, typischer, (bestimmte Arten d.): Darmreiz [u. Leibreiz]

Vergrößerung d. Dimensionen d. –es

bei Aristoteles, II/III 3

bei Simon, II/III 31f.

Traum(schöpfungen) [erdichtete Träume] (*s. a.* Dichtung; Traum, u. Dichtung; Wahn; Wahndichtungen), II/III 101; VII 33f., 85, *213–23*; X 76; XIV 91

Dichter, einzelner (*s. a.* Dichter; Dichtung), VII 33f.

Erfrischung durch *s.* **Traum(theorien)**

i. d. 'Gradiva' Jensens (*s. a.* i. Namen-Reg.: Gradiva), II/III 101; VII 31–125; XIV 91

Analyse, VII *67–122*

Arzt, Heroine als, i., VII 97, 112, 115, 117

psychoanalytischer, VII 117–19

Auszug, VII *35–66*, 81f.

bestimmte *s.* i. **Traum-Reg.**: Gradiva

intuitive Einsicht d. Dichters i., VII 119–21

manifester Trauminhalt u. latenter Traumgedanke i., VII 85–87, 121f.
u. negative Halluzination, VII 93–95
als psychiatrische Studie, VII 68f.
Traumsymbolik i., VII 109–14
   Archäopterix, VII 58f., 113
   Sonne, VII 110
   Spange d., VII 49, 105
   Todessymbolik (Asphodelosschaft), VII 45, 106
   Verschiebung i. Traum, VII 85
   Wahnzustände i. s. **Wahnzustand**
Jensens andere Dichtungen, VII 123–25
Kompromiß durch, VII 85
u. reale Träume, benötigen gleichartige Deutung, XIV 91
u. Tagträume, VII 191, 213f.

Traum(serie) s. **Träume**, mehrere

Traum(sprache)
(Definition), VIII 214, 221, 405
Sprachirrtum i. d., II/III 459, 523
Traumsymbolik als (s. a. Traumsymbolik, i. d. Sprache), VIII 403f.; XIII 218
Vertauschungen i. d., II/III 344f.

Traum(stimmung) (s. a. Stimmung), II/III 50, 57; VIII 33
fremdartige s. **Traum**, Fremdartigkeit d. -es
nachdauernde, XI 81
peinliche, II/III 491f.
'Stimmungstraum', II/III 138

Traum(symbolik) [Traumsymbole], I 569; II/III xi, 87–92, 350f., *355–409* (356f.), 647, *696–99*; VII 109–14; VIII 36, 106; XI 180; XIV 71; XI 13, 23–36; XVII 89

Traum(symbolik) u. Kunst
i. Aberglauben u. Folklore, II/III 350f., 356f., 647
u. anderen Gebieten, Symbolik auf, Unterschiede zwischen, XI 168–70
Beispiele, II/III *365–89*; XI 153–68
   anderer Autoren
      Dattner, II/III 370f.
      Eder, Ferenczi, Herodot, Reitler, II/III 403
      Rank, II/III 393–96, 403
      Sachs, II/III 383–87
bestimmte einzelne Symbole s. i. **Symbol-Reg.**
Darstellung durch (s. a. Bildersprache; Traum(darstellung)), II/III *355–409*
(Definition), XI 152
Deutung d. (s. a. Traum(deutung))
   ohne Assoziationen u. Tagesreste nicht wissenschaftlich, XI 152f.
i. d. Dichtung s. **Traum(schöpfungen)**
Eindeutigkeit d. (s. a. Traum(symbolik), Gemeinschaft d.), II/III *697*
erste Würdigung durch Popper-Lynkeus, X 58
experimentelle Bestätigung, II/III 389
Geburtssymbolik s. **Traum**, typischer, (bestimmte Arten d.): Geburts- (s. a. Gebären; Geburt; u. i. Symbol-Reg.)
Gemeinschaft d., II/III *696–98*
d. 'Geschlechtsreiztraumes', II/III 90
individuelle, II/III 698
Kenntnis, unbewußte, d., XI 168
u. Kunst, XI 171f.

Traum(symbolik) u. latenter Traumgedanke

u. latenter Traumgedanke, II/III 357
d. Leibreize, II/III 87–92
u. Märchen u. Mythen (*s. a.* Träume (i. allgemeinen): i. Folklore), II/III 351, 356f.; VIII 36; XI 171f.; XV 24–26
mehrfache, XI 180
bei normalen Personen, II/III 378
i. Ödipusträumen, II/III 403f.
i. Ritual, XI 171f.; XV 24–26
bei Scherner, II/III 87–92, 230–33
d. Sekrete, II/III 364
sexuelle (*s. a.* i. Symbol-Reg.), II/III 320, 352–54, 365–71, 376–82; VIII 36; XI *155–72*; XV 26
ödipale, II/III 403f.
vorwiegend, VIII 404
als Sprache
  archaische *s.* **Traum(sprache)**, Traumsymbolik als
  Grund-, (*s. a.* Traum(symbolik), Gemeinschaft d.)
    bei Schreber (*s. a.* i. Reg. d. Krankengesch.: Namenverzeichnis, Schreber), I 569
  Infinitiv-, XIII 182
i. d. Sprache, XI 169–72; XV 24–26
i. d. Sprachentwicklung, XVII 89
Stekels, II/III 362f.
Symbolschichtung, II/III 224, 408
u. Symptome, Konversions-, Analogie zwischen –n, I 83
Todessymbolik *s.* i. **Symbol-Reg.**
Traumdeutung durch (*s. a.* Traum(deutung)), II/III 246
u. Traumelemente, Beziehung d., XI 173
Traumentstellung durch, XI 171
typische *s.* **Traum**, typischer, (bestimmte Arten d.)

Umfang [Kreis] d., begrenzt, XI 154
als Vergleich, XI 152f.
Versagen d. Assoziationen bei d., XV 12f.
Wesen d., XI 153–55, 168–71
Widerstände gegen Anwendung d., XI 153
(Zusammenfassung), XIII 218f.

Traum(tag) [Vortag] (*s. a.* Tagesreste), II/III 7, 18f., 22, *170–74*, 180, 233f., *668–70*; VIII 33; X 419
Beispiel, II/III 173, 175–80
mehrere –e, II/III 581f.
Reden i. Traum beeinflussend, XI 185
u. Tagesinteresse, II/III 43
u. Tagesreste (*s. a.* Traum, Rezentes i.), II/III 696
u. Wachsein *s.* **Traum** u. Wachsein

Traum(technik) (*s. a.* Traum(arbeit))
u. Witztechnik *s.* **Witz**

Traum(tendenz), XI 111
d. Behütung d. Schlafes *s.* **Traum**, als Schlafhüter
kämpft gegen Absurdität, II/III 494f.
d. Lückenausfüllung (*s. a.* Traum, Lücken i.; – sekundäre Bearbeitung; Traum(bericht)), II/III 494f.

Traum(text) (*s. a.* Traum(inhalt), manifester), XV 9

Traum(theorien)
analytische, Freuds [Traum(lehre)] (*s. a.* Traum(deutung)), I 562; II/III; VIII 395–98; XI *79–246*; XV 119
  mit anderen Theorien übereinstimmende Punkte, II/III 594–97

Traum(theorien) einzelner Autoren

Bedeutung d. *s.* **Traum(deutung)** i. d. Psychoanalyse; – psychoanalytische dynamische (Zusammenfassung), XIII 217f.

Einwendungen u. Kritiken gegen (*s. a.* i. Biogr. Reg.: Gegner, d. Traumlehre)

Erkünsteltheit, angebliche, XI *239–43*

Unsicherheiten u. Willkür, angebliche XI *234–39*

als 'physiologische Wahnschöpfung Normaler', VII 85, 89

u. Popper-Lynkeus' Theorie, II/III 99; X 58; XIII *357–59*; XVI 264f.

u. Ranks Theorie, II/III 166

unkundig gehandhabt *s.* i. **Reg.**

d. **Gleichnisse**: Musikinstrument

Wunscherfüllungs- (*s. a.* Traum, als Wunscherfüllung), II/III 95, 126–38, 164, *166, 555–78,* 660; XV 6–31 (28)

Einwendungen gegen, XI 219f., 227

u. Traum(zensur), XI 219f.

Revision d., XIII 32f.; XIV 73; XV 13–31 (28f.)

(Zusammenfassung), XIII 217f.; XVI 262–64

als Zwischenstadium zwischen Schlaf u. Wachleben, XI 87f.

d. analytischen teilweise verwandte

Jungs, X 110–13

'prospektive Tendenz', Theorie d. (Adler), X 101f.; XIII 177

'Spieltheorie' (Maeder), II/III 568, 585; XIII 177

als Zwischenstadium, XI 87f.

nichtanalytische, II/III 1–6, 78–92, 98f., 646f.

ärztliche, vornehmlich gegen Priorität d. Psychologie, II/III 44f.; XI 82

einzelner Autoren

Albertus Magnus, II/III 547

Allison, II/III 93

Aristoteles, II/III 3, 36, 102; XIV 548

Artigues, II/III 36

Benini, II/III 48, 75

Binz, II/III 20, 59, 80f., 646

Bonatelli, II/III 48

Börner, II/III 37

Burdach, II/III 6–8, 53, 55f., 56, 82, 86, 228f.

Cabanis, II/III 94

Calkins, II/III 20, 22, 46, 226

Carena, II/III 73

Cicero, II/III 9, 58

Davidson, II/III 65

Delage, II/III 84–86

Delboeuf, II/III 20, 54, 61, 64, 79

Du Prel, II/III 66

Dugas, II/III 58, 63

Egger, II/III 49, 67

Ellis, II/III 20, 63, 68, 596

Erdmann, II/III 74

Fechner, II/III 50f., 58, 540f.; XI 86

Féré, II/III 93

Fichte, II/III 7, 66, 74

Fischer, II/III 69

France, II/III 85

Goblot, II/III 581f.

Goethe, XIV 548

Gregory, II/III 93f.

Griesinger, II/III 95, 139

Guislain, II/III 93

657

Traum(theorien), einzelne Theorien

Haffner, II/III 7, 54f., 66, 69, 72
Hagen, II/III 94
Hartmann, Ed. v., II/III 533f.
Hegel, II/III 58
Herbart, II/III 80
Hervey, II/III 64
Hildebrandt, II/III 9, 16, 20, 59, 65, 67, 70, 72-76; XI 89
Hohnbaum, II/III 92
Jessen, II/III 8, 49, 69, 76
Jodl, II/III 60
Kant, II/III 74, 94
Krauss, II/III 39, 94, 96
Ladd, II/III 34f.
Landauer, II/III 229
Le Lorrain, II/III 67
Lemoine, II/III 58
Lipps, II/III 228f., 616-19
Maas, II/III 8
Macario, II/III 94, 502
Maine de Biran, II/III 94
Maury, II/III 8, 32-34, 37, 58-60, 62, 64, 76f., 80, 94, 581
Meyner, II/III 228
Mourly Vold, XI 88f.
Müller, Joh., II/III 33-35
Nelson, II/III 18
Nietzsche, II/III 554
Novalis, II/III 86
Pfaff, II/III 70
Plato, II/III 70
Plotin, II/III 139
Purkinje, II/III 86f., 139
Radestock, II/III 37, 47f., 59f., 69, 74, 95f., 139
Robert, II/III 18, 82-85, 183f., 585, 596
de Sanctis, II/III 92f.

Scherner, II/III 39, 43, 87-89, 91f., 100, 230-33, 552f., 597, 646
Schleiermacher, II/III 75
Scholz, II/III 20, 61, 70
Schopenhauer, II/III 69, 94
Schubert, II/III 66, 646
Siebeck, II/III 61
Simon, II/III 36f., 139
Spitta, II/III 37, 49f., 53, 58, 60f., 63, 66, 74, 76, 94f., 226f.
Spitteler, II/III 166
Stricker, II/III 60, 77f.
Strümpell, II/III 16, 19-23, 30f., 36, 43, 46-50, 53, 56-58 (57), 60f., 226-28, 232, 240f.
Sully, II/III 63, 596
Swoboda, II/III 98f., 172
Thomayer, II/III 93
Tissié, II/III 36-38, 48, 92f., 139
Vaschide, II/III 64
Volkelt, II/III 16, 39, 44, 58, 62, 69, 75, 87, 90f., 139, 230-33, 646
Weygandt, II/III 7, 44, 62
Wundt, II/III 30-34, 43f., 60-62, 89, 94, 227f., 240f.
Zeller, II/III 74

einzelne Theorien

'Assoziationstheorie' (Spitta), II/III 43, 226f.
'Ausscheidungstheorie' (Robert), II/III 82f., 183f., 585
'biologische Periodizität' (Swoboda), II/III 172
'Erfrischungstheorie' (Purkinje), II/III 86f.
'Ergänzungsträume' (Fichte), II/III 7

Traum(theorien), einzelne Theorien (Forts.)

fonction ludique, II/III 585

Freuds analytische Theorien, Übereinstimmung d., mit, II/III 594–97

'Geisteskrankheit, Traum als', II/III 92–99

   Mangel an Orientierung u. kritischer Reflexion (Haffner), II/III 54f.

'Gesichtsreizträume', II/III 232, 552f.

'hypnagogische Halluzinationen', II/III 33–35

'Ideendramatisierung' (Spitta), II/III 52f.

materielle, VII 32

'Minderleistung, psychische', II/III 56–58

mythologische Hypothese, II/III 645

'Nervenreiztheorie', II/III 43, 226f., 335

'Nützlichkeitstheorie', II/III 82–85

'partielles Wachen', II/III 79, 85

physiologische Theorien [somatischer Reiz als Traumerklärung], VIII 391, 395; XI 82f.; XV 8

   Leibreiztheorie [Symbolisierung d. Leibreize], II/III 3, 24, 33f., 89–92, 96, 230–32; XI 91

   Sinneserregung, II/III 32–34, 227–30, 240f.

   Strümpells, II/III 23, 30f., 240

psychische Reizquellen anerkennende, II/III 43f.

als 'sittlicher Warner' (Hildebrandt), II/III 76

‚Todesklauseltheorie', II/III 402; XI 244

'Transsubstantiation', II/III 39f.

Traumfunktion betreffende, II/III 78–92

Traumgedächtnis betreffende, II/III 18–21

u. typische Träume, II/III 40f., 246–82, 699

   v. Fallen u. Fliegen, II/III 40f.

u. Wachleben

   'hermetisch abgeschlossen v. –' (Hildebrandt), II/III 9

   'partielles –' (Herbart), II/III 79–81, 85

   'Zwischenstadium zwischen Schlaf u. –', XI 87f.

Wunscherfüllungstheorie, nichtanalytische, II/III 137–39

   populäre, II/III 137f.

'Zuckungen d. Seelenorgans', VII 32; XIV 69; XVI 262

Geschichte d., II/III 2–6; VII 31f.; XI 82

   Altertum, II/III 1–4, 8f., 36

      Aristoteles, II/III 3, 36, 102; XIV 548

      Artemidoros, II/III 102f.

      Cicero, II/III 9, 58

      Herophilos, II/III 137f.

      Hippokrates, II/III 36

      Plato, II/III 70

      Plotin, II/III 139

      Araber u. Juden, II/III 4

      Jesaias, II/III 130

   Mittelalter u. frühe Neuzeit, II/III 4

      Albertus Magnus u. Hobbes, II/III 547

      Carena, II/III 73

      Chaucer, Milton, Shakespeare, II/III 140f.

Traum(verkleidung)

  Mystiker, II/III 66
  u. Pietisten, II/III 5
  Orient, II/III 4, 103
  populäre s. **Traum**, Wertschätzung d. –es
  Verantwortlichkeit f. Träume, Frage d.
    andere Autoren ü., II/III 69–78
    Freud ü. s. **Traum**, Verantwortlichkeit f.
  vorwissenschaftliche (s. a. Traum(buch); Traum(deutung), Methoden d., populäre), II/III 645
Traum(verkleidung), schwache Stellen i. d. (s. a. Traum(fassade); – (inhalt)), II/III 518–20
Traum(wunsch) [–wünsche] (s. a. Wunsch), XI 434
  Allgegenwärtigkeit (neben Lösungsversuch, Überlegung, Vorbereitung, Vorsatz u. Warnung i. Traum), XI 230
  Bestrafung als (s. a. **Traum**, Straf-), XI 22–25
  Gegenwunsch als s. **Traum**, Gegenwunsch-
  Herstellung d. –es als zweite Phase d. Traumbildung, X 418
  infantiler (s. a. **Traum**, als Wunscherfüllung), II/III 603
    Priorität d., II/III 558f.
  Unbewußtheit d., XI 233
  Schicksale d. –e X 417
  u. Tagesreste
    u. latente Traumgedanke(n), XI 233
    Unterschied zwischen X 417
    u. d. Unbewußte, II/III 611f.; X 415–26; XI 148f.
    andere Qualität d., i., als i. Tagesresten, XI 233

  u. d. Bewußte, II/III 558f., 566; X 417, 422–26
  u. d. Vorbewußte, II/III 556; X 415–19, 421, 425f.
  'ins Unrecht setzen', jemanden, II/III 157, 397f.
  u. Wahnidee, nicht identisch, X 417
  Wesen d., XI 148
  u. Zensur (s. a. Traumzensur), XI 223
Traum(zensor) (s. a. Traumzensur), II/III 509; XV 15
Traum(zensur) (s. a. Zensur), I 54; II/III *147–51*, 183f., 240–42, 313–16, 324–26, 481–83, 509f., *533–36*, 565–67, 612f., 689–91, 695; VI 188; VII 85f.; VIII 397; X 165; XI *136–49*, 203, 223, 307; XIII 218, 415f.; XIV 70f.; XV 15, 21, 29; XVI 264; XVII 23
  Ablehnung d. Wunscherfüllungstheorie, seitens Kritik, eine Konsequenz d., XI 219f.
  u. Affekt [–hemmung], II/III *470f.*, 481–83
  'als ob', II/III 493
  durch Angst vertreten, XI 220–23, 225
  Arten d., XI 140
  als dauernde Institution, XI 142
  Dynamismus d., XI 141
  Gemurmel als Symbol d. (s. a. Traum, Rede i.), II/III 148f.; XI 137f., 140, 142
  u. Gewissenszensur, X 165
  u. Ichideal [als Funktion d. –s], X 165; XIII 120f.
  ödipische Träume ohne s. **Traum**, Ödipus-
  u. politische Zensur, XI 139f.
  u. prophetischer Traum, XVII 23
  u. Schaltgedanken, II/III 494

u. Schlaf, x 164f.

Strenge [Intensität] d., II/III 148

herabgesetzte, II/III 531, 547, 573, 620; XI 224

subjektiv, XI 144

durch Witziges dargestellt, II/III 148f.

u. Symboldarstellung, XI 173

Tendenzen d., XI 142–44

Traum(entstehung) i. Dienste d. (*s. a.* Traum(entstellung)), II/III 471, 520–23, XI 171

u. Verdichtung u. Verschiebung, VIII 397; XI 177f.

u. Vergessen, II/III 493f., 520–23

Verstellung erzeugend, II/III 474f.

u. Wahn, Zensur i., VII 85f.

als Widerstand, II/III 324f.; XI 141f.

Wirkungen d., XI 140

Zweck d., II/III *274*

Zweifel i. Traum, als Werk d., XI 181; XIII 83

Trauma [Traumata, Traumen, Traumatischer Eindruck, – Ereignis, – Erlebnis, – Szene] (psychisches) (*s. a.* Traumatische Erinnerung; – Moment; – Situation), I 84; VIII 9, 17, 43; XIII 212; XVI 177; XVII 5f., 11, 13, 59

Abreagieren d. –s (*s. a.* Abreagieren)

durch Angst, XIV 199f.

durch Denkarbeit [assoziative Verarbeitung] u. Sicherheitsbewußtsein, I 87f., 90, 141

Erledigung durch, I 141

u. kathartische Methode, X 46f.

Mangel an, I 89

absolutes, XVII 5

u. Affekt, I 54; XIV 120

Trauma, Fixierung an d.

als 'agent provocateur' *s.* Neurose, Ätiologie d., traumatische

u. Angst, XIV 199f., 229f.; XV 100

u. Angstneurose, kein Zusammenhang zwischen, I 360

Art d., I 181–83

u. Außenweltursachen (*s. a.* Außenwelt; Gefahr; Traumatische Neurose; Unfall), XVII 111

i. d. Ätiologie d. Neurosen *s.* Neurosen, Ätiologie d., traumatische

Begriff d., XVI 178

bei Charcot, XIII 408

psychoanalytischer, XIII *212*; XVI 177; XVII 11

voranalytischer, XIII 408f.

u. Bewußtseinszustand, I 90 (Definition), XI 284; XV 100; XVI 177

(erste), XVII 13

determiniert durch Erlebnis, I 428, 432

Empfindlichkeit gegen *s.* Trauma, Reizbarkeitsmoment

Entstehung d. *s.* **Traumatisches Moment**; –e Situation

u. Epilepsie, I 82

Erinnerung an *s.* **Trauma**, Wiedererinnerung an; **Traumatische Erinnerung**

–erwartung, Angst als (*s. a.* Erwartungsangst; Traumatische Situation), XIV 199, 229f.; XV 100

Fixierung an d. (*s. a.* Fixierung), I 54; VIII 12; XI *282–95*; XIII 10, 32; XVI 180f.

mit entgegengesetzter Tendenz, XVI 181

an Geburts-, *s.* **Geburtstrauma**

bei Hysterie, Kriegs- u. traumatischer Neurose, XIII 10

i. Traum, XV 30

661

Trauma d. Geburt

d. Geburt *s.* **Geburt; Geburtsangst; Geburtstrauma**
als Gefahr *s.* **Traumatische** Situation
u. Halluzination, I 82
u. Hemmung, XVI 181
u. Humor, XIV 385
u. hypnoider Zustand, I 429f.
u. Hysterie (*s. a.* Hysterie, 'traumatische' Ätiologie d.), I 181–83
  Amnesie u. Verdrängung, i. d.; als Ungeschehenmachen', XIV 151
  Anfall, XVII 10
  Anorexie, Erbrechen u. Kontraktur i. d., I 82
  Fixierung, XIII 10
  u. Konversion, I 181
    Reproduzierbarkeit i. d., u. Katharsis, X 46
    Zeitspanne zwischen Trauma u., I 195
u. Ichreife, XVI 64
infantiles *s.* **Kindheitstrauma** (*s. a.* Infantile Sexualszenen; Verführung)
u. Innervation (*s.a.* Innervation), I 63
beim jüdischen Volk, XVI 151
als Kern, pathogener, I 291–94
'Kindheits-', *s.* **Infantile Sexualszenen; Kindheitstrauma; Verführung**
u. Konstitution, Wechselwirkung d., i. d. Ätiologie, XVI 64
Kränkung, Enttäuschung als, I 87f.; XVII 11
u. Latenz [Inkubation] d. Neurose, I 195; XVI 182
  als typisch f., XVI 182f.
Lebhaftigkeit nicht-abreagierter, I 89, 97
u. Lustgewinn i. Humor, XIV 385

mehrere partielle [kleinere], summiert, I 84, 146, 149f., 234f., 247f.; V 4
u. Neurosenwahl, I 93
  Schichtung, Gruppierung d., I 109, 291–96
neues, XVI 66
u. Neurologie, I 82
u. Neurose *s.* **Neurosen**, Ätiologie d., traumatische; **Traumatische Neurose** (*s. a.* Kriegsneurose)
ökonomischer Sinn [quantitativer Charakter, Trauma als überwertiges Erlebnis] d., I 54, 428; XI 284; XIII 34; XV 100; XVI 177, 180
Partial-, I 84, 93, 109, 291; VIII 8f.
u. Phobie, I 142; XVI 181
physisches, VIII 17
u. Rheumatismus, I 362
u. psychoanalytische Therapie, XVI 64, 68
  Träume v., während Kur, XIII 33
Reaktion auf (*s. a.* Trauma, Wirkungen)
  u. Abwehr (*s. a.* Abwehr; Hemmung; Phobie; Vermeidung), XVI 181
  Amnesie, Isolierung, Verdrängung u. Wiederholung, XIV 150f.
  Benehmen, subjektives, während, XVII 59
  positive u. negative, XVI 180f.
  'Ungeschehenmachen', XIV 150f.
Reizbarkeitsmoment [Empfindlichkeit gegen; Sensibilität], I 84, 362; VIII 43
Schocktheorie d. *s.* **Trauma, durch Schreck**

durch Schreck [Schock], I 89f.,
148, 360–62, 364, 431; V 103f.,
125; XII 324; XIII 10, 31; XVII 11

Angsterzeugung bei s. **Trauma, Wirkungen**

als primäres Erlebnis, II/III 605f.

schweres, I 92, 381f.

u. 'große' Hysterie, I 93

Schwierigkeit d. Erledigung d., u. d. Unbewußte, I 456

u. Sexualität, I 77

Sexualerregung freimachend oder abändernd, XIII 34

sexuelle

Arten d. –n, I 383

infantile s. **Infantile Sexualszenen; Kindheitstrauma**

d. reiferen Jahre

u. Rezidive, XVI 66

d. Verdrängung weniger verfallend, I 384

Symptom als Erinnerungssymbol d., VII 196

Topik u. Dynamik d., XVI 204

Triebangst v. innen, als, XVII 111

als unbezwungene aktuelle Aufgabe, XI 284; XVII 13

d. Unfalles (s. a. Unfall), I 82; VII 427

u. Unlust s. **Unlust**

Ur-, s. **Geburtstrauma** (Rank)

Urszene als (s. a. Ur(szene)), XVI 183–85

Wesen d., XI 284; XIII 29; XVI 178

Wiedererinnerung an (s. a. Erinnern, Wieder-), I 381

durch Amnesie vereitelt s. **Amnesie**

i. d. Hypnose, I 91

Trauma, Wirkungen d.

durch kathartische Methode s. **Psychotherapie,** voranalytische, karthartische

Wiederbelebung d. durch (s. a. Agieren), I 381

Zurückphantasieren d., XII 89

Wiederholung d. (s. a. Agieren)

u. Angstentwicklung s. **Trauma, Wirkungen**

i. Traum, XV 29–31

Ungeschehenmachen durch, XIV 151

u. Wiederholungszwang s. **Wiederholungszwang,** u. Trauma

u. Wiederkehr d. Verdrängten (s. a. Verdrängte, (Das)), XVI 185

Wirkungen [Folgen] d. (s. a. Trauma, Abreagieren; – Reaktion auf)

Abulie, I 142

Abwendung v. Realität, XIII 364

Angst u. Schreck, I 368; II/III 587; XV 88

als primäre, direkte Folge, XV 100f.

cerebrale Displegien, I 478–80

Fixierung s. **Trauma,** Fixierung an d.

Ichveränderung, als typische, XVI 182f.

lähmende, I 54, 89f.

auf Lustprinzip, XV 100

Neurosen s. **Neurosen,** Ätiologie, d. traumatische; **Trauma,** u. Hysterie, – u. Phobie; – u. Zwangsneurose; u. unter d. einzelnen Krankheitsnamen

auf Sexualerregung (s. a. Frühreife), XIII 34

Triebverstärkung, XVI 70

Verdrängung (s. a. Trauma, Wiedererinnerung an d.; Verdrängung), XIV 150f.

663

Trauma u. Zeitfolge

   d. Autoerotismus, VII 427
   d. Wunschregungen d. Kindheit, VIII 43
   u. Zeitfolge, umgekehrte, i. d. Wiederholung (*s. a.* Zeitfolge), VIII 9
   u. Zwangsneurose, Ungeschehenmachen durch Isolierung u. Wiederholung, XIV 150f.

Traumatisch (–er, –e, –es) (*s. a.* Trauma)
   Abspaltung v. Vorstellungen, I 92
   Amnesie *s.* **Amnesie**, traumatische
   Ätiologie *s.* **Neurosen**, Ätiologie d., traumatische
   Erinnerung(en)
      determinierende Eignung u. Kraft d., I 428, 432
      Lebhaftigkeit d., I 88, 381
      nicht abreagierte, I 89
      Reste d., durch Denkarbeit erledigte, I 141
      Unbewußtheit d., I 88, 419
   u. überwertiges Erlebnis, I 54
   Wiedererinnerung an *s.* **Trauma**, Wiedererinnerung an
   Erlebnisse (*s. a.* Trauma, psychisches)
   Früh-, *s.* **Infantile Sexualszenen**; **Kindheitstrauma**
   Hysterie (*s. a.* Hysterie), I 82, 84
      bei Charcot, V 151
      u. Zwang, I 346
   Kindheitserinnerung *s.* **Kindheitstrauma** (*s. a.* Deckerinnerungen; Verführungsphantasien)
   Kriegsneurose *s.* **Kriegsneurose**
   Lähmung (Charcot) (*s. a.* Trauma, Wirkungen), I 54
   Moment, I 54, 64, 182
      'auxiliär –', I 64, 182f., 194f.
      (Definition), XV 100

   Gefahr u. Hilflosigkeit als *s.* **Traumatische** Situation
   quantitativer Charakter d. *s.* **Trauma**, ökonomischer Sinn
   Theorie d., I 64, 234f.
   Neurose *s.* **Traumatische Neurose**
   Phobien u. Zwangsvorstellungen, als hysterische Symptome (*s. a.* Hysterie, Symptome), I 346f.
   Situation, V 4
      Angst vor *s.* **Trauma**erwartung
      (Definition), XIV 199
      u. Gefahrsituation u. Hilflosigkeit, XIV 199; XV 100
      Verursachung d., XIII 29
   Szene (*s. a.* Infantile Sexualszenen; Kindheitstrauma), XIV 45
   Verführungstheorie *s.* **Kindheitstrauma**; **Verführung**
   Wirkung *s.* **Trauma**, Wirkungen
Traumatische Neurose [Schreckneurose], I 84; V *103*; XI 283, 396; XII 323; XIII 10, 31; XIV 159; XVII 10f., 111
   u. Angst, XIII 10, 32; XIV 159
      Todes-, als direkte Ursache d., XIV 159f.
   u. Bw-W-System, XIII 31f.
   (Definition), XII 324; XIII 31
   Fixierung, psychische, i., an d. Trauma [an d. traumatische Erlebnis], XIII 10
   u. Gewalt, äußere (*s. a.* Gewalt), XII 324
   u. Hysterie (u. Neurosen)
      als '–', I 84; XVI 177–80
      Ähnlichkeit zwischen, XIII 9
   u. Ich, XI 283f., 395f.
   Inkubationszeit bei d., XVI 171
   u. Kriegsneurose, XIII 33f.
      als Mittelglied zwischen Übertragungsneurose u., XII 324

u. Masochismus u. Unfallsneurose, XIII 11

u. Narzißmus [narzißtische Libido bei], XII 323f.; XIV 159, 477

ökonomische Gesichtspunkte [quantitativer Faktor] bei, XIII 35; XVI 178

u. Reizschutz, Durchbruch d. —es, bei, XIII 29, 31f.; XIV 160

u. Schreck u. mechanische Erschütterungen, I 333, 360; V 103; XIII 10

u. Selbstmordversuch, IV 201

Traum d., XIII 10; XV 29–31

Überraschung, u. Wunde, traumatisierende Wirkung d., bei, XIII 10

Verdrängung als elementare, XII 324

Wachleben d., XIII 10f.

Wiederholungszwang i. d., XIII 21

Traurigkeit s. **Depression** (s. a. Trauer)

Travestie, VI 200

Entlarvung, als Gegenstück d. (s. a. Entlarvung), VI 228

Komik d., VI 216, 229

komisch machen durch, VI 228–30

Trägheit (s. a. Inaktivität)

d. Libido (s. a. Libido, Beweglichkeit d.; Plastizität), XI 360f., 473f.; XII *151*; XVI 87f.; XVII 107f.

i. Alter zunehmend, XII 151

als Besetzungstreue, XVI 87

als Entwicklungsschwierigkeit s. **Trägheit,** d. Libido, Kulturentwicklung erschwert durch

Fixierung als, V 144; X 246; XI 361; XII 151

d. Triebe, X 246

'Haftbarkeit', XI 360; XVI 87

Träume, (verschiedene)

'Klebrigkeit', XI 360; XVI 87

Kulturentwicklung erschwert durch, XIV 467

u. Neurose, X 245f.

Prinzip d., i. organischen Leben, XIII 38, 233

'psychische –' (Jung), X 108f., 245f.; XII 151

überemphatisch, XII 151

(Zusammenfassung), XIII 233

d. Massen, XIV 283

beim Patienten s. **Patient**

Trägheitstraum s. **Traum, Bedürfnis-**

Trällern, als Symptomhandlung, IV 240

Tränen (s. a. Weinen)

'nachholende', I 229

bei Schmerz, I 86

Träume (s. a. Traum-)

(i. allgemeinen)

d. 'Ahnungslosen', als Urkunden analytischer Vermutungen, VIII 355; XIII 183f.

'amerikanische' u. 'österreichische', X 338

'kaleidoskopische', II/III 45–50, 59, 71

d. Neurotiker, II/III 151f.; XI 474

als 'Zuckungen am Seelenorgan' verurteilt, XVI 262

(verschiedene)

aufeinanderfolgende s. **Träume, (verschiedene): serienhafte**

Fragmente [Partialträume] (s. a. Traum(fragmente)), V 262f.; XI 116, 180

kurze

eingeschobene, als Nebensätze, XV 27

Träumen

am leichtesten deutbar, XI 116

Vor-, II/III 320; XV 27

paarweise auftretende [Traumpaare], XV 27f.

bei Ambivalenzkonflikt, XIII 305f.

serienhafte (als Serien einer Nacht) [Traumreihe], II/III 339f., 446f.; XIII 304; XV 27

mit Deutlichkeitszunahme, II/III 339f.

einander ergänzende, II/III 320f., 529f.

Erinnern an nur einen Teil d., II/IIII 525

mit gemeinsamen Traumgedanken, II/III 339; VIII 354; XI 180

Kausalzusammenhang darstellend, II/III 320f.

Undeutbarkeit, teilweise, II/III 529f.

wechselseitige Deutung, VIII 354

Wiederholungszwang, XII 80; XIII 37

wiederkehrende, stereotype [rêve obsédant], II/III 46, 96, 148-50, 699; XI 137f.

Abänderung i. Details d., V 255; XIII 183

Beispiele, II/III 148f.

perennierende, II/III *196*

Roseggers, II/III 476-78

periodisch –, II/III 46; V 248

u. Vorsatz, V 248f.

zahlreiche, als Widerstandszeichen, VIII 351f.

Träumen (*s. a.* Traum; Traum(funktion); Träume), I 561

(Definition), XIV 548

schädliches, I 266

Tag-, *s.* **Tagtraum**

Wach- (*s. a.* Hypnoide Zustände), I 89f.

Träumer, Gestalt d. -s, i. Traum, II/III 327f.; XIII 314

Träumerei *s.* **Tagtraum**

Treffsicherheit

geistige *s.* **Schlagfertigkeit**

motorische, IV 185-87

somnambule, IV 157, 185-87

Tremor *s.* **Zittern** (*s. a.* Kriegsneurose)

Trennung (*s. a.* Objektverlust; Tod)

i. d. Geburt, v. d. Mutter, erzeugt keine Angst, XIV 161

u. Gefahr, XIV 160f.

v. d. Mutterbrust *s.* **Entwöhnung**; **Trennungsangst**

Schmerz u. Trauer, als Reaktion auf, XIV 161

Trennungsangst (*s. a.* 'Fortsein')

u. Ausschluß aus d. Horde, XIV 170

u. Kastrationsangst, VII 246; XIII 296, 397; XIV 160, 167, 169f.

v. Mutter, XI 422; XIV 167-69

u. Objektverlust, XIV 167-74, 202

u. Ratlosigkeit, XIV 167

d. Säuglings, XIV 167-69, 172

i. Traum, II/III 463f.; XIV 160f.

Urangst ist, XIV 167-69

Treppe *s.* **Steigen** [Stiegen]

Treppenwitz, II/III 253

Trieb(e) [Instinkt] (*s. a.* Instinktives Wissen)

Aktivierung d., Reihenfolge d., V 143

u. Aktivität u. Passivität (*s. a.* Aktivität u. Passivität; Triebe, 'passive') als letzte Ursache d. Aktivität, XVII 70

u. Angst *s*. **Triebangst**

Befriedigung *s*. **Befriedigung**

Begriff d. (*s. a.* Trieb(e), Wesen d.), V 67; X 211; XIII 35, 233; XV 103; XVII 128

Beherrschung d. *s*. **Triebbeherrschung**

bestimmte *s*. **Triebarten**

u. Charakter, XIV 456 (Definition), VIII 410f.; X 211, 214; XIII 38; XVII 70

Egoismus d. *s*. **Egoismus**

einzelne *s*. **Triebarten**

Erregungen d. *s*. **Erregung**

Ersetzbarkeit *s*. **Ersetzbarkeit**

erster, XIII 40

u. d. Es, XIII 252f.; XIV 227; XV 80; XVII 67f., 70

als Inhalt d., XIV 227

als Faktoren, v. Marxisten verleugnet, XV 193f.

u. Fixierung *s*. **Fixierung**

Flucht vor, Unmöglichkeit d., XV 102f.

freibewegliche (*s. a.* Libido, Beweglichkeit d.), XIII 35

u. Gefahr (*s. a.* Instinktives Wissen), XIV 201

Glück u. Leid durch, XIV 437

als Grenzbegriff zwischen Seelischem u. Somatischem, X 214

u. Ichentwicklung (*s. a.* Ich; Ichtriebe), XIII 286

u. Instanzen, psychische, XIII 270f.

als Kern d. Unbewußten, X 294

d. Kindes, XIII 154

d. Säuglings, XIV 168f.

kollaterale Beeinflussung d., XVI 70

Trieb(e), regredierender Charakter d.

Konflikt zwischen Realität u., XVII 59f.

-konflikt *s*. **Triebkonflikt**

konservativer Charakter d., XIII 38–46; XIV 477; XV 113–15; XVII 70

Einwendungen gegen Idee d. −n −s, XIII 38f.

Leber als Sitz d., i. primitiven Glauben, XVI 5

leidenschaftliche (*s. a.* Leidenschaft; Triebstärke)

konstitutionelle *s*. **Konstitution**

u. Verbrechertum *s*. **Verbrecher**

wilde Tiere als Traumsymbole f., II/III 414

Lenkbarkeit d., XIV 263

u. Lust u. Unlust

bei Bedürfnisspannung, XIV 168f.

Befriedigung immer lustvoll, X 248

-prinzip, XIV 227

u. Neurose [u. Psychoneurose]

als Ersatzbefriedigung (*s. a.* Neurosen), VIII 112

(Zusammenfassung), XVI 235f.

als Niederschläge äußerer Reizwirkungen, X 214

Objekt d., X 215; XI 103

u. Organ, VIII 98f.

u. d. Organische, XIII 38

'passive', VIII 410f.; X 215

Polarität d. (*s. a.* Polarität), V 59; X 226

Pseudo-, X 248f.; XV 101f.

i. Pubertät u. Menopause (*s. a.* Durchbruch; Pubertät), XVI 70

quantitativer Faktor *s*. **Triebstärke**

regredierender Charakter d. (*s. a.* Triebregression), XIII 46

667

Trieb(e), regressiver Charakter d.

regressiver Charakter d. *s.* **Triebregression**
als Reiz *s.* **Triebreiz**
u. Reiz, V 67; X 214
ohne Reizschutz, XIV 121
u. Schmerz, Ähnlichkeit zwischen, X 248f.
Sublimierung d. *s.* **Sublimierung**
(Terminus technicus), XIV 227
d. Tiere *s.* **Tierpsyche**
u. Triebschicksale *s.* **Triebschicksal**
Unbewußtheit d., X 275–79
Veränderungen u. Verschiebungen d. *s.* **Triebumsetzungen**
u. Verdrängung *s.* **Triebschicksal**
durch Vernunft entthront, XII 156
Wendung d., gegen eigene Person (*s. a.* Destruktionstrieb; Selbstmord; Selbstzerstörung; Todestrieb), XIII 59; XVI 22
Wesen d. (*s. a.* Trieb(e), Begriff d.), VIII 410f.; X 212–14
u. Widerstand, als dynamische Größen d. Pathogenese, XIV 55
u. Wiederholungszwang, XIII 38–45; XV 113
zielgehemmte *s.* **Zielgehemmte (Sexual-)Triebe**
Zielverschiebung d. *s.* **Triebziel**
(Zusammenfassung), XIII 232f.

Triebabfuhr (*s. a.* Abfuhr)
abnorme, Epilepsie als, XIV 403f.

Triebabwehr (*s. a.* Abwehr)
u. Narzißmus, X 224

Triebangst (*s. a.* Es-Angst; Ichangst), X 256; XIV 194

Triebanspruch [-ansprüche] (*s. a.* Angst, neurotische)
u. Außenwelt, XVII 130

als Drang, X 214f.
u. Erlebnis, XVI 235
Erledigung d. –es, XVI 69
u. d. Es *s.* **Es**
v. innen
Partialtriebe als Inhalt d., XVII 112
als Traumen, XVII 111
Reizschutz nicht vorhanden gegen, XIV 121

Triebanteile, libidinöse (*s. a.* Eros; Sexualtriebe), XIV *480*
u. aggressive, XIV 499
(Definition), XIV 476
i. Schuldgefühl o. Symptome umgesetzt, XIV 499

Triebarten
Aggressions-, *s.* **Aggressionstrieb**
andere als Sexual- u. Todestrieb, XIII 43, 55; XV 101f.
Bemächtigungs-, *s.* **Bemächtigungstrieb**
Destruktions-, *s.* **Destruktionstrieb**
Forscher-, *s.* **Infantile Sexualforschung; Wißtrieb**
Fortpflanzungs- (*s. a.* Fortpflanzung; Sexualtrieb), VII 151; XI 358; XIII 55; XV 104; XVII 74, 113
Geltungs- (*s. a.* Machtstreben), XIII 41; XV 101f.
Geselligkeits- (*s. a.* Herdentrieb), XV 101f.
Greif-, V 80f.
Grund-, (*s. a.* Urtriebe), XVII 70f.
Freuds frühere Theorien ü. *s.* **Hunger**
willkürliche Aufstellungen v. *s.* **Triebarten**, Klassifikation d.
z. Hassen (*s. a.* Destruktionstrieb), XVI 20

Herden-, *s.* **Herdentrieb**

Hunger u. Liebe *s.* **Hunger, u. Liebe**

Ich-, *s.* **Ichtriebe**

Klassifikation d., X 216–19; XIII 55; XV 101f.; XVII 70
  willkürliche, XIII 55; XV 101f.

Lebens-, *s.* **Eros** (*s. a.* Todestrieb, u. Lebenstrieb)

Macht-, *s.* **Machtstreben**

Nachahmungs-, XV 101f.

Partial-, *s.* **Partialtrieb**(e)

Schlaf-, XVII 88

Schmerz als Pseudotrieb, X 248f.

Selbsterhaltungs-, *s.* **Selbsterhaltungstriebe**

Sexual-, *s.* **Sexualtrieb**

soziale (*s. a.* Gesellschaft-; Herdentrieb; Sozial(en) Triebe), XV 101f.

Spiel- (*s. a.* Spiel), VIII 199f.; X 216; XV 101f.,

Todes-, *s.* **Todestrieb**

Ur-, *s.* **Trieb**(e), Grund-; **Ur-(triebe)**
  z. 'Verinnerlichung', X 248f.

Vervollkommnungs- [Höherentwicklungs], XIII 43 45

Wander-, *s.* **Reisesehnsucht**

Wiß-, *s.* **Infantile Sexualforschung; Wißtrieb**

zwei Arten d. (*s. a.* Hunger, u. Liebe; Ichtrieb, u. Sexualtrieb; Todestrieb, u. Lebenstrieb)
  Ableitung d., XIII 232
  Legierung d. *s.* **Triebmischung**

Triebbefriedigung *s.* **Befriedigung**

Triebbeherrschung [Bändigung d. Triebe], XIII 228, 286, 376; XV 83; XVI 69
  u. Ertötung, durch Yoga, XIV 437

Triebentmischung, Folgen d.

Mangel an [Unbändigkeit d. Triebe] (*s. a.* Konstitution; Triebstärke), XVI 263

als Zweck d. Erziehung (*s. a.* Erziehung; Triebeinschränkung), XV 160f.

i. d. Analyse, XVI 74

Triebbesetzung (*s. a.* Besetzung)
u. Symptom, X 284

Triebdisposition *s.* **Konstitution**

Triebeinschränkung (*s. a.* Tabu; Triebbeherrschung; -unterdrückung)

durch Autorität (*s. a.* Autorität), V 132

durch Erziehung *s.* **Erziehung; Kultur**

u. Kriegsverhütung, XVI 26f.

durch Kultur, XV 118; XVI 26f.

i. d. Kultur, XIV 106, 329f., 362f.

Mangel an *s.* **'Ausleben'**

u. Psychoanalyse (*s. a.* Psychoanalyse), XIV 106f.

d. sexuellen Triebe *s.* **Sexualeinschränkung**

Sittlichkeit als (*s. a.* Moral-; Sittlichkeit), XIV 106

durch Überich (*s. a.* Überich), XV 118

Triebenergie (*s. a.* Triebstärke)

Libido als, bei Jung, XIV 477

verschiebbare (*s. a.* Libido, Beweglichkeit d.), XIII 272f.

Triebentmischung, XIII 269f.; XV 111f.; XVI 88f., 92; XVII 106

u. Ambivalenz, XIII 270

(Definition), XIV 143

als 'Dissoziation' bezeichnet, V 133

u. Epilepsie, XIII 270

Folgen d., XIII 287

Triebentmischung i. Negativismus

i. Negativismus, XIV 15
i. d. Neurose, XIII 270
i. d. Regression, XIII 270; XIV 143-45
bei Sadismus u. Masochismus, XIII 270, 376f.
als Schicksal, XIII 258
u. Sublimierung u. Desexualisierung, XIII 258, 284-87
u. Vermischung [Legierung, Mischung] d. Triebe (*s. a.* Triebmischung), XIII 233
u. Zwangsneurose, XIII 270, 285

Triebentwicklung *s.* **Partialtriebe**; **Sexualtrieb** (*s. a.* **Charakter**; **Genital-**; **Prägenital**)

Triebfreiheit *s.* **'Ausleben'**; **Freiheit, Trieb-**

Triebgefahr (*s. a.* Abwehr; Gefahr, innere), XIV 154-57, 200f.
Angst wegen *s.* Es-Angst
als äußere behandelt, XIV 230
Begriff u. Wesen d., XIII 7f.; XIV 198f.
(Definition), XIV 177, 198
Libido als, XII 324
Projektion d., i. d. Phobie, X 283f.
auf reale zurückgehend (*s. a.* Geburtsangst), XV 92f., 96

Triebgehorsam, XIII 283

Triebhemmung, XIII 286

Triebkomponenten (*s. a.* Partialtriebe; Triebanteile; -entmischung; -mischung)
Konflikt zwischen aggressiven u. erotischen, u. Neurose, XIV 513
u. konstitutioneller Faktor *s.* **Konstitution**
Verlöten d. *s.* **Triebmischung**

Triebkonflikt(e) (*s. a.* Ich; Konflikt; Trieb)

Aktualisierung latenter, Frage d., XVI 65, 67, 75-79
akute, nicht analysierbar (*s. a.* Akut-), XVI 76f.
Ausgang d., v. Ichstärke abhängig, XVI 69f.
(Definition), XVI 67
Ersetzbarkeit d., XVI 75
'Impfung' gegen, XVI 67, 76
als Konflikt d. Ich mit einem Trieb, XVI 67
latente *s.* **Triebkonflikt**, Aktualisierung
Lösbarkeit, endgültige, XVI 67-71, 75
normale Entscheidung d., XVI 69
ökonomischer Gesichtspunkt d., XVI 64, 69-71
Prophylaxe d., XVI 67, 75-79
Willensmacht versagt beim, XII 11

Triebkonstitution *s.* **Konstitution**

Triebkraft [-kräfte]
aufgespeicherte, I 511
Konstanz d., X 212
Steigerung, Versuch d., i. d. Analyse, XVI 76
i. Traum, libidinöse u. destruktive, II/III 167

Triebleben
u. Angst, XV *87-118*
Personifizierung d. verdrängten
i. Teufel, VII 208
i. wilde Tiere i. Traum *s.* **Tier**; **Traum**
psychoanalytische Bewertung d. -s, XII 3f.
d. Tieres *s.* **Tierpsyche**
u. Vernunft [Intellekt], XII 156; XVI 24
Kampf zwischen, i. d. Analyse (*s. a.* Konflikt), VIII 374

u. Widerstand, Neurose als Konflikt zwischen (*s. a.* Konflikt), XV 62f.

u. Zwangsneurose, VII 453–63

Trieblehre (*s. a.* Libidotheorie; Todestrieb), V *67–69*; VIII 410; XIII 3–69, 230, *232f.*, *237–89*; XIV 82f., 104f.; XV 101–04; XVII *70–73*

u. Ätiologie d. Neurosen, XIV 227f.

u. Bisexualität (*s. a.* Bisexualität), XIV 466

dualistische, XIII 53, 269; XIV 105

d. Empedokles, XVI 91–93; XVII 71

Entwicklung d., XIV 476

u. Krieg, XVI 23

monistische, XIV 83f.

als Mythologie d. Psychoanalyse, XV 101f.; XVI 22

(Terminus technicus), XIII 66

verschiedenartige Triebe, XV 101f.

Wandlungen i. d., XIII 66

(Zusammenfassung), XIII 230, 232f.; XIV 301f.; XVI 20–22; XVII 70–73

Triebmischung [-legierung, -verlötung, -vermischung], XIII 269, 284; XIV 155, 498; XV 111f.; XVI 92; XVII 71, 76

u. Masochismus

erogener, durch, v. Todestrieb u. Lebenstrieb, XIII 376f.

moralischer, als Muster d., XIII 383

Synthese, Frage d., bei d., XV 110

Triebnatur, XIII 35, 38, 233; XVII 110

Triebökonomie *s.* **Trieb**; **Triebstärke**

Triebquelle(n), V 67; X 212, 215f.; XIII 230; XV 103

Triebregression (*s. a.* Trieb, regredierender Charakter d.)

u. Verdrängung, XIV 134

u. Wiederholungszwang, XIII 64

Triebregung(en) [Drang; triebhafte, instinktive Prozesse], XII 326f.; XIII 6–8; XVII 128

aggressive, Widerstand gegen, XVI 22

Bändigung d. *s.* **Triebbeherrschung**

als Bedingungen äußerer Gefahr, XIV 177

'böse', X 331–35

i. Krieg, X 336

als Drang, X 214f.

dunkle, präödipale, XIV 531

Ersatz f., XIV 122

Neurose als, VIII 112

Ichideal, Kommunikation d. –s, mit, u. intellektuelle Prozesse, XII 156; XIII 41, 267; XIV 15

u. Intelligenz *s.* **Triebleben**, u. Vernunft

Kompromisse d. u. Koordination d., X 285

libidinöse (*s. a.* Libido; Libidinös; Triebe, Objekt-)

u. aggressive, XIV 498f.

egoistischer Zusatz d. –n (Adler), X 96f.

Sprache d., XIV 13

symbolisiert durch Dämonen, XIII 318

i. Traum *s.* **Traum**

unbewußte, u. Vorstellung, X 275

verdrängte *s.* **Triebschicksal(e)**

Wiederholung i. d. Analyse v. noch nicht durchgesetzten, X 133

Triebreiz

Triebreiz (*s. a.* Trieb, u. Reiz), X 211–13; XV 102f.

Triebrepräsentanz
  (Definition), X 254
  Fortbestehen trotz Verdrängung, X 251

Triebschicksal(e) (*s. a.* unter d. einzelnen Stichwörtern)
  als Art d. Abwehr, X 219
  (Definition), X 219
  d. Sexualtriebe (*s. a.* Sexualtriebe)
    Fixierung (*s. a.* Fixierung; Libido, Beweglichkeit d.; Trägheit), VII 150
    Herabsetzung *s.* Schwäche, sexuelle
    i. d. Psychoneurose, VII 118
    Sublimierung, VII 150f.; X 219; XIII 268, 274; XIV 457
    Verdrängung, X 219
    Verkehrung i. d. Gegenteil, X 219–32
    Verschiebbarkeit, VII 150f.
  phylogenetische, d. Wegfalles d. Koprophilie u. d. Sadismus i. d. Kulturentwicklung, VIII 90
  Wendung gegen eigene Person, X 219–32 (220)
  u. Trieb, X *210–32* (219–32)
    –qualität, XIII 273
    –repräsentanz, X 251
  u. Verdrängung, X 219, 251; XIII 58; XIV 55, 173
    Angst als Libido d. verdrängten Triebregung (*s. a.* Triebangst), XIV 193
    Fortbestehen d. Repräsentanz, X 251
  u. Verschiebung *s.* **Triebumsetzungen**

Triebschwäche (*s. a.* Triebstärke)
  sexuelle (*s. a.* Impotenz; Schwäche)
    angeborene, V 139
    herabgesetzte *s.* Schwäche, sexuelle

Triebstärke (*s. a.* Konstitution; Leidenschaft; Trieb(e), leidenschaftliche; Triebschwäche; -verstärkung)
  u. Abwehr, XVI 74
  aktuelle [derzeitige], XVI 68
  Ekel überwindend, V 51
  u. Ich, XVI 64
  individuelle Verschiedenheit, VII 150, 153, 172
  konstitutionelle (*s. a.* Konstitution), XVI 64, 68–71
  quantitativer Faktor d., X 252–56; XIV 54; XVII 107
  u. Schwere d. Falles, XVII 107
  d. Sexualität (*s. a.* Konstitution)
    individuelle Verschiedenheit, VII 150
    d. kindlichen, VII 174
    bei Perversen, VII 153
  täuschende, beim Neurotiker, X 251
  ungebändigte
    Bändigung, Frage d. Möglichkeit d. (*s. a.* Triebbeherrschung), XIII 376; XVI 68f.
    u. Glück, XIV 437
  übermächtige [übergroße] (*s. a.* Triebverstärkung)
    i. d. Massen (*s. a.* Massenseele), XIV 328–30
    pessimistische Prognose bei –r, XIV 276
    bei Unentwickeltheit, gleichzeitiger (*s. a.* Triebschwäche)
      u. Neurose, X 251; XVI 75
      Hysterie, V 63f.
    beim Verbrecher u. Verwahrlosten (*s. a.* Verbrecher), XIV 276, 328f., 566

Triebverzicht, sexueller

u. Verdrängung, VIII 58; X 251
u. Versagung (*s. a.* Versagung), VIII 89

Triebtheorie *s.* **Trieblehre**

Triebumsetzungen [–veränderungen; –verwandlungen], X *402–10*; XII 51; XV 103
u. Affektbetrag, X 255
i. d. Analerotik, XV 107–09
i. Es, durch Ich, XV 104
i. d. Neurose, XIII 363, 366
durch Verschiebung, XVII 70f.
Zielverwandlung ist keine, XII 51

Triebunterdrückung [–ertötung]
als einziges Ziel d. Erziehung, VII 376
beim Held aufgehoben, VII 150
u. Kultur, VII 149; XIII 383
u. psychische Erkrankung, VII 80, 149
u. Religion, VII 137, 150
verbunden mit Sadismus gegen eigene Person, XIII 383
d. Sexualtriebes *s.* **Sexual**-
unvollständige, VII 137, 150
Übertreibung d. [Triebertötung], VII 160f.
 durch Yoga, XIV 437
 beim Verbrecher, mangelhaft, VII 150
 beim Weib, VII 160f.

Triebversagung (*s. a.* Versagung), VIII 88–91
(Definition), XIV 331

Triebverschränkung (Adler), VII 341, 359; X 215

Triebverstärkung (*s. a.* Durchbruch; Pubertät; Triebstärke), XVI 68
akzidentelle, XVI 70
u. Ersatzbefriedigung, XVI 70

i. Schlaf u. Traum, XVI 70
u. Wiederkehr d. Verdrängten, XVI 202

Triebverwandlung *s.* **Triebumsetzung**

Triebverzicht (*s. a.* Aggression; Egoismus; Kultur; Triebbeherrschung; –einschränkung; Überich), XIV 486–88
Aggression hervorrufend, XVI 6
u. Autorität, XIV 487
Begriff, Entstehung u. Vorgang d. –es, XVI 223–25
u. Brüderclan, XVI 188
u. Ersatz, VII 215
u. Erziehung, XVI 226f.
u. Ethik, XVI 226f.
u. Exogamie, XVI 227
bei d. Feuererhaltung, XVI 3, 5
beim Fortgehen d. Mutter, u. Spiel, XIII 13
u. Gewissen, paradoxes Verhältnis zwischen, XIV 488
bei Griechen, XVI 221
Gründe d. –es, XVI 224
u. d. 'Heilige', VII 130, 150
bei Juden, XVI 221–23, 226
u. Kultur, VII 139, 149; IX 119; X 333f.; XIII 383, 424; XIV 438, 457f.; XVI 5
 beim Kind, als Leistung, XIII 12
Lohn f., XIV 449
als Lustverzicht, VI 110f.; VIII 236
i. d. Masse schwach, XIV 438
Ontogenese d., XVI 227f.
u. Recht *s.* **Recht**
i. d. Religion, VII 137, 139
sexueller *s.* **Abstinenz**; **Sexualablehnung**; –einschüchterung

Triebverzicht, soziale Folgen d.
soziale Folgen, Institutionen als, d. −es (*s. a.* Kulturinstitutionen), XVI 188
u. Stolz, XVI 224f.
u. Tabu, IX 45f.
u. Totemismus, XVI 227
i. d. Zwangsneurose, VII 139

Triebvorgänge
v. Ich beeinflußt, XIV 178
u. Traumarbeit, XIII 35
unerklärbar, nur beschreibbar, XII 140

Triebwahrnehmung (*s. a.* Wahrnehmung), XIII 286; XV 83

Triebziel(e), V 67; X 215; XII 51; XIV 227
Ablenkung v. [Hemmung d.] *s.* Sexualziel; Zielgehemmte (Sexual-)Triebe
aktive o. passive, XV 103
u. Form u. Funktion d. Organe, X 225
mit anderen Zielen unverträglich, XIII 7
Einschränkung d., i. d. Kulturentwicklung, XVI 26
Verschiebung d. −es, XVII 70
zärtliche o. sinnliche *s.* **Sinnlich-; Zärtlich-**

Trigeminusneuralgie, hysterische, I 247

Trinken, Neigung z. *s.* **Alkohol**

Triumph[−gefühl]
Entstehung d. −es, XIII 147
u. Ich
u. Ichideal, fallen zusammen i., XIII 147
u. Narzißmus, unverletzlicher, i. Humor, XIV 385
Phase d. −es
bei Manie (*s. a.* Manie), X 441f., 446

bei Trauer ausbleibend, X 442f.
i. Seligkeitsmoment d. epileptischen Aura, XIV 410
nach Urvatermord (*s. a.* Totem-; Vatermord), XIV 410

Trivial *s.* **Banal**
i. Traum *s.* **Traum, Banales, i.**

'Trockenheit', VI 199

Trost [Tröstung]
i. Glauben *s.* **Trostbedürfnis**
hysterischer Anfall als, VII 238

Trostbedürfnis (*s. a.* Angst, Beschwichtigung durch; Hilflosigkeit; Jenseitsglauben)
d. Frommen, u. 'Glauben an unerforschlichen Ratschluß' (*s. a.* Fromme; Schicksal), XIII 47; XIV 444
Magie statt Naturwissenschaft, aus, XIV 338
u. Psychologie, XIV 338; XV 4f.
u. Religion, XIV 337f., 352f., 430, 481

Trottoir roulant, i. Traum, II/III 665

Trotz [Trutz] (*s. a.* Eigensinn), X 409; XV 125
u. Analerotik, V 141; VII 204, 207; X 406f., 409; XII 113
i. d. Brüderschar unauslöschbar, IX 183
u. Entblößung, VII 204, 207
i. Humor, XIV 385
Inkontinenz als Symbol f., XII 113
u. Masturbation, XIV 525; XV 139
beim männlichen Patienten (*s. a.* Patient), XVI 98f.
u. Narzißmus, X 409
u. Schlimmheit, XII 100
i. Selbstmordversuch, XII 291
Ursprung d. −es, X 407

i. Überkompensation u. Übertragungswiderstand, XVI 98f.

Vater gegenüber (*s. a.* Vater), XVI 98f.; XVII 118

beim Mädchen, XII 286, 291

u. Verlieren u. unbeabsichtigte Sachbeschädigung, XI 73

bei Zwangsneurose, XI 267

Trunksucht *s.* **Alkohol**

Trutz (*s. a.* Trotz)

—erinnerung *s.* **Deck(erinnerung(en))** (i. allgemeinen): positive u. negative

Tugend *s.* **Ethik; Moral; Sittlichkeit**

Tunnel, i. Traum (*s. a.* i. Traum-Reg.), II/III 394f.

Turm [Türme] (*s. a.* Höhenphobien; u. i. Symbol-Reg.), II/III 347–49; XIV 201

Tussis nervosa (*s. a.* Husten, nervöser; Hysterie, Konversions-, Symptome (bestimmte)), I 273f.; V 179f., 185, 207, 245, 264; VIII 4

Türe(n)

Aberglauben bezüglich, IV 288

Jungfräulichkeit, XI 164

Leibespforten symbolisierend, II/III 697; XI 157f.

Genitalöffnung, weibliche, XI 157f., 164

Typus [Typen] (*s. a.* unter d. einzelnen Stichwörtern)

'auditif' [auditiver], IV 55

eines Traumes, IV 55; VII 256

Charakter- (*s. a.* Charakter; Neurotiker, Typen d.)

analer, VII *203–09*; VIII 77, 449f.; XV 108

d. 'Ausnahmen', X *365–70*

'd. a. Erfolg scheitern', X *370–89*

u. 'too good to be true'-Gefühl, XVI 252f.

d. Frigiden, V 122, 128; VII 161, 164, 179

Masochisten, XIII 378

Pedanten, I 318, 391

'Säuglinge, ewige', neurotischer, XIII 351f.

'schmutzige', II/III 206; VII 207

Sensationssüchtige, V 104f.

Skeptiker, VIII 457f.; XVI 67

Sonderlinge, I 391

Stabiler, XVI 181

Verbrecher aus Schuldbewußtsein, X *389–91*

Vertrauensselige, VIII 457f.

Zwangs-, *s.* Zwangstypen (*s. a.* Typus, Charakter, analer)

u. Konstitution *s.* **Konstitution**

libidinöse(r) [u. d. Liebeslebens], XIV 442, *509–13*; XVI 67f.

Anlehnungs-, XIV 345f.

Dirnenliebhaber, VIII 68f., 71–74

erotische, XIV 510, 512

d. 'Geschädigte Dritte', VIII 67f.

d. Kinderzeit, XIII 19

mit klebriger u. leichtbeweglicher Libido, XVI 87f.

bei Mischtypen, XIV 511–13

narzißtische, XIV 510–13

d. Objektwahl beim Mann, VIII 67–74

sinnlicher *s.* **Sinnlich-**

zärtlicher *s.* **Zärtlich-**

d. Zwangstypus, XIV 510, 512f.

Misch- [Übergangs-], VIII 77; XIV 510, 512

Neurose wahrscheinlicher bei, XIV 512

Typus, 'moteurs' u. 'visuels'

Neurotiker meistens, VIII 329
'moteurs' u. 'visuels', IV 56
Nationalcharakter, XII 128, 138
d. Objektwahl *s.* **Typus,** libidinöse(r)
psychoanalytische Behandlung verschiedener *s.* **Psychoanalytische Technik,** Typen

Typische Träume *s.* **Traum,** typischer

Tyrann, XIV 366
Freiheit d. –en, XIV 366, 458f., 474

Τύχη (*s. a.* Zufall), VIII 364; XVI 91

U

Ubw. *s.* **Psychischer Apparat; Unbewußt-**

Uhr(en)
Abneigung gegen, bei Zwangskranken, VII 449
i. Traum, XI 241f.
u. Versäumen d. Aufziehens, IV 240
weibliches Genitale symbolisierend, XI 274f.

Ulk *s.* **Unsinn**

Umarbeitung d. Realität *s.* **Alloplastische Reaktion; Realität**

Umgebung [Umwelt] (*s. a.* Außenwelt), XI 366f.; XIV 68
u. Anpassung u. Glück, XIV 443
Bewältigung d.
   nach Analyse (*s. a.* Integration), XVI 72
   durch Realitätsprinzip *s.* **Realitätsprinzip**
d. Kindes *s.* **Amme; Eltern; Familienverhältnisse; Kind** (als Subjekt); **Lehrer; Mutter; Überich; Vater**
Ordnung i. d. (*s. a.* Ordnung)
   durch Analyse, XVI 72
d. Patienten, menschliche u. soziale (*s. a.* Patient; Soziale Umstände), V 176
u. Person, XIV 68
u. Sexualentwicklung, V 130f.
u. Überich, XVII 137f.
u. Verdrängung, I 89

Umkehrung (*s. a.* Denkrelationen; Gegenteil; Traum, Gegensatz i.; – Umkehrung i.; Regressive Reihenfolge; Verwandlung; Zeitfolge)
d. Affekte (*s. a.* Ambivalenz), II/III 474–81
i. d. Gegenteil *s.* **Gegensatz; -teil**
i. d. Homosexualität [Inversion], II/III 332
d. Realität i. d. Phantasie, XII 43
d. Reihenfolge *s.* **Regressiv**
d. Zeitfolge
   i. d. Analyse d. Konversionssymptome, I 183
   i. hysterischen Anfall, II/III 333; VII 237

Umsetzung [Umsetzbarkeit] (*s. a.* Verschiebung)
d. Energie *s.* **Energie**
d. Libido *s.* **Angst; Angsttheorie** (toxikologische); **Libido**, Beweglichkeit d.; **Trägheit**
d. Triebe *s.* **Triebumsetzung**

Umstände *s.* **Umgebung** (*s. a.* Hilfsursachen; Neurosen, Ätiologie d.; Soziale Umstände)

Umstellung [Umgruppierung; –ordnung]
i. Traum *s.* **Verschiebung**
i. Witz, VI 42f.
   einfache, VI 32f.
   mit Modifikation, leichter, VI 33–36

Umwelt *s.* **Umgebung** (*s. a.* Außenwelt)

Umwerfen, v. Objekten *s.* **Sachbeschädigung; Zerbrechen**

'Umwertung psychischer Werte', II/III 335, 667f.

Unangenehm

Unangenehm s. Peinlich; Schmerz; Unlust

Unanständigkeit s. Anstößigkeit (s. a. Abscheu; Sittlichkeit)

Unart(en) (s. a. Anstößigkeit)
(d. Erwachsenen) (s. a. Sünde), X 455
    bei Hysterie, I 14
    'unanständiger' Charakter d. Perversion, XI 317
    als neurotische Ersatzbefriedigung, XI 311 f.
(kindliche) [Unartigkeit] (s. a. 'Bravheit'; Kindheitsnervosität; 'Schlimmheit'), X 448, 455; XI 214, 312; XIV 246 f.
    u. Amnesie, XI 323
    infantile Sexualbetätigung als, V 80 f.; XI 323; XIV 246 f.
    u. Laster, V 74, 79–81; XI 323
    u. Masturbation, IX 156; XI 312
    Kindheitsneurose (meistens), u. keine, XI 378
    Lutschen als, V 80 f.; XI 324
    Namenentstellung, II/III 213; XI 36
    sexuelle, VII 230
    u. Züchtigung, VII 428

Unaufmerksamkeit s. Aufmerksamkeit; Zerstreutheit

Unaufrichtigkeit s. Heuchelei (s. a. Aufrichtigkeit; Leugnen; Lüge; Moral, Kultur-, sexuelle; Verleugnen)

Unähnlichkeit s. Ähnlichkeit

Unbeeinflußbarkeit (s. a. Eigensinn; Trägheit; Übertragungsfähigkeit)
    durch Schwererziehbarkeit d. Sexualtriebe, XI 369

Unbefleckte Empfängnis s. Empfängnis; Schwangerschaft (s. a. Infantile Sexualtheorien)

Unbefriedigung (s. a. Abstinenz; Befriedigung; Sexuelle Befriedigung; Versagung)
    u. Sublimierung, XIII 44 f.
    u. Wiederholungszwang, XIII 20
    u. Zwangsneurose, I 349

Unbegüterte s. Armut; Stand

Unbehagen
körperliches (s. a. Allgemeingefühl; Stimmung; Unlustempfindung; Unwohlsein), I 319 f.; XI 22
i. d. Kultur s. Kultur

Unbekannte, i. Traum, als Symbole f. Nahestehende (s. a. i. Symbol-Reg.), XI 201

Unberührtheit, weibliche s. Virginität

Unbeteiligter Anwesender (s. a. Dritte Person)
    als Symbol f. wichtige Traumperson, II/III 326

Unbewußt (–er, –e, –es)
Abfuhr durch Innervation, Reflexe u. Affekt, X 286 f.
Abwehr, I 379
Aggression s. Aggression
Bestätigung
    durch Einfall, stimmenden, V 217 f.
    durch Leugnen [Negation] u. Bejahung, V 218; XVI 50 f.
Determinierung s. Unbewußte, (Das), Beweise d. Realität d.
Empfindungen (Schmerz), XIII 250
Erinnerung, I 419; XVII 11
Gedankengänge, mit bewußten alternierend, I 306 f.
Gefühle, X 275–79

Gewissen u. Schuldgefühl (*s. a.*
Schuldgefühl), IX 85–90; XIII 254
Ich-Teil, XIII 244
Ideen [Vorstellungen]
  (Definition), VIII 431
  Intensität d., II/III 558 f.; V
  209; VIII 57
  Inhalt, Bestätigung d. –es, durch
  s. **Unbewußte, (Das), Beweise;**
  Unbewußtheit
  Intelligenz, zweite, ordnende, I
  272, 276, 297
  Kindheitseindruck *s.* **Früherlebnisse**
  Kindheitstraumen *s.* **Infantile Sexualszenen; Kindheitstrauma**
  Masturbation, VIII 344 f.
  Motive (*s. a.* Determinierung; u.
  unter d. einzelnen Stichwörtern)
    Nachweis v. Vorhandensein d.,
    I 299
    d. Zwangsneurose (*s. a.* Zwangsneurose), VII 135
  Phantasie *s.* **Phantasie(-bildungen): unbewußte**
  Regungen *s.* **Unbewußtheit**
  Schmerz, XIII 250
  Überich-Anteile, XVII 85
  vorbewußter Gedanken, Bearbeitung, VI 189
  Wahrnehmung, u. 'déjà vu', X
  118 f.
  Widerstand *s.* **Widerstand (Formen d.); Widerstand (als Vorgang): als Schutz d. Verdrängung; – u. d. Unbewußte; Widerstand durch Amnesie**
  Wunsch *s.* **Wunsch**
  Zustände (*s. a.* Unbewußtheit),
  VIII 15
Unbewußte, (Das) (*s. a.* Psychischer
  Apparat, Systeme), I 381; II/III
  546f., 614f.; V 7, 23f.; VI 184;

Unbewußte, (Das), Beweise

VII 74; VIII 23, 398; X *264–303;*
XI 282–95, 453f.; XIII 241; XIV
55–58, 103f.; XVII 80, 82, 147
  Ableitung d. –n, XIII 407
  Agnoszierung d. –n, X *294–303*
  i. d. Analyse
    als Helfer i. Kampf f. d. Ichstärkung, XVII 104 f.
    als Widerstand *s.* **Widerstand
    (Formen d.): Verdrängungs-;
    Widerstand (als Vorgang): als
    Schutz d. Verdrängung; – u.
    d. Unbewußte; Widerstand
    durch Amnesie**
  d. Analytikers (*s. a.* Psychoanalytiker)
    als empfangendes Organ, VIII
    381 f.
  Annahme d. –n, als Fortbildung
  d. Animismus, X 270
  'Auftrieb' d. –n, XVII 104 f.
  Begriff d. –n, VIII *430–39;* XIII
  241, 244
  Kritik d. –es, XIII 242
    philosophischer, VIII 406
  Beeinflußbarkeit d. –n, X 293
  Bestätigung d. *s.* **Unbewußte,
  (Das), Beweise; Unbewußtheit**
  Beweise d. Realität d. –n, II/III
  616–18, *625 f.*; X 264–70 (267–69);
  XVII 144–46
    i. analytischen Prozeß *s.* **Unbewußte, (Das), Beweise; Unbewußtheit**
  Fehlleistungen, Determinierung, usw. (*s. a.* Fehlleistungen), IV 283; VIII 435; XVII
  144 f.
  Hysterie, VII 432 f., 445 f.
  Neurosen, VIII 432–34
  posthypnotische Suggestion,
  VIII 431 f.; X 267; XI 286–88;
  XVII 145 f.

Unbewußte, (Das), u. d. Bewußte

Problemlösungen, plötzliche *s.* **Denken,** plötzliche Problemlösung

spannunglösende Wirkung d. v. außen kommenden Mitteilungen ü. Vergessenes, als, I 525

Traum (*s. a.* Traum), VIII 436–38; X *12–22*, 265, 267

Wahnbildung, VII 389

Zwangsneurose, XI 265, 286–88

Motive d. Zwangshandlung, VII 135, 445f.

u. d. Bewußte *s.* **Bewußte, (Das),** u. d. Unbewußte; **Psychischer Apparat**

Charakteristik d. –n, X *285–94*; XI 282–95

Gegensätze vertragen sich i., V 222; VI 199; XI 145f.; XVII 91

geheimnisvolle Natur d. –n, XIII 304

Halluzinationsfähigkeit, VIII 374

d. Infantile, als Hauptcharakter d. –n, VII 401; XI 215

Intensität, II/III 558f.; V 209; VIII 57

Logik hat keine Geltung i. –n, XVII 91

d. Lustprinzip nur anerkennend, VIII 237; X 286

Mechanismen, hat eigene, XI 215

Negation existiert nicht i. (*s. a.* Verneinung), X 285f.; XII 113; XIV 15

ohne Ödipuskomplex, XIV 29

Primärvorgang i. –n, X 285f,

Realität, Ersetzung d. äußeren, X 286

schwer z. erledigen, I 456

spricht mehr als i. einem Dialekt, VIII 405

an Tod nicht glaubend, X 341, 347, 350f.; XII 255; XIV 160

unvergänglich, unzerstörbar, I 456; II/III 558f., 583; XV 80; XVI 73

Vorbilder, Anziehung d., i. –n, XIV 102

Wortvorstellungen nicht kennend, XIII 247

Widerspruchslosigkeit, X 286

Widerstand ist keine Leistung d. –n, XIII 17f.

Wünschen als primäre Tätigkeit d. –n, II/III 570–73

Zeitlosigkeit d. –n, IV 304f.; VIII 374; X 286; XIII 28

dauernd, XI 149; XV 77

u. d. Dämonische (*s. a.* Unheimliche, (Das)), II/III 618f.

(Definition), XI 215

Denken, ein Vorgang i., XVI 204

Denkweise d., Aufdeckung d. (*s. a.* Mythus; Traum; Witz), VI 184–90 (189), 244f.; VIII 225

derzeit *s.* **Unbewußte, (Das),** u. d. Vorbewußte als d. derzeit –

deskriptiv, II/III 620; VII 74; XI 304, 306; XIII 18, 241, 304; XV 77f.

Determinierung durch, v. Assoziationen u. Fehlleistungen, IV 283

drei Formen d., XIII 244

Dynamik (dynamischer Charakter d.), II/III 620; VIII 432–34; XIII 241, 244; XV 78

Erinnerungsreste v. Traumen u. d., XVI 73, 204

Erinnerungsveränderung i. (*s. a.* Erinnerungstäuschungen), I 419, 421

'Fühler' d. (*s. a.* Reg. d. Gleichnisse: Fühler; Pseudopodien), XIV 8

Gegenbesetzungen i. *s.* **Gegenbesetzung**

Geschichte d. –n, I 298f., 381, 476; XIII 241

erstes Auftauchen d. Gedankens, XIV 46

Hypnotismus [posthypnotische Suggestion] lenkt Aufmerksamkeit zuerst auf d., XIII 406f.

u. d. Gewissen (*s. a.* Schuldgefühl), IX 85–90; XIII 254

Strafbedürfnis, als Fortsetzung d. –s, i. –n, XV 116

u. Ich, XIII 18

als Kern d. Ich, XIII 18, 244

–stärkung, i. d. Analyse, XVII 104f.

Inhalt d. –n, X 294

Kern d. –n, X 285, 294; XII 156, 326

Bisexualität als, XII 222

Instinkte [d. Instinktive] als, X 293f.; XII 156f., 294, 326

instinktives Wissen um Urszene als, XII 156f.

d. Kindes

v. Bewußten kaum verschieden, XII 139

noch nicht durch Zensur v. Vorbewußten geschieden, II/III 559

'kollektives' (*s. a.* Massenseele), XVI 241

latentes, VIII 430–32; X 265f.

Libidobesetzung d., X 444f.

u. narzißtische Psychoneurosen, X 294–303

i. Neurose, XI 374f.

i. Schizophrenie, X 295, 426

Mitteilungen, d. Patienten gegebene, ü. d. *s.* **Psychoanalytische Technik**, Mitteilungen

u. 'niedrige Leidenschaften', XIII 254

als 'organische Parallelvorgänge d. Seelischen' nicht anzusehen, XVII 146

Philosophie, abweisender Standpunkt d., gegenüber d. –n, II/III ix; VIII 406; IX 115; XI 14f.; XIV 224f.

u. Psychoanalyse (*s. a.* Unbewußte, (Das), Theorie d. –n)

Aufdeckung d. –n, als Zweck u. Ziel d., XI 404

als Psychologie d. –n, V 24; XIV 96; XV 170f.; XVII 80

Rolle i. d., X 100f.

Schibboleth d., d. Unbewußte als, XIII 239

als Wissenschaft v. seelisch –n *s.* **Psychoanalytische Theorie**, als Wissenschaft; **Psychologie**, d. Unbewußten

u. Psychologie (*s. a.* Unbewußte, (Das), Theorie d. –n)

analytische *s.* **Unbewußte**, (Das), u. Psychoanalyse

'Individual-', X 100f.

'Schul-', II/III ix; VIII 406; IX 115; XI 14f.; XIV 224f.

Reaktionsgedanken u. verdrängten Gedanken, Konkurrenz zwischen, i., V 215f.

Realitätsprinzip nicht anerkennend, VIII 237; X 286

Rolle d. –n

i. intellektuellen, künstlerischen, produktiven Schaffen, Witz, usw., II/III 533f., 618f.

i. d. Psychoanalyse *s.* **Psychoanalyse**; **Unbewußte**, (Das), u. Psychoanalyse

Symbol f., unterirdischer Raum als, II/III 414

u. Symptombildung, XI 288f., 294

Unbewußte, (Das), System Ubw.

System Ubw. (*s. a.* Psychischer Apparat), II/III 546, 620–23; X 270–303 (285–88), 415–26; XI 305–07, 453f.; XIII 241f., 246–53

Konflikt d. Ich mit d. –n, XV 78

i. systematischen Sinn, II/III 620; XI 304; XVII 78

i. top[-ograph-]ischen Sinn, XI 305–07, 453

u. Hirnanatomie, XIV 58

u. Vieldeutigkeit, X *270–75*

Unzerstörbarkeit seelischer Akte gehört d. –n an, II/III 558, 583

(Terminus technicus), VII 74; XV 78

'unbewußt psychisch', statt 'psychoid', XIV 57

Theorie d. –n

Adler, X 100f.

andere Autoren ü., II/III 533f.

Animismus, X 270

als Grundpfeiler d. Psychoanalyse, XIII 223

Hartmann, II/III 533f.

bei Jung 'd. Symbolische' benannt, X 110f.

Lebon, XIII 78f., 82

Lipps, VI 184; XVII 80, 147

philosophischer Begriff, II/III IX; V 24; VI 184; VII 74, 445; VIII 406; XIV 57; XVII 80

Rechtfertigung d., X 100f., *264–70*

u. Verdrängungslehre, XIII 241

u. Traum, II/III 562, *614–26*; VIII 374, 397; XII 326; XVII 89f.

als Beweis d. Ubw. *s.* Unbewußte, (Das), Beweise d. Realität d.

–wunsch, II/III 562f., 611f.

Trauma

Erinnerungsreste, Fixierung an d., u. d., XI *282–95*

u. d. Schwierigkeit d. Erledigung peinlicher Erlebnisse, I 456

u. d. Unbemerkte, XIII 243

als 'Urbevölkerung, psychische', X 294

u. Verdichtung u. Verschiebung *s.* Unbewußte, (Das), Charakteristik d. –n

u. Verdrängtes nicht identisch, XV 75–78

u. Verdrängung *s.* **Verdrängung**

Verständnis f., beim Arzt u. beim Dichter, VII 119–21

Vieldeutigkeit d. –n, X *270–75*

u. d. Vorbewußte (*s. a.* Psychischer Apparat)

Abkömmlinge d. Ubw. verwertet i. –n, X 289f.

beeinflußt durch d. Ubw., X 289

Besetzungen u. Primärvorgänge i., X 285f.

als d. derzeit [deskriptiv, zeitweilig] Ubw., X 291; XI 111, 148f., XV 77f.

als Latenzzustand d. –n, VIII 430–32; X 265f., 291

Mechanik d. Wort- u. Sachvorstellungen i. –n, X 300f.

'psychoid', XIII 241f.; XIV 57

Tagesreste verstärkt i. d. Traumbildung, durch d. Ubw., X 418

Unterschied zwischen, X *287–303*; XIII 247

dynamischer, XVII 86

Verbindungs [Mittel-]glieder zwischen –n, XIII 250

Wahrnehmungsreste i. –n, X 301

Zensur zwischen, X 272
 beim Kind nicht vorhanden, II/III 559
 i. Schlaf herabgesetzt, X 415
 Zusammenhang [Verkehr] zwischen, II/III 568–70, 573f., 579–81, 584–88, 604–14, 619f.; X *288–94*; XIV 57f.
Vorrechte d. –n *s*. **Unbewußte, (Das), Charakteristik d.**
Widerspruch i. *s*. **Unbewußte, (Das), Charakteristik d. –n**
 u. Widerstand, VIII 435f.; XV 74f.
 leistet keinen, XIII 17f.
 u. Witz, IV *181–205* (192–95), 233f., 237, 267; VIII 225
 als Beitrag z. Komik, durch d., XIV 388
 u. Denkweise d. Ubw. *s*. **Unbewußte, (Das), Denkweise d. –n**
 harmloser, u. Scherz, VI 201
 zynischer, VI 201
 u. Wünschen *s*. **Unbewußte, (Das), Charakteristik d. –n**
 zweierlei Arten (*s. a.* Unbewußte, (Das), u. d. Vorbewußte), X 291
Unbewußtheit [Unbewußter Charakter]
d. Denkens, ursprüngliche, VIII 233f.
v. Erinnerung[srest]en
 infantilen sexuellen *s*. **Amnesie, infantile; Infantile Sexualszenen; Kindheitstrauma; Ur-(szene)**
 traumatischen, I 88, 384, 419; XVI 204
d. Es, Ausnahmslosigkeit d., XIII 251; XIV 225, 302; XVII 85
geheimnisvoller Charakter d., XIII 304
d. Ich-Kerns, XIII 18
als Phänomen, XI 453f.

Unfall Freuds

d. Symbolbeziehung, XI 168
u. Trauma *s*. **Trauma; Unbewußtheit, v. Erinnerungen**
Traumwunsch ist v. einer anderen, als Tagesreste, XI 231
Unbewußtwerden (*s. a.* Amnesie; Verdrängung)
Aktivitätsanwachs psychischer Dynamik durch, I 419f.
'Und' [Bindewort], als technisches Mittel z. Witz, VI 73f.
Undank, XIII 20
 d. Patienten *s*. **Patient; Übertragung, negative**
Undeutlichkeit [–klarheit] i. Traum *s*. **Traum, Deutlichkeit**
Uneheliche Kinder (*s. a.* Familie, Umgebung), VIII 159, 208; XI 73
Unentschlossenheit *s*. **Unsicherheit**
Unerfahrene Mädchen (*s. a.* Psychoanalyse, Widerstand gegen; Unwissenheit, sexuelle), V 209
Unersättlichkeit (*s. a.* Gier; Maßlosigkeit)
 i. d. Zärtlichkeit, V 125
Unerträglich *s*. **Peinlich**
Unfall (*s. a.* Fehlleistung; Selbstbeschädigung; Unglück; Zufall), XVII 111
Abreagieren, normales, I 85f., 88
Autoerotismus verdrängend, VII 427
Beispiele anderer Autoren, IV 209–11
Beschäftigung mit Gedanken d. –s, beim Unfallsneurotiker, XIII 10f.
bestimmte Fälle v. *s*. **Selbstschädigung,** bestimmte Fälle v.
Freuds *s*. i. **Biogr. Reg.**: Autobiographisches, Kindheit, Unfall

683

Unfall u. motorische Unzulänglichkeit

u. motorische Unzulänglichkeit, IV 207

nicht-eingetretener, Verursachung als Symptomhandlung bei, IV 202–09

aus Schuldgefühl u. Strafbedürfnis, XI 179; XV 115f.

symbolisiert durch

Anfall, VII 238f.

Selbstschädigung, IV 206–08

als Talion (beim 'Nachschauen'), IV 205

unbewußt beabsichtigter, VIII 395

als Mordversuch, IV 207–11; XVII 32

Unfallsneurose *s.* **Traumatische Neurose; Unfall**

Unfallstraum, XIII 10f., 32f.

Unflätige Worte *s.* **Blasphemie; Koprolalie; Obszöne** Worte

Unfolgsamkeit *s.* **Schlimmheit**

Unfügsamkeit *s.* **Anpassung; Gehorsam; Patient; Widerstand**

Unfreiheit *s.* **Freiheit; Philosophie,** Systeme d., (bestimmte): **Determinismus**

Unfreiwillige Komik *s.* **Komik,** unfreiwillige; **Naive, (Das)**

Ungebildete, Unanwendbarkeit d. psychoanalytischen Methode an, I 264, 513; V 9

Ungeduld, Verdichtung, infolge v., IV 70, 138

Ungeduldstraum (*s. a.* Traum, Ungedulds-), II/III 689; XI 133f., 196; XII 71

nicht-sexueller, XI 196

'Ungeschehen-Machen' (*s. a.* Schutzmaßregel; Zeremoniell, zwangsneurotisches)

als Abwehr, XIV 197

durch Amnesie [Gedächtnislücke] (*s. a.* Amnesie, als hysterisches Symptom), XIV 151

'Aufhebungen', XIV 150

i. d. Hysterie, XIV 151

als Ichschutz gegen Triebansprüche, XIV 197

Irrationalität d. –s, XIV 150

durch Isolierung (*s. a.* Isolierung), XIV 151

als negative Magie (*s. a.* Magie), XIV 149

normales, XIV 150

als Reaktion auf Trauma, XIV 149–51

durch Schutzmaßregeln *s.* **Schutzmaßregel**

u. Symptome, Bildung d.

Technik bei, XIV 149f.

zweizeitiger, XIV 149f.

durch Verdrängung (*s. a.* Verdrängung), XIV 151

durch Wiederholung *s.* **Wiederholungszwang**

durch Zeremoniell, XIV 150

i. d. Zwangsneurose, XIV 149–51, 196f.

Ungeschicklichkeit (*s. a.* Fehlgreifen; Fehlleistungen; Selbstbeschädigung; Zerbrechen), IV 185, 207; VIII 395

Beispiele anderer Autoren

Andreas-Salomé, IV 186

Stekel, IV 195

d. Bewegungen

Ausweichen einer Person, IV 195

sexuelle Bedeutung d., IV 195

Gewaltsam-spastisch-ataktisch u. geschickt, Zusammenhang zwischen, IV 185f.

Ungeziefer
Angst vor (*s. a.* Tierphobien; Verfolgungswahnidee), I 142, 321

u. Grausamkeit, II/III 295–97; XII 50, 114

als Symbol f. Kind, II/III 362; XII 114

u. Bruder (i. Mythus), XIII 153

u. Geschwister, XI 154f., 161

i. Traum, II/III 362

Unglaube [Ungläubigkeit] *s.* **Atheismus**; **Fromm**; **Glaube**; **Religion**; **Skepsis**; **Zweifel** (*s. a.* Entfremdungsgefühl; 'Too good to be true'-Gefühl)

Ungleichheit d. Menschen (*s. a.* Gleichheit), XVI 24

Unglück (*s. a.* Armut; Glück; Trauer; Unfall; Unheil-; Vermögensverlust), I 312; VIII 323; XIV 432, 434f., 441–44

Ahnung d. –s *s.* **Unheilserwartung**

Begriff d. –s, XIV 485f.

Liebes- *s.* **Liebe**; **Liebesverlust**

u. Neurose (*s. a.* Neurose), VIII 323

Heilung, temporäre d., durch, XVII 106

Quelle(n) d. –s, XIV 434, 444f.

Kultur als, XIV 445

reales (reale Fälle v.)

u. Neurosenbildung, XVII 106

u. Verhalten d. Überich, XIV 485f.

Unheilserwartung [-befürchtung] (*s. a.* Aberglauben; Todesangst; Weltuntergangsphantasie), IV 285f.; V 65; VII 135; XI 412

u. Aberglauben, IV 289

u. Ahnung, XII 252

u. 'Beschreien' u. 'Berufen', I 130

d. Hysteriker, Perversen u. Paranoiker, wahnhafte [Wahnbefürchtung], V 65

v. Lebendigbegrabenwerden (*s. a.* Angst vor; Lebendig), II/III 406

Tod als Gegenstand d., IX 108

verwirklichte, i. Traum, V 229

d. Völker [Völkerverstimmung], XVI 244

als Zwangsbefürchtung

u. Vorbeugung (*s. a.* Schutzmaßregeln), I 391

i. d. Zwangsneurose, VII 136, 384; IX 108; XII 252

u. Zwangswunsch, VII 388

Unheimliche, (Das) [Unheimlichkeit] (*s. a.* Déjà vu; Grausen; Okkultismus), IX 106; XII 227, *229–68*; XIV 338

u. d. Allmacht d. Gedanken, IX 106; XII 252f.

i. Märchen nicht miteinander verknüpft, XII 260

u. Animismus, IX 106; XII 247, 253–58

Arten d. –n, XII 261–63, 266

u. d. Automatische, XII 237f., 245

u. d. Ängstliche, XII 254, 256

i. Blenden [Erblinden], XII 243f.

u. d. böse Blick, XII 252f., 256

(Definition), XII 231, 235f., 251, 254, 259, *263*

u. Denkweisen, überwundene, XII 247f., 259, 261

i. d. Dichtung, XII 261, 264–68

i. Doppelgänger (*s. a.* Doppelgänger), XII 246–49, 262

d. Einsamkeit, XII 261, 268

d. Epilepsie, XII 237, 257; XIV 402

erlebtes u. vorgestelltes, XII 261–68

Unheimliche, (Das), u. Gefahr

u. Gefahr, XII 261
geheime Natur d. –n, XII 254
Gespenster (*s. a.* Dämonen; Gespenster), XII 254f.
u. d. Grauenhafte, XII 254f.
u. d. 'Heimliche', XII 231–37, 259; XIV 338f.
wenn verdrängt worden, XII 259–68
u. Hilflosigkeitsgefühl i. Traum, XII 249f.
d. Hypnose, XIII 127, 140
infantile Momente i., XII 233–46, 251
u. d. intellektuell Unsichere, XII 231, 238, 245, 261
u. Kastrationskomplex, XII 233–46, 257
u. d. Komische [Groteske], XII 250, 259f., 267f.
u. Magie, XII 252–54, 256, 258
mangelndes Gefühl d. –n, i. Traum mit unheimlicherFassade, II/III 455, 481
u. Narzißmus, XII 247f.
u. d. Neue, XII 231
d. prompten Wunscherfüllung, XII 251f., 260
u. Realitätsprüfung, XII 262
i. Ring d. Polykrates, XII 251
i. Sachen, XII 237–59
u. Tabu, IX 26, 31
(Terminus technicus), XII 231–37
d. Todes u. d. Leichen, XII 254–56, 261f.
d. Wahnsinns, XII 237, 257
d. weiblichen Genitales, XII 258f.
u. Wiederholung d. Gleichartigen, XII 249f.
i. d. Zwangsbefürchtung, VII 389

Unifizierung *s.* **Integration**

Uniform, als Traumsymbol f. Nacktheit, II/III 248; XI 155, 159

Universitäten u. Psychoanalyse *s.* **Psychoanalytische Ausbildung**

Unkenntnis (*s. a.* Unwissenheit)
d. Vagina *s.* **Vagina** (*s. a.* Geschlechtscharakter, Unterschiede i.; Infantile Sexualtheorien)

Unleserliches *s.* **Traum**, Unleserliches i.; **Verlesen**

Unlust [peinlicher Affekt; Unbehagen] (*s. a.* Leid; Lust; Peinlich-; Schmerz; Trauer; Unbehagen; Unglück), XIII 7, 67; XVII 68
abergläubische Färbung d., VII 389
Abwehr d. [Unlustbekämpfung, Ersparnis, Vermeidung, Tendenz z.], I 61f., 66; XIV 434f., 437
durch Allmachtsgefühl, VIII 416
i. d. Analyse, XVII 107
durch d. Ästhetische, XIV 441f.
i. d. Erinnerung, VIII 397
u. Fehlleistung, VIII 393
Vergessen, I 520; IV 150–52, 163; XI 70f.
i. Humor, teilweise, VI 265–67
durch Identifizierung, XIII 117, 133
i. Traum (*s. a.* Traum), VI 205
durch Verdrängung, VII 13; VIII 21, 25; X 248f., 256; XIII 7
durch Verleugnen v. Tatsachen (*s. a.* Verleugnung; Verneinung), XI 146
durch Wahnbildung, XIV 439f.
Affekte mit Charakter d. (*s. a.* Affekt), XIV 162
Aggression d. Ich, bei, X 230
u. Angst, XIV 162f.

als Folge, XV 100f.
-signal, XIV 176, 193
-traum, XII *586–88*
anhaltende, V 294f.
u. Besetzung (*s. a.* Besetzung; Libido)
Erhöhung d., XIII 249
-umsetzungen, XIII 67
(Definition), XIV 302; XVII 68
-empfindung [-sensation] (*s. a.* Hypochondrie; Schmerz), X 148–50
bei Angstneurose, I 320f.
Ausdruck bei anhaltender körperlicher, V 294f.
drängender Charakter d., XIII 249
als Index innerer Vorgänge, XIII 29
Miterregung, libidinöse, bei, XIII 375
genitale, beim Kind, V 104f.
Quellen d.
äußere *s.* Unlust, Wahrnehmungs-
innere XIII 6
durch Objekt verursachte, X 230
d. Säuglings, VIII 232
bei Schwindel, I 320f.
bei Spannungen (*s. a.* Spannung; Stauung), V 85, 110; X 151f.
Wahrnehmung v. (*s. a.* Unlust, Wahrnehmungs-), XIII 250
Entstehung d., XIII 7, 67
d. Erinnerns, I 425
Entstellungen zustandebringend, VIII 397
u. Tradition, IV 164
u. Haß, X 230

Unlust, traumatisch erzeugte
u. Hemmung
d. Abfuhrreaktion, XIII 250
Gefühl d., unlustvoll, I 520
i. d. Hysterie, I 61f.
u. Ichlibidostauung, X 151f.
Identifizierung aus *s.* Unlust, Abwehr d.
u. Impotenz, XIV 114
durch Konflikte u. Spaltungen (*s. a.* Konflikt), XIII 6f.
als Krankheitserreger, I 61f., 66
u. Lust *s.* Lust, u. Unlust
u. Masochismus, XII 214
u. libidinöse Miterregung, XIII 375
Ziel d., XIII 371
als Motiv d. *s.* Unlust, Abwehr d., durch
u. Neurose, XVII 109f.
neurotische, XIII 7
v. psychischen Apparat nicht vertragen, XVI 82
Quellen d. *s.* Unlustempfindung, Wahrnehmungs-
durch Realitätsprinzip (*s. a.* Realitätsprinzip), XIII 6
bei Sehnsucht, XIV 205
-sensation *s.* Unlustempfindung
i. Spiel verarbeitet, XIII 14f.
als Stimmung *s.* Depression (*s. a.* Stimmung)
u. Todestriebe, XIII 275f.
i. Traum (*s. a.* Traum, Infantiles i., Erlebnisse; – Peinliches; – Straf-;), II/III 139f., 242; VI 205; XV 28–31
traumatisch erzeugte (*s. a.* Traum)
Angst als direkte Folge d. -n, XV 100f.

Unlust, Verdrängung d.

Verdrängung d. *s.* **Unlust,** Abwehr d.
Wahrnehmungs- [Unlust, äußere Quellen d.] (*s. a.* Unlustempfindung, Wahrnehmung v.), XIII 7f., 250
innere *s.* **Unlust**empfindung
u. Reiz, VIII 232; XI 369f.; XIV 119–22
beim Säugling, VIII 232
Schmerz als (*s. a.* Schmerz), XIII 29
Wesen d., XI 369f.
u. Widerstand
angedeutet durch, XIII 244
Erzeugung d. –es *s.* **Widerstand gegen Unlust**
als Zeichen d. –es, subjektives, XV 74f.
u. Wiederholungszwang, XIII 18
Wunscherfüllung trotz (*s. a.* Wunscherfüllung;Traum, Straf-), II/III *586–88*
als Ziel *s.* **Unlust,** u. Masochismus
i. d. Zwangsneurose, I 66; VII 388f.
Unlustbekämpfung *s.* **Unlust,** Abwehr d.
Unlustempfindung *s.* **Unlust**empfindung
Unlustentbindung (*s. a.* Abfuhr; Humor; Schreien; Unlust, Abwehr d.; -empfindung; Wut), II/III 622; VI 266f.; XIII 250
i. Traum II/III 580
Unlustprinzip (*s. a.* Lustprinzip, u. Unlustprinzip), II/III 604–14, 621f.
Unlustquelle(n) *s.* **Unlust**empfindung, Quellen d.; – Wahrnehmungs-
Unlustreize *s.* **Reize,** u. Unlust
Unlustsignal

bei Gefahr, XIV 119f., 176, 193
u. Modifizierung d. Es, XIV 119–22, 127
Unlusttraum *s.* **Traum,** typischer, (bestimmte Arten d.): Unlust i. (*s. a.* Traum, Straf-)
Unlustvolle Früherlebnisse, sexuelle *s.* **Infantile Sexualszenen** (*s. a.* Kindheitstraumen)
Unlustvolles Wissen *s.* **Unwissenheit**
Unmotiviertheit *s.* **Unsinn; Zwangsverbote** (*s. a.* Motive; Motivierung)
'**Unmöglichkeit**', i. d. Zwangsneurose, IX 37, 69
Unrat *s.* **Exkrement; Kot**
'**Unrecht** [ver-]setzen wollen', Wunsch jemanden ins –
beim Patienten (*s. a.* Widerstand), II/III 152, 156f., 163f.; V 231
i. Traum, II/III 157, 397f.
Unreife (*s. a.* Adoleszenten; Genitalien; Geschlechtsorgane; Reife)
andauernde *s.* **Infantilismus**
d. Kindes, I 384, 438; XI 337
Personen, als Sexualobjekte *s.* **Kind** (als Objekt); **Verführung**
sexuelle Schwäche bei, V 77
Unreinheit (*s. a.* Tabu; Unreinlichkeit)
u. Heiligkeit, Ambivalenz d., IX 83f.
v. Wundt bestritten, IX 34f.
d. Leiche, IX 66f.
d. Mörders u. d. Menstruierenden (*s. a.* Menstruation; Mörder),IX 51
u. Tabu, IX 27, 31, 34f.
v. Witwe u. Witwer, IX 69
Unreinlichkeit (*s. a.* Unreinheit)
u. Geiz, II/III 206

Unsinn, Lust am

beim Kleinkind (*s. a.* Analerotik;
Reinlichkeit; Scham; 'Schmutzig')

als Regression i. Eifersucht, XV
131f.

Koitus als 'unrein', VIII 86

i. Zeitaltern, früheren, nicht verpönt, XIV 452

Unruhegefühle, f. Wahn charakteristisch, VII 79

Unschlüssigkeit *s.* **Unsicherheit**

'Unschuld', sexuelle *s.* **Asexualität; Psychoanalyse,** Widerstände gegen d., Vorurteile; **Unwissenheit; Virginität**

Unsicherheit[sgefühl, Unentschlossenheit; Zögern] (*s. a.* Gleichgewicht; Hemmung; Ratlosigkeit; Willenslähmung)

bei Ergriffenheit (ästhetischer), X 172f.

i. d. Erwartung (*s. a.* Erwartungsangst), I 8f.

intellektuelle *s.* **Intellektuelle Unsicherheit; Zweifel**

d. Patienten

i. Allgemeinbefinden, I 304

Anamnese, V 173f.

bei d. Assoziationen, VII 10

Aufschub, VIII 457

Haltlosigkeit u. Existenzunfähigkeit, XII 190

u. Ratlosigkeit, XIV 167

i. Traum, ein Widerstandszeichen, II/III 521–23

bei Trennungsangst, XIV 167

u. d. Unheimliche *s.* **Unheimliche, (Das)**

u. Wiederholung (*s. a.* Wiederholung), VII 457–59

i. d. Zwangsneurose (*s. a.* Willenslähmung), VII 449f., 458

als Bedürfnis, VII 449f.

u. Hinausschieben [Verzögerung] v. Entscheidungen, VII 452

Sicherung *s.* **Schutzmaßregel**

u. Unentschlossenheit (*s. a.* Abulie), I 349f.; VII 456, 459, 461

Zwangsbefürchtung, unbestimmte, VII 388

Zweifel

führt z., VII 457–59

als Widerstand, II/III 521–23

Unsinn [Absurdität, Sinnlosigkeit, d. Unsinnige, Widersinn] (*s. a.* Denkfehler; Gegenteil, Darstellung durch d.; Sinn; Vernunftwidrigkeit), XIV 351

Absurdität d. Sühnehandlungen, IX 37

Arten d.

Denkfehler *s.* **Denkfehler**

Dummheit (*s. a.* Naivität), VI 61–63, 222

bei Kindern, VI 194

Sichwundern ü. Selbstverständliches, VI 62f.

komischer, VI 200, 222

Übertreibung als, VI 200

Sophismen, VI 64–67

i. d. Assoziation, II/III 535–37

als Befreiungsversuch v. Denku. Realitätszwang, VI 141f.

Darstellung durch, VI 90f., 93, 200

i. Fehlleistungen, XI 43

Hohn ausdrückend (*s. a.* Hohn), II/III 436, 675; VII 110; VIII 288

i. d. Komik (*s. a.* Unsinn, Lust am; – i. Witz), VI 222, 236, 245

u. nicht-komischer, VI 222f.

Lust am (*s. a.* Unsinn, i. d. Komik), VI 139–43 (140); XV 35

d. Kindes, VI 141; XV 35

Unsinn i. d. Paranoia

i. Kneipzeitungen [Ulk], VI 142

i. d. Paranoia, nur ein scheinbarer (*s. a.* Paranoia), II/III 533f.; VIII 288

Sinn i., II/III 535–37; VI 146; VII 132

d. Sühnehandlungen, IX 41

i. Traum, v. voranalytischen Autoren geleugnet, II/III 60f.

i. Traum (*s. a.* Traum, absurder; – Unsinn i.), II/III 60f.; VI 200; VII 436; VIII 288, 395f.; XI 180f.; XVII 87

Darstellung d., XI 180

Hohn bedeutend, II/III 675; VII 110

Urteil ersetzend, VI 200

Unmotiviertheit (*s. a.* Zwangsverbote), IX 36, 38

Verblüffung durch, VI 63

u. Widerstand, XI 43

u. Witz (*s. a.* Unsinn, i. d. Komik; Unsinnswitz; Witz), VI 8f., 58–63, 90f., 93, 99, 101, 127, 139–43, 233

als Darstellungsweise (*s. a.* Witztechnik), VI 90f., 93, 200

-fassade (*s. a.* Witzfassade), VI 236

Urteil ersetzend, VI 200

i. d. Zwangsneurose, VII 132, 436; IX 37

i. Zeremoniell (*s. a.* Zeremoniell), VII 131f.; IX 37, 41

Unsinnswitz (*s. a.* Witz-), VI 155, 232

Unsterblichkeit (*s. a.* Tod; Unzerstörbarkeit)

d. Einzelligen, XIII 42, 49

Glauben an (*s. a.* Animismus; Glauben; Jenseits-; Tod; Trostbedürfnis), IX 95; XVI 7

d. Ich (*s. a.* Ich, Unverletzlichkeit d.), X 158

i. Unbewußten (*s. a.* Unbewußte, (Das)), X 341

virtuelle, d. Wünsche, XV 80

Unten, II/III 293–95, 331, 395

Verlegung [Verschiebung] nach oben, V 186–89, 245; XI 336

u. Erektion, V 187f.

i. Hysterie u. Traum, II/III 331, *392, 395*

als Symbol f. Genitalien, II/III 414

'Unterbewußtsein', II/III 620; X 269; XI 306; XIV 223, 225

Unterbrechungen, i. d. Analyse *s.* **Psychoanalytische Kur**

Unterdrückung

(politische), u. Identifizierung mit Herrschenden, XIV 335

(psychische), u. Verdrängung, II/III 611f.

Unterdrückungsaufwand, VI 133

Untergang

d. infantilen Sexualität (*s. a.* Infantile Sexualität), XIII 19

d. Ödipuskomplexes *s.* **Ödipuskomplex**

Unterirdische Lokalitäten, als Traumsymbole f. d. Unbewußte, II/III 414

Unterlassen *s.* **Vergessen** (*s. a.* Vorsatz)

Unterricht (*s. a.* Erziehung; Schule)

i. d. Psychoanalyse *s.* **Psychoanalytische Ausbildung**

Untreue

Angst vor *s.* **Eifersucht**

'–', d. Mutter, VII 230

Unverantwortlichkeit (*s. a.* Gewissen; Verantwortlichkeit)

d. Menschen [Unzuverlässigkeit] (*s. a.* Glaubwürdigkeit), XIII 79; XIV 333

als Individuen *s.* **Mensch**(en)
i. d. Masse (*s. a.* Massenseele), XIII 79
f. Traum *s.* **Traum**, Verantwortlichkeit i.

Unvereinbarkeit, d. Affekte u. Ideen i. d. Zwangsneurose, I 347 f.

Unverläßlichkeit *s.* **Glaubwürdigkeit; Unverantwortlichkeit**

Unverletzlichkeit d. Ich *s.* **Ich**

'Unvermögen' (*s. a.* Armut)
als Impotenz, V 207

'Unverständigkeit' d. Sexualtriebe, XI 369

Unvollständige Erzählung *s.* **Heil(ung); Psychoanalytische Grundregel**

Unwahrscheinlichkeit i. Traum *s.* **Zweifel**, i. **Traum**

Unwichtige
  Einfälle *s.* **Psychoanalytische Grundregel**
  Ereignisse, Erinnerung an *s.* **Deckerinnerungen**
  Vorkommnisse, als banale Noxen *s.* **Banale Noxen**

Unwissenheit [Ignoranz]
  Arten d., XI 291
  u. falsche Verknüpfung *s.* **Verschiebung** (*s. a.* Denkhemmung)
  u. Hysterie, Ätiologie d., I 194 f.
  d. Hysterikers, ü. Anatomie d. Nervensystems, I 51 f.
  u. Irrtum, Unterschiede zwischen, IV 246
  keine Krankheitsursache, VIII 123
  d. Kindes
    ü. quantitative Beziehungen, VI 258
    sexuelle *s.* **Unwissenheit**, sexuelle
  ü. Tod, II/III 260 f.; X 342

Unwissenheit, sexuelle
  u. Naivität *s.* **Naive, (Das)**
  d. Neurotikers, ü. Krankheitsursachen, I 122, 456
  partielle, als Angstursache, XI 408 f.
  pathogene, XI 289–91
  ü. Psychoanalyse *s.* **Psychoanalyse**, Widerstände gegen d. sexuelle
  angebliche (*s. a.* Asexualität; Kenntnis, sexuelle; 'Reinheit'), VII 177
  d. Kinder, VII 20–23; XII 305 f.
    'Entharmlosung', XIV 238
    bei gleichzeitigem Wissen *s.* **Unwissen**, bei gleichzeitigem Wissen
    'Reinheit', XI 337; XIV 241 f., 246 f.
    u. Storchfabel, Mißtrauen u. Ungläubigkeit gegenüber (*s. a.* Storchfabel), VII 174–77, 309–13, 325
  d. Mädchen, 'unerfahrener', I 195; V 182 f., 207–09
    durch Analyse angeblich gefährdet (*s. a.* Psychoanalyse, Widerstände gegen d.), V 209
    als 'Gedankenunschuld', V 207–09, 128
  i. d. Pubertät [u. jugendlicher Personen], I 194 f.
  bei gleichzeitigem Wissen, I 175, 232; VII 187 f.
  beim Kind
    u. Nicht-wissen-Wollen, XVI 79
    d. Schwangerschaft, XII 25
    d. Urszene, XII 64, 72, 156 f.

691

Unwissenheit, temporäre

bei Primitiven (*s. a.* i. Geogr. Reg.: Arunta), IX 139, 142

wirkliche

teilweise

ü. Samen (beim Kind), VII 186

Scheu aus (bei Jugendlichen), I 285

ü. Vagina (beim Kind) (*s. a.* Vagina), VII 179–81, 186

verlängerte, beim Kind, V 64

temporäre (*s. a.* Halluzination, negative; Skotomisation) i. Fehlleistung, IV 246f.

Widerstand gegen unlustvolles Wissen, I 268f.; XVI 79

Unwohlsein, u. Fehlleistung, XI 22

Unzerstörbarkeit (*s. a.* Tod (Vorstellung v.); Unsterblichkeit)

d. unbewußten Gedankenwege i. d. Hysterie, II/III 583f.

d. unbewußten Wünsche, II/III 583; XV 80f.

d. Vorstellung

mit Abschwächung [Affektverlust] verbunden, I 63, 65, 72

i. d. Psychose, I 73

Unzulänglichkeit, assoziative *s.* **Assoziative Unzulänglichkeit**

Unzuverlässigkeit *s.* **Glaubwürdigkeit; Unverantwortlichkeit**

Unzweckmäßigkeit

d. Komik, VI 217

d. Verdrängung *s.* **Verdrängung**

Ur-, *s.* **Archaisch; Primitiv**

Ur(angst) (*s. a.* Geburtsangst)

als Trennungsangst u. Reizanwachs, XIV 167–69

Ur(bild) *s.* **Imago; Vater(imago)** (*s. a.* Vorbild)

Ur(demokratie) *s.* **Brüderclan**

Ur(einwohner) *s.* **Primitiv**

Ur(fixierung) (Rank) (*s. a.* Geburtstrauma), XVI 59

Ur(geschichte) (*s. a.* Urmensch), IV 56; V 29f.; XII 328

d. Arbeit *s.* **Arbeitsgemeinschaft**

d. Domestikation d. Haustiere (*s. a.* Domestikation), XVI 26

d. Familie *s.* **Familie; Sippe; Ur(horde)**

d. Feuerbezähmung (*s. a.* Feuer), XIV 449; XVI *3–9*

d. Gesellschaft (*s. a.* Brüderclan; Gesellschaft; Massenseele; Totemismus), XIV 458–60

Inzest i. d. *s.* **Inzest-**

u. Mythen *s.* **Mythus; Ur(geschichte), Quelle d.**

u. Narzißmus, XII 247f.

Quelle d., d. Traum als (*s. a.* Archaische Erbschaft; Mythus; Phylogenetisch-; Traum), IV 56; V 29f.; XVII 89

d. Sittlichkeit (*s. a.* Kultur), XIV 108

tendenziöse u. primitiv-kindliche Vorstellunggen v. d., VIII 151–53

Ur(horde) (Darwinsche), IX *132f., 153, 171*; XII 328; XVI 186f., 239

Abstinenz, erzwungene, i. d., XIII 138f., 156f.

u. Affenhorde, IX 152f.

Ausschluß aus d., u. Trennungsangst, XIV 170

u. Exogamie, IX 153

Geschichte d., XVI 186

Gleichheit i. d., XIII 139

Kannibalismus i. d., IX 171f.

u. Masse (*s. a.* Masse-), XIII *136–43*

Ur(szene), phylogenetische Bedeutung d.

Regression z., i. d., XIII 135
Promiskuität, IX 152
Vater d. s. Ur(vater) (s. a. Vater)
–mord i. d. (s. a. Vatermord), IX 171–74

Ur(konflikt) s. Konflikt

Ur(libido) (Jung), XI 428; XIII 230–32
(Zusammenfassung), XIII 230

Ur(mensch(en)) [Urvölker] (s. a. Animismus; Mensch; Phobie; Primitiv; Totemismus; Ur-(geschichte); Ur(horde))
Angst [Phobien] i., XI 421
v. Fremden, XI 421f.
v. Neuem, XI 421; XII 167
Arbeit, Sprache u. Sexualsymbolik beim, XI 169f.
Destruktionstrieb u. Libidovorstoß beim, XIV 482
u. Primitive, IX 5
nicht identisch, IX 8
Totemismus d., i. Primitiven entstellt, IX 8
u. Tier, XII 7f,
u. Tod, X 345

Ur(mund), u. After, V 99; XV 107

Ur(phantasien) (s. a. Archaische Erbschaft; Phantasie (u. andere psychische Phänomene): u. Kultur; – u. Mythus; Phantasie(n) (Arten d.): d. Primitiven; Phantasie(n) (-bildungen): sadistisch-masochistische, u. Urszene; Phylogenetisch; Ur(szene); Ur(szenenphantasie)), VIII 153; X 242; XI 386; XII 90
u. Masturbation, XIV 22

Ur(religion) (s. a. Religion, Entwicklungsgang d.)
Anfänge, Bildung, XIV 108, 178f.

Genitalienkult i. d., VIII 166f.
Geschichte d., XVI 186–89
Ur(rivalität) (s. a. Rivalität)
zwischen Vater u. Sohn (s. a. Sohn; Vater), XII 328f.

Ur(sadismus)
u. Masochismus, XIII 377
Todestrieb als s. Sadismus; Todestrieb

Ur(schuld) s. Ur(verbrechen)

Ur(sprache) (s. a. Grundsprache; Symbolik)
u. Gegensinn d. Urworte s. Gegensinn; Ur(wort)(e)
d. Menschen, XI 169f.

Ur(szene) [Koitusbeobachtung i. Kindesalter] (s. a. Früherlebnisse; Infantile Sexualszenen), I 184–95; II/III 590f.; XII 63–66; XVI 185; XVII 113f.
u. Coitus a tergo, u. Tierkoitus, XII 87–89
i. Früherlebnis, XI 383
bei anderthalbjährigem Kind, XII 63, 72, 142–44, 156
banales Vorkommen, XII 65
Kindheitserlebnisse meistens, XII 80
hysterisches Erbrechen erzeugend, I 189
u. Infantilszenen d. Neurotiker, XI 381f., 384–86
instinktives Verständnis beim Kinde f., XII 64, 72, 156f.
u. Lavement, XII 129
u. 'männlicher Protest', X 98f.
i. Märchen, XII 54–75
u. Ödipuskomplex, XIV 22
pathogene Wirkungen d., XII 70–72, 142
phylogenetische Bedeutung d. [u. archaische Erbschaft i. d.], XI

Ur(szene), Realität d.

386; XII 69, 86f., 119, 129f., 137, 155, 157

Realität d., Frage d., XII 80–87, 89f., 129f., 136f., 148, 156

durch Träume bestätigt, XII 59

(Terminus technicus), XII 65

u. Tierphobie (*s. a.* Tierphobien), XII *54–75*

i. Traum *s.* Ur(szenenphantasie) als Trauma, XVI 183–85

Wichtigkeit d., XII 77f., *83*, 84–87

Wiederkehr, i. Träumen, XII 80

beim Wolfsmann *s.* i. Reg. d. **Krankengesch.**: Namenverzeichnis, Wolfsmann

Ur(szenenhaft) (–er, –e, –es)

Akrobatik, II/III 279

Anblick d. Koitus (*s. a.* Koitus; Ur(szene); Ur(szenenphantasie))

Angstanfall erzeugend (*s. a.* Pavor nocturnus)

Fall einer Jugendlichen, I 184–95

Erlebnisse, I 437

Ur(szenenphantasie) (*s. a.* Phantasien; Ur(phantasien); Ur(szene), Realität d.), X 242; XI 384–86

Belauschungsphantasie, V 127

u. Mutterleibsphantasie, XV 94

d. Neurotiker, XI 384–86

phylogenetische Bedeutung d., XI 386

d. Pubertät, V 127

sadistische [–masochistische] (*s. a.* Infantile Sexualtheorien, sadistischer Koitus), XVI 184f.

u. Tierkoitus (*s. a.* Tier-), XII 87

i. Traum, II/III 461f.; XII 54–75 (59), 101, 120

Angst-, II/III 590f.

Himmelskörper als Symbol f., XII 120

Wiederkehr i., XII 80

Urphantasien *s.* Ur(phantasien)

Wiedergeburtsphantasie als, XII 137

Ur(totemismus) *s.* Totemismus

Ur(trauma) *s.* Geburtstrauma (Rank)

Ur(triebe) (*s. a.* Triebarten, Grundtriebe), XVI 88

bestimmte *s.* **Destruktionstrieb**; **Eros**; **Ichtrieb**; **Sexualtrieb**; **Todestrieb**

u. Lebenserscheinungen, XVI 89

u. Schizophrenie, X 217

Ur(vater) (*s. a.* Ur(horde); Vater), IX 171; XIII 151; XIV 491; XVI 239

Ambivalenz u. Reue gegenüber, XIV 490–93

Führer als, XIII 137f.

d. Kulturepochen, XIV 502

als Gottes Urbild [Deifizierung, Vergottung, Vergöttlichung d. –s], VIII 287; XIII 151, 330; XIV 365–67; XVI 242

Heiligkeit als fortgesetzter Wille d. –s, XVI 229

u. Ichideal, XIII 151

Intoleranz u. Eifersucht d. –s, XIII 138f., 152, 156f.

Inzest mit Tochter, IX 148

als Kastrator *s.* **Vater**, als Kastrator

libidinös wenig gebunden, XIII 138

Macht d. –s, u. Periodizität d. Sexualvorganges, XIV 458f.

u. Massenpsychologie (*s. a.* Massenseele), XIII 138f., 152, 156f.

Mord am *s.* **Vater(mord)**

Urinieren, Sexualtheorien, infantile, ü.

Patriarch als Nachfolger d. –s (*s. a.* Patriarch [-alismus]; Vaterrecht; Vaterschaft), IX 180; XII 175

u. Tabu, XIII 151

als Totem, IX 157, 159f., 178–81

–tier, IX 159, 170f.

geopfertes, IX 178, 180f.

beim Opfer zweifach vertreten, IX 178, 180f.

Verehrung d., IX 174f.

als Übermensch, XIII 138

Wiederkehr d. –s, i. d. Vaterreligion, XVI 242

Ur(verbrechen) [Erbsünde; Frevel; Urschuld] (*s. a.* Böse; Reue; Schuldgefühl; Vatermord), VII 137; X 345; XIV 495; XVI 5

Ur(verdrängung) *s.* Verdrängung, Ur-

Ur(wort)(e) (*s. a.* Rede; Sprache; Wort)

Gegensinn d. [Gegensatz u. Widerspruch i.], II/III 323, 674; XI 181–83, 236; VIII 214–21, 403; XVII 91f.

(bei Abel), II/III 323; VIII 215; XI 182, 236

i. d. ältesten Worten, XVII 91

Sexualität d., II/III 357; XI 169f.

Tabu als (*s. a.* Tabu), IX 26, 84

Ur(zeit) (*s. a.* Goldenes Zeitalter)

primitive Vorstellungen v. d., u. Kinderphantasien, VIII 151–53

u. historische Wahrheit, XVI 56

Ur(zustand) (*s. a.* Intrauterinexistenz; Mutterleib-)

narzißtischer, X 227; XI 432

Uranismus (*s. a.* Homosexualität), V 37

Urethralerotik [Harnerotik] (*s. a.* Harn; Urinieren), V 106

Allgemeinheit d., V 106

u. Charakter, XV 108f.

u. Ehrgeiz, V 141; XIV 449; XV 108

u. Feuer, XII 125; XIV 449; XV 108f.

beim Kleinkind, VII 255–57; XII 126

beim Säugling, XI 325

u. Erziehung, XI 325f.

beim Wolfsmann *s. i.* Reg. d. Krankengesch.: Namenverzeichnis, Wolfsmann

Urin *s.* Harn

Urinieren (*s. a.* Harnreiz; Inkontinenz; Urethralerotik)

Angst vor, I 68f.

u. Blasenleiden, beim Kind, V 90

u. Erektion, I 70

erotische Bedeutung beim Kleinkind (*s. a.* Urethralerotik), VII 255–57

d. Beobachtens d. –s, XII 49

Sexualforschung beim, XIII 295

beim Säugling, XI 325

als Verführungsversuch, XII 126

auf Feuer

auf Asche (*s. a. i.* Geogr. Reg.: Mongolen), XVI 3

u. Feuerlöschen, XIV 449; XV 109

Gullivers, II/III 472

als homosexuelle Lust, XVI 3

Koitus unmöglich gleichzeitig mit, XVI 9

'Seichen', XVI 8

Sexualtheorien, infantile, ü. (*s. a.* Infantile Sexualtheorien), VII 182–84, 186; XVI 9

Urinieren, Stellung beim

Stellung beim, VII 180; XII 175f.
beim Mädchen, VII 180
u. Lernhemmung, X 41
u. Penisneid, X 41; XII 176
u. 'verschämte Füße', X 41
aus Wettbewerb (*s. a.* Urethralerotik), VII 180

Ursache, u. Wirkung, als Denkrelation (*s. a.* Denkrelationen)
Verwandlung i. Traum als Symbol f., II/III 674

Ursprünglichkeit, d. Primitiven, IX 8

Urteil (Äußerung) [–sfällung]
erste ist zuverlässiger, V 175
Gefühls-, ü. Witz, VI 87f.
u. Realitätsprinzip, Anpassung an d., VIII 232f.
i. Traum, XI 185
ü. Traum
nach Erwachen, II/III 447
während Traum, II/III 337
Wert-, *s.* **Werturteile**

Urteil (Funktion) (*s. a.* Denken; Denkrelationen), XIV 13
als Abwehr, XVI 255
Aufgabe d., XIV 12–15
Realitätsprüfung als, XIV 13f.
(Definition), XIV 15
u. Ich, XIV 5
u. Introjektion, XIV 15
Polarität i., XIV 15
Psychoanalyse d., XII 317f.
u. Realitätsprüfung *s.* **Urteil** (Funktion): Aufgabe d.
i. Traum (*s. a.* Denkrelationen, i. Traum), II/III 447–55
durch Unsinn ersetzt (*s. a.* Traum; Unsinn; Witz), VI 200
Ursprung d., XIV 12

verneinendes *s.* **Verneinung**
u. Vorstellung, XIV 13
u. Wahrnehmung, XIV 14f.
Witz als spielendes (Fischer), VI 6f., 22, 36

Urteilsfähigkeit, i. Traum, II/III 447

Urteilsirrtümer (*s. a.* Irrtum), IV 284f.
i. d. Wissenschaft, IV 255

Urteilsschwäche (*s. a.* Denkhemmung)
i. d. Überschätzung d. Sexualobjekts (*s. a.* Sexualüberschätzung), V 49f.

Urteilsstörung u. Vergessen, i. bezug auf Aussagen v. Angehörigen, IV 151

Urteilsverwerfung *s.* **Gegenteil**; **Verdrängung**; **Verneinung**; **Widerstand**

Uterine
Körperhaltung *s.* **Fötus**; **Schlafstellung**
Regression *s.* **Mutterleib-** (*s. a.* Intrauterin-)

Uterus (*s. a.* **Mutterleib-**)
Myom d., u. Folgen d. Totalexstirpation d., XVI 66

Übelkeit *s.* **Erbrechen**; **Unbehagen**; **Unwohlsein**

Überarbeitung [–anstrengung; Erschöpfung] (*s. a.* Müdigkeit)
z. Angstneurose disponierend, I 328, 331f., 337f., 363, 484
geistige, V 105
u. Neurasthenie, I 500f., 505; V 105
i. d. Neurosen, Ätiologie d., I 413; XVI 70

Überängstlichkeit (*s. a.* Ängstlichkeit; Sorge; Zärtlichkeit) mütterliche, bei unbefriedigten Frauen, VII 165

Überbedenklichkeit s. **Skrupulosität**

Überbesetzung (s. a. Besetzungsaufwand, Maß d. –es; Libido; Narzißtisch), II/III 599, 622; VIII 121; XVII 86
Bewußtwerden als, X 292
d. Ich, bei Schizophrenie, X 295
bei Schmerz, XIII 33f.; XIV 204
als Synthese, XVII 86
Vorteil d., XIII 31

Überbietungswitz s. **Witz** (Arten): Überbietungs-

Überdeckungsfehler, XI 314; XV 122

Überdeterminiertheit [Determinierung, mehrfache; Überdeterminierung; Vieldeutigkeit], II/III *666*; V 189, 213, 220
bei Fehlleistungen, XI 68f., 73
d. Neurosen, I 261, 367
d. Symptome (hysterischer), I 293f., 453; II/III 575; V 189, 206
d. Traumes s. **Traum,** Mehrdeutigkeit d. –es
d. Zwangsvorstellungen, VII 409, 441

Überdeutlichkeit, bei Fehlleistungen (s. a. Deck(erinnerung(en)); Deutlichkeit; Fehlleistungen), II/III *520–27*; IV 18, 49

Überdeutung, d. Träume (s. a. Traum(deutung)), II/III 528f.; XI 176

Übereinstimmung, i. Traum s. **Denkrelationen,** i. Traum

Überfahrenwerden (s. a. Selbstschädigung, bestimmte Fälle v.; Unfall), IV 206–08
als Koitussymbol, II/III 366–68; XI 158

Übergänge i. psychischen Bildungen, XVI 46f., 73

Übergewissenhaftigkeit s. **Moral; Skrupulosität**

Übergroß-, s. **Maßlosigkeit; Spannung-**

Übergüte (s. a. 'Gut' u. 'Böse'; Güte; Mitleidsschwärmerei; Moral; Sorge)
nervöse, VII 165f.; XVI 73

Überheblichkeit (s. a. Hochmut; Selbstgefühl; –überschätzung)
d. Mannes s. **Erniedrigung; Geringschätzung; Penisstolz**

Überich [Über-Ich] (s. a. Ichideal; Psychischer Apparat), II/III 564; XV 29, 65f.; XVII 69, 136
u. Abwehr, Stärke d., XVII 137f.
Aggressivität d. s. **Überich,** Härte d.
u. Aktivitätseinschränkung, XIII 284
Analytiker als Ersatz d. (s. a. Übertragung, u. Überich), XVII 100f.
u. Angst
o. Ängstlichkeit nicht kennend, XIV 171; XV 92
vor u. nach d. Differenzierung d., XIV 121
Angst vor (s. a. Gewissensangst), XIII 286–89; XIV 170; XV 84f.
d. Ich, XIII 287f., 379; XIV 484–87, 495; XV 86
Kultur-, XIV 502
i. d. Latenz, XIV 172; XV 95
normale, lebenslange, XIV 180; XV 95
Schuldgefühl als (s. a. Schuldbewußtsein; –gefühl), XIV 495f.
d. Autorität d., XIV 486
u. Zwangsneurose, XIII 287f.; XIV 174
als Aufsichtsorgan, XII 8f.

Überich u. Außenwelt

u. Außenwelt
u. Es, XIII 380; XVII 138
Vertretung d. Realität u., durch d., XIII 380, 390
Autorität, verwandelt i. s. **Autorität**
als Autorität, XIV 496
u. Eltern s. **Überich**, u. Eltern
Schuldgefühl als Angst vor, XIV 486
u. Umgebung s. **Überich**, u. Umgebung
u. Ästhetik, XIII 264
Begriff d., XIII 262f.
u. bewußt, nicht identisch, XV 75
u. d. Böse, XIV 281f., 483–85
u. Charakterbildung, XIII 278, 380; XV 70, 97
(Definition), XIV 302, 496; XV 70
d. Eltern, u. Erziehung, XV 73
u. Eltern, XVII 69, 112, 137
  Autorität d., XIII 381; XIV 489f.
  Einfluß d., XVII 69
als Elternersatz [Erbe, Nachfolger, d. Elterninstanz], XIV 387, 389; XV 68–70; XVI 224; XVII 69, 100f.
Entstehung [Bildung, Entwicklung] d., XIII 262f., 266f.; XV 69; XVI 6; XVII 136f.
  Abkunft d. Besetzungsenergie d., XIII 282
  akustische, u. Zugänglichkeit v. Wortvorstellungen, XIII 282
  Ansätze i. d. Bildung [Vorstufen] d., XIII 267, 277; XVI 5
  erste, XIII 277
  durch Identifizierung s. **Überich**, als Identifizierung
  d. Kerns d. s. **Überich**, Kern d.
  i. d. Latenz (s. a. Latenz), XIV 144

Nachteil d., XIV 487
phylogenetische, XIII 263
als Erbe
  d. Elterninstanz (s. a. Überich, u. Eltern), XV 68–70
  d. Objektbesetzungen d. Es, XIII 267
  d. Ödipuskomplexes, XIII 264, 277f., 380, 399; XIV 85, 254, 304; XV 70, 85, 98; XVII 137
  i. normalen Fall, XIV 29
u. Erziehung s. **Erziehung**, u. Überich
u. Es
  Abhängigkeit d., v. Es, XIV 145
  u. Außenwelt s. **Überich**, u. Außenwelt
  u. Ich s. **Ich**, u. Überich
  Kommunikation zwischen, XIII 278–82
  Konflikt [Spannung] zwischen, XIV 144–48, 151f.
  u. Schuldgefühl, XIII 379; XV 84f.
  als Reaktionsbildung gegen d. Es, u. d. Objektwahl d. Es, XIII 262, 267
  als Vertreter d. Es, XIII 380
  Wissen v. Es, XIII 280
Funktion(en) d., XIV 253f.; XV 72; XVI 224; XVII 70
u. Gefahr
  Schutz vor, durch, XIV 160
  -situation, angedroht durch, XIV 170
u. Götter, XVI 5
Härte [Aggressivität] d., XIII 282–86, 380; XIV 254, 485f., 503; XV 66–68; XVI 6; XVII 72, 137
  u. Aggressionstrieb s. **Überich**, u. Trieb, Aggressions-
  Beeinflussung d., durch Analyse, XVII 98, 107

bei Einschränkung, anderwärtiger, größer, XIII 383
Einseitigkeit i. d., XV 68
d. Erziehung s. **Erziehung**, u. Überich
u. Gewissen, XIV 254
als Funktion d., XV 65f., 72
Strenge d. -s, XIV 485f., 496
Unterschied zwischen, XIV 496
Kastrationsstrafe d. s. **Überich**, bei d. Zwangsneurose
Sadismus d. [Grausamkeit d., (Rück)wendung gegen eigene Person, Verinnerlichung d. Aggression], XIII 282–85, 287, 382; XIV 408–10; XV 116–18; XVI 6, 26, 90; XVII 72
'Zorn' d., XIII 281; XIV 170
i. d. Zwangsneurose s. **Überich**, bei d. Zwangsneurose
u. Schuldbewußtsein u. Schuldgefühl (s. a. Schuldbewußtsein; -gefühl), I 457f.; XII 143; XIII 382; XIV 147, 486f., 494–99 (496f.); XV 117; XVI 22
als Angst, XIV 495f.
u. Strafbedürfnis s. **Überich**, Härte d., u. Strafbedürfnis
als Widerstand, XIV 193
gegen Heilung, XVI 88f.; XVII 105f.
u. Schwere d. Falles, XVII 107
u. Strafbedürfnis [Strafwunsch], XIV 193, 408, 496
als Krankheitsbedürfnis, XIV 254; XV 115f.; XVI 88f.; XVII 105f.
i. Traum (s. a. Traum, Straf-), II/III 480, 564; XV 29
u. Strafbefürchtung, XIV 170
Übermoral aus s. **Moral**, Überu. Humor

Akzent beim Humoristen v. Ich verlegt auf, XIV 387
als Beitrag z. Komik durch Vermittlung d., XIV 388f.
bei Hysterie, XIII 281
u. Ich s. **Ich**, u. Überich
u. Ichideal (s. a. Ichideal)
Grausamkeit d., XIII 285
Unterschied zwischen [Überich als Träger d. Ichideals], XIII 390; XV 71f.
als Identifizierung, XV 69
mit Eltern s. **Überich**, u. Eltern; – u. Vater
mit Elternersatz s. **Überich**, u. Autorität; – u. Vaterimago
Entstehung d., durch, XIII 262; XV 69
erste, d. Ich, XIII 277
gelungene, XV 70
u. Introjektion, XIII 380; XIV 482f.
als kategorischer Imperativ, XIII 263, 277f., 280
Kern d. (s. a. Überich, Entstehung d.), XIV 29, 170
Ich, XIV 387
Kleinkind hat noch kein (s. a. Überich, Entstehung d.), XV 159
Kritik d., XIII *282f.*
Kultur-
u. Konflikte
Beherrschung d., fälschlich angenommen, seitens d., XIV 503f.
dynamische, d. Instanzen, Spiegelung d., i., XVI 32f.
u. Nächstenliebe als jüngstes Gebot d., XIV 503
neue Bedürfnisse d., XIV 503; XVII 70
u. Tradition, XVII 69, 138

Überich u. Kultur

unpsychologisches Vorgehen d., XIV 503f.
u. Kultur [Kultur-] (s. a. Kultur; –entwicklung), XIII 263-66; XIV 501
-besitz, Überich als, XIV 332
-entwicklung, Überich i. Dienste d., XIV 501f.
-epochen, Überich d., Führerpersönlichkeiten als, XIV 501f.
-ideale u. Forderungen, XIV 502f.
verinnerlicht durch, XIV 332f.
u. Latenz, XIII 263; XIV 144
Angst vor, i. d., XIV 172; XV 95
Entwicklung i. d., XIV 144
u. zweizeitiger Ansatz d. Sexuallebens, XIII 263
Libido i., XVII 72f.
u. Liebesverlust, XIV 170
bei Melancholie, XV 66
Konflikt mit d. Ich, XIII 390
u. Manie, XIV 388
u. Schuldgefühl, XIII 279-81, 283
bei Mißgeschick, Verhalten d., XIV 485f.
u. Moral, XIII 263f., 380-84; XV 67, 73; XVII 137
als Zersetzungsprodukt d., XIII 287
u. Narzißmus, XIII 121
u. narzißtische Psychoneurosen, XIII 390
als 'Oberherr', XVI 224
u. Ödipuskomplex (s. a. Ödipuskomplex; Überich, als Erbe d. Ödipuskomplexes), XIV 304; XVII 137
als Reaktionsbildung s. Überich, u. Es

u. Realitätsprüfung (Revision d. Lehre), XIII 256
u. Religion (s. a. Religion), XIII 263-66
Sadismus d. s. Überich, Härte d.
Selbstbeobachtung als Funktion d., XV 72
u. Selbstmord, XIII 283
u. Strafbedürfnis s. Überich, Härte d.
Strenge d. s. Überich, Härte d.
Strukturverhältnis, keine Abstraktion, XV 71
(Terminus technicus), XV 66
u. Todestrieb [als Reinkultur d. –es], XIII 283f.
u. Tradition s. Überich, Kultur-
u. Traumbildung (s. a. Traum, Straf-), XV 29
u. Trieb
Aggressions-, XIII 282-85, 287
Introjektion d. –es, XIV 482-85
zwei Quellen d. aggressiven Energie i., XIV 497f.
-einschränkung, XV 118; XVII 70
-entmischung, XIII 380
-verzicht, XIV 487f.; XVI 224f.
u. Umgebung, XVII 69, 137f.
unbewußter Anteil d., XV 75, 78, 85
nicht irrationell, XV 81
u. Vater, XIV 254
Autorität d. –s (o. Elterninstanzen), XIII 380f.; XIV 489f.
–identifizierung, XIII 284; XIV 408f., 492; XV 69
-imago [–ersatz]
Identifizierung mit, XIII 278, 284, 380f.
u. Lehrer, usw., XIII 381

Verbot i., XIII 262
u. Verdrängung
    u. Ich, XIII 281, 399; XIV 124f.
    als Instanz d., XV 75
Rolle d., bei, überschätzt, XIV 121
Ur-, XIV 121
u. Widerstand, XV 75
Verleugnung d., bei Marxisten, XV 194
vorbewußte Anteile d., XV 78, 85; XVII 84f.
weibliches, XIII 400f.
weniger kulturell, XV 138f.
weniger unerbittlich, XIV 29f.; XV 138f.
Wesen d., XIV 253f., 496
Widerstand d., XIV 192
Entstehen, XV 75
u. Schuldbewußtsein u. Straf-
u. Krankheitsbedürfnis, XIV 193; XVII 105f.
Wortvorstellungen i., XIII 282
bei Zwangsneurose, XIII 280–84; XIV 144–48, 151f., 158f.
u. Angst, XIV 174
Härte d., XIV 144–46
Kastrationsstrafe d., XIV 158f.
Überinnervation (*s. a.* Hysterie, Konversions-), X 259
Überkompensation(en) [–kompensierung] (*s. a.* Minderwertigkeit), X 166; XVI 73
u. Ethik, XVI 73
u. Fehlleistungen, IV 92f.
u. Kastrationsangst, XVI 98f.
d. Kultureinschränkung, durch Altruismus, IX 90–92
u. psychoanalytischer Prozeß
    i. Resterscheinungen, XVI 73
    als Trotz, XVI 98f.

u. soziale Faktoren, IX 90–92
i. d. Zwangsneurose (*s. a.* Zwangsneurose), IX 90
Überkompensierende Tendenz bei Fehlleistungen, IV 92
Überlebende *s.* **Tod; Tote; Witwen**
Überlegenheit *s.* **Selbstüberschätzung**
Überlegung (*s. a.* Denken; Intellektuell)
    als Abwehr, XVI 255
    i. Traum, II/III 229
    übertriebene *s.* **Skrupulosität; Zweifel**
Überleistungen *s.* **Leistung** (*s. a.* Hypermnesie)
Übermächtigkeit
    d. Außenwelt *s.* **Außenwelt**
    d. Triebe *s.* **Triebstärke**
    d. Verdrängung *s.* **Verdrängungsaufwand**
Übermäßigkeit *s.* **Gier; Maßlosigkeit; Übertreibung**
Übermensch
    Illusion, XIII 44f.
    Urvater als, XIII 138
Übermoral *s.* **Moral, Über-; Über-Ich, Härte d.**
Überraschung (*s. a.* Staunen; Verwunderung)
    Angst vor, I 111f.
    traumatische Wirkung d., u. traumatische Neurose, XIII 10
Überschätzung
    d. Penis *s.* **Penisstolz**
    Selbst-, *s.* **Selbstüberschätzung** (*s. a.* Hochmut)
    d. Sexualobjekts *s.* **Sexualüberschätzung; Verliebtheit**
    d. Vaters *s.* **Vater**
    d. Vaterlandes *s.* **Patriotismus**

Übersehen

Übersehen (*s. a.* Halluzination, negative)

v. Druckfehlern (*s. a.* Druckfehler; Verlesen), II/III 504

Überstrenge *s.* Erziehung; **Überich**

Übertragung (i. analytischen Sinn) [Transference] (*s. a.* Psychoanalytischer Prozeß; –e Situation), I 307, 310f.; II/III 206; V 170, 232, 236, *279–86*; VIII 54, 124, 473; XI 10, *447–65*; XII 184; XIII 16, 222f.; XIV 258, 305; XVI 44; XVII 100–03

'affektive' Technik nicht ratsam, wegen Komplikationen d., VIII 384

Agieren i. d., V 283; X 130; XIII 17; XVII 103

Aktionen d. Patienten außerhalb d. Analyse

   mit Freunden Analyse besprechend, VIII 470

   Gefahren d., X 133–35

Aktualisierung v. Triebkonflikten i. d.

   künstliche, nicht ratsam, XVI 78

   spontane, XVI 77f.

     Ausnahmen, XVI 65, 75–79

Ambivalenz i. d., VIII 366f., 372f.; XI 461; XVII 100f.

d. Analyse vorangehende Einstellung, VIII 456

u. Analytiker, Person d. –s (*s. a.* Patient; Psychoanalytiker)

   Ablösung v. *s.* **Übertragung**, Auflösung d.

   Beschäftigung mit d., i. d., pathogene Phantasien verratend, VIII 228

   als Ersatz

     f. Eltern u. Überich, XVII 100–02

        als Vaterimago, VIII 365f.; XVI 98f.

   Nachahmung d. –s, IV 70f.

   Projektion auf, VIII 119

u. Angsthysterie, XI 462

Auflösung d. (*s. a.* Psychoanalytische Kur, Ende), VIII 384; XI 471

   Ablösung v. Arzt, XIII 37

   Notwendigkeit d., XI 461

Beeinflussung d. Träume bei *s.* **Übertragungstraum**

Begriff d.

   erste

     Andeutungen z., I 206, 264f., 286

     Formulierungen, I 307, 310f.

   Phänomene, Wesen u. Charakteristik d., VIII 54–56, 105; XI 459–65; XIII 20; XIV 67f., 258f.

   Wichtigkeit u. Bedeutung d., VIII *56*

     i. Neurosen, verschiedenen, XI 462

     als Triebfeder, XI 460

   d. Widerstandselementes, VIII 369

Besetzung bei, XIII 273f.

Dauer d., VIII 370

(Definition), VIII 54f.; XIV 305

Dynamik d., VIII *364–74*

u. Einfälle

   mit Analyse indirekt verknüpfte deuten auf, VIII 472

   Stockung d., deutet auf, XIII 141

     Mitteilungen ü., nicht ratsam bevor, VIII 473

i. einzelnen Fällen *s.* i. Reg. d. Krankengesch.

u. Elternkomplex (*s. a.* Eltern-), XIII 18–20; XIV 259

u. –imago, VIII 365f.

Entstehung d., XI 456–59

Übertragung (i. analytischen Sinn): negative

d. Behandlung vorangehende (ungünstig), VIII 456f.
gesetzmäßig eintretend, XIII 273
spontane, VIII 473f.; X 309f.; XVI 78
verfrühte u. z. rasche, V 283; X 134
Zeitpunkt, Zeichen u. Bedingungen d., VIII 369, 473; XIII 141
Entstellung durch, VIII 370
Erleichterung u. Erschwerung d. analytischen Prozesses durch, VIII 370–72
   u. falsche Verknüpfung, I 308–10
erotische Regungen i. d. *s.* **Übertragungsliebe**
als Ersatzbefriedigung, XII 189
u. d. Es, XIII 273
Gefährlichkeit d., i. nicht gewissenhaften Händen, XI 482
Gegen-, VIII *108*; X 308, 313; XI 456f.
u. Geschenke, X 407
bei Gratisbehandlung, VIII 465
Grenzen d., XVI 77f.
Handhabung d., XIV 68f., 258f.; XVII 102f.
   entfesselten, Mangel d. Beherrschung d.,
      Abbrechens, Frage d. bei, XIV 259
      z. Abbruch führend, V 282f.
   Gefahren d., u. Gewissenhaftigkeit i. d., XI 482
ohne Heilungswunsch, nicht hinreichend, VIII 477f.
u. Hörigkeit *s.* **Übertragungsliebe**
auf Hypnotiseur, XIII 141; XIV 68
i. d. Hysterie, zentrale Bedeutung d., XI 462

Illusionen i. d., XVII 102
auf Imagines, VIII 365f.
Intensität d.
   u. Ausdauer, VIII 370
   innerhalb u. außerhalb d. Analyse, VIII 367
   u. Komplexnähe, VIII 369
Konflikte i. d., XVI 77f.
körperliche Untersuchung, Vermeidung d., wegen Implikationen d., XII 280; XIV 277f.
lebensfähige u. reale Beziehung, XVI 66
Leiden i. d., XVI 76
Liebesenttäuschung *s.* **Übertragungsliebe**
u. Männerfeindschaft homosexueller Patientin, XII 292
u. Mitteilungen i. d. Analyse (*s. a.* Psychoanalytische Technik, Mitteilungen)
   als Bedingung f. Mitteilungen ü. d. Unbewußte, VIII 124
   brüske o. voreilige, VIII 124
   ü. d. Übertragung, nicht bevor Stockung d. Einfälle, VIII 473
negative, I 251, 307; VIII 370–72; XI 300, 460–65, 472; XIV 257
   Anklagen, sexuelle, gegen Arzt, II/III 191
   d. Suggestion, I 282
   i. Anstalten, VIII 372
   Argwohn u. Mißtrauen
      aus Abwehr, XVI 85
      Vereitlung d. Wirkung d. Behandlung durch Willensakt, aus, I 131
      wegen Wunderglauben, V 300
   Beschwerden, I 308
   bei Dementia praecox, XIV 68
   Entfremdung u. gestörtes Verhältnis, XVI 78, 85

Übertragung (i. analytischen Sinn): neue Phase d.

Gründe d., I 307–11

Grausamkeit u. Rache i. d. –n, V 284

beim männlichen Patienten, XVI 98f.

nicht-aktivierte, XVI 65

nicht jede negative Beziehung ist, XVI 65f.

Opposition, Unfügsamkeit, I 288; XVI 65

i. Paranoia, VIII 373; XIV 68, 86

u. positive *s*. **Übertragung**, positive, u. negative

durch taktlos erfolgte Mitteilungen, VIII 124

Undank, I 305; XIII 20; XVI 98f.

durch 'Verschmähung', XIII 19f.; XVII 101f.

u. Widerstand, I 288, 298, 305–07; XI 300–03; XIV 68

neue Phase (peinliche) d., durch Genesungstraum angedeutet, XIII 305

als Neurose (*s. a.* Übertragungsneurosen), XI 135, 462f.

Neurosenentstehung erläuternd, VIII 56

u. Ödipuskomplex (Zusammenfassung), XIV 305

positive (*s. a.* Übertragungsliebe), VIII 371; XI 300, 447–65, 472; XII 33; XVI 84; XVII 100f.

Anerkennung d., I 305–07

i. Anstalten, VIII 367, 372

freundliche, VIII 371; X 131; XVI 66

Lockerung d. Widerstandes durch, XIII 310f.

als Motiv, stärkstes, z. Mitarbeit, XVI 78

u. Nachahmung, IV 70f.

u. Nacherziehung, XVII 101

u. negative (*s. a.* Übertragung, negative), VIII 370–73; XVI 78

Störung d. –n, XVI 78

u. Symptomhandlungen. IV 239; XI 253f.

Unfähigkeit z., i. d. Psychose (*s. a.* Psychose), VI 199; XIV 68

u. Wiederholungszwang, XIII 311

zärtliche (*s. a.* Übertragungsliebe), VIII 371; XI 461; XVI 78

Zutrauen [Vertrauen] z. Arzt, I 264f.; V 297–303 (301); XVI 84

erstes, VIII 457f., XI 456f.

v. präödipaler Bindung, v. Mutterobjekt an Vaterobjekt

beim Knaben, XIV 528f., 531

beim Mädchen, XIV 531–33

Schädlichkeit, angebliche, d. analytischen, V 281

als Schlachtfeld [Tummelplatz] d. ringenden Kräfte, X 134; XI 474

Spontaneität d. *s.* **Übertragung**, Entstehung d.

Sublimierung d., V 280; XI 459f., 474

Erzwingung d., nicht vorteilhaft, X 312

Suggestion durch, XI 464–66, 470–72; XIII 310

bei Suggestion, Erhaltung d., ohne Heilung, VIII 477f.; XI 471

u. Suggestion, XIII 18, 310

hypnotische, VIII 55

Unterschiede zwischen, XIV 68f.

als 'Täuschung', I 310

u. Traum *s.* **Übertragungstraum**

unausgesprochene [milde], X 131

u. Überich, XVII 100f.

Überkompensation i. d., XVI 98f.

u. Verdrängung (s. a. Übertragungsneurosen), XIII 388; XIV 192f.

u. Vergangenheit, Spiegelung d., XVII 102

u. Verlieren (beim Arzt), IV 239

u. d. Vorbewußte (s. a. Übertragungsneurosen, u. d. Vorbewußte II/III 610

Vorteile d., XVII 100f.

Widerstand gegen, i. Genesungstraum, XIII 305

Widerstand wegen (s. a. Übertragungswiderstand), I 309

u. Widerstand
Bedeutung, Wichtigkeit f., VIII 369
Lockerung d., durch positive, XIII 310f
Lockerung d., durch positive, XIII 310f.
Überwindung d. (s. a. Widerstand(sbekämpfung), VIII 369; XII 184; XVII 102f., 107

Wiedererleben i. d., XIV 68

Wiederholung begünstigend, XVI 44

als Wiederholung, X 130; XIII 19

u. Wiederholungszwang (s. a. Trauma; Wiederholungszwang), X 130f.; XIV 258

i. Dienste d., XIII 22, 311

i. Erinnerung umgewandelt, durch, XI 461–63

kontrolliert, durch, X 134; XIII 17

'zärtliches Schimpfen' d. Vaters, Nachwirkung d., i. d., XII 141

(Zusammenfassung), XIII 222f.; XIV 303, 305

als 'Zwang', I 310

i. Zwangsneurosen zentrale Bedeutung d., XI 462

Übertragungsliebe u. Geschenke

als Zwischenreich zwischen Krankheit u.(Normal)leben, X 135

Übertragung (i. nicht-analytischen Sinn)
direkte psychische s. Induktion
Gedanken-, s. Telepathie
d. Tabu s. Tabuvorschriften, mitgeteilte
d. Verhaltens s. Induktion

'Übertragungen' [Transposition], I 251
i. d. Hysterie, II/III 206
i. Traum, II/III 190f., 206, 603
u. d. Vorbewußte, II/III 568

Übertragungseinstellung, d. Analyse vorangehende, VIII 456

Übertragungsliebe (s. a. Übertragung, positive), V 281; VIII 371; X 49f., *306–21*, 365f.; XI 458–60; XIV *255–59*; XVII 101f.

u. Analytiker, Standpunkt, ethischer, gegenüber (s. a. Psychoanalytiker), X 311–16, 318f.

u. Angehörigen d. Patienten (s. a. Patient), X 308f.

i. Anstalten, VIII 372

bei Breuers Patientin (s. a. i. Reg. d. Krankengesch.: Andere Autoren, (Breuer)), X 49f.; XIV 51

Echtheit, Frage d. [–u. reale Liebe]
Ähnlichkeit zwischen, X 317f.
Unterschied zwischen, X 315–18
verneint, I 310; X 314–16

erotische Regungen i. d., VIII 371f.; X 312

Gefährlichkeit, angebliche, d., X 320

u. Gegenübertragung, X 308, 313

u. Geschenke an d. Arzt, X 407

705

Übertragungsliebe u. Heuchelei

u. Heuchelei d. Arztes, X 311–13, 316, 318f.
u. Hörigkeit, VIII 367
infantiler u. unfreier Charakter d., X 317
Liebesenttäuschung i. d., XVI 78
als 'Liebesrezidiv', VII 118f.
Liebessurrogate heischend, I 305–08
Unzweckmäßigkeit d. Gewährung v. –n, VII 119; X 311–13, 316, 318f.
durch psychoanalytische Situation erweckt, X 308
Sieg d., wäre Niederlage d. Kur, X 313f.
u. Sympathie, I 285f.; v 281; XIV 257
Unersättlichkeit d., VIII 384
Versagung d. Befriedigung während Kur (s. a. Psychoanalytische Regeln (Abstinenz)), VII 119; X 313–15; XII 189; XIV 256; XVI 76
u. leidenschaftliches Weib, Schwierigkeiten bei –n, X 315
Peinlichkeit d., X 319
z. Triebunterdrückung nicht z. verwenden, X 311f.
als Widerstand (s. a. Übertragungswiderstand), X 309–11, 315f,

Übertragungsneigung
allgemein menschlich, XIV 68
d. Neurotiker u. d. Normalen, Unterschiede zwischen, XI 464
Suggestibilität, eine Neigung z., XI 464

Übertragungsneurosen (s. a. Neurosen; Übertragung), V 118f.; VIII 456; X 134f.; XI 309, 394, 462f., 474; XIII 17, 56; XIV 477
u. Aktualneurosen, XI 400
Angstmechanismus i. d., X 152f.

u. Gefahrmoment, XII 324
Beachtungswahn i., X 162f.
Bedeutung d., X 162f.
Heilungsvorgang i. d., XI 463
u. Ich, XII 324
-verarmung, X 165f.
u. Identifizierung mit Objekt, X 436f.
u. Instanzen, psychische, XIII 388
u. 'Introversionsneurosen' (Jung), VIII 456
als Konflikt zwischen Ichtrieb u. Sexualtrieb [Ich- u. Objektlibido], X 143, 145, 148, 217; XI 364, 429, 435; XIII 56, 388.
Kriegsneurose als Mittelglied zwischen traumatischen u., XII 324
Libido u. Interesse i. d., XI 430, 435
Liebesverlust [-versagung] als Ätiologie d., XII 324
Mechanismen d. Entstehung d., X 151–53; XIII 388
u. Neurose
ist eine künstliche, X 135; XI 462f.
narzißtische u., Unterschiede zwischen, XI 435–38
ursprüngliche ersetzend, X 134f.
u. Paraphrenien, X 152f.
Regression bei d., XI 354–57
reine, X 143, 145, 148
u. Schizophrenie, Unterschiede zwischen, X 301f.
u. Selbstgefühl, vermindertes, X 165
d. Sexuelle, Bedeutung d. –n, i. d. (s. a. Übertragungsneurosen, als Konflikt), XI 400, 430; XII 324
u. Verdrängung, X 249, 251, 301f.; XIII 18

u. Verwöhnung, XII 324
u. d. Vorbewußte, Besetzungsentzug v. –n, X 426
(Zusammenfassung), XIII 224f., 230, 420

Übertragungstraum [Übertragung u. Traum], II/III 190f., 206, 603
u. Assoziationen, II/III 537
Einfluß d. –es, XIII 310f.
paranoischer, XIII 203
d. Vorbewußte, Rolle d. –n, i., II/III 568f., 573, 579–600
Wert rezenter Eindrücke i., II/III 187

Übertragungsunfähigkeit (*s. a.* Psychosen), VI 199; XIV 68
i. narzißtischen Neurosen, XI 465
i. d. Schizophrenie, X 294

Übertragungswiderstand (*s. a.* Psychoanalytiker, Widerstand gegen; Übertragung; Widerstand; Widerstand(sbekämpfung)), VIII 369–73, 473; XI 300–03, 457f., 460; XIII 22, 26; XIV 68, 192
u. andere Widerstandsformen, Unterschied unwichtig, XVI 99
Ausdauer u. Intensität d. Übertragung, als Mittel z., VIII 370
Dynamik u. Ursachen d. –es, VIII 368
männlicher Patienten deutet auf Kastrationsangst, XVI 98f.
bei negativer Übertragung, XIV 68
u. psychoanalytische Grundregel, Vernachlässigung d., VIII 373
d. stärkste Widerstand, VIII 366, 369f.
bei Übertragungsliebe, X 309–11, 315f.
u. Verdrängungswiderstand, XIV 192f.

Übertragungswünsche (*s. a.* Übertragungsliebe), XII 189, 324

Übertreibung (*s. a.* Größenwahn; Maßlosigkeit; Prahlerei), VI 200
d. Bewegungen, VI 216f., 225
i. d. Hysterie, I 93; XVII 9
i. d. Komik, VI 200, 238, *258*
als ‚komischer Unsinn', VI 200
kindliche *s.* **Größenwahn; Maßlosigkeit; Prahlerei; Riesen**
d. Krankheit (*s. a.* Hypochondrie)
i. Traum, X 413f.
u. Nachahmung, VI 238
i. Psychoneurosen u. Traum, VI 258; X 413f.
scherzhafte, VI 76

Überwältigungspsychose, I 69
Überwertiger Gedanke[-nzug] (Wernicke), V 214f.
u. Depression, V 215

Überwundene, (Das)
Unheimlichkeit d. –n, XII 248f., 259, 261–64
u. d. Verdrängte, XII 263f.

Überzärtlichkeit (*s. a.* Sorge; Zärtlichkeit), V 124–26; X 353
Ambivalenz d., IX 63
d. Eltern, V 124, 126, 131; VII 165; IX 63
zwischen Mutter u. Kind, VII 165; IX 63
heuchlerische, wegen Schuldgefühl, II/III 150, 266
i. d. Neurose, IX 63, 90
u. Sorge aus Schuldgefühl, II/III 266–73
i. Traum, statt Todeswunsch, II/III 150

Überzeugen

Überzeugen wollen, i. d. Analyse, unzweckmäßig (*s. a.* Psychoanalytische Technik), VII 404 f.

Überzeugung (*s. a.* Glauben)
  u. Affekt, XIII 64
  d. Patienten *s.* **Patient; Psychoanalytischer Prozeß**
  u. Skepsis, XI 250

Überzeugungsgefühl, IV 282 f.
  normales, VII 404
  Entstehung d. –n –es, VII 108
  i. Wahn, VII 106–08; XIV 285
  u. Willensfreiheit, XIV 282 f.

V

Vagabundieren d. Halbwüchsigen (*s. a.* Adoleszenten; Reisesehnsucht), XVI 256

'Vagierende' ['schwebende'] Sprachbilder, IV 65f.

Vagina [Scheide]
'Abmietung d.' v. d. Kloake (L. A.-Salomé), V 88; X 409; XV 108

After u. Enddarm als, X 407–09; XI 315; XV 108

u. Analerotik u. Homosexualität, XV 108

Eingang d., Schleimhaut d. –es, V 110–12, 246f.

Anästhesie d. –es, V 122

als erogene Zone, V 112

Feuchtwerden d., V 110

Reizübertragung v. Klitoris auf, V 122f.

Sekretion, abnorme d., u. Ekel, V 246f.

Entdeckung d. (*s. a.* Geschlechtscharakter, Unterschiede)
frühzeitige, XV 126; XVII 76

als 'Kastration' (*s. a.* 'Kastration'; Kastrationsschreck; Penismangel), XIV 28, 520

als Kloakentheorie (*s. a.* Infantile Sexualtheorien), XII 110–12

i. Fehlleistung, einer, IV 92

als 'Herberge d. Penis', XIII 298

u. Kloake, V 88; VIII 452; X 409; XII 110–12; XV 108

als leitende Geschlechtszone statt Klitoris (*s. a.* Klitoris), VIII 452; XIV 517, 520

Mund als, XI 315

als Mutterleib, XIII 298

Unkenntnis d. (*s. a.* Penismangel; Phallische Phase), VII 179–81, 186

beim Mädchen
i. phallische Phase, XV 126

bis Pubertät, VIII 452; XIV 520

u. Vorhofssensationen, XV 126; XVII 76

Vampyre *s.* Tote, als Dämonen (*s. a.* Dämonen)

Vase, Symbolik d., weibliche, IV 189–91; XI 275

d. Zerbrechens, IV 190f.

'Vasomotorische Neurasthenie', angstneurotisch, I 320

Vater (*s. a.* Eltern; Mutter; Ödipuskomplex; Sohn; Tochter- Ur-(vater))

Ablösung v., u. Kritik an d. Religion, XII 97

Abstammung v., Zweifel ü., beim Zwangskranken, VII 449f.

Ambivalenz gegenüber (beim Knaben) *s.* **Vater(haß); Vater(komplex)**

Angst vor
u. Fratzen, XII 98

Gefressenwerden v. (*s. a.* Gefressenwerden), XIV 531; XVII 62

i. Drohen mit Auffressen verwandelt, XII 141

als Verwandlungsprodukt d. auf d. Mutter gerichteten Aggression, XIV 531

Vater, Autorität d.

Kastrationsangst *s*. **Kastrationsangst**

orale *s*. **Vater**, Angst vor, Gefressenwerden v.

u. vor Räubern, XIII 332

u. Tierphobien (*s. a.* Tierphobien), VII 356; IX 155, 157; XIII 332; XVI 188

Widerstand motivierend, VII 356; XVI 98

Autorität d. (*s. a.* Vater, u. Überich), V 307; IX 64; XI 161; XIV 411, 489f.; XVI 256f.

i. Familienroman, VII 229f.

feminine Einstellung z. (i. Mann [Knaben]) (*s. a.* Feminine Einstellung (i. Mann); Homosexualität), XII 52f.; XIII 116, 335–39

u. Kastrationskomplex, XVII 117

Koituswunsch, XII 73

'männlicher Protest' gegen [Ablehnung d. –n], XIII 336, 338f.; XVI 97

i. d. Schlagephantasie, XII 204, 219–22

Schrebers *s*. i. **Reg. d. Krankengesch.**: Namenverzeichnis, Schreber

i. Teufelsneurose *s*. i. **Reg. d. Krankengesch.**: Sachverzeichnis, Teufelsneurose

u. Zärtlichkeit, ambivalente, XIV 21

Fixation an, u. Geringschätzung d. Weibes, VII 453f.

Gegensatz z., i. Traum, X 42

gewalttätiger (*s. a.* Gewalt; Ur(vater)), XIV 408–10

als Gott *s*. **Vater**, Vergöttlichung d.–s; **Vater(gottheit(en)); -(imago); -(religion); -(sehnsucht)** (*s. a.* Gott)

Gott als (*s. a.* Gott), XIV 411; XV 175f.; XVI 236–39

an Aufopferung, eigener, teilnehmend *s*. **Mysterien; Opfer; Totemismus** (*s. a.* Ur(vater))

erhöhter, IX 177–79; XIV 431

-ersatz, XIV 395f., 411, 431

geheißen, XV 175

-relation, XIV 411

u. Traum, II/III 222

als Vorbild, XIV 338f., 341–46

Heiligkeit, als fortgesetzter Wille d. –s, XVI 229

Herrscher, primitive Einstellung z., u. kindliche z. Vater, ähnlich, IX 64; XI 161

hochmütiger, I 508

u. Homosexualität (*s. a.* Vater, u. feminine Einstellung)

bei Vermissen eines starken –s, V 45

als Ichideal (*s. a.* Vater, Vergöttlichung d. –s; Vater(identifizierung)), XIII 265

als Ideal, XII 51

Identifizierung mit *s*. **Vater(identifizierung)**

u. Karikatur, XII 98; XIII 332

als Kastrator, XII 155

f. beide Geschlechter, XIV 527

Wahrheitsgehalt [phylogenetische Erbschaft] d. Vorstellung, XII 155

wenngleich Drohung v. Frauen ausgeht, XII 119f.

Kritik am, Erfolg als, XVI 256f.

'Landes-', XI 161

i. Märchen v. d. sieben Geißlein, XIII 332

Mitleid gegenüber, i. Traum (*s. a.* Reue), II/III 432f.; XI 191–94, 211; XII 98

i. d. Mythologie, Gestalt d. -s, II/III 262

Name d. [als Benennung] (*s. a.* Patrilinear)

auf Gott bezogen, XV 175f.

bei Primitiven auf ältere männliche Blutsverwandte ausgedehnt, IX 11

Räuber als Symbol f., II/III 409; XIII 332

als Rivale (*s. a.* Kastrationskomplex; Ödipuskomplex; Rivalität; Todeswunsch), XII 328f.; XIV 21; XVII 116

Schicksal, eine spätere Projektion d. -s, XIV 409

Sexualeinschüchterung seitens d. -s, V 131

u. Sohn

u. Hilflosigkeit, II/III 222; XIV 344-46

Neurasthenie d. Sohnes u. Hochmut d. Vaters, I 508

Religion, Entstehung d., u. Verhältnis zwischen, IX 177

Stammes *s.* **Stammesvater; Ur-(vater)**

als Tier *s.* **Tier; Totem;** u. i. Reg. d. Krankengesch.: Namenverzeichnis, Kleiner Hans; - Wolfsmann; usw.

u. Tochter *s.* **Tochter; Vater-(bindung)**

Tod d. -s, XIII 333, 550; XIV 315

Freuds Reaktion auf seines (*s. a.* i. Biogr. Reg.), II/III x

d. Rattenmannes, VII 398f., 402f., 406, 425, 452

Todeswunsch gegen *s.* **Todeswunsch**

i. Traum, II/III 333f., 409

Freuds *s.* i. **Biogr. Reg.**

Symbole f. *s.* i. **Symbol-Reg.**

Vater(bindung) d. Mädchens

Trotz gegenüber, XII 286; XVI 98f.; XVII 118

u. Züchtigung, VII 426f.; XII 52f.

Ur-, *s.* **Ur(vater)**

u. Überich-Gestaltung (*s. a.* Überich), XIII 263; XIV 254, 489f.

Überschätzung d. -s, XVI 256f.

Vergöttlichung [Deifizierung] d. -s (*s. a.* Vater, Gott als; Vater (gottheit(en)); -(imago); -(sehnsucht)), VIII 287; IX 179f.; XIII 138, 151, 330, 332; XIV 365f., 395; XVI 236-39

als Sühne, IX 179f.

als Vorbild, XIV 338f., 341-46

Vater(beziehung) *s.* **Vater, u. Sohn,** usw.; u. i. Reg. d. Krankengesch.

Vater(bindung)

d. Knaben *s.* **Vater, feminine Einstellung z.**

d. Mädchens (*s. a.* **Mädchen; Ödipuskomplex, weiblicher; Tochter**), XIII 116; XIV 22, 28, 518

u. Defloration, XII 174f.

Ehemann i. d. Rolle d. -s, VII 58; XV 143

Enttäuschung durch, XIV 534f.

intensive, auch ohne Neurose, XIV 518-20

Kindeswunsch, XII 207, 284; XIV 22

lange, XV 127

u. Männlichkeitskomplex, XIV 537

u. Neurose, II/III 264, 454; XIV 518, 520

Rivalitätsverhältnis, XIV 519; XV 127

u. Schlagephantasien, XII 204, 210, 219-22

711

Vater(ersatz)

Übergang v. Mutterobjekt auf Vater (als zweites Liebesobjekt), XIV 517, 531–33; XV 126f., 129f., 137–39

i. Verführungsphantasien, XI 385; XIV 532; XV 129

Vermeidungsvorschriften u. Inzest *s.* **Tochter** (*s. a.* Inzest)

Vater(ersatz) (*s. a.* Ersatz-)

Arzt als (*s. a.* Übertragung), XVI 98f.

Bruder als, f. Mädchen, XI 346

Christus als, XIII 102

Führer als, XIII 102

Geliebter u. Ehemann als, VII 58; XV 143

Gott als (*s. a.* Vater, Vergöttlichung d. –s; Vater(gottheiten)), XIII 332; XIV 395f., 411

große Männer als, XVI 217

i. Hochzeitsbräuchen, XII 175

König als, IX 64, 182

Lehrer als *s.* **Lehrer, als Vaterersatz**

i. Schlagephantasien, XII 205, 210f.

Teufel als, XIII 326–39 (327, 332)

Zar als, XIV 400, 410f.

Vater(gottheit(en)) [Gott als Ersatz f. Vater] (*s. a.* Gott; Vater, Vergöttlichung d. –s), VIII 287; IX 175–80; XIII *330f.*

durch Patriarchalismus wieder eingesetzt, IX 180

u. Sohnesgötter, IX 183f.

als Totemtier verehrt *s.* **Ur(vater), als Totem** (*s. a.* Totem)

Vater(haß) (*s. a.* Ödipuskomplex; Vater, Ambivalenz gegenüber; Vater(mord))

u. Selbstzerstörung, XVI 185

Vater(hypnose) (*s. a.* Hypnotiseur), V 307

Vater(identifizierung), XIII 115f., 260; XIV 28, 408

ambivalente, XIII 260

u. Desexualisierung u. Sublimierung, XIII 284

i. Fetischismus, XIV 317

beim Humoristen, XIV 386f.

u. Ichideal, XIII 259

Mädchens, VIII 426; XIII 259–61

u. Mutteridentifizierung, frühe, XIII 260

postödipale, verstärkte, XIII 260

präödipale, XIV 21

u. Überich, XIII 284

beim Weib, XIII 116f.; XIV 28, 536

Vater(imago) [–urbild, –vorbild] (*s. a.* Vater, als Ideal; –(ersatz))

Gottes, XIII 338f., 341–46

Teufels, XIII 332

u. Übertragung, VIII 365f.

Vater(kind) (*s. a.* i. Reg. d. Krankengesch.: Namenverzeichnis, Wolfsmann), XII 41

Vater(komplex) (*s. a.* Elternkomplex; Ödipuskomplex; Vater, Ambivalenz gegenüber), VII 279f.; IX 157, 172f., 189; XI 344; XII 96f.; XIII 260, 330f., 333; XIV 406–08, 550; XVI 243

u. Arbeitshemmung, XIII 325, 333f., 349f.

i. Brüderclan, beim Kind u. beim Neurotiker, IX 170, 172f.

u. Elternkomplex, IX 189

bei Gratisbehandlung, VIII 465

u. Hilfsbedürftigkeit *s.* **Hilfsbedürftigkeit** (*s. a.* Vater(sehnsucht))

beim kleinen Hans *s.* i. **Reg. d. Krankengesch.**: Namenverzeichnis, Kleiner Hans

beim Mann, Hauptquelle d. Widerstandes, VIII *108*
u. Moral, XIII 265
bei normalen Kulturmenschen, VIII 338f.
u. Ödipuskomplex, X 206; XI 344–46; XIV 21
u. Religion (*s. a.* Religion; Vater, Vergöttlichung d.), VIII 195; IX 175; XII 96f.; XIII 265; XIV 346
Schrebers *s. i.* **Reg. d. Krankengesch.**: Namenverzeichnis, Schreber
i. Totemismus, IX 175

Vater(liebe) (*s. a.* Elternliebe; Feminin(e) Einstellung)
u. Gleichheitsidee, XIII 139

Vater(los) (–er, –e, –es)
Abstammung *s.* **Empfängnis**; **Familienroman**
Zweifel an, bei Zwangskranken, VII 449f.
Gesellschaft, IX 180
Sohn (*s. a.* Familie; Sohn; Umgebung)
Mutterfixierung beim –n, VIII 187–89

Vater(mord), IX 170; X 345f.; XII 328; XIV 93; XVI 187, 239
u. Ambivalenz (*s. a.* Vater, Ambivalenz gegenüber), IX 173
Dostojewski u. d., XIV *399–418*
u. Dostojewskis Vater, XIV 404f.
i. Karamasoff, 'Die Brüder –', XIV 404f., 412–14
i. d. epischen Dichtung, XIII 152
Erbsünde, Gedanke d., statt Idee v., XVI 244
u. Gottesmord, XVI 245f.
christliche Einstellung, XVI 244f.
jüdische Einstellung, XVI 245

Vater(recht) Mutterrecht besiegend

u. Homosexualität, IX 174; XIII 139
i. literarischen Meisterwerken, II/III 263; IX 187–89; XIII 152; XIV 412
i. d. Mythologie, II/III 262f.; IX 186f.
d. Ödipus, (*s. a. i.* Namen-Reg.: Ödipus), XI 347
Ödipuskomplex, ohne andere Beweise, kein genügendes Motiv f., XIV 542
primärer [d. Urvaters] (*s. a.* Ur(vater)), IX 171–74
u. Mutterrecht, späteres, IX 174
Prozeß Halsmann, XIV *541f.*
als psychische Realität, IX 192
u. religiöse Verbote, XIV 365f.
Schuldgefühl, Hauptquelle d., XIV 406f.
durch Solon unbestraft, II/III 273
u. Totemismus, XI 347f.
d. 'tragische Schuld' d. griechischen Tragödie, IX 187–89
Triumph nach, XIV 410
i. d. Urhorde *s.* **Vater(mord)**, primärer
als Urverbrechen [–schuld; Erbsünde] (*s. a.* Ur(verbrechen)), XIV 406f., 495; XVI 192, 244
Wissen, unbewußtes, d. Menschheit, um, XVI 208
i. Zwangsgedanken, II/III 266f.

Vater(objekt) *s.* **Vater(bindung)**

Vater(recht) (*s. a.* Patriarch; Patriarchalismus; Patrilinear)
Beschränkung d. –es, XIII 152
Mutterrecht besiegend
i. d. Orestie, XVI 221
als Sieg d. Geistigkeit ü. Sinnlichkeit, XVI 221f., 225f.

713

Vater(religion)

Vater(religion) (*s. a.* Vater, Gott als; – Vergöttlichung d. –s; Vater(gottheiten); –(imago); –(sehnsucht), XV 181; XVI 242 Ambivalenz d., XVI 243f.

Gott, Vater geheißen, XV 175f.

Vater(schaft) (*s. a.* Abstammung; Vater(recht))

Couvade, u. Zweifel an, VII 185

rechtlicher Sinn d., XVI 221, 225

Verleugnung d. *s.* **Empfängnis; Familienroman**

Vater(sehnsucht), IX 178f.

u. Ichideal, XIII 265

i. d. Masse (*s. a.* Führer; Massenseele), XVI 217f.

u. Religion, XIV 346, 430

Vater(symbole), II/III 358f., 409, 414; VIII 290f.; XI 154; XIII 332

einzelne *s.* i. **Symbol-Reg.**

Vater(tötung) *s.* **Vater(mord)** (*s. a.* Opfer)

Vaterlandsliebe *s.* **Patriotismus**

Vbw. *s.* **Vorbewußte, (Das)**

Vegetarianismus, Leonardo da Vincis, VIII 135

Vegetationsgötter [–geister] (*s. a.* Sohnesgott), IX 183

Vegetationsgöttinnen, X 31f.

Veitstanz *s.* **Chorea**

Verallgemeinerung, u. Zwangsdenken, VII 461

Veranlassende Ursache *s.* **'Agent provocateur'; Ätiologie**

Verantwortlichkeit (moralische) [Verläßlichkeit]

u. Analerotik, VII 203

Gefühl d. *s.* **Gewissen**

gerichtlicher Begriff, auf Neurotiker nicht anwendbar, XIV 252

Mangel an

i. Kind *s.* **Kind**

i. d. Masse, XIII 79

i. d. Menschheit, XIII 79; XIV 333

i. Schlaf, X 338

f. Trauminhalt, Frage d., I 565–69; II/III 70–73; XI 143–48

u. Verdrängung, I 223

Verarbeitung, assoziative *s.* **Denken; Denk-**

Verarmung

materielle *s.* **Armut; Unglück**

psychische *s.* **Zurückziehung** d. Libido

Verarmungsangst (*s. a.* Angst vor; Armut; Melancholie), IV 131f.; X 439

Verbalität *s.* **Wortdenken** (*s. a.* Sprache)

Verbigeration *s.* **Verdoppelung**

Verbildlichung *s.* **Bildersprache; Vision; Visuell** (*s. a.* Deutlichkeit; Plastizität)

Verblendung (*s. a.* Verliebtheit)

logische *s.* **Logische 'Verblendung'**

als negative Halluzination, u. Fehlleistung (*s. a.* Druckfehler; Verlesen), IV 121, 254

Verblüffung [Erwartung, enttäuschte], VI 8f., 62, 147, 155, 173

u. Komik (Kant), VI 225–27, 248, 267

u. Aufmerksamkeit, VI 226, 267

i. Witz, VI 8–10, 14, 62f., 147

durch Unsinn, VI 8, 14, 63

Verborgenes *s.* **Geheimnis; Unheimliche, (Das); Versteck[tes]** (*s. a.* Witz)

Verbot(e) (*s. a.* Sexualeinschränkungen; Tabu; Triebeinschränkung; Vermeidungsvorschriften)
Abbildungs-, IX 99; XVI 122
Gottes, bei d. Juden, XVI 124, 143, 220, 223, 226
Befolgung d., beim Kind *s.* 'Bravheit'
d. Berührung *s.* **Berührungsverbot** (*s. a.* Tabu) (Definition), XIV 331
Denk-, *s.* **Denk-**,
u. Gebote *s.* **Zwangsverbote**
u. Gewissen, IX 86–90
u. Gott, XIV 364f.
Inzest-, *s.* **Inzest-**
wegen d. Laienanalyse *s.* **Laienanalyse**
d. Magie, IX 100
d. Nennens
Gottes, bei Juden, VIII 348; XVI 139f.
d. Toten, IX 72f.
gegen Okkultismus, XIV 271
Schau-, *s.* **Schau(verbot)** (*s. a.* Exhibition; Schaulust)
Sexual-, *s.* **Sexual**einschränkung
Speise-, *s.* **Tabuvorschriften**
Tabu-, *s.* **Tabuvorschriften**
i. Überich (*s. a.* Überich), XIII 262
Zwangs-, *s.* **Zwangsverbote** (*s. a.* Tabu; Zwangsneurose)
Verbotene, (Das), als Liebesbedingung beim Weib, VIII 87; XII 173
'**Verbottrauma**', XIV 286
Verbrechen *s.* **Ur(verbrechen)** (*s. a.* Erbsünde; Kriminalität; Schuld; Verbrecher)
Verbrecher (*s. a.* Es, amoralische Natur d.; – Unbändigkeit d.;

Kriminalität; Recht, Straf-; Talion; Verwahrlosung)
Begriff d. –s, XIV 400
i. d. Erlöserrolle (bei Dostojewski), XIV 413f.
Geheimnis beim (*s. a.* Geständnis), VII 8
große
Anziehungskraft [Reiz] d. –n, X 155
Karamasoff, Brüder –, XIV 404f., 412–14
Macbeth, Lady, X 373–80
Richard III., X 367–69
West, Rebekka, X 380–89
Grumus merdae d. –s, XII 113
u. Hysteriker, VII 8
Identifizierung mit, XIV 414
Lieblosigkeit i., XIV 400
Narzißmus d. –s, X 155
narzißtischer Typus wird leichter zum, XIV 513
u. Neurotiker, VII 8
Unterschied d. Situation beim, VII 12–14
Psychose als typische Erkrankung d. –s, XIV 513
aus Schuldgefühl, unbewußtem, X *389–91*; XIII 282
Selbstverrat beim, VII 7
u. Strafe, XIV 410
Strafwunsch beim, XIV 410
triebhafte (*s. a.* Leidenschaft), XIV 328f.
u. Analyse, XIV 566
u. Triebunterdrückung u. –verzicht, VII 150
aus Verliebtheit, XIII 125
Widerstand beim, VII 12f.
Verbrechertum *s.* **Kriminalität**

Verdacht

Verdacht (*s. a.* Argwohn; Schutzmaßregel; Verfolgungswahn; Zweifel)
  zwangsneurotischer (*s. a.* Zwangsneurose), I 348
    Angst vor Verrat u. Sicherung bei (*s. a.* Schutzmaßregel), I 390f.

Verdauungstätigkeit (*s. a.* Anal-; Darm-; Ernährung; Nahrungsaufnahme; Stuhlgang)
  Störungen d. (*s. a.* Diarrhöe; Stuhlverstopfung)
    angstneurotische
      Diarrhöe, I 320, 323
      Erbrechen, Neigung z., I 323
      u. Heißhunger, I 323
    hysterische, I 324, 451
    i. Kindesalter, V 86f.
    neurasthenische, I 315, 415
    organische, II/III 22, 37
  Träume bei *s.* **Traum**, typischer, (bestimmte Arten d.): Darmreiz-,

Verdichtung(en) [Kondensation, Kompression, Verschmelzung] (*s. a.* Mischbildung; Primärvorgang; Traum(arbeit); Verschiebung), II/III *284–310*, 335f,. 511, 600, 661f.; VIII 35, 397, 401; X 285–87; XI 174; XV 20f.; XVII 90
  i. Angst, II/III 684
  i. Delirien, Halluzinationen u. Wahn, II/III 684; VIII 401
  f. d. Es charakteristisch, XV 81
  i. Fehlleistungen, IV 65–67, 70, 77, 86f., 138, 303
  i. d. Hysterie, II/III 684; VIII 399
    i. Anfall, VII 236
    Konversions-, X 259
  infolge v. Ungeduld, IV 70, 138
  'Kompression', II/III 600
  i. Kunst, Mythologie u. Sprache, XI 175
  Lustgewinn durch, VI 193–95
  mit Modifikation, VI 24–27, 82
    u. Auslassung, VI 83–85
    Ersatzbildung, VI 18–24, 82f. 95
    leichter, VI 24–27
  normale, i. d. Erinnerung u. Vergessen, IV 304f.; VI 192
  i. Paranoia, II/III 684; VIII 293
  i. Reim, II/III 663
  i. d. Symptombildung, II/III 684; XI 374, 381
  Technik d., VI 186
  i. Traum [Traumarbeit] *s.* **Traum**, Verdichtung i.
  u. Unifizierung, VI 71
  i. Versprechen, IV 65–67, 70, 77, 86f.
  i. Vorbewußten nur Ausnahme, XI 307
  i. Witz, VI 18–30, 95; XI 175
    begrenzt, VI 204
    mit Ersatzbildung *s.* **Verdichtung**, mit Modifikation, mit Ersatzbildung
    Kürze zustande bringend, VI 192f.
    mit Modifikation *s.* **Verdichtung**, mit Modifikation
  u. Traum, VI 186
  'Wippchen'-, VI 243–45
  u. Zensur, XI 176

Verdichtungsarbeit, II/III 284–310, 335f., 511, 600, 661f.

Verdichtungsquote, II/III 285, 456

Verdoppelung [Doublierung, Reduplikation, Verbigeration] (*s. a.* Vervielfältigung)
  als Abwehr i. Traum u. Animismus, XII 247

depotenzierende Wirkung d., VIII 285

bei Kindern u. Geisteskranken, VI 140f.

i. Mythen u. Paranoia, VIII 285

Verdrängen *s*. **Verdrängung**

Verdrängt(-er, -e, -es)

Gedanke [Idee, Vorstellung]

u. Reaktionsgedanke, V 215f.

u. Symptom, Ähnlichkeit zwischen, VIII 25

Selbstvorwürfe, als Zwangsvorstellung wiederkehrend, I 387-89

Wünsche *s*. **Wunsch**

Verdrängte, (Das) [Verdrängtes], XIII 388; XV 75, 84, 98; XVII 85

Abgrenzung gegen d. Ich, XIII 252

Archaisches nicht identisch mit d. -n, XII 263f.

assoziatives Verarbeiten d. -n, I 64, 90

Aufnahme i. Ich, i. Humor, XIII 146f.

'Auftrieb' d. *s*. **Wiederkehr**, d. Verdrängten

Änderungen am -n, XIV 173

Bewußtmachen d. -n, VII 12, 118; XVI 201f.

(Definition), XVII 85

Durchbruch *s*. **Wiederkehr**, d. Verdrängten

Erinnerung o. Wiederholung d. -n, XIII 16f.

Erledigung d. -n, durch hysterischen Anfall, I 64

u. d. Es, XIII 79, 252; XVI 84, 203; XVII 85

Hervortreten d. -n *s*. **Wiederkehr**, d. Verdrängten

u. Konstruktionen, Notwendigkeit d., XIII 308

Kraftäußerung d. -n, XIII 18

Mitteilung d. -n, i. d. Analyse, erfolglos, VIII 476f.

z. Motilität u. Bewußtsein vordringende, pathologische, XVI 263

u. Pubertät, XVI 201f.

u. Rezentes, XVI 201f.

u. Unbewußtes, XVI 202

nicht identisch, VII 74; X 264; XIII 244; XV 75-78

Unveränderlichkeit d. -n, XV 80f.

Unterschätzung d. -n, eine Fehlerquelle d. Forschung, XIII 155

überstark werdend, führt z. Psychose, XV 16

u. d. Überwundene, XII 263f.

u. d. Verdrängung, XIV 173

i. d. Verneinung (*s. a*. Verneinung), XIV 12

Versöhnung mit d. -n, X 132

Vertretung findend, i. d. Zwangsneurose, I 387-89

u. Wahnbildung, XVI 54

Wesen d. -n, VII 75; XVI 203

u. Wiederholungszwang, XIII 18

Wiederkehr d. -n *s*. **Wiederkehr**, d. Verdrängten

Verdrängung [Repression, Verdrängen], I 89, 234, 267-70, 288, *383f.*, 537, 553; II/III 553, 588, *603f.*, *609*, 622, 685; V 6, 8,24, 26, 63, 76, 88, 134, 139, 156; VI 110, 150, 199; VIII 20, 57, 233, 302, 398, 401; X *248-61* (250f.); XI *296-312*, 354; XII 145, 326f.; XIII *222*, 411f.; XIV 121, 303; XV 95f.

Abfuhr i. d. Neurosen, X 285

Absicht d., X 256

u. Abwehr (*s. a*. Abwehr), I 77; XIV 144f., *195-97*; XVI 84, 255

gründlichste, XVI 255

Verdrängung gegen Affekt gerichtet

    Korrelate d., VIII 232

    Mechanismus d., X 249, 256f.

        u. andere Abwehrmechanismen, XIV 144f.; XV 81

            kein primärer [ursprünglicher], X 249f.; XIV 55

        u. Unlustvermeidung, X 256

        Unterschiede zwischen, XIV 144f.

    als Zwischenstufe zwischen Abwehrreflex u. Verurteilung, VI 199

    gegen Affekt gerichtet, VII 75

    u. Affekt, X 277–79

    u. Angst-, *s.* **Verdrängung**, u. Angst

        -unterdrückung [-hemmung], II/III *470f.*; X 277

        -verwandlung bei, XII 254; XIV 119

    d. Aggressivität, frühzeitige (*s. a.* Aggression)

        u. Kindheitsneurose, VII 370

        u. Schuldgefühl, XIV 499

        u. Zwangsneurose, I *485*

    u. Ambivalenz (*s. a.* Ambivalenz), X 260

    u. Amnesie (*s. a.* Amnesie), II/III 525f.; V 6, 76

    d. Analerotik, VII 462; XIV 458f., 466

    u. Angst[-affekt], VIII 36; XIV 120, 137; XV *89–97*

        durch Affektverwandlung, XII 254

        i. d. Agoraphobie, I 71

        -entwicklung, XI 426; XV 89f.

        -hysterie, XV 92

        i. d. Hysterie, XI 418f., 424f.

            Konversions-, weniger geglückte, X 285

        Libido d. verdrängten Triebregung, als Quelle d., XIV 193

        neurotische, XV 89–91

        u. Phobie, I 71; XIV 133–38

    Aufhebung d., II/III 622; V 8; XII 184, 187; XIV 185

        durch Analyse *s.* **Verdrängung**, u. Psychoanalyse

        durch assoziative Verarbeitung, I 64

        dynamische, X 293

        bei Psychosen nicht möglich, XI 455f.

        d. Resultate d., nicht möglich, VII 375

        teilweise

            i. Alkoholrausch [toxische], X 441

            u. Aufnahme i. d. Ich, XIII 146

            i. Traum (*s. a.* Traum), XV 16

            i. Witz, X 253

        d. Wunschregung, alten, nicht identisch mit Aufhebung d., XIV 173

    bedingte, d. sexuellen Traumen d. reiferen Jahre, I 384

    Begriff d. (*s. a.* Verdrängung, Wesen d.), II/III 603–13; XI 354; XIII 240f.; XIV 55; XVI 98

    Beherrschung [Bewältigung] statt, VIII 26; XVI 73

    Beispiel, erstes, f., I 170f.

    d. Berührungslust, IX 39–41

    u. Bisexualität, XII 222

    Darstellung d., i. Kunstwerken

        i. d. 'Gradiva' Jensens, VII 59f.

            symbolisiert durch d. verschüttete Pompeji, VII 65, 77f.

        i. d. Zeichnung v. Félicien Rops, VII 60f.

    (Definition), XI 304, 354, 425; XII 324; XIII 240f.; XIV 144, 155

i. Delirien u. Halluzinationen, VIII 401
u. Denken, XV 96
archaisches, XII 263 f.
u. überwertiger Gedanke, V 215
Dynamik d., VII 74 f.; X *279–85*; XI 354 f.
dynamische Aufhebung d. s. **Verdrängung, Aufhebung d. Durchbruch d.** s. **Symptombildung; Wiederkehr, d.** Verdrängten
eigentliche, X 250
Entstehung d., VII 261; VIII 20 f.; X 160; XIV 121
u. Erinnerung, V 174 f.
Kompromißbildungen zwischen, I 537 f.
u. Phantasie, VII 85
u. Wiederholungszwang s. **Verdrängung, u. Wiederholungszwang**
u. Erinnerungsfälschung (s. a. Verdrängung, u. Irrtum), I 553; V 175
u. Erregungsablauf, XIV 118
u. Ersatzbildung, X 256 f.
ersetzbar, VII 375; VIII 26; XIV 12 f.; XVI 73
erste (s. a. Verdrängung, anale)
d. Anale wird symbolisch f. alles Verwerfliche, durch, V 88
i. d. Zwangsneurose, X 285
erste Ideen ü. s. **Erste Ideen**
u. d. Es (s. a. Verdrängung, u. Ich), XIV 118–23, 173; XV 84; XVI 203
i. Fehlleistungen (s. a. Fehlleistungen), IV 243–46; VIII 38; XI 60 f.
u. Fetischismus, X 253
u. Fixierung (s. a. Fixierung), X 250; XI 365, 375; XIV 185 f.

Verdrängung u. Ich

quantitative Faktoren, XIV 185 f.
Verhältnis z. Ich, XI 365
als Vorläufer d., VIII 303 f.
als Fluchtversuch s. **Verdrängung, u. Ich**
d. Frühentwicklung s. **Verdrängung, beim Kind**
u. Gedanke, überwertiger, V 215
u. Gefühl s. **Verdrängung, u. Affekt**
u. Gegenbesetzung, X 280–82; XI 426
als Aufwand d., X 416
äußere, XIV 191
Gegenwillen d., IV 261 f.
u. Genitalorganisation, XIV 155
u. Genitalzonen, V 84
d. Geruchssinnes, VII 462
u. d. Analerotik, XIV 458 f.
u. Sublimierung, XIV 466
i. d. 'Gradiva' Jensens, VII 59
u. Herdentrieb, XIII 131
d. Homosexualität s. **Homosexualität** (i. allgemeinen): latente
u. Humor, VI 266 f.; XIII 146
bei Hunger nicht i. Betracht kommend, X 249
i. d. Hysterie (s. a. Verdrängung, Sexual-), I 61–65, 174, 181 f.; VII 8, 417–19; X 285; XI 311, 418 f., 424 f.
i. Anfall, I 64
u. Angst, XI 418 f., 424 f.
i. Angsthysterie weniger vollständig, X 285
u. Ich (s. a. Ich, u. d. Verdrängte), I 388, 412; X 160 f.; XI 365; XIII 6 f., 17 f., 22, 388, 412; XIV 83, 118–25, 230
–ablösung v. d. Außenwelt, XIII 391

Verdrängung als Ichidealfunktion

u. Aufgabe d. Ich-Souveränität, XIV 185
als Ausgangspunkt d., XIII 412
u. Es, XIV 118–23, 173
teilweise
aufgenommen, XIII 146
geschieden durch, XV 84
Fluchtversuch d. durch (*s. a.* Fluchtversuch), XI 425; XIV 120, 185, 230; XVII 111
Ideal-, *s.* **Verdrängung,** u. **Ideale**
-libido, X 160f.
-schwäche, XIV 275–77; XV 96
Selbstachtung d., X 160
-triebe, XIV 83
u. Überich *s.* **Überich,** u. Verdrängung
als Ichidealfunktion, XIII 121
u. Ideale, X 161, 252f.
individuelle Arbeitsweise d., X 252f.
v. innen, XII 208
Intensität d. Regung disponiert z., VII 261
d. inzestuösen Objektwahl [Wünsche], X 208
u. Schuldbewußtsein, XII 208
u. Irrtum, IV 242–46
beim Kind, VIII 420
als Abwehrmaßregel d. unreifen u. schwachen Ich, XVI 71
u. Entwicklungsperioden, II/III 611
nur i. d. Frühentwicklung, XIV 171; XVI 44, 71
beim kleinen Hans *s.* i. **Reg. d. Krankengesch.:** Namenverzeichnis, Kleiner Hans
d. Liebe, VII 31–125
u. Sexualerinnerungen *s.* **Infantile Sexualszenen** (*s. a.* Deck-(erinnerung(en)); Kindheitstraumen; Ur(szene))
spontane, VIII 418f.
u. Wiederholungszwang *s.* **Wiederholungszwang**
als Krankheitserreger, I 62
u. Kultur *s.* **Kultur**
i. d. Latenzperiode *s.* **Latenz**
Lehre d. *s.* **Verdrängung,** Theorie d.
d. Libido
u. Ablösung [Entziehung] (*s. a.* Zurückziehung), VIII 308; X 257, 279–81
u. Angst, XIV 193
Ich-, X 160f.
u. d. Ich, XI 365
Konflikt zwischen *s.* **Konflikt**
u. Neurose, V 157
u. Symptome, XIV 499
Lockerheit d., XI 391
u. Lustprinzip (*s. a.* Verdrängung, u. Unlust), VIII 231; XV 96–98
u. Affektverwandlung, XIV 119
u. Denkvorgänge, VIII 235
i. Traum *s.* **Traum**
d. Männlichkeit, beim Weib *s.* **Männlichkeitskomplex**
Mechanismus d. *s.* **Verdrängung,** u. Abwehr
i. d. Menopause, XVI 70
Mißlingen d. (*s. a.* Wiederkehr, d. Verdrängten), VIII 24–26, 57, 304f.; X 256, 260; XIII 364; XIV 122
u. Neurose *s.* **Verdrängung,** u. Neurose
partielle, VII 136; X 285; XI 311
u. Symptombildung (*s. a.* Verdrängung, u. Symptombildung), VIII 96f.

720

mobiler Charakter d., X 253f.
u. Nachdrängen s. **Verdrängung,** Ur-
nachträglicher Gehorsam u. andere nachträgliche Wirkungen, VII 271
ohne Neurose, beim Erwachsenen unwahrscheinlich, XIV 542
u. Neurose, I *387*; V *139f.*, 157; XIII 244
als elementare traumatische, XII 324
als Ergebnis d., XI 356
Form d., X 257
u. Humor, VI 266f.
als mißglückte, VI 266; XIII 363f., 366
Symptome d. s. **Verdrängung,** u. Symptombildung
u. Trieb-, XIII 363
bei normalen Kulturmenschen, I 62; VIII 338f.
Sexual-, s. **Verdrängung, Sexual-**
i. Symptom u. Fehlhandlungen s. **Verdrängung,** u. **Fehlleistungen**
organische, d. Geruchssinnes s. **Verdrängung,** d. Geruchssinnes (s. a. Sublimierung)
d. Ödipuskomplexes (s. a. Ödipuskomplex, Untergang d. −es), XIII 263, 399
ökonomische Gesichtspunkte d., X 280f., 284; XV 16
peinlicher Eindrücke (s. a. Verdrängung u. Lustprinzip)
i. Traum s. **Traum,** u. Verdrängung
u. Perversion, V 139f.; XII 200
als Regression ohne, XI 356
d. Phantasien, V 127; VII 85, 193; X 251

Verdrängung i. d. Psychosen

Phasen d. (s. a. Verdrängung, u. Fixierung; − Mißlingen d.; − u. Nachdrängen), VIII 303−05; X 250f., 259; XVI 303−05
erste: Erinnerung mit Zweifel, V 175
i. d. Paranoia, XVI 303−05
Vorstufen, XIV 121
zweite: Vergessen u. Fehlerinnerungen, V 175
i. d. Phobie, X 257
i. Prozeß Halsmann, XIV 542
u. psychische Systeme, Rolle d., i. −n −n (s. a. Psychischer Apparat), II/III 603−13; X 292
u. Psychoanalyse
Auffrischen d. Konfliktes i. d., XI 455
Aufhebung d. (s. a. Verdrängung, Aufhebung d.), II/III 622; XII 5
durch Durcharbeiten, XIV 192
u. Ersetzung durch Bewältigung (s. a. Verurteilung, statt Verdrängung), XVI 73
keine beendigte Analyse ohne, V 8; XI 471
Resultate d., können nicht rückgängig gemacht werden, VII 375; X 259; XIV 185
Technik d., XI 453, 455
als Ziel, XI 451f.; XIV 232f., 305; XVI 44
Einschätzung d. Begriffes i. d. s. **Verdrängung,** Theorien d.
unnötig beim Fehlen d., XI 451
beim Psychoanalytiker, VIII 382
i. d. Psychosen
Aufhebung d., unmöglich, XI 455
halluzinatorischen, I 73f., 401−03; II/III 236; VIII 401

721

Verdrängung i. d. Pubertät

i. Paranoia, I 403; VIII 303–05
d. Realität (*s. a.* Realität; Verdrängung, u. Verleugnen), XIII 363–66, 391
i. d. Schizophrenie
Topik d., X 426
u. Übertragungsneurosen, sehr unähnlich, X 301 f.
überstark, XV 16
i. Verfolgungswahn, VIII 310
i. Wahn, XVI 54
i. d. Pubertät, XVI 70
u. Reaktionsbildung, X 260
d. Realität, o. d. Triebes, XIII 363 f.
u. Realitätsverlust *s.* **Verdrängung,** i. d. Psychosen
Regression ohne, ergibt Perversion, XI 356
u. Regression, XI 354 f.; XIV 61, 134
Resultate d., II/III 622; V 8; VII 375; XIV 185; XV 98
Rückgängig machen *s.* **Verdrängung,** Aufhebung d.; – u. Psychoanalyse
Schicksal d., XVI 71
Schicksalsrolle d. Eltern, i. Einleiten d., VII 263
u. Schlagephantasie, XII 220 f.
u. Schuldgefühl, XIV 499
Sexual-, [d. Sexualität] (*s. a.* Sexualablehnung)
aktiver Komponenten, I 486
Abneigung erzeugend (*s. a.* Abscheu), V 26
u. Entwicklung (*s. a.* Sexualentwicklung), II/III 611; V 139 f.
Erregung vereitelnd, XIV 118 f.
i. d. Hysterie *s.* **Hysterie**
Jugendlicher *s.* **Adoleszenten; Unwissenheit**

beim Kind *s.* **Infantile Sexualität; Kind; Knabe; Mädchen**
durch Lerneifer [Mathematik, Beschäftigung mit], VII 61 f.
normale, V 156
u. d. d. Selbsterhaltungstriebe nicht gleich stark, XV 104
i. d. Zwangsneurose *s.* **Zwangsneurose**
Sexualisierung d. *s.* **Verdrängung,** Theorien d., nichtanalytische
Sonderstellung d., XVI 81
u. Sublimierung, VIII 25; X 162
symbolisiert durch Pompeji [verschüttete Stadt], i. d. 'Gradiva' Jensens, VII 65, 77 f., 112
u. Symptombildung, VIII 25; X 252, 256 f., 259; XIII 411; XIV 118 f., 499
Vorbereitung d., XI 307 f.
i. Symptomhandlungen (*s. a.* Verdrängung, i. Fehlleistungen), VIII 38
(Terminus technicus), II/III 611 f.
Theorien d.
nichtanalytische, XII 222–26
bisexuelle (gegengeschlechtliche), X 98, 101; XII 222–24; XVI 98
Adlers [Sexualisierung d. Verdrängung], XII 222–25; XIV 79
Fließ, XVI 98
Widerlegung d. –n, XII 225 f.; XVI 98
i. Jungs Schriften kaum erwähnt, X 110
bei Schopenhauer, X 53
psychoanalytische (*s. a.* Verdrängung, u. Psychoanalyse), XIII 222, 411
Bedeutung d. Begriffs

als Grundpfeiler d. psychoanalytischen Lehre, X 54f., 101; XIII 223, 411
katharlische Therapie i. analytische umwandelnd, X 53
Unterschätzung d., eine Fehlerquelle d. Forschung, XIII 155
Geschichte d. -n, V 155, 157; X 48; XIV 189
erste Ideen Freuds v. d., I 62, 170f.; II/III 588; VIII 20; XIV 54
therapeutische Einsichten *s*. **Verdrängung**, u. Psychoanalyse
Topik d., X 279-85, 426; XI 354f.
i. Traum *s*. **Traum**, u. Verdrängung
u. traumatisches Moment (*s. a.* Trauma; Traumatisch), I 182
unbemerkt bleibend, VIII 23
u. d. Unbewußte, X 264; XI 304-07, 354; XIII *240 f.*
Gedanken, v. d. Zensur d. Bw. abgestoßen u. v. Ubw. angezogen, II/III 553
korrelativ, X 250
nicht identisch, X 264; XIII 244; XV 75-78
Unterschied zwischen Dynamik u. Statik, VII 74f.
undichte, XVI 73
unhaltbar, auf d. Dauer, I 62-64
d. Unlust, Widerstand erzeugend, V 24f.
u. Unlust (*s. a.* Verdrängung, u. Abwehr; - u. Lustprinzip), I 450; VIII 21, 232; X 256
Unlustvermeidung als Ziel d., X 248
u. Unterdrückung, II/III 611f.
Ur-, (*s. a.* Geburtsangst)

Verdrängung, Vermeiden d. Mechanismus d., X 280
u. Nachdrängen [Nachverdrängung], VIII 304; X 250, 279f.; XIV 121; XVI 71
u. quantitativer Gesichtspunkt, XIV 121
bei Rank (*s. a.* Geburtstrauma), XVI 59
u. Überich, XIV 121
Übergreifen d., auf weitere Komponenten, VII 370
durch Überich hervorgerufen, XV 75
u. Überich, XIII 399; XIV 121, 124f.
u. Ich, XIII 281, 399
Wissen i., v. d., XIII 280
übermächtige, XV 16
durch Übertragung (Suggestionswirkung d.), gelockert, XI 473; XIII 18
i. d. Übertragungsneurosen, X 301f.; XIII 388
u. d. Verdrängte (*s. a.* Verdrängte, (Das)), XI 311; XIV 173
u. Vergessen (*s. a.* Verdrängung, u. Amnesie), IV 10-12; V 175; VII 269
u. Fehlerinnerungen (*s. a.* Fehlerinnerungen), IV 8-12
u. Vergeßlichkeit, I 522-24
als zweites Stadium d., IV 10-12; V 175
u. d. Verkehr zwischen d. psychischen Systemen (*s. a.* Psychischer Apparat), X 292
Verleugnen u. Verneinen (*s. a.* Verleugnen; Verneinung), XII 111, 113; XIV 12f.
als Ersatz d., auf höherer Stufe, X 285
als Zeichen d., V 219
Vermeiden d. u. Verurteilung *s*. **Verurteilung**, statt Verdrängung

723

Verdrängung u. Vorstellungsleben

u. Vorstellungsleben *s.* **Vorstellung-**
i. Wahn, XVI 54
Wesen d. (*s. a.* Verdrängung, Begriff d.), II/III *603–13*; XI 304–07; XIV 189
u. Widerstand *s.* **Widerstand** (Formen d.): Verdrängungs-
u. Wiederholungszwang *s.* **Wiederholungszwang**
Wiederkehr d. Verdrängten *s.* **Wiederkehr, d. Verdrängten**
durch Willensakt, nicht pathologisch, I 62
u. Witz, X 253
   aggressiver, VI 111
   Aufhebung d., durch, X 253
   Rekompensierung d., durch, VI 110f.
beim Wolfsmann *s.* i. **Reg.** d. **Krankengesch.**: Namenverzeichnis, Wolfsmann
Wunsches *s.* **Wunsch-**
Zeitlosigkeit d., IV 304f.
u. Zensur (*s. a.* Zensur)
   Entstehung d., X 252
   politische, verglichen mit, XVI 81
   u. d. Vorbewußte, X 271f.
u. Zote, VI 110f.
(Zusammenfassung), X 48; XIII 222f., 411f.; XIV *54–56*, 303; XVI 263
u. Zwang, I *388*
i. d. Zwangsneurose, I 68–72, 485; VII 136, 417–19, 448; XIV 141–44, 196
   unvollkommene, VII 136; X 285; XI 311
als Zwischenstufe zwischen Abwehr u. Verurteilung, VI 199

Verdrängungsaufwand, XV 16

Gegenbesetzung als, X 416
i. Hysterie, X 284f.

Verdrängungsnarbe, XVI 235

Verdrängungsneigung, XI 473

Verdrängungsschranke, Erregung, reale, heftige, vernichtet durch, V 273

Verdrängungsschub, gegen männliche Sexualitätskomponente, i. Weib (*s. a.* Männlichkeitskomplex), VII 179

Verdrängungstheorie *s.* **Verdrängung**, Theorien d.

Verdrängungsvorgang (*s. a.* Verdrängung, Dynamik d.; – ökonomische Gesichtspunkte d.; – u. psychische Systeme; – Topik d.), X 253; XI 304–07; XII 184; XIV 96f., 118f., 137; XVI 201, 303

Aufheben d. –es (*s. a.* Verdrängung, Aufhebung d.), XIV 12

Verdrängungswiderstand *s.* **Widerstand** (Formen d.): Verdrängungs-

Verehrung (*s. a.* Ideale)
d. Führers, durch Masse *s.* **Führer; Massenseele**
Gefühl d., mildert Sexualziele d. Pubertät, V 101
d. Liebesobjekts *s.* **Pubertät; Schwärmerei; Sexualüberschätzung; Zärtliche** Strömungen
d. Mutter *s.* **Dirne; Mutter**
d. Vaters *s.* **Vater**, Vergöttlichung d. (*s. a.* Religion)

Vereinheitlichung (*s. a.* Integration)
i. Traum *s.* **Traum**, Identifikation i.; – Mischbildung; – Vereinheitlichung

Vereinigung, psychoanalytische *s.* **Psychoanalytische Bewegung**

Verengung d. Bewußtseins (*s. a.* Bewußtseinsspaltung) durch Hypnose erweitert, I 64

Vererbung *s.* **Heredität**

Verfolger, i. Verfolgungswahn, VIII 275f.; XIII 271
bei Schreber *s.* i. **Reg. d. Krankengesch.**: Namenverzeichnis, Schreber
i. Traum *s.* **Räuber; Tierphobie(n); Traum, Angst-; – Straf-; Vater**
Vater u. Herrschergestalt darstellend, IX 64

Verfolgt werden (*s. a.* Verfolgung-)
durch Melodie (*s. a.* Perseveration), XI 106
i. Traum *s.* **Traum, Angst-**

Verfolgungswahn (*s. a.* Mißtrauen; Paranoia), VIII 299; IX 64
u. Affektverwandlung, VIII 275f., 303
v. Zärtlichkeit i. Haß, XI 440; XIII 271f.
i. Angst umgesetzte libidinöse Regungen, i., IV 284f.; XI 440
u. Beobachtungswahn, Unterschiede zwischen, XV 64f.
u. Eifersucht, XIII 199
u. Größenwahn, VIII 284, 302; XI 439
u. homosexuelle Regungen (*s. a.* Homosexualität (i. allgemeinen): latente), VIII *295–302*; XI 440–42
Mißhandlungsphantasien, hysterische, perverse Handlungen u., IV 284f.
u. primitive Einstellung z. Herrscher, IX 64
Rationalisierungen i., VIII 284

Verfolgungswahnidee(n) [Verfolgungsidee, -phantasie]
Argwohn, hysterischer, I 308; II/III 191

Besetzung u. dynamischer Gesichtspunkt bei d., XIV 387f.
i. d. Paranoia (persecutoria), I 393f., 400f.; IX 64; XI 440; XIII 202f., 271
Phantasien, IV 284f.
somatische Ätiologie d., I 118
i. Traum, XIII 202f.

Verführerin
Mutter als *s.* **Reinlichkeitspflege**
Weib als, z. Vatermord, XIII 152

Verführung (d. Kindes)
durch andere Kinder, I 417f., 444f.; V 91f., 144, 153; XI 385; XVII 60, 113
durch Beeinflussung, wechselseitige, V *106f.*
durch Geschwister, XVII 113
Bruder, I 382, 442, 447; V 244; XIV 59
Schwester, XII 43f.
koitusähnliche Vornahmen bei, I 444; V 74
durch Erwachsene, I 382, 417f., 444; V 91f., 131, 144, 153, 390; VII 158; VIII 80; XI 383–85; XVII 113
z. Beschwichtigung d. Kindes, XIV 525
i. Gesellschaftsklassen, verschiedenen, I 442f.; V 131
gewaltsame *s.* **Attentate**
u. Homosexualität, V 39, 131; XIII 205
durch Kinderfrauen, I 266, 382, 443f.; V 48, 81; XIV 525
durch Lehrer, V 48
Liebesverhältnis mit Kindern [d. Kind als Sexualobjekt; Pädophilie], I 382, 444, 451–53 (452); V 43f., *47f.*
Liebkosung d. kindlichen Genitales, V 124; VII 259

Verführung (d. Kindes): z. Masturbation

Mutter als Verführerin *s.* **Reinlichkeitspflege**, Verführung durch (*s. a.* Verführerin)

Neurosen [Hysterie] erzeugend *s.* **Verführungstheorie**

schwere Fälle (*s. a.* Attentat), I 381 f.

spätere (unwahre) Beschuldigungen verursachend, II/III 191

durch Wartepersonen [Dienstboten, Sklaven], V 48, 131

beim Wolfsmann *s.* i. Reg. d. **Krankengesch.**: Namenverzeichnis, Wolfsmann

z. Masturbation *s.* **Verführung, durch andere Kinder**; **Reinlichkeitspflege**, Verführung durch

z. Perversion, V 93

phantasierte *s.* **Verführungsphantasien**

durch Reinlichkeitspflege **Reinlichkeitspflege**, Verführung durch

Sexualentwicklung, Rolle i. d.

fördernde u. störende, XII 142 f.

primäre o. sekundäre *s.* **Verführungstheorie**

Verführungsanklagen

d. Hysterischen (*s. a.* Übertragungsliebe)

mit Madonnenphantasie, V 267

durch Verführung i. Kindesalter bedingt, II/III 191

d. Mädchens, gegen Mutter *s.* **Verführungsphantasien**

Verführungsphantasien, V 127, 153 f.; VII 237, 427; XI 381–85 (385); XIII 220; XIV 59, 525, 532; XV 128 f.

geliebte Personen betreffend, V 127

Mutter

seitens d. Sohnes, XIII 152

seitens d. Tochter, als präödipaler Vorwurf, XIV 525, 532; XV 128 f.; XVII 115

Vater, seitens d. Tochter, XI 385; XIV 59, 532; XV 128 f.

d. Hysteriker (*s. a.* Verführungsanklagen), I 381; V 153; VIII 195; X 56

regressive Reihenfolge i. d., i. Symptomen [Anfall] dargestellten, VII 237

u. Kindheitstrauma (*s. a.* Kindheitstraumen), XI 381–83; XV 128 f.

u. Masturbation i. Kindesalter (*s. a.* Masturbation), V 153

u. Ödipuskomplex, XV 128 f.

als Reaktionsbildungen, XIV 60

mit Überschätzung d. Liebesobjektes (beim Weib), V 127

Verführungstheorie d. infantilen Sexualität u. d. Neurosen [traumatische Theorie, frühe] (*s. a.* Infantile Sexualszenen; Kindheitstrauma), I 380–86, 417, 485 f.; XIV 45, 59

u. Aggression, kindliche, sexuelle, I 382, 386, 457, 547

Anklage d. 'Suggerierung' d., XIV 60

Revision d., V 91, 153 f.; X 55 f.; XIII 220; XIV 59 f.

Verführungsversuch(e) [-wünsch(e)]

d. Kleinkindes XI 344 f.

aktive (*s. a.* Infantile Sexualszenen, aktive u. passive), VII 256 f.

Masturbation, Nichtverbergen d., als, XII 48

Urinieren als, VII 257; XII 108, 126

d. Wolfsmannes *s. i.* **Reg. d. Krankengesch.**: Namenverzeichnis, Wolfsmann

i. Lächeln d. Mona Lisa, VIII 179–81

d. Säuglings, durch Schreien, XII 52

Zote als, VI 106–08

Vergangenheit (*s. a.* Gegenwart; Goldenes Zeitalter; Tradition; Zukunft)

u. Entfremdungsgefühl, XVI 254, 256

u. Neurose, VIII 418

organische durch Es, kulturelle durch Überich repräsentiert, XVII 69, 138

u. Phantasie, VII 217

Anziehung d., auf, XVI 175f.

Projektion i., v. Wunsch-, IX 141

Spiegelung d., i. d. Übertragung, XVII 102

u. Wahrheitsgehalt d. Wahnes, XVI 54–56

Vergänglichkeit, X *358–61*

u. Unvergänglichkeit d. Fixationen i. Resterscheinungen, XVI 73

Vergessen (*s. a.* Erinnern; Erinnerung; Fehlerinnerung; Fehlleistungen; Vergeßlichkeit), I *519–27*; IV *304*; VI 192; VII 5; XI 18f.; XVII 83

absichtliches [Vergessenwollen] Abreaktion hindernd, I 90

u. Hysterie, XVII 12

als Absperrung (*s. a.* Vergessen, u. Isolierung), X 127f.

als Abwehr, IV 162–64

i. Alltagsleben, II/III 46, 684

Ärger ü., IV 93

bestimmte Fälle v. *s. i.* **Reg. d. Fehlleistungen**

Darwins Schutzmaßregel gegen, XI 72

u. Deckerinnerung (*s. a.* Deck(erinnerung)), X 128

v. Eindrücken (*s. a.* Amnesie)

u. Erlebnissen [Erinnerungen], IV 304f.; VI 192; VIII 393; XI 62, 72

erblassenden, I 88

Kindheits-, (*s. a.* Amnesie, infantile), IV *51–60*

i. Neurosen, I 531f.

als 'psychischer Fremdkörper' verbleibend, I 476

u. Kenntnissen, IV 149f., *151–67*

v. Einfällen *s.* **Vergessen, u. Grundregel, psychoanalytische**

Einschätzung, analytisch richtige, d. -s, durch Laien, XI 47

beim Bittsteller, IV 172f.; XI 68

bei Frauen, IV 169, 173

i. Liebesverhältnis, IV 169–71

i. Militärdienst, IV 170f.; XI 47

falsche Erinnerung nicht identisch mit, IV 6, 12

ohne Fehlleistung, XI 72

fortgesetztes (v. Namen), IV 50

u. Fremdwörter (*s. a.* Vergessen v. Namen), IV 13–20; XI 62, 70

i. d. ‚Gradiva' Jensens, VII 47

beim kleinen Hans *s. i.* **Reg. d. Krankengesch.**: Namenverzeichnis, Kleiner Hans

u. Grundregel, psychoanalytische (*s. a.* Psychoanalytische Grundregel)

als Einfallslosigkeit u. Widerstandssymptom, I 280f.

u. Irrtum, IV 248, 256f.

mit Irrtum kombiniert, IV 263; XI 51

Vergessen u. Isolierung

Unterschied zwischen, IV 243
u. Isolierung, X 127
Klassifikation d. Fälle v., XI 62
kollektives, IV 48–50
Lust u. Unlust beim, IV 299f.
   Unlustgefühl d. Gehemmtseins bei, I 520
   u. Unlustvermeidung, XI 70f.
mehrmaliges, IV 178
Motivation d. –s (*s. a.* Vergessen, tendenziöse Natur d.; Ursachen d. –s)
   immer vorhanden, IX 8f.
   durch Peinliches, IV 160–64
i. d. Muttersprache, IV 21–24
v. Namen, IV *21–50*
   Beispiele anderer Autoren, IV 32–43
      Ferenczi, IV 32–37
      Hitschmann, IV 39
      I. v. K., IV 32
      Jung, IV 31f.
      Sachs, IV 39
      Stärcke, IV 43–46
      Storfer, IV 41f.
   v. Eigen-, IV 5–7; VIII 393f., 435; XI 46, 60, 70
   u. Deckerinnerungen (mit Fehlerinnern), IV 52–54
   u. Versprechen, IV 63f.
   u. Wiedererinnerung, XI 108–10, 201
   v. Fremdnamen, XI 62, 70
normales, II/III 46, 684; IV 304f.
   Verwechseln analoger Eindrücke, als Vorstufe z., VI 192
ökonomische Probleme beim, IV 299f.
partielles
   u. Ermahnung, sich z. erinnern, I 167f.

u. Traum *s.* **Vergessen**, u. Traum
v. Rechnungen, Schulden, Zurückstellung v. Entlehntem, IV 146f., 175; XI 69f.
tendenziöse Natur d. –s (*s. a.* Vergessen, Motivation d. –s), I 526; IV 52–54
d. Traumes *s.* **Traum**; -(deutung) -(elemente); -(zensur)
i. Traum, II/III 508; XI 201
u. Traum, Ähnlichkeiten i. Mechanismus v., II/III 684
u. Unlustvermeidung *s.* **Vergessen**, Lust u. Unlust
Ursachen d. (*s. a.* Vergessen, Motivation d. –s; - tendenziöse Natur d.)
   physiologische, VIII 391
      begünstigende, nicht begründende, IV 27f.
      keine – vorhanden, i. Gegensatz z. anderen Fehlhandlungen, XI 54
Verdrängung *s.* **Vergessen**, durch Verdrängung
u. Urteilsstörung, i. bezug auf Aktionen naher Angehöriger, IV 151
durch Verdrängung, IV 9–12; V 175; VII 269
vereitelte, I 167f.
mit Vergreifen kombiniert, IV 262f.
mit Verlegen u. Zerbrechen kombiniert, IV 261f.
u. Verleugnen v. wichtigen Angaben i. Anamnesen, IV 160–62
v. Vorsätzen, [Unterlassen], I 62, 90; IV 149f., *168–78*, 304–06; VIII 393; XI 47f, 62, 68
   bei Caesar (i. Shaws 'Caesar u. Cleopatra'), XI 47f.

Einschließen eines Schecks, IV 146 f.

normales Maß, XI 69

Verpönung, populäre, u. militärische, d. -s, IV 169–73; XI 47

Vorstufe d. -s

  i. Traum, II/III 523

  i. Verwechseln analoger Eindrücke, VI 192

  u. Widerstand, VIII 20, 28; XVII 83

-wollen *s.* **Vergessen**, absichtliches

v. Wort(en)

  -folgen, IV *21–50*

    Beispiele anderer Autoren

      Ferenczi, IV 25 f.

      Jung, IV 24

  fremdsprachigen, IV 42 f., 48–50

  i. d. Muttersprache, IV 21–24

i. Zerstreutheit, XI 22

u. Zwangsneurose, X 128

Vergeßlichkeit (*s. a.* Fehlleistungen; Vergessen; Zerstreutheit), I *519–27*; IV 5, 173

  u. Aphasie, motorische, I 519

  u. Aufmerksamkeit, I 519 f.

  bei Freud *s.* i. Biogr. Reg.

  i. Geldangelegenheiten, IV 175

  Mitteilung d. Vergessenen durch andere wirkt spannungslösend, I 525

  u. motorische Aphasie, I 519

  normale, u. Amnesie, I 526, 532

  u. Paranoia, I 525, 532

  u. Symptome, neurotische, I 525 f., 532

  u. Traum, II/III 61

  u. Verdrängung, I 522–24

  u. Widerstand, I 524

  u. Zwangsvorstellungen, I 525

Vergewaltigung *s.* Attentate; Trauma, u. Sexualität; Verführung

Vergiften[-ung], XII 290

Vergiftungsangst

  u. Animismus, XV 131

  i. Paranoia, XV 128 f.

  als Schwangerschaftssymbol, VIII 405; XII 290

Vergiftungswahn, XIV 115

  präödipale, d. Mädchens, XV 130 f.

Vergleich [-e, -en, -ung] (*s. a.* Gleichnis)

  (Definition), VI 267

  einzelne *s.* i. Reg. d. **Gleichnisse**

  u. Gegensinn d. Urworte, VIII 217 f.

  u. Humor, VI 267

  u. Komik, VI 217

  Technik d., VII 342

  Traumsymbolik als, XI 152

Vergnügen (*s. a.* Lust)

  beim Witz (*s. a.* Witz), VI 88

Vergöttlichung [Deifikation]

  d. Helden (*s. a.* Heros), XIII 153

  d. Tiere *s.* **Tier**; **Totemtier**

  d. Vaters *s.* **Vater**, Vergöttlichung d. -s

Vergreifen *s.* **Fehlgreifen** (*s. a.* Ungeschicklichkeit)

Verhaftungsphantasie (*s. a.* Phantasien), II/III 498 f.

Verheimlichung *s.* **Geheimnis**; **Versteck-**,

Verheiratetsein (*s. a.* Ehe)

  i. d. Vorstellung

    kindlichen, VII 184; XI 231

  'ins Theater gehen' als Symbol f., XI 226, 231

Verhinderungen

Verhinderungen (*s. a.* Abulie; Hemmung)
   zwangsneurotische, VII 131

Verhören (*s. a.* Fehlleistungen), XI 18f., 62

Verhungern, Angst vor *s.* **Angst vor Verhungern** (*s. a.* Eßzwang; Hunger; Melancholie)

Verhütung[-smittel] (*s. a.* Coitus interruptus; Empfängnis; Kontrazeption; Schutzmaßregel), XIV 150
   Anwendung d., bei geringer Potenz schwerer z. ertragen, VII 164

Verifizierung d. Konstruktionen *s.* **Konstruktionen**

Verinnerlichung (*s. a.* Introjektion)
   d. Aggression, XVI 26, 90
   d. Gefahr, XIV 177

'Verkehr', Doppelsinnigkeit d. Ausdrucks, V 262

'Verkehrte Welt', XI 183

Verkehrung *s.* **Gegenteil**, Verkehrung i. d.; **Umkehrung**; **Verwandlung**

Verkleidung, Komik durch, VI 216

Verknüpfung, falsche (*s. a.* Bewußtseinsspaltung; Transposition; Verschiebung), I 121f.; 299, 308-310; VII 400
   i. d. Übertragung (*s. a.* Übertragung), I 309
   u. Zwangsvorstellung, Entstehen d., I 66–72

Verkümmerter Witz *s.* **Witz** (Arten): verkümmerter

Verkümmerung *s.* **Degeneration** (*s. a.* Infantilismus)

Verkürzung
   d. Kur *s.* **Psychoanalytische Kur**
   Witztechnik d. (*s. a.* Witztechnik), VI 17–30

Verlag, Psychoanalytischer *s.* **Psychoanalytischer Verlag**

Verlaufsrichtung psychischer Prozesse (*s. a.* Progredient; Regression; Regressive), X 302

Verlängerung, d. Reaktionszeit, bei Assoziationsexperimenten, u. Affektbesetzung, VII 7

Verläßlichkeit *s.* **Verantwortlichkeit** (*s. a.* Glaubwürdigkeit)

Verlegen, v. Gegenständen, IV 156–62; VII 5; VIII 394; XI 18f., 37, 48f.

Beispiele anderer Autoren
   Brill, IV 157f.
   Jones, Müller, IV 158
   Sachs, IV 159
   Stärcke, IV 156

mit anderen Fehlleistungen kombiniert
   Vergessen u. Zerbrechen, IV 161f.
   Vergreifen, XI 50f., 62
   Verlieren, XI 62

somnambule Sicherheit beim, IV 156f.

i. Traum, Vergessen als '–', II/III 508

Vieldeutigkeit bei, XI 73

u. Widerstand gegen Analyse, IV 156f.

Verlegenheit (*s. a.* Scham; Scheu)
   i. Hysterie durch Angst ersetzt, XI 418f.

Verlegung nach oben *s.* **Unten**, Verlegung nach oben

Verlesen, IV *118–28*, 146f.; XI 18f., 37, 62, 65–67
   bei automatischem Lesen, IV 145f.

Beispiele anderer Autoren
   Bleuler, IV 122f.

Eibenschütz, IV 123f.
Lichtenberg, IV 124f.
Sachs, IV 123
u. Beruf, IV 125f.
Inhalt, IV 303f.
durch Namenauslassen, IV 172
ökonomische Lust-Unlust Probleme beim, IV 299f.
sekundäre Bearbeitung v., IV 143
Selbstverrat durch, IV 126–28

Verleugnen [Verleugnung] (*s. a.* Leugnen; Lüge; Verneinung)
als Abwehr *s.* **Verleugnen**, d. Unlustvollen
i. d. Analyse, I 282
i. d. Anamnese, V 173–75
u. Vergessen, IV 160–62
Bestätigung d. Konstruktionen durch, VIII 269
v. Ähnlichkeiten, VIII 269
d. Gefahr, XVII 60
d. Geschlechtsunterschiedes [d. Kastration, d. Penismangels] *s.* **Geschlechtscharakter**, Unterschiede i., Verleugnung d. (*s. a.* Phallische Phase)
bei Exhibitionszwang, V 56
i. Fetischismus, XIV *311–17*
beim Knaben (*s. a.* Infantile Sexualtheorien, phallisches Weib), VII 178, 248f.; X 122; XIII 397; XIV 21, 23f., 312f.; XVII 60f.
u. 'Kastration' d. Weibes, XIII 397; XVII 60f., 151
u. Kastrationsdrohung, XIV 23; XVII 60
d. Kastrationskomplexes, XIV 312f.
beim Mädchen, XIV 22–30
u. Männlichkeitskomplex, XIV 522

Verliebtheit u. Ich

als Vorstufe d. Penisneides (*s. a.* Penisneid), XIV 522
als Ichspaltung, XVII 134f.
d. Kastration *s.* **Verleugnen**, d. Geschlechtsunterschiedes
i. d. Psychose *s.* **Psychose**
d. Realität (*s. a.* Wahn), XVII 59f., 134
i. d. Psychose (*s. a.* Psychose), VIII 230; XIII 364f.; XIV 24, 315
als Einleitung d., XIV 24
d. Todesgedankens (*s. a.* Tod)
u. d. Doppelgänger, XII 247
seitens d. Juden, XVI 117
d. Unlustvollen, VII 13; XI 146; XVI 255
u. Verdrängung *s.* **Verdrängung**

Verleumdung, XIV 333

Verletzung *s.* **Wunde** (*s. a.* Traumatische Neurose)

Verliebtheit [Verliebtsein] (*s. a.* Liebe; Schwärmerei; Zärtlichkeit), V *129*f.; VII 371; XIII 113, 122, 154f., 157, 160; XIV 387; XVII 73
u. Altruismus, XI 433
Besetzungen bei, XIV 387
(Definition), X 141, 168; XIV 467
Demut i. d., XIII 124f.
Dynamik d., XIV 387
als Ersatzbefriedigung, XIII 124, 138
u. Exogamie, XIII 158
u. Faszination (*s.a.* Liebesekstase) V 294; XIII 125
Fetischismus i. normaler, V 53
u. Gewissen, XIII 125
Haß, i. nicht manifester, XIII 271
u. Hörigkeit, XIII 125
u. Hypnose, XIII *122–28*, 160
u. Ich

731

Verliebtheit u. Idealisierung

-grenze, verschwommene bei, XIV 423

-größe [Ichverarmung] bei, X 165f.

-ideal
Objekt tritt an Stelle d. -s, i., XIII 125f.

Sonderung v. Ich u., i. d., XIII 161

-libido (*s. a.* Verliebtheit, Libidotheorie d.) *s.* **Verliebtheit**, u. **Narzißmus**

-triebe u. Sexualtriebe, XI 430–36

u. Idealisierung, X *161*; XIII 124–26

infantiler Charakter d., X 317

u. Introjektion v. Eigenschaften i. d., XIII 125

inzestuöse (*s. a.* Inzest-), V 129

Libidotheorie d., V 129; X 141; XI 430–36 (432, 435)

u. Ichlibido *s.* **Verliebtheit**, u. **Narzißmus**

Mechanismus d., XIII 125

u. Narzißmus, IX 110; XI 430, 432; XIII 112, 138

als Emanation d., u. Ichlibido, IX 110

als Ersatzbefriedigung, XIII 124, 138

normale, V 136f.

als Regression, X 412

u. Objekt
-besetzung, XIII 125f.; XIV 387

an Stelle d. Ichideals tretend, XIII 125f.

schwärmerische (*s. a.* Schwärmerei), V 130f.

u. Sexualüberschätzung, V 49f.; X 161; XI 430; XIII 123f., 157

störender Einfluß d. Schwiegermutter auf, IX 22

u. sexuelle
Entzückung, V 294; XIII 125
Strebung (*s. a.* Liebe; Sexualtriebe), XIII 127

sinnliche *s.* **Sinnlich-Typen** d. *s.* **Typus**, libidinöser

Urteilsschwäche bei, V 49f.

als 'Verhältnis zwischen zweien', XIII 157; XIV 467

Wesen d., XIII 160

Wiederholungszwang i., XIII 20

Zärtlichkeit i. d. (*s. a.* Zärtlich-), XIII 123

zwanghafter Charakter d., V 120, 130; VIII 69

Verlieren (*s. a.* Verlust), IV 230f.; VIII 393; XI 18f., 48, 62

beim Arzt, IV 239

als Opferhandlung, VIII 394f.; XI 73

als Symptomhandlung, IV 230f.

u. Vergreifen u. Verlegen, XI 62

Vieldeutigkeit d. -s, XI 73

d. Wertlosen, XI 73

Verlobung (*s. a.* Braut)
Fehlleistungen bei, durch Brief, IV 248f.

Gebräuche bei (*s. a.* Hochzeit), XI 275

Verlockungsprämie (*s. a.* Prämie; Vorlust), VI 153; VII 223

d. Keimplasma, X 143

i. Kunstwerk [Schönheit als], XIV 90f.

Weib als, z. Vatermord, XIII 152

beim Witz, VI 153

Verlöten
v. Triebkomponenten *s.* **Triebmischung**

v. verschiedenen Aktionen, i. d. Masturbation (*s. a.* Masturbation), VII 193

Verlust (*s. a.* Verlieren)
Angst vor *s.* **Liebesverlust; Objekt(verlust)**
d. Realität *s.* **Realität; Zurückziehung** d. Libido (*s. a.* Psychose)

Vermeidung(en)
Flucht durch (*s. a.* Zwangsneurose, Zwangs-), X 260
bei Primitiven u. Neurotikern, XI 261
nach Trauma, XVI 181
als Vorschriften *s.* **Vermeidungsvorschriften**

Vermeidungsvorschriften [Avoidances] (*s. a.* Inzestverbot; Tabu)
Gegenstand d. Vermeidung
Base (*s. a.* Vettern), IX 16 f.
Mutter, IX 15–17
Schwägerin, IX 17 f.
Schwestern, IX 15–17
Schwiegermutter, IX 18–21; XI 261
Ursache d., IX 21–24
Tochter, unverheiratete, IX 17
u. Orgien, IX 17
Sitten als, d. Inzesttabu, IX 15
u. soziale Trennung d. Geschlechter (bei Primitiven u. i. d. Kultur), XII 168

Vermengung [Vermischung] (*s. a.* Misch-)
i. Traum, zweier Personen, Gleichstellung symbolisierend (*s. a.* Traum), VII 102
d. Triebe *s.* **Triebmischung**

Vermittler [Mittelsmann] (*s. a.* Erlöser)
Ehe-, *s.* **Witz, Schadchen-**
Moses als, XIII 140

Vermögensverlust (*s. a.* Armut; Unglück)

Verneinung, intellektuelle

Impotenz als '–', V 207
Neurosen z. Verschwinden bringend, XIII 379

Verneinung [Negation] (*s. a.* Denkrelationen; Negativ; Negativismus; Verleugnen; Verurteilung), I 281 f.; XIV *11–15*
während analytischem Prozeß, XIV 11, 15; XVI 43 f.
als Ablehnung, XIV 12
d. Ähnlichkeiten (*s. a.* Konstruktionen), VIII 269
u. Entrüstung, VIII 467, 472 f.; XIV 251
als 'Nein', XIV 15; XVI 43, 49 f.
u. Bejahung, Bedeutung v., XVI 43–50
mit Fehlleistung, XVI 51
u. Heuchelei, XVI 49
als indirekte Zustimmung, XVI 50
u. Leugnen, I 218, 281–83; XVI 49
bei negativer therapeutischer Reaktion, XVI 52
auf d. Unbewußte deutend, XVI 50 f.
auf Unvollständigkeit deutend, XVI 50
Vieldeutigkeit d. -s, i., XVI 49
als Widerstand, VIII 39 f.; XVI 43 f., 49 f.
Anspielung vermittelst, VI 83 f.
als Bedingung d. Bewußtwerdens gewisser Vorstellungen, XIV 12
u. 'Berufung', XIV 12
(Definition), X 285
u. Destruktionstrieb, XIV 15
d. Es kennt keine, XV 80
intellektuelle (*s. a.* Verurteilung; Widerstand), VIII 39 f.

733

Verneinung, Mechanismus d.

Mechanismus u. Wesen d., XIV 12f.

Negationspartikel, VI 83f.

'Nein', XIV 15; XVI 43, 49f.

während Analyse *s.* **Verneinung,** während analytischem Prozeß

i. Traum *s.* **Traum,** Verneinung i.

als Zeichen d. Verdrängung (*s. a.* Verdrängung), V 219

i. Unbewußten gibt es keine (*s. a.* Verneinung, d. Es kennt keine), X 285; XII 113; XIV 15

u. Verdrängung *s.* **Verdrängung, Verleugnen u. Verneinen**

als Verwerfungsurteil *s.* **Verurteilung**

als Widerstand *s.* **Verneinung,** während analytischem Prozeß; **Widerstand**

beim Zwangsneurotiker, XIV 11f.

Verneinungslust *s.* **Negativismus**

Verneinungssymbol, XIV 12

Vernunft [Intellekt] (*s. a.* Intellektuell)

u. Affekt, XIV 12

v. Affektleben abhängig, XI 303

Diktatur [Primat] d.

als psychologisches Ideal, XIV 371, 374f., 377

als Utopie, XVI 24

als Zukunft, XV 185

Erstarkung d., XVI 26

u. Glauben, XIV 350–52

Herabsetzung [Verkümmerung] d. (*s. a.* Denkhemmung; Intelligenz, Hemmung d.; Religion, u. Denkverbot), XIII 82; XIV 370

beim Weib, VII 162; XII 280; XIV 371

Kindesalter d., Witz u. Spiel als, VI 194

als Kriegsverhüter, XVI 24

Lustmöglichkeiten vorenthaltend, XV 35

Schärfe d. *s.* **Intelligenz**

(Terminus technicus), XV 185

u. Triebleben, Kampf zwischen

i. d. Analyse, VIII 374; XII 156; XIII 41; XVI 24

Instinkt entthronend, XII 156; XIV 15

Unparteilichkeit d., XIII 64

u. Wahrheitsforschung, XVI 237f.

Vernunftgemäß [rational, vernünftig] (*s. a.* Logisch)

Vorschriften, entweder heilig o., XVI 229f.

Vernunftwidrigkeit (*s. a.* Unsinn)

i. d. Religion (*s. a.* i. Zitat-Reg.: 'Credo quia absurdum'), XIV 351

veralteter Institutionen, XVI 83

Verpönte Handlungen [Verpönung] (*s. a.* Anstößigkeit; Erziehung; Handlungen; Kultur; Moral; Scham; Sitte; Unart; Zwangsverbote), VII 137

analerotische (*s. a.* Analerotik; Geruchssinn; Reinlichkeit; Schmutzig; Verdrängung), X 454; XIV 458f., 466

Annäherung d. Abwehrhandlungen z. d. –n, i. d. Zwangsneurose, VII 137

Verrat (*s. a.* Geheimnis; Verfolgung-)

Angst vor (*s. a.* Argwohn; Mißtrauen), I 390f.

i. Paranoia *s.* **Verfolgungswahn**

zwangsneurotische (*s. a.* Schutzmaßregeln), I 311, 391

Verraten

d. Gedanken, Gedankenerraten als, V 295f.

Verrechnen (sich –) s. i. Reg. d.
Fehlleistungen (s. a. i. Haupt-
Reg.: Habgier)

Verrücktwerden, Angst vor s. Angst
vor Irrenhaus u. Irrewerden (s.
a. Psychopathische Bildungen)

Versagung [Ausbleiben d. Befriedi-
gung, Nicht-Befriedigung; Un-
befriedigung] (s. a. Abstinenz;
Befriedigung; Enttäuschung;
Erregung; Ersatzbefriedigung;
Erziehung; Kultur; Libido;
Psychoanalytische Regeln;
Schicksal), VIII 231f.; XI *357f.*,
360, 363, 448f.; XIV 311; XVI
252

d. Abfuhr s. Abfuhr

aggressiver Triebe (s. a. Aggre-
sion; Trieb-), XIV 498

beim Kind, XII 154

u. Amentia, XIII 389

während analytischer Kur s.
Psychoanalytische Regeln

äußere [Außenwelt als Quelle d.]

u. innere, X 372; XI 363

ist immer eine, XIII 390

u. Entwicklungstrieb, XIII 44f.

u. Erfolg, X *370–89*

d. erotischen Triebe erzeugt kein
Schuldgefühl, XIV 498

d. Erregungsabfuhr (s. a. Erre-
gung, frustrane), XVII 13

u. Ersatzbildungen, XIII 44f.

erste s. Versagung, Liebes-, erste
i. d. Erziehung s. Erziehung;
Triebeinschränkung

u. Fixierung, VIII 322–25

Folgen d., XIII 390f.

u. Größenwahn, X 152

d. halluzinatorischen Befriedi-
gung, VIII 231f.

u. Homosexualität s. Versagung,
Liebes-

Versagung u. Psychose

u. Konflikt, XI 363

Kultur-, XIV 455–58

allzugroße, u. Neurose, XIV
446, 457

u. Leiden (s. a. Leiden; Triebver-
zicht), XVI 76

u. Libido, VIII 322–24; XI 357,
360, 363

Liebes-, [d. Objektes] [unbefrie-
digte Liebe]

erste [d. Mutter], VIII 81

u. Ambivalenz, XV 132f.

frühzeitige Sexualeinschüch-
terung u. Homosexualität,
V 45

orale, XI 324

u. Massenseele, XIII 137f., 156f.

ohne Neurose, Ertragen d., XI
357

u. Neurose s. Versagung, Neu-
rose als

i. d. Schizophrenie, X 294f.

i. Übertragungsneurosen, X
294f.; XII 324; XVII 101f.

narzißtische, XII 154

Neurose als 'Erkrankung an –'
[pathogene Wirkung d.], VIII 81,
322f.; X 370; XI 357; XII 153f.

neben (u. mit) Libidofixierung,
XI 360

ursächlicher Zusammenhang,
VIII 81, *322–24*, 326f.; X 294,
370, 372; XI 310, 324, *357–59*,
363; XII 153f., 188; XIII 389;
XIV 446

Objekt-, s. Versagung, Liebes-

u. Ödipuskomplex, XIII *395–402*

u. Phantasie, VIII 293

primäre s. Versagung, Liebes-,
erste

u. Psychose, VIII 293; XIII 390f.

Paranoia, VIII 293; X 152

Versagung u. Reaktionsbildungen

u. Reaktionsbildungen, XIII 44 f.
reale, VIII 81; X 372
u. Realitätsprinzip, VIII 231 f.
u. Reizanwachs, XIV 168
u. Schuldgefühl, XIV 498; XVII 152
Sehnsucht als normales Ertragen d., XI 357
d. Selbsterhaltungstriebe erzeugt keine Angst, XI 427
u. Sublimierungen, XIII 44 f.
u. Symptom, XI 357, 363
u. Tagtraum (*s. a.* Tagtraum), VII 192
Trieb- (*s. a.* Triebversagung), VIII 88–91
   aggressiver Triebe *s.* **Aggression**; **Versagung**, aggressiver Triebe
   erotischer Triebe *s.* **Versagung**, d. erotischen Triebe
   –stärke, u., VIII 89
durch Überich (*s. a.* Überich), XIII 380

Versäumen
d. Station, IV 29
d. Zuges, IV 253 f., 287

Verschiebbarkeit
d. Energie, u. d. Triebe, XIII 273
d. Libido *s.* **Libidoverschiebung**
d. Objektbesetzung, leichte (*s. a.* Libido, Beweglichkeit d.)
   beim Kind, XIII 84
   beim Lutschen, V 84 f.

Verschiebung [Substitution, Transposition] (*s. a.* Primärvorgang; Traum(arbeit); Verdichtung), I 536; IV 6; VIII 35, 394, 401; X 285–87; XI 177; XVII 90
d. Affekte [Transposition]
   i. Phobie u. Zwangsneurose, 65–72

heterosexueller Erregungen an homosexuelles Objekt, V 44
d. Aggression *s.* **Aggression**
Akzent- (*s. a.* Deckerinnerungen), I 534–38; II/III 183, 313, 511; IV 51; VI 21; XI 177 f.; XIV 387
   i. Wachdenken, XI 178
   i. Witz, VI 48–58, 63
bei Ambivalenz (*s. a.* Ambivalenz), XIII 84
i. d. Angst, II/III 684; XII 94
   –hysterie, X 257 f.
u. Anspielung, XI 240
längs d. Assoziationskette (*s. a.* Assoziationskette), II/III 344
Aufmerksamkeit, durch entzogene, I 536, 540; IV 7 f.
bei Deckerinnerung *s.* **Deck(erinnerung(en))** (bestimmte)
i. Delirium, VIII 401
bei Denkfehler, I 538; XV 21
u. Doppelsinn, Unterschied zwischen, VI 55–57
v. Erregungssummen (*s. a.* Transposition), XVII 5
auf Ersatzobjekt *s.* **Ersatzobjekt**
längs Ersatznamen *s.* **Ersatznamen**
bei Fehlleistungen (*s. a.* Fehlleistungen), VIII 394
u. Gewissen, IX 88
i. Halluzinationen, VIII 401
beim Humor, VI 265–69; XIV 387
i. Hysterie, Mechanismus d., II/III 684; V 84 f.; XVII 5 f.
z. Indifferentem, v. Wichtigem (*s. a.* Verschiebung, auf ein Kleinstes), II/III 188, 536, 667 f.
   bei Kindheitserinnerungen (*s. a.* Deck(erinnerung)), X 534–38; IV 51
auf ein Kleinstes

i. Magie u. Zwangshandlungen, IX 102, 108
i. religiösem Zeremoniell, VII 138
i. Zwangsneurose, VII 138, 457; X 260
d. Libido s. **Libidoverschiebung** (s. a. Homosexualität; Libido, Beweglichkeit d.; Neurose)
beim Lutschen, V 84f.
i. d. Magie, IX 102, 108
d. motorischen Innervation (s. a. Innervation), XIV 141
i. normalen Alltagsleben, II/III 684
i. d. Phobie, I 65–72; X 258
i. d. Religion, bezüglich d. Wertverhältnisse, VII 138
rückläufige, IV 52
d. Sexualziele, i. d. Zwangsneurose (s. a. Zwangsneurose), V 68f.
d. Sühne, VI 234f.
i. d. Symptombildung, II/III 684; XI 374, 381; XIV 131
d. hysterischen Dauersymptome, XVII 5f.
zwangsneurotischen, VII 138, 457
beim Tabu, IX 37, 39, 41
i. d. Trauer, XII 47
i. Traum s. Traum, Verschiebung i.
d. Triebe s. **Sexualtrieb; Triebe**
v. unten, nach oben s. **Unten, Verlegung nach oben**
d. Überzeugungsgefühls, i. Wahn, VII 108
i. Vorbewußten, nur ausnahmsweise vorkommend, XI 307
beim Wahn, II/III 684; VII 108
d. Wertverhältnisse, i. d. Religion, VII 138
d. Widerstandes s. **Widerstand** (als Vorgang)

i. Witz, VI *48–58*, 63, 195–98; XV 21
begrenzt, VI 204
d. Sühne, auf andere Person, VI 234f.
beim Wolfsmann s. i. **Reg. d. Krankengesch.**: Namenverzeichnis, Wolfsmann
i. d. Zwangsneurose, I 65–72; VII 138, 419, 457; IX 37–39, 41; X 260
auf ein Kleinstes s. **Verschiebung, auf ein Kleinstes**
d. Sexualziele, V 68f.
i. d. Symptombildung, VII 138, 457
bei Zwangsideen, –handlungen u. –verboten, II/III 684; IX 37–39, 41, 102, 108

Verschiebungsarbeit, II/III *310–15*

Verschiebungsenergie (s. a. Libido, Beweglichkeit d.), XIII 273f.
u. Sublimierung, XIII 274

Verschiebungsersatz, i. d. Angsthysterie, X 281

Verschiebungsmechanismus, d. Unbewußten, VII 138, 457; IX 88

Verschiebungstheorie, durch Gegner kritisiert, XI 239f.

Verschiebungswitz s. **Verschiebung, i. Witz; Witz**

Verschlimmerung während d. Kur s. **Psychoanalytischer Prozeß, negative therapeutische Reaktion**

Verschmähung s. **Liebesverlust; Versagung**

Verschmelzung s. **Verdichtung** (s. a. Mischbildungen)

Verschreiben (sich –) [Lapsus calami] (s. a. Fehlleistungen; Symbolik, d. Buchstaben), IV *129–42*, 146, 247; VII 5; XI 37

Verschreiben bei Ärzten

bei Ärzten, IV 134–41
Worte, IV 140f.
Zahlen, IV 135–38
Beispiele anderer Autoren
   Dattner, IV 141f.
   Ferenczi, IV 138f.
   Hitschmann, IV 135–38
   Hug-Hellmuth, IV 140f.
   Jones, IV 129
   u. Brill, IV 134f., 139
   Levy, IV 133f.
   Stekel, IV 133
   Storfer, IV 130f.
   Wagner, IV 139f.
bestimmte Fälle v. s. i. **Reg. d. Fehlleistungen**
Eifersucht, Groll u. Schmähen, durch, IV 129–31, 141f.
Inhalt d. –s, IV 303f.
Leonardos, VIII 190
Mechanismus d. –s, IV 247
Motivation d. –s, IV 118; XI 64f.
nachträgliches Bemerken v., XI 64
physiologische Erklärungen, VIII 391
i. Teufelsneurose s. i. **Reg. d. Krankengesch.**: Sachverzeichnis, Teufelsneurose
Versprechen seltener als, IV 145
u. Witz, IV 141
v. Zahlen, IV 123f., 129, 131–33, 135–38

Verschreibung(en) (s. a. i. Reg. d. Krankengesch.: Sachverzeichnis, Teufelsneurose), XIII 344

Verschwommenheit [Unklarheit, Verwischung, Verworrenheit], i. Traum (s. a. Deutlichkeit; Traum, Verschwommenheit i.), II/III 336–40

Versicherungshandlung s. **Abwehrhandlungen; Schutzmaßregel**

Versöhnung
mit Feind, IX 48f.
mit Freund (s. a. Heuchelei)
Traum, heuchlerischer, v., II/III 480

Versprechen (sich –) [Lapsus linguae] (s. a. Fehlleistungen), II/III 602; IV *61–117*; VI 116; VII 5; VIII 435; XI *18–46* (18f.), 62–64; XVII 144f.
i. Alltagsleben, II/III 684
während d. Analyse, IV 70–76
Wert d., IV 89f.
ansteckender Charakter d. (s. a. Induktion), XI 63
Antizipationen, Propositionen, Kontaminationen u. Substitutionen bei, IV 62
Arten d. –s, XI 58–60, 62
bei Aufregung, XI 21f.
Ärger ü., IV 93; XI 62f.
bei Ärzten s. **Fehlleistungen**, v. Ärzten
Beispiele anderer Autoren (s. a. Versprechen, als Selbstverrat)
   anonym, IV 83–86
   Brantôme, IV 89
   Czeszer, IV 81–83
   Haiman, IV 81
   Rank, IV 87
   Sachs, IV 80
   Storfer, IV 88f., 106
bestimmte Fälle v. s. i. **Reg. d. Fehlleistungen**
Eifersucht, Groll u. Schmähen, ausgedrückt durch, IV 97–117; XI 36
Fremdsprachigkeit als Deckung verwendet, XII 128
u. Gegensinn d. Urworte, VIII 221

gestörte Intention, XI 56–59
Inhalt d. –s, IV 302f.
Kompensationshandlungen nach, XI 63; XII 128
Mechanismen d. –s, IV 247; XI 58–60, 62
Mischbildungen d. Sprache durch, XI 175
Motivation, XI 63f.
bei Müdigkeit u. Migräne, XI 21f.
u. obszöne Worte, IV 87, 89, *91f.*; XI 36
proviziertes, XI 24f.
u. Prüfwort (*s. a.* Wort, Prüf-), IV 70f.
Selbstverrat durch (*s. a.* Selbstverrat), IV 47–117; VIII 394

  Beispiele anderer Autoren

    Brill, IV 98–100, 113

    Graf, IV 97f.

    Jekels, IV 113–17

    Meredith ('The Egoist'), IV 109–12

    Rank, IV 100–02

    Reik, IV 101

    Reitler, IV 97

    Schillor

      (Don Carlos), IV 111

      (Wallenstein), IV 107; XI 30f.

    Shakespeare

      (Kaufmann v. Venedig), IV 108f.; XI 31f.

      (Richard III.), IV 111

    Stärcke, IV 100f.

    Tausk, IV 102f.

Sinn i., XI 28f.
u. Stottern, IV 112
Tendenzen d. –s, XI *38–46*
  störende u. gestörte, XI 56f., 59

Theorien d. –s
  linguistische (Mehringers u. Meyers), IV 61–68; XI 25–28, 43
    Kritik d., IV 90–92
  'mehrere Motive' (Wundt), IV 68f.
  physiologische, VIII 391
    Grenzfälle, XI 63f.
  psychologische [Verdichtungs- u. Verschiebungs-], IV 90–93
    i. Traum, II/III 684
    u. Verdichtung, IV 65–67, 70, 77, 86f.
    u. Vergessen v. Namen, IV 63f.
    Verschreiben häufiger, als, IV 145
    u. d. Vorbewußte, XV 77
  Wesen d., XI 62f.
  u. Witz, IV 86f., 101f.
    Ähnlichkeit zwischen (Beispiele f.), IV 76–83, 87f., 97f., 101f.
    'Schadchen-', VI 116

Verstand *s.* **Intelligenz**; **Vernunft** (*s. a.* Intellektuell; Verstehen)

Verstandesarbeit *s.* **Denken**

Verständnis (*s. a.* Verstehen)
  unbewußtes *s.* **Instinktive(s)** (*s. a.* Unbewußt-)

Verständnisarbeit *s.* **Verstehen**

Verständigung, Wege d.
  archaische *s.* **Bilder-**; **Induktion**; **Mimik**
  durch Sprache *s.* **Sprache** (*s. a.* Rede; Sprechen)

Verständlichkeit *s.* **Deutlichkeit**; **Traum(darstellung)**, Darstellbarkeit

Versteck[tes] (*s. a.* Geheimnis)
  beim Hysteriker u. beim Verbrecher, VII 8
  –spiel, XIV 203

Versteck[tes] i. Witz

i. Witz, VI 6, 11

Verstehen
  i. d. Analyse, sofortiges, nicht immer möglich, VII 259; XV 188
  durch Projektion, XIV 343
  d. Witzes, VI 56

Verstehzwang s. Zwang (psychischer): Arten d., Versteh-

'Versteigen', IV 182, 285f.

Verstellung s. Heuchelei (s. a. Traum, heuchlerischer; Traum(entstellung))

Verstimmung s. Depression (s. a. Stimmung)

Verstopfung s. Stuhlverstopfung

Verstummen s. Stummheit (s. a. Psychoanalytische Grundregel, Einfallslosigkeit; – Pausen; Schweigen)

Verstümmelung (s. a. Kastration; Selbstbeschädigung)
  u. Masochismus, XIII 374
  Vorstellung v., XIV 24

Versuchungsangst [-gefühl], I 275f., 348, 389; VII 135–37, 439f.; IX 40, 45, 78
  i. Agoraphobie, XIV 138
  u. Selbstvorwürfe, I 389
  i. Trauer [vor Toten], IX 78
  i. Zwangsdenken, I 348; VII 136, 439f.; IX 40, 45
  i. Zwangshandlungen, VII 135

Versuchungsgedanke(n) [-phantasien] (s. a. i. Reg. d. Krankengesch.: Sachverzeichnis, Teufelsneurose), I 348; IX 43, 69
  u. Gewissen, IX 86–88
  u. Sünde, Rückfall i. (religiöse Idee d.), VII 137
  u. Tabu, IX 43–46
  d. Witwen u. Witwer, IX 69

i. Traum, II/III 73

i. Zwangsneurose (s. a. Zwangsneurose; –vorstellung), VII 135

Vertauschung (s. a. Verschiebung)
  i. Traum
  d. sprachlichen Ausdrucks, II/III 344f.
  d. Traumpersonen (s. a. Traumpersonen), II/III 327

Verteidigungssysteme (s. a. Abwehrmechanismen, Technik d.)
  i. d. Neurose, XI 426

Vertigo (s. a. Schwindel)
  a stomacho laeso, I 321

Vertrauensselige s. Gläubigkeit; Leichtgläubigkeit

Vertretbarkeit s. Plastizität; Verschiebbarkeit

Verunglücken s. Fehlleistungen; Selbstschädigung; Unfall; Unglück

Verursachung s. Denkrelationen, Kausalbeziehung

Verurteilung [Verwerfungsurteil] II/III 146f.; VII 374f.; VIII 26, 57f.; X 248; XI 304; XIV 12f.
  (Definition), XIV 12
  als Rationalisierung d. Verleugnung (s. a. Rationalisierung; Verneinung; Verleugnen), II/III 146
  Verdrängung als Zwischenstufe zwischen Abwehrreflex u., VI 199
  statt Verdrängung, II/III 146f.; VII 375; VIII 57f., 97; XI 304; XII 111
  als intellektueller Ersatz, VII 375; XIV 12f.
  späteres Mittel als, X 248
  u. Verneinung, Zusammenhang zwischen, XIV 12f.

Vervielfältigung (s. a. Mehrfache; Verdoppelung), XV 26f.; XVII 47

Vervollkommnungstrieb (*s. a.* 'Entwicklungstrieb')
als Illusion, XIII 43–45
Phobie als Vorbild z. Entstehung d., XIII 45
als Resignation i. d. Anpassung, XIII 44
u. Sublimierung, XIII 44f.
Unbefriedigung i. d., XIII 44f.

Verwahrloste Jugend, XIV 565–67

Verwahrlosung (*s. a.* Asozialität; Umgebung), XII 193; XIV 490; XV 73, 161
u. Erziehung, XIV 565–67
i. d. Familie (*s. a.* Familie-), XI 73
u. Psychoanalyse, XIV 565–67; XV 161f.
u. Schuldgefühl, unbewußtes, XV 117f.
u. Überich, XIV 490

Verwandlung(en)
Affektes *s.* **Affekt(verwandlung)**
u. Entwicklung, XVI 72
i. d. Gegenteil [Verkehrung-] *s.* **Gegenteil** (*s. a.* Umkehrung)
eines Mannes, i. ein Weib, VIII 248
i. Traumgedanken (*s. a.* Traum(gedanke))
Ursache u. Wirkung darstellend, II/III 674

Verwandte (*s. a.* Angehörige; Familie; Sippe)
als Umgebung *s.* **Umgebung**
Verkehr zwischen –n *s.* **Vermeidungsvorschriften**

Verwandtes, Darstellung durch *s.* **Zusammengehöriges,** Darstellung durch

Verwandtschaftsbezeichnung (*s. a.* Exogamie; Matrilinear; Patrilinear)
australischer Stämme, IX 11

Verwandtschaftsgrade (*s. a.* Exogamie; Familie; Inzest-; Sippe)
Klassifizierungssystem d., IX 10–21
'Onkel' u. 'Tante' i. d. Kindersprache, als Überbleibsel d. primitiven, IX 12

Verwechseln (*s. a.* Fehlleistungen)
analoger Eindrücke, als Vorstufe d. Vergessens (*s. a.* Vergessen), VI 192

Verwerfungsurteil *s.* **Verurteilung** (*s. a.* Verneinung)

Verworrenheit [Verwirrung] (*s. a.* Delirien; Psychosen), II/III 266
akute *s.* **Amentia; Anfall,** hysterischer
halluzinatorische, I 73f.
akute *s.* **Amentia**
bei Hysterie, I 74, 379; VIII 4, 7
mit Madonnenphantasie u. sexuellen Beschuldigungen, V 267
bei Intoxikation *s.* **Intoxikation; Rausch**
psychoanalytische Methode unbrauchbar i. Zustande d., I 513; V 9, 21
d. Traumes *s.* **Traum, Unsinn**
i., –Verschwommenheit

Verwöhnung [Verzärtelung]
i. d. Behandlung, Unrichtigkeit d., XII 189
u. Übertragungsneurose, XII 324
d. Kindes (*s. a.* Mutter; Überzärtlichkeit; Zärtlichkeit), XIV 200
u. Sexualtrieb, V 125f.
durch Kultur[-luxus], VII 145–48 (146)
durch Masturbation, VII 163
u. strenges Gewissen, XIV 490

Verwunderung

Verwunderung [Staunen] (*s. a.* Überraschung)
bei Wahrnehmung d. bisher Geglaubten (*s. a.* Glauben), XIV 347
ü. Selbstverständliches, VI 62f.
i. Traum, II/III 455-58

Verzicht (*s. a.* Triebverzicht)
auf inzestuöses Objekt *s.* **Ödipuskomplex**, Untergang d.
i. d. Religion, VII 137
Unfähigkeit, menschliche, z., VII 215

Verzögern *s.* **Hemmung**

Verzweiflung, hysterische, I 150

Vesikaler Traum *s.* **Traum**, typischer, (bestimmte Arten d.): Harnreiz-

Vestibularnerven, Reize, wirkend auf (*s. a.* Gleichgewicht), V 102

Vettern (*s. a.* Vermeidungsvorschriften), IX 15-17

Vexierbild(er)
d. Geiers, bei Leonardo (Pfister), VIII 187f.
u. Sexualität, II/III 361f.

Viehzucht *s.* **Domestikation**

Viel *s.* **Maßlosigkeit; Vervielfältigung**

Vieldeutigkeit (*s. a.* Überdeterminiertheit)
Traumes *s.* **Traum**, Mehrdeutigkeit d.
Wort-, Rolle d.
i. Neurosen, II/III 346
i. Witz, XI 177

Viele Leute, i. Traum (*s. a.* Traum, Mehrzahl 1.), II/III 251; XV 26

Virginale Angst, I 258; 274-76, 348, 437; XII 168
i. d. Analyse, VIII 472
u. Angstneurose, I 325
u. Hysterie (*s. a.* Hysterie), I 325

als jugendliche Scheu u. Angst v. Sexualität, I 325f., 383f.
u. Kindheitstrauma (*s. a.* Kindheitstraumen), I 276-78
als Männerscheu, I 325-27, 383f.; V 189f.
u. Neurose, I 325
gemischte, I 340, 342
bei Neuvermählten, I 326, 337; XII 171f.
nach Urszene, I 186, 190, 258

Virginität [Jungfräulichkeit], XI 269-71
Forderung d., XII 161
u. Hörigkeit, XII 161f., 171, 177, 179
u. Monogamie, XII 161
Symbole d. (*s. a.* i. Symbol-Reg.)
Blumen u. Blüten, I 546f.; XI 160
Tür, XI 164
Tabu d., XII *161-80*
i. d. Dichtung, XII 175, 178f.
i. Europa, XII 177f.
Verehrung d., o. Dirnenliebe, VIII 68f.
Verlust d. (*s. a.* Defloration)
Angst vor, XI 275
Symbole d., I 546f.; XI 275
u. Widerstände, Überwindung d. jungfräulichen (*s. a.* Virginale Angst), XII 161f.
Zwangszweifel an d., XIII 201

Viril(-er, -e, -es) (*s. a.* Mann; Männlich-)
Auslese, VII 144

'Visio' bei Artemidoros, II/III 4

Vision(en) [Gesichtshalluzinationen] (*s. a.* Visuell), II/III 549-51
Bildersprache i. d., VIII 405
hysterische, I 82; II/III 550f.

v. d. Jungfrau Maria, VIII 113
normaler Personen, II/III 549, 553
paranoische [modifizierte Erinnerungshalluzination], I 394–98, 402
physiologische Erklärung d., VIII 391
i. Traum (*s. a.* Hypnagogische Halluzinationen; Traum)
u. Psychoneurose, II/III 540
Verschwinden d., nach Bewußtwerdung, I 85

Visionärinnen (*s. a.* Besessenheit; Heilige; Nonnen), VIII 113

Visuell (–er, –e, –es) [optisch (–er, –e, –es)] (*s. a.* Bildersprache; Intensität; Lebhaftigkeit; Vision)
Arbeit d. Analytikers einfacher bei, I 282 f.
Charakter d. Traumes *s.* **Traum**, visueller Charakter d. –es
Denken [Denken i. Bildern], II/III 51, 106, XIII 248
Erinnerung(s-) [Erinnern]
  -halluzinationen *s.* **Vision**(en)
  bei Hysterikern, I 105, 117, 282; II/III 623 f.
  Kindheits-, [als Typus d. infantilen Erinnerns], IV 55–60
    Rückübersetzung d. Kindheits-Erinnerungsspur i. d. (*s. a.* Deck(erinnerung), I 552 f.
  -reste, XIII 248
Halluzinationen *s.* **Vision**(en)
Sensationen (*s. a.* Gesicht-)
  Neugeborene haben keine, XIV 166
Wahrnehmungen (*s. a.* Wahrnehmungen)
  Erinnerung an, XIII 248; XVII 84

'Visuels' (Charcot), IV 56

Viszeral *s.* **Körperinnere**; Leibreiz; **Traum**, typischer, (bestimmte Arten d.): Darmreiz

Vita sexualis *s.* **Sexualleben** (*s. a.* Normales Sexualleben)

'Vitale Auslese', VII 144

Vogel, als Symbol (*s. a.* Fliegen; Geier)
f. kleines Kind, XII 114; XIII 181, 186
f. Masturbation *s.* **Fliegen**; **Masturbation**
f. Penis, VIII 198; XIII 184; XVI 7
Phönix, als Phallus, XVI 7

Vogelflug, VIII 197; XV 113

Vokale
Folge d., VIII *348*
Modifizierung d., beim Kalauer, VI 33, 47

Volk, d. auserwählte (*s. a.* i. Geogr. Reg.: Juden), XIV 341

Volksepen (*s. a.* Heldensage), XVI 174–76

Volksgebräuche [–bräuche, –sitten] (*s. a.* Ethnographie; Gesellschaft; Märchen; Mythus; Völkerpsychologie)
u. Psychoanalyse, X 76
rationalistische Theorien ü. d. Sinn d., IX 137 f., 140, 151
Symbolik d., II/III 350 f., 356 f.
sexuelle, XI 160
u. Traum, II/III 351, 664, 699
Zauber u. Koprophilie i. d. –n, X 455

Volksgesundheit, XII 192

Volksglauben *s.* **Aberglauben** (*s. a.* Volkstümlich)

Volksheer (*s. a.* Heer)

Volksheer u. Kriegsneurose

u. Kriegsneurose (*s. a.* Kriegsneurose), XII 323

Volkstümlich (–er, –e, –es) [Populär(–er, –e, –es)] (*s. a.* Soziales Verhalten)

Anwendungen d. Tiefenpsychologie, XV 146

Auffassung (*s. a.* Laien; u. unter d. einzelnen Stichwörtern)

ü. Genesungswillen, V 204f.; XIII 406f.

ü. Ichspaltung, XII 248

ü. Koprophilie, X 455

ü. Psychoanalyse, XIV 222

ü. Psychoneurosen ['Überflüssigkeit' d.], I 515f.

d. Traumsymbolik, II/III 647

Einschätzung

d. Fehlleistungen, IV 169–72, 175, 195, 209–11

d. Vergessens v. Vorsätzen, IV 169–73; XI 47

d. Muskelkraft, XVI 223

d. Psychoanalyse, XV 146–48

d. Traumes, II/III 645, 647, 687; VIII 33; XIV 219f.

d. Traumdeutung, VII 31f.

Volkstümlichkeit, d. Wunderdoktors, XV 35

Volksmärchen *s.* Märchen

Volkswissenschaft[-liche Forschung] (*s. a.* Anthropologie; Primitive; Völkerpsychologie)

Schwierigkeiten d., IX 125

Vorahnungen (*s. a.* Ahnung; Telepathie; Traum, prophetischer; Zukunft), IV 293

Vorbereiten, sich auf analytische Stunde *s.* Widerstand (Formen d.): intellektueller

Vorbeugung *s.* Prophylaxe

Vorbeugungsmaßregeln *s.* Schutzmaßregel; Verbot(e); Zwangshandlung

Vorbewußt(–er, –e, –es), X 272; XIV 57; XVII 82, 85

Anteil

d. Ich, XVI 202; XVII 84f.

d. Überich, XVII 85

Empfindungen sind nie, XIII 250

Denken *s.* **Denkvorgang**, vorbewußter

Gedanken

können 'neurotisch' sein, unbewußte (verdrängte, u. Traum-) nicht, XIII 203f.

u. Witz, VI 189

Phantasien, XIII 248

phantasierendes Denken (*s. a.* Denkvorgang, vorbewußter), XVII 84

Prozeß, automatischer, VI 251

Rationalisierungen, XIII 286

Traumgedanken, XV 18

Verdrängtes wird nur durch Mittelglieder, XIII 249f.

Verschiebung u. Verdichtung sind nur ausnahmsweise, XI 307

zweifache Persönlichkeit, beim Zwangsneurotiker, VII 463

Vorbewußte, (Das) [Vbw., Vorbewußtsein] (*s. a.* Psychischer Apparat), II/III 545–47; VII 375; VIII 434–36; XI 306; XIII 240–42; XVII 82

Besetzungsentzug v. –n, i. d. Übertragungsneurosen, X 426

u. Bewußtsein (*s. a.* Bewußte, (Das)), II/III 579f.; X 290f.

Inhalt, X 293

Zensur zwischen, X 272, 290

zwischen Bewußtsein u. Sprachresten befindlich, XVII 84f.

als d. ‚Bewußtseinsfähige', XVI 202

deskriptiv unbewußt (s. a. Unbewußte, (Das), deskriptiv; – u. d. Vorbewußte), XV 78

beim Erwachen, II/III 581

u. Fehlleistungen, XV 77f.

u. Humor, VI 267

d. Kindes v. d. d. Erwachsenen unterschieden, XII 139

u. Komik, VI 251

u. d. Neurotische [Pathogene], XIII 203

u. Scherz, VI 202

Sekundärvorgang gehört z. -n, XVII 86

Tagesreste gehören z., X 414f., 418

(Terminus technicus), II/III 546; XI 306; XV 78

u. Traum, II/III 511, 599f.

-entstellung durch, II/III 576

u. d. Unbewußte s. Unbewußte, (Das), u. d. Vorbewußte

u. Übertragung, II/III 568

i. d. Übertragungsneurosen, X 426

u. d. Witz, VI 196, 201–03, 233, 267f.

u. Wortvorstellung[-srest-]e (s. a. Sprachreste; Wortvorstellungsreste), II/III 615; X 300f.; XIII 247

u. Zensur s. Vorbewußte, (Das), u. Bewußtsein

Zerstörbarkeit d. Vorgänge abhängig v., II/III 558

Vorbild(er) [Urbild] (s. a. Ideal; Imago)

Anziehungskraft d., i. Unbewußten, XIV 192

sadistischer Impuls, als, f. infantile Koitustheorie, VII 182

Vorbildlichkeit

infantiler u. sexueller Zweifel f. Denkweisen, VII 180f.

i. d. Masturbation, VII 163; VIII 342

d. Neurose, f. d. Psychose, XIII 366

d. sexuellen Verhaltens f. andere Reaktionsweisen, Prinzip d., VII 161–63

Vorgang, d. Analyse s. Psychoanalytischer Prozeß (s. a. Psychoanalytische Kur; – Methode; – Technik)

Vorgeschichte s. Anamnese; Ur(geschichte)

Vorhofssensationen d. Mädchens (s. a. Vagina), XV 126; XVII 76

Vorklänge [Antizipation], beim Sich-Versprechen, IV 62

'Vorläufige Mitteilung', I 74, 77, *81–98*, 247, 263, 475f.

Vorlust, V *109–14*; VI 154, 171; VII 223; XVII 74, 77

ästhetischer Lustgewinn bei Dichtung, VII 223

u. Endlust, V 112–14

Gefahren d., V 113f.

Mechanismus d., V 111f.

(Terminus technicus), VI 154

i. Witz, XIV 92

Vorlustprinzip, VI 154

Vornameneinfälle (s. a. Namen), VII 5

Vorpubertät (s. a. Kind; Kleinkind; Latenz; Pubertät), VII 186f.; XI 95

u. Analinteresse, X 407

Elternbeziehung i. d., VIII 72f.

Hysterie selten i. d., I 449

u. Ödipuskomplex, VIII 72

sexuelle Erlebnisse während d. s. **Kindheitstrauma** (s. a. Infantile Sexualszenen; Früherlebnisse)

Vorpubertät, Tagträume i. d.

Tagträume i. d., Anfang d. Pubertät anzeigend, VII 229; XI 95
  weibliche (*s. a.* Mädchen), X 456
  Mangel d. Kenntnis d. Vagina i. d. (*s. a.* Vagina), XIV 520
Vorsatz [Vorsätze] (*s. a.* Intention(en); Tendenz)
  Gegenwillen beim, IV 171–78
  gehemmter, mit ‚Spukexistenz', I 15
  z. Gesundwerden *s.* **Genesungswille** (*s. a.* Heilung)
  u. Kontrastvorstellungen, I 8 f.
  u. posthypnotische Suggestion, IV 168 f.
  u. Selbstbewußtsein, I 9
  o. Tat, XIV 484, 487
  i. Traum, V 229
    periodisch wiederkehrend, V 248
  verfehlter, IV 178
  Vergessen v. *s.* **Vergessen**
  wichtiger o. unwichtiger, IV 169–71, 173
Vorschriften *s.* **Verbot; Vermeidungsvorschriften; Zwangshandlung**
Vorsehung (*s. a.* Gott; Schicksal)
  Glaube an besondere, X 366; XII 154
Vorsicht, XIV 150
  'Forsyth-', XV 52
  übertriebene *s.* **Angst; Furcht; Phobie; Skrupulosität**
Vorsichtsmaßregeln *s.* **Schutzmaßregel**
Vorstellung(en) [Begriffe] (Arten d.) (*s. a.* Ideen)
  abstrakte *s.* **Denken, abstraktes** (*s. a.* Denkweisen)
  affektbetonte u. Affekttransposition ermöglichende, I 68, 88–90

Ausgangs-, u. pathogene *s.* **Vorstellung**(en) (Arten d.): pathogene
  autosuggestive, I 55
  d. Dämmerzustände, I 89 f.
  Ersatz-, *s.* **Ersatzvorstellungen**
    mit d. Ich unverträgliche, I 481
    u. Zwangsidee, VII 388
  Kompromiß-, *s.* **Kompromißvorstellungen**
  Kontrast-, *s.* **Kontrast**
  neue, I 269
  'non arrivée', I 63
  pathogene (*s. a.* Verdrängte, (Das))
    affektbetonte, I 88–90
    Intensität d., I 90
    Mittelglieder zwischen Ausgangs- u., I 271 f.
  peinliche *s.* **Peinliche** Vorstellung (*s. a.* Abwehr; Unlust)
  religiöse *s.* **Religiöse** Vorstellungen (*s. a.* Illusion; Religion)
  Sach-, *s.* **Sacherinnerungsbilder** (*s. a.* Bildersprache; Vision; Visuell)
  i. Schreck [i. abnormen Zuständen] entstandene, I 89 f.
  schwache u. starke, I 63
  sexuelle *s.* **Sexual-; Sexualität**
  v. Tod *s.* **Tod** (Vorstellung v.)
  i. Traum (*s. a.* Traum)
    ungewollte, II/III 51, 76, 106 f.
  unverträgliche *s.* **Peinliche** Vorstellungen
  verdrängte *s.* **Verdrängte**, (Das)
  Wahn-, *s.* **Wahn; Wahnidee**
  Wort-, *s.* **Wortvorstellungen**
  Zwangs-, *s.* **Zwangsvorstellungen**
Vorstellung(en) (Funktion u. Phänomen d.)

Abspalten, traumatisches d. (*s. a.*
Bewußtseinsspaltung; Ichspaltung; Trauma), I 92

Abstammung d., XIV 14

abstrakte *s.* **Denken,** abstraktes (*s. a.* Denkweisen)

u. Affekt, I 282

lähmender, I 89 f.

Trennung v., I 65, 67–69

Unvereinbarkeit v., i. Zwangsneurose (*s. a.* Zwangsneurose), I 347 f.

affektbetonter *s.* **Vorstellungen** (Arten d.): affektbetonte (*s. a.* Affekt)

Arten d. *s.* **Vorstellungen** (Arten d.)

Assoziation d. *s.* **Assoziation**

Aufnahme d. [Begriffsbildung], I 269

flüchtige, XI 115

u. Denken (*s. a.* Denken), VI 218

u. Erinnerungsspur, X 277

u. Erleben, Unterschiede zwischen, XII 261–68

mit d. Ich unverträgliche, I *59–74*, 481

u. Ich, I 269

Innervation begleitende, VI 218 f.

Lebhaftigkeit d. (*s. a.* Bilder-; Lebhaftigkeit; Vision; Visuell), I 123

Mittel-, II/III 601, 671

v. Person o. Ding, als 'Geist' (*s. a.* Animismus), IX 115

Realität d., durch Urteil bestimmt, XIV 13

ungünstige Bedingung f. Komik, VI 250

Unzerstörbarkeit d.

mit Abschwächung [Affektverlust] verbunden, I 63, 65, 72

i. d. Psychose, I 73

u. Urteil, XIV 13

Usur, normale d. (*s. a.* Erinnern; Vergessen), I 90

Verdrängung d. (*s. a.* Unlust; Verdrängung)

Unverträglichkeit wegen *s.* **Vorstellungsleben**

Verneinung als Bedingung d. Bewußtwerdens bestimmter, XIV 12

u. Wahrnehmung *s.* **Wahrnehmung**

Vorstellungsarbeit *s.* **Denken; Vorstellung** (Funktion d.)

Vorstellungsbeteiligung, i. d. Komik, VI 218

Vorstellungsgruppen, Abspaltung d. *s.* **Isolierung**

Vorstellungsinhalte, i. Unbewußten, X 287

Vorstellungskontrast *s.* **Kontrast**vorstellung

Vorstellungsleben (*s. a.* Denksysteme; Phantasie; Vorstellung)

Aktualisierung v. Triebkonflikten nicht möglich i., XVI 78 f.

u. Erlebnis, Unterschiede zwischen *s.* **Vorstellung** (Funktion d.). u. Erleben; Realität d.

Unverträglichkeit i.

mit d. Ich, I *59–74*, 481

als Krankheitserreger, I 61

durch Sexualleben, I 66

wegen Verdrängung, I 62

Vorstellungsmimik (*s. a.* Mimik), VI 219–21, 225 f., 240

Vorstellungsrepräsentanz, u. Verdrängung, X 250

Vorstellungsweisen (*s. a.* Denksysteme)

Komik d. Gleichzeitigkeit d., VI 267

747

Vortag

Vortag *s.* **Traum(tag)** (*s. a.* Tagesreste)

Vortraum *s.* **Träume,** (verschiedene): kurze

Vorurteil(e)
ästhetische, intellektuelle, moralische *s.* **Ästhetisch; Intellektuell Moralisch; Psychoanalyse, Widerstände gegen d.**

gegen Okkultismus (*s. a.* Okkultismus; Telepathie), XV 33

gegen Psychoanalyse (*s. a.* Psychoanalyse, Widerstände gegen d.), XI 14, 80

Wert d. [Nützlichkeit u. Schädlichkeit d.] (*s. a.* Wissenschaft), XV 33 f.

Vorwurf [Vorwürfe] (*s. a.* Groll)
gegen Arzt *s.* **Übertragung, negative**

haftet nur, wenn 'etwas daran ist', II/III 486

Klagen d. Kranken sind Anklagen, X 434

Mädchens, gegen Mutter *s.* **Mädchen, u. Mutter**

Projektion d., X 41, 434; XIII 120

i. Hysterie, u. 'Retourkutsche', V 194

i. Paranoia, IV 284 f.; V 194

Selbst-, *s.* **Selbstvorwürfe**

Vorwurfsaffekt, bei Zwangsneurose i. d. Bewußtsein dringend, I 387 f.

'Vorzug geben', i. d. Traumdarstellung, II/III 413; X 41; XI 119

Voyeur[tum] *s.* **Schaulust**

'Vögeln' (*s. a.* Fliegen; Koitus; Masturbation; Vogel), VIII 198

Völker *s.* **Nation**(en) (*s. a.* Primitive; Volks-)

Völkerbund, u. Kriegsverhütung, XVI 18 f.

Völkerforschung *s.* **Anthropologie; Ethnographie; Volk-; Völkerpsychologie**

Völkerhaß *s.* **Nation**(en)

Völkerpsychologie (*s. a.* Anthropologie; Kulturgeschichte; Urgeschichte)

u. Massenpsychologie, IX 189–91

d. Ödipuskomplex als Kern d. Probleme d., IX 188 f.

u. Psychoanalyse (*s. a.* Totem, u. Tabu), IX 3, 190; X 76–78; XIV 92–94; XV 156 f.; XVI 86

u. Religion, X 77 f.

u. Vererbungsprobleme, IX 189–91

Völkerverstimmung *s.* **Unheilserwartung**

Völkisch *s.* **Volkstümlich**

Vulkangott, Jahve als (*s. a.* i. Namen-Reg.: Jahve), XVI 146 f., 163

W

W
-System *s*. **Wahrnehmungssystem**
-Element u. Erinnerung u. Halluzination, XIII 248

Wach(en) [-sein, -leben, -zustand] (*s. a.* Erwachen; Weck-)
    abnorme Zustände während, u. Regression (*s. a.* Hypnoid), II/III 549
    u. Schlaf(en) (*s. a.* Schlaf), XI 84
        Energiebesetzungen während, II/III 559 f.
        Periodizität v., XIII 146
    Traum als Übergang zwischen, XI 87 f.
    Übergang v. (*s. a.* Hypnagogische Halluzinationen; Schläfrigkeit)
        u. Schlafzeremoniell *s*. **Zeremoniell** (zwangsneurotisches): bestimmte Zeremonien, Schlaf-
    Telepathie während, XV 39
    u. Traum, II/III 6–10, 43, 50 f., 53, 79 f., 85, 645, 668–70, 684; XI 84, 86; XVII 87–89
        Affekte, gleichwertige i., II/III 462 f.
        Anspielung i., XI 177 f.
        Gedächtnis i., enger als i. Traum, XVII 89
        Tagesinteresse, II/III 43
        Theorien ü. (*s. a.* Traum(theorien))
            Traum als partielles (nichtanalytisch), II/III 79–81, 85
        Traum als Zwischenstadium zwischen Schlaf u. (analytisch), XI 87 f.
        Vergessen i. (*s. a.* Vergessen), II/III 46, 684
        Versprechen u. Fehlgreifen i. (*s.a.*Fehlgreifen; Versprechen), II/III 684
    d. traumatischen Neurotiker, XIII 10 f.

Wach(denken)
    u. Akzentverschiebung, XI 178
    u. Tagtraumroman, XIII 304

Wach(interesse), u. Traum, II/III 43

Wach(traum) [-träumen] (*s. a.* Hypnoide Zustände; Tagtraum), I 89 f.

'Wachsen', d. Klitoris, Glauben an *s*. **Peniserwartung**

Wachstum, u. Fortpflanzung (*s. a.* Fortpflanzung), XIII 61

Waffe(n)
    Symbolik d. *s*. i. **Symbol-Reg.**
    u. Wunde, magische Beziehung zwischen, IX 102

Wagen
    Fahren i. *s*. **Fahren** (*s. a.* Reise)
    als Symbol
        f. Mutterleib, VIII 312–14, 316
        f. Schwangerschaft, XII 25

Wahl (*s. a.* Fetischwahl; Neurosenwahl; Objektwahl; Symptom(wahl))
    freie *s*. **Freie** Wahl (*s. a.* Determinismus; Entschluß; Unsicherheit; Wille)

'Wahlverwandtschaften'

'Wahlverwandtschaften', VI 22
Wahn (Arten) [Inhalt d. -es]
- Beobachtungs-, *s.* Beobachtungswahn
- Beziehungs-, *s.* Beziehungswahn
- Deutungs-, I 402f.
- Eifersuchts-, *s.* Eifersuchtswahn
- Entmannungs-, Schrebers *s.* i. Reg. d. Krankengesch.: Namenverzeichnis, Schreber
- Erlöser-, VIII 250
- Größen-, *s.* Größenwahn
- hysterischer *s.* Wahnbildung
- Klassifikation d. -es, nach Inhalt, unrichtig, VII 71
- Kleinheits-, *s.* Kleinheitswahn
- Massen-, *s.* Massenseele, Induktion i. d.
- paranoischer *s.* Wahnbildung (*s. a.* Paranoia)
- Querulanten-, XII 216
- Verfolgungs-, *s.* Verfolgungswahn
- Vergiftungs-, *s.* Vergiftungswahn
- Wahrheitsgehalt i., VII 108

Wahnbefürchtungen *s.* Unheilserwartung

Wahnbildung, XI 258f.; XIII 389; XIV 127
- Ätiologie d., XI 257f.
- konstitutionelle Bedingungen d., VII 80; XI 257f.
- Dynamik d., XIV 387f.; XVI 54
- als Erklärungsversuch d. Unbewußten, VII 389
- u. Fehlleistungen, IV 164f.
- Funktion d., XIV 440
- als Heilungsversuch, VIII 308
- i. d. Hysterie [hysterischer Wahn], II/III 549f.; V 65, 154, 284f.; VII 71, 195
- i. d. Paranoia [paranoischer Wahn], I 393–95, 398–400, 402; V 65, 154; VII 71, 191, 195; IX 91; XI 396; XII 327; XIV 127, 439f.; XVI 239
- Erinnerungstäuschung i. d., IV 164
- unbeeinflußbarer, XI 471f.
- Phantasie (*s. a.* Phantasie; Wahndichtungen) als Vorläufer d., VII 85
- Unlustabwehr durch, XIV 439f.
- u. Verdrängtes (*s. a.* Verdrängte, (Das)), XVI 54
- Verschiebung d. Überzeugungsgefühles bei, VII 108
- Wunscherfüllung i. *s.* Wunscherfüllung

Wahndichtungen [-phantasien, -schöpfungen] (*s. a.* Traum(schöpfungen))
- als Äquivalente d. analytischen Konstruktionen, XVI 55f.
- u. Paranoiker, V 154; VII 191; X 141
- u. philosophische Systeme *s.* Wahnsysteme
- v. Weltuntergang *s.* Weltuntergangsphantasie
- Traum als physiologische Wahnschöpfung Normaler, VII 85, 89
- als Wunscherfüllungen (i. Jensens 'Gradiva'), VII 31–125

Wahnidee [-vorstellung] (*s. a.* Delirien), I 393–95; V 65, 154; VII 191; XIII 201f.
- Allmacht d. Wünsche, als, VII 450
- als Befürchtungen *s.* Unheilserwartung; Weltuntergangsphantasie
- (Definition), XI 257
- Entstehung d. *s.* Wahnbildung
- d. Ich, VII 191
- u. Illusion, XIV 353

d. Logik nicht zugänglich [unbeeinflußbar], IV 284f.; XI 442, 471f.

masochistisch-sadistische, VII 195

v. Mißhandlungen, VII 195

v. Verführung s. **Verführungsphantasien**

normaler Personen, als Täuschungen ü. Motive, VII 93

u. Phantasie (s. a. Phantasie; Wahndichtungen)

hysterische, unbewußte, V 154

i. Paranoia s. **Wahnbildung**

Wahrheitsgehalt d. s. **Wahrheitsgehalt**

u. religiöse Vorstellung, XIV 354

bei Schreber s. i. **Reg. d. Krankengesch.**: Namenverzeichnis, Schreber

u. Schlaf, X 417

u. Traum, (s. a. Traum, u. Wahn), I 512; II/III vi, 39, 647f., 684; VII *31–125* (78); XI 80; XIV 69; XV 15f., 54f.; XVI 54

als 'physiologische Wahnschöpfung Normaler', VII 85, 89

u. sekundäre Bearbeitung, XI 396

Verschiebung u. Verdichtung i., II/III 684

Weck-, II/III 579

-wunsch nicht identisch, X 417

als Wunscherfüllung, VII 31–125

Wesen d., XI *260*

u. Zwangsidee, Unterschiede, topische u. dynamische, zwischen, XI 442

Wahnsinn s. **Psychopathische Bildungen** (s. a. Angst vor Irrenhaus)

Wahnsymbole s. i. Symbol-Reg.

Wahnsymptome

Wahnzustand, Handlungen i.

als Kompromißergebnisse, ungenügende, VII 78, 81, 85f., 113

bei Normalen, VII 93

Phantasien als, VII 71, 78

zweideutige Rede (s. a. Zweideutigkeit), VII 113

zweifache Determinierung, VII 79

Wahnsysteme (s. a. Paranoia, Systembildung bei), IX 117

als Abwehr, XIV 439f.

-bildung, X 164; XII 327

Massenbildung ersetzend, XIV 440

u. philosophische Systeme, V 91; X 164; XII 327

Psychoanalyse d., VIII 401

bei Schreber s. i. **Reg. d. Krankengesch.**: Namenverzeichnis, Schreber

u. Traum u. Hysterie, Ähnlichkeit zwischen, I 512

Wahnvorstellungen s. **Wahnideen**

Wahnzustand

Aktivität d. Patienten bei Aufdeckung seines –es, VII 63

Allwissenheit d. Eltern i., VII 389

Analyse d. –es, XV 55

(Definition), VII 71, 75, 78f.; XVI 55f.

Entstellung, i. durch Widerstände, XVI 54

Gottvorstellung i. s. i. **Reg. d. Krankengesch.**: Namenverzeichnis, Schreber; – Wolfsmann

i. d. 'Gradiva' Jensens (s. a. Traum(schöpfungen); u. i. Namen-Reg.: Gradiva)

Behandlung, VII 46

Krisis, VII 96

u. Halluzination, XVI 54

Handlungen u. Entschlüsse i., VII 78, 93

751

Wahnzustand, Hereditäres i.

Hereditäres i., VII 71f., 80
u. Ich
u. Außenwelt, XIII 389
-veränderungen, I 402
Kompromiß i., VII 78–81, 85
Konflikt, psychischer, beim, VII 78–81
als Leiden an Reminiszenzen, XVI 56
Liebe als Heilmittel gegen erotischen, VII 47, 107, 115–19
Mechanismen d. –es, analytische Konstruktionen, XVI 54
Phantasien als Vorläufer d. –es (*s. a.* Wahnidee), VII 85
psychiatrische Auffassung, voranalytische, ü. d., VII 80
u. Religion, XVI 190
Therapie d. –es, VII 46, 114–19 (115); XVI 55
u. Traum *s.* **Wahnidee,** u. Traum
Unruhegefühl charakteristisch f. d., VII 79
Überzeugungsgefühl i., VII 106–08
Wesen d. –es, XVI 55f.
Wunscherfüllung i., XVI 54
zwanghafter Glaube i., XVI 54–56
zweifache Determinierung d. Entschlüsse u. Handlungen i., VII 79

Wahrheit (*s. a.* Fürwahrhalten; Realität)
'jesuitische', VI 127
u. Psychoanalyse (*s. a.* Psychoanalyse, Wesen d.), VIII 111
psychologische, X 336
u. Regression, X 354
u. Religion, XIV 366; XVI 160, 230
  historisch u. materiell, XVI 236–39

u. Wahn, XVI 238f.
i. Witz, VI 9, VII 112
u. Zensur, II/III 439

Wahrheitsdrang [-liebe] (*s. a.* Wißtrieb), IV 247; X 312; XVI 94
mangelnder (*s. a.* Lüge(n); Massenseele), XIII 85
i. Psychoanalytiker *s.* **Psychoanalytiker**

Wahrheitsforschung, u. Vernunft, XVI 237f.

Wahrheitsgehalt (historischer) (*s. a.* Archaische Erbschaft; Phylogenetisch-)
d. infantilen Sexualtheorien (*s. a.* Infantile Sexualtheorien), VII 177 179, 181, 183f., 249
i. Kastrationsangst *s.* **Archaische Erbschaft; Kastration-**
d. Kindheitsphantasien, VIII 152f
  Schlage-, XII 204
i. Mythus, VIII 152f.; XVI 6f.
i. Ödipuskomplex *s.* **Archaische Erbschaft; Ödipuskomplex; Vater(mord)**
i. pathogenen Bildungen, XVI 48
'prähistorische Wahrheit', XII 131
i. d. Religion, XVI 33, 230, 236–39
d. Selbstvorwürfe, i. Trauer, X 432f.
i. Symbolbeziehungen, XI 204
i. d. Übermoral, Ausbildung d., IX 193f.
i. Vorwürfen, II/III 486
i. Wahn, VII 66, 108f.; XVI 54–56, 191, 239
d. Wassergeburtsphantasie, XI 162f.
Wunschgegensatz an Stelle d. –es, XII 43

Wahrheitsliebe [Wahrhaftigkeit] *s.* **Aufrichtigkeit; Heuchelei; Psy-**

choanalytische Technik; Wahrheitsdrang

Wahrnehmbarkeit s. **Wahrnehmungsfähigkeit**

Wahrnehmung [Apperzeption], II/III 542–46, 604, 607
 akustische (s. a. Gehör-), XVI 204; XVII 84
 'auditifs', Typus d., IV 55
 u. Wortreste, XIII 248
  u. Wortvorstellung[-sreste], XIII 247f., 250
 bei Amentia unwirksam, XIII 389
 Aufmerksamkeitsentzug, i. d. Hysterie, v. d., XIV 191
 äußere [d. Außenwelt], XIII 389
 als Ichfunktion s. **Wahrnehmung**, als Funktion d. Ich
 u. innere [d. Innenwelt] s. **Wahrnehmung**, innere
  d. Körpers u. d. Welt, XVI 9
  u. Sättigung d. Säuglings, II/III 571
 als Sinnes-, s. **Wahrnehmung**, Sinnes-,
  u. Wissen, XIII 250
 als Bewußtseinsfunktion s. **Bewußtsein**, Funktion d. –s
  u. Denkvorgang, XIV 14
  Sieg d., ü., XVI 220–22
  wird durch Wortvorstellungen z., XIII 250
 Erinnerung an, u. Sprachfunktionen, XVII 84
 u. Erinnerung, Unterschiede zwischen, XIII 248; XVII 89
 u. Erinnerungsreste, XIII 247f., 250
 u. erste Befriedigung, II/III 571
 als Funktion d. Ich, XIII 249, 252f.; XIV 119, 121; XV 81–83
  v. Gefahr s. **Angstsignal**; **Gefahr**

Wahrnehmung, Sinnes-
 u. Halluzination s. **Halluzination**,
 u. Wahrnehmung
 innere [d. Innenwelt-] (s. a. Endopsychische; Körperinnere), XII 8; XIV 119; XVI 82
 u. äußere, X 423; XIII 7, 246, 249f.
 d. Ich als Vermittler zwischen –n, XIV 221f.
 Körperwahrnehmung als, XIII 253; XVI 9
 Unterschiede zwischen, XVII 84
 u. Lebenstriebe, XIII 69
 nicht lokalisierbar, II/III 615
 ökonomische Bedeutung u. Wesen d. –n, XIII 249
 d. psychischen Qualitäten, II/III 620–622; XVII 81
 Schmerz-, s. **Schmerzunbewußte** s. **Empfindungen**
 kindliche, II/III 571; XII 65, 72
 Lebhaftigkeit s. **Lebhaftigkeit** (s. a. Intensität)
 Lücken i. d. s. **Wahrnehmungslücken**
 beim Neugeborenen, XIV 166
 u. Realität (s. a. Realität), XVII 84
 u. Realitätsglaube, X 421
 u. Realitätsprüfung, XIV 14f.
 Schwäche d., u. 'déjà vu' (Wigan), X 118
 Selbst-, s. **Selbstwahrnehmung**;
 Wahrnehmung, innere (s. a. Innen-; Körperinnere)
 Sinnes-, (s. a. Sinnes-; Wahrnehmung, äußere)
 u. Außenwelt, X 421; XVII 126f.
 Projektion d., IX 81
 Bewußtheit d., XVI 204
 u. Empfindungen, XIII 246

Wahrnehmung, subjektive Bedingtheit d.

    i. Halluzinationen wiederkehrend, I 63; II/III 571

    u. Muskelaktion, XVII 68

    u. Realitätsglaube, X 421

    u. Sinnesorgane, XVII 83

    subjektive Bedingtheit d., X 270

    Tast-, (*s. a.* Berührung-), XVI 204

    Traum als, II/III 580–82

    unbewußte (*s. a.* Empfindungen), XIII 250

        'déjà vu' als unbewußte (Grasset), X 118f.

    u. Urteilsfunktion, XIV 14f.

    Verfälschung d. (*s. a.* Halluzination, u. Wahrnehmung)

        durch Abwehrmechanismen, XVI 82

    visuelle (*s. a.* Bilder-; Gesicht-; Vision; Visuell), XVI 204; XVII 84

        beim Neugeborenen noch nicht vorhanden, XIV 166

    u. Vorstellung, XIV 8, 14

        Unterschied zwischen, X 422

    Wiedererscheinen d., halluzinatorisches, als Wunscherfüllung, II/III 571

    u. Wissen, XIII 250

    u. Wissenschaft, XVII 80f.

    Wort-, *s.* **Wort**wahrnehmungen

Wahrnehmungsfähigkeit [Wahrnehmbarkeit] d. inneren [endopsychischen] Vorgänge (*s. a.* Selbstwahrnehmung; Wahrnehmung, innere)

    u. abstrakte Denksprache, IX 81

    mangelnde, d. psychischen Systeme, II/III 616

Wahrnehmungsidentität, II/III 571, 607

Wahrnehmungslust, u. Kunst, XIV 90

Wahrnehmungslücken (*s. a.* Lücken), XVII 80

    u. Bewußtwerden, XVII 82f.

    u. Konstruktion, XVII 82

    u. Halluzination, X 121

Wahrnehmungsreste, X 301; XIII 248

Wahrnehmungssystem [W-System], II/III 542, 544f., 579f., 620f.; X 423; XIII 249–55; XIV 5; XV 82, 84

    u. Bw-System, X 423; XIII 249; XIV 4, 119

    u. innere Wahrnehmung [Selbstwahrnehmung], XIII 28, 249

    physiologische Erklärung d. Zusammenhanges, XIII 25–29

    u. Reizschutz, XIII 26–31

    u. traumatische Neurose (*s. a.* Traumatische Neurose), XIII 31f.

    Erinnerungsspuren nicht vorhanden i., XIII 24

    u. Ichfunktionen, XIII *249–55*, 285; XIV 119; XVI 9

    topographische Stellung d., XIII 23f.

    u. 'Wunderblock', XIV 6–8

    u. Zeit, XIII 28

Wahrnehmungsskala, d. Lustprinzips, XVI 89

Wahrnehmungsunlust *s.* **Unlust**

Wahrnehmungsverlust (*s. a.* 'Fortsein'; Objektverlust)

    als erste Angstbedingung, XIV 203

Wahrsager[-in] (*s. a.* Medium, telepathisches; Traum, prophetischer; Traum(deutung), i. Altertum), I 571–73; XV 42–47; XVII 31, 34f.

Waisen (*s. a.* Familie; Umgebung), II/III 422

Halb- [vaterlose-], Mutterfixierung bei, VIII 187–89

Hysterie bei, V 131

Wald, als Symbol f. Genitalbehaarung, XI 158, 197

Wandertrieb s. Reisesehnsucht; Vagabundieren

Wappenabzeichen, Totem als, IX 134

Warner, Traum als sittlicher (Hildebrandt) (s. a. Traum(theorien)), II/III 76

Warnungssignale s. Angst-; Schmerz (s. a. Gefahr)

Wartepersonen s. Amme; Dienstboten; **Kinderfrauen** (s. a. Lehrer)

Waschzeremoniell s. Zwang (psychischer): Arten d., Wasch-

Waschzwang s. Zwang (psychischer): Arten d., Wasch-

Wasser

Ekel v. s. **Wasserscheu**

u. Feuer, XVI 8

Geburtssymbolik d. –s s. **Wassergeburt** (s. a. Rettungsphantasie)

als Harnsymbol, II/III 371f.

Lustration durch, u. Waschzwang (s. a. Zwang, Wasch-), IX 38

i. Traum (s. a. Traum), II/III 371–73, 405f., 408

Wasserfluten, als Elementarkatastrophen, XIV 336

Wassergeburt

phylogenetische Wirklichkeit d., XI 162f.

Symbolik d. (s. a. Rettungsphantasie), II/III 404–09; VIII 76; XI 154, 162f.

Wasserhahn, als Symbol f. männliches Genitale, XI 156

Wasserheilanstalten (s. a. Anstalten), I 496; V 23; XIV 40

Wasserkur (s. a. Psychotherapie, nichtanalytische), XI 252

bei Zwangsneurose (d. Rattenmannes), VII 384

Wasserleitung, als Symbol f. männliches Genitale, II/III 352

Wasserscheu, VIII 4, 8f.

'**Währung**, neurotische', VIII 238; IX 107

Wäsche (weiße), XII 64, 71

als Fetisch, V 52; XI 316; XIV 315

als weibliches Sexualsymbol, XI 139, 316

Weben, XV 142

Wechselseitige Masturbation s. **Masturbation**

Weckreiz (s. a. Erwachen; Traum, typischer; Wecktraum; u. unter d. einzelnen Benennungen d. Reize), II/III 24, *582f.*, *693–95*

Durst, II/III 129, 659

u. Erwachen, II/III 580f.

Klitorispochen, X 243f.

Lärm, II/III 24, 27, 29f., 238, 695; XI 88f., 156

Leibreiz s. **Traum**, typischer, (bestimmte Arten d.): Darmreiz-; – Harnreiz-

als Schlafstörer (s. a. Schlaf-; Traum-), II/III 234

sexueller s. **Traum**, Ödipus-; – sexueller

-traum, II/III 27, 29–32, 227, 238f., 244, 371–73, 408, 500–03, 577, 585; XI 88f.; XIV 71

Beispiele anderer Autoren

Burdach, II/III 693

Garnier, II/III 27f., 239f.

Hildebrandt, II/IIII 29

Wecktraum

    Maury, II/III 28
    Simon, II/III 31 f.
    Volkelt, II/III 27
    bestimmte *s.* i. Traum-Reg.
    Dauer d., II/III 67f., 500, 502, 581
    u. Lärm *s.* **Weckreiz, Lärm**
    u. Traumphantasie, II/III 500–03
    u. d. Vorbewußte, II/III 580 f.
    u. Wahn, II/III 579

Wecktraum (*s. a.* Weckreiztraum)
    Angsttraum als (*s. a.* Traum, Angst-), XI 222f.; XV 17; XVII 93
    Zwangsvorstellung, Entstehung d., ähnlich d. Entstehung d. –es, II/III 579

Wegschleudern *s.* **Fortwerfen; Hinauswerfen**

Wehen, durch Brandung symbolisiert (*s. a.* Gebären), XIII 182f.

Weib (als Objekt)
    Abwendung v. *s.* **Geringschätzung** d. Weibes; **Homosexualität; Sexualablehnung; Misogynie**
    Ambivalenz d. Reserve u. d. Verführung i. Lächeln d. Mona Lisa, VIII 179–81
    Anziehungskraft d. Narzißmus, i., X 155
    Erniedrigung d. –es *s.* **Coitus a tergo; Erniedrigung; Geringschätzung,** d. Weibes; **Misogynie**
    Flucht vor (*s.a.* Homosexualität; Sexualablehnung), V 44
    gereiftes [reiferes], Vorliebe f., u. Mutterfixierung (*s. a.* Mutter, Fixierung an d.), VIII 71
    Geringschätzung d. –es *s.* **Geringschätzung,** d. Weibes; **Misogynie**
    u. Heer u. Kirche, XIII 158f.
    als Hüterin d. Feuers, XIV 449
    Identifikation mit, i. Homosexualität (*s. a.* Feminine Einstellung; Homosexualität), V 44
    als Kampfpreis, XIII 152
    kastriertes *s.* **Infantile Sexualtheorien;** '**Kastration**' d. Weibes
    Liebe u. Sexualität gegenüber *s.* **Liebe; Sexualität; Sinnlich-; Verliebtheit**
    mit Penis [phallisches] *s.* **Infantile Sexualtheorien** (bestimmte): phallisches Weib
    ohne Penis *s.* **Kastrationsschreck; Penismangel**
    'Rätsel d. –es', X 156; XIV 241; XV 120, 140
        'Fremdheit', XII 169
    Schicksalsgöttinnen, als Symbole f. Beziehung d. Mannes z., X 36f.
    'schwächende' Einwirkung auf Mann, XII 168
    v. sozialen Gesichtspunkt (*s. a.* Frau)
        passiv, XV 123
    Symbole f. *s.* Symbol-Reg.
    Tabu d. –es, XII 167
    Unkenntnis d. weiblichen Genitales *s.* **Geschlechtscharakter,** Unterschiede i.; **Infantile Sexualtheorien** (bestimmte): phallisches Weib; **Phallische Phase; Vagina,** Unkenntnis d.
    Verehrung d. Dirne o. Jungfrau (*s. a.* Sinnliche Regungen; Zärtliche Regungen), VIII 68f.
    als Verführerin (*s. a.* Mutter; Verführung), VIII 179–81; XIII 152
    Zote, gerichtet an d., VI 106–09

Weib (als Subjekt) (*s. a.* Mädchen)
    abstinentes *s.* **Abstinenz**
    Aggressivität beim (*s. a.* Feindseligkeit), XII 172, 176f.; XV 125

Altern, seelisches, rascher, beim, XV 144f.
i. d. Analyse s. **Patient**, weiblicher
Anästhesie beim s. **Frigidität**
Angst beim
   vor Aggression, d. Mannes (*s. a.* Attentat; Verführungsphantasie; Virginale Angst)
   u. Verweigerung d. Einfälle i. d. Analyse, VIII 472
   u. Angstneurose s. **Angstneurose**
   u. Erregung, frustrane (*s. a.* Coitus interruptus; Erregung; Impotenz), XI 416f.
   vor Liebesverlust, XV 94
Bisexualität deutlicher beim, XIV 520
Denkverbot, Folgen d. –es, f. d., XV 185
Depression beim, XVI 99
i. d. Ehe s. **Ehe-**
Eifersucht beim, XIV 25; XV 134
Eifersuchtswahn beim (*s. a.* Homosexualität; Weib (als Subjekt): Narzißmus d.), VIII 301f.
Ekel als Sexualhemmung beim, XIV 114
Eltern, Verhältnis z. *s.* **Eltern; Mutter; Vater** (*s. a.* Mädchen, u. Mutter)
Erniedrigung d. Sexualobjekts selten beim, VIII 86
erotischer Vorstellungskreis d. –es (*s. a.* Patient, weiblicher; Tagträume), I 307; XI 95
   'Reiz' d. Sexualverbotes, VIII 87; XII 173
Erregung, sexuelle, beim, I 335, 337
   frustrane (*s. a.* Coitus interruptus; Impotenz), XI 416f.

Weib (als Subjekt): Identifizierung beim

Leitzonen, erogene (*s. a.* Klitoris; Vagina), V *121f.*
Feindseligkeit beim *s.* **Feindseligkeit; Groll; Neid** (*s. a.* Weib (als Subjekt): Aggressivität beim)
Flechten u. Weben, als Erfindung d. –es, XV 142
Flugtraum beim, XI 157
Frigidität d. –es *s.* **Frigidität**
Gefahrsituationen d. –es (*s. a.* Weib (als Subjekt): Objektverlust beim), XIV 173f.
Gerechtigkeitssinn, geringerer, beim, XIV 30f.; XV 144
Geringschätzung d. –es, gegen eigenes Geschlecht, XIV 25, 526
   durch Kastrationskomplex, XIV 522
   nicht primär, X 99f.
Geschlechtsdifferenzierung (*s. a.* Genitalien; Geschlechtscharakter; Weiblichkeit), V 136
Hörigkeit i. *s.* **Hörigkeit** (*s. a.* Virginität, Tabu d.)
Hysterie, Affinität z., beim, XIV 174
   Anfall, VII 239f.
   u. männliche Sexualität, Verdrängung u. Reaktivierung beim, VII 240; VIII 452
   u. Haß gegen Kinder, XIV 190
   u. männliche Perversion i. d. Familie v. Hysterikerinnen, V 138; VII 154
   Pollutionsanwandlungen junger Hysterikerinnen, VII 239
Identifizierung beim, XIII 257f.
   mit Mutter, XV 143; XVII 120f.
   Liebesgeschichte d., als Vorbild, V 271
   mit Sexualobjekt häufiger als beim Mann, XV 69
   zwei Phasen d., XV 143f.

Weib (als Subjekt): Intellektualität beim

Intellektualität beim
- i. Beruf, u. Penisneid (*s. a.* Beruf; Penisneid), XV 134
- Minderwertigkeit d., durch sexuelles Denkverbot (*s. a.* Intelligenz, gehemmte), VII 162
- intra-uterine Phantasie beim, XV 94
- jugendliches *s.* **Peniswunschträume**; **Weib** (als Subjekt): Liebesleben d. –es, verzögertes
- junges *s.* **Adoleszent**; **Mädchen**

Kastrationsangst nicht vorhanden beim, XIV 28, 153; XV 94

Kastrationskomplex d. –es (*s. a.* 'Kastration' d. Weibes; Penismangel), X 159; XII 176; XIII 400f.; XIV 173f., 522–28; XV 93f., 133, 138f.; XVII 120f.
- 'Entdeckung d. Kastration', XV 135–39
- Folgen d. –es, XIV 522, 524
  - Abwendung v. d. Sexualität (*s. a.* Fridigität; Virginale Angst; Weib (als Subjekt): Sexualhemmung), XIV 522, 525; XV 135–39
  - Männlichkeitskomplex *s.* **Männlichkeitskomplex**
  - Minderwertigkeitsgefühl [Entwertung d. Weiblichkeit-], XIV 25, 526
  - Ödipuskomplex herbeiführend, XIV 522f.
  - Penisneid *s.* **Penisneid**
  - Sexualablehnung *s.* **Frigidität**
  - Trotz *s.* **Trotz**
  - Verleugnung d. Geschlechtsunterschiedes *s.* **Geschlechtscharakter**, Unterschiede i., Verleugnung d.
  - u. Groll gegen d. Mutter *s.* **Mädchen**, u. Mutter; **Penismangel** (*s. a.* Groll)

v. d. d. Mannes verschieden, XV 138f.
- i. d. phallischen Phase z. Vorschein kommend *s.* **Phallische Phase**
- Vater als Kastrator (*s. a.* Vater, als Kastrator), XIV 527
- Verleugnung d. Penismangels *s.* **Geschlechtscharakter**, Unterschiede i., Verleugnung d.

Kind als narzißtischer Teil d. Ich d. –es, X 156–58

Kinderhaß beim, XIV 190

Kindeswunsch beim (*s. a.* Kindeswunsch, beim kleinen Mädchen), XV 138
- als Ersatz f. Sexualobjekt, VII 158
- ohne Ersatz u. Angstneurose, VIII 445f.
- Sehnsucht, Sohn z. haben, XV 137, 143

Klitoris-Erotik beim *s.* **Klitoris**; **Männlichkeitskomplex** (*s. a.* Phallische Phase)

u. Kultur (*s. a.* Kultur; Weib, (als Subjekt): Sublimierungsfähigkeit beim)
- -institutionen, XIV 463
- -mangel beim
  - Denkschwäche, V 50; VII 162; XIV 371
  - Gerechtigkeitssinn, geringerer [nur durch Vererbung], XIII 266; XIV 30f.; XV 144
  - u. Prostitution (*s. a.* Dirne), V 92
  - weniger sozial, XIII 266
- Rolle i. d. (*s. a.* Moral, Kultur-, sexuelle)
  - geringe Bedeutung d., XV 139, 142
  - Leistungen

Weib (als Subjekt): Ödipuskomplex beim

Flechten u. Weben als, XV 142

Totemismus als (Frazer), IX 143f.

verzögernde, XIV 463

-verkümmerung, durch Unaufrichtigkeit u. Verschwiegenheit, V 50

Leitzonen, erogene, beim s. **Weib (als Subjekt): Erregung beim** (*s. a.* Klitoris; Vagina)

Liebesleben d. –es (*s. a.* Liebesleben; Objektliebe), XII 161

Charakter beeinflussend, XIII 257f.

u. Identifikation *s.* **Weib (als Subjekt): Identifizierung beim**

Liebesbedürfnis, Art d. (*s. a.* Zärtlich-), XV 141f.

Liebesverlust, Angst vor, typisch f. d. (*s. a.* Weib (als Subjekt): u. Objektverlust), XV 94

nach männlichem Typus, X 405f.

nach Mutters Vorbild, V 271

Sexualüberschätzung (*s. a.* Schwärmerei), VIII 86; X 155

seltener, V 50

d. Verbotene als Liebesbedingung, VIII 87; XII 173

verzögertes, beim jugendlichen I 194; VII 160f., 179; VIII 86f.; XII 171, 173, 177; XVII 77

Wunsch nach d. Mann, X 405f., 409

u. Mann *s.* **Mann**, u. Weib

Masochismus beim *s.* **Masochismus, femininer**

u. Masturbation *s.* **Masturbation**, d. Weibes

männliche Phase beim *s.* **Männlichkeitskomplex; Phallische Phase**

'männlicher Protest' beim *s.* **'Männlicher Protest'** (*s. a.* Männlichkeitskomplex)

Männlichkeitskomplex beim *s.* **Männlichkeitskomplex**

Menopause beim *s.* **Menopause** (*s. a.* Alter)

Mutterbeziehung *s.* **Mädchen**, u. **Mutter**

Narzißmus d. –es (*s. a.* Narzißmus), X 155; XII 173, 298; XV 141

u. Eifersuchtswahn, VIII 301

höheres Maß, XV 141f.

i. d. Kind projiziert, X 156–58

i. d. Objektwahl, XII 280f.

Rätselhaftigkeit d. (*s. a.* Weib (als Objekt)), X 156

narzißtische Kränkung d. –es, XII 173; XIV 25

u. Neurose

u. Ehe *s.* **Ehe-**

inkliniert mehr z., als Mann, VII 154

u. Menopause, XVI 70

Neid i. Seelenleben d. –es (*s. a.* Penisneid), XV 134, 144

u. Objekt

-findung, zwei Phasen d., beim Weib (*s. a.* Mädchen, Sexualentwicklung d. –s), XIV 521–29

-liebe *s.* **Weib (als Subjekt):** Liebesleben d. –es

-verlust

u. Angst v. Liebesverlust, XV 94

als Gefahrsituation, wirksamste, d. –es, XIV 173f.

-wahl, narzißtische, XV 142f.

charakteristisch f. d., X 155f. 405f.; XII 280f.

Ödipuskomplex beim *s.* **Ödipuskomplex**, weiblicher

Weib (als Subjekt): Passivität d.

Passivität d. *s.* **Aktivität** u. **Passivität; Männlichkeit,** u. **Weiblichkeit** (*s. a.* Frau)

Penisneid d. *s.* **Penisneid**

Phantasien beim *s.* **Mutterleibsphantasie; Schlagephantasien; Verführungsphantasien**

'physiologischer Schwachsinn' d. –es (Moebius), VII 162; XIV 371

Pollutionsanwandlungen beim, VII 239

polymorph-perverse Anlage d. 'Durchschnitt –es', V 92

'Potenz' d. –es (*s. a.* Frigidität; Impotenz), I 328

präödipale Phase beim *s.* **Mädchen; Präödipale Phase**

Pubertät *s.* **Pubertät,** weibliche

Reife, normale, V 108f.

Reinheit *s.* **Moral,** Kultur-, sexuelle; **'Reinheit'**

Schamgefühl beim *s.* **Mädchen; Scham**

Schlagephantasie *s.* **Schlagephantasie,** beim Mädchen

Schönheit u. Selbstgenügsamkeit, X 155

u. Sexualität (*s. a.* Sexualität, weibliche)

Sexualentwicklung *s.* **Mädchen,** Sexualentwicklung d. –s

Sexualhemmung (*s. a.* Frigidität), I 335

durch Ekel, XIV 114

durch 'Entdeckung d. Kastration', XIV 522, 525; XV 135–39

durch falsche Aufklärungen *s.* **Aufklärung** (sexuelle)

Sexualüberschätzung, V 50; X 155

d. Kindes, beim, V 50

seltener beim, VIII 86

'Sexualverkümmerung', I 335

u. Sittlichkeit *s.* **Moral,** Kultur-, sexuelle; **Weibliches Überich**

Sublimierungsfähigkeit, geringer beim, VII 158; XV 144

Tabu d. –es, XII 167

Tagträume d. –es, meistens erotisch, VII 192; XI 95

Triebunterdrückung beim (*s. a.* Trieb-), VII 160f.

Unaufrichtigkeit, konventionelle, beim *s.* **Heuchelei** (*s. a.* Moral, Kultur-, sexuelle)

Unbeeinflußbarkeit, größere, XV 144f.

unbefriedigtes (*s. a.* Befriedigung; Erregung, frustrane)

Überzärtlichkeit u. Überängstlichkeit d. –es, VII 165

Unberührtheit *s.* **Virginität**

unfertige Sexualität d. *s.* **Mädchen,** Sexualentwicklung d. –s (*s. a.* Weib (als Subjekt: Liebesleben

Unkenntnis d. eigenen Genitales *s.* **Geschlechtscharakter,** Unterschiede i.; **Phallische Phase; Vagina**

Überich beim *s.* **Weibliches Überich**

Übertragungsliebe beim (*s. a.* Übertragungsliebe), X 309–21

Vaterbindung d. *s.* **Vater(bindung),** d. Mädchens

Verdrängung d. Männlichkeit beim *s.* **Männlichkeitskomplex**

Weiberfeindschaft *s.* **Geringschätzung,** d. Weibes; **Misogynie** (*s. a.* Weib)

Weiblich(–er, –e, –es)

Arbeiter, Tagträume d., I 92

Charakter, *s.* **Charakter,** weiblicher

Dienstboten *s.* **Amme; Kinderfrauen** (*s. a.* Verführung; Zerbrechen)

Eifersucht *s.* **Weib** (als Subjekt): Eifersucht beim

Eitelkeit, XV 142

Genitale *s.* **Genitalien,** weibliche; **Klitoris; Vagina**

Homosexualität *s.* **Homosexualität** (weibliche)

Latenz *s.* **Latenz; Mädchen,** Sexualentwicklung d.

'-Libido', als solche, existiert nicht, XV 141

Liebesleben *s.* **Weib** (als Subjekt): Liebesleben d. –es

Masochismus *s.* **Masochismus,** femininer

u. männlich *s.* **Männlichkeit,** u. **Weiblichkeit**

Minderwertigkeitsgefühl *s.* **Minderwertigkeitsgefühl; Penisneid**

Ödipuskomplex *s.* **Ödipuskomplex** weiblicher

Sexualität *s.* **Sexualität,** weibliche (*s. a.* Mädchen, Sexualentwicklung d. –s)

Sexualmoral *s.* **Moral,** Kultur-, sexuelle, weibliche

Triebkonstitution (*s. a.* Charakter, weiblicher; Trieb-), XV 125

Überich (*s. a.* Überich), XIII 266; XIV 29

    Entwicklung d., XIII 400f.; XV 138

    u. Sittlichkeit, XIV 29

    weniger sadistisch, XIV 408–11

    weniger sublimierungsfähig, VII 158; XV 144

    weniger unerbittlich, XIV 29f.

Weiblichkeit (*s. a.* Genitalien; Geschlechtscharakter), V 136; XV *119–45*

Ablehnung d. (*s. a.* **Männlichkeitskomplex**)

'männlicher Protest' als, XVI 97

anatomische (*s. a.* Genitalien; Geschlechtscharakter), XV 121

u. 'Ausnahmen', Typus d., X 370

Begriff d., V 120f.; XV *119–45*

biologisch u. psychologisch, VIII 411

Entwicklung *s.* **Mädchen,** Sexualentwicklung d. –s

Hysterie, Affinität d., z., XIV 174

beim Mann *s.* **Bisexualität; Feminine Einstellung; Vater**

u. Masochismus (*s. a.* Masochismus, femininer), XV 123

männliche Analytiker, Einstellung d. –n, z., XV 124

u. Männlichkeit *s.* **Männlichkeit, u. Weiblichkeit**

normale (*s. a.* Mädchen, Sexualentwicklung d. –s), XV 135–39

als Passivität (*s. a.* Aktivität u. Passivität), V 121; VIII 411; XII 145–47, 210, 214, 219f., 301

sekundäre Geschlechtscharaktere *s.* **Geschlechtscharakter**

sozial gezüchtete, XV 141

Verdrängung d. *s.* **Männlichkeitskomplex** (*s. a.* Phallische Phase)

Weinen

als Abreagieren, I 87

hysterisches, I 132

beim Kleinkind *s.* **Schreien**

als Orgasmus, unvollkommener, XVII 153

bei Schmerz, I 86

Weisen v. Zion, XVI 191

Weissagen[-ung] (*s. a.* Wahrsager)

durch Traum *s.* **Traum,** prophetischer

'Weiße Frau'

'Weiße Frau', als 'Totem', IX 128
Weiße Wäsche s. Wäsche
Welt, Wunsch-, [– d. Wünsche] (s.
 a. Außenwelt; Phantasiereich;
 Realität; Tagtraum; Umgebung)
 innere, XVI 82
 u. Sinneswelt, XV 181
Weltanschauung(en) (s. a. Philosophie, Systeme d.; Welterklärung), XIV 357, 441; XV 170–97
 u. Allmachtsglaube, IX 108f.
 animistische [mythologische-] (s. a. Aberglauben; Animismus), IX 108
 u. paranoische, IV 287–89
 u. religiöse, VIII 416
 (Definition), XV 170
 drei große, IX 96
 Entwicklung d., VIII 416; IX 96
 Fabrikation v., XIV 123
 Kommunismus als s. Kommunismus
 d. Patienten, XII 190
 Psychoanalyse ist keine, XIV 123; XV 171, 197
 Religion als (s. a. Religion), XV 173, *175–81*
  d. Animismus nachfolgend s. Weltanschauungen, animistische
  Funktion d., XV 174
  Kritik d., XV 181
  durch wissenschaftliche abgelöst, VIII 416
 unwissenschaftliche [primäre], XV 189–97
  nicht aus spekulativer Wißbegierde stammend, XI 96, 112
 wissenschaftliche s. Welterklärung(en)

Welterklärung(en)[Weltauffassung, -bild, Wissenschaftliche Weltanschauung], XV 58, 171
 d. animistischen u. d. religiösen Weltanschauung nachfolgend, IX 96
 d. Psychoanalyse, XV 58, 171
 kein vollständiges Weltbild, XIII 427
 keine Weltanschauung, XIV 123; XV 171, 197
Weltgeschichte s. Geschichte, Welt-
Weltherrschaft
 d. Messias s. Messias
 u. Monotheismus, XVI 191, 196
 d. Pharaonen, XVI 191
 d. 'Weisen v. Zion', XVI 191
Weltkrieg s. Krieg (s. a. Psychoanalytische Bewegung, Geschichte)
Weltliebe(s. a. Nächstenliebe), XIV 461
Weltschöpfer [Weltschöpfung] (s. a. Gott; Kosmogonie), XIII 151; XV 175
Weltuntergangsphantasie, VIII 305–08, 311
 Gefühle bei d. s. Zurückziehung, d. Libido
 u. Liebesekstase, VIII 307
 Mechanismen d., X 141
 i. d. Paranoia u. i. d. Schizophrenie, VIII 305–08; X 141
  bei Schreber s. i. Reg. d. Krankengesch.: Namenverzeichnis, Schreber
 partielle, VIII 310–12
Wendung gegen d. eigene Person s. Aggression; Masochismus; Überich, Härte d.
Werbung, Aggression bei normaler, V 57, 121

Werfen [Fort-, Hinaus-] *s.* Fortwerfen; Hinauswerfen

Werkzeuge *s.* Instrumente; u. i. Symbol-Reg.

Wert[-verhältnisse, Wertigkeit, Wertung- (*s. a.* unter d. einzelnen Begriffen)
   d. Es kennt keine, XV 81
   d. Traumauswahl, II/III 311 f.
   d. Verschiebung *s.* Verschiebung -urteile
   v. Glückwünschen geleitete u. Illusion, XIV 505 f.

Wespenphobie, IX 155; XII 128

Westöstlicher Diwan *s.* i. Bibliogr. Reg.: Goethe (*s. a.* i. Namen-Reg.: Goethe)

Whigs u. Tories, Spitzname d., IX 137

Wichtigkeit (*s. a.* unter d. einzelnen Stichwörtern)
   d. Vorsatzes, IV 169–71, 173

Widersinn *s.* Unsinn (*s. a.* Gegenteil)

Widerspruch (*s. a.* Denkrelationen; Gegensatz; Verneinung)
   zwischen d. psychischen Systemen, X 293
   Satz v., XV 80
   i. Seelenleben, XI 146
   i. d. Sprache, II/III 323
   i. Traum, II/III 342

Widerspruchslosigkeit (*s. a.* Verneinung, Widerspruch)
   i. Unbewußten, X 286

Widerstand (i. allgemeinen)
   nicht-analytischer, o. außerhalb d. psychoanalytischen Prozesses (*s. a.* Resistenz)
      gegen ärztliche Verordnungen, I 122

Widerstand (Bekämpfung d.)
   gegen d. Psychoanalyse *s.* Psychoanalyse, Widerstand gegen d.
   während d. psychoanalytischen Prozesses (*s. a.* Psychoanalytischer Prozeß), I 168 f.; II/III 521; V 6, 18, 24; VII 9, 13, 85; VIII 20, 436; XI 114, 141, *296–312*; XIII 20, 241, 411; XIV 66; XV 74; XVI 85; XVII 82, 104
      als Abwehr, XVI 84
      u. Abwehr, Unterschied zwischen, VIII 435 f.
      durch äußeren Einfluß z. Vorschein gebrachter, VIII 470 f.
      Deutung d. –es (*s. a.* Deutung), I 281
      gegen Deutung *s.* Widerstand (Formen d.): Deutungs-
      erster, Wichtigkeit d. –n, VIII 472
      ganze Kur begleitend, VIII 368 f.
      Kampf gegen *s.* Widerstand (Bekämpfung d.)
      Kopfschmerz als Symbol f., I 308
      Mittel d. –es *s.* Widerstand durch
      störende Ereignisse während Kur als, II/III 521
      symptomatische Redensarten d. Patienten *s.* Widerstand (Symptome d.)
      Toleranz f. d. Kranksein ausbeutend, X 132 f.
      Übertragungs-, *s.* Widerstand (Formen d.): Übertragungs-
      i. d. zwei Phasen d. Kur, XII 277 f.

Widerstand (Bekämpfung d.) [Aufhebung, Auflösung, Überwindung d.], I 285; XI 453 f.; XIV 65–69, 191 f.

Widerstand (Bekämpfung d.): als Aufgabe

als Aufgabe [Ziel, Zweck] d. psychoanalytischen Methode (*s. a.* Psychoanalytische Methode), I 285f., 307–10; V 8, 24f.; VIII 107, 123; X 126f.; XI 453f.; XII 183f.; XIII 16; XIV 65–69, 191f., 233, 255, 305; XVII 105

    Deutung weniger wichtig als, XIV 255

    durch Deutung d. Widerstände, I 281

    durch Durcharbeiten d. Widerstände, X 135; XIV 192

        nicht förderlich ohne, X 135f.

bei Ehrgeiz, therapeutischem, schwerer, VIII 381

endgültige, I 300

u. Gegenbesetzungen, Bekämpfung d., XIV 191f.

i. d. Hysterie, I 288–95

u. intellektuelles Interesse d. Patienten, Erweckung d., I 285

Kompromiß, jeder Schritt ein, zwischen Widerstand u. Genesungswunsch, VIII 368f.

Krankheitsmotive, Entwertung d., I 285; V 205

u. Länge d. Behandlung, XII 34

Lockerung [Einschrumpfung, Schmelzen] d. Widerstandes, I 295

    durch positive Übertragung, XIII 310f.

    durch zweckmäßige Technik, XVI 61f.

Methoden d.

    analytischen, Wert d., I 286–88, 381

    hypnotische, kathartische, psychoanalytische verglichen, I 286–88; V 17f.

    hypnotischen, Verdeckung d. Widerstandes bei d., I 110; VIII 23; XII 291

i. d. Nachanalyse, XVI 61f.

periphere, I 296

persönlicher Einfluß u. Eigenart d. Analytikers, i. d., I 286, 307–10; XVI 93

schrittweise nur überwindbar, VIII 476f.

Sympathie d. Analytikers, Rolle d., i. d., I 285f.

Technik d. (*s. a.* Psychoanalytische Technik), XI 453; XIII *225*; XIV 65–69; XVI 61f.

    durch Terminsetzung (*s. a.* i. Reg. d. Krankengesch: Namenverzeichnis, Wolfsmann), XII 34; XVI 61

    durch Übertragung, Hilfe d. (positiven), V 283; VIII 124, 369; XII 184; XIII 310f., XVII 107

        einzig möglich, XVII 102f.

Wichtigkeit d., XVII 105

    grundsätzlicher, als Bekämpfung d. Komplexe u. Symptome, VIII 107f.

Widerstand (Formen d.) [Arten d.]

Assoziations-, (*s. a.* Psychoanalytische Grundregel), I 269f., 284; VII 9; X 130; XI 114–16, 298; XV 13; XVI 84

    als Angriffspunkt d. Widerstandes, XI 297

    als Beweis f. Glaubwürdigkeit nachfolgender Aussagen, I 418

    durch i. d. Breite gehende Assoziationen, XIII 302

    durch Einfallslosigkeit [Pausen, Stockung], I 281f.; X 130; XI 297f.; XV 74

    durch Länge d. Kette, XI 115; XV 13

    durch Reißen d. Zusammenhänge, I 284

    durch Reservierung eines Asylrechtes f. Privatsachen, XI 298

Widerstand (Formen d.): Übertragungs-

durch 'Vergessen' d. Grundregel, I 280f.

durch zögernde Assoziationen, VII 10

Charakter- (s. a. Charakter), X 364

Deutungs-, XIV 251; XVI 85; XVII 104

(Definition), XI 141

i. bezug auf Fehlleistungen, IV 298–301

bei Konstruktionen, XVI 53

i. bezug auf d. Ödipuskomplex II/III 270

i. bezug auf Traum(deutung), II/III 146f.; IV 298–301; XI 114, 145; XIII 302f.; XV 13

wegen verfrühter Deutungen, XVII 104

d. Es s. **Es**, Widerstand d.

fünf Arten d. –es, XIV 192

d. Ich s. **Ich**, Widerstand d.

intellektueller, II/III 146; VIII 39f., 386, 476f.; X 62; XI 298–300, 302f.; XII 33, 291

als Ablehnung (s. a. Verneinung), VIII 39f.; X 62

als Besserwissen u. Vorherwissenwollen, V 231

als Eifer [Übergewissenhaftigkeit, sich auf Stunde vorbereiten], VIII 469f.; XI 298–300

gegen Konzentration gerichtete, I 286–88

als Kritik, XIV 66

durch Rationalisierung, II/III 153

durch simulierten Schwachsinn, VIII 478

durch Teilnahmslosigkeit, XII 33

als Wißbegierde, I 280; XI 299

als Zweifel

i. Traum, II/III 521–23

u. Übergewissenhaftigkeit, XI 298–300; XII 107

i. d. Zwangsneurose, VII 447; XI 298–300; XII 107, 291

unbekannte Faktoren, V 272f.

unbewußter (s. a. Widerstand (als Vorgang): u. Schuldgefühl; – u. d. Unbewußte), XIV 192; XV 75

unlokalisierbare(r), XVI 86f.

Unwichtigkeit d., XVI 99

d. Überich s. **Überich**, Widerstand d.

Übertragungs-, I 308f.; V 283; VIII 473; XI 300f.; XIII 22

durch Ausdauer [Intensität] d. Übertragung, VIII 370

Entstellung durch Übertragung, als Mittel d. Widerstandes, VIII 369f.

durch Genesungstraum manifestiert, XIII 304f.

durch negative Übertragung, XIV 68

Argwohn u. Mißtrauen, XVI 85, 108

Ausflüchte, I 281–83

Befürchtungen (wegen Selbständigkeitsverlust), I 308

Beschwerden gegen Arzt, I 308–11

besser u. vorher gewußt z. haben (s. a. Widerstand (Formen d.): intellektueller), V 231

Entfremdung, I 308f.; VIII 470

'Leck' i. d. Analyse, VIII 470

Passivität [Wunsch, Stoff vorgeschrieben z. bekommen], VIII 471

Widerstand (Formen d.): Verdrängungs-

Trotzeinstellung u. Unfügsamkeit, I 288; XIII 278f.

i. Unrechtversetzen d. Arztes, II/III 152, 156f., 163f.; V 231

durch positive Übertragung, VIII 370

als Übertragungsliebe (*s. a.* Übertragungsliebe), X 309–11, 315–17

als stärkster Widerstand, VIII 366

Ursache, VIII 368

u. Verdrängung *s.* **Widerstand** (Formen d.): Verdrängungs-

Verdrängungs-, VII 75; VIII 20; XI 296–312; XIII 240f., 243f.; XIV 192; XV 15; XVII 104, 107

(Definition), XIV 189f.; XVII 104

u. Ich, XIII 252

d. Liebe, X 310

gegen Traumdeutung, II/III 146f.

durch Unlustverdrängung, V 24f.

u. Übertragungswiderstand, XIV 192f.

Verhältnis zwischen Widerstand u. Verdrängung, I 110; XI *296–312* (303f.)

vereinzelte(r), XII 125

Widerstand (Stärke d.), VII 237; VIII 370; XI 115

bei eigener Analyse, VIII 458

u. Gegenbesetzung, Stärke d., XVII 87, 104f.

hoher o. niederer, XI 115; XIII 302

pathogene Organisation infiltrierend, I 294f.

bei d. Traumbildung, XV 14; XVII 83

Widerstand (Steigerung d.)

nach Erwachen, II/III 537

bei Gratisbehandlung, VIII 465f.

bei negativer Übertragung *s.* **Widerstand** (Formen d.): Übertragungs-

Widerstand (Symptome d.) [Zeichen d.] (*s. a.* Widerstand durch)

Aufheben d. *s.* **Widerstand** (Bekämpfung d.)

Bilder, Undeutlichkeit d., I 284

divergierender Traum, XIII 302f.

Gegenwunschträume (*s. a.* Traum, Gegenwunsch-), II/III 163f.

gesund fühlen, sich schon, XI 258f.

Intensitätssteigerung d. pathogenen [Konversions]-Symptome, I 301f.

Kopfschmerz, I 308

intellektuelle *s.* **Widerstand** (Formen d.): intellektueller

Leugnen (*s. a.* Konstruktionen; Leugnen; Widerstand (Formen d.): Deutungs-), I 281–83; V 218

Miene, gespannte, d. Patienten, I 307

objektive u. subjektive, XV 74

regredienter Charakter d. psychischen Erscheinungen, II/III 553

störende [äußere] Ereignisse, als möglicher, II/III 521

symptomatische Redensarten u. Einwände, V 231

Unaufrichtigkeit i. d. Anamnese, IV 160f.; V 173

Unlust (*s. a.* Widerstand durch, Unlust)

Erinnerungs-, I 219, 268

peinliche Empfindungen, XV 74f.

Unsicherheit

i. d. Anamnese, V 173–75

u. Zweifel (*s. a.* Widerstand (Formen d.): intellektueller), II/III 521–23

Vergessen

Amnesie, V 6

d. Grundregel, I 280f.

u. Traum, II/III 521–27

Vorsatzes, Traum z. erzählen, II/III 448

Verlegen, IV 156f.

Wahl d., VIII 369

Zerstreutheit u. Vergeßlichkeit, I 281f., 524

Widerstand (Theorie d.), VII 9f.; XIV 54f.

Adlers Lehre v., X 102

Begriff, XIII 241

erste Formulierungen, I 268f.

Geschichte d. –es, I 218–22, 233

(Definition), XIII 241; XIV 189

Entstehung d. Lehre, VIII 20; XIV 54

erste Ideen Freuds ü., I 219, 283–88; II/III *521*

als Grundpfeiler d. psychoanalytischen Theorie, XIII 223

d. kathartische Therapie i. psychoanalytische umgestaltende, eine d. Ideen, X 53f.

(Zusammenfassung), XIII 222f., 225, 411; XIV 303f.

Widerstand (Verringerung d.) [eingeschrumpfter, gelockerter, herabgesetzter Widerstand], XII 34

als Bedingung d. Traumbildung, XIII 302; XV 14; XVII 83

i. d. Hypnose, X 130

durch positive Übertragung, XIII 310f.

i. Schlaf, II/III 530f.; VII 89f.; XVII 83

durch Technik zweckmäßige *s.* **Widerstand** (Bekämpfung d.)

Widerstand (als Vorgang) [Erscheinung, Funktion]

als Abwehr (*s. a.* Abwehr), I 269; XVI 84f.

Anamnese beeinträchtigend (*s. a.* Anamnese; u. i. Reg. d. Krankengesch.), V 173–75

Ausgangspunkt d., XIII 18

als Bedingung d. Aufrechterhaltung d. Normalität, XVII 83

Begriff d. –es, I 268–70; XIII 20, 241

(Definition), I 268, 521; XIII 241; XIV 189f.

Dynamik d. –es, XI 115

als dynamische Größe d. Pathogenese, XIV 54f.

u. Exhibitionismus, verdrängter, XIII 313

u. Gegenbesetzung, XI 453f.; XIV *189–93*; XVII 87, 104f.

u. Grenzen d. Deutung, XV 13

u. Herdentrieb, XIII 131

als Ichfunktion *s.* **Ich**, Widerstand d.

als Komplex, fälschlich bezeichnet, X 69

als Konflikt [Anzeichen o. Ursache eines –es], XI 454f.; XV 14, 62f.

u. Krankheitssymptom, V 203

u. Lustprinzip (*s. a.* Widerstand gegen, Unlust), XIII 18

Lockerung d. –es *s.* **Widerstand** (Verringerung d.)

bei Normalen, V 8; XVII 83

u. Pathogenese (*s. a.* Konflikt, Neurose als), XV 62f.

Wichtigkeit d., i. d., I 295; XIV 54

Widerstand (als Vorgang): u. Schuldgefühl

u. Schuldgefühl, XIII 279; XVII 105f.

u. Strafbedürfnis, XV 115

als Schutz d. Verdrängung, XIV 189f.

Schwierigkeiten durch, V 19f.

Suggestionsmethoden unzulänglich bei (*s. a.* Widerstand i. d. Hypnose), V 17f.

Stärke d. –es *s.* **Widerstand** (Stärke d.)

Steigerung d. –es *s.* **Widerstand** (Steigerung d.)

u. Trägheit, XVI 76

u. d. Unbewußte, VIII 435f.; XIV 192; XV 74f.

    d. Unbewußte selbst leistet keinen, XIII 17

    Widerstand gegen Anerkennung d. eigenen –n, X 268f.

Unlust deutet auf (*s. a.* Widerstand gegen, Unlust), XIII 244

u. Verdrängung (*s. a.* Widerstand (Formen d.): Verdrängungs-)

    als Schutz d. Verdrängung, XIV 189f.

Verschiebung d. –es, bei schriftlicher Fixierung d. Traumes, XV 14

u. Wiederholungszwang, X 129–31; XIV 192

Zwang gleichwertig mit, VII 447

Widerstand durch [Mittel d. –es] (*s. a.* Widerstand (Symptome d.))

Amnesie, V 6, 8, 173; VIII 28

    Vergessen d. Träume, XV 13f.

Einfallslosigkeit *s.* **Widerstand** (Formen d.): Assoziations-

Entstellung

    d. Erinnerungen (*s. a.* Erinnerungstäuschungen), V 6, 173–75; VIII 28

    d. Träume (*s. a.* Traum(entstellung)), II/III 519–21

Gegenbesetzung, XI 453f.; XIV 189–93; XVII 87

(Definition), XIII 241; XIV 189

Stärke d., XVII 87, 104f.

Heuchelei, XVI 49

intellektuelle Mittel *s.* **Widerstand** (Formen d.): intellektueller

persönliches Verhalten *s.* **Widerstand** (Formen d.): Übertragungs-

'russische Taktik', XII 291

Überproduktion

    v. Assoziationen, XI 115; XIII 302; XV 13

    v. Eifer *s.* **Widerstand** (Formen d.): intellektueller

    v. Träumen, VIII 351; XIII 302f.

Verdrängung *s.* **Widerstand** (Formen d.): Verdrängungs-, (*s. a.* Widerstand gegen, Unlust)

Vergessen *s.* **Widerstand durch**, Amnesie

Verneinung (*s. a.* Verleugnung; Verneinen), XVI 43f., 49

Zweifel *s.* **Widerstand** (Formen d.): intellektueller

Widerstand gegen

Anerkennung d. eigenen Unbewußten (*s. a.* Gegenbesetzung; Zensur), X 268f.

Aufdeckung d. Widerstandes, XVI 85

Aufgeben d. Ersatzbefriedigungen (*s. a.* Ersatzbefriedigung), VIII 52

Bewußtwerden u. Erinnern [Verdrängungswiderstand] (*s. a.* Widerstand (Formen d.): Verdrängungs-), I 268f.; VII 75; X 265; XVII 82f.

v. Es-Inhalten, XVI 85

Denkgesetze, Monotonie d., XV 34f.

Deutung *s.* **Widerstand** (Formen d.): Deutungs-

Grundregel, psychoanalytische (*s. a.* Psychoanalytische Grundregel; Widerstand (Formen d.): Assoziations-), VIII 373; X 130; XI 114–16, 298; XVI 84

   als Angriffspunkt d. Widerstandes, XI 297

Heilung u. Kur (*s. a.* Krankheitsgewinn; Psychoanalytische Kur, Heilerfolg), VIII 107, 368, 386

   als Gefahr empfunden, XVI 84f., 99

   u. Krankheitsgewinn, V 203

   Nichtannehmen, beim Mann, XVI 99

   u. Schuldgefühl, XVI 88

   Unglauben an, beim Weib, XVI 99

(Sexual)trieb [u. Libido] (*s. a.* Abstinenz; Trieb), V 56, 58, 60, 64; XII 162

   Neurose als Konflikt d. –es, XV 62f.

   zärtliche Gefühle i. Dienste d. –es (*s. a.* Zärtlich-), XIII 155

Unlust[-volles] (*s. a.* Unlust)

   i. d. Erinnerung, I 268–70, 536

   i. d. Realität, XV 34f.; XVI 85

   i. Traum (*s. a.* Traum), I 563f.

   u. Verdrängung (*s. a.* Widerstand (Formen d.): Verdrängungs-), I 110; V 24f.

Wissen, VIII 476

Widerstand im [i. d.] [Widerstand unter verschiedenen Umständen]

Analyse *s.* **Widerstand** (i. allgemeinen): während d. psychoanalytischen Prozesses; **Widerstand** (Formen d.): Übertragungs-

Hypnose, I 110, 136, 156, 165f.; XII 29

   beiseite geschoben [unbemerkt bleibend], V 7f.; VIII 23; X 130

Hysterie, VII 237

Neurose (*s. a.* unter d. einzelnen Krankheitsnamen)

   narzißtischer (*s. a.* Psychose) unüberwindbar, XI 438, 455

   u. beim Verbrecher, Unterschied zwischen, VII 12f.

Psychoanalytiker (*s. a.* Psychoanalytiker; Selbstanalyse), VIII 382, 458

Schlaf *s.* **Widerstand** (Verringerung d.)

Traum, II/III 314, 326f.

   i. d. Breite gehende Assoziationen, XIII 302f.

   Einschrumpfen d. Inhaltes, II/III 522f.

   gegen Erinnerung i., I 563f.

   –entstellung (*s. a.* Traum(zensur)) II/III 519–21; XV 14; XVI 54

   Vergessen, XV 13f.

   Verringerung d. –es *s.* **Widerstand** (Verringerung d.)

Wahn, VII 85; XVI 54

'russische Taktik', XII 291

Zwangsneurose, I 276, 389; VII 447; XI 298–300

Zweifel als *s.* **Widerstand** (Formen d.): intellektueller

Widerstand wegen [Quellen u. Motive d. –es], I 281; VIII 108

Angst (*s. a.* Angst), XIV 254f.

   vor Vater, VII 356; VIII 108

Krankheitsbedürfnis, XVII 105f.

Krankheitsgewinn, XIV 127, 193, 254

Widerstand wegen unbewußter Motive

unbewußter Motive, I 298

Widerstandsfähigkeit s. **Resistenz-**

Widerstandskraft, moralische, I 389

Widerstände
bestimmte s. **Widerstand** (Formen d.)
gegen d. Psychoanalyse s. **Psychoanalyse, Widerstände gegen** (s. a. Psychoanalyse, Abfallsbewegungen d.)

Wiederbelebung [–erwecken; –erweckung]
d. Affektes, d. Konfliktes s. **Aktivierung**
v. frühesten Eindrücken (s. a. Agieren; Erinnern, Wieder-), XII 72
i. d. Übertragung s. **Übertragung**

Wiedererinnern [–erinnerung] s. **Erinnern, Wieder-**

Wiedererkennen [–finden]
u. Dichtung, VI 136
d. Identität s. **Identität; Spiel**(e), d. **Kinder**
Lust [Freude, Genuß] beim, VI 135–39
ästhetische (Aristoteles), VI 136
u. Realitätsprüfung, XIV 14
u. Reim, Refrain, usw., VI 136
u. Spiel (Groos), VI 135f.
u. Witz, VI 135–40

Wiedergeburt (s. a. Seelenwanderung), X 348

Wiedergeburtsphantasie, XII 133–36
inzestuöse Bedeutung d., XII 136
v. Urszene herrührend, XII 137

Wiedergeburtstheorie d. Arunta, IX 139

Wiederholen [Wiederholung] (s. a. Fixierung; Trägheit)
i. Affekt u. i. hysterischen Anfall, XI 410f.
u. Erinnern
u. Durcharbeiten, X *126–36*
zurückverwandelt i. (s. a. Erinnern, Wieder-), XI 461–63
statt Erinnern s. **Agieren; Wiederholungszwang**
d. Geburtsaktes (s. a. Anfall; Angst; Hysterie), XI 411
d. Gleichartigen, XII 249f.
v. Hemmungen, X 131
u. Hilflosigkeitsgefühl, XII 249f.
u. d. Infantile, XII 251; XIII 37
u. Lust[prinzip] s. **Wiederholungslust**
u. motorische Abwehrtechnik, XIV 150f.
i. d. Neurose, XIV 150
u. Rhythmus s. **Rhythmik; Spiele; Zwangsneurose**
i. Spiel, XIII 13–15, 21f., 36
i. d. Traumerzählung, VII 11
Triebregungen, noch nicht durchgesetzter, X 133
d. Unbefriedigten (-Lust), XIII 20
i. d. Übertragung, X 134; XIII 17
nach Verboten, XII 100
als Wiederfinden d. Identität, beim Kind, XIII 37
i. Witz, Lektüre, Theater, f. Erwachsene nicht lustvoll, XIII 36f.
zwanghafte s. **Wiederholungszwang** (s. a. Zwangsneurose)

Wiederholungslust (kindliche) VI 135–39; XII 251; XIII 37
i. Spiel (s. a. Spiel), XIII 13–15
stärker, als beim Erwachsenen, XIII 37

Wiederholungstendenz [–neigung] s. **Befriedigung; Todestrieb; Wiederholungslust; –zwang**

Wiederholungszwang, XI 278; XIII
16–22 (17), *38–45*; XIV 84, 477
u. Abwehr, XIV 258
u. Angst
   vor Analyse, XIII 37
   –entwicklung, XV 88
   als gemilderte Form d. –es, XIV 199
u. Trauma (*s. a.* Trauma), XV 88; XVI 180f.
als Arbeitshemmung, XIV 115
älter [elementarer, früher] als Lustprinzip, XIII 21f., 67
biologischer [organischer], XIII 38f.
   i. d. Embryologie, XIII 25, 60; XV 113
d. Dämonische i., XII 251; XV 114
   i. Angst v. Analyse gefürchtet, XIII 37
d. Schicksals, XIII 20–22; XV 114
statt Erinnern, X 129f.
erste Gedanken Freuds ü. zwanghafte Wiederholung, I 162; V 144
d. hysterischen Symptome, I 162
bei Icheinschränkung i. Kraft tretend, XIV 185
infantiler Charakter d. –es, XII 251; XIII 37
   Kindheitserlebnisse betreffend immer sexuelle, XIII 16f.
   verdrängte, XV 113f.
u. Kinderspiel, XIII 21f., 36
Lustprinzip beim, XII 251
Lustprinzip überwindend, XIII 18, 21f.; XV 114
d. Neurotikers (*s. a.* Fixierung; Trägheit), XIII 37; XIV 134, 150, 258
Objekte d. –es, X 130

Wiederholungszwang u. Verdrängung

u. Ordnung, XIV 452
Perseveration (*s. a.* Obsedierend), IV 142, 275, 280–82; VII 7, 11
i. psychoanalytischen Prozeß (*s. a.* Psychoanalytischer Prozeß), XII 251; XIII 17
   Gefahren d. –es, X 131
   als Hindernis gegen Ende d. Kur, XIII 37
   Kindheitserlebnisse, verdrängter, XV 113f.
u. Widerstand, X 129–31; XIV 192
u. Regression, XIII 38, 64
u. Schicksal, XIII 20; XV 114
Stereotypie, VIII 400
(Terminus technicus, zuerst gebrauchter), I 162
i. Traum [Träumen] (*s. a.* Träume, mehrere), XII 80; XIII 33, 37
   u. Trauma, XVI 180f.
   u. Angst, XV 88
   Traum v., unter d. Herrschaft d. –es, XIII 33
u. Trägheit, psychische *s.* **Trägheit** (*s. a.* Fixierung; Libido)
u. Trieb, XIII *38–45*; XV 113
   Lebens-, XIII 46f.
   Sexual-, XIII 60
   Todes-, XIII 46f., 60
bei Unbefriedigung, XIII 20
u. d. Unheimliche (*s. a.* Wiederholungszwang, d. Dämonische i.), XII 249f.
d. Übertragung dienende, X 129f.; XI 461–63; XIII 311
durch Übertragung kontrolliert, X 134
u. Verdrängung, XIII 18; XIV 185
u. Erinnerung, XV 113f.

771

Wiederholungszwang i. Zeremoniell

i. Zeremoniell (*s. a.* Zeremoniell (Zwangsneurotisches)), XIV 145f.

i. d. Zwangsneurose, XI 278, 280; XII 252; XIV 145f., 150

    typisch, XI 280

Wiederkehr

d. Erinnerungen, I 387

    normale *s.* **Erinnern**

    pathologische [entstellte] *s.* **Wiederkehr, d. Verdrängten**

'ewige', d. Gleichen, XIII 20f.

infantile *s.* **Infantile Wiederkehr**

d. Mutter *s.* **'Fortsein'; Wiedersehen**

neurotischer Symptome u. Zustände, I 515

    hypnoide, I 97

    durch 'Mitsprechen', I 301

v. Träumen (periodische) *s.* **Träume, (verschiedene): wiederkehrende**

d. Verdrängten [Durchbruch, Hervorbrechen, Rückkehr] (*s. a.* Verdrängung, Mißlingen d.), I 301, 387, 401–04, 485; VII 60, 118; VIII 82, 304f.; X 256f.; XVI 201–04, *233–36*

    als Angsterregendes, XII 254

    'Auftrieb', XVI 53

    Bedingungen d., XVI 201f.

    Charakterveränderungen mit, XVI 233f.

    entstellte (*s. a.* Wiederholungszwang, d. Dämonische i.), XVI 202

    als Hervortreten, VII 61

    i. hysterischen Symptom, VII 196

    keine 'Komplexrückkehr', X 69

    i. Kunstwerken

        Jensens 'Gradiva', VII 59f.

        Rops' 'Kreuzigung', VII 60f.

z. Motilität (u. Bewußtsein) vordringend, wird pathologisch, XVI 263

i. d. Neurose, I 387; XVI 236

i. d. Paranoia, I 387, 401f.

u. Realität, Abwendung v. d., XVI 54

i. d. Religion, XVI 190–98, 233–36, 240–46

u. Rezentes (i. Fall v. Moses), XVI 202

d. Sexuellen, VII 196

u. Trauma, XVI 185, 195

u. Unlust, XIII 7

i. d. Zwangsneurose, I 485

Wiederkehrende Träume *s.* **Träume, (verschiedene): wiederkehrende**

Wiedersehen d. Mutter, nach Fortsein (*s. a.* Fortsein; Wiederkehr), XIII 12–15

Wiegen, V 102f.

Wilde

Tiere *s.* **Tiere, wilde**

Völker *s.* **Primitive Völker**

'Wilde' Analyse, V 18f.; VIII *118–25*

durch Ärzte, Erzieher u. Seelsorger, X 450

Wille(n)

Abwehrversuche d. –s, I 66f.; XII 11

freier *s.* **Willensfreiheit** (*s. a.* Determinismus)

Gegen-, *s.* **Gegenwille**

Genesungs-, *s.* **Genesungswille** (*s. a.* Heilung; Krankheitsgewinn)

Gesamt-, i. Insektenstaat (*s. a.* Massenseele), XV 59

heilig, d. Urvaters, XVI 229

i. d. Hypnose (*s. a.* Hypnose), XIII 142

Ichanspruch, oberste Instanz z. sein ü. d., XII 8f.
  u. körperliche Vorgänge Beeinflussung d., durch Willen, V 296f., 302
  u. Krankheit, V 297
  z. Leben *s.* **Eros; Todestrieb, u. Lebenstrieb**
  Macht-, ['Wille z. Macht'] *s.* **Machtstreben; 'Männlicher Protest'**
  u. schlafähnliche Zustände, I 64
  z. Sterben (*s. a.* Selbstmord; Todestrieb)
  Krankheit beeinflussend, V 297
  i. Triebkonflikt versagend, XII 11
  unbewußter (*s. a.* Unbewußt-)
  Begriff, philosophischer, d. (Schopenhauer), XII 12
  z. Vergessen, Abreaktion hindernd, I 90
  volkstümliche Auffassung ü. d., V 204f.; XIII 406f.

Willensakt
  Bewußtseinsspaltung durch (i. Hysterie), I 62, 182
  Verdrängungsversuch durch, I 66f., 90; XII 11
  nicht pathologisch, I 62
  undurchführbar, I 64
  Vereitelung d. therapeutischen Wirkung durch, I 131

Willensanstrengung, bietet keine Hilfe bei d. Neurose (*s. a.* Wille(n), volkstümliche Auffassung ü. d.), VIII 386

Willensfreiheit (*s. a.* Determinismus)
  Gefühl d., IV 282
  als Illusion, XI 42; XII 248
  Überzeugung v. d. (Freuds), XIV 282f.

Willenshemmung *s.* **Abulie; Gehemmtsein; Hemmung; Unsicherheit; Willenslähmung**

Willenskonflikt *s.* **Konflikt**

Willenslähmung (*s. a.* **Abulie; Gehemmtsein; Hemmung; Unsicherheit**)
  bei Ambivalenz z. Liebe, u. Haß (*s. a.* Ambivalenz; Liebe, u. Haß), VII 456f.
  i. d. Zwangsneurose (*s. a.* Zwangsneurose), XIV 148

Willensmacht *s.* **Wille**

Willensperversion, i. Hysterie u. Neurasthenie, I 11

Willensschwäche
  i. d. Hysterie, I 12
  i. d. Neurasthenie, I 10f.

Willkürakt *s.* **Willensakt**

'Wippchen'-Witze, VI 242–45

Wirklichkeit *s.* **Realität; Wahrheitsgehalt**

Wirklichkeitsgefühl
  Mangel d. *s.* **'Déjà vu'; Depersonalisation**
  i. Traum (d. Wolfsmanns), XII 59

Wirkung
  nachträgliche d. Infantilen, I 511
  u. Ursache *s.* **Denkrelationen, Ursache u. Wirkung**

Wirtsvölker, d. Juden (*s. a. i.* Geogr. Reg.: Juden)
  Antisemitismus d. (*s. a.* Antisemitismus), XVI 197

Wißbegierde *s.* **Infantile Sexualforschung; Neu(gierde); Wißtrieb**

Wissen
  frühzeitiges *s.* **Frühreife**
  instinktives *s.* **Instinktiv; Kenntnis; Unwissenheit**

Wissen, intellektuelles

intellektuelles *s.* **Intellektuell; Intelligenz; Kenntnis**

therapeutisch kein Faktor (*s. a.* Psychoanalytische Technik; Widerstand(sformen), intellektuelle(r), VIII 123; XI 289–91

u. Wahrnehmung, XIII 250

Widerstand gegen unlustvolles (*s. a.* Leugnen; Verleugnung; Verneinen), VIII 476

zweierlei, XI 453

i. d. Zwangsneurose, VII 418

Wissenschaft(en)

Einstellung z., XV 33

Gesetze u. Grundbegriffe d. *s.* **Wissenschaftliche** Lehrsätze

Illusionen, angebliche d., XIV 379f.

u. Wert d., XV 172

u. Intuition, XV 171f.

u. Katechismus, XI 44f.; XIII 69

Kritik d. *s.* **Wissenschaft**, Nihilismus; – u. Religion

u. Kultur (*s. a.* Kulturinstitutionen), XIV 453f.

u. Kunst, XV 172

u. 'Logos, Gott', XIV 378

Lustprinzip überwindend, VIII 67, 236

Methoden d., Darstellung d. Ergebnisse u., XVII 141f.

dogmatische (*s. a.* Dogmatismus), XVII 141f.

genetische, XVII 141

i. d. Psychoanalyse *s.* **Psychoanalytische Methode**

u. Mystik, XV 58f.

u. d. Neue, XIV 100

Nihilismus [Anarchismus] ü. d., XV 190f.

u. Okkultismus, XV 58–60; XVII 28, 31f.

Originalität i. d., XIII 357f.

u. Phantasie, XIII 406

u. Philosophie (*s. a.* Philosophie)

Unterschied zwischen, XV 172f., 189f.

Polemik i. d. *s.* **Polemik**

Projektionen v. Selbstwahrnehmungen, bei Nicht-Analysierten, i. d., VIII 383

u. Psychoanalyse (*s. a.* Psychoanalyse)

Anerkennung d., als [Natur-]wissenschaft, XV 148f.

alleinige –, neben Naturwissenschaft, XV 194

ähnliche Methoden, XV 171, 188

Beitrag d., z., XV 171

als empirische, XIII *229*

wissenschaftliche Verwertung d. *s.* **Wissenschaftlich**

Psychologie, reine u. angewandte als, XV 194

u. Realität

Kenntnis d., XIV 354

Prüfung d. (*s. a.* Experiment-; Prüfbarkeit), XV 184

u. Religion, XI 44f.; XIV 432f.; XV 172f.

keine Offenbarung, XIV 218

Religion ablösend, VIII 416; XIV 361f., 367–69, 373

Religion, Kritik d., durch d., XV *179–90*

d. Religion überlegen, XV 188f.

durch Religion kritisiert, XV 183f., 186–89

Schein-, VIII 383

Skeptizismus i. d., gegen d. Neue (*s. a.* Skepsis), XIV 100

u. Technik, XIV 449f.

Toleranz i. d. (*s. a.* Eklektizismus), XV 155f., 172f.

'Kulanz', unstatthaft, XI 228

Unparteilichkeit, Frage d., i. d., XIII 64 f.

Urteilsirrtümer, i. d., IV 255

Vorurteile i. d., Nützlichkeit u. Schädlichkeit d., XV 34

u. Wahrnehmung (*s. a.* Wahrnehmung), XVII 81 f.

u. Weltanschauungen *s.* **Weltanschauung; Welterklärung**

u. Wißtrieb (*s. a.* Wißtrieb), XIII 64

zeitgenössische deutsche (*s. a.* Psychiatrie; Psychoanalyse, Widerstände gegen; Psychotherapie, nichtanalytische), XIII 103

Ziele d., XV 184 f.

Zukunft d., XV 188

Wissenschaftlich(er, -e, -es)

Denken *s.* **Denken; Denksysteme**

Grundbegriffe *s.* **Wissenschaftliche Lehrsätze**

Interesse (*s. a.* Wißtrieb)

   u. Verwertung d. Psychoanalyse (*s. a.* Wissenschaft, u. Psychoanalyse), XIV 281, 283 f., 291–95, 301

Lehrsätze d. (*s. a.* Wissenschaft, u. Religion)

   'Entseelung' d. Welt durch, XIII 416; XVI 222

   u. Gesetze, XIV 379

   Glauben an, Beweis, Erfahrung u., XIV 346–48

   Grundbegriffe, X 210

      Unbestimmtheit d. -n, XVII 143

   u. religiöse Katechismen, Unterschied zwischen, XI 44 f.

Theorien d.

Wißtrieb, sexueller

als Mythologien *s.* **Mythologie,** 'd. Psychoanalyse', Trieblehre als

Schicksal d., XVI 22, 170

Weltauffassung *s.* **Welterklärung**

Wißtrieb [Wißbegierde, Wissensdrang] (*s.a.* Infantiler Wissensdrang; Intellektuelles Interesse; Lerneifer; Neugierde)

u. Bemächtigungstrieb

   intellektueller, VIII 450

u. Schaulust, V 95

(Definition), VIII 450

erstes Mißglücken, VIII 146

infantiler *s.* **Kind,** Wissensdrang beim (*s. a.* Infantile Sexualforschung; Kind, Fragelust beim; Neugierde)

intellektueller [Forschertrieb]

   i. d. Analyse

      verwertet *s.* **Psychoanalytische Situation,** Mitarbeit

      als Widerstand *s.* **Widerstand** (Formen d.): intellektueller

u. Religion *s.* **Religion; Wissenschaft**

u. Sadismus

   i. d. analen Phase, XII 143

   i. d. Zwangsneurose, VIII 450

u. sexueller *s.* **Wißtrieb, sexueller**

praktische Motive d. -es, XIV 344

sexueller

   Aufgeben d.

      u. Denkhemmung, V 97; VIII 147

         bei Frauen, VII 162

      u. Lerneifer, VII 61 f.

   i. d. Hysterie, V 195, 263, 266 f.

Wißtrieb u. Schaulust

d. Kinder (*s. a.* Infantile Sexualforschung)

u. Forschertrieb, Zusammenhang zwischen, V 64, *95*; VII 22f., 460; VIII 46, 145–48, 194, 205, 450; XIII |64; XVII 77

  i. d. anal-sadistischen Phase, XII 143

  i. d. ödipalen Phase, XVII 77

u. Schaulust, V 95; VII 460; VIII 46

Schicksal d., VIII 146f.

spekulativer (*s. a.* Wahrheitsdrang)

  i. Grübelzwang, VIII 147

u. sekundäre Weltanschauungen, IX 96, 112

u. Sublimierung, V 95; VIII 147f.; XIII 274

  beim Forscher, VIII 148

u. Verdrängung (*s. a.* Verdrängung), VII 176

u. Zwangsneurose, VII 460; VIII 147, 450

Witwen[schaft], I 337

u. Angstneurose u. Zwangsvorstellungen, I 326

Tabu d., IX 68f.

Witz (i. allgemeinen), VI *5–269*; VIII 28; XI 242; XV 21; XVII 83

Witz (u. andere psychische Phänomene)

u. Blasphemie, VI 126

u. Humor, VI 265; XIV 388

u. Gedankenübertragung, XVII 35

u. Ironie, VI 78f., 198f.

u. Komik, VI 6, 9, 11, 69, 103, 160, 199, *206–69* (206f.); XIV 388

  Arten, VI *206–69*

Ähnlichkeiten zwischen, VI 252f., 267

d. Eigennamen, VI 236f.

u. Humor, XIV 388

kombiniert, VI 231f., 235f., 240f.

d. Rede, VI 242, 246f.

Unterschied zwischen, VI 69f., 74, 235–37

Verhältnis zwischen, VI 6

u. Logik *s.* **Witzfassade**; **Witztechnik**

u. Metapher, VI 37

u. Mitteilungsdrang, VI 160

u. Mythus, VIII 225

u. d. Naive, VI *207–15*

Unterschiede zwischen –n, VI 254

u. Neurose, II/III 351; VI 106, 110f., 194f., 203f.

u. d. Rätsel [Scherzfrage], VI 31f., 71f., 135, 168, 171, 246

-hafte, VI 10

-technik *s.* **Witztechnik**

u. religiöses Gefühl, VI 97, 126

u. Scherz, VI 135, 147f., 161, 197, 203f.

-frage *s.* **Witztechnik**, u. Rätseltechnik

u. Spiel, Unterschied zwischen, VI 143–46

als Schnurren, VIII 224

u. Schüttelreim, VI 98

u. Schwank, VI 115, 234

u. Spiel (*s.a.* Witztechnik, u. Vorlust), VI 6f., 22, 36, 143–46, 161, 205

mit Ideen, VI 7, 155, 194

Unterschied zwischen Scherz u., VI 143–46

als spielendes Urteil (Fischer), VI 7, 22

i. Traum, VI *181–205*
u. Traum, II/III 182, 303f., 699; VI 181–205
   Ähnlichkeit zwischen d. Technik v., VI 95f.
   -bildung, VI 95
   -gedanke, dargestellt durch, II/III 350f.
   Rede i., II/III 422
u. Unbewußtes, VI 181–205
u. Urteil, VI 6f.
u. Versprechen, IV 88
   Ähnlichkeit zwischen, IV 86f., 101f.
      Beispiele, IV 76–83, 87f., 97f., 101f.
u. Verschreiben, IV 141
u. Wahn u. Wahrheit, VII 112
u. Zweideutigkeit *s.* Zweideutigkeit, i. Witz
Witz (Arten), VI 12
   abstrakter (Vischer), VI 98f.
   aggressiver [Aggression i. Witz] (*s. a.* Aggression), VI 72–74, 105, 109, 111–15, 119, 132, 149, 161; XIV 386
      gegenüber Autorität, VI 114f.
      als Kritik, VI 114f.
      u. obszöner *s.* Zote, u. aggressiver Witz
      gegenüber ohnmächtigen o. minderwertigen Personen, VI 115
      gegenüber Schwiegermutter, IX 21
      Tendenz, aggressive, i. Witz, VI 111–15
      u. Verdrängung, VI 111f.
   analer (*s. a.* Zote), VI 84f., 90f., 241; XII 107; XIV 241
      keine Perversität, VIII 225
   Bade-, VI 50, 53, 57

Witz (Arten): mißratener

   blasphemischer (*s. a.* Blasphemie), VI 126
   charakterisierender, VI 57
   Dummheits-, VI 62f., 194, 257f.
   Ehe-, (*s. a.* Witz (Arten): 'Schadchen-'), VI 121f.
   elliptischer *s.* Witztechnik, Auslassung
   entblößender *s.* Zote
   erotischer *s.* Zote
   feindseliger *s.* Witz (Arten): aggressiver
   'feiner', VI 109f.
   Gedanken-, VI 86, 98, 139–43
      u. Wortwitz *s.* Wortwitz, u. Gedankenwitz
   'guter' u. 'schlechter', VI 47, 64, 99f., 109, 111, 135, 148, 245
      u. Erwartung, VI 14, 63, 135
   'harmloser', VI 98f., 102, 133–35, 148, 159, 193, 201, 203
      eignet sich z. theoretischen Erörterungen, VI 102
      nicht gehaltlos, VI 99
      u. d. Unbewußte, VI 201
   ironischer, VI 79
   jüdischer (*s. a.* Witz (Arten): Bade-; Schadchen-; Schnorrer-), VI 39, 44, 50, 53, 77, 84, 86f., *123–25*, 159
      u. Jargon, VI 119, 125
      Judenwitze anderer Völker [Witze ü. Juden], VI 33, 123
      Pessimismus i. –n, VI 10, 14, 59, 67, 77, 116f., 119f., 125–27, 157, 159
   Klang- (*s. a.* Wortwitz), VI 30, 46, 135, 193
   Klassifikation d., VI 12
   Komplex-, VIII 225
   mißratener, Traum als, XI 177

Witz (Arten): Modifikations-

Modifikations-, s. **Witztechnik,** Modifikation

naiver (s. a. Witz (u. andere psychische Phänomene): u. d. Naive), VI 208

obszöner [Obszönes i. Witz] s. **Zote**

Plattheit verkleidet i., VI 100

'Schadchen' [Vermittler]-, VI 57, 64f., 67–69, *115–19*

   Entlarvung i., VI 231

schlechter s. **Witz** (Arten): 'guter' u. 'schlechter'; – mißratener

Schnorrer-, VI 38f., 44, 51, 53, 58, 119, 124f., 233

Schwiegermutter-, IX 21

sexueller s. **Zote**

skeptischer, VI 127f., 149

   Tendenz i. –n, VI 126–28

tendenziöser (s. a. Witztendenzen), II/III 484; VI 97–128 (98, 104), 149, 151f., 160, 197

   (Definition), VI 131

   größere Lustwirkung beim –n, VI 104f.

   höchste Stufe d. Witzes, VI 197

Umordnungs-, (s. a. Witztechnik, Umordnung), VI 32, 41–43, 81

Unifizierungs-, s. **Witztechnik,** Unifizierung

Unsinns- (s. a. Unsinn, u. Witz), VI 155, 232

Überbietungs-, VI 77f., 198

verkümmerter, VI 245

Vermittler-, s. **Witz** (Arten): 'Schadchen'-

Vorstufen d. –es, VI 143

Wort-, s. **Wortwitz**

Zerteilungs-, VI 29–32, 43

u. Zote (s. a. Zote), VI 109–11, 253

Unterschiede zwischen, VI 149, 254

zynischer (s. a. Humor, Galgen-) VI 54, 78f., 121, 126, 149, 201

   Tendenz i. –n, VI 115–26

   ü. Tod, X 352f.; XIV 385

Unterschied zwischen aggressivem, skeptischem, obszönem u. –m, VI 149

Witz (als Vorgang u. Erscheinung)

Affektwirkung d. –es, II/III 484

Aggression i. s. **Witz** (Arten): aggressiver

u. Aktualität, VI 137–39

Akzentverschiebung s. **Witztechnik,** Verschiebung

Anhören s. **Witzpublikum**

u. Assoziation, VI 192

u. Aufmerksamkeit, VI 169, 172

Ausdruckstechnik d. –es s. **Witztechnik**

Automatismus beim, XVII 35

Ähnlichkeit mit anderen psychischen Erscheinungen (s. a. Witz (u. andere psychischen Phänomene))

   d. Denkvorgänge, VI 194f.

   d. Symbolik, II/III 350f., 356f.

u. Ästhetik s. **Ästhetik**

Bedingungen s. **Witzbildung**

Besetzung beim, VI 169, 172, 203, 233

i. Biographien, VI 13

(Definitionen)

   analytische, VI 205, 269; XIV 388

   d. tendenziösen –es, VI 131

   nicht-analytische

      Fischer, VI 6f.

      Heymans, VI 9

      Kant, VI 9

      Kraepelin, VI 8

Witz (als Vorgang): sekundäre Funktionen d.

Lipps, VI 6, 10f.
Richter [Jean Paul], VI 7, 10
Vischer, VI 7f.
dritte Person i. *s.* **Witzpublikum**
(*s. a.* Dritte Person)
Einfallscharakter d. –es, VI 191
Empfindung, daß etwas ein – ist *s.* **Witzigkeit**
Entstehung d. –es *s.* **Witzbildung**
Erniedrigung i. *s.* **Witz (Arten):** aggressiver; **Zote**
Ersparnis beim *s.* **Witztechnik,** Aufwand, Ersparnis an
u. Freiheit, VI 7
Gegenstand d. –es *s.* **Komik; Komisch**
Gehalt d. –es, VI 100
u. Hemmungsbereitschaft, VI 169, 211
Hörer d. –es *s.* **Witzpublikum**
Ich, Rolle d., beim, VI 211; XIII 146
infantiler Charakter d. –es, VI 194
Janusköpfigkeit ['Double Face'], VI 173, 244f., 268
als Kompromißleistung, VI 232f.,
  zwischen Unbewußtem u. Vorbewußtem, VI 267
  ohne Kompromiß, VI 196
als Kontrast, VI 6, 8
ohne Kontrast, quantitativen, VI 268
u. körperliche Gebrechen, VI 113
Kritik i., VI 232–34
Kürze d. –es *s.* **Witztechnik,** Verkürzung
Lust [-gefühl] beim, VI 102, 108, 139–43, 162; XV 35
  eigenem, VI 161, 174
  -mechanismus d. –es, VI *131–55*
  -qualität d. –es, VI 88

bei tendenziösem Witz größer, VI 104f.
am Unsinn *s.* **Witztechnik,** Unsinn
Vor-, *s.* **Witz (als Vorgang):** u. Vorlust
durch Wiederholung verringert, XIII 36f.
u. Moral, VI 119–22
'carpe diem', VI 119f.
Motive d. –es, VI *156–77*
u. neurotische Denkvorgänge, VI 194f., 203f.
u. d. Obszöne *s.* **Obszön-; Zote**
parodistische, II/III 422
Pointe d. –es, VI 120, 135
produzierende [produktive] Person beim (*s. a.* Witzling; Witzpublikum), VI 8, *56*, 150, 156f., 159, 167, *203f.*, *206*, *211*
Psychoanalyse d. –es, VI *5–269*; X 78
u. psychotische Denkvorgänge, VI 133f., 194f.
Publikum d. –es *s.* **Witzpublikum**
Rätselhaftigkeit d. –es *s.* **Witztechnik**
Rede i. (*s. a.* Rede, 'komische'), VI 208, 242, 246f.
u. Handlung, VI 208
u. Komik, nicht identisch, VI 242, 246f.
parodistische, II/III 422
u. sprachliche Assoziation, VI 8
u. Religion, VI 97, 120, 126, 162
Rezentes i., VI 138f.
rezeptive Person beim *s.* **Witzpublikum**
Schauplatz, psychischer d. –es, VI 200
sekundäre Funktionen d. –es, VI 205

779

Witz (als Vorgang): sexueller

    sexueller [erotischer] s. **Zote**

    Sinn d. –es, VI 8–10

        u. d. Unsinnige (s. a. Unsinn), VI 194, 200, 236

        sozialer Charakter [Wirkung] d. –es s. **Witzpublikum**

        als spielendes Urteil (Fischer) s. **Witztheorien**

        u. Stimmung, VI 142, 148, 203

        Täuschung i. s. **Witztechnik**

        u. d. Unbewußte, VI *181–205* (192–95), 233f., 237; VIII 225; XIV 388; XVII 83

            Aufdeckung d. Denkweise d. –n, i., VI 242–45; VIII 225

            u. Harmlosigkeit s. **Witz** (Arten): 'harmloser'

        als Kompromißleistung s. **Witz** (als Vorgang): als Kompromißleistung

    Unifizierung i. s. **Witztechnik, Unifizierung**

    Verborgenes u. Verstecktes i. s. **Witzfassade**

    Verdrängung

        Aufhebung d., i., X 253

        rekompensiert durch, VI 110f.

        Wiederaufnahme d. Verdrängten i., XIII 146

    u. d. Vorbewußte, VI 196, 201–03, 233, 267

    u. Vorlust, VI 154, 171; XIII 36f.; XIV 92

    u. Hemmung, V 112

    –prinzip, VI 154

    u. Vorstellung, VI 6, 8

    Vorstufen d. –es, VI 143

    Wahrheit i., VI 9

        mit Wahn i. d. nämlichen Ausdrucksform dargestellt, VII 112

    Wichtigkeit d. Rolle d. –es, VI 12f.

    Wiederholung beim s. **Witz** (als Vorgang): Lust beim

    Wortvieldeutigkeit i. s. **Wortwitz**

    Zensur i., VI 195f.; XIII 146

'Witz', als Intelligenz, VI 156

Witz(e) (bestimmte) s. i. **Reg. d. Anekdoten**

Witzanhören s. **Witzpublikum**

Witzarbeit (s. a. Witztechnik), VI 95, 146, 156

    u. Traumarbeit, VI 29, 56, 95f., 182–205 (191, 201); XIV 91f.

    u. Witzverständnis-Arbeit, Unterschied zwischen, VI 56, 211

Witzbildung [Entstehung d. Witzes], VI 18, 56, 131–55 (*143–45*), 201

    Absence bei d., VI 191

    Bedingungen d., XVII 83

    Eignung, persönliche z., VI 159, 203, 206

    als 'Kurzschluß', VI 134

Witzbuch (s. a. Witztheorie), V 112; VI *5–269*; XIV 91f., 382

Witzfassade, VI 116, 170, 200, *207*, 231

    Entlarvung als, VI 231

    u. Gehalt, VI 100

    u. Logik, VI 118–20

        syllogische, VI 171

    unsinnige, u. Komik, VI 236

    u. Verstecktes (s. a. Witztechnik), VI 6, 11

Witzige, (Das, Der) s. **Witz** (als Vorgang): produzierende Person; **'Witz'**; **Witzigkeit**; **Witzling**

Witzigkeit [Witzhaftigkeit]

    d. Einfalles, Rolle d., i. Unbewußten (Hartmann), II/III 533f.

    Empfindung, daß etwas ein Witz ist, VI 64

    d. Gleichnisses, VI 87–95

nicht ziellos, VI 103
d. Person *s.* **Komik; Komisch;
Witz** (als Vorgang): produzierende Person; **'Witz'; Witzling; Witzpublikum**
d. Traumes, XI 120, 177
 u. Traumzensur, strenge, II/III 148f., 533f.
 i. d. Verknüpfung v. manifestem Trauminhalt mit latenten Traumgedanken, XI 241–43
d. Zweideutigkeit *s.* **Zweideutigkeit**

Witzeslust (*s. a.* Witz (als Vorgang): Lust), VI 153

Witzling [-bold] (*s. a.* Witz (als Vorgang): produzierende Person), VI 159, 198

Witzmachen (*s. a.* Witz (als Vorgang): produzierende Person; Witztechnik), VI 150

subjektive Bedingungen z., VI 156

Witzpublikum (*s. a.* Dritte Person), VI 150, 169

Anhören d. Witzes, VI 166
dritte [rezeptive] Person beim, VI 56, 166, 206, 211
Lachen ü. eigenen Witz, VI 161, 174
beim Naiven, VI 208
sozial(–er, –e)
 Charakter d. Witzes, VI 21, *156–77*, 204
 Wirkung d. Witzes, VI 13

Witzsymbolik
sexuelle (*s. a.* Zote), XI 160f.
mit Symbolik anderer psychischen Erscheinungen gemeinsam, II/III 350f., 356f.

Witztechnik [Darstellung i. Witz durch –] (*s. a.* Witzarbeit), V

Witztechnik, Entlarvung

112; VI *14–96*, (29), 133, 173; VIII 28–30; XIV 91

f. andere Erscheinungen auch charakteristisch, VI 201

Anklang, Gleichklang, VI 81f., 144, 193

mit Anspielung, VI 25, 79–87 (80, 84), 93, 135, 191, 236, 241; VIII 29f., 191f.; XI 177

mit Doppelsinn (*s. a.* Zweideutigkeit), VI 41f., 50, 56, 81

'Aufsitzen lassen' *s.* **Witztechnik, Verblüffung**

Aufwand (*s. a.* Witztechnik, Verkürzung)

 Ersparnis an, VI 139, 167f.
 Abstraktions-, VI 226
 Ausdrucks-, VI 45
 Hemmungs-, VI 42–46, 104, 133, 144, 175f., 269
 Kritik-, VI 44
 Unterdrückungs-, VI 133
 Erwartungs-, [Vorbereitungs-], VI 225f.

gleichzeitig zwei verschiedene Vorstellungsweisen [komische Differenz], VI 267

Aufzählung, VI 73f.
Ausdruck, VI 16, 103
Auslassung, VI 83f.; VII 444
Automatisches, VI 68
Ähnliches, VI 79
Bindewort 'und', VI 73f.
Denkfehler (*s. a.* Witztechnik, Logik), VI 63, 67f., 70, 86, 139, 232
 automatischer, VI 68
 sophistischer, VI 67
Doppelsinn *s.* **Zweideutigkeit**
Druckfehlervorspiegelung, VI 27
Entlarvung (*s. a.* Entlarvung), VI 231, 253

Witztechnik, Entstellung

Entstellung, begrenzte, VI 204
Erleuchtung s. **Witztechnik**, Verblüffung
Ersatzbildung, VI 18, 23f., 43
Gedankenablenkung, VI 197
Gegenteil (s. a. Gegenteil, Darstellung durch d.), VI 26, 75, 78f., 96, 140, 198, 231
Gleichnis, VI 84, 87–96, 191, 239–41
   herabziehendes, VI 92
   nicht immer witzhaft, VI 87–93
   mit Unifizierung, VI 99
Hilfs- [sekundäre –], VI 168
u. Hypnose, Technik d., XIII 141
indirekte, VI 79–96 (85, 94); XI 177
Janusköpfigkeit ['Double face'] i. d., VI 244f., 268
Kalauer s. **Wortwitz**
Klang s. **Witz** (Arten): Klang-; **Wortwitz**
Klassifikation d. –en, VI 42f., 86
Kleinstes, Darstellung durch ein s. **Kleinst**(-er, -e, -es), Darstellung durch ein
Koordination, VI 73f.
Logik, Anschein d., i. d. (s. a. Witztechnik, Denkfehler; – Unsinn), VI 51, 54–56, 58, 63f., 67, 118–20, 140, 233
   i. d. Fassade, VI 118–20
   syllogistische, VI 171
   mangelhafte, VI 96
mehrfache Verwendung d. Gleichen, VI 29–36 (33), 43, 70f., 135f., 147, 193
Modifikation
   durch Umordnung s. **Witztechnik**, Umordnung
   durch Verdichtung s. **Witztechnik**, Verdichtung
   bei 'Wippchen', VI 243–45
u. d. Obszöne s. **Zote**
u. Rätseltechnik (s. a. Witz (u. andere psychischen Phänomene): u. d. Rätsel), VI 170
Täuschung (s. a. Witztechnik, Verblüffung), VI 6, 9, 11, 14, 63
u. Traum, VI 95f., 117, *181–205*, 207; XI 177; XIV 91f.
   Ähnlichkeiten, VI 95f.
   Unterschiede, VI *204f.*
Umordnung [Umstellung], VI 32–36, 41–43, 81
Unifizierung (s. a. Integration), VI 31f., 35, 40, 70–74 (71, 73), 86, 90, 100, 135, 139, 241
   fremder Vorstellungen, VI 8
   mit Gleichnis, VI 99
Unsinn [Widersinn] i. d. (s. a. Unsinn; Witz (Arten): Dummheits-), VI 8–10, 26, 58–63 (59, 62), 90f., 93, 99, 101, 127, 140, 143, 154, 197f., 233, 236, 244f.
   Denkfehler, VI 67f.
   i. d. Fassade, VI 236
   Lust am, VI 139–43
   Sinnhaftigkeit i., VI 8–10
   Sophismen, VI 64–67
   i. 'Unsinnswitz', VI 135, 154, 232
   Urteil ersetzend, VI 200
   Verblüffung durch, VI 63
Verblüffung (u. Erleuchtung), VI 8–10, 14, 63, 147
   'Aufsitzen lassen', VI 155
Verdichtung, VI 18–30, 192; XI 175f.
   begrenzte, VI 204
   mit Ersatzbildung, VI 18–24 (23), 43, 95
   mit Modifikation, VI 95
   leichter, VI 24–27, 82

bei 'Wippchen', VI 243-45
Verkürzung, VI 10-12, 16-30 (27), 175, 192
Wortkargheit, VI 11f.
Verschiebung
  Akzent-, VI 48-58 (53, 56f.), 63, 139, 171, 195-98; XI 178; XV 21
  begrenzte, VI 204
  d. Sühne auf andere Person, VI 234f.
Verstecktes, u. Witzfassade, VI 6, 11
u. Vorlust (*s. a.* Witz (als Vorgang): Vorlust), V 112
Widersinn *s.* Witztechnik, Unsinn
Witzmachen *s.* Witz (als Vorgang): produzierende Person; **Witzmachen**
  durch Wort *s.* Wortwitz
Zerteilung (*s. a.* Witz (Arten): Zerteilungs-), VI 31
(Zusammenfassung), VI 95f.
Zusammengehöriges [-hängendes-] (*s. a.* Witztechnik, indirekte), VI 79
Zweideutigkeit *s.* **Zweideutigkeit**

Witztendenzen, VI *97-128*
  aggressiv, VI 111-15
  nie fehlend, VI 148f.
  obszön (*s. a.* Zote), VI 105-11
  skeptisch, VI 126-28
  tendenziöse Witze *s.* Witz (Arten): tendenziöser
  zynisch (*s. a.* Humor, Galgen-), VI 115-26
Witztheorien (*s. a.* Witz (als Vorgang): Definitionen)
  analytische Theorie, VI *179-269*; X 78

Wort(e), Darstellbarkeit durch
  durch harmlosen Witz am besten erleuchtet, VI 102
  synthetischer Teil v. Freuds Werk, z. Erleuchtung d. theoretischen, VI 129-77
  andere Theorien, VI 5, 7, 22, 103, 238, 253f.
  Assoziations-, VI 8
  als spielendes Urteil (Fischer), VI 7, 22
'Wiwimacher' (*s. a. i.* Reg. d. Krankengesch.: Namenverzeichnis, Kleiner Hans), VII 23, 245, 269
Wochenbett
  -phantasie, V 265, 267
  Tabu d. -es *s.* Geburt; Tabu
Wohlerzogenheit *s.* 'Bravheit'; Kindheitsnervosität; Kindheitsneurose(n) (*s. a.* Erziehung)
Wolf (*s. a.* Tiere, wilde; Tierphobien)
  Lehrer als, XII 67
  Schwanz als Köder, XII 49
  u. d. sieben Geißlein, X 5-9
  u. Vater *s. i.* Reg. d. Krankengesch.: Namenverzeichnis, Wolfsmann
Wolfsmann; **Wolfsphobie** *s. i.* Reg. d. Krankengesch.: Namenverzeichnis, Wolfsmann
Wonnesaugen *s.* Lutschen
Wort(e) [Wörter] (*s. a.* Rede; Sprache; Sprich-; Spruch-)
  Auswahl d., als Symptomhandlung, IV 240f.
  Bedeutung [u. -slosigkeit] i. Witz, VI 8. 10
  Bewegungsbilder d., XIII 248
  Bild umgesetzt i., i. d. Analyse, *s.* **Durcharbeiten**
  Darstellbarkeit durch [Verbalisation]

Wort(e), (Definition)

i. Traum (*s. a.* Bildersprache;
Traum, visueller Charakter d.
−es; Traum(darstellung); Vision; Visuell
  plastische, XI 173
  Rücksicht auf, X 41 f.
(Definition), XIII 248
dingliche Behandlung d. (*s. a.* Sach-)
  bei Kindern, II/III 309; VII 251, 293, 334
i. Traum (*s. a.* Traum(darstellung)), II/III 309; X 41 f.; XI 173
als Erinnerungsrest d. gehörten −es, XIII 248
u. Fehlleistung, Rolle i. d., IV 13–24, 27 f., 39 f., 43–46
  fremdsprachige, IV 13–20
u. früheste Eindrücke, XII 72
Macht d. −es (*s. a.* Magie; Suggestion; Wortzauber), IX 9; XIV 214
i. d. Analyse, u. therapeutische Rolle, V 289, 301 f.; XI 10
ü. Massen, XIII 80 f., 84 f.
i. d. Phobie, II/III 346
Misch-, *s.* **Wortneubildungen** (*s. a.* Mischbildung)
u. Objekt, X 302
obsedierende *s.* **Obsedierend; Perseveration**
obszöne *s.* **Blasphemie; Obszön-**
Prüf-, f. Artikulationsschwierigkeit, u. Versprechen, IV 70 f.
Reim als Spiel mit, VI 140
i. d. Schizophrenie, Rolle d., X 299–302
'Silbenchemie', II/III 303
Spiel mit *s.* **Reim; Wortverdrehungen; Wortwitz**
u. Taubstumme, XIII 248
Ur-, *s.* **Ur(wort)**

ursprüngliche Bedeutung d., XI 10
i. d. Zwangsneurose, VII 433, 462
i. Zwangsvorstellungen, II/III 309, 346
zweideutige (*s. a.* Obszön-; Zote; Zweideutigkeit)
als 'Wechsel', IV 304; V 226, 245, 253
Wortanknüpfungen, Fruchtlosigkeit d. Analyse d. reinen (*s. a.* Assoziation), VII 294
Wortassoziationen [Einfälle] (*s. a.* Assoziation; Psychoanalytische Grundregel)
u. Fehlleistungen, XI 27 f.
als disponierende Umstände z., XI 39 f.
u. Witz *s.* **Witztheorien; Wortwitz**
Wortähnlichkeit *s.* **Wortassoziationen**
Wortbilder (*s. a.* Bildersprache)
kinästhetische, d. Taubstummen, XIII 248
Wortbesetzung, u. Sachbesetzung, Verkehr zwischen, abgesperrt, i. d. Schizophrenie, X 419
Wortbrücken, II/III 346, 380; VII 411, 442; X 420
i. d. Zwangsneurose, VII 433
Wortdarstellung, plastische, i. Traum *s.* **Traum(darstellung)** (*s. a.* Traum, Rede i.; Traum(sprache))
Wortdenken [Verbalität] (*s. a.* Denkweisen), VIII 403; XIII 248
u. früheste Eindrücke, XII 72
Schwäche d. −s d. Bewußten, i. Kind, XII 139
i. Traum
  Mangel d. Übersetzbarkeit d. Traumes beim Erwachen i., II/III 56

vollkommener, phylogenetisch, als Bilderdenken (*s. a.* Bildersprache; Vision; Visuell), XIII 248

Worteinfall *s.* Name(n) (Eigen-)-assoziationen; **Obsedierend;** **Wortassoziationen**

Wortentstellung *s.* **Wortverdrehungen** (*s. a.* Wortwitz)

Worterinnerungen *s.* **Wortvorstellungen, als Erinnerungsreste**

Wortfolgen

Fehlleistung betreffend, IV 21-24, 43-46

Vergessen, IV 21-50

Wortgleichklang *s.* Anklang; **Gleichklang; Refrain; Reim**

Wortkargheit (*s. a.* Rede; Schweigen; Stille; Stummheit)

als Witztechnik, VI 11f.

Wortlaut

mißverstandener, i. Delirium, VII 462

Zweideutigkeit i. *s.* **Zweideutigkeit**

Wortlust, VI 193, 201f.

Wortneubildungen [-mischbildungen, Mischworte[(*s. a.* Mischbildung; Rede; Verdichtung; Wortwitz), XI 175

Beispiele

Meringer u. Mayer, IV 64-66

Rank, IV 77

bestimmte *s.* i. **Sprach-Reg.**

i. Hysterie, Paranoia u. Zwangsneurose, II/III 309

u. Sexualität, II/III 361f.

d. Sprache, durch Versprechen entstanden, IV 302f.

i. Traum *s.* **Traum,** Wortneubildungen i.

Wortvorstellungen, Denken i.

als Verdichtung, II/III 300-10 (300-02)

i. Witz (*s. a.* Wortwitz), VI 16-27, 42f.

i. Zwangsneurose (*s. a.* Zwangsneurose), II/III 309

Worträtsel (*s. a.* Rätsel; Scharade), II/III 435; VI 31

Wortreste *s.* **Wortvorstellungsreste**

Wortspiel *s.* **Wortverdrehungen; Wortwitz**

Wortverdichtungen *s.* **Wortneubildungen, als Verdichtung**

Wortverdrehungen [-entstellungen] (*s. a.* i. Namen-Reg.)

Lust am, infantile

i. heiterer [o. toxisch veränderter] Stimmung, VI 140; XV 35

Kindes, II/III 213, 309; VI 140f.; XV 35

i. Traum *s.* **Traum,** Wortneubildungen i.

Obszönität, entstanden durch, XI 36f.

als Wortspiel (*s. a.* Wortwitz), VI 36, 98, 102, 134, 193

Wortvertauschungen, IV 67f.

Beispiele, IV 70f.

Wortvieldeutigkeit [-mehrdeutigkeit] (*s. a.* Zweideutigkeit)

Neurosen, Rolle i., II/III 346

i. Witz, XI 177

Wortvorstellungen [Sprachvorstellungen] (*s. a.* Sacherinnerungsbilder)

Besetzung d., X 300

u. Bewußtsein, XIII 247; XVI 204; XVII 130

(Definition), XIII 247

Denken i., II/III 622; XIII 250; XVI 204, 206

Wortvorstellungen, Denkvorgänge

onto- u. phylogenetisch vollkommener, XIII 248

Denkvorgänge erwerben Qualität [werden z. Wahrnehmungen] durch, II/III 622; XIII 250

u. Empfindungen, XIII 250

Entstehung d., XIII 247f.

als Erinnerungsreste, XIII 247

Grenzen d., beim Kinde, XII 139

u. Innervationsaufwand, VI 218

u. Lesen, XIII 248

u. Sachvorstellungen, II/III 309; X 300f.

i. d. Schizophrenie, X 299–302, 419

i. Traum, X 419

u. Überich-Bildung, XIII 282

u. d. Vorbewußte (s. a. Sprachreste), II/III 615; X 300f.; XIII 247f.

  u. d. Bewußte, XIII 247

  u. d. Unbewußte, X 300–02

Wesen d., XIII 247

u. Zwangsneurose s. **Zwangsneurose,** u. Wort

Wortvorstellungsreste [Wortreste]

u. akustische Wahrnehmungen, XIII 248

Erinnerungsreste u. Sprachfunktion, XVII 84

vorbewußte s. **Wortvorstellungen,** u. d. Vorbewußte

Wortwahrnehmungen

bei Schizophrenie, X 300f.

u. Sinneswahrnehmung (s. a. Sinnes-), X 301

Wortwitz [Wortspiel] (s. a. Kalauer; Wortverdrehungen), II/III 346; VI 19–21, 24, 36, 98, 102, 134, 236

u. Bedeutung u. –losigkeit d. Worte, VI 8, 10

bestimmte s. i. **Reg. d. Anekdoten**

Bildung d. –es, VI 43

Ersparnis i. (s. a. Kleinst(es), Darstellung durch ein; Witztechnik, Aufwand), VI 86, 133

u. Gedankenwitz, VI 98, 100–02, 133, 143

beim Kind u. Psychotiker, VI 133f.

Klangwitz s. **Witz** (Arten): Klang-

'Kurzschluß' i., VI 134

u. Mischwortbildung (s. a. Wortneubildungen), VI 17f.

Technik d. –es, VI 16–24

i. Traum (s. a. Traum, Wortneubildungen i.), II/III 346–49, *410–17*

u. Wortgleichklang s. **Witztechnik,** Anklang

Wortspiel, VI 36–42, 139, 155, 193

mit Eigennamen, tendenziöses, VI 98

eigentliches, VI 37–40

u. Kalauer, VI 46

i. d. Saga, altnordischen, II/III 412

i. Stimmung, heiterer u. toxischer, VI 140; XV 35

als Wortverdrehung, VI 36, 98, 102, 134, 193; XV 35

u. Wortvieldeutigkeit (s. a. Zweideutigkeit), XI 177

u. Wortzweideutigkeit s. **Zweideutigkeit**

Wortzauber (s. a. Magie; Wort, Macht d. –es), V 301f., 304–07; XI 9f.; XIV 214; XVI 221

d. Psychoanalyse (s. a. Psychoanalyse, Wesen d.), VIII 112; XI 9f.; XIV 214

Wortzweideutigkeit s. Zweideutigkeit

Wörter s. Wort (s. a. Sprichwörter; Spruchweisheit)

Wunde (s. a. 'Kastration'; Kastrationsangst)

Kriegsneurose unwahrscheinlich bei gleichzeitiger, XIII 33f.

narzißtische Überbesetzung d. Organs bei, XIII 34

u. traumatische Neurose, XIII 10

u. Waffe, magische Beziehung zwischen, IX 102

Wunder, XIV 339

subjektive, Schrebers s. i. Reg. d. **Krankengesch.**: Namenverzeichnis, Schreber

'Wunderblock', u. W-System, XIV 3-8

Wunderdoktor

Freuds Ruf als, XIV 41

Hypnotiseur als, V 309

Popularität d. -s, XV 35

Wundergläubigkeit (s. a. Leichtgläubigkeit)

u. Okkultismus, XV 34f.

u. Wunderkuren, V 300

Wunderheilungen [-kuren]

Glauben an, V 298-300

durch Natur, XIV 265

bei Hysterie, V 205

u. Hypnose, XIV 40f.

u. Macht d. Hypnotiseurs (s. a. Mana), V 309

mit religiösen Gefühlen nicht i. Zusammenhang, V 298-301

Wundern, sich, ü. Selbstverständliches (s. a. Verwunderung), VI 62f.

Wunsch [Wünsche] (s. a. Gelüste; Gier; Wünschen)

Wunsch, Lokalisierung d.

Allmacht d. s. **Allmacht** d. Gedanken

Ambivalenz d., II/III 586f.

entstellende Wirkung d., XII 43

analsadistische s. **Anal(sadistische) Phase;** Analerotik (s. a. Mutterbindung, präödipale)

böser s. Todeswunsch

(Definition), II/III 571, 604

u. d. Es, XV 80f.

Gegen-, s. Traum, Gegenwunsch-

Glück-, XVI 249

u. Halluzination s. **Halluzinatorische** Befriedigung; Traum

infantiler (s. a. Analerotik; Oralerotik)

beim Erwachsenen s. **Infantiles Seelenleben;** Wunscherfüllung

'groß zu sein' (s. a. Größenwunsch), XIII 15

Intensität d., II/III 558f.

d. Introjektion, XIV 13

'Kinder haben', X 20

'Kinder machen' (d. Mutter) (s. a. Mutterbindung, präödipale), XIV 532f.

Priorität d. -n -es, II/III 558f.

sexueller (s. a. Infantile Sexualität), II/III 696; X 20

i. Traum (s. a. Traum, Bedürfnis-), II/III 558f., 603

Antizipation d. Erfüllung i. s. Traum, Wunscherfüllung i.

einfache s. **Kindertraum**

als Traumbildner, II/III 194-224, 559f.

Inzest-, s. Inzestneigung (s. a. Ödipus-)

Lokalisierung d. -es i. d. psychischen Systemen (s. a. Psychischer Apparat), II/III 556f.

787

Wunsch, motorische Abfuhr i.

motorische Abfuhr i. *s.* **Abfuhr; Motorisch**

orale (*s. a.* Orale Phase; Oralerotik)

  u. analsadistische, bei präödipaler Mutterbindung, XV 128

  d. Introjektion, XIV 13

Prüfung d. –es, als Aufgabe d. obersten psychischen Instanzen, XIV 263

u. psychischer Apparat, II/III 151, 556f.; XVI 263

Schlaf-, *s.* **Schlafwunsch**

sexueller (*s. a.* Sexual [sexuelle], Bedürftigkeit; – Erregung; – funktion; – ziel; Sinnliche Strömungen; Sinnlichkeit), II/III 695f.

  als Gelüste (*s. a.* Gier), XIV 333

durch Symptomhandlungen dargestellt, IV 306

Traum als erfüllter *s.* **Halluzinatorische Befriedigung**

–traum *s.* **Traum, Wunsch-**

i. Traum (*s. a.* Traum(wunsch); Wunsch, unbewußter; Wunscherfüllung), II/III 558f., 603; XI 206f.

unbewußter, II/III 570–73; VI 184; XVII 88

  Intensität d. –n, II/III 558f.

  Realität d. –n, II/III 625

  i. Traum, II/III 558f.

    u. bewußter, Verhältnis zwischen –n, II/III 558f., 566; XVII 88

    Priorität d. Unbewußten, II/III 558f., 603

Übertragungs- (*s. a.* Übertragung), XII 189, 324

'überwundener', XI 206f.

verdrängter (*s. a.* Verdrängte, (Das); Verdrängung)

  i. Angst u. Straftraum *s.* **Wunscherfüllung**

Verzicht auf *s.* **Wunschbefriedigung, Verzicht auf**

Wesen d. –es, II/III *604*

Zeitlosigkeit d., XV 80f.

i. Zwangsgedanken [Zwangswunsch] (*s. a.* Zwangs-), VII 388, 439f.

Wunschbefriedigung (*s. a.* **Wunscherfüllung**)

halluzinatorische *s.* **Halluzinatorische Befriedigung; Traum**

Moral als Ersatz f., VIII 416

primäre, II/III 604

sexuelle *s.* **Befriedigung; Koitus; Sexualität** (*s. a.* Sexual-)

Verzicht auf, XI 206f.

  infantile, u. auf Illusionen, XIV 378

  Verdrängung ist kein, XIV 173

Wunschentstellung i. Traum (*s. a.* Traum(entstellung))

durch d. Vorbewußte, II/III 576

Wunscherfüllung (*s. a.* **Wunschbefriedigung**)

'asymptotische', VIII 284

d. Crassus, II/III 576

(Definition), II/III 571

u. Erkrankung (*s. a.* Krankheitsbedürfnis; Strafbedürfnis), X 371

Größenwahn als, VIII 284

halluzinatorische *s.* **Halluzinatorische Befriedigung; Regression; Wunscherfüllung,** durch Wahn

hysterisches Symptom als (*s. a.* **Symptom**), II/III 575f.; VII 196

Illusion als, XIV 352–54

infantiler Wünsche *s.* **Traum,** als Wunscherfüllung

i. d. 'Kästchenwahl', X 34

u. Magie, IX 103–06

mangelhafte *s.* **Ersatz**

Wunschverdrängung mit Wunschverzicht nicht identisch

mangelnde *s.* Unbefriedigung; Versagung

primäre *s.* Wunschbefriedigung (*s. a.* Befriedigung)

prompte, Unheimlichkeit d. –n (*s. a.* 'Too good to be true'-Gefühl; Unheimliche, (Das)), XII 251f., 260

i. d. Prophezeiung, XVII 33–36

u. psychische Instanzen (*s. a.* Psychischer Apparat), II/III 151

wunschprüfende Aktivität d., XVI 263

u. Schlafwunsch (*s. a.* Schlafwunsch; Traum, als Schlafhüter), XVII 92

Selbstmordversuch als, XII 289f.

sexuelle *s.* Befriedigung; Infantile Sexualität; Koitus; Orgasmus; Sexualität; Sexual [sexuelle] Befriedigung (*s. a.* Liebe)

u. Tagtraum (*s. a.* Tagtraum), XI 129

i. Traum *s.* Traum, Wunscherfüllung i. (*s. a.* Traum(funktion))

unlusterzeugende *s.* Wunscherfüllung, u. Verdrängung (*s. a.* Traum, Straf-)

d. Überich *s.* Gewissensangst; Krankheitsbedürfnis; Selbstvorwürfe; Strafbedürfnis; Traum, Straf- (*s. a.* Kultur; Moral; Sittlichkeit)

u. Verdrängung

unlustvolle Wunscherfüllung schafft Verdrängung, II/III 604

verdrängter Wunsch i. Angsttraum wiederkehrend, II/III 687–89

durch Wahn, VII *31–125*; XVI 54

Wunschgegensatz (*s. a.* Ambivalenz)

Entstellung durch, XII 43

i. Exhibitionismus, II/III 251

i. Traum, II/III 586f.

Wunschphantasie(n) (*s. a.* Phantasie(n); –schöpfungen), VII 32, 196; VIII 283, 285, 292–94, 314; XIII 37

Delirien i. Amentia, X 420

ehrgeizige, VII 192, 217

allein Vatermord begangen z. haben, XVI 193

u. Eroberungswunsch, i. Traum, II/III 359, 386; VII 121f.

bei jungen Männern, VII 217; XI 95

d. Massen, durch große Männer verwirklicht, XVI 217

d. Weltherrschaft, XVI 191, 196

erotische, VII 217; XI 95

i. d. Kultur, VIII 53f.

bei Kunstgenuß, VIII 417

beim Künstler, VIII 416

Umformung d., VIII 417

Mythen d. Arunta als, IX 141

Projektion d., i. d. Vergangenheit (v. 'Goldenen Zeitalter'), IX 141

u. Traumfassade, II/III 680

u. Vatermord, IX 192

Wunschpsychose, halluzinatorische (*s. a.* Halluzination; Halluzinatorisch; Psychosen), X 420–26

Wunschtraum *s.* Traum, Wunscherfüllung i.

Wunschwelt, u. Sinneswelt, XV 181

Wunschverdrängung (*s. a.* Verdrängung)

schädlicher als Bewußtmachung, VIII 57

i. Traum, II/III 687–89

bei Unlust (*s. a.* Unlust), II/III 609

i. Vergessen, IV 19f.

mit Wunschverzicht nicht identisch, XIV 173

Wunschverzicht

Wunschverzicht s. **Wunschbefriedigung**, Verzicht auf

Wurm (s. a. Tierphobien; Ungeziefer)
  Eingeweidewürmer, V 88; VII 433
  Kind als, XI 161
  Penis als, VII 433

Wut [Zorn], VII 205; XII 114; XVII 72
  u. Aggression s. **Aggression; Anal(sadistische Phase); Destruktion; Haß**
  u. Allmacht d. Gedanken, VII 444
  u. Analerotik (s. a. Analerotik), VII 204; XIV 532
  -anfall [-ausbruch] s. **Anfall, Wut-**
  Angst durch Unterdrückung d. -es, VII 426 f.; XIV 532
    i. d. Hysterie, XI 418 f.
  durch Eifersucht auf Geschwister, XII 24 f.
  durch Klystiere entfacht, XIV 531
  körperliche Wirkungen (s. a. Mimik), V 294
    beim Kind, XII 52
  Müdigkeit (als Allgemeinhemmung) statt, XIV 117
  'Überich, Zorn d.', als Gefahr, XIV 146 f., 170
  beim Wolfsmann s. i. Reg. d. Krankengesch.: Namenverzeichnis, Wolfsmann
  u. Zwang, VII 413; XIV 532
  u. Zwangsneurose, I 346

Wünschen (s. a. Wunsch)
  als 'Wünsche haben', eine primäre Fähigkeit d. Unbewußten, II/III 570–73

Würde s. **Erhabenheit**

Würgen s. **Globus hystericus; Hysterie**, Konversions-, Symptome

X

Xenophobie *s.* Kinderangst, vor Fremden; Neu-

Χρηματιςμός, bei Artemidoros, II/III 4

Y

Yoga, XIV 430f. Ertötung d. Triebe u. d. Leidens durch (*s. a.* Leiden; Trieb-), XIV 437

ὕλη, XI 161

Z

Zahl(en) (*s. a.* Zahleinfall; Zählen)
Assoziationen z. *s.* **Zahleinfall**
-beobachtung *s.* **Zwang** (psychischer): Arten d., Zähldrei *s.* **Dreizahl; Dritte Person**
fünf *s.* **Fünf**
  Lieblings-, IV 275
  neun, XIII 334f.
obsedierende, IV 275
sechs (u. sieben) *s.* **Märchen** (bestimmte)
-symbolik
  bei Stekel, II/III 363
  i. Traum *s.* **Zahl**(en), i. Traum
i. Traum (*s. a.* Rechnen; Zählen), II/III 440-43, 452-55, 517f., 557, 682f.; V 259; XIII 334; XV 43
  Symbolik, XIII 335
  Verschreiben v., IV 123f., 129, 131-33, 135-38
    ärztlicher Irrtum, Fälle v. -m, IV 135-38
zwei *s.* **Doppel-; Verdoppelung; Zwei-**
Zahleinfall, II/III 517f.; IV 270, 275-78, 279f.; VII 5; XI 105
Assoziationen z. Zahlen [Analyse d. -es], IV 279f.
Beispiele anderer Autoren
  Adler, IV 272-75
  Jones, IV 278f.
Experimente mit, XI 104f.
Komplexbedingtheit d. -es, VII 5
Motivation d. -es, IV 268, 270-80
somnambule Sicherheit bei d. Analyse, IV 279f.

Zahlerinnerung, I 169f., 527; IV 18
Zahlkellner, Irrtum beim, IV 175, 223
Zahlungsunwilligkeit, IV 174f.
Zahn (*s. a.* Zähne)
-ausfall u. -ausziehen [-ausreißen] als Symbol
  f. Geburt, II/III 392, 396
  f. Kastration, XI 158, 167
  i. Traum *s.* **Zahnreiztraum**
-ausschlagen als Kastrationsäquivalente, IX 184
Dentition *s.* **Dentition; Zähne**
u. Masturbation (*s. a.* Masturbation), XI 194
-reiztraum (*s. a.* Traum, typischer), II/III 90, 230, 390-98; XI 191-94
  Geburtssymbolik, II/III 232, 392, 396
  Kastrationssymbolik, II/III 390-98
u. sadistische Impulse, XV 105; XVII 76
-schmerzen, hysterische, I 243, 245f.
Zappeln, d. Säuglings [Kleinkindes], VII 343; VIII 232
mit hysterischem Anfall vergleichbar (*s. a.* Motorische Abfuhr), I 95; VIII 232
'Krawallmachen' (*s. a.* i. Reg. d. Krankengesch.: Namenverzeichnis, Kleiner Hans), VII 285, 298-300, 307, 343, 367
u. prägenitale Erotik, VII 343
Zar, als Vatersymbol, XIV 400, 410f.

Zauber[–ei, –handlung] (*s. a.* Magie), IX 97; XIV 149; XV 177
Analyse als, VIII 112; XI 9f.; XIV 214
u. Gegen-, IX 108
u. Koprophilie, X 455
Kunst als, IX 111
u. Magie, Unterschied zwischen, IX 97
Wort-, *s.* **Wortzauber** (*s. a.* Namen(s)-)
Zauberformeln d. Magie
u. Anrufung (*s. a.* Gebet), VII 136
u. Schutzformeln d. Zwangsneurose, IX 108
Zauberkraft (*s. a.* Mana)
u. Tabu (*s. a.* Tabu), IX 27, 29, 43; XIII 140
Zählen
Auf-, i. Witz, VI 73f.
i. Traum *s.* **Zahl**(en), i. Traum
u. d. Unheimliche, XII 250
Zählzwang *s.* **Zwang** (psychischer): Arten d., Zähl-
Zähmung d. Tiere *s.* **Domestikation** (*s. a.* Tiere (bestimmte Arten): Haus-)
Zähne (*s. a.* Dentition; Zahn)
erste (*s. a.* Oralsadistische Phase) Trennung d. Bedürfnisse d. Nahrungsaufnahme u. d. Sexualität nach Erscheinen d. –n, V 82; XVII 76
zweite, XIII 395
u. Hysterie, I 449; XIII 395
Zänkischwerden alternder Frauen (*s. a.* Alter), VIII 450
Zärtlich(–er, –e, –es)
Bindung (*s. a.* Mutterbindung)
u. Identifizierung, XIII 134
Objektwahl, als Ersatz f. Identifizierung, XIII 266

'– Schimpfen' (*s. a.* Auffressen; Gefressenwerden), XIII 116
u. Angst vor Gefressenwerden, beim Wolfsmann *s. i.* **Reg.** d. **Krankengesch.**: Namenverzeichnis, Wolfsmann
u. Anorexie, XII 141
als Drohung, zärtliche, X 9; XII 58, 141
Strömung(en) [Komponenten; Regungen] d. Liebe (*s. a.* Liebe; Sinnliche Strömung; Verliebtheit; Zärtlichkeit), V 101, 108, 124, 126; VIII *79–83*; XIII 116, 123; XIV 462
i. Kindheit mit Aggression vermischt (*s. a.* Phallische Phase), VII 72f.
u. Ödipuskomplex, Untergang d. *s.* **Ödipuskomplex**, Untergang d.; **Zielgehemmte** (Sexual-) **Triebe**
u. Pubertät
nach d., mit sinnlichen vereinigt, VIII 81
während d., Sexualziele mildernd, V 101, 108, 126
u. sinnliche, V 101, 108, 124; VIII 79–83
Intensität d., VIII 82
i. d. Objektwahl, XIII 155
Spaltung [Entmischung] d., bei Impotenz u. Perversion, VIII 82f., 85
Verschmelzung d., nach d. Pubertät, VIII 81
i. d. Kultur nur unvollständig durchgeführt, VIII 86f.
Zärtlichkeit[–sbeziehung], V 101, 108, 126; VII 122; XIII 57; XIV 462; XV 103
u. Aggression [u. Grausamkeit] (*s. a.* 'Zärtliches Schimpfen'), V 141; VII 72f.; XIII 206; XIV 476f.

Zärtlichkeit, ambivalente

d. Kinderliebe, VII 72f.

ambivalente (*s. a.* Überzärtlichkeit; Zärtlichkeit, beim Kind)

aus Ambivalenzkonflikt, XI 344–46; XIV 190, 406

Fetisch gegenüber, XIV 317

i. Haß übergehend, V 66

i. Melancholie, XI 443

i. Verfolgungswahn, XI 440; XIII 271f.

u. Berührungslust, XIII 154 (Definition), XIII 155

i. d. Ehe, VII 157

d. Eltern (*s. a.* Überzärtlichkeit), V 124, 126, 131

Abnahme d., als Liebesverlust empfunden (*s. a.* Liebesverlust; Zärtlichkeitsbedürfnis), XII 206; XIII 19

gegenseitige, d. Mutter u. d. Kindes, V 124, 131

u. Erotik (*s. a.* Zärtlichkeit, beim Kind; Zärtliche Strömung(en)), VIII 50, 79f.; XI 337

heuchlerische (*s. a.* Heuchelei; Überzärtlichkeit)

i. Traum (*s. a.* Todeswunsch; Traum, heuchlerischer), II/III 150, 266, 476–78, 480

i. Hysterie (*s. a.* Überzärtlichkeit), II/III 266; XIV 190

beim Kind, VII 22

mit Aggression vermengt, V 104; VII 72f.

ambivalente, gegen gleichgeschlechtlichen Teil d. Elternpaares (*s. a.* Ödipuskomplex, 'vollständiger'), XI 344–46; XIV 21

sexueller Charakter d., V 124, 131; XI 337

i. d. Liebe [Verliebtheit], VIII 79–83, 85; XIII 116, 123; XIV 462

Öffentlichkeit scheuend, XIII 157

als primäres Liebesverhalten, VIII 79–81

als zielgehemmter Trieb *s.* Zärtlichkeit, als zielgehemmter Trieb

maßlose *s.* Überzärtlichkeit

f. Nächsten (*s. a.* Nächstenliebe)

nach Krieg, als Ersatz f. verlorene Kulturgüter, X 360f.

sexueller Charakter d. *s.* Zärtlichkeit, u. Erotik; – beim Kind

u. Sinnlichkeit *s.* Sinnliche Strömungen; Zärtliche Strömungen

Über-, *s.* Überzärtlichkeit

Wesen d., XIII 155

Wunsch nach *s.* Zärtlichkeitsbedürfnis

als zielgehemmter Trieb (*s. a.* Zielgehemmte (Sexual)triebe), XIII 123, 127; XV 103f.

Ablenkung d. Sexualziele (*s. a.* Sexualziele), XIII 155

Zärtlichkeitsbedürfnis [–wunsch], d. Kindes, XIII 154

größeres, d. Mädchens, V 129, 141; XIII 401; XV 125

unersättliches (*s. a.* Gier), V 125f.; 203f.; XIII 19

als Zeichen späterer Neurose, V 125

Zehen

Empfindlichkeit d., XVII 62

mit sechs – geboren, XII 118

Unruhe d., I 150f.

Zeigelust *s.* Exhibition[–ismus]

Zeit (*s. a.* Gegenwart; Gleichzeitigkeit; Vergangenheit; Zukunft; Zwischenzeit)

u. Diskontinuation d. Innervationen, XIV 8

u. Ich, XV 82f.

u. Phantasie, VII 217f.

u. Raum (s. a. Raum)
Annäherung v., i. Traum, XV 27
logischen Zusammenhang darstellend, II/III 673f.
als Denkformen, notwendige, XIII 28
als Selbstwahrnehmungen d. W-Bw Systems, XIII 28
i. Traum (s. a. Zeitgefühl), II/III 673f.; XV 27
durch Räumliches dargestellt i. Traum, XV 27

Zeitalter
goldenes (s. a. Vergangenheit; Zukunft)
d. kommunistischen 'Jenseitsglaubens' (s. a. Jenseits-), XV 195f.
d. Kultur, XIV 327f.
d. Mythen, VIII 151–53; IX 141
menschliches s. Alter

Zeitaufwand, i. d. Zwangsneurose (s. a. Zeremoniell), XIV 145f.

Zeitbestimmung (s. a. Psychoanalytische Technik, Terminsetzung)
Abneigung d. Zwangskranken gegen, VII 449

Zeitdauer [Zeitlicher Ablauf; Zeitspanne]
d. analytischen Kur s. **Psychoanalyse**, 'endliche u. unendliche'; **Psychoanalytische Kur**
d. Träume, II/III 67, 499–503, 581

Zeiteinheit, XIII 69

Zeitfolge [Chronologische Anordnung, Sukzession] (s. a. Denkrelationen, Nacheinander)
historische, XIV 428

Komik d. allzu raschen, VI 267
zwischen Neurose u. Psychosen (s. a. Neurosen; Psychosen), VIII 455f.
d. pathogenen Materials, I 292–94
zwischen Phobie u. Hysterie, VII 136f.
d. Traumes, II/III 339
umgekehrte [Umkehrung d.; Zeitliche Regression] (s. a. Regressiv)
zwischen Konversionssymptomen d. hysterischen Anfalls u. d. Wiedererinnerung an d. Traumen i. d. Analyse, I 129, 183, 434; II/III 333; VII 237; VIII 9

Zeitgefühl [-bewußtsein, -sinn] (s. a. Zeit, u. Ich), XVII 81f.
späte Entwicklung d. -s, X 164
i. Traum (s. a. Weck-), II/III 28, 673f.

Zeitlicher
Ablauf s. **Zeitdauer**
Charakter s. **Alter**

Zeitlosigkeit
d. Es, XV 80f.
i. Traum, II/III 47, 54
d. Unbewußten, IV 305; VIII 374; X 286; XIII 28
u. Verdrängung, IV 304f.
i. Verhalten d. Analytikers, XII 32f.

Zeitmoment, XVI 235
i. d. Empfindung, XIII 4
i. Ichveränderungen, XVI 85
i. Unbewußten, X 164

Zeitphasen, d. Erlebnisse, XII 72

Zeitsinn s. **Zeitgefühl**

Zeitspanne s. **Inkubation**; **Zeitdauer**; **Zeitmoment**

Zeitverlust

Zeitverlust, i. d. Analyse, scheinbarer *s*. **Konstruktion**; **Psychoanalytische Kur**, Dauer d.; – Verkürzung d.

Zeitverwechslung (*s. a.* i. Reg. d. Fehlleistungen), IV 111 f.

Zeitvorstellungen, XV 80
  u. Analerotik, XIV 145 f.
  u. Diskontinuität d. Innervationsströmungen, XIV 8
  als Selbstwahrnehmung, XIII 28
  u. Sublimierung, XIV 145 f.

Zellen
  embryonale u. bösartige [Neoplasma-], narzißtisches Gehaben d. –n, XIII 54
  Keim-, *s.* **Keimzelle**
  -staat *s.* **Metazoen**

Zensorische Instanz (*s. a.* Zensur), X 163–65

Zensur [Zensorische Instanz] (*s. a.* Gegenbesetzung; Psychischer Apparat; Traum(zensur)), I 269; II/III 148, 241, 314, 490, 521, 547, 573, 620, 689; VII 85; VIII 397 f.; X 163–65; XI 307, 354
  bei anderen Autoren (Börne, Jean Paul), XII 312
  Begriff d., XII 312
  u. Bewußtsein *s.* **Zensur**, i. psychischen Apparat
  Entstellung, Grad d., bestimmt durch, X 252 f.
  Entwicklung d., X 292
  u. 'esprit d'escalier', II/III 493
  u. Gedächtnistätigkeit, I 551
  d. Ich, I 269, 284
  als Ichinstitution, X 424
    u. prüfende Instanz, VIII 397
  keine besondere Macht [keine anthropomorphe Vorstellung], X 165

  u. Lustprinzip, XVI 82
  Mangel an
    i. Dementia praecox u. Paranoia, X 415 f.
    beim Kind, II/III 559
    beim Naiven, VI 211
    i. Schlaf, II/III 531; X 415–18; XI 434
    i. Wahn, VII 85 f.
    i. d. Neurose u. i. normalen Leben, XI 307
    i. d. Paranoia, I 401 f.; X 415 f.
    i. psychischen Apparat (*s. a.* Traum(zensur); Zensur, Mangel an; – Tendenz d.; – zwei Phasen), X 290
  zwischen Bewußtem u. Vorbewußtem, X 272, 290–92
  gegen Bewußtwerden, X 292
  erste u. zweite, X 271 f., 290–92
  zwischen Vorbewußtem u. Unbewußtem, II/III 622 f.; X 271 f., 290–92; XI 305–07
    herabgesetzte, II/III 531, 547, 573, 620; X 415–18
    mangelnde *s.* **Zensur**, Mangel an
  u. Sittlichkeit, I 565 f.
  als 'Stimme d. Gewissens', X 163 f.
  Tendenz d., XVI 82
  u. Traum *s.* **Traum(zensur)**
  u. Verdrängung *s.* **Verdrängung**
  u. Verneinung, X 285
  u. Witz (*s. a.* Witz), VI 195 f.; XIII 146
  zwei Phasen schaffend, X 271 f., 290–92
  u. Zweifel, X 285

Zentralblatt (*s. a.* Psychoanalytische Bewegung), X 86 f., 90 f.; XIII 417

Zentralnervensystem *s.* **Nervensystem**

Zentrierung d. Traumes (*s. a.* Traum), II/III 310, 530, 567

Zerbrechen (*s. a.* Fehlgreifen; Ungeschicklichkeit)
Beispiele anderer Autoren
Fontane (Sachs), IV 196
Jekels, IV 188–91
durch Dienstboten, IV 192
als Exekution, IV 184–86, 188; XI 48; XII 23
u. Fallenlassen, IV 222–24, 232
v. Geschirr [v. Vase], IV 190, 192
Gleichmut bei, IV 188
Lust am (*s. a.* Destruktion-; Hinauswerfen v. Geschirr), XII 22 f.
als Opferhandlung, IV 186–92
als Symbol f. Defloration, XI 275
mit Vergessen u. Verlegen kombiniert, IV 261 f.
Verhüten d. –s, zwangsneurotisches, als Schutz d. Jungfräulichkeit (*s. a.* Virginität), XI 310 f.

Zerebral *s.* **Cerebral**

Zeremoniell [Ritual] (religiöses) [Religionsübungen] (*s. a.* Gebet; Kirche), XII 91, 325–29; XIII 423 f.; XIV 149
analerotische Komponenten, XIV 145 f.
Anfangs-, [Angangs-] (*s. a.* Alter-; Erste-; Erstling-; Neu(em), Angst vor), XII 167, 169
Anrufungen als Abwehr *s.* **Abwehr; Gebet; Zauberformeln**
Bußhandlungen (*s. a.* Schutzmaßregel), VII 137
Ehe-, *s.* **Hochzeitszeremoniell**
Gebet *s.* **Gebet**

Zeremoniell (zwangsneurotisches)

d. gemeinsamen Mahlzeit (*s. a.* Kommunion; Totemmahlzeit), IX 163 f.
höfisches [Etikette], IX 57–61, 64 f.
Intichiuma-, d. Arunta [Fruchtbarkeits-], IX 139–41
Kleinstes, Verschiebung auf ein, i. (*s. a.* Kleinstes, Verschiebung auf ein), VII 138
Lustration *s.* **Lustration**
Mechanismus d. –s, VII 137
Motive u. Bedeutung d., d. Ausübenden unbekannt, VII 135
Opfer als wesentlicher Bestandteil (*s. a.* Opfer), IX 161
Öffentlichkeit d. –s, VII 131 f.
Proskynesis, VII 131
bei Pubertät (*s. a.* Pubertät; Reife), IX 184; XV 93
Reinigungs-, *s.* **Lustration**
sinnvoller Charakter d. –s, VII 131 f.
Stereotypie d. –s, VII 131 f.
als Sublimierung, XIV 146
Symbolik d. –n –s, I 569; VII 132, 135; XI 171 f.; XV 24 f.
symbolischer Charakter d. –s, VII 132, 135
Tabu-, IX 37–39
u. Tabu, IX 29 f., 41
Verschiebung i., VII 138
Verschmähung d., i. d. mosaisch [-prophetisch-]en Religion, XVI 167, 171 f.
Verzerrung d., i. Zwangshandlungen *s.* **Zeremoniell** (zwangsneurotisches)

Zeremoniell [Ritual] (zwangsneurotisches) [Zwangszeremoniell] (*s. a.* Zwangshandlungen; Zwangsneurose), I 390 f.; VII 129–39; VIII 400; IX 37–39; XI 266; XIII 423 f.; XIV 149–52

Zeremoniell (zwangsneurotisches): als Abwehrhandlung

als Abwehrhandlung (*s. a.* Abwehr-), VII 136, 442

Aufheben u. Ungeschehenmachen durch (*s. a.* Ungeschehenmachen) XIV 150

bestimmte Zeremonien (*s. a.* Zwang (psychischer): Arten d.)

Ankleide-, XIV 145f.

Auskleide-, Bett-, *s.* **Zeremoniell** (zwangsneurotisches): bestimmte Zeremonien, Schlaf-

Atmungs- [Atem] (*s. a.* Yoga), XII 40, 97, 120

Beispiele, VII 132–34

mit Brautnacht zusammenhängend, Fleck am Tisch zeigen, VII 133f.; XI 268–71, 292, 309

Geld

Bügeln v., VII 418

Notieren v., VII 134

Wäsche an Bettdecke stekken, XVII 38

Eß-, VII 133

Hand-, u. Masturbation (*s. a.* Hand; Zwang, Wasch-), V 243f.

bei Lokomotion, XIV 145f.

Schlaf- [Auskleide-, Bett-], I 390; VII 130; X 394; XI 271–77, 287, 292, 310; XIV 145f.

normales u. pathologisches, Unterschied zwischen -m, XI 272

Sitz-, VII 133

skatologisches (*s. a.* i. Namen-Reg.: Anthropophyteia), V 88; VIII 224f.; X 453–55

Tischdecken, VII 133f.

Wasch-, *s.* **Zwang** (psychischer): Arten d., Wasch-

Charakter d. -s, VII 131f.; XI 273f., 277

(Definition), VII 137

Entstehung d. -n -s, VII 135f.; XIV 145f.

durch unvollkommene (neue) Triebverdrängung, VII 136

u. Fixierung, I 391

individueller Charakter d., VII 131f.

bei Kind (11-jährigem), I 390

Phantasien, u. Ähnlichkeit zwischen, XI 276f.

privater Charakter d., VII 131f.

u. religiöses (*s. a.* Zeremoniell (religiöses)), VII *129–39*; XII 327; XIII 423

Ähnlichkeit zwischen, VII 137

i. d. Gewissensangst, -haftigkeit u. Isolierung, VII 131f.

i. Gottesopfer, IX 182f.

verzerrte [zwangsneurotisches-, als Privatreligion, – als Zerrbild d. religiösen -s], VII 132; XIII 423

Bedürfnisbefriedigung bei, VII 130

Beschreibung d., VII 130–32

Rhythmus bei, VII 131

Unterschied zwischen, VII 131f., 135, 137

(Zusammenfassung), XIII 423f.

Rhythmieren i. (*s. a.* Rhythmik), VII 131; VIII 400; XI 278

als Schutzmaßregel, VII 136

sinnloser Anschein d. -s, VII 131f.; IX 37, 41

Erlebnisse u. Gedanken hinter d. -n, VII 132

Sühnehandlungen, IX 41, 45, 52f.

Bußhandlungen als, I 391; VII 137, 413; IX 29, 44; XIV 142

Symbolik d., VII 132; XV 24f.

Unbewußtheit d. -s, VII 134f.

Wiederholungsneigung u. Zeitaufwand beim -n, XIV 145f.

beim Wolfsmann *s.* i. **Reg.** d. **Krankengesch.**: Namenverzeichnis, Wolfsmann (Zusammenfassung), XIII 423f.

Zusammenhang v. Anlaß u. Inhalt

anfänglicher, VII 135f.

später annähernder, VII 137

u. Zwangshandlungen, Unterschied zwischen, VII 131

Zerstreutheit (*s. a.* Aufmerksamkeit; Vergeßlichkeit), IV 173; VIII 392

u. Einfallslosigkeit (*s. a.* Psychoanalytische Grundregel), I 281f.

u. Fehlleistungen, XI 22–25 (22f.), 37–40

u. Vergessen, XI 22

u. Verlegen, IV 257

u. Geringschätzung d. Mitmenschen, IV 173

Selbstbestrafung durch, IV 173, 229f.

Zerstörung *s.* **Destruktion**

Zerteilungswitz, VI 29–32, 43

'Zettel', d. Patienten (*s. a.* Psychoanalytische Situation; – Technik), IV 174

Zeuge, u. Zeugen, VII 450

Zeugenaussagen, Unverläßlichkeit d. (*s. a.* Glaubwürdigkeit), IV 164; VII 3

Zeugungsphantasie, VII 360

Ziel

d. Lebens *s.* **Teleologie**; **Tod**

d. Psychoanalyse *s.* **Psychoanalyse**

d. sexuellen Strebens *s.* **Sexualziel**

d. Triebe *s.* **Triebziel**

Zielgehemmte (Sexual-) **Triebe** [Zielablenkung] (*s. a.* Desexualisierung; Latenz; Liebe; Neutralisierung; Sexualstrebungen; –ziel; Sexualität; Sublimierung; Triebumsetzung; Zärtlichkeit), X 215; XIII 123, 127, 138, 154-58, *232*, 268; XIV 64, 461f.; XV 103f.

Entstehung d. Hemmung, XIII 156

u. Freundschaft, XIV 462

beim Kind, XIII 154–57

i. d. Latenz *s.* **Latenz**

u. Masse, XIII 138, 157, 160

u. Ödipuskomplex, XIII 154f.

beim Untergang d. –es, XIII 399

Plastizität d., XV 104

u. soziale Triebe, XIII 232

u. Sublimierung, XIII 155

Zärtlichkeit als (*s. a.* Zärtlichkeit), XIII 123, 127, 155, 232; XV 103f.

(Zusammenfassung), XIII 232

Ziellosigkeit, d. ästhetischen Genusses (*s. a.* Ästhetik; Ästhetisch)

Widerlegung d. Theorie d., VI 103f.

Zielsetzung, therapeutische *s.* **Psychoanalytische Therapie** (*s. a.* Psychoanalytische Methode)

Zielverwandlung (*s. a.* Sexualziel; Triebumsetzungen), XII 51

Zielvorstellung(en), beim Assoziieren (*s. a.* Assoziation), II/III 533f.

Zigarette, II/III 389

Zimmer, i. Traum (*s. a.* i. Symbol-Reg.)

Flucht v. –n, als Haremsphantasie u. Polygamiesymbol, II/III 359, 400

als Symbol f. weibliche Genitalien, II/III 359; XI 157, 165

Zirkulationsstörung(en)

Zirkulationsstörung(en)
  u. Fehlleistung, XI 22, 28
  Versprechen, XI 38f.
  'vasomotorische Neurasthenie', I 320

Zirkumzision s. Beschneidung

Zitate
  Anspielung auf, i. Witz, VI 37, 84, 135, 244
  als Bestätigung i. d. psychoanalytischen Deutung, VIII 269
  Traumgedanken dargestellt durch, II/III 293, 348, 350f.

Zittern [Schütteln; Tremor], I 320
  i. Angstanfall, XI 415
  angstneurotisches, I 320, 369, 415
  hysterisches, I 156f.

Zittersprache, VI 141

Zivilisation s. Kultur (s. a. Erziehung; Gemeinschaft; Gesellschaft; Sozial-)

Zonen
  erogene s. Erogene Zone
  Hysterogene, I 32, 96

Zoopsie s. Tierhalluzination(en)

Zopf, Genitalien vertretend, VIII 166; XI 316; XIV 317

Zopfabschneider, VIII 166; XI 316; XIV 317

Zorn s. Jähzorn; Wut (s. a. Anfall)

'Zorn d. Überich' (s. a. Überich, Härte d.), XIV 170

Zote [Obszöner Witz] (s. a. Obszön-; Witz), VI 105–11, 149, 160, 162, 252f.; VIII 224f.
  u. Aggression, durch Aufschub, VI 108
  u. aggressiver Witz, VI 105, 109–11
  anale, VI 106; VIII 224f.
  u. Anspielung, VI 109
  (Definition), VI 105, 109, 111
  Dritter, Anwesenheit v. -n, bei d. (s. a. Witzpublikum), VI 108f., 161
  Entlarvung u. Degradierung i., VI 253
  Geselligkeit, ein Mittel heiterer, VI 109
  i. d. gebildeten Gesellschaft, VI 109f.
  Infantiles i. d., VI 106f.
  naive, VI 210, 212, 214
  u. d. Obszöne (s. a. Entblößung; Obszön-)
    Ähnlichkeiten zwischen d. -n, VI 252f.
    Entblößung, VI 106, 149, 161, 252f.
    Unterschiede zwischen, VI 149, 254
  u. Scham, VI 106
  u. Schau- u. Tastlust, VI 106f.
  soziale Unterschiede beim Erzählen einer, VI 108, 110
  Symbolik i. d. s. Witzsymbolik, sexuelle
  Tendenz, obszöne, d., VI 105–11
  u. Verdrängung, VI 110f.
  als Verführungsversuch, VI 106–08
  u. zynischer u. skeptischer Witz, VI 149

Zögern [-ung] (s. a. Gehemmtsein; Hemmung; Komplexnähe; Psychoanalytische Grundregel; Unsicherheit; Widerstand; Zweifelsucht), VII 10
  bei Zwangsneurose, I 349–51; VII 452, 456, 459, 461

Zölibat (s. a. Abstinenz)
  u. Homosexualität, V 38f.

Zucker s. Süßigkeiten

Zuckerstange, als zerschnittene Schlange phantasiert, XII 49

Zuckungen [Konvulsionen] (*s. a.* Anfall, epileptischer; –hysterischer; Hysterie, Konversions-, Symptome; Tic), I 84f., 94, 124

Zufall [Zufälle], Determinierung durch, Wiederlegung d. Theorie d. (*s. a.* Determinierung; Unfall)

i. Assoziationsablauf ['Zufallsassoziationen'] (z. 'aliquis'), IV 17

Ausnahmen

'äußere' Zufälle, IV 286

Rolle d. –n, i. menschlichen Schicksal (*s. a.* Schicksal), VII 68

bei organisch-destruktiven Hirnprozessen [endogen-psychischen Affektionen] Assoziationen bei, II/III 535

'innere', existieren nicht

bei Assoziationen, II/III 533f.; IV 17, 286; VII 5, 33, 68

bei Fehlleistungen, IV 268

bei 'merkwürdigem Zusammentreffen', IV 292–94

Zufallsglauben, IV *267–310*

Zufallshandlungen *s.* **Symptomhandlungen**

Zuhörer *s.* **Dritte Person; Witzpublikum**

Zukunft (*s. a.* Alter; Gegenwart; Jenseitsglauben; Vergangenheit)

menschliche Einstellung z., XIV 325–30

u. Phantasie, VII 217

d. Psychoanalyse *s.* **Psychoanalyse**

u. Traum *s.* Traum, prophetischer; **Traum(deutung)**, i. Altertum; **Traum(theorien)**, Geschichte d.

Zunge

Flamme als, XVI 6

Lutschen d., V 80f.; XI 325

als Penis, XVI 6

als perverses Geschlechtsorgan, V 50

Schnalzen mit d., hysterisches, I 83, 100, 105, 110f., 117, 128, 149, 153; VIII 10f.

Zungenbiß, i. hysterischen Anfall, VII 238f.

Zupfen d. Ohrläppchens, V 80f., 211f.

Zurückhaltung

körperlicher Funktionen *s.* **Körperliche Bedürfnisse** (*s. a.* Exkremente; Inkontinenz; Retention)

seelische *s.* **Menschenfurcht; Mißtrauen; Scheu**

Zurücksetzung, Gefühl d., bei Kindern (*s. a.* Familienroman; Mädchen, u. Mutter, Abwendung v. d., Vorwürfe), I 452; VII 228, 364; XIII 395; XIV 534–37; XV 130f.

Zurückziehung [Ablenkung, Ablösung, Abwendung, Entzug, Unterbrechung] d. Libido [d. Affekts, d. Aufmerksamkeit, d. Besetzungs(energie), d. Energie, d. Interesses, d. Libidobesetzung, d. Objektlibido] (*s. a.* Autismus; Egoismus; Libido-; Narzißmus; Narzißtisch; Psychosen)

v. d. Außenwelt [Realität] (*s. a.* Außenwelt; Realität, Ablösung d.), X 279; XV 16

i. d. Amentia, X 413, 424–26

i. d. Dementia praecox, VIII 313f.; X 415f.; XI 430

i. d. halluzinatorischen Psychose, VIII 312

bei Hemmungen, XIV 114f.

Zurückziehung d. Unlustentbindungsenergie

i. d. Hypochondrie, X 149
i. d. Hysterie, VIII 309; XIV 191
bei Liebesekstase, VIII 307
i. d. Melancholie, VIII 64; X 429, 443–45; XIII 34
i. d. Neurosen u. d. Perversität, XI 373–79
bei Normalen [nicht immer pathogen] (*s. a.* Zurückziehung, bei Liebesekstase; – bei Schlaf; – bei Schmerz; – i. Trauer; – i. Traum), VIII 309; XI 436
bei Paranoia, X 145–47; XIV 387
bei Paraphrenie, X 139–41, 152f.
partielle (*s. a.* Zurückziehung, i. d. Zwangsneurose), II/III 559f.; VIII 64, 309–12; X 148f., 360f., 430, 443f.; XI 373–79, 436; XIII 364; XIV 114f., 191
d. Affekts (i. d. Zwangsneurose), VII 448
Verschiebung erleichternd, IV 7, 20
i. d. Psychose (*s. a.* Realität, Ablösung v. d.; Zurückziehung; u. unter d. einzelnen Krankheitsnamen), XV 16
i. d. Schizophrenie, X 139, 295, 300, 426
i. Schlaf, II/III 559f.; X 149, 413
bei Schmerz (organisch-körperlichem), X 148
bei Selbstmord, VIII 64
totale, VIII 64, 307, 312–14; X 139, 141, 145–47, 152f., 295, 300, 413, 415f., 424–26, 429, 443–45; XI 430; XIII 34; XIV 387; XV 16
i. Trauer [i. d.–arbeit], VIII 64, 309; X 360f., 430, 443f.
i. Traum, X 413, 426
bei Trauma, XIII 364

u. Verdrängung (*s. a.* Verdrängung), VIII 308; X 257
Ökonomik d., X 279
u. Weltuntergangsphantasie *s.* **Weltuntergangsphantasie**
i. d. Zwangsneurose (nur d. Affekts), VII 448

d. Unlustentbindungsenergie, i. Humor, VI 266f.
u. Verarmung d. psychischen Systeme (*s. a.* Psychischer Apparat), XIII 30
Verschiebung erleichtert, durch partielle, d. Aufmerksamkeit, IV 7, 20
v. Vorbewußten, i. d. Übertragungsneurosen, X 426

Zusammengehöriges [-keit] (*s. a.* Assoziation; Symbol)
Darstellung durch
i. Traum *s.* **Denkrelationen**, i. Traum, Einheit (*s. a.* Traum(darstellung))
i. Witz *s.* **Witztechnik**, indirekte
Magie durch *s.* Magie, kontagiöse

Zusammenhang *s.* **Denkrelationen**

Zusammentreffen, scheinbar merkwürdiges (*s. a.* Ahnung, Vor-; Zufall), IV 292–94

Zuschauer [Zuhörer] *s.* **Dritte Person**; **Exhibition**; **Schaulust** (*s. a.* Witzpublikum)

Zustimmung *s.* **Bejahung** (*s. a.* Verneinung)

Zutrauen, d. Patienten *s.* **Übertragung**, positive (*s. a.* Patient)

Zuverlässigkeit *s.* **Glaubwürdigkeit**; **Verantwortlichkeit**

Züchtigung(en) (*s. a.* Strafe)
Einfluß auf Mädchen, VIII 422–25; XIII 395

u. gewalttätiger Vater (*s. a.* Autorität; Gewalt; Vater), VII 426f.; XII 52f.; XIV 408–10

körperliche, u. späterer Masochismus, V 94

u. Mutteridentifikation, XVI 184

reale, u. Schlagephantasien (*s. a.* Schlagephantasien), XII 198f.

Recht d., Mißbrauch mit, I 452

durch Strafbedürfnis provozierte, XII 53

'Zündeln' (*s. a.* Feuer), II/III 400; V 233f.

Zündholz, als männliches Genitalsymbol, IV 225

Zwang (v. d. Außenwelt her) (*s. a.* Ananke; Autorität; Gewalt; Schicksal), XI 387; XIV 329

Kultur-, Introjektion d. –es (*s. a.* Kultur, Unbehagen i. d.), XIV 332f.

'Natur-', u. Malthusianismus, I 507

politischer, XVI 157f., 160

Umsetzung d. –es, i. inneren, X 333

als Ursache d. organischen Entwicklungsprozesses, XIII 41f.

durch Vater (*s. a.* Autorität; Vater), XIV 408–10

u. Wut, VII 413

Zwang (psychischer)

Arten d. [Zwang z. –, Zwangsimpulse, –syndrome] (*s. a.* Angst vor-; Zeremoniell (zwangsneurotisches); Zwanghaft), I 347; VII 129, 384, 440

Assoziations-, (*s. a.* Assoziation), I 122

Berührungs-, (*s. a.* Berührungsangst; –lust)

u. Masturbation, XI 320

u. Waschzwang, XI 319

Zwang (psychischer): Arten d.

Denk-, *s.* Zwang (psychischer): Arten d., Grübel-; – Versteh-; Zwangsdenken; Zwangsvorstellungen

Eß-, ('das Beste stehen lassen') (*s. a.* Gier, orale), VII 133; XIV 115

Exhibitions-, (*s. a.* Exhibition)

u. Kastrationskomplex, V 56

Fluchen aus, VII 415

'Gegen-', Analyse als, XII 192

mit Geld i. Zusammenhang, VII 134, 418

Grübel-, [Denk-, Deut-, Prüfungs-, Grübelsucht] (*s. a.* Zweifel; –sucht), I 349, 390; VII 25, 460; VIII 204

u. infantile Sexualforschung, VII 25, 460f.; VIII 147

bei Leonardo, VIII 204

Schrebers *s.* i. Reg. d. Krankengesch.: Namenverzeichnis, Schreber

z. Konzentration, XIV 152

Lach-, bei Trauer, VII 415

Masturbations-, (*s. a.* Masturbation), XIV 27

Messerstiche, jemandem – beibringen, I 71, 347

Mordimpuls, I 71; II/III 460f.

Nachahmungs-, *s.* Nach(ahmungszwang)

Notier-, VII 134

Reinheits-, (*s. a.* Wasch-), VII 418f.; VIII 446

Sammel-, I 390

v. Papier, I 350, 390

Schutz-, VII 133, 412f.

Selbstmordimpuls, I 70f.; VII 407f.

gefahrlos, XIII 283

sich i. Abgrund werfen, I 347

Zwang (psychischer): Wesen d.

Vereinheitlichungs-, i. Traum (*s. a.* Integration), II/III 185f.

Versteh-, VII 412–14, 461f.

Wasch-, (*s. a.* Reinheits-), I 350, 482; IV 47; V 178, 243; VII 132f.; VIII 446; IX 38, 52; XI 320; XIV 145; XV 90

   u. Berührung (*s. a.* Berührung; Zwang (psychischer): Arten d., Berührungs-), XI 319

   gehemmte, u. Angst[-anfall], XIV 175; XV 90

   'Hausfrauenpsychose', IV 47; V 178

   d. häufigste Abwehrhandlung, IX 38; XV 90

   Wasser betreffend (*s. a.* Lustration; Wasser), VII 132f.; IX 38

Wiederholungs-, *s.* **Wiederholungszwang**

Zähl- [Arithmomanie; Zahlenbeobachtung, zwanghafte] (*s. a.* Zahl), I 349, 391, 482; IV 275; VII 413

Zweifelsucht *s.* **Zwang** (psychischer): Arten d., Grübel-; **Zweifel**, pathologischer

Wesen d. (*s. a.* Zwangshandlungen, als Abwehrhandlungen; Zweifel), XIII 20

   Angst

    –ablösende, XII 91; XV 90

    –verhütende, XIV 174

   (Definition), VII 459

   Entstehung d. -es, XIV 122

   statt Lust, XIV 122

   d. Lustprinzips, XIV 15; XVII 129

   Unauflösbarkeit durch d. Bewußte, I 392

   u. Verdrängung (*s. a.* Verdrängung; Zwangsneurose; Verdrängung i. d.), I *388*, 420f.

   nach erfolgter, u. nach Verweilen i. Unbewußten nur wirksam, XVI 208f.

   mit Widerstand gleichwertig, VII 447

   Witz als Kritik, als Befreiungsversuch v., VI 141–43, 146–49

   u. Zweifel (*s. a.* Zweifel), VII 457

   als Kompensation d. Zweifel, VII 459

Zwanghaft(-er, -e, -es)

Charakter (*s. a.* Charakter, u. Analerotik; Typus; Zwangstypen)

   d. Erinnerung *s.* **Zwanghafte Wiederholung**

   d. Religion (*s. a.* Zeremoniell (zwangsneurotisches): u. religiöses; Zwangshandlungen, u. Religionsübungen; Zwangsneurose, u. Religion), XVI 208f.

   d. Gottesopferzeremoniells, IX 182f.

   d. jüdischen, XVI 243f.

   u. d. Wahnidee, XVI 190f.

d. Traumas, I 346

d. Verliebtheit (*s. a.* Verliebtheit), VIII 69

Entwicklung d. Partialtriebe, Perversion erzeugend, V 157

Glaube, i. Wahn, XVI 55, 190f.

Wiederholung (*s. a.* Wiederholungszwang)

   u. Fixierungen, V 144

   d. frühesten Eindrücke, XVI 238

   i. Hysterie, I 162

   spätere Gedanken Freuds ü. *s.* **Wiederholungszwang**

   i. d. Wiederkehr unerledigter Erinnerungsbilder (*s. a.* Erinnern; Erinnerung), I 301

Zwangsaffekt *s.* Affekt; Zwangsneurose

Zwangsartig *s.* Zwang; Zwanghaft

Zwangsbefürchtung (*s. a.* Ängstlichkeit; Erwartungsangst; Phobien; Unheilserwartung), VII 388

Zwangsbild, u. Mythus, X *398–400*

Zwangsbildungen *s.* Zwang; Zwangserscheinungen; Zwangsneurose

Zwangscharakter
d. Persönlichkeit *s.* Charakter-; Typus
seelischer Phänomene, VII 129, 460f.
Symptome u. Icheinschränkung, XVI 181

Zwangsdenken (*s. a.* Zwang (psychischer): Arten d., Grübel-; − Versteh-; Zwangsneurose, Phantasien; Zwangsvorstellungen), VII *439–46*
lehrreicher f. d. Aufdeckung d. Unbewußten als hysterische Phänomene, VII 445f.
u. Zwangshandeln, VII 459f.

Zwangsdichtungen (*s. a.* Phantasie(n))
bei Hysterikern (*s. a.* Verführungsphantasie), I 381; XI 396

Zwangsgebote, *s.* **Zwangsverbote,** u. Gebote

Zwangsgedanken *s.* Zwangsneurose, Phantasien i. d.; Zwangsvorstellungen

Zwangserscheinungen (*s. a.* Zwang), VII *439–46*
u. Aberglaube, IV *289*
als Beweise f. d. Unbewußte, X 265
u. Religion *s.* Zeremoniell (religiöses); − (zwangsneurotisches)

Zwangsgrübelsucht *s.* Zwang (psychischer): Arten d., Grübel-

Zwangshandlung(en) (*s. a.* Abwehr; Schutzmaßregel; Zeremoniell (zwangsneurotisches); Zwang (psychischer): Arten; Zwangsvorstellungen), VII 460f.; VIII 400; IX 38; XI 266
als Abwehrhandlungen (*s. a.* Zwangshandlungen, u. Religionsübungen), VII 136f.; IX 37–39; XIV 191
verpönten Handlungen sich annähernd, beim Fortschreiten d. Zwangsneurose (*s. a.* Zwang (psychischer): Arten d., Wesen d.), VII 137
Waschzwang d. häufigste (*s. a.* Zwang (psychischer): Arten d., Wasch-), IX 38
statt Angst (*s. a.* Angst; Zwang), XI 419
bestimmte *s.* Zeremoniell (zwangsneurotisches): bestimmte Zeremonien
Darstellung durch, direkte u. symbolische, VII 132
Denken ersetzend, VII 459f.
Erwartungsangst bei (*s. a.* Erwartungsangst; Unheilserwartung), VII 135
Kleinstes, Verschiebung auf ein, i., IX 108
als Kompromisse, VII 137, 460
Liebe u. Haß, Rolle d., VII 413–17
Logik, scheinbare, i. d. (*s. a.* Rationalisierung), VII 414
magische (*s. a.* Magie; Zauberformeln), IX 108
d. Masturbation sich annähernd, VII 460; XIV 144
phobischer Natur, XIV 114
physiologischer Erklärungsversuch d., VIII 391

805

Zwangshandlung(en) u. posthypnotische Suggestion

u. posthypnotische Suggestion, Ähnlichkeit zwischen, XI 286f.

u. Religionsübungen (*s. a.* Zeremoniell (religiöses)), I 389-91; VII *129-39*; IX 40f.; XIII 423; XV 90

   Anrufungen u. Gebete (*s. a.* Gebet), VII 136

   primitiv-religiöse (*s.a.* Zwangshandlung, magische), IX 37-39

u. Zwangsdenken, VII 459f.

Reue u. Buße i., VII 413

Schuldgefühl u. Bestrafung bei, VII 135

als Sicherung gegen sexuelles Erleben (*s. a.* Schutzmaßregeln), XIV 114

unbewußte Motive d., VII 135

Versuchungen bei (*s. a.* Versuchung), VII 135

u. Zeremoniell (*s. a.* Zeremoniell (zwangsneurotisches); Zwangshandlungen, u. Religionsübungen)

   Unterschied zwischen, VII 131

zweizeitige, VII 414

durch Zwangsverbote u. -gebote ersetzt (*s. a.* Zwangsverbote), VII 136f.

Zwangsideen *s.* Zwangsvorstellungen

Zwangsimpulse *s.* Zwang (psychischer): Arten d.

Zwangskranke [Zwangskrankheit] *s.* Zwangsneurose; Zwangstypen

Zwangslachen (*s. a.* Zwang (psychischer): Arten), VII 415

Zwangslieben (*s. a.* i. Reg. d. Krankengesch.: Namenverzeichnis, Wolfsmann), XII 68

Zwangsneurose [Zwangskrankheit], I 65-72, 255, 345-53, 385-92, 411, 420, 481f., 485, 513; V 8, 22, 68; VII 129-39, *381-463*; VIII 399f.; XI 265-77, 293, 356f., 419f.; XV 98

u. Aberglauben (*s. a.* Aberglauben), VII 446-49; IX 38, *106f.*, 117; XII 252

Abfuhr bei, Ausfall d., X 285

u. Absurdität, VII 436; IX 37

Abwehr i. d. (*s. a.* Abwehr; Schutzmaßregeln; Zwangshandlungen), XIV 127f., 144-48, 191, 196f.

–handlungen, verpönten Aktionen sich annähernd, VII 137

–kampf, I 389-91

   primärer u. sekundärer, VII 441

Kastrationskomplex als (*s. a.* Kastrationskomplex), XIV 144

–Neuropsychose, eine, I 350f., 379, 481

Affekt(e) i. d. (*s. a.* Zwangsneurose, Ambivalenz; – u. d. Unbewußte; Zwangsvorstellung), VIII 400

Angst-, I 276, 389

freiwerdende, I 65-72

Haß u. Liebe *s.* **Zwangsneurose, Ambivalenz i. d.**

Kompromißbildung als Zwangsaffekt, I 346, 387-89

Konflikte zwischen –n, i. d. *s.* **Zwangsneurose, Ambivalenz i. d.**

Transposition d., I 65-72

Unvereinbarkeit d., mit Zwangsideen (*s. a.* Zwangsvorstellungen), I 347f.

Vorwurfs-, i. d. Bewußtsein dringend, I 387f.

Wut *s.* Zwangsneurose, u. andere psychische Phänomene

–zustand, ein gerechtfertigter, I 346f.

Zwangsneurose u. andere psychische Phänomene

u. Aggression (*s. a.* Zwangsneurose, Ambivalenz i. d.; – u. Analerotik; – Ätiologie d.), I 384, 386, 457f.

u. Ahnungen, XII 252

u. Aktivität *s.* Zwangsneurose, Ätiologie d.

u. Allmacht d. Gedanken (*s. a.* Allmacht), IX 106f.; XV 178

'Altruismus' d., IX 89f.

Ambivalenz i. d. (*s. a.* Zwangshandlungen), VII 454–57, 459; VIII 373; IX 39f.; X 437; XIII 283, 285; XIV 528f.

u. Haß, I 348; VII 416; VIII 447

u. Konflikte, VIII 400

zwischen Ich u. Sexualität, X 217

paarweise auftretend, VII 454

u. Liebe, XIV 528f.

Amnesie i. d., XI 292f.

unvollständig, I 387f.; VII 417f.

u. Analerotik, Regression z., V 68f.; VIII 447, 450; X 407f.; XI 356f.; XIV 143; XV 106

bei alten Frauen, VIII 449f.

u. Bevorzugung d. hinteren Körperpartien, XII 68

u. Sadismus, VIII 446

u. andere psychische Phänomene

Aktualneurose, X 151

Angst (*s. a.* Zwangsneurose, Symptome), XI 419f.

-affekt, I 276, 389

-hysterie

Agoraphobie, eine Übergangsform zwischen, XI 278f.

vorangehende, VIII 444f.

-neurose, I 341

Fehlleistungen, IV 92

Hypochondrie, I 349

Hysterie, I 386

Ähnlichkeit zwischen, I 276

Ersatzbildungen, X 298f.

z. Grunde d., XII 107

leichter z. durchschauen als Zwangsneurose, VII 382f.

Revision d. Theorie ü., VIII 444

Symptome, I 386, 411, 457; XIV 143

Unterschied zwischen, I 256f; VII 414, 417, 445f., 463; VIII 444; XI 265; XIII 281

Masochismus, XI 319f.; XIV 147

Massenseele, Erscheinungen d., XIII 86

Masturbation, V 244

bei andauernder Zwangsneurose, VII 460

als Zwangshandlung, XI 320; XIV 144

u. Melancholie, XIII 280–83

Ähnlichkeit zwischen, X 437

Unterschied zwischen, XIII 281, 283

Neurasthenie, Unterschiede, I 411, 482, 499

u. Phobien, I 345–53, 391

v. angstneurotischen Phobien verschieden, I 322f.

gemischt, I 353

v. hysterischen u. neurasthenischen Phobien verschieden, I 482

u. Psychosen (*s. a.* Zwangsneurose, u. andere psychische Phänomene, Melancholie)

Paranoia, I 401–03; X 153

Schizophrenie, X 298f.

Zwangsneurose, Anfälle v.

Verworrenheit, halluzinatorische, I 74

als Vorstadium z. Psychose, VIII 455f.

u. Sadismus, VIII 446; XI 319; XV 106

u. Analerotik *s.* **Zwangsneurose,** u. **Analerotik**

als voreilige Sexualkomponente, XII 201

u. Schautrieb, vorangehender, VII 460

u. Schutzformeln u. Schutzmaßregel *s.* **Schutzformel; Schutzmaßregel**

u. Selbstmord, XIII 283

u. Trauer, Ähnlichkeit zwischen, X 437

u. Willenslähmung, VII *456f.*, 459, 461

u. Wißtrieb, vorangehender, VII 460; VIII 450

u. Wut, I 346

u. Zweifel *s.* **Zweifel**

Anfälle v., XII 92

Arbeitshemmungen bei (*s. a.* Zwangsneurose, u. andere psychische Phänomene, Willenslähmung), XIV 115

Ausbruch d., Alter d. –s, VIII 443

Auslassung, Entstellung durch, typisch f., VII 444

Ätiologie d.

Aktivität, Rolle i. d. *s.* **Infantile Sexualszenen,** u. Zwangsneurose

Degeneration, Frage d., I 411; XI 268

Disposition z., VIII *442–52*

Gewissensbisse, Wut, u. Zweifel i. d., I 346

infantile sexuelle Aktivität i. d. *s.* **Infantile Sexualszenen,** aktive, u. Zwangsneurose

'moralische Emotion', als konkurrierende Ursache, I 412f.

sexuelle (*s. a.* Zwangsneurose, u. Sexualität), I 66–72, 347, 457, 482

berühmter Männer, XI 267f.

Leonardo, VIII 176f.

Zola, XI 268

bestimmte Fälle *s.* **Zwang** (psychischer): Arten

blasphemische Einfälle bei, VII 415

(Definition), VII 138f.

Delirien i., VII 440, 462

Denken, statt handeln, i. d. (*s. a.* Zwangsdenken), VII 459, 461

Denksystem d. *s.* **Zwangsdenken;** **Zwangsneurose,** Gedankensprache (*s. a.* Denksysteme)

Diagnose d., I 255

d. Eigenliebe schmeichelnd, XIV 127

Eigennamen, Rolle d., i. d., VII 411

u. Eigensinn, XI 267

Entstehung d., VII 459; VIII 443–50; X 217

Entstellung i. d., VII 444, 461

Erinnerungen i. d., XII 80

erogene Zonen, Rolle d., i. d. (*s. a.* Zwangsneurose, u. Analerotik), V 68f.; XII 68

Ersatzbildungen i. d., VIII 400; X 259f., 298f.

u. d. Es, XIII 283, 285

fortgeschrittene u. andauernde, VII 137, 460; XVI 181

Gedankensprache i. d. (*s. a.* Denksysteme; Gedankensprache; Zwangsdenken), VIII 405

Gefahr, verinnerlicht i. d., als soziale Angst (*s. a.* Angst, soziale; Autorität), XIV 177

Zwangsneurose als Religion

u. Gegenbesetzung, X 284f.; XI 390, 396; XIV 190f., 196f.

u. Gemeinschaft
Angst, soziale, XIV 177
Eigenliebe, XIV 127
sexuelle Triebanteile überwiegen d. sozialen, IX 91
Hemmungen i. d., VII 456f., 459, 461; VIII 400
Allgemein-, XIV 117
Hohn i. d., VII 436
u. Ich, XIII 283, 285
-angst, XIV 127, 158f.
-entwicklung, VIII 451
-fremdes i. d., XI 395
-schutz, XIV 196f.
u. Sexualität *s.* Zwangsneurose, u. Sexualität
Wert d., f. d., XIV 127
u. Ichideal, XIII 280
Induktion i. d. *s.* **Induktion**
u. Intellekt, II/III 310; VII 384, 460; VIII 147; XI 267
Isolierung bei d. *s.* **Isolierung**
beim Kind (*s. a.* Kindheitsneurosen), XII 40
meistens spontan überwunden, XIV 360
durch Kindererlebnisse *s.* **Infantile Sexualszenen**, aktive
Kompromißbildungen [–symptome] i. d. (*s. a.* Zwangsneurose, Symptome d.), I 387–89; VII 414, 419
Krankheitsgewinn i. d., VII 406f.
u. Libidoentwicklung (*s. a.* Zwangsneurose, Regression bei), V 118f.; VIII 443–50
Logik, Verdrehung d., i. d. (*s. a.* Zwangsvorstellung, u. Entstellung), VII 414, 429
u. Männlichkeit, Zusammenhang zwischen (*s. a.* Aktivität u. Passivität), I 386, 421, 457f.; XIV 174

Mechanismus d., I 276, 352, *385–92*; VII 136f.; X 259f., 284

Moral u. Übermoral bei d. *s.* Zwangsneurose, u. Gewissenhaftigkeit; – u. Schuldgefühl (*s. a.* Moral)

Neurosenwahl bei d., VII 456; VIII 443

'neurotische Währung' bei d., IX 107

u. Objekt
-liebe, V 118f.
-wahl, XIV 190

u. Ödipuskomplex, XIV 142f.

u. phallische Phase *s.* **Phallische Phase**

Phantasien bei d.
'Monte Christo' –, VII 416f.
Rache-, VII 416

u. Phobie *s.* **Phobie**
als 'Privatreligion', VII 132; XII 327

Probleme d., XIV 142

Projektion i. d., nicht vorhanden, XIV 158

d. Rattenmannes *s.* i. **Reg. d. Krankengesch.**: Namenverzeichnis, Rattenmann

Reaktionsbildungen i. d., X 259f.
u. normale, XI 390, 396; XIII 281; XIV 190; XVI 18
prädominant, XI 396

Realitätsverhältnis i. d., VII 449f.

u. Rede *s.* Zwangsneurose, u. Wort

Regression bei (*s. a.* Zwangsneurose, u. Analerotik), VII 459–61; XI 356f.; XIV 143, 196f.
d. Libidoorganisation, X 407f.; XV 98

als Religion, IX 91

809

pathologisches Gegenstück z., VII 139

Privat-, VII 132; XII 327; XIII 423

Zerrbild d., IX 91

u. Religion (*s. a.* Zeremoniell (zwangsneurotisches): u. religiöses; Zwangshandlungen, u. Religionsübungen), VII 415; IX 9

als universelle Zwangsneurose, VII 139; XIV 366f., 369

Unterschiede zwischen, VII 137 (Zusammenfassung), XIII 423f.

Rhythm[is]ieren i. d. (*s. a.* Rhythmus), VIII 400; XI 278

i. Zeremoniell d., VII 131

u. Schuldgefühl (*s. a.* Zwangsneurose u. Gewissenhaftigkeit; – u. Überich), IX 107; XIII 280f., 283; XIV 494f.

–entlastung, XIII 280

Selbstvorwürfe, I 346f., 420f.; IX 82f.

verleugnete, VII 418

u. Strafbedürfnis u. Reue, XIV 494f.

unbewußtes [ohne Schuldbewußtsein], XIV 147, 497

Schutzformeln d. (*s. a.* Schutzformeln), IX 108

u. Sexualität (*s. a.* Zwangsneurose, Ätiologie d.)

anale *s.* **Zwangsneurose**, u. Analerotik

infantile (*s. a.* Zwangsneurose u. Aggression), I 384f., 457f.; V 151; VII 390

Konflikt zwischen Ich u., i. d., X 217

Sicherung gegen *s.* **Zwangshandlung**(en)

soziale Triebanteile verkümmert bei, IX 91

Substitutionen d. (*s. a.* Ersatz), I 65–72, 346–51, 481f.

u. Triebverzicht, VII 139

Verdrängung d., i. d., VII 136

voreilige Komponenten d., i. Sadismus, XII 201

Zielveränderung d., i. d., V 68f.

Stimmung d., gerechtfertigte, I 346f.

u. Strafe

Bedürfnis d., XIV 494f.

Befürchtung d., IX 88f.

Symptome d. (*s. a.* Zwang (psychischer): Arten; Zwangshandlungen), XI 265–67; XIV 141f.

Angst [Befürchtungen] (*s. a.* Zwangsneurose, u. andere psychische Phänomene, Angst), I 339, 351; VII 384

hypochondrische, I 349f., 389

religiöse u. soziale, I 389

Unheilserwartun*gs.* **Zwangsneurose**, Symptome d., Unheilserwartung

Versuchungs-, I 276, 389

vor Verrat, I 391

Beobachtungswahn, I 389

Gewissenhaftigkeit, als Reaktionssymptom, I 391; VII 136; IX 86; XIV 144f.

u. Strafbefürchtung, IX 88f.

u. Versuchungsangst, I 276, 389; VII 136

Harndrang, I 348

Haß (*s. a.* Zwangsneurose, Ambivalenz i. d.), I 348

Kompromißbildungen, I 387–89

Kleinlichkeit, I 350

Menschenfurcht, I 389, 393f., 400

'periodische' Neurasthenie u.
Melancholie, I 389

Phobien s. **Phobie**, u. Zwangsneurose

Resistenz d., i. d., X 293

Scham, I 389

Selbstvorwürfe s. **Zwangsneurose**, u. Schuldgefühl

Sühnehandlungen (s. a. Zeremoniell (zwangsneurotisches)), IX 41

Unheilserwartung (s. a. Unheilserwartung), VII 136; IX 108

Unschlüssigkeit (s. a. Unsicherheit), I 349f.; VII 456, 459, 461

Verdacht, I 348, 391

Verdrängtes u. d. Verdrängende darstellend, XI 311; XIV 142

u. Vertauschung, XI 267; XII 69

Zweifel s. **Zweifel**

Zweiseitigkeit d. (s. a. Zwangsneurose, Ambivalenz i. d.), XI 311

Zweizeitigkeit d., XI 311; XII 172; XIV 142

Symptombildung i. d., X 259f.; XI 300; XIV 127f., 141–48

statt Angst, XI 419

Tendenz d., XIV 148

u. Tabu, IX 117f.; XIV 152

Symptome, IX 38f.

Verschiebung bei, IX 37–39, 41

Wesen, IX 45f.

als 'Tabukrankheit', IX *35–47*

Therapie d.

ohne Hypnose möglich, I 69

Psychiatrie, Einstellung d. zeitgenössischen z., I 515; XI 267f.

psychoanalytische, VIII *399f.*

Zwangsneurose, Verdrängung i. d.

aktive Technik, XII 191f.

Indikation f., I 513f.; V 9; VIII 390; XIV 300

Wasserkur bei, VII 384

u. Todeskomplex s. **Todeskomplex**

u. Todestrieb, XIII 270

Todeswünsche gegen Vater i. d., II/III 266f., 333f.

Transposition v. Vorstellungen u. Affekten i. d. (s. a. Zwangsneurose, Verschiebung i. d.; Zwangsvorstellungen), I 65–72, 346–48

u. Traum, VII 138

-symbole, X 19

Trieb

-entmischung, XIII 270, 285

-leben u. anteile, IX 91; VII *453–63*

-verzicht i. d., VII 139

u. d. Unbewußte, Rolle d. −n, i. d., VII 463; XI 286–88

Unheilserwartung i. d. s. **Zwangsneurose**, Symptome

'Unmöglichkeit' i. d., IX 37, 69

Unsicherheitsbedürfnis i. d. s. **Unsicherheit**; **Zweifel**

Unsinnigkeiten i. d., VII 386, 400, 414, 420

u. Überich (s. a. Zwangsneurose, u. Schuldgefühl), XIII 280, 283, 285

Angst vor, XIV 158f., 174

Strenge d., XIV 144–46

Übertragung, zentrale Bedeutung d., i. d., XI 462

Verbote i. d. s. **Zwangsverbote**

Verdrängung i. d. (s. a. Zwang (psychischer): Wesen d., u. Verdrängung), I 68f., 387; VII 417–19; X 259; XIV 196f.

Mechanismus d., X 259f.

unvollkommen, VII 136

Zwangsneurose, Verlauf d.

zweizeitige Darstellung d., durch Symptome, XI 311

Verlauf d., I 386-92

Verschiebung i. d. (*s. a.* Zwangsneurose, Transposition), VII 419

auf ein Kleinstes, VII 138, 457, 459; X 260

u. Versuchungsangst (*s. a.* Versuchung), I 348, 389; VII 135f., 439f.; IX 40, 45

Wesen d., IX 45f.; XI 265-67

Widerspruch, innerer, i. d., XIV 144

Widerstand i. d. *s.* **Widerstand**

Wiederkehr verdrängter Erinnerungen i. d. (*s. a.* Wiederkehr), I 485

d. Wolfsmannes *s.* i. **Reg. d. Krankengesch.**: Namenverzeichnis, Wolfsmann

u. Wort [Zwangswort], X 398f.

blasphemisches, VII 415

-brücken, VII 433

-laut, II/III 310

   i. Delirien eingehend, VII 462

-neubildungen, II/III 309

Reden i. Traum bei, II/III 310; VII 411

u. Zwangsvorstellung, II/III 346

Zeremoniell i. *s.* **Zeremoniell** (zwangsneurotisches)

zweierlei Wissen i., VII 418

Zwangsneurotiker *s.* **Zwangsneurose; Zwangstypen**

Zwangsneurotisch *s.* **Zeremoniell** (zwangsneurotisches); **Zwangsneurose; Zwangstypen;** usw.

Zwangssymptome *s.* **Zwangsneurose, Symptome d.**

Zwangstypen [Zwangsneurotische Typen] (*s. a.* Charakter; Typus; Zwang (psychischer): Arten; Zwanghaft; Zwangsneurose, Disposition z.), XIV 510f.

anale *s.* **Anal-**

asketische Persönlichkeiten (*s. a.* Askese), VII 463

Beispiele

Abneigung gegen Uhren, VII 449

Besuch v. Leichenbegängnissen, VII 452

Kastrationssymbole d. Hutes u. Kopfes, bei, X 394f.

erotische u. narzißtische, XIV 511

Frühreife (*s. a.* Frühreife), V 142

Grübler, Leonardo als (*s. a.* i. Namen-Reg.), VIII 204

Grundregel, analytische, schwer befolgend, XIV 151f.

intellektuell Begabte, II/III 310; VII 384, 460; VIII 147; XI 267

kleinliche, I 350

Kompensationen, gute, beim, XII 315

Pedanten, I 318, 391

typische Erkrankung d., Zwangsneurose als, XIV 512f.

Verneinung bei (*s. a.* Verneinung), XIV 11f.

Verschwiegenheit, Zurückhaltung, Vermeidung d. Auskünfte bei, VII 449

zwei vorbewußte Persönlichkeiten besitzend, VII 463

Zweifler *s.* **Skepsis; Zweifel**

Zwangsverbote [-gebote] (*s. a.* Verbote), VII 131, 384, 440, 459; VIII 400; XII 327; XIV 142, 191

Abfuhr v. Ambivalenz (Liebe u. Haß) i., VII 459

Abwehr durch (*s. a.* Schutzmaßregel), XIV 191

bei Fortschritt d. Zwangsneurose, statt Zwangshandlungen, VII 136f.

gescheiterte, I 65-67

Ansteckungsfähigkeit d. (s. a. Induktion; Tabu), IX 37-40

Beispiele

Einkauf i. tabuiertem Laden, IX 117

d. Maori, IX 38, 117

Rasiermesser betreffend, IX 117

einsame [nicht soziale] Tätigkeiten betreffend, I 68; VII 131f.

u. Phobie, Vergleich zwischen (s. a. Phobie), VII 136f.

durch Schuldbewußtsein, VII 135

u. Tabu (s. a. Tabu u. Zwangsverbot), IX 35-47

d. Berührung s. Berührung-; Tabu, d. Berührung

als kategorischer Imperativ (s. a. Kategorischer Imperativ), IX 4

Text d., i. Traum durch Rede dargestellt, VII 441

Unmotiviertheit u. Sinnlosigkeit d., IX 36, 38

verborgener Charakter d. (s. a. Geheimnis), VII 131f.

Wesen d., IX 36-41

Zwangshandlungen ersetzend, VII 136f.

Zwangsvorstellung(en) [-ideen] (s. a. Angstideen), I 385; II/III vii, 266; VII 129, 409, 439-46; VIII 390, 400; XI 266

abgewiesene, entstellt wiederkehrend, VII 441f.

Abstinenter u. Witwen, I 326f.

Absurdität i. d., VII 436

Abwehrkampf gegen, VII 441f.

mit Affekten unvereinbare, I 347f.

Affektivität, Rolle d., i. d., VII 388

Angstsymptome i. s. **Zwangsneurose**, Symptome, Angst

Aufmerksamkeit, Abwendung d., v. d. Inhalt d., VII 441

bestimmte (s. a. Zweifel, pathologischer Zwangs-, Inhalt d. -en -s)

Alibis gegen Mordanklagen, Sammlung v., II/III 266f.

Hund o. Kind beschädigt z. haben, XI 81

'Leise, leise, fromme Weise', II/III 422

'Nächtlich am Busento', II/III 422

Bewußtheit d., XIV 146f.

bildhafte Wiederkehr d. Verdrängten, I 282f.

blasphemische s. **Blasphemie**

(Definition), I 386; VII 439

Entstehung d., I 65-67

u. Affekttransposition, I 66-72

u. Weckträume, Entstehung d., Ähnlichkeit zwischen, II/III 579

u. Zwangscharakter d., VII 388

u. Entstellung (s. a. Zwangsneurose, Logik, Verdrehung d.), VII 441-43, 461

als Ersatz (s. a. Ersatz), I 67

i. d. 'Folie de doute', I 15, 349f.

u. Ich-Widerspruch, VII 388

Inkubationszeit (s. a. Inkubation), VII 461

u. Kausalforschungen, VII 461

u. Kindererlebnisse s. **Infantile Sexualszenen**, aktive

als Kompromißbildung, I 387

Zwangsvorstellung, Machtlosigkeit gegen

Machtlosigkeit d. Psychiatrie, bisherigen, gegen, I 515

u. Masturbation, V 243f.

mehrere einheitliche, mit verschiedenem Wortlaut, VII 441

u. Mordimpuls, II/III 460f.

mythologische Parallele, X 398f.

u. Neurasthenie, I 71f., 495f.

i. Neurosen (gemischten), I 339–41

u. normale Vergeßlichkeit, I 525

u. Phobien (*s. a.* Zwangsneurose, u. andere psychische Phänomene, Phobie)

    i. Neurasthenie, u. ohne, I 345

    Unterschied zwischen, I 346

physiologische Erklärungsversuche, VIII 391

sexuelle

    Ätiologie d., V 151

    Selbstvorwürfe f., I 420f.

Vorstellungen, unerträgliche

    bewußte sind nicht, I 67

    ersetzt durch, I 67

u. Traum, II/III 647, 684; XIV 69; XV 15

    u. Unbestimmtheit d. Traumes, XI 80f.

    u. Verschiebung u. Verdichtung, II/III 684

traumatische, I 345–47

Überbesetzung d., VII 409, 441

Variabilität d., I 346f.; VII 441

u. Verallgemeinerung, VII 461

Verdacht *s.* **Zwangsneurose,** Symptome

Verdichtung u. Verschiebung bei d., II/III 684

Verdrängung, I 384, 388, 420f.

Verheimlichung d., I 68; VII 131f.

u. Wahnidee, Unterschiede (topische u. dynamische), zwischen, XI 442

Westphalsche, I 254

Wiederkehr d. (*s. a.* Wiederholungszwang; Zwangsneurose, Wiederkehr, verdrängter Erinnerungen i. d.)

    d. abgewiesenen, VII 441f.

    unaufhaltbar, I 515

Wort, Rolle d. –es, i. d. (*s. a.* Zwangsneurose, u. Wort), II/III 346

Zwangsvorwürfe (*s. a.* Selbstvorwürfe)

    i. Trauer (*s. a.* Ahnenverehrung; Vatermord), IX 76f., 83

    u. Melancholie, X 446

    u. normale Reue, IX 82f.

Zweck

    d. Lebens *s.* **Teleologie; Tod**

    d. Psychoanalyse *s.* **Psychoanalyse** (*s. a.* Psychoanalytisch-)

Zweckmäßigkeit

    d. Angst, XIV 201

    i. psychologischen Apparat (*s. a.* Psychologischer Apparat), XIV 380

Zweideutigkeit [Doppelsinn]

    u. Assoziation, IV 28–50; VII 10

    (Definition), VII 113

    u. Geheimnis, VII 10

    i. d. 'Gradiva' Jensens, VII 109–14

    als Kompromiß zwischen Bewußtem u. Unbewußtem, VII 113

    sexuelle (*s. a.* Zote), VI 41

    u. Verschiebung, Unterschied zwischen, VI 55–57

    i. Witz [i. d. Witztechnik] (*s. a.* Witz; -technik; Wortwitz), VI 28–42 (32f., 40–42); VII 112

durch Anspielung, VI 41 f., 50, 56, 79–81
durch Doppelsinn, VI 36, 55 f., 64, 236
  u. Metapher, VI 37
  d. Namens, VI 36
sexuelle, VI 41
durch Unifizierung, VI 71
Wortzweideutigkeit, VI 32 f., 40–42
Zweihafte Verwendung, Technik d., VI 31, 193
  d. Witzhafte i. d., X 420
Wort-, [Zweideutige Rede, – Worte] (s. a. Wort; Wortvieldeutigkeit)
  –laut i. Delirien eingehend, i. Zwangsneurose, VII 462
  i. Neurosen, II/III 346
  z. Komplex leitend, IV 28–50; VII 10
  i. d. Schizophrenie, X 420
  i. Traum, II/III 115 f., 347; V 226
  i. d. 'Gradiva' Jensens, VII 109 f.
  Witzhaftigkeit d., II/III 341, 346, 348 f.; X 420
  i. Wahn, VII 113
  i. Witz s. Zweideutigkeit, i. Witz

Zweifach(–er, –e, –es) (s. a. Doppel-; Verdoppelung)
Determinierung s. Motivierung; Überdeterminiertheit; u. unter d. einzelnen Stichwörtern

Zweifel (s. a. Argwohn; Mißtrauen; Skepsis)
normaler [u. nicht-zwangsneurotischer], I 318, 349
  u. Denkarbeit (s. a. Denken), I 318, 349; VII 180 f.; VIII 146

Zweifel, pathologischer Zwangs-
an Gott s. Atheismus; Glauben (s. a. Determinismus; Gott; Schuldgefühl)
infantiler (s. a. Infantile Sexualforschung; Kenntnis), VII 174–77
  Vorbildlichkeit d., VII 180 f.; VIII 146
an d. Liebe, VII 457
i. d. Masse nicht vorhanden, XIII 83
an d. Realität s. Depersonalisation; Entfremdungsgefühl
am Traum, als Widerstandszeichen, II/III 521–23
  i. Traum, II/III 450; XIII 83
  nur sekundär o. als Inhalt vorhanden, XIII 83
als Werk d. Traumzensur, XI 181
d. Unbewußte kennt keinen, X 285
Verdrängungsneigung ausgedrückt durch, IX 104
als Widerstand, II/III 521–23
Zensur statt, X 285
Zwang[sneurose] als Kompensation statt, VII 459
pathologischer Zwangs-, [zwangsneurotischer –] (s. a. Zwang (psychischer): Arten d., Grübel-), I 346, 347–50, 390; VII 440, 457; IX 63; XI 267
  Inhalt d., VII 449 f.
  Abstammung v. Vater (s. a. Familienroman), VII 449 f.
  Defäkation u. Hintern Christi, XII 93 f.
  Gedächtnis, V 175; VII 450
  Kurerfolg (s. a. Psychoanalytische Kur, Heilerfolg), XVI 99
  Leben nach Tode u. Lebensdauer, VII 449–52

Zweigeschlechtigkeit

Virginität d. Braut (*s. a.* Virginität), XIII 201

Wesen d. –en –s [Zweifelsucht], I 10, 318, 321, 323, 347–70, 390f., 482; VII 413f., 444f., 449f., 457

u. angstneurotische, I 318, 321

Folgen d. –n –s (*s. a.* Schutzmaßregel; Unsicherheit; Wiederholungszwang), VII 457–59

'Folie de doute' [Zweifelsucht, eigentliche], I 10, 15, 323, 349

als Kompensation d. normalen, VII 459

u. Phobien, I 321–23

als Symptom, I 349

typisch i. d. Zwangsneurose, XI 280

u. Unsicherheitsbedürfnis (*s. a.* Unsicherheit), VII 449f., 457–59

als Widerstand, XI 298f.; XII 107

als 'russische Taktik' d. –es, XII 291f.

Zweigeschlechtigkeit *s.* **Bisexualität**

Zweiphasenschema d. Analyse (*s. a.* Psychoanalytischer Prozeß), XII 278

Zweizahl, u. Mehrzahl, Vertauschbarkeit d., XII 69

Zweizeitig(–er, –e, –es) (*s. a.* Schübe)

Ansatz d. Sexuallebens *s.* **Latenz; Pubertät; Sexualleben,** zweizeitiger Ansatz d. –s (*s. a.* Sexualentwicklung)

Objektwahl (*s. a.* Objektwahl), V 100f., 135

beim Weib, XIV 521–29, 533

Symptome *s.* **Symptome,** zweizeitige

Zwillingsbrüder, XII 286

Zwischengedanken *s.* **Mittelglieder; Traum(gedanke)**

Zwischenstufen

i. psychischen Bildungen, XVI 46f., 73

sexuelle *s.* **Bisexualität; Hermaphroditismus**

angebliche (*s. a.* Homosexualität), V 44–46

Zwischenzeit (*s. a.* Latenz)

zwischen Ausbruch d. Krankheit u. Ursache *s.* **Inkubation** (*s. a.* Trauma)

i. d. psychoanalytischen Behandlung *s.* **Psychoanalytischer Prozeß**

Zwitter[–tum] *s.* **Hermaphroditismus** (*s. a.* Bisexualität)

Zyklisch(–er, –e, –es)

Irresein (*s. a.* Melancholie, u. Manie), X 440

Schwankungen *s.* **Manie; Melancholie; Periodizität**

Verstimmung *s.* **Depression** (*s. a.* Stimmung)

Zynismus

u. Ironie, VI 78f.

u. d. Unbewußte, VI 201

i. Witz (*s. a.* Witz (Arten): zynischer), VI 54

ζῶον πολιτικόν, XIII 131

SONDERREGISTER

REGISTER DER KRANKENGESCHICHTEN

Vorbemerkung:

Von wenigen Ausnahmen abgesehen, finden sich in diesem Register nur die relativ ausführlich geschilderten Krankengeschichten.

Allgemeines *s.* i. **Haupt-Reg.**: Krankengeschichten (i. allgemeinen)

Andere Autoren

(Breuer) Anna O., I 76, 257, 263, 288–90, 292, 432; VIII 4–6

hysterischer Ekel u. Erbrechen, V 182f.; VIII 4, 8f.

hysterische Phantasien, VIII 7

Übertragung, X 49f.; XIV 51

Vergessen d. Muttersprache, VIII 4, 7, 18

Widerstand bei, I 289

(Ferenczi) Kleiner Hahnemann [Arpad]

Identifizierung mit Totemtier, IX 157–60

(Tausk) ‚Augenverdreher', X 296f.

Fragmente, IX 40–42, 120

Agoraphobie, I 170f.; XI 272–77, 479

Angstneurose, I 330, 502; VIII 445f.

‚Ausnahmen', X 366f.

Hebephrenie (mit ödipalen Phantasien), VIII 228

Hysterie

‚Augenverdreher', X 296f.

Gehunfähigkeit, XVI 66

Kontraktur d. Stimmbänder, I 237–42

mit ödipaler Phantasie, VIII 228

Pubertäts-, mit Rückfall, trotz Analyse, XVI 66

i. Schwager verliebt, VIII 21f.

‚Steifheit, etwas steckt i. Leib', II/III 623

unechte, mit Tabes, V 174

indirekte Bestätigung d. Diagnose, durch Assoziation (‚Hirntumor' d. Engländers), XVI 50f.

Kaufmann, ‚sonst gesunder', XIII 352

Kinderneurose mit Schlafstörung u. Schlimmheit, XVI 183–85

Knabe

v. 11 Jahren (Zwangsneurose), I 390

v. 12 Jahren (Halluzination eines –n), II/III 549f.

v. 13 Jahren, IV 220

Kastrationsangst eines –n, X 119–21

masochistische Phantasien (ein Rückfall), XVI 66

Paranoia, XIII 198–203

Tic convulsif, II/III 623f.

Tussis nervosa, I 273f.

Zwangsneurose

Ast mit Fuß wegschleudern, VII 414f.

Banknoten, gebügelte, VII 418f.
(Jungfräulichkeit), XI 268-71
Mädchenname, IX 38
obsedierendes Wort [Zwangsgedanke u. Bild], mit mythologischer Parallele, X 398-400
Rasiermesser, IX 117
Schlafzeremoniell, X 394f.; XI 272-77
(mit Schmuckverbot), VII 461f.
zwangsneurotische Dame, VII 444f.
Zwangspatient u. Lebedame, XVII 42
Zweifel, ‚Kamm gekauft zu haben', VII 444f.

Namenverzeichnis

Dora, V *163-315*; X 47f., 61
   Bahnhof, Friedhof, Vorhof, V 257, 260
   Bettnässen, V 225-55 (225f., 236f., 252f.)
   erster Hinweis auf Kindheitserlebnisse, i. Fall d., X 48
   Magenschmerzen, V 197, 241
   Motivation d. fiktiven Namens, IV 268-70
   Namenwahl f. d. Krankengesch., IV 268-70
   Rachephantasien, V 260, 262f.
Frau Cäcilie, I 123, 129f., 244, 248-51
Frau Emmy v. N., I *99-162*, 241, 287f., 292
   Breuers Mitwirken, I 99, 106f., 119, 130f., 134, 149, 160
   Zungenschnalzen, I 83, 100, 105, 110f., 117, 128, 149, 153; VIII 10f.
Frau P., I 392-403
Fräulein Elisabeth v. R., I 196-251, 248

Fräulein Mathilde H., I 230
Fräulein Rosalie H., I 237-42
Haitzmann, Christoph *s.* **Sachverzeichnis**, Teufelsneurose
Hanold, Norbert (i. Jensens ‚Gradiva') *s. i.* **Namen-Reg.**: Gradiva
Katharina, I 184-95
Kleiner Hans (Phobie eines fünfjährigen Knaben), II/III 136, 255, 257, 259; V 171; VII 23, 180, *243-377;* VIII 44f.; IX 157; XIV 129-39
   Ambivalenzkonflikt, VII 279f.; XII 154; XIV 130f.
   Amnesie, spätere, XIII 432
   Angst, XIV 131f.
     vor Beißen, VII 260-65; XIV 130
     -traum [Straftraum], VII 259, 351f.
     vor u. um Vater, VII 280
   Dummheit, VII 293, 295
   Eisenbahnangst, VII 319
   Enttäuschung bei Geburt d. Schwester, VII 247-49
   Exkretionslust, VII 251, 292, 298; VIII 260
   frühzeitige sadistische [aggressive] Neigungen, VII 277, 301, 314, 316, 318, 370; XIV 130
   Gingerbreadman, XIV 133
   Hemmung, Symptom u. Angst bei, XIV 131f.
   Heredität, Frage d., VII 372f.
   Heuchelei, VII 257, 303, 305f., 309
   homosexuelle Regungen, VII 252, 254; XIV 134f.
   infantile Sexualforschung, VII 23, 257, 264, 267f., 295f., 302, 341
   infantile Sexualtheorien, VII 276, 319-23

sadistische, VII 276
Interesse am Penis, VII 245–47, 251, 269f., 341
Kastrationsangst, VII 270; XIV 136f.
 durch Kastrationsdrohung, VII 245f., 271
‚Krawallmachen' s. i. Haupt-Reg.: ‚Krawallmachen'
‚Lodi', VII 329–31, 363
‚Lumpf', VII 288–92, 297–300, 302f., 309f., 332, 340, 343, 358, 360, 365; X 406, 409f.
(Nachschrift z.), XIII *431f.*
Passivität, XIV 134f.
Phantasien
 Giraffe, VII 272–76, 354
 Hohn i., VII 305f., 309
 Installateur, VII 300f., 303f., 333f., 360
 Kiste u. Storch, VII 247, 303–05, 308–14, 330, 333
 ödipale, VII 267f., 317–19, 328, 332
Phobien d., II/III 255, 257, 259; VII 243–377 (260); IX 156
 Beginn, VII 260
 Giraffen, VII 269, 272–76, 354f.
 Pferde-, VII 243–377 (258, 260, 263–67, 280–89, 292–96), 352f., 355–58; XIV 129–33, 135–37
 Tiere, andere, VII 269
polygame (u. heterosexuelle) Regungen, VII 249, 251–55, 345
Puppe u. Messer, VII 319, 321, 362
Schaulust, VII 341f.
Storchfabel (s. a. Namenverzeichnis, Kleiner Hans, Phantasien), VII 176f.

Mißtrauen gegenüber, VII 248
Suggestion nicht angewandt i. Fall d., VII 339f.
Todeswunsch gegen Schwester, II/III 257; VII 248, 303, 306–10
‚Totemismus' beim, XIV 131f.
Verführungsversuche, VII 255, 259, 263
Vergessen durch Verdrängung, VII 269
Wagen u. Kasten als Mutterleibssymbole, VII 312–14, 316
Wissen um d. Schwangerschaft d. Mutter, VII 176f., 247f., 303–05, 308, 310–14; XII 25
‚Wiwimachenlassen', VII 256, 295
‚Wiwimacher', VII 23, 245, 269
u. Wolfsmann, XIV 135–37
Miss Lucy R., I 163–83
Rattenmann (s. a. i. Haupt-Reg.: Zwang; – Zwangsneurose), VII *381–463*; VIII 291; XIII 189
‚Dame', VII 403–05, 411f., 415f., 421, 443f., 453–56, 458
infantile Sexualität, VII 386–90
infantile Sexualtheorien, VII 438
Jenseitsglauben, VII 452
Rattenphobie, VII 390–98, 432–36
Selbstmord u. Mordimpuls, VII 409–11
Tod d. Vaters, VII 398f., 406, 425, 452f.
Träume, VII 421
Vaterkomplex, VII 407f., 415, 421f., 452f.; VIII 291
Schreber, I 569; V 171; VIII *240–320* (242–94, 310f., 315); X 145–47; XIII 198, 337–39
Exkretionslust, VIII 259f.

'Gottesstrahlen', VIII 249, 252, 255f., 259f., 262f., 271, 273, 289–91, *315*; IX 113

'Grundsprache', I 569; VIII 256, 261, 299

inzestuöse Objektwahl (Schwester), VIII 280

Jenseitsglauben, VIII 262

Jungs abweichende Ansichten ü. Libido, anläßlich d. Falles, X 145

'kleine Männer', VIII 245, *292–94*, 305, 307, 312

Männlichkeitskomplex, VIII 277

'Nerven', VIII 249, 254f., 257, 264–66, 267, 280

Paranoia bei, VIII 240–320

'Seelenmord', VIII 251f., 273, *279f.*, 288, 292

'Seligkeit', VIII 249, *254–56*, 262f., 267

'Sonne', VIII 244, 249, 274, *289–91*, 317–19

Traumsymbolik als Grundsprache, bei, I 569

Vaterkomplex bei, VIII 289–91, 315, 317f.

Weiblichkeitsverwandlung, VIII 248–53, 265–68, 277–79, 283f., 296

mit Wolfsmann verglichen, XII 116

Wolfsmann, X 5–9, 119–21; XII *29–157*; XIII 313; XIV 56, 133, 137; XVI 60

Aggression, XII 38, 42, 44, 50, 52f.

Ambivalenz, frühe, XII 51, 96

Analerotik, XII 68, 93–95, *103–21*

Phantasien, XII 40, 87, 89, 94, 108–11, 114f., 122f., 133–35

Angst (*s. a.* Namenverzeichnis, Wolfsmann, Phobien), XII 29, 68, 70, 147–49

vor Gefressenwerden, XII 140–42; XIV 133–35

–hysterie, Mechanismus d., XII 147

Kastrations–, *s.* **Namenverzeichnis**, Wolfsmann, Kastrations–

–traum *s.* Namenverzeichnis, Wolfsmann, Träume

'Babuschka', XII 122 *

Bilderbuch d. –es, XII 39

Blasphemien, XII 40, 93–97, 99f., 115

Buchstabe 'V' als Symbol beim, XII 123

Deckerinnerung, XII 37, 42f., 114, 124

Déjà raconté, X 119–21

Erniedrigungstendenz, XII 46, 124–28, 132

Eßstörung, XII 132f., 140–42

Finger als Penissymbol, X 119–21; XII 117f.

frühe Sexualkenntnisse, XII 156

'Glückshaube', XII 133

Großmutter d. –es, XII 38

'Gruscha', XII 124–30, 147

Heredität, XII 45

homosexuelle Regungen, XII 94f., 101f., 135, 144–46, 148

Hysterie

echte, XII 148, 153

am Grunde d. Zwangsneurose, XII 107

Identifizierung, XII 94

infantile

Sexualforschung, XII 49, 72

Sexualtheorien, XII 41

Initialen (S. P.) d., XII 128

Intelligenz, XII 33
Kastration(s)
 –angst, X 119–21; XIV 136f.
 –drohung, Wirkung d., XII 48
 –halluzination, X 119–21; XII 49, 117f.
 –komplex, XII 42, 49, 57, 72f., 103–21, 128, 148
  mit Kleinem Hans verglichen, XIV 135–37
Konstitution, XII 154
Lehrer als Vaterfigur, XII 66f., 100
Logik beim, XII 155
‚manisch-depressives Irresein‘, XII 30
Masochismus, XII 50f., 73f., 94–97, 143f., 146f.
‚Matrona‘, XII 125
Märchen, X 5–9; XII 49, 56–58, 66–69
‚Nanja‘, XII 92f.
Narzißmus, XII 145f., 154
negative Reaktion d., XII 100
neue Erkrankung, XVI 61f.
Oralität, XII 140
Passagère Symptome, XII 67f., 100, 112
Pathogenese, XII 94f., 102
Phobien, XII 41, 147
 Tier-, XII 29f., 39, 66f., 114, 144
  Raupen, XII 39, 100f., 114
  Schmetterlinge, XII 39, 125–31, 147f.
  u. Traum u. Urszene, XII 54–75
Projektionen, XII 64
Pubertät, XII 43, 153
Regression v. d. Genitalorganisation beim, XII 50, 94

Religiosität (s. a. Namenverzeichnis, Wolfsmann, Blasphemien)
 Skrupel, VII 394; XII 93
 Zeremoniell, XII 40, 93, 97f.
Sadismus, XII 39f., 50, 94, 100f., 143f., 146f.
 u. Identifizierung, XII 94
Schlagephantasie, XII 50f.
Schlimmheit, XII 38, 52f.
Schlafstörung d., XII 91
 mit Schreber verglichen, XII 116
Sexualentwicklung, Übersicht d., XII 140–55
Sublimierung, XII 150, 152
Terminsetzung, XVI 60f.
Tierphobien s. Namenverzeichnis, Wolfsmann, Phobien
Trauer, XII 47
Tierquälerei, XII 39f., 50
Todesangst beim, XII 60
Traumtheorie z. Geltung gebracht durch Gruschaszene, XII 128
Träume
 Angst–, X 5–9; XII 55–59
 Raupen–, XII 101
 u. Tierphobie, XII 54–75
 Teufels–, XII 101
 Wirklichkeitsgefühl i., XII 59
 Wolfs–, X 5–9; XII 54–75 (54, 70f.)
Urethralerotik, XII 126f., 142
Urszene, XII 54–75 (63–66)
Vaterbeziehung, XII 41, 51
Verdrängungsmechanismus, X 257f.; XII 144–46
Verführung, XII 42–53
Versagung, XII 153f.
Verschiebung beim, XII 94

Wut, XII 43

‚Wespe', XII 128

Wolfsphobie u. -traum s.
Namenverzeichnis, Wolfsmann, Phobien; – Träume

Zwangsliebe, XII 68

Zwangsneurose, XII *91–102*
(36–53)

Sachverzeichnis

Angstneurosen, I 99–162, 170f., 184–95, 257f., 330, 502

mit Hysterie s. Sachverzeichnis, Hysterie

Dementia paranoides, I *392–403*

Eifersuchtswahn, XI 254–61; XIII 198–201

hypnotische Heilmethode, I 99–167, 230, 237–42, 246–48

Hysterie, I 72f., 99–251

mit Angstneurose, I 99–162, 184–95, 257f.

mit epileptoiden Konvulsionen, I 94

mit halluzinatorischer Verworrenheit, I 72f.

monosymptomatische, I 196–251

reine, I 163–83

bei Zwangsneurose, XII 107, 148, 153

hysterische Symptome s. i.
Haupt-Reg.: Hysterie, Konversions-, Symptome (bestimmte)

hysterische Tilgungspsychose, I 123

Kinderlügen, zwei, VIII *422–27*

Paranoia (s. a. Sachverzeichnis, Teufelsneurose), VIII 240–320; XI 254–61; XIII 198–203

chronische, I 392–403

ein d. psychoanalytischen Theorie widersprechender Fall v., X *234–46*

Selbstanalyse, Ein Fall v. (E. Pickworth Farrow), XIV 568

Teufelsneurose, XIII *317–53*

Flucht i. d. Krankheit, XIII 351

Kastrationskomplex; XIII 336–39

Motive, XIII 324–37

Mutterfixierung, XIII 335–39

Phantasien

asketische, XIII 348, 350

Schwangerschafts-, XIII 335–37

Straf-, XIII 348f.

Versuchungs-, XIII 347f.

Verschreiben, XIII 344

Verschreibungen, XIII 339–46

Tic, I 99–162; VIII 10f.

Tierphobien s. **Namenverzeichnis**, Kleiner Hans; — Rattenmann; — Wolfsmann

Zwangsneurose, VII 381–463; XII 91–102

TRAUMREGISTER

(*s. a.* i. Haupt-Reg.: Traum–)

Vorbemerkung:
Dieses Register bezieht sich primär auf Träume dritter Personen. Von Freuds eigenen Träumen wurden nur solche aufgenommen, die Freud anonym oder auch unter einem Pseudonym anführt. Die ausdrücklich als seine eigenen bezeichneten Träume finden sich im Biographischen Register.

Absurder Traum s. i. **Haupt-Reg.**: Traum, absurder

Angst –, s. **Verschiedene** Träume (unter d. einzelnen Begriffssymbolen); u. i. **Haupt-Reg.**: Alpdruck; Traum, Angst-,

Autosymbolische Träume, II/III 253, 338, 349–51, 411–17, 507f., 557; XI 119, 128, 241f.

Bestimmter Personen, Träume

Alexander d. Großen, vor Tyros, II/III 103f., 619; XI 82, 243

Back, George, auf Franklins Expedition, II/III 137; XI 132f.

Bismarck, II/III 383–87

Bonjour, Casimir, II/III 502

Buzareingues, II/III 26

Daudet (Sapphotraum), II/III 293f., 311, 331f.

Descartes, XIV 558–60

Dora, V 225–36 (225), 248f., 251–55, 256–74 (256f.)

Ellis, Havelock (Ort ‚Zaraus'), II/III 173

Freud, Anna s. **Kinder**träume

Freud, Sigmund s. i. **Biogr. Reg.**: Träume, eigene

Grégory, Hennings, Hoffbauer, II/III 25

d'Hervey de St. Denis, II/III 13f.

Hildebrandts Weckreiz –, II/III 29f.; XI 89f.

Hippias, II/III 403

Jensen, Wilhelm (i. ‚Gradiva'), VII 37, 44, 81–90 (82, 87), 93–95, 100–06

Julius Cäsar, II/III 403

Keller, Gottfried, II/III 412

kleinen Hans s. **Kinder**träume (s. a. i. Reg. d. Krankengesch.: Namenverzeichnis, Kleiner Hans)

Maury
    experimentelle, II/III 26; XI 88

Tr 2   **Bestimmter Personen,** Träume, Napoleon

,Gilolo', II/III 62f.
Guillotinierung, II/III 28, 499f., 581
Hunger, II/III 34
,Montbrison', II/III 17
,Mussidan', II/III 13
Napoleon, II/III 27f., 239f., 502, 559
Nordenskjöld, Otto, u. Mannschaft auf Expedition, II/III 136f., 659f.; XI 132f.
Park, Mungo, II/III 137; XI 132f.
Pharao (i. d. Bibel), II/III 101, 339
Rattenmannes (s. a. i. Reg. d. Krankengesch.: Namenverzeichnis, Rattenmann), VIII 421
Rosegger, II/III 476–79; XIII 312
Römers, einen anonymen, hingerichtet wegen Traum v. Kaisermord, II/III 625
Scaliger, II/III 13
Silberer s. **Autosymbolische** Träume
Simon, M., II/III 31
Tartini, II/III 618
Trenck, II/III 137; XI 132
Wolfsmannes (s. a. i. Reg. d. Krankengesch.: Namenverzeichnis, Wolfsmann), X 5–8; XII 55f., 70f.

Biographische Träume s. i. **Haupt-Reg.**: Traum, biographischer
einzelner Personen s. **Bestimmter Personen,** Träume
Freuds s. i. **Biogr. Reg.**

Diagnostische Träume s. i. **Haupt-Reg.**: Traum, diagnostischer

Experimentell hervorgerufene Träume
v. Blasenpflaster, II/III 26; XI 88
v. d. ,Chauffeurs', II/III 26
bei Korsakoffscher Psychose, II/III 389; XV 23
v. Köln, Johann Maria Farina i., II/III 26; XI 88, 90
,nur f. Damen', II/III 389; XV 23
v. Orvieto, Wein v., II/III 26f.; XI 88
v. d. Pechlarve, II/III 26
v. Reise i. d. Kutsche, II/III 26
durch Stellung, besondere, d. Glieder (Mourly Vold), II/III 41f.
v. Sturm i. Kanal, II/III 17
v. 1848-er Sturmläuten, II/III 26

Kinderträume, Papa **Tr 3**

Geburtsträume *s.* i. **Haupt-Reg.**: Traum, typischer, (bestimmte Arten d.): Geburts-

Gefälligkeitsträume *s.* i. **Haupt-Reg.**: Traum

Gegenwunschträume, II/III 152–57, 181

Gleichgültigkeit i. Traum *s.* i. **Haupt-Reg.**: Indifferenz

‚Gradiva' Jensens, Träume i. d. (*s. a.* i. Haupt-Reg.: Traum(schöpfungen); u. i. Namen-Reg.: Gradiva)

    Apoll u. Venus-Traum, VII 95

    Eidechsentraum, VII 50, 100–05

    ‚Gradiva-Traum', VII 37, 81–90

    Reize z., VIII 82f.

    Symbolik, VII 109–14

    Verschiebung, VII 85

    Wunscherfüllung, VII 32, 121f.

    Zweideutigkeit, VII 109f.

‚**Harmlose**' Träume, v. fünf Patientinnen, II/III 189–94

Heuchlerische Träume *s.* i. **Haupt-Reg.**: Traum

Hypermnestische Träume (*s. a.* Prophetische Träume), II/III 13–18

Kastrationsträume *s.* i. **Haupt-Reg.**: Traum, typischer, (bestimmte Arten d.): Kastrations-

Kinderträume, II/III 463f., 656–59

    Achilleus u. Diomedes (Freuds Sohn), II/III 135, 497, 658

    ‚Anna F(r)eud, Er(d)beer, Hochbeer, Eier(s)peis, Papp', II/III 135, 275, 657; XI 131

    Aussee *s.* Kinderträume, Seefahrt

    Bett ist z. klein geworden, II/III 658

    Dachstein (Freuds Sohn), II/III 132–34, 657f.; XI 126

    ‚Emil ist einer v. uns' (Freuds Tochter), II/III 133f.

    Fleisch, auf Schüssel, d. plötzlich aufgegessen war, II/III 274f.

    Flügel, Kinder bekommen, u. fliegen davon, II/III 259f.

    v. Fortsein d. Mama (d. kleinen Hans), VII 259

    v. Giraffen (d. kleinen Hans), VII 272–76 (272)

    ‚He(r)mann alle Kirschen aufgessen', II/III 136, 657, 660; XI 125

    v. d. Mariedl (d. kleinen Hans), VII 249

    ‚D. Nashorn will er' (bei Balduin Groller), II/III 692

    ‚Papa – Papa – Bebi-' (Freuds Enkel), II/III 463f.

Tr 4 **Kinderträume, v. Raupe verfolgt**

v. Raupe verfolgt (Wolfsmann), XII 101
Rohrerhütte u. Hameau, II/III 134f., 195
Seefahrt (i. Aussee) (Freuds Tochter), II/III 135, 557; XI 125, 128
Simony-Hütte *s.* Kinderträume, Dachstein
v. Wölfen (*s. a.* i. Reg. d. Krankengesch.: Namenverzeichnis, Wolfsmann), X 5–9; XII 54–75 (54, 70f.)

Kinderträume v. Erwachsenen, II/III 202–13, 220–24
‚D. ist nicht mehr zu haben', II/III 189–91, 423, 681f.; XII 80
Doras, V 225–36 (225)
Hofmeister, II/III 195f.

Kriegstraumatiker, Träume d., XV 29

Mischgebilde, i. Träumen
Archäopterix, VII 58f., 113
Arzt u. Pferd i. Nachthemd, II/III 331
Centauren u. Fabeltiere d. alten Mythologie o. d. Böcklinschen Bilder, XI 175
Hydra *s.* i. Namen-Reg.: Hydra
M., Dr., II/III 299
seehundähnliches Geschöpf (d. Bruder), II/III 407
Sphinx *s.* i. Namen-Reg.: Sphinx

Normale Träume (*s. a.* i. Haupt-Reg.: Traum, d. Normalen), II/III 378f.

Partialträume u. Traumfragmente, II/III (zerstreut i. ganzen Band); XI 116–123

Peniswunschträume junger Frauen, X 405f.

Prophetische Träume (*s. a.* Hypermnestische Träume)
Hausarzt getroffen i. d. Kärtnerstraße, IV 291f.; XVII 21–23
Palme auf Landzunge, XIII 178–86 (181)
Tod d. jungen Soldaten, XIII 187–89
Zwillinge, Geburt d., XIII 169–72, 174–76

Realitätstraum *s.* i. **Haupt-Reg.:** Traum

Schwangerschaftsträume
v. Eintreten d. Periode, II/III 131, 659
mit Zahnreiz, II/III 396

Straftraum *s.* i. **Haupt-Reg.**: Traum, Straf—

Tagträume *s.* i. **Haupt-Reg.**: Tagtraum
Traumreihen *s.* i. **Haupt-Reg.**: Träume
Typische Träume, v. Durst, Hunger, Nacktheit usw. *s.* i. **Haupt-Reg.**: Traum, typischer

Ungeduldsträume, II/III 157–59, 195, 688 f.
Unsinnige Träume *s.* i. Haupt-Reg.: **Traum**, absurder

Verschiedene Träume, einzelne
Abort
    u. Badekabine, II/III 330 f.
    –loch *s.* i. **Biogr. Reg.**: Träume
    Schatz, vergraben i., II/III 409
Abreisen (Todessymbolik) (*s. a.* i. Symbol-Reg.: *I. Symbole:* Abreisen; *II. Das Symbolisierte:* Tod), XI 199–202
Analyse z. fünft, II/III 205 f.
‚arranging flowers for a birthday', II/III 378–82 (379)
aufgebahrtes Kind, II/III 157–59, 254, 465 f., 688 f.
    durch Kerze verbrannt, II/III 513–15, 538 f., 547, 555 f., 576–78
‚ausgebeten werden', II/III 135
‚Autodidasker', II/III 304–08, 497, 540, 547, 602; VI 28
‚Autoerotismus', II/III 413; XI 242
Bach-überschreiten, II/III 508
Badekabinen *s.* **Verschiedene Träume, Abort**
Begegnung i. Kärtnerstraßenrestaurant, XI 93 f.
z. Besuch fahren *s.* **Verschiedene Träume, Fahren**
Blasel i. voller Rüstung (Blasenleiden), II/III 416
‚Blech', II/III 368; XI 198 f.
Blume(n) (*s. a.* i. Symbol-Reg.)
    Asphodelos, VII 45, 106
    ‚Durch d. –', II/III 320, 324, 330
    ‚Lobelia' *s.* **Verschiedene Träume, Gilolo**
    –traum, II/III 323 f., 352–54, 665 f.
    Zyklamen *s.* i. **Biogr. Reg.**
Bordell-, II/III 338 f.
Brandung, XIII 181–84 (182)

Tr 6   Verschiedene Träume, brennendes

brennendes
> Haus (bei Dora), V 225–55 (225)
> Kind s. **Verschiedene** Träume, aufgebahrtes Kind

Bruder
> u. Schrank s. **Verschiedene** Träume, Einschränken

als seehundähnliches Geschöpf, II/III 407
sekkiert werden durch, II/III 165
> Soldat, ruft nach Mutter, XIII 187–90
> verspricht Kaviar, II/III 330f.

,Brugnolus', II/III 13
Chemikers, eines, II/III 387f.
,Daraus, Varaus, Zaraus', II/III 173
,Doktor erzählen, das muß ich d.', II/III 448
Dreckpatzen statt Augen, Mädchen mit (s. a. i. Reg. d. Krankengesch.: Namenverzeichnis, Rattenmann), VII 421

Drei
> Gulden u. 65 Kreuzer, II/III 418, 682f.
> Löwen, i. d. Wüste, II/III 464f.
> Würstchen, XI 221f.

,Dutzendmensch', II/III 557

Eidechsen
> i. d. ,Gradiva' Jensens, VII 50, 100–05
> –prozession, II/III 11f.

Einkommensbekenntnis, II/III 163
,Einschränken' (i. Schrank) d. Bruders, II/III (359), 412; (IV 58–60); XI 119, 128
Eisenbahn (s. a. Verschiedene Träume, Fahren, –Tunnel)
> Mord auf d., XI 201f.
> Perron nähert sich d. Zug, II/III 413

Entblößung d. Genitalien, II/III 204
v. Ermorden d. Imperators, II/III 625
,Erzefilisch', II/III 308f.
,Es fällt mit nicht i. Traume ein', II/III 412
Etruskergrab, II/III 457; XIV 338f.
Fahren (s. a. Verschiedene Träume, Eisenbahn; – Tunnel; u. i. Biogr. Reg.)
> auf Besuch z. Freundin, II/III 205
> i. d. Kutsche, II/III 26
> mit Schwiegermutter, II/III 156f.

Verschiedene Träume, Kerze

'Fallen' [Zusammenbrechen] auf d. Graben, II/III 208–10

Faßbinderknaben balgen sich, II/III 207 f.

Fesselballon, II/III 368–70; XI 198 f.

Fidelio s. **Verschiedene Träume, Theater–; Zahnreizträume**

'Fremd gemacht' (Rosegger), II/III 476–79; XIII 312

Freuds Buch ü. d. Witz, i. einem Traum, II/III 522

Galvanisieren Nansens i. d. Eiswüste, II/III 196 f.

Gegenübersitzen-Gegensatz, II/III 413

'I. Geldsachen kann ich keine Rücksicht üben', II/III 164

gespenstischer Mann, XI 200 f.

Gilolo, d. Insel, (u. Lobelia, d. Blume), II/III 62 f.

Gott, mit Papierhut auf d. Kopf, II/III 417; XI 116

Grube i. Weingarten, XI 195

Hacke, Verfolgung durch Mann mit, II/III 590 f.

'D. Hafer sticht mich' (G. Keller), II/III 412

Häuschen zwischen zwei Palästen, II/III 402 f.

Heimatort u. Unbekannter, II/III 195

Hermes d. Praxiteles, XV 26

'Hetzen', II/III 205

Hofmeister i. Bett d. Bonne, II/III 195 f.

Höllenmaschine s. **Weckträume**

v. Hund verfolgt, XI 190

Hut, mit abwärts hängendem Seitenteil, II/III 365 f.

Inspektor mit Ringkragen (Zahlentraum), II/III 420 f.

intrauterine Anwesenheit beim elterlichen Koitus, XV 26 f.

Kakao u. Mord, XIII 313

'Kamelien(dame)', II/III 324, 330, 353, 665 f.

Kanal

    'Du sublime au ridicule n'est qu'un pas', II/III 522 f.; XI 116 f.

    Sturm i,. II/III 27

Kant-Akten, verlegte, II/III 507 f.

'Kategorien', II/III 309

Kaviarperlen, II/III 330 f.

Käfertraum, II/III 295–98, 311

Kärtnerstraße, Begegnung i.

    mit Hausarzt i. d. s. **Prophetische** Träume

    Restaurant i. d., XI 93 f.

Kerze

Tr 8 **Verschiedene** Träume, Kilo

   steht nicht gut, II/III 193f.
   verbrennt totes Kind *s.* **Verschiedene** Träume, aufgebahrtes Kind
Kilo – Kilometer *s.* **Verschiedene** Träume, Gilolo
   mit Kimono bekleidet, XIII 312f.
Kind (*s. a.* Verschiedene Träume, kleines Mädchen)
   aufgebahrtes *s.* **Verschiedene** Träume, aufgebahrtes Kind
   durch Klapperschlangenbiß sich tötend, IV 74f.
   verloren gegangenes, X 12–22
   ‚wer ist d. Vater d. –es‘, II/III 337
‚Kindereindrücke‘ *s.* **Verschiedene** Träume, Schädeleindruck
v. Kindesmord (Mannes), II/III 161f.
Klavier
   –belederung, II/III 191f.; XI 94
   spielen vernachlässigt, II/III 376
kleines Mädchen
   Koitus mit, II/III 372–76
   tot, i. d. Schachtel, II/III 159f.
   wird überfahren, II/III 366–68
Klingeln, XI 89f.
Knabe(n)
   Faßbinder–, *s.* **Verschiedene** Träume, Faßbinderknaben
   Reihe v., XI 92
   watet i. Wasser, II/III 406
Knochenbruch — Ehebruch, II/III 413
Koffer
   mit Büchern überfüllt, II/III 194
   Muster–, XI 199f.
   u. Zollbeamter, XI 200
‚Kontuszowka‘, II/III 14f.
Kopf
   abgeschlagen durch Frau (durch Mutter), II/III 371
   auf d. Teller, II/III 371
   am Luster angestoßen, XI 194f.
‚Kuß i. Ähren‘ (Ehren), II/III 411
Lachssouper, II/III 152–57, 181
Leichen auf Hof verbrannt, II/III 423f.
‚Leistung‘, große, II/III 416f.
Licht

aufdrehen gelingt nicht, II/III 475–78
  d. Kerze s. **Verschiedene Träume**, Kerze
  weißes s. **Verschiedene Träume**, weißes Licht
‚Liebesdienste', II/III 148 f.; XI 137 f., 140, 142, 216
Lopez, General s. **Verschiedene Träume**, Gilolo
Lotto s. **Verschiedene Träume**, Gilolo
Löwen, II/III 196
  drei s. **Verschiedene Träume**, drei Löwen
Luchs o. Fuchs auf d. Dach, II/III 265
‚Lücke' u. ‚dunkle Stelle' i. Traum, II/III 338
Luster s. **Verschiedene Träume**, Kopf
Lüsterkleid, II/III 415 f.
‚Maistollmütz', II/III 302
Mantel s. **Verschiedene Träume**, Pülchertraum; – Überzieher; – Winterrock
Markt, z. spät auf d. – kommen, II/III 189–91, 423, 681 f.; XII 80
Märchenstoffe i., X 2–9
Melodie
  durch Teufel inspirierte, II/III 618
  Wiederkehr einer vergessenen, II/III 14
Milchflecken am Hemd, II/III 131
mißglücktes Souper, II/III 152
‚Misttrügerl', II/III 448
Montbrison, Kindheit i., II/III 17
Mord
  i. d. Eisenbahn s. **Verschiedene Träume**, Eisenbahn
  u. Kakao s. **Verschiedene Träume**, Kakao
‚Mussidan', II/III 13
‚Norekdal', II/III 302
Notar bringt Kaiserbirnen, II/III 376 f.
Offizier mit roter Kappe (v. Coitus interruptus), XI 196
Onkel
  Freuds s. i. **Biogr. Reg.**: Träume
  raucht, u. eine Frau streichelt, XI 189
Operation am Glied, u. Zahn ausbrechen, II/III 391
orthopädische Anstalt, II/III 205–07
pélerinage — Pelletier, II/III 62, 536
Periode, Eintreten d. s. **Schwangerschaft**sträume
Perron s. **Verschiedene Träume**, Eisenbahn

Tr 10   Verschiedene Träume, Pflanzen

Pflanzen (*s. a.* Verschiedene Träume, Blume(n); u. i. Biogr. Reg.:
Träume, eigene (bestimmte): botanische Monographie)
    Asplenium ruta muralis u. Eidechsenprozession, II/III 11
    Lobelia, II/III 62
    Polizeiagent, Polizisten (*s. a.* Verschiedene Träume, Pülchertraum;
    – Verhaftung), II/III 161, 498
    Pornic, Dame i. Seebad v., II/III 13f.
Praxiteles *s.* **Verschiedene** Träume, Hermes
‚Primäraffekt', II/III 164f.
‚Prozesse verloren, Ich habe alle meine', II/III 157
Pülchertraum, II/III 370f.; XI 197–99
Raupe, riesenhafte *s.* **Verschiedene** Träume, Verfolgung durch
Riesenhafte Personen, II/III 412
Rotunde *s.* **Verschiedene** Träume, Pülchertraum
Rumpelstilzchen, X 2–5
‚Rundschau', II/III 412; XI 119
‚Sa Tyros' (d. Alexander), II/III 103f., 619; XI 82, 243
‚Sapphotraum' (Daudet), II/III 292–94, 311, 331f.
Schacht, mit Fenster, II/III 405
Schachtel, tote Tochter i. d. *s.* **Verschiedene** Träume, kleines Mädchen
Schatz i. Abort *s.* **Verschiedene** Träume, Abort
Schädeleindruck — Kindereindrücke, II/III 411
mit Schimpansen — Schimpfworten um sich werfen, II/III 410
Schlachtentraum (Napoleons) *s.* **Weckträume**, Napoleon
‚Schlagfertigkeit' (*s. a.* i. Biogr. Reg.: Träume), II/III 253
Schneider
  –geselle *s.* **Verschiedene** Träume, ‚fremd gemacht'
  –traum, aus ‚Sieben auf einen Streich', II/III 480f.
schön bekleidetes Mädchen, XIII 312f.
‚schöner Traum, ein', II/III 291–95
Schrank *s.* **Verschiedene** Träume, Einschränken
Schreibtischlade, XI 195
schwarzgeränderte Karte *s.* **Verschiedene** Träume, Visitkarte
Schweben ü. Straße, II/III 399
Schwiegermutter, gemeinsamer Landaufenthalt mit, II/III 156f.
Seebad *s.* **Verschiedene** Träume, Pornic
Seereise (*s. a.* Kinderträume; Seefahrt)
    i. Kanal *s.* **Verschiedene** Träume, Kanal
    nach St. Helena, u. Moselwein, II/III 9f.

Sekkiertwerden durch Bruder, II/III 165
Seziertisch, liebe alte Frau auf d., XIV 393–96 (393f.)
Steuerstrafe d. jungen Arztes, II/III 163
Stiegentraum
    Freuds *s.* i. **Biogr. Reg.**: Träume
    mit kleinen Mädchen *s.* **Verschiedene Träume, kleines Mädchen, Koitus mit**
Stürzen *s.* **Verschiedene Träume, ,Fallen'**; – Wasser
,Svingum elvi', II/III 309
syphilitischer Finger *s.* **Verschiedene Träume, ,Primäraffekt'**
tanzendes Männchen *s.* **Verschiedene Träume, Rumpelstilzchen**
1882 geboren – 28 Jahre alt, II/III 420
Teufelstraum
    eines Knaben, II/III 591–928; XII 101
    Tartinis, II/III 618
Theaterträume
    Fidelioaufführung, II/III 390f., 396
    Klatschen i., II/III 695
    Sitze, Preis d., II/III 418–20, 683, 686f.; XI 120, 140, 225, 230
    Wagnervorstellung, II/III 347–49
Tisch, Familien-, Familie Tischler, XI 117f.
v. Tochter *s.* **Verschiedene Träume, kleine Mädchen**
v. Toten
    Kind *s.* **Verschiedene Träume, aufgebahrtes Kind**
    Mutter, II/III 265f.
    Tochter *s.* **Verschiedene Träume, kleines Mädchen**
    Vater *s.* **Verschiedene Träume, Vater**
Trilport, Kindheit i., II/III 17
Trompez *s.* **Verschiedene Träume, ,Vous me trompez'**
Tunnel (*s. a.* Verschiedene Träume, Eisenbahn; – Fahren)
    Züge i., II/III 393f.
    ,Tutelrein', II/III 302f.
Tyros *s.* **Verschiedene Träume, ,Sa Tyros'**
unvollständige Bekleidung, XIII 312f.
    Uniform, II/III 248
,Urmensch' — Uhrmensch, XI 241f.
,überflüssig', II/III 411
,Überzieher', II/III 193

Tr 12   Verschiedene Träume, Vater

Vater
  Doras, Tod v., V 256–74
  exhumiert, u. lebt fort
    eines Mannes, VIII 238; XI 191–94
    Freuds *s. i.* **Biogr. Reg.**: Träume
  –figuren, mehrere, auf Sesseln sitzend, XV 26f.
  schimpft, weil er spät nach Hause kommt, II/III 333f.
  wer ist d. – d. Kindes, II/III 337
Verabschieden, sich, II/III 508
Verbrennen d. Leiche
  auf d. Hof, II/III 423f.
      d. Kindes *s.* **Verschiedene** Träume, aufgebahrtes Kind
Verfolgung durch
  Hund, XI 190
  Mann mit Hacke, II/III 590f.
  Raupe, XII 101
Verhaftung i. Stammwirtshaus, u. Frau mit Bart, II/III 498
Versöhnung mit verfeindeten Personen *s. i.* **Haupt-Reg.**: Traum, heuchlerischer; u. i. **Biogr. Reg.**
Visitkarte, schwarzgeränderte, XI 201
‚Vor-zug', II/III 413; X 41; XI 119f.
‚Vous me trompez', II/III 417
Wagner-Vorstellung *s.* **Verschiedene** Träume, Theater
Wasser (*s. a. i.* Haupt-Reg.: Traum, typischer, (bestimmte Arten d.): Geburts–; – Harnreiz–)
  sich i. d. dunkle, stürzen, II/III 405
  waten i., II/III 406
weiblicher Penis i., VII 178
Weintrinken, II/III 9f., 26f.
weißes Licht, Mädchen umfließend, II/III 416
Winterrock anziehen, II/III 192f.
Witz, Freuds Buch ü. *s.* **Verschiedene** Träume, Freuds Buch ü. d. Witz

Wolfstraum (*s. a. i.* Reg. d. Krankengesch.: Namenverzeichnis, Wolfsmann), X 5–8; XII 54–56, 70f.
  Zahlen i., XII 69
Würstchen, drei, XI 221f.
Zärtlichkeit z. Mann d. Geliebten, II/III 404
Zimmernummer i. Hotel unklar, II/III 338

Zahlenträume, Zusammenbrechen Tr 13

Zollrevision, XI 200

Zug [Züge] s. **Verschiedene** Träume, Eisenbahn; – Fahren; – Tunnel

Weckträume [Weckreizträume]
Ausschnitt i. d. Buch kleben, II/III 415
Ätna, Reise auf d., II/III 25
brennendes Kind auf d. Bahre s. **Verschiedene** Träume, aufgebahrtes Kind
Feuerjo-Geschrei, II/III 27
Glockentöne — Weckeruhr, II/III 26, 29; XI 89
Guillotinierung (Maury), II/III 28, 499f., 581
Hussyatin, II/III 239
Inquisition, II/III 25f.
Klingeln, XI 89f.
Kühlapparat, II/III 130f., 238
Napoleon u. d. Höllenmaschine, II/III 27f., 239f., 502, 559
‚d. Papst ist gestorben' s. i. **Biogr. Reg.**: Träume
Pepi H... cand. med., II/III 130, 239
Pfahl zwischen d. Zehen, II/III 25
Riesenkiefer, Geklapper d., II/III 31f.
Schlittenfahrt, II/III 29; XI 89
Skalpiert werden, II/III 25
Teller, fallende, II/III 30; XI 89f.
Theater, es wird geklatscht i., II/III 695

Wortwitzträume, II/III 412–14

Zahlenträume (s. a. i. Biogr. Reg.: Träume, Periodenlehre)
18 Jahre alt, II/III 441f., 676f.
drei Gulden 65 Kreuzer, II/III 418, 682
‚Dutzendmensch', II/III 557
Inspektor mit Ringkragen, Nummer 22, 62 o. 26, II/III 421
1882 geboren – 28 Jahre alt, II/III 420
Theatersitze, Preis d., II/III 418–20, 683, 686f.; XI 120, 140, 225, 230
beim Wolfsmann (s. a. i. Reg. d. Krankengesch.: Namenverzeichnis, Wolfsmann), XII 69
Zahlungsaufforderung f. Unterbringung i. Spital (s. a. i. Biogr. Reg.: Träume, eigene (bestimmte): Vater), II/III 437, 453
Zimmernummer, unklare, II/III 338
Zusammenbrechen s. **Verschiedene** Träume, ‚Fallen'

Tr 14   **Zahnreizträume**

Zahnreizträume
　Ausfallen d. Zahnes, II/III 40
　exhumiert lebender Vater, XI 191–94
　Fidelioaufführung, II/III 390f., 396
　Operation
　　am Glied, II/III 391
　　am Zahn, II/III 393
　　d. Schwangeren, II/III 396
　Züge i. Tunnel, II/III 393f.

SYMBOLREGISTER

Vorbemerkung:
Der erste Teil des Registers führt die Symbole auf, der zweite das Symbolisierte.

I. Symbole

Abreisen
(Schwellensymbolik d. Begriffs), II/III 508
f. Tod, I 540; II/III 390; XI 154, 163, 199–201

Abreißen [Aus-, Herunterreißen, Reißen], f. Masturbation (s. a. Baum), I 550f.; II/III 196f., 352, 369–71, 392, 395–97
Astes, I 551; II/III 353f., 395; XI 158, 167
Baumes s. **Baum**, Ausreißen d. Blechplatte, II/III 369f.; XI 198f.
Blumen s. **Blume**
Zahnes, II/III 392, 397

Anal, f. alles Verwerfliche, V 88

Anfall
f. Masturbation, VII 238
f. Unfall (mit Selbstbeschädigung), VII 238f.

Angehörige, f. Genitalien, II/III 363

Apfel [Äpfel]
f. Brust, II/III 293, 377; XI 158
f. Nates, XI 158

Apotropäa, Sexualsymbolik d., XI 166

Arbeit, f. Koitus, XI 170

Archäologisches s. **Pompeji**

Architektur, Sexualsymbolik d. (s. a. Haus-Symbolik), II/III 351f., 360; XI 154, 157f., 161

Ariadnefaden, f. Nabelschnur, XV 26

Asphodelos, f. Tod, VII 45, 106

Ast s. **Abreißen**

Asthma s. **Dispnoe**

Athropos, f. Todesidee, X 33

Atmen (s. a. Dispnoe), Koitussymbolik d., I 338; V 242f.; XI 159; XII 98

Augen, Symbolik d.
bei Freud
mit Lehrer u. Hausarzt i. Zusammenhang, II/III 17f.
Namenvergessen motivierend, IV 30
mit Sohn i. Zusammenhang (s. a. i. Biogr.-Reg.: Träume, eigene (bestimmte): Myop, mein Sohn, d.), II/III 445f., 450
mit Vater i. Zusammenhang, II/III 216, 222, 249, 322–24, 425, 428f., 485
f. Kastration s. **Blendung**
f. weibliche Genitalien, II/III 364

Automobil
f. Autoerotismus, II/III 413; XI 242
–fahren, f. psychoanalytische Kur, II/III 414

Badewanne s. **Wanne**

Bahnhof, f. Vorhof, V 262

845

I. Symbole: Baum

Baum
  Ausreißen d., f. Kastration, XI 195
  (hoher), f. Voyeurtum, XII 70
  f. männliches Genitale (s. a. Abreißen, Astes), II/III 359, 697; XI 156, 195; XIII 182
  f. Weib (s. a. Holz), XII 118

Bedrohung mit Waffen s. **Waffen**

Bekanntes (Ort, Landschaft, usw.), f. Mutterleib u. weibliche Genitalien, II/III 404; XII 259

Berg, f. Genitalien
  männliche [Fels, f.], XI 160
  weibliche, XI 197

Beschneidung, f. Kastration, VIII 165; IX 184; XI 167; XII 119 f.; XVI 194, 198, 230; XVII 117

Bett s. **Tisch**

Beutel (s. a. Sack)
  f. Harnblase (Scherner u. Volkelt), II/III 90, 231

Bild(er), f. abstrakte Worte (s. a. i. Haupt-Reg.: Bild; Bilder–; Vision; Visuell), XI 178 f.

Birne(n), f. Brust, II/III 376 f.

Bisexualität d.Symbole, f. bisexuelle Wünsche, II/III 364

Blei, f. Tod, X 25 f., 28 f.

Bleichheit, f. Tod, X 29

Bleistift, f. männliches Genitale, XI 156

Blendung [Erblinden] (s. a. Augen) f. Kastration, II/III 403; XII 240–44; XVII 117

Blume(n) [Blüte(n)] (s. a. Asphodelos; Kamelie)
  f. Defloration, I 546 f., 549; II/III 324, 352–54, 379–82; XI 160
  f. Liebesbeziehung (rote Rosen), VII 102 f.

Blumentopf, f. weibliche Genitalien, XI 275

Blüten s. **Blume**

Bohrer, f. männliches Genitale, VII 300, 334, 360

Brandung, f. Wehen, XIII 182 f.

Bruder [Brüder]
  f. männliches Genitale, II/III 362
  f. Nates, II/III 363

Brust, f. Nates, II/III 192

Brustwarze, f. männliches Genitale, V 207, 211–12; VIII 155; XIV 23; XV 107

Brücke, f. Übergang i. d. Jenseits, u. f. männliches Genitale, XV 25

Buch, f. Weib, XI 158

Buchstaben, Symbolik d.
  ‚m' u. ‚n', f. Geschlechtsunterschiede, IV 57
  ‚s' f. Namen (als Initiale), IV 238
  ‚v' f. Weib (gespreizte Beine), XII 123

Burg, f. weibliche Genitialien, XI 165

Büchse, f. weibliche Genitalien (s. a. Dose), X 26; XI 157

‚**Dachl**', f. Kopf, XI 161

Dämon(en)
  f. männliche Genitalien (mit Mantel u. Kapuze), II/III 371
  f. Triebregungen, XIII 318
  weibliche s. **Gespenster**

Decke (d. Zimmers), f. Kopf [–schmerzen], II/III 39, 230

Dispnoe (s. a. Atmen)
  f. Koitus, I 338; V 242 f.; XI 159; XII 98

Dobos-Torte, f. Schichtung, II/III 350

Doktor, d. – erzählen wollen, f. Widerstand, II/III 448
Dolch, f. männliches Genitale, II/III, 359, 361, 401; XI 156
Doppelgänger, f. nicht durchgesetzte Ichstrebungen, XII 248
Dose, f. weibliches Genitale, II/III 359, 364; V 240; X 26; XI 157
Dreizahl
  f. Kinderlosigkeit, XI 226
  f. männliche Genitalien, II/III 363; XI 155, 166, 197, 226; XIII 335
Dunkle Stelle, f. kastriertes Weib, II/III 338

Ei (s. a. Nahrungsmittel)
  f. Hoden, VII 187
Eidechse
  Fang d., f. Männerfang, VII 103
  f. Kastration, II/III 362
  f. männliches Genitale, II/III 11, 362
Eisenbahn (s. a. Abreisen; u. i. Haupt-Reg.)
  f. Erregung, sexuelle, V 102 f.
  f. Geburt, II/III 396
  f. Sterben u. Todesangst, I 540; II/III 390; XI 154, 163, 199–201
  i. Tunnel, f. Masturbation s. Tunnel
Enge
  f. Angst, XI 411
  Räume, Gassen, Zimmer, usw., f. weibliches Genitale (u. Mutterleib), II/III 90, 400–03
Erblindung s. Blendung
Erbrechen
  f. Angst v. (sexueller) Erregung, V 103
  f. Ekel, moralischen, I 84

I. Symbole: Festung   Sy 3

f. Koitus, I 189
f. Schwangerschaft (bei Hysterischen), VIII 405, 433
Erde, f. Mutter[-leib], II/III 403; VIII 290; IX 183; XI 165; XII 305
Ertränken [Ertrinken], f. Gebären (u. Schwangerschaft), XII 289 f.
Euter, f. männliches Genitale, VII 245; VIII 155
Exhibition, f. Koitus, XII 42 f.
Exkrement (s. a. „Lumpf')
  f. Geld, Gold u. Geschenk, II/III 408; V 87; VII 207 f.; XV 107
  f. Kind, V 87, 96; X 404, 407, 409 f.; XII 113–116; XV 107
  f. männliches Genitale. V 87; X 404, 407, 409 f.; XII 113–16; XV 107

Fahren s. Automobil; Eisenbahn
Fallen
  f. Gebären [Defloration u. Schwangerschaft], II/III 208 f., 400; IV 193 f.; XII 289 f.
  f. sexuelle Lust, II/III 398
  f. Sterben, II/III 565 f.; XIII 166
Familie, f. Geheimnis (Gegenwart d. ganzen –), II/III 251
Fassade, Haus-, Sexualsymbolik d., (s. a. Vorsprünge), XI 154, 161
Feder, f. männliches Genitale
  Füll-, f. Potenz, IV 219 f.
  schiefe-, f. Impotenz, II/III 366
  –stiel, XI 156
Fels, f. männliches Genitale, XI 160
Fenster, f. Augen, XII 61
Fesselballon, f. männliches Genitale, erigiertes, II/III 368 f.; XI 198
Festung, f. weibliche Genitalien, XI 165

Sy 4   I. *Symbole:* **Fetisch**

Fetisch, f. männliches Genitale (d. Weibes), XIV 314

Feuer (*s. a.* Flamme)
 f. Enuresis, II/III 400; V 233 f.; XII 125
 f. Libido, XVI 6
 f. Phallus, XIV 449; XVI 3, 6
 f. Urinieren, XV 109

Finden, f. Unheimlichkeit d. prompten Wunscherfüllung (Ring d. Polykrates), XII 251, 260

Finger, f. männliches Genitale, X 119–21; XII 117 f.

Fisch, f. männliches Genitale, II/III 362; XI 157

Flamme, f. männliches Genitale, XI 165; XVI 6

Flasche, f. weibliches Genitale, XI 157

Fliegen (*s. a.* Vogel)
 f. Atmen (widerlegte Ansicht), II/III 232
 f. Erektion, XI 156
 f. Koitus, XI 156
 f. Lust (sexuelle), II/III 398
 f. Tod, II/III 259

Flinte *s.* Gewehr

Flucht v. Zimmern *s.* Zimmer

Folklore [Volksbräuche], Symbolik i. d., II/III 350 f., 356 f.; XI 160

Friedhof, f. Vorhof, V 262

Frucht [Früchte]
 f. Brust, II/III 293, 377; XI 158, 160
 f. Kind, XI 160
 f. Nates, XI 158

Funktionales Phänomen, autosymbolische Bilder beim –n, II/III 349–51, 383 f., 507; X 164; XV 23 f.

Fuß, f. Penis, I 150 f.; II/III 364; V 54; X 41, 299; XI 41, 157; XIV 314

Garten
 f. Weib, II/III 352
 f. weibliche Genitalien (*s. a.* Landschaft), XI 160

Gänge
 enge *s.* Enge
 lange, gewundene, f. Darmreiz, XI 92

Gebäck, helles u. glattes, f. Nacktheit, II/III 230

Gebäude (*s. a.* Fassade; Haus)
 f. weibliches Genitale u. Weib, II/III 368–70

Geben, f. Kastration, XII 116

Geburtsangst, f. Trauma, VIII 76; XIV 120 f.

Gebüsch, f. Genitalbehaarung (*s. a.* Wald), XI 158, 197

Gefäße, f. weibliches Genitale (*s. a.* Vase), II/III 359, 364; IV 189–91; XI 157, 164, 275

Gehen, f. Koitus, XIV 116

Geier
 f. männliches Genitale, XVI 7, 9
 f. Mütterlichkeit, VIII 156 f., 187

Geld, f. Kind, XIII 115

Gemurmel, f. Traumzensur, II/III 148 f.; XI 137 f., 142

Genitalsymbole *s. II. Das Symbolisierte:* **Genital**symbole

Geometrie, Symbolik aus d. Bereich d., VII 61 f.

Gepäck (*s. a.* Koffer)
 f. Sünden, II/III 363

Gespenster, f. weibliche [Warte–] Personen, o. Mutter, II/III 409

Gerte i. d. Hand nehmen, f. Masturbation, II/III 385

I. Symbole: **Hydra** Sy 5

Gewehr [Flinte], f. männliches Genitale, XI 156

Gießkanne, f. männliches Genitale, XI 156

Giraffe, f. männliches (u. weibliches) Genitale (beim kleinen Hans), VII 274f.

Glattes
 f. Nacktheit, II/III 230
 f. Männliches u. Mann, II/III 360

Gleiten u. Rutschen, f. Masturbation, XI 158

Goethe, f. Vater, II/III 359

Gold, f. Analyse (i. Freuds Gleichnis), XII 193

Gott, als Tiertöter, f. Libido, IX 181

Grube, f. weibliches Genitale (*s. a.* Schacht), XI 157

Haar, f. Genitalbehaarung, II/III 392

Haarausfall [–abschneiden], f. Kastration, II/III 362, 371, 391

Hammer, f. männliches Genitale, II/III 361; XI 156

Hand, f. männliches Genitale, II/III 364; XI 157

Handtasche (*s. a.* Portemonnaie)
 f. weibliches Genitale, XV 23

Handwerkstätigkeiten, f. Koitus u. Masturbation, II/III 361, 389; XI 158

Harn, f. andere Sekrete (haupts. Sperma), II/III 364; VII 238

Harnreiztraum, Geburtssymbolik d., II/III 407

Haube (*s. a.* Hut)
 f. Glück, XII 133
 f. männliches Genitale, II/III 367

Haus-Symbolik (*s. a.* Gebäude)

Burg, Schloß, Palast, usw., II/III 165

Fassade, II/III 351, 368f.; XI 154, 157f., 161

Häuserstraßen, lange, f. Darmreiz, II/III 89

Hof, f. weibliche Genitalien, II/III 90

f. Leib (bei Scherner), II/III 89, 230f., 618; XI 154, 161

f. Weib u. weibliches Genitale, XI 157f., 165

Hängelampe, f. männliches Genitale, XI 156, 195

Herd, f. weibliches Genitale, XI 165

Herz
Stich i., I 250f.
–tätigkeit, beschleunigte, f. Koitus, V 242

Himmelskörper, f. Urszene, XII 120

Hof, f. weibliche Genitalien, II/III 90; XI 165

‚**Hofraum,** großer', Pharao als, f. Weib, XI 165

Hoher Baum *s.* **Baum**

Holz, f. Weib, II/III 360, 697; X 3; XI 158f., 161f.

Höhle, f. weibliches Genitale, II/III 359f.; XI 157

Hufeisen, f. weibliches Genitale, XI 166

Hund, f. Vater, II/III 414

Hut
(mit schiefer Feder) f. Impotenz, II/III 366
f. männliches Genitale (vorwiegend), II/III 360f., 365f.; X 394f.; XI 157, 159
Wegfliegen d., f. Kastration, XII 42

Hydra, Kopf d., f. männliches Genitale, XVI 7f.

849

I. Symbole: Hysterische Symptome

Hysterische Symptome
als Erinnerungssymbole f. traumatisch wirksame Erlebnisse, I 427, 432; VII 196
f. Masturbation, VII 238
f. sprachliche Ausdrücke, I 217, 248–51

Infektion, f. Schwangerschaft (bei Zwangskranken), VIII 405
Innervation, motorische, f. Inhalt d. Erinnerungen, I 63
Instrumente s. Werkzeuge

Kahlheit, f. Kastration, II/III 362
Kaiser [König], f. Vater; Kaiserin [Königin], f. Mutter, II/III 358f., 697; VII 231; XI 154, 161
Kamelien, f. Defloration, II/III 324, 330, 353, 665f.
Kapelle [Kirche], f. Weib (s. a. Haus), II/III 370f.; XI 158, 197
Kapuze s. Mantel
Kasten
f. Mutterleib, IV 58–60
f. weibliche Genitalien, II/III 359, 364
Katze, f. Weib [weibliche Genitalien u. Genitalbehaarung], II/III 362
Kästchen (s. a. Kasten; Kiste), f. Mutterleib, VII 304; X 26; XVI 107–09
Kegel, f. männliches Genitale, VII 62
Kerze, f. männliches Genitale, II/III 193f.
Kind
f. Klitoris, II/III 366–68
f. Masturbation (Spielen mit), II/III 362
f. männliches Genitale, II/III 362, 366–68; X 404; XI 159; XIV 27, 161

f. Spermatozoen (i. Paranoia), VIII 293
Kinderreihe
f. Lebenszeiten, II/III 414
f. Zähne, II/III 232; XI 92
Kirche s. Haus; Kapelle
Kiste
(keine bisexuelle Symbolik d.), XI 159
f. Herz (bei Scherner u. Volkelt), II/III 90, 230f.
f. Mutterleib, VII 303–06, 308–13; XI 157
Klarinette, f. männliches Genitale, II/III 90
Klavierspiel, f. Masturbation, XI 158
Kleeblatt, f. männliches Genitale, XI 166
Kleider
f. Kondom (Überzieher), II/III 193, 393, 396
f. Nacktheit, II/III 248; XI 155, 159; XIII 312f.
Klein (–er, –e, –es)
‚Das –‘ [‚Kleines‘], f. Genitale, II/III 366–68; X 409; XI 159
Kind s. Kind
Sohn, f. Genitale, II/III 363; XI 159
Tiere
f. Kinder u. Geschwister, II/III 362; XI 154; XII 114; XIII 153, 186
f. helfende Brüder d. Urhorde (i. Märchen), XIII 153
Tochter
f. Kastration, II/III 366–68
f. Klitoris (u. Penis), II/III 363, 366f.; XI 159
Klotho, f. erbliche Anlage, X 33

Koffer, f. weibliches Genitale (*s. a.* Tasche), II/III 221; XI 157, 200

Kopf (*s. a.* Köpfen), XI 161
  f. Kastration, X 394f.; XI 195, 276; XVI 8
  f. männliches Genitale, X 394; XI 276; XVI 7f.; XVII 47
  f. Nates, XI 195

Kopfschmerz, f. Widerstand, I 308

Korb (*s. a.* Kästchen)
  f. Herz (bei Scherner u. Volkelt), II/III 231
  f. Mutterleib, X 26

Kot *s.* **Exkrement**

König[–in] *s.* **Kaiser**

Köpfen, f. Kastration, II/III 362, 371; X 394f.; XI 276; XII 178f.
  d. Hydra, XVI 87f.

Körperteile (*s. a.* unter d. einzelnen Stichwörtern)
  Auge, Mund, Ohr f. Vagina, II/III 364
  Hand, Fuß, Nase f. Penis, II/III 364

'Kranke, eine', f. Patienten, II/III 414

Kranker [Kranke], f. Neurose, II/III 414

Krawatte, f. männliches Genitale, II/III 360f., 697; XI 159

Kröte (Symbolik nicht aufgeklärt), I 107

Kuß auf d. Bühne, f. Koitus, XI 333

Küche, Sexualsymbole aus d. Bereich d., II/III 211–13, 320, 352–54

Labyrinth
  f. anale Geburt u. Darm, XV 26

Lachesis, f. Erleben, X 33

Landkarten u. Pläne, f. Körper, II/III 361f.

I. Symbole: Madeira   Sy 7

Landschaft (*s. a.* Ort)
  bisexuelle Verwendung d., II/III 361; XI 160
  f. Genitale [Leib] d. Mutter („Da war ich schon einmal'), II/III 404; XII 259
  (Geschehnisse i.) f. Koitus, II/III 361; V 262
  weibliche Genitalien (*s. a.* Garten), II/III 361, 370f., 404; V 262; XI 158, 165, 197; XII 259

Längliches, f. männliche Genitalien, II/III 359, 364; XI 156

Lanze, f. männliches Genitale, II/III 385, 401; XI 156

Leinen, f. Weib XI 159

Leiter, f. Koitus, II/III 360; XI 159, 166f.

Lilie
  (französische) f. männliche Genitalien, II/III 379; XI 166
  f. Jungfräulichkeit *s.* **Blume**

Links
  f. d. Böse, Masturbation, Sünde, Unrecht, usw., II/III 363, 385; IV 213; XIV 560

Lippen, f. Schamlippen, II/III 392

Loch [Lücke] f. weibliches Genitale, II/III 338, 352; X 299

Luftschiff [Luftballon, Zeppelin], f. männliches Genitale, II/III 357, 362, 698; XI 156

,Lumpf', f. Kind (*s. a.* Exkrement; u. i. Reg. d. Krankengesch.: Namenverzeichnis, Kleiner Hans), VII 288–92, 297–300, 302f., 309f., 332, 340, 343, 358, 360, 363, 365; X 406, 409f.

Luster, f. männliches Genitale, XI 194f.

Madeira (*s. a.* Stoffe) (portugiesisch: Holz) u. ,materia' (v. lateinisch

I. *Symbole:* **Mantel**

,mater' – Mutter): Holz, f. Mutter, XI 162

Mantel, f. männliche Genitalien, II/III 361, 371; XI 157, 159; XV 24

Maschinen (*s. a.* Werkzeuge), f. männliche Genitalien, II/III 361; XI 158

Materia *s.* **Madeira**

Maus, f. Genitalien, II/III 362

Medusa, Medusenhaupt, f. Kastration, XIII 296; XV 25, 27; XVII 47–48

Menschenmenge, f. Geheimnis (i. Traum), II/III 251, 294

Messer, f. männliches Genitale, II/III 359, 389, 401; XI 156

Metaphern, als Symbole *s.* **Redensarten**

Mitesserauspressen, f. Kastration, X 298

Mond, f. Nates, II/III 405

Moos, f. Genitalbehaarung, II/III 353, 382

Mund, f. weibliches Genitale, II/III 364; XI 158

Muschel, f. weibliches Genitale, XI 158

Mythologische Symbole
  Geburts– [Rettung aus d. Wasser], XI 162f., 405; XVI 107f.
  Geld als Dreck, VII 207f.
  Sexual–, II/III 352, 356f.; XI 160f., 164–66, 168
  Todes– (*s. a.* Abreisen), XI 163

Nacht, f. Schlaf, XII 70

Nagelfeile, f. männliches Genitale, XI 156

Nahrungsmittel, f. sexuelle Gefühle, II/III 352

Nase, f. männliches Genitale, II/III 392

Neunzahl, f. Schwangerschaft, XIII 334f.

Neuralgie, f. Schmerz (seelischen), I 84

Nichterreichen [Nichteinholen] d. Zuges, usw.
  f. Altersdifferenz, II/III 363
  f. Tod *s.* **Abreisen**

Nymphen, f. Labien, V 262

,Oben' f. Brust, Gesicht, Mund, II/III 414

Oberstübchen, f. Kopf, XI 161

Ofen
  f. Geburt, Mutterleib u. weibliches Genitale, II/III 359, 697; XI 157, 164f.
  f. Lunge (bei Scherner u. Volkelt), II/III 90, 230f.

Offenheit [Öffnen], f. Defloration, II/III 164, 193f., 359; V 228; XI 164

Ohr, f. weibliches Genitale, II/III 364

Ort
  bekannter, f. Mutterleib u. weibliches Genitale, II/III 404; XII 259
  unterirdischer, f. d. Unbewußte, II/III 414

Ortswechsel, Schwellensymbolik d., II/III 565

Ödipussage, f. Unbewußtheit d. ödipalen Wünsche, XVII 119

Paläste
  f. Nates, II/III 402
  f. weibliche Genitalien *s.* **Haus**

Pantoffel, f. weibliches Genitale, V 54; XI 159

Papier, f. Weib, XI 158

Parterre, f. Rang (niederen), II/III 293–95

Pelz, f. genitale Behaarung, II/III 90; V 54; XIV 314

Pfeife, f. männliches Genitale, II/III 90

Pfeiler *s.* Säulen

Pferd, f. Vater (u. Leidenschaft) (*s. a.* i. Reg. d. Krankengesch.: Namenverzeichnis, Kleiner Hans), II/III 401, 414

Pfirsich, f. Brust u. Nates, XI 158

Pflanzen, Sexualsymbole aus d. Leben d., II/III 352–54, 698

Pflug, f. männliches Genitale, II/III 361; XI 166

Pforte *s.* Türe

Pharao *s.* Hofraum

Phönix, f. männliches Genitale (u. Erektion), XVI 7

Piken, f. männliche Genitalien, II/III 359

Pilz, f. männliches Genitale, XI 166 f.

Pistole, f. männliches Genitale, XI 156

Polykrates *s.* Ring

Pompeji, f. Verdrängung (i. Jensens ‚Gradiva'), VII 65, 77 f., 112

Portemonnaie [–Täschchen], f. weibliches Genitale, II/III 378; V 231, 238–40

Prinz [Prinzessin], f. Ich (*s. a.* Thronfolger), II/III 358; XI 161

Ratten
 f. homosexuellen Koitus u. Geld, VII 432–34
 f. männliches Genitale, VII 433

Rauchfangkehrer, f. Koitus (u. Mann), XI 166 f.

Raum (*s. a.* Zimmer)

I. Symbole: **Rote Rosen**   Sy 9

enger *s.* **Enge**

unterirdischer, f. d. Unbewußte, II/III 414

zweigeteilter, f. Kloake, II/III 359 f.; XV 108

Raute, f. weibliches Genitale, X 394; XI 276

Räuber u. wilde Tiere, f. Vater, II/III 400–03, 409, 414; XIII 332

Rechts, f. Gut *s.* Links

Redensarten, Redewendungen, Metaphern, I 250 f.; II/III 356 f.

Reise *s.* Abreisen; Eisenbahn

Reisetasche, f. weibliches Genitale, II/III 389; XV 23

Reißen *s.* Abreißen

Reiten, f. Koitus, XI 158

Reptilien (*s. a.* Eidechse; Schlange) f. männliches Genitale, XI 157

Rettungsphantasien, Symbolik i. (*s. a.* Wasser), VIII 107; XI 154, 162 f.
 f. Geburt, II/III 409; VIII 76, 107; XI 154, 162 f.

Revolver, f. männliches Genitale, II/III 361; XI 156

Rhythmus, f. Koitus, II/III 300, 375; VIII 106; IX 158 f.

Riesen, f. Eltern, II/III 32

Ring
 f. Defloration, IV 213
 f. Ehe, IV 213, 226–30
 f. Glück, Unbeständigkeit d. u. Unheimlichkeit d. prompten Wunscherfüllung (d. Polykrates), XII 251, 260
 Symptomhandlungen, Symbolik d. – i., IV 213, 226–30

Rote Rosen (*s. a.* Blume), II/III 217 f.; VII 103

u. Nelken, f. revolutionäre Gesinnung, II/III 217 f.
Rotunde, f. Nates, II/III 369; XI 198
Rumpelstilzchen, f. männliches Genitale, X 4 f.
Rutschen, f. Masturbation, XI 158

Sack, f. Hoden-, II/III 371
Salz, f. Tod u. Liebe, X 35
Samen (botanischer), f. Samen (Sperma), II/III 352, 698
Samt, f. Genitalbehaarung II/III 382; XIV 314
Säbel, f. männliches Genitale, II/III 361; XI 156
Säulen [Pfeiler]
 f. Beine, II/III 352
 f. männliches Genitale, II/III 232
Schacht, f. weibliches Genitale, II/III 368 f., 405; XI 157, 199
Schachtel
 Symptomhandlungen, Symbolik d. – i., IV 225; V 233
 f. Weib, II/III 364; V 228, 260; X 26; XI 157, 164, 195
Scharfe Gegenstände, f. männliche Genitalien, II/III 359, 361, 364
Schatz
 f. Kot, II/III 408 f.
 f. weibliches Genitale u. Weib (s. a. Schmuck), XI 158
Schicksalsgöttinnen
 f. Beziehungen d. Mannes z. Weib, X 36 f.
 Todessymbolik d., X 32–34
Schießen, f. Koitus, II/III 389, 697
Schiff
 f. Urinieren, II/III 357, 371–73
 f. Weib, II/III 358 f.; XI 157, 164

Schirm, f. männliches Genitale, II/III 359; XI 156
Schlaf, f. Tod, IX 95
Schlange, f. männliches Genitale, II/III 362; XI 156 f.; XII 49; XVII 47
Schleier
 f. Jungfräulichkeit, XII 135
 f. Wiedergeburt, XII 106, 133–35
Schleim, f. andere Sekrete (haupts. Harn u. Sperma), II/III 364
Schloß [Palast], f. weibliche Genitale, XI 165
Schloß u. Schlüssel, f. weibliches u. männliches Genitale, II/III 359; V 228, 260; XI 160
Schmuck u. Schmuckkästchen, f. Genitalien (haupts. weibliche), V 230 f., 240, 254; XI 158;
Schnecke, f. weibliches Genitale, II/III 362; XI 158; XII 101
Schrank, f. weibliches Genitale u. Mutterleib (s. a. Kasten), II/III 359; IV 58–60; XI 157 160
Schraubenzieher, f. männliches Genitale, VII 300, 334, 360
Schreiben, f. Koitus, XIV 116
Schuhe
 f. männliches Genitale, I 150 f.; X 41; XIV 314
 f. weibliches Genitale, V 54; XI 159, 316
Schwanz [Schwänzchen], f. männliches Genitale, VIII 154, 162; XII 42, 49
Schwäne, f. Stummheit (i. Märchen), X 30
Schweben (s. a. Fliegen)
 f. sexuelle Lust, II/III 399 f.
Schwein, f. Fruchtbarkeit, XI 166
Schwelle, f. Übergang, II/III 508 f.

Schwert
  f. männliches Genitale *s.* **Säbel**
  f. Widerstand gegen Versuchung (Koitus), IV 219

Schwestern, f. Brüste, II/III 363; XI 200

Schwimmen, f. Enuresis, II/III 400

Sekrete
  f. einander, V 245, 252–54
  f. Samen, II/III 364

Sexual-, *s. II. Das Symbolisierte:* Genital

Skelett, f. Tod [Tote], IX 75

Sohn, kleiner *s.* **Klein** (–er, –e, –es)

Sonne
  f. männliches Genitale, XVI 7
  f. Vater (*s. a.* i. Reg. d. Krankengesch.: Namenverzeichnis, Schreber), VIII 244, 249, 274, 289–91, 317–19; XVI 119f.
  ‚Albergo del sole' (i. d. ‚Gradiva' Jensens), VII 109–11

Spargel, f. männliches Genitale, II/III 191

Spiel, f. Koitus u. Masturbation, XI 158f.

Spinne, f. Mutter, phallische, XV 25

Spitze Gegenstände *s.* **Waffen; Werkzeuge**

Springbrunnen, f. männliches Genitale, XI 156

Stab, f. männliches Genitale, II/III 232

Stadt, f. Weib u. weibliches Genitale, XI 165

Stange, f. männliches Genitale, XI 156

Stechen, f. Koitus, II/III 389, 697

Steigen [Stiege, Stufe, Treppe]
  f. Koitus, II/III 291f., 331f., 360,
368–70, 372–76, 389, 697; VIII 106; XI 158f., 167; XV 23

Stiere, f. Vater u. Leidenschaft, II/III 401

Stock, f. männliches Genitale, II/III 359, 385, 697; XI 156

Stoffe, f. Weib, XI 159–161, 170

Strumpf (*s. a.* ‚Lumpf')
  f. Masturbation u. männliches Genitale, X 299

Stufe *s.* **Steigen**

Stummheit, f. Tod
  bei Cordelia, X 28f.
  i. Märchen v. d. sechs Schwänen, X 29–31

Süßigkeiten, f. Koitus, Liebkosungen, Liebesobjekt u. Lust, XI 158; XII 141

Tabakpfeife, f. männliches Genitale, II/III 90

Tachykardie *s.* **Herztätigkeit**

Tageszeiten, f. Lebenszeiten, II/III 413f.

Tanzen, f. Koitus, XI 158

Tasche
  (keine bisexuelle Symbolik d.), XI 159
  f. weibliches Genitale (*s. a.* Koffer), XI 157f., 164; XV 23

Täschchen *s.* **Portemonnaie**

Thronfolger [Kronprinz], f. (ältestes) Kind (*s. a.* Prinz), XI 161; XII 50

Tier (*s. a.* i. Haupt-Reg.: Tierphobien)
  (i. allgemeinen), als Genitalsymbol, II/III 392
  kleines *s.* **Klein** (–er, –e, –es)
  Tötung d., f. Libido (Jung), IX 181

Sy 12   I. *Symbole:* **Tier,** wildes

wildes *s.* **Wilde Tiere**
Tisch
 f. Bett, XI 269–71
 f. Ehe, X 3
 f. Weib (u. weibliches Genitale), II/III 360; XI 158 f., 164
Tochter, kleine *s.* **Klein** (–er, –e, –es)
Tor (*s. a.* Türe)
 f. Leibespforte, XI 161
 f. weibliches Genitale (*s. a.* Offenheit), II/III 402 f.; XI 157 f.
Tränen, f. andere Sekrete (haupts. Harn u. Sperma), II/III 364
Treppe *s.* **Steigen**
Triskeles, f. männliche Genitalien, XI 166
Tunnel (*s. a.* Eisenbahn)
 f. Masturbation, II/III 396
Turm, f. Rang, II/III 348 f.
Türe
 f. Jungfräulichkeit (*s. a.* Offenheit), XI 164
 f. Leibespforten, II/III 697; XI 161
 f. weibliches Genitale, II/III 697; XI 157 f.

Uhr, Ticken d., f. Klitoris, XI 274 f.
Unbekannte, f. Nahestehende (i. Traum), XI 201 f.
Ungeziefer (*s. a.* Wurm)
 f. Geschwister, XI 154 f., 161
 f. Kind, II/III 362; XI 154, 161; XII 114
 f. Schwangerschaft, behaftet sein mit, II/III 362
Uniform, f. Nacktheit (i. Traum), II/III 248; XI 155, 159
Unsinn, f. Infantiles (i. Traum), II/III 437, 573
„**Unten**" (*s. a.* Parterre)

 f. Genitalien, II/III 414
Unterirdisch, f. d. Unbewußte, II/III 414
Uringlas, f. Genitalsymbol, II/III 216, 221
Überfahrenwerden
 f. Kastration, II/III 366–68
 f. Koitus, II/III 368; XI 158
Überzieher, f. Kondom, II/III 193, 393, 396

Vase, f. weibliche Genitalien (*s. a.* Gefäße), IV 189–91; XI 275
Verbotenes, f. Koitus, VII 355
Vergiftung, f. Schwangerschaft (i. Paranoia), VIII 405; XII 289 f.
Vermischung, f. Gleichstellung (i. Traum), VII 102
Vervielfältigung
 f. Häufigkeit, XI 26 f.
 d. Penissymbole, f. Kastration, XVII 47
Verwandlung, f. Ursache u. Wirkung (i. Traum), II/III 674
Verwandte
 Anwesenheit v., f. Geheimnis, II/III 251, 294
 f. Genitalien, II/III 363
Viele fremde Leute, f. Geheimnis (i. Traum), II/III 251
Vogel [Vögelchen] (*s. a.* Fliegen)
 f. kleines Kind, XII 114; XIII 181, 186
 f. männliches Genitale, VIII 198; XIII 184; XVI 7
Volksbräuche *s.* **Folklore**
Vorbau, f. Hodensack, II/III 369; XI 198
Vorsprünge an Häusern, f. Genitalien, II/III 360; XI 154, 161, 170

856

I. Symbole: **Zerbrechen** Sy 13

Vorziehen, f. Vorzug geben, II/III 413; X 41; XI 119

Vögelchen s. **Vogel**

Waffen
 v. bisexueller Verwendung ausgenommen, XI 159
 f. Koitus (Bedrohung mit), XI 158
 f. männliches Genitale (*s. a.* unter d. einzelnen Stichwörtern), II/III 359, 361, 364, 697; XI 156–58, 170

Wagen, f. Mutterleib u. Schwangerschaft, II/III 697; VII 312–14, 316; XII 25

Wald, f. Genitalbehaarung, II/III 371; V 262; XI 158, 197

Wangen, f. Nates [‚Hinterbacken'], II/III 392

Wanne, f. Mutterleib, VII 300–02, 334, 360

Wasser
 f. Enuresis, II/III 400
 f. Geburt, II/III 404–08 (405–07); VIII 76; XI 154, 162f.; XIII 181–83
 –hahn u. –leitung, f. männliches Genitale, II/III 352; XI 156
 f. Harnreiz, II/III 232, 371–73, 407
 Schwellensymbolik d., II/III 508

Wäsche (weiße), f. Weib, XI 159, 316; XIV 314–15

Wechsel (i. Traum)
 v. Tageszeiten, f. Lebenszeiten II/III 413
 v. Tod u. Leben, f. Gleichgültigkeit, II/III 433

Weinberg, f. Weib, II/III 352

Weiße Wäsche s. **Wäsche**

Werfen, f. Masturbation, II/III 390f.

Werkzeuge [Instrumente] (*s. a.* Maschinen)
 f. Koitus (Tätigkeit mit), XI 158

 f. männliche Genitalien, II/III 90, 361, 389; VII 300, 334, 360; XI 156f., 170

Wilde Tiere
 f. Erregung u. leidenschaftliche Triebe, II/III 362, 401, 414; XI 160
 f. Vater, II/III 414

Wurm
 f. Kind (*s. a.* Ungeziefer), XI 161
 f. männliches Genitale, VII 433

Würstchen, f. männliches Genitale, II/III 378

Zahlensymbolik
 Dreizahl
  f. Kinderlosigkeit (i. Traum), XI 226
  f. männliche Genitalien, II/III 363; XI 155, 166, 197, 226
 Neunzahl f. Schwangerschaft, XIII 334f.
 Zweizahl s. **Zwei Träume;** u. i. **Haupt-Reg.**: Verdopplung

Zahnreizsymbolik, II/III 232, 390–98
 f. Geburt, II/III 393, 394f.
 f. Kastration, II/III 391
 f. Masturbation, II/III 392

Zahnausfall [–ausreißen, –ausziehen]
 f. Geburt, II/III 332, 392, 396
 f. Kastration, II/III 362, 390–92, 398; XI 158, 167
 f. Masturbation (*s. a.* Abreißen), II/III 397; XI 158, 194
 f. Tod, II/III 390

Zar, f. Vater, XIV 400, 410f.

Zeppelin, f. männliches Genitale, II/III 357, 362, 698; XV 193

Zerbrechen, u. Zerbrechbares, f. Defloration, IV 192; XI 275

I. Symbole: Zigarette

Zigarette, f. männliches Genitale, II/III 389

Zimmer
 –decke, f. Kopf, II/III 89, 230
 enge *s.* Enge
 Flucht v., f. Bordell [Harem], II/III 359
 mehrere, f. Ehe, II/III 359
 offene [verschlossene], f. Jungfräulichkeit, V 228; XI 157, 160, 165
 Schlaf–, f. Gattin, II/III 359
 f. Weib, II/III 357
 f. weibliches Genitale, II/III 359, 697; V 228; XI 157, 165
 zweigeteiltes, f. Kloake, II/III 359 f.; XV 108

Zopf, f. männliches Genitale (beim Weib), XI 315 f.

Zunge, f. männliches Genitale, XVI 6

Zündholz, f. männliches Genitale, IV 225

Zwei Träume, f. Ambivalenzkonflikt, XIII 305

Zylinder, f. weibliches Genitale, VII 62

II. Das Symbolisierte

Abstraktes Wort, Bild f., XI 178 f.

Altersdifferenz, Nichteinholen f., II/III 363

Ambivalenz, zwei Träume f., XIII 305

Angehörige, Unbekannte f. (i. Traum), XI 202

Atmen, Fliegen f. (widerlegte Theorie), II/III 232

Augen, Fenster f., XII 61

Autoerotismus, Automobil f., II/III 413; XI 242

Autosymbolische Bilder durch funktionale Phänomene, II/III 349–51, 383 f., 507; X 164; XV 23 f.

Beine, Säulen f., II/III 352

Beobachtung *s.* Voyeurtum

Bett, Tisch f., XI 269–71

Bisexuell (*s. a.* Genitalsymbole, bisexuelle), II/III 364, 401, 698; XI 159

Bordell, Flucht v. Zimmern (i. Traum) f., II/III 359

Böse [Minderwertige, usw.], ‚Links‘, f. d., II/III 363, 385; IV 213; XIV 560

Brust [Brüste]
 Apfel [Äpfel] f., II/III 293, 377; XI 158
 Birne f., II/III 376 f.
 Früchte f., II/III 293, 377; XI 158, 160
 ‚oben‘ f., II/III 414
 Pfirsich f., XI 158
 Schwestern f., II/III 363; XI 200

Brüder (*s. a.* Geschwister)
 d. Heros, helfende kleine Tiere f., XIII 153

Darm
 Labyrinth f., XV 26
 –reiz
 Gänge, lange, gewundene, f., XI 92
 Häuserstraßen, lange, f., II/III 89

Defloration
 Blumen f., I 546 f., 549; II/III 324, 352–54, 379–82; XI 160
 Kamelien, II/III 324, 330, 353, 665 f.
 Fallen f., IV 194
 Offenheit [Öffnen] f., II/III 164, 193 f., 359; V 228; XI 164

II. Das Symbolisierte: Genitalsymbole, bisexuelle   Sy 15

Ring f.–, i. Symptomhandlungen, IV 213

Zerbrechen, Zerbrechbares, IV 192; XI 275

Ehe
  mehrere Zimmer f., II/III 359
  Ring f., IV 213, 226–30
  Tisch u. Bett f., X 3

Eigene Person *s.* **Ich**

Ekel, Erbrechen f., I 84

Eltern (*s. a.* Mutter; Vater)
  Kaiser[-in], König[-in] f., II/III 358f., 697; VII 231; XI 154, 161
  Riesen f., II/III 32

Enuresis
  Feuer f., II/III 400; V 233f.
  Schwimmen f. (*s. a.* Wasser), II/III 400

Erektion
  Fesselballon f., II/III 368f.; XI 198
  Flamme f., XI 165; XVI 6
  Fliegen f., XI 156
  Phönix [Vogel] f., XVI 7

Erinnerungssymbol
  hysterische Symptome, I 427, 432; VII 196
  motorische Innervation f., I 63

Erleben, Lachesis f., X 33

Erregung (*s. a.* Leidenschaft; Triebregungen)
  Eisenbahnfahrt f., V 103
  Tier (wildes) f., II/III 362, 401, 414; XI 160

Fruchtbarkeit, Schwein f., XI 166

Gebären (*s. a.* Geburt; Schwangerschaft)
  Brandung (f. Wehen), XIII 182f.

Ertränken [Ertrinken] f., XII 290
Fallen f., II/III 208, 400; IV 193f.; XII 289f.
Retten f., VIII 76
Zahnausfall [–ausreißen], II/III 232, 392, 396

Geburtssymbolik
  i. Harnreiztraum, II/III 407
  Labyrinth f. anale, XV 26
  Ofen, Zusammenbrechen d., XI 165
  Rettung, II/III 409; VIII 107; XI 154, 162f.
  aus d. Wasser, f., II/III 404–08; VIII 76; XI 154, 162f.; XIII 181–83
  i. Zahnreiztraum, II/III 393–96

Geheimnis, Gegenwart d. Familie, o. vieler Fremden, f., II/III 251, 294

Geld
  Exkrement, f., II/III 408; VII 207f.; X 404, 406–09; XI 326, XII 105, 113; XV 107
  Ratten f., VII 432–34

Genitalsymbole
  Behaarung
  Gebüsch f., XI 158, 197
  Haar (Kopf-), f., II/III 392
  Maus [Katze], f., II/III 362
  Moos f., II/III 353, 382
  Pelz f., II/III 90; V 54; XIV 314
  Samt f., II/III 382; XIV 314
  Wald f., II/III 371; V 262; XI 158, 197
  bisexuelle (beide Geschlechter bezeichnend o. bezeichnen könnend), II/III 346, 698; XI 159
  Angehörige [Verwandte] (Stekel), II/III 362f.
  Architektur [Gebäude], II/III 351f., 368–70; XI 198

II. Das Symbolisierte: Genitalsymbole, eigene

Baum s. I. Symbole: Baum
i. Buchstabensymbolik (s. a. I. Symbole: Buchstaben) ‚m' u. ‚n', IV 57
Fisch, Schnecke, Katze, II/III 362
Giraffe, VII 274f.
Hausfassade, II/III 351f., 368f.; XI 154, 157f., 161
Hut, II/III 360f., 365f.; X 394f.; XI 159
Kind, II/III 366–68
Kiste, XI 159
Kleine, (Die u. das), II/III 363, 366f.
Landkarten, II/III 361
Mantel, II/III 360f.
Maus, II/III 362
i. Märchen, XV 24–26
Ort, XII 259
Schloß u. Schlüssel, II/III 359; V 228, 260; XI 160
Tasche, XI 159
Tiere, II/III 362
‚Unten', II/III 414
Uringlas, II/III 216, 221
eigene, Gepäck f., II/III 363
männliche (haupts. Penis) (s. a. Hodensack), II/III 352, 359, 361f., 364, 369–71, 376–82, 384–93, 400f., 697; XI 155–57, 159f., 170; XVI 6–9
   Apotropaea als, XI 166
   Baum[stamm], II/III 359, 697; XI 156, 195; XIII 182
   Berg, XI 160
   Bleistift, XI 156
   Bohrer, VII 330, 334, 360
   Brustwarze, V 207, 211f.; VIII 155; XIV 23; XV 107
   Brücke, XV 25

   Dämon (i. Mantel u. Kapuze), II/III 371
   Dolch, II/III 359, 361; XI 156
   Doppel- u. Mehrzahl d., (f. Kastration) II/III 362; XV 26f.; XVII 47
   Dreizahl, II/III 363; XI 155, 166, 197, 226; XIII 335
   Ei, f. Hoden, VII 187
   Eidechse, II/III 11, 362
   Euter, VIII 245; VIII 155
   Exkrement (s. a. I. Symbole: ‚Lumpf'), V 87; X 404, 407, 409f.; XII 116; XV 107
   Feder, II/III 366
      Füll-, IV 219f.
      -stiel, XI 156
   Fels, XI 160
   Fesselballon, II/III 368f.; XI 198
   Fetisch, XIV 314
   Finger, X 119–21; XII 117f.
   Fisch, II/III 362; XI 157
   Flamme, XI 165; XVI 6
   Flinte [Gewehr, Pistole, Revolver], II/III 361; XI 156
   Fuß, I 150f.; II/III 364; V 54; X 299; XI 41, 157; XIV 314
   Geier, XVI 7, 9
   Gerte, II/III 385
   Gießkanne, XI 156
   Giraffe, VII 274f.
   Hammer, II/III 361; XI 156
   Hand, II/III 364; XI 157
   Haube [Kapuze], II/III 366, 371
   Hängelampe, XI 156, 195
   Hut, II/III 360f., 365f.; X 394f.; XI 157, 159
   Hydra, XVI 7f.
   Kegel, VII 62
   Kerze, II/III 193f.

II. *Das Symbolisierte:* Genitalsymbole, weibliche

Kind, II/III 362f., 366–68; X 404; XI 159; XIV 27, 161
Klarinette, II/III 90
Kleeblatt, XI 166
Kleines, II/III 362f.; X 409f.; XI 159
Kopf, X 394f.; XI 276; XVI 7f.; XVII 47
d. Hydra, XVI 8
Krawatte, II/III 360f., 697; XI 159
Lanze, II/III 385, 401; XI 156
längliche Gegenstände, II/III 359, 364; XI 156
bei Leonardo, VIII 138
Lilie, französiche, II/III 379; XI 166
Luftschiff, II/III 362, 698; XI 156
Luster, XI 194f.
Mantel, II/III 361, 371; XI 157, 159; XV 24
Maschinen, II/III 361; XI 158
Mehrzahl d., II/III 362; XV 26f.; XVII 47
Messer, II/III 359, 389, 401; XI 156
Nagelfeile, XI 156
Nase, II/III 392
Pike, II/III 359
Pilz, XI 166f.
Pfeife, II/III 90
Pflug, II/III 361; XI 166
Rauchfangkehrer, XI 166f.
Ratte, VII 433
Reptil, XI 157
Rumpelstilzchen, X 4f.
Säbel, II/III 361; XI 156
Säulen, II/III 232
scharfe Gegenstände, II/III 359, 361, 364

Schießwaffen, II/III 361; XI 156
Schirm, II/III 359; XI 156
Schlange, II/III 362; XI 156f.; XII 49; XVII 47
Schlüssel, II/III 359; V 228, 260; XI 160
Schraubenzieher, VII 330, 334, 360
Schuh, I 151; X 41; XIV 314
Schwanz [Schwänzchen], VIII 154, 162; XII 42, 49
Sohn, kleiner, XI 159
Sonne, XVI 7
Spargel, II/III 191
Springbrunnen, XI 156
Stab, II/III 232
Stange, XI 156
Stock, II/III 359, 385, 697; XI 156
Strumpf, X 299
Tabakspfeife, II/III 90
Triskeles, XI 166
Vogel, XIII 184; XVI 7
Waffen (*s. a.* unter d. einzelnen Stichwörtern), II/III 359, 361, 364, 697; XI 156–58, 170
Wasserhahn, II/III 352; XI 156
Werkzeuge [Instrumente], II/III 90, 361, 389; VII 300, 334, 360; XI 156, 166, 170
Wurm (*s. a. I. Symbole:* Ungeziefer), VII 43
Würstchen, II/III 378
Zeppelin, II/III 357, 362. 698; XV 193
Zigarette, II/III 389
Zopf, XI 316
Zunge, XVI 6
Zündholz, IV 225
weibliche (haupts. Vagina) (*s. a.* Weib), II/III 352, 359, 364, 369,

II. Das Symbolisierte: **Genital**symbole, weibliche (Forts.)

370f., 379, 400f., 697; v 54; xi 157-65, 167, 170, 274
- Auge, ii/iii 364
- Bahnhof (f. Vorhof), v 262
- Baum, xii 118
- Berg, xi 197
- Blumentopf, xi 275
- Burg, xi 165
- Büchse, x 26; xi 157
- Dose, ii/iii 359, 364; v 240; x 26; xi 157
- dunkle Stelle, ii/iii 338
- enge Gassen, Häuser, Räume, usw., ii/iii 90, 400–03
- Festung, xi 165
- Flasche, xi 157
- Garten, ii/iii 352; xi 160
- Gebäude, ii/iii 368–70
- Gefäße, ii/iii 359, 364; iv 189–91; xi 157, 164, 275
- Grube, xi 157
- Handtasche, xv 23
- Haus, xi 157f., 165
  - Vorsprung am, ii/iii 360; xi 154, 161, 170
- Herd, xi 165
- Hof, ii/iii 90; xi 165
  - Fried–, v 262
- Holz, ii/iii 360, 697; x 3; xi 158f., 161f.
- Höhle, ii/iii 359–60; xi 157
- Hufeisen, xi 166
- Kapelle [Kirche], ii/iii 370f.; xi 158, 197
- Kasten, ii/iii 359, 364
- Kästchen (s. a. Mutterleib), x 26
- Kiste s. **Mutterleib**
- Koffer, ii/iii 221; xi 157, 200
- Kopf, xi 195
- Korb s. **Mutterleib**
- Landschaft, ii/iii 361, 370f., 404; v 262; xi 158, 165, 197; xii 259
- Lippen, f. Schamlippen, ii/iii 392
- Loch [Lücke], ii/iii 338, 352; x 299
- ,Materia' u. Madeira (portugiesisch: Holz), v. lateinisch, mater', (Holz f. Mutter), xi 162
- Mund, ii/iii 364; xi 158
- Muschel, xi 158
- Nymphen (f. Labien), v 262
- Ofen, ii/iii 359, 697; xi 157, 164f.
- Ohr, ii/iii 364
- Ort (s. a. I. Symbole: Landschaft), ii/iii 404; xii 259
- Pantoffel, v 54; xi 159
- Portemonnaie u. Täschchen, ii/iii 378; v 231, 238–40
- Raute, x 394; xi 276
- Reisetasche, xv 23
- Schacht, ii/iii 368f., 405; xi 157, 199
- Schachtel, ii/iii 364; v 228, 260; x 26; xi 157, 164, 195
  - Symptomhandlung mit, iv 225
- Schatz, xi 158
- Schloß
  - (Palast) s. I. Symbole: **Paläste**
  - u. Schlüssel, ii/iii 359; v 228, 260; xi 160
- Schmuckkästchen, v 230f., 240; xi 158
- Schnecke, ii/iii 362; xi 158; xii 101
- Schrank, ii/iii 359; iv 58–60; xi 157, 160

II. Das Symbolisierte: Kastration, Blendung

Schuh, V 54; XI 159, 316
Stoffe, XI 159–61, 170
Tasche (s. a. I. Symbole: Portemonnaie), XI 157f., 164; XV 23
Tisch, II/III 360; XI 158f., 164
Tochter, kleine (f. Klitoris ?), II/III 363, 366f.; XI 159
Tor, II/III 402f.; XI 157f.
Türe, II/III 697; XI 157f.
Uhr (f. Klitoris), XI 274f.
Vase, IV 189–91; XI 275
Wagen s. Mutterleib
Wald (f. Behaarung), II/III 371; V 262; XI 158, 197
Wanne, VII 300–02, 334, 360
Zimmer, II/III 359, 697, 401–03, 414
 offenes, V 228; XI 157, 160, 165
Zylinder, VII 62

Geschenk, Exkrement f., II/III 408; V 87; XI 326; XII 113; XV 107
Geschlechtsakt [–verkehr] s. Koitus
Geschlechtsunterschiede, Buchstaben ‚m' u. ‚n', f., IV 57
Geschwister, kleine Tiere u. Ungeziefer f., XI 154f., 161; XII 114; XIII 153
Gesicht, ‚oben' f., II/III 414
Gleichstellung, Vermischung f., (i. Traum), VII 102
Glück, Haube f., XII 133
Gold, Exkrement f., II/III 408; VII 208; X 407; XV 107

Haremsphantasie, Flucht v. Zimmern f., II/III 359
Harnblase, Beutel f. (bei Scherner u. Volkelt), II/III 90, 230f.
Harnreiz (s. a. Enuresis)
 Feuer f., XV 109; XVI 6

Schiff f., II/III 357, 371–73
Wasser f., II/III 232, 371–73, 407
Häufigkeit, Vervielfältigung f., XV 26f.
Herz, hohle Kisten u. Körbe (bei Scherner u. Volkelt) f., II/III 90, 230–32
Hodensack
 Sack f., II/III 371
 Vorbau f., II/III 369; XI 198
Homosexuelle Einstellung [Wünsche], bisexuelle Symbole f. (i. Traum), II/III 364

Ich [eigene Person]
 (neurotisches), kranke Person f., II/III 414
 Prinz u. Prinzessin, II/III 358; XI 161
 nicht durchgesetzte Regungen d., Doppelgänger f., XII 248
Impotenz, Hut mit schiefer Feder f., II/III 366
Indifferenz, Wechsel v. Tod u. Leben f., II/III 433
Infantile Geburts- u. Sexualtheorien
 anale, Labyrinth f., XV 26
 kastriertes Weib, Medusenhaupt f., XV 25
 durch Nahrungsmittel symbolisiert, II/III 352
 phallisches Weib, Spinne f., XV 25
Infantiles, Unsinn f., II/III 437, 573

Jenseits, Brücke f., XV 25
Jungfräulichkeit s. Virginität

Kastration, II/III 362, 366–68, 371, 391f., 403
 Baumausreißen f., XI 195
 Blendung [Erblindung] f., II/III 403; XII 240–44; XVII 117

dunkle Stelle f. –(d. Weibes), II/III 338
Eidechse f., II/III 362
Geben, freiwilliges, f., XII 116
Haarausfall [–abschneiden] f., II/III 362, 371, 391
Hut f., X 394f.
  Wegfliegen d., f., XII 42
Kahlheit f., II/III 362
Kleine, (Die, das), f., II/III 366–68
Kopf, Köpfen f., II/III 362, 371, 394f.; X 394f.; XI 195, 276; XII 178f.; XVI 8
Medusa [Medusenhaupt], f., XIII 296; XV 25, 27; XVII 47 f.
Mitesserauspressen f., X 298
Überfahren f., II/III 366–68
Vervielfältigung d. Penissymbole f., II/III 362; XVII 47
Zahnausfall [–reißen] f., II/III 362, 390–92, 398; XI 158, 167

Kind
Exkrement f. (s. a. I. Symbole: ‚Lumpf'), V 87, 96; VII 181; X 404, 407, 409f.; XII 113–16; XV 107
Frucht [Früchte] f., XI 160
Geld f., XII 115
kleine Tiere f., II/III 362; XI 154; XIII 153, 186
Prinz [Thronfolger] f., II/III 358; XI 161; XII 50
Ungeziefer [Wurm] f., II/III 362; XI 154, 161; XII 114

Kinderlosigkeit, Dreizahl f. (i. Traum), XI 226

Klitoris
Tochter, kleine, f., II/III 363, 366f.; XI 159
Uhr f., XI 274f.

Kloake, zweigeteilter Raum f., II/III 359f.; XV 108

Koitus, homosexueller
Ratten f., VII 432–34
Reisetasche mit Zettel f., II/III 389; XV 23

Koitus (Coitus interruptus) i. symbolischer Darstellung (i. Traum), XI 196

Koitus (normaler), II/III 360
Arbeit f., XI 170
Atmen [Atemnot, Dispnoe] f., I 338; V 242f.; XI 159; XII 98
Bedrohung mit Waffen f., XI 158
Beschneidung f., VIII 165; IX 184; XI 167; XII 119f.; XVI 194, 198, 230; XVII 117
Eisenbahnfahrt f., V 103
Exhibition f., XII 42f.
Fliegen f., XI 156
Gehen f., XIV 116
Handwerkstätigkeiten f., II/III 361, 389; XI 158
Klavierspiel f., XI 158
i. d. Korsakoffschen Psychose, II/III 389
Kuß f. (auf d. Bühne), XI 333
Landschaften, Geschehnisse i., f., II/III 361; V 262
Leiter f., II/III 360; XI 159, 166f.
Rauchfang kehren f., XI 166f.
Reiten f., XI 158
Rhythmik f., II/III 360, 375; VIII 106; XI 158f.
Schießen f., II/III 389, 697
Schloß u. Schlüssel f., II/III 359; V 228, 260; XI 160
Schreiben f., XIV 116
Schweben f., II/III 399f.
Spielen f., XI 158f.
Stechen f., II/III 389, 697
Steigen (Stiege) f., II/III 291f., 331f., 360, 368–70, 372–76, 389,

II. Das Symbolisierte: **Masturbation**, Gerte

400, 697; VIII 106; XI 158f., 167;
XV 23

Süßigkeiten f., XI 158; XII 141

Tachykardie f., V 242

Tanzen f., XI 158

Tätigkeiten f. *s.* **Koitus** (normaler): Arbeit; – Eisenbahnfahrt; – Handwerkstätigkeiten

Überfahrenwerden f., II/III 368; XI 158

Verbotenes, f. VII 355

Kondom, Überzieher f. (i. Traum), II/III 193, 393, 396

Konstitution, Klotho f., X 33

Kopf
,Oberstübchen' f., XI 161
Zimmerdecke f., II/III 89, 230

Kot, Schatz f., II/III 408f.

Körper, menschlicher (*s. a.* Leibreize), II/III 364
Haus f. ganzen – (bei Scherner), II/III 89, 230f., 618; XI 154, 161
Landkarten u. Pläne, f., II/III 361f.
Öffnungen, Türe u. Tor f., II/III 697; XI 161

Labien *s.* **Schamlippen**

Lebenszeiten
Kinder f., II/III 414
Tageszeiten f., II/III 413f.

Leib *s.* **Körper; Mutterleib**

Leibreize, Symbolik d., II/III 3, 24, 33f., *87–92*, 96, 230–32
bei Krankheiten, organischen, II/III 37
organische, II/III 35–42
Organsymbole (bei Scherner), II/III 90, 230f.

Leidenschaft [Libido, Lust] (*s. a.* Erregung; Triebregungen)

Feuer f., XVI 6

Fliegen f., II/III 398

Gott als Tiertöter f. – (bei Jung), IX 181

wilde Tiere f., II/III 362, 400f., 414; XI 160

Libido *s.* **Leidenschaft**

Liebe [Liebesbeziehung, –objekt, Liebkosung, Zärtlichkeit]
rote Rosen, f., VII 103
Salz f., Cordelias, X 35
Schicksalsgöttinnen f. Tod u., X 32–34, 36f.
Süßigkeit f., XI 158; XII 141
Vorziehen f. Vorzug geben, II/III 413; X 41; XI 119

Lunge
Fliegen f. Atmen (bei Scherner), II/III 232
Ofen f. (bei Scherner u. Volkelt), II/III 90, 230f.

Mann
Beziehungen z. Weib, Schicksalsgöttinnen f., X 36f.
Genitale d. *s.* **Genital**symbole, männliche
Glattes [glatte Mauern] f., II/III 360; XI 154, 161

Masturbation, II/III 362, 370, 384f., 387–89, 390–96; XI 199
Abreißen [Ausreißen] f.,
Astes, I 551; II/III 353f., 395; XI 158, 167
d. Blechplatte (i. Traum), II/III 369f.; XI 198f.
Zahnes, II/III 392, 397
Anfall, hysterischer f., VII 238
Eisenbahn i. Tunnel f., II/III 396
Gerte i. d. Hand nehmen f., II/III 385

Handwerkstätigkeiten f., xi 158
mit Kinde spielen, Kleinen schlagen f., ii/iii 362; xi 158f.; xii 50f.
Klavierspielen f., xi 158
links f., ii/iii 363 (?), 385
Rutschen u. Gleiten f., xi 158
Spielen f., xi 158f.
Strumpfausziehen f., x 299
Werfen f., ii/iii 390f.

Männerfang, Eidechsenfang f., vii 103

Mons Veneris, Pelz f., v 54

Mund, ‚oben', f., ii/iii 414

Mutter (*s. a.* Weib)
Erde f. (*s. a.* Mutterleib), xii 305
Gespenst f., ii/iii 409
Kaiserin [Königin] f., ii/iii 358, 697; vii 231; xi 154, 161
Landschaft f., ii/iii 404
Spinne, f. phallische, xv 25

Mutterleib (*s. a.* Genitalsymbole, weibliche; Mutter), xi 157; xv 26
Erde f., ii/iii 403; viii 290; ix 183; xi 165; xii 305
Kasten f., iv 58–60
Kästchen f., vii 304; x 26; xvi 107–09
Kiste, vii 303–06, 308–13; xi 157
Korb, x 26
Landschaft, xii 259
Ofen, ii/iii 359, 697; xi 157, 164f.
Ort, bekannter f., ii/iii 404; xii 259
Schrank f., ii/iii 359; iv 58–60; xi 157, 160
Wagen f., ii/iii 697; vii 312–14, 316; xii 25
Zimmer f., xi 157

Mütterlichkeit, Geier f., viii 156f., 187

Nabelschnur, Ariadnefaden f., xv 26

Nacktheit
Gebäck, helles u. glattes, f., ii/iii 230
Kleider u. Uniform f., ii/iii 248; xi 155, 159; xiii 312f.

Nahestehende, Unbekannte f., xi 201f.

Namensymbolik, vii 63, 411
Initialen
durch verbildlichte (Wespe-Espe-S.P.), xii 128
durch verzierte (Buchstabe ‚S'), iv 238

Nates
Apfel, Pfirsich, Früchte f., xi 158
Brust f., ii/iii 192
Brüder f., ii/iii 363
Kopf f., xi 195
Mond f., ii/iii 405
Rotunde f., ii/iiii 369; xi 198
stattliche Paläste f., ii/iii 402
Wangen f., ii/iii 392

Neurose, kranke Person f., ii/iii 414

Niederkunft *s.* **Geburt**

Onanie *s.* **Masturbation**

Patient, ‚eine Kranke' f., ii/iii 414

Penis *s.* **Genitalsymbole, männliche**

Pharao, ‚großer Hofraum' f., xi 165

Psychoanalytische
Begriffe, Traumsymbole d., ii/iii 414
Kur, Automobilfahren f., ii/iii 414
Ergebnisse d., Gold f., xii 193

II. *Das Symbolisierte:* **Traum**elemente   Sy 23

Rang, sozialer
  Parterre f., II/III 293–95
  Turm f., II/III 348 f.

Redensarten [Redewendungen, Metaphern] als Symbole, I 250 f.; II/III 356 f.

Revolutionäre Gesinnung, rote Rosen u. Nelken, f., II/III 217 f.

Samen *s.* **Sperma**

Schamlippen
  Lippen f., II/III 392
  Nymphen f., V 262

Schaulust [–trieb], hoher Baum f., XII 70

Schichtung, psychische, Dobos-Torte f., II/III 350

Schlaf, Nacht f., XII 70

Schmerz, seelischer
  Neuralgie f., I 84
  Schlag, Stich i. Herz f., I 250

Schwangerschaft u. Schwängerung
  Erbrechen (i. Hysterie) f., VIII 405, 433
  Ertränken f., XII 290
  Fallen f., XII 290
  Infektion f. (bei Zwangskranken), VIII 405
  Neunzahl f., XIII 334 f.
  mit Ungeziefer behaftet sein, f., II/III 362
  Vergiftung f. (i. Paraphrenien), VIII 405; XII 289 f.
  verschiedene Symbole f., i. verschiedene Neurosen, VIII 405
  Wagen f. (*s. a.* Mutterleib), XII 25

Schwellensymbolik
  Brücke als Übergang i. d. Jenseits, XV 25
  i. Traum, II/III 508 f., 565

Scrotum *s.* **Hodensack**

Sperma[–tozoen]
  Kind f. (i. Paranoia), VIII 293
  Samen (botanischer), f., II/III 352, 698
  Sekrete, andere, f., II/III 364

Sprachliche Ausdrücke
  i. Hysterie, I 217, 248–51
  i. Traum, II/III 237, 294, 348–51, 651; XI 168–72; XV 24 f.

Sterben *s.* **Tod**

Stummheit, Schwäne f., X 30

Sünde
  Gepäck f., II/III 363
  Links f. (Stekel), II/III 363, 385

Tod [Todessymbolik]
  Fliegen f., II/III 259
  Todesidee, II/III 402; X 29–31; XIII 166
  Asphodelosschaft f., VII 45, 106
  Atropos f., X 33
  Blei f., X 25 f., 28 f.
  Bleichheit f., X 29
  Eisenbahnfahrt [Abreisen, Nichterreichen d. Zuges, usw.] f., I 540; II/III 390; XI 154, 163, 199–201
  Fallen, f., II/III 565 f.; XIII 166
  Salz f. Liebe u., X 35
  Schicksalsgöttinnen f., X 32–34, 36 f.
  Stummheit f., X 28–31
  i. Traum (*s. a.* Traum), XI 200–202
  Zahnausreißen f., II/III 390
  Tote, Skelett f., IX 75

Traum
  –elemente, Beziehungen, symbolische *s.* i. **Haupt-Reg.**: Denkrelationen

Sy 24   *II. Das Symbolisierte:* **Traum**zensur

–zensur, Gemurmel f., II/III
148f.; XI 137–39, 142

Trauma, Geburtsangst f., VIII 76;
XIV 120f.

Triebregungen (*s. a.* Erregung; Leidenschaft)
Dämonen f., XIII 318

Unbewußtes [Unbewußtheit]
Ödipussage f. d. – d. ödipalen
Wünsche, XVII 119
unterirdische Räume f., II/III 414

Unfall, Anfall, hysterischer, mit
Selbstbeschädigung, f., VII 239

Ursache u. Wirkung, Verwandlung
f. (i. Traum), II/III 674

Urszenenphantasie, Himmelskörper
f., XII 120

Übergang
Brücke f. (*s. a.* Schwellensymbolik), XV 25
Schwelle f., II/III 508f.

Vagina *s.* **Genital**symbole, weibliche

Vater
Goethe f., II/III 359
Hunde, Pferde (*s. a. i.* Haupt-Reg.: Tierphobien), II/III 414
Kaiser [König], II/III 358f., 697;
VII 231; XI 154, 161
Pferde f., II/III 401, 414
Räuber f., II/III 400, 409; XIII 332
Sonne f., VIII 289–91, 317–19; XVI 119f.
Stier f., II/III 401
wildes Tier f., II/III 401, 414
Zar, XIV 400, 410f.

Verdrängung, Pompeji (verschüttete Stadt) f., VII 65, 77f., 112

Verneinungssymbole (*s. a. i.* Haupt-Reg.: Verleugnen; Verneinung), XIV 12f.

Versuchung, Widerstand gegen, Schwert f., IV 219

Verwerfliches, Anales f., V 88

Virginität (*s. a.* Defloration)
Blumen u. Blüten f., I 546f., 549;
II/III 324, 352–54, 379–82; XI 160
Schleier f., XII 135
Türe f., XI 164
Zerbrechbares f., IV 192; XI 275
Zimmer, verschlossenes f., V 228;
XI 157, 160, 165

Volksbräuche, Symbolik d., II/III
350f., 356f.; XI 160

Vorhof, Bahnhof u. Friedhof f., V 262

Vorzug geben, Vorziehen f. (i.
Traum), II/III 413; X 41; XI 119

Voyeurtum, Baum, hoher, f., XII 70

Wehen, Brandung f., XIII 182f.

Weib (*s. a.* Genitalsymbole, weibliche; Mutter; –leib), XI 157f., 164f.
Baum f., XII 118
Buch f., XI 158
Buchstabe ‚v' f. (gespreizte Beine), XII 123
Burg f., XI 165
dunkle Stelle, Loch, Lücke, f. kastriertes, II/III 338, 352; X 299
Garten f., II/III 352; XI 160
Haus f., XI 157f., 161
Holz f., II/III 360, 697; X 3; XI 158f., 161f.
Kapelle [Kirche] f., XI 158, 197
Kästchen f., X 26
Leinen f., XI 159
Papier f., XI 158

II. Das Symbolisierte: Zärtlichkeit Sy 25

Schachtel f., II/III 364; IV 225; V 228, 233, 260; X 26; XI 157, 164, 195

Schicksalsgöttinnen, f. Beziehung d. Mannes z., X 36 f.

Schiff f., II/III 358 f.; XI 157, 164

Schloß (Palast) f., XI 165

Spinne, f. phallisches, XV 25

Stadt f., XI 165

Stoffe f., XI 159–61, 170

Tisch f., XI 158 f., 164

Wäsche, weiße, f., XI 159, 316; XIV 314 f.

Weinberg f., II/III 352

Zimmer f., II/III 357, 359

Widerstand
d. Doktor erzählen wollen (i. Traum) f., II/III 448

während Analyse, Kopfschmerz f., I 308

gegen Versuchung, Schwert f., IV 219

Wiedergeburt, Schleier f., XII 106, 133–35

Zähne, Reihe v. Knaben f., II/III 232; XI 92

Zärtlichkeit *s.* **Liebe**

REGISTER DER FEHLLEISTUNGEN UND SYMPTOMHANDLUNGEN

(*s. a.* Register d. Anekdoten, Witze und Wortspiele; Sprachregister)

Ärztlich (–er, –e, –es)
Irrtum, IV 245f.

Vergessen, IV 174

Vergreifen, IV 196–98

Verlegen, IV 216–20

Verschreiben *s.* **Verschreiben**

Versprechen, IV 100f., 113

Druckfehler *s.* **Verschreiben**

Fehlgreifen *s.* **Vergreifen**

Geld, i. Zusammenhang mit (*s. a.* Symptomhandlungen, verschiedene, mit Geld; Verrechnen), IV 100f., 129, 132, 146, 151–53, 156f., 173, 194, 213–15, 222f., 234, 239

Irrtum *s.* **Verwechseln**

Kombinierte Symptomhandlung *s.* **Symptomhandlungen, kombinierte**

Obsedierende Worte
,aber frei ist schon d. Seele', IV 281f.

,Leise, leise, fromme Waise', II/III 422

,Nächtlich am Busento', II/III 422

Taganrog — Tag an Rock, IV 280f.

Selbstbeschädigung *s.* **Vergreifen,** als Unfall

Somnambule Sicherheit i. Fehlleistungen, IV, 156f., 185f.

Symptomhandlungen
mit Fallenlassen (*s. a.* Vergreifen, Zerbrechen)
  i. d. Analyse, IV 222, 239
  Balles, IV 196
  v. ,fettem Bissen', IV 224
  v. Fünfmarkschein, IV 232
  v. Silbergulden, IV 222f.
  v. Zehnpfennigstück (Zahlkellner), IV 196
kombinierte
  Arbeit, versäumte i. Museum, IV 263
  Bidassoabrücke, Gedicht erinnernd an, IV 282
  Buch, vergessenes, IV 258
  dead letter office, IV 257; XI 50
  Denkfehler — Druckfehler — Denkzettel — Druckzettel, IV 264
  ,Drukwerk', IV 262f.
  Lichtbilder, Nichtfinden d. Negative d., IV 261f.
  Medaille, goldene, IV 257; XI 50f.
  opportunistisch gewählte Gesellschaft, Sitzungsdatum d., IV 256
  Uhr, eigene, u. Damenuhr, vergessene, IV 259–61
verschiedene, IV 238f.
  Beispiele d. Ambrosius, Democritus u. Gregorius (bei L. Sterne), IV 238

Symptomhandlungen, verschiedene (Forts.)

mit Brief [Post] (*s. a.* Verschreiben), IV 138f., 168, 175, 248f., 257f., 262f.; XI 50

vereitelter Selbstmord, V 181

Brotkrume kneten, statt Assoziation, IV 220f.

mit Buch, IV 154f., 174, 258; XI 49

mit Datum *s.* **Verrechnen**

mit Enteignen, unwillkürlichem (o. Versuch)

Damenuhr, IV 258–60

fremde Wohnung mit eigenem Schlüssel aufsperren, IV 180

Medaille, goldene, IV 257; XI 50f.

Zündholzschachtel, IV 225

Fausse reconnaissance, IV 166f., 295–98

Geld, i. Zusammenhang mit (*s. a.* Verrechnen)

Almosen gegeben, zu großes, IV 194

ärztliches Honorar, IV 175

entzweigerissene Hundertguldennote, IV 213

Fallenlassen

eines Fünfmarkscheines, IV 232

bei d. Konsultation, IV 239

v. Silbergulden, IV 222

Grund einer Entfremdung, IV 151–53

Kartenspiel, Tascheninhalt zurücklassen nach, IV 238

bei Scheckausstellen, IV 132

Haarlösen, IV 239

Irrtümer *s.* **Verwechseln**

Licht brennen lassen u. angebliches Daheimsein, IV 239f.

Melodien vor sich hinpfeifen, IV 240; XI 106

Metaphern, beim Gebrauch v. (durch d. Kopf schießen), IV 241

i. Traum *s.* i. **Haupt-Reg.**: Funktionales Phänomen

Namenauslassen, IV 172

negative Halluzination *s.* i. **Haupt-Reg.**: Halluzination, negative

mit Portmonnaietäschchen, V 231, 238–40

mit Ring

Angst z. verlieren, IV 228

beim Maniküren, Verletzung durch, IV 213

beim Pfänderspiel, IV 228

Spiel mit Ehe-, IV 227

Verlieren d. –s, XI 52

mit Schachtel, IV 225

mit Schlüssel

andern – gebrauchen, IV 180–82

Verlegen, IV 156

Selbstverrat durch

‚Drückeberger‘, IV 127f.

Eiweißfleck auf Hose, IV 222

‚Warum denn ich‘, IV 126f.

Verabschieden vor d. Haustür, IV 251

Sich versprechen, IV 96

‚S‘ (Initiale d. Mutter), als Verzierung an Schrift, IV 238

mit Stethoskop, IV 216–19

Torte wieder zurücktragen, IV 225f.

mit Tür

bei d. Haus-, IV 180–82, 250f.

offen lassen, XI 253f.

öffnen, plötzlich, IV 239

mit Uhr, IV 240, 259–61

mit Verwechseln *s.* **Verwechseln**

mit Zahlen *s.* **Vergreifen; Verrechnen**
Zahlungsunwilligkeit, IV 174 f.
Zeit betreffend, IV 111 f., 256, 263
Tändeln, IV 215 f.; VII 5
Ungeschicklichkeit *s.* i. **Haupt-Reg.**
Vergessen
v. Adressen
bei Besuch v. Kollegen, u. Gratispatienten, IV 174
Hausnummer, I 526 f.
Kassenfabrikant, IV 151–53
Pension Fischer, IV 153
Straßennamen, IV 73, 151–53
i. d. Anamnese
Bettnässen, IV 161 f.
Lungenkrankheit, IV 161
beim Arzt, v. Gegenständen, IV 239
ärztliches Honorar z. zahlen, IV 175
‚D. Braut v. Korinth', IV 21–24, 26
Briefeinwerfen, IV 168 f.
Bücher (*s. a.* Verlegen)
z. leihen, IV 258
zurückzugeben, IV 174 f.
i. ‚Caesar u. Kleopatra' (Shaw), IV 170; XI 47 f.
v. Datum *s.* **Verrechnen**
Ehe, i. Zusammenhang mit, IV 224; XI 49, 52 f.
Äußerungen d. Frau, Ärger erregende, IV 151
Brautkleid anzuprobieren, IV 227; XI 52
Brieftasche, am Hochzeitstag, IV 230
‚Dort geht d. Herr L.' (statt Namen d. Gatten), IV 226 f.; XI 52

i. d. Kirche z. gehn, XI 52 f.
Mädchennamen, Gebrauch v., IV 249; XI 52
fremdsprachiger Wörter [u. Namen]
‚aliquis', IV 13–20 (14 f.), 26, 58, 68
Bisenz — Bisenzi, IV 41; XI 70
Castelvetrano, IV 37 f.
Gassendi, IV 33 f.
Joyeuse, II/III 540; IV 165
Monaco, IV 63; XI 109
Nervi, IV 28 f.
Pegli, IV 39 f.
Signorelli, I 520–26; IV 6, 18, 63
Verona — Brescia, IV 34–37
v. Gratulationen, IV 171
beim Kartenspiel, IV 175
Korrekturbögen, Zögern bei d. Rücksendung v., IV 176–78
Löschpapier — Fließpapier, IV 176
v. Namen (*s. a.* Vergessen, fremdsprachiger Wörter; Verwechseln v. Namen), IV 43–50
d. Beleidigers, IV 172
Gilhofer — Gallhofer, IV 39
d. glücklichen Rivalen, XI 46
Hochwartner, IV 29
Jung, IV 32 f.
Lederer, IV 31
Lindemann — Erdmann, IV 43–47
Rosenheim, IV 29
Selma Kurz, IV 41 f.
d. verstorbenen Patientin, IV 162
‚Tout comprendre ...', IV 25 f.
Tür zu schließen, XI 253 f.
Uhr aufzuziehen, IV 240

Vergreifen [Fehlgreifen], IV 185f.
Ball, beim Zuwerfen d. –s, IV 196
bei Geld (*s. a.* Verrechnen), IV 232
   Almosen als Opferhandlung, IV 194
   Fallenlassen, IV 222f., 232
   Verlieren *s.* **Verlieren**
   Zerreißen, IV 213–15
bei Schlüssel, IV 180–82
als Selbstmord (o. – versuch) (*s. a.* i. Haupt-Reg.: Selbstmord; Selbstmordversuch), IV 201–08
Stimmgabel statt Reflexhammer, IV 182–84
beim Telephonieren, IV 248
als Unfall, IV 199–211
   Beule nach Zornanfall, IV 200
   Cancan, Beinbruch nach, IV 198f.
   Gesichtsverunstaltung f. Abortus, IV 203–05
   Kind fast an d. Luster geschlagen, IV 208
   Maschinendefekt durch falsche Bedienung, IV 192f.; XI 74f.
   Milch überkochen lassen, IV 186
   Morphium i. d. Auge tropfen, IV 196f.
   Offizier v. Pferde fallend, IV 201f.
   u. Selbstmord (*s. a.* i. Haupt-Reg.), IV 201–08
   Taucherkunststück i. Varieté (bei Heyermans), IV 209–11
als Ungeschicklichkeit [Ataxie]
   Schleife lösen, Sessel holen, Weg verstellen, IV 194f.
   als Selbstbestrafung, IV 198–205
   als Versteigen, sich i. d. Treppe (statt ‚verstiegen sein'), IV 182

als Zerbrechen [–schlagen]
   eines ägyptischen Figürchens, IV 188
   v. Geschirr, bei Dienstboten, IV 192; XI 75
   v. Maschine *s.* **Vergreifen,** als Unfall
   v. Stock, IV 188
   Vase, v. Patienten geschenkter, IV 189f.
   d. Venusstatue, IV 187
als Zerreißen v. Geld, IV 213–15

Verlegen
v. Büchern (*s. a.* Vergessen), IV 155f.
v. Katalog, IV 154f.
d. kühl empfindenden Gattin, IV 155f.; XI 49
mit Mantel einen Platz, IV 234f.
d. Medaille, IV 257; XI 50f.
v. Papiervorrat, IV 159
eines Pfefferkuchenpakets, IV 158
v. Pfeife, IV 158
eines Platzes am Tisch, IV 234f.
v. Schlüssel, IV 156f.
v. zerschnittenem Kragen, IV 156f.

Verlesen (*s. a.* i. Sprach-Reg.)
Agamemnon, IV 124; VI 101; XI 32, 66
Antiquitäten, IV 122
Bleuler, IV 122
Bonn — Brown, IV 128
Brotkarte, IV 125
‚die' arme Wilhelm M., IV 121f.
Drückeberger, IV 127f.
‚Eisenkonstitution', IV 128
i. Faß durch Europa, IV 119–21, 299, 304
Friede v. Görz, IV 125

Hughes, IV 128
Klosetthaus, IV 126; XI 66
MDCCCL, IV 123f.
Namen d. Beleidiger, Übersehen d. –s, IV 172
Odyssee, IV 118f.
Schundleder, IV 125
Sprachstrategie — Schachstrategie, IV 125f.
Steifleinenheit, IV 123
‚Warum denn ich?‘, IV 126f.

Verlieren
v. Geld aus d. Hosentasche bei d. Konsultation, IV 239
d. Penkalastiftes, IV 231
d. Theaterkarte, i. Trauerjahr, IV 231

Verrechnen (*s. a.* Symptomhandlungen, verschiedene, Vergreifen)
v. Datum u. Zeitpunkt
i. Museum, IV 263
Okt. statt Sept., IV 129
einer Sitzung, IV 256f.
v. Theater, IV 111
eines Vortrags, IV 254
Wochen, nur f. drei, IV 111
d. Fahrkartenzahl, IV 251
d. Hausnummer, I 526f.
beim Kartenspiel, IV 175
beim Scheckausstellen, IV 132f.
bei Telephonruf, IV 248; XI 74
bei Zahlkellnern, IV 175, 223

Verschreiben
Adresse, falsche (*s. a.* Symptomhandlungen, verschiedene, mit Brief), IV 138f.
Anektode — Anekdote, IV 138
ärztliches (*s. a.* Vergreifen, als Unfall, Morphium)

Achol — Alcohol, IV 134f.
Belladonna, IV 135–38
Edithel, IV 139f.
Ethyl, IV 134f.
Leviticowasser, IV 140f.
‚Buckrhard‘, IV 129f., 152, 304
Druckfehler
aasrief, IV 144f.
eigennützig — uneigennützig, IV 133; XI 57
Korn — Knor — Kronprinz, XI 24
lückenlos — lückenhaft, IV 133f.
rumänisch — russisch, IV 144
stürzen — stützen, IV 143f.
Vorräte — Vorrede, IV 142f.
zuviel — zufiel, IV 144
‚effektiv‘ (ausgelassen), IV 142
Einladung — Einleitung, IV 142
‚frazösisch‘, IV 141
Hartmann — Hitschmann, IV 131
ihren — Ihren Sohn, IV 138
insultieren — konsultieren, IV 141
Karl, IV 141
Lusitania-Mauretania, IV 134
Okt. — Sept., IV 129
Scheck, i. Zusammenhang mit irrtümlich ausgestellt, IV 132f.
nicht eingeschlossen, IV 146
wife — wave, IV 139

Versprechen
adultérer, IV 89
Alabüsterbachse, IV 91
A-alexandros, IV 92
Altesl — Senexl, IV 92
‚d. andere Hälfte Euer‘ (Kaufmann v. Venedig), IV 108; XI 31f.

Angora — Angina, IV 92
Apfe — Affe — Apfel, (II/III 146 ?) IV 70, 138, 303
apopos, IV 91; XI 36
après midi, IV 78
Ase nathmen, IV 71, 303
Askoli, IV 78
aufgepatzt — Patzerei, IV 97; XI 28 f.
aufzustoßen — anzustoßen, IV 62, 92; XI 26, 36, 42 f., 59
begleit-digen, IV 77; XI 26, 35, 45, 175
Berglende, IV 71 f.
Bett(nicht) z. verlassen, IV 77
durch d. Bluse z. verstehen geben, IV 89
‚Breuer u. ich‘, IV 95 f.
Briefkasten — Brütkasten, IV 62; XI 26
Bruder (statt Mann), IV 90
Brust — Schwest, IV 62, 91; XI 26, 57
Chemie, Lust an d. - verloren, IV 88
Connétable — Komfortabel (suggeriertes–), XI 24 f.
curable — durable, IV 113
dahinscheiden — ausscheiden, IV 106
dekolletiert — dekoriert, IV 79
Diebstellung — Dienststellung, IV 104
draut — Trauer — dauert, IV 66; XI 35, 41
durable — curable, IV 113
Eifersucht [Feindseligkeit, Groll, Schmähen] ausdrückendes
  aufgepatzt, IV 97; XI 28 f.
  dahinscheidend, IV 106
  Idiot, IV 100

liebenswidrig, IV 101
schöpsen, IV 98
verantwortlich — unverantwortlich, IV 105
Vorzimmer, IV 97
zwölf Finger, IV 113–17
eigennützig — uneigennützig, XI 57
einlagen — einjagen, IV 65 f.
Eischeißweibchen, IV 91; XI 36
‚er (sie) bekam d. Scheidung‘, IV 99
‚Essen, er kann –, was ich will‘, IV 79; XI 29, 57
Familienmitglieder, beim Verwechseln v. –n, IV 90
Finger
  an einem abzählen, IV 88; XI 34, 57
  zwölf, IV 113–17
in flagranti — en passant, IV 72
Freuer-Breudsche Methode, IV 93 f.
Geiz — Geist, IV 72 f.
geneigt — geeignet, IV 78; XI 27
‚geschlossen, ich erkläre d. Sitzung f.‘ (statt eröffnet), IV 67; XI 27; XVII 144 f.
Gespeckstücke, IV 81
Glieder, fünf gerade, IV 86
Grab — Gras, singen — sinken, IV 83–85
‚halb bin ich Euer‘ (Kaufmann v. Venedig), IV 108; XI 31 f.
Hausschuhe — Halbschuhe, IV 80
‚Herr, küß die Hand, gnädiger‘, IV 78
Hinterkopf — Hinterbeine, IV 62
hornverbrannt, IV 98
nach Hose kommen, IV 73; XI 58
identifikatorisches, IV 90, 94 f.

Idiot — Patriot, IV 100
‚Zu ihr' — ‚zu ihm' (Wallenstein), IV 108; XI 30
Jauner — jewagt, IV 104; XVI 51
Juden — Jungen, IV 103
Kastor u. Pollak, IV 79
Klapperschlange, IV 74–76, 303
Kodolenz, IV 92
Koettieren, IV 96
Kontant, IV 101
Kropf (Kopf), um einen —, größer, IV 79
liebenswidrig, IV 101
Lippschaft, IV 76f.
Lokuskapitäl, IV 91
Matthäusgasse, Kaufmann i. d., IV 73
Milo v. Venus, IV 62; XI 26
Moche — boche, IV 81–83
Mördern — Mörsern, IV 81
Mutter (statt Tante), IV 90
nach (vor) 10 Uhr, IV 111
ordinärt, wann?, IV 88
parterre — pater, IV 92
P(r)otagoras, IV 92
Quaste, pudern mit d., IV 87
ribera, IV 76
rückgratlos — rückhaltlos, IV 105f.; XI 57
Ruhe (statt Schluß), IV 81
Sándor Ferenczi — Petöfi, IV 95
Schöpsen, IV 98
Schresinger — Schlesinger, IV 70
Schwert — Pferd, XI 24f.
Schwest — Brust, IV 62, 91; XI 26
Selbstverrat durch —, s. Symptomhandlungen, Selbstverrat durch
‚seltener (öfter) zu sehen, ich hoffe euch', IV 96

Siemens u. Halske, XI 27
streiten (schreiten) wir z. Punkt 4 d. Tagesordnung, IV 78
Tassenmescher, IV 70f.
umbringen (unterbringen), Patienten, IV 85f.
urinieren — ruinieren, IV 92
Vater (statt Bruder), IV 90
Venus, Milo v., IV 62; XI 26
verantwortliche(r)-unverantwortlicher Ratgeber, IV 105
Versuchungen — Versuchen, trotz vieler, IV 88; XI 27
Virchow, IV 95
Vorschuß- statt Vorstands- o. Ausschußmitglieder, IV 98; XI 45
Vorschwein — Vorschein, IV 65f., 98, 303; XI 35, 41, 57f.
i. Vorzimmer (Vormittag) zu Hause, IV 97
Whitford — Oxford, IV 110f.
widwen, sich d. Kindern, IV 79
witzhaftes, IV 88
Wochen, nur f. 3 (statt Tage), IV 111
Zeit betreffend, IV 111f.
zurückgegeben (statt erzählt), IV 102
zwölf Finger, IV 113–17

Verwechseln [Irrtümer]
   mit Briefen
      dead letter office IV 257; XI 50
      ‚Drukwerk', IV 262f.
      ‚schön ist d. Dirndl nicht', IV 249
   v. Büchern (s. a. Symptomhandlungen, verschiedene, mit Buch)
      Medizeer, IV 246f.
   bei Ehegatten
      Bruder (statt Gatten), IV 90

Verwechseln, Klapperschlange

‚dort geht d. Herr L.' (statt Gatten), IV 227; XI 52

Verabschieden vor d. Haustüre (Geliebter statt Gatten), IV 251

Klapperschlange — Cleopatra, IV 74 f., 303

Magentropfenfläschchen, statt Senffaß, IV 224

v. Namen (*s. a.* Vergessen v. Namen; Versprechen)

d. älteren u. jüngeren Dame bei d. Table d'Hôte, IV 250

Brief, falsch adressierter, IV 249

Emmersdorf, zwei Ortschaften, IV 246

Habsburger — Babenburgerstraße, IV 248

Hanna, zweite Tochter mit d. selbem Namen, IV 249

Hasdrubal — Hamilkar, II/III 203; IV 243, 245

Marburg — Marbach, II/III 458 f., 523; IV 242–45

Mädchennamen statt Namen d. Mannes, IV 249; XI 52

an d. Table d'hôte, IV 250

d. Töchter, bei Hochzeitsgeschenk, IV 250

d. Zeus u. Kronos, II/III 263; IV 243

v. Plätzen

Fahrrichtung, falsche, IV 252 f.

Habsburger — Babenbergerstraße, IV 248

Schillers Geburtsort *s.* **Verwechseln** v. Namen, Marburg

d. Telephonnummern, IV 248; XI 74

v. Worten („Bis' statt ‚für'; Gemme als Geschenk), XVI 37–39

mit Zahlen *s.* **Verrechnen**

v. Zeitpunkt, IV 111 f., 129, 253 f., 256 f.

Zerbrechen *s.* **Vergreifen**

SPRACHREGISTER

[Wortverdrehungen, Scherzworte, Mischbildungen, Versprechen, Wortneubildungen] (*s. a.* i. Register d. Anekdoten, Witze und Wortspiele; u. i. Register d. Fehlleistungen und Symptomhandlungen: Verlesen, Verschreiben; u. i. Register d. Gleichnisse, Metaphern und Vergleiche).

Vorbemerkung:

Unwillkürliche Wortverdrehung, Scherzworte, Mischbildungen usw. werden in Anführungszeichen gesetzt; bewußte Wortneubildungen und vorsätzlich gewählte Wortzusammensetzungen sowie historische, ethnologische oder andere, dem psychoanalytischen Leser weniger vertraute Bezeichnungen sind ohne Anführungszeichen wiedergegeben.

Seitenzahlen finden sich dort in Klammern gesetzt, wo die angegebene Textstelle zwar von den jeweiligen Termini handelt, diese aber nicht namentlich erscheinen.

Für dieses Register gilt auch die Vorbemerkung zum Zitatregister.

‚Aasrief', IV 144f.

Aba, XV 24f.

‚Abér — Áber', VII 442f.

Abmietung d. Vagina (s. a. i. Haupt-Reg.: Vagina), V 88; XV 108

Absuggerieren s. i. Haupt-Reg.: Suggestion; Verdrängung

Abtasten d. psychischen Oberfläche, XIII 410

Abwehrlustig(es) Ich, I 280

‚Achol', IV 134

Advocatus diaboli, XIII 64

‚Aesoi', VI 86, 123

‚Agamemnon — angenommen', IV 124; VI 101; XI 32, 66

Agent provocateur s. i. Haupt-Reg.

‚Alabüsterbachse', IV 91f.

‚Alcoholidays', VI 21

‚Aliquis', IV 14–20, 26, 68

Alkoven, Geheimnisse d. (Breuer), X 51

Allmacht d. Gedanken s. i. Haupt-Reg.

‚Altesl — Senexl', IV 92

‚Altruismus' i. d. Zwangsneurose, IX 89f.

Ammenschlaf s. i. Haupt-Reg.

Amphiktyonien, XVI 19

Anagogische Erklärungen, X 107

Anale Kinder, VII 331, 363

‚Anecdotage', VI 20

‚Anektode — Anekdote', IV 138

Anfall (s. a. i. Haupt-Reg.: Anfall; Epilepsie; Hysterie)

epileptischer, kleiner s. Petit mal

hysterischer

großer [große hysterische Attacke, grande attaque hystérique (Charcot)], I 32, 93, 410; VII 237; XVII 9

kleiner (s. a. Petit hystérie), I 32

Angekok, XII 165

Angustiae, XI 411

‚Animus', XVI 222

Ankratzen d. psychischen Oberfläche, XII 140

‚Antesemitismus', VI 33

Anthropophyteia s. i. Namen-Reg.

‚Apfe', IV 70, 138, 303
‚Apopos', IV 91; XI 36
Arc de cercle, VII 236f.
Ars poetica, VII 223
‚Ase natmen', IV 71, 303
Asymptotisch(-er, -e, -es)
Heilungsvorgang, XII 192
Wunscherfüllung, Größenwahn als, VIII 283f.
Attaque
de sommeil (Charcot), I 93
grande – s. Anfall, hysterischer
Attitudes passionelles (Charcot), XVII 9f.
‚Aufgepatzt', IV 97; XI 28f.
‚Aufsitzer', VI 155
Auftrieb d. Unbewußten, XVII 104f.
‚Autodidasker', II/III 304–06, 497, 540, 547, 602; VI 28
Automatisme ambulatoire, II/III 460
Avoidances (s. a. i. Haupt-Reg.: Vermeidungsvorschriften), IX 15

Babuschka (d. Wolfsmannes), XII 122f.
Backside, moralische, VI 91
Begging the Question, XI 34
‚Begleitdigen', IV 77; XI 26, 35, 45, 175
Beleuchtung, psychische, I 306
Belle Indifference (Charcot), I 196; X 258
‚Berglende', IV 72
Berufen [Beschreien], I 130; XIV 12
‚Besitz' (s. a. i. Haupt-Reg.), VII 275; XI 179
Besserwissen, V 231
Bierschwefel, VI 142

Binnenbewußt, XI 306
‚Bisenz', IV 40f.; XI 70
Blague, VI 262
Blinder Fleck, VIII 382f.
Blume, durch d., II/III 320, 330
Bonmot, VI 37
Bouphonien, IX 166
‚Box' (s. a. i. Symbol-Reg.: I. Symbole: Dose; – Kasten; – Kästchen; – Kiste; – Schachtel), II/III 194, 221; V 240
‚Breud', IV 93
Broadmindedness – lack of judgment, XIV 571
‚Bubizin', VI 208f.
‚Buckrhard', IV 129f.; 52, 304

‚Calatafimi', IV 37
Calembourg s. Kalauer; u. i. Haupt-Reg.: Kalauer
‚Caltanisetta', IV 37f.
Caput nili, I 439
Carpe diem, II/III 213f.; VI 119f.
‚Carthaginoiserie', VI 21
Casque, sensation de, I 415
‚Castrogiovanni', IV 37f.
‚Chamer' [Esel], IV 183
Churinga, IX 139
‚Chimney Sweeping' s. i. Reg. d. Gleichnisse
‚Cleopold', VI 19
Clowns, VI 216
Coda s. i. Symbol-Reg.: I. Symbole: Schwanz
‚Code du totémisme' (Reinach, S.), IX 123, 130
‚Colico', IV 63; XI 109
Condition seconde, I 95

Continued story, XIII 304
Coup de foudre s. i. Haupt-Reg.
Couvade, VII 185
Crinkled s. i. Reg. d. Krankengesch.: Namenverzeichnis, Kleiner Hans
Crowd s. i. Haupt-Reg.: Masse(n), Haufen

‚Dachl‘, XI 161
Daldal-Rätsel, VI 31f.
Dark continent, d. Weib als, XIV 241
Darmtod, XII 111
Dead letter office, IV 257; XI 50
Dégénérés s. i. Haupt-Reg.
Denkschmerzen, XVII 5
Désintérêt, II/III 55f.
Detektivkünste, VII 9
Diagnostischer Traum, II/III 3, 36f.; X 42, 413
‚Diebsstellung, militärische‘, IV 104
Differenzen, Narzißmus d. kleinen, XII 169; XIII 111; XIV 473f.
Double conscience, I 91
Double face (s. a. i. Haupt-Reg.: Janusköpfigkeit), VI 268
‚Draut‘, IV 66; XI 35, 41
Dreck
 ‚– d. Hölle‘, VII 208
 ‚–patzen‘, VII 421
‚Drittes Geschlecht‘, VIII 168–70
Druckfehlerteufel, IV 143
Dukatenscheißer, VII 208

Ecmnésique, délire – (Pitres), I 246
‚Edithel‘, IV 139f.
Einbildungen d. Neurotiker, XI 381–85

Eingeweide, gelehrte, VI 9
‚Einlagen — einjagen‘, IV 65f.
‚Eischeißweibchen‘, IV 91; XI 36
Elend, hysterisches [neurotisches], (s. a. i. Haupt-Reg.: Elend; Leid), I 312; XVII 110
Emanzipierte s. i. Haupt-Reg.: Feminismus
Entgiftete Persönlichkeit, XV 164f.
Entharmlosung s. i. Haupt-Reg.: Unwissenheit, sexuelle
‚Erpreßzug‘, VI 26f.
‚Erzefilisch‘, II/III 308f.
Erzieherin Not, X 336; XI 427
Esprit
 de corps, XIII 100, 102f., 134
 d'escalier, II/III 253, 493

Fackel d. Wahrheit, VI 241
Fadian, roter, VI 21–23
‚Famillionär‘, VI 14–19, 20, 47
Faux pas (s. a. i. Haupt-Reg.: Fehlleistungen, Zerstreutheit), IV, 173
Fischpredigten, XVI 98f.
Fließender Traum, II/III 497f.
‚Fließpapier‘, IV 176
Fonction du réel (P. Janet), VII 230
Forckenbecken, VI 19
Formes frustes s. i. Haupt-Reg.
‚Freuder‘, IV 93
Freudsche Mechanismen, XIII 421
‚Freuer-Breudsche‘, IV 93
‚Frühstückschiff‘ (s. a. i. Biogr. Reg.: Träume), II/III 466–70
Furor
 prohibendi, XIV 268f., (271f.)
 sanandi, X 320f.

Spr 4   Gauner

‚Gauner — Jauner‘, IV 104; XVI 51
Gedankenfabrik, II/III 289
‚Gedankenunschuld‘, V 207–09, 128
Gegenzwang, Analyse als, XII 192
Gehirnmännchen, XIII 253 f.
Gemütsmenschen, sogenannte, VI 78
Gen Italien — Genitalien, II/III 237
Geschlechtsreiztraum (Scherner), II/III 90
‚Geseres u. Ungeseres (s. a. i. Biogr. Reg.: Träume), II/III (276), 444–46
‚Gespeckstücke‘, IV 81
Gettatore (s. a. Malocchio), XII 256
‚Gilolo‘ (s. a. i. Traum-Reg.), II/III 62 f.
Gingerbreadman, XIV 133
Giovedì, XVI 146
Gleichschwebende Aufmerksamkeit (s. a. i. Haupt-Reg.), VIII 377 f.; XIII 215
Glückshaube, XII 134
Grande attaque hystérique s. Anfall, hysterischer
Group mind (McDougall), XIII 74, 90–94
Grumus merdae, XII 113
‚Gschnas‘ (s. a. i. Reg. d. Gleichnisse), II/III 222 f.

‚Hagos‘, IX 26
Halbgehorsam s. Sexueller Halbgehorsam
Hausfrauenpsychose, IV 47; V 178
‚Hearsing‘, II/III 304
Hexe Metapsychologie, XVI 69
Hofraum, großer, Pharao als, XI 165
‚Hohe Pforte‘, XI 165

Home-Roulard, VI 102, 134 f., 137 f.
‚Hornverbrannt‘, IV 98
‚Hose d. Geduld‘ [d. guten Anstandes], VI 91, 241
Hörkappe, XIII 252
Hygienische Gefahren d. Kulturentwicklung, XVII 72
Hytérique d'occasion, I 4, 11, 33

Ich, d. abwehrlustige, I 280
Idiosynkrasie gegen Krieg, XVI 26
Impfung gegen Triebkonflikt, XVI 67, 76
Indifférence, la belle, I 196; X 258
Infidel jew, an, XIV 394
Infinitivsprache d. Traumes, XIII 182
Intichiuma, IX 139–41, 169
‚Introversionsneurosen‘ (Jung), VIII 456

Janusköpfigkeit s. i. Haupt-Reg.
‚Jauner, jewagt‘, IV 104; XVI 51
Jesuitische Wahrheit, VI 127
‚Joyeuse‘, II/III 540; IV 165 f.
Jungferngift, XII 178

‚Ka-Lauer‘, VI 48
‚Ka-Laureatus‘, Poeta, VI 48
Kalauer (Beispiele), VI 46–48
Kanthariden, II/III 297
Katalytisches Ferment, Analytiker als, VIII 55
‚Kategorieren‘, II/III 309
Ken (ägyptisches Wort f. stark u. schwach), XI 181, 236
Kinderlachen, verlorenes, Komik als, VI 256
King's Evil, the, IX 54

Kinship, ix 163f.

Kittgedanken i. Traum, ii/iii 494

Kleine Epilepsie (*s. a.* Anfall; Peti^t mal; u. i. Haupt-Reg.: Anfall; Epilepsie; Hysterie) Koitus als, vii 239; xiv 404

Kleine Hysterie *s.* Petite hystérie

Kleiner Anfall *s.* Anfall

Klischees d. Liebeslebens, viii 364f.

‚Klosetthaus', iv 126; xi 66

‚Knuffen u. Puffen' i. d. Kinderliebe, vii 56

‚Kodausch', ix 26

‚Kodolenz', iv 92

Koettieren, iv 96

Kompression, ii/iii 600; iv 96

Konstitutionelle Intoleranz gegen d. Krieg, xvi 26

‚Kontant — kontakt', iv 100f.

Krawallmachen *s.* i. Haupt-Reg.: ‚Krawallmachen'; u. i. Reg. d. Krankengesch.: Namenverzeichnis, Kleiner Hans

Kulanz, i. wissenschaftlichen Betrieb, (x 62); xi 227f.

Kurzschluß i. Witz, vi 134

‚Kück d. Rebben', vi 66f., 126; xvii 38

L'art pour l'art, ix 111

Lacertenjäger, vii 48, 100, 103, 122

Landesvater, xi 161

Lapsus *s.* i. Haupt-Reg.: Verschreiben; Versprechen

‚Leck' i. d. Kur, viii 470

‚Lehrhafte Suggestion', i 97, 130

Leiden an Reminiszenzen *s.* i. Haupt-Reg.: Hysterie, als ‚Leiden an Reminiszenzen'

‚Levitico-Wasser', iv 140

Lichtchaos als Traumquelle, ii/iii 33

Lichtenbergsches Messer, vi 64; x 112

‚Liebenswidrig', iv 101

Lingam, xii 175

‚Lippschaft', iv 76f.

Lobelia (Blume), ii/iii 62f.

Loch ist Loch, x 299

‚Lodi' (d. kleinen Hans), vii 329f.

‚Lokuskapitäl', iv 91

Löwe d. Gesellschaft, ii/iii 465

‚Lumpf' *s.* i. Reg. d. Krankengesch.: Namenverzeichnis, Kleiner Hans

Lustprämie (*s. a.* i. Haupt-Reg.: Prämie), x 143

Lustsucher, unermüdlicher, d. Mensch ein, vi 142

‚Lusttier', xi 387

Lutscherli, v 81

‚Lügenköder', xvi 48

Magische Kooperativgesellschaften, ix 142

‚Maintenant, Mme de', vi 236

‚Maistolimütz', ii/iii 302

Majestät, seine, d. Ich, vii 220

Malocchio (*s. a.* Gettatore), ii/iii 652

Mandat, v 308; vi 185; viii 15; xvii 145f.

Manicomio [Irrenanstalt], ii/iii 444

‚Marcheur, un vieux', viii 106; xi 167

‚Mare's nest', xv 53–55

Marmeladenhypothese [Marmelade, als Erdinneres] d. Okkultismus (*s. a.* i. Reg. d. Gleichnisse), xv 33f.

Spr 6 ‚Mädizin'

‚Mädizin', VI 208f.

‚Männlicher Protest' (Adler) s. i. Haupt-Reg.

‚Mécanisation' (Bergson), VI 238f., 253f.

‚Mediceer', IV 246f.

Melusinenhafte Abgeschiedenheit, bei Erfüllung eines Zwanges, VII 131

Mikado, IX 57f.

‚Millionarr', VI 19

Mischworte, bestimmte (s. a. Alcoholidays; Anecdotage; Autodidasker; Cartaginoiserie; Cleopold; Draut; Fadian, roter; Famillionär; Forckenbecken; Sensalinger, Vorschwein; usw.), II/III 304–06, 602; IV 64–66; VI 14–23, 28

Mitleidschwärmerei, X 325, 333; XIV 503f.

‚Moche', IV 82

‚Mohrenwäsche' (s. a. i. Reg. d. Gleichnisse), I 262

‚Moi splanchnique, le (Tissié), II/III 38

Montagskruste, VIII 460

‚Monumentan', VI 20

Morbus sacer, XIV 402

‚Moteurs' (Charcot), IV 56

Motivenrose, VI 92f.; XVI 21

‚Moven' s. i. Reg. d. Gleichnisse

‚Myop, mein Sohn d.', II/III 276, 443–46

Nachhinkender Traum, VIII 356

Nachsteigen (s. a. i. Symbol-Reg. I. Symbole: Steigen), VIII 106; XI 167

Nachträglicher Gehorsam, IX 173, 176; XIII 334

Narzißmus d. kleinen Differenzen, XIV 474

Naturschutzpark s. i. Reg. d. Gleichnisse

Naturzwang, I 507

Nebenbewußt, XI 306

Neurotische Währung, VIII 238; IX 107

Neuschöpfung, XVI 71

‚Nichtsthun, Graf v.', II/III 215

Nightmare, XV 53f.

Nirwana (s. a. i. Haupt-Reg.: Nirwana), XIII 60, 372; XVII 129

‚Noa' (d. nicht-Tabuierte) (s. a. i. Haupt-Reg.: Tabu), IX 26f.

‚Nocturnal insanity' (Allison), II/III 93

Non arrivée, I 63; XIV 150

Non liquet, XII 90; XIV 139; XV 58

‚Norekdal', II/III 302

‚Normales' neurotisches Symptom, XI 79

Notonanie d. Pubertät, XI 327

Oben, Träume v. s. Rêves d'en haut

Oberbewußtsein, II/III 620

Oberherr, Überich als, XVI 224

Oberstübchen, XI 161

Occhiale (Apothropaion), II/III 652

Oceans of time, XIV 20

Offizielles Bewußtsein (Charcot), I 129

‚Onkel' u. ‚Tante', i. d. Kindersprache, IX 12

Organische Verdrängung, XIV 458f., 466

Organsprache s. i. Haupt-Reg.

Outlaw, VII 150

Ozeanisches Gefühl s. i. Haupt-Reg.: Gefühl(e), d. Ozeanischen

Paleness, x 28f.
Palimpsest s. i. Reg. d. Gleichnisse
‚Parterre', II/III 294; IV 92
‚Patriarch', x 398f.
Pax romana, XVI 17f.
‚Peli' — Pegli, IV 39f.
‚Pénétration pacifique', XIV 87
Persönliche Gleichung, XIV 250; XVII 127f.
Petit mal (s. a. Anfall; Kleine Epilepsie; u. i. Haupt-Reg.: Anfall; Epilepsie; Hysterie), I 82
Petite hystérie [Kleine Hysterie] (s. a. Anfall; u. i. Haupt-Reg.: Anfall; Epilepsie; Hysterie), v 181f.
Phallus impudicus, XI 167
Phantomübungen, VII 14
Pharao s. i. Haupt-Reg. (s. a. i. Namen-Reg. unter d. einzelnen Namen)
Pisse-en-lit (Pflanze), II/III 219
‚Podl' s. i. Reg. d. Krankengesch.: Namenverzeichnis, Kleiner Hans
‚Pollak — Pollux', IV 79
Practical joke, VI 228
Prima inter pares, Analyse als, XV 169
Privatreligion, Zwangsneurose als eine, VII 132
Privatsachen s. i. Haupt-Reg.
Probehandlung, Denken als, XIV 14
‚Professeur, M. le', XVII 38
‚Propylen', II/III 112, 145, 300f., 601, 671
Proskinesis, VII 131
Prothesengott, XIV 451
Pülcher, II/III 370f.; XI 197–99

Schlaf d. Welt   Spr 7

‚Rapprochement forcé', i. Traum, II/III 185f.
Refuse, VII 208
‚Regierungsbeischläfer', II/III 215
‚Reißen' s. i. Haupt-Reg.
Reservation s. i. Reg. d. Gleichnisse
Reservoir d. Libido s. i. Haupt-Reg.
‚Retourkutsche', V 194; VI 72–74; VII 353; VIII 288
Revenants s. i. Haupt-Reg.
Rêves d'en haut, (XIII 303f.); XIV 559
Ribera, IV 76
Ricochet, VI 174
Roß, hohes, II/III 237
‚Roulard', VI 102, 134f., 137f.
Ruach, XVI 222 (230)
Russische Taktik, XII 291

Sacer, IX 26; XVI 230; XVII 91
‚Salathund' (d. anderen nicht gönnt, was er doch selber nicht frißt), II/III 218
Saturnalien, XIII 147
‚Satyros', II/III 103f., 619; XI 82, 243
Säkularträume d. Menschheit, VII 222; (IX 141)
Säuglinge, ewige, XIII 351f.
Schadchen s. i. Reg. d. Anekdoten
Schaltgedanken, II/III 494
Schauplatz, psychischer, d. Traumes, II/III 50f., 541; XI 86
‚Scheusalinger', VI 19
Schibboleth d. Psychoanalyse s. i. Haupt-Reg.: Psychoanalyse, Wesen d.
Schlaf d. Welt, x 60

Schlemihlerei [Schlemiliés], II/III
388 f.
Schmock, VI 242 f.
‚Schmutzig' s. i. Haupt-Reg.
Schnorrer s. i. Reg. d. Anekdoten:
Schnorren
Schonung s. i. Reg. d. Gleichnisse
‚Schöpsen', IV 98
‚Schresinger', IV 70
‚Schulkrankheit' d. Patienten, VIII
459
‚Schundleder', IV 125
‚Schwachsinn, physiologischer, d.
Weibes' (Möbius), VII 162;
XIV 371
Seelenfremdheit s. i. Haupt-Reg.:
Ichfremdheit
Seichen, XVI 8
‚Sensalinger', VI 19
Serenissimus, VI 73, 114, 132
Sexualgeographie, symbolische,
V 262
Sexualgespenster (Haeberlin), IX 82
Sexualitätskrüppel, I 504
Sexualmigräne, I 369
Sexualverkümmerung, I 335
Sexuelle Hysterie, I 342
Sexueller Halbgehorsam, VII 163
‚Sezerno', II/III 322
She, II/III 456–58
Silbenchemie, II/III 303
Social workers, XIV 285
Sodawasser u. Erdinneres s. Marmeladenhypothese
Sorgenbrecher, XIV 436
Spielratte, VII 430, 433
Spiegelplatte f. Analysierten, Analytiker als, VIII 384

‚Spiritus', XVI 222
‚Splanchnique, moi –' (Tissié), II/III
38
Splendid isolation, X 60
Sprachstrategie, IV 125 f.
Spukexistenz d. gehemmten Vorsatzes, I 15
Status nervosus (Möbius), I 316
‚Steifleinenheit', IV 123
‚Steiger', VIII 106
Stigma indelebile d. Verdrängung,
Entfremdung als, XIV 313
Stock mit zwei Enden, XIV 413,
523, 542
Suppenlogik u. Knödelargumente,
X 315
Survival, XVI 180
‚Svingum elvi', II/III 309
Taboo of Personal Isolation, XII 169
Taedium vitae s. i. Haupt-Reg.:
Depression
‚Taganrog', IV 280 f.
Talking cure, VIII 7, 16 f.
‚Tassenmescher', IV 70 f.
Tenèbres, XII 133
‚Tierischer Magnetismus', XIII 140
‚Tilgung aller Schulden', I 123
Tobiasehe, XII 175
Todesklausel, II/III 402; XI 244
Too good to be true s. i. Haupt-Reg.
Tories, IX 137
‚Trauring', VI 20
‚Transsubstantiation' d. Empfindungen (Krauss), II/III 39
Transference, XIV 303
Traveller, XI 163
Triskeles, XI 166

Trottoir roulant, II/III 665
‚Tutelrein', II/III 302f.
Tücke d. Objekts (Th. Vischer), IV 155

Uccello, VIII 198

Umwertung psychischer Werte i. Traum, II/III, 335, 520, 667f.

Ungeschehenmachen (s. a. i. Haupt-Reg.), XIV 150

‚Ungeseres', II/III 276, 443–46

Unmöglicher Beruf d. Analytikers, XIV 565; XVI 94

Unterbewußtsein, II/III 620; X 269; XI 306; XIV 225, 323

Unterweltatmosphäre d. Psychoanalyse, XIV 431; XV 74

Urbevölkerung, psychische, X 294

‚Urinia', VI 84

Überwertiger Gedanke (Wernicke), V 214f.

‚Van Houten', VII 205f.

‚Varaus', II/III 173

‚Vasomotorische Neurasthenie', I 320

‚Vaterarsch', X 398f.

Verbottrauma, XIV 286

Verdrängungsnarbe, XVI 235

Verlockungsprämie (s. a. i. Haupt-Reg.: Prämie), VI 153; VIII 417; XIV 90

‚Verschämte Füße', X 41

‚Versteigen', IV 182, 285f.

Via Regia, Traumdeutung als — d. Analyse, VIII 32

Visuals, IV 56

‚Visio', II/III 4

‚Vitale Auslese', VII 144

‚Vorschußmitglieder', IV 98; XI 45

‚Vorschwein', IV 65f.; XI 35, 41, 57f.

‚Vorsicht, Herr v.', XV 52, 54

‚Vorzug geben' s. i. Haupt-Reg.

Vögeln, VIII 198

Völkerverstimmung, XVI 244

Wahlverwandtschaften, VI 22

Wahrheitskarpfen (s. a. i. Reg. d. Gleichnisse), XVI 48

Währung, neurotische (s. a. i. Reg. d. Gleichnisse), VIII 238; IX 107

Welt, verkehrte, XI 183

Weltliebe, XIV 461

‚Wespe — Espe', XII 128

‚Widwen', IV 79

Wiwimacher s. i. Reg. d. Krankengesch.: Namenverzeichnis, Kleiner Hans

Wonnesaugen s. i. Haupt-Reg.: Lutschen

Wunderblock s. i. Reg. d. Gleichnisse

‚Zaraus', II/III 173

Zauderrhythmus i. Leben d. Organismen, XIII 43

Zärtliches Schimpfen s. i. Haupt-Reg.: Zärtliches Schimpfen

Zeitmarke d. Phantasien, VII 217; XI 96

Zittersprache, VI 141

Zusammentreffen, merkwürdiges, IV 290–94

‚Zuviel — zufiel', IV 144

Zündeln, II/III 400; V 233f.

Zweifrontenkrieg d. Ich, XVII 130

Zwingherren d. Ich, XIII 387; XV 84f.

Zwischengedanken i. Traum, II/III 532

ZITATREGISTER

(*s. a.* Register der Gleichnisse, Metaphern und Vergleiche)

Vorbemerkung:
Längere literarische Zitate mußten aus Raumgründen unvollständig in dieses Register aufgenommen werden. *Theoretische Zitate*, also Textpassagen, in denen Freud seiner Erkenntnisse und Theorien sozusagen in exemplarischer Kürze formuliert, sind *nicht* berücksichtigt worden. *Theoretische Termini* hingegen finden sich im Sprachregister.

A jest's prosperity lies in the ear of him that hears it ... (Shakespeare: *Love's Labour's Lost*, V, 2.) VI 162

Aber frei ist schon die Seele ... (Uhland) IV 282

Aber wird er auch willkommen scheinen ... (Goethe: *Die Braut von Korinth*) IV 22f., 26

Ach! die Venus ist perdü ... (W. Busch) IV 187

(Af)flavit et dissipati sunt II/III 219, 473

Alkoven, Geheimnisse d. -s (Breuer) X 51

Alle Kreter sind Lügner XV 190

Am Schlaf der Welt gerührt haben (Hebbel) X 60

An den Wassern Babels saßen wir und weinten (Psalm) II/III 444

Anatomie ist das Schicksal *s*. Reg. d. **Gleichnisse**

Auf jedes weiße Blatt Papier möcht ich es schreiben ... I 350

Aufs Dach! XI 161

Augen, schönen ... *s*. Ihrer

Auri sacra fames XVI 230

Avanti gioventù IV 140

Ay de mi Alhama *s*. **Cartas** ...

Behandelt jeden Menschen nach seinem Verdienst ... *s*. Use every man ...

Bei einem Wirte wundermild ... (Uhland) II/III 293

Beneath the rule of men entirely great ... (Lord Lytton: *Richelieu*) IV 219

Bien sûr, qu'il me pardonnera (Heine) VI 126

Bis, bis XVI 38

Bis mir endlich alle Knöpfe rissen ... (Heine) VI 91, 241

Bleicher Verbrecher (Nietzsche: *Zarathustra*) X 391

Brot-Brot-Ruhm (Motivenrose Lichtenbergs) VI 92f.; XVI 21

Zit 2   C'est

C'est le premier vol de l'aigle VI 37, 42f.
C'était plus fort que moi XIV 222
Ça n'empêche pas d'exister (Charcot) I 24; V 278; XI 146; XIV 38
Caput Nili *s. i.* **Reg. d. Gleichnisse**
Carpe diem II/III 214f.; VI 119f.
Cartas le fueron venidas ... (*Ay de mi Alhama*) XVI 255f.
Casser une branche d'un arbre I 551
Ce que femme veut Dieu veut VII 327
Ce qu'on conçoit bien ... (Boileau: *L'art poétique*) IV 112
Cessante causa cessat effectus (widerlegt) I 86
Che poco spera e nulla chiede XII 287
Cherchez la femme II/III 305
Chi tocca, muore XIV 270
Chimney sweeping (*s. a.* Reg. d. Gleichnisse) I 263; VIII 7
Christophorus Christum, sed Christus sustulit orbem ... XIII 97
Cinna *s.* Ehrlich, ...
Cito ... *s.* Tuto
Credo quia absurdum XIV 350f., 470; (XV 190); XVI 190, 226
Crimen laesae majestatis *s. i.* **Reg. d. Gleichnisse**

Δαιμων και Τυχη VIII 364
Dank vom Haus Österreich! (Oberst Butler in Schiller: *Wallenstein*) VI 252
Das Beste, was du wissen kannst ... (Goethe: *Faust*) II/III 147, 456; XIV 550
Das Gebackene vom Leichenschmaus ... (Shakespeare: *Hamlet*) VI 44
Das habe ich getan, sagt mein Gedächtnis ... (Nietzsche: *Jenseits von Gut und Böse*, II 68), IV 162
Das Kind ist der Vater des Erwachsenen XVII 113
Das Kind ist der Vater des Mannes, VIII 412
Das macht, ich bin kein ausgeklügelt Buch ... (C. F. Meyer) VII 347
Das Moralische versteht sich ja von selbst (Th. Vischer: *Auch Einer*) V 25
Das Ungeheuer, das wir unter dem Vergrößerungsglas der Analyse gesehen haben ... (H. Sachs), (*s. a. i.* Reg. d. Gleichnisse: Mikroskop) II/III 626; XIII 83
Daß nur die Reichen in der Welt das meiste Geld besitzen (G. E. Lessing) II/III 182
De mortuis nil nisi bene IX 83; X 342
Dem Faß den Boden ausschlagen II/III 207
Den Himmel überlassen wir ... XIV 374
Denn alles, was entsteht ... (Mephisto in Goethes *Faust*) XIV 480

Denn dich Lebenden einst verehrten wir ... (*Odyssee*, XI 484–91), X 348
Denn viele Menschen sahen auch in Träumen schon sich zugesellt der Mutter (Sophokles: *König Ödipus*, v. 981 ff.), II/III 270
Denn wo die Lieb erwachet ... (Rumi-Rückert) VIII 302
Der Affe gar possierlich ist ... IV 70
Der du von Göttern abstammst ... (Herder) II/III 213
Der Herr befiehlt's, der Kutscher tut's ... II/III 435
Der kleinste lebendige Philister ... (H. Heine) X 348
Der Koitus ist nur ein ungenügendes Surrogat f. d. Onanie (K. Kraus: *Fackel*) VII 163
Der Löwe springt nur einmal XVI 62
Der Mohr hat seine Schuldigkeit getan ... II/III 342
Der Traum ist ein kurzer Wahnsinn u. d. Wahnsinn ein kurzer Traum (Schopenhauer), II/III 94
Der Tugendhafte begnügt sich, von dem zu träumen, was der Böse im Leben tut (Plato) *s.* **Die Guten** ...
Der Verrückte ist ein Träumer i. Wachen II/III 94
Deus ex machina *s.* **Reg. d. Gleichnisse**
Di doman' non c'è certezza (Lorenzo dei Medici) VI 120
Die Anatomie ist das Schicksal *s.* i. **Reg. d. Gleichnisse**: Anatomie
Die aus dem Niltal mitgeschleppte Plage ... (H. Heine) XVI 129
Die Bewegungsgründe, woraus man etwas tut ... (Lichtenberg) VI 92 f.; XVI 21
Die gute Galathee ... (Lessing) VI 77
Die Guten (Besten) sind diejenigen, welche sich begnügen, v. d. zu träumen, was d. anderen, die Bösen wirklich tun (Plato) II/III 70, 625; XI 147
Die Natur (Goethes Aufsatz ü. d. Natur) XIV 34, 546
Die Pfeile nur erobern Troja, sie allein (Sophokles: *Philoktet*) XIII 329
Die Psychologie ist ein Stock mit zwei Enden (Dostojewski: *Karamasoff*) XIV 413, 523, 542
Dieben soll man sich fernhalten (Holzapfel in Shakespeares *Viel Lärm um Nichts*) VII 374 f.
Diejenigen sind die besten ... *s.* **Die Guten** ...
Dienen, zwei Herren *s.* i. **Reg. d. Gleichnisse**
Dies irae ... *s.* i. **Reg. d. Gleichnisse**
Dirt is matter in the wrong place VII 206
Disiecta membra VI 11
Doch ich, zu Possenspielen nicht gemacht ... (Skakespeare: *Richard III.*) X 368
Doch das vergeben mir die Wiener nicht ... (Schiller: *Wallenstein*) X 81

Zit 4 **Doch,** wenn

Doch, wenn mein, dann Euer . . . (Shakespeare: *Kaufmann v. Venedig*) XI (31) 32
Du sublime au ridicule . . . II/III 522; XI 117
Du warst in abgelebten Zeiten meine Schwester oder meine Frau (Goethe: Bd. IV., Weimarer Ausg., p. 97) XIV 548
Durch die Blume (Träume) II/III 320, 324, 330, 352–54, 378–84
Durch Schaden wird man klug (K. Fischer) VI 100

Ecce homo IV 49
Edel sei der Mensch . . . (Goethe: *Das Göttliche*) IV 45f.
Ehernes Bild *s. i.* Reg. d. **Gleichnisse**
Ehrlich, mein Name ist Cinna (Shakespeare: *Julius Cäsar*, III, 3.) IV 130
Eiapopeia v. Himmel XIV 481
Ein jeder Fortschritt ist immer nur halb so groß als er zuerst ausschaut (Nestroy) XIV 220; XVI 72
Ein Tritt tausend Fäden regt . . . II/III 289
Ein unbekanntes Band der Seelen . . . (Fr. Kemper) VI 246f.
Ein uraltes Stück Menschentum (im Traum sich) fortübt . . . (Nietzsche) II/III 554
Einst hatt' ich einen schönen Traum . . . (Goethe: *Faust*) II/III 293
Einzig in der engen Höhle des Backenzahnes weilt die Seele (W. Busch) X 148f.
Embrassez-moi pour l'amour du Grec (Molière) XIII 156
En passant IV 72
Er nannte mir seinen Namen . . . (Stettenheim) II/III 213
Er wird schon wachsen *s. i.* **Haupt-Reg.**: Peniserwartung
Es freue sich, wer da atmet im rosigen Licht (Schiller: *D. Taucher*) XIV 431
Es gibt mehr Dinge zwischen Himmel und Erde, als unsere Schulweisheit . . . (Shakespeare: *Hamlet*) XII 35
Es kann dir nix g'scheh'n (Anzengruber) VII 220; X 351
Es sind nicht alle frei, die ihrer Ketten spotten (Lessing) VI 99
Esprit d'escalier (d. psychischen Zensur) II/III 493
Esprit de corps, XIII (102f.), 134
Et quo quisque fere studio . . . (Lucretius), II/III 8f.
Ewige Wiederkehr des Gleichen XIII 21
Exoriare aliquis nostris ex ossibus ultor (Vergil) IV 14

Flavit . . . *s.* **(Af)flavit**
Flectere si nequeo Superos, Acheronta movebo (Vergil) II/III 613
Fluctuat nec mergitur X 44

Forsan et haec olim meminisse juvabit (Erinnern von Längstvergangenem durch ein Lustmotiv erleichtert, wie –) I 547
Fons et origo XIV 423
Full fathom five thy father lies (Ariel in Shakespeare: *Der Sturm*) IX 186f.
Fünf Faden tief ... *s.* Full fathom five ...

Garten bearbeiten, seinen (Voltaire: *Candide*) XIV 433
Geheimnisse d. Alkovens (Breuer) X 51
Geld wie Heu, – wie Sand am Meere VI 243
Gestirnter Himmel über mir *s.* i. **Haupt-Reg.**: Kategorischer Imperativ
Gestrenge Herren regieren nicht lange V 143
Gewissen *s.* So macht ...
γνῶθι σεαυτόν IV 236
God's own country XIV 341
Gott etwas scheißen XII 116
Gott [Sieg] ist mit [bei] den stärkeren Bataillonen XVI 85; XVII 108
Gott sprach, es werde Licht ... XV 178
Gut sind diejenigen ... *s.* Die Guten ...

Habent sua fata morgana VI 244
Hängematte (Schüttelreim) VI 98
Häupter in Hieroglyphenmützen ... (Heine: *Nordsee*) XV 120
Heads I win *s.* i. **Reg. d. Gleichnisse**: Tails you lose
Heart of the world II/III 457
Herod ... *s.* To out-herod Herod
Herr Ludwig ist ein großer Poet ... (H. Heine) II/III 436
Hier stehe ich, ich kann nicht anders IV 283
His Majesty the Baby (*s. a.* i. Reg. d. Gleichnisse: Crimen laesae majestatis) X 157
Hol' ihn der Teufel X 351
Homo homini lupus XIV 471
Homo sum IV 49
Horazisches Rezept *s.* Nonum ...

I called him thou false one ... (Desdemona in Shakespeares *Othello*) XIII 197
I wear my pen as others do their sword (Oldham) IV 219
Ich bitt' Euch, wartet; ein, zwei Tage noch ... (Shakespeare: *Kaufmann v. Venedig*, III. 2.) IV 108; XI 31f.

Zit 6   **Ich habe**

Ich habe die friedlichste Gesinnung . . . (H. Heine: *Gedanken u. Einfälle*) XIV 469f.
Ich nannt' ihn: Du Falscher . . . *s.* I called him . . .
Ich weiß, das Physikalische wirkt öfters aufs Moralische (Vischer: *Faust d. Tragödie* III. Teil) V 15
Ich will mich hier zu deinem Dienst verbinden . . . (Goethe: *Faust*) XIII 324
Ihr führt ins Leben uns hinein . . . (Goethe: Lieder d. Harfners, i. *Wilhelm Meister*) II/III 650, 652; XIV 493
Ihr naht euch wieder, schwankende Gestalten . . . (Goethe: *Faust*) XIV 548
Ihrer schönen Augen willen II/III 651f., 661, 668
Il faut casser les oeufs *s.* Pour faire une omelette
Il sole non si move (Leonardo) VIII 143
Il y a des fagots et fagots (Molière) XI 290
Im Laufe der Begebenheiten wird alles klar werden (Nestroy) XVI 52
Im Venusberg vergaß er Ehr' und Pflicht . . . (*Tannhäuserparodie*) XI 332
In flagranti IV 72
In magnis rebus voluisse sat est VI 67
Inter urinas et faeces nascimur V 190; VIII 90; XIV 466
Introite et hic dii sunt XIV 37
Is fecit, cui profuit (bei der Traumentstellung) II/III 314
Isabelita, no llores, que se marchitan las flores II/III 217f.

J'appelle un chat un chat V 208
Ja, aus dieser Welt werden wir nicht fallen. Wir sind einmal darin (D. Chr. Grabbe: *Hannibal*) XIV 422
Ja, dein zu sein auf ewig . . . (*Don Juan*) VIII 264
Je le pansai, Dieu le guérit VIII 381
Jeder, sieht man ihn einzeln, ist leidlich klug . . . (Schiller) XIII 82
Jedes Besser ein Feind des Guten XVI 76
Jeu *s.* Le jeu
Junge Hure, alte Betschwester V 140

Kein Feuer, keine Kohle kann brennen so heiß . . . II/III 348
Klagen sind Anklagen X 434
Klugheit d. Tiere *s.* i. Reg. d. Gleichnisse
Konstanz liegt am Bodensee, wer's nicht glaubt geh' hin und seh' XIV 347
Krankheit ist wohl der letzte Grund des ganzen Schöpferdrangs gewesen (H. Heine) X 152f.
Kraut und Rüben II/III 351

L'art pour l'art IX 111
L'union fait la force XVI 15
La belle indifférence des hystériques (Charcot) I 196; X 258
La natura è piena d'infinite ragioni ... (Leonardo) VIII 211
La séance continue (Dupuy) II/III 504
La théorie c'est bon, mais ... s. Ça n'empêche pas ...
Laissez faire, Politik des XIV 272
Langsam mahlende Mühlen s. Reg. d. Gleichnisse: Mühlen
Lascia le donne e studia le matematiche VII 61
Läßt sich nennen den Wallenstein ... (Schiller: *Wallensteins Lager*) VI 30
Le jeu pour le jeu XIV 415
Le rêve est souvent, la revanche des choses (France, A.: *Le lys rouge*) II/III 85
Le roi n'est pas sujet VI 37
Leise, leise, fromme Weise II/III 422
Les défauts de ses vertus, – und: Les vertus de ses défauts; Onanie hat – VIII 343
Les savants ne sont pas curieux (A. France) II/III 97
Lucus a non lucendo VIII 220

Mach' es kurz! ... (Goethe) X 84
Made in Germany s. i. Reg. d. Gleichnisse
Man sagt, er wollte sterben (Schiller: *Wallenstein*) IV 201
Marchez au pas IV 140
Mea res agitur II/III 443
Minima non curat praetor IV 283
Mit diesem Pfeil durchbohrt' ich – Euch ... (Schiller: *Wilhelm Tell*) IV 289
Mit einer Gabel und mit Müh' ... VI 74, 242
Mit seinen Nachtmützen u. Schlafrockfetzen ... (H. Heine) XV 173
Moriamur pro rege nostro II/III 430
Motivenrose s. Brot-
My past power was purchased by no compact with the crew (Byron: *Manfred*) VIII 280

Nach seiner Fasson selig werden XIV 270
Natur, Natur! II/III 442f., 451, 677f.
Natur (Goethes Aufsatz ü. d. Natur) XIV 34, 546
Naturalia turpia I 192
Naturam furca expellas, semper redibit VII 60

Navigare

Navigare necesse est, vivere non necesse (Hansa) x 343
Nächtlich am Busento lispeln II/III 422
Ne bis idem XVI 38
Nicht Kunst und Wissenschaft allein, Geduld will bei dem Werke sein! v 173
Nicht auf meinem eigenen Mist gewachsen II/III 448
Nichts ist schwerer zu ertragen als eine Reihe von schönen Tagen (Goethe) XIV 434
Non liquet! XII 90; XIV 139; XV 58
Non vixit *s*. Saluti patriae ...
(Nonum prematur in annum) (Horaz) XIV 20
Nos têtes ont le droit ... (V. Hugo: *Hernani*) VI 262
Nun ist die Luft von solchem Spuk so voll ... (Goethe: *Faust*, II. Teil, V. Akt) IV 3 (Motto)
Nur die Reichen i. d. Welt besitzen d. meiste Geld (Lessing) II/III 182

O du selige, o du fröhliche ... II/III 422
O weh uns! Steht es so? ... (Schiller: *Wallenstein*, I 5) IV 107; XI 30
Oh inch of nature! XIV 450
On revient toujours à ses premiers amours V 53; VIII 412
Open to revision XIV 221, 303
Ôte-toi que je m'y mette II/III 488

Pater semper incertus est VII 229
Penis normalis dosim repetatur X 52
Per via di porre, per via di levare (Leonardo) (*s. a.* i. Reg. d. Gleichnisse: Malerei) v 17
Pfeil *s*. Die Pfeile nur ...; Mit diesem ...
Piano, piano IV 140
Pistol, drück dich aus unserer Gesellschaft ab VI 36
Pour faire une omelette il faut casser les œufs V 209; VIII 469
Prima inter pares, XV 169

Quantité négligeable II/III 517
Que messieurs les assassins commencent! XIV 470
Quegli ch'usurpa in terra il luogo mio ... (Dante: *Paradiso*, V 22–25) VIII 191
Quo vadis IV 49
Quot capita tot sensus XV 154

Rebus bene gestis XVI 96
Retourkutsche *s. i.* Haupt-Reg.
Rosen, Tulpen, Nelken, alle Blumen welken II/III 217
Ruhig kann ich Euch erscheinen, ruhig gehen sehen V 219

Saluti patriae [publicae] vixit non diu sed totus II/III 425
Sancho Pansas Richterspruch (Cervantes: *Don Quijote*) IV 201
Sattel, fest sitzen, oben, i. II/III 237
Saxa loquuntur! I 427
Schaff' mir ein Halstuch von ihrer Brust . . . (Goethe: *Faust*) V 53
Schlafende Hunde *s. i.* Reg. d. Gleichnisse: Hunde
Sehet, das ist Ödipus . . . (Sophokles: *König Ödipus*, v. 1524ff.) II/III 269
Seine Majestät das Ich VII 220
Selten habt ihr mich verstanden . . . II/III 518
Si vis pacem, para bellum [Si vis vitam . . .] X 355
Sich verwachsen fühlen mit eigenem Namen wie mit seiner Haut (Goethe) II/III 213
Sie ahnt, daß ich ganz sicher ein Genie . . . (Mephistopheles in Goethes *Faust*) XII 257
Sieg bei stärkeren Bataillonen *s.* Gott . . .
Simplex sigillum veri (Widerlegung d. Satzes v.) XIV 181
So macht Gewissen Feige aus uns allen XIV 494
So muß denn doch die Hexe dran XVI 69
So wird's Euch an der Weisheit Brüsten . . . II/III 212
Splendid isolation X 60
Stärkere *s.* Gott . . .
Stein des Anstoßes (einer Theorie als Eckstein d. ersetzenden Theorie) XV 111
Sterben *s.* Man sagt . . .
Still, auf gerettetem Boot, treibt in den Hafen der Greis II/III 469
Stock mit zwei Enden *s.* Die Psychologie ist ein . . .
Streit ist der Vater aller Dinge XI 251
Sublime *s.* Du sublime . . .
Sujet *s.* Le roi . . .

Tails you lose *s. i.* Reg. d. Gleichnisse
There needs no ghost, my lord, come from the grave to tell us this (Shakespeare: *Hamlet*) II/III 181
Thrift, Horatio, Thrift! (Shakespeare: *Hamlet*) VI 43

Zit 10   Time

Time is money II/III 682
To out-herod Herod VIII 192
Too good to be true (s. a. i. Haupt-Reg.) XVI 252f.
Tout comprendre c'est tout pardonner (Mme de Staël) IV 25; VI 112
Tout psychologiste est obligé de faire l'aveu même de ses faiblesses ... (Delboeuf) II/III 110
(**Traum**) Nietzsche ü. d. II/III 554
Travailler comme une béte (Claude Bernard) II/III 527
Träume kommen aus dem Magen (volkstümliche Auffassung) II/III 22, 225; XI 91
Träume sind Schäume (volkstümliche Auffassung) II/III 138, 647; X 267
Träumen ist die Fortsetzung unserer Seelentätigkeit im Schlafzustand (Aristoteles) XIV 548
Tuer son mandarin (J. J. Rousseau) X 352
Tuto, cito, iucunde V 19; XIV 301

Umgekehrt ist auch gefahren II/III 434f.
Umsonst ist nur der Tod XVII 60
Umwertung aller psychischen Werte (im Traum) II/III 335, 520
Un rêve c'est un réveil qui commence II/III 581
Un Romain retournerait IV 288
Una cum uno XIII 157
Und des frisch erkämpften Weibes freut sich der Atrid und strickt (Schiller, und Fliegende Blätter) II/III 422
Und die Liebe per Distanz, kurzgesagt, mißfällt mir ganz (W. Busch) VII 252
Und jene himmlischen Gestalten, sie fragen nicht nach Mann und Weib (Goethe: *Mignon*) VIII 263
Und wenn er keinen Hintern hat ... (Goethe) II/III 152
Unglückseliges Kind des Augenblickes (der Wilde ist ein) V 144
Uns bleibt ein Erdenrest ... (Goethe: *Faust*) X 453
Unter die Haube kommen II/III 366
Use every man after his desert ... (Shakespeare: *Hamlet*, II. 2.) X 432; XIV 413
Ut desint vires, tamen est laudanda voluntas XI 220

Vergebens, daß ihr ringsum wissenschaftlich schweift ... (Mephistopheles in Goethes *Faust*) XIV 35
Verliebt ja bist du wie ein Käfer mir (Kleist: *Käthchen v. Heilbronn*) II/III 297
Vernunft wird Unsinn, Wohltat Plage XVI 83

Via di porre, via di levare *s.* **Per via**...
Via regia *s.* i. **Reg. d. Gleichnisse**
Vita activa! vita contemplativa! X 182
Vol *s.* **C'est**...
Volk und Knecht und Überwinder ... (Suleika und Hatems Dialog in Goethes *Westöstlicher Diwan*) XI 433f.
Vom Himmel durch die Welt zur Hölle V 61
Vous vous contresuggestionnez! (Bernheim) XIII 97

Was dem Menschen dient zum Seichen ... (H. Heine) XVI 8
Was du ererbt von deinen Vätern hast ... XVII 138
Was kostet Graz? II/III 221
Was man einmal zu tun vergessen hat, das vergißt man dann noch öfter IV 178
Was man nicht erfliegen kann, muß man erhinken (Rückert: *Makamen des Hariri*) XIII 69
Was man nicht im Kopfe hat, muß man in den Beinen haben VI 223
Was sich liebt, das neckt sich (als gutes Vorzeichen einer Objektwahl) V 104
Was vom Menschen nicht gewußt ... (Goethe) XIV 548
Was würde Monsieur notre Père dazu sagen ... (Napoleon während seiner Kaiserkrönung zu seinem Bruder) XVI 256
Wär' der Gedank' nicht so verwünscht gescheit, man wär' versucht, ihn herzlich dumm zu nennen (Schiller: *Wallenstein*) XV 153
Wär' ich besonnen, hieß ich nicht der Tell (Schiller: *Wilhelm Tell*) XIV 251
Wäre der kleine Wilde sich selbst überlassen ... (Diderot: *Le neveu de Rameau*) XI 350; XIV 541; XVII 119
Weh mir, ich glaube, ich werde ein Gott (Vespasianus) VIII 287
Weh! Weh! Du hast sie zerstört ... (Goethe: *Faust*) VIII 307
Weil Cäsar mich liebte, wein' ich um ihn ... (Shakespeare: *Julius Caesar*, III, 2) VII 404
Weil Kürze dann des Witzes Seele ist ... (Shakespeare: *Hamlet*, II, 2.) VI 10
Wem der große Wurf gelungen ... II/III 391
Wen hast du lieber, Papa oder Mama? VII 454
Wenn die Königin v. Schweden ... II/III 193
Wenn eine Jungfrau fällt ... IV 194
Wenn einem Menschen Macht verliehen wird, fällt es ihm schwer, sie nicht zu mißbrauchen, (A. France: *La révolte des anges*) XVI 95
Wenn eine Schwangere Zahnschmerzen hat, so bekommt sie einen Buben II/III 394f.
Wenn ich ein Vöglein wär' II/III 399

Zit 12   Wenn ich mich

Wenn ich mich im Traume vor Räubern fürchte, so sind die Räuber zwar imaginär, aber die Furcht ist real (Stricker) II/III 462
Wenn ich mit Menschen- und mit Engelzungen redete ... (Paulus) XIII 99
Wer ein holdes Weib errungen ... II/III 391
Wer Wissenschaft und Kunst besitzt, hat auch Religion ... (Goethe: *Zahme Xenien, Gedichte aus dem Nachlaß*) XIV 432
Wessen Lippen schweigen, der schwätzt mit den Fingerspitzen V 240
Wetter, denkt ihr, daß ich ... (Shakespeare: *Hamlet* III, 2) V 19
Wie er räuspert, und wie er spuckt ... (Schiller: *Wallenstein*) XIII 150
Wie gewonnen, so zerronnen XVI 87
Wie sag ich's meinem Kinde? (*s. a.* i. Haupt-Reg.: Aufklärung, sexuelle) VII 26
Wie wenn die zehn Finger eines der Musik unkundigen Menschen über die Tasten des Instrumentes hinlaufen (Strümpell: Trauminhalt vergleichend) II/III 228
Wilde *s.* **Unglückseliges** ... ; **Wäre der kleine** ...
Will der Herr Graf ein Tänzelein wagen (Beaumarchais: *Figaros Hochzeit*) II/III 214
Wir sind alle ein wenig hysterisch (Moebius) V 71
Wo aber steht's geschrieben ... (W. Heymann: *Kriegsgedichte*) IV 126
Wo findet sich die schwer erkennbar dunkle Spur der alten Schuld? (Sophokles: *Ödipus,* v. 108f.) II/III 268–70
Wo man jetzt sagt: Entschuldigen Sie ... (Lichtenberg) VI 112
Wovon träumt die Gans [– das Huhn, – das Schwein]? II/III 137; XI 129

Zu ihr – (zu ihm) (Schiller: *Wallenstein, Piccolomini* I 5) IV 107; XI 30
Zu k(l)ein, II/III 258; VII 248
Zum Fressen lieb (*s. a.* i. Haupt-Reg.: Zärtlich(es) Schimpfen) XIII 116
Zur Liebe kann ich dich nicht zwingen ... (Schikaneder: *Zauberflöte*) II/III 297
Zurückziehen der Wache von den Toren des Verstandes (Schiller) II/III 107f.

REGISTER DER GLEICHNISSE, METAPHERN UND VERGLEICHE

Vorbemerkung:

Außer Gleichnissen kommen in diesem Register lediglich solche generell kürzeren Zitate oder Spracheigentümlichkeiten vor, welche zu psychoanalytischen Begriffen und Denkkonzepten eine direkte Beziehung haben, sie beispielsweise illustrieren. Andere Zitate und Ausdrücke finden sich im Zitatregister bzw. im Sprachregister.

Adam u. d. Mythus d. Sonderung u. Benennung d. Dinge; – Charcots Rolle, verglichen mit, I 23

Aktenbündel; – Bruchstücke [Faszikel] d. Erinnerung, verglichen mit, I 292

Aktionsunfreiheit d. türkischen Frauenarztes; – Rolle d. Nervenarztes nach gemeingültig-zeitgenössischer Auffassung, verglichen mit d., VIII 110

Amerikanische Dame, i. Traum ebenso egoistisch, wie d. Österreicher, X 338

Amerikanischer

Flirt, bei d. es v. vornherein feststeht, daß nichts vorfallen darf, i. Unterschied zu einer kontinentalen Liebesbeziehung; – Schalheit u. Verarmung d. Lebens, wenn es nicht gewagt werden darf, ist wie ein, X 343

Zahnarzt braucht z. Aushängeschild medizinischen Doktor in Österreich; – verdrängte Vorstellung sich bewußter Vorstellung bedienend, verglichen mit, II/III 568 f.

Anatomie

Die – ist d. Schicksal (einen Ausspruch Napoleons variierend), VIII 90; XIII 400

u. Histologie *s.* **Histologie**

Aphel u. Perihel; – Nähe u. Ferne z. Ideal i. Empfindungsleben d. Gläubigen, verglichen mit, XVI 231

Archäologie, Material, Methode u. Ergebnisse d.; – Seelenleben u. Psychoanalyse, verglichen mit (*s. a.* Barockpaläste; Demolierungen; Pompeji), I 426 f.; V 169 f.; VII 65 f.; XIV 426–29, 519; XVI 45–47

Arsenale d. Vergangenheit, Hervorholen v. Waffen aus d.; – Abwehr durch Agieren u. Wiederholen i. d. Analyse, verglichen mit, X 131

Astronomie *s.* **Leser**

Asyl [–recht], Kloster-, früherer Zeiten

Asyl, Berufung auf

Berufung auf; – Nichteinhalten d. analytischen Grundregel, verglichen mit Wirkungen d., XI 298

Neurose verglichen mit, VIII 54, 418

Zusammenrottung v. Stadtgesindel um ein –; –Folgen d. Nichteinhaltens d. analytischen Grundregel, verglichen mit Gefahren d., VIII 469

Aufklärer; – Analytiker als, I 285

Augiasstall; – Thema d. Hysterie u. d. Perversion als, II/III 472f.

Auskleiden beim Schlafengehen; – Entkleidung d. Psychischen i. Traum, verglichen mit, X 412

Aussichtspunkt s. Weg

Auszeichnung s. Beamter

Autarke Staaten s. Ersatzprodukte

Ägyptische Religion, Entwicklungsstufen u. Endprodukte konservierend; – d. Fall d. Wolfsmannes, verglichen mit, XII 155

Ägyptisches Traumbuch s. **Traumbuch, ägyptisches**

Äsopische Fabel v. Wanderer, d. nach d. Länge d. Weges fragt; – Frage d. Patienten nach Dauer d. Kur, verglichen mit, VIII 460

Autor, fremdsprachiger s. **Kapitel**

Baedeker; – Weltanschauung verglichen mit, XIV 123

Barockpaläste Roms, Verhältnis d. – z. d. Ruinen, deren Quadern u. Säulen jene als Baumaterial verwenden; – Verhältnis d. (Tag-) Träume z. d. Kindheitserinnerungen, verglichen mit d., II/III 496

Bataillonen, stärkere s. i. Zitat-Reg.: Gott ist

Bauherr o. Stifter eines Heiligenbildes, deren Wünsche v. Architekten bzw. v. Künstler berücksichtigt werden können; – Bedingungen d. Psychoanalyse (f. d. Patienten o. d. Auftraggeber) grundsätzlich anders als d. Situation d., XII 275

Bazillus, d. sich isolieren u. reinzüchten läßt, u. durch welchen d. nämliche Affektion hervorzurufen möglich ist; – idealer Fall einer Neurose, nach d. sich d. Mediziner sehnt, verglichen mit, XIV 184

Bäumlein (i. Grimmschen Märchen) das andere Blätter hat gewollt; – d. lobenswerten Bestrebungen d. Neurotikers, eine Libidoverschiebung zu akzeptieren, verglichen mit d., VIII 326

Beamter

d. Grenzüberwachungskommission s. **Grenzüberwachung**

unbeliebter – d. ausgezeichnet wurde; – geheuchelte Zärtlichkeit i. Trauminhalt bei unbewußten feindlichen Regungen, ist wie, II/III 150

Beichthörer; – Analytiker als, I 285

Bergführer auf einer schwierigen Gebirgstour; – Psychoanalytiker verglichen mit, XVII 100

Berufe, unmögliche: Erziehen, Regieren u. Kurieren [Analysieren], XVI 565; XVI 94

Bevölkerung
gemischte *s.* **(Ungarn)**
Wohnsitzwechsel *s.* **Wohnsitzwechsel**
unterjochte *s.* **Eroberer**

Bewußtsein, Glaube d. Wundtschen Schule an; – kindlicher Glauben an weiblichen Penis, verglichen mit, VII 249

Bilderrätsel (*s. a.* Puzzle-Spiel)
Namen falsch erinnern, verglichen mit, V 10
Trauminhalt verglichen mit, II/III 283f.

Bilderschrift
hysterische Symptome verglichen mit, I 189
Traum verglichen mit, II/III 141, 283f.; VIII 404f.; XI 178f.

Bildgröße *s.* **Vorrang**

Bildhauerei *s.* **Malerei**

Bilingues Dokument
hysterische Symptomatologie verglichen mit, I 189
verschiedene aufeinanderfolgende Neurosen, verglichen mit, VIII 444f.

Blattern *s.* **Impfung**

Bläschen *s.* **Ektoderm**

Blumenbeete *s.* **Weg**

Brecciagestein; – Traumdarstellung verglichen mit, 184f.

Briefschreiben, Störung beim, berechtigte Unsicherheit ü. d. Niedergeschriebene hervorrufend; – Unsicherheit d. Zwangskranken, die durch unbewußte Phantasien gestört werden, verglichen mit, VII 458

Briefzensur; – Traumzensur verglichen mit, II/III 148f.

Brille, beim Lesen aufgesetzte, f. Spazierengehen abgelegte; – Psychoanalyse verglichen mit, XV 164

Briten, in einem fremden, durch Aufruhr unsicher gewordenen Land, Hochgefühl d.; – Hochgefühl d. Juden wegen ihrer großartigen Gottesvorstellung, verglichen mit, XVI 220

Buchzensur; – psychische Zensur verglichen mit, XVI 81f.

Bürgerkrieg, mit Beistand v. Bundesgenossen; – Neurosenbekämpfung mit Hilfe d. Analytikers, verglichen mit, XVII 98

Cambiumschicht zwischen Holz u. Rinde; – Übertragung verglichen mit, XI 462

Caput Nili

Caput Nili d. Neuropathologie; – Enthüllung, daß sich zugrunde jedes Falles v. Hysterie ein o. mehrere Erlebnisse v. vorzeitiger sexueller Erfahrung befänden, sei, I 439

Chaos [Kessel mit brodelnden Erregungen]; – d. Es verglichen mit, XV 80

Charybdis *s.* **Scylla**

Chemie

Explosionsstoffe d.; – Übertragungsliebe verglichen mit, X 320f.

Niederschläge i. d.; – Symptome als Niederschläge v. früheren Liebeserlebnissen entsprechend d., VIII 55

Psychoanalyse verglichen mit, X 320; XI 42; XII 5, 184–186; XIV 82

qualitative Analyse i. d.; – Jungs Assoziationsexperimente verglichen mit, VIII 31

Terminologie d. – anstelle d. psychologischen vorgeschlagen, XIII 65

Chiffre *s,* **Bilderschrift**

Chimney sweeping; – kathartische Therapie (Analyse) verglichen mit, I 163; VIII 7

Chinesische Schrift; – Mehrdeutigkeit d. Traumsymbolik verglichen mit, II/III 358

Chirurge [Chirurgie] (*s. a.* Operation); – Psychoanalytiker [Psychoanalyse] verglichen mit, I 311; VIII 56f., 110, 380f.; XI 477f.; XII 186

Cliché

Imago als, VIII 365

Rede i. Traum verglichen mit, II/III 190

Clique, i. einem Staat, d. Presse sich bemächtigend, u. dadurch einer Maßregel zuvorkommend; – Ich, Unlustsignal gegen einen Triebvorgang i. Es gebend, u. dadurch seine Absicht erreichend, verglichen mit, XIV 119

Codex Palimpsestus *s.* **Palimpsest**

Crassus *s.* **Partherkönigin**

Crimen laesae majestatis; – Für d. Narzißmus d. Kindes ist jede Störung eine (*s. a.* i. Sprach-Reg.: His Majesty), II/III 261

Danaidenarbeit; – Symptombehandlung d. akuten Hysterie, eine, I 262

Dämme, gegen Andrang d. Gewässer; – Verdrängungen, Benehmen d., gegen Triebstärke verglichen mit (*s. a.* Kollaterate Wege), XVI 70f.

Dämonen, ehemals Götter; – Doppelgänger als Schreckbilder einer überwundenen, ehemals freundlicheren seelischen Bildung, verglichen mit, XII 248

Demolierungen u. Ersetzungen, i. einer Stadt; – durch Trauma o. Entzündung erlittene Einwirkungen d. Organe [o. d. Psyche], verglichen mit, XIV 428f.

Deus ex machina; – Sexualität ist mehr als ein (*s. a.* Teufel), V 278

Dichtwerke, künstlerisch überarbeitete; – unübersetzbare Träume als freie Bearbeitungen d. zugrunde liegenden latenten Traumgedanken, verglichen mit, XIII 303

Dieben soll man sich fernhalten (Holzapfels d. Wache gegebener Rat, i. ‚Viel Lärm um Nichts'); – d. Einstellung ärztlicher Kreise bestimmten Dingen gegenüber, verglichen mit, VII 374f.

Dienen, zwei Herren, gleichzeitig; – Pflichten d. Ich gegenüber d. Es u. d. Überich, verglichen mit, XV 84

Dies irae, dies illa; – Prüfungsangst, Gefühl d., verglichen mit, II/III 280

Dietrich, Besitz eines – ist kein Beweis f. Einbruch; – Ödipuskomplex ist ebenso wenig ein Beweis f. Vatermord wie, XIV 542

Differenzierung, ärztlicher Spezialisten, notgedrungene; – Differenzierung d. Wunsch-, Geständnis-, Warnungs- u. Anpassungsträume, sinnreicher als, X 17

Doktor, rite promovierter, d. Medizin als Deckung vor d. Gesetz f. amerikanischen Zahnarzt, d. i. Österreich nicht praktizieren darf; – Übertragung d. Intensität einer unbewußten Vorstellung auf eine d. Vorbewußten bereits angehörende Vorstellung, verglichen mit, II/III 568f.

Domestikation gewisser Tierarten; – Prozeß d. Kulturentwicklung d. Menschen, verglichen mit, XVI 26

Dorfschneider, statt schuldigem Dorfschmied aufgehängter; – Akzentverschiebung u. neurotische Racheaktionen, verglichen mit, XI 178; XIII 274

Drei Wünsche, Märchen v. d.; – Wunscherfüllung i. Traum bringt nicht immer Lust, ebenso wie i., II/III 587

Dummer August, d. d. Zuschauern beibringen will, d. alles i. d. Manege infolge seines Kommandos sich vollzieht; – unerwünschte Symptome wegen Krankheitsgewinn sich gefallen lassendes Ich, verglichen mit, X 97

Ehernes Bild auf tönernen Füßen; – psychologische Wahrscheinlichkeiten ohne sichere Begründung, verglichen mit, XVI 114

Eier *s.* Hühner

Einbruch *s.* Dietrich

Eisbär u. Walfisch, Krieg zwischen; – Diskussion d. Psychoanalyse mit einer, ihre Voraussetzungen u. Ergebnisse nicht anerkennenden Psychiatrie, verglichen mit, XII 76

Ektoderm eines undifferenzierten Bläschens reizbarer Substanz; – Reizschutz d. Bw-Systems, verglichen mit, XIII 25–27

Elektrische Ladung, sich ü. d. Oberflächen verbreitend; – d. Faktor i. psychischen Funktionen, durch d. sich etwas ü. Gedächtnisspuren verbreitet wie d., I 74

Elementarorganismen

Elementarorganismen
an eigenen Zersetzungsprodukten zugrunde gehend; – Ich u. Aggression d. Über-Ich, Verhältnis zwischen, verglichen mit, XIII 287

monosymptomatische traumatische Hysterie, verglichen mit, I 291

Pseudopodien d. *s.* **Pseudopodien**

Empfängnis *s.* **Zeugung**

Emporkömmling *s.* **Familienroman**

Entfernung d. Petroleumlampe *s.* **Petroleum**

Enthaltensein i. einer Mutterlauge *s.* **Mutterlauge**

Erblasser *s.* **Verwandtschaftsnachweis**

Erdinneres *s.* **Marmelade**

Eroberer, einbrechende, eroberte Länder nicht nach d. vorgefundenen sondern nach eigenem Recht behandelnd; – Traumarbeit als unbewußte Bearbeitung bewußter Vorgänge, verglichen mit, XVII 90

‚**Ersatzprodukte**' autarker Staaten; – Schuldbewußtsein aus unbefriedigter Liebe, verglichen mit, XVII 152

Erze d. unbeabsichtigten Einfälle, an d., d. Metallgehalt an verdrängten Gedanken darzustellen, ist d. Leistung d. psychoanalytischen Deutung, V 7

Familienphotographien *s.* **Galton**

Familienroman d. Emporkömmlings; – ‚anagogische' Erklärung d. Ödipuskomplexes seitens d. Jungschen Schule, verglichen mit, X 107

Fassade; – Ich verglichen mit, XIV 222

Fäden o. nekrotische Knochenstückchen nach einer Operation; – spätere Erkrankungen durch Analyse geheilter Neurotiker, verglichen mit, XVI 62

Feldherr (*s. a.* Taktik), kleine Figuren auf d. Landkarte verschiebend, bevor Truppenmassen i. Bewegung gesetzt werden; – Denken als Probehandeln, verglichen mit, XV 96

Felsen, unterliegender gewachsener; – das Biologische i. seiner Rolle f. d. Psychische wie ein, XVI 99

Ferment, katalytisches *s.* **Katalytisches Ferment**

Fernrohr

Bild i.; – Alles, was Gegenstand d. inneren Wahrnehmung werden kann, ist virtuell wie d., II/III 616

Linsen i.; – psychische Systeme verglichen mit, II/III 616

Strahlenbrechung i.; – Zensur zwischen zwei Systemen, verglichen mit, II/III 616

Wände d., Beschaffenheit d., aus Metall o. Pappendeckel, f. d. Optik gleichgültige Frage nach; – Frage nach d. Material d. seelischen Apparates ist f. d. Psychologie so unwichtig wie d., XIV 221

Feuerwehr, wenn sie im Falle eines durch eine umgestürzte Petroleumlampe verursachten Hausbrandes sich damit begnügt, die Lampe aus dem Zimmer zu entfernen; – analytische Therapie d. Hast (O. Rank), verglichen mit, XVI 60

Finger, kleinen, geben *s.* Psychoanalyse

Finsentherapie; – Unbequemlichkeit u. Kostspieligkeit d. analytischen Kur, verglichen mit, V 20

Fischpredigt; – allzu anspruchsvolle Forderungen d. Analyse an Patienten (Kastrations- u. Männlichkeitskomplex z. bewältigen), verglichen mit, XVI 98

Fliegen, sieben *s.* Sieben Fliegen

Frauen, i. Gleichnissen, II/III 163, 211, 295, 576; VI 45f., 93f.; VIII 90, 110; X 52; XIII 400; XIV 106, 116, 219, 252, 294, 413, 523, 542

Fremdkörper

Benehmen d. pathogenen Materials wie ein, I 294f.

vergessene Erinnerung verglichen mit, I 476

Wirkung d. Traumas als, I 85

Fremdsprachiger Autor *s.* Kapitel

Front u. Hinterland; – Ich u. Es verglichen mit, XIV 223

Fühler (*s. a.* Pseudopodien)

Sinnesorgane verglichen mit, XIII 27

d. Unbewußten, XIV 8

Galtons (Familien-) [Misch]Photographien; – Vordichtung i. Traum, verglichen mit, II/III 144, 299, 398f., 662f. (XI 175)

Gast, d. eine Tür verboten ist [o. d. ausgewiesen wurde] (*s. a.* Störenfried); – verdrängte Vorstellung verglichen mit, X 255

Geballte Hand, d. ein Kind nicht öffnen will, da es etwas hat, was es nicht haben soll; – Widerstand durch Traumvergessen, verglichen mit, XI 114

Gedankenfabrik (*s. a.* i. Zitat-Reg.: Ein Tritt tausend Fäden regt . . .); – Traum u. Verdichtungsarbeit verglichen mit, II/III 289

Geheimnis d. Verbrechers u. d. Hysterikers verglichen, VII 8

Geschäftsbetrieb; – psychische Ökonomie (d. Witzes), verglichen mit, VI 175

Gestrenge Herren, welche nicht lange regieren; – heftige Strebungen d. Kinderjahre, verglichen mit, V 143

Glaubwürdigkeit, Gleichnisse ü., XI 11f., 42–44

Gleichnisse

Gleichnisse, i. allgemeinen (*s. a.* i. Haupt-Reg.: Gleichnisse), II/III 541; VI 87–96; XV 79, 81

Gold d. Analyse u. Kupfer d. direkten Suggestion, Legierung aus, i. d. Massenanwendung d. psychoanalytischen Therapie, XII 193

Gottes Schöpferdrang *s.* **Krankheit**

Götzenverehrer, bekehrte; – Kinder, aufgeklärte, welche doch an d. Storch glauben, verglichen mit, XVI 79

Grenzüberwachungskommission, gegen Schmuggler u. Spione, an verborgensten Stellen nach Dokumenten suchend; – Traumdeutung verglichen mit, XI 240f.

Gschnas; – Phantasien d. Hysteriker, verglichen mit, II/III 222f.

Gynäkologen

Pflichten d.; – Pflichten d. Analytikers, d. Sexuelle betreffend, verglichen mit, V 208

türkische *s.* **Aktionsunfreiheit**

Hagen, Rolle d. gestickten Zeichens auf Siegfrieds Gewand f.; – Bedeutung d. schwachen Stellen d. Traumverkleidung f. d. Analytiker, verglichen mit, II/III 519

Hausbau (*s. a.* Bauherr)

u. Demolierung *s.* **Demolierung**

d. 'Moven' *s.* **Moven**

d. zuerst beendet sein muß, bevor mit d. inneren Dekoration begonnen wird; – analytische Technik ist nicht zu vergleichen mit einem, XVI 47

Hausbrand *s.* **Feuerwehr**

Hausfrau, welche Zeit u. Geld f. Fahrt verwendet, um billiger einzukaufen; – Witztechnik d. Ersparnis, verglichen mit, VI 45f.

Heads I win *s.* **Tails**

Heben d. schweren Tisches, mit zwei Fingern; – Anforderungen an Analyse, verglichen mit d. Forderung nach, VIII 461

Heimweh; – Liebe ist, XII 259

Heines Sarkasmus u. Technik; – Traumarbeit, lächerliche Beziehungen schaffend, verglichen mit, II/III 436

Herren

Bau-, *s.* **Bauherr**

Feld-, *s.* **Feldherr**

gestrenge *s.* **Gestrenge**

u. Knecht *s.* **Knecht**

Majorats-, *s.* **Majoratsherren**

zwei s. **Dienen**

Zwing-, s. **Zwingherren**

Herrscherfamilien, verbannte s. **Renaissance**

Hexe; − Metapsychologie verglichen mit, XVI 69

Hexenprobe, Methode d. Schottenkönigs bei Victor Hugo; − psychoanalytische Diagnose verglichen mit, VIII 344; XV 167

Hieroglyphen, Entzifferung d. (s. a. Chinesische Schrift) Traumdeutung verglichen mit, II/III 347; 358; VIII 404f. unvollständige, durch Mitanwesende dargestellte Mischbildung i. Traum, verglichen mit, II/III 326

Himmel, vom − durch die Welt z. Hölle; − d. Niedrigste u. d. Höchste i. Sexuellen zusammenhängend, entsprechend, V 61

Histologie u. Anatomie, Verhältnis zwischen; − Verhältnis zwischen Psychoanalyse u. Psychiatrie, verglichen mit, XI 262

Historiker, Glaubwürdigkeit d.; − Glaubwürdigkeit d. Analytikers, verglichen mit, XI 11f.

Historische Gleichnisse, II/III 141, 496, 520f., 576, 625; XI 11f.; XII 155; XIV 60, 426f., 519

Holzapfel s. **Dieben**

Hölle s. **Himmel**

Hunde, schlafende; − normales Seelenleben nicht störende Triebe, verglichen mit, XVI 75

Hundewettrennen, verdorben durch Spaßvogel, d. Wurst i. d. Rennbahn wirft; − Übertragungsliebe, erwiderte, verglichen mit, X 318f.

Hunger u. Durst, ungestillter, uniforme Äußerungen v.; − ungestillter Sexualtrieb, verglichen mit, VIII 89

Hungersnot s. **Menükarten**

Hunnenschlacht, Kaulbachs Gemälde v. d.; − Kampf zwischen Ich u. Es, fortgeführt i. Überich, verglichen mit, XIII 267

Hühner u. Eier, Herkunft d.; − Verhältnis zwischen Kultur u. Verdrängung, verglichen mit (s. a. Zeugung), X 101

Hysterie, artifizielle; − Hypnose als, I 91

Ich u. Es, Verhältnis zwischen; − Analytiker, i. d. Übertragung, verglichen mit, XIII 286

Impfung, Blattern- o. Scarlatina-, um Gesunde zu immunisieren; − künstliche Konflikterweckung als Prophylaxe, verglichen mit, XVI 77

Indizienbeweise; − Fehlleistungen verglichen mit, XI 43f.

Infiltrat; − pathogenes Material als, I 294f.

Gl 10   Infusionstierchen

Infusionstierchen; – Traumungeheuer verglichen mit (bei H. Sachs), II/III 626; XIII 83

Instrument s. Musikinstrument

Inter urinas s. i. Zitat-Reg.

Internist infiziert d. Gesunden nicht mit Scarlatina, um ihn zu immunisieren; – ebensowenig wie Analytiker keine latente Triebkonflikte aktualisieren soll, XVI 77

Lungen- u. herzkranker; – Psychoanalytiker mit Defekten nicht ganz vergleichbar mit, XVI 93f.

Intoxikations- u. Abstinenzerscheinungen i. Zusammenhang mit Alkaloiden, i. Morbus Basedowi u. i. Morbus Addisoni; – Neurosen verglichen mit, V 158

Janusköpfigkeit d. Witzes, VI 173, 244f., 268

Juristische Gleichnisse, II/III 125; VIII 477; XI 42–44; XIV 542

Justizministerieller Erlaß, wonach man jugendliche Vergehen mild richten solle, welcher noch nicht an die Bezirksgerichte gelangt ist o. nicht befolgt wird; – bewußte Mitteilung d. Verdrängten u. ihre Erfolglosigkeit, verglichen mit, VIII 477

Kamel s. Nadelöhr

Kanäle s. Kollaterale Wege

Kapitalisten u. Unternehmer, Rollen d.; – unbewußte Wünsche u. Tagesreste, verglichen mit, XI 232f.

Kapitel eines fremdsprachigen Autors, Inhalt u. Interpretation eines; – zwei Phasen d. Traumdeutung verglichen mit, XIII 304

Katalytisches Ferment (Ferenczi); – Arzt als, VIII 55

Keimlinge, augenscheinliche Gleichartigkeit d., v. Apfelbaum u. Bohne; – Behauptung, jede Organlust bei Säuglingsbetätigungen sei sexuell, verglichen mit, XI 336

Kessel s. Chaos; Plaidoyer

Kienholz u. Brennholz; – Reizbarkeit d. Klitoris u. d. Scheideneinganges, verglichen mit, V 122f.

Kinderfrau, sich anbietende, welche behauptet, mit Kindern umgehen zu können, da sie auch ein Kind war; – unbefugte Personen, die sich f. Psychologen halten, verglichen mit, XIV 219

Klavier s. Musikinstrument

Klinke s. Türe

Klosterasyl s. Asyl

Klugheit d. Tiere (Oberländers Werk i. d. Fliegenden Blättern); – Krankheitsgewinn verglichen mit, XI 399f.

Knecht, d. um d. Liebe d. Herrn wirbt; – Ich u. Es, Verhältnis zwischen, verglichen mit, XIII 286

Knochen
i. d. Röhren- d. reifen Mannes kann man d. Umriß d. kindlichen –s einzeichnen, aber dieser selbst ist vergangen; – dagegen bleiben i. Seelischen alle Vorstufen neben d. Endgestaltung erhalten, XIV 429 –stücke nach Operation *s.* **Fäden**

Kollaterale Wege (*s. a.* Strombett)
als einzig gangbar bei Überschwemmungen; – tiefe Assoziationen erstzende oberflächliche Assoziation, verglichen mit (*s. a.* Dämme), II/III 535f.

u. Kanäle o. kommunizierende Röhren, Verhältnis zwischen; – d. Verhalten d. Libido (nach d. Pubertät), verglichen mit, V 50, 69f., 133, 211; XI 320, 358

Kompaß; – Lustprinzip als, XIII 275

Konstitutioneller Monarch; – Stellung d. Ich u. seine Abhängigkeiten, verglichen mit, XIII 285

Köchin, welche nicht am Herd arbeiten will, weil d. Hausherr mit ihr Liebesbeziehungen angeknüpft hat; – Schädigung d. Ichfunktion eines Organes bei seiner zunehmenden Erogeneität, verglichen mit, XIV 116

Krankheit, als letzter Grund d. Schöpferdranges (Gottes); – Objektbesetzung durch Unlust d. Ichlibido-Stauung erläutert durch das Vorbild d. Weltschöpfung (bei Heine), X 151f.

Kreisen d. Planets um seinen Zentralkörper u. um eigene Achse; – Teilnahme d. einzelnen Menschen am Entwicklungsgang d. Menschheit, während er seinen eigenen Weg geht, verglichen mit, XIV 501

Krieg, Widerstand d. Feindes i., auf einer kurzen Wegstrecke, welche man in Friedenszeit in paar Eisenbahnstunden durchfliegt; – Widerstand i. d. psychoanalytischen Kur, verglichen mit, XIV 255

Kriegsverletzter, d. sich das Bein abschießen lassen würde, um ohne Arbeit v. seiner Invalidenrente leben zu können; – d. Annahme, daß d. Ich sich Symptome anschaffen würde, um deren Vorteile zu genießen, verglichen mit, XIV 126

Kristall, Spaltbarkeit d.; – Spaltbarkeit d. Ich, verglichen mit, XV 64

‚Kulanz‘, i. wissenschaftlichen Betrieb unstatthaft, XI 227f.

Kupfer *s.* **Gold**

Kurzschluß; – auf kurzem Weg sein Lebensziel (Tod) erreichen (bei Gefahren), verglichen mit, XIII 41

Laboratorium, Experiment i.; – Erinnernlassen i. d. Hypnose, verglichen mit, X 131

Lehrer; – Analytiker als, I 285

Leichen z. zerlegen, zwecks anatomischer Studien, ehemaliges Verbot; – Verpönung d. Psychoanalyse als Studium d. inneren Tiefen d. Seelenlebens, verglichen mit, XI 262

Leitungsdraht *s.* **Stromkreis**

Lenker, welcher unbeirrt durch d. Regeln d. Straßenverkehrs nach d. Schwung seiner Phantasie fährt; – Schutz (statt Wissenschaft) durch die Religion d. Gläubigen versprochen, verglichen mit, XV 184f.

Leser, welchem man i. d. Astronomie d. Grenzen d. Wissenschaft zeigt, u. d. sich trotzdem nicht enttäuscht o. d. Wissenschaft überlegen fühlt; – Leser psychologischer Schriften gegenübergestellt, XV 4

Lichtenbergsches Messer; – Jungs ‚Modifikation' d. Psychoanalyse verglichen mit X 112,

Lineare, konzentrische u. zickzackartige (u. verzweigte) Schichtung d. pathogenen Materials, I 292–296

Listenskrutinium, bei Wahlen durch; – Traumarbeit verglichen mit, II/III 290

Loch Ness, Seeschlange v.; – ‚Too good to be true'-Gefühl verglichen mit d. beispielsweise vorausgesetzten realen Existenz d., XVI 251

Loyal, Sujet –, qui ne voulait plus laver la main parce que son souverain l'avait touché; – Lähmung d. Armes bei Hysterischen, verglichen mit, I 53

Löwe springt nur einmal; – nicht mehr gut zu machende Mißgriffe einer Analyse, verglichen mit, XVI 62

Löwin, sprichwörtliche, ihr Junges verteidigend; – Neurotiker, wenn man ihnen die Krankheit nehmen will, verteidigen sie wie, XIV 252

Lupus-Therapie *s.* **Tuberkulose**

Made in Germany; – d. „Nein" d. Verurteilung, als ein Merkzeichen d. Verdrängung, verglichen mit Ursprungszertifikat, XIV 12

Majestätsbeleidigung (*s. a.* Crimen laesae majestatis), ausschließliches Wesen d.; – ausschließliche Tendenz d. Inhaltes d. Zwangsvorstellung, verglichen mit, VII 402

Majoratsherr; – Individuum, als Anhängsel eines Keimplasmas, verglichen mit, X 143

Malerei

primitive u. moderne (*s. a.* Vorrang)

Konturen d.; – Unmöglichkeit d. Scheidung d. psychischen Instanzen durch scharfe Grenzen, verglichen mit, XV 85f.

‚Zettel, flatternde', d., u. andere Darstellungsart; – Modifikation, i. d. Traumdarstellung, d. logischen Relationen, Unterschiede zwischen, verglichen mit, II/III 318f.

u. Skulptur, per via di porre u. per via di levare arbeitend (Leonardo); – Suggestivtechnik u. analytische Therapie, verglichen mit, V 17

Marmelade, o. Sodawasser i. Erdinnern, eine Hypothese ü.; – eine ganze Anzahl v. d. okkultistischen Behauptungen ist so unsinnig wie, XV 33f.

Maschinen
f. Verringerung d. Bewegungsaufwandes; – Mehraufwand d. Denkens, verglichen mit, VI 221–24
welche nur einen Bruchteil d. Wärme i. mechanische Arbeit verwandeln können; – Grenzen d. Sublimierungsfähigkeit, verglichen mit, VIII 59

Massenanwendung s. Gold

Melusinenhafte Abgeschiedenheit; – Zwangszeremoniell i., VII 131

Menükarten lesen, z. Zeit einer Hungersnot; – Bücher lesen o. Vorlesungen beiwohnen, seitens Nervenkranker, verglichen mit, VIII 123

Messer Lichtenbergs s. Lichtenbergsches Messer

Mikroskop [Vergrößerungsglas]
Student, d. z. ersten Mal ins – guckt, wird v. Lehrer unterrichtet, was er sehen soll; – d. Patienten seine Widerstände nennen, verglichen mit, XI 454
psychoanalytische Methode verglichen mit
bei Freud, II/III 541; VIII 39; XIV 76
bei Hanns Sachs, II/III 626; XIII 83

Milchzähne, Ausfallen d.; – Auflösung d. Ödipuskomplexes, verglichen mit, XIII 395

Militärische Gleichnisse, II/III 520f.; V 143; VIII 369; XI 474; XII 34, 76, 291; XIII 267; XIV 119, 126, 223, 255; XV 96; XVI 220; XVII 90f.

Mineralkunde, d. i. Gegensatz z. Gesteinskunde Mineralien als Individuen beschreibt; – Neurosenlehre, d. zunächst einzelne reine Neurosen unter der Masse anderer (Misch-)Formen isoliert beschreibt, verglichen mit, XI 405

Minoisch-mykenische Kultur, Aufdeckung d.; – Aufdeckung d. präödipalen Vorzeit d. Mädchens, verglichen mit, XIV 519

Mischinfektionen, Behandlung d., i. Lebensgefahr; – Behandlung d. Hysterie statt d. einzelnen Krankheitserreger, verglichen mit, I 259

Mischlinge d. menschlichen Rassen; – i. System Bw verwertete Abkömmlinge d. ubw. Triebregungen, verglichen mit, X 289f.

Mohrenwäsche; – kathartisches Verfahren als, I 262

Monumente; – Erinnerungssymbole verglichen mit, VIII 11f.

Mord; – Textentstellung verglichen mit, XVI 144

Motivenrose, Lichtenbergs, XVI 21

Moven eines Hauses, bei d. Amerikanern; – Übersetzung d. sexuellen Lust i. d. Denkvorgang, verglichen mit, VII 461

Gl 14 Multiplikator

Multiplikator s. Stromkreis

Muscheltier s. Sandkorn

Musikinstrument [Instrument]
welches schwer zu spielen ist; – psychischer Apparat verglichen mit, V 18 durch Unkundigen gespielt; – Verhältnis d. Trauminhalts z. d. Traumreizen (Strümpell), verglichen mit, II/III 228; XI 83, 86f.

Mutter u. Vater s. Vater u. Mutter

Mutterlauge, Enthaltensein i. einer; – Enthaltensein d. Traumgedanken i. d. Assoziationen z. Traum, verglichen mit, XV 12

Mühlen, langsam mahlende; – Utopien verglichen mit, XVI 24

Mythen, v. ‚Goldenem Zeitalter'; – i. d. Vergangenheit projizierte Wunschphantasien, verglichen mit, IX 141

Nachtwächter; – Traum verglichen mit, XVII 94

Nadel(n)
eines astatischen Nadelpaares; – verdrängte Gedanken u. Reaktionsgedanken, verglichen mit, V 215

–öhr, Durchkommen d. Kamels durch d.; – pathogenes Material u. Enge d. Bewußtseins verglichen mit, I 295

–stich i. Keimanlage, Schädigung durch (Versuche v. Roux); – Bedeutung d. infantilen Erlebnisse, verglichen mit, XI 376; XVII 111

Nahrung, physische; – Aufnahme v. Lese- u. Lernstoff, verglichen mit, VI 91

–svorrat i. d. Eischale s. Vogelei

Namen
nennen d. bösen Geister, wodurch ihre Macht gebrochen wird; – analytische Lösung d. Krankheitsrätsels, verglichen mit, VIII 112

vergessener u. wieder mitgeteilter; – psychoanalytische Methode löst Spannung wie, I 525

Narbenbildungen; – Ichveränderungen (s. a. i. Haupt-Reg.) als, XVI 182

Narkose, Machtstellung durch; – Besprechen sexueller Dinge mit d. Arzt, verglichen mit, I 493

Naturschutzpark (s. a. Reservation; Schonung; u. i. Haupt-Reg.: ‚Privatsachen')
Phantasien als, XI 387

Nekrotische Knochenstücke s. Fäden

Nervenheilanstalten, nichtanalytische, ökonomischer Fehler d. Angenehmmachens d. Krankheit i. d.; – Vorgehen v. Analytikern, welche d. Regel d. Durchführung d. Kur i. d. Versagung nicht einhalten, verglichen mit, XII 189

Neugeborene s. Schädelformation

Niederschläge d. Chemie s. **Chemie**

Nürnberger, welche nur d. hängen, d. sie haben; – d. Schwierigkeit, krankhafter Bindungen, welche d. Analytiker zerstören will, habhaft zu werden, verglichen mit, VII 357

Odysseische Unterwelt s. **Unterwelt**

Omelette, pour faire une, il faut casser des oeufs; – Unbequemlichkeit d. Einhaltung d. analytischen Grundregel, verglichen mit, V 209; VIII 469

Onyx u. Marmor; – Priorität d. Materials o. d. darzustellenden Idee, Rolle i. d. Traumbildung, verglichen mit, II/III 243f.

Operation (s. a. Chirurge) s. **Fäden**

Orakelhaftigkeit, d. freien Assoziationen, I 277f.

Organe, i. d. Rückbildung begriffene (Gebiß u. Kopfhaare); – Sexualfunktion, durch Kultur eingeschränkte, verglichen mit, XIV 465

Orthopädie; – Psychoanalyse verglichen mit, II/III 206; XII 186

Ödipus, Enthüllung d. Geheimnisses d., bei Sophokles; – psychoanalytischer Vorgang verglichen mit, II/III 268

Palimpsest

Traum verglichen mit (S. Sully), II/III 141

witziger Vergleich eines weibl. Gesichtes mit (Heine), VI 93f.

Parasit; – motorische Innervation u. halluzinatorische Sensation i. Unbewußten, wie ein, I 63

Partherkönigin, besondere Art d., d. Wunsch d. Triumviren Crassus nach Gold, zu gewähren; – hysterisches Symptom als Wunscherfüllung, verglichen mit, II/III 576

Pénétration pacifique d. deutschen Psychiatrie m. analytischen Gesichtspunkten, XIV 87

Penis, weiblicher, infantiler Glaube an; – Glauben d. Wundtschen Schule an Bewußtsein, verglichen mit, VII 249

Perihel u. Aphel; – Gottesnähe d. Gläubigen verglichen mit, XVI 231

Perle s. **Sandkorn**

Petroleumlampe, Entfernung d., statt Löschaktion bei Hausbrand; – Ranksche Verkürzung d. analytischen Kur, verglichen mit, XVI 60

Pfeile, durch welche allein Troja erobert wird; – auf Stellung d. Psychoanalyse bezogen, XIII 329

Gl 16   Pferd

Pferd
- u. Reiter *s.* Reiter
- verhungertes *s.* Schilda

Photographie, Misch-, *s.* **Galton**

Photographisch (–er, –e, –es)

Apparat; – Instrument, welches d. Seelenleistungen dient, verglichen mit, II/III 541

Aufnahme, die nach einem beliebigen Aufschub entwickelt in ein Bild verwandelt werden mag; – frühe Eindrücke, welche sich gegen Einwirkungen reiferer Lebenszeiten behaupten, verglichen mit, XVI 234

Negativ u. Positiv

Phasen d. Verdrängungsvorganges, verglichen mit, XI 305

Verhältnis zwischen Bewußtem u. Unbewußtem, verglichen mit, VIII 436

Physiker, Kalkül d., angebliche destruktive Tendenzen i.; – angebliche Gefährlichkeit d. psychoanalytischen Kritik, verglichen mit, XIV 360

Pilz u. Pilzmycelium; – Traumwunsch u. d. unentwirrbare Knotenpunkt d. Träume, verglichen mit, II/III 530

Placenta, Inspektion d., nach zurückgebliebenen schädlichen Resten, seitens d. Geburtshelfers; – Durchschauen d. Gefüges typischer Krankheitsfälle seitens d. Analytikers, verglichen mit, VIII 107

Planet *s.* **Kreisen**

Platos Fabel v. d. Teilung d. Menschen *s.* i. **Haupt-Reg.**: Märchen

Plaidoyer d. Mannes, d. d. Kessel i. schadhaften Zustand zurückerstattete; – Selbstbeschuldigungen i. Traum verglichen mit, II/III 125, 128; VI 65 f.

Polarexpedition, Gehen auf eine, mit Sommerkleidern u. Karten d. oberitalischen Seen ausgerüstet; – unrichtige psychologische Orientierung durch d. Erziehung, Rolle d. sexuellen u. Aggressionstriebe betreffend, verglichen mit, XIV 494

Politische Zensur (*s. a.* Buchzensur); – Traumzensur verglichen mit, XI 139

Pompeji,

Untergang v., erst nach ihrer Aufdeckung; – Usur i. Bewußten, i. Gegensatz z. Erhaltung d. Unbewußten, verglichen mit, VII 400; XVI 46

verschüttete Stadt; – als Symbol d. Verdrängung (i. Jensens Gradiva), VII 65, 77 f., 112

Posthypnotische Suggestion, Rationalisierung i. d., verglichen mit fadenscheinigen Begründungen, II/III 153

Pranger, auf d. Missetäter o. politische Gegner gestellt, u. d. Mißhandlung durch d. Pöbel preisgegeben werden; – Angriffe gegen d. Psychoanalyse, verglichen mit, XV 148

Prähistorische
   Landschaft i. Jura; – Seele d. Neurotikers, verglichen mit, XVII 151
   Vorzeit; – Kindheit wird durch infantile Amnesie z., V 76
Prosperity, amerikanische Hast u. Welle d.; – Ranks Abkürzungsversuche
   d. Analyse durch Theorie d. Geburtstraumas, verglichen mit, XVI 60
Protoplasmatierchen *s.* **Pseudopodien**
Pseudolateinische humoristische Inschriften; – sekundäre Traumbearbeitung verglichen mit, II/III 505
Pseudopodien d. Protozoen (*s. a.* Elementarorganismen); – Objektbesetzungen d. Libido, verglichen mit, X 141; XI 431, 436; XII 6; XVII 73
Psychoanalyse, wer ihr d. kleinen Finger gibt, d. hält sich an d. ganzen Hand, X 197
Puzzle-Spiele, Lösung d. (*s. a.* Bilderrätsel)
   Infantilszenen i. Gefüge d. Neurose, verglichen mit, I 441f.
   psychoanalytische Arbeit (d. Traumdeutung), verglichen mit, I 441f.
Pyramide *s.* **Tourist**

Rassenmischlinge, d. ihre farbige Abkunft durch einen auffälligen Zug verraten; – Phantasiebildungen verglichen mit, X 289f.
Rationalisierung *s.* **Posthypnotische** Suggestion
Raubüberfall durch Einsamkeit d. Ortes u. Dunkelheit begünstigt, nicht v. Einsamkeit u. Dunkelheit begangen; – seelischer Mechanismus d. Versprechens o. Namenvergessens durch physiologische Dispositionen (Zirkulationsstörungen etc.) begünstigt, nicht verursacht, verglichen mit, IV 27f.; XI 39
Raupe u. Schmetterling; – Entwicklung d. Libido, verglichen mit, XI 340
Räuber *s.* **Dietrich**
Reaktionserscheinungen einer chirurgischen Operation; – Reaktionserscheinungen bei analytischer Kur, verglichen mit, VIII 110
Rebus *s.* **Bilderrätsel**
Receiver d. Telephons z. Teller; – d. Unbewußte d. Analytikers als empfangendes Organ, auf den Analysierten eingestellt, wie der, VIII 381f.
Reflexapparat; – Psychischer Apparat verglichen mit, II/III 543, 570f.
Reichsgericht, Prozesse beim deutschen, durch Tod d. streitenden Parteien beendigt; – als Vorbild d. Unentschlossenheit Zwangskranker i. Liebessachen (Todeskomplex), VII 452f.
Reise
   Bergführer auf d. *s.* **Bergführer**
   Tourist auf d. *s.* **Tourist**

Unkenntnis d. Gegend u. Mangel an Rüstigkeit; – Ichbeziehungen z. Es, i. d. Abwehrsituation, verglichen mit, XVI 82
zwei Abschnitte d.; – zwei Phasen einer analytischen Kur, verglichen mit, XII 278

Reiter, d. Kraft d. Pferdes zügelnd; – Verhältnis d. Ich z. Es, verglichen mit, XIII 253; XV 83

Reminiszenzen, hysterische Kranke leiden an, VIII 11

Renaissance-Republik, verbannte Herrscherfamilien einer; – verfemte Traumgedanken verglichen mit, II/III 520f.

Reservationen (*s. a.* Naturschutzpark; Schonung; u. i. Haupt-Reg.: ‚Privatsachen')

Phantasien, Spiele u. Tagträume, verglichen mit, VIII 234

Richter, u. Glaubwürdigkeit d. Angeklagten; – Analytiker u. Glaubwürdigkeit d. Patienten, verglichen mit, XI 43f.

Rindenschicht; – d. Ich verglichen mit einer, XIV 222

Rock, zerlumpter *s.* **Zerlumpter Rock**

Rom, archäologische Schichten v.; – Struktur d. seelischen Lebens, Erhaltung d. Gedächtnisspuren u. Regression, verglichen mit, XIV 426f.

Rouxsche Versuche *s.* **Nadelstich**

Röhren *s.* **Kollaterale Wege**

Römisch (–er, –e)

Kaiser, welcher Untertanen hinrichten ließ, weil er träumte d. Imperator ermordet zu haben, II/III 625

Königszeit, Sagengeschichten d.; – Verführungsphantasien verglichen mit, XIV 60

Röntgenstrahlen, unvorsichtiges Hantieren mit; – Vorgehen d. nicht–analysierten Analytikers, verglichen mit (*s. a.* Schachspiel), XVI 95

Rösselsprungaufgabe, Lösung einer (*s. a.* Schachspiel); – Auffinden d. logischen Anordnung d. pathogenen Materials, wie, I 293

Russische Taktik; – Widerstand verglichen mit, XII 291–94

Salomo, König, Verständnis d. Tiersprachen d.; – Verständnis d. Analytikers f. Symptomhandlungen, verglichen mit, IV 222

Sandkorn, um welches d. Muscheltier d. Perle bildet; – organisch bedingter Reiz u. hysterisches Symptom, verglichen mit, V 245; XI 406

Saurier, überlebende Arten d.; – d. Archaische i. Seelenleben, verglichen mit, XIV 426; XVII 151

Säue *s.* **Teufel**

Scarlatina *s.* **Impfung**

Schachspiel (*s. a.* Taktik); − psychoanalytische Technik verglichen mit, I 293; VIII 454

Schattenreich (*s. a.* Unterwelt); − d. gehemmten Vorsätze führen eine ungeahnte Existenz i. einer Art v., I 15

Schauspielergruppe mit festem Rollenfach u. Wahl d. Benefizvorstellung; − Neurosenwahl verglichen mit, XI 396

Schädelformation d. Neugeborenen; − mütterlicher Charakter d. gewählten Liebesobjekte, verglichen mit, VIII 71

Schelm, doppelzüngiger, d. gleichzeitig zwei Herren dient; Witz, − verglichen mit, VI 173f.

Schilda, d. verhungerte Pferd v.; − Übertreibung i. d. Sublimierungsabsicht, verglichen mit, VIII 59f.

Schlachtfeld [Tummelplatz] d. ringenden Kräfte; − Vaterübertragung i. d. Analyse, verglichen mit, X 134; XI 472, 474

Schlauch, alter, mit neuem Wein gefüllt; − Symptom verglichen mit, V 214

„**Schlüg** er mich erst!" Ausruf Mädchens ü. jähzornigen Freier; − Traum als verhüllte Wunscherfüllung, verglichen mit, II/III 163

„**Schonung**" i. Seelenleben (*s. a.* Naturschutzpark; Reservation; u. i. Haupt-Reg.: „Privatsachen"), VIII 234, 469, 471; XI 298, 387; XIV 90

Phantasiewelt verglichen mit, XIII 367

Schöpferdrang Gottes *s.* Krankheit

Scylla u. Charybdis

Gewährenlassen u. Versagen i. d. Erziehung, verglichen mit, XV 160

Unterdrückung d. Sexualbetätigung d. Kinder u. ihre Freigebung, verglichen mit, XIV 247

Unterschätzung d. verdrängten Unbewußten u. Neigung, d. Normale mit d. Maß d. Pathologischen zu messen, verglichen mit, XIII 155

Sexualitätskrüppel; − Neurotiker als, I 504

Sieben Fliegen mit einem Schlag z. treffen, d. Unmöglichkeit; − Überdeutungen immer z. finden, verglichen mit, II/III 528

Siegfried *s.* Hagen

„**Sigel**" d. Stenographie; − Symbole mit festgelegter Bedeutung i. Traum, verglichen mit, II/III 356

Singen *s.* Wanderer

Sklaven, gefesselte, d. Thron d. Herrscherin tragend; − Beherrschung d. Naturkräfte u. Beschränkung d. Triebe, durch Kultur, verglichen mit, XIV 106

Skulptur *s.* Malerei

Sodawasser *s.* Marmelade

Spekulant

Spekulant, welcher seine Gelder i. seinen Unternehmungen immobilisiert hat; – Allgemeinhemmung bei Depression, verglichen mit, XIV 117

Spiegelplatte; – Analytiker verglichen mit, VIII 384

Spielbank, Besitzer eines unfehlbaren Gewinnsystems, mit bescheidenem Äußeren, am Orte einer; – Freud, als er allein die Psychoanalyse vertrat, sich selbst vergleichend mit, VIII 110

Spinalganglien u. Lagewechsel d. Keimdrüsen, Entwicklungsvorgang d., bei gewissen Fischen; – Vorgang bei Fixierungen verglichen mit, XI 351–53

Spukexistenz, d. gehemmten Vorsatzes, I 15

Staat, moderner; – Seele verglichen mit, XVI 263

Staatsmann, welcher d. Gunst d. öffentlichen Meinung behaupten will; – d. Ich, i. d. Mittelstellung zwischen Es u. Realität, verglichen mit, XIII 286f.

Stachelschweine, frierend (Schopenhauer), Lage d.; – affektive Massenbindungen verglichen mit, XIII 110

Stadt
   Demolierungen i. *s.* **Demolierungen**
   –gesindel *s.* **Asyl**

Stallfütterung, gelehrte; – Lernen auf d. Stube als (Lichtenberg), VI 91

Stammbaum einer Familie; – Assoziationskette verglichen mit, I 433

Stein u. Ton (mit hartem u. weichem Material arbeitender Künstler); – Material d. Psychoanalytikers, verglichen mit, XVI 87

Stichwort, verkürzt i. Telegrammstil; – Fragment d. latenten Traumgedankens, i. d. manifesten Trauminhalt gelangtes, verglichen mit, XI 119

Stiefel, mit doppelten Sohlen, verpönte Dinge enthaltend; – Anspielungen verglichen mit, XI 240f.

Stifter *s.* **Bauherr**

Stigma indelebile d. Verdrängung; – Entfremdung gegen d. weibliche Genitale als, XIV 313

Stock mit zwei Enden (Dostojewski); – Psychologie verglichen mit, IV 413, 523, 542

Storchfabel, Symbolik d., i. entstellender Weise auf d. Kind einwirkend; – Symbolik d. Religionen auf Wahrheitsgehalt i. entstellender Weise einwirkend, verglichen mit, XIV 368

Störenfried (*s. a.* Gast), welcher hinausgeworfen wird; – Vorgang d. Verdrängung u. d. Verdrängte, verglichen mit, VIII 22–24

Strahlenbrechung beim Übergang i. ein neues Medium; – Zensur zwischen zwei psychischen Systemen, verglichen mit, II/III 616

Strombett i. zwei Kanälen fließendes, v. d. einer bei dazwischentretendem Hindernis überfüllt wird; – hysterische Konversion [Neurosenverursachung], verglichen mit (*s. a.* Kollaterale Wege), VIII 14

Stromkreis, Multiplikator, eingeschaltet i. d.; – Vererbung verglichen mit, I 375, 412

Suggestion s. **Massenanwendung**

Tails you lose; – Konstruktionen i. d. Analyse, durch Kritiker verglichen mit d. Prinzip d., XVI 43

Taktik (s. a. Schachspiel)

‚russische –‘ s. Russische Taktik

d. Vogel Strauß; – Verdrängung verglichen mit, II/III 606

Taktischer Wert (kein absoluter), eines Gehöftes o. Kirche i. einer Schlacht; – verglichen mit Wahl eines Elementes z. Übertragungswiderstand, VIII 369

Taschenspieler, welcher Tauben aus d. Hut hervorzaubert, keine Förderung d. Taubenzucht z. erwarten v.; – Vorteile f. d. Wissenschaft sind ebensowenig z. erwarten v. spiritistischen Sitzungen mit Medien, wie durch, XV 37

Telephon s. **Receiver**

Temperatur, erhöhte; – Übertragungserlebnis verglichen mit, VIII 55

Teufel fährt (i. Evangelium) plötzlich i. d. Säue (s. a. Deus ex machina); – nicht so d. Sexualtrieb z. Pubertätszeit i. d. Kinder, VIII 43

Tier (s. a. Klugheit d. Tiere)

prähistorische s. **Saurier**

Ungeheuer s. **Mikroskop,** psychoanalytische Methode verglichen mit, bei Hanns Sachs

Tierarten, Hervorkommen d. höchstentwickelten aus d. niedrigsten; – Erhaltung d. primitiven neben d. daraus entwickelten Umgewandelten, i. Seelenleben, verglichen mit, XIV 426

Tischheben s. **Heben**

Titanen, auf denen die schweren Gebirgsmassen lasten; – i. d. Verdrängung befindlichen Wünsche, verglichen mit, II/III 559

Todesanzeige, eigene, Beruhigungsgefühl d. Besserwissens, nach Auffindung d., i. d. Zeitung; – Gefühl Kritikern gegenüber, verglichen mit, I 512f.

Ton, Arbeiten i., o. Schreiben i. Wasser; – psychoanalytische Arbeit mit verschiedenen Typen, verglichen mit, XVI 87

Tourist, auf die Spitze d. Pyramide gelangend, v. einer Seite gestoßen v. d. anderen gezogen; – Verdrängungsmechanismen, Wirkung d., verglichen mit, V 76

Traumbuch, ägyptisches; – Werk ‚d. ersten Namens d. deutschen Neuropathologie‘, verglichen mit, XIV 40

Trinker, u. sein Verhältnis z. Getränk; – Verhältnis d. Liebenden zu seinem Sexualobjekt verglichen mit, VIII 89

Gl 22 Tuberkulose

Tuberkulose u. Lupus-Therapie, Langwierigkeit d.; – Langwierigkeit d. Psychoanalytischen Kur verglichen mit, XV 169

Tummelplatz *s*. **Schlachtfeld**

Tunneldurchschlag v. zwei Seiten her; – Zusammentreffen d. zärtlichen u. sinnlichen Sexualströmung, verglichen mit, V 108

Türe, Aufschließen einer versperrten –, wonach d. Niederdrücken d. Klinke, um sie zu öffnen, keine Schwierigkeit mehr hat; – therapeutische Aufgabe, d. Patienten dazu zu bewegen, pathogene Eindrücke zu reproduzieren, verglichen mit, I 286

Türkischer Frauenarzt *s*. **Aktionsunfreiheit**

Tyrannis, gut organisierte; – Perversion u. infantile Sexualität, verglichen mit, XI 334

Uhr, Schicksale d. (Mark Twains Geschichte); – Vorgeschichte d. Führer d. Abfallsbewegungen d. Psychoanalyse, verglichen mit, X 106 f.

Umwälzungen, soziale, i. d. Republiken d. Altertums u. d. Renaissance (*s. a.* Renaissance); – Zweifel i. Traum, verglichen mit, II/III 520 f.

Undifferenziertes Bläschen *s*. **Ektoderm**

(Ungarn), ethnische Verteilung d. gemischten Bevölkerung v.; – d. Zueinanderordnung d. drei Qualitäten d. Bewußtheit u. d. drei Provinzen d. seelischen Apparates, verglichen mit, XV 79 f.

Ungeheuer *s*. **Mikroskop,** psychoanalytische Methode verglichen mit, bei Hanns Sachs

Unternehmer u. Kapitalist *s*. **Kapitalist**

Unteroffizier, nach erhaltenem Verweis Wut an unschuldigen Gemeinen auslassend; – Es, d. Erregungsquantität um jeden Preis Abfuhr verschaffend, verglichen mit, XVII 91

Unterwelt (*s. a.* Schattenreich)

Atmosphäre d.; – Atmosphäre d. Tiefenpsychologie, verglichen mit, XIV 431; XV 74

Schatten d. Odysseischen, z. neuem Leben erwachen(den), sobald sie Blut getrunken haben; – es gibt keine andere Art d. Vernichtung f. die dem System Ubw allein angehörigen seelischen Akten, als f. d., II/III 558

Urbevölkerung (*s. a.* Eroberer); – Inhalt d. Unbewußten, verglichen mit einer, X 294

Ursprungszertifikat; – „Nein" als, XIV 12

Überschwemmung

Dämme gegen *s*. **Dämme**

i. Gebirge große Straßen unwegsam machend, nur unbequeme steile Pfade d. Verkehr erhaltend; – oberflächliche Assoziationen, tiefe ersetzend, verglichen mit, II/III 535 f.

kollaterale Wege bei *s*. **Kollaterale Wege**

Vater u. Mutter, Unentbehrlichkeit v., z. Entstehung d. Kindes; – Verursachung d. Neurosen durch Sexualkonstitution u. Erleben, verglichen mit, XI 359f.

Verbannte Herrscherfamilien *s.* **Renaissance**

Verblümungen aufgeben, sich zu natürlichen Bedürfnissen bekennen, wenn durch Indiskretion gewisse Formeln verraten wurden; – ehrlich sich zu rege gewordenen Trieben bekennen, als einziger Ausweg d. Neurotiker, wenn Flucht i. d. Krankheit durch indiskrete Aufklärungen d. Analyse versperrt worden ist, verglichen mit, VIII 313f.

Vergrößerungsglas *s.* **Mikroskop**

Vermittler u. Friedenstifter d. Störenfried gegenüber; – Analytiker verglichen mit, VIII 24

Verschüttetes (Bau-)Material; – zurückgehaltenes Material i. d. Analyse, i. Gegensatz z. zugänglich gemachten, verglichen mit, XVI 62

Versicherungsagent, kranker, statt durch Geistlichen bekehrt, d. Geistlichen versichernd; – d. Situation d. befriedigten Übertragungsliebe, verglichen mit, XIV 259

Versperrte Türe *s.* **Türe**

Verwandtschaftsnachweis mit Erblasser, v. Erbschaftsbehörde gefordert, i. Verhältnis z. Urverwandtschaft aller Menschenrassen; – Möglichkeit, daß die Sexualenergie nur ein Differenzierungsprodukt d. übrigen psychischen Energie ist, ist belanglos wie, X 144

Via

di porre *s.* **Malerei**

regia; – Traumdeutung als – z. Unbewußten, II/III 613; VIII 32

Vir activus [,vita activa'] ; – Michelangelos Moses als, X 182, 184

Vogelei, Nahrungsvorrat i.; – v. d. Reizen d. Außenwelt abgeschlossenes psychisches System, welches selbst seine Ernährungsbedürfnisse autistisch befriedigen kann, verglichen mit, VIII 232

Vorrang v. Personen i. ältesten historischen Skulpturen als Bildgröße z. Ausdruck gebracht; – Umsetzung d. psychischen Zusammenhanges i. Verdichtungsvorgang, i. d. Intensität d. Vorstellungsinhaltes, verglichen mit, II/III 601

(Völkerwanderungen) *s.* **Wohnsitzwechsel**

Wahrheitskarpfen mit Hilfe d. Lügenköders zu fangen (Polonius i. Hamlet); – Erfolge, erzielt indirekterweise durch falsche Konstruktionen, verglichen mit, XVI 601

Walfisch u. Eisbär *s.* **Eisbär** u. **Walfisch**

Wanderer (*s. a.* Äsopische Fabel), i. Dunkelheit singender, verleugnet seine Ängstlichkeit, aber er sieht darum nicht heller; – Poltern d. Philosophen um Weltanschauungen, verglichen mit, XIV 123

Wanderung s. Bergführer; Reise

Wasser s. Ton

Währung, Geld-, eines Landes; – ‚neurotische Währung' verglichen mit, VIII 238; IX 107

Wechsel; – zweideutige Worte i. Assoziationsverlauf, verglichen mit, IV 304; V 226, 245, 253

Weg, kurzer, aber verbotener (um Blumenbeete zu schützen) u. langer gewundener, d. beide z. einem Aussichtspunkt führen, wobei Verbot d. kurzen Wegs erfahrungsgemäß nur dann befolgt wird, wenn dieser auch steil u. mühselig ist; – Zwang z. Umweg über Medizinstudium f. Laien u. z. Analysestudium f. Ärzte, verglichen mit, XIV 282

Weltprobleme, Lösungsversuche d.; – infantile Sexualtheorien verglichen mit, VII 177

Wissenschaft s. Lenker; Leser

Witzige Gleichnisse

  ‚Doppelzüngiger Schelm' (Freud), VI 173

  Gedanken zeugen, u. aus d. Taufe heben, VI 99

  Geschäftsbetrieb s. **Geschäftsbetrieb**

  Gespenster, nicht allein an keine glauben . . ., VI 99

  katholische, protestantische Pfaffen, VI 94, 97, 162; XIV 259

  Magazin d. Erinnerung, VI 92, 241

  Mondlicht, philosophierendes, VI 93, 97

  Nestroys, VI 92, 241

  Nürnberger, wen hängen d.?, VII 357

  Oktavbändchen u. Quartant, VI 99

  Pickenick d. Worte u. d. Sinnes, zwischen Verfasser und Leser, VI 93

  verkleideter Priester, d. jedes Paar traut (Jean Paul), VI 7 f.

  ‚Regierungseinschränkung d. Geschäftsbetriebes' (Freud), VI 175

  Rezensionen als Kinderkrankheit, VI 90

  Schicht pro – Schicht kontra, VI 99

  Springen einer Retorte (Lassalle), VI 88

  Versicherungsagent, XIV 259

  Wahrheit, Fackel d., durch ein Gedränge tragen, VI 89

  Zahnarzt, amerikanischer s. **Amerikanischer** Zahnarzt

Wohnsitzwechsel eines Volkes u. zurückbleibende Gruppen; – Entwicklung u. Entwicklungshemmung [Regression], verglichen mit, XI 351–53

Wort, gesperrt o. fettgedrucktes, i. Text; – Umsetzung d. psychischen Zusammenhanges i. Verdichtungsvorgang i. d. Intensität d. Vorstellungsinhaltes, verglichen mit, II/III 601

Wortzauber; – Seelenheilung verglichen mit (*s. a.* Namen nennen), V 301 f.; VIII 112; XI 9f.; XIV 214; XVI 221

Wunden [wunde Stellen], Berühren v., durch d. Chirurgen; – Psychoanalyse verglichen mit, VIII 56f.

Wunderblock; – Erinnerungsapparat verglichen mit, XIV 3–8

Wurst *s.* **Hundewettrennen**

Yellowstonepark (u. andere Reservationen); – Phantasie, Spielen u. Tagträume, verglichen mit, VIII 234

Zeitungszensur; – Traumzensur verglichen mit, XI 139 f.

Zensur *s.* **Briefzensur; Buchzensur; Zeitungszensur**

Zerlumpter Rock, einem –n einen einzigen seidenen Lappen aufnähen; – eine vereinzelte Reform durchführen, ohne d. Grundlagen d. Systems z. ändern, verglichen mit, VII 27

‚Zettel, flatternde' *s.* **Malerei**

Zeugung o. Empfängnis, als Ursache d. Entstehen d. Kindes; – Frage d. Verursachung d. Neurosen, verglichen mit d. Frage d., XI 359f.

Zifferblatt, mit gewölbt vorspringenden Zahlen (Meynert); – Zwangsvorstellungen verglichen mit, II/III 228

Zirkus *s.* **Dummer August**

Zusammenlegbilder *s.* **Puzzle-Spiel**

Zuydersee, Trockenlegung d.; – Stärkung d. Ich, indem es sich neue Stücke d. Es aneignet, verglichen mit, XV 86

Zweifrontenkrieg d. Ichs, XVII 130

Zwingherren d. Ich; – Überich u. Es als, XIII 387; XV 84f.

REGISTER DER ANEKDOTEN, WITZE UND WORTSPIELE

(s. a. Sprachregister; Register d. Fehlleistungen
u. Symptomhandlungen; Zitatregister)

Aberglauben (bestimmte Fälle)
Freuds *s*. i. Biogr. Reg.
v. Patienten *s*. i. Haupt-Reg.

Abgeschnitten ?, II/III 368

Abschlagen, nichts – können, VI 41

Achillesfersen, vier, VI 24

Aesoi, VI 86, 123

Agamemnon – angenommen, IV 124; VI 101; XI 32, 66

Alcoholidays, VI 21

Alexander, Wenn ich nicht – wäre, möchte ich Diogenes sein, IV 119

Amantes – amentes, VI 33

Amerikanische u. österreichische Träume, X 338

Amme, gute Gelegenheit bei, versäumt, II/III 211, 295

Anecdotage, VI 20

Anektode, IV 138

Antesemitismus – Antisemitismus, VI 33

Antigone, Antik? oh, nee, VI 31, 35, 44

Antipodex, VI 84

Anziehendsten, Wenn man am – ist, VI 102

Ariadnefaden, d. aus d. Skylla dieses Augiasstalles herausleitet, VI 243

Außerordentliche – ordentliche Professoren, VI 39

Backside, moralische, VI 91

Bad(ewitze)

Hast du genommen ein –?, VI 50, 53, 55

Ich nehme jedes Jahr ein, VI 77

Schon wieder ein Jahr vergangen!, VI 84

Banko – Banquo, VI 36

Bäder, Neue – heilen gut, VI 81, 244

Bein, Befehlen Majestät auch das andere, VI 78

Beize getunkt – Tunke gebeizt, VI 236

Berührungsverbot d. Herrschers, I 53

Bettler *s*. Schnorrer

Billiges Vergnügen, XIV 447

Bissig – beißen, VI 38

Blinder u. Lahmer, VI 34

Borgen (*s. a.* Schnorrer)
d. Kessels *s*. Plaidoyer
Wer wird denn d. Leuten was, VI 68, 115, 231

Brentano, Brennt a no?, VI 32

Brot – Brot – Ruhm, VI 92; XVI 21

Bubizin, VI 208, 213

Buona parte, non tutti, ma, VI 31

Calais, Du sublime au ridicule n'est qu'un pas de, II/III 522; XI 117

Carthaginoiserie, VI 21

Cäsaren – Cäsuren, VI 47

Cincinnatus' Platz vor d. Pflug, VI 26

Cleopold, VI 19

Connétable – Komfortabel, XI 24f.

Daldal, VI 32
Denis, heiliger, mit d. abgeschlagenen Kopf, XVII 44
Diarrhetikus, VI 84
Dichteritis, VI 82
Dietrich-Besitzer als Einbrecher angeklagt, XIV 542
Dorfschneider *s.* **Hängen**
Dornenvolle Kinderschuhe, VI 244
Dreckwall, VI 84
Dreißigjähriger Krieg, VI 145
Dreyfus, Dieses Mädchen erinnert mich an, VI 40, 138
Dukaten [Gulden], Sie kommen um Ihre hundert [drei–], VI 38 f., 44
Dummes, Was habe ich denn – gesagt ?, VI 61
Durchläuchtig – durchsichtig, VI 236

Eifersucht ist eine Leidenschaft..., VI 35, 40, 44, 145
Einbrecher, da i. Besitze eines Dietrichs, XIV 542
Eingeweide, gelehrte, VI 90
Einstehen – ausstehen, VI 147
Eiserne Stirne..., VI 40, 44
Elsas – Elsaß wegen, VI 36
Erfahrung, die besteht darin..., VI 70, 100

Fackel der Wahrheit, VI 89, 101
Fadian, roter, VI 21, 113
Famillionär, VI 10, 14, 157–59
Fehler, Gar keinen – soll sie haben, VI 65, 118
Fertige Sach'!, VI 67, 117
Festlich entkleidet, VI 242

Finger, schwärender, durch Bier o. Semmel, VI 72 f.
Forckenbecken, VI 19
Franzosen, einmal bei einem – gelegen, XI 210
Frau
Die – gefällt mir nicht, VI 38
gleicht Venus *s.* **Venus**
als Regenschirm *s.* **Regenschirm**
zweischläfrige, VI 93
Frauen
Ist doch d. Beste, was wir i. dieser Art haben, XIV 294
z. Zwecke d. Vergleichs gebrauchte *s.* i. Reg. d. Gleichnisse
Freuds *s.* i. Biogr.-Reg.

Gabel – Müh', VI 242
Galathee (Lessing), VI 77
Geboren werden, niemals..., VI 60
Gedicht, Dieses – wird nicht an seine Adresse gelangen, VI 72
Gefällt *s.* **Frauen**
Gefecht, stundenlang wogte d., VI 244
Geist, d. große, VI 75
Geister beschwören, Er kann –?, VI 74
Geld wie Heu am Meere, VI 243
Genitalien – gen Italien, II/III 237
Gesundheit, f. meine, ist mir nichts zu teuer, VI 58, 124
Goldenes Kalb *s.* **Kalb**
Göttingen, Einteilung d. Bewohner, VI 73, 242
Graz, Was kostet – ?, II/III 221
Gulden, dreihundert *s.* **Dukaten**

Habent sua fata morgana, VI 244
Halstuch *s.* **Hängen**

Hängen
 Halstuch, f. d. Weg z., VI 261
 Papier u. Tinte höher, VI 244
 Schneider statt Schmied, VI 235; XI 178; XIII 274
 Zigeuner *s.* **Zigeuner**

Heilen
 neue Bäder *s.* **Bäder**
 zwei – u. zwei heulen, VI 145

Hering an der Wand, VI 246

Herodes, Kinderarzt ?, II/III 445

Herz – Pick, I 526

Hexenprobe, VIII 344; XV 167

Hof, mehr als Freiung, VI 36

Home-Roulard, VI 102, 134f., 137

Horoskope, Stilisierung d. Wunscherfüllung i. zwei –n, XVI 267

Hose d. Geduld [d. Anstandes], VI 91, 241

Höcker, Aber einen– !, VI 68, 231

Ich schlafe, II/III 229

Ideal, Er hat ein – vor d. Kopf, VI 82, 244

Immer so g'west, II/III 368

Infantile Kastrationstheorie (i. einer Kinderanekdote), II/III 368

Januarius, d. ist d. Monat ..., VI 70, 100

Judenschwänke, VI 123

„**Jungfrau** v. Orleans", Schauspieler i. Schillers, XI 24f.

Ka-lauer, VI 48

Kalb, goldenes, VI 48, 52, 55, 113

Kalkutta – Kalkutenbraten, VI 47

Kanon', Kauf dir eine –, u. mach dich selbständig, VI 59, 61

Kapuzinade, VI 30, 46

Karlsbad, Wenn meine Konstitution es aushält, nach ..., II/III 200f.

Katzen, Löcher i. Pelz, wo d. Augen sind, VI 62, 101

Kessel *s.* **Plaidoyer**

Kettenbrück' Das Leben ist eine, VI 155

Kind, Mutter bei Geburt vorfindend, VI 63

Kinderfrau, mit Praxis, XIV 219

Kinderschuhe, dornenvolle, VI 244

Kindspech *s.* **Mekonium**

Klafter, Jeder – eine Königin, VI 82

Klio, d. Meduse d. Geschichte, VI 244

Knabe, d. andere –, d. hieß Marie, II/III 207

Komfortabel
 Connétable, XI 24f.
 man nimmt sich dann doch einen *s.* **Regenschirm**

Konditorei, unbezahlte Rechnung i. d., VI 63, 233

Kontrast, d. (Gedicht v. Kempner), VI 246

Kopf
 abgeschlagener, XVII 44
 ein Ideal vor d., VI 82, 244
 Hinter–, IV 62

Kost, ich hab' ihm d. – versprochen d. erste Jahr, VI 124

Krakau, Nach! Wohin fahrst du? – VI 127

Kranker Versicherungsagent u. Geistlicher, XIV 259

Kück d. Rebben (Rabbi), v. Krakau nach Lemberg, VI 66f., 126; XVII 38

Kürzeren, d., – u. d. Längeren ziehen, VI 244

Labeo ait, VI 34
Lachs mit Mayonnaise, VI 51, 53, 58, 119f., 233
Lahmer s. **Blinder**
Latein, Prügel u. Geographie, VI 73
Leben
  ist denn d. ein, VI 57
  ist eine Kettenbrück', VI 155
  d. menschliche, zerfällt i. zwei Hälften, VI 70
Licht, d. Mann ist kein großes, aber ein großer Leuchter, VI 89
Linsen, Was hast du gestern gegessen?, VI 77
Louise, Kronprinzessin, u. d. Krematorium, VI 138

Maintenon, Mme de, – Maintenant, VI 236
Märchen, bestimmte s. i. **Haupt-Reg.**
Mekonium, aus Angst, XI 412
Menschenhände, was – zustande bringen können, VI 62, 81
Messer, ohne Klinge, wo d. Stiel fehlt, VI 64
Métier, C'est son, VI 126
Milionarr, VI 19
Minister d. schönen Äusseren, VI 237
Moden, ein Mädchen kaum zwölf – alt, VI 81
Monsieur notre père, XVI 256
Monumentaner Erfolg, VI 20
Moses u. d. ägyptische Prinzessin, XI 163

Namen haben, VI 39
Napoleoniden s. **Fadian,** roter

Nehmen
  ein Bad s. **Bad**
  Gehen wir ins Kaffeehaus u. wir etwas, VI 53
Nos têtes ont le droit . . ., VI 262

Ohrfeige, wenn d. X. das hört, bekommt er wieder eine, VI 83; VII 444
Onanie – O na nie, VI 31
Orienterpreßzug, VI 26f.
Österreichische u. amerikanische Träume, X 338

Papier u. Tinte höher hängen, VI 244
Partien, Aber daraus mach' ich drei, VI 119
Pas
  de Calais s. **Calais**
  le premier, ce n'est que, qui coûte, XVII 44
Pegasus, schon früh regt sich in mir d., VI 244
Pfaffe, katholischer
  u. protestantischer, VI 94
  u. Versicherungsagent, XIV 259
Pferd, reiten, mit schnellem, nach Preßburg, VI 57, 171
Pick s. **Herz**
Pistol, Drück dich aus unserer Gesellschaft ab, VI 36
Plaidoyer eines Mannes, d. einen ausgeliehenen Kessel [beschädigt zurückbrachte, II/III 125, 128; VI 65f., 234
Poeta-ka-Laureatus, VI 48
Professoren . . . u. Vieh, VI 73, 242
Psychoanalyse [psychoanalytische Bewegung] betreffend, IV 93,

95f.; X 52f., 338; XIV 74, 235; XVI 153

Rätsel, bestimmte *s.* i. **Haupt-Reg.**

Räucherkerzen, steigen i. Preis, VI 83f.

Rebbe *s.* **Kück**

Regenschirm, eine Frau ist wie ein, VI 84, 122

Residenz, Hat seine Mutter i. d. – gedient?, VI 73, 114, 132

Rezept, Chrobaks, X 52

Richterspruch Sancho Pansas ü. sexuelles Attentat gegen Frau, IV 201

Roux et sot, mais non pas un Rousseau, VI 29f., 35, 44

Römischer Untertan, v. Kaisermord träumend, II/III 625

Ruhm *s.* **Brot**

Saviour, And where is the –?, VII 79f., 132; VIII 29

Säule, entlaubte, VI 243

‚Schadchen'(witze), VI 57, 64f., 67–69, *115–119*, 231

Schenkt er mir was?, VI 124

Scherzfragen *s.* i. **Haupt-Reg.**

Scheusalinger u. **Sensalinger,** VI 19

Schilda, d. verhungerte Pferd v., VIII 59f.

Schimmel blau färben, VI 73

Schlachten, d. Kürzeren ziehn i., VI 244

Schlüg' er mich erst!, II/III 163

Schmied u. **Schneider** *s.* **Hängen**

Schnorrer u. **Bettler**(witze)
  billiges Vergnügen, XIV 447
  Borgen *s.* **Borgen**
  Dukaten, Gulden *s.* **Dukaten**

Gesundheit, f. meine –, ist mir nichts zu teuer, VI 58, 124

Kost, VI 124

Lachs mit Mayonnaise *s.* **Lachs**

Schenkt er mir was?, VI 124

Torte auch nicht gegessen, VI 63, 233

Werfts ihn hinaus, er bricht mir das Herz!, VI 125

Schulweisheit, Es gibt vieles i. d. –, ..., VI 77

Schwänke *s.* i. **Haupt-Reg.**

Schwerhöriger, d. d. Trinken aufgeben soll, VI 125

Schwiegermutterwitze, IX 21

Sensalinger *s.* **Scheusalinger**

Serenissimus, VI 73, 114, 132

Sieben Fliegen auf einen Schlag, II/III 480f., 528

Silber, Wie gewinnt man, II/III 303

Souffre, Ah mon Dieu, que je, VI 87, 230

Spanische Wand, VI 60f.

Spiegel vorhalten (Schnitzler), VI 37

Spinat, Ich glaubte es wäre, VI 155

Stallfütterung, gelehrte, VI 91

Statuen, Was stellen d. – vor?, VI 39

Sujet, Le roi n'est pas, VI 37f.

Tarquinius Superbus, pantomimische Botschaft an Sohn d., IV 221

Taub ist sie auch, VI 68, 115

Tête-à-bête, VI 24

Torte, auch nicht gegessen, VI 63, 233

Traduttore – traditore, VI 33, 135

Trauring, aber wahr, VI 20

Trente et quarante, VI 236

Trinken
aufgeben, um Lektionen z. bekommen, VI 54, 120
u. Schwerhöriger, VI 125
Trust i. money, money i. trust, VI 33
Tussauds Kabinett *s.* Wellington
Türke, ü. d. Wert d. Sexualität, I 522; IV 8

Unglaubensgenosse, VI 83
Ungnaden, Wir v. Gottes, VI 83
Unschuld *s.* Dreyfus
Urinia *s.* Venus
Übersiedle ich nach Paris, Wenn einer v. uns stirbt, II/III 489

Venus
diese Frau gleicht d. – v. Milo, VI 75
Urinia, VI 84
Verhext, XV 152
Versicherungsagent, kranker, XIV 259
Vieren, auf allen – zurückgehen, VI 25
Vivisektion (Gedicht v. Kempner), VI 246
Vol, C'est le premier – de l'aigle, VI 37, 42f.
Vorstellen, das Bein, VI 39

Wallenstein, ja freilich ist er uns allen ein Stein . . . , VI 30
Was kostet Graz ?, II/III 221
Wellington, d. Duke of
i. Tussauds Kabinett, VI 75f.
Ist d. d. Stelle, wo – d. Worte gesprochen hat ?, VI 64
Welt-Wilt, Reise um d., i. 80 Tagen, VI 82
Wie alt ? – In Brünn (Gallmayer), VI 171
‚**Wippchen',** VI 242f.
Woche, Anfang d. *s.* Zigeuner

Zahlen *s.* Schnorrer
Zigeuner [Verbrecher] z. Hängen verurteilt
Baum wählend (als ‚Anektode'), IV 138
Na, diese Woche fängt gut an, VI 261; XIV 385
Zitieren – Zitation, VI 40
Zukunft, große, hinter sich haben, VI 25f., 244
Zurücklegen – verdienen; verdienen – zurücklegen, VI 32, 41, 81
Zweischläfrige Frau – einschläfriger Kirchenstuhl, VI 93
Zwölf
Kinder, geboren i. Abwesenheit d. Mannes (Kinderwitz), VI 209f.
Moden alt, VI 81f.

GEOGRAPHISCHES
UND
ETHNOLOGISCHES REGISTER

Vorbemerkung:
Fiktive Ortsnamen sind in runde Klammern gesetzt.
Ortsnamen, die in bestimmten Witzen vorkommen, finden sich im Anhang dieses Registers.
Ortsangaben über psychoanalytische Gesellschaften, Gruppen, Kongresse usw. können im Hauptregister nachgeschlagen werden unter: Psychoanalytische Bewegung; Psychoanalytische Kongresse usw.

Abiponen, IX 71
Adelaide, IX 70
Adria, II/III 467
Afrika, IX 26, 70
   äquatoriales, XII 164
Agutainos, IX 68
Aino, IX 69, 99, 168
Akamba, IX 18, 69
Akropolis, Erinnerungsstörung Freuds auf d., XIV 347; XVI 250–57
Akhetaton (s. a. Tell-el-Amarna), XVI 121
Alba Longa, XVI 110
Alexandrinische Wissenschaft, XI 294
Alfoers, XII 164f.
Alhama, XVI 255
Alpen, d., II/III 202f., 383f.
Amatongas, IX 21
American Psychoanalytic Association, Gründung d., X 89
Amerika (s. a. Nordamerika; Südamerika), VII 461; IX 26, 168; XVI 60
   ‚God's own country', XIV 341
   Kulturzustand i., XIV 475

Popularität d. Psychoanalyse i., XIV 570f.
Amerikaner, i. Witz u. Vergleich, II/III 568; X 338
Amerikanische Ortsgruppen, X 91; XIV 306
Amerikanischer Flirt, X 343
Angelsachsen, II/III 218
Apachen, IX 52
Aquileia, II/III 467
Araber (s. a. Beduinen), Gemeinsame Mahlzeit d. Wüsten-, IX 163f.
Arabische Traumdeutung, II/III 4
‚Arisches Ideal' (s. a. i. Haupt-Reg.: Antisemitismus), XIV 479
Arunta, IX 138–44
   Intichiuma-Zeremonie d., IX 139–141
   Sexualtheorien d., IX 139–43
   Totem, Konzeptions- u. Wiedergeburtstheorie d., IX 138–41
Asien, Nord- u. Zentral-, IX 26
Assisi, XIV 461
Assyrer, Sprachschrift d., XI 239
Athen, II/III 319; XVI 250–57
Akropolis s. Akropolis

Athen, Schule v.

Schule v., X 327
Australien, IX 13, 69; XII 164
Deflorationstabu i., XIII 163f.
Ureinwohner v. (*s. a.* i. Haupt-Reg.: Primitive Völker), IX 6
Australneger, IX 74
Azteken, IX 168
Ägypten [Ägyptische] (*s. a.* i. Namen-Reg.: Moses)
Abstammung d. Leviten aus, XVI 138
Auszug d. Juden aus, XVI 127–32, 134, 137
Beschneidung, XVI 125f., 129, 134
Gottheiten *s.* i. **Namen-Reg.** unter d. einzelnen Namen
Inzestgebot i. Herrscherhaus, XVI 228f.
Pharaonen *s.* i. **Haupt-Reg.:** Pharao; u. i. Namen-Reg.: Amenhotep; usw.
Religion
monotheistische [Aton-] (*s. a.* i. Namen-Reg.: Aton), XVI 118–26, 130, 191, 194, 196
polytheistische, XVI 116f., 122
Sprache, Gegensinn d. Urworte i. d. (*s. a.* i. Haupt-Reg.: Gegensinn d. Urworte), VIII 215–19
u. Schrift, XI 236–38
Verdoppelung, u. Kunst i., XII 247
Ätna, II/III 25

Babel, II/III 444
Banks-Inseln, IX 18, 143
Babenbergerstraße o. Habsburgerstraße, IV 248, 252f.
Barangos, IX 17
Basoga, IX 19
Battas, IX 17; XII 165
Deflorationszeremonien, XII 164

Beduinen, IX 163, 168
Brautzeremoniell d., XIV 24f.; XV 24
d. sinaitischen Wüste, Opferzeremoniell d., IX 168
Berkeley-Hill, X 69
Bern, Bären v., IX 127
Berlin
Ortsgruppe, XIV 306; XVI 34
Gründung d., X 87
Psychoanalytisches Institut, XIV 260, 301, 570–72
Polyklinik, XIII *441*; XIV 110, 306
Bidassoa, IV 281
Bilbao, II/III 173
Bisenz, IV 41; XI 70
Borneo, IX 49, 70
Bosnien, I 522; IV 7, 9f.
Breslau, IV 160
Brescia, IV 34–37
Britisch-
Indien, psychoanalytische Bewegung i., X 73
Kolumbia, IX 68
Neuguinea, IX 69
Ostafrika, IX 18
(Brobdingnag), II/III 32
Budapest
Ortsgruppe, XIV 306; XVI 34
Gründung d., X 87, 89
Kongreß i., XIV 81
Bukowina, IV 143f.
Burghölzli, X 65f.; XIV 77

Calcutta Gruppe, XVI 34
Capri, VII 40, 48, 64
Capua, IV 34–37

Castelvetrano, IV 37f.
Celebes, XII 164f.
Charing Cross, VIII 11
China
  Fußverstümmelung i., u. Kastration, XIV 317
  Sprachschrift, XI 237, 239
Choctaws, IX 49, 52
Combodscha, IX 60
Dachstein, II/III 132f., 657
Dakota-Indianer, IX 49
Dayaks, IX 49, 51, 100
Dayton, Affenprozeß i., XIV 362
Delagoa-Bucht, IX 17
Deutsch-Neuguinea, IX 51
Deutschland, psychoanalytische Bewegung i., X 73–75
Dieri, IX 12
  Deflorationszeremonien bei d., XII 164
Donau, II/III 203, 217
Dordogne, II/III 13
Eckerntal, II/III 133
Eleusis, X 399
Emmersdorf, II/III 216; IV 246
Encounter Bay, IX 70
England, psychoanalytische Bewegung i. (s. a. London), X 73, 91
Enna, IV 37
Ephesos, VIII 360f.; XV 109
Eskimos, Deflorationszeremoniell bei d., XII 164f.
Etruskisch (-er, -e, -es)
  Aschenkrug, II/III 129
  Grab, II/III 457; XIV 338f.
Fiji-Inseln, IX 17

Frankreich, Psychoanalytische Bewegung i. X 72f.
Freiberg (Příbor), XIV 561
Gazellen-Halbinsel, IX 16
Gallas, IX 48
Gallhof, IV 39
Gilyak, IX 100
Gizeh, V 76
Gleichenberg, II/III 200
Glenelg-Stämme, Deflorationszeremonien bei d., XII 164
Gmunden (Aufenthalt d. kleinen Hans i.), VII 249f., 252
Görtz, II/III 467
Grado, II/III 469
Graonne, IV 94
Graz, ‚was kostet –‘, II/III 221
Griechen
  Homosexualität d., u. Symbolik d. Medusenhauptes, XVII 47f.
  Kriegssitten d., XVI 19, 129
Griechisch (–er, –e, –es)
  Chor s. i. Haupt-Reg.: Chor
  Tragödie IX 187
  Traumdeutung (s. a. i. Namen-Reg. unter Eigennamen), II/III 3f.
Guaycurus, IX 70
Haag, Kongreß i., XIV 80
Habiru (s. a. Hebräer), XVI 128, 151
Habsburgerstraße s. Babenbergerstr.
Hades, VII 44
Hallstadt, II/III 133
Hameln, d. Rattenfänger v., VII 434
Hasenauerstraße, IV 303
Hawaii, IX 67
Hebräer (s. a. Habiru; Juden)

Geo 4   Hebräer, Gottes Name

Gottes Name tabuiert bei d., VIII 348; XIV 139f.
Hebrew University, XIV 556f.
Heliopolis s. **On**
Herzegowina, I 523; IV 7
Hindu (s. a. Indien)
  Mythologie u. Kastrationskomplex, XIV 459
Holland (s. a. i. Biogr. Reg.: Erlebnisse, eigene (v. psychologischem Interesse): Fehlleistungen, Irrtümer)
  Ortsgruppe, XIV 306; XVI 34
  psychoanalytische Bewegung i., X 72
Hollthurn, II/III 458f., 523
Horeb s. **Sinai**
Hradschin, II/III 403
Hunnenschlacht Kaulbachs, XIII 267
Hussiatyn, II/III 239
Hyksos, XVI 127

Incas, peruanische, IX 133
  Inzestvorschrift d., XI 347
Indianer s. unter d. jeweiligen Namen d. Stammes
Indien (s. a. Hindu)
  Britisch-, s. **Britisch**-Indien
  Süd-, s. **Südindien**
Indische Traumdeutung, II/III 4
Indoeuropäische Sprachen
  Gegensinn d. Urworte i. (s. a. i. Haupt-Reg.: Gegensinn d. Urworte), VIII 219f.
Indogermanen, XIV 353
Inkas s. **Incas**
Innsbruck, XIV 542
Irland, „Book of Rights", IX 60

Isle of Man, Symbolbedeutung d. Wappens, XI 166
Isonzo, II/III 553
Israel, XVI 150, 164
  u. Juda, XVI 137
  Volk s. **Juden**
Italien [Italienisch (-er, -e, -es)], XVI 573
  psychoanalytische Bewegung i., X 72f.
  Traum i. (s. a. Rom), II/III 237
  Volk, XVI 157

Japan, IX 57, 69, 168
  Ortsgruppen, XVI 34
Japanische Traumdeutung, II/III 4
Java, IX 99
Jerusalem (s. a. Juden)
  Jewish University, XIV 556f.
  Ortsgruppe, XVI 34
Juda, XVI 137
Juden (i. allgemeinen) (s. a. Judentum) XIV 569
  Ethik d., XVI 192, 226f.
    mosaische (s. a. i. Haupt-Reg.: Religionen, mosaische), XVI 243f.
  Geistigkeit, XVI 117, 192, 219–23, 231
  Gottesbegriff, (s. a. i. Namen-Reg.: Jahve), XIV 341
  Monotheismus s. i. **Haupt-Reg.**: Monotheismus
  u. Psychoanalyse, XIV 110
Juden (als Volk) (s. a. Habiru; Hebräer; u. i. Haupt-Reg.: Antisemitismus), XIV 474, 479
  Atonreligion d. s. i. **Namen-Reg.**: Atonreligion
  als „auserwähltes Volk", XIV 341, 486; XVI 146, 167f., 197f., 212f., 219f., 222, 231, 243

als ‚Aussätzige‘, XVI 212

Ägypten

Auszug aus, XVI 127-32, 134, 137, 149f., 163

Ähnlichkeit mit Ägyptern, XVI 129

Beschneidung d., u. Kastration (s. a. i. Haupt-Reg.: Antisemitismus), XII 119f.

Bilderverbot bei d. XVI 122, 124, 143, 226

Wirkungen, d. –s XVI 220, 223

Charakter d., XVI 191f., 212, 218f., 231

erworbener, XVI 246

u. Christentum, XVI 245

Eifersucht auf s. i. **Haupt-Reg.**: Antisemitismus

Geschichte d. Hexateuch, XVI 142–48, 169

–haß s. i. **Haupt-Reg.**: Antisemitismus

als Ikhnatons Erben, XVI 245

Israel, d. Volk, XIV 486; XVI *211–14*

Jewish University s. **Jerusalem**

Josefsage, XVI 213

keine Asiaten, XVI 197

u. Kultur, XVI 197

Magie nicht anerkennend, XVI 117, 220f.

Monotheismus (s. a. i. Haupt-Reg.: Monotheismus), XVI 116, 151-54, 167, 170, 191, 195f.

Einzigartigkeit d., XVI 236

als spontane Entwicklung, XVI 168

Moses, als Führer d. (s. a. i. Namen-Reg.: Moses), XVI 115f.

u. seine Wirkung auf d., XVI 213f.

unter ‚Narzißmus d. kleinen Differenzen‘ leidend, XIV 474

Propheten, XVI 152–54

u. Schuldgefühl, XVI 243

Religion d. (s. a. i. Haupt-Reg.: Religion)

zwangsneurotischer Charakter d., XVI 243f.

Schuldgefühl bei d., XVI 192, 212, 219f., 222, 243f.

Gott gegenüber, XVI 167

–schwank, VI 123

Selbstgefühl d., XVI 219f., 222, 231

nationales, XVII 52

Tabu d. Gottesnamens (s. a. i. Namen-Reg.: Jahve), VIII 348; XVI 139f.

Tod, Verleugnung d. –es, XVI 117

Tradition, Rolle d., XVI 171, 173f.

traumatisches Erlebnis eines Volksteiles, XVI 154

Triebverzicht, XVI 221–30, (221–33)

aber keine Abstinenz, XVI 226

Universität s. **Jerusalem**

welche Vatermord nicht zugegeben, XVI 245

Verachtung gegenüber s. i. **Haupt-Reg.**: Antisemitismus

Volk, XIV 486; XVI 128f., 137f., 151, 154, 164, *211–14*

i. Wien, II/III 197–99

Witz d. s. i. **Haupt-Reg.**: Witz (Arten): jüdischer

Wüstenwanderung d., XVI 149

Judentum (s. a. Juden (i. allgemeinen); u. i. Haupt-Reg.: Monotheismus; Religionen (bestimmte): mosaische), XVII 51

Freuds s. i. **Biogr. Reg.**: Selbstbekenntnisse, Judentum

Jüdische Presszentrale, XIV 556

Geo 6 — Jüdische Traumdeutung

Traumdeutung (*s. a.* i. Namen-Reg.: Josef), II/III 4.
Universität *s.* Jerusalem

Kairo, II/III 26; XI 88
Kalkutta, Ortsgruppe, XIV 306
Kamilaroi, IX 135
Kampanien, II/III 202
Kanaan, XVI 138, 147, 150, 163, 232
Kanada, X 70
Kannibalen, IX 19
Kapitol *s.* Rom
Kap Podron, IX 58
Karlsbad, II/III 200f.
Karst, II/III 553
Kärntnerstraße (*s. a.* Wien), XI 93f.; XVII 21, 23
Knossos, XVI 147
Konstanz, XIV 347
Kopfjäger, IX 48
Korfu (Insel), XVI 251
Köln (a. Rhein), XVI 197
Kreta, XVI 175
   Muttergottheiten auf, XVI 147
   Minos-Palast i. Knossos auf, XVI 147
Kukulu, IX 58
Kurmai, IX 135

Lepers Island, Neuhebriden, IX 15
Lernäische Hydra, XVI 7f.
(Lilliput), XIV 449
Loango-(Küste), IX 58
Loch Ness *s.* i. Reg. d. Gleichnisse
Logea, IX 51
London, XIV 429
   Ortsgruppe, XIV 34, 306

Gründung d., X 89
Psychoanalytisches Institut, XIV 260
Lehrinstitut, XIV 260
Lourdes, VIII 360; XV 164
Lucca, „Die Bäder v. –' (Heine), VI 14, 84, 94, 157
Lübeck, II/III 200

Madagaskar, IX 26, 70
Madeira, II/III 360; X 3; XI 162
Magyaren, XV 79
   Traum Freuds ü. Vater u. d., II/III 430–33, 449f.
Malaien, XII 164
Man, Isle of, XI 166
Maoris, IV 37f., 55, 66, 74, 117
Marbach, IV 243, 245
Marburg, II/III 458f.; IV 242–45
Mariazell (i. einer Teufelsneurose), XIII 318–53
Marathon, II/III 403
Marillier, IX 169
Masais, IX 70
   Defloration bei, XII 164f.
Massa *s.* Qadeš
Mekeobezirk, i. Britisch-Neuguinea, IX 69
Melanesien, IX 15, 67, 102
Merîba(t) *s.* Qadeš
Merneptah (Stele d.) *s.* i. Namen-Reg.
Midian (*s. a.* i. Namen-Reg.: Moses, i. Qades) XVI 134f, 137
Midianiter, XVI 125, 133, 141, 163
Miramare, II/III 461
Mittelmeerländer
   Kultur, XVI 197
   u. Völker, XVI 244

vulkanische Katastrophen u. Vulkangötter i. östlichen, XVI 146f.

‚Monaco' (Fehlleistung), XI 109, 112

Mongolen, IX 69; XVI 3
   auf Asche Urinieren bei d., XVI 3
   –kriege, XVI 17

Montenegro – Monte Carlo, IV 63; XI 109, 112

Monumbo, IX 51

Monument, (The), VIII 11

Moskau, Ortsgruppe, XIV 306

Motumotu, IX 51

Mödling, II/III 304

München
   i. einer Fehlleistung, IV 63; XI 109–12
   Kongreß i., X 88f., 91, 105f.
   Ortsgruppe, Gründung d., X 88

Mykene, XIV 519

Nancy, Schule v. (s. a. i. Namen-Reg.: Bernheim), XIV 40f.; XVII 146

Nandi, IX 69

Natchez, IX 52

Neger (s. a. unter d. jeweiligen Namen d. Stämme)
   v. Sierra Leone, IX 61

Nervi, IV 29, 40

Neubritannien, IX 16

Neuguinea, IX 51, 69

Neuhebriden, IX 15

Neukaledonien, IX 16

Neumecklenburg, IX 16

Neumexiko, IX 169

New Zealand, IX 55

New York

Psychoanalytic Society (s. a. Nordamerika), XIV 288
   Gründung d., X 8

Niger, IX 63

Nikobarische Inseln, IX 70, 73

Nil
   ‚caput Nili', I 439
   Quellengebiet d., IX 19

Nine, IX 60

Nord- u. Zentralasien, IX 26

Nordamerika, IX 52
   Psychoanalytische Bewegung i. (s. a. New York) X 70f., 73, 89; XIV 306, 570f.
   –westamerika, IX 70

Nordische Völker, XVI 197

Nordostafrika, IX 48

Norwich, IX 102

Nubas, IX 54

Nürnberg,
   i. einem Spruch (s. a. i. Reg. d. Gleichnisse), VII 357
   psychoanalytischer Kongreß i., X 84–87; XIV 76

Olmütz, II/III 302

On (Heliopolis) (s. a. i. Namen-Reg.: Atonreligion; Ikhnaton), XVI 116, 119, 123, 130, 146, 148, 161, 163

Orientalische
   Mischgebilde, Tierkompositionen u. Traum, II/III 664
   Muttergöttinnen s. i. Haupt-Reg.: Muttergöttinnen

Orvieto, I 521f.; II/III 27, 457; IV 6f., 40f.; XI 70, 88

Osagen, IX 49

Ostafrika, IX 54
   Britisch–, s. Britisch-Ostafrika

Ostjordanland, XVI 136f., 141

Ouataouaks, IX 168
Oxford, XIV 321
Österreich (s. a. Wien)
  Antisemitismus i. (s. a. Juden
    (als Volk): i. Wien) s. i. Haupt-
    Reg.: Antisemitismus
  Bürgerministerium i., II/III 199
  Laienanalyse i., XIV 210
  Psychoanalyse u., XVI 159
  ,d. Staatswagen v.', II/III 434
Padua, II/III 15
Pakeha Maori, IX 55
Palawan, IX 68
Palu, IX 48
Paraguay, IX 70f.
Paris, II/III 201
  Notre Dame, II/III 472
  Ortsgruppe, XVI 34
  Salpêtrière, XIV 37
  Wappen d. Stadt, X 44
Parnaß, X 327
Pegli, IV 39f.
Peru, IX 133
Peruanische Incas s. Incas
Perser, XVI 19
Philippinen, IX 68, 70; XII 164f.
Pima-Indianer, IX 52
Polen, psychoanalytische Bewegung i., X 73
Polynesien, IX 67, 69
  Tabu-Begriff u. Wort, IX 26f., 31–33
Pompeji (s. a. i. Namen-Reg.:
    Gradiva), VII 34, 400; XVI 46
  als Symbol d. Verdrängung, VII 65, 77f., 112
  verschüttete Stadt s. i. Reg. d.
    Gleichnisse: Pompeji

Pornic, Seebad, II/III 13f.
Port Patteson, IX 19
Portlandstämme, Defloration bei d., XII 164
Prag, II/III 201, 328f., 403
Prater, II/III 198, 368
Přibor (Freiberg), XIV 561
Prienne, Terrakotten v., X 399
Psyllen, VIII 318
Purkersdorf, II/III 434
Pygmäen, XVI 3

Qadeš, Moses i., XVI 139–41, 144–47, 149f., 152, 163f., 200

Radetzkystraße, IV 73f.
Ragusa, I 520; IV 7
Ravenna, II/III 200
Reichenhall, IV 29
Rohrerhütte, II/III 134
Rom (Römer) (s. a. i. Biogr.-Reg.:
    Träume, eigene), II/III 119, 328, 443f., 447, 625; XIV 474
  historische Entwicklung v., XIV 426–29
  Sehnsucht nach s. i. Biogr.-Reg.:
    Träume, eigene, Romreise
  Wölfe i. Käfig am Kapitol, IX 127
Rosenheim, IV 29
Russische Charaktertypen (s. a. i.
    Haupt-Reg.: Russisch), XIII 382
Rußland (s. a. Moskau), XIV 330, 369
  psychoanalytische Bewegung i., X 73
  Sowjet –, XIV 330; XVI 156
Rügen, I 126, 143

Sahara, IX 69, 73
Sakais, XII 164f.
Salomons-Inseln, IX 19

Salpêtrière *s.* **Paris** (*s. a.* i. Haupt-Reg.)

Salzburg, Tagung i., XIV 75

Samojeden, IX 69

San Sebastian, II/III 173

Sarawak, IX 49

Savage Island, IX 60

(Schilda) *s.* i. **Anhang: Schilda;** u. i. **Reg. d. Gleichnisse:** Schilda

Schittim, XVI 136

Schottland, XVI 251

Schweden, psychoanalytische Bewegung i., X 73

Schweiz, Ortsgruppe, XIV 306; XVI 34

Schweizer Schule (*s. a.* Zürich), XII 190

Semiten (*s. a.* Juden; Araber, u. i. Namen-Reg.: Robertson Smith)
Opferwesen d., IX 161

Semitische Sprachen,
Gegensinn d. Urworte i., VIII 219

Shark Point, IX 58

Shuswap, IX 68

Sichem, XVI 125

Siena, II/III 237

Sierra Leone, IX 61, 63

Simonyhütte, II/III 133

Sinai
Beduinen, IX 168
Berg (Horeb) u. Halbinsel, XVI 132f., 141
Wüste (*s. a.* i. Namen-Reg.: Moses i. Qadeš), IX 168

Sizilien
Symbolbedeutung d. Wappens v., XI 166

Skandinavische Gruppen, XVI 34

Soakis, Deflorationszeremonie bei d., XII 164

Sowjetrußland *s.* **Rußland**

Spanischredende Länder
psychoanalytische Bewegung i., X 73

Strada Consolare, VII 65

Sumatra, IX 17; XII 164

Südafrika, Ortsgruppe, XVI 34

Südamerika, IX 70
Psychoanalyse i., X 69, 73

Südindien, IX 69

Südslawen, anale Flüche d., VII 434

‚**Taganrog',** IV 280f.

Tartarei, IX 69

Tell-el-Amarna, XVI 121, 162

Tepl, II/III 200

Teufelsinsel, II/III 171

Theben (*s. a.* i. Namen-Reg.: Amon; Sphinx), XVI 116, 119, 121

Timmes, IX 63

Timor Insel, IX 48, 50

Tinguanen, IX 69f.

Toaripi, IX 51

Todas, IX 69

Tonga, IX 67

Toronto, Universität, X 70

Trafoi, I 524; IV 8f.

Triest, XVI 251

Tripolis, VIII 318

Troja, II/III (135), 329, 497, (658)

Tuaregs, IX 69, 73

Türken [Türkisch (er, –e, –es)]
Ärzte bei d. *s.* i. **Reg. d. Gleichnisse:** Aktionsunfreiheit
u. Christen, XVI 128

Geo 10 Türkenkriege

–kriege, XVI 17

Mantel, i. Traum, II/III 210, 213

Schätzung d. Sexualität bei (i. einer Fehlleistung), I 522; IV 8

Ungarn (*s. a.* Budapest; Magyaren)

‚Komische Geschichte' aus, VI 235

Ortsgruppe, XIV 288

Psychoanalyse i., X 73; XIII 435 f., 443–45

Unter-Guinea, IX 58

Urabunna, IX 12

Vanna Lava, IX 19

Venedig *s. i.* Biogr.-Reg.: Erlebnisse, eigene (v. psychologischem Interesse): Fehlleistungen, Irrtümer

Verona, II/III 237

Vesuv (*s. a.* Pompeji; u. i. Reg. d. Gleichnisse: Archäologie)

Ausbruch d., VII 37

Viktoria, IX 70

Vlissingen, II/III 304

Wachau, IV 216, 246

Wakamba *s.* Akamba

Weimar, Psychoanalytischer Kongreß i., X 87 f., 91, 102 f.

Westafrika, IX 58, 169

Wien [Wiener–] (*s. a.* unter d. Namen d. Straße, usw.)

Behörden i., XIV 287

Freuds Ansicht ü. Sitten i., X 80 f.

als Mittelpunkt d. psychoanalytischen Bewegung, X 84 f.

Ortsgruppe, XIV 286, 306

Gründung d., X 87

Prüderie i., geringer als i. Westen u. Norden, X 80 f.

Psychoanalytisches Institut i., XIV 110, 260, 268, 301

‚Wiener', als Euphemismus f. ‚Juden', X 80

Worcester (USA)

Vorträge Freuds i., X 70

Yellowstonepark, VIII 234

Zaraus, II/III 173

Zentralasien *s.* Asien

Zentralafrika, IX 69

Zentraleskimo, IX 74

‚Zion, d. Weisen v.', XVI 191

Zugspitze, XVII 32

Zulukaffer, IX 19, 21

Zuni, IX 169

Zuydersee *s. i.* Reg. d. Gleichnisse

Zürich (*s. a.* Schweizer Schule), IV 252

als Mittelpunkt f. d. psychoanalytische Bewegung, v. Freud bevorzugt, X 84 f.

Ortsgruppe („Züricher Schule'), IV 28; VIII 30, 324; IX 3

Gründung d., X 87

Anhang

Witz, Ortsnamen u. Volksnamen i. (*s. a. i.* Haupt-Reg.: Witz (Arten): jüdischer)

Amerika, X 338

Brünn, VI 171

Calais, II/III 522; XI 117

Elsaß, VI 36

Franzose, VI 210
Göttingen, VI 73, 242
Graz, II/III 221
Kalkutta, VI 47
Karlsbad, II/III 200f.
Krakau, VI 67, 126f.; XVII 38
Lemberg, VI 67, 126; XVII 38
Österreich, X 338

Paris, II/III 201, 489
Preßburg, VI 57, 171
Schilda, VIII 59f.
Schweden, Königin v., II/III 193
Spanische Wand, VI 60f.
Türke [Türkei], I 522; IV 8; VI 243
Ungarn, VI 235

BIOGRAPHISCHES REGISTER

(Freuds Einstellung zur eigenen Person, zur Familie, zu Patienten, Kollegen, Gegnern, zu Ereignissen, Erlebnissen, medizinischen Fachrichtungen, religiösen Glaubensmeinungen, politischen Fragen usw.).

Vorbemerkung:

In diesem Register wurde Freuds Name, da er in jeder Eintragung hätte aufgeführt werden müssen, grundsätzlich ausgelassen.

Aberglauben (*s. a.* Selbstbekenntnisse, Todesgedanken)

Doppelgängererlebnis, XII 262f.

‚merkwürdiges Zusammentreffen‘, IV 292f.

Neigung z., XV 57

Revenant, Patientin als, VII 99

Unheimlichkeitsgefühl u. mangelnde Orientierungsfähigkeit, XII 249f.

Zukunftsprophezeiung, II/III 198

Anekdoten u. Witze, z. Veranschaulichung verwendete, u. spontan vorgetragene (*s. a.* i. Reg. d. Gleichnisse; u. i. Reg. d. Anekdoten)

‚billiges Vergnügen‘, XIV 447

Denis, heiliger, XVII 44

statt Dorfschmied Dorfschneider aufgehängt, VI 235; XI 178; XIII 274

Einbrecher i. Besitze eines Dietrichs, XIV 542

Frauen sind doch das Beste i. dieser Art, XIV 294

‚gen Italien‘ – Genitalien, II/III 237

Hexenprobe, VIII 344; XV 167

Horoskope, zwei, XVI 267

‚ich schlafe‘, II/III 229

infantile Kastrationstheorie, II/III 368

‚Herodes, Kinderarzt‘, II/III 445

Karlsbad, Reise nach, wenn es die Konstitution aushält, II/III 200f.

Kinderfrau mit Praxis, XIV 219

kranker Versicherungsagent u. Geistlicher, XIV 259

Mekonium, XI 412

Monsieur notre père, XIV 256

österreichische u. amerikanische Träume, X 338

Plaidoyer eines Mannes, d. einen ausgeliehenen Kessel beschädigt zurückbrachte, II/III 125, 128; VI 65f., 234

Rezept, Chrobaks, X 52

römischer Untertan, v. Ermordung d. Imperators träumender, II/III 625

Rue Richelieu, II/III 201

Schilda, d. verhungerte Pferd v., VIII 59f.

‚schlüg er mich erst!‘, II/III 163

schöne Amme, II/III 211, 295

sieben Fliegen mit einem Schlag, II/III 480f., 528

Silbergewinnung, II/III 303

Todesanzeige, Lesen d. eigenen, Gleichnis v., I 513

Türke ü. d. Wert d. Sexualität, I 522; IV 8

Was kostet Graz ?, II/III 221

‚Wenn einer v. uns stirbt, übersiedle ich nach Paris‘, II/III 489

Anekdoten, Witzbeispiele

Witzbeispiele, Art d. verwendeten, VI 12

Ansichten ü. (ärztliche Standpunkte seiner Zeit)

Ärzte, affektiv überbetontes therapeutisches Interesse bei, XIV 291

Ärztewahl, freie, V 302f.

Breuer (s. a. i. Namen-Reg.: Breuer), X 48

Geringschätzung d. Psychischen überhaupt, V 290-92

hypnotische Suggestionsmethode (Bernheims)

Allgemeinwirksamkeit d., I 157

Bedenken gegen d., VIII 19

persönliche Abneigung gegen d., XI 467; XIII 96f.

Leichtgläubigkeit bei Aussagen d. Patienten, VIII 119

Psychiater, zeitgenössische (s. a. i. Haupt-Reg.: Psychoanalyse, Widerstände gegen d.)

Abneigung, etwas Neues z. erlernen, II/III 97

Bewertung d. Werkes d. ersten Namens d. deutschen Neuropathologie, bezüglich Beziehung z. Realität, XIV 40

‚d. an unserem Feuer ihr Süppchen kochen', XV 7

Glücksritter u. Beutehascher unter d., X 79

als Laien z. betrachten, bei Unverständnis f. Traumproduktionen, VIII 32

Neurotiker als Ärgernis u. Verlegenheit d., XIV 263f., 274, 283

mit schweren u. düsteren Erkrankungen sich vorwiegend beschäftigend, VII 70

Psychotherapie als Mystizismus abweisend, V 14

Sexualheuchelei (s. a. i. Haupt-Reg.: Heuchelei)

Abweisung d. Psychoanalyse wegen sexueller Themen, V 208f.

Nicht-Beachten sexueller Störungen u. Komplexe, I 413; VII 374f.

Pudendum, wissenschaftliches, Sexualität als, II/III 612

Vergessen d. jedermann bekannten Verbreitung d. minder abstoßenden Perversionen, V 211

Zurückschrecken v. Beschäftigung mit ‚Bösen Dingen', VII 374f.

Werbung (spätere) um d. Psychoanalyse, XIV 290

Ansichten (verschiedene) ü.

Angehörige d. Patienten (s. a. i. Haupt-Reg.: Patient), XI 9

Christian Science, XIV 269f.

Erziehungsziele, zeitgenössische, VII 374

‚furor prohibendi', u. Überfluß an Verordnungen u. Verboten, XIV 268f., 271f.

‚furor sanandi', X 320f.

Graphologie, XV 49

Kollegen, d. d. Pflicht d. Assistenz gehabt hätten, VIII 110

Krankengeschichten u. Protokolle

Anonymität d. Patienten, Schwierigkeiten d. Wahrung d., VII 381f.

Entstellung d., ein Mißbrauch, X 234f.

Scheinexaktheit d., VIII 379f.

Veröffentlichung, Probleme d., V 163-68

Kritiker u. Kritiken s. **Gegner u. Kritiker**

Lebensdauer, Verlängerung d.,
XVI 156

Menschen

Hang, alles Unbequeme als
‚Suggestion' zu bezeichnen, VII
337

‚konstitutionelle Untauglichkeit' d., z. wissenschaftlichen
Forschung, XV 4

–liebe, XIV 553

Objektivität, X 79

Okkultismus, XV 38;

keinen telepathischen Traum
erlebt, XIII 165–67

bei Patienten, XIII 167f.

Prioritätsfragen *s*. Selbstbekenntnisse, Prioritätsfragen

Psychoanalyse (*s. a. i.* HauptReg.: Psychoanalyse)

‚als advocatus diaboli', XIII 64

dunkle Zeiten, i. jeder Analyse,
VII 289

d. Schlechteste eines jeden
Menschen z. Vorschein bringend, X 79

selbst nicht unbeschädigt bleiben, V 272

Spekulation u. Mystizismus,
angebliche, XIII 23, 39, 58, 63,
66; XV 101

Veränderungen v., o. d. Verharren bei gewissen Lehrsätzen
gleicherweise beanstandet,
VIII 340

Publikum, VII 381; XIV 41

Quellen, Verwendung v. geschichtlichen u. traditionellen,
XVI 125

Religion

Absurdität i. d., XIV 350f.

Armseligkeit d. religiösen Beweise, XIV 348f., 355f.

u. d. auserwählte Volk, XIV 341

Bedenken gegen d. Beweisbarkeit religiöser Lehrsätze, XIV
348f.

als Beschwichtigung, kindische, XIV 481

Judentum *s.* Selbstbekenntnisse, Judentum

Kritik d. – an d. Wissenschaft,
XIV 357–58

u. Messias, XIV 353

Stücke d. religiösen Systems,
Glauben an, XIV 354

Zwang i. Glauben, XIV 350f.,
355

Sancho Pansas Richterspruch,
psychologische Ungerechtigkeit
i., IV 201

Scholastikern u. Talmudisten angereiht zu werden, ist nicht verlockend, XVI 115

Sexualveranlagung d. unkultivierten Durchschnittsweibes, V
92

d. Sexualleben ist kein Pudendum, II/III 612

sexuelle Ätiologie d. Hysterie, anfängliche Ablehnung d., I 435

ü. Sittlichkeit, XI 451

i. Wien, X 80f.

Sympathie z. Verständnis notwendig, XII 3

therapeutische Chancen, bei Mangel an gesellschaftlichem Vertrauen, XIII 109–11

Unordnung auf d. Schreibtisch,
als ‚historisch gewordene Ordnung', IV 154

‚ad usum delphini'-Prinzip nicht
anerkennend, XI 155

‚Verbottrauma', XIV 286

Vergleiche, XV 79

Verstehen

nicht alles gleich verstehen
wollen, VII 259, 299

Bio 4   Ansichten (verschiedene) ü. **Weltanschauungen**

‚Wir schimpfen immer dann, wenn wir nichts verstehen‘, VII 263

Weltanschauungen, Bildung von, XIV 123

Wien

  als Mittelpunkt d. Psychoanalytischen Bewegung, X 84f.

  Sitten, i., X 80f.

Willensfreiheit, XIV 282f.

Witzbeispiele, VI 12

Ansichten ü. (Wissenschaft)

Philosophie, XIV 86, 123

Polemik, Unfruchtbarkeit d. wissenschaftlichen, X 79f.; XI 251

Priorität, X 60f.; XIII 3; XIV 86

Statistik, Wertlosigkeit d., XI 480; XV 164

Traumtheorie, Übereinstimmungen mit u. Unterschiede v. anderen Autoren, II/III 594—97

Unparteilichkeit, X 79; XIII 64f.

wissenschaftliche Toleranz [Eklektizismus], XV 155f.

Autobiographisches [Selbstdarstellung] (*s. a.* Erlebnisse; Familie), XIV 33—96; XVI 31—34

  am Anfang d. Laufbahn

  Amerikareise, Eindrücke auf d., XIV 77f.

  mit Anhängern, Sympathisanten, Kollegen, VIII 110; XIV 290; XV 7, 155f.

  Anteil an ‚Studien ü. Hysterie‘, XIV 46f.

  befremdet v. d. ersten Idee d. sexuellen Ätiologie d. Neurosen, X 51f.

  Beschuldigung, v. Janet entlehnt zu haben, XIV 37

  Bleuler, X 81—83

  Breuer

  Differenz mit ü. ‚Abwehrtheorie‘-, Hypnoidtheorie‘, X 48

  Trennung v. *s.* i. **Namen-Reg.:** Breuer

  verglichen mit, v. Patientin, I 251

  Charcots Methoden anfänglich entlehnend, XIII 406f.

  erste Schüler, X 63

  Führerrolle ungern übernehmend, X 85

  Geringschätzung d. Phantasie, I 440

  Ideale *s.* i. **Namen-Reg.:** Brutus; Charcot; Cromwell; Goethe; Hannibal; John (Neffe); Masséna; Moses; (usw.)

  1910 sich nicht mehr jugendlich fühlend, X 85

  Jugendzeit

  Berufswahl, I 227; X 205; XIV 36f., 290f.; XVI 261

  beschämend, i. Chemischen Institut keinen Erfolg gehabt zu haben, II/III 479

  Blamage vor einem Universitätslehrer, II/III 212

  Durchfallen beim Rigorosum i. gerichtlicher Medizin, II/III, 281f.

  erfolgloses Jahr i. d. Praxis, II/III 480

  extrem-materialistische Anschauungen u. Streitlust, II/III 218

  Funde, eigene, nicht sogleich ihre besondere Natur erkennend, X 59

  Liebe u. Jugendsehnsucht (*s. a.* Erlebnisse, Deckerinnerungen, (eine wahrscheinlich eigene); —

Fehlleistungen), II/III 479f., 490f.

Pauline, Jugendgespielin, II/III 490f.

Psychotherapie nicht die erste Wahl, I 227

Universitätsjahre (i. d. Selbstdarstellung), XIV 34–36

Unkenntnis, jugendliche, d. Neurosen, XIV 36f.

‚verbummelter Student', Vorwurf eines Bekannten, II/III 453

Versäumnis, ü. Kokain nicht publiziert zu haben, XIV 38f.

Verspätungen i. Schülerlaboratorium als Demonstrator, II/III 425, 485

Jung, Ansicht ü.

Leitung d. Münchener Kongresses durch, X 88

Wahl u. Persönlichkeit –s, X 85

Kindheit (*s. a.* Familie)

Ankerbaukasten, II/III 552f.

Arzt seiner, II/III 17f.

Buchzerreißen, II/III 197

Deckerinnerungen *s.* **Erlebnisse,** Deckerinnerungen; — Fehlleistungen

‚Doktor' nicht gespielt, XIV 290

Geburt d. Schwester, I 540 (?); IV 58–60

infantile Unreinlichkeit, II/III 221f., 253, 473

John, Gespiele, II/III 427f.

Kinderfrau

schlecht behandelt v., II/III 253

unredliche Person gewesen, IV 58–60

kindischer Größenwahn, II/III 207, 221

‚Kot' als Assoziation z. einer Kinderszene u. Phantasie, II/III 213, 472–74, 518

Mutter zeigt, daß ‚wir aus Erde sind', II/III 211

Schlägereien, II/III 427f., 486–88

schwächerer Gespiele gewesen, II/III 203f., 237, 486

Unfall, I 540 (?); II/III 565f.; IV 199f.; XIII 166

wirres schwarzes Haar bei d. Geburt, II/III 342

Opposition als Widerstand erkennend, X 61f.

Pubertät

Heldenverehrung

Cromwell, II/III 450

Hannibal u. Masséna, II/III 202f.

Prophezeiung, daß er einmal Minister wird, II/III 198f.

Selbstdarstellung, XIV 33–96; XVI 31–34

Verfolgung durch Nazis, u. England, XVI 159f.

voranalytische Therapie anwendend, XIV 39–41

Wundertäter, Ruf als, XIV 41

Erlebnisse, eigene (v. psychologischem Interesse) (*s. a.* Autobiographisches)

Deckerinnerungen, IV 58–60

(eine wahrscheinlich eigene), I 538–54

Déjà vu, IV 297

Einfälle, Motivierung v.

bei d. Namensgebung i. d. Krankengeschichte Doras, IV 268–70

Zahlen–, IV 270–72

Erinnerungsstörung auf d. Akropolis, XIV 347; XVI 250-57

Erinnerungstäuschungen *s.* **Erlebnisse,** eigene (v. psychologischem Interesse): Fehlleistungen

Erinnerungsvermögen f. *s.* **Selbstbekenntnisse,** persönliche Konstitution

Fehlleistungen

  Fehlerinnerungen (*s. a.* Erlebnisse, eigene (v. psychologischem Interesse): Fehlleistungen, Irrtümer)

    nach Dankesaudienz, XVII 40

    ,Fließpapier', IV 176

    ,Joyeuse', II/III 540; IV 165f.

  Fehlgriff, ein ärztlicher, IV 196-98

  Irrtümer

    ,bis', XVI 37-39

    Buch ungern geliehen, IV 246f.

    Emmersdorf, II/III 216; IV 246

    Hannibal-Hasdrubal-Hamilkar, II/III 203; IV 243, 245

    i. Holland, IV 253f.

    Schiller-Marburg-Marbach, II/III 458f.; IV 242-45

    Venedig, IV 246

    ,Verblendung', wegen Rembrandtbilder i. Holland, IV 254

    Zeus-Kronos-Uranos, II/III 263; IV 243

    Zug, Anschluß versäumt, IV 253f.

  kombinierte, IV 246f.

  Kryptomnesie, II/III 336; IV 159f.; XII 312; XIII 357f.

    etwaige, II/III 211f.; XVI 90

      i. bezug auf Empedokles, XVI 91

  Selbstbeschädigung (*s. a.* Autobiographisches, Kindheit), IV 199f.

  Vergessen, IV 151-54

    beim Erzählen, I 526

    u. ,falscher Vorsatz', IV 178

    Gespräche, i. Zusammenhang mit seiner Frau, IV 151

    Glückwunschtelegrammes, IV 171

    Gratispatienten u. Kollegen, Besuch bei, IV 174

    Hausnummer, I 526f.

    Korrektur, d. Absendung einer, IV 176-78

    Namen, I 520-27; (II/III 540); IV 27-30, 63-68, 165f. 165f.

      i. Krieg, IV 40f.

      Patientin, verstorbener, IV 162

      Signorelli, I 520-26; IV 6, 18, 63

      Straßen –, IV 13f., 151-53 d. Priorität, bei Theorie ü. Bisexualität, IV 159f.

    Vergeßlichkeit, I 520-24, 526f.

      u. gutes Gedächtnis, IV 149

      Wiederholung i. Text durch, II/III 215

      Wundern ü. Vergessen v. Wichtigem, I 532

  Vergreifen

    eigener Schlüssel bei fremden Schloß, IV 180

    Hammer u. Stimmgabel, IV 182-84

    Ungeschickte Bewegung bei Helfen beim Sesseltragen, IV 194f.

    ,Versteigen', IV 182

Verlegen, IV 154f.

Verlesen

Antiquitäten, IV 122

die arme W. M., IV 121f.

‚Buckrhard‘, IV 129f., 304

Faß, IV 119-21, 299f., 304

Odyssee, IV 118f.

Verschreiben

ärztliches, IV 196-98

‚Buckrhard‘, IV 129f., 152, 304

Emmersdorf (keine Fehlleistung), II/III 216; IV 246

Germinal – La Terre, II/III 219

Hasdrubal – Hamilkar, II/III 203; IV 243, 245

Jehovah, II/III 219

patriae – publicae, II/III 425

Schillers Geburtsort, II/III 458f.; IV 242-45

Zahlen, IV 129, 131-33

Versprechen

‚Apfe‘, IV 70, 138, 303

Apfel, bitterer, II/III 146

Matthäus – Kaufmann, IV 73f.

Zerbrechen

ägyptische Figur, IV 187f.

Geschirr, IV 192

Tintenfaß, IV 184-86

Venusstatuette, IV 186f.

Zusammentreffen, scheinbar merkwürdiges, IV 292f.

Namen, eigener, II/III 304; IV 93, 165f., 213

Gleichnamigkeit anderer, peinliches Gefühl bei, IV 31

‚Joyeuse‘ II/III 540; IV 165f.

‚schwachsinnigen Witzeleien oft zum Opfer gefallen‘, II/III 213

Namengebungen [–einfälle], II/III 490f.; IV 268-70

verdrängte Ansicht ü. Wertschätzung v. Tod u. Sexualgenuß, I 522, 524

Wissen u. Unwissen, ein Fall v., I 175

Wortneubildungen (i. Traum)

Autodidasker, II/III 304-06, 497, 540, 547, 602; VI 28

Geseres u. Ungeseres, II/III 443-46

Hearsing, II/III 304

Norekdal, II/III 302

Propylen, II/III 112, 120-22, 124, 300f.

Familie

Bruder (s. a. i. Namen-Reg.: Alexander), IV 119-21, 300

Eltern (Urszene), II/III 461f.

Enkel, II/III 463f.; XIII 11-14

Frau, II/III 113, 115, 121, 129, 171, 175, 177, 289, 298, 305, 307f., 448f., 468, 480, 564-66, 651, 661; IV 151

Freud, kein ‚Haustyrann‘, entgegen d. Schriftprobe, XVII 41

Halbbruder, IV 58-60

Kinder, II/III 116, 118, 125, 132-35, 146, 172f., 276, 298, 304-08, 435f., 443-50, 457, 481-83, 491, 497, 564-66, 657f.; IV 70, 200; XIII 166; XIV 351

u. Gedanken ü. Unsterblichkeit (s. a. i. Haupt-Reg.: Krieg), II/III 435f., 449f., 451

Sorgen ü., II/III 307-09

Träume d., II/III 132-35, 497, 657f.; XI 125f., 131

Mutter, II/III 198, 210-14, 238f., 589f.; IV 58-60

Bio 8 **Familie**, Vater

Vater, II/III 176, 178–80, 198f., 202f., 221f., 299, 322f., 430–33, 437–40, 449f., 452–55, 461f.; IV 243–46

   Reaktion auf Tod d. –s (*s. a.* Träume)

   Pietät, XVI 257

   Selbstanalyse als, II/III x

   traurige Genugtuung bei, II/III 222

   Traum ü. *s.* **Träume**, eigene (wahrscheinlich Anspielung auf), IV 30

   Verwandte, I 540–46; II/III 135f., 143–47, 171, 203f., 237, 258, 299, 304f., 427f., 434f., 466f., 486–88, 589; IV 29f., 58–60, 120f., 184f., 245, 253f.; XI 125; XIII 166f.

Fehlleistungen *s.* **Erlebnisse**, eigene (v. psychologischem Interesse): Fehlleistungen

Gegner u. Kritiker (*s. a.* i. Haupt-Reg.: Psychoanalyse, Widerstände gegen d.)

   Ansicht ü., II/III 443, 453f., 470; X 79f.

   Attitüde Angriffen gegenüber, XV 148

   Beruhigungsgefühl d. Besserwissens, nach Lesen eigener Todesanzeige, entspricht d. Gefühl gegenüber Publikationen einiger, I 512f.

   Fehlleistungen [Versprechen] d.

   ,Breuer u. ich', IV 95f.

   ,Freuder', IV 93

   ,Freuer-Breudsche Methode', IV 93

   kühle Antwort eines medizinischen Autors, IV 155

   d. psychoanalytischen Methode (*s. a.* i. Haupt-Reg.: Psychoanalyse, Widerstände gegen d.)

   Bewußtmachen als ,Verstärkung d. bösen Triebe', VII 374; VIII 56

   ,Epidemie, psychische' genannt (Hoche), X 66

   i. d. ersten Periode, X 61

   Festigkeit d. Gefüges d. Lehre mit katholischer Kirche verglichen, X 61

   Mangel an Verständnis für, I 514–16

   mit Mystizismus verglichen, V 14

   skandalisiert ü. Besprechen v. sexuellen Themen, V 208f.

   wollen d. schwierigen Verfahren nicht erlernen, I 512f.

   Selbstbewußtsein gegenüber –n, I 512f.; VIII 110

   d. Traumlehre

     Aufnahme d. Werkes v. d. Traumdeutung, V 167

     Autor als ,phantastisch' erklärt, V 163f., 168

     Totgeschwiegenwerden v. d. Buchkritik, II/IIII, ix

   Feindseligkeit gegenüber, II/III 97f.

   wollen nichts Neues lernen, II/III 98

Gleichnisse, eigene *s.* i. **Reg.** d. **Anekdoten** (*s. a.* i. Reg. d. Gleichnisse)

Kritiker, anderen Autoren gegenüber (*s. a.* Ansichten ü. (ärztliche Standpunkte seiner Zeit): Psychiater, zeitgenössische)

   Angstneurose, Z. Kritik d., v. L. Löwenfeld, I 357–76

   Ärger ü. Ablehnung einer Schrift eines Freundes, II/III 675f.

Selbstbekenntnisse, ärztliche Reputation

Ärger ü. Bechterews Artikel v. Erröten, II/III 304

Theorie eines Freundes, scharfe Kritik gegenüber, II/III 675–78

‚Werk d. ersten Namens d. deutschen Neuropathologie' (W. Erb), XIV 40

Lehranalysen, XIV 68

Mißerfolge, IV 162; XI 476–81; XV 163
Furcht vor s. Selbstbekenntnisse, Furcht

Name, eigener II/III 304; IV 31, 93, 165f., 213

Neuropathologische Arbeiten, I 463–88
Interesse f., anstatt f. Psychiatrie, I 227; XIV 36f., 290f.; XVI 32

Originale Ideen [Anteil a. d., u. wichtigste Beiträge z. Psychoanalyse] (s. a. i. Haupt-Reg.: Psychoanalytische Theorien (bestimmte); u. unter d. einzelnen Stichwörtern)
erste Ideen ü. bestimmte psychische Erscheinungen s. i. Haupt-Reg.: Erste Ideen

Narzissmus, Trieblehre, Psychosen, XIV 46, 82

‚regressive' Entwicklung d., XVI 32

Verdrängung, infantile Sexualität, Widerstand, Traumdeutung, X 45f.; XIV 37, 46f.

Patienten (s. a. i. Reg. d. Krankengesch.)
Bekanntschaft mit, I 110, 226; VIII 457

‚Freiheiten' sich herausnehmend, VIII 373

Gesellschaftsklasse seiner, I 77, 514; XVI 261

Gratisbehandlungen, IV 174; VIII 465

‚lehrhafte Beeinflussung' d. (Periode d.), I 113

Schwierigkeit d. Wahrung d. Anonymität d., VII 381f.

i. Träumen, II/III 171; IV 162

Selbstanalyse, X 59
anläßlich d. Todes d. Vaters (s. a. Familie, Vater; Träume, eigene, (i. allgemeinen): Todesgedanken; Träume, eigene (bestimmte): Vater), II/III, X

Traum als, II/III, x

i. Traum (s. a. Träume, eigene), II/III 456, 479, 481

d. Traumes, II/III 109

Vorbehalt [teilweise Deutung], II/III 110, 116, 123, 126, 213, 564

vollkommene Technik d. freien Selbstbeobachtung, II/III 108f.

Widerstand i. d., II/III 134, 146
bei Zahleinfall, IV 270f.

Selbstbekenntnisse
ärztliche Diskretion, V 163–65
ärztliche Reputation u. Ehrgeiz (s. a. Selbstbekenntnisse, Ehrgeiz)
Angst d. Nervenspezialisten, eine organische Krankheit übersehen zu haben, II/III 114; IV 183f.
Ärger wegen unrichtiger Diagnose, IV 153f., 183f.
Furcht v. Mißerfolg, II/III 114, 116, 119, 121f.
u. Schuldgefühl, II/III 114, 116, 119, 121–26
Gewissenhaftigkeit u. Reinlichkeit, II/III 123–25

‚kein richtiger Arzt gewesen‘, XIV 290

kein therapeutischer Enthusiast, XIV 290; XV 163

Mißbrauch d. Suggestion hat sich nie ereignet, XVI 49

Träume, eigene, als Plaidoyers bezeichnet, II/III 125, 179

Verhältnis v. Therapie u. Wissenschaft, XIV 291

‚Denkschmerzen‘, XVII 5

Diskretion

Mangel an privater, II/III 485f.

d. Lesers nicht trauend, II/III 110

Ehrgeiz, Eitelkeit u. ‚Größenwahn‘ (i. Traum) (s. a. Selbstbekenntnisse, ärztliche Reputation, Furcht v. Mißerfolg; — Eifersucht, soziale)

Abstumpfung d. –es, X 61f.

Beförderung eines Anderen, IV 120f.

‚Dauerredner, berühmter‘, II/III 275

Eitelkeit u. Selbstkritik i. Strafträumen, II/III 479f.

‚Emporkömmling‘-Gefühle, II/III 479; IV 155

Erinnerungsfälschung, nach Audienz, XVII 40

‚Grösse‘, II/III 174, 220, 450–72, 479

kindliche, II/III 221

Herkules, d. d. Augiasstall reinigt, II/III 472–74

Minister werden, II/III 198f.

nationaler s. Selbstbekenntnisse, politische Stellungnahme

Pessimismus, bei Lebzeiten nicht anerkannt z. werden, X 60

Platz behaupten wollen, II/III 487–89

‚Prahlerei‘, II/III 220

scherzhafte, vor kleinem Hans, VII 278f.

Prioritätsgedanken bei wissenschaftl. Werken, IV 118f.

Professor extraordinarius zu werden, II/III 198f., 566

Prophezeihung d. Bäuerin bei seiner Geburt, II/III 198

Stolz auf die Lehre v. d. Hysterie, II/III 222

Unlust wegen abweisenden Betragens eines medizinischen Autors, IV 155

‚Überschätzung persönlicher Bedeutung‘, XIV 41; XVI 158

Wünsche (s. a. Selbstbekenntnisse, ärztliche Reputation)

als ehrlicher Mann anerkannt z. werden, II/III 342

Professor z. werden, II/III 142, 145, 197–99, 278

Eifersucht

Frau gegenüber, II/III 650f.

soziale, II/III 488; IV 171f.

Einsamkeit

‚Leere‘ ‚negativer Raum‘, um seine Person, nach Vortrag ü. sexuelle Ätiologie, X 50, 59f., 1912 sich wissenschaftlich nicht mehr vereinsamt fühlend, VII 80

‚splendid isolation‘, X 60

Erwartungen abgeneigt, X 53

Fehlleistungen s. Erlebnisse, eigene (v. psychologischem Interesse): Fehlleistungen

Freunde, Gefühle gegenüber –n (s. a. i. Namen-Reg., unter d. einzelnen Namen)

Argwohn auf Altruismus eines Freundes, II/III 276–78

Brutus-Gefühle, II/III 428

Kritik, II/III 675–78

Schenken, XVI 37–39

Selbstvorwürfe, II/III 425, 485

Solidarität, II/III 675–78

Versöhnung, heuchlerische, i. Traum, II/III 150, 480

Furcht u. Schwächegefühle

vor Altern, II/III 480/83

Argwohn d. Diskretion d. Leser gegenüber, II/III 110

‚Automatisme ambulatoire‘, II/III 460f.

begrenzte Zeit vor sich fühlend, XIV 20

beschämend, i. chemischen Institut keinen Erfolg gehabt z. haben, II/III 479

vor Fehlern (s. a. Selbstkritik), II/III 214

Gesundheit, Sorge um eigene, II/III 116

Lufthunger, II/III 459, 461

vor Mißerfolg, II/III 114, 116, 121–26

Schlagfertigkeit, Mangel an, II/III 245, 253; XVII 40

schwächerer Gespiele gewesen, II/III 203f.

Sehnsucht nach Helfer u. Protektor, IV 165f.

Strafträume, II/III 478–80

vor Tod, I 513; II/III 213f., 457f., 466–71; XIV 20, 447

Überspringen v. Stufen, als Trost f. Angst ü. Zustand seiner Herztätigkeit, II/III 244

Geld, Rolle d.

u. Abneigung gegen eine Reise eines Patienten, IV 246f.

i. Träumen

alles teuer bezahlt z. haben, II/III 650f., 661, 663f., 670

Besorgnis, z. wenig z. bekommen, II/III 651, 663f., 668

Geiz, II/III 650, 686; XVI 37–39

Wünsche

‚etwas auch einmal umsonst z. haben‘, II. III 663f.

nach reich u. unabhängig machender Erfindung, II/III 670

Verarmungsangst, IV 131–33

Vergessen

v. Besuchen bei Gratispatienten u. Kollegen, IV 174

v. entlehnten Büchern u. kleinen Zahlungen, IV 131–33, 174f.

Gewissenhaftigkeit (s. a. Selbstbekenntnisse, ärztliche Reputation; Selbstkritik)

ärztliche Diskretion, V 163–65

Fehlerinnerung als Ersatz f. absichtliches Verschweigen, IV 246

Furcht vor Fehlern, II/III 114, 116, 121–26, 214, 305–07

Irrtum (‚temporäre Ignoranz‘), IV 246f.

u. Reinlichkeit, II/III 123 25

Selbstvorwurf (i. Traum), wegen mangelnder Nettigkeit, II/III 245f.

Intoleranz (u. Toleranz)

Anklage d. angeblichen, XIV 80

gegen Freunde, wegen Geschenke ohne Anlaß, II/III 121

Gratulationsunlust, wegen Mangel an Ergriffenheit, IV 171f.

moralische IV 25; VI 112

religiöse s. Selbstbekenntnisse, Religion

Streitsucht, i. d. Jugend, II/III 218

gegen ungefügige Kranke, II/III 115, 117, 124; VIII 373

gegen ungeschickte Dienstboten, II/III 342; IV 192

wissenschaftliche, XI 227f.; XV 155f.

Judentum, II/III 142, 145, 199, 202f., 218: IV 245, 253; XIV 159

Bitterkeit d. jüdischen Lebens, XVI 265

u. Freidenkertum, eigenes, XIV 34f.

‚an infidel Jew', XIV 394

Mitglied d. B'nai B'rith Gesellschaft, XVII 51–53

u. Schutz d. Kirche, XVI 157, 159

Stolz auf eigenes, XVII 52

u. Widerstand gegen d. Psychoanalyse, XIV 110

Krieg (s. a. i. Haupt-Reg.)

Träume ü. Söhne i., II/III 463f., 466–71, 552f., 564–66

Vergessen italienischer Ortsnamen während d., IV 40f.

Offenherzigkeit, XVI 33

Optimismus, X 360f.

wissenschaftlicher, VIII 110; XI 263

persönliche Konstitution u. Einstellungen

Ärger bei Irrtum, IV 243

Ekel gegen Fuselgeruch, II/III 121, 124

Empfindlichkeit s. **Selbstbekenntnisse**, Ehrgeiz; — Furcht; — Prioritätsfragen

Erinnerungstäuschung, XVII 40

Erinnerungsvermögen

gutes, II/III 201; IV 149

Notizen aus d. Gedächtnis, V 166f.

schlechtes, IV 150, 171f., 174f.

guter Schläfer, II/III 235

keine Konzessionen an Schwachmütigkeit, XIII 99

Migränen mit Namenvergessen, IV 27

Mnemotechnik, IV 150

negative

kein ‚Doktorspiel' i. Kindheit, XIV 290

kein gutes Erinnern, IV 150, 171f., 174f.

kein Musikkenner, X 172

kein ‚ozeanisches Gefühl' gehabt, XIV 422f.

kein Prüfungstraum v. d. nicht gelungenem Rigorosum, sondern Laboratoriumsträume, II/III 281f.

keine telepathischen Erlebnisse, IV 290f.

keine typischen Träume v. Fliegen, Fallen, Zahnausziehen, II/III 280

Unfähigkeit z. Unaufrichtigkeit, IV 247

Phantasien

Minister, II/III 198f.

Professor s. **Selbstbekenntnisse**, Ehrgeiz

Rache, IV 292f.

Redner, II/III 275

reich werden, II/III 665, 670

Pietät IV 253; XVI 257

Plagiat, ungewolltes (s. a. Erlebnisse, eigene (v. psychologischem Interesse): Fehlleistungen, Kryptomnesie), II/III 212, 336f.; IV 159f.

politische Stellungnahme

Deutschtum, II/III 201, 219, 328, 452; IV 40

Judentum, II/III 142, 145, 199, 202f., 444; IV 245, 253

Klerikalismus, II/III 202, 238 d. Lokalpatriotismus abhold, X 80

Materialismus, II/III 218

revolutionäre Gefühle, II/III 214f.

u. Schutz d. Kirche, XVI 157, 159

Prioritätsfragen, IV 118f.; X 53

Abstumpfung persönlicher Empfindlichkeit, X 61f.

keine anerkennend, X 60f.; XIII 3; XIV 86

mit Fehlleistung, IV 159f.

Fließ gegenüber, IV 159f.

keine Hast d. Veröffentlichung, X 60f.

Janet gegenüber, XIV 37

Kokain (s. a. Träume, eigene (bestimmte): botanische Monographie, Cocapflanze), IV 38f.

Monographie ü., I 446f.

Rachegefühle

Groll, II/III 245, 253

kindische Rachephantasie, IV 292f.

‚nachtragender Charakter', IV 151

keine Rachsucht, X 92

Rachsucht i. Traum, II/III 174

Reinlichkeitswunsch, II/III 122, 124, 221f., 245f., 253, 450

i. übertragenem Sinne (Augiasstall d. Irrtümer u. Vorurteile), II/III 473

Religion, Einstellung gegenüber

Atheismus, XIV 393f.

Aversion gegen Yogapraktiken, XIV 431

Freiheit v. Leibeigenschaft d. Wünsche, i. d. Religionslosigkeit, XIV 378

weder fromm, noch leichtgläubig, XV 58

Illusionen, eigene, XIV 371f., 376

katholische Kirche, II/III 203 XVI 159f.

kein ‚ozeanisches Gefühl' gehabt, XIV 422f.

mythologischem Greuel d. griechischen Götterwelt abhold, IV 245

Neigung, Annahme einer etwaigen, z. Wunderbaren, XV 57

rationalistische Anlage, Sträuben gegen Ergriffensein, X 172

gegen Theismus, XV 58

‚unser Gott Logos', XIV 378

Zuschriften wegen seinem Seelenheil, XIV 393f.; XVI 160

Sehnsuchtsgefühle, II/III 479f.; XVI 253, 256

Selbstvertrauen (moralischer Mut), X 60

i. Vergleichen, I 512f.; VIII 110

Selbstzweifel s. Träume, eigene (bestimmte): Laboratorium

Todesgedanken

begrenzte Zeit vor sich habend, XIV 20

i. Gleichnis, I 513

i. Traum, II/III 457f., 466–71

Ablehnung trauriger, II/III 342

‚carpe diem' –Gefühle, II/III 213f.

u. verdrängte Sexualität, I 522, 524; IV 8f.

971

Vorstellung d. Todes, erste,
II/III 211

Vorliebe
 f. Antiquitäten, II/III 128f.;
 IV 122
 Bibliophilie, II/III 178f.
 Ergriffenheit vor d. Moses d.
 Michelangelo, X 174f.
 kein Musikkenner, X 172
 Reiselust (*s. a.* Träume, eigene
 (i. allgemeinen): Reisen), II/III
 665, 670; XVI 253, 256

Wahrheitsdrang [Unfähigkeit z.
Lügen] (*s. a.* i. Haupt-Reg.:
Psychoanalytiker, Charakteristik), IV 247

wissenschaftliche Arbeit (*s. a.*
Originale Ideen)
 Arbeitsprinzipien, XIII 446
 ü. Berufergreifen, eigenes, XIV
 290f.
 ‚Denkschmerzen', XVII 5
 etwas i. Stoff kommandiert d.
 Autor, XI 393
 kulturelle Probleme, Interesse
 f., XVI 31f.
 i. Maturitätsaufsatz, X 205
 Prioritätsfragen *s.* Selbstbekenntnisse, Prioritätsfragen
 Psychoanalyse, sein Lebensinhalt, XVI 265
 ‚regressive Entwicklung', XVI 32
 Psychotherapie, I 227; XIV 36f.; XVI 261
 Schreibtisch, Unordnung auf d., IV 154
 Stil, wie Novellen I 227
 Wichtigkeit seiner Funde nicht gleich erkennend, X 59
 Ziel seiner (*s. a.* i. Haupt-Reg.: Psychoanalytische Methode, Ziele d.)

‚Selbstdarstellung', XIV 33–96

Selbstkritik (*s. a.* Selbstbekenntnisse, Gewissenhaftigkeit; u. i.
Haupt-Reg. unter d. einzelnen
Stichwörtern)
 Angsttheorie, toxikologische, Revision d. (1926), II/III 343
 Annahme einer Berichtigung (zu ‚aliquis') v. P. Wilson, IV 18f.
 Auslassungen u. Ersetzungen i. d. Beschreibung einzelner Träume, II/III viii
 Diagnose, eine zweifelhafte, II/III 306f.; IV 162, 182–84
 frühere Theorie (Zusammenhang v. Fluor albus u. Masturbation) als extrem bezeichnend, V 238
 wegen Geringschätzung d. Phantasie, I 440
 Heredität, Ansicht ü. d., modifiziert, V 176, 178
 hypnoide Zustände, Betonung d., zurückgenommen, V 185
 Hysterie, Unsicherheit i. einem Falle d., II/III 110
 Innervation, Anschauung ü., abgeändert, II/III 615
 Irrtümer i. Angaben, wegen Verdrängung, IV 243–46
 Katharsis, Revision d. Theorie d. Abreagierens als Teil d., XIV 183
 Kindheitstrauma, Berichtigung d. Theorie v., I 385; V 91, 153f., 157
  an d. Krankengeschichten
   wegen Entstellungen, I 195
   wegen novellistischem Charakter, I 227
  mit Krankengeschichten i. Zusammenhang
   Dora
    Nachfrage, Versäumnis einer, V 254f.

wegen Nichterkennen d. homosexuellen Strömung i. Neurotikern, V 284

wegen technischer Fehler (Versäumnis etwas rechtzeitig z. erraten), V 254f.

Übertragung nicht rechtzeitig Herr geworden z. sein, V 282f.

Frau Emmy v. N., I 162

Fräulein Elisabeth v. R., I 200

Krankheitsmotive, Lehre d.,V 202

wegen posthypnotischer Suggestion, I 134, 157

Phantasie während d. Schlafens, Widerruf d. Theorie ü., II/III 336

Überschätzung d. Realität u. Geringschätzung d., I 440

prägenitale Organisationen, Abänderung d. Lehre d., V 100

zu ‚Sammlung kleiner Schriften', I 558

Technik, dargestellt i. d. ‚Studien', V 169

technischer Fehler, Kranken voreilig Symptome z. erklären, II/III 113

Traumdeutung, gegen eine d. eigenen Witz spielen lassende, II/III 32

Trieblehre, Unfertigkeit d., V 67

Verführung als ätiologisches Moment, Korrektur d. Lehre v., I 385; V 91, 153f., 157

Verkehrung d. Affekte, Schwierigkeit d. Erklärung d., V 187

Wunschgegensatz v. ‚Kraut u. Rüben' i. Traum, Deutung als Durcheinander widerrufen, II/III 351

Träume, eigene (i. allgemeinen)
Angst–

ü. Mutter, II/III 589f.

ü. Söhne, II/III 564–66; XIII 166f.

Assoziationen z., I 122

Augen, Rolle d. (s. a. i. Symbol-Reg.) II/III 17f., 176, 216, 222, 276, 322–24, 403f., 425, 429, 445f., 485

Bedürfnis– [Befriedigungs–]
Durst–, II/III 128–30
Harnreiz–, II/III 214–23
Hunger–, II/III 210–14, 238
Schmerz als Reizquelle, II/III 235–37, 415, 695

v. d. Bisexualitätstheorie, II/III 336f.; V 159f.

Böcklinsche Szenerie, II/III 171

Buntheit, II/III 467, 552f.

ü. Bücher (s. a. Träume, eigene (bestimmte)), II/III 171, 415

Deckname ‚Joseph' i., II/III 143–48, 486, 488

Déjà vu, II/III 448f.

egoistischer (Ottos Krankheit), II/III 276–78

Ekeltraum, affektloser, II/III 472–74

Exhibition u. Gehemmtsein
Treppentraum, II/III 244–46, 252f.

Unredlichkeit, beschuldigt d., II/III 341f.

Freunde betreffend s. Träume, eigene (bestimmte): ‚Goethetraum'; – ‚Hearsing'; – ‚Non vixit'; – ‚Onkeltraum'; – ‚Ottos Krankheit'; – ‚Sezerno'

Hemmung, nicht v. d. Stelle z. können, II/III 244–46, 252f.

heuchlerische, II/III 150, 424–28, 475, 480–92, 561f.

Indiskretion i. Falle d. Veröffentlichung d., II/III 653

Kindheitsunfall, Erinnerung an, XIII 166

Laboratorium, chemisches (u. ‚Analyse') i. Traum, II/III 112, 121f., 173f., 300–02, 417, 455–62, 479, 481, 671

Mischgebilde i., II/III 301, 664f.

Mutter, i. d. Küche, II/III 210–14

Prüfungs-, II/III 280–82

Periodenlehre z. (‚Savanarola', ‚Syrakus', ‚Oser'), II/III 172–74

Reisen (u. Fahren)

 Bahnhofsbauten, II/III 467

 ‚Hearsing'-Station, II/III 304

 ‚Hollthurn'-Station II/III 458–59, 523f.

 Lokalität, bekannte, II/III 15f., *448f.*

 Reisegefährten (‚Marburg'-Traum), II/III *458*, 459–62, 523; IV 242–45

 Romreise, II/III 199–204, 304, 328f.

 Selbstanalyse d., II/III x, 109, 456, 479, 481

 Thun, Graf, II/III 214–24, *215f.*, 238f., 433–35

 Wagenfahrt, II/III *435f.*, *455f.*, 651

Reiten i., II/III 235–37, 694f.

Schwindsche Szenerie, II/III 662

Straf- (*s. a.* Träume, eigene (i. allgemeinen): Unlustaffekte), II/III 478–80

Tag- (*s. a.* Träume, eigene (bestimmte): Autodidasker), II/III 497

telepathischer, keiner unter ihnen, XIII 165–67

Todesgedanken ü.

 eigener Tod (‚Frühstücksschiff'), II/III 466–71

 Mutter, II/III 589f.

Schwägerin, XIII 166f.

Sohn, II/III 564–66; XIII 166

Vater, II/III 210–14, 322f., *430–40*, 449f., 452–55

Traumtag (Beispiele), II/III 171

Unlustaffekte (*s. a.* Träume, eigene (i. allgemeinen): Straf-), II/III 455–58; 466–71, 479–92, 564–66

Unleserliches i., II/III 322f.

Vorahnungen, XIII 166f.

Vortrag (ü. Hysterie u. Perversion) nachfolgend (*s. a.* Träume, eigene (bestimmte): Aborttraum), II/III 473

Weckreiz– (‚Papst'), II/III 238

Wortneubildungen i.

 Autodidasker, II/III 304f., 497, 547, 602; VI 28

 Hearsing, usw., II/III 304

 norekdaler Stil, II/III 302

 Propylen, II/III 300f., 671

 Sezerno, II/III 322

Wunscherfüllungen

 Bisexualitätstheorie gefunden, II/III 336f.

 Irmas Injektion, II/III 539

Zahnreiztraum, II/III 396

Träume, eigene (bestimmte)

 Aborttraum, II/III 472f.

 Analytiker [Chemiker] sein, II/III 479

 Arzt seiner Kindheit, II/III 17f.

 Augen zuzudrücken, ‚man bittet d. –', II/III 322f.

 Ausschnitt i. ein Buch kleben, II/III 415

 Autodidasker, II/III 304–08, 497, 540, 547, 602; VI 28

 Bestellung i. Buchhandlung, II/III 171

Bilateralität, II/III 446

botanische Monographie, II/III 171, 175–82, 186, 197, 281f., 310, 470

(Affektunterdrückung), II/III 470

Artischoke II/III 178

(Jugenderinnerung), II/III 197

Cocapflanze, II/III 175f., 179, 182

Bücherwurm, II/III 177f.

(Rezentes u. Indifferentes), II/III 175–82

(Traumtag), II/III 186

(Verdichtung), II/III 283–90

(Verschiebung), II/III 310

Zyklamen, II/III 175, 178, 180f.

‚Dona, Frau', i. Kindbett gestorbene, II/III 448f.

Etruskergrab, II/III 457; XIV 338f.

Fels i. Meer, Mann auf, II/III 171

Frühstücksschiff, II/III *466f.*, 467–71, 553

Ankerbausteinkasten-Farben, II/III 467–70, 553

Furunkeltraum, II/III 235–37, 694f.

Geseres u. Ungeseres, II/III *276*, 443–46

Glaszylinder u. Trottoir roulant, II/III 665

Goethetraum, absurder, II/III 332, 440–43, 450f., 675–78

v. Grafen Thun *s*. **Träume,** eigene (bestimmte): Revolutionstraum

Hearsing, II/III 304

Hollthurn, zehn Minuten, II/III 458–62, 523f.

Irmas Injektion, II/III 110–26 (111f.), 141, 167–71, 298–301, 319, 321, 517, 539, 601, 671; VI 234–35

Leopold (Freund), II/III 111f., 117

(Optativ), II/III 169, 539, 671

Otto (Freund), II/III 111, 117, 120–25, 300f.

(Rezentes), II/III 186

Trimethylamin, II/III 121f.

(Verdichtung), II/III 298–301

(Vergessen), II/III 517

(Verschiebung), II/III 327

v. Kirchturm, II/III 15f.

Komitee, Zuschrift v. sozialdemokratischem, II/III 171

Laboratorium, chemisches, II/III 173f., 479

Lecher, Dr., II/III 275

v. Liebhabermonographie, II/III 275

Marburg *s*. **Träume,** eigene (i. allgemeinen): Reisen, Reisegefährten

Myop, mein Sohn, d., II/III *276*, 443–46

Non vixit, II/III 417, *424–28*, 481–92 (484f.), 518

(Affekte), II/III 481–92

(Redewendungen), II/III 424–28

(Überdeterminierung), II/III 424, 484

(Vergessen), II/III 518

Offizierkorps schickt Sohn Geld, II/III 564–66

Onkeltraum, II/III 142–47, 150, 170f., 186, 197–99, 311

(heuchlerischer), II/III 150, 475, 576

(infantiler Ehrgeiz), II/III *143*, 197–99

(Rezentes), II/III 186

Träume (bestimmte): Oser

(Verschiebung), II/III 311
Oser, Professor, II/III 174
Ottos Basedowsche Krankheit,
II/III 129, 145, 276-78, 300f.,
481-92, 561f. 276-80
(Affekte), II/III 561f.
,d. Papst ist gestorben' (Wecktraum), II/III 238; XI 91
Parzentraum, II/III 210-14, 238
(Kindheitserinnerungen z.),
II/III 211
Mantel mit türkischer Zeichnung, II/III 210
Patientin auf d. Straße, mit ihrer Tochter [Mutter], wartend, II/III 171
,Privatheilanstalt', II/III 341f.
,Propylen' s. Träume, eigene (bestimmte): Irmas Injektion (s. a. i. Sprach-Reg.)
Revolutionstraum (v. Grafen Thun), II/III *215f.*, 216-24, 238f., 433-37, 473
Huflattich, Salathund, II/III 219
Romreise, II/III 109, 201-03, 328f.
Sandsteinfiguren vor Restaurantsgarten, II/III 15f.
Savonarolas Maske, II/III 172f.
Schloß am Meer s. **Träume**, eigene (bestimmte): Frühstücksschiff
Schwimmbassin, II/III 662
,Sezerno', II/III 322
Sohn, Nachricht v., II/III 564-66
Spital, Gang i. d., durch bekannte Gegend, II/III 448f.
Stanniol – Stannius s. **Träume**, eigene (bestimmte): Unterleib
Syrakus, II/III 172f.
Table d'hôte, II/III 649-54, 661-64, 668, 670, 685-87; IV 133

(Traumentstellung), II/III 685-87
(Verdichtung), II/III 663f.
(Verschiebung), II/III 668, 670
Treppentraum, II/III 244-46, 252f.
,Schlagfertigkeit' u. Kinderfrau, II/III 253
u. Spucken, II/III 244-56, 253
,Trottoir roulant' u. Glaszylinder, II/III 665
d. Unredlichkeit beschuldigt, II/III 341-43
Unterleib, eigener, Sektion am, II/III (417), 455-58, 481
Unvollständige Toilette s. **Träume**, eigene (bestimmte): Treppentraum
Vater
ein Gemeindearzt, II/III 437-40, 452-55
u. d. Magyaren, II/III 430-33, 449f.
Uringlas, II/III 216, 222
verunglückt i. Eisenbahn, II/III 428
Vogelschnäbel, Personen mit, II/III 589f.

Werke (s. a. i. Titel-Reg.)
,,Gesammelte Schriften", XVI 32
,Sammlung kleinerer Schriften', I 558
,Selbstdarstellung', XIV 33-96
,Traumdeutung'
Fehlleistung i. d., IV 165, 176f.
Feindseligkeit gegenüber d., II/III IX, 97f., 163f., 167f.
,Vorläufige Mitteilung', I 77, 81-98, 247, 263, 475f.
,Witz', V 112; XIV 91f., 382
,zerebrale Kinderlähmung', IV 177

BIBLIOGRAPHISCHES REGISTER

(Register der von Sigmund Freud zitierten Autoren und Werke;)
(*s. a.* Namen- und Autorenregister)

Vorbemerkung:

Dieses Register sammelt die von Freud zitierten Werke anderer Autoren; Freuds eigene Werke sind nicht aufgenommen (vgl. hierzu das Titelregister). Hinweise auf neuropathologische Werke, die von einigen Autoren in der Frühzeit der Psychoanalyse unter Freuds unmittelbarem Einfluß niedergeschrieben wurden, finden sich im Biographischen Register. (Freud nennt solche Arbeiten lediglich in seinen frühen Schriften, vor allem im Band I der GESAMMELTEN WERKE). Werke der allgemeinen Medizin werden zitiert; hingegen wurden spezielle neurophysiologische, also nicht-psychologische Texte nicht berücksichtigt.

Freud bediente sich nicht einer *einheitlichen* Zitierweise; er behandelte solche Fragen mit einer gewissen Großzügigkeit. In diesem Register wurden Ergänzungen und Modifikationen nur dort vorgenommen, wo eine augenfällige Notwendigkeit dazu bestand.

Am Ende seiner *Traumdeutung* (GESAMMELTE WERKE, Bd. II/III, S. 627–42) zitiert Freud eine Reihe von Autoren und Werken, ohne diejenigen Stellen im Text der *Traumdeutung* anzugeben, wo im einzelnen darauf Bezug genommen wird. Diese Stellen versucht das vorliegende Register zu lokalisieren. Wo dies nicht gelungen ist, erscheint der generelle Hinweis ›II/III 627–42‹.

Freud hat Werke anderer Autoren, die er in verschiedenen Arbeiten nennt, nicht selten mit Abweichungen zitiert – z.B. eine Schrift C. G. Jungs einmal als ‚Symbole und Wandlungen der Libido', ein andermal als ‚Wandlungen und Symbole der Libido'. Es ist der Versuch gemacht worden, die jeweils korrekte Fassung zu verifizieren.

Nicht selten nennt Freud Autorennamen, ohne einen besonderen Hinweis auf ein bestimmtes Werk dieser Autoren zu geben. Dies geschieht zumeist dann, wenn generell auf Lehren und Theorien der Zitierten Bezug genommen wird. Wo es notwendig erschien, sind solche Auslassungen nach Möglichkeit ergänzt worden. In der Regel sind Namen von Autoren, für die ein genauer Titelhinweis fehlt, ins Namen- und Autorenregister aufgenommen worden.

Soweit es sich den Zitaten Freuds entnehmen läßt, wird typographisch zwischen selbständigen Veröffentlichungen und Beiträgen in Sammelwerken und Zeitschriften unterschieden. Selbständige Veröffentlichungen und Titel von Sammelwerken bzw. Zeitschriften sind kursiv gesetzt, wobei letztere in Klammern den Titeln der Beiträge nachgestellt sind (vgl. hierzu das *Verzeichnis der am häufigsten verwendeten Abkürzungen*). Die Titel der Beiträge selbst sind in Anführungszeichen gesetzt. Die näheren bibliographischen Angaben in Klammern (Name der Zeitschrift bzw. des Sammelwerks, Band- oder Heftnummer, Erscheinungsort und -jahr usw.) werden durch Seitenangaben ergänzt, soweit diese von Freud selbst angeführt werden; sie erscheinen nach der letzten bibliographischen Angabe nach einem Doppelpunkt – z. B.: (*NYMJ.* 5, 1893: 281ff.), wobei sie allerdings vereinfacht wiedergegeben werden (Freud: ›S. 554–561‹; Register: ›554ff.‹).

Wenn Freud keine Titelangaben macht, sondern nur Autor und den von diesem beschriebenen Sachverhalt anführt, dann wird im Register anstelle des Titels ein Stichwort verwendet, das den Sachverhalt charakterisiert; dieses Stichwort wird ebenfalls in runde Klammern gesetzt. Die titelersetzende Angabe in Klammern wird kursiv gesetzt, wenn es sich um eine Kapitelüberschrift handelt, und der Buchtitel selbst nicht von Freud erwähnt wird.
(Vgl. auch die Vorbemerkung zum Namen- und Autorenregister).

Verzeichnis der am häufigsten verwendeten Abkürzungen

AJI.	American Journal of Insanity
AJP.	American Journal of Psychology
AP.	Archiv für Psychiatrie und Nervenkrankheiten
AZP.	Allgemeine Zeitschrift für Psychiatrie
Hrsg.	Herausgeber
IM.	Imago
IPaB.	Internationale psychoanalytische Bibliothek
IZ.	Internationale Zeitschrift für (ärztliche) Psychoanalyse
I.	International Journal of Psycho-Analysis
JAbP.	Journal of Abnormal Psychology
Jb.	Jahrbuch für psychoanalytische und psychopathologische Forschungen
JMS.	Journal of Mental Science
MedKlin.	Medizinische Klinik
MMW.	Münchner medizinische Wochenschrift
MPN.	Monatsschrift für Psychiatrie und Neurologie
NYMJ.	New York Medical Journal
PNW.	Psychiatrisch-neurologische Wochenschrift
PslR.	Psychological Revue
PsaB.	Psychoanalytische Bewegung
Proc. Soc. Psychical Research	Proceedings of the Society for Psychical Research
R.	Psychoanalytic Review
RPhi.	Revue philosophique
S.	Schriften zur Angewandten Seelenkunde
Schweiz.	Schweizer Archiv für Neurologie und Psychiatrie
StPS.	Studies in Psychology of Sex
TL.	The Lancet

Verl. Internationaler Psychoanalytischer Verlag
Zbl. f. N. Psych. Zentralblatt für Nervenheilkunde und Psychiatrie
ZeBl. Zentralblatt für Psychoanalyse
ZNP. Zeitschrift für die gesamte Neurologie und Psychiatrie
ZPä. Zeitschrift für psychoanalytische Pädagogik
ZPäPs. Zeitschrift für pädagogische Psychologie
ZPth. Zeitschrift für Psychotherapie
ZSW. Zeitschrift für Sexualwissenschaft

Abel, K.: ›Über den Gegensinn der Urworte‹ (*JB.* 2, 1910) II/III 323, 674; VIII 215, 218, 404; IX 84; XI 182f., 236; XIII 423

Abraham, Karl: ›Aufsätze zur psychoanalytischen Erforschung u. Behandlung d. manisch depressiven Irreseins usw.‹ (*ZeBl.* 1912) X 428

—: ›Äußerungsformen d. weiblichen Kastrationskomplexes‹ (*IZ.* 7, 1921) XIV 30, 535

—: (Beobachtungen über Fehlleistungen) (*IZ.* 8, 1922) IV 92

—: ›Über hysterische Traumzustände‹ (*Jb.* 2, 1910) II/III 635

›Klinische Beiträge zur Psa. aus d. Jahren 1907–1920‹ (*IPaB.* 10, 1921) X 56; XIII 116, 149

—: ›Zur narzißtischen Bewertung d. Exkretionsvorgänge im Traum u. Neurose‹, (*IZ.* 6: 64) II/III 635

—: *Zur Psychoanalyse der Kriegsneurosen* (1919) XII 321, 323; XIII 9

—: ›Die psychosexuellen Differenzen d. Hysterie u. d. Dementia praecox‘ (*Zbl. f. N. Psych.* 1908) VIII 275, 302, 307; X 294; XI 430

—: ›Sollen wir die Pat. ihre Träume aufschreiben lassen ?‹ (*IZ.* 1, 1913) II/III 356

—: ›Traum u. Mythos. Eine Studie zur Völkerpsychologie‹ (*S.* 4, Wien u. Leipzig 1909) II/III 356, 407, 635; VII 334; VIII 396

—: ›Untersuchungen über die früheste prägenitale Entwicklungsstufe d. Libido V (*IZ.* 4, 2, 1916) V 99f.; XIII 116

—: ›Vaterrettung u. Vatermord i. d. neurotischen Phantasiegebilden‹ (*IZ.* 8, 1922) IV 166

—: *Versuch einer Entwicklungsgeschichte d. Libido* (Leipzig 1924) V 99; (Analyse von Segantini) X 77

Achmetis, F. Serim: *Oneirocriticae* (ed. Nik. Rigaltius, Paris 1603) II/III 627

Adler, Alfred: ›Der Aggressionstrieb im Leben u. i. d. Neurose‹ (*Fortschritte der Medizin*, 19, 1908) VII 341; XII 46, 145, 222f.; XVI 97, 99

—: ›Ein erlogener Traum‹ (*ZeBl.* 1, 1910) II/III 635

—: Der psychische Hermaphroditismus i. Leben u. i. d. Neurose‹ (*Fortschritte der Medizin* 16, 1910) II/III 401f.; VIII 277

—: ›Drei Psychoanalysen von Zahleinfällen u. obsedierenden Zahlen‹ (*PNW.* 28, 1905) IV 272f.; VII 6

Bib 4   **Adler**, Alfred: Traum

–: ›Traum und Traumdeutung‹ (*ZeBl.* 3, 1912/13 : 174) II/III 635
–: ›Zwei Träume einer Prostituierten‹ (*ZSW.* 2, 1908) II/III 635
Adler, A. u. Furtmüller, C.: *Heilen u. Bilden* (München 1913) X 79, 106
Aichhorn, August: ›Verwahrloste Jugend. D. Psychoanalyse in d. Fürsorgeerziehung‹ (*IPaB.* 19, Leipzig 1925) XIV 490, 565 ff.
Alberti, Michael: ›Diss. de insomniorum influxi in sanitatem et morbos‹ (Resp. Titius Halae M. 1744) II/III 627
Alexander, F.: Kastrationskomplex u. Charakter (*IZ.* 8, 1922) VII 246
–: *Psychoanalyse d. Gesamtpersönlichkeit* (Wien 1927) XIV 490, 498
(Über Traumpaare u. Traumreihen) (*IZ* 11, 1925) XV 27 f.
Alix: *Étude du rêve* (*Mém. de l'acad. de sc. etc. de Toulouse*, 9e série, 1. 283 ff. Toulouse 1889) II/III 627
–: ›Les rêves‹ (*Rev. Scientif.* 3, 1882: 554 ff.) II/III 627
Allison: (Traum) II/III 93
Almoli, Salomo, ben Jacob: *Pithrón Chalómóth* (Traumdeutung, Amsterdam 1637, Solkiew 1848) II/III 4
Amenhotep: *Hymnen an Aton* XVI 119 f.
Andersen: *Des Kaisers neue Kleider* II/III 248 f.
Andreas-Salome, Lou: ›Anal‹ u. ›Sexual‹ (*IM.* 4, 1916) V 88; VII 246; X 409; XI 325; XV 108
(Vergreifen) IV 186
Anonymus: *Der unbekannte Dostojewski* (1926) XIV 401
–: ›Science of Dreams‹ (*The Lyceum*, 1890: 28) II/III 633
–: ›Rêves et l'hypnotisme‹ (*Le Monde*, Août 25, 1890) II/III 632
Anzengruber: *G'wissenswurm* IV 96
–: *Das Jungferngift* XII 177 f.
Apomasaris: *Traumbuch auss griechischer Sprach ins Latein bracht durch Lewenklaw jetzt und ... verteutschet* (Wittenberg) II/III 634
Arduin: ›Die Frauenfrage u. d. sexuellen Zwischenstufen‹ (*Jahrb. f. sex. Zwischenstufen*, 2, 1900) V 43
Aristoteles: *Über Träume und Traumdeutungen* (Übers. v. Bender) II/III 627; XI 84; XIV 73, 548
–: *Von der Weissagung im Traume* II/III 627
Artabanos: (Traumdeutung) II/III 8
Artemidoros aus Daldis: ›Erotische Träume und ihre Symbolik, aus dem Griechischen übersetzt von Hans Licht (*Anthropophyteia*, 9: 316 ff.) II/III 627
–: *Symbolik der Träume* (Übers. v. Friedr. S. Krauss, Wien 1881) II/III 359, 612, 627; VIII 76

Artigues, R.: *Essai sur la valeur séméiologique du rêve* (Thèse de Paris 1884) II/III 36, 627

Aschaffenburg: *Handbuch der Psychiatrie* (1911) VIII 372

Atkinson, J. J.: *Primal Law* (London 1903) IX 153, 172; X 346; XVI 186, 239

Auerbach: *Wüste und gelobtes Land* (Berlin 1932) XVI 142f., 166

Avebury, Lord *s.* **Lubbock**, John, Sir

Äschylos: ‚Orestie' XVI 221

Bacci, Domenico: *Sul sogni e sul sonnambulismo, pensieri fisiologico-metafisici* (Venezia 1857) II/III 627

Bachofen: *Das Mutterrecht* (Stuttgart 1861) IX 174

Bain, A.: *The Emotions and the Will* (2nd ed., London 1865) VI 164, 228

—: *Logic* (London 1870) VIII 219

Baldwin: *Die Entwicklung d. Geistes beim Kinde u. bei der Rasse* (1898) V 74

Ball: *La morphinomanie, les rêves prolongés* (Paris 1885) II/III 627

Balzac: *Père Goriot* X 352

Bartels, M. *s.* **Ploss, H. H.**

Bastian, A.: *Die deutsche Expedition an der Loangoküste* (Jena 1874) IX 58f., 61

Baudissin, Eva, Gräfin: ‚Referat u. W. Jensens „Fremdlinge unter den Menschen" (*Die Zeit*, 11. Februar 1912) VII 124

Bayer, H.: ›Z. Entwicklungsgeschichte d. Gebärmutter‹ (*Deutsches Arch. f. kl. Medizin*, 73, 1902) V 77

Beaumarchais (*s. a.* Mozart): *Figaros Hochzeit* II/III 214, 436

Beecher-Stowe, Harriet: *Onkel Toms Hütte* XII 198

Bell, J. Sanford: ›A Preliminary Study of the Emotion of Love between the Sexes‹ (*AJP.* 13, 1902) V 74

Benedikt, M.: *Hypnotismus u. Suggestion* (Wien 1894) I 86; II/III 495

Benezé, Emil: ›Das Traummotiv in der mittelhochdeutschen Dichtung bis 1250 und in alten deutschen Volksliedern‹ (Halle 1897. Benezé, *Sagengesch. u. lit. hist. Unters., 1., Das Traummotiv*) II/III 627

Benini, V.: ›La memoria e la durata dei sogni‹ (*Rivista italiana di filosofia*, 13, 1898) II/III 627

—: ›Nel moneto dei sogni‹ (*Il Pensiero nuovo*, 1898) II/III 627

Bergson: *Le rire, essai sur la signification du comique* (3me éd., Paris 1904) VI 215, 238f., 253f., 257, 268

Berliner Psychoanalytisches Institut (*s. a.* Eitingon): *Zehn Jahre Berliner Psychoanalytisches Institut* (Verl. Wien 1930) XIII 441

Bernard-Leroy *s.* **Leroy, B.**; **Tobowolska, S.**

Bernheim, H.: *Neue Studien über Hypnotismus, Suggestion u. Psychotherapie* (Wien 1892) I 488; IV 169

—: *Die Suggestion u. ihre Heilwirkung* (Wien 1896) I 157, 167, 488

Bernstein, I.: *Sammlung jüd. Sprichw. u. Redensarten* (Warsaw 1908) II/III 137

Betlheim, S. u. Hartmann, H.: ›Über Fehlreaktionen bei der Korsakoffschen Psychose‹ (*AP*. 72, 1924) II/III 389, 635; XV 23

Bianchieri, F. (s. a. Soflia): ›I sogni dei bambini di cinque anni‹ (*Riv. di psicol*. 8, 1912) II/III 136, 635

Bibel: ›Apostelgeschichte‹ (Kap. 19) VIII 361

—: (Apostel Paulus) XVI 192 ff., 244 f.; XIII 99

—: ›Brief an die Korinther‹ XIII 99

—: ›Deuteronomium‹ XVI 142

—: ›Esra‹ XVI 143, 148

—: ›Hexateuch‹ XVI 142 ff.

—: ›Buch Hosea‹ XVI 136

—: ›Jesaias‹ (29/8), II/III 130

—: ›Buch Josua‹ XVI 142

—: ›Das Hohe Lied‹ II/III 352

—: Fünf Bücher Mosis (Pentateuch) X 195 ff.; XV 178; XVI 125, 138, 142 ff.

—: ›Nehemia‹ XVI 143, 148

Philippsonsche II/III 589

Bibliothèque rose: XII 198

(Bilderbuch des Wolfsmanns): XII 39

Binet, A.: *Les altérations de la personnalité* (Paris 1892) I 85 f.; VII 73; VIII 94; XI 361

—: *Études de psychologie experimentales: le fétichisme dans l'amour* (Paris 1888) V 53 f. 71

Binswanger: *Die Pathologie u. Therapien d. Neurasthenie* (1896) VII 147

Binz, C.: *Über den Traum* (Bonn 1878) II/III 20, 59, 80 f., 91; XI 82 f.

Birkmaier, Hieron: *Licht im Finsternüss der nächtlichen Gesichte und Träume* (Nürnberg 1715) II/III 627

Bisland, E.: ›Dreams and their Mysteries‹ (*N. Ann. Rev*. 152, 1896: 716 ff.) II/III 627

Bismarck: *Gedanken u. Erinnerungen* (Volksausgabe, 2: 222) (Brief an Kaiser Wilhelm vom 18. 12. 1881) II/III 383 ff.

Bleuler, E.: *Affektivität, Suggestibilität, Paranoia* (Halle 1906) IV 122 f.; VII 80; X 82

—: *Das autistisch-undisziplinierte Denken i. d. Medizin u. seine Überwindung* (Berlin 1919) IV 17, 280

–: ›Die Kritik der Freudschen Theorie‹ (*AZP*. 70 1913) X 82

–: ›Dementia praecox oder Gruppe der Schizophrenien‹ (Aschaffenburg, *Handbuch d. Psychiatrie*, Leipzig 1911) VIII 312, 372; X 67f.; XIII 421

–: ›Die Kritiken der Schizophrenie‹ (*Zbl. f. N. Psych.* 22, 1914)

–: ›Über die negative Suggestibilität‹ (*PNW*. 6, 1904) VI 199

–: ›Die Psychoanalyse Freuds, Verteidigung und kritische Bemerkungen‹ (*Jb*. 2, 1910) II/III 635; X 81; XIV 77

–: ›Der Sexualwiderstand‹ (*Jb*. 5, 1913) XIV 466

–: ›Sexuelle Abnormitäten d. Kinder‹ (*Jb. der schweizerischen Gesellschaft f. Schulgesundheitspflege*, 9, 1908) V 74, 90; VIII 45; XII 215

–: ›Träume mit auf der Hand liegender Deutung‹ (*MMW*. 60, 47, 1913) II/III 356, 635

–: (Ambivalenz) (*ZeBl*. 1, 1911: 260) V 99

Bloch, Ernst: ›Beitrag zu den Träumen nach Coitus interruptus‹ (*ZeBl*. 2, 1911/12: 276)

Bloch, Iwan: *Beiträge zur Ätiologie d. Psychopathia sexualis* (2 Teile, Dresden 1902/03) V 33, 38, 50, 211; XI 317

–: (Umfrage ›Über den Geruchssinn i. d. vita sexualis‹, verschied. Jahrgänge der *Anthropophyteia* v. Friedrich S. Krauss) XIV 466

Boileau: *Art poétique* IV 112

Boito, C.: *Leonardo, Michelangelo* (Milano 1883) X 176

Bonaparte, Marie: *Edgar Poe, étude psychoanalytique* (Paris 1933) XVI 276

Botazzi, Filippo: *Leonardo biologico e anatomico* (Milano 1910) VIII 135, 140

Bouché-Leclerp, Hermann: *Histoire de la divination dans l'antiquité* (T. I. Paris 1879) II/III 628

Bourke, John Gregory: ›Der Unrat in Sitte, Brauch, Glauben u. Gewohnheitsrecht der Völker‹ (deutsch v. S. Krauss u. H. Ihm, *Beiwerke zum Studium der Anthropophyteia*, 6, Leipzig 1913) X 453 ff.

Bölsche, W.: *Das Liebesleben i. d. Natur* (Jena 1911–13) XI 368

Börne, Ludwig: ›Die Kunst, in drei Tagen ein Originalschriftsteller zu werden‹ (*Ges. Schr.* Bd. 1, 1862) XII 311f.

Börner, J.: *Das Alpdrücken, seine Begründung und Verhütung* (Würzburg 1855) II/III 37

Böttinger: (Aufsatz) (*Sprengels Beitr. z. Gesch. der Medizin*, 2, 1795) II/III 36

Bracciolini s. Krauss, F. S.

Bradley, J. H.: ›On the Failure of Movement in Dream‹ (*Mind*, July, 1894) II/III 627

Brander, R : *Der Schlaf und das Traumleben* (Leipzig 1884) II/III 628

Brandes, Georg: *William Shakespeare* (Paris 1896) II/III 272; X 25

Brantôme: *Vie des dames galantes* IV 89

Breasted, J. H.: *The dawn of Conscience* (London 1934) XVI 104ff., 152
—: *A History of Egypt* (1906) XVI 104f., 118ff.

Bremer, L.: ›Traum und Krankheiten‹ (*NYMJ.* 5, 1893: 281ff.) II/III 628

Breuer, J.: ›Frl. Anna O ...‹ (Originalausgabe d. *Studien über Hysterie*, 4. Aufl.) I 263, 289, 292; XIII 407ff.
(Freuds Brief an) XVII 5f.

Breuer, J. u. Freud, S.: *Studien über Hysterie* (Wien 1895) I 416, 429f., 435, 458f., 482f., 557; II/III 104f.; v 3, 13, 64, 151, 182; VII 8, 81, 117, 191; VIII 3ff., 42, 390, 432; x 44ff., 55, 57f., 286f.; XI 79, 284; XIII 10, 24, 26, 211ff., 409f.; XIV 46, 300, 305f., 562f.; XVII 7ff.

—: *Zur Theorie des Hysterischen Anfalles* XVII 7ff.

—: ›Über den psychischen Mechanismus hysterischer Phänomene‹ (Vorläufige Mitteilung, einleitender Teil d. *Studien ü. Hysterie, Mendels Zentralblatt* 1893) I 12, 54, 60, 62, 74, 77, 81ff., 252, 254, 265, 351, 512; XIII 212

Brewster, E. T.: ›Dreams and Forgetting. New Discoveries in Dream Psychology‹ (*McClure's Magazin* 1912) II/III 636

Brill, A. A.: ›Artificial Dreams and Lying‹ (*JAbP.* 9: 321) II/III 636

—: ›A Contribution to the Psychopathology of Everyday Life‹ (*Psychotherapy* 3, 1909) IV 98ff., 113, 134f., 139, 157f., 175, 249; VIII 393

—: ›Dreams and their Relation to the Neurosis‹ (*NYMJ.* 1910) II/III 636; VIII 396

—: ›Fairy Tales as a Determinant of Dreams and Neurotic Symptoms‹ (*NYMJ.* 1914) II/III 636

—: ›Hysterical Dreamy States‹ (*NYMJ.* 1912) II/III 636

—: ›Freud's Theory of Wit‹ (*JAbP.* 6, 1911) VI 20f., 31, 33

—: *Psychoanalysis, Its Theory and Practical Applications* (Philadelphia und New York 1912) II/III 636; x 71; XIV 307

Brown, W.: ›Freud's Theory of Dreams‹ (*TL.* 1913) II/III 636

—: *New Zealand and its Aborigines* (London 1845) IX 55

Bruce, A. H.: ›The Marvels of Dream Analysis‹ (*McClure's Magazin*, 1912) II/III 636

Brugeilles: ›L'essence du phénomène social; La suggestion‹ (*Revue philosophique*, 25, 1913) XIII 96

Bruno, Giordano: (*Werke*, 5) VIII 302

Brunswick, Ruth Mack: ›Die Analyse eines Eifersuchtswahnes‹ (*IZ.* 14, 1928) XIV 519, 531f.; XV 140

Bruun, Laurids: *Van Zantens glücklichste Zeit* IV 40

Burckhard, Jakob: *Der Cicerone* (Leipzig 1855) VIII 128; x 176, 178

Burckhard, Max: ›Ein modernes Traumbuch‹ (*Die Zeit*, 1900, Nr. 275, 276) II/III 636

Burdach: *Die Physiologie als Erfahrenswissenschaft* (3 Bde. 1830) II/III 6f., 53, 55, 82, 86, 228f., 628, 693

Burlingham, Dorothy: ›Kinderanalyse und Mutter‹ (*ZPä.* 6, 1932) XV 60

Burlington Magazine *for Connoisseurs:* (38, 1921) XIV 321

Busch, Wilhelm: *Die fromme Helene* XIV 432

—: (Vergreifen) IV 187

Buschan, Georg (Hrsg.): *Illustrierte Völkerkunde* (1, Stuttgart 1922) XVI 3

Busemann, A.: ›Psychol. d. kindl. Traumerlebnisse‹ (*ZPäPs.* 11, 1910: 320ff.) II/III 136, 636

—: ›Traumleben der Schulkinder‹ (*ZPäPs.* 10, 1909: 294ff.) II/III 136, 636

Bussola, Serafino: *De somniis* (Diss. Ticini Reg. 1834) II/III 628

Büchsenschütz, B.: *Traum u. Traumdeutung i. Altertum* (Berlin 1861 od. 1868) II/III 21, 102, 137f., 628

Byron, Lord: *Manfred* VIII 257, 279f.

Cabanis, P. S. G.: *Rapports du physique et du moral* II/III 94

Caetani-Lovatelli: ›I sogni e l'ipnotismo del mondo antico‹ (*Nuova Antol.*, 1. Dez. 1889) II/III 628

Calkins, Mary Whiton: ›Statistics of Dreams‹ (*AJP.* 5, 1893) II/III 20ff., 46, 226, 628

Cambridge *Ancient History, The* s. **Last**

Cane, Francis E.: ›The Psychology of Dreams‹ (*TL.* 1889) II/III 628

Capelle, Wilhelm: *Die Vorsokratiker* (Leipzig 1935) XVI 91

Cardanus, Hieron: ›Synesiorum somniorum, omnis generis insomnit‹(explicantes libri IV; Basileae 1562, 2. Ausg. *Opera omnia Cardani,* 5: 593ff. Lugduni 1693) II/III 628

Carena, Thomas: *Tractatus de Officio sanctissimae Inquisitionis* (Lyon 1659) II/III 73

Cariero, Alessandro: *De somniis deque divinatione per somnia* (Patavii 1575) II/III 628

Carpenter: ›Dreaming‹ (*Cyclop. of anat. and phys.* 4: 687) II/III 628

Cervantes, M. de: *Don Quijote* IV 201; VI 264; IX 65; XIII 442

Chabaneix, P.: *Le subsconscient chez les artistes, les savants et les écrivains* (Paris 1897) II/III 46, 68, 628

Charcot, J. M. (s. a. i. Titel-Reg.: Charcot): s. **Charcot,** J. M.: ›Poliklinische Vorträge I‹ *Leçons du Mardi à la Saldêtrière*

—: *Neue Vorlesungen ü. d. Krankheiten d. Nervensystems insbesondere ü. Hysterie* (Wien 1886) I 488

—: *Oeuvres complètes* (Jahresberichte der Klinik i. d. Salpêtrière) I 21

Bib 10   Charcot, J. M.: Poliklinische Vorträge

–: ›Poliklinische Vorträge I‹ (*Leçons du Mardi*) (Mit Anmerkungen des Übersetzers Sigm. Freud) (Wien 1892–93) I 14, 29, 488

Chaslin, Ph.: *Du rôle du rêve dans l'évolution du délire* (Thèse de Paris 1887) II/III 628

Chevalier, J.: *Inversion sexuelle* (Lyon 1893) V 40, 42

Cicero: *De divinatione* II/III 9, 58

Claparède, Ed.: ›Esquisse d'une théorie biologique du sommeil‹ (*Arch. de Psychol.* IV Nr. 15–16 1905) II/III 55, 636

–: ›Rêve utile‹ (*Arch. de Psychol.* 9, 1910: 148) II/III 55, 636

Clavière: ›La rapidité de la pensée dans le rêve‹ (*RPhi.* 43, 1894 od. 1897) II/III 628

Codrington, R. H.: *The Melanesians* (Oxford 1891) IX 16

Conferenze *fiorentine s.* **Conti**

Conti, Angelo: ›Leonardo pittore‹ (*Conferenze fiorentine*, Milano 1910) VIII 180f.

Coriat, I.: ›The Meaning of Dreams‹ (*Mind and Health Series*. London) II/III 636

–: ›Träume vom Kahlwerden‹ (*IZ.* 2: 460) II/III 636

–: ›Zwei sexual-symbolische Beispiele von Zahnarzt-Träumen‹ (*ZeBl.* 3, 1912/13: 440) II/III 391, 636

Coutts, G. A.: ›Night-Terrors‹ (*American Journal of Medical Sc.* 1896) II/III 628

Crawley, V.: *The Mystic Rose* (London 1902) IX 20f.; XII 163f., 167, 169

(D. L.): ›À propos de l'appréciation du temps dans le rêve‹ (*RPhi.* 40. 1895: 69ff.) II/III 628

Dagonet: ›Du rêve et du délire alcoholique‹ (*Ann. med.-psychol.* 7, 1889: 193) II/III 628

Daly, C. D.: ›Hindumythologie und Kastrationskomplex‹ (*IM.* 13, 1927) XIV 459

Dandolo, G.: *La coscienza del sonno* (Padova 1889) II/III 628

Dante: ›Inferno‹ XII 265

–: ›Paradiso‹ VIII 191

Darmstetter, J.: *Macbeth* (Paris 1887: 75) X 378

Darwin, Charles: *Abstammung des Menschen* (1871) VI 164; IX 151ff., 171f.; X 346; XI 413; XII 8; XIII 61, 136; XIV 34, 93f., 109; XV 187; XVI 170, 186, 239

–: (Autobiographie) IV 164

Dattner, B.: (Gold u. Kot) (*IZ.* 1, 1913) II/III 408, 420f.

–: ›Eine historische Fehlleistung‹ (*ZeBl.* 1, 1911) II/III 420f.; IV 141f., 224f., 231

Daudet, Alphonse: *Nabab* II/III 297, 495, 540; IV 165f.
−: *Sappho* II/III 292f., 331

Davidson, Wolf: *Versuch über den Schlaf* (2. Aufl. Berlin 1799) II/III 65, 628

Debacker: *Des hallucinations et terreurs nocturnes des enfants* (Thèse de Paris 1881) II/III 140, 591ff., 628

Dechambre: ›Cauchemar‹ *(Dict. encycl. de sc. méd.)* II/III 628

Dekker, E. D. *s.* **Multatuli**

Delacroix, H.: ›Note sur la cohérence des rêves‹ *(Rapp. et C. R. du 2me. Congrès intern. de Philos.*: 556ff.) II/III 636

−: ›Sur la structure logique du rêve‹ *(Rev. metaphys.* 11, 1904) II/III 636

Delage, Yves: ›La nature des images hypnagogiques et la rôle des lueurs entoptiques dans le rêve‹ *(Bull. de l'Inst. général psychol.* 1903: 235) II/III 636

−: ›Une théorie du rêve‹ *(Rev. scientifique* 1891) II/III 84ff., 186, 597, 628

Delboeuf, J.: *Le magnétisme animal* (Paris 1889) I 85, 157

−: *Le sommeil et les rêves* (Paris 1885) II/III 11ff., 21f., 54, 61, 64, 79, 110, 186, 190, 628

Dessoir, M.: ›Zur Psychologie d. vita sexualis‹ *(AZP.* 50, 1894) V 130

Deussen: *60 Upanishads des Veda* XIII 63

Deuteronomium *s.* **Bibel**

Deutsch, Helene: ›Der feminine Masochismus und seine Beziehung zur Frigidität‹ *(IZ.* 16, 1930) XIV 535

−: ›Psychoanalyse der weiblichen Sexualfunktionen‹ *(Neue Arb. z. ärztl. Psa.* 5, 1925) XIV 30, 536

Diderot: *Le neveu de Rameau* XI 350; XIV 541; XVII 119

Diepgen, P.: *Traum und Traumdeutung i. Mittelalter* (Berlin 1912) II/III 4, 547

Dietrich, Joh. David: *An ea, quae hominibus in somno et somnio accidunt, iisdem possint imputari?* (resp. Gava Vitembergae 1726) II/III 628

Disque vert, Le: XIII 446

Dobrizhofer, M.: ›Historia de Abiponibus‹ (Wien 1784) IX 71

Dochmasa, A. M.: *Dreams and their Significance as Forebodings of Disease* (Kazan 1890) II/III 628

Doflein, Alex: *Das Problem des Todes und der Unsterblichkeit bei den Pflanzen u. Tieren* (Jena 1909) XIII 50

Doglia, S. et **Bianchieri,** F.: ›I sogni dei bambini di tre anni, L'inizio dell'attivita onirica‹ *(Contributi psicol.* 1, 9, 1910) II/III 136, 636

Dorsay, J. O.: ›An Account of the War Customs of the Osages‹ *(Amer. NaN.* 18, 1884) IX 49

Dostojewski, F.: *Die Brüder Karamasoff* XIV 542
 (Eine Diskussion i.: *Der unbekannte Dostojewski* 1926) XIV 401
Döllinger, J.: *Heidentum und Judentum* (Regensburg 1857) II/III 36
Dreher, E.: ›Sinneswahrnehmung u. Traumbild‹ (*Reichs.-med. Anzeiger*, 15, 1890) II/III 628
Drexl, F. X.: *Achmets Traumbuch* (München 1909) II/III 4
Dschelaleddin Rumi: (übersetzt v. Rückert) VIII 302
Ducosté, M.: *Les songes d'attaques épileptiques* (1889) II/III 628
Dugas: *Psychologie du rire* (Paris 1902) VI 163 f., 174
–: ›Le sommeil et la cérébration inconsciente durant le sommeil‹ (*RPhi.* 43, 1897) II/III 628
–: ›Le souvenir du rêve‹ (*RPhi.* 44, 1897) II/III 58, 63, 581, 628
Dulaure, J. A.: *Des divinités génératrices* (Paris 1885) XII 175
Dumas, Alexandre: *Der Graf v. Monte Christo* VII 417
du Prel, Carl: ›Künstliche Träume‹ (*Monatsschrift Sphinx*, 1889) II/III 137 f., 628; XI 132 f.
–: Oneirokritikon; der Traum vom Standpunkte des transcend. Idealismus‹ (*Deutsche Vierteljahrschrift* 2, Stuttgart 1869) II/III 628
–: *Die Philosophie der Mystik* (Leipzig 1885) II/III 66, 534, 617, 628
–: *Psychologie der Lyrik* (Leipzig 1880) II/III 628
–: *Okkultismus u. Sozialismus* (Münster 1898) *s.* **Unger**
Durkheim, E.: *Les formes élémentaires de la vie religieuse, Le système totémique en Australie* (Paris 1912) IX 137
–: ›La prohibition de l'inceste‹ (*L'année soc.* 1, 1896/97) IX 141, 146 f., 151
–: ›Sur le totémisme‹ (*L'annèe soc.* 5, 1901) IX 141, 153 f.

Eckstein, Emma: *Die Sexualfrage in der Erziehung des Kindes* (Leipzig 1904) VII 26
Eder, M. D.: ›Augenträume‹ (*IZ.* 1, 1913: 157) II/III 403, 636
–: (Mitteilungen) (*IZ.* 1, 1913) IX 158
–: ›Freud's Theory of Dreams‹ (*Transactions of the Society of Psycho-Medic.* 3, 1912) II/III 636
Eeden, Frederik van: ›A study of Dreams‹ (*Proc. Society Psych. Research*, 26) II/II 636
Egger, V.: ›La durée apparente des rêves‹ (*RPhi.* 40, 1895) II/III 28, 49, 67 f., 500, 629
–: ›Le sommeil et la certitude, le sommeil et la mémoire‹ (*La Critique Philos.* 1888: 341 ff.) II/III 629
–: ›Le souvenir dans le rêve‹ (*RPhi.* 46, 1898) II/III 629
Ehninger: (ü. Traumdeutung) II/III 73

Ehrenfels, Christian, S. von: ›Sexuales Ober- und Unterbewußtsein‹ (*Politisch-anthropologische Revue* 2, 1903) VI 122

–: *Sexualethik, Grenzfragen d. Nerven- u. Seelenlebens* (Wiesbaden 1907) VII 143f., 167

Eibenschütz, Marcell: ›Ein Fall v. Verlesen i. Betrieb d. philologischen Wissenschaft‹ (*ZeBl.* 1, 1911) IV 123

Einstein, Albert: *Warum Krieg?* (Paris 1933) XVI 12ff.

Eisler, Robert: *Jesus Basileus* (Heidelberg 1929) XVI 81

–: *Weltenmantel u. Himmelszelt* (München 1910) XV 25f.

Eitingon, Max: (Aufsatz in: *Zehn Jahre Berliner Psychoanalytisches Institut*) (Verl. Wien 1930) XIV 572

–: (Verlesen) (*IZ.* 2, 1915) IV 126

Elliot: *Adam Bede* II/III 296

Ellis, Havelock: (Besprechung v. Freuds Leonardo) (*JMS.* 1910) VIII 151

–: ›On Dreaming of the Dead‹ (*PsLR* 5, 1895) II/III 629

–: *Das Geschlechtsgefühl* (1903) V 59, 74, 91, 124

–: *Geschlechtstrieb u. Schamgefühl* (1900) VII 191f.

–: ›The Logic of Dreams‹ (*Contemp. Rev.* 98, 1910: 353ff.) II/III 636

–: ›A Note on Hypnagogic Paramnesia‹ (*Mind*, 1897) II/III 629

–: ›The Philosophy of Conflict and Other Essays in War-Time‹ (*Second Series*, London 1919) XII 309f.

–: *Psycho-Analysis in Relation to Sex* (London 1919) XII 309

–: *Studies in the Psychology of Sex* (Philadelphia 1899–1914) IX 149

–: ›The Stuff that Dreams are made of‹ (*Appleton's Popular Science Monthly*, 1899) II/III 629

–: ›Symbolismen in den Träumen‹ (*ZPth.* 3, 1911: 29ff.) II/III 358, 636

–: ›The Symbolism of Dreams‹ (*The Popular Science Monthly* 1910) II/III 636

–: *The World of Dreams* (London 1911, Deutsch v. H. Kurella, Würzburg 1911) II/III 20, 63, 68, 173, 189, 378, 505f., 547, 596, 636; X 118

–: ›The Relation of Erotic Dreams to Vesical Dreams‹ (*JAbP.* 8, 1913) II/III 636

Emden, van: ›Selbstbestrafung wegen Abortus‹ (*ZeBl.* 2) IV 205

–: (Fehlhandlungen) IV 223

Encyclopaedia Britannica (Cambridge 1910–11) IX 27, 95, 103

–: ›Animism‹ IX 95

–: ›Bible‹ XVI 142

–: ›Magic‹ IX 103

–: ›Mythology‹ IX 95

–: ›Taboo‹ (*s. a.* Thomas, Northcote W.)

–: ›Totemism‹ IX 15

Erb, W.: *Über die wachsende Nervosität unserer Zeit* (1893) I 409; VII 145

–: *Handbuch der Elektrotherapie* (Leipzig 1882) X 46; XIII 406; XIV 40

Erdmann, J. E.: *Ernste Spiele* (XII: Das Träumen, 3. Aufl. Berlin 1875) II/III 74, 629

–: *Psychologische Briefe* (6. Aufl. Leipzig 1848) II/III 629

Erk, Vinz. v.: *Über den Unterschied von Traum u. Wachen* (Prag 1874) II/III 629

Erlenmeyer, E. H.: ›Notiz zur Freudschen Hypothese über die Zähmung des Feuers‹ (*IM*. 18, 1932) XVI 3

Erman, A.: *Die Ägyptische Religion* (Berlin 1905) XVI 120, 122, 129

Ersch u. Gruber: ›Irre‹ *s.* **Traum**

Escande de Messières: ›Les rêves chez les hystériques‹ (*Th. méd. Bordeaux* 1895) II/III 629

Ewers, H. H.: *Der Student von Prag* XII 248

Falke, J. von: *Lebenserinnerungen* (1897) VI 13, 64, 75

Farrow, E. Pickworth: ›Eine Kindheitserinnerung aus dem 6. Lebensmonat‹ (*IZ*. 12, 1926) XIV 568

Faure: ›Étude sur les rêves morbides. Rêves persistants‹ (*Arch. génér. de méd.* 1, 1876: 558) II/III 629

Featherman, A.: *Social History of the Races of Mankind* (London 1885–91) XII 165

Fechner, G. Th.: *Einige Ideen z. Schöpfungs- u. Entwicklungsgesch. d. Organismen* (Leipzig 1873) XIII 4ff.

–: *Elemente der Psychophysik* (2. Aufl. Leipzig 1889) II/III 50f., 58, 541, 629; XI 86

–: *Vorschule d. Ästhetik* (Leipzig 1876) VI 139, 151f.

Federn, Paul: ›Einige Variationen des Ichgefühls‹ (*IZ*. 12, 1926) XIV 424

–: (Ichgrenze) XIV 424

–: ›Ein Fall von pavor nocturnus mit subjektiven Lichterscheinungen‹ (*IZ*. 1, 1913) II/III 636

–: ›Zur Frage des Hemmungstraumes‹ (*IZ*. 6: 73) II/III 637

–: *Die vaterlose Gesellschaft* (Wien 1919) XIII 107

–: ›Über zwei typische Traumsensationen‹ (*Jb*. 6 1914: 89) II/III 399, 637

Federn u. Jekels: (*IZ*. 1, 1913) X 225

Feigenbaum: (*Medical Review of Reviews*, 36, 1930) XIV 570f.

Felszeghy, Béla v.: ›Panik u. Pankomplex‹ (*IM*. 6, 1920) XIII 106

Fenichel: ›Zur prägenitalen Vorgeschichte des Ödipuskomplexes‹ (*IZ*. 16 1930) XIV 536

Fenizia: ›L'azione suggestiva delle cause esterne nei sogni‹ (*Arch. per L'Anthrop.* 26) II/III 629

Féré, Ch.: ›A Contribution to the Pathology of Dreams and of Hysterical Paralysis‹ (Brain, 1887) II/III 629

–: ›Les rêves d'accès chez les épileptiques‹ (*La Med. mod.* 1897) II/III 629

Ferenczi, S.: ›Affektvertauschung i. Traum‹ (*IZ.* 4, 1916: 112) II/III 331, 637

–: ›Analyse eines Falles v. Namenvergessen‹ (*ZeBl.* 2, 1911) IV 32ff., 47

–: ›Analytische Deutung u. Behandlung d. psychosexuellen Impotenz beim Manne‹ (*PNW.* 10, 1908) VIII 79

–: (Ichentwicklung u. Ichgefühl) XIV 424

–: (Artikel) (*IZ.* 1, 1913; 3, 1915; 4, 1916/17; 6, 1920) II/III 475f.; V 78; X 145

–: *Contributions to Psycho-Analysis* (1916) XIII 444

–: (déjà vu) IV 297

–: ›Einführung i. d. Psa.‹ *s.* **Ferenczi,** ›Populäre Vorträge über Psychoanalyse‹

–: ›Die Entwicklungsstufen d. Wirklichkeitssinnes‹ (*IZ.* 1, 1913) VIII 415, 451; X 140; XIII 44, 445

–: (Harnsymbolik) II/III 357, 371f.

–: *Hysterie u. Pathoneurosen* (Leipzig 1919) XIII 445

–: ›Introjektion u. Übertragung‹ (*Jb.* 1, 1909) V 50; VIII 55, 372; XIII 141, 445

–: ›Ein kleiner Hahnemann‹ (*IZ.* 1, 1913) IX 157ff., 184; XIII 444

–: *Lélekelemzés, értekezések a pszichoanalizis köréböl* (Budapest 1910) VII 469

–: ›Über lenkbare Träume‹ (*ZeBl.* 2, 1911/12: 31) II/III 104, 578, 637

–: (Medusenhaupt) (*IZ.* 9, 1923) XIII 296; XV 25

–: ›Mitteilungen aus der analytischen Praxis‹ (*IZ.* 1, 1913) XIII 444f.

–: ›Z. Nosologie d. männlichen Homosexualität (Homoerotik)‹ (*IZ.* 2, 1914) V 45; VIII 169

–: ›Über passagère Symptombildungen während der Analyse‹ (*ZeBl.* 2, 1912) XII 22, 67; XIII 444

–: ›Pollution ohne orgastischen Traum u. Orgasmus im Traum ohne Pollution‹ (*IZ.* 4: 208) II/III 637

–: ›Populäre Vorträge über Psychoanalyse‹ (›Einführung in die Psychoanalyse‹, *IPaB.* Bd. XIII, Wien 1922) XIII 444

–: ›Das Problem der Beendigung der Analysen‹ (*IZ.* 14, 1928) XVI 93

–: *Zur Psychoanalyse der Kriegsneurosen* (1919) XII 321ff.; XIII 9f., 33, 445

–: ›Zur Psychoanalyse der paralytischen Geistesstörung‹ XIII 445

–: ›Die psychologische Analyse der Träume‹ (*PNW.* 12, 1910; ins Englische übersetzt: ›The psychological Analysis of Dreams‹ *AJP.* 1910) II/III 250, 403, 637

Ferenczi, S.: Symbolische Darstellung

—: ›Symbolische Darstellung des Lust- u. Realitätsprinzips im Ödipus-Mythos‹ (*IM*. 1, 1912: 276) II/III 270, 637; XIII 445

—: ›Technische Schwierigkeiten einer Hystericanalyse‹ (*IZ*. 5, 1919) XII 186

—: *Die Theorie d. Hypnose* XIII 445

—: ›Träume v. Ahnungslosen‹ (*IZ*. 4, 1917: 208) II/III 382, 637

—: ›Vergessen eines Symptoms u. seine Aufklärung i. Traume‹ (*IZ*. 2: 384) II/III 637

—: (Versprechen, Verschreiben usw.) IV 94f., 138, 173, 202ff., 298

—: *Versuch einer Genitaltheorie* (Wien 1924) V 130; XI 364; XII 176f.; XIV 169f.; XVI 268

Fichte, J. H.: *Psychologie. Die Lehre vom bewußten Geiste des Menschen* (1. Teil, Leipzig 1864) II/III 7, 66, 74f., 629

Fischer, Joh.: *Ad artis veterum onirocriticae historiam symbola* (Diss. Jena 1899) II/III 629

Fischer, Kuno: *Über den Witz* (1889) VI 5ff., 11, 16, 31, 37, 41, 48f., 72, 74, 100, 103

Fischer, R. Ph.: *Grundzüge des Systems der Anthropologie* (Erlangen 1850) II/III 69

Fison, L. u. Howitt, A. W.: *Kamilaroi and Kurmai* (Melbourne 1880) IX 12, 17

Flaubert: *Salammbô* (VI 21)

Flavius, Josephus *s.* **Josephus**

Fliegende Blätter: II/III 422, 465, 505; VI 60; XI 399

Fliess, W.: *D. Ablauf d. Lebens* (Wien 1906) I 511; II/III 98, 172f.; V 43, 46; VIII 443; XI 331; XIII 47f.

Floerke, G.: *Zehn Jahre mit Böcklin* (2. Aufl. München 1902) VIII 89

Florentin, V.: ›Das Traumleben. Plauderei.‹ (*Die alte u. die neue Welt* 33. J. 1899: 725) II/III 629

Flournoy: ›Quelques rêves au sujet de la signification symbolique de l'eau et du feu‹ (*IZ*. 6: 328) II/III 637; XIII 223

Flügel: *(Englisches Wörterbuch)* XII 232

Fontane, Theodor: *Jenseits des Tweed, Bilder u. Briefe aus Schottland* (1860) IV 144f.

—: *L'adultera* IV 196

—: *Vor dem Sturm* IV 228f.

Fornaschon, H.: ›Geschichte eines Traumes als Beitrag der transzendentalen Psychologie‹ (*Psychologische Studien*, 1897: 274ff.) II/III 629

Foucault, Marcel: *Le rêve. Études et observations* (Paris 1906) II/III 506, 517, 637

Förster, M.: Das lat.-altengl. Traumbuch (*Arch. f. d. Stud. d. n. Spr. u. Lit.* 120: 43ff.; 125: 39–70; 127: 1ff.) II/III 4, 637

France, Anatole: *Le lys rouge* II/III 85
—: *La révolte des anges* XVI 95
Frazer, Sir James, G.: ›The Beginnings of Religion and Totemism among the Australian Aborigines‹ (*Fortnightly Review* 1905) IX 125, 186
—: *The Golden Bough* XIV 93
—: *Adonis, Attis, Osiris* (London 1848) IX 49
—: *The Dying God* (London 1911) XVI 196, 218
—: *The Magic Art and the Evolution of Kings* (London 1911) IX 54f., 66, 98ff., 179
—: *Spirits of Corn and of the Wild* (London 1912) IX 168
—: *Taboo and the Perils of the Soul* (London 1911) IX 38, 47ff.; 53, 56, 58ff., 63, 67, 70f., 120f., 141; XII 163
—: *Totemism and Exogamy* (London 1910) IX 7, 9, 16ff., 125, 128ff., 140f., 142ff., 146ff., 150, 152, 159, 169; XIV 93f.

Freiligrath: *Traumbuch* (in der Biographie von Buchner) II/III 629

Frensberg: ›Schlaf u. Traum‹ (*Samml. gemeinverst. wiss. Vortr. Virchow-Holtzendorf,* Ser., 20 Berlin 1885) II/III 629

Frerichs, Joh. H.: *Der Mensch: Traum, Herz, Verstand* (2. Aufl. 1878) II/III 629

Freud, Anna: *Das Ich und die Abwehrmechanismen* (Wien 1936) XVI 81, 83

Freytag, G.: *Die Journalisten* VI 242f.

Friedjung, J. K.: ›Traum eines sechsjährigen Mädchens‹ (*IZ.* 1, 1913: 71) II/III 637

Frink, H. W.: ›Dream and Neurosis‹ (*Interstate Med. Journal* 1915) II/III 637

—: ›Dreams and Their Analysis in Reference to Psychotherapy‹ (*Med. Record* 1911) II/III 637

—: ›On Freud's Theory of Dreams‹ (*American Med.* 6: 652ff.) II/III 637

Fuchs, Eduard: *Das erotische Element in der Karikatur* (1904) X 399
—: *Illustr. Sittengesch.* (München 1909–12) II/III 352

Fulda, L.: *Talisman* II/III 248

Furtmüller s. **Adler** u. Furtmüller

Fülöp-Miller, René u. Eckstein, F.: *Dostojewski am Roulette* (1925) XIV 401, 404, 406, 414f.
—: ›Dostojewskis Heilige Krankheit‹ (*Wissen u. Leben* 1924) XIV 404f., 411

Galant: ›Das Lutscherli‹ (*Neurol. Zentralbl.* 1919) V 81
Galenus: *Von der Weissagung im Traume* II/III 629
Galsworthy, John: *The Apple Tree* XIV 465

Bib 18 **Galsworthy, J.**: The Forsyte Saga

–: *The Forsyte Saga* xv 52, 54f., 57
–: *The Island Pharisees* iv 146
–: *The Man of Property* xv 52

Garnier: *Traité des facultés de l'âme* (Paris 1865) ii/iii 27, 239

Gélineau, J. B. É.: *Des peurs maladives ou phobies* (Paris 1894) i 345

Georges, K. E.: *Kl. Deutschlatein. Wörterbuch* (1898) xii 232

Giessler, C. M.: *Aus den Tiefen des Traumlebens* (Halle 1890) ii/iii 92, 629
–: *Beitrag zur Phänomenologie des Traumlebens* (Halle 1888) ii/iii 629
–: *Die physiologischen Beziehungen der Traumvorgänge* (Halle 1896) ii/iii 629

Gillen s. Spencer u. Gillen

Gincburg, Mira: ›Mitteilung von Kindheitsträumen mit spezieller Bedeutung‹ (*IZ.* 1, 1913: 79) ii/iii 637

Girgensohn, L.: *Der Traum, psychol.-physiol. Versuch* (1845) ii/iii 629

Giron de Buzareingues, C. u. L.: *Physiologie, essai sur le mécanisme des sensations, des indées et des sentiments* (Paris 1848) ii/iii 26

Gleichen-Russwurm, A. v.: ›Traum in der Dichtung‹ (*Nat.-Ztg.* 1899, Nr. 553–559) ii/iii 629

Gley, E.: ›Appréciation du temps pendant le sommeil‹ (*L'intermédiaire des Biologistes*, 1898: 228) ii/iii 629
–: ›Les aberrations de l'instinct sexuel‹ (*RPhi.* 1884) v 42

Goblot, E.: ›Sur le souvenir des rêves‹ (*RPhi.* 42, 1896) ii/iii 506, 581, 629

Goethe: *Brief an Frau von Stein* xiv 548f.
–: *Dichtung und Wahrheit* viii 153; xii 15ff.; xiii 14
–: *Die Braut von Korinth* iv 21–23, 26
–: *Faust* iv 273; vii 435; viii 279, 291, 307; x 453; xiii 45, 324, 330; xiv 35, 480, 547f., 550
–: *Das Göttliche* iv 45f.
–: *Grenzen der Menschheit* iv 45f.
–: *Iphigenie* xiv 548
–: *Israel i. d. Wüste* xvi 195f.
–: *Lieder v. d. Müllerin* ii/iii 324
–: *Mignon* viii 263
–: *Die Natur* ii/iii 442f.; xiv 34, 546
–: *Die natürliche Tochter* viii 469
–: *Aus Ottiliens Tagebuch* vi 22
–: *Wahlverwandtschaften* vi 22
–: *Westöstlicher Diwan* xi 433f.

Grimm, J. u. W.: Rumpelstilzchen

–: *Wilhelm Meister* II/III 652; VIII 263; XIV 493
–: *Zahme Xenien* XIV 432

Goette, A.: *Ü. d. Ursprung d. Todes* (Hamburg 1883) XIII 50

Goldenweiser: ›Totemism, An Analytical Study‹ (*J. of Am. Folk-Lore*, 23, 1910. Referat in *Britannica Year Book*, 1913) IX 133

Gomperz, Th.: *Traumdeutung und Zauberei* (Vortrag, Wien 1866) II/III 102f., 629

Gorton, D. A.: ›Psychology of the Unconcious‹ (*New York Med. Times* 24, 1896, 24: 33, 37) II/III 629

Gotthard, O.: *Die Traumbücher d. Mittelalters* (Eisleben 1912) II/III 4

Gottschalk: ›Le rêve. D'après les idées du Prof. Freud‹ (*Archives de Neurol.*, 1912) II/III 637

Gould: *Dreams-Sleep-Consciousness* (Open Court, 1899) II/III 629

Grabbe, D. Chr.: *Hannibal* XIV 422

Grabener, Gottl. Chr.: *Ex antiquitate iudaica de menûdim bachalôm sive excommunicatis per insomnia exerc. resp.* (Wittenberg 1710) II/III 630

Grafunder: *Traum u. Traumdeutung* (1894) II/III 630

Granville s. **Utility** of Dreams

Grasset: ›La sensation du déjà vu‹ (*Journal de psychol. norm. et pathol.* I, 1904) IV 297; X 118f.

Greenwood: *Imaginations in Dreams and Their Study* (London 1899) II/III 630

Gregory, J. C.: ›Dreams as a Bye-Product of Waking Activity‹ (*Westm. Rev.* 175, 1911: 561ff.) II/III 25, 93f., 637

Gressmann, H.: *Moses und seine Zeit* (Göttingen 1913) XVI 135, 140

Greve, G.: *Sobre Psicologia y Psicoterapia de ciertos Estados angustiosos* (Buenos Aires 1910) X 69

Griesinger, W.: *Pathologie und Therapie der psychischen Krankheiten* (3. Aufl. 1871) II/III 95, 139, 236, 630; VI 194f.; VIII 230

Grillparzer: *Die Ahnfrau* II/III 269
–: *Hero und Leander* II/III 220

Grimm, Hermann: *Leben Michelangelos* (Berlin 1900) X 174f., 179

Grimm, Jakob u. Wilhelm: *Märchen* (Leipzig 1818)
–: *Rotkäppchen* VII 181; X 6, 9; XII 49, 56ff.
–: *Das tapfere Schneiderlein* II/III 480f.
–: *Der Wolf und die sieben Geißlein* X 7; XII 49, 57
–: *Die Zwölf Brüder* X 29ff.
–: *Die Gänsehirtin am Brunnen* X 35
–: *Rumpelstilzchen* X 2ff.

Bib 20 **Grimm**, J. u. W.: Schneewittchen

–: *Schneewittchen* XII 260

–: *Deutsches Wörterbuch* (Leipzig 1877) XII 236

Grisebach, E.: (*Einleitung zu E. T. A. Hoffmanns Werken*) XII 245

Groddeck, G.: *Das Buch vom Es* (Verl. Wien 1923) XIII 226, 251, 426; XV 79

Groos, Karl: *D. Seelenleben d. Kindes* (Berlin 1904) V 74

–: *D. Spiele der Menschen* (Jena 1899) V 74; VI 135 ff., 140, 143, 239

Gross, Hans: *Kriminalpsychologie* (1898) IV 283; VII 6

Gross, Otto: ›Zur Differentialdiagnostik negativistischer Phänomene‹ (*PNW*. 6, 1904) VI 199

Grot, Nikolaus: *D. Träume, ein Gegenstand wissenschaftl. Analyse* (russ., Kiew 1878) II/III 630

Gruber s. Ersch u. Gruber

Gruppe: *Griechische Mythologie u. Religionsgeschichte* II/III 3

Guardia, J. M.: ›La personnalité dans les rêves‹ (*RPhi*. 34, 1892: 225 ff.) II/III 630

Gutfeldt, J.: ›Ein Traum‹ (*Psych. Studien*, 1899: 491 ff.) II/III 630

Haddon, A. C.: *Adress to the Anthropological Section, British Association* (Belfast 1902) IX 137 f., 140

Haeberlin, P.: *Sexualprobleme* (1912) IX 82

Haffner, P.: ›Schlafen und Träumen‹ (*Frankfurter zeitgemäße Broschüren* 5, 1884) II/III 5, 7, 54, 66, 69, 72

Hagen: (ü. d. Traum) II/III 94

Haggard, Rider: *She* II/III 456 ff.

Haiman, H.: ›Eine Fehlhandlung i. Felde‹ (*IZ*. 4, 1916/17) IV 81

Halban, J.: ›Die Entstehung der Geschlechtscharaktere‹ (*Archiv f. Gynäkologie*, 1903) V 41

–: ›Schwangerschaftsreaktionen d. fötalen Organe‹ (*Zeitschr. f. Geburtshilfe u. Gynäkologie*, 53, 1904) V 77

Hall, G. Stanley: *Adolescence, Its Psychology and Its Relation to Physiology, Anthropology, Sociology, Sex, Crime, Religion and Education* (New York 1908) V 74

–: ›A Synthetic Genetic Study of Fear‹ (*AJP*. 25, 1914) XI 413, 426; XII 148

Hallam, Florence u. Weed, Sarah: ›A Study of the Dream Consciousness‹ (*AJP*. 7, 1896) II/III 19, 140, 630

Hampe, Th.: ›Über Hans Sachsens Traumgedichte‹ (*Ztschr. f. d. deutsch. Unterricht*, 10, 1896: 616 f.) II/III 630

Harnik, J.: ›Gelungene Auslegung eines Traumes‹ (*ZeBl*. 2, 1911/12: 417) II/III 637

Hartleben, H.: *Champollion. Sein Leben u. sein Werk* (Berlin 1906) VIII 156

Hartmann s. **Betlheim** u. **Hartmann**

Hartmann, Ed. v.: *Philosophie d. Unbewußten* II/III 139, 533f.

Hartmann, Max: *Tod u. Fortpflanzung* (München 1906) XIII 50

Hauff: *Die Geschichte von der abgehauenen Hand* XII 257, 259, 267

Haupt, J.: ›Über das mittelhochdeutsche Buch der Märtyrer‹ (*Wiener Akademie, Sitzungsberichte,* 70, 1867: 101ff.) IV 123f.

Hauser, F.: ›Disiecta membra neuattischer Reliefs‹ (*Jahreshefte d. österr. archäologischen Instituts,* 6, 1903) VII 125

Hebbel: *Judith u. Holofernes* XII 178f.

Hecker, E.: ›Über larvierte u. abortive Angstzustände bei Neurasthenie‹ (*Zbl. f. Nervenheilkunde,* 16, 1893) I 255, 316, 319, 357, 438

Heerwagen: ›Statist. Untersuch. ü. Träume u. Schlaf‹ (*Philos. Studien,* 5, 1888: 88) II/III 630

Hegel: (ü. Traumdeutung) II/III 58

Heidenhain: XIII 406

Heine, H.: *Die Bäder v. Lucca* VI 10, 14ff., 84f., 94, 157ff.

–: *Buch Le Grand* VI 47

–: *Gedanken und Einfälle* XIV 469f.

–: (Gedicht, Bayernkönig verspottend) II/III 436

–: *Die Götter in Exil* XII 248

–: *Harzreise* VI 39ff., 73f.

–: *Ideen* VI 19

–: *Nordsee* XV 120

–: *Reisebilder,* VI 14

Heller, Th.: *Grundriß d. Heilpädagogik* (Leipzig 1904) V 74

Helmholtz, H.: I 24; II/III 618; XI 27; XIV 403

Hennings, Justus, Chr.: *Von Träumen und Nachtwandlern* (Weimar 1802) II/III 13, 25, 630

Henri, V. u. C.: ›Enquête sur les premiers souvenirs de l'enfance‹ (*L'année psychologique,* 3, 1897) I 533ff., 539, 552f.; IV 54

Henzen, Wilh.: *Über die Träume in der Altnord. Sagaliteratur* (Diss., Leipzig 1890) II/III 412, 630

Herbart: (Psychologie des Traums) II/III 80

Hering, E.: *Ü. d. Gedächtnis als eine allgemeine Funktion d. organisierten Materie* (Wien 1870) XIII 53; XIV 562

Herlitz, G. u. Kirschner, B. (Hrsgb.): *Jüdisches Lexikon* (Berlin 1930) XVI 104

Herman, G.: *Genesis, d. Gesetz d. Zeugung,* IX. Bd. *Libido u. Mania* (1903) V 43

Hermann, Willy: *Das große Buch der Witze* (Berlin 1904) VI 38

Herodot: *Historia,* II/III 403; XI 164; XII 259; XVI 125, 129, 134, 143

Herophilos: (ü. d. Traum) II/III 137

Hervey, D', de St. Denis: *Les rêves et les moyens de les diriger* (Paris 1867, anonym) II/III 13f., 27, 64, 578, 630

Herzfeld, Marie: *Leonardo da Vinci, der Denker, Forscher u. Poet* (2. Aufl. Jena 1906) VIII 136, 140, 143, 173f., 182, 196f., 200, 211

Hesnard, A. u. Régis, E.: *La Psychoanalyse des névroses et des psychoses* (Paris 1914) X 72; XI 3

Hevesi: *Almenaccando. Reisen in Italien* (Stuttgart 1888) VI 47, 236

Hexateuch s. Bibel

Heyermans, Hermann: *Schetsen van Samuel Falkland* (18. Bundel. Amsterdam 1914) IV 209ff.

Heymann, Walter: *Kriegsgedichte u. Feldpostbriefe* IV 126

Heymans, G.: ›Ästhetische Untersuchungen im Anschluß an d. Lippsscher Theorie d. Komischen‹ (*Zschr. f. Psychophysiologie,* 11, 1896) VI 9, 38f., 157, 169

Hildebrandt, F. W.: *Der Traum und seine Verwertung fürs Leben* (Leipzig 1875) II/III 9f., 19, 20, 27, 59, 65, 67, 70, 72f., 170; XI 89f.

Hilferding, M.: (Traum v. P. Rosegger) II/III 476ff.

Hiller, G.: ›Traum. Ein Kapitel zu den zwölf Nächten‹ (Leipzig, *Tagbl. u. Anz.* 1899, Nr. 657 1. Beilage) II/III 630

Hippokrates: *Buch über die Träume* (*Sämtliche Werke* übersetzt von Robert Fuchs, München 1895–1900, 1 : 361ff.) II/III 3, 36, 408

Hirschfeld, Magnus: (Mitteilung i. *Jahrbuch f. sexuelle Zwischenstufen,* 1904) V 34

–: ›Die objektive Diagnose d. Homosexualität‹ (*Jahrbuch f. sexuelle Zwischenstufen,* 1, 1899) V 43, 45f.

Hitschmann, Ed.: ›Beiträge zur Sexualsymbolik des Traumes‹ (*ZeBl.* 1, 1910/11) II/III 637; X 78; XII 21

–: ›Ein Dichter u. sein Vater. Beitrag z. Psycholog. religiöser Bekehrung u. telepathischer Phänomene‹ (*IM.* 4, 1915/16) IV 290

–: ›Ein Fall von Symbolik für Ungläubige‹ (*ZeBl.* 1, 1910/11 : 235) II/III 637

–: ›Über eine im Traum angekündigte Reminiszenz an ein sexuelles Jugenderlebnis‹ (*IZ.* 5 : 205) II/III 638

–: *Freuds Neurosenlehre. Nach ihrem gegenwärtigen Stande zusammenfassend dargestellt* (Wien u. Leipzig 1911, 2. Aufl. 1913, Kap. V: Der Traum) (Engl. übers. von C. R. Payne, New York, 1912) II/III 637; IV 130f.

–: ›Goethe als Vatersymbol in Träumen‹ (*IZ.* 1, 1913) II/III 359, 637

–: ›Zur Kritik des Hellsehns‹ (*Wiener Klinische Rundschau* 1910) IV 290

–: ›Über Träume Gottfried Kellers‹ (*IZ.* 2 : 41) II/III 637

–: ›Über Vergessen‹ (*IZ.* 1, 1913) IV 39, 135ff.

–: ›Weitere Mitteilung von Kindheitsträumen mit spezieller Bedeutung‹ (*IZ.* 1913: 476) II/III 637

Hitschmann, F.: *Freuds Neurosenlehre* XI 3

–: ›Über das Traumleben der Blinden‹ (*Zeitschr. f. Psychologie* 5, 1894) II/III 630

Hitzig-Fritsch: (Reizungsversuche) I 25

Hobbes, T.: *Leviathan* (1651) II/III 547

Hoche, A.: ›Eine psychische Epidemie unter Ärzten‹ (*Med. Klin.* 6, 1910) V 50; X 66, 88

Hoffmann, E. T. A.: *Die Elixiere d. Teufels* XII 246

–: *Der Sandmann* XII 238ff., 245, 249

Hoffmann, Heinrich: *Struwwelpeter* (Jugendbibliothek) IV 166; XI 384

Holinshed: (Chronik) (1577) X 377

Hollós, I. (*s. a.* Ferenczi, S. u. Hollós, J.) XIII 444f.

Homer: *Odyssee* II/III 255, 348; IV 119; X 348

Horapollo: *Hieroglyphica* (Amstelodami 1835) VIII 156–58

Horney, Karen: ›Flucht aus der Weiblichkeit‹ (*IZ.* 12, 1926) XIV 537

–: ›Zur Genese des weiblichen Kastrationskomplexes‹ (*IZ.* 9) XIV 30

Hubert, H. u. Mauss, M.: ›Essai sur la nature et la fonction du sacrifice (*Année sociologique* 2, 1899) IX 97, 169

–: ›Esquisse d'une Théorie générale de la magie‹ (*Année sociologique,* 7, 1904) IX 97, 169

Hug-Hellmuth, Hermine v.: ›Analyse eines Traumes eines 5½-jährigen Knaben‹ (*ZeBl.* 2, 1911/12: 122ff.) II/III 638

–: ›Kinderseele‹ (*IM.* I–V, 1912–18) II/III 260

–: ›Kinderträume‹ (*IZ.* 1, 1913: 470) II/III 638

–: ›Ein Traum, der sich selber deutet‹ (*IZ.* 3, 1915: 33) II/III 638

–: ›Aus dem Seelenleben des Kindes‹ (*S.* Wien u. Leipzig 1913) II/III 136, 148f., 638; V 74; X 78; XI 137f., 142; XII 24f.

–: ›Tagebuch eines halbwüchsigen Mädchens‹ (Verl. Leipzig-Wien-Zürich 1919) X 456

Hugo, Victor: *Hernani* VI 262

Hume: *Natural History of Religion* IX 95

Hupka, Joseph: ›Äußerung z. Gutachten d. Innsbrucker medizinischen Fakultät i. P. Halsmanns Prozeß‹ (*PsaB.* 3, 1931), XIV 302

Ibsen, H.: *Klein Eyolf* VII 434

–: *Nora* II/III 302

Bib 24   Ibsen, H.: Rosmersholm

—: *Rosmersholm* x 380ff.
—: (Kampf Vater-Sohn) ɪɪ/ɪɪɪ 263
Ideler: ›Die Entstehung des Wahnsinns aus den Träumen‹ (*Charité Annalen* 3, Berlin 1862) ɪɪ/ɪɪɪ 630
Iwaya, S.: *Traumdeutung in Japan* (Ostasien 1902: 302) ɪɪ/ɪɪɪ 4, 638

Jackson, Hughlings: (ü. d. Traum) ɪɪ/ɪɪɪ 574
Janet, Pierre: (Artikel) (*Archives de Neurologie*, 51, 1893) ɪ 51f.
—: ›Les actes inconscientes et la mémoire‹ (*Rev. Philos.* 13, 1888)
—: *L'automatisme psychologique* (Paris 1889) ɪ 86; xɪv 563
—: *L'état mental des hystériques* (Paris 1892 u. 1894) ɪ 60; xɪv 563
—: *Les névroses* (1909) vɪɪɪ 230
—: *Les Névroses et idées fixes* (Paris 1898) vɪɪ 191
—: ›Quelques définitions récentes de l'hystérie‹ (*Archives de Neurologic* 1893) ɪ 51, 60
Jastrow: ›The Dreams of the Blind‹ (*New Princetown Rev.* 1888) ɪɪ/ɪɪɪ 630
Jean Paul: *Blicke in die Traumwelt* (1813) ɪɪ/ɪɪɪ 630
—: *Vorschule der Ästhetik* vɪ 5, 7f., 10, 16, 27, 214
—: *Über Wahl- u. Halbträume* (1813) ɪɪ/ɪɪɪ 630
—: *Wahrheit aus seinem Leben* ɪɪ/ɪɪɪ 630

Jekels, L.: (Versprechen, Vergreifen) ɪv 113ff., 188ff.; x 225
—: ›Shakespeares Macbeth‹ (*IM.* 5, 1918) ɪɪ/ɪɪɪ 273; x 379
Jelgersma: ›Unbewußtes Geistesleben‹ (*Beihefte d. IZ.* 1) x 72
Jensen, Julius: ›Traum und Denken‹ (*Samml. gemeinverst. wiss. Vortr. Virchow-Holtzendorf* Ser. vɪ, H. 134, Berlin 1871) ɪɪ/ɪɪɪ 630
Jensen, Wilhelm: *Fremdlinge unter den Menschen* vɪɪ 124
—: *Im gotischen Hause* vɪɪ 124
—: *Gradiva* (Dresden 1903) ɪɪ/ɪɪɪ 101; vɪɪ 31ff., 123f.; x 76; xɪv 91
—: *Der rote Schirm* vɪɪ 124
—: *Übermächte* (Berlin 1892) vɪɪ 124
Jentsch, E.: ›Zur Psychologie des Unheimlichen‹ (*PNW.* 1906) xɪɪ 230, 237f., 242, 245
Jeremias, A.: *Babylonisches im Neuen Testament* (1906) vɪɪ 208
—: *Das Alte Testament im Lichte des alten Orients* (2. Aufl. 1906) vɪɪ 208
—: *Monotheistische Strömungen innerhalb der babylonischen Religion* vɪɪ 208
Jesaias s. **Bibel**
Jessen, P.: *Versuch einer wissenschaftlichen Begründung der Psychologie* (Berlin 1856) ɪɪ/ɪɪɪ 13, 24, 49, 69, 76, 630
Jevons: *An Introduction to the History of Religion* (5th ed., 1911) ɪx 166

Jodl, F.: *Lehrbuch der Psychologie* (Stuttgart 1896; 3. Aufl., 1908) II/III 60, 630 XI 83

Jones, Ernest: (Artikel) (*IZ*. 2, 1914) II/III 359

—: ›Der Alptraum in seiner Beziehung zu gewissen Formen des mittelalterlichen Aberglaubens‹ (*S.* 14, Leipzig u. Wien 1912) II/III 638

—: *Collected Papers on Psycho-Analysis* XIV 307

—: ›Ein Beispiel von literarischer Verwertung des Versprechens‹ (*ZeBl.* 1, 1910) IV 129

—: ›Die erste Entwicklung der weiblichen Sexualität‹ (*IZ*. 14, 1928) XIV 637

—: *Essays in Applied Psycho-Analysis* XIV 555

—: ›A Forgotten Dream‹ (*JAbP*. 1912) II/III 406f., 638

—: ›Freud's Theory of Dreams‹ (*AJP*. 21, 1910) II/III 638

—: ›Haß u. Analerotik i. d. Zwangsneurose‹ (*IZ*. 1, 1903) VIII 447; XIV 498

—: ›On the Nightmare‹ (*AJI*. 1910) II/III 638

—: ›The Oedipus-Complex as an Explanation of Hamlet's Mystery: A Study in Motive‹ (*AJP*. 21, 1910: 72). In deutscher Übersetzung: „Das Problem des Hamlet und der Ödipus-Komplex" (*S.* 10, 1912) II/III 273, 638; XIV 90

—: *Papers on Psycho-Analysis* (London 1912) II/III 392, 406, 638; X 71f.; XIV 555

—: ›The Psychopathology of Everyday Life‹ (*AJP*. 22, 1911) IV 94, 139, 158, 170, 173, 181, 216ff., 239, 257; XI 50

—: ›Rationalisation in Every-Day Life‹ (*JAbP*. 3, 1908) VII 414

—: ›The Relationship between Dreams and Psychoneurotic Symptoms‹ (*AJI*. 68, 1911) II/III 277, 638

—: ›Remarks on Dr. M. Prince's Article: The Mechanism and Interpretation of Dreams‹ (*JAbP*. 1910/11: 328ff.) II/III 525, 638

—: ›Some Instances of the Influence of Dreams on Waking Life‹ (*JAbP*. 1911) II/III 638

—: ›Die Theorie der Symbolik‹ (*IZ*. 5: 244) II/III 356, 638

—: ›Über unbewußte Zahlenbehandlung‹ (*ZeBl.* 2, 1912: 241) II/III 421; IV 278f.

—: ›Zur Psychoanalyse d. Kriegsneurosen‹ (*IPaB*. 1, Leipzig und Wien 1919) XII 321, 323; XIII 9

Josephus Flavius: *Antiquitates Judaicae* XVI 81, 110, 127, 131

Jung, C. G.: ›L'analyse des rêves‹ (*L'Année Psychologique* 15) II/III 638

—: ›Remarks on Dr. M. Prince's Article: The Mechanism and Interpretation of Dreams‹ (*JAbP*. 1910/11) II/III 638

—: ›Assoziation, Traum u. hysterisches Symptom. Diagnostische Assoziations-Studien‹ (*Beitr. z. experim. Psychopathologie* 2, Leipzig 1910: 31ff.) II/III 638

Bib 26   **Jung,** C. G.: Über die Bedeutung

–: ›Über die Bedeutung des Vaters für das Schicksal des Einzelnen‹ (*Jb.* 1, 1909) VIII 324; XII 175; XIII 21

–: *Die Psychologie der unbewußten Prozesse* (Zürich 1917) XII 131

–: ›Ein Beitrag zur Kenntnis des Zahlentraumes‹ (*ZeBl.* 1910/11: 567ff.) II/III 421; IV 279

–: (Geburtsträume) II/III 392, 396, 398

–: ›Über Konflikte der kindlichen Seele‹ (*Jb.* 2, 1910) II/III 136

–: ›Über okkulte Phänomene‹ X 66

–: ›Ein Beitrag zur Psychologie des Gerüchtes‹ (*ZeBl.* 1, 1910: 3) II/III 339f.; VIII 285

–: *Zur Psychologie der Dementia praecox* (1907) II/III 535; IV 24, 51f., 240; VIII 269, 294, 367, 400; X 68; XIII 228, 421

–: ›Die psychologische Diagnose d. Tatbestandes‹ (*Juristisch-psychiatr. Grenzfragen,* 4) VII 5f.

–: ›Versuch einer Darstellung der psychoanalytischen Theorie‹ (*Jb.* 5, 1913) IX 3; X 146f.

–: ›Wandlungen u. Symbole d. Libido‹ (*Jb.* 3, 4, 1911–12) V 120; VIII 317, 366, 414f.; IX 3, 177, 181; X 145ff.; XIII 445

–: *Diagnostische Assoziationsstudien* (1906) II/III 537; IV 280, 283; VII 80; VIII 27f., 31, 54; X 68, 70; XI 107

Junod, H. A.: *Les Ba-Ronga* (Neuchâtel 1898) IX 18

Justi, C.: *Michelangelo* (Leipzig 1898) X 176, 179ff., 193

Jüdische Altertümer *s.* **Josephus**

Jüdisches Lexikon *s.* **Herlitz**

Kaan, H.: *Der neurasthenische Angstaffekt bei Zwangsvorstellungen u. d. primordiale Grübelzwang* (Wien 1893) I 10, 316

Kammerer, P.: *Das Gesetz der Serien* (Wien 1919) XII 251

Kant, I.: *Anthropologie in pragmatischer Hinsicht* (Leipzig 1880) II/III 74

Kaplan, Leo: *Grundzüge der Psychoanalyse* (Wien 1914) XI 3

Karpinska, L.: ›Ein Beitrag zur Analyse sinnloser Worte im Traum‹ (*IZ.* 2, 1914) II/III 309, 638

Kassowitz, M.: (Hrsg.) *Beiträge z. Kinderheilkunde* (Wien 1890) XIV 38

Kazodowsky, A. D.: ›Zusammenhang von Träumen u. Wahnvorstellungen‹ (*Neurol. Cbl.* 1901: 440ff., 508ff.) II/III 92, 638

Kämpfer: *History of Japan* (London 1727) IX 57

Keane, A. K.: *Ethnology* IX 134

Keller, Gottfried: *Der grüne Heinrich* II/III 252, 412; IV 119

Kelsen, Hans: ›Der Begriff d. Staates u. d. Sozialpsychologie‹ (*IM.* 8, 1922) XIII 94

Kempner, Frederike: *Gedichte* (6. Aufl., Berlin 1891) VI 246f.
Kingsford, A. B.: *Dreams and Dream-Stories* (2nd. London 1889) II/III 630
Kirchgraber, F.: ›Der Hut als Symbol d. Genitales‹ (*ZeBl.* 3, 1912: 95) II/III 366
Kirschner s. **Herlitz** u. **Kirschner**
Klein, Melanie: ›Frühstadien des Ödipuskonfliktes‹ (*IZ.* 14, 1928) XIV 536
Klein, S. s. **Wertheimer,** M.
Kleinpaul, R.: *Die Lebendigen u. die Toten in Volksglauben, Religion u. Sage* (1898) II/III 356; IX 74f.
—: *Die Rätsel der Sprache* (1890) II/III 356; VI 102, 145
Kleintitschen: *Die Küstenbewohner d. Gazellenhalbinsel* IX 16
Kleist, Heinrich v.: *Käthchen von Heilbronn* II/III 297
—: *Penthesilea* II/III 297
Kloepfel, F.: ›Träumerei u. Traum. Allerlei aus unserem Traumleben‹ (*Universum*, 15, 1899: 2469ff., 2607ff.) II/III 631
Knackfuss, H.: *Michelangelo* (Bielefeld 1900) X 184
Knapp, Fritz: *Michelangelo* (Stuttgart 1906) X 180f., 193
Knight, Richard Payne: *La culte du Priape* (*Traduit de l'Anglais*, Bruxelles 1883) VIII 167
Konstantinowa, Alexandra: *Die Entwicklung d. Madonnentypus bei Leonardo da Vinci* (Straßburg 1907) VIII 128, 181, 184
Kostyleff: ›Freud et le problème des rêves‹ (*RPhi.* 72, 1911: 491ff.) II/III 638
Kotzebue: *Menschenhaß u. Reue* IV 272
Kölnische Zeitung: (7. März 1909) VIII 221
Körner s. **Schiller**
Kraepelin, E.: *Über Sprachstörungen im Traume* (Leipzig 1907) II/III 638; VIII 298, 312
Krafft-Ebing, R. von: ›Bemerkungen über „geschlechtliche Hörigkeit" u. Masochismus‹ (*Jahrbücher für Psychiatrie*, 10, 1892) XII 162
—: ›Z. Erklärung der konträren Sexualempfindung‹ (*Jahrbücher für Psychiatrie u. Neurologie*, 13, 1895) V 42f., 56, 59
—: ›Nervosität u. neurasthenische Zustände‹ (*Nothnagels Handbuch der spez. Pathologie u. Therapie* 1895) VII 147
—: *Psychopathia Sexualis* (Stuttgart 1893) V 210; VIII 155
Kramar, Olderich: *O spànku a snu* (*Prager Akad. Gymn.* 1882) II/III 631
Kraškovic, B.jr.: *Die Psychologie der Kollektivitäten* (Aus dem Kroatischen übersetzt von Siegmund von Posavec, Vulkovar 1915) XIII 88
Krasnicki, E.: ›Karls IV. Wahrtraum‹ (*Psych. Studien* 1897: 697) II/III 631
Kraus, Karl: *Die Fackel* VI 26f.; VII 163

Krauss, A.: ›Der Sinn im Wahnsinn‹ (*Allg. Ztschr. f. Psychol.* 15, 1858 u. 16, 1859) II/III 39f., 92, 94

Krauss, F. S.: ›Anthropophyteia‹ (*Jahrb. f. folkloristische Erhebungen u. Forschungen zur Entwicklungsgeschichte der geschlechtlichen Moral*, 1910) VII 434; VIII 224f.; XI 164f.; XIV 466

Kriegsneurosen, *Z. Psa. d.* (Verl. Leipzig u. Wien 1919) XII 321ff.; XIII 9ff., 33, 445

Kurella s. **Löwenfeld, L.**

Kuhlenbeck: *(Einleitung zu den Werken von Giordano Bruno)* VIII 302

Ladd, G. Trumbull: *Contribution to the Psychology of Visual Dreams* (Mind, 1892) II/III 34f., 595

Laistner, Ludw.: *Das Rätsel der Sphinx* (2 Bde. Berlin 1899) II/III 631

Lampl-de-Groot, J.: ›Zur Entwicklungsgeschichte des Ödipuskomplexes der Frau‹ (*IZ.* 13, 1927) XIV 519, 535f.; XV 140

Landau, M.: ›Aus dem Traumleben‹ (*Münchener Neueste Nachrichten*, 9. Jan. 1892) II/III 631

Landauer, K.: ›Handlungen der Schlafenden‹ (*ZNP.* 39, 1918) II/III 229
—: ›Spontanheilung einer Katatomie‹ (*IZ.* 2, 1914) X 436

Lang, Andrew: *Social Origins* (London 1903) IX 141
—: *The Secret of the Totem* (London 1905) XI 7, 93, 133ff., 141, 144, 146, 153f.
—: ›Totemism‹ (*Encyclopaedia Britannica*, 11. Aufl. 1911) IX 15

Lanzone: *Dizionario di mitologia egizia* (Torino 1882) VIII 156, 162

Lasch, Richard: (G. Buschans *Illustrierte Völkerkunde*, Stuttgart 1922) XVI 3

Lasègue, C.: ›Le délire alcoholique n'est pas un délire, mais un rêve‹ (*Archive gén. de. méd.* 1881, Réimpr.: *Études méd.*: 2: 203ff.; 6: 513ff., Paris 1884) II/III 92, 631

Lassalle, Ferdinand: *Die Wissenschaft u. d. Arbeiter*, VI 88

Last, Hugh: ›The Founding of Rome‹ (*The Cambridge Ancient History*, 7, 1928) XIV 426f.

Lauer, Ch.: ›Das Wesen des Traumes in der Beurteilung der talmudischen u. rabbinischen Literatur‹ (*IZ.* 1, 1913) II/III 4, 638

Laupts: ›Le fonctionnement cérébral pendant le rêve et pendant le sommeil hypnotique‹ (*Annales méd.-psychol.* 1895) II/III 631

Lauret, F.: *Fragments psychologiques sur la folie* (Paris 1834) II/III 534; XI 264

Le Bon, Gustave: *Psychologie der Massen* (Übersetzt v. Dr. Rudolf Eisler, 2. Aufl., 1912) XIII 76ff., 88, 90, 92, 129, 131, 144

Le disque vert s. **Disque**

Le Lorrain: ›La durée du temps dans les rêves‹ (*RPhi.* 38, 1894: 275ff.) II/III 500, 631

–: ›Le rêve‹ (*RPhi*. 1895) II/III 28, 67, 572, 631

Le Poitevin: *Diableries érotiques* VII 433

Lehmann, A.: *Aberglaube u. Zauberei von den ältesten Zeiten bis in die Gegenwart* (Deutsch v. Petersen, 2. verm. Aufl., Stuttgart 1908) II/III 36

Leemannus, Conradus: *Horapollinis Niloi Hieroglyphica* (Amsterdam 1835) VIII 157 ff.

Leidesdorf, M.: *Das Traumleben* (Wien 1880) II/III 631

Lélut: ›Mémoire sur le sommeil, les songes et le somnambulisme‹ (*Ann. méd.-psych.* 4, 1852) II/III 94, 631

Lemoine, A.: *Du sommeil au point de vue physiologique et psychologique* (Paris 1855) II/III 58, 631

Leonardo da Vinci: *Traktat von d. Malerei* (Nach d. Übers. v. Heinrich Ludwig, neu hrsg. v. Marie Herzfeld, Jena 1909) V 17; VIII 130, 140, 196

Lerch, Math. Fr.: ›Das Traumleben u. seine Bedeutung‹ (*Gymn. Progr.* Komotau 1883/84) II/III 631

Leroy, B.: ›À propos de quelques rêves symboliques‹ (*Journal de psychol. norm. et pathol.* 5, 1908: 358ff.) II/III 639

Leroy, B. u. Tobowolska J.: ›Mécanisme intellectuel du rêve‹ (*RPhi.* 1, 51: 570ff. 1901) II/III 506f., 639

Leroy, Maxim: *Descartes, le philosophe au masque* (Paris 1829) XIV 558ff.

Leslie, D.: *Among the Zulus and Amatongas* (Edinburgh 1875) IX 21

Levy, L.: *Die Sexualsymbolik der Bibel und des Talmuds* (*ZSW.* 1, 1914) XI 164

Liberali, Francesco: *Dei sogni* (Diss. Padova 1834) II/III 631

Lichtenberg: *Witzige u. Satirische Einfälle* (Göttingen 1853) IV 124; VI 34, 62f., 64, 70f., 75, 77, 81f., 83, 88ff., 99ff., 112; VII 450; X 112

Liebeault, A.: *Le sommeil provoqué et les états analogues* (Paris 1889) I 34; II/III 576, 631

–: ›A travers les états passifs, le sommeil et les rêves‹ (*Revue de l'hypoth. etc.* Paris 1894) II/III 631; XI 100

Lindner: ›Das Saugen an den Fingern, Lippen, usw. bei d. Kindern‹ (Ludeln) (*Jb. d. Kinderheilkunde* 14, 1879) V 80f.; VIII 46; XI 324f.; XIV 23

Lipps, Theodor: *D. Begriff d. Unbewußten i. d. Psychologie* (Vortr. auf d. 3. Internat. Kongr. f. Psychol. München 1897) II/III 616f., 619; XVII 80, 147

–: *Grundtatsachen des Seelenlebens* (Bonn 1883) II/III 228f., 631

Lipps, Theodor u. Werner, Richard Maria: *Komik u. Humor* (Hamburg 1898) VI 5f., 8, 10, 15ff., 27, 38, 74, 157, 164f., 173, 184, 215, 223, 226f., 230, 267f.

Lipschütz, A.: *Die Pubertätsdrüse u. ihre Wirkungen* (Bern 1919) V 46, 78, 116; XII 301

Bib 30   Lipschütz, A.: Warum wir sterben

—: *Warum wir sterben* (Kosmosbücher, 1914) XIII 50f., 59
Livius, Titus: *Ab urbe condita* XIV 60
Lloyd, W.: *Magnetism and Mesmerism in Antiquity* (London 1877) II/III 36
—: *The Moses of Michelangelo* (London 1863) X 199f.
Looney, I. Th.: *Shakespeare Identified* XIV 96
Lorenz: ›Chaos u. Ritus‹ (*IM.* 17, 1931) XVI 3
Low, Barbara: *Psycho-Analysis* (London 1920) XIII 60, 372
Löwenfeld, L. (u. Kurella): *Grenzfragen d. Nerven- u. Seelenlebens* (1901) IV 133, 177; V 33; VII 143; X 75; XI 251
—: *Lehrbuch der gesamten Psychotherapie* (Wiesbaden 1897) V 14
—: *Pathologie u. Therapie d. Neurasthenie u. Hysterie* (Wiesbaden 1893) I 359
—: *Die psychischen Zwangserscheinungen* (Wiesbaden 1904) I 557f.; VII 129, 439
—: *Sexualleben u. Nervenleiden* (4. Aufl. Wiesbaden 1906) I 557f.
—: ›Über die Verknüpfung neurasthenischer u. hysterischer Symptome in Anfallsform nebst Bemerkungen über die Freud'sche Angstneurose‹ (*MMW.* 42, 1895) I 360ff., 484f.
Lubbock, J. Sir: *The Origin of Civilisation* (London 1870) II/III 2; IX 135
Lucas: (Englisches Wörterbuch) XII 232
Lucretius: *De rerum natura* II/III 8f.
Ludwig, O.: *Die Heiterethei* I 537
Ludwig, H. *s.* **Leonardo**
Luksch, L.: *Wunderbare Traumerfüllung als Inhalt des wirklichen Lebens* (Leipzig 1894) II/III 631
Lynkeus *s.* **Popper-Lynkeus**
Lytton, Lord: *Richelieu* IV 219

Maasz, J. G. E.: *Versuch über die Leidenschaften* (1805) II/III 8
Macario: ›Des rêves considérés sous le rapport physiologique et pathologique‹ (*Ann. méd.-psychol.* 8, 1846) II/III 631
—: ›Les nêves morbides‹ (*Gaz. méd. de Paris*, 1889) II/III 94, 631
—: ›Du sommeil, des rêves et du somnambulisme dans l'état de santé et dans l'état de maladie‹ (*Ann. méd.-psychol.* 4, 1858) II/III 502, 631
Macaulay: *Lays of Ancient Rome* XVI 176
MacFarlane, A. W.: ›Dreaming‹ (*The Edinb. Med. J.* 36, 1890) II/III 631
Mach, E.: *Analyse d. Empfindungen* (1900) XII 262f.
Mack Brunswick, Ruth s. **Brunswick,** Ruth Mack
Mac Lennan, J. F.: *Primitive Marriage* (Edinburgh 1865) IX 147

—: ›The Worship of Animals and Plants‹ (*Fortnightly Review* 6, 1869; 7, 1870) IX 123, 133

McDougall: ›A note on Suggestion‹ (*J. of Neurol. a. Psychopath.* 1, 1920) XIII 97

—: *The Group Mind* (Cambridge 1920) XIII 90ff., 96f., 104ff.

Maeder, Alphonse: ›Contributions à la psychopathologie de la vie quotidienne‹ (*Arch. de Psychol.* 6, 1906) IV 180f., 227; XI 52

—: ›Zur Entstehung der Symbolik im Traum, in der Dementia praecox etc.‹ (*ZeBl.* 1, 1910/11: 383ff.) II/III 639

—: ›Zur Frage der teleologischen Traumfunktionen‹ (*Jb.* 5, 453) II/III 639

—: ›Essai d'interprétation de quelques rêves‹ (*Arch. de Psychol.* 6, 1907) II/III 639

—: ›Über die Funktion des Traumes‹ (*Jb.* 4, 1912) II/III 585, 639

—: ›Nouvelles contributions etc.‹ (*Arch. de Psychol.* 6, 1908) IV 252

—: ›Psychol. Untersuchungen an Dementia praecox-Kranken‹ (*Jb.* 2, 1910) VIII 296, 302

—: ›Die Symbolik in den Legenden, Märchen, Gebräuchen u. Träumen‹ (*PNW.* 10, 1908) II/III 639

—: ›Über das Traumproblem‹ (*Jb.* 5, 1913: 647) II/III 639

—: ›Une voie nouvelle en psychologie – Freud et son école‹ (*Coenobium* 3, 1909) IV 240

Maine de Biran, M. F. P.: *Nouvelles considérations sur le sommeil, les songes et le somnambulisme*‹ (Paris 1792) II/III 94, 631

Manaceine, Marie de: *Le sommeil, tiers de notre vie* (Paris 1896) II/III 631

—: *Sleep; its Physiology, Pathology and Psychology* (London 1897) II/III 631

Mantegazza: *Physiologie d. Liebe* V 184, 223

Marcinowski, J.: ›Drei Romane in Zahlen‹ (*ZeBl.* 2, 1911: 619) II/III 639

—: ›Die erotischen Quellen der Minderwertigkeitsgefühle‹ (*ZSW.* 4, 1918) XII 214; XIII 19

—: ›Gezeichnete Träume‹ (*ZeBl.* 2, 1911/12: 490ff.) II/III 361

Marett, R. R.: ›Pre-Animistic Religion‹ (*Folklore* 11, 1900) IX 110, 112

Marillier, L.: ›La place du totemisme dans l'évolution religieuse‹ (*Rev. Hist. Relig.* 37, 1898) IX 169

Mariner, W.: *An Account of the Natives of Tonga Islands* (London 1818) IX 67

Markuszewicz, R.: ›Beitrag zum autistischen Denken bei Kindern‹ (*IZ.* 6, 1920) XIII 120

Maudsley, H.: *The Pathology of Mind* (1879) II/III 631

Maury, A.: ›De certains faits observés dans les rêves‹ (*Ann. méd.-psychol.* 3, 1857) II/III 631

Bib 32 **Maury, A.:** Nouvelles observations

—: ›Nouvelles observations sur les Analogies des phénomènes du rêve et de l'aliénation mentale‹ (Ann. méd. psych. 5, 1853) II/III 631

—: *Le sommeil et les rêves* (Paris 1878) II/III 8f., 13, 17, 26, 28, 31, 33f., 58ff., 62, 64, 67, 80, 92, 94, 96, 195, 499ff., 523, 536, 581, 632; XI 83, 88, 90

Mauss s. **Hubert** u. **Mauss**

Mayer, C. s. **Meringer** u. **Mayer**

Meier, G. F.: *Versuch einer Erklärung des Nachtwandelns* (Halle 1758) II/III 25

Meijer, Adolf F.: *De Behandeling van Zenuwzieken door Psycho-Analyse* (Amsterdam 1915) XI 3

Meisel, (pseud.): *Natürlich-göttliche und teuflische Träume* (Sieghartstein 1783) II/III 632

Mélinaud, C.: ›Dreams and Reality‹ (*Pop. Science Monthly* 54: 96ff.) II/III 632

—: ›Pourquoi rit-on? (*Revue des deux mondes* 127, 1895) VI 268

Melzentin, C.: ›Über wissenschaftliche Traumdeutung‹ (*Die Gegenwart*, 1899, Nr. 50) II/III 632

Mentz, Rich.: *Die Träume in den alt-französischen Karls- u. Artus-Epen* (Marburg 1888) II/III 632

Meredith, George: *The Egoist* IV 109ff.

Mereschkowski: *Leonardo da Vinci* (Deutsche Übers. v. C. v. Gülschow, Leipzig 1903) VIII 139, 149, 173, 175, 183, 194

Meringer: ›Wie man sich versprechen kann‹ (*Neue Freie Presse*, 23. Aug. 1900) IV 67, 179

Meringer, R. u. Mayer, C.: *Versprechen u. Verlesen* (Wien 1895) IV 61ff., 68, 72, 91ff., 179, 302f.; XI 25f., 28, 35

Messmer s. **Meumann** u. **Messmer**

Meumann u. **Messmer:** *Pädagogium* X 78

Meyer, C. F.: *Huttens letzte Tage* VII 347

Meyer, Ed.: *Die Israeliten und ihre Nachbarstämme* (1906) XVI 133ff., 137, 145, 150, 163

—: ›Die Mosessagen und die Leviten‹ (*Berliner Sitzber.* 1905) XVI 110, 112

Meyer, R. M.: (Aufsatz) („*Zeit*", 1900) IV 268

Meyer-Rinteln, W.: (Metathesis) (*Kölnische Zeitung* 7. März 1909) VIII 221

Miller, Orest: Dostojewskis autobiographische Schriften, XIV 404f.

Michelet: *Das Weib* (1860) VI 63

Mises: *Rätselbüchlein* VI 71

Mitchell, A.: *About Dreaming, Laughing and Blushing* (London 1905) II/III 639

Mitchell, H. P.: (Artikel ü. Moses-Statuette des Nicholas von Verdun) (*Burlington Magazine for Connoisseurs*, 38, 1921) XIV 321 f.

Miura, K.: ›Über japanische Traumdeuterei‹ (*Mitt. d. deutsch. Ges. f. Natur- u. Völkerk. Ostasiens*, 10, 1906: 291 ff.) II/III 4

Moebius, P. J.: ›Über Entartung‹ (*Grenzfr. d. Nerven- u. Seelenlebens* 1900) V 37, 71

—: *Über den physiologischen Schwachsinn des Weibes* (Halle 1903) VII 162

—: ›Über den Begriff der Hysterie‹ (*Zbl. f. N. Psych.* 11, 1888) I 86

—: *Neuropathologische Beiträge* (1894) I 323

Moede, Walter: ›Die Massen- u. Sozialpsychologie im kritischen Überblick‹ (*Ztschr. f. päd. Psychol. u. experim. Pädagogik*, 16, 1915) XIII 88

Molière: *Le malade imaginaire* II/III 524; XI 290; XIII 156

Moll, A.: *Untersuchungen über die Libido sexualis* (Berlin 1898) VI 107

Monroe, W. S.: ›A Study of Taste-Dreams‹ (*AJP*. 1899) II/III 632

Monstier s. Zweifel u. Monstier

Moreau, de la Sarthe: ›Rêve‹ (*Dict. des sc. méd.* Paris 1820) II/III 632

Moreau, J.: ›De l'identité d l'état de rêve et de folie‹ (*Ann. méd. psych.* 1855: 261) II/III 94, 632

Morgan, L. H.: *Ancient Society* (London 1877) IX 11, 148

Morselli, A.: ›Dei sogni nei Genii‹ (*La Cultura*, 1899) II/III 632

Motet: ›Cauchemar‹ (*Dict. de méd. et de chir. pratique)* II/III 632

Mozart: *Zauberflöte*, II/III 297

—: *Figaros Hochzeit*, II/III 501

Möbius s. **Moebius**

Multatuli: ›Briefe‹ (Frankfurt 1906) VII 20

Muret-Sanders: *(Englisches Wörterbuch)* (1860) XII 232

Murry, J. C.: ›Do We ever Dream of Tasting?‹ (*Proc. of the Amer. Psychol.* 20, 1894) II/III 632

Muther: *Geschichte der Malerei* (Leipzig 1909) VIII 179, 184 f., 189, 196

Müller, Dora: (Automatische Handlungen) (*IZ.* 3, 1915) IV 158

Müller, Joh.: (Traumdeutung) II/III 33 f.

Müller, Max: *Contributions to the Science of Mythology* IX 134

Müller, S.: *Reizen en Onderzoekingen in den Indischen Archipel* (Amsterdam 1857) XI 51

Müntz, E.: *Leonard de Vinci* (Paris 1899) VIII 135, 158, 180, 190, 196

Myers, F. W. H.: ›Hypermnestic Dreams‹ (*Proc. Soc. Psychical Research* 8, 1892) II/III 14

Nachmansohn, M.: ›Freuds Libidotheorie verglichen mit der Eroslehre Platos‹ (*IZ.* 3, 1915) v 32; xiii 99

Nagele, Anton: ›Der Traum in der epischen Dichtund‹ (*Programm der Realschule in Marburg* 1889) ii/iii 632

Nansen, Fridtjof: (Reisebericht) ii/iii 196; xvi 13

Näcke, P.: ›Beiträge zu den sexuellen Träumen‹ (*H. Groß' Archiv* 29: 363 f.; 1908: 37) ii/iii 401, 639

–: ›Die diagnostische und prognostische Brauchbarkeit der sex. Träume‹ (*Ärztl. Sachv.-Ztg.* 1911) ii/iii 639

–: ›Kontrastträume und spez. sexuelle Kontrastträume‹ (*H. Groß' Archiv* 24, 1907: 1 ff.) ii/iii 639

–: ›Der Traum als feinstes Reagens f. d. Art d. sexuellen Empfindens‹ (*Monatsschrift f. Krim.-Psychol.* 1905) ii/iii 401, 639

–: ›Über sexuelle Träume‹ (*H. Groß' Archiv*, 1903: 307) ii/iii 639

Negelein, J. v.: ›Der Traumschlüssel des Yaggaddeva‹ (Gießen 1912) ii/iii 4, 639

Nelson, J.: A Study of Psychology (*AJP.* 1, 1888) ii/iii 18

Nestroy: *Einen Jux will er sich machen* vi 92

–: *Der Zerrissene* xii 267

–: (Parodie des Hebbelschen Dramas *Judith und Holofernes*) xiii 106

–: *Zu ebener Erde und im ersten Stock* xi 365 f., 392

Neufeld, Jolan: *Dostojewski, Skizze zu seiner Psychoanalyse* (Wien 1923) xiv 418

Neugebauer: (Arbeiten i. mehreren Bänden d. *Jahrbuches f. sexuelle Zwischenstufen*) v 40

Newbold, W. R.: ›Sub-Conscious Reasoning‹ (*Proc. Soc. Psychical Research* 12, 1896: 11 ff.) ii/iii 632

–: ›Über Traumleistungen‹ (*Psychol. Rev.* 1896: 132) ii/iii 632

Nibelungenlied: xii 298, 519

Nietzsche: *Also sprach Zarathustra* viii 290; x 39

–: *Jenseits von Gut und Böse* iv 162; vii 407
 (Traum) ii/iii 554

Nordenskjöld, Otto: Antarctic (1904) ii/iii 136 f.; xi 132

Nothnagel, H.: *Spezielle Pathologie u. Therapie* (Wien 1895) iv 177; vii 147; xiv 36, 38

Novalis: (Traum) ii/iii 86

Nunberg, Hermann: *Allgemeine Neurosenlehre auf psychoanalytischer Grundlage* (Bern 1932) xvi 273

Offenbach: *Hoffmanns Erzählungen* xii 238

–: *Die schöne Helena* ii/iii 492 f.; x 28; xi 106

Ophujsen, J. H. W. van: ›Beiträge z. Männlichkeitskomplex d. Frau‹ (*IZ*. 11, 1917) X 72; XII 211

Oppenheim: (Hysterie) I 65

Ossipow, N.: ›Psychoanalyse u. Aberglauben‹ (*IZ*. 8, 1922) IV 287

P. A. E.: *Trophaeum Mariano-Cellense* (1714, 1729) XIII 319ff., 325ff., 334, 339ff.

Pachantoni, D.: ›Der Traum als Ursprung von Wahnideen bei Alkoholdeliranten‹ (*Zbl. f. Nervenheilk.* 32, 1909: 796) II/III 92

Panizza, Oskar: *Das Liebeskonzil* II/III 222

Park, Mango: (Traum) II/III 137

Pascal: *Pensées* VI 238

Passavanti, Jac.: *Libro dei sogni* (Rom 1891) II/III 632

Pater, W.: *Die Renaissance* (2. Aufl. 1906) VIII 134, 181f., 186

Paulhan, F.: *L'activité mentale et les éléments de l'esprit* (Paris 1889) II/III 506, 632

–: ›A propos de l'activité de l'esprit dans le rêve‹ (*RPhi*. 38, 1894: 546ff.) II/III 632

Paulitschke, P.: *Ethnographie Nordostafrikas* (Berlin 1893–96) IX 48

Paulus s. Bibel

Pear, T. H.: ›The Analysis of Some Personal Dreams, with Special Reference to Freud's Interpretation‹ (*British J. Psychol.* 6, 1914) II/III 639

Peckel, P. G.: ›Die Verwandtschaftsnamen des mittleren Neumecklenburg‹ (Anthropos. 3, 1908) IX 17

Pelizaeus: (Multiple Sklerose) I 479

Pentateuch s. Bibel

Pérez: *L'enfant de 3–7 ans* (Paris 1886) V 74

Peyer: ›Die nervösen Affektionen d. Darmes‹ (*Wiener Klinik*, 1893) I 323

Pfaff, E. R.: *Das Traumleben und seine Deutung* (Leipzig 1868) II/III 70

Pfeifer, S.: ›Äußerungen infantil-erotischer Triebe i. Spiele‹ (*IM*. 5) XIII 11

Pfister, Oskar: ›Ein Fall v. psychoanalytischer Seelsorge und Seelenheilung‹ (*Evangel. Freiheit*, 1909) II/III 409

–: *Die Frömmigkeit des Grafen v. Zinzendorff* (Wien 1910) X 77; XIII 156

–: ›Kryptolalie, Kryptographie und unbewußtes Vexierbild bei Normalen‹ (Jb. 5, 1913) II/III 361f., VIII 187f.

–: *Die psychoanalytische Methode. Eine erfahrungswissenschaftlich-systematische Darstellung* (Leipzig 1913) X 78, 448ff.

–: ›Wahnvorstellung und Schülerselbstmord. Auf Grund einer Traumanalyse beleuchtet‹ (*Schweizer Blätter für Schulgesundheitspflege* 1909) II/III 639

Philippsonsche Bibel II/III 589

Pichon, A. E.: ›Contribution à l'étude de délires oniriques ou délires de rêve‹ *(Thèse de Bordeaux,* 1896) II/III 92, 632

Pick, A.: ›Über pathologische Träumerei u. ihre Beziehung zur Hysterie‹ *(Jb. f. Psychiatrie d. Neurol.* 14, 1896) II/III 632; VII 191

—: ›Zur Psychol. d. Vergessens bei Geistes- u. Nervenkranken‹ *(Arch. f. Kriminal.-Anthrop. u. Kriminalistik* 18, 1905) IV 162

Pikler, J. u. Somló: *Der Ursprung des Totemismus* (Berlin 1901) IX 134

Pilcz, A.: ›Über eine gewisse Gesetzmäßigkeit in den Träumen‹ *(MPN.* 1899) II/III 21, 632

Plato: *Symposion* VII 456; XIII 62f.; XIV 105; XVI 20

Plinius: *Nat. Hist.* IX 102

Ploss, H. H. u. Bartels, M.: *Das Weib i. d. Natur- u. Völkerkunde* (Leipzig 1891) XII 163, 165

Poggio s. **Krauss,** F. S.

Pohorilles, N. W.: (Artikel) *(IZ.* 1, 1913: 605f.) II/III 534

Poppelreuter, W.: ›Bemerkungen z. d. Aufsatz v. G. Frings „Ü. d. Einfluß d. Komplexbildung auf die affektuelle u. generative Hemmung"‹ *(Arch. ges. Psychol.* 8, 1914) IV 280

Popper-Lynkeus, Josef: *Phantasien eines Realisten* (2. Aufl. Wien 1900) II/III 314; X 58; XIII 357ff.

—: *Träumen wie Wachen* XVI 264

Potwin, E.: ›Study of Early Memories‹ *(PslR.* 8, 1910) IV 54

Pötzl, Otto: ›Experimentell erregte Traumbilder in ihren Beziehungen zum indirekten Sehen‹ *(ZNP.* 37, 1917) II/III 188, 639

Preller, R. u. Robert, C.: *Griechische Mythologie* (Berlin 1894) X 33

Prévost, Marcel: *(Les exclus de l'amour)* II/III 388f.

—: *Lettres de femmes* VII 187

—: ›Quelques observations psychologiques sur le sommeil‹ *(Bibl. univ. des S. C., belles-lettres et arts* 1, 1834: 225ff.) II/III 632

Preyer, W.: *Die Seele d. Kindes* (Leipzig 1882) V 74

Prince, Morton: ›The Mechanism and Interpretation of Dreams: a Reply to Dr. Jones‹ *(JAbP.* 5, 1910/11: 337ff.) II/III 525f., 639

Purkinje, J. E.: ›Wachen, Schlaf, Traum und verwandte Zustände‹ *(Wagners Handwörterbuch der Physiologie,* 1846) II/III 86f., 139, 632

Putnam, James J.: ›Addresses on Psycho-Analysis‹ *(IPaB.* 1, 1921) X 71; XIII 437f.; XIV 78

—: ›Aus der Analyse zweier Treppen-Träume‹ *(ZeBl.* 2, 1911/12: 264) II/III 640

–: ›Dream Interpretation and the Theory of Psychoanalysis‹ (*JAbP*. 9: 36) II/III 640
–: ›Ein charakteristischer Kindertraum‹ (*ZeBl*. 2, 1912: 528) II/III 136

Raalte, F. v.: ›Kinderdroomen‹ (*Het Kind*, 1912) II/III 136, 640
Rabelais: *Gargantua et Pantagruel* II/III 221, 472f.; XIV 449; XVII 48
Radestock, P.: *Schlaf und Traum* (Leipzig 1878) II/III 8, 27, 37, 47f., 59f., 69, 74, 92ff., 139, 632
Ramm, Konrad: *Diss. pertractans somnia* (Viennae 1889) II/III 632
Rank, Otto: ›Aktuelle Sexualregungen als Traumanlässe‹ (*ZeBl*. 2,1911/12 596ff.) II/III 224, 640
–: (Auflösung einer scheinbaren Vorahnung) (*ZeBl*. 2) IV 298f.
–: ›Beispiel eines verkappten Ödipus-Traumes‹ (*ZeBl*. 1, 1910) II/III 403, 640
–: ›Belege zur Rettungsphantasie‹ (*ZeBl*. 1, 1910: 331) II/III 409
–: ›Die Don Juan-Gestalt‹ (*IM*. 8, 1922) XIII 151
–: ›Der Doppelgänger‹ (*IM*. 3, 1914) XII 247
–: ›Ein Beitrag zum Narzißmus‹ (*Jb*. 3, 1911) II/III 640; X 138
–: ›Ein gedichteter Traum‹ (*Jb*. 3: 231) II/III 640
–: (Ein Stiegentraum) II/III 372ff.
–: ›Ein Traum, der sich selbst deutet‹ (*Jb*. 2, 1910) II/III 166f., 316, 340, 354, 411
–: ›Eine noch nicht beschriebene Form des Ödipus-Traumes‹ (*IZ*. 1, 1913: 151) II/III 640
–: (Harnreizträume) II/III 224, 244
–: ›Fehlhandlung und Traum‹ (*IZ*. 3: 158) II/III 640
–: ›Fehlleistung und Traum‹ (*ZeBl*. 2, 1911/12: 266 und *IZ*. 3: 158) II/III 630; IV 264f.
–: ›Fehlleistungen aus d. Alltagsleben‹ (*ZeBl*. 2, 1912) IV 100ff., 258ff.
–: ›Die Geburtsrettungsphantasie in Traum u. Dichtung‹ (*IZ*. 2, 1914: 43) II/III 409
–: *Das Inzestmotiv in Dichtung u. Sage. Grundzüge einer Psychologie des dichterischen Schaffens* (Wien u. Leipzig 1912) II/III 640; VIII 417; X 77, 389; XII 327; XIV 90
–: *Der Künstler* (Wien 1907) VIII 54, 237, 417; XIII 59
–: (Märchen) XIII 152f.
–: ›Der Mythus von der Geburt des Helden‹ (*S*. 5, Wien und Leipzig 1909) II/III 263, 405, 640; V 127; VII 304; VIII 74f. 285; X 25, 27, 35; XI 163; XVI 106ff.
–: ›Die Nacktheit in Sage und Dichtung. Eine psychoanalytische Studie‹ (*IM*. 2, 1912) II/III 640
–: (Schillers Briefwechsel mit Körner) II/III 107f., XII 310f.

Rank, O.: (Schopenhauer)

—: (Schopenhauer, ›Die Welt als Wille und Vorstellung‹, Bd. 2) (*ZeBl.* 1910) VIII 230

—: ›Die Symbolschichtung im Wecktraum und ihre Wiederkehr im mythischen Denken‹ (*Jb.* 4, 1912) II/III 408, 640

—: *Das Trauma der Geburt u. seine Bedeutung für die Psychoanalyse* (Wien 1924) V 128; VII 350; XIII 402; XIV 166f., 182ff., 194; XV 94; XVI 59f.

—: ›Zum Thema der Zahnreizträume‹ (*ZeBl.* 1, 1910) II/III 640

—: (Traum des Emporkömmlings) II/III 480f.

—: ›Das Verlieren als Symptomhandlung. Zugleich ein Beitrag zum Verständnis der Beziehungen des Traumlebens zu den Fehlleistungen des Alltagslebens‹ (*ZeBl.* 1, 1910/11) II/III 640; IV 232; VIII 393

—: (Versprechen) (*IZ.* 1, 1913) IV 87, 102, 109, 232ff.; IX 158

—: (Vorahnung) IV 293f.

Rank, O. u. Sachs, H.: *Die Bedeutung der Psychoanalyse f. d. Geisteswissenschaften* (Wiesbaden 1913) II/III 356; X 75, 78; XI 170; XII 327; XIV 77

Régis, E.: ›Des hallucinations oniriques des dégénérés mystiques‹ (*C. R. du Congrès des méd. aliénistes etc.*, Paris 1894–95: 260) II/III 92, 632

—: ›Les rêves‹ (*La Gironde*, mai 31, 1890) II/III 92, 632

Régis, E. u. Hesnard, A.: *La psychoanalyse des névroses et des psychoses* (Paris 1914) XI 3; XIII 445

Reik, Th.: (Darmreizträume) (*IZ.* 3, 1915) II/III 408

—: ›Beruf u. Traumsymbolik‹ (*ZeBl.* 3 1912/13: 531) II/III 640

—: *Der eigene und der fremde Gott* (1923) IV 49; XIII 331; XIV 95

—: *Geständniszwang u. Strafbedürfnis* (Leipzig 1925) XIV 147

—: ›Gotthilf Schuberts „Symbolik des Traumes"‹ (*IZ.* 3: 295) II/III 640

—: ›Über kollektives Vergessen‹ (*IZ.* 6, 1920) IV 48f.

—: ›Kriemhilds Traum‹ (*ZeBl.* 2: 416) II/III 640

—: ›Der Nacktheitstraum eines Forschungsreisenden‹ (*IZ.* 2: 463) II/III 640

—: *Probleme der Religionspsychologie, I. Das Ritual* (Verl. Leipzig u. Wien 1919) XII 325ff.; XIII 331

—: ›Die Pubertätsriten der Wilden‹ (*IM.* 4, 1915) XI 347; XII 336

—: ›Zur Rettungssymbolik‹ (*ZeBl.* 1, 1910: 499) II/III 409

—: ›Zum Thema: Traum und Traumwandeln‹ (*IZ.* 6: 311) II/III 640

—: ›Völkerpsychologische Parallelen zum Traumsymbol des Mantels‹ (*IZ.* 6, 1920: 310) II/III 640

—: ›Zwei Träume Flauberts‹ (*ZeBl.* 3, 1912/13: 223) II/III 640

—: ›Fehlleistungen i. Alltagsleben‹ (*IZ.* 3, 1915) IV 79, 101, 227f.

Reinach, S.: *Code du totémisme* (1900) IX 123f.

—: *Cultes, Mythes et Religion* (Paris 1908) VIII 318, 348; IX 97, 111, 123, 137, 185, 187; X 399

Reitler, R.: (Augensymbolik) (*IZ.* I, 1913) II/III 403
—: ›Zur Genital- u. Sekret-Symbolik‹ (*IZ.* 1, 1913) II/III 364, 403; IX 158
—: ›Eine anatomisch-künstlerische Fehlleistung Leonardos‹ (*IZ.* 4, 1916/17) VIII 136ff.
—: (Onaniediskussion) VIII 336

Renterghem, van: *Freud en zijn School* (Baarn 1914) X 72

Restif de la Brétonne: *Monsieur Nicolas* (1794) VII 183

Reuter, Gabriele: *Aus guter Familie* (1895) VIII 367

›**Rêves** et Hypnotisme‹ (*Le monde*, Août 25, 1890) II/III 632

Revue philosophique (Diskussion: Paramnesie i. Traume) II/III 449

Rippe, C.: *Zwei Jahre unter den Kannibalen der Salomons-Inseln* (Dresden 1905) IX 19

Richard, Jérome: *La théorie des songes* (Paris 1766) II/III 632

Richardson, B. W.: ›The Physiology of Dreams‹ (*The Asclep.*, 9, London 1892: 129, 160) II/III 632

Richier: ›Onéirologie ou dissertation sur les songes considérés dans l'état de maladie‹ (*Thèse de Paris* 1816) II/III 632

Richter, Fr.: *s.* Jean Paul

Richter, J. P.: *The Literary Works of Leonardo da Vinci* (London 1881) VIII 135, 158, 200

Richter, Konrad: ›Der deutsche St. Christoph‹ (*Acta Germanica* 5, Berlin 1896) XIII 97

Rie, O. u. Sigm. Freud: ›Klinische Studie ü. d. halbseitige Cerebrallähmung bei Kindern‹ (*Beitr. d. Kinderheilkunde* 1891) I 473f.; XIV 41

Riklin (*s. a.* Jung, C. G.): ›Über Versetzungsverbesserungen‹ (*PNW.* 7, 1905) VIII 315

Rivista di Psiquiatria: XIII 418

Robert, W.: *Der Traum als Naturnotwendigkeit erklärt* (Hamburg 1886) II/III 18, 82ff., 170, 184, 194, 585, 596, 632

Robinson, L.: ›What Dreams Are Made of‹ (*N. Americ. Rev.* 1893: 687ff.) II/III 633

Robitsek, Alfred: ›Die Analyse von Egmonts Traum‹ (*Jb.* 2, 1910) II/III 640
—: ›Zur Frage der Symbolik in den Träumen Gesunder‹ (*ZeBl.* 2, 1912: 340) II/III 103, 378
—: ›Die Stiege, die Leiter als sexuelles Symbol in der Antike‹ (*ZeBl.* I, 1910/11: 586) II/III 641

Roffenstein, G.: ›Experimentelle Symbolträume‹ (*ZNP.* 87, 1923) II/III 389

Róheim, G.: ›Die Urszene im Traume‹ (*IZ.* 6: 337) II/III 641

Rohleder: *Die Masturbation* (Berlin 1899) V 86

—: ›Die Onanie‹ (*Diskussionen d. Wiener Psychoanalytischen Vereinigung*, 2, Wiesbaden 1912) V 86

Rolland, Romain: *Liluli* (1923) XIV 422

—: *La vie de Ramakrishna* (1930) XIV 422

—: *La vie de Vivekananda* (1930) XIV 422

Roscher: ›Mut‹ *(Lexikon d. griechischen u. römischen Mythologie)* (2, 1894–1897) VIII 156, 163; X 31, 33

Rosegger: *Waldheimat* II/III 476 ff.

Rosenberg, Adolf: *Leonardo da Vinci* (Leipzig 1898) VIII 186

Rosenberg, L.: ›Casuistische Beiträge z. Kenntnis der cerebralen Kinderlähmungen u. der Epilepsie‹ (*Kassowitz' Beiträge z. Kinderheilkunde* N. F. IV, Wien 1893) I 488

Rosenthal, E.: ›Contribution à l'étude des diplégiès cérébrales de l'enfance‹ (*Thèse de Lyon* 1892) I 488

Rost u. v. **Schenkl:** *(Wörterbücher)* XII 232

Rousseau, J. B.: *Ode an die Nachwelt (À la postérité)* VI 72

Rousseau, Jean Jacques: V 94; VI 29f., 35; VII 61, X 352; XIV 484

Rousset: ›Contribution à l'étude du cauchemar‹ (*Thèse de Paris* 1876) II/III 633

Roux, J.: ›Les rêves et les délires oniriques‹ (*Province méd.* 1898: 212) II/III 633

Römer, L. v.: ›Über die androgynische Idee des Lebens‹ (*Jahrb. f. sex. Zwischenstufen* 5, 1903) VIII 157, 163

Rumi *s.* **Dschelaleddin**

Ruths, W.: *Experimentaluntersuchungen über Musikphantome* (Darmstadt 1898) IV 118 f.

Rückert: *Makamen d. Hariri* XIII 69

Ryff, Walther Hermann: *Traumbüchlein* (Straßburg 1554) II/III 633

Sachs, Hanns (*s. a.* Rank): ›Zur Darstellungstechnik des Traumes‹ (*ZeBl.* 1, 1910/11) II/III 641

—: ›Ein absurder Traum‹ (*IZ.* 3: 35) II/III 641

—: ›Ein Fall intensiver Traumentstellung‹ (*ZeBl.* 1, 1910/11: 588) II/III 641

—: ›Ein Traum Bismarcks‹ (*IZ.* 1, 1913) II/III 383ff., 641

—: ›Gemeinsame Tagträume‹ (*IZ.* 6, 1920) XIII 153

—: ›Traumdarstellungen analer Weckreize‹ (*IZ.* 1, 1913: 489) II/III 641

—: ›Traumdeutung u. Menschenkenntnis‹ (*Jb.* 3, 1911: 568) II/III 641; XIII 83

—: ›Das Zimmer als Traumdarstellung des Weibes‹ (*IZ.* 2, 1914: 35) II/III 641

–: (Vergessen, Verlesen) IV 39f., 43, 80, 123, 127f., 146f., 159, 181f., 196, 223ff.

Sachs-Villatte: *(Französisches Wörterbuch)* XII 232

Sadger, I.: ›Die Bedeutung der psychoanalytischen Methode nach Freud‹ *(ZNP.* 229, 1907) VII 198

–: ›Ein Fall von multipler Perversion mit hysterischen Absenzen‹ *(Jb.* 2, 1910) VIII 296

–: ›Jahresbericht über sexuelle Perversionen‹ *(Jb.* 6, 1914) XII 283

–: ›Von der Pathographie zur Psychographie‹ *(IM.* 1, 1912) XII 179

–: ›Über das Unbewußte und die Träume bei Hebbel‹ *(IM.* 1913) II/III 641; X 77

Sanctis, Sante de: *La conversione religiosa* (Bologna 1924) XIV 396

–: *Emozione e sogni* (1896) II/III 633

–: ›Les maladies mentales et les rêves‹ *(Extrait des Annales de la Société de médicine de Gand,* 1897) II/III 633

–: ›Psychoses et rêves‹ *(Rapport au Congrès de neurol. et d'hypnologie de Bruxelles* 1898, *Comptes rendus:* 137) II/III 633

–: ›Sui rapporti d'identità, di somiglianza, di analogia e di equivalenza fra sogno e pazzia‹ *(Rivista quindicinale di Psicologia, Psichiatria, Neuropatologia,* 1897) II/III 633

–: *I sogni* (Torino 1899, deutsch v. O. Schmidt, Halle 1901) II/III 92f., 98, 633, 699; VII 82

–: ›I sogni dei neuropatici e dei pazzi‹ *(Arch. di psichiatr. e antrop. crim,* 1898) II/III 633

–: *I sogni e il sonno nell'isterismo e nella epilessia* (Roma 1896) II/III 633

–: ›I sogni nei delinquenti‹ *(Arch. di psichiatr. e antrop. crim.* 17, 1896: 488ff.) II/III 633

Sandoz *s.* **Zola**

Sanders, Daniel: *Wörterbuch der deutschen Sprache* (Leipzig 1860) XII 232ff.

Santel, Anton: *Poskus raz kladbe nekterih pomentjivih prikazni spanja in sanj* (Progr. Gymn. Görz 1874) II/III 633

Sarlo, F. de: *I sogni. Saggio psicologico* (Napoli 1887) II/III 633

Sartiaux, F.: *Villes mortes d'Asie mineur* (Paris 1911) VIII 361

Savage: (Aufsatz) *(Boston Journal of Natural History* 5, 1845–47) IX 153

Sch., Fr.: ›Etwas über Träume‹ *(Psych. Studien,* 1897: 686ff.) II/III 633

Schaeffer, Albrecht: ›Der Mensch u. d. Feuer‹ *(PsaB.* 2, 1930: 251) XVI 3

Schäffer, Albrecht: *Josef Montfort* XII 256f.

Schelling: (Definition d. Unheimlichen) XII 235f., 254

Schenkl *s.* **Rost u. Schenkl**

Scherner, K. A.: *Das Leben des Traumes* (Berlin 1861) II/III 39f., 43, 87ff., 100, 138, 230ff., 340, 351, 358, 365, 408, 552, 597, 618, 633, 699; X 58; XI 92, 153f., 161

Schiller, Fr. v.: *(Briefwechsel mit Körner)* II/III 107f.; XII 310f.

–: (Brutus u. Caesar) II/III 427

–: *Die Götter Griechenlands* XVI 208

–: *Die Jungfrau v. Orleans* XI 24f.

–: *D. Ring d. Polykrates* XII 251, 260

–: *Die Verschwörung des Fiesco zu Genua* II/III 342

–: *D. Siegesfest* II/III 422

–: *D. Taucher* XIV 431

–: *Wallenstein* IV 107; VI 252; x 81; XV 153

–: *Wallenstein* (Piccolomini) IV 107f., 201; X 81; XI 30

–: *Wallensteins Lager* VI 30, 46; XII 237; XIII 150

–: *Wilhelm Tell* IV 289; XII 236; XIV 251

Schleich, K. L.: ›Traum u. Schlaf‹ (*Die Zukunft* 29, 1899: 14ff., 54ff.) II/III 633

Schleiermacher, Fr.: *Psychologie* (Berlin 1862) II/III 51, 75, 106, 633; VI 35, 72, 145

Schmidt, Richard: *Beiträge zur indischen Erotik* (Leipzig 1902) V 166

Schneider, Rudolf: ›Zu Freuds analytischer Untersuchung d. Zahleneinfalles‹ (*IZ.* 6, 1920) IV 279f.

Schnitzler, Arthur: *Paracelsus* V 203

–: *Das Schicksal des Freiherrn v. Leisenbogh* XII 178

–: *Die Weissagung* XII 266

Scholz, Fr.: *Schlaf u. Traum* (Leipzig 1887) II/III 21, 61, 70, 633

Schopenhauer: *Über die anscheinende Absichtlichkeit im Schicksale des Einzelnen* (Großherzog Wilhelm Ernst Ausgabe, Bd. 4: 286) XIII 53

–: *Parerga u. Paralipomena* (2. Teil, Gleichnisse u. Parabeln) XIII 110

–: *Die Welt als Wille u. Vorstellung* VII 230; X 53

Schorn, L. s. **Vasari**

Schreber, Daniel Gottlieb Moritz: *Ärztl. Zimmergymnastik* VIII 286f.

Schreber, Daniel Paul: *Denkwürdigkeiten eines Nervenkranken* (Leipzig 1903) I 569; VIII 241f.; IX 113; XIII 337ff.

Schrenck-Notzing, v.: V 33

Schriften *zur angewandten Seelenkunde:* X 89, 91

Schrötter, Karl (u. H. Swoboda): ›Experimentelle Träume‹ (*ZeBl.* 2, 1912: 638) II/III 389, 641; XV 23

Schubert, Gotthilf Heinr.: *Die Symbolik des Traumes* (4. Aufl. Bamberg 1862) II/III 66, 357, 633; VIII 215; XI 166

Schwarz, Karl: ›Traum u. Traumdeutung nach „Abdalgani an Nabulusi"‹ (*Zeitschr. d. deutsch. morgenl. Ges.* 67, 1913: 473ff.) II/III 4, 641

Schwartzkopff, P.: *Das Leben im Traum* (Leipzig 1887) II/III 633

Science of Dreams (*The Lyceum*, 1890: 28) II/III 633

Scognamiglio, Smiraglia N.: *Ricerche e Documenti sulla Giovinezza di Leonardo da Vinci* (Napoli 1900) VIII 132, 139, 149, 182

Secker, F.: ›Chinesische Ansichten ü. d. Traum‹ (*Neue metaph. Rundschr.* 17, 1909/10: 101) II/III 4

Segel, B. W. *s.* **Bernstein,** I.

Seidlitz, W. v.: *Leonardo da Vinci, der Wendepunkt der Renaissance* (1909) VIII 133f., 179, 185, 193, 206

Seligman, S.: *Der böse Blick u. Verwandtes* (Berlin 1910/11) XII 253

Sellin, Ed.: *Mose u. seine Bedeutung f. d. israelitisch-jüdische Religionsgeschichte* (Leipzig 1922) XVI 136, 148, 153f., 160, 173, 195f., 200

Shakespeare, W.: *Hamlet* II/III 181, 271ff., 446; V 19; VI 10, 37, 43f., 77; VII 42, 457; VIII 50; IX 105; X 174, 432; XII 35, 242, 265; XIV 89f., 412, 494; XVII 119

–: *Julius Caesar* II/III 426ff.; IV 130; VI 78; VII 404; XII 265

–: *Kaufmann v. Venedig* IV 108; X 24ff., 33; XI 31f.

–: *König Lear* VII 69; X 26ff., 35f.

–: *Die lustigen Weiber von Windsor* VI 36, 264

–: *Verlorene Liebesmüh'* VI 162

–: *Macbeth* II/III 272f.; IV 273, 275; VI 36; VII 42; IX 49; X 373ff.; XI 93, 411; XII 207, 265

–: *Othello* II/III 183; XIII 197

–: *Richard II.* IV 111

–: *Richard III.* IX 49; X 367ff., 379

–: *(Sonette)* XIV 549

–: *Sturm* IX 186f.

–: *Timon v. Athen* II/III 272

–: *Viel Lärm um nichts* VII 374f.

Shaw, G. B.: *Cäsar und Kleopatra* IV 170; XI 47f.

–: *Man and Superman. A Comedy and a philosophy* VIII 235

Siebeck, H.: ›Das Traumleben der Seele‹ (1877) II/III 633

Silberer, Herbert: ›Bericht über eine Methode, gewisse symbolische Halluzinationserscheinungen hervorzurufen und zu beobachten‹ (*Jb.* 1, 1909) II/III 52, 507ff., 641; IX 181

–: ›Zur Frage der Spermatozoenträume‹ (*Jb.* 4, 1912) II/III 641

–: ›Phantasie und Mythos‹ (*Jb.* 2, 1910) II/III 220, 641

Silberer, H.: Symbolik des Erwachens

—: ›Symbolik des Erwachens und Schwellensymbolik überhaupt‹ (*Jb.* 3, 1911) II/III 565, 641

—: ›Über die Symbolbildung‹ (*Jb.* 3, 1912) II/III 383, 528f., 641

—: ›Zur Symbolbildung‹ (*Jb.* 4, 1912) II/III 383, 528f.

Simmel, Ernst: *Kriegsneurosen und „Psychisches Trauma"* (München 1918) XII 321f., 336; XIII 9f., 103; XIV 47

Simon, M.: *Le monde des rêves* (Paris 1888) II/III 31, 36f., 139, 633

Smiraglia *s.* **Scognamiglio**

Smith, Robertson W.: *Kinship and Marriage* (London 1885) XIII 121

—: *Lectures on the Religion of the Semites* (2nd. ed., London 1907) IX 160ff., 172f., 177f., 183, 187, X 345; XIV 93f.; XVI 188, 239f.

Solmi, Edm.: ›La resurrezione dell'opera di Leonardo‹ (Sammelwerk *Leonardo da Vinci. Conferenze Fiorentine*, v. Emmi Hirchberg, Berlin 1908) VIII 132, 136, 140, 142f., 173, 175, 194

Somló *s.* **Pikler,** J. u. Somló

Sonnenstein: (Gutachten über Dr. Schreber) (1893) VIII 244f.

Sophokles: *Antigone* VI 31, 35, 44

—: *König Ödipus* I 566; II/III 267ff.; IV 197; VIII 50; IX 100; XI 342f.; XII 243; XIV 412

—: *Philoktet* XIII 329

Spencer, B. u. **Gillen,** H. J.: *The Native Tribes of Central Australia* (London 1891 bzw. 1899) IX 12, 138f., 141f., 148; XII 164

Spencer, H.: ›The Physiology of Laughter‹ (*Essays* II. Bd., 1901) VI 163f.

Sperber, Hans: ›Über den Einfluß sexueller Momente auf Entstehung u. Entwicklung d. Sprache‹ (*IM.* 1, 1912) II/III 357; VIII 404; XI 169f., 186

Spielrein, Sabina: ›Die Destruktion als Ursache des Werdens‹ (*Jb.* 4, 1912) XIII 59

—: ›Über den psychischen Inhalt eines Falles v. Schizophrenie usw.‹ (*Jb.* 3, 1911) VIII 317, 413

—: ›Traum vom „Pater Freudenreich"‹ (*IZ.* 1. 1913: 484) II/III 136, 641

Spitta, W.: *Die Schlaf- und Traumzustände der menschlichen Seele* (2. Aufl. Freiburg i. B. 1892) II/III 37, 49, 53, 58, 60f., 63, 66, 69f., 74, 76, 92, 94, 226, 517, 633

Spitteler, Carl: ›Meine frühesten Erlebnisse, I. Hilflos und sprachlos. Die Träume des Kindes‹ (*Südd. Monatschr.* 1913) II/III 166, 258, 641

Spitzer, Daniel: *Wiener Spaziergänge* IV 30; VI 32f., 40f.

Sprengel, C. P. S. *s.* **Böttinger**

Stannius, H.: *Nervensystem der Fische* II/III 417, 455

Stärcke, August: ›Ein Traum, der das Gegenteil einer Wunscherfüllung zu verwirklichen schien, zugleich ein Beispiel eines Traumes, der von einem anderen Traum gedeutet wird‹ (*ZeBl.* 2, 1911/12: 86) II/III 164, 641; VII 246; X 72

–: ›Traumbeispiele‹ (*IZ.* 2: 381) II/III 641

Stärcke, Johann: ›Neue Traumexperimente im Zusammenhang mit älteren und neueren Traumtheorien‹ (*Jb.* 5, 1913: 233) II/III 65, 138, 641; IV 100; X 72

–: ›De invloed van ons onbewuste in os dagelijksche leven‹ (Amsterdam 1916, deutsch: *IZ.* 4, 1916) IV 43ff., 156, 206, 209, 254ff., 261ff.

Stegmann, Marg.: ›Darstellung epileptischer Anfälle im Traume‹ (*IZ.* 1, 1913) II/III 641

–: ›Ein Vexiertraum‹ (*IZ.* 1, 1913: 486) II/III 641

Steiner, Maxim: *Die funktionelle Impotenz d. Mannes u. ihre Behandlung* (1907) VIII 79

–: *Die psychischen Störungen der männlichen Potenz* (Leipzig und Wien 1913) X 451ff.

Stekel, Wilhelm: (Übertragung) (*ZeBl.* 2: 26) VIII 364

–: ›Beiträge zur Traumdeutung‹ (*Jb.* 1, 1909) II/III 366, 641

–: (Homosexualität) VIII 169

–: ›Darstellung der Neurose im Traum‹ (*ZeBl.* 3, 1912/13: 26) II/III 642

–: (Onaniediskussion) VIII 335, 337f., 340, 342

–: ›Ein prophetischer Nummerntraum‹ (*ZeBl.* 2, 1911/12: 128ff.) II/III 642

–: ›Fortschritte der Traumdeutung‹ (*ZeBl.* 3, 1912/13: 154, 426) II/III 642

–: ›Koitus im Kindesalter‹ (*Wiener med. Blätter* 1896) I 444

–: („Matura-Traum") II/III 282

–: *Nervöse Angstzustände u. ihre Behandlung* (Wien-Berlin 1907, 2. Aufl. 1912) II/III 641; VII 349, 467f.; VIII 79

–: *Die Sprache des Traumes. Eine Darstellung der Symbolik u. Deutung des Traumes in ihren Beziehungen zur kranken und gesunden Seele f. Ärzte und Psychologen* (Wiesbaden 1911) II/III 355, 401, 415, 642, 699; VIII 451; XIII 168

–: *Der telepathische Traum* (Berlin o. J.) XIII 168

–: (Todesklausel i. Traum) II/III 402

–: (Traum im Traum) II/III 343

–: *Die Träume der Dichter* (Wiesbaden 1912) II/III 642

–: ›Unbewußte Geständnisse‹ (*Berliner Tageblatt,* 4. 1. 1904) IV 77ff.

–: (Verschreiben usw.) IV 133, 195

Sterne, Lawrence: *Tristram Shandy* IV 238

Stettenheim: *Wippchen* VI 242ff.

Stevenson, R. L.: *Across the plain (A Chapter on Dreams)* (1892) II/III 633

Storfer, A. J.: ›Namenvergessen zur Sicherung eines Vorsatzvergessens‹ (*IZ.* 2, 1914) IV 41f.

Bib 46   **Storfer,** A. J.: *Der politische Druckfehlerteufel*

–: ›Der politische Druckfehlerteufel‹ (*ZeBl.* 2, 1914 u. 3, 1915) IV 143

–: ›Zur Sonderstellung des Vatermordes‹ (*S.* 1911)

–: (Versprechen) IV 88 f., 106

Stricker, S.: *Studien über das Bewußtsein* (Wien 1879) II/III 77 f., 633

–: *Studien über die Assoziation der Vorstellungen* (Wien 1883) II/III 633

Strindberg: *Die gotischen Zimmer* IV 236

Strümpell, L.: *Die Natur u. Entstehung der Träume* (Leipzig 1877) II/III 7, 16, 19, 21, 23 f., 30 f., 41, 46 ff., 53, 56 f., 60 f., 170, 188, 227 f., 232, 240, 463, 633

–: *Die pädagogische Pathologie* (1899) V 74

Stryk, M. v.: ›Der Traum und die Wirklichkeit‹ (*Baltische Monatsschrift* 1899: 385; nach C. Mélinaud) II/III 633

Stucken, E.: *Astralmythen d. Hebräer, Babylonier u. Ägypter* (Leipzig 1907) X 25

Stumpf, E. J. G.: *Der Traum und seine Deutung* (Leipzig 1899) II/III 104, 633

Suetonius: *Kaiserbiographien* VIII 287

Sully, J.: ›Dreams‹ (*Encyclopaedia Britannica* 9. Aufl.) II/III 634

–: ›The Dreams as a Revelation‹ (*Fortnightly Rev.* 1893) II/III 140 f., 634

–: Étude sur les rêves‹ (*Revue scient.* 1822: 385) II/III 633

–: *Human Mind* (London 1892) II/III 634

–: *Les illusions des sens et de l'esprit* (Deutsch: *Die Illusionen, eine psychol. Unters.*, Leipzig 1884) II/III 634

–: ›Laws of Dream Fancy‹ (*Cornhill Mag.* 50: 540) II/III 633

–: *Untersuchungen ü. d. Kindheit* (1897) V 74

Summers, T. O.: ›The Physiology of Dreaming‹ (*Saint-Louis, clin.* 1895, 8: 401 ff.) II/III 634

Surbled: *Le rêve* (2ième éd., 1898) II/III 634

–: ›Origine des rêves‹ (*Revue de quest. scient.* 1895) II/III 634

Suworin: (Artikel i. d. *Nowoje Wremja*, 1881, zitiert v. René Fülöp-Miller, Dostojewski am Roulette: 45) XIV 404

Swift, J.: *Gullivers Reisen* II/III 32, 472; XIV 449

Swoboda, Hermann (*s. a.* Schrötter): *Die Perioden des menschlichen Organismus* (Wien u. Leipzig 1904) II/III 98 f., 172, 642

Synesius: *Oneiromantik* (deutsch v. Krauss, Wien 1888) II/III 634

Talmud: IX 183

Tannery, M. P.: ›Sur l'activité de l'esprit dans le rêve‹ (*RPhi.* 19, 1894: 639 ff.) II/III 634

–: ›Sur la mémoire dans le rêve (*RPhi.* 45, 1898) II/III 634

—: ›Sur la parmanésie dans les rêves‹ (*RPhi.* 1898) II/III 634
—: ›Sur les rêves des mathématiciens‹ (*RPhi.* 1, 1898: 639) II/III 634

Tarnowsky: (Referat beim XIII. Internat. Medizin. Kongreß Paris 1900) v 179

Taruffi: *Hermaphroditismus u. Zeugungsunfähigkeit* (Deutsche Ausgabe v. R. Teuschner, 1903) v 40

Tasso, T.: *La Gerusalemme Liberata* (*Das befreite Jerusalem*) XII 118; XIII 21

Tausk, V.: ›Zur Psychopathologie d. Alltagslebens‹ (*IZ.* 4, 1916/17) IV 102f., 252f.

—: ›Ein Zahlentraum‹ (*IZ.* 2: 39) II/III 642

—: ›Entwertung des Verdrängungsmotivs durch Rekompense‹ (*IZ.* 1, 1913) IV 300; X 443

—: ›Kleider und Farben im Dienste der Traumdarstellung‹ (*IZ.* 2, 1914) II/III 415f.

—: ›Zur Psychologie der Kindersexualität‹ (*IZ.* 1, 1913: 444) II/III 309, 642

—: ›Zwei homosexuelle Träume‹ (*IZ.* 2: 36) II/III 642

Tennyson: *Fifteen Years Ago* II/III 217

Tfinkdji, Joseph (Abbé): ›Essai sur les songes et l'art de les interprètes (onirocritie) en Mésopotamie‹ (*Anthropos* 8, 1913) II/III 4, 103, 642

Thiers: *Konsulat und Kaiserreich* II/III 203

Thièry, A.: ›Aristote et Psychologie physiologique du rêve‹ (*Revue név. scol.* 3, 1896: 260f.) II/III 634

Thode, Henry: *Michelangelo, Kritische Untersuchungen über seine Werke* (1908) X 174ff., 182ff., 193

Thomas, Northcote W.: ›Taboo‹ (*Encyclopaedia Britannica* 11. Aufl. 1910–11) IX 27ff.

Thomayer, S.: ›Beiträge z. Pathologie der Träume‹ (tschechisch, *Poliklinik der tschechischen Universität in Prag* 1897) II/III 93, 634

—: ›Sur la signification de quelques rêves‹ (*Revue neurol.* 4, 1897) II/III 93, 634

Tissié, Ph.: *Les rêves, physiologie et pathologie* (1898) II/III 634

—: ›Les rêves; rêves pathogènes et thérapeutiques; rêves photographiés‹ (*Journal de méd. de Bordeaux* 26, 1896) II/III 634

Titchener: ›Taste Dreams‹ (*AJP.* 6, 1893) II/III 634

Tobowolska, Justine: ›Étude sur les illusions de temps dans les rêves du sommeil normal‹ (*Thèse de Paris,* 1900) II/III 68, 502f., 506f., 642

Tobowolska, Justine u. Leroy, Bernhard (*s. a.* Leroy, B.) II/III 506f.

Tollhausen: *Spanisches Wörterbuch* (1889) XII 232

Tonnini: ›Suggestione e sogni‹ (*Arch. di psichiatr. antrop. crim.* 3, 1887) II/III 634

Tonsor, J. Heinrich: *Disp. de vigilia, somno et somniis* (Prop. Lucas. Marpurgi 1627) II/III 634

Toulouse, E.: *Emile Zola, Enquête médico- psychologique* (Paris 1896) XI 268

Traum bzw. **Irre:** (Artikel in der *Allgemeinen Enzyklopädie der Wissenschaft und Künste* von Ersch und Gruber) II/III 74, 634

Traumbuch *s.* **Apomasaris**

Trophaeum Mariano-Cellense *s.* **P. A. E.**

Trotter, W.: *Instincts of the Herd in Peace and War* (London 1916) XIII 94, 130ff., 147

Trumbull *s.* **Ladd**

Tuke, Hack: ›Dreaming‹ (in *Dict. of Psychol. Med.* 1892) II/III 634

–: *On imperative ideas* (Brain 1894) I 345

Turgenjew: *Rauch* IV 94

–: *Väter und Söhne* IV 94

Twain, Mark: *The First Melon I ever Stole* XIV 485f.

Tylor, E. B.: II/III 2; IX 20f.

–: *Primitive Culture* (I. Bd., 4. Aufl. 1903) IX 93f., 96, 98, 103

Uhland: *Der Waller* IV 282

–: *Graf Eberstein* II/III 359

–: *König Karls Meerfahrt* XI 201

Ullrich, M. W.: *Der Schlaf und das Traumleben, Geisteskraft und Geistesschwäche* (3. Aufl., Berlin 1897) II/III 634

Unger, F.: *Die Magie des Traumes als Unsterblichkeitsbeweis* (Nebst. Vorw. Okkultismus u. Sozialismus von C. du Prel, 2. Aufl., Münster 1898) II/III 634

Upanishaden: (*s. a.* Deussen) XIII 63

Utility of Dreams: (Edit. J. Comp. Neurol., Granville 1893, 3: 17ff.) II/III 634

Überhorst, K.: *Das Komische* (1900) VI 73

Vaihinger, H.: *Die Philosophie des Als ob* (z. u. 8. Aufl., 1922) XIV 351

Varendonck, J.: *Über das vorbewußte phantasierende Denken* (Engl. Ausgabe: The Psychology of Day-Dreams, London 1927) XIII 248, 439f.

Vasari: *Vite* 83 (übersetzt von Schorn, 1843) XIII 129, 133, 180, 182, 196, 199, 201, 205

Vaschide, N.: *Le sommeil et les rêves* (Paris 1911) II/III 642

–: ›Recherches experim. sur les rêves‹ (*Comptes rendus de l'acad. des sciences,* 1899) II/III 634

Vaschide, N. u. Piéron: *La psychologie du rêve au point de vue médical* (Paris 1902) II/III 642

Veber, Jean: *Das unanständige Albion* (1903) x 399

Veda xiii 63

Vespa, B.: ›I sogni nei neuro-psicopatici‹ *(Bull. Soc. Lancisiana,* Roma 1897) ii/iii 92, 634

Vignoli: ›Von den Träumen, Illusionen und Halluzinationen‹ *(Intern. wiss. Bibl.* Bd. 47) ii/iii 634

Vischer, F. Th.: *Auch Einer* iv 188; v 25

–: *Faustparodie* v 15

–: ›Studien über den Traum‹ *(Beilage z. Allg. Ztg.* 1876, Nr. 105–07) ii/iii 634

–: *Die Tücke des Objekts* iv 155

–: (Witz) vi 5, 7f., 31, 98, 265

Vogt, R.: *Psykiatriens grundtraek* (Christiania 1907) x 73

Vold, J. Mourly: ›Einige Experimente über Gesichtsbilder im Traume‹. Dritter internationaler Kongreß für Psychologie in München *(Ztschr. f. Psychol. u. Physiologie der Sinnesorgane* 13, 1897: 66ff.) ii/iii 634f.

–: ›Experiences sur les rêves et en particulier sur ceux d'origine musculaire et optique‹ *(RPhi.* 42, 1896) ii/iii 635

–: *Über den Traum. Experimental-psychologische Untersuchungen* (Hrsg. O. Klemm, Leipzig 1910, 2. Aufl. 1912) ii/iii 41f., 228, 399; viii 198; xi 83, 88, 156f., 245

Volkelt, J.: *Die Traum-Phantasie* (Stuttgart 1875) ii/iii 16, 27, 39, 44, 58, 62, 69, 75, 87, 89ff., 139f., 230ff., 351

Voltaire: *Candide* xiv 432f., 438

Volz, Paul: *Mose* (Tübingen 1907) xvi 154

Vykoukal, F. V.: *Über Träume u. Traumdeutungen* (tschechisch, Prag 1898) ii/iii 635

Wagner, Richard: *Tannhäuser* ii/iii 297

–: *(Tannhäuserparodie)* xi 332

–: *Tristan u. Isolde* viii 307

Wagner, Dr. R.: (Artikel) *(ZeBl.* 1, 1911) iv 139f.

Wallace, Lewis: *Ben Hur* iv 49

Weber, C. M. v.: *Der Freischütz* ii/iii 289, 422; xiii 279

Weber (Dr.): *Gutachten über Dr. Schreber* (1899) viii 245ff., 271, 274

Wedekind: *Die Zensur* iv 264

Wedel, R.: ›Untersuchung ausländischer Gelehrter über gew. Traumphänomene‹ *(Beitr. z. Grenzwiss.* 1899: 24–77) ii/iii 635

Weed, Sarah, Hallam, F. u. Phinney: ›A Study of the Dream-Consciousness‹ *(AJP.* 7, 1895: 405ff.) ii/iii 19, 140, 170, 635

Wehr, Hans: ›Das Unbewußte im menschlichen Denken‹ (*Programm der Oberrealschule zu Klagenfurt* 1887) II/III 635

Weigall, A.: *The Life and Times of Ikhnaton* (1923) XVI 122f.

Weil, Alex.: *La philosophie du rêve* (Paris) II/III 635

Weininger, O.: *Geschlecht u. Charakter* (1903) V 43; VII 271

Weismann: *Über die Dauer des Lebens* (1882) XIII 48

–: *Das Keimplasma* (1892) XIII 48, 61

–: *Über Leben u. Tod* (1892) XIII 48f.

Weiss, Edoardo: *Elementi di Psicoanalisi* (Milano 1931) XIV 573

–: ›Totemmaterial im Traume‹ (*IZ.* 2: 159) II/III 642

Weiss, Karl: (Artikel) (*IZ.* 1, 1913) IV 236f., 257f.

–: ›Ein Pollutionstraum‹ (*IZ.* 6: 343) II/III 642

Wendt, K.: *Kriemhilds Traum* (Diss. Rostock 1858) II/III 635

Wernicke-Lichtheim, C.: *Grundriß d. Psychiatrie* (Leipzig 1900) I 466, 472f.; V 214; XIV 42

Wertheimer, M. u. Klein, J.: *Tatbestandsdiagnostik* IV 283; VII 6

Westermarck, B.: *Geschichte der menschlichen Ehe* (2. Aufl. 1902) IX 12, 74f.

–: *Ursprung u. Entwicklung der Moralbegriffe* (Bd. 2, Die Ehe, 1909) IX 148f.

Weygandt, W.: ›Beitr. z. Psychologie des Träumens‹ (*Philos. Stud.* 20, 1902: 456ff.) II/III 642

–: ›Entstehung der Träume‹ (Leipzig 1893) II/III 635

Whiton s. **Calkins**

Wiggam, A.: ›A Contribution to the Data of Dream Psychology‹ (*Pedagogical Seminary* 1909) II/III 136, 642

Wilde, O.: *Der Geist von Canterville* XII 267f.

Wilks, S.: ›On the Nature of Dreams‹ (*Med. Mag.* 2, 1893/94: 597ff.) II/III 635

Williams, H. S.: ›The Dream State and its Psychic Correlatives‹ (*AJI.* 17, 1891/92: 445ff.) II/III 635

Wilson, P.: ›The Imperceptible Obvious‹ (*Revista de Psiquiatria*, 1922) IV 18

Winterstein, Alfr. v.: ›Zum Thema: „Lenkbare Träume"‹ (*ZeBl.* 2, 1911/12: 290) II/III 8, 642

Woodworth: ›Note on the Rapidity of Dreams‹ (*PslR.* 4, 1897) II/III 635

Wulff, M.: ›Beiträge zur infantilen Sexualität‹ (*ZeBl.* 2, 1912) IX 155f.

–: ›Ein interessanter Zusammenhang von Traum, Symbolhandlung und Krankheitssymptom‹ (*IZ.* 1, 1913) II/III 642

Wundt, W.: *Grundzüge der physiologischen Psychologie* (2. Aufl. 1880) II/III, 30, 32, 43f., 60ff., 89, 94, 227f., 240, 635; IV 68f., 91, 145f.

Völkerpsychologie Bd. II, Mythos u. Religion (1906 bzw. 1912) IX 3, 8, 27, 32ff., 74, 82, 93ff., 112f., 123, 129f., 145; XI 83, 107

X (*s. a.* Anonymus): ›Ce qu'on peut rêver en cinq secondes‹ (*Rev. sc.* 1886) II/III 635

Yahuda, A. S.: *Die Sprache des Pentateuch in ihren Beziehungen zum Ägyptischen* (1929) XVI 138, 143

Zeller, A.: ›Irre‹ (Ersch u. Grubers *Allg. Enzyklopädie d. Wissenschaft*) II/III 74

Ziegler, K.: ›Menschen und Weltenwerden‹ (*Neue Jahrbücher f. d. klass. Altertum*, 31, 1913) XIII 63

Zinzow, A.: *Psyche und Eros* (Halle 1881) X 35

Zola, E.: *Germinal* II/III 219

–: *La joie de vivre* V 141

–: *La terre* II/III 219, 222

–: *L'oeuvre* II/III 306

Zucarelli: ›Pollutions nocturnes et épilepsie‹ (*Bull. de la Soc. de méd. ment. de Belgique*, 1895) II/III 635

Zweifel, J. u. Monstier, M.: *Voyage aux sources du Niger* (1880) IX 63

Zweig, Stefan: *Drei Meister* (1926) XIV 401, 415

–: ›Vierundzwanzig Stunden aus dem Leben einer Frau‹ (›*Die Verwirrung der Gefühle*‹, Leipzig 1927) XIV 415ff.

NAMEN- UND AUTORENREGISTER

Vorbemerkung:

Das Namen- und Autorenregister einerseits und das Bibliographische Register andererseits enthalten notwendig einige übereinstimmende Eintragungen. Der Unterschied besteht im wesentlichen darin, daß im Namen- und Autorenregister, im Gegensatz zum Bibliographischen Register, nicht nur Autoren, sondern auch andere Namen, etwa mythischer Gestalten usw., erscheinen, während Werktitel der Autoren nicht angegeben sind.
Titel von Dichtungen, Zeitschriften usw., Bezeichnungen von Kunstwerken und Namen von Akademien, Gesellschaften usw. sind kursiv gesetzt.
Wenn ein Name nur aus dem Zusammenhang erschlossen werden kann, ohne daß er genannt wird, so ist die betreffende Seitenangabe im Register in eckige Klammern gesetzt.

Aaron, XVI 132

Abel, K., II/III 323, [674]; VIII *215–21*, 404; IX 84; XI 182, 236; XIII 423

Abraham a Santa Clara, VI 30, 46

Abraham, Karl, II/III 356, 407; IV 92, 166; V 99f.; VII 334; VIII 275, 302, 307, 313, 396, 413f.; IX 72, 155; X 56, 74, 76f., 87, 89, 106, 139, 294, 428; XI 339, 430; XII 321, 323, 336; XIII 9, 116, 149, 223, 275, 302, 307, 421; XIV 30, 80, 87, 290, 535, *564*; XV 105, 107; XVI 267

Nachruf f., XIV 564

Academia Vinciana, VIII 201

Achilleus (*s. a.* Diomedes), X 348

Adam, Benennungsmythus d., I 23

Adam Bede, II/III 296

Addison, Morbus –i, V 158

Adler, Alfred, II/III 401f., 585; IV 272–77; VII 5f., 371, 386; VIII 277; X 79, 86f., 90, 94–108, 110–12, 159f., 166, 311; XI 244, 395, 421; XII 29, 82, 137, 145, 175, 222f.; XIII 224, 338, 417f.; XIV 25, 77, 79f., 182, 293, 306; XV 151–53; XVI 97

Abfallsbewegung, X 102f.

Persönlichkeit, X 94f.

Theorien

‚Freie Psychoanalyse‘, X 95f.

‚Individualpsychologie‘, X 94–102 (95f.), 159f.; XIV 293; XV 151–53

Kritik d., X 94–106

Kultur, X 101

Lehren v. d. Sexualität, XIV 236

‚Männlicher Protest‘, X 159f.; XIII 224, 417f.

Organminderwertigkeit, X 94, 100

sekundäre Bearbeitung i. d., X 96

Traum, X 101f.

Übersehen d. Kastrationskomplexes, XIV 25

Adonai (*s. a.* Aton; Jahve), XVI 123, 139f.

Na 2 Adonis

Adonis, IX 183f.; XVI 123

Agamemnon, VI 101; XI 32, 66

Agathe (i. *Der Freischütz*), II/III 422

Ah-Mose, XVI 105

Ahnfrau, Die, II/III 269

Ahriman u. Ormuzd
  bei Schreber *s. i.* Reg. d. Krankengesch.: Namenverzeichnis, Schreber

Aichhorn, August, XIV 490, 565–67

Albertus Magnus, II/III 547

Alexander (Freuds Bruder) (*s. a. i.*
  Biogr. Register: Familie), II/III 305; IV 119–21; XVI 251, 256

Alexander (der Große), IV 119–21; XI 11; XV 108; XVI 175
  Geburt d., u. Herostrat, XV 108f.
  vor Tyros, II/III 103f., 619; XI 82, 243
  Vorlesung ü., XI 11
  i. Witz, VI 21

Alexander, Franz, VII 246; XIV 490, 498; XV 27

Alkibiades, VII 456

Allah, XVI 199

Allen, Grant, IX 74

Allison, A., II/III 93

Almoli, S., II/III 4

Ambrosius, hl., IV 238

Amenhotep IV. (*s. a.* Ikhnaton), XVI 118f., 121, 218; XVII 32

American Journal of Psychology, X 45

Aminianus Marcellus, VIII 157

Amon-Re (*s. a.* Ra), XVI 116, 121

Amonreligion, XVI 121–23
  u. Christentum, XVI 195

Amram, Nathan, II/III 4

Ananke *s. i.* Haupt-Reg.

Anat-Jahu, XIV 166

Anaximander, IX 185

Andersen, II/III 248f.; XII 260
  Des Kaisers neue Kleider, II/III 248f.

Andrassy (Graf), VI 237

Andreas-Salomé, Lou, IV 186; V 88; X 409; XI 325; XV 108; XVI 270

Angelico da Fiesole (Fra), I 521

Anna, Hl., Selbdritt
  v. Leonardo, VIII 140f., 181, *183–89*; XIV 91
  als Traumgestalt, VIII 186
  v. verschiedenen anderen Meistern, VIII 184
  Vexierbild d. Geiers i., VIII 187f.

Anna, O. *s. i.* Reg. d. Krankengesch.: Andere Autoren, (Breuer)

Anthropophyteia (*s. a.* Krauss, Friedrich S.), VII 434; XI 164; XIV 466
  Brief ü., VIII 224f.
  Geleitwort z., X 453–55

Antigone, VI 31, 35, 44

Anzengruber, IV 96; VII 220; X 351; XII 177f.

Apepi, IX 98f.

Aphrodite, VIII 164; IX 184
  Schweigen d., X 28f.
  als Todesgöttin, X 34
  u. Wahl d. Paris, X 27f., 33

Apokrypha s. Judith

Apollo, II/III 36, 436; VII 95

Apollokerzen, II/III 193f.

Apulejus, X 27, 33, 35

Archimedes, II/III 173f.; XV 187

Arduin, V 43

Ariadne, XV 26

Ariel (s. a. Shakespeare), IX 186f.

Ariman, VIII 270, 279f., 290

Ariosto, VII 213

Aristandros, ‚Sa Tyros' d., II/III 103f., 619; XI 82, 243

Aristarch von Samos, XII 7; XV 187

Aristophanes, XIII 62

Aristoteles, II/III 2f., 36, 102, 324, 455; VI 136; X 426; XI 84; XIV 73

    Eignung z. Traumdeuter, II/III 102, 324; XV 16

    Traumdefinition, II/III 548, 555; XIV 548

Armada, II/III 219

Arpad s. i. Reg. d. Krankengesch.: Andere Autoren, (Ferenczi)

Arria, IV 75f.; XI 11

Artabanos, II/III 8

Artemi(dor)us aus Daldis, hl., II/III 3f., *102f.*, 333, 359, 612, 699; VIII 76, 361; XI 82, 243

    Traumsymbolik, II/III 102f., 699

    ü. Umkehrung, II/III 333

Artemis s. Diana

Artigues, II/III 36

Artimitoros, hl., VIII 361

Aschaffenburg, VIII 372

Aschenputtel, X 27, 29, 35

Asra (s. a. Heine), X 343

Assisi, Franziskus, hl., v., XIV 461

Astruc, XVI 142

Athene (Pallas), II/III 193f.; VIII 163; XIII 296; XVI 147

    Geburt d., VII 449, 450; VIII 294

    u. Medusenhaupt, XVII 47f.

    als Muttergottheit, XVI 147

Atkinson, J. J., IX 153, 172; X 346; XVI 186, 239

Atman, XIII 63

Aton, XVI 119–24, 130, 135, 152, 161, 166, 174, 220

    Name d., XVI 123f.

Atonreligion, XVI 119–22, 130, 152, 161f.

    Bilderverbot, XVI 220

    u. Christentum, XVI 194f.

    Gerechtigkeit, XVI 116, 119, 152f., 162, 167

    d. Juden, XVI 123–26, 151f., 167, 169, 174, 218

    On [Heliopolis], Stammsitz d., XVI 116, 119, 148, 161, 163

    Pazifismus, XVI 166

Atrid(e) (s. a. Agamemnon) (i. Witz), II/III 422

Atropos, X 31, 33

Attis, IX 183f.

Auer v. Welsbach, II/III 665

Auerbach, XVI 142f., 166

Augiasstall, II/III 472–74; VI 243

Avebury, (Lord) s. Lubbock, John, Sir

Azam, VIII 434f.

Äschylos, XVI 221

Äskulap, II/III 36

Äsop, VIII 460

Baal(im), XVI 174

Bacchus, II/III 406

Bachofen, IX 174

Back, George, II/III 136f.; XI 132f.

Bacon, Francis, VIII 131; IX 102

Baedeker, XIV 123

Baginsky, A., XIV 38

Bain, A., VI 164, 228; VIII 219

Baldwin, v 74
Balzac, x 352
Bamberger, xiv 39
Banchieri, ii/iii 136
Bandelli, viii 132
Banquo, vi 36
Bárczy, Stephan, xii 333; xiii 435
Barteis, M. (u. Ploss, H. H.), xii 163, 165, 175
Basedowsche Krankheit, ii/iii 276–80, 561; v 158; xiv 50
Bassanio (i. Shakespeares *Kaufmann v. Venedig*), x 31
Bastian, A., ix 58f., 61
Baubo, x 399
Baudissin, Eva (Gräfin), vii 124
Bazzi (Sodoma), viii 172
Bayer, H., v 77
Beard, G. M., i 413, 417; vii 147
Beardsche Neurasthenie, i 315, 409, 413
Beaumarchais (*s. a.* Figaro), ii/iii 214, 436
Bechterew, ii/iii 304
Bede, Adam, ii/iii 296
Beecher-Stowe, Harriet
Onkel Toms Hütte, xii 198
Beethoven, L. van *s.* Fidelio
Bell, J., Sanford, v 74, 94; viii 44
Bellsche Krankheit, i 40
Bellow, xii 232
Benedikt, M., i 86; ii/iii 495
Benediktus, hl., iv 15
Benini, ii/iii 48, 75
Bennett, xv 52
Bergmann, iv 176f.

Bergson, Henri, vi 215, 238f., 253f., 257, 268
Berkeley, ix 110
Bernard, Claude, ii/iii 527
Bernard-Leroy *s.* Leroy
Bernfeld, S., xiv 95
Bernheim, i 34, 121, 130, 157, 165, 167, 267f., 480, 488; ii/iii 153; iv 169; v 15; vii 337; viii 19, 21, 431; x 47, 448; xi 100f., 108, 286, 464, 466f.; xiii 96f., 143, 406; xiv 41, 45, 52; vi 261; xvii 146
Bernstein, I., (u. Segel, B. W.), ii/iii 137
Bes, xvi 116
Betlheim, S., ii/iii 389; xv 23
Bianchieri, F., ii/iii 136
Bianchini, Levi, x 73
Bibel (*s. a.* Dekalog; Deuteronomium; Evangelien; Hexateuch; Neues Testament; Paulus; Pentateuch; Philippsonsche Bibel), ii/iii 589
Bibliothèque Rose, xii 198
Binet, A., i 85, 91; v 53f., 71; vii 73; viii 94; xi 361; xii 200
Binswanger, vii 147; x 74
Binz, C., ii/iii 20, 59, 80f., 91, 646; xi 82
Biran, Maine de, ii/iii 94
Bismarck, ii/iii 383–87; viii 256
Traum d., ii/iii 383–87
Bjerre, Paul, x 73
Blasel (Schauspieler), ii/iii 416
Blériot, xv 192
Bleuler, E., ii/iii 52, 136, 356; iv 17, 28, 122f., 280, 283, 294; v 74, 90, 99; vi 199; vii 4f., 80, 455; viii 30, 45, 232, 298, 312, 372, 455; ix 39; x 65–69,

74, 81–83, 85, 87, 139, 224, 297f.; XI 107, 443; XII 215; XIII 74, 202, 223, 416f., 421, 439, 445; XIV 75, 77, 87, 305, 466

Bloch, Iwan, V 33, 38, 50, 211; XI 317; XIV 466

B'nai B'rith, XVII 51–53

Boabdil (König), XVI 255

Boas, Franz, IX 74, 144

Boileau, IV 112

Boito, C., X 176

Boltraffio, G., I 521–25; IV 6f., 32; VIII 172, 173

Bonaparte, Marie, XVI 276

Bonatelli, F., II/III 48

Bonjour, Casimir, II/III 502

Borgia, Cesare, VIII 135

Borgia, Lucretia, II/III 223

Botazzi, F., VIII 135, 140

Botticelli, I 521–25; IV 6, 32, 63f.

Bouché-Leclerc, Hermann, II/III 36

Bourget, Paul, II/III 131

Bourke, John Gregory, X *453–55*

Böcklin, II/III 171; VIII 89

Böhme, Jakob, VI 93

Bölsche, Wilhelm, XI 368

Börne, Ludwig, XII 311f.

Börner, II/III 37

Böttinger, II/III 36

Brandes, G., II/III 272; X 25

Brantôme, IV 89

Braun, Ludwig, XVII 50

Breasted, F. H., XVI 104f., 118, 120, 122, 152

Brentano, Bettina, XII 21

Brentano, Fr., VI 31f.

Breuer, J., I 5, 12, 34, 54, 60,, 64f., 99, 106, 119, 130f., 134, 149, 160, 247, 251, 257, 263, 265, 288f., 292, 351, 379, 392, 395, 416, 427–30, 435, 458, 475f., 512f.; II/III 104f.; IV 96; V 3f., 13, 16, 62, 64, 151, 182, 185; VII 3, 390; VIII 3–6, 8–10, 12–18, 21, 23f., 42, 390, 432; X 44–51, 55, 58, 126, 272, 286f.; XI 79, 264, 277, 283, 284, 288f., 302f., 467; XII 225, 325; XIII 10, 24, 26, 31, 36, 211, 407, 409, 413; XIV 43–48, 51, 100, 104, 299f., 305, *562f.*; XVI 261–63; XVII 3, 4, 7f., 81, 117, 191

Alkoven, ‚Geheimnisse d. -s', X 5

Analyse d. Frau Emmy v. N. s. i. Reg. d. Krankengesch.: Namenverzeichnis, Frau Emmy v. N.

Anna O., Analyse d. s. i. Reg. d. Krankengesch.: Andere Autoren, (Breuer), Anna. O.

bewertung seiner Methode, VIII 24

bewußtseinsunfähige Denkvorgänge, I 458

Brief Freuds an, XVII 5f.

Einstellung z. Traumen u. Konversionstheorie, X 46

erste Differenz zwischen Freud u., X 48

u. Freud, v. Patientin verglichen, I 251

Gedenkworte Freuds ü., XIV 562f.

Lehrer v. Freud, I 265, 435

Mitarbeiter

a. d. Theorie d. Besetzungsenergie, XIII 26

a. d. Theorie d. Hysterie, I 65, 512f.; II/III 104f.; XIII 10, 26

Z. Theorie d. hysterischen Anfalles, XVII 8–13

Rolle i. d. psychoanalytischen Bewegung, X *44–51*
Sexualität, Abneigung d. Thema — gegenüber, I 435
sexuelle Ätiologie, Idee d., nicht fremd v., X 51
Theorie d. hypnoiden Zustände, X 48
Trennung v. Freud, X 49
‚untoward event' bei, X 49
Übertragung bei Patientin v., X 49
i. d. ‚Vorläufigen Mitteilung', I 247, 253
Vorrede (als Mitverfasser) zu. ‚Studien ü. Hysterie', I 77f.
Breuersche Methode, I 395, 430, 458, 475f., 513
Hypnose, I 99, 512
kathartische (*s. a.* i. Haupt-Reg.: Psychotherapie, voranalytische), I 64
Breughel, P., XI 315
Brill, A. A., II/III xii, 104; IV 98–100, 113, 134f., 139, 157f., 175, 249; VI 20, 31; VIII 3, 11, 393, 396; X 70f., 88; XI 46, 49; XIV 33, 80, 307, 570

Psychoanalysis, XIV 307

Broca, I 472
Brouardel, X 51, 453
Brown, W., IX 55
Brugeilles, XIII 96
Brugnolus, II/III 13
Bruno, Giordano, VIII 302
Brunswick, Ruth Mack, XIV 519, 531; XV 140; XVI 61
Brutus, II/III 426f., 487; VII 404
Bruun, Laurids, IV 40
Brücke, Ernst v., II/III 212f., 424–26, 455–58, 481, 485f., 488; XI 352; XIV 35–37, 43, 290

Burckhardt, Jacob, IV 129f., 152, 304; VIII 128; X 178
Burdach, II/III 6f., 53, 55f., 82, 86, 228f., 693
Traum u. Wachleben, II/III 6f.
Weckreize, II/III 693
Burlingham, Dorothy, XV 60
Burlington Magazine, XIV 321
Busch, Wilhelm, VII 252; X 148f.
Fromme Helene, XIV 432
Venus v. Medici (Vergreifen), IV 187
Buschan, G., XVI 3
Busemann, A., II/III 136
Butler (Oberst) (i. *Wallenstein*), VI 252
Buzareingues, II/III 26
Büchsenschütz, II/III 2, 137f.
Bülow (Fürst), IV 105f.
‚Bürgerministerium', i. Österreich, II/III 198f.
Byron (Lord), VIII 257, 279, 280

Cabanis, P. S. G., II/III 94
Caesar, C. Julius, II/III 487; VII 404; VIII 287; XIV 242f.
als (Heer)führer, XIII 103
ödipaler Traum d., II/III 403
Perversionen d., VII 194f.
Shakespeares, IV 130, 426–28; XII 265
G. B. Shaws, XI 47f.
Cain
Byrons, VIII 280
i. Mordphantasie *s.* i Haupt-Reg.: Mordimpuls
Cajal, Ramón y, J., I 40

Calkins, M. Whiton, II/III 20, 22, 46, 226; XIII 51

Callot, Jacques, II/III 430

Candide, XIV 433

Capelle, Wilhelm, XVI 91

Careña, Thomas, II/III 73

Cartesius, Traum d. s. Descartes

Catarina, Leonardo da Vincis Mutter, VIII 149, 159f., 175f., 183f., 185–87, 191, 204

  Leichenkosten d., VIII 175–77, 191

Cäsare, römische, Perversion u. Phantasie d., VII 194f.

Cäsarion, XI 48

Ceres, VII 35

Cervantes (s. a. Don Quijote), IV 201; IX 65; XIII 442

Cesare Borgia, VIII 135

Chabaneix, P., II/III 46, 68

Chairen, X 31

Chamisso, XVI 105

Champollion, François, VIII 156

Charcot, I 4, 14, 19–35, 39, 47, 150, 195, 257, 420, 429, 475, 488, 557; IV 55f., 166; V 151, 198f., 278; VII 81; VIII 17, 94, 390, 399; X 46, 50, 55, 60, 258, 453; XI 146; XIII 317, 407, 446; XIV 36–39, 44, 48, 100, 299, 563; XVI 261

  Adam (Mythus d.,) verglichen mit, I 23

  Arbeitsweise, I 22f., 28

  ‚Familie névropathique' Theorie d., I 33f.

  ü. ‚große Hysterie', I 93–98

  ü. Heredität, I 426

  ü. Hysterie, I 30–34

  ‚Hystérique d'occassion', I 4

  ü. hysterischen Anfall, I 93

  ü. hysterische Lähmung, I 49f., 54f., 480; X 51

  Leçons du Mardi, I 14

  ü. Lokalisation d. Nervenkrankheiten, I 25

  Nachruf f., I 21–35, 475

  Neuropathologie, I 24–27

  ‚offizielles Bewußtsein', I 129

  ü. organische Nervenkrankheiten, I 24f., 30, 47

  ü. Sexualität, I 435; X 51

  sexuelle Ätiologie, Idee d., nicht fremd v., X 51

  Theorie d. Ätiologie d. Neurosen [Hysterie], I 407, 409

  Tic convulsif, I 15

  ‚Zeit d. psychischen Ausarbeitung', I 195

  Zitate, I 24, 196; V 278; X 258; XI 146; XIV 38

Chariten, X 31

Charles I. (König), IX 54

Charybdis s. Scylla

Chaucer, II/III 140

Chevalier, J., V 40, 42

Christoph, hl., XIII 97

Christus s. Jesus Christus

Chroback, X 50, 52; XIV 48

Cicero, II/III 9, 58

Cincinnatus, VI 26

Cinna, IV 130

Claparède, Ed., II/III 55

Clark University, X 70; XIII 417

Cléo (de Mérode (?)), VI 19

Clementi s. Moscheles

Codrington, R. H., IX 16

Colin, V 59

Colonna, Vittoria, VIII 137

Columbus, x 85
Condivi, x 193
Conferenze fiorentine, VIII 180f.
Conti, Angelo, VIII 180
Coppelius [Coppola] (*s. a.* Hoffmann, E. T. A.) XII 239–42, 244
Cordelia, x 26, 28f., 33, 35, 36
   Unheimlichkeit i., x 35
Coriat, J., II/III 391
Correggio, IV 76
Crassus (Triumvir), II/III 576
Crawley, IX 20; XII 163, 167, 169
Cromwell, Oliver (Vorname v. Freuds zweitem Sohn), II/III 450
Curie, Pierre, XV 187
Cuvier, I 23
Czeszer, L., IV 81–83

Dahn, Felix, II/III 222
Daly, C. D., XIV 459
Dante, II/III 478; VIII 191; XII 265
Danton, II/III 501
Darmstetter, J., x 378, 380
Darwin, Charles, I 147, 251; IV 164; VI 164; IX 151–53, 171f.; X 85, 346; XI 72, 295, 413; XII 8; XIII 61, 136; XIV 34, 93, 109; XV 187; XVI 170, 186, 239
   Ableitung d. Erregung durch Bewegung, I 147
   Ausdruck d. Gemütsbewegungen, I 251
   ‚goldene Regel' d., XI 72
   Lehren, später verfolgt, XIV 362
Dattner, B., II/III 370f., 408, 420; IV 141f., 224f., 231; XI 48

Daudet, A., II/III 131, 292, 295, 297, 495
   Nabab, II/III 297, 495, 540; IV 165f.
   Sappho, II/III 293f., 311, 331f.
David, J. J., II/III 305
David (König), XVI 142f.
Davidson, Wolf, II/III 65
Debussy, IV 94
d'Hervey de St. Denis (Marquis), II/III 13
Debacker, F. (ü. Pavor nocturnus), II/III 140, 591
Dekalog, II/III 262
Dekker, Ed. Douwes *s.* Multatuli
Delacroix, H., II/III 506
Delage, Y., II/III 18f., 84–86, 186, 597
Delboeuf, I., I 85, 157; II/III 11–13, 21f., 54, 61, 64, 79, 85, 110, 186, 190
   Hypnotisme, I 157
   ‚Rapprochement forcé', II/III 186
   Rede i. Traum, II/III 190
Delgado, H., x 73; XIII 418
Demeter, x 399
Demetrios, VIII 361
Democritus, IV 238
Denis, hl., XVII 44
Descartes [Cartesius], Traum d., XIV 558–60
Desdemona, XIII 197
Dessoir, M., V 130
Deussen, XIII 63
Deuteronomium, XVI 142
Deutsch, Helene, XIV 30, 519, 535f.; XV 58, 140
Diana [Artemis], x 34; XV 109

d. Epheser, VIII 360f.

Diderot
Le neveu de Rameau, XI 350;
XIV 541; XVII 119

Diepgen, P., II/III 4, 547

Diodor, XI 11

Diogenes, IV 119

Diomedes
u. Achilleus (i. einem Traum),
II/III 135, [497], 658
Haus d., *s.* Gradiva

Dionysos (*s. a.* Bacchus), VIII 164;
IX 165

Dionysos Zagreus, IX 185

Disque Vert, le, XIII 446

Disraeli, Benjamin, XVI 105

Dobrizhofer, M., IX 71

Doflein, Franz A., XIII 50

Doglia, S., II/III 136

Don Juan, II/III 501; VIII 264

Don Quijote [Quixote], IV 201; VI 264; XIII 442

Dona, A., Frau, (i. Kindbett gestorben), II/III 448f.

Dora *s.* i. Reg. d. Krankengesch.:
Namenverzeichnis, Dora

Dorsay, J. O., IX 49

Dostojewski, F., XIV *399–418* (401, 415), 523, 542
Atheismus bei, XIV 411
bisexuelle Anlage, XIV 407–10
Charakterzüge, XIV 401
Christen, Ideal d., bei XIV 411
Denkhemmung bei, XIV 411f.
als Dichter, XIV 399
Ermordung seines Vaters, XIV 404
Entwicklung d., XIV 404f.
als Ethiker, XIV 399f.

Hystero-Epilepsie d., XIV 402–06
Kindheitserlebnisse, XIV 404f.
Masochismus, XIV 401f.
als Neurotiker, XIV 400–18
ü. Psychologie, XIV 413, 523, 542
Spielsucht, XIV 401, 414–18
Strafbedürfnis, XIV 407–18
als Sünder, XIV 400f., 410f.
‚Todesanfälle‘, XIV 405f., 409
‚Der unbekannte –‘, XIV 401

Döllinger, J., II/III 36

Drakon, X 351

Drexl, F. X., II/III 4

Drexler, VIII 163

Dreyfus, II/III 171; VI 138

Dschelaleddin Rumi, VIII 302

Du Prel, C., II/III 66, 137, 139, 286, 534, 617; XI 132
ü. Verdichtungsarbeit i. Traum, II/III 286

Dubois, X 110

Dubois-Reymond, XI 27

Dubowitz, Hugo, XII 311

Duchenne, I 24

Dugas, L., II/III 58, 63, 581; VI 163, 164, 174

Dulaure, J. A., XII 175

Dumas, fils *s.* Kameliendame

Dumas, père, VII 417

Dupaty, X 176

Dupuy, II/III 504

Durkheim, E., IX 137, 141, 146, 151, 153f.

Duse, Eleonora, IV 227

Ebjatar, XVI 142

Eckstein, Emma, VII 25f.

Eckstein, F. *s.* Fülöp-Miller

1041

Eder, M. D., II/III 403; IX 158
Edinger, XIV 36
Egger, V., II/III 28, 49, 67, 500
Egger (u. Le Lorrain), II/III 28, 67f.
Ehniger, II/III 73
Ehrenfels, Christian v., VI 122; VII 143f., 167
Ehrlich, X 218
Eibenschütz, Marcell, IV 123f.
Einstein, Albert, XV 155, 190; XVI 12f.; XVII 28
Eisler, B. J., XV 26
Eisler, Robert, XV 25; XVI 81
Eitingon, M., IV 126f.; X 65; XIII 224, 419, 436, *441*; XIV 80f., 260, 306, 572; XV 164
Ekdal *s.* Ibsen
Elektra-Komplex, XII 281; XIV 521; XVII 121
Eliot, George, II/III 296
Elisabeth (Königin v. England), IX 54
Elisabeth v. R ... (Fräulein) (Patientin), I 196–251
Elliot, II/III 296
Ellis, Havelock, II/III 20, 63, 68, 189, 358, 378, 408, 547, 596; V 33, 39, 41, 59, 74, 81f., 91f., 119, 124; VII 22, 173, 191f.; VIII 46, 151; IX 149; X 69, 118; XII 163, 309f.; XIII 417; XIV 49
Sekundäre Bearbeitung, II/III 505f.
Traum d., II/III 173
Elohim, XVI 140
Elohisten (*s. a.* Jahvisten), XVI 142, 165
Emden v., IV 205, 223; X 72; XIV 80
Emmerich, Katharina, VIII 361

Emmy v. N. *s.* i. Reg. d. Krankengesch.: Namenverzeichnis, Frau Emmy v. N.
Empedokles aus Akragas, XVI 91–93; XVII 71
Trieblehre d., XVII 71
Encyclopedia Britannica s. i. Bibliogr. Reg.
Epikur, IV 33f.
Erb, W., I 409; VII 145; X 46; XIII 406; XIV 40
Erb-Fourniersche Lehre, V 178f.
Erdmann, J. E., II/III 74; IV 44–46
Erlenmeyer, E. H., XVI 3
Erman, A., XVI 120, 122, 129
Erna-Lucerna, IV 27
Eros (u. Psyche), X 35
Ersch (u. Gruber), II/III 74
Esra, XVI 143, 148
Este, Isabella d', VIII 206
Eulenburg, V 33
Euripides, XI 343; XVI 221
Evangelien [Evangelisten], XVI 191f., 195 198
(i. Gleichnis), V 214
Evans, XVI 146, 174
Ewers, H. H., XII 248
Eyolf, klein (*s. a.* Ibsen), VII 434

Falke, J. v., VI 13, 64, 75
Falstaff, John, (Sir) VI 264
Farina, Johann Maria (i. Traum), II/III 26
Farrow, E. Pickworth, XIV 568
Faust (*s. a.* Goethe), II/III 147, 293, 456; IV 3, 273; V 53; VI 136; VII 435; VIII 279, 291, 307; X 453; XII 257; XIII 45, 324; XIV 35, 480, 547f., 550; XVI 91

Leonardo d. italienische –, VIII 142
– parodie (Vischers), V 15
– sage, XIII 318
bei Schreber, VIII 280
Teufelspakt d., XIII 324
Featherman, A., XII 165
Fechner, G. Th., II/III 50f., 58, 540f.; VI 71, 139, 151f., 200; XI 86; XIII 4f., 275, 371; XIV 86
psychischer Schauplatz d. Traumes, II/III 50f.
Federn, Paul, II/III 399; VIII 198; X 225; XI 156; XIII 107; XIV 424
Feigenbaum, XIV 570f.
Felszeghy, Béla, v., XIII 106
Fenichel, O., XIV 536
Ferenczi, S., II/III 104, 137, 250, 270, 331, 357, 371, 382, 403, 475f., 578; IV 25f., 32, 34, 47, 94f., 138, 173, 202f., 270, 297f., 382; V 45f., 50, 78, 130; VII 469; VIII 55, 79, 169, 295, 372, 396, 415, 451; IX 157–59, 184; X 70, 73, 84, 87, 89, 140, 145, 148, 228; XI 364; XII 22, 67, 176, 186, 311, 321f., 334; XIII 9f., 33, 44, 125, 141, 183, 223, 296, 421, 436, *413–45*; XIV 29, 76, 80f., 93, 169f., 424; XV 25, 94; XVI 75, 93, 98, *267–69*
aktive Therapie (*s. a.* i. Haupt-Reg.: Psychoanlytische Technik), XVI 74
Ein kleiner Hahnemann s. i. Reg. d. Krankengesch.: Andere Autoren, (Ferenczi)
Harnsymbolik, II/III 351, 371f.
Ichentwicklung u. Ichgefühl, XIV 424
Medusenhaupt, XIII 298; XV 25
Nacktheitsträume, II/III 250
Versuch einer Genitaltheorie, XVI 268f.

Féré, C., II/III 92f., V 59
Ferrier, XIII 405
Fichte, J. H., II/III 7, 66, 74
Ergänzungsträume, II/III 7
Fidelio (Beethovens), II/III 390
Fidibusz, II/III 371, 373
Figaro (*s. a.* Mozart), II/III 214, 218, 436, 501
Finger, V 179
Finsentherapie, V 20
Fischer, Kuno, VI 5–8, 11, 16, 31, 37, 41, 47–49, 70, 72, 74, 100, 103
ü. d. Spiel, VI 6f., 22, 36
Fischer, R. Ph., II/III 69; IV 153f.
Fischer, Pension, IV 153f.
Fischhof, II/III 216; IV 246
Fison, L. (u. Howitt, A. W.), IX 12, 17, 135
Flamen Dialis, IX 59
Flaminica, IX 59
Flaubert, G., VI 21; XI 315; XVI 151
Flavius Josephus *s.* Josephus Flavius
Flechsig, Anton, I 25; VIII 241–44, 272–75, 278, 280, 288, 293, 305, 310, 315; XIV 35
Fleischl, Ernst, v. Marxov, II/III 212f., 424, 426, 486, 491
Fliegende Blätter, II/III 422, 465, 505; VI 60; XI 399
Fliess, Wilhelm (*s. a.* i. Biogr. Reg.: Kritiker; Selbstbekenntnisse, Freunde) I 511; II/III 98, 172–74, 304, 441 (?), 676f. (?); IV 176; V 43, 46, 65f., 79; VIII 443; XI 331; XII 222; XIII 47f.; XVI 98
Bisexualitätslehre, IV 160; V 42f., 65
i. einer Fehlhandlung Freuds, IV 176

1043

i. Goethe-Traum s. Goethe, Natur

i. ‚Non vixit'-Traum, II/III 424–28, 484–91

Periodizitätslehre, XIII 47

Zusammenkunft i. Breslau, IV 159f.

Floerke, G., VIII 89

‚Flora' (Patientin), II/III 181f., 288

Flournoy, XIII 223

Fontane, Theodor, IV 144f., 196, 228f.; XI 387; XIV 432

Forckenbeck, VI 19

Forel, XIII 406

Forsyth, David, [– ‚Vorsicht'], XV 51–58

Forsyth-Saga, The, XV 52

Fougault, M., II/III 506, 517

Fournier, M., I 409

Fournier s. Erb-Fourniersche Lehre

Fox Talbot s. Talbot

Förster, M., II/III 4

Fra Angelico da Fiesole, I 521

France, Anatole, II/III 85, 95, 97; XVI 95

Franciscus, hl., v. Assisi, XIV 461

Franklin, J., II/III 136f.

Franz I. (König), VIII 133

Frazer, Sir James, IX 7, 9, 16–20, 38, 47, 49–51, 53, 59, 61, 63, 66f., 70f., 73, 93, 98–100, 102f., 120f., 125, 127–32, 138–144, 146–52, 159, 168f., 179, 182, 186; X 350; XII 163; XIV 93f.; XVI 196, 218

Freud, Anna, XIV 96, 545, 561; XV 157; XVI 81, 83, 255

als Kind, II/III 135; XI 131

Freud, Sigmund (s. a. i. Biogr. Reg.)

(Eigenname), IV 31, 93, 165f.

‚Gesammelte Schriften', XVI 32

Freud-Ottorego, XV 53f.

Freund, Anton v., XII 333; XIII 224, 435f., 444; XIV 81; XV 53–56

Freytag, Gustav, VI 242

Friedrich (der Große), VI 74

Friedrichsche Krankheit, I 409

Frink, IV 98–100

Fritsch, XIII 405

Fuchs, Ed., II/III 352; X 399

Fulda, Ludwig, II/III 248

Furtmüller (s. a. Adler), X 79, 106

Fülöp-Miller, René, u. Eckstein, F., XIV 401, 404f., 411, 414f.

Fürst, M., VII 19

Galant, S., V 81

Gallmeyer, VI 171

Galsworthy, John, IV 146f., XIV 465; XV 52, 54f., 57

Galton, Francis, II/III 144, 299, 498f., 663; XVI 107

Galtonsche

Mischphotographien, II/III 144, 299, 498f., 662f.; [XI 175]

Technik d. Sagenbildung, XVI 107

Gambetta, I 27

Ganymed, II/III 222

Garcilaso del Vega, IX 133

Gargantua, II/III 472f.; XIV 449

Garibaldi, II/III 430, 431, 449

Garnier, A., II/III 27f., 239, 472

Garth Wilkinson, J. J., XII 310f.

Gassendi, Pierre, IV 33f.

Gärtner, II/III 177, 181

Gélineau, J. B. E., I 345

Gesta Romanorum, X 25f.

‚Geusen' (Spitzname), IX 137

Ghetto, Das neue, II/III 444

Giessler, II/III 92

Gillen, H. J. (*s. a.* Spencer, B.), IX 12, 138, 141, 142; XII 164

Gilles de la Tourette, I 407

‚Gingerbreadman', XIV 133

Gioconda [Giocondo, Monna Lisa], VIII *179–83*

Giordano Bruno *s.* Bruno

Giovanni, XVI 146

Giron de Buzareingues, C. u. L., II/III 26

Giotto, II/III 15

Gley, E., V 42

Gloster *s.* Richard III.

Goblot, E., II/III 506, 581

Godiva, Lady, VIII 100

Goethe, Johann Wolfgang v., II/III 152, 213, 271, 293, 324, 332, 342, 359, 440–43, 450, 469, 618, 650, 652, 675–78; IV 21, 43–46, 243; V 53; VI 22, 101; VII 425; VIII 135, 153, 203, 256, 263, 279, 280, 360, 469; IX 190; XI 32, 350, 433; XII 15f.; XIII 14, 45, 324, 330; XIV 34, 432, 434, 480, 493, 541, 543, 547; XVI 195, 233, 235

u. d. Psychoanalyse, XIV 546–50

eine Deckerinnerung, VII 425; XII 16f.

Destruktionstrieb, Mephisto als, XIV 480

Dichtung u. Wahrheit, XII *15–26*

Eifersucht aufs neue Geschwisterchen, VIII 153; XII 20f.

Empfindlichkeit f. eigenen Namen, II/III 213

Faust s. Faust

ü. Hamlet, II/III 271

Iphigenie, XIV 548

Kindheitserinnerung, VIII 153; XII *15–26*

mit Leonardo verglichen, XIV 547

ü. Lichtenberg, IV 243f.; XI 32

ü. Liebesanziehungen u. Traum, XIV 548

Magie bei, XII 21

u. Moses, XVI 195f.

Motto aus, i. Freuds Buch, IV 3

ü. d. Natur, Aufsatz, II/III 441–43, 451, 677f.; XIV 34, 546, 677f.

Ottiliens Tagebuch, Gleichnisse i. (*Wahlverwandtschaften*), VI 22, 88

als ‚Psychotherapeut', XIV 548f.

ü. Schuldbewußtsein, XIV 548f.

ü. ‚Sitzen', II/III 152

trauert nicht, beim Tode d. Bruders, XII 21

u. Vateridentifizierung, XVI 233

als Vatersymbol, II/III 359

Verhältnis z. Mutter, XII 26

wirft d. Geschirr aus d. Fenster, VIII 152; XII 16

wollte d. Jüngeren gegenüber d. Vater spielen XII 21

–Zitate, II/III 152, 213; IV 45f.; X 84; XIV 432, 434, 548, 550

Die Braut von Korinth, IV 22f., 26

aus *Faust s.* Faust

Götz v. Berlichingen, VII 207

Mignon, VIII 263

Westöstlicher Diwan, XI 433f.

Wilhelm Meister, II/III 652; VIII 263; XIV 493

Goethe-Preis (1930), XIV 543, *545–50*; XVI 33

Goette, A., XIII 50

Goldenweiser, IX 133

Golgi, I 40

Goltz, XIII 405
Gomperz, Heinrich, XIII 62
Gomperz, Th., II/III 102
Goneril, X 26
Goriot, Père, X 352
Gotthard, C., II/III 4
‚Götz-Zitat', VII 207
Grabbe, D. Chr., XIV 422
Gradiva (Jensen), II/III 101, VII 31–125; X 76; XIV 91
  erotischer Wahn u. Heilung durch Liebe, VII 107, 115–19
  Fußfetischismus, VII 71, 73
  Haus d. Diomedes, d. Meleager, VII 42, 47, 51, 106
  als Idealfall, d. ärztliche Technik nicht erreichen kann, VII 119
  Kompromißvorstellung i. (‚Archäopteryx'), VII 58f., 113
  patrizische Herkunft, VII 76
  als 'pompejanisches Phantasiestück', VII 34 [37, 41, 44, 50, 54, 67f., 76]
  Sinn d. Namens d. Heldin, VII 63
  Symbolik *s.* i. Haupt-Reg.: Traum(schöpfungen)
  Träume i. d. *s.* i. Traum-Reg.
  verdrängte Kinderliebe (vergessene Schwesterngestalt,) VII 31–125
  Wiederkehr d. Verdrängten i., VII 59f.
  Wunscherfüllung durch Wahn, VII *31–125* (121f.)
  Zweideutigkeiten, VII 109–14
Graf, Max, IV 97f.; X 89
Grasset, IV 297; X 118f.
Gravessche Krankheit s. Basedow
Gregory, II/III 25, 93
Gregorius, v. Nazianzum, IV 238

Grossmann, XVI 135
Greve, G., X 69
Griesinger, W., II/III 95, 139, 236; VI 194; VIII 230
Grignardsche Reaktion, II/III 387
Grillparzer, II/III 220, 269
Grimm, H., X 174–76, 179
Grimm, Jacob u. Wilhelm, II/III 480; VIII 326; X 29, 35; XII 236
Grisebach, E., XII 245
Groddeck, G., XIII 226, 251, 426; XV 79
Groller, Balduin, II/III 692
Groos, Karl, V 74; VI 135–137, 140, 143, 239
Gross
  Hans, IV 162, 164, 283; VII 6
  Otto, VI 199
Gruber (s. a. Ersch), II/III 74
Gruscha (d. Wolfsmannes), XII 124
Gruyer, VIII 179
Grüne Heinrich, Der s. Keller, Gottfried
Guillaume, X 177
Guinon, I., (ü. d. Tic convulsif), I 15f., 407
Guislain, J. II/III 93
Gulliver (Swift), II/III 32, 472; XIV 449
‚Gumpelino' (‚vormals Gumpel'), VI 157
Gutzkow, XII 235

Hack Tuke, I 345
Haddon, A. C., IX 137, 140
Hades, VII 44
Haeberlin, P., IX 82
Haffner, P., II/III 5, 7, 54, 66, 69f., 72

Hagen (i. *Nibelungenlied*), II/III 519
Hagen, F. W., II/III 94
Haggard, Rider, II/III 456–58
‚Hahnemann, ein kleiner' (*s. a.* i. Reg. d. Krankengesch.: Andere Autoren, (Ferenczi)), XIII 444
Haiman, Henrik, IV 81
Haitzmann, Christoph, XIII 317–53
‚Teufelspakt' d. XIII 322f., 326–28
Hal (Prinz), II/III 488
Halban, J., V 41f., 77f.
Hall, G. Stanley, V 74; VIII 2, 24; X 45, 70f.; XI 413, 426; XII 148; XIII 417; XIV 77, 306
Hallam, Florence (*s. a.* Weed), II/III 19, 140, 170
Halsmann, Philipp, XIV 541f.
   Fakultätsgutachten i. Prozeß –, XIV 541f.
Hamilkar, Barkas, II/III 202f.; IV 243, 245
Hamlet, II/III 181, 271–73, 446; V 18f.; VI 10, 37, 44, 77; VII 42, 457; VIII 50; IX 105; X 174, 432; XI 348; XII 35, 242, 265; XIV 89f., 214, 412; XVII 119
   Deutung, X 174
   bei Goethe, II/III 271
   u. Ophelia u. Polonius, II/III 271f. VI 10; VII 457; XVI 48
   Ödipuskomplex d., II/III 271–73; XI 348; XVII 119
   Ödipuskomplex i., VIII 50
   Rosenkranz u. Güldenstern, II/III 271f.; V 19
Hamnet (Shakespeares Sohn), II/III 272
Hannibal, II/III 202f.; IV 243, 245; XVI 146
   Grabbes, XIV 422

Hanold, Norbert (i. Jensens *Gradiva*), VII 35
Hans *s.* i. Reg. d. Krankengesch.: Namenverzeichnis, Kleiner Hans
Hansa, X 343
Hansen (‚Magnetiseur'), XIV 40
Hanslick, Ed., VI 21
Haremhab, XVI 121, 128, 150, 162
Hárnik, J., XVI 3
Hartleben, Gisa, VII 64
Hartleben, H., VIII 156
Hartmann, Ed. v., II/III 139, 533f.; IV 130f.
   Traum, künstlerisches Schaffen, u. d. Unbewußte, II/III 533f.
Hartmann, Heinz, II/III 389; XV 23
Hartmann, Max, XIII 50
Hasdrubal, II/III 202f.; IV 242f., 245
Hathor, VIII 163
Hauff, XII 257, 259, 267
Haupt, J., IV 123f.
Hauser, F., VII 125
Havelock Ellis *s.* Ellis, Havelock
Haynau, IV 34–37
Hänschen Schlau (*s. a.* Lessing), II/III 182
Hebbel, II/III 297; X 6; XII 178f.
   –parodie (*s. a.* Nestroy), XIII 106
Hecker, E. (ü. ‚larvierte Angstzustände'), I 255, 316, 319, 357
Hegel, II/III 58; XV 191
Heidenhain, XIII 406; XIV 40
Heilige *s.* unter d. einzelnen Eigennamen d. Heiligen
Heilbronn, Kätchen v., II/III 297
Heine, Heinrich, II/III 343, 436; VI 9f., 14f., 19, 24, 36, 38f., 41,

Heine, H., Gedanken
47, 48–50, 52, 55, 73–75, 83–85, 91, 93, 97, 126, 157–59, 162, 241f.; X 152, 343, 348; XII 248; XIV 469f.; XV 120, 173; XVI 8, 129

— Gedanken u. *Einfälle*, XIV 469f.

— ü. Hirsch-Hyacinth *s.* Hirsch-Hyacinth

— ü. Philosophie, XV 173

— ü. Verzeihen, XIV 469f.

— ü. Weiblichkeit, XV 120

Heine, Th. Th., VII 363

Heinrich VIII. (König), II/III 217f.

Heinrich, Der Grüne s. Keller, Gottfried

Heinrich v. Ofterdingen s. Novalis

Hekate (*s. a.* Diana), X 34

Helena, Die schöne, II/III 492; X 28

— Melodie aus d. Operette, XI 106

Helene, Die fromme, XIV 432

Heller, Hugo, II/III xiii; X 90

Heller, Theodor, V 74

Helmholtz, H., I 24; II/III 618; XI 27; XIV 403

Helmholtz-Young Theorie, I 24

Hennings, J. C., II/III 13, 25

Henri, V. u. C., I 533, 535, 539, 552; IV 54

Henzen, W., II/III 412

Herakles (Sage), XVI 4, 7f.

— u. Augiasstall, II/III 472–74

(Heraklit), XI 251

Herlitz, G., XVI 104

Herbart, J. F., II/III 80

Herder, II/III 213

Hering, Ewald, XIII 53; XIV 562

Hering, H., XII 250

Herkules *s.* Herakles

Herman, G., V 43

Hermann, Willy, VI 38

Hermes (d. Praxiteles), XV 26

Hermes Trismegistus, VIII 157

Hernani, VI 262

Hero u. Leander, II/III 220

Herodes, XVI 111

— ‚–, Kinderarzt', II/III 445

— u. Pharao (d. Moses), XVI 111

— to out-herod, VIII 192

Herodot, II/III 403; XI 164; XVI 125, 129, 143

— Rhampsenit bei, XII 259, 267

Herophilos, II/III 137f.

Herostrat, XV 108f.

Hervey de St. Denis (Marquis d'), II/III 13, 27, 64, 578

Herzfeld, Marie, VIII 130, 136, 140, 143, 173f., 182, 196f., 200, 211

Hesnard, A., u. Régis, E., X 72; XI 3, 5; XIII 445

Hesse, H., II/III 308

Hevesi, VI 47, 236

Hexateuch, XVI 142–48, 169

Heyermans, Hermann, IV 209f.

Heymann, Walter, IV 126

Heymans, G., VI 9, 14, 38, 157, 169

Hiess (Geschäft i. Wien), XVII 21

Hildebrandt, F. W., II/III 9f., 16, 19, 20–22, 27, 29f., 59, 65, 67, 70–76, 170; XI 89

Hilferding, M., II/III 476

Hill-Tout, IX 144

Hincks, XI 239

Hippias, II/III 403

Hippokrates, II/III 3, 36, 408

Hirsch-Hyacinth, VI 9f., 14–16, 84, 157f.

Hirschfeld, Magnus, v 33f., 43, 45f.; vii 236

Hitschmann, Eduard, ii/iii 359; iv 39, 130f., 135–38, 281f., 289f.; x 78; xi 3; xii 21

Hitschmann, F., xi 3

Hitzig, xiii 405

Hitzig-Fritsch (Reizungsversuche), i 25

Hobbes, T., ii/iii 547

Hoche, v 50; x 66, 88

Hochwartner, iv 29

Hoffbauer, J. C., ii/iii 25

Hoffmann
E. T. A., xii 238, 242, 245f., 249; xvi 234
Franz H., iv 166
Heinrich, xi 384

Hohnbaum, ii/iii 92

Holinshed, x 377

Hollós, I. (*s. a.* Ferenczi), ii/iii xiii; xiii 444f.

Holmes, Oliver Wendell, vi 33

Holofernes *s.* Judith

Holzapfel (*s. a.* Shakespeare), vii 374

Homer, ii/iii 252, 478; vi 101; x 31, 348; xii 265; xvi 174f.
Odyssee, ii/iii 255; x 348

Horapollo, viii 156–58

Horen, x 31f.

Horney, Karen, xiv 30, 537

Horus, xi 339; xvi 129

Hosea, xvi 136

Howitt, A. W. (*s. a.* Fison, L.), ix 9, 148

Houten, van *s.* van Houten

Hubert, H. (*s. a.* Mauss, M.), ix 97, 169

Hug-Hellmuth, Hermine, v.; ii/iii 136, 148, 260; iv 140f.; v 74; x 78, 89, 456; xi 137, 142; xii 24; xiv 95

Hugo, Victor, vi 262; viii 344; xv 167

Hume, ix 95

Huntingtonsche Chorea, i 409

Hupka, Josef, xiv 541

Huss, Johannes, als Held d. Enuretiker, xii 125

Hydra, lernäische
Kastration d., xvi 8
Kopf d., als Phallus, xvi 7f.

Ibsen, Henrik, ii/iii 263, 302; vii 434; x 380f.

Ideler, K. W., ii/iii 92

Ignotus, H., xiii 444

Ihm, H., x 453

Ikhnaton (*s. a.* Amenhotep), xvi 121–23, 126–28, 130, 152, 162, 165–67, 195, 245
–s Erben, xvi 245

Imago, x 78, 89–91; xi 170; xii 333; xiii 417; xiv 306; xv 157

International Journal of Psycho-Analysis, x 91; xiii 418; xiv 306

Internationale Psychoanalytische Bibliothek, xii 321

Internationale Psychoanalytische Vereinigung *s.* i. Haupt-Reg.

Internationaler Psychoanalytischer Verlag, xii 333–36; xiii 224

Internationale Zeitschrift
f. ärztliche Psychoanalyse, x 90f.; xiii 417
f. Psychoanalyse, xiii 417; xiv 306

Iphigenie, xiv 548

,Irma' *s. i.* Biogr. Reg.: Träume, eigene (bestimmte)

Isaacs, Susan, XIV 498

Isabella [Isabelita] u. Ferdinand, II/III 219

Isis, VIII 163

Israel *s. i.* Geogr. Reg.: Juden

Iwan d. Schreckliche, XIV 400

Iwaya, S., II/III 4

Jackson, Hughlings (ü. d. Traum), II/III 574

Jahn, XVI 166

Jahrbuch d. Psychoanalyse, Gründung, X 89, 91; XIII 417; XIV 75

Jahrbuch f. sexuelle Zwischenstufen, *s.* Hirschfeld, M.

Jahve (*s. a.* Jehovah), XVI 120, 133, 135, 139–41, 144–49, 151f., 166, 176, 232

u. Anat, XVI 166

Charakter, XVI 132, 165–67

u. d. d. Moses, XVI 132, 217

u. Monotheismus, XVI 151, 165

Name, XVI 139, 145f.

Verschmelzung mit Aton, XVI 150, 166f., 218

Vulkangott, XVI 133, 140, 146f., 163

Jahvist, XVI 142

Jahvisten, XVI 165

u. Elohisten, XVI 142f., 164f.

Jakobs Tochter, XVI 125

James I. (König), X 375

James, Williams, XIV 78

James-Langesche Affekttheorie, XI 411

Janet, P., I 34, 51f., 71, 86, 91, 144, 148, 156, 407, 420, 471, 481; V 24, 278; VII 81, 191; VIII 17f., 23, 94, 96, 230, 390, 399, 432; X 72, 80; XI 264f.; XIII 212f., 406f., 411; XIV 37, 44, 46, 299, 563

Bewußtseinsspaltung, Theorie d., I 60f.

Psychastenische Symptome, I 71

,Psychische Minderleistung' Theorie, I 161

u. d. Psychoanalyse, XIV 56

Theorie d. Hysterie, I 65

Janus *s. i.* Haupt-Reg.: Doppelgesicht; Janusköpfigkeit

Januarius, hl., IV 15

,Januarius'(-Witz), VI 70, 100

Jean Paul [Fr. Richter], II/III 202; VI 5, 7, 8, 10, 16–27, 214; VIII 135, 158, 200; XII 311f.

Jehovah (*s. a.* Jahve), II/III 219; VIII 348

Jekels, L., II/III 273; IV 113–17, 188–90; X 72f., 225, 379

Jelgersma, X 72

Jeliffe, S. E., X 91; XIII 226, 418, 426

Jethro, XVI 141

Jenner, XI 481

Jensen, W., II/III 101; VII 31–125 (34, 80, 123f.); XIV 91

Freuds vergeblicher Versuch, ihn f. Psychoanalyse z. interessieren, VII 119f., 122

Gradiva s. Gradiva (*s. a.* i. Haupt-Reg.: Traum(schöpfungen))

vergessene Schwesterngestalt bei (*s. a. Gradiva*), VII 123–25

Jentsch, E., XII 230f., 237f., 242, 245

Jeremias, A., VII 208

Jesaias (Traum), II/III 130

Jessen, P., II/III 8, 13, 24, 49, 69, 76
Jesuiten, Wahrheit d., VI 127
Jesus Christus, XIII 102f.; XIV 502; XVI 81, 111, 213
  Auferstehung, Roman ü. d., XIII 107
  Beschneidung, XII 119
  als Erbe d. unerfüllten Wunschphantasie d. Brüderclan, XVI 193
  als Führerpersönlichkeit, XIII 102–04; XIV 502
  Grübelein ü., XII 93–97
  –ideal, bei Dostojewski, XIV 411
  als Ideal u. Identifizierung, XIII 150f.
  u. Mithras u. Brüderschuld, IX 184
  Mord an, XVI 208
  u. an Moses, XVI 195
  Passion u. griechische Tragödie, IX 187
  –Religion, IX 184–86
  i. Schrebers Phantasie, VIII 265, 270
Jevons, IX 74, 166
Jocelyn s. Joyeuse
Jochanan (Name mit Wurzel ‚Jah'), XVI 146
Jochanan ben Sakkai, XVI 223
Jodl, F., II III 60; XI 83
Johannes (s. a. Jochanan)
  (Apostel), VIII 361
  (d. Täufer, Leonardos), VIII 189
John (Freuds Neffe u. Spielgefährte), II/III 427f.
Jokaste, I 566; II III 267–71; IV 197; XI 342
Jonas
  Mythus, X 19f.
  Witz ü., X 14

Jones, Ernest, II III 273, 277, 356, 359, 393, 406f., 421, 525; IV 47, 94, 109–11, 129, 134f., 139, 158, 161, 164, 170, 173, 181, 216–19, 239, 257, 278, 279; VII 414; VIII 11, 284, 393, 396, 447; X 70–72, 76, 89, 91, 97; XI 49f.; XII 190, 321–23, 334; XIII 9, 223, 418, 444; XIV 80, 90, 260, 307, 321, 457, 498, 537, 554f.; XV 53–55; XVI 193
Jones, Katherine, XIII 438
Josef (Kaiser), II/III 425–27; XI 448; XII 193
Josef
  als Deckname i. Freuds Träumen, II/III 143–48, 486, 488
  Freuds Onkel, II/III 143–46
  d. Traumdeuter, II/III 101, 339, 488; XVI 213
Josefssage (s. a. Josef, d. Traumdeuter), XVI 213
Josephine (Beauharnais), VIII 294
Josephus Flavius, II/III 339; XVI 81, 110, 127, 131
Josua, XVI 134, 145
Journal of Abnormal Psychology, X 91
Joyeuse (Daudets), II/III 540
,– Jocelyn, –Joyeux', IV 165–66
Juan, Don s. Don Juan
Judith u. Holofernes,
  Nestroys Parodie, XIII 106
  u. d. Problem d. Virginität (s. a. Hebbel), XII 178f.
Julius Caesar s. Caesar, C. Julius
Julius II. (Papst), X 174, 184
  Grabmal s. Moses d. Michelangelo
  Persönlichkeit, X 184, 198f.
Jullien, C. G., V 179

Jung, C. G., II/III 136, 392, 396, 398, 421, 535, 537; IV 24, 28, 31–33, 110, 240, 279f., 283; VII 4–6, 80, 173; VIII 27, 30f., 45, 54, 107, 269, 285, 295, 307, 313, 317, 319, 323f., 366f., 400, 413–15, 456; IX 3, 177, 181; X 57, 65–69, 70, 76, 85–89, 100, 103–13, 139, 245, 298; XI 46, 107, 278, 389, 428; XII 29, 82, 131, 137, 151, 175; XIII 21, 57, 223f., 227f., 230, 231f., 416–18, 421, 445; XIV 75–77, 79f., 82, 87, 92, 305f., 477

Abfallbewegung v. d. Freudschen Psychoanalyse, X 103

u. Frage d. Sublimierung d. Sexualität, X 106–13

als ‚Jugendtat', X 103f.

seine Kritiker, X 104

Rolle d. Völkerforschung bei, X 109

Lehren v. d. Sexualität, XIV 236

d. Libidobegriff bei, V 120

Name, IV 32f.

psychoanalytische Technik, X 109f.

Schizophrenie, Theorien ü., X 145–47

Serienhaftigkeit d. Traumes, II/III 339f.

Theorien ü. Traum, d. Unbewußte, X 110–13

Junod, H. A., IX 18

Jupiter (s. a. Zeus), XVI 146

Jupitertempel, VII 37

Justi, C., X 176, 179–82, 193

Kaan, H., I 10, 316

Kain (s. a. Cain)
—sphantasie, II/III 460f.

Kaiser Josef s. Josef (Kaiser)

Kalewipoeg, X 25f.

Kameliendame, Die (s. a. Dumas), II/III 324, 666

Kammerer, P., XII 251

Kant, Immanuel, II/III 71, 74, 94; VI 9, 227; VIII 268; IX 4; X 270; XIII 27, 380; XV 67, 176; XVII 152

a-priori Bedingungen, XVII 152

Ethik, XV 67, 176

kategorischer Imperativ *s. i.* Haupt-Reg.: Kategorischer Imperativ

ü. d. Komische, VI 9, 227

Sittengesetz, XV 176

Traum bei, II/III 74, 94

Kaplan, Leo, XI 3

Kapp-Putsch, IV 206–08

Karamasoff, Die Brüder (s. a. Dostojewski), XIV 399, 405, 542

Literarischer Wert v., XIV 399

Vatermord i., XIV 404f., 412–14

Kardos, M., IV 229f.

Karl (König) (Uhlands), XI 201

Karpinska, L., II/III 309

Kassner, R., VII 456

Kassowitz, M., XIV 38

Katharina (Patientin) (s. a. i. Reg. d. Krankengesch.: Namenverzeichnis, Katharina), I 184–95

Kaulbachs *Hunnenschlacht*, XIII 267

Kazodowsky, A. D., II/III 92

Kämpfer, IX 57

Kästner, VI 145, 236

Kätchen v. Heilbronn, II/III 297

Keane, A. K., IX 134

Keller, Gottfried,
Grüne Heinrich, Der, II/III 252, 412; IV 119; VIII 318

Kelsen, Hans, XIII 94

Kempner, Friederike, VI 246f.

Kepler, X 85; XV 187

Kielholz, X 89

Kiernan, U. G., V 40

Kinderfehler, Die (Zeitschrift, seit 1896), V 74

Klein, J. *s.* Wertheimer, M.

Klein, Melanie, IV 283; VII 6; XIV 96, 489, 498, 536

Kleiner Arpád (*s. a.* i. Reg. d. Krankengesch.: Andere Autoren, (Ferenczi)), IX 160; XIII 444

Hans (*s. a.* i. Reg. d. Krankengesch.: Namenverzeichnis, Kleiner Hans), VII 23, 180; VIII 260; IX 156f.; X 406; XII 25; XIV 129–56

(Nachschrift), XIII 431f.

He(r)mann *s.* i. Traum-Reg.: Kinderträume

Kleinpaul, R., II/III 356; IV 15; VI 102, 145; IX 74f.

Kleintitschen, IX 16

Kleist, Heinrich v., II/III 297

Kleopatra, IV 74f., 170; XI 47; XIV 242

Klio, VI 244

Klotho, X 33

Knackfuß, H., X 184

Knapp, Fritz, X 180f., 193

Kneipp, Kur gegen Neurasthenie, I 330, 502

Knight, Richard Payne, VIII 167

Knödl (*s. a.* Brücke), II/III 213f.

Koch, XI 481

Koller, C., II/III 175f.; XIV 39

Kolumbus, XIV 353

Konstantinowa, Alexandra, VIII 128, 181, 184

Kopernikus, VIII 131; XI 294; XII 7; XIV 109; XV 188

Korsakoffsche Psychose, Traumexperimente u. sexuelle Symbolik i. d., II/III 389; XV 23

Kotzebues *Menschenhaß u. Reue,* IV 272

Kölliker, I 40

Kölnische Zeitung, VIII 221

König Lear s. Lear

Königstein, L., II/III 176f., 179; 182; XIV 39

Körner, II/III 107

Schillers Briefwechsel mit, II/III 107; XII 310f.

Kraepelin, E., VI 8; VIII 298, 312; X 139, 294

Krafft-Ebing, R. v., V 33, 42, 56, 59, 115f., 210; VII 147; VIII 155; X 59; XII 162

Kraškovic, B., jun., XIII 88

Kraus, Karl, VI 26; VII 163

Krauss, A., II/III 39f., 92, 94

Krauss, Friedrich S., II/III 96, 359; VII 434; VIII 224f.; X 453; XI 164; XIV 466

Brief an, VIII 224

Transsubstantiation d. Empfindungen i. Traumbilder, II/III 39f.

Kriegk, VI 145

Kriemhilde, XII 298

Kronos, II/III 262f.; IV 243, 245f.; X 9; XII 58; XIV 132f., 240; XVII 62

Kuhlenbeck, VIII 302

Kurella (*s. a.* Löwenfeld), IV 133, 177; V 74

Kurz, Selma, IV 42

Kybele, IX 184
Kyros, XVI 110

Lachesis, X 32f.
Ladd, G. Trumbull, II/III 34f., 595
Laforgue, René, XIV 191, 312
Laius, II/III 267–69
Lampl-de-Groot, Jeanne, XIV 519, 535f.; XV 140
Landauer, K., II/III 229; X 436
Landquist, John, II/III xiv
Lang, V 174
Lang, Andrew, IX 7, 15, 93, 132–34, 135–37, 141, 144, 146, 153f.
Lange (s. a. James), XI 411
Lanzone, VIII 156, 163
Lasch, Richard, XVI 3
Lasègue, C., II/III 92
Lasker, Eduard, II/III 305
Lassalle, Ferdinand, II/III 305, 307; VI 88
Last, Hugh, XIV 426
Lattmann, IV 105f.
Lauer, C., II/III 4
Lavoisier, XV 187
Lea u. Rahel (Nebenstatuen d. Moses d. Michelangelo), X 182
Lear, König, VII 69; X 26f., 36
   moralisierender Gehalt i., X 35f.
   als Sterbender, X 36
Le Bon, Gustave, XIII 76–87, 88–90, 92, 129, 131, 142, 144
Le Disque vert, XIII 446
Le Lorrain, J., II/III 28, 67, 500, 572
Le Poitevin, VII 433
Lecher, II/III 275
Lederer, IV 31

Lehmann, A., II/III 36
Leisenbogh s. Schnitzler
Lélut, II/III 94
Lemoine, A., II/III 58
Lenau, Nikolaus (Gedicht ü. Kinderverhütung), II/III 162
Leonardo da Vinci, V 17; VIII 128–221; 296; X 121; XIV 91, 547
   androgyne Schöpfungen, VIII 138, 189
   Apollo, Bacchus u. hl. Johannes, VIII 189
   Ansichten d., ü. Welt, Schöpfung u. Sündflut, VIII 196
   Autoritäten i. Leben v. *s.* Borgia, Cesare; Sforza, Lodovico; Vinci, Piero da (ser)
   Catherina, Mutter d. *s.* Catarina u. Cesare Borgia, VIII 135
   Experimentator i. – gegen d. Künstler, VIII 134
   Fehlleistung i. Tagebuch, VIII 190
   Forschertrieb u. Wissensdrang i., VIII 134, 141–44, 204–06
     durch sexuelle Triebkräfte wahrscheinlich Verstärkung d., VIII 144f.
     Sublimierung u. Triebverdrängung i., VIII 208f.
   Geierepisode, VIII 150
     real oder phantasiert, VIII 150–69 (151–53), 178
   Geldinteresse u. Analerotik, VIII 177
   Genitalien bei, VIII 138
   Gioconda (*s. a.* Mona Lisa), VIII 179
   Glaube an phallisches Weib bei, XIV 312
   mit Goethe verglichen, XIV 547
   Größe, VIII 128f.
   als Grübler, VIII 204

Leonardo da Vinci, zwangsneurotische Züge d.

Heiterkeit, VIII 130
Hemmung i. d. Ausführung, VIII 133
Homosexualität d., VIII 162, 168, 205
— ideelle, VIII 148, 156, 171–74
— passive, VIII 162, 168
— verdächtigt d., VIII 138f.
illegitime Geburt (*s. a.* Catarina), VIII 159, 208–11
Inaktivität d., VIII 131–34, 208
infantile Sexualforschung bei, VIII 168, 199
Interesse f. Vogelflug, VIII 131, 161
italienischer Faust, VIII 142
kein Neurotiker aber Zwangstypus, VIII 203f.
keine seelischen Beziehungen zu. Weibern, VIII 137
Kindheit (Zusammenfassung), VIII 204, 208f.
Kindheitserinnerung, VIII 127–211
kindliche Kunstübungen, VIII 182f.
Koitus, zeichnerische Darstellung d.– bei, VIII 136–38
Kosten d. Schüler u. d. Mutter, VIII 173–77
Langsamkeit, VIII 133f., 206
Lächeln auf Bildern d., VIII 179–81
Leidenschaft i. Wissensdrang verwandelt, VIII 141f.
ü. Liebe, VIII 140f.
Madonnen d. (*s. a.* Mona Lisa), VIII 64, 179–189, 347
— bei Mereschkowski, VIII 139
Mildheit, VIII 134f.
Mutterfixation, VIII 206f.
als Naturforscher, VIII 131, 194, 196f.

Obszönitäten bei, VIII 136f.
Perseveration, VIII 191
Persönlichkeit, VIII 129f.
phallisches Weib bei, XIV 312
Prophezeiungen, VIII 196
Problem d. Fliegens bei, VIII 197–99
progressive Ansichten, VIII 196f.
Pubertät, VIII 191, 204–06
sadistische Züge, VIII 204
Schautrieb, VIII 204f.
Schüler d., VIII 172–74, 177
Sexualverdrängung u. Abstinenz, Frigidität, Keuschheit, VIII 135f.
aus d. Zeichnung ersichtlich, VIII 138
sexuelle Bedürftigkeit, VIII 171f.
Spielereien, VIII 131, 199–201
Sublimierung, VIII 145, 206–09
Tagebuch, VIII 173–75, 190
Traktat v. d. Malerei, VIII 130, 140
Unglauben, Anklagen gegen, wegen, VIII 195f.
Unkenntnis d. weiblichen Genitalien, VIII 137f.
Unstetigkeit u. unvollendete Werke, VIII 131–33
Vatergestalten, VIII 193, 206
Vegetarianismus, VIII 135
Verdacht d. ‚Schwarzen Kunst', VIII 131
Vexierbild, VIII 187f.
via di porre e levare, V 17
Vielseitigkeit, VIII 129, 131
zartempfindend, VIII 135
ü. d. Zeugungsakt, VIII 136
Zitate v., VIII 143, 211
zwangsneurotische Züge d., VIII 176–77

'Leopold' s. i. Biogr. Reg.: Träume, eigene (bestimmte): Irmas Injektion

Leopold (König v. Belgien), VI 19

Leroy
  Bernard, II/III 506f.
  Maxim, II/III 506f.; XIV 558

Lermolieff, Ivan, X 185

Lernäische Hydra s. Hydra, lernäische

Leroy, Bernard, II/III 506

Leslie, D., IX 21

Lessing, II/III 182; VI 77, 99; XIV 88

Leuret, F., II/III 534; XI 264

Levi-Bianchini, M., X 73

Levi [Leviten], XVI 112, 138f., 165 als Mosesleute s. Mosesleute

Lévy, XIII 444

Lévy, Kata, IV 133f.

Lévy, L., XI 164

Lichtenberg, Ch. G., IV 124, 243; VI 34, 62, 63–65, 70f., 75, 77, 81, 83, 88–91, 92f., 99–101, 112, 159, 244; VII 450; X 112; XI 32, 66; XVI 21
  Gleichnisse, witzige, VI 88–102
  Goethe ü., IV 243f.; XI 32
  Motivenrose, VI 92f.; XVI 21
  –sche Witze, Einschätzung d., VI 100f.
  –sches Messer, VI 64
  Unifizierungswitz, VI 100

Liébault, I 34, 165; II/III 576; V 15; VII 337; X 47, 448; XI 100; XIII 406; XIV 41
  Unfähigkeit z. Somnambulismus, I 165

Lindemann, IV 44–46

Lindner, V 80f.; VIII 46; XI 324f.; XIV 23

Lipps, Theodor, II/III 228f., 616f., 619; VI 5f., 8, 10, 14–17, 27, 32, 38, 73f., 157, 164f., 173, 184, 215, 223, 226f., 230, 267f.; XVII 80, 147

Lipschütz, Alex., V 46, 78, 116; XII 301; XIII 50f., 59

Little, I 477, 488

Livius, Titus, II/III 403; XIV 60
  Gleichnis d. Traumdeutungstechnik, XIII 304

Lloyd, W. Watkiss, II/III 36; X 199

Lodovico Sforza s. Sforza

Loeb, J., XIII 51

Loewe – Miss Lyons, II/III 465

Lomazzo, VIII 132

Long, J., IX 7

Looney, I. Th., XIV 96

Lopez-Ballesteros y de Torres, X 73; XIII 442

Lorenz, XVI 3

Lorenzo dei Medici, VI 120

Lorrain s. Le Lorrain

Lott, I 5

Louise (Kronprinzessin), VI 138

Low
  Barbara, XIII 60, 372
  Hugh, IX 49

Löffler, VII 3

Löwenfeld, L., I 359–76, 484f., 557; IV 133, 177; V 14, 33; VII 129, 143, 439; X 75; XI 251
  u. Kurella (s. a. Kurella), IV 133, 177; V 74

Löwinger, II/III 4

Lubbock, J. (Sir), II/III 2; IX 20, 135

Lucretia Borgia, II/III 223

Lucretius, II/III 8f.

Lucy, R. (Patientin) (s. a. i. Reg. d. Krankengesch.: Namenverzeichnis, Miss Lucy R.), I 163–83

Ludwig I. (v. Bayern), II/III 436

Ludwig, O., I 399, 537; VI 37

Luini, VIII 172

Luther, X 195

Lübke, W., X 176, 178, 193

Lydstone, Frank, V 40

Lynkeus s. Popper-Lynkeus

Lytton (Lord), IV 219

Maaß, I. G. E., II/III 8

Maat, ägyptische Göttin d. Gerechtigkeit, XVI 116, 119, 152f., 162

Macario, M. A., II/III 94, 502

Macauley, XVI 176

Macbeth, II/III 272f.; VII 42; IX 49; X 373–77, 379; XI 93; XII 265

Macbeth, Lady, X *373–77*

  Kinderlosigkeit d., II/III 272

  u. Macbeth, als eine Person betrachtet, X 379f.

Mack Brunswick, Ruth s. Brunswick, Ruth Mack

Macduff, VIII 76; X 376; XI 411

Mach, Ernst, XII 262f.; XVI 266

MacNish, II/III 25f.

Mac Lennan s. McLennan

McDougall, XIII *90–94*, 96f., 104–06, 131

McLennan, J. Ferguson, IX 8, 123, 133, 147

Madonna (s. a. Maria)

  dell Arena, II/III 15

  bei Leonardo s. Leonardo; Mona Lisa

  –phantasie [–vision], V 267

Maeder, A., II/III 356, 585; IV 180f., 227, 239f., 252; VIII 296, 302, 393, 396; X 72, 102; XI 49, 52, 243; XIII 177

Magnan, V 36

Magnus, Albertus, II/III 547

Mahomet s. Mohammed

Maine de Biran, M. F. P., II/III 94

Maintenon (Mme. de), VI 236

Makrobius, II/III 3

Malthus, I 506–08

Mammon, VII 208

Manetho, XVI 212

Manfred (Lord Byron), VIII 257, 279f.

Mann, Thomas, XVI 33, 249

Mantegazza, V 184, 223

Marcinowski, II/III 308, 361, 421; X 74; XII 214; XIII 19

Marcus Antonius, VI 78

Marett, R. R., IX 110, 112

Maria, Mutter Jesu, VIII 361

  bei Leonardo s. Leonardo

  i. Schrebers Phantasie, VIII 265f.

  Verkündigung, II/III 665f.

Maria Theresia (Kaiserin), II/III 430

Marillier, L., IX 169

Mariner, W., IX 67

Mark Twain s. Twain

Markuszewicz, XIII 120

Mars Gradivus, VII 76

Marx, Karl, XV 191f., 195

  Marxismus, XV 191–97

Masséna, II/III 203

Matrona (d. Wolfsmanns), XII 125

Maupas, XIII 51

Maupassant, Guy de, II/III 297

Maury, L. E. A., II/III 8f., 13, 17, 26, 28f., 31, 33f., 37, 58–60, 62, 64, 67, 76f., 80, 92, 94, 96, 195, 499–501, 523, 536, 581; XI 83, 88, 90
- Traumtheorie, II/III 76f.

Mauss, M. (s. a. Hubert, H.), IX 97, 169

Mayer, C. s. Meringer

Medea u. Kreusa, V 222

Medical Review of Reviews, XIV 570f.

Medici [Mediceer], IV 246f.
- Lorenzo dei, VI 120
- d. Venus v., IV 187

Medusa [Medusenhaupt], XII 126; XV 25; XVI 4
- als Kastrationssymbol, XIII 296; XVII *47f.*
- u. apotropäisches Zeigen d. Genitalien, XVII 48
- u. Athene, XVII 47f.
- u. Penislosigkeit d. Weibes, XIII 296f.; XVII 47f.

Meier, G. F., II/III 25

Meijer, Adolf F., XI 3

Meleager (Haus d.) s. *Gradiva*

Mélinaud, VI 268

Melissa s. Periander

Mélusine, II/III 662

„Melusinenhafte Abgeschiedenheit', bei Erfüllung d. Zwanges, VII 131

Melzi, Francesco, VIII 139, 172

Menelaus s. Helene

Menièrescher Schwindel, I 321

Mephisto (s. a. Faust), VII 435; XII 257; XIII 45; XIV 35, 214, 480, 550
- u. Destruktionstrieb, XIV 480

Meredith, George, IV 109–11

Mereschkowski, VIII 139, 149, 173, 175, 183

Meringer u. C. Mayer IV 61–68, 70, 72, 91–93, 178, 302f.; XI 25, 28, 35

Merneptah, Stele d., XVI 128, 150, 164

Messalina, IV 75

Messias s. Jesus Christus, u. i. Haupt-Reg.

Messmer s. Meumann

Meumann u. Messmer, X 78

Meyer
- C. F., II/III 473; VII 347
- Ed., XVI 110, 112, 133, 135–37, 145, 150, 163
- R. M., IV 268
- –Rinteln, W., VIII 221

Meyerson, I., II/III xiv

Meynert, T. (ü. Amentia), I 473; II/III 228, 256, 439f.; VIII 312; X 420; XIII 389; XIV 35f., 39

Michelangelo, VIII 131, 134, 137; X 172–201; XIV 319
- *Moses* d. (s. a. *Moses*) X *172–201*

Michelet (*la Femme*) VI 63

Mignon s. Goethe – Zitate

Miller, Orest, XIV 404

Milton, II/III 141

Minos, XVI 147, 175

Mises, VI 71

Mitchell, H. P., XIV 321

Mithras, IX 184; XVI 193
- u. Christus, u. Brüderschuld, IX 184
- – Religion, IX 184

Miura, K., II/III 4

Moebius I 86, 316, 323; V 15, 33, 37, 71; X 46; XIV 40
 ü. d. ‚physiologischen Schwachsinn' d. Weibes, VII 162; XIV 371

Moede, Walter, XIII 88

Mohammed [Religion, mohammedanische], XVI 199

Moira [Moiren] (s. a. Ananke) X 31–37 (32–34); XIII 381; XIV 339

Molière, II/III 524; XI 290; XIII 156

Moll, A., V 33, 44, 69, 74; VI 107; VIII 345; XIII 229

Mona Lisa, del Giocondo [Gioconda] (s. a. Leonardo), VIII 133, 178–83, 210
 Lächeln d., VIII 182–86 (183–84), 189
 Kindheitserinnerung, VIII 182, 186
 als Selbstbildnis, VIII 182
 unheimlich, VIII 181
 Verführung u. Reserve i. d., VIII 179–81

Monsieur Nicolas (d. Restif de la Brétonne), VII 183

Monstier, M. (s. a. Zweifel, J.), IX 63

Monte Christo, Der Graf v., VII 417
 Phantasien VII 416f.

Montfort, Josef (s. a. Schäffer), XII 256f.

Moreau, J., II/III 94

Morelli, X 185

Morgan, L. H., IX 11, 148

Morichau-Beauchant, X 72

Moro, Il, VIII 129, 193, 206

Morton Prince, II/III 525; X 91

Moscheles, II/III 376

Mosche (s. a. Moses), XVI 104f.

Moses (s. a. i. Haupt-Reg.: Religionen (bestimmte): mosaische), II/III 385, 406; XI 11, 163; XIII 140, 182; XVI *103–246*; XVII 152
 Anekdote v. d. Geburt d., XI 163
 ein Ägypter, XVI *103–55*
 i. Bismarcks Traum, II/III 385f.
 Charakter d., XVI 126f., 131f., 141, 217
 u. Jahves, XVI 132f.
 u. d. Juden, XVI 222f., 231
 Ehefrau d., XVI 125
 Entstehungsgeschichte d. Werkes ü., XVI 210f.
 als Erlöser [Messias], XVI 136
 Familie, wirkliche, d., XVI 112
 als Führer, XVI 115f., 127, 165, 213
 Geburt d., II/III 406; XIII 182; XVI 108, 110f.
 Jugend, XVI 131, 162f.
 Mana d., XIII 140
 u. Monotheismus, XVI *103–246*
 Name d., XVI 104–06, 112, 114
 Plagen, d. zehn, XVI 132
 i. Qadeš, XVI 133–41, 147, 149f., 164
 -sage
  Aussetzungsmythus, XVI 160
  Krone v. Pharaos Haupt reißend (Kindheitsanekdote), XVI 131
  Wassererrettungsmotiv i. d., VIII 76; XIII 181–83
 Sprachfehler, XVI 132
 Tod d. [Mord an], XVI 136f., 148–50, 163, 172, 195f., 200
  u. Christus, XVI 195, 208
 Vergöttlichung, XVI 217f.
 d. Volk ‚heiligend', XVI 230
 Wirkung, XVI 219–22

Moses, zwei Personen
  zwei Personen, XVI 141, 154
Moses (d. Michelangelo), X *172–201* (186f.)
  Beschreibung, X 175f., 185–87
  Bibelstellen u. Tradition z., X 195–98
  Deutung
    abgelaufene Bewegung, X 193–95, 200f.
    keine ‚Ruhe vor d. Sturm', X 182f.
    Schwierigkeit bei d., X 174f.
    Selbstbeherrschung, X 193–95, 198
    Vorstadien d. Bewegung, X 187–93
  Deutungsversuche, X 176–84
  Haltung d. Tafeln, X 189–93
  Händespiel, X 176, 178–80, 185f., 199f.
  Nachtrag, XIV 321f.
  Nebenstatuen z., X 182
  persönlicher Eindruck, X 174f.
  Tierähnlichkeit d. Kopfes, XII 177
Moses (d. Nicholas v. Verdun), XIV 321f.
Mosesleute, XVI 138–40, 149f., 152, 172
Mourly Vold, J., II/III 41f., 228, 399f.; VIII 198; XI 83, 88, 156, 245
Mozart, II/III 501
  Zitate aus Operntexten, II/III 297, 501; VIII 264
Möbius *s.* Moebius
Multatuli [Ed. Douwes Dekker], VII 20; XIII 381; XIV 378
Mungo Park, II/III 137; XI 132
Musset, Alfred de, VI 24
Mut, ägyptische Muttergöttin, VIII 156, 163, 167
  als Geier, VIII 156
  phallische Gottheit, VIII 163, 167
Muther, VIII 179, 184f., 189, 196
Müller
  Dora, IV 158
  Joh., II/III 33f.
  Max, IX 134
  S., IX 51
Müllner, IV 272f.
Müntz, E., VIII 135, 158, 180, 190, 196, 200f.; X 176f.
Myers, F. W. H., II/III 14

Nabab s. Daudet, *Nabab*
Nachmansohn, V 32; XIII 99
Nanja (d. Wolfsmanns), XII 92f.
Nansen, Fridtjof, II/III 196; XVI 13
Napoleon, II/III 203, 502, 559; IV 94; VI 21, 23; VIII 90, 294; XIII 103, 400; XVI 105
  als Führer, XIII 103
  ‚Monsieur notre père ...', XVI 256
  Schlachtentraum d., II/III 27f., 239f., 502, 559
Narzissus, Mythus d., VIII 170; XII 6
Nausikaa, II/III 252; IV 119
Näcke, P., II/III 401; V 119; X 138; XI 431
Negelein, J. v., II/III 4
Nehemia, XVI 143, 148
Neith v. Saïs, VIII 163
Nelson, J., II/III 18
Nergal, VII 208
Nestroy, VI 92, 241; XI 365; XII 267; XIII 106; XIV 220; XVI 52, 72
  ü. Fortschritt, XIV 220; XVI 72

Neue Freie Presse, VI 21

Neues Testament (*s. a.* Jesus; Paulus; u. i. Haupt-Reg.: Christentum), XII 260

Neufeld, Jolan, XIV 418

Neugebauer, V 40

Newton, XV 187

Nicholas v. Verdun, XIV 321

Nibelungenlied, II/III 519; XII 298

Nietzsche, F., II/III 335, 554, 667; IV 162; VII 407; VIII 290; X 39, 53, 391; XIII 138, 251; XIV 86; XV 79; XVI 270

Das Es bei XIII 251

ü. d. Traum, II/III 554

Nilus, hl., IX 168, 185

Nimrod, XI 11

Nora (Ibens), II/III 302

Nordenskjöld, Otto, II/III 136f., 659f.; XI 132

Nornen (*s. a.* i. Haupt-Reg.: Schicksalsgöttinnen), X 31f.

Nothnagel, IV 177; VII 147; XIV 36, 38

Novalis (Traum), II/III 86

Nunberg, Hermann, XVI 273

Oberländer, XI 399f.

Ochsenstein, XII 19

Octavio, VI 252

Odhin, II/III 222

Odysseus (*s. a.* Homer) II/III 252; IV 118f.; X 348

u. Nausikaa, II/III 252

Sage u. Exhibitionstraum, IV 119

Offenbach, II/III 492f.; X 28; XI 106; XII 238

Oldham, IV 219

Olimpia, XII 238, 240f., 244

Onkel Toms Hütte, XII 198

Ophelia, II/III 272; VII 457

Ophuijsen, van, X 72; XII 211

Oppenheim, Theorie d. Hysterie, I 65

Oppert, K., XI 239

Oppolzer, XIV 562

Orestie [Orestes], Sieg d. Vaterrechts u. d. Geistigkeit i. d., XVI 221

Orléans, Jungfrau v. (i. Fehlleistung), XI 24f.

Ormuzd (*s. a.* Ahriman; u. i. Reg. d. Krankengesch.: Namenverzeichnis, Schreber), VIII 280, 290

Orpheus, IX 185, 187

Tod d., IX 187

Orphisch *s.* i. Haupt-Reg.

Oser, II/III 173f.

Osiris, II/III 406; XVI 117, 122

Geburt d., II/III 406

Ossipow, N., IV 287

Othello, II/III 183; XIII 197

Ottiliens Tagebuch (Goethe), VI 22, 88

Otto (Freund) (*s. a.* i. Biogr. Reg.: Träume, eigene (bestimmte): Irmas Injektion; Ottos Basedowsche Krankheit), II/III 111f., 117, 120–25, 129, 145, 276–78, 300f., 481–92, 561f.

Oupis, VIII 360

Ödipus (Sage), I 566; II/III 267–71; IV 197; V 128, 216; VII 24; VIII 50; IX 85, 100; X 206; XI 342–44, 347; XII 208, 243; XIV 242, 412f.; XVI 108f.; XVII 114, 116f., 119

u. Dichtung d. Sophokles *s.* Sophokles

Inzest d., II/III 267–71

u. Mißwuchs u. Unfruchtbarkeit
d. Bodens durch Inzest, IX 100
Selbstblendung, d., XII 243
Sonderstellung, XVI 109
Totemverbote beleidigend, IX 160
Vatermord, XI 347

P., Frau, I 392–403
P. A. E., XIII 319–21, 325–27, 334, 339–42
Pachantoni, D., II/III 92
Pallas Athene s. Athene
Panizza, Oskar, II/III 222
Pansa s. Sancho Pansa
Pantagruel s. Rabelais
Papst (Traum v.), II/III 238; XI 91
Paquet, Alfons, XIV 545
Paracelsus, V 203
Paris, Wahl d. [Parisurteil], X 27 f., 33
Park, Mungo (Traum d.), II/III 137; XI 132
Parkinsonsche Krankheit, I 413
Parzen (s. a. i. Haupt-Reg.: Schicksalsgöttinnen), II/III 210–14; X 31
–traum (s. a. i. Biogr. Reg.: Träume, eigene), II/III 210–14, 238
Pascal, I 346; VI 238
  Zwangsvorstellung d., I 346
Pasteurschüler, Impfung v. Schafen, XII 56
Pater, M., VIII 134, 181 f., 186
Paulhan, F., II/III 506
Pauline, Freuds Jugendgespielin, II/III 491
Paulitschke, P., IX 48
Paulus, aus Tarsus (Apostel), XIII 99, 155; XVI *192*, 194, 244 f.

i. Ephesus, VIII 361
Liebe, i. Sinne d. *s.* i. Haupt-Reg.: Liebe, paulinische
Religion d., XVI 192–95, 244 f.
Pawlowsche Speichelsekretionsexperimente u. Enttäuschung, VI 225 f.
Payer-Thurn, R., XIII 318
Peckel, P. G., IX 17
Pegasus, VI 244
Peisse, II/III 96
Pélagie, II/III 211 f.
Pelide *s.* Achilleus
Pelizaeus, I 479
Pelletier, II/III 62, 536
Penthesilea, II/III 297
Pentateuch, XVI 142–48
Père Goriot, X 352
Pèrez, V 74
Periander v. Korinth, XI 164
Persephone, X 34
Perugino, VIII 131
Pester Lloyd, IV 133 f.
Petöfi, Sandor, IV 94 f.
Peyer, ü. Diarrhoe, reflektorische, I 323
Pfaff, E. R., II/III 70
Pfeifer, S., XIII 11
Pfister, Oskar, II/III 361 f., 409; VIII 187 f., 420; X 77 f., 89, 106, *448–50*; XI 3, 240; XIII 99, 156, 229, 426; XIV 80, 95
Pharao (*s. a.* unter d. einzelnen Namen u. i. Symbol-Reg.)
  Traum d. *s.* Josef
Philippsonsche Bibel, II/III 589
Phinney *s.* Weed
Phokion, VI 61

Phönix, d. Vogel –, XVI 7–9
Piccolomini (*s. a.* Schiller), IV 107, 201; XI 30
Pichon, A. E., II/III 92
Pick, A., IV 162; VII 191
Pikler u. Somló, IX 134
Pilcz, A., II/III 21
Pinchas, XVI 112
Pinel („Bürger"), I 28, 30
Pistol (Shakespeare), VI 36
Pitres, A., I 25
  délire ecmnésique, I 246
Platen (Graf v.), VI 84 f.
Plato, II/III 70, 625; V 32; XIII 62 f., 99; XI 147; XIV 49, 105, 549
  Bisexualität, Fabel v. d., d., V 34
  –nische Liebe *s.* i. Haupt-Reg.: Liebe, „platonische"
  Symposion d., VII 456; XIII 62; XIV 105, XVI 20
  v. Traum d. „Guten", u. Tat d. „Bösen", II/III 625; XI 147
Plessing, XIV 548
Plinius, IX 102
Ploss, H. H. (*s. a.* Bartels), XII 163, 165, 175
Plotin, II/III 139
Plutarch, VIII 156 f.; XI 11, 243
Poe, Edgar A., XVI 276
Pohorilles, N. W., II/III 534
Poincaré (i. Wortspiel), XI 36
Poitevin, Le, VII 433
Pollak — Pollux, IV 79
Polonius, VI 10; XVI 48
Polykrates, Ring d., XII 251 f., 260
Popovič, II/III 213
Poppelreuter, IV 280

Popper-Lynkeus, Josef, II/III 99, 314; X 58; XIII 357–59; XVI *261–66*
  u. d. Theorie d. Traumes, XIII *357–59*
Porzia, (i. *Kaufmann v. Venedig*) (*s. a.* Kästchenwahl)
  Fehlleistungen d., IV 108
  Gegensätze i., X 33 f.
Potwin, E., IV 54
Pötzl, Otto, II/III 188
Praxiteles, XV 26
Prel *s.* du Prel
Preller, R., u. Robert, C., X 33
Prévost, Marcel, II/III 131 f., 388 f.; VII 187
Preyer, W., V 74
Priapus, bei Hochzeitszeremonien, XII 175
Prince, Morton, II/III 525 f.; X 91
Prinz Hal (*s. a.* Shakespeare), II/III 488
Prochaska, Karl, IV 144
Prometheussage, VIII 334; XVI 4–8
Protagoras, IV 238
  als „Protragoras", IV 92
Psyche
  bei Apulejus, X 27, 33, 35
  Beziehung z. Tode d., X 35
  Göttin i. d. Antike, II/III 260
Psychoanalytic Review, The, X 91; XIII 418
Psychoanalytischer Verlag s. Internationaler Psychoanalytischer Verlag
Psyllen, VIII 318
Ptolemäer, XVI 229
Ptolemäus, II/III 137; XIV 243
Purkinje, J. E., II/III 86, 139

Putnam, James, J., II/III 136; X 70f., 87, 89; XII 190, *315*; XIII 223, *437f.*, 445; XIV 78

Pygmalion, XII 260

Pythagoras, X 118

Pythagoreer, XII 7; XIII 63

Quarterly Review, X 177

Quincey, de, VI 20

Quixote, Don *s.* Don Quijote

R. (Freund), II/III 143–47

Ra [Re], IX 98; XVI 116

Ra-mose [Ramses], XVI 105

Raalte, F. van, II/III 136

Rabelais, II/III 221, 472f.; XIV 449; XVII 48

Racine, VI 30

Radestock, P., II/III 8, 27, 37, 47f., 59f., 69, 74, 92–96, 139

Radetzky, IV 74

Radó, XIII 444

Rameau, Le neveu de s. Diderot

Ramon y Cajal, I 40

Ramses *s.* Ra-mose

Rank, Otto (*s. a.* Sachs, Hanns), II/III xii, xiii, xv, 107, 166f., 224, 244, 263, 316, 340, 354, 356, 371f., 374, 393, 403, 405, 407–409, 411, 480; IV 77, 87, 100, 102, 108f., 232–34, 258–61, 264f., 293f.; 298f.; V 127f.; VII 304, 350; VIII 54, 74, 76, 230, 237, 285, 393, 396, 414, 417; IX 25, 158, 160; X 9, 25, 27, 35, 53, 63, 75–78, 89f., 138, 242, 389, 419, 435; XI 31, 133, 163, 170, 188, 212, 350; XII 58, 247, 248, 311, 327, 334, 344; XIII 59, 151–53, 274, 402, 417, 424f.; XIV 77, 80, 90, 95, 166, *182–84*, 194; XV 94, 154; XVI 59f., 106–08

ü. Familienroman u. Mythus v. d. Geburt d. Helden *s.* i. Haupt-Reg.: Mythus

Geburtstrauma-Theorie *s.* i. Haupt-Reg.: Geburtstrauma

ü. Harnreizträume, II/III 224

Versprechen, IV 87, 102

Rank (Frau), O., XII 241

Rattenfänger, d., v. Hameln (u. Rattenmamsell), VII 434

Rattenmann *s.* i. Reg. d. Krankengesch.: Namenverzeichnis, Rattenmann

Rawlinson, XI 239

Reder, V 13

Regan, X 26

Régis, E. (*s. a.* Hesnard, A.), II/III 92; X 72; XI 35; XIII 445

Reik, Th., II/III 408f.; IV 48–50, 79, 101, 227f.; X 77; XI 347; XII 232, *325f.*, 336; XIII 229, 331, 426; XIV 80, 95, 147, 287–89, 367, 498; XV 24

Reinach, S., VIII 318, 348; IX 97, 111, 123, 131, 137, 185, 187; X 399

Reinecke Fuchs, XII 49

Reitler, R., II/III 364, 403; IV 97; VIII 136–38, 336f.; IX 158; X 299; XI 51

Rembrandt (Bilder i. Holland), IV 254

Renterghem, van, X 72

Restif de la Bretonne, VII 183

Reuter, Gabriele, VIII 367

Rhampsenit (bei Herodot), XII 259, 267

Ribbe, C., IX 19

Ribera, IV 76

Ribot, VI 163
Richard II, IV 111
Richard III., IX 49; X 367–69, 379
Richelieu
 Lyttons, IV 219
 Rue –, II/III 201
Richter, Fr. (Jean Paul), II/III 202; VI 5, 7f., 10, 16, 27, 214; VIII 135, 158, 200, XII 311f.
Richter, Konrad, XIII 97
Rie, Oskar (u. Sigm. Freud), I 473f.; XIV 41
Rieger, C., V 116
Riklin (*s. a.* Jung, C. G.), IV 28; VIII 315; X 76, 86, 89, 103
Rilke, Rainer Maria, XVI 270
Ring d. Polykrates, XII 251f., 260
Rippe, C., IX 19
Rivers, W. H. R., IX 143
Rivista de Psiquiatria, XIII 418
Robert, C. *s.* Preller, R.
Robert, W., II/III 18, 82–85, 170, 184, 194, 585, 596
Robertson-Smith, W., IX 160f., 165, 167–170, 172f., 177f., 183, 187; X 345f.; XII 328; XIII 121; XIV 93f.; XVI 188, 239f.
Robespierre, XIV 369
Robitsek, Alfred, II/III 103, 378; IV 89
Roffenstein, G., II/III 389
Róheim, G., XIV 94
Rohleder, V 86
Rokitansky, Carl, VI 145
Rolland, Romain, XIV 422, 553; XVI 250f.
Romulus, XVI 110
Rops, Félicien, VII 60f.
 Kreuzigungsradierung v., VII 60

Roscher, IV 243; VIII 156, 163; X 33
Rosegger, Peter, II/III 476–79; XIII 312
 perennierender Traum, II/III 476–79
Rosenberg, Adolf, VIII 186
Rosenberg, L., I 488
Rosenkranz u. Güldenstern *s. Hamlet*
Rosenthal, E., I 488
Rosmersholm (*s. a.* Ibsen), X 381–89
Rotkäppchen, X 5–9; XII 49, 56
 u. infantile Geburtstheorien, XII 58
 Märchen v., u. infantile Sexualtheorie d. Bauchaufschneidens, VII 181
Rotschild (Baron) u. Hirsch-Hyacinth, VI 9–10, 14, 15, 38f., 157f.
Rousseau, J. B., VI 72
Rousseau, Jean Jacques, V 94; VI 29f., 35, 44; VII 61; X 352; XIV 484
Roux, J., XI 376; XVII 111
Römer, L. v., VIII 157, 163
Rumi, Dschelaleddin, VIII 302
Rumpelstilzchen, X 2, 3–5
 als Penissymbol, X 4f.
 –traum, X 3–5
Ruths, W., IV 118f.
Rückert, VIII 302; XIII 69

Sachs, Hanns (*s. a.* Rank, O.), II/III 356, 359, 414f., 626; IV 39f., 43, 80, 123, 127f., 146f., 159, 181f., 196, 223, 225f.; X 35, 75, 78, 90; XI 170, 211; XII 19, 327, 334; XIII 83, 153, 417, 424; XIV 77, 80

Bismarcks Traum, II/III 383f.

Sadger, J., V 33; VII 198, 343; VIII 169, 296; X 77, 89, 138; XII 179, 283

Sainte-Beuve, VI 21

Sakkai, Jochanan ben, XVI 223

Salaino, Andrea, VIII 172f.

Salammbô, VI 21

Salinger, VI 19

Salomé, Lou Andreas –, XVI 270

Salomo (König)
  Hohe Lied d., II/III 352; XI 164
  Urteil d. – u. Gleichheitsforderung, XIII 134
  versteht d. Sprache d. ‚Tiere', IV 222

Salomon u. Heine, VI 158

Salpêtrière, La (*s. a.* Charcot), I 21–24, 26, 28f., 34, 39; VIII 17; XIII 446; XIV 37

Sancho Pansa, IV 201; VI 157; IX 65
  Richterspruch d., IV 201

Sanctis, Sante de, II/III 92f., 98, 699; VII 82; XIV 396

Sanders, D., XII 236

Sandmann, Der (E. T. A. Hoffmann), XII *238–42*, 243f.

Sandoz (*s. a.* Zola), II/III 306

Santa Clara, Abraham a, VI 30, 46

Saphir, VI 38–39, 44

Sappho (*s. a.* Daudet), II/III 292–95, 311, 331

Sargon v. Agade (König), VII 304; XI 163; XVI 107f.

Sartiaux, F., VIII 361

‚Satyros', II/III 103f., 619; XI 82, 243

Sauerlandt, Max, X 175

Saulus, aus Tarsus *s*. Paulus

Savage, IX 153

Savonarola, II/III 172f.
  Persönlichkeit d. Papst Julius II., d. Moses, u. d., X 184

Scaliger, II/III 13

Schaeffer, Albrecht, XVI 3

Schäffer, Albrecht, XII 256f.

Schelling, F., II/III 5; XII 235f., 254

Schellingianer, u. d. Traum, II/III 5

Scherman, Rafael, XVII 41–43

Scherner, K. A., II/III 39f., 43, 87–89, 91f., 100, 137f., 230–33, 340, 351, 358, 364, 408, 552, 597, 618, 646, 699; X 58; XI 92, 153f., 161

Schilda, VIII 59

Schiller, Fr. (*s. a.* i. Bibliogr. Reg.), II/III 107f., 422, 427, 458f., 523, 678; IV 30, 111, 201, 242–45, 289; XII 310f.; XIII 82; XIV 476; XVI 208
  Briefwechsel mit Körner (ü. d. Phantasie) (*s. a.* Körner), II/III 107; XII 310f.
  Geburtsort –s, IV 242
  Ring d. Polykrates, XII 251f., 260
  Taucher, Der, XIV 431
  Wallenstein s. i. Bibliogr. Reg. u. Na 39
  Kapuzinade, VI 30, 46

Schlegel, IX 187; X 28

Schleiermacher, Friedrich v., II/III 51f., 75, 106; VI 35, 72, 145

Schlemihl, II/III 388f.

Schliemann, XVI 174f.

Schmidt, Richard, V 166

Schmock, VI 242f.

Schneewittchen, XII 260

Schneider, Rudolf, IV 279f.

Schneiderlein (bei Grimm), II/III 480f.

Schnitzler, Arthur, V 203; VI 37; XII 178, 266

Scholz, F., II/III 21, 61, 70, 139

Schopenhauer, Arthur, II/III 39, 69, 94, 270; V 32; VII 418; VIII 230; IX 108; X 53; XII 12; XIII 53, 110; XIV 86, 105; XV 114f.
- ü. d. Bedeutung d. Sexualität, XII 12
- Briefstelle, ödipale, bei, II/III 270
- Todestrieb, Theorie d., bei, XV 114f.
- Willensbegriff, XII 12

Schorn, L. (*s. a.* Vasari), VIII 182, 199

Schreber
- Daniel Gottlieb Moritz, VIII 286f.
- Daniel Paul *s. i.* Reg. d. Krankengesch.: Namenverzeichnis, Schreber

Schrenck-Notzing, V 33

Schriften z. Angewandten Seelenkunde, X 89, 91

Schrötter, K., u. Swoboda, H., II/III 389; XV 23

Schubert, Gottlieb Heinrich, v., II/III 66, 357, 646; VIII 215; XI 166

Schwarz, F. Karl, II/III 4

Schwind, II/III 662; XI 134f.

Scognamiglio, VIII 132, 139, 149f., 182

Scott, V 59

Scylla *s.* Skylla

Secker, F., II/III 4

Segel, B. W. *s.* Bernstein, I.

Seidlitz, W., v., VIII 133f., 179, 185, 193, 206

Seif, L., X 88

Seligmann, S., XII 253

Sellin, Ernst, XVI 135f., 148, 153, 160, 163, 173, 195, 200

,Serenissimus', VI 73, 114, 132

Servius Tullius, XVI 6

Sesto, Cesare de, VIII 172

Sforza
- Francesco, VIII 133, 174, 193
- Lodovico, il Moro, VIII 129, 130, 133, 193, 206

Shakespeare, William (*s. a. i.* Bibliogr. Reg.), II/III 140, 271–73, 488; IV 108f., 111, 130; VI 10, 36f., 78, 82; VII 69, 374, 404; VIII 50; IX 49, 105, 186f.; X 24, 174, 367, 373; XI 31; XII 242, 265; XIV 90, 96, 339, 452, 549; XVI 168; XVII 119
- ein Genie?, XVI 168
- *Hamlet s. Hamlet*
- Fallstaff, VI 264
- Identität d., XIV 549f.
- *Julius Caesar s.* Caesar
- *Kaufmann v. Venedig*
  - Kästchenwahl, Motiv d., i., X 24–37
  - Versprechen i., IV 108; XI 31f.
- *King Lear s.* Lear
- *Love's Labour's Lost*, VI 162
- *Lustigen Weiber s.* Shakespeare, Falstaff
- *Othello*, XIII 197
- *Richard III.*, IV 111; X 368
- *Sturm*, IX 186f.
- *Timon v. Athen*, II/III 272
- *Viel Lärm um nichts*, VII 374

Shandy, Tristram, IV 238

Shaw, G. B., IV 170; VIII 235; XI 209; XIII 157; XVI 156

Cäsar u. Cleopatra, XI 47f.

She (s. a. Haggard, R.), II/III 456-58

Sichem (Prinz v.), XVI 125

Sidis, Boris, XIII 131

Siebeck, H., II/III 61

Siemens, W., XI 27

Sighele, XIII 88, 90

Signorelli, Luca, I 521-525; IV 6-8, 10f., 13, 18-20, 32, 63f.

Silberer, Herbert, II/III 52, 106, 220, 349-51, 383, 507-10, 528f. 565; IV 143; VIII 396; IX 181; X 107, 164, 419; XI 244, 314; XII 136, 215; XIII 186; XV 23f.

Simmel, Ernst, XII 321f., 336; XIII 9f., 103; XIV 47

Simon, P. M., II/III 31, 36f., 41, 139

Simon v. Trient, IV 15

Simplizissimus, VI 265; VII 363; XIV 294

Skylla, VI 243

u. Charybdis, XIII 155

Smith, Brough, XII 164

W. Robertson *s.* Robertson-Smith, W.

Sodoma *s.* Bazzi

Sokrates, VII 456

Lehre d., i. d. Analyse unbrauchbar, XI 290

Solmi, Edm., VIII 132, 136, 139-143, 173, 175, 194

Solon, Vatermord, keine Strafe f., bei, II/III 273

Somló *s.* Pikler

Sonnenstein, VIII 244

Sophokles *(s. a.* i. Bibliogr. Reg.), II/III 267f., 270; IX 100; XIV 412

Antigone *s.* i. Reg. d. Anekdoten

Ödipus, König, II/III 267-71; XI 342-44; XIV 412f.

Traumursprung, II/III 270

Widerstand gegen seine Deutung, II/III 270

Philoktet, XIII 329

Soulié, VI 48-50, 52, 55

Spencer

Baldwin, u. Gillen *(s. a.* Gillen), IX 12, 138, 141f., 148; XII 164

Herbert, II/III 2; VI 163f.; IX 93, 95, 114f., 134

Sperber, Hans, II/III 357; VIII 404; XI 169f., 186

Spielrein, Sabina, II/III 136; VIII 317, 413; XIII 59

Sphinx, II/III 268; VII 24; XI 329

Rätsel d., V 95

Spinoza, VI 83; VIII 142

Spitta, H., II/III 37, 49f., 53, 58, 60f. 63, 66, 69f., 74, 76, 92, 94, 226, 517

Spitteler, C., II/III 166, 258

Spitzer, Daniel, IV 30; VI 32, 40f.

Spohr, W., VII 20

Sprengel, II/III 36

Springer, Anton, VIII 186; X 176, 178

Springer, Julius, IV 144f.

St. *s.* unter d. einzelnen Eigennamen d. Heiligen

Staël, Mme de, IV 25f.; VI 112

Stannius, H., II/III 417, 455

Stanley Hall *s.* Hall

Stärcke

A., II/III 164; VII 246; X 72; XI 49; XIII 59

J., II/III 65, 138; IV 43, 46, 100, 156, 206, 209–11, 254f., 261–63; X 72

Stegmann, VIII 281, 287

Stein, Ch. v., XIV 548

Steinach, Eugen, V 46, 116; XII 301

Steiner, Maxim, VIII 79; X *451f.*

Steinklopferhanns (Anzengruber), VII 220; X 351

Steinmann, X 177

Stekel
u. K. Abraham, IX 72

Wilhelm, I 444; II/III xi, 282, 326, 343, 354f., 358, 362f., 366, 385, 391, 401, 415, 699; IV 77–79, 133, 195; VII 349, 467f.; VIII 79, 106, 169, 335, 337–43, 348, 364, 373, 382, 396, 451; IX 72; X 29, 58, 87, 90; XI 244; XIII 166, 168, 417, 451; XIV 77, 80

Bemerkungen ü. –, II/III 355, 358, 363, 415

Traumsymbolik, II/III xi, 282, 699

Sterne, Lawrence, IV 237f.

Stettenheim (*s. a.* Wippchen), II/III 213; VI 242

Storfer, A. J., IV 41f., 88, 89, 106, 130f., 143; IX 15; X 76, 89; XII 174

Strabo, VIII 157

Strachey, James, V 171; VII 432

Strachoff, Nikolai, XIV 401, 411

Strasser, IV 75

Stricker, S., II/III 60, 77f., 462

Strindberg, IV 236f.

Stross, Wilhelm, IV 237f.

Strümpell, L. I. 65, 86; II/III 7, 16, 19, 21–24, 30f., 41, 46–49, 53f., 56–58, 60f., 170f., 188, 227f., 232, 240, 463; V 74; XIV 48

psychische Minderleistung d. Traumes, II/III 56–58

Realität u. Traum, II/III 53f.

Theorie d. Hysterie, I 65, 86

Vergessen d. Träume, II/III 46–49

Struwwelpeter, XI 384

Stucken, Ed., X 25

Stumpf, E. J. G., II/III 104

Sudermann, VII 406f.

Suetonius, VIII 287

Suleika (i. Goethes *Westöstlichem Diwan*), XI 433f.

Sully, J., II/III 63, 140f., 506, 596f.; V 74; IX 110

Suworin, XIV 404

Swedenborg, XII 310

Swift, Jonathan *s.* Gulliver

Swoboda, Hermann, II/III 98f., 172, 389

Széll, Koloman, II/III 430

Talbot, Fox, XI 239

Talmud, XI 164

Tammuz, IX 183

Tancred, XII 118; XIII 21

Tannery, M. P., II/III 517

Tannhäuser, II/III 297

–parodie, XI 332

Tarde, O., XIII 96

Tarnowsky, V 178f.

Tarquinier, II/III 403

Tarquinius Superbus, IV 221

Tartini, II/III 618

Taruffi, V 40

Tasso, Torquato, XII 118; XIII 21

Tausk, Viktor, II/III 136, 309, 415; IV 102f., 252f., 300; X 296f., 299, 443; XII *316–18*

Tennyson, II/III 217

Terentius, VI 244

Teuscher, R., V 40

Tfinkdji, Joseph, II/III 4, 103

Theseus, XVI 4

Thiers, II/III 203

Thode, Henry, X 174–76, 182, 193

Thomas, Northcote W., IX 27

Thomayer, S., II/III 93

Thomsensche Krankheit, I 375, 409

Thomson, J., XII 165

Thotmes, XVI 162

Thun (Graf), II/III 214–24, 215, 217, 433f., 436f., 473

Timon v. Athen, II/III 272

Tissié, P., II/III 36–38, 44, 48, 92–94, 139

Titanen, IX 185

Titus (Kaiser), XVI 223

Tobowolska, Justine, II/III 68, 502f., 506f.

Tobias, XII 175

Todd, I 43

Todesco, Andrea il, VIII 173

Tolstoi, X 309

Tories (*s. a.* Whigs u. Tories), IX 137

Toulouse, E., XI 268

Tourette, Giles de la, I 407

Trenck (Baron), II/III 136f., 139; XI 132

Tristan u. Isolde (*s. a.* i. Haupt-Reg.: Weltuntergangserlebnis), VIII 307

Tristram, Shandy, IV 238

Trotter, W., XIII 94, *130–35*, 147

Tuke, Hack, I 345

Turgenjew, IV 94

Turn, August v., XIV 201

Tussaud, Mme, VI 75

Tutankhamen, XVI 46

Tuth-Mose [Tothmes], XVI 105

Türck, I 25

Twain, Mark, VI 262–64; X 107; XII 250; XIV 485

Tylor, E. B., II/III 2; IX 20, 93f., 96, 98, 103

Uhland (*s. a.* i. Bibliogr. Reg.), II/III 293. 359; IV 282; XI 201

Ulrich, V 42

Upanishaden, Die, XIII 63

Uranos, II/III 263; IV 243, 245f.; XIV 240

Überhorst, K., VI 73

Vaihinger, H., XIV 221, 351

van Emden *s.* Emden, van

‚van Houten' (Kindheitsphantasie vom Kakao), VII 205f.

Varendonck, J., XIII 248, *439f.*

Vasari, VIII 129, 133, 180, 182, 192, 196, 199, 201, 205

Vaschide, N., II/III 11, 13f., 64, 578

Veber, Jean, X 399

Veda, XIII 63

Vega, Garcilaso del, IX 133

Venus (*s. a.* Aphrodite)
  i. d. *Gradiva* Jensens, VII 95
  v. Medici, IV 187
  v. Milo, IV 62; XI 26

Urania, VI 84

Verdun, Nicholas v., XIV 320–22
Vere, Edward de, (Earl of Oxford), XIV 96, 549; XVII 119
Vergilius, II/III 613
Verlag s. *Internationaler*
Verne, J., VI 82
Verocchio, Andrea del, VIII 138, 149, 179
Vespa, B., II/III 92
Vespasianus, VIII 287
Viereck, G. S., XIV 393
Vierge aux Rochers (Leonardo), VIII 64, 347
Vinci
  Leonardo da s. Leonardo da Vinci
  Albiera, Donna, da, VIII 149, 160, 192
  Piero da – (ser), VIII 148f., 160, 190–95, 204
Vinciana, Academia, VIII 201
Virchow, IV 95
Vischer, Th., IV 155, 188; V 15, 25; VI 5, 7f., 31, 98, 265
  Faustparodie, V 15
Vogt, R., X 73
Vold, J. Mourly, II/III 41f., 228, 399f.; VIII 198; XI 83, 88, 156f.; 245
Volkelt, J., II/III 16, 27, 39, 43f., 58, 62, 69, 75, 87, 89–91, 139f., 226, 230–33, 351, 646, 699
Voltaire, VI 72; XIV 432f., 438; XVI 265
Volz, Paul, XVI 154

Wagner
  Richard (Komponist) (*s. a. Tristan;* u. unter d. anderen Eigennamen), II/III 297, 347, 437; VIII 307; X 36
  Tannhäuserparodie, XI 332

R. (Dr.), IV 139f.
Walkyren, X 36
Wallace, Lewis, IV 49; XI 295
Wallenstein, IV 107, 201; VI 30, 46, 252; XI 30f.; XIII 103, 150; XV 153
  als Führer, XIII 103
  –s *Lager*, Kapuzinade i., VI 30, 46
Weber, C. M. v., II/III 289, 422; VIII 245–49, 271, 274, 279
Wedekind, IV 264
Weed, Sarah u. Hallam F., u. Phinney, II/III 19, 140, 170
Weigall, XVI 122f.
Weinberl, VI 92
Weininger, O., V 43
  Misogynie u. Antisemitismus, VII 271
Weir-Mitchellsche Ruhe u. Mastkur, I 266
Weismann, XIII 48–53, 61
Weiss
  Edoardo, X 73; XIV 573
  Karl, IV 236f., 257f.
Wellington (Duke of), VI 75f.
Werner, Richard Maria (*s. a.* Lipps, Th.), VI 5
Wernicke, V 214
Wernicke-Lichtheim, I 446, 472f., V 214; XIV 42
Wertheimer, M., u. Klein, J., IV 283; VII 6
West, Rebekka (Ibsen), X 380–89
Westermarck, B., IX 12, 74–78, 148f.
Westphalsche Zwangsvorstellungen, I 254
Wetterstrand, X 73

1071

Weygandt, II/III 7, 27, 37, 44, 62
Dursttraum, II/III 129f.
Whigs u. Tories, Spitznamen, IX 137
White, X 91; XIII 418
Whiton, Mary [Calkins], II/III 20, 22, 46, 226; XIII 51
Wiggam, A., II/III 136
Wigan, II/III 136; X 118
Wilcken, G. A., IX 144
Wilde, O., IV 33; XII 267
Wilhelm II. v. Hohenzollern (?), Minderwertigkeitsgefühl bei, XV 72
Wilhelm III. v. Oranien (König v. England), IX 54
Wilkinson, J. J. Garth, XII 310f.
Wilson
 Heath, X 179
 P., IV 18
 T. W. (amerikanischer Präsident), XV 79
Wilt, Marie, VI 82
Winckelmann, II/III 202
Winckler, Hugo, II/III 103f.
Winterstein, A. v., II/III 8; X 78
Wippchen, VI 242–45
Wittels, Fritz, II/III 219, 425
Wolf, Hugo, II/III 348
Wolf (Rotkäppchens) s. Rotkäppchen
Wolfsmann, s. i. Reg. d. Krankengesch.: Namenverzeichnis, Wolfsmann
Woodruff, XIII 50–52
Wölfflin, X 179
Wulff, M., IX 155f.; X 73
Wundt, Wilhelm II/III 30f., 32f., 43f., 60–62, 89, 94, 227f., 240; IV 68, 91, 145; VII 4, 249; IX 3, 8, 27, 32–35, 74, 78, 82f., 93–95, 112, 123, 129, 144f.; X 67; XI 40, 83, 107
Württemberg, Karl (Herzog v.), VI 73

Xerxes, II/III 8

Yahuda, A. S., XVI 138, 143
Young-Helmholtzsche Theorie, I 24

Zarathustra, VIII 290; X 391
Zeitung, Hermann, IV 119f.
Zeller, A., II/III 74
Zentralblatt f. Psychoanalyse, XIV 77
 Änderungen i. d. Redaktion, X 90f.
 Gründung, X 86–87; XIII 417
Zeppelinsches Luftschiff (s. a. i. Symbol-Reg.: *I. Symbole:* Zeppelin), II/III 357, 362, 698; XV 193
Zeus (s. a. Jupiter)
 u. Kronos, II/III 262f.; IV 243, 245f.; XIV 240; XVI 147; XVII 62
 als Vulkangott („Erderschütterer'), XVI 147
Ziegler, K., XIII 63
Zinzow, A., X 35
Zion, Weisen v., XVI 191
Zoë (s. a. *Gradiva*), VII 46, 77
Zola, Émile („Sandoz'), II/III 219, 222, 306; V 141; VII 221; XI 268
Zwangsneurose bei, XI 268
‚Zoroasterstrahlen' (s. a. i. Reg. d. Krankengesch.: Namenverzeichnis, Schreber), VIII 256
Zweifel, J., u. Monstier, M., IX 63
Zweig, Stefan, XIV 401
 ü. Spielsucht, XIV 415–18

TITELREGISTER

Vorbemerkung:

Dieses Register wurde von den Inhaltsverzeichnissen der Bände I–XVII unverändert übernommen, aber alphabetisch geordnet. Die Titeleintragungen sind vollständig; Kurz- oder Sammeltitel werden nicht angeführt. Artikel oder Umstandswörter vor dem ersten zentralen Wort des jeweiligen Titels sind in der Regel vernachlässigt worden; sie folgen im Anschluß an die halbfett gedruckten Eintragungen.
Nur solche Wörter werden als führende (erste) Wörter in der alphabetischen Reihenfolge berücksichtigt, welche entweder im Originalwortlaut als erste Wörter im Titel erscheinen oder nach welchen vermutlich im Verzeichnis gesucht wird oder schließlich solche, mit welchen mehrere Titel gleichlautend beginnen.
Untertitel und Teiltitel werden nur dann angeführt, wenn man annehmen darf, daß sie im Verzeichnis gesucht werden; in diesen Fällen sind die Haupttitel in runde Klammern gesetzt und den Unter- bzw. Teiltiteln nachgestellt.
Titel der Schriften anderer Autoren, zu denen Freud Beiträge geschrieben hat, sind kursiv gesetzt.

Abhandlungen zur Sexualtheorie, Drei, V 29–145

Abirrungen, Die sexuellen (Drei Abhandlungen zur Sexualtheorie, I.), V 33–72

Abraham, Karl (Gedenkwort), XIV 564

Abriß der Psychoanalyse, XVII 67–138

Kurzer, XIII 405–27

Abwehr-Neuropsychosen, Die, Versuch einer psychologischen Theorie der akquirierten Hysterie, vieler Phobien und Zwangsvorstellungen und gewisser halluzinatorischer Psychosen, I 59–74

Inhaltsangabe, I 481 f.

Weitere Bemerkungen über die, I 379–403

Inhaltsangabe, I 485 f.

Abwehrvorgang, Die Ichspaltung im, XVII 59–62

Adresses *on Psycho-Analysis,* by J. J. Putnam, Preface to, XIII 437 f.

Aichhorn, August, *Verwahrloste Jugend,* Geleitwort zu, XIV 565–67

Akquirierte Hysterie *s.* **Abwehr-Neuropsychosen**

Akropolis, Eine Erinnerungsstörung auf der (Brief an Romain Rolland), XVI 250–57

Tit 2   Allgemeine Neurosenlehre

Allgemeine Neurosenlehre
- (Vorlesungen zur Einführung in die Psychoanalyse, III.), XI 249–482
- *auf psychoanalytischer Grundlage*, von Hermann Nunberg, Geleitwort zu, XVI 273

Allgemeinste Erniedrigung des Liebeslebens *s*. **Beiträge** zur Psychologie des Liebeslebens, II.

Allmacht der Gedanken *s*. **Animismus**

Alltagsleben(s), Zur Psychopathologie des, IV 5–310

Ambivalenz *s*. **Tabu**

Analerotik
  Charakter und, VII 203–09
  Über Triebumsetzungen, insbesondere der, X 402–10

Analyse (*s. a.* Psychoanalyse)
  Bruchstück einer Hysterie–, V 163–286
  eines Falles v. chronischer Paranoia, I 392–403
  Die endliche und die unendliche, XVI 59–99
  des kleinen Hans, Nachschrift zur (*s. a.* Analyse d. Phobie eines fünfjährigen Knaben), XIII 431 f.
  Konstruktionen in der, XVI 43–56
  der Phobie eines fünfjährigen Knaben, VII 243–377

Analytische(n) (*s. a.* Psychoanalytische)
  Praxis *s*. **Praxis**
  Technik, Zur Vorgeschichte der, XII 309–12

Anatomisch(en) Geschlechtsunterschieds, Einige psychische Folgen des, XIV 19–30

Andreas-Salomé, Lou (Gedenkwort), XVI 270

Anfall
  Allgemeines über den hysterischen, VII 235–40
  Zur Theorie des hysterischen –es (gemeinsam mit Josef Breuer), XVII 9–13

Angst
  Hemmung, Symptom und, XIV 113–205
  u. Triebleben, XV 87–118

Angstneurose
  Ansätze zu einer Theorie der, I 333–39
  Beziehung zu anderen Neurosen, I 339–42
  Klinische Symptomatologie der, I 317–24
  Über die Berechtigung von der Neurasthenie einen bestimmten Symptomkomplex als ‚–‘ abzutrennen, I 315–42

Inhaltsangabe, I 483f.

Zur Kritik der, I 357-76

Inhaltsangabe, I 484f.

Vorkommen und Ätiologie der, I 325-52

Animismus, Magie und Allmacht der Gedanken (Totem und Tabu, III.), IX 93-121

Ansätze zu einer Theorie der Angstneurose, I 333-39

Ansichten über die Rolle der Sexualität in der Ätiologie der Neurosen, V 149-59

Ansprache

an die Mitglieder des Vereins B'nai B'rith (1926), XVII 51-53

im Frankfurter Goethe-Haus (Goethe-Preis 1930), XIV 547-50

Anthropophyteia, Brief an Friedrich S. Krauss über die, VIII 224f.

Anwendungen *s.* **Psychoanalyse**

Arbeit *s.* **Psychoanalytische Arbeit**

Arzt, Ratschläge für den, bei der psychoanalytischen Behandlung, VIII 376-87

Aufklärungen *s.* **Psychoanalyse**

Auftreten von Krankheitssymptomen im Traume (Erfahrungen und Beispiele aus der analytischen Praxis), X 42

Ausnahmen, Die (Einige Charaktertypen aus der psychoanalytischen Arbeit, I.), X 365-70

Autobiographisch beschriebenen Fall von Paranoia (Dementia paranoides), Psychoanalytische Bemerkungen über einen, VIII 240-320

(Autobiographisches) (*s. a.* Biogr. Reg.), X 44-113; XIII 405-27; XIV 33-96, 99-110; XVI 31-34

Ägypter

Moses ein, XVI 103-13

Wenn Moses ein – war, XVI 114-55

Ätiologie (*s. a.* Étiologie)

der Angstneurose, Vorkommen und, I 325-32

der Hysterie, Die ‚spezifische', I 380-85

der Hysterie, Zur, I 425-59

Inhaltsangabe, I 486

der Neurosen, Die Sexualität in der, I 491-516

der Neurosen, Meine Ansichten über die Rolle der Sexualität in der, V 149-59

B'nai B'rith, Ansprache an die Mitglieder des Vereins, XVII 51-53

Bedeutung, Die, der Vokalfolge, VIII 348

Tit 4   Begriff des Unbewußten

Begriff des Unbewußten, Einige Bemerkungen über den – in der Psychoanalyse, VIII 429–39

Behandlung
  Zur Einleitung der, VIII 454–78
  Ratschläge für den Arzt bei der psychoanalytischen, VIII 376–87

Beispiele
  aus der analytischen Praxis, Erfahrungen und, X 40–42
  des Verrats pathogener Phantasien bei Neurotikern, VIII 228

Beiträge zur Psychologie des Liebeslebens
  I. Über einen besonderen Typus d. Objektwahl beim Manne, VIII 66–77
  II. Über die allgemeinste Erniedrigung des Liebeslebens, VIII 78–91
  III. Das Tabu der Virginität, XII 161–80

Bemerkung(en)
  Einige – über den Begriff des Unbewußten in der Psychoanalyse, VIII 429–39
  über die Übertragungsliebe, X 306–21
  über einen Fall von Zwangsneurose, VII 381–63
  Psychoanalytische *s.* **Psychoanalytische**
  zu E. Pickworth Farrow's *Eine Kindheitserinnerung aus dem 6. Lebensmonat*, XIV 568
  zur Theorie und Praxis der Traumdeutung, XIII 301–14
  Weitere – über die Abwehr-Neuropsychosen, I 379–403
    Inhaltsangabe, I 485f.

Berechtigung, Über die –, von der Neurasthenie einen bestimmten Symptomkomplex als ‚Angstneurose' abzutrennen, I 315–42
  Inhaltsangabe, I 483f.

Bericht *über die Berliner psychoanalytische Poliklinik*, von Max Eitingon, Vorwort zu, XIII 441

Berliner
  Psychoanalytisches Institut, Zehn Jahre, Vorwort zu, XIV 572
  Psychoanalytische Poliklinik, Bericht über die, von Max Eitingon, Vorwort zu, XIII 441

Bewegung *s.* **Psychoanalytische** Bewegung

Beweismittel, Ein Traum als, X 12–22

Bibliographie (*s. a.* Bibliogr. Reg.) (z. Psycho-Analysis), XIV 306f.

Bisexualität, Hysterische Phantasien und ihre Beziehung zur, VII 191–99

Bonaparte, Marie, *Edgar Poe, étude psychanalytique*, Vorwort zu, XVI 276

Bourke, John Gregory, *Der Unrat in Sitte, Brauch, Glauben und Gewohnheitsrecht der Völker,* Geleitwort zu, X 453–55

Breuer, Josef
  Brief an –, XVII 5f.
  – (Gedenkwort), XIV 562f.
(Briefe an) s. **Breuer,** Josef; **Einstein**; **Fürst,** M; **Hug-Hellmuth,** Hermine; **Jüdische** Presszentrale, Zürich, Herausgeber; **Krauss,** Friedrich, S; **Leroy,** Maxime; **Lopez**-Ballesteros y de Torres, Louis; **Paquet,** Alfons; **Pribor,** Bürgermeister der Stadt; **Rolland,** Romain
Bruchstück einer Hysterie-Analyse, V 163–286

Cartesius, Traum des, Brief an Maxim Leroy über einen, XIV 558–60

Chancen der psychoanalytischen Therapie, Die zukünftigen, VIII 104–15

Charakter und Analerotik, VII 203–09

Charaktertypen aus der psychoanalytischen Arbeit, Einige, X 364–91

Charcot (Gedenkwort), I 21–35
  Inhaltsangabe, I 475

Chronische Paranoia s. **Paranoia**

Darstellbarkeit, Rücksicht auf, (Erfahrungen und Beispiele aus der analytischen Praxis), X 41f.

Deckerinnerungen, Über, I 531–54

„**Déjà raconté',** Über Fausse Reconnaissance (–) während der psychoanalytischen Arbeit, X 116–23

Dementia Paranoides s. **Paranoia**

Denken, *Über das vorbewußte phantasierende,* von J. Varendonck, Geleitwort zu, XIII 439–40

Deutbarkeit, Die Grenzen der, I 561–64

Diana der Epheser, ‚Groß ist die –', VIII 360f.

Dichter und das Phantasieren, Der, VII 213–23

Dichtung und Wahrheit, Eine Kindheitserinnerung aus, XII 15–26

Diskussion, Zur Einleitung der, (u.) Schlußwort
  Onanie–, VIII 332f., 334f.
  Selbstmord–, VIII 62f., 64

Disposition zur Zwangsneurose, Die, VIII 442–52

Disque Vert, Le, Zuschrift an die Zeitschrift, XIII 446

Dostojewski und die Vatertötung, XIV 399–418

Drei Abhandlungen zur Sexualtheorie, V 29–145

Tit 6 **Durcharbeiten**

Durcharbeiten, Erinnern, Wiederholen und, X 126–36
Dynamik der Übertragung, Zur, VIII 364–74
Eifersucht, Über einige neurotische Mechanismen bei –, Paranoia und Homosexualität, XIII 195–207
Ein
   Fall von hypnotischer Heilung, I 3–17
   ‚– Kind wird geschlagen', Beitrag zur Kenntnis der Entstehung sexueller Perversionen, XII 197–226
   religiöses Erlebnis, XIV 393–96
   Traum *s.* Traum
   Traum als Beweismittel, X 12–22
Eine
   Beziehung zwischen einem Symbol und einem Symptom, X 394f.
   erfüllte Traumahnung, XVII 21–23
   Erinnerungsstörung auf der Akropolis, XVI 250–57
   Kindheitserinnerung *s.* **Kindheitserinnerung**
   Schwierigkeit der Psychoanalyse, XII 3–12
   Teufelsneurose im siebzehnten Jahrhundert, XIII 317–53
Einführung
   des Narzißmus, Zur, X 138–70
   i. d. Psychoanalyse, Vorlesungen zur, XI 3–482
      Neue Folge der, XV 3–197
Einige
   Bemerkungen über den Begriff des Unbewußten in der Psychoanalyse, VIII 429–39
   Charaktertypen aus der psychoanalytischen Arbeit, X 364–91
   Nachträge zum Ganzen der Traumdeutung, I 561–73
   psychische Folgen des anatomischen Geschlechtsunterschieds, XIV 19–30
Einleitung der Behandlung, Zur, VIII 454–78
(Einleitungen [u. Schlußworte] zu Sammelwerken, Berichten, usw.) *s.*
   Berliner *Psychoanalytische Poliklinik,* Bericht über die; **Berliner** *Psychoanalytisches Institut, Zehn Jahre* –, Vorwort zu; **Kriegsneurosen,** *Psychoanalyse der;* **Medical Review of Reviews** Vol. XXXVI 1930, Geleitwort zu; **Onanie**-Diskussion; **Selbstmord**-Diskussion
Einschaltung in die Sexualtheorie, Eine *s.* **Genitalorganisation**
Einstein, Brief an, ‚Warum Krieg?', XVI 13–27
Eitingon, Max, *Bericht über die Berliner psychoanalytische Poliklinik,* Vorwort zu, XIII 441
Elementary Lessons in Psycho-Analysis, Some, XVII 141–47

Elementi *di Psicoanalysi*, von Edoardo Weiss, Geleitwort zu, XIV 573

Elisabeth *s.* Fräulein Elisabeth

Emmy *s.* Frau Emmy

Endliche und die unendliche Analyse, Die, XVI 59–99

Enttäuschung des Krieges, Die (Zeitgemäßes über Krieg und Tod, I.), X 324–40

Epheser, Diana der, ‚Groß ist die –‘, VIII 360 f.

Erfahrungen und Beispiele aus der analytischen Praxis, X 40–42

Erfolge scheitern, Die am (Einige Charaktertypen aus der psychoanalytischen Arbeit, II.), X 370–89

Ergebnisse, Ideen, Probleme, XVII 151 f.

Erinnern, Wiederholen und Durcharbeiten, X 126–36

Erinnerungsstörung auf der Akropolis, Eine, Brief an Romain Rolland, XVI 250–57

Erkrankungstypen, neurotische, Über, VIII 321–30

Erniedrigung des Liebeslebens, Über die allgemeinste (Beiträge zur Psychologie des Liebeslebens, II.), VIII 78–91

Es, Das Ich und das, XIII 237–89

Étiologie (*s. a.* Ätiologie)

  des Névroses, L'hérédité et L', I 407–22

  Inhaltsangabe, I 486 f.

  Obsessions et Phobies, Leur Mécanisme Psychique et leur, I 345–53

Étude *psychanalytique,* Edgar Poe, Vorwort zu Marie Bonaparte, XVI 276

Fakultätsgutachten im Prozeß Halsmann, Das, XIV 541 f.

Fall *s.* **Bemerkung(en); Ein; Homosexualität; Paranoia**

Familienroman der Neurotiker, Der, VII 227–31

Farrow, E. Pickworth, *Eine Kindheitserinnerung aus dem 6. Lebensmonat,* Bemerkung zu, XIV 568

Fausse Reconnaissance *s.* ‚Déjà raconté'

Fehlhandlung, Die Feinheit einer, XVI 37–39

Fehlleistungen, Die (Vorlesungen zur Einführung in die Psychoanalyse, I.), XI 7–76

Feinheit einer Fehlhandlung, Die, XVI 37–39

Ferenczi, Sándor

  (Zum 50. Geburtstag), XIII 443–45

  (Gedenkwort), XVI 267–69

  Vorwort zu *Lélekelemzés, értekezések a psichoanalizis köréből,* VII 469

Fetischismus, XIV 311–17

Feuer(s), Gewinnung des, Zur, XVI 3–9

Folgen des anatomischen Geschlechtsunterschieds, Einige psychische, XIV 19–30

Formulierungen über die zwei Prinzipien des psychischen Geschehens, VIII 230–38

Frage der Laienanalyse, Die, XIV 209–96

Frankfurt(er) Goethe-Haus, Ansprache im, (Goethe-Preis 1930), XIV 547–50

Frau Emmy v. N., vierzig Jahre, aus Livland (Studien über Hysterie, Krankengeschichten), I 99–162

Fräulein Elisabeth v. R. (Studien über Hysterie, Krankengeschichten), I 196–251

Freudsche psychoanalytische Methode, Die, V 3–10

Freund, Anton v. (Gedenkwort), XIII 435 f.

Fünf Vorlesungen über Psychoanalyse, VIII 3–60

Fünfjährigen Knaben, Analyse der Phobie eines, VII 243–57

Fürst, M., Offener Brief an (Zur sexuellen Aufklärung der Kinder), VII 19–27

Füße [Schuhe], Verschämte (Erfahrungen und Beispiele aus der analytischen Praxis), X 41

Gedankenassoziation eines vierjährigen Kindes, XII 305 f.

(Gedenkworte) s. **Abraham,** Karl; **Andreas-Salome,** Louis; **Breuer,** Josef; **Charcot; Ferenczi,** Sándor; **Freund,** Anton v.; **Hebrew University; Jones,** Ernest; **Mann,** Thomas; **Putnam,** James J.; **Rolland,** Romain; **Tausk,** Viktor

Gefühlsregungen, Ambivalenz der s. **Tabu**

Gegensinn der Urworte, Über den, VIII 214–21

‚Gegenwillen' Ein Fall von hypnotischer Heilung, nebst Bemerkungen über die Entstehung hysterischer Symptome durch den, I 3–17

Inhaltsangabe, I 474 f.

(Geleitworte) s. (Einleitungen zu Sammelwerken, Berichten etc.); **(Vorworte** zu Werken anderer Autoren)

Genitalorganisation, Die infantile, Eine Einschaltung in die Sexualtheorie, XIII 293–98

Geschichte

Aus der – einer infantilen Neurose, XII 29–157

der psychoanalytischen Bewegung, Zur, X 44–113

Vor– der analytischen Technik, Zur, XII 309–12

Geschlechtsunterschied(s), Einige psychische Folgen des anatomischen, XIV 19–30

Gewinnung des Feuers, Zur, XVI 3–9

Goethe-Preis 1930
Ansprache im Frankfurter Goethe-Haus, XIV 547–50
Brief an Alfons Paquet, XIV 545f.

Gradiva, Der Wahn und die Träume in W. Jensens, VII 31–125

Grenzen der Deutbarkeit, Die, (Einige Nachträge zum Ganzen der Traumdeutung), I 561–64

‚**Groß** ist die Diana der Epheser', VIII 360f.

Gutachten im Prozeß Halsmann, Das Fakultäts–, XIV 541f.

Gymnasiast(en), Zur Psychologie des, X 204–07

Halluzinatorische Psychose(n) *s.* **Abwehr-Neuropsychosen**

Halsmann, Das Fakultätsgutachten im Prozeß, XIV 541f.

Handhabung der Traumdeutung in der Psychoanalyse, Die, VIII 350–57

Hans, kleiner *s.* **Kleiner Hans**

Hebräische(n) Ausgabe von
Totem und Tabu, Vorrede zur, XIV 569
Vorlesungen zur Einführung in die Psychoanalyse, Vorrede zur, XVI 247f.

Hebrew University, To the opening of the, XIV 556f.

Hemmung, Symptom und Angst, XIV 113–205

Hérédité et L'Étiologie des Névroses, L', I 407–22
Inhaltsangabe, I 486f.

Homosexualität
Über einige neurotische Mechanismen bei Eifersucht, Paranoia und –, XIII 195–207
weiblicher, Über die Psychogenese eines Falles von, XII 271–302

Hug-Hellmuth, Hermine, Brief an, X 456

Humor, Der, XIV 383–89

Hypnotische(r) Heilung, Ein Fall von –, nebst Bemerkungen über die Entstehung hysterischer Symptome durch den ‚Gegenwillen', I 3–17
Inhaltsangabe, I 474f.

Hysterie
Akquirierte *s.* **Abwehr-Neuropsychosen**
–Analyse, Bruchstück einer, V 163–286
Zur Ätiologie der, I 425–59
Inhaltsangabe, I 486
Psychotherapie der –, Zur, I 252–312

Tit 10   **Hysterie,** Die ‚spezifische' Ätiologie der

     Die ‚spezifische' Ätiologie der, I 380–85

     Studien über, I 77–312

Hystériques, paralysies motrices organiques et –, Quelques considérations pour une étude comparative des, I 39–55

     Inhaltsangabe, I 480f.

Hysterische Phantasien und ihre Beziehung zur Bisexualität, VII 191–99

Hysterisch(en)

     Anfall, Allgemeines über den, VII 235–40

     Anfalles, Zur Theorie des (Gemeinsam mit Josef Breuer), XVII 9–13

Hysterische(r)

     Phänomene, Über den psychischen Mechanismus, I 81–98

         Inhaltsangabe, I 475f.

     Symptome, ein Fall von hypnotischer Heilung, nebst Bemerkungen über die Entstehung –, durch den ‚Gegenwillen', I 3–17

         Inhaltsangabe, I 474f.

Ich

     -Analyse, Massenpsychologie und, XIII 73–161

     Das – und das Es, XIII 237–89

     -spaltung im Abwehrvorgang, Die, XVII 59–62

Ideen, Probleme, Ergebnisse, XVII 151f.

Illusion, Die Zukunft einer, XIV 325–80

Infantile

     Genitalorganisation, Die, Eine Einschaltung in die Sexualtheorie, XIII 293–98

     Neurose, Aus der Geschichte einer –n, XII 29–157

     Sexualität, Die, V 73–107

(Inhaltsangaben der [nicht-analytischen] wissenschaftlichen Arbeiten) (*s. a.* unter den jeweiligen Titeln), I 463–80, 485, 487f.

Institut, *Psychoanalytisches, Berliner, Zehn Jahre,* Vorwort zu, XIV 572

Interesse an der Psychoanalyse, Das, VIII 390–420

Internationaler Psychoanalytischer Verlag und Preiszuteilungen für psychoanalytische Arbeiten (*s. a.* Psychoanalytische[r]), XII 333–36

Inzestscheu, Die (Totem und Tabu, I.), IX 5–25

Jenseits des Lustprinzips, XIII 3–69

Jensens *Gradiva,* Der Wahn und die Träume in W., VII 31–125

Jones, Ernest, zum 50. Geburtstag, XIV 554f.

Josef Popper-Lynkeus

Meine Berührung mit, XVI 261-66

und die Theorie des Traumes, XIII 357-59

Jüdische (*s. a.* Hebräische; Hebrew)

Presszentrale, Zürich, Brief an den Herausgeber der –n, XIV 556

Jugend, *Verwahrloste,* von August Aichorn, Geleitwort zu, XIV 565-67

Katharina (Studien über Hysterie, Krankengeschichten), I 184-95

Kästchenwahl, Das Motiv der, X 24-37

‚**Kind** wird geschlagen, Ein', XII 197-226

Kind(er), Zur sexuellen Aufklärung der –, Offener Brief an M. Fürst VII 19-27

Kind(es), vierjährigen, Gedankenassoziation eines, XII 305f.

Kinderlügen, Zwei, VIII 422-27

Kindheitserinnerung

aus ‚Dichtung und Wahrheit', Eine, XII 15-26

des Leonardo da Vinci, Eine, VIII 128-211

aus dem 6. Lebensmonat, Eine –, von E. Pickworth Farrow, Bemerkung zu, XIV 568

Kleiner Hans, Nachschrift zur Analyse des –n (*s. a.* Analyse d. Phobie eines fünfjährigen Knaben), XIII 431f.

Klinische Symptomatologie der Angstneurose, I 317-24

Knabe(n), Analyse der Phobie eines fünfjährigen, VII 243-377

Konstruktionen in der Analyse, XVI 43-56

(Krankengeschichten)

einzelne *s. i.* Reg. d. Krankengesch.

(in: Studien über Hysterie), I 99-251

Krankheitssymptome *s.* Symptom(e)

Krauss, Friedrich S., Brief an, über die *Anthropophyteia,* VIII 224f.

Krieg und Tod, Zeitgemäßes über, X 324-55

Krieg? Warum (Brief an Einstein), XVI 12-27

Krieg(es), Die Enttäuschung des (Zeitgemäßes über Krieg und Tod, I.), X 324-40

Kriegsneurosen, Zur Psychoanalyse der, Einleitung zu, XII 321-24

Kritik der ‚Angstneurose', Zur, I 357-76

Inhaltsangabe, I 484f.

Kultur, Das Unbehagen in der, XIV 421-506

‚**Kulturelle'** Sexualmoral und die moderne Nervosität, Die, VII 143-67

Kurzer Abriß der Psychoanalyse, XIII 405-27

Laienanalyse, Die Frage der, XIV 209-96

Le disque vert, Zuschrift an die Zeitschrift, XIII 446

Lebensmonat, *Eine Kindheitserinnerung aus dem 6.*, Bemerkung zu E. Pickworth Farrow, XIV 568

Leonardo da Vinci, Eine Kindheitserinnerung des, VIII 128-211

Leroy, Maxim, Brief an, über einen Traum des Cartesius, XIV 558-60

Lessons in Psycho-Analysis, Some Elementary, XVII 141-47

Libidinöse Typen, Über, XIV 509-13

‚Libidotheorie', XIII 229-33

Liebesleben(s)

Beiträge zur Psychologie des (I. u. III.), VIII 66-91 (66-77, 78-91); XII 161-80

Über die allgemeinste Erniedrigung des (Beiträge zur Psychologie des Liebeslebens, II.), VIII 78-91

Literatur der Traumprobleme, Die wissenschaftliche (Die Traumdeutung, I.), II/III 1-99

(Literaturverzeichnis) (*s. a.* Bibliographie)

A.) Unter meinem Einflusse ausgeführte Arbeiten, B.) Übersetzungen aus dem Französischen, I 488

(Psycho-Analysis), XIV 306f.

(Die Traumdeutung), II/III 627-42

Lopez-Ballesteros y de Torres, Louis, Brief an, über die spanische Ausgabe der ‚Obras Completas', XIII 442

Lucy *s.* Miss Lucy

Lustprinzip(s), Jenseits des, XIII 3-69

Magie *s.* **Animismus**

Mann Moses, Der *s.* **Moses**

Mann, Thomas, zum 60. Geburtstag, XVI 249

Mann(e), über einen besonderen Typus der Objektwahl beim (Beiträge zur Psychologie des Liebeslebens I.), VIII 66-77

Masochismus, Das ökonomische Problem des, XIII 371-83

Massenpsychologie und Ich-Analyse, XIII 73-161

Männliche(n) Potenz, *Die psychischen Störungen der*, von Maxim Steiner, Vorwort zu, X 451f.

Märchenstoffe in Träumen, X 2-9

Mécanisme Psychique, Obséssions et Phobies, Leur –, et leur Étiologie, I 345-53

Mechanismen, bei Eifersucht, Paranoia und Homosexualität, Einige neurotische, XIII 195–207

Mechanismus

Über den paranoischen (Psychoanalytische Bemerkungen über einen autobiographisch beschriebenen Fall von Paranoia, III.), VIII 295–316

Über den psychischen – hysterischer Phänomene, I 81–98

der Vergeßlichkeit, Zum psychischen, I 519–27

der Zwangsneurosen, Wesen und, I 385–92

Medical Review of Reviews, Vol XXXVI 1930, Geleitwort zu, XIV 570f.

Medusenhaupt, Das, XVII 47f.

Melancholie, Trauer und, X 428–46

Metapsychologische Ergänzung zur Traumlehre, X 412–26

Methode

Die Freudsche psychoanalytische, V 3–10

Die *psychoanalytische* –, von Dr. Oskar Pfister, Geleitwort zu, X 448–50

Michelangelo, Der Moses des, X 172–201

Nachtrag zur Arbeit über den, XIV 321f.

Miss Lucy R., dreißig Jahre (Studien über Hysterie, Krankengeschichten), I 163–83.

Mitteilung *s.* **Paranoia**

Moderne Nervosität, Die ‚Kulturelle' Sexualmoral und die, VII 143–67

Monotheistische Religion, Der Mann Moses und die, XVI 103–246

Moses

ein Ägypter, XVI 103–13

ein Ägypter war, Wenn, XVI 114–55

und die monotheistische Religion, der Mann –, XVI 103–246

sein Volk und die monotheistische Religion, XVI 156–246

Moses des Michelangelo, Der, X 172–201

Nachtrag zur Arbeit über den, XIV 321f.

Motrices, Quelques considérations pour une étude des paralysies, –, organiques et hystériques, I 39–55

Inhaltsangabe, I 480f.

Motiv der Kästchenwahl, Das, X 24–37

Mythologische Parallele zu einer plastischen Zwangsvorstellung, X 398–400

(Nachlaß), XVII 5–152

(Nachruf) *s.* **(Gedenkworte)**

Tit 14 (Nachträge)

(Nachträge)

Analyse des kleinen Hans, Nachschrift zur, XIII 431 f.

Moses des Michelangelo, Nachtrag zur Arbeit über den, XIV 321 f.

Selbstdarstellung, Nachschrift zur, XVI 31–34

Traumdeutung, Einige Nachträge zum Ganzen der, I 561–73

Traumlehre, Metapsychologische Ergänzung zur, X 412–26

Narzißmus, Zur Einführung des, X 138–70

Natur des Psychischen, Die (Abriß der Psychoanalyse I.), XVII 67–94

Nervosität, die moderne, Die ‚kulturelle' Sexualmoral und, VII 143–67

Nervöse *Angstzustände und ihre Behandlung,* Vorwort zu Wilhelm Stekels, VII 467 f.

Neurasthenie, Über die Berechtigung von der – einen bestimmten Symptomkomplex als ‚Angstneurose' abzutrennen, I 315–42

Inhaltsangabe, I 483 f.

(Neurologische Arbeiten, Inhaltsangaben), I 463–80, 485, 487 f.

Neuropsychosen *s.* **Abwehr-Neuropsychosen**

Neurose(n) (*s. a.* Angstneurose)

Ansichten, Meine, über die Rolle der Sexualität in der Ätiologie der, V 149–59

infantilen –, Aus der Geschichte einer, XII 29–157

–lehre

Allgemeine – (Vorlesung. z. Einführ. i. d. Psychoanalyse, III.), XI 249–482

Allgemeine – auf psychoanalytischer Grundlage s. **Nunberg, Hermann**

Vorwort zur ersten Auflage der ‚Sammlung kleiner Schriften zur – aus den Jahren 1893–1906', I 557 f.

und Psychose, XIII 387–91

Der Realitätsverlust bei –, XIII 363–68

Die Sexualität in der Ätiologie der, I 491–516

Neurotiker(n)

Beispiele des Verrats pathogener Phantasien bei, VIII 228

Der Familienroman der, VII 227–31

Selbstkritik der, (Erfahrungen und Beispiele aus der analytischen Praxis), X 41

Neurotische

Erkrankungstypen, Über, VIII 321–30

Mechanismen, Über einige, bei Eifersucht, Paranoia und Homosexualität, XIII 195–207

Névroses, L'Hérédité et l'Étiologie des, I 407–22

Inhaltsangabe, I 486 f.

(Nicht-analytische) wissenschaftliche Arbeiten, Inhaltsangaben, I 463–80, 485, 487f.

Notiz

„III", XVII 17f.

über den „Wunderblock", XIV 3–8

Nunberg, Hermann, *Allgemeine Neurosenlehre auf psychoanalytischer Grundlage*, Geleitwort zu, XVI 273

Objektwahl beim Manne, Über einen besonderen Typus der (Beiträge zur Psychologie des Liebeslebens I.), VIII 66–77

Obsessions et Phobies, Leur mécanisme psychique et leur étiologie, I 345–53

Okkulte Bedeutung des Traumes, Die (Einige Nachträge zum Ganzen der Traumdeutung), I 569–73

Okkultismus, Traum und, XV 32–61

Onanie-Diskussion, Zur Einleitung der (und) Schlußwort der, VIII 332f., 334–45

Opening of the Hebrew University, To the, XIV 556f.

Orientierungen *s.* Psychoanalyse

Ödipuskomplex(es), Der Untergang des, XIII 395–402

Ökonomische Problem des Masochismus, Das, XIII 371–83

Paquet, Alfons, Goethe-Preis 1930, Brief an –, XIV 545f.

Parallele, mythologische *s.* **Mythologische** Parallele

Paralysies Motrices Organiques et Hystériques, Quelques considérations pour une étude comparative des, I 39–55

Inhaltsangabe, I 480f.

Paranoia

Analyse eines Falles von chronischer, I 392–403

(Dementia paranoides), Psychoanalytische Bemerkungen über einen autobiographisch beschriebenen Fall von, VIII 240–320

Über einige neurotische Mechanismen bei Eifersucht, – und Homosexualität, XIII 195–207

Mitteilung eines der psychoanalytischen Theorie widersprechenden Falles von, X 234–46

Paranoisch(en) Mechanismus, Über den (Psychoanalytische Bemerkungen über einen autobiographisch beschriebenen Fall von Paranoia, II.), VIII 295–316

Pathogene *s.* **Phantasien**

Persönlichkeit, Die Zerlegung der psychischen, XV 62–86

Perversion(en), sexuelle(r), ‚Ein Kind wird geschlagen', Beitrag zur Kenntnis der Entstehung –, XII 197–226

Pfister, Oskar, *Die psychoanalytische Methode,* Geleitwort zu, x 448–50
Phantasien
  Hysterische, und ihre Beziehung zur Bisexualität, VII 191–99
  pathogener –, Beispiele des Verrats, VIII 228
Phantasieren, Der Dichter und das, VII 213–23
Phantasierende *Denken, Über das vorbewußte,* von J. Varendonck, Geleitwort zu, XIII 439f.
Phobie (*s. a.* Abwehr-Neuropsychosen)
  eines fünfjährigen Knaben, Analyse der, VII 243–377
Phobies, Obsessions et –, Leur mécanisme psychique et leur étiologie, I 345–53
Plastische(n) Zwangsvorstellung, Mythologische Parallele zu einer, x 398–400
Poe, *Edgar, étude psychanalytique,* par Marie Bonaparte, Vorwort zu, XVI 276
Polyklinik, *psychoanalytische, Bericht über die Berliner,* von Max Eitingon, Vorwort zu, XIII 441
Popper-Lynkeus, Josef
  meine Berührung mit, XVI 261–66
  und die Theorie des Traumes, XIII 357–59
Potenz, *Die psychischen Störungen der männlichen,* von Maxim Steiner, Vorwort zu, x 451 f.
Praktische Aufgabe, Die (Abriß der Psychoanalyse, II.), XVII 97–121
Praxis
  Erfahrungen und Beispiele aus der analytischen, x 40–42
  der Traumdeutung, Bemerkungen zur Theorie und, XIII 301–14
Preface to *Addresses on Psycho-Analysis* by J. J. Putnam, XIII 437 f.
Preiszuteilung für pschoanalytische Arbeiten, Internationaler Psychoanalytischer Verlag und, XII 333–36
‚**Presszentrale,** Jüdische(n), Zürich', Brief an den Herausgeber der, XIV 556
Přibor, Brief an den Bürgermeister der Stadt, XIV 561
Prinzipien des psychischen Geschehens, Formulierungen über die, VIII 230–38
Problem(e)
  –, Ergebnisse, Ideen, XVII 151 f.
  Das ökonomische – des Masochismus, XIII 371–83
  – der *Religionspsychologie,* von Dr. Theodor Reik, Vorrede zu, XII 325–29
Prozeß Halsmann, Das Fakultätsgutachten i., XIV 541 f.

‚Psicoanalisi, Elementi di' s. (Psychoanalyse)

Psychique s. Mécanisme psychique

Psychische(n)
Behandlung (Seelenbehandlung), v 289–315
Folgen des anatomischen Geschlechtsunterschieds, Einige, xiv 19–30
Geschehens, Formulierungen über zwei Prinzipien des, viii 230–38
Mechanismus s. Mechanismus
Die Natur des (Abriß der Psychoanalyse, I.), xvii 67–94
Persönlichkeit, Die Zerlegung der, xv 62–86
Störungen d. männlichen Potenz, Die, von Maxim Steiner, Vorwort zu, x 451 f.

Psycho-Analysis, xiv 299–307
Addresses on, by J. J. Putnam, Preface to, xiii 437 f.
Some elementary lessons in, xvii 141–47

Psychoanalyse (*s. a.* Analyse), xiii 211–29
Abriß der, xvii 67–138
Kurzer, xiii 405–27
Einige Bemerkungen über den Begriff des Unbewußten in, viii 429–39
Die Handhabung der Traumdeutung in der, viii 350–57
Das Interesse an der, viii 390–420
‚d. Kriegsneurosen, Zur', Einleitung zu, xii 321–24
Kurzer Abriß der, xiii 405–27
Eine Schwierigkeit der, xii 3–12
Tatbestandsdiagnostik und, vii 3–15
und Telepathie, xvii 27–44
Über (Fünf Vorlesungen), viii 3–60
Vorlesungen zur Einführung in die, xi 3–482
  Neue Folge, xv 3–197
  Aufklärungen, Anwendungen, Orientierungen, xv 146–69
  Vorrede zur hebräischen Ausgabe der, xvi 274 f.
Die Widerstände gegen die, xiv 99–110
‚Wilde –', Über, viii 118–25

(Psychoanalyse)
Psicoanalisi, Elementi di, von Edoardo Weiss, Geleitwort zu, xiv 573
Psycho-Analysis, xiv 299–307
  some Elementary Lessons in, xvii 141–47
Pszichoanalizis köréböl, Lélekelemzés, értekezések a, Vorwort zu Sándor Ferenczi's, vii 469

Psychoanalytisch(-er, -e, -es)
  Arbeit, Einige Charaktertypen aus der –n, x 64–91
  Über Fausse Reconnaissance (‚Déjà raconté') während der –n, x 116–23
  Arbeiten, Internationaler Psychoanalytischer Verlag und Preiszuteilungen für, XII 333–36
  Auffassung, Die pyschogene Sehstörung in –r, VIII 94–102
  Behandlung, Ratschläge für den Arzt bei der –n, VIII 376–87
  Bemerkungen über einen autobiographisch beschriebenen Fall von Paranoia (Dementia paranoides), VIII 240–320
  Bewegung, Zur Geschichte der –n, x 44–113
  Institut, Berliner, zehn Jahre, Vorwort zu, XIV 572
  Methode
    Die Freudsche, V 3–10
    Die –, von Oskar Pfister, Geleitwort zu, x 448–50
  Poliklinik, Bericht über die –, von Max Eitingon, Vorwort zu, XIII 441
  Theorie widersprechenden Falles von Paranoia, Mitteilung eines der –n, x 234–46
  Therapie (*s. a.* Therapie)
    Wege der –n, XII 183–94
    Die zukünftigen Chancen der –n, VIII 104–115
  Verlag, Internationaler *s.* **Psychoanalytische** Arbeiten

Psychogene Sehstörung in psychoanalytischer Auffassung, Die, VIII 94–102

Psychogenese eines Falles von weiblicher Homosexualität, XII 271–302

Psychologie
  des Gymnasiasten, Zur, x 204–07
  des Liebeslebens, Beiträge zur
    (I–II), VIII 66–91
    (III), XII 161–80
  Religions–, *s.* **Religionspsychologie**

Psychologische(n) Theorie
  der akquirierten Hysterie *s.* **Abwehr-Neuropsychosen**
  Mitteilung eines der –, widersprechenden Falles von Paranoia, x 234–46

Psychose
  halluzinatorisch *s.* **Abwehr-Neuropsychosen**
  Neurose und, XIII 387–91
  Der Realitätsverlust bei Neurose und, XIII 363–68

Psychotherapie
  Über, V 13–26

Zur – der Hysterie, I 252–312

Pszichoanalizis *s.* **(Psychoanalyse)**

Pubertät, Die Umgestaltungen der (Drei Abhandlungen zur Sexualtheorie, III.) v 108–31

Putnam, James, J.
  Addresses on Psycho-Analysis, Preface to, XIII 437f.
  Gedenkwort, XII 315

Quelques considérations pour une étude comparative des paralysies motrices organiques et hystériques, I 39–55
Inhaltsangabe, I 480–81

Ratschläge für den Arzt bei der psychoanalytischen Behandlung, VIII 376–87

Realitätsverlust bei Neurose und Psychose, Der, XIII 363–68

Reik, Theodor, *Probleme der Religionspsychologie,* Vorrede zu, XII 325–29

Religion, monotheistische, Der Mann Moses und die, XVI 103–246

Religionspsychologie, *Probleme der,* von Theodor Reik, Vorrede zu, XII 325–29

Religionsübungen, Zwangshandlungen und, VII 129–39

Religiöses Erlebnis, Ein, XIV 393–96

Review of Reviews, Medical, Vol. XXXVI 1930, Geleitwort zu, XIV 570f.

Rolland, Romain
  An, XIV 553
  Brief an (Eine Erinnerungsstörung auf der Akropolis), XVI 250–57

Rücksicht auf Darstellbarkeit (Erfahrungen und Beispiele aus der analytischen Praxis), x 41f.

Scheitern, Die am Erfolge (Einige Charaktertypen aus der psychoanalytischen Arbeit, II.), x 370–89

Schlagen, ‚Ein Kind wird ge–', Beitrag zur Kenntnis der Entstehung sexueller Perversionen, XII 197–226

Schlußworte *s.* **Diskussion; (Einleitungen)**

Schuhe *s.* **Füße**

Schuldbewußtsein, Die Verbrecher aus (Einige Charaktertypen aus der psychoanalytischen Arbeit, III.), x 389–91

Schwierigkeit der Psychoanalyse, Eine, XII 3–12

Seelenbehandlung, Psychische Behandlung, V 289–315

Sehstörung, psychogene, in psychoanalytischer Auffassung, Die, VIII 94–102

Tit 20   Selbstkritik der Neurotiker

Selbstkritik der Neurotiker (Erfahrungen und Beispiele aus der analytischen Praxis), x 41

Selbstdarstellung, xiv 33–96

    Nachschrift zur, xvi 31–34

Selbstmord-Diskussion, Zur Einleitung, (und) Schlußwort der, viii 62f., 64

Sexualität, Die

    in der Ätiologie der Neurosen, i 491–516

    infantile (Drei Abhandlungen zur Sexualtheorie, II.), v 73–107

    Meine Ansichten über die Rolle der – in der Ätiologie der Neurosen, v 149–59

    weibliche, Über, xiv 517–37

Sexualmoral, Die ‚kulturelle' – und die moderne Nervosität, vii 143–67

Sexualtheorie

    Drei Abhandlungen zur, v 29–145

    Die infantile Genitalorganisation, Eine Einschaltung in die, xiii 293–98

    Über infantile –n, vii 171–88

Sexuelle(n)

    Abirrungen, Die, v 33–72

    Aufklärung der Kinder, Zur, Offener Brief an Mr. Fürst, vii 19–27

Sexuelle(r) Perversionen, Beitrag zur Kenntnis der Entstehung, ‚Ein Kind wird geschlagen', xii 197–226

Sittliche Verantwortung für den Inhalt der Träume, Die (Einige Nachträge zum Ganzen der Traumdeutung), i 565–69

Some Elementary lessons in Psycho-Analysis, xvii 141–47

Spanische Ausgabe der ‚Obras Completas', Brief an Luis Lopez-Ballesteros y de Torres, über die, xiii 442

Spezifische Ätiologie *s.* **Ätiologie**

Steiner, Maxim, *Die psychischen Störungen der männlichen Potenz,* Vorwort zu, x 451f.

Stekel, Wilhelm, *Nervöse Angstzustände und ihre Behandlung,* Vorwort zu, vii 467f.

Störungen der männlichen Potenz, Die psychischen, von Maxim Steiner, Vorwort zu, x 451f.

Studien über Hysterie, i 77–312

    Beiträge zu den, xvii 5f, 9–13, 17f.

Symbol, Eine Beziehung zwischen einem – und einem Symptom, x 394f.

Symptom(e)

    Auftreten von Krankheits–en im Traume (Erfahrungen und Beispiele aus der analytischen Praxis), x 42

Eine Beziehung zwischen einem Symbol und einem, X 394f.

Hemmung, – und Angst, XIV 113–205

hysterische *s.* **Hypnotische(r) Heilung**

Symptomatologie der Angstneurose, Klinische, I 317–24

Symptomkomplex als ‚Angstneurose' abzutrennen, Über die Berechtigung von Neurasthenie einen bestimmten, I 315–42

Inhaltsangabe, I 483 f.

Tabu
und die Ambivalenz der Gefühlsregungen, Das (Totem und Tabu, II.), IX 26–92

Totem und, IX 3–194

der Virginität, Das *s.* **Beiträge** zur Psychologie des Liebeslebens, III.

Tatbestandsdiagnostik und Psychoanalyse, VII 3–15

Tausk, Viktor (Gedenkwort), XII 316–18

Technik, Zur Vorgeschichte der analytischen, XII 309–12

Telepathie
Psychoanalyse und, XVII 27–44

Traum und, XIII 165–91

Teufelsneurose im siebzehnten Jahrhundert, Eine, XIII 317–53

Theoretisch(e) Gewinn, Der (Abriß der Psychoanalyse, III.) Der psychische Apparat, und die Außenwelt, XVII 125–38

Theorie
psychologische – der akquirierten Hysterie *s.* **Abwehr-Neuropsychosen**

der Angstneurose, Ansätze zu einer, I 333–39

des hysterischen Anfalles, Zur (Gemeinsam mit Josef Breuer), XVII 9–13

‚Libido–', XIII 229–33

von Paranoia, Mitteilung eines der psychoanalytischen – widersprechenden Falles, X 234–46

und Praxis der Traumdeutung, Bemerkungen zur, XIII 301–14

Sexual–
Drei Abhandlungen zur, V 29–145

Eine Einschaltung in die - (Die infantile Genitalorganisation), XIII 293–98

Über infantile –n, VII 171–88

des Traumes, Josef Popper-Lynkeus und die, XIII 357–59

Zur (Bemerkungen über einen Fall von Zwangsneurose II.), VII 439–63

Therapie (*s. a.* Psychotherapie)
der Hysterie, Psycho–, I 253–312

Tit 22 **Therapie,** die zukünftigen Chancen

die zukünftigen Chancen der psychoanalytischen, VIII 104–15

Wege der psychoanalytischen, XII 183–94

Tod, Zeitgemäßes über Krieg und, X 324–55

Tod(e), Unser Verhältnis zum (Zeitgemäßes über Krieg und Tod, II.), X 341–55

Totem und Tabu, IX 3–194

Vorrede zur hebräischen Ausgabe von ‚–‘, XIV 569

Totemismus, Die infantile Wiederkehr des, IX 122–194

Trauer und Melancholie, X 428–46

Traum

Auftreten von Krankheitssymptomen im –e (Erfahrungen und Beispiele aus der analytischen Praxis), X 42

als Beweismittel, Ein, X 12–22

des Cartesius, Brief an Maxim Leroy über einen, XIV 558–60

Der– (Vorlesungen zur Psychoanalyse, II.), XI 79–246

Josef Popper-Lynkeus und die Theorie des –es, XIII 357–59

Die okkulte Bedeutung des –es, I 569–73

und Okkultismus, XV 32–61

und Telepathie, XIII 165–91

Über den, II/III 645–700

Traumahnung, Eine erfüllte, XVII 21–23

Traumdeutung

Bemerkungen zur Theorie und Praxis der, XIII 301–14

Die (Mit Zusätzen bis 1935), II/III vii–xv, 1–626

Einige Nachträge zum Ganzen der, I 561–73

Literaturverzeichnis, II/III 627–42

in der Psychoanalyse, Die Handhabung der, VIII 350–57

Traumlehre

Metapsychologische Ergänzung zur, X 412–26

Revision d., XV 6–31

Traumprobleme, Die wissenschaftliche Literatur der (Die Traumdeutung I.), II/III 1–99

Träume

Märchenstoffe in –n, X 2–9

in W. Jensens *Gradiva*, Der Wahn und die, VII 31–125

Die sittliche Verantwortung für den Inhalt der, I 565–69

Triebe und Triebschicksale, X 210–32

Triebleben, Angst und, xv 87–118

Triebschicksale, Triebe und, x 210–32

Triebumsetzungen, insbesondere der Analerotik, Über, x 402–10

Typen
  Über libidinöse, xiv 509–13
  Über neurotische Erkrankungs-, viii 322–30
  aus der psychoanalytischen Arbeit, Einige Charakter-, x 364–91

Typus der Objektwahl beim Manne, Über einen besonderen, viii 65–77

Umgestaltungen der Pubertät, Die, (Drei Abhandlungen zur Sexualtheorie, III.) v 108–31

Unbehagen in der Kultur, Das, xiv 421–506

Unbewußte(n)
  Begriff des, Einige Bemerkungen über den – in der Psychoanalyse, viii 430–39
  Das, x 264–303
  Der Witz und seine Beziehung zum, vi 5–269

Unendliche Analyse, Die endliche und die, xvi 59–99

Unheimliche, Das, xii 229–68

University *s.* Hebrew

Unrat, Der – in Sitte, Brauch, Glauben und Gewohnheitsrecht der Völker von John Gregory Bourke, Geleitwort zu, x 453–55

Unser Verhältnis zum Tode (Zeitgemäßes über Krieg und Tod, II.), x 341–55

Untergang des Ödipuskomplexes, Der, xiii 395–402

Urworte, Über den Gegensinn der, viii 214–21

Übersetzungen aus dem Französischen (Literaturverzeichnis), i 488

Übertragung, Zur Dynamik der, viii 364–74

Übertragungsliebe, Bemerkungen über die, x 306–21

Varendonck, J., *Über das vorbewußte phantasierende Denken,* Geleitwort zu, xiii 439–40

Vatertötung, Dostojewski und die, xiv 399–418

Verbrecher aus Schuldbewußtsein, Die (Einige Charaktertypen aus der psychoanalytischen Arbeit, III.), x 389–91

Verdrängung, Die, x 248–61

Vergänglichkeit, x 358–61

Vergeßlichkeit, Zum psychischen Mechanismus der, i 519–27

Verhältnis zum Tode, Unser, x 341–55

Verlag *s.* **Psychoanalytisch**

Verneinung, Die, XIV 11–15

Verrat(s) pathogener Phantasien bei Neurotikern, Beispiele des, VIII 228

Verschämte Füße [Schuhe] (Erfahrungen und Beispiele aus der analytischen Praxis), X 41

Vert, Le Disque, Zuschrift an die Zeitschrift, XIII 446

Verwahrloste Jugend, von August Aichorn, Geleitwort zu, XIV 565–67

Vierjährig(en) Kindes, Gedankenassoziation eines, XII 305f.

Virginität, Das Tabu der (Beiträge zur Psychologie des Liebeslebens, III.), XII 161–80

Vokalfolge, Die Bedeutung der, VIII 348

Vorbewußte, Über das – *phantasierende Denken,* von J. Varendonck, Geleitwort zu, XIII 439f

Vorgeschichte der analytischen Technik, Zur, XII 309–12

Vorläufige Mitteilung (Studien über Hysterie), I 77

Vorlesungen zur Einführung in die Psychoanalyse, XI 3–482

  Neue Folge der, XV 3–197

   Aufklärungen, Anwendungen, Orientierungen, XV 146–69

   Vorrede zur hebräischen Ausgabe der, XVI 274f.

(Vorrede(n)) *s.* **(Vorworte)**

(Vorworte zu Werken anderer Autoren) *s.* **Aichhorn,** August; **Berliner Psychoanalytisches Institut; Bonaparte,** Marie; **Bourke,** John Gregory; **Eitingon,** Max; **Ferenczi,** Sándor; **Medical Review of Reviews; Nunberg,** Hermann; **Onanie**-Diskussion; **Pfister,** Oskar; **Putnam,** J. J.; **Reik,** Theodor; **Selbstmord**-Diskussion; **Steiner,** Maxim; **Stekel,** Wilhelm; **Varendonck,** J.; **Weiss,** Edoardo

Wahn und die Träume in W. Jensens *Gradiva,* Der, VII 31–125

Warum Krieg? (Brief an Einstein), XVI 12, 13–27

Wege der psychoanalytischen Therapie, XII 183–94

Weibliche Sexualität, Über die, XIV 517–37

Weibliche(r) Homosexualität, Über die Psychogenese eines Falles von, XII 271–302

Weiblichkeit, Die, XV 119–45

Weiss, Edoardo, *Elementi di psicoanalisi,* Geleitwort zu, XIV 573

Weitere Bemerkungen über die Abwehr-Neuropsychosen, I 379–403

  Inhaltsangabe, I 485f.

Weltanschauung, Über eine, XV 170–79

Widerstände gegen die Psychoanalyse, Die, XIV 99–110
Wiederholen und Durcharbeiten, Erinnern, X 126–36
‚**Wilde'** Psychoanalyse, Über, VIII 118–25
(**Wissenschaftliche**(n)) Arbeiten, Inhaltsangaben der voranalytischen und frühen analytischen, seit Erlangung d. Docentur), I 463–80, 485, 487f.
Witz, und seine Beziehung zum Unbewußten, Der, VI 5–269
‚**Wunderblock'**, Notiz über den, XIV 3–8

Zehn Jahre *Berliner Psychoanalytisches Institut*, Vorwort zu, XIV 572
Zeitgemäßes über Krieg und Tod, X 324–55
Zerlegung der psychischen Persönlichkeit, Die, XV 62–86
Zukunft einer Illusion, Die, XIV 325–80
Zukünftigen Chancen der psychoanalytischen Therapie, Die, VIII 104–15
Zuschrift an die Zeitschrift ‚Le Disque Vert', XIII 446
Zürich
  Geleitwort zu *Die psychoanalytische Methode*, von Oskar Pfister, X 448–50
  Jüdische(n) Presszentrale, Brief an den Herausgeber der, XIV 556
Zwangshandlungen und Religionsübungen, VII 129–39
Zwangsneurose
  Bemerkungen über einen Fall von, VII 381–463
  Die Disposition zur, VIII 442–52
  Wesen und Mechanismus der, I 385–92
Zwangsvorstellung
  plastische(n), Mythologische Parallele zu einer, X 398–400
  –en s. **Abwehr-Neuropsychosen**
Zwei Prinzipien des psychischen Geschehens, Formulierungen über die, VIII 230–38

INHALTSVERZEICHNIS
DER GESAMMELTEN WERKE
VON SIGMUND FREUD

I. BAND

Werke aus den Jahren 1892–1899

Vorwort der Herausgeber	v
Ein Fall von hypnotischer Heilung nebst Bemerkungen über die Entstehung hysterischer Symptome durch den „Gegenwillen"	1
Charcot	19
Quelques Considérations pour une Étude Comparative des Paralysies Motrices Organiques et Hystériques	37
Die Abwehr-Neuropsychosen. Versuch einer psychologischen Theorie der akquirierten Hysterie, vieler Phobien und Zwangsvorstellungen und gewisser halluzinatorischer Psychosen	57
Studien über Hysterie	75
Über die Berechtigung, von der Neurasthenie einen bestimmten Symptomenkomplex als „Angstneurose" abzutrennen	313
Obsessions et Phobies. Leur Mécanisme Psychique et leur Étiologie	343
Zur Kritik der „Angstneurose"	355
Weitere Bemerkungen über die Abwehr-Neuropsychosen	377
L'Hérédité et l'Étiologie des Névroses	405
Zur Ätiologie der Hysterie	423
Inhaltsangaben der wissenschaftlichen Arbeiten des Privatdocenten Dr. Sigm. Freud (1877–1897)	461
Die Sexualität in der Ätiologie der Neurosen	489
Zum psychischen Mechanismus der Vergeßlichkeit	517
Über Deckerinnerungen	529

Zusatz zum VII. Bande
Vorwort zur ersten Auflage der „Sammlung kleiner Schriften zur Neurosenlehre aus den Jahren 1893–1906" 555

Zusatz zum XIV. Bande
Einige Nachträge zum Ganzen der Traumdeutung 559

II./III. BAND

Die Traumdeutung
Über den Traum

DIE TRAUMDEUTUNG

Vorbemerkung VII
Vorwort zur zweiten Auflage IX
Vorwort zur dritten Auflage XI
Vorwort zur vierten Auflage XII
Vorwort zur fünften Auflage XII
Vorwort zur sechsten Auflage XIII
Vorwort zur achten Auflage XIV

I. Die wissenschaftliche Literatur der Traumprobleme . . . 1
   A) Beziehung des Traumes zum Wachleben 6
   B) Das Traummaterial — Das Gedächtnis im Traum . 10
   C) Traumreize und Traumquellen 22
   D) Warum man den Traum nach dem Erwachen vergißt? 45
   E) Die psychologischen Besonderheiten des Traumes . 50
   F) Die ethischen Gefühle im Traume 68
   G) Traumtheorien und Funktion des Traumes 78
   H) Beziehungen zwischen Traum und Geisteskrankheiten 92
II. Die Methode der Traumdeutung. Die Analyse eines Traummusters 100
III. Der Traum ist eine Wunscherfüllung 127
IV. Die Traumentstellung 139
V. Das Traummaterial und die Traumquellen 169
   A) Das Rezente und das Indifferente im Traum . . . 170
   B) Das Infantile als Traumquelle 194
   C) Die somatischen Traumquellen 225
   D) Typische Träume 246
      α) Der Verlegenheitstraum der Nacktheit 247
      β) Die Träume vom Tod teurer Personen 254
      γ) Der Prüfungstraum 280
VI. Die Traumarbeit 283
   A) Die Verdichtungsarbeit 284
   B) Die Verschiebungsarbeit 310

C) Die Darstellungsmittel des Traums 315
D) Die Rücksicht auf Darstellbarkeit 344
E) Die Darstellung durch Symbole im Traume —
   Weitere typische Träume 355
F) Beispiele — Rechnen und Reden im Traum 410
G) Absurde Träume — Die intellektuellen Leistungen im
   Traum 428
H) Die Affekte im Traume 462
I) Die sekundäre Bearbeitung 492

VII. Zur Psychologie der Traumvorgänge 513
A) Das Vergessen der Träume 516
B) Die Regression 538
C) Zur Wunscherfüllung 555
D) Das Wecken durch den Traum — Die Funktion des
   Traumes — Der Angsttraum 578
E) Der Primär- und der Sekundärvorgang. Die Ver-
   drängung 593
F) Das Unbewußte und das Bewußtsein — Die Realität 614

VIII. Literaturverzeichnis:
A) Bis zum Erscheinen der 1. Auflage (1900) 627
B) Aus der Literatur seit 1900 635

ÜBER DEN TRAUM 643

IV. BAND

Zur Psychopathologie des Alltagslebens

(Über Vergessen, Versprechen, Vergreifen, Aberglaube und Irrtum)

I. Vergessen von Eigennamen 5
II. Vergessen von fremdsprachigen Worten 13
III. Vergessen von Namen und Wortfolgen 21
IV. Über Kindheits- und Deckerinnerungen 51
V. Das Versprechen 61

VI. Verlesen und Verschreiben 118
    A) Verlesen 118
    B) Verschreiben 129
VII. Vergessen von Eindrücken und Vorsätzen 148
    A) Vergessen von Eindrücken und Kenntnissen 151
    B) Das Vergessen von Vorsätzen 168
VIII. Das Vergreifen 179
IX. Symptom- und Zufallshandlungen 212
X. Irrtümer 242
XI. Kombinierte Fehlleistungen 256
XII. Determinismus — Zufalls- und Aberglauben — Gesichtspunkte 267

V. BAND

Werke aus den Jahren 1904–1905

Die Freudsche psychoanalytische Methode 1
Über Psychotherapie 11
Drei Abhandlungen zur Sexualtheorie 27
Meine Ansichten über die Rolle der Sexualität in der Ätiologie der Neurosen 147
Bruchstück einer Hysterie-Analyse 161
Psychische Behandlung (Seelenbehandlung) 287

VI. BAND

Der Witz und seine Beziehung zum Unbewußten

A) Analytischer Teil
    I. Einleitung 5
    II. Die Technik des Witzes 14
    III. Die Tendenzen des Witzes 97

B) Synthetischer Teil
  IV. Der Lustmechanismus und die Psychogenese des Witzes 131
  V. Die Motive des Witzes — Der Witz als sozialer Vorgang 156
C) Theoretischer Teil
  VI. Die Beziehung des Witzes zum Traum und zum Unbewußten 181
  VII. Der Witz und die Arten des Komischen 206

VII. BAND

Werke aus den Jahren 1906–1909

Tatbestandsdiagnostik und Psychoanalyse 1
Zur sexuellen Aufklärung der Kinder 17
Der Wahn und die Träume in W. Jensens „Gradiva" 29
Zwangshandlungen und Religionsübungen 127
Die „kulturelle" Sexualmoral und die moderne Nervosität 141
Über infantile Sexualtheorien 169
Hysterische Phantasien und ihre Beziehung zur Bisexualität 189
Charakter und Analerotik 201
Der Dichter und das Phantasieren 211
Der Familienroman der Neurotiker 225
Allgemeines über den hysterischen Anfall 233
Analyse der Phobie eines fünfjährigen Knaben 241
Bemerkungen über einen Fall von Zwangsneurose 379

Vorreden
Vorwort zu „Nervöse Angstzustände und ihre Behandlung" von Dr. Wilhelm Stekel 467
Vorwort zu „Lélekelemzés, értekézesek a pszichoanalizis köréböl, irta Dr. Ferenczi Sándor" 469

VIII. BAND

Werke aus den Jahren 1909–1913

Über Psychoanalyse. Fünf Vorlesungen, gehalten zur zwanzigjährigen Gründungsfeier der Clark University in Worcester, Mass., September 1909	1
Zur Einleitung der Selbstmord-Diskussion — Schlußwort der Selbstmord-Diskussion	61
Beiträge zur Psychologie des Liebeslebens	65
I. Über einen besonderen Typus der Objektwahl beim Manne	66
II. Über die allgemeinste Erniedrigung des Liebeslebens	78
Die psychogene Sehstörung in psychoanalytischer Auffassung	93
Die zukünftigen Chancen der psychoanalytischen Therapie	103
Über „wilde" Psychoanalyse	117
Eine Kindheitserinnerung des Leonardo da Vinci	127
Über den Gegensinn der Urworte	213
Brief an Dr. Friedrich S. Krauß über die „Anthropophyteia"	223
Beispiele des Verrats pathogener Phantasien bei Neurotikern	227
Formulierungen über die zwei Prinzipien des psychischen Geschehens	229
Psychoanalytische Bemerkungen über einen autobiographisch beschriebenen Fall von Paranoia (Dementia paranoides)	239
Über neurotische Erkrankungstypen	321
Zur Einleitung der Onanie-Diskussion — Schlußwort der Onanie-Diskussion	331
Die Bedeutung der Vokalfolge	347
Die Handhabung der Traumdeutung in der Psychoanalyse	349
„Groß ist die Diana der Epheser"	359
Zur Dynamik der Übertragung	363
Ratschläge für den Arzt bei der psychoanalytischen Behandlung	375
Das Interesse an der Psychoanalyse	389
Zwei Kinderlügen	421
Einige Bemerkungen über den Begriff des Unbewußten in der Psychoanalyse	429
Die Disposition zur Zwangsneurose	441
Zur Einleitung der Behandlung	453

IX. BAND

Totem und Tabu
Einige Übereinstimmungen im Seelenleben der Wilden und der Neurotiker

Vorwort	3
I. Die Inzestscheu	5
II. Das Tabu und die Ambivalenz der Gefühlsregungen	26
III. Animismus, Magie und Allmacht der Gedanken	93
IV. Die infantile Wiederkehr des Totemismus	122

X. BAND

Werke aus den Jahren 1913–1917

Märchenstoffe in Träumen	1
Ein Traum als Beweismittel	11
Das Motiv der Kästchenwahl	23
Erfahrungen und Beispiele aus der analytischen Praxis	39
Zur Geschichte der psychoanalytischen Bewegung	43
Über fausse reconnaissance („déjà raconté") während der psychoanalytischen Arbeit	115
Erinnern, Wiederholen und Durcharbeiten	125
Zur Einführung des Narzißmus	137
Der Moses des Michelangelo	171
Zur Psychologie des Gymnasiasten	203
Triebe und Triebschicksale	209
Mitteilung eines der psychoanalytischen Theorie widersprechenden Falles von Paranoia	233
Die Verdrängung	247
Das Unbewußte	263
Bemerkungen über die Übertragungsliebe	305
Zeitgemäßes über Krieg und Tod	323
Vergänglichkeit	357
Einige Charaktertypen aus der psychoanalytischen Arbeit	363
Eine Beziehung zwischen einem Symbol und einem Symptom	393

Mythologische Parallele zu einer plastischen Zwangsvorstellung . 397
Über Triebumsetzungen, insbesondere der Analerotik 401
Metapsychologische Ergänzung zur Traumlehre. 411
Trauer und Melancholie 427

Vorreden
Geleitwort zu „Die psychanalytische Methode" von Dr. Oskar
    Pfister, Zürich 448
Vorwort zu „Die psychischen Störungen der männlichen Potenz"
    von Dr. Maxim. Steiner 451
Geleitwort zu „Der Unrat in Sitte, Brauch, Glauben und Gewohn-
    heitrecht der Völker" von John Gregory Bourke 453
Brief an Frau Dr. Hermine von Hug-Hellmuth 456

XI. BAND

Vorlesungen zur Einführung in die Psychoanalyse

Vorwort 3
Erster Teil: Die Fehlleistungen
    I. Einleitung 7
    II. Die Fehlleistungen 18
    III. Die Fehlleistungen (Fortsetzung) 33
    IV. Die Fehlleistungen (Schluß) 54
Zweiter Teil: Der Traum
    V. Schwierigkeiten und erste Annäherungen 79
    VI. Voraussetzungen und Technik der Deutung 97
    VII. Manifester Trauminhalt und latente Traumgedanken . 111
    VIII. Kinderträume 124
    IX. Die Traumzensur 136
    X. Die Symbolik im Traum 150
    XI. Die Traumarbeit 173
    XII. Analysen von Traumbeispielen 187
    XIII. Archaische Züge und Infantilismus des Traumes . . . 203
    XIV. Die Wunscherfüllung 218
    XV. Unsicherheiten und Kritiken 234

Dritter Teil: Allgemeine Neurosenlehre
- XVI. Psychoanalyse und Psychiatrie 249
- XVII. Der Sinn der Symptome 264
- XVIII. Die Fixierung an das Trauma. Das Unbewußte . . . 282
- XIX. Widerstand und Verdrängung 296
- XX. Das menschliche Sexualleben 313
- XXI. Libidoentwicklung und Sexualorganisationen 331
- XXII. Gesichtspunkte der Entwicklung und Regression. Ätiologie 351
- XXIII. Die Wege der Symptombildung 372
- XXIV. Die gemeine Nervosität 392
- XXV. Die Angst 407
- XXVI. Die Libidotheorie und der Narzißmus 427
- XXVII. Die Übertragung 447
- XXVIII. Die analytische Therapie 466

XII. BAND

Werke aus den Jahren 1917–1920

Eine Schwierigkeit der Psychoanalyse 1
Eine Kindheitserinnerung aus „Dichtung und Wahrheit" . . . 13
Aus der Geschichte einer infantilen Neurose 27
Beiträge zur Psychologie des Liebeslebens
   III. Das Tabu der Virginität 159
Wege der psychoanalytischen Therapie 181
„Ein Kind wird geschlagen" 195
Das Unheimliche 227
Über die Psychogenese eines Falles von weiblicher Homosexualität 269
Gedankenassoziation eines vierjährigen Kindes 303
Zur Vorgeschichte der analytischen Technik 307

Gedenkworte, Vorreden
James J. Putnam † 315
Victor Tausk † 316
Einleitung zu „Zur Psychoanalyse der Kriegsneurosen" 321

Vorrede zu „Probleme der Religionspsychologie" von Dr. Theodor
Reik 325
Internationaler Psychoanalytischer Verlag und Preiszuteilungen
für psychoanalytische Arbeiten 331

XIII. BAND

Jenseits des Lustprinzips 1
Massenpsychologie und Ich-Analyse 71
Traum und Telepathie 163
Über einige neurotische Mechanismen bei Eifersucht, Paranoia
und Homosexualität 193
„Psychoanalyse" und „Libidotheorie" 209
Das Ich und das Es 235
Die infantile Genitalorganisation 291
Bemerkungen zur Theorie und Praxis der Traumdeutung . . . 299
Eine Teufelsneurose im siebzehnten Jahrhundert 315
Josef Popper-Lynkeus und die Theorie des Traumes 355
Der Realitätsverlust bei Neurose und Psychose 361
Das ökonomische Problem des Masochismus 369
Neurose und Psychose 385
Der Untergang des Ödipuskomplexes 393
Kurzer Abriß der Psychoanalyse 403
Nachschrift zur Analyse des kleinen Hans 429

Gedenkworte, Briefe, Vorreden
Dr. Anton v. Freund 435
Preface to *Addresses on Psycho-Analysis*, by J. J. Putnam . . . 437
Geleitwort zu J. Varendonck, *Über das Vorbewußte phantasierende
Denken* 439
Vorwort zu Max Eitingon, *Bericht über die Berliner psychoanalytische Poliklinik* 441
Brief an Luis Lopez-Ballesteros y de Torres 442
Dr. Ferenczi Sándor (Zum 50. Geburtstag) 443
Zuschrift an die Zeitschrift *Le Disque Vert* 446

XIV. BAND

Werke aus den Jahren 1925–1931

Notiz über den „Wunderblock". 1
Die Verneinung. 9
Einige psychische Folgen des anatomischen Geschlechtsunterschieds 17
„Selbstdarstellung". 31
Die Widerstände gegen die Psychoanalyse 97
Hemmung, Symptom und Angst 111
Die Frage der Laienanalyse. Unterredungen mit einem Unparteiischen 207
Psycho-Analysis 297
Fetischismus 309
Nachtrag zur Arbeit über den Moses des Michelangelo 319
Die Zukunft einer Illusion 323
Der Humor 381
Ein religiöses Erlebnis 391
Dostojewski und die Vatertötung 397
Das Unbehagen in der Kultur 419
Über libidinöse Typen 507
Über die weibliche Sexualität 515
Das Fakultätsgutachten im Prozeß Halsmann 539
Goethe-Preis 1930 — Brief an Dr. Alfons Paquet. Ansprache im Frankfurter Goethe-Haus 543

Gedenkworte, Briefe, Vorreden
An Romain Rolland. 553
Ernest Jones zum 50. Geburtstag 554
Brief an den Herausgeber der „Jüdischen Preßzentrale Zürich". 556
To the Opening of the Hebrew University 556
Brief an Maxim Leroy über einen Traum des Cartesius 558
Brief an den Bürgermeister der Stadt Příbor 561
Josef Breuer † 562
Karl Abraham † 564
Geleitwort zu „Verwahrloste Jugend" von August Aichhorn . . 565
Bemerkung zu E. Pickworth Farrow's „Eine Kindheitserinnerung aus dem 6. Lebensmonat" 568

Vorrede zur hebräischen Ausgabe von „Totem und Tabu" . . . 569
Geleitwort zu „Medical Review of Reviews", Vol. XXXVI, 1930   570
Vorwort zur Broschüre „Zehn Jahre Berliner Psychoanalytisches
   Institut" 572
Geleitwort zu „Elementi di Psicoanalisi" von Edoardo Weiss. . 573

XV. BAND

Neue Folge der Vorlesungen zur Einführung in die Psychoanalyse

Vorwort 3
XXIX. Revision der Traumlehre 6
XXX. Traum und Okkultismus 32
XXXI. Die Zerlegung der psychischen Persönlichkeit . . . 62
XXXII. Angst und Triebleben 87
XXXIII. Die Weiblichkeit 119
XXXIV. Aufklärungen, Anwendungen, Orientierungen . . . 146
XXXV. Über eine Weltanschauung 170

XVI. BAND

Werke aus den Jahren 1932–1939

Zur Gewinnung des Feuers 1
Warum Krieg? 11
Nachschrift 1935 zur „Selbstdarstellung" 29
Die Feinheit einer Fehlhandlung 35
Konstruktionen in der Analyse 41
Die endliche und die unendliche Analyse 57
Der Mann Moses und die monotheistische Religion 101

Briefe, Gedenkworte, Vorreden
Thomas Mann zum 60. Geburtstag 249
Brief an Romain Rolland (Eine Erinnerungsstörung auf der Akro-
   polis) 250

Meine Berührung mit Josef Popper-Lynkeus 261
Sándor Ferenczi † 267
Lou Andreas-Salomé † 270
Geleitwort zu „Allgemeine Neurosenlehre auf psychoanalytischer Grundlage" von Hermann Nunberg 273
Vorrede zur hebräischen Ausgabe der „Vorlesungen zur Einführung in die Psychoanalyse" 274
Vorwort zu „Edgar Poe, étude psychanalytique" par Marie Bonaparte 276

XVII. BAND

Schriften aus dem Nachlaß 1892–1938

Vorwort der Herausgeber vii
Beiträge zu den „Studien über Hysterie"
   Brief an Josef Breuer 3
   Zur Theorie des hysterischen Anfalles (Gemeinsam mit Josef Breuer) 7
   Notiz „III" 15
Eine erfüllte Traumahnung 19
Psychoanalyse und Telepathie 25
Das Medusenhaupt 45
Ansprache an die Mitglieder des Vereins B'nai B'rith (1926) . . 49
Arbeiten aus dem Jahre 1938
   Die Ichspaltung im Abwehrvorgang 57
   Abriß der Psychoanalyse 63
Some Elementary Lessons in Psycho-Analysis 139
Ergebnisse, Ideen, Probleme 149